중국 소재 고구려 유적과 유물 V

통구분지 2 마선구·산성하고분군-벽화고분

표지 사진 | 집안 산성하고분군 © 여호규

중국 소재 고구려 유적과 유물 V

통구분지 2 마선구·산성하고분군 – 벽화고분

THE KINGDOM OF KOGURYO RUINS AND ARTIFACTS IN CHINA

| 동북아역사재단 편 |

동북아역사재단
NORTHEAST ASIAN HISTORY FOUNDATION

• 이 책은 2018년 동북아역사재단 연구용역 수행 결과물임.

책머리에

압록강 중상류를 비롯해 중국 동북지역에는 고구려 유적과 유물이 무수히 산재해 있다. 이러한 유적과 유물은 고구려사를 연구하고 한국사를 체계화하는 데 매우 중요한 자료일 뿐 아니라, 모든 인류가 공유해야 할 소중한 문화유산이기도 하다. 그런데 아쉽게도 이와 관련된 각종 보고서나 연구논저가 여러 학술지에 산재해 있거나 절판된 경우가 적지 않아 관련 연구자나 역사에 관심 있는 일반인들이 이용하는 데 많은 어려움을 겪고 있다. 이에 동북아역사재단에서는 2007년부터 중국 소재 고구려 유적·유물을 집대성하여 DB를 구축하는 사업을 추진하였다.

본 연구팀도 이 사업에 참여하여 DB 구축에 필요한 기초자료를 정리하는 과제를 수행하였다. 2007～2008년에는 고구려 발흥지인 압록강 중상류, 2009～2011년에는 두 번째 도성이었던 통구분지(집안분지), 2012～2014년에는 요동반도와 요하·송화강·두만강 유역 등에 분포한 유적과 유물을 정리하였다. 이어 2015～2016년에는 2007년 이후 새롭게 조사된 유적에 대한 정리 작업을 진행하였다. 이를 통해 고분군 246곳, 개별 고분 269기, 성곽 301곳, 성곽의 개별 유구 31기, 기타 유적 40곳, 개별 유물 84개 등 총 971건의 유적과 유물을 정리하였다.

그런데 이렇게 정리한 기초자료를 토대로 DB를 구축한 결과, 각 지역별 '개관'이나 각 유적의 '역사적 성격' 등 종합적인 서술 부분을 모두 DB로 전환하는 데는 상당한 애로가 따르는 것으로 확인되었다. 또한 연구자나 일반인들이 각 유적의 전체 현황을 일목요연하게 파악하는 데도 많이 불편하다는 문제점이 제기되었다. 이에 2018～2019년에 기존의 DB 구축용 기초자료를 재정리하여 책자 형태로 출간하는 사업을 진행하였다.

본 연구팀은 연구과제를 체계적으로 수행하기 위해 각 유적·유물을 고분, 성곽, 기타 유적, 개별 유물 등으로 분류한 다음, 관련 전공자로 연구팀을 구성하였다. 연구 책임자인 여호규는 과제를 총괄하면서 성곽을 담당하였고, 강현숙은 고분, 백종오는 유물 등을 담당하면서 각 권의 개관과 유적의 역사적 성격을 집필하였다. 김종은(고분), 이경미(성곽), 정동민(고분과 성곽), 한준영(유물)은 각종 보고서와 연구논저의 서술 내용을 1차 정리하는 작업을 담당하였다. 나유정과 노윤성은 출간 사업에 참여하여 원고 교정과 지도 제작 등을 담당하였다.

이 작업에서 본 연구팀은 중국 소재 고구려 유적과 유물을 체계적으로 정리하여 집대성하는 데 가장 주안점을 두었다. 이를 위해 먼저 각종 보고서와 연구논저, 지도와 지지(地誌), 보도자료, 답사자료 등을 광범위하게 수집하였다. 그런 다음 각 유적별로 조사 현황, 위치와 자연환경, 유적의 전체 현황, 유구별 현황(또는 성벽과 성곽시설, 성내시설과 유적), 출토유물, 역사적 성격, 참고문헌 등의 항목을 설정해 각 유적의 조사 현황과 연구성과를 체계적이고 통일성 있게 정리하고자 노력하였다.

이러한 작업을 통해 본 연구팀은 A4 약 1만 매에 이르는 DB 구축용 기초자료를 확보하였다. 이를 바탕으로 책자 형태의 출간 사업을 진행하여 압록강 중상류 3권(Ⅰ-Ⅲ), 통구분지 3권(Ⅳ-Ⅵ), 요동반도-요하-송화강-두만강 유역 4권(Ⅶ-Ⅹ) 등 총 10권으로 구성하였다. 각 권의 서두에는 개관을 설정하여 각 지역별 전체 현황을 서술하는 한편, 시·현 행정구역이나 유적군을 단위로 각 권의 부(部)를 설정해 유적의 현황을 정리하고 역사적 성격을 서술하였다.

이상의 과정을 거쳐 출간하게 된 본 시리즈는 중국 동북지역에 산재한 고구려 유적과 유물을 체계적으로 집대성한 최초의 성과라 할 수 있다. 이러한 점에서 본서의 발간은 고구려 유적·유물에 관한 방대한 정보를 체계적으로 제공하여 고구려사 연구기반을 확충하는 한편, 이를 활용한 다양한 역사 콘텐츠 개발 및 일반 국민의 역사인식 제고에도 크게 기여할 것으로 기대된다.

본서는 지난 15년간 동고동락했던 연구팀원들의 헌신적인 노력과 함께 동북아역사재단의 지속적인 지원 덕분에 발간될 수 있었다. 김현숙 연구위원께서는 본 과제를 처음 기획하여 중장기 사업으로 추진할 수 있는 토대를 놓았고, 이성제 연구위원께서는 2011년부터 본 과제를 담당하여 각종 실무적인 뒷받침을 해주었는데, 이에 깊이 감사드린다. 그리고 2007년 이래 본 과제를 물심양면으로 성원해주신 김용덕, 정재정, 김학준, 김호섭, 김도형 역대 이사장님들과 이영호 이사장님께도 깊이 감사드린다. 아울러 난삽한 원고와 각종 도면을 깔끔하게 정리하여 산뜻한 책으로 꾸며주신 출판 관계자 여러분들께도 깊이 감사드린다.

2022년 11월 30일

연구팀을 대표하여 여호규

일러두기

1 중국의 간체자는 모두 우리식 한자로 수정하고, 음도 우리식 한자음으로 표기했다.

2 한자 용어는 가능한 한글 표현으로 풀어쓰고자 했으나, 의미 전달을 고려하여 그대로 노출하여 사용하거나 한글과 병기하기도 하였다.

3 기원전은 연도에 각각 표기했고, 기원후 혹은 서기는 생략했다.
〈예〉 기원전 45 – 기원전 12년 / 기원전 2 – 2세기 / 3 – 4세기

4 참고문헌은 오래된 연도부터 배열했고, 같은 연도에서는 가나다 순으로 배열했다.

5 유적 명칭은 공식 보고서나 『중국문물지도집』을 기준으로 '시·현+유적명'으로 표기하고, 이칭이 있는 경우 병기하였다. 다만 '등탑 백암성'처럼 국내에 널리 통용되는 명칭이 있는 경우 이를 따랐다. 같은 시·현에 명칭이 같거나 유사한 유적이 있는 경우, 향·진이나 촌을 표기하여 구분하였다. 시명 이외의 유적명은 한 단어로 보아 붙였다.
〈예〉 수암 조양향 고려성산산성 / 수암 합달비진 고려성산산성 / 관전 대고령지후강연고분군 / 수암 마권산성내고분군

6 유적 위치도는 각종 보고서의 도면을 집성하여 제시하였고, 정확한 위치를 파악한 경우에는 '만주국 10만분의 1 지형도'에 표기하였다. 아울러 『중국문물지도집』 길림분책(1993)과 요령분책(2009)에 실린 유적 위치를 구글 지형도(2020년 1월 기준)를 활용하여 제시하였다.

7 지도의 기호는 다음과 같이 사용했다. 단, 자체 범례를 가진 지도는 이에 해당하지 않는다.

산 : △	산성 : ▲	평지성 : ■	관애 : ▬
장성 : ⎍⎍	고분 : ◓	기타 유적 : ●	
시·현 : ⊙	향·진 : ◎	촌 이하(촌·둔·동) : ○	

차례

제6부 집안 마선구고분군 (集安 麻線溝古墳群)

제7부 집안 산성하고분군 (集安 山城下古墳群)

제8부 집안 벽화고분(集安 壁畵古墳)

제6부

집안 마선구고분군
(集安 麻線溝古墳群)

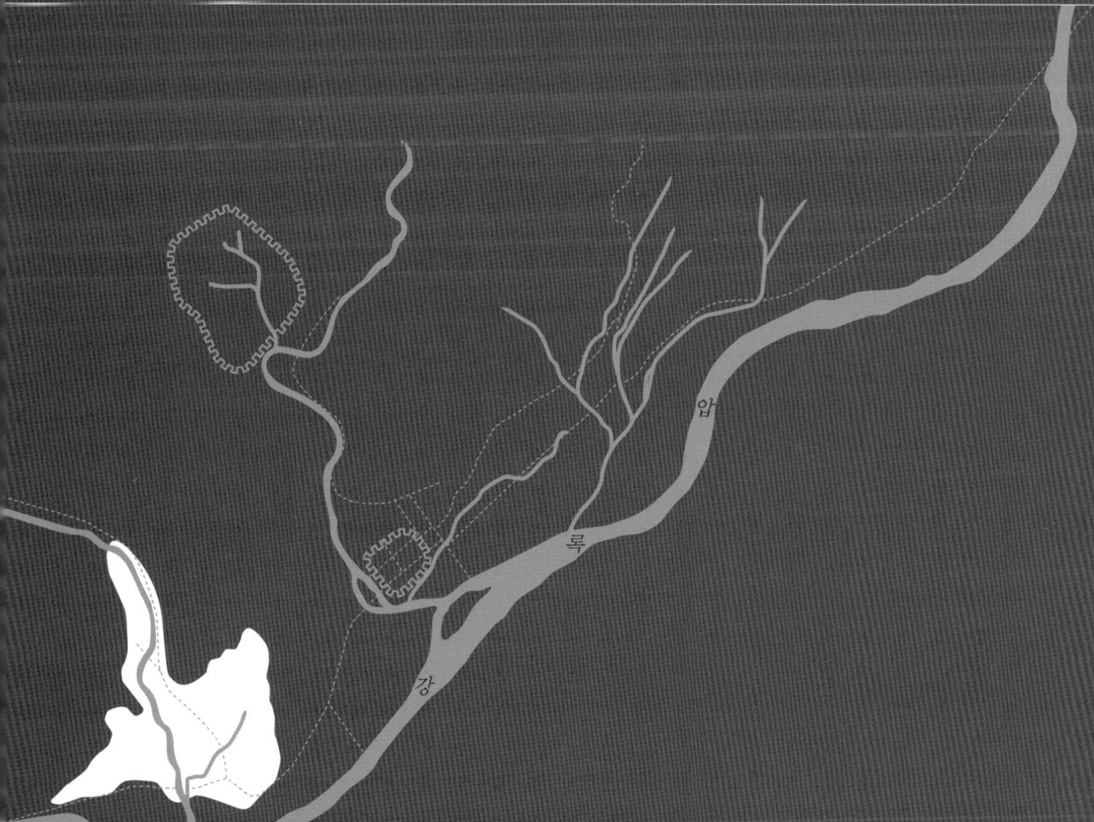

|고분 분포도|

마선구0001호묘
마선구0626호묘
마선구0500호묘(서대묘)
마선안자구1호묘
마선안자구2호묘
마선안자구3호묘
마선구0402호묘

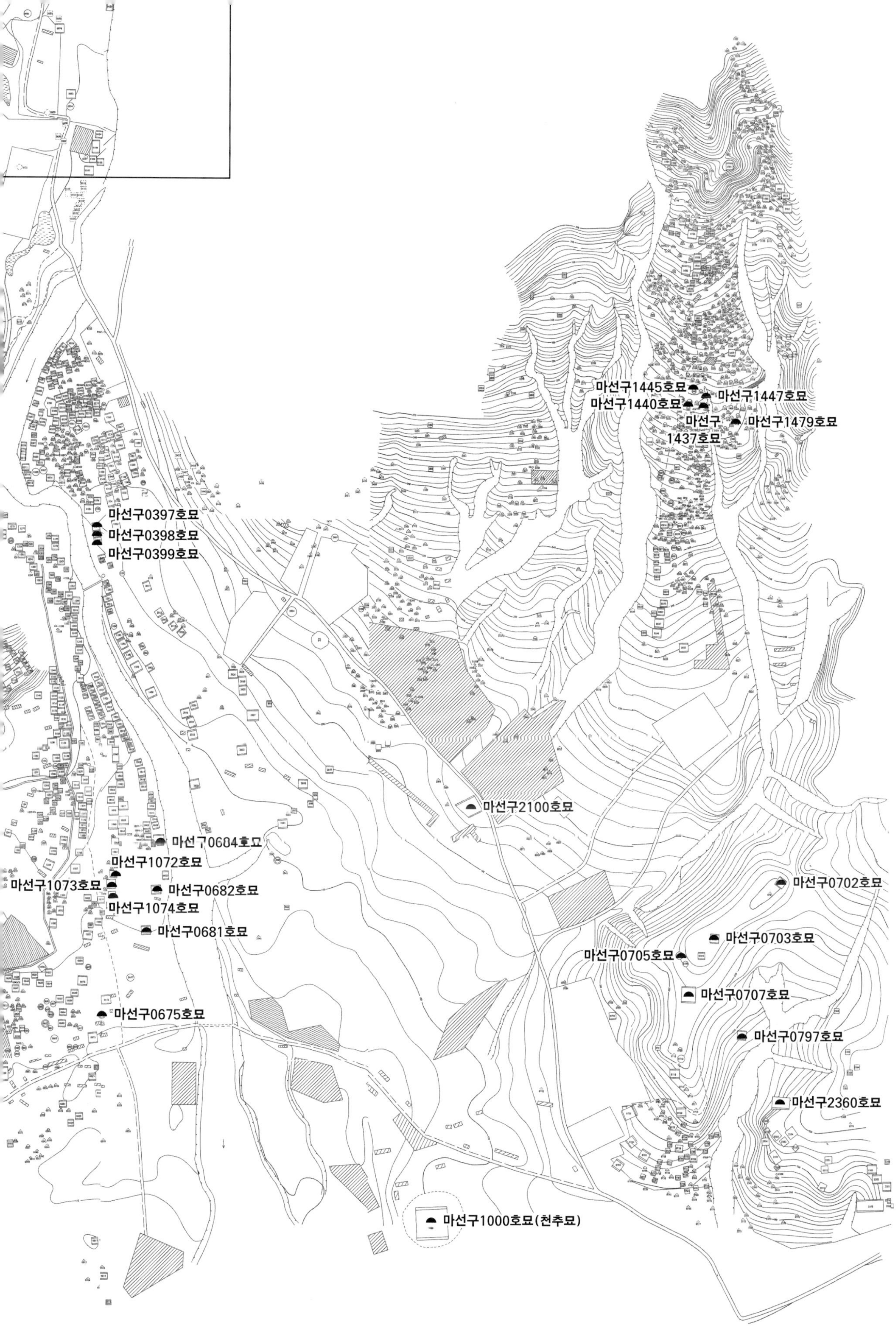
마선구1445호묘
마선구1447호묘
마선구1440호묘
마선구
1437호묘
마선구1479호묘
마선구0397호묘
마선구0398호묘
마선구0399호묘
마선구2100호묘
마선구0604호묘
마선구1072호묘
마선구1073호묘
마선구0682호묘
마선구1074호묘
마선구0681호묘
마선구0702호묘
마선구0703호묘
마선구0705호묘
마선구0707호묘
마선구0675호묘
마선구0797호묘
마선구2360호묘
마선구1000호묘(천추묘)

집안 마선구고분군 개관

1. 고분군의 위치와 규모

○ 집안 통구평원은 동서 길이 40km, 남북 너비 2~4km 정도이며, 고분군의 점유면적은 1,334.68ha인데 통구고분군의 보호범위는 3,914.02ha임. 통구고분군은 1966년 측량 및 편호 작업을 통해 우산하고분군, 하해방고분군, 산성하고분군, 만보정고분군, 칠성산고분군, 마선구고분군 등 6개 구역으로 나뉘었다가 2005년 5월 集安市文物局 조사에서 장천고분군을 새로 추가하여 7개 구역으로 구획됨.[1]

○ 통구고분군은 1980년 李殿福이 발표한『集安高句麗研究』에 의하면 1962년 조사 때 11,280기 고분을 실측조사함. 이후 시기별로 확인된 고분 개체 수의 편차가 있는데 1997년 중국의 실측보고서(『洞溝古墓群-1997年調査測繪報告』)에서는 11,300기를, 2005년 조사(『集安高句麗墓葬』)에서는 11,494기를 확인함.

○ 마선구고분군 동쪽은 칠성산에 인접하고 서쪽은 마선하 양안에 이르러 점유면적은 354ha이며 크게 紅星片묘지, 麻線片묘지, 建江片묘지, 石廟子片묘지[2] 등 4개 묘지로 나뉨. 고분은 마선하 양안의 물이 흐르는 방향을 따라 배열되어 있음. 홍성편 묘지의 후산에는 소형 봉토묘가 많은데 고분 연대가 약간 늦음. 대표적인 고분군은 천추묘(JMM1000), 서대묘(JMM0500), JMM0001호묘, JMM626호묘, JMM2100호묘, JMM2378호묘, JMM2381호묘, JMM0682호묘 등임.

○ 마선구고분군은 1966년 조사(『考古學報』 1980-2)에 의하면 총 2,539기 고분이 분포하며, 그 가운데 적석묘는 1,376기이고 봉토묘는 대략 1,163기임. 이후 1997년 실측보고서(『洞溝古墓群-1997年調査測繪報告』)에 의하면 총 2,374기의 고분이 확인되며, 현존하는 고분은 1,639기이고 소실된 고분은 총 735기임. 2005년 조사(『集安高句麗墓葬』)에서는 2,576기가 확인됨.

---

1 孫仁杰·遲勇, 2007,『集安高句麗墓葬』, 香港亞洲出版社, 2~6쪽 참조.

2 석묘자편묘지는 2005년 5월 조사 때 새로 추가됨.

2. 고분군 조사 연혁

1) 일제강점기 조사내용

(1) 1907년 5월 조사

프랑스 학자 샤반(Édouard Chavannes)이 만주지역을 조사할 때 5일간 집안에서 통구성(국내성)과 광개토왕릉비 및 고분군을 조사함. 이때 장군총, 태왕릉 등을 비롯한 우산하고분군, 산성하고분군 등을 조사함.

(2) 1913년 조사

關野貞을 중심으로 谷井濟一, 栗山俊一, 今西龍 등의 조사단이 11일간 집안 지역에 있는 산성자산성(환도성), 통구성(국내성), 광개토왕릉비, 동대자 건축지 초석 등과 함께 고분군을 조사함. 이때 우산하고분군, 산성자고분군과 함께 마선구고분군의 천추총과 서대총 등을 정밀조사함.

(3) 1935년 조사

滿洲國 문교부 촉탁으로 伊藤伊八, 三宅俊成 등이 광개토왕릉비 보존상태 조사와 비문 탁본을 목적으로 集安을 조사하다가 벽화고분 2기(무용총, 각저총)를 발견하고, 만주국 문교부에 조사를 건의함. 池內宏, 濱田耕作, 梅原末治, 藤田亮策, 小場恒吉 등이 광개토왕릉비와 산성자산성(환도성), 통구성(국내성) 등의 성곽 외에 고구려 고분을 조사함.

(4) 1936년 조사

1935년 제1차 통구 방문에 이어 제2차 방문이 실시됨. 池內宏, 濱田耕作, 梅原末治, 水野清一, 三上次男 등이 산성자산성과 통구성 등의 성곽 외에 고구려 고분을 정밀조사함.

2) 중국의 조사내용

(1) 1970년대 조사

농지확장사업이 추진되면서 吉林省博物館이 통구고분군을 전면적으로 조사함. 마선구고분군의 경우 1968년 12기, 1975년 7기, 1976년 101기 등이 조사됨.

(2) 1978년 조사

군사시설 건설로 인해 마선구고분군 22기를 조사함.

(3) 1986년 조사

建江小學校 교사확장건설로 인해 마선구고분군 5기를 조사함.

(4) 1997년 조사

吉林省文物考古硏究所와 集安市博物館의 주관 아래 전면적 실측조사가 실시되었는데 마선구고분군에서 총 2,374기를 확인함.

(5) 1999년 조사

도로 건설로 인해 마선구고분군 6기를 조사함.

(6) 2005년 조사

集安市文物局의 조사를 통해 마선구고분군에서 2,576기를 확인함.

참고문헌

- 關野貞, 1913, 「關野貞博士一行の朝鮮古墳調査」, 『考古學雜誌』 4-3.
- 池內宏·梅原末治, 1938, 『通溝』 上, 日滿文化協會.
- 池內宏·梅原末治, 1940, 『通溝』 下, 日滿文化協會.
- 李殿福, 1980, 「集安高句麗硏究」, 『考古學報』 1980-2.
- 吉林省文物考古硏究所·集安市博物館, 2002, 『洞溝古墓群－1997年調査測繪報告』, 科學出版社.
- 孫仁杰·遲勇, 2007, 『集安高句麗墓葬』, 香港亞洲出版社.

01 집안 마선안자구0001호묘

集安 麻線安子溝0001號墓 | JMAM0001

1. 조사현황

1) 1997년 조사

○ 조사기관 : 吉林省文物考古研究所·集安市博物館.

○ 조사내용 : 1966년에 이어 통구고분군을 전면 재조사하면서 安子溝河 우안의 9기와 좌안 동쪽의 3기 등 총 12기를 '－'로 편호함.

2) 1999년 조사

○ 조사기관 : 集安市博物館·集安縣文物保管所·吉林大學考古學科·工農兵考古學習班.

○ 조사기간 : 6월 하순부터 1개월간 조사.

○ 조사내용 : 集安－丹東 간의 도로 건설로 인해 노로가 통과하는 통구고분군의 마선안자구 지역 고분을 조사 정리함. 계단적석묘 2기, 기단적석묘 8기 등 총 10기의 고분을 발견함. 1966년 실측조사에서 누락되었다가 1997년 조사에서는 총 12기를 확인하였으나 1999년 조사를 통해 마선묘구 안자구고분군으로 정해지면서, 조사 고분은 JMAM1～JMAM10까지 편호함. 1999년 고분 편호를 1997년 조사 고분과 대조해보면 JMAM1는 －0008호묘, JMAM2는 －0001호묘, JMAM3은 －0002호묘, JMAM4는 －0003호묘, JMAM5는 －0009호묘, JMAM6은 －0004호묘, JMAM7은 －0005호묘, JMAM8은 －0006호묘, JMAM9는 －0007호묘임. JMAM10은 1997년 조사에서는 확인되지 않은 고분임.

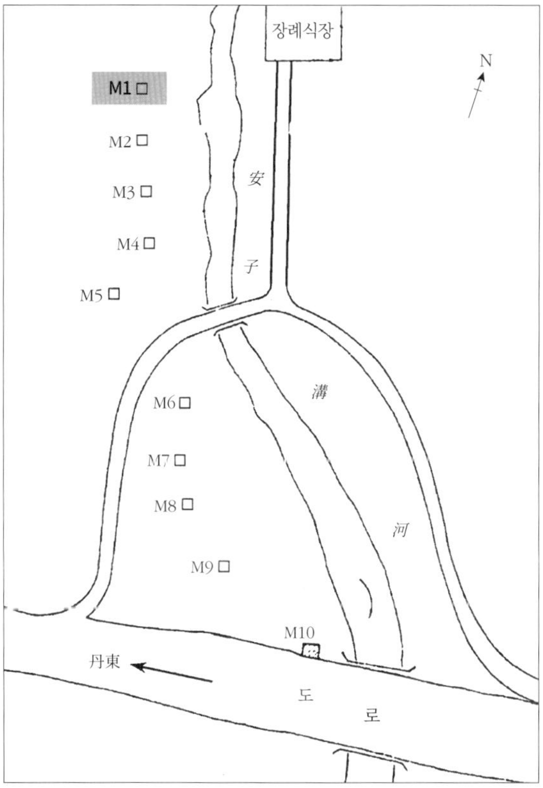

그림 1 마선안자구고분군의 분포도(『北方文物』 2002-2)

○ 조사자 : 何明, 孫仁杰, 林世賢.

2. 위치와 자연환경(그림 1)

○ 마선묘구 서단의 안자구문 부근에 10여 기의 고분이 남북으로 자리하고 있는데 해당 고분은 최북단에 위

치함. 10여 기의 고분은 안자구하 좌안에 모두 위치함.

○ 安子溝는 集安市 麻線鄉 建疆村에 위치하며 동쪽으로 集安 시내와 7km 떨어져 있으며, 서남으로는 멀지 않은 곳에는 압록강이 안자구문 앞을 흘러가고 있음. 안자구의 시냇물은 남으로 흘러 압록강으로 들어감.

3. 고분의 현황

1) 고분 형식

○ 유형 : 유단적석석광묘(『洞溝古墓群－1997年調査測繪報告』), 기단적석묘(『北方文物』 2002-2).

○ 평면 : 방형.

○ 규모 : 둘레 길이 5m, 높이 1.2m.

2) 고분 구조

기단석은 가공하지 않은 석재로 둘렀으며, 기단은 단층이며, 그 위에는 산자갈(碎山石)을 덮음. 보존상태는 비교적 양호함.

4. 역사적 성격

○ 안자구고분군은 질서 있게 분포하는데, 계곡 안쪽에서 입구쪽으로 순서대로 배열되어 있어 가족묘지로 추정됨.

○ 안자구고분군은 통구고분군의 최서단에 위치하여 고구려 고분의 분포범위를 연구하는데 가치가 있음.

○ 보고자(『北方文物』 2002-2)는 무덤의 축조법과 형식을 통해 조성연대를 4~7세기로 파악했는데 무덤의 구조상 4~5세기에 조성된 것으로 추정됨.

참고문헌

- 吉林省文物考古研究所·集安市博物館, 2002, 『洞溝古墓群－1997年調査測繪報告』, 科學出版社.
- 吉林省文物考古研究所·集安市文物保管所, 2002, 「集安麻線安子溝高句麗墓葬調査與淸理」, 『北方文物』 2002-2 ; 2009, 『吉林集安高句麗墓葬報告集』 재수록.

02 집안 마선안자구0002호묘

集安 麻線安子溝0002號墓 | JMAM0002

1. 조사현황

1) 1997년 조사

○ 조사기관 : 吉林省文物考古研究所·集安市博物館.

○ 조사내용 : 1966년에 이어 통구고분군을 전면 재조사하면서 安子溝河 우안의 9기와 좌안 동쪽의 3기 등 총 12기를 '-'로 편호함.

2) 1999년 조사

○ 조사기관 : 集安市博物館·集安縣文物保管所·吉林大學考古學科·工農兵考古學習班.

○ 조사기간 : 6월 하순부터 1개월간 조사.

○ 조사내용 : 集安-丹東 간의 도로 신설로 인해 노로가 통과하는 통구고분군의 마선안자구 지역 고분을 조사 정리함. 계단적석묘 2기, 기단적석묘 8기 등 총 10기의 고분을 발견함. 1966년 실측조사에서 누락되었다가 1997년 조사에서는 총 12기를 확인하였으나 1999년 조사를 통해 마선묘구 안자구고분군으로 정해지면서, 조사 고분은 JMAM1~JMAM10까지 편호함. 1999년 고분 편호를 1997년 조사 고분과 대조해보면 JMAM1는 -0008호묘, JMAM2는 -0001호묘, JMAM3은 -0002호묘, JMAM4는 -0003호묘, JMAM5는 -0009호묘, JMAM6은 -0004호묘, JMAM7은 -0005호묘, JMAM8은 -0006호묘, JMAM9는 -0007호묘임. JMAM10은 1997년 조사에서는 확인되지 않은 고분임.

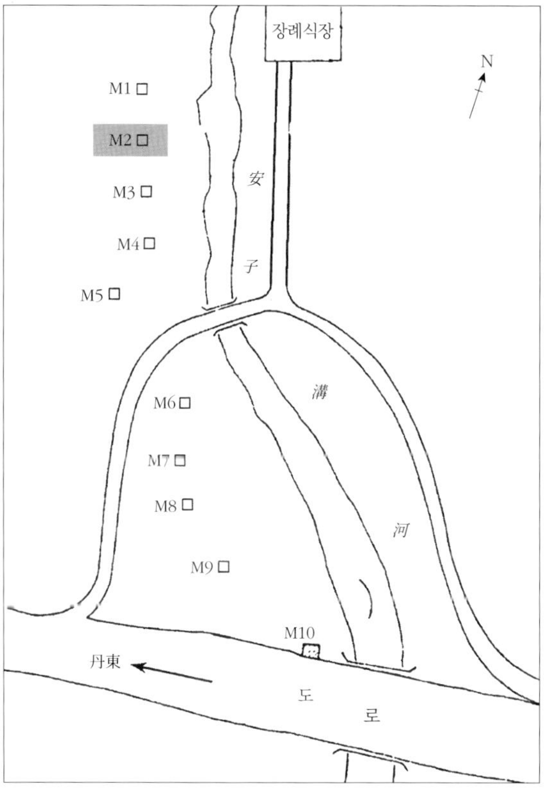

그림 1 마선안자구고분군의 분포도(『北方文物』 2002-2)

○ 조사자 : 何明, 孫仁杰, 林世賢.

2. 위치와 자연환경(그림 1)

○ 마선묘구 서단의 안자구문 부근에 10여 기의 고분이 남북으로 자리하고 있는데 해당 고분은 그 가운데

최북단에 위치한 1호묘의 남쪽에 위치함. 10여 기의 고분은 안자구하 좌안에 모두 위치함.

○ 安子溝는 集安市 麻線鄉 建疆村에 위치하며 동쪽으로 集安 시내와 7km 떨어져 있으며, 서남으로는 멀지 않은 곳에는 압록강이 안자구문 앞을 흘러가고 있음. 안자구의 시냇물은 남으로 흘러 압록강으로 들어감.

3. 고분의 현황

1) 고분 형식

○ 유형 : 유단적석석광묘(『洞溝古墓群－1997年調査測繪報告』), 기단적석묘(『北方文物』 2002-2).

○ 평면 : 방형.

○ 규모 : 둘레 길이 7m, 높이 1.3m.

2) 고분 구조

기단은 한층으로 되어 있으며, 상면은 산자갈(碎山石)과 강자갈(河卵石)로 덮음. 보존상태는 비교적 양호함.

4. 역사적 성격

○ 안자구고분군은 질서 있게 분포하는데, 계곡 안쪽에서 입구쪽으로 순서대로 배열되어 있어 가족묘지로 추정됨.

○ 안자구고분군은 통구고분군의 최서단에 위치하여 고구려 고분의 분포범위를 연구하는데 가치가 있음.

○ 보고자(『北方文物』 2002-2)는 무덤의 축조법과 형식을 통해 조성연대를 4~7세기로 파악했는데 무덤의 구조상 4~5세기에 조성된 것으로 추정됨.

참고문헌

- 吉林省文物考古研究所·集安市博物館, 2002, 『洞溝古墓群－1997年調査測繪報告』, 科學出版社.
- 吉林省文物考古研究所·集安市文物保管所, 2002, 「集安麻線安子溝高句麗墓葬調査與淸理」, 『北方文物』 2002-2 ; 2009, 『吉林集安高句麗墓葬報告集』 재수록.

03 집안 마선안자구0003호묘

集安 麻線安子溝0003號墓 | JMAM0003

1. 조사현황

1) 1997년 조사

○ 조사기관 : 吉林省文物考古研究所·集安市博物館.

○ 조사내용 : 1966년에 이어 통구고분군을 전면 재조사하면서 安子溝河 우안의 9기와 좌안 동쪽의 3기 등 총 12기를 '–'로 편호함.

2) 1999년 조사

○ 조사기관 : 集安市博物館·集安縣文物保管所·吉林大學考古學科·工農兵考古學習班.

○ 조사기간 : 6월 하순부터 1개월간 조사.

○ 조사내용 : 集安 – 丹東 간의 도로 건설로 인해 노로가 통과하는 통구고분군의 마선안자구 지역 고분을 조사 정리함. 계단적석묘 2기, 기단적석묘 8기 등 총 10기의 고분을 발견함. 1966년 실측조사에서 누락되었다가 1997년 조사에서는 총 12기를 확인하였으나 1999년 조사를 통해 마선묘구 안자구고분군으로 정해지면서, 조사 고분은 JMAM1~JMAM10까지 편호함. 1999년 고분 편호를 1997년 조사 고분과 대조해보면 JMAM1는 –0008호묘, JMAM2는 –0001호묘, JMAM3은 –0002호묘, JMAM4는 –0003호묘, JMAM5는 –0009호묘, JMAM6은 –0004호묘, JMAM7은 –0005호묘, JMAM8은 –0006호묘, JMAM9는 –0007호묘임. JMAM10은 1997년 조사에서는 확인되지 않은 고분임.

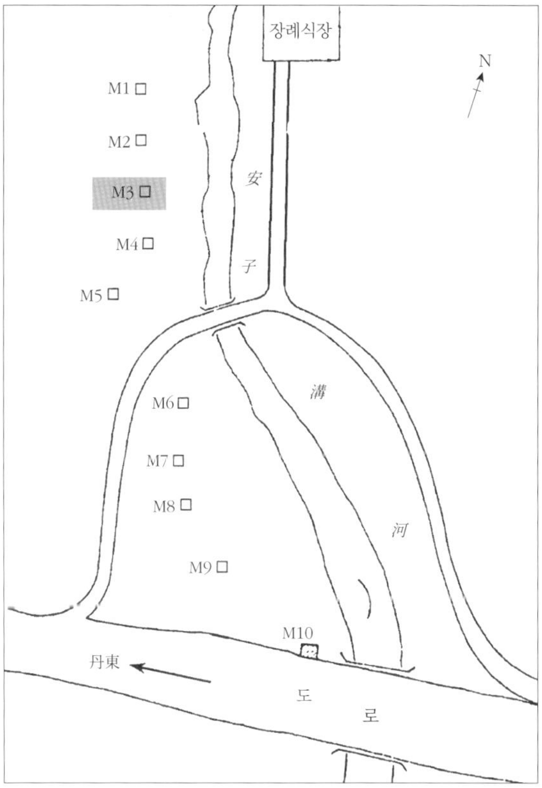

그림 1 마선안자구고분군의 분포도(『北方文物』 2002-2)

○ 조사자 : 何明, 孫仁杰, 林世賢.

2. 위치와 자연환경(그림 1)

○ 마선묘구 서단의 안자구문 부근에 10여 기의 고분이 남북으로 자리하고 있는데 3호묘는 고분군의 그 가

운데 위치함. 10여 기의 고분은 안자구하 좌안에 모두 위치함.

○ 安子溝는 集安市 麻線鄕 建疆村에 위치하며 동쪽으로 集安 시내와 7km 떨어져 있으며, 서남으로는 멀지 않은 곳에는 압록강이 안자구문 앞을 흘러가고 있음. 안자구의 시냇물은 남으로 흘러 압록강으로 들어감.

3. 고분의 현황

1) 고분 형식

○ 유형 : 유단적석석광묘(『洞溝古墓群－1997年調査測繪報告』), 기단적석묘(『北方文物』 2002-2).

○ 평면 : 방형.

2) 고분 구조

기단은 한층으로 되어 있으며, 상면은 산자갈(碎山石)과 강자갈(河卵石)로 덮음. 보존상태는 비교적 양호함.

4. 역사적 성격

○ 안자구고분군은 질서 있게 분포하는데, 계곡 안쪽에서 입구쪽으로 순서대로 배열되어 있어 가족묘지로 추정됨.

○ 안자구고분군은 통구고분군의 최서단에 위치하여 고구려 고분의 분포범위를 연구하는데 가치가 있음.

○ 보고자(『北方文物』 2002-2)는 무덤의 축조법과 형식을 통해 조성연대를 4~7세기로 파악했는데 고분의 구조상 4~5세기에 조성된 것으로 추정됨.

참고문헌

- 吉林省文物考古研究所·集安市博物館, 2002, 『洞溝古墓群－1997年調査測繪報告』, 科學出版社.
- 吉林省文物考古研究所·集安市文物保管所, 2002, 「集安麻線安子溝高句麗墓葬調査與淸理」, 『北方文物』 2002-2 ; 2009, 『吉林集安高句麗墓葬報告集』 재수록.

04 집안 마선안자구0004호묘

集安 麻線安子溝0004號墓 | JMAM0004

1. 조사현황

1) 1997년 조사

○ 조사기관 : 吉林省文物考古研究所·集安市博物館.

○ 조사내용 : 1966년에 이어 통구고분군을 전면 재조사하면서 安子溝河 우안의 9기와 좌안 동쪽의 3기 등 총 12기를 '-'로 편호함.

2) 1999년 조사

○ 조사기관 : 集安市博物館·集安縣文物保管所·吉林大學考古學科·工農兵考古學習班.

○ 조사기간 : 6월 하순부터 1개월간 조사.

○ 조사내용 : 集安-丹東 간의 도로 건설로 인해 도로가 통과하는 통구고분군의 마선안자구 지역 고분을 조사 정리함. 계단적석묘 2기, 기단적석묘 8기 등 총 10기의 고분을 발견함. 1966년 실측조사에서 누락되었다가 1997년 조사에서는 총 12기를 확인하였으나 1999년 조사를 통해 마선묘구 안자구고분군으로 정해지면서, 조사 고분은 JMAM1~JMAM10까지 편호함. 1999년 고분 편호를 1997년 조사 고분과 대조해보면 JMAM1는 -0008호묘, JMAM2는 -0001호묘, JMAM3은 -0002호묘, JMAM4는 -0003호묘, JMAM5는 -0009호묘, JMAM6은 -0004호묘, JMAM7은 -0005호묘, JMAM8은 -0006호묘, JMAM9는 -0007호묘임. JMAM10은 1997년 조사에서는 확인되지 않은 고분임.

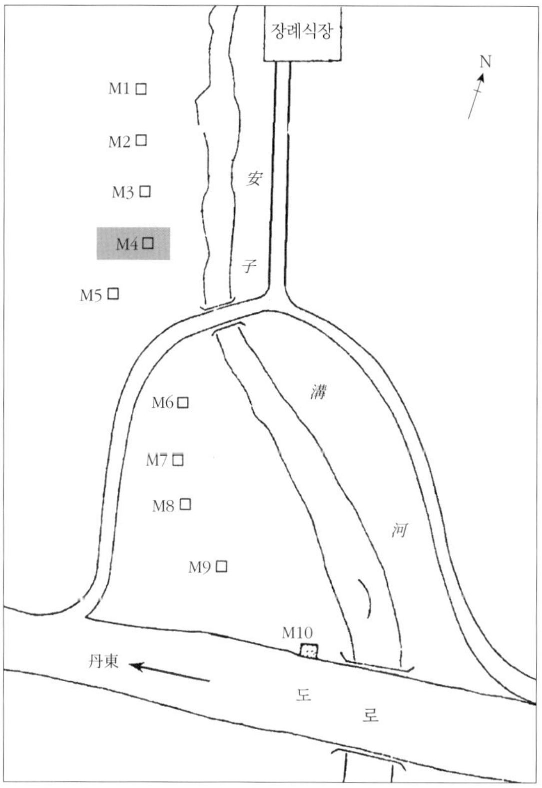

그림 1 마선안자구고분군의 분포도(『北方文物』 2002-2)

○ 조사자 : 何明, 孫仁杰, 林世賢.

2. 위치와 자연환경(그림 1)

○ 마선묘구 서단의 안자구문 부근에 10여 기의 고분이 남북으로 자리하고 있는데 4호묘는 그 가운데 위

치함. 10여 기의 고분은 안자구하 좌안에 모두 위치함.

○ 安子溝는 集安市 麻線鄕 建疆村에 위치하며 동쪽으로 集安 시내와 7km 떨어져 있으며, 서남으로는 멀지 않은 곳에는 압록강이 안자구문 앞을 흘러가고 있음. 안자구의 시냇물은 남으로 흘러 압록강으로 들어감.

3. 고분의 현황

1) 고분 형식

○ 유형 : 유단적석석광묘(『洞溝古墓群 – 1997年調査測繪報告』), 계단적석묘(『北方文物』 2002-2).

○ 평면 : 방형.

○ 규모 : 둘레 길이 6.5m, 높이 1.6m.

2) 고분 구조

모두 3단의 계단이 있으며, 비교적 커다란 돌로 축조하였으며, 무덤 정상부 중앙부에는 함몰갱이 있음. 보존 상태는 아주 양호함.

4. 역사적 성격

○ 안자구고분군은 질서 있게 분포하는데, 계곡 안쪽에서 입구쪽으로 순서대로 배열되어 있어 가족묘지로 추정됨.

○ 안자구고분군은 통구고분군의 최서단에 위치하여 고구려 고분의 분포범위를 연구하는데 가치가 있음.

○ 보고자(『北方文物』 2002-2)는 무덤의 축조법과 형식을 통해 조성연대를 4~7세기로 파악했는데 무덤의 구조상 4~5세기에 조성된 것으로 추정됨.

참고문헌

- 吉林省文物考古研究所·集安市博物館, 2002, 『洞溝古墓群 – 1997年調査測繪報告』, 科學出版社.
- 吉林省文物考古研究所·集安市文物保管所, 2002, 「集安麻線安子溝高句麗墓葬調査與淸理」, 『北方文物』 2002-2 ; 2009, 『吉林集安高句麗墓葬報告集』 재수록.

05	집안 마선안자구0005호묘 集安 麻線安子溝0005號墓 | JMAM0005

1. 조사현황

1) 1997년 조사

○ 조사기관 : 吉林省文物考古研究所·集安市博物館.

○ 조사내용 : 1966년에 이어 통구고분군을 전면 재조사하면서 安子溝河 우안의 9기와 좌안 동쪽의 3기 등 총 12기를 '－'로 편호함.

2) 1999년 조사

○ 조사기관 : 集安市博物館·集安縣文物保管所·吉林大學考古學科·工農兵考古學習班.

○ 조사기간 : 6월 하순부터 1개월간 조사.

○ 조사내용 : 集安－丹東 간의 도로 건설로 인해 도로가 통과하는 통구고분군의 마선안자구 지역 고분을 조사 정리함. 계단적석묘 2기, 기단적석묘 8기 등 총 10기의 고분을 발견함. 1966년 실측조사에서 누락되었다가 1997년 조사에서는 총 12기를 확인하였으나 1999년 조사를 통해 마선묘구 안자구고분군으로 정해지면서, 조사 고분은 JMAM1~JMAM10까지 편호함. 1999년 고분 편호를 1997년 조사 고분과 대조해보면 JMAM1는 －0008호묘, JMAM2는 －0001호묘, JMAM3은 －0002호묘, JMAM4는 －0003호묘, JMAM5는 －0009호묘, JMAM6은 －0004호묘, JMAM7은 －0005호묘, JMAM8은 －0006호묘, JMAM9는 －0007호묘임. JMAM10은 1997년 조사에서는 확인되지 않은 고분임.

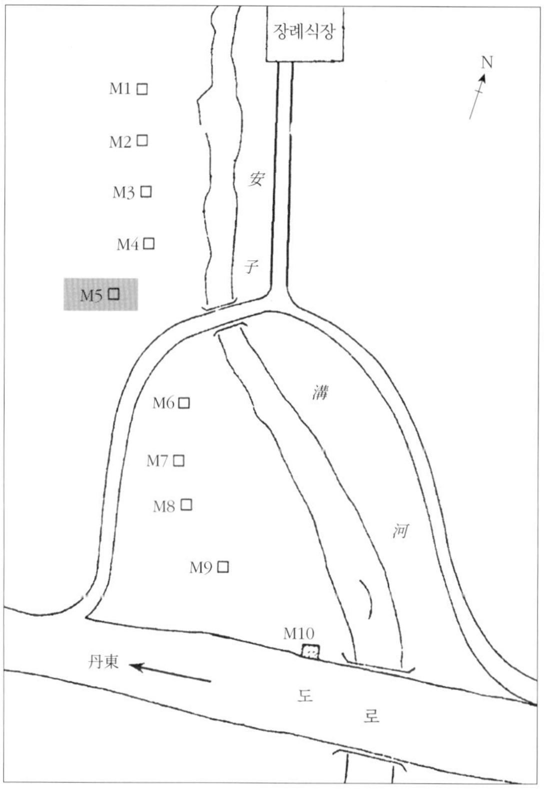

그림 1 마선안자구고분군의 분포도(『北方文物』 2002-2)

○ 조사자 : 何明, 孫仁杰, 林世賢.

2. 위치와 자연환경(그림 1)

○ 마선묘구 서단의 안자구문 부근에 10여 기의 고분이 남북으로 자리하고 있는데 5호묘는 그 가운데 위

치함. 10여 기의 고분은 안자구하 좌안에 모두 위치함.
○ 安子溝는 集安市 麻線鄕 建疆村에 위치하며 동쪽으로 集安 시내와 7km 떨어져 있으며, 서남으로는 멀지 않은 곳에는 압록강이 안자구문 앞을 흘러가고 있음. 안자구의 시냇물은 남으로 흘러 압록강으로 들어감.

3. 고분의 현황

1) 고분 형식

○ 유형 : 유단적석석광묘(『洞溝古墓群 - 1997年調査測繪報告』), 기단적석묘 추정(『北方文物』 2002-2).
○ 평면 : 방형.
○ 규모 : 둘레 길이 4m, 현재 높이 1.2m.

2) 고분 구조

일찍부터 심하게 파괴되어 적석만 보일뿐 기단은 보이지 않고, 대다수 강자갈(河卵石)로 축조함.

4. 역사적 성격

○ 안자구고분군은 질서 있게 분포하는데, 계곡 안쪽에서 입구쪽으로 순서대로 배열되어 있어 가족묘지로 추정됨.
○ 안자구고분군은 통구고분군의 최서단에 위치하여 고구려 고분의 분포범위를 연구하는데 가치가 있음.
○ 보고자(『北方文物』 2002-2)는 무덤의 축조법과 형식을 통해 조성연대를 4~7세기로 파악했는데 고분의 구조상 4~5세기에 조성된 것으로 추정됨.

참고문헌

- 吉林省文物考古研究所·集安市博物館, 2002, 『洞溝古墓群 - 1997年調査測繪報告』, 科學出版社.
- 吉林省文物考古研究所·集安市文物保管所, 2002, 「集安麻線安子溝高句麗墓葬調査與淸理」, 『北方文物』 2002-2 ; 2009, 『吉林集安高句麗墓葬報告集』 재수록.

06 집안 마선안자구0006호묘

集安 麻線安子溝0006號墓 | JMAM0006

1. 조사현황

1) 1997년 조사

○ 조사기관 : 吉林省文物考古研究所·集安市博物館.

○ 조사내용 : 1966년에 이어 통구고분군을 전면 재조사하면서 安子溝河 우안의 9기와 좌안 동쪽의 3기 등 총 12기를 '-'로 편호함.

2) 1999년 조사

○ 조사기관 : 集安市博物館·集安縣文物保管所·吉林大學考古學科·工農兵考古學習班.

○ 조사기간 : 6월 하순부터 1개월간 조사.

○ 조사내용 : 集安-丹東 간의 도로 건설로 인해 도로가 통과하는 통구고분군의 마선안자구 지역 고분을 조사 정리함. 계단적석묘 2기, 기단적석묘 8기 등 총 10기의 고분을 발견함. 1966년 실측조사에서 누락되었다가 1997년 조사에서는 총 12기를 확인하였으나 1999년 조사를 통해 마선묘구 안자구고분군으로 정해지면서, 조사 고분은 JMAM1~JMAM10까지 편호함. 1999년 고분 편호를 1997년 조사 고분과 대조해보면 JMAM1는 -0008호묘, JMAM2는 -0001호묘, JMAM3은 -0002호묘, JMAM4는 -0003호묘, JMAM5는 -0009호묘, JMAM6은 -0004호묘, JMAM7은 -0005호묘, JMAM8은 -0006호묘, JMAM9는 -0007호묘임. JMAM10은 1997년 조사에서는 확인되지 않은 고분임.

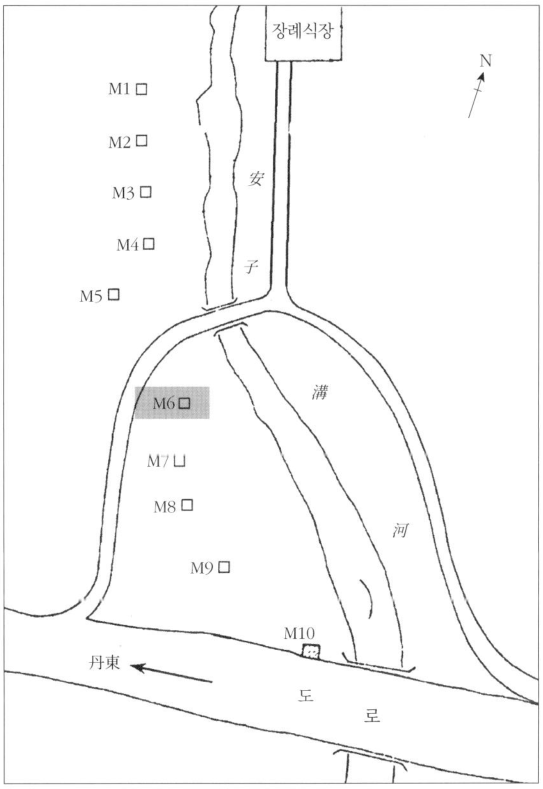

그림 1 마선안자구고분군의 분포도(『北方文物』 2002-2)

○ 조사자 : 何明, 孫仁杰, 林世賢.

2. 위치와 자연환경(그림 1)

○ 마선묘구 서단의 안자구문 부근에 10여 기의 고분이 남북으로 자리하고 있는데 6호묘는 그 가운데 위

치함. 10여 기의 고분은 안자구하 좌안에 모두 위치함.

○ 安子溝는 集安市 麻線鄉 建疆村에 위치하며 동쪽으로 集安 시내와 7km 떨어져 있으며, 서남으로는 멀지 않은 곳에는 압록강이 안자구문 앞을 흘러가고 있음. 안자구의 시냇물은 남으로 흘러 압록강으로 들어감.

3. 고분의 현황

1) 고분 형식

○ 유형 : 유단적석석광묘(『洞溝古墓群－1997年調查測繪報告』), 기단적석묘(『北方文物』 2002-2).

○ 평면 : 방형.

○ 규모 : 둘레 길이 8m, 높이 2m.

2) 고분 구조

기단은 비교적 커다란 자연석으로 축조하였고, 그 위에는 많은 강자갈(河卵石)과 산자갈(碎山石)로 축조함. 고분은 심하게 파괴된 상태임.

4. 역사적 성격

○ 안자구고분군은 질서 있게 분포하는데, 계곡 안쪽에서 입구쪽으로 순서대로 배열되어 있어 가족묘지로 추정됨.

○ 안자구고분군은 통구고분군의 최서단에 위치하여 고구려 고분의 분포범위를 연구하는데 가치가 있음.

○ 보고자(『北方文物』 2002-2)는 무덤의 축조법과 형식을 통해 조성연대를 4～7세기로 파악했는데 고분의 구조상 4～5세기에 조성된 것으로 추정됨.

참고문헌

- 吉林省文物考古研究所·集安市博物館, 2002, 『洞溝古墓群－1997年調查測繪報告』, 科學出版社.
- 吉林省文物考古研究所·集安市文物保管所, 2002, 「集安麻線安子溝高句麗墓葬調查與清理」, 『北方文物』 2002-2 ; 2009, 『吉林集安高句麗墓葬報告集』 재수록.

07 집안 마선안자구0007호묘

集安 麻線安子溝0007號墓 | JMAM0007

1. 조사현황

1) 1997년 조사

○ 조사기관 : 吉林省文物考古硏究所·集安市博物館.

○ 조사내용 : 1966년에 이어 통구고분군을 전면 재조사하면서 安子溝河 우안의 9기와 좌안 동쪽의 3기 등 총 12기를 '-'로 편호함.

2) 1999년 조사

○ 조사기관 : 集安市博物館·集安縣文物保管所·吉林大學考古學科·工農兵考古學習班.

○ 조사기간 : 6월 하순부터 1개월간 조사.

○ 조사내용 : 集安-丹東 간의 도로 건설로 인해 도로가 통과하는 통구고분군의 마선안자구 지역 고분을 조사 정리함. 계단적석묘 2기, 기단적석묘 8기 등 총 10기의 고분을 발견함. 1966년 실측조사에서 누락되었다가 1997년 조사에서는 총 12기를 확인하였으나 1999년 조사를 통해 마선묘구 안자구고분군으로 정해지면서, 조사 고분은 JMAM1~JMAM10까지 편호함. 1999년 고분 편호를 1997년 조사 고분과 대조해보면 JMAM1는 -0008호묘, JMAM2는 -0001호묘, JMAM3은 -0002호묘, JMAM4는 -0003호묘, JMAM5는 -0009호묘, JMAM6은 -0004호묘, JMAM7은 -0005호묘, JMAM8은 -0006호묘, JMAM9는 -0007호묘임. JMAM10은 1997년 조사에서는 확인되지 않은 고분임.

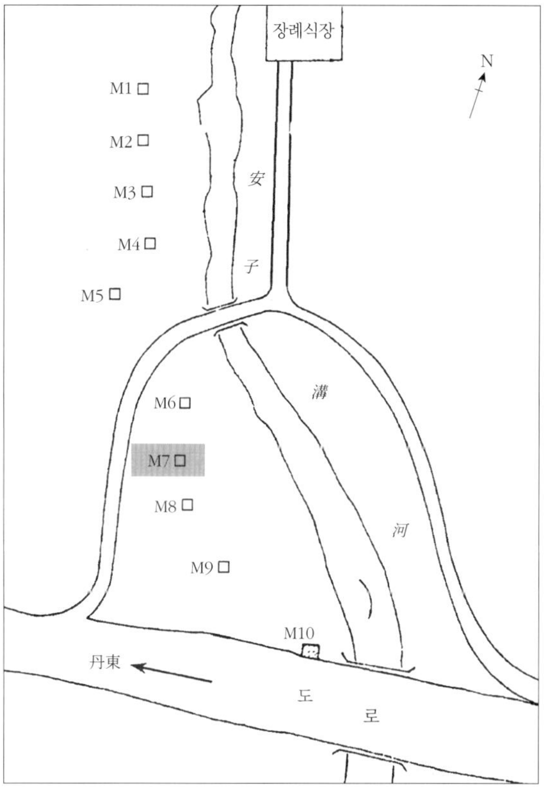

그림 1 마선안자구고분군의 분포도(『北方文物』 2002-2)

○ 조사자 : 何明, 孫仁杰, 林世賢.

2. 위치와 자연환경(그림 1)

○ 마선묘구 서단의 안자구문 부근에 10여 기의 고분이 남북으로 자리하고 있는데 7호묘는 그 가운데 위

치함. 10여 기의 고분은 안자구하 좌안에 모두 위치함.

○ 安子溝는 集安市 麻線鄕 建疆村에 위치하며 동쪽으로 集安 시내와 7km 떨어져 있으며, 서남으로는 멀지 않은 곳에는 압록강이 안자구문 앞을 흘러가고 있음. 안자구의 시냇물은 남으로 흘러 압록강으로 들어감.

3. 고분의 현황

1) 고분 형식

○ 유형 : 유단적석석광묘(『洞溝古墓群－1997年調査測繪報告』), 계단적석묘(『北方文物』 2002-2).

○ 평면 : 방형.

○ 규모 : 둘레 길이 10m, 높이 2m.

2) 고분 구조

계단은 장대석으로 두 단 축조하고, 그 위에는 많은 산자갈(碎山石)과 강자갈(河卵石)로 덮음. 보존상태는 비교적 양호함.

4. 역사적 성격

○ 안자구고분군은 질서 있게 분포하는데, 계곡 안쪽에서 입구쪽으로 순서대로 배열되어 있어 가족묘지로 추정됨.

○ 안자구고분군은 통구고분군의 최서단에 위치하여 고구려 고분의 분포범위를 연구하는데 가치가 있음.

○ 보고자(『北方文物』 2002-2)는 무덤의 축조법과 형식을 통해 조성연대를 4～7세기로 파악했는데 계단상 외형으로 미루어 4～5세기에 조성된 것으로 추정됨.

참고문헌

- 吉林省文物考古研究所·集安市博物館, 2002, 『洞溝古墓群－1997年調査測繪報告』, 科學出版社.
- 吉林省文物考古研究所·集安市文物保管所, 2002, 「集安麻線安子溝高句麗墓葬調査與淸理」, 『北方文物』 2002-2 ; 2009, 『吉林集安高句麗墓葬報告集』 재수록.

08 집안 마선안자구0008호묘

集安 麻線安子溝0008號墓 | JMAM0008

1. 조사현황

1) 1997년 조사

○ 조사기관 : 吉林省文物考古硏究所·集安市博物館.

○ 조사내용 : 1966년에 이어 통구고분군을 전면 재조사하면서 安子溝河 우안의 9기와 좌안 동쪽의 3기 등 총 12기를 '－'로 편호함.

2) 1999년 조사

○ 조사기관 : 集安市博物館·集安縣文物保管所·吉林大學考古學科·工農兵考古學習班.

○ 조사기간 : 6월 하순부터 1개월간 조사.

○ 조사내용 : 集安－丹東 간의 노도 건설로 인해 도로가 통과하는 통구고분군의 마선안자구 지역 고분을 조사 정리함. 계단적석묘 2기, 기단적석묘 8기 등 총 10기의 고분을 발견함. 1966년 실측조사에서 누락되었다가 1997년 조사에서는 총 12기를 확인하였으나 1999년 조사를 통해 마선묘구 안자구고분군으로 정해지면서, 조사 고분은 JMAM1～JMAM10까지 편호함. 1999년 고분 편호를 1997년 조사 고분과 대조해보면 JMAM1는 －0008호묘, JMAM2는 －0001호묘, JMAM3은 －0002호묘, JMAM4는 －0003호묘, JMAM5는 －0009호묘, JMAM6은 －0004호묘, JMAM7은 －0005호묘, JMAM8은 －0006호묘, JMAM9는 －0007호묘임. JMAM10은 1997년 조사에서는 확인되지 않은 고분임.

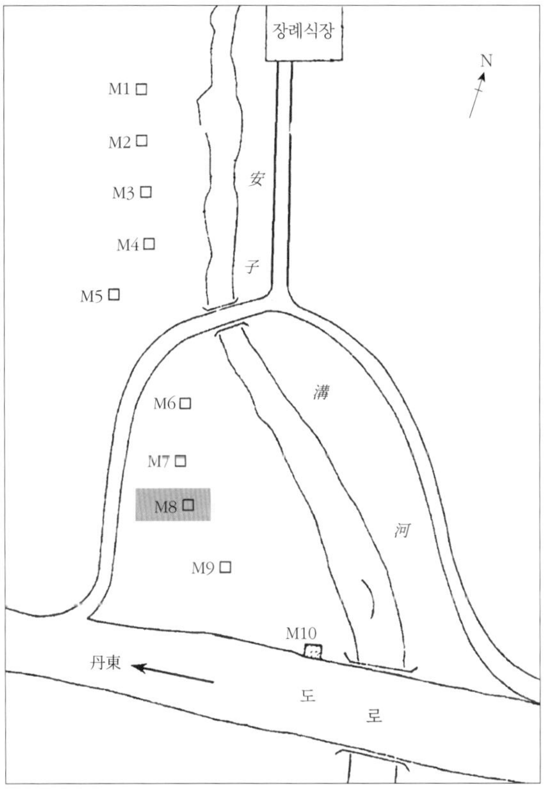

그림 1 마선안자구고분군의 분포도(『北方文物』 2002-2)

○ 조사자 : 何明, 孫仁杰, 林世賢.

2. 위치와 자연환경(그림 1)

○ 마선묘구 서단의 안자구문 부근에 10여 기의 고분이 남북으로 자리하고 있는데 8호묘는 그 가운데 위

치함. 10여 기의 고분은 안자구하 좌안에 모두 위치함.

○ 安子溝는 集安市 麻線鄉 建疆村에 위치하며 동쪽으로 集安 시내와 7km 떨어져 있으며, 서남으로는 멀지 않은 곳에는 압록강이 안자구문 앞을 흘러가고 있음. 안자구의 시냇물은 남으로 흘러 압록강으로 들어감.

3. 고분의 현황

1) 고분 형식

○ 유형 : 유단적석석광묘(『洞溝古墓群 - 1997年調查測繪報告』), 기단적석묘(『北方文物』 2002-2).

○ 평면 : 방형.

○ 규모 : 둘레 길이 5m, 높이 1.2m.

2) 고분 구조

고분은 심하게 파괴됨.

4. 역사적 성격

○ 안자구고분군은 질서 있게 분포하는데, 계곡 안쪽에서 입구쪽으로 순서대로 배열되어 있어 가족묘지로 추정됨.

○ 안자구고분군은 통구고분군의 최서단에 위치하여 고구려 고분의 분포범위를 연구하는데 가치가 있음.

○ 보고자(『北方文物』 2002-2)는 무덤의 축조법과 형식을 통해 조성연대를 4~7세기로 파악했으나 고분의 파괴가 심해 연대를 판단할 수 없음.

참고문헌

• 吉林省文物考古研究所·集安市博物館, 2002, 『洞溝古墓群-1997年調查測繪報告』, 科學出版社.

• 吉林省文物考古研究所·集安市文物保管所, 2002, 「集安麻線安子溝高句麗墓葬調查與清理」, 『北方文物』 2002-2 ; 2009, 『吉林集安高句麗墓葬報告集』 재수록.

09 집안 마선안자구0009호묘

集安 麻線安子溝0009號墓 | JMAM0009

1. 조사현황

1) 1997년 조사

○ 조사기관 : 吉林省文物考古研究所·集安市博物館.

○ 조사내용 : 1966년에 이어 통구고분군을 전면 재조사하면서 安子溝河 우안의 9기와 좌안 동쪽의 3기 등 총 12기를 '－'로 편호함.

2) 1999년 조사

○ 조사기관 : 集安市博物館·集安縣文物保管所·吉林大學考古學科·工農兵考古學習班.

○ 조사기간 : 6월 하순부터 1개월간 조사.

○ 조사내용 : 集安－丹東 간의 도로 건설로 인해 도로가 통과하는 통구고분군의 마선안자구 지역 고분을 조사 정리함. 계단적석묘 2기, 기단적석묘 8기 등 총 10기의 고분을 발견함. 1966년 실측조사에서 누락되었다가 1997년 조사에서는 총 12기를 확인하였으나 1999년 조사를 통해 마선묘구 안자구고분군으로 정해지면서, 조사 고분은 JMAM1～JMAM10까지 편호함. 1999년 고분 편호를 1997년 조사 고분과 대조해보면 JMAM1는 －0008호묘, JMAM2는 －0001호묘, JMAM3은 －0002호묘, JMAM4는 －0003호묘, JMAM5는 －0009호묘, JMAM6은 －0004호묘, JMAM7은 －0005호묘, JMAM8은 －0006호묘, JMAM9는 －0007호묘임. JMAM10은 1997년 조사에서는 확인되지 않은 고분임.

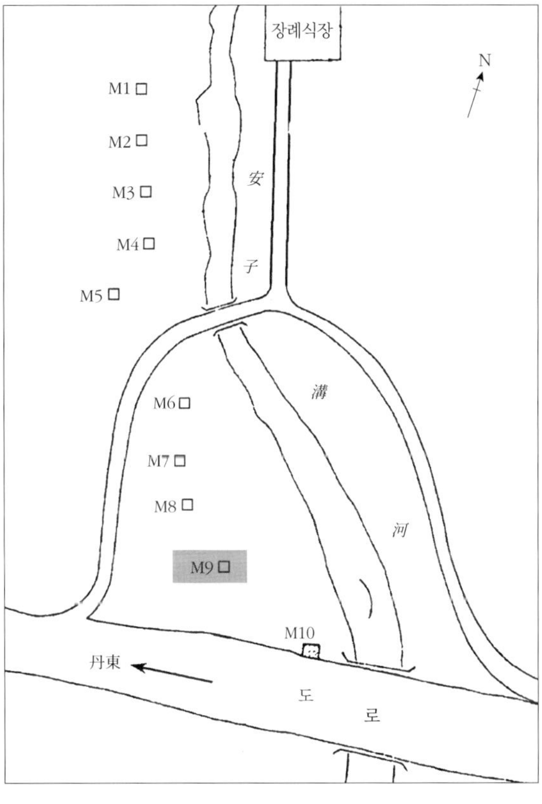

그림 1 마선안자구고분군의 분포도(『北方文物』 2002-2)

○ 조사자 : 何明, 孫仁杰, 林世賢.

2. 위치와 자연환경(그림 1)

○ 마선묘구 서단의 안자구문 부근에 10여 기의 고분이 남북으로 자리하고 있는데 9호묘는 그 가운데 위

치함. 10여 기의 고분은 안자구하 좌안에 모두 위치함.

○ 安子溝는 集安市 麻線鄕 建疆村에 위치하며 동쪽으로 集安 시내와 7km 떨어져 있으며, 서남으로는 멀지 않은 곳에는 압록강이 안자구문 앞을 흘러가고 있음. 안자구의 시냇물은 남으로 흘러 압록강으로 들어감.

3. 고분의 현황

1) 고분 형식

○ 유형 : 유단적석석광묘(『洞溝古墓群－1997年調査測繪報告』), 기단적석묘(『北方文物』 2002-2).

○ 평면 : 방형.

○ 규모 : 둘레 길이 6m, 높이 1.5m.

2) 고분 구조

기단은 돌이 비교적 큰 것을 사용하여 모두 가공을 거치지 않았으며, 묘 정상부 중앙부에는 함몰갱이 있음. 보존상태는 비교적 양호함.

4. 역사적 성격

○ 안자구고분군은 질서 있게 분포하는데, 계곡 안쪽에서 입구쪽으로 순서대로 배열되어 있어 가족묘지로 추정됨.

○ 안자구고분군은 통구고분군의 최서단에 위치하여 고구려 고분의 분포범위를 연구하는데 가치가 있음.

○ 보고자(『北方文物』 2002-2)는 무덤의 축조법과 형식을 통해 조성연대를 4~7세기로 파악했는데 고분의 구조상 4~5세기에 조성된 것으로 추정됨.

참고문헌

- 吉林省文物考古研究所·集安市博物館, 2002, 『洞溝古墓群－1997年調査測繪報告』, 科學出版社.
- 吉林省文物考古研究所·集安市文物保管所, 2002, 「集安麻線安子溝高句麗墓葬調査與清理」, 『北方文物』 2002-2 ; 2009, 『吉林集安高句麗墓葬報告集』 재수록.

10 집안 마선안자구0010호묘

集安 麻線安子溝0010號墓 | JMAM0010

1. 조사현황

1) 1997년 조사

○ 조사기관 : 吉林省文物考古硏究所·集安市博物館.

○ 조사내용 : 1966년에 이어 통구고분군을 전면 재조사하면서 安子溝河 우안의 9기와 좌안 동쪽의 3기 등 총 12기를 '-'로 편호함.

2) 1999년 조사

○ 조사기관 : 集安市博物館·集安縣文物保管所·吉林大學考古學科·工農兵考古學習班.

○ 조사기간 : 6월 하순부터 1개월간 조사.

○ 조사내용 : 集安-丹東 간의 도로 건설로 인해 도로가 통과하는 통구고분군의 마선안자구 지역 고분을 조사 정리함. 계단적석묘 2기, 기단적석묘 8기 등 총 10기의 고분을 발견함. 1966년 실측조사에서 누락되었다가 1997년 조사에서는 총 12기를 확인하였으나 1999년 조사를 통해 마선묘구 안자구고분군으로 정해지면서, 조사 고분은 JMAM1~JMAM10까지 편호함. 1999년 고분 편호를 1997년 조사 고분과 대조해보면 JMAM1는 -0008호묘, JMAM2는 -0001호묘, JMAM3은 -0002호묘, JMAM4는 -0003호묘, JMAM5는 -0009호묘, JMAM6은 -0004호묘, JMAM7은 -0005호묘, JMAM8은 -0006호묘, JMAM9는 -0007호묘임. JMAM10은 1997년 조사에서는 확인되지 않은 고분임.

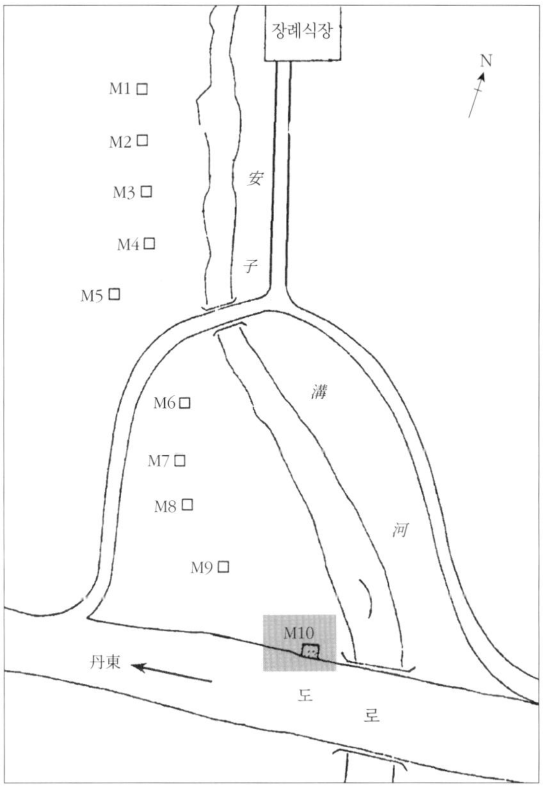

그림 1 마선안자구고분군의 분포도(『北方文物』 2002-2)

○ 조사자 : 何明, 孫仁杰, 林世賢.

2. 위치와 자연환경(그림 1)

○ 마선묘구 서단의 안자구문 부근에 10여 기의 고분이 남북으로 자리하고 있는데 해당 고분은 최남단에 위

치함. 10여 기의 고분은 안자구하 좌안에 모두 위치함.
○ 安子溝는 集安市 麻線鄉 建疆村에 위치하며 동쪽으로 集安 시내와 7km 떨어져 있으며, 서남으로는 멀지 않은 곳에는 압록강이 안자구문 앞을 흘러가고 있음. 안자구의 시냇물은 남으로 흘러 압록강으로 들어감.

3. 고분의 현황

1) 고분 형식

○ 유형 : 기단석광적석묘, 계단석광적석묘(『北方文物』 2002-2).[1]
○ 평면 : 정방형.
○ 규모 : 한 변 길이 9m.

2) 고분 구조

과거 일찍부터 심하게 파괴되었는데 무덤의 남측 계단은 지반에 눌려져 있음. 고분 상부의 석광과 봉토는 모두 이미 유실되고 지표에는 세 부분의 계단만 남아 있음.

3) 기타

정리과정 중에 유물은 출토되지 않음.

4. 역사적 성격

○ 안자구고분군은 질서 있게 분포하는데, 계곡 안쪽에서 입구쪽으로 순서대로 배열되어 있어 가족묘지로 추정됨.
○ 안자구고분군은 통구고분군의 최서단에 위치하여 고구려 고분의 분포범위를 연구하는데 가치가 있음.
○ 보고자(『北方文物』 2002-2)는 무덤의 축조법과 형식을 통해 조성연대를 4~7세기로 파악했는데 고분의 구조상 4~5세기에 조성된 것으로 추정됨.

참고문헌

- 吉林省文物考古研究所·集安市博物館, 2002, 『洞溝古墓群-1997年調査測繪報告』, 科學出版社.
- 吉林省文物考古研究所·集安市文物保管所, 2002, 「集安麻線安子溝高句麗墓葬調査與清理」, 『北方文物』 2002-2 ; 2009, 『吉林集安高句麗墓葬報告集』 재수록.

1 안자구고분군의 10기 가운데 유일하게 발굴조사한 고분임. 보고서에서 다른 안자구고분군을 간략히 소개하면서 10호묘는 기단적석묘로 규모는 한 변 길이 9.5m, 잔존높이 0.5m로 기재되어 있으나 당시 발굴조사한 내용에서는 계단석광적석묘로 소개함.

11 집안 마선구0397호묘

集安 麻線溝0397號墓 | JMM0397

1. 조사현황

1) 1997년 조사

○ 조사기관 : 吉林省文物考古硏究所·集安市博物館.

○ 조사기간 : 4~6월.

○ 조사내용 : 통구고분군에 대한 전면적 재조사와 실측조사를 진행할 때 JMM0397호묘가 JMM0398호묘 및 JMM0399호묘와 연접된 상태를 확인함.

2) 2004~2005년 조사

○ 조사기간, 조사기관 등에 대한 언급이 없으나 張福有, 孫仁杰, 遲勇 등이 집안 경내의 고구려유적을 전면 재조사하면서 정리함.

○ JMM0397호묘는 JMM0398, JMM0399호묘 이외에 과거 조사에서 누락된 새로운 연접묘를 확인하고 JMM－0398호묘로 편호함.

2. 위치와 자연환경(그림 1)

○ 마선구하 좌안의 紅星村 서북의 하곡 대지에 위치함.

○ JMM0397호묘를 비롯한 4기의 연접묘로, 서쪽으로 마선구하에 접하고 있음. 마선구하의 흐름에 따라서 북에서 남으로 JMM0397, JMM0398, JMM－0398, JMM0399의 순서로 배열되어 있음. 해당 고분은 4기가 연접한 연접묘 가운데 최북단에 위치함.

○ 4기의 연접묘 동쪽 약 18m에 JMM1332호묘, 북쪽 약 10m에 JMM0394호묘, 남쪽 약 12m에 JMM0400호묘가 자리하고 있음.

3. 고분의 현황

1) 고분 형식

○ 유형 : 계단적석석광묘(『洞溝古墓群－1997年調査測繪報告』), 계단적석광실묘(『集安高句麗墓葬』).

○ 평면 : 방형.

○ 규모 : 연접묘의 전체 규모는 남북 길이 51m, 동서 너비 15m. 높이는 가장 높은 곳이 약 5m이며 대개는 3m 정도임.

2) 고분 구조(그림 2)

(1) 연접묘 계단

○ 4기의 묘가 연접하여 외형상 1기처럼 보이는 연접묘로 외부 계단이 서로 연접하여 1개체를 이루고 있음. 아직 발굴되지는 않음.

○ 계단의 남단과 북단은 붕괴와 석재의 유실로 비교적 낮고 작음. 계단의 동측과 서측에서도 부분적 붕괴와 계단 석재의 유실된 정황 등이 보임.

○ 현재 3단의 계단이 확인되는데 제1단과 제2단은 여

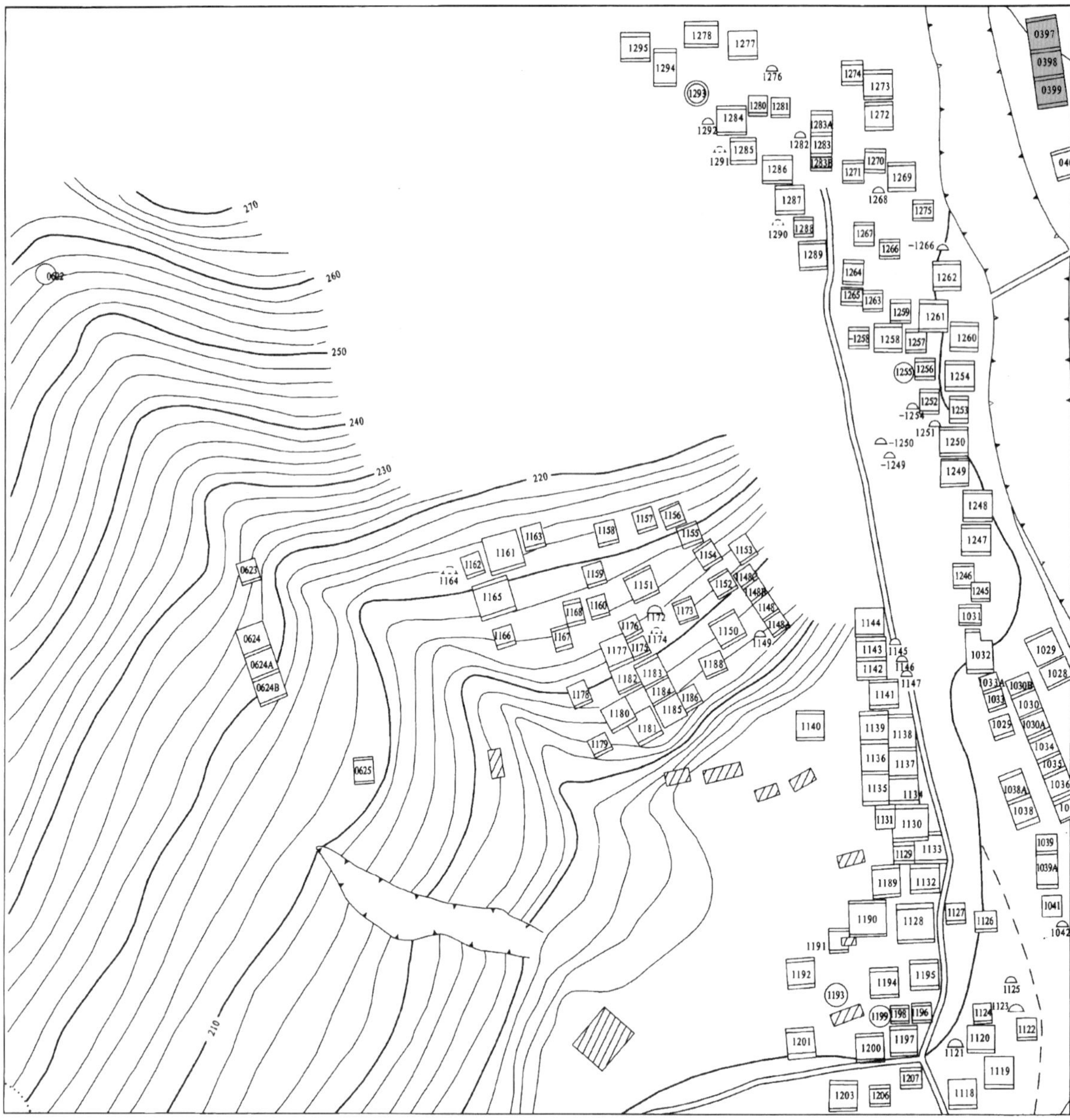

그림 1 마선구 397호묘·398호묘·399호묘 위치도(『洞溝古墓群－1997年調査測繪報告』)

접묘 전체의 계단으로 축조되었으며, 제3단부터는 분리되어 개별 고분 단위로 축조됨.

○ 제1단 계단 석재는 대개 1.2m 정도로 비교적 큼. 네 모서리의 석재는 약간 커서 1.5～1.2m 정도임. 제2단 및 제3단 계단 석재는 약간 작아서 대다수 0.8～1m에 해당함. 계단 석재는 모두 가공을 거쳐 다듬었는데 석재가 가지런한 방형을 이루며 크기가 균일함.

○ 제1단 계단은 길이 51m, 너비 15m, 높이 1～2m이며, 낮은 곳은 계단석이 유실됨. 2～5층으로 축조되어 있음. 제2단 계단은 제1단 계단 위에 사면을 안으로 1m 들여쌓아 조성하였는데 높이가 1m를 넘지 않음.

○ 제2단 계단의 상부가 평면으로 중앙에 광실이 축조되는데 각 개별 고분마다 둘 또는 하나의 광실을 가짐.

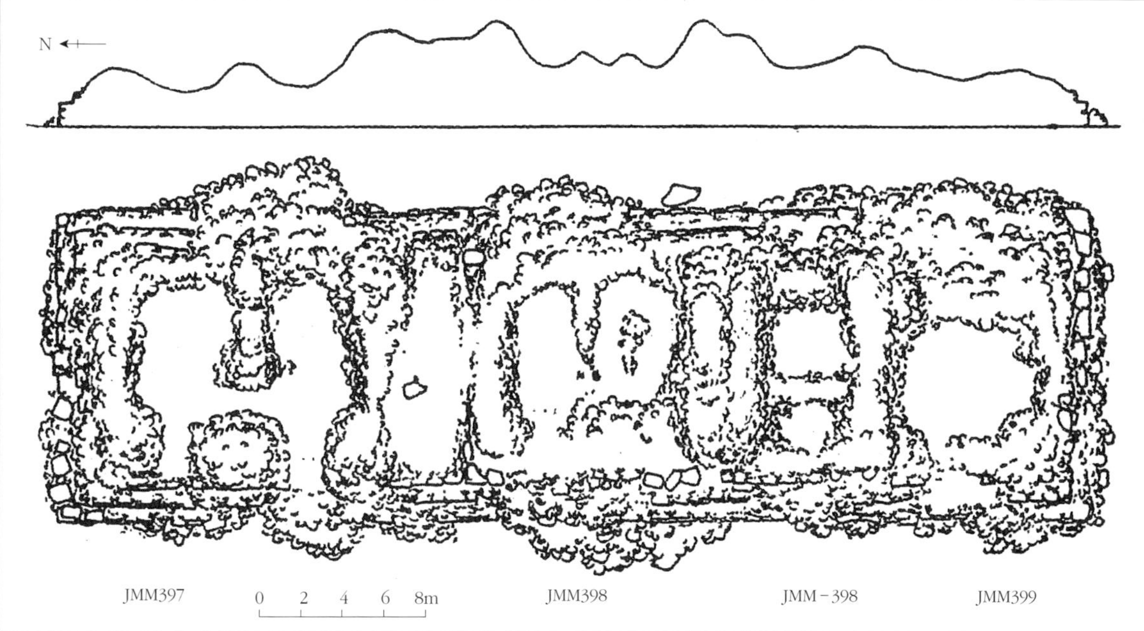

그림 2 마선구 397호묘 · 398호묘 · －398호묘 · 399호묘 평 · 단면도(『集安高句麗墓葬』)

(2) 묘실

○ 고분의 제2단 계단 상면의 중앙에 2개의 함몰갱이 남북으로 배열되어 있는데 두 개의 광실로 추정됨. 두 함몰갱은 모두 동서 길이 6m, 남북 너비 4m, 깊이 1m 정도임. 두 함몰갱 서측으로 각각 함몰된 상태인데 묘도로 추정됨.

○ 광실의 바깥쪽에는 제3단 계단이 둘러싸고 있음. 제3단 계단은 제2단 계단 위에 안으로 1m 정도 들여쌓았는데 축조석은 한층만 보임.

○ 인접한 JMM0398호묘와 계단이 서로 연접되어 있으며 그 가운데에는 두 고분을 분리하기 위한 한 줄의 석렬이 있음. 이 석렬로 JMM0397호묘의 남북 길이가 20m임을 추정할 수 있음.

4. 역사적 성격

○ 이 고분을 포함한 4기의 연접 방식을 보면, 제1단 및 제2단 계단은 동일한 기초에 조성하고, 그 위 제3단 계단은 고분별로 조성하고 각기 광실을 축조함. 이 연접묘는 가족묘일 가능성이 아주 큼.

○ 매장부는 이미 광실 단계에 진입하였으며, 묘도 흔적이 보이지만 아직 석실로는 진입하지 못하였음. 매장부 구조로 보아 무덤의 연대는 4세기 중기 정도로 추정됨.

참고문헌

- 吉林省文物志編委會, 1984, 『集安縣文物志』.
- 國家文物局 主編, 1993, 『中國文物地圖集』 吉林分冊, 中國地圖出版社.
- 吉林省文物考古研究所·集安市博物館, 2002, 『洞溝古墓群-1997年調查測繪報告』, 科學出版社.
- 張福有·孫仁杰·遲勇, 2007, 「高句麗王陵通考要報」, 『東北史地』 2007-4 ; 2007, 『高句麗王陵通考』, 香港亞洲出版社.
- 孫仁杰·遲勇, 2007, 『集安高句麗墓葬』, 香港亞洲出版社.

12 집안 마선구0398호묘

集安 麻線溝0398號墓 | JMM0398

1. 조사현황

1) 1997년 조사

○ 조사기관 : 吉林省文物考古研究所·集安市博物館.

○ 조사기간 : 4~6월.

○ 조사내용 : 통구고분군에 대한 전면적 재조사와 실측조사를 진행할 때 JMM0397호묘가 JMM0398호묘 및 JMM0399호묘와 연접한 상태를 확인함.

2) 2004~2005년 조사

○ 조사기간, 조사기관 등에 대한 언급이 없으나 張福有, 孫仁杰, 遲勇 등이 집안 경내의 고구려유적을 전면 재조사하면서 정리함.

○ JMM0397호묘는 JMM0398, JMM0399호묘 이외에 과거 조사에서 누락된 새로운 연접묘를 확인하고 JMM-0398호묘로 편호함.

3) 위치와 자연환경(그림 1)

○ 마선구하 좌안의 紅星村 서북의 하곡 대지에 위치함.

○ JMM0397호묘를 비롯한 4기의 연접묘로 서쪽으로 마선구하에 접하고 있음. 마선구하의 물줄기 방향을 따라 북에서 남으로 JMM0397, JMM0398, JMM-0398, JMM0399의 순서로 배열되어 있음.

○ 4기의 연접묘는 동쪽 약 18m에 JMM1332호묘, 북쪽 약 10m에 JMM0394호묘, 남쪽 약 12m에 JMM0400호묘가 자리하고 있음.

2. 고분의 현황

1) 고분 형식

○ 유형 : 계단적석석광묘(『洞溝古墓群-1997年調査測繪報告』), 계단적석광실묘(『集安高句麗墓葬』).

○ 평면 : 방형.

○ 규모 : 연접묘의 전체 규모는 남북 길이 51m, 동서 너비 15m이며, 높이는 가장 높은 곳이 약 5m이고 일반적으로는 3m 정도임.

2) 고분 구조(그림 2)

(1) 연접묘 계단

○ 하나의 계단 위에 4기의 매장부가 있는 연접묘인데 아직 발굴되지는 않음. 계단의 남단과 북단이 비교적 낮고 작은데 이것은 붕괴와 석재의 유실 때문임. 계단의 동측과 서측 역시 부분적 붕괴와 계단 석재의 유실된 정황 등이 보임.

○ 현재 3단의 계단이 확인되는데, 제1단과 2단은 연접묘 전체의 계단으로 조성되었으며, 제3단부터는 분리되어 개별 고분 단위로 축조됨.

○ 제1단 계단석은 비교적 커서 일반적으로 1.2m 정도이며, 네 모서리의 석재는 약간 커서 1.5~1.2m 정

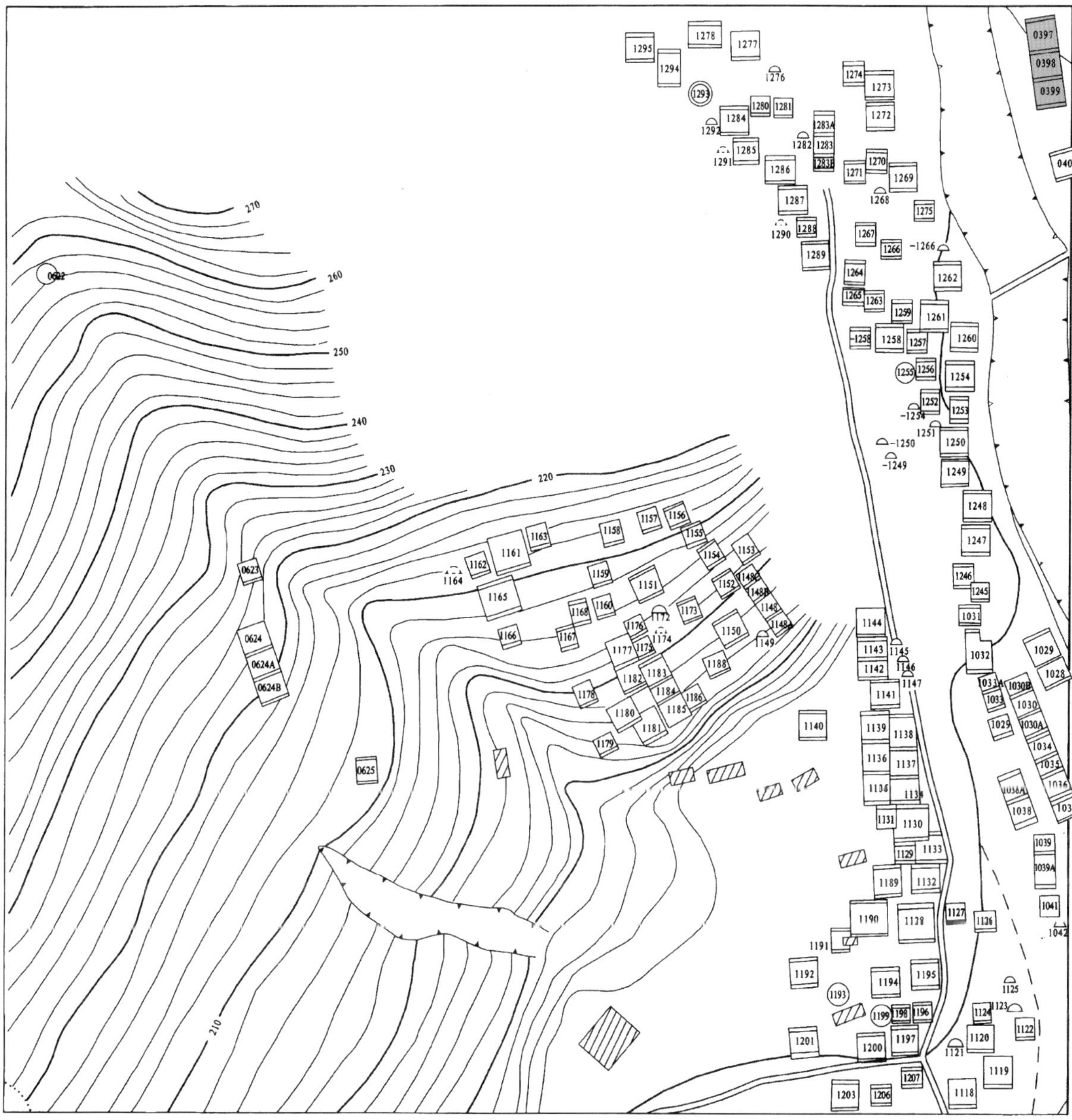

그림 1 마선구 397호묘 · 398호묘 · 399호묘 위치도(『洞溝古墓群－1997年調查測繪報告』)

도임. 제2단 및 제3단 계단의 석재는 약간 작아서 대다수 0.8～1m 사이에 해당함. 계단 석재는 모두 가공을 거쳐 다듬어져 석재가 정연한 방형을 이루며 크기가 균일함.

○ 제1단 계단은 길이 51m, 너비 15m, 높이 1～2m이며, 낮은 곳은 계단석이 유실되었기 때문인데 2～5층으로 축조되어 있음. 제2단 계단은 제1단 계단 위에 사면을 안으로 1m 들여쌓아 조성하였는데 높이가 1m를 넘지 않음.

○ 제2단 계단의 상면의 중앙에 광실이 축조되는데 각 개별 고분마다 둘 또는 하나의 광실을 가짐.

(2) 묘실

○ 고분의 제2단 계단 상면의 중앙에 2개의 오목한 함

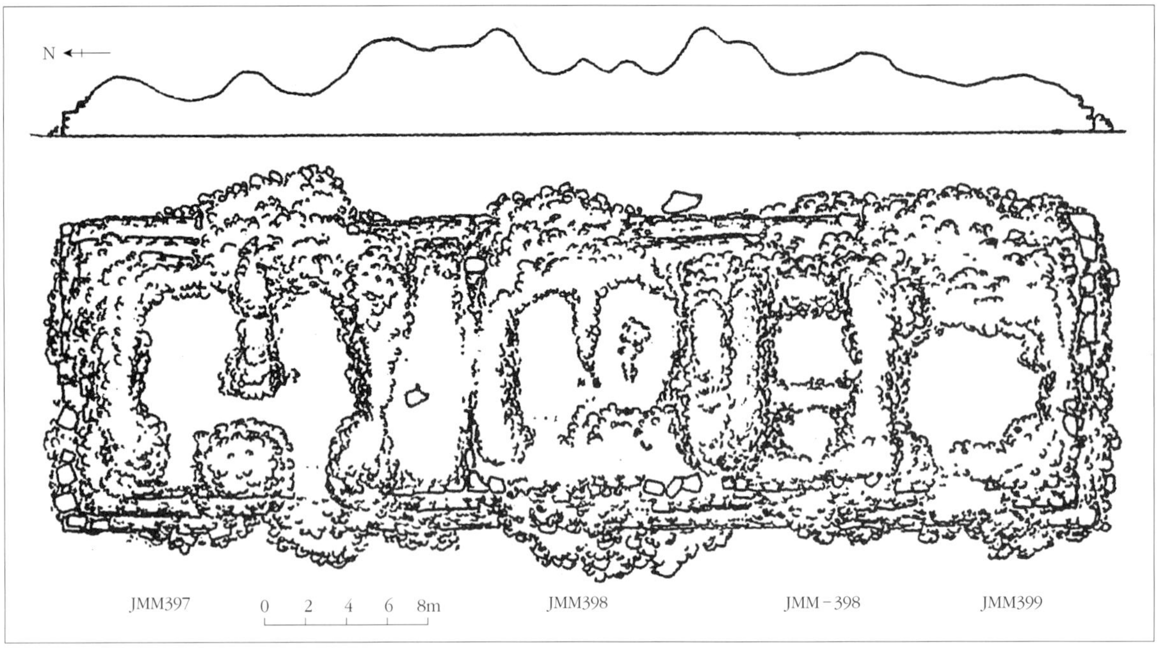

그림 2 마선구 397호묘·398호묘·－398호묘·399호묘 평·단면도(『集安高句麗墓葬』)

몰갱이 남북으로 배열되어 있는데 두 개의 광실로 추정됨. 두 함몰갱의 서측으로 각각 함몰된 곳은 묘도로 추정됨.

○ 광실의 바깥쪽에는 제3단 계단이 둘러싸고 있음. 제3단 계단은 제2단 계단 위에 안으로 들여쌓았는데 축조석은 한 층만 보임. 제3단 계단을 보면 JMM0397호묘보다 규모가 작음.

○ 인접한 고분과 계단이 서로 연접되어 있으며 그 가운데에는 두 고분을 분리하기 위해 석렬을 한 줄 쌓았음.

3. 역사적 성격

○ 이 고분을 포함한 4기의 연접방식을 보면, 제1단 및 제2단 계단은 동일한 기초에 조성되고, 그 위 제3단 계단은 고분별로 조성하고 각기 광실을 축조하였음. 연접묘는 가족묘일 가능성이 아주 큼.

○ 매장부는 이미 광실 단계에 진입하였으며, 묘도 흔적이 보지만 아직 석실로는 진입하지 못하였음. 매장부 구조로 보아 무덤의 연대는 4세기 중기 정도로 추정됨.

참고문헌

- 吉林省文物志編委會, 1984, 『集安縣文物志』.
- 國家文物局 主編, 1993, 『中國文物地圖集』 吉林分冊, 中國地圖出版社.
- 吉林省文物考古研究所·集安市博物館, 2002, 『洞溝古墓群－1997年調査測繪報告』, 科學出版社.
- 孫仁杰·遲勇, 2007, 『集安高句麗墓葬』, 香港亞洲出版社.
- 張福有·孫仁杰·遲勇, 2007, 「高句麗王陵通考要報」, 『東北史地』 2007-4 ; 2007, 『高句麗王陵通考』, 香港亞洲出版社.

13 집안 마선구-0398호묘

集安 麻線溝-0398號墓 | JMM-0398

1. 조사현황

1) 1997년 조사

○ 조사기관 : 吉林省文物考古研究所·集安市博物館.

○ 조사기간 : 4~6월.

○ 조사내용 : 통구고분군에 대한 전면적 재조사와 실측조사를 진행할 때 JMM0397호묘가 JMM0398호묘 및 JMM0399호묘와 연접한 상태 확인함.

2) 2004~2005년 조사

○ 조사기간, 조사기관 등에 대한 언급이 없으나 張福有, 孫仁杰, 遲勇 등이 집안 경내의 고구려유적을 전면 재조사하면서 정리함.

○ JMM0397호묘는 JMM0398, JMM0399호묘 이외에 과거 조사에서 누락된 새로운 연접묘를 확인하고 JMM-0398호묘로 편호함.

2. 위치와 자연환경

○ 마선구하 좌안의 紅星村 서북의 하곡 대지에 위치함.

○ JMM0397호묘를 비롯한 4기의 연접묘 서쪽으로 마선구하에 접함. 마선구하의 물줄기 방향을 따라 북에서 남으로 JMM0397, JMM0398, JMM-0398, JMM0399의 순서로 배열되어 있음.

○ 4기의 연접묘는 동쪽 약 18m에 JMM1332호묘, 북쪽 약 10m에 JMM0394호묘, 남쪽 약 12m에 JMM0400호묘가 자리하고 있음.

3. 고분의 현황

1) 고분 형식

○ 유형 : 계단적석광실묘(『集安高句麗墓葬』).

○ 평면 : 방형.

○ 규모 : 연접묘의 전체 규모는 남북 길이 51m, 동서 너비 15m. 높이는 가장 높은 곳이 약 5m이며 대개 3m 정도임.

2) 고분 구조(그림 1)

(1) 연접묘 계단

○ 4기의 묘가 함께 연접하여 1기의 연접묘를 이룸. 외부의 계단이 서로 연접하여 1개체를 이루고 있음. 아직 발굴되지는 않음. 계단의 남단과 북단은 붕괴와 석재의 유실로 비교적 낮고 작음. 계단의 동측과 서측 역시 부분적 붕괴와 계단 석재의 유실된 정황 등이 보임.

○ 현재 3단의 계단이 확인되는데, 제1단과 2단은 연접묘 전체의 계단으로 조성되었으며, 제3단부터는 분리되어 개별 고분 단위로 축조됨.

○ 제1단 계단석재는 비교적 커서 일반적으로 1.2m

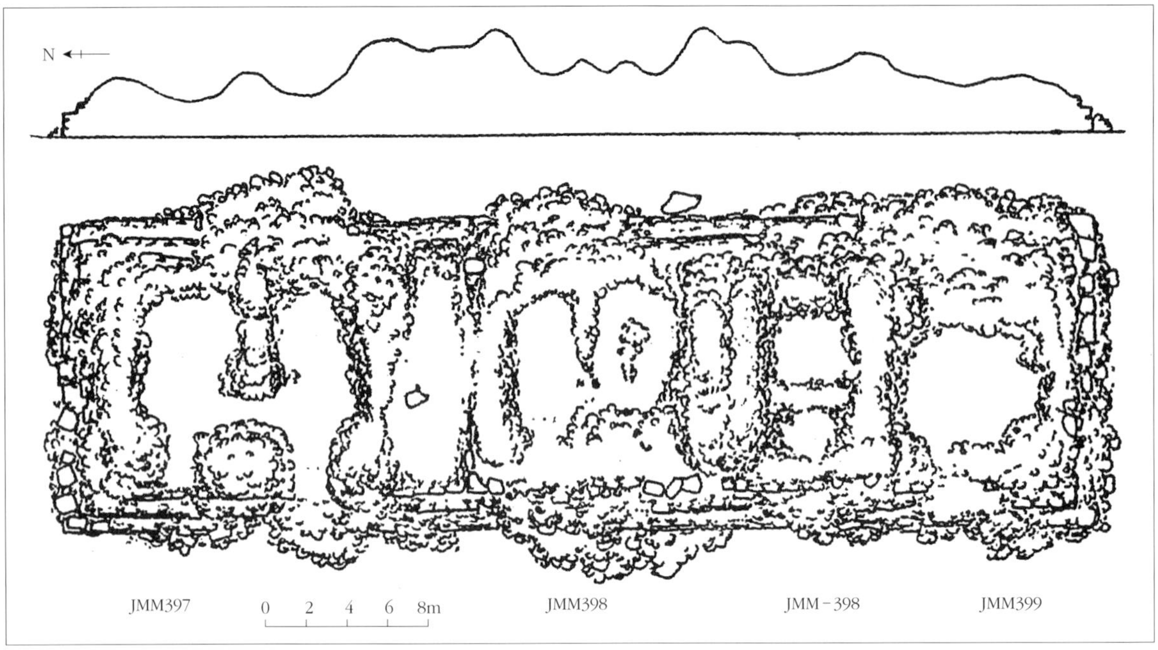

그림 1 마선구 397호묘 · 398호묘 · －398호묘 · 399호묘 평 · 단면도(『集安高句麗墓葬』)

정도이며, 네 모서리의 석재는 약간 커서 1.5～1.2m 정도임. 제2단 및 제3단 계단의 석재는 약간 작아서 대다수 0.8～1m 사이에 해당함. 계단 석재는 모두 가공을 거쳐 다듬어져 석재가 정연한 방형을 이루며 크기가 균일함.

○ 제1단 계단은 길이 51m, 너비 15m, 높이 1～2m 이며, 낮은 곳은 계단석이 유실됨. 2～5층으로 축조되어 있음. 제2단 계단은 제1단 계단 위에 사면을 안으로 1m 들여쌓아 조성하였는데 높이가 1m를 넘지 않음.

○ 제2단 계단의 상부가 평면으로 중앙에 광실이 축조되는데 각 개별 고분마다 둘 또는 하나의 광실을 가짐.

(2) 묘실

○ 해당 고분의 제2단 계단 상면의 중앙에 1개의 함몰갱이 있어 광실로 추정됨. 광실의 바깥쪽에는 제3단 계단을 둘러쌓음. 제3단 계단은 제2단 계단 위에 안으로 들여쌓았는데 축조석은 한 층만 보임.

○ 인접한 고분과 계단이 서로 연접되어 있으며 그 가운데에 두 고분을 분리하기 위한 석렬을 한 줄 쌓았음.

4. 역사적 성격

○ 이 고분을 포함한 4기의 연접 방식을 보면, 제1단 및 제2단 계단은 동일한 기초에 조성하고, 그 위 제3단 계단은 고분별로 조성하고 각기 광실을 축조함. 이 연접묘는 가족묘일 가능성이 아주 큼.

○ 매장부는 이미 광실 단계에 진입하였으며, 묘도 흔적이 보이지만 아직 석실로는 진입하지 못하였음. 매장부 구조로 보아 무덤의 연대는 4세기 중기 정도로 추정됨.

참고문헌

- 吉林省文物志編委會, 1984,『集安縣文物志』.
- 國家文物局 主編, 1993,『中國文物地圖集』 吉林分冊, 中國地圖出版社.
- 吉林省文物考古研究所·集安市博物館, 2002,『洞溝古墓群-1997年調査測繪報告』, 科學出版社.
- 孫仁杰·遲勇, 2007,『集安高句麗墓葬』, 香港亞洲出版社.
- 張福有·孫仁杰·遲勇, 2007,「高句麗王陵通考要報」,『東北史地』 2007-4 ; 2007,『高句麗王陵通考』, 香港亞洲出版社.

14 집안 마선구0399호묘

集安 麻線溝0399號墓 | JMM0399

1. 조사현황

1) 1997년 조사

○ 조사기관 : 吉林省文物考古研究所·集安市博物館.

○ 조사기간 : 4~6월.

○ 조사내용 : 통구고분군에 대한 전면적 재조사와 실측조사를 진행할 때 JMM0397호묘가 JMM0398호묘 및 JMM0399호묘와 연접한 상태를 확인함.

2) 2004~2005년 조사

○ 조사기간, 조사기관 등에 대한 언급이 없으나 張福有, 孫仁杰, 遲勇 등이 집안 경내의 고구려유적을 전면 재조사하면서 정리함.

○ JMM0397호묘는 JMM0398, JMM0399호묘 이외에 과거 조사에서 누락된 새로운 연접묘를 확인하고 JMM-0398호묘로 편호함.

2. 위치와 자연환경(그림 1)

○ 마선구하 좌안의 紅星村 서북의 하곡 대지에 위치함.

○ JMM0397호묘를 비롯한 4기의 연접묘로, 서쪽으로 마선구하에 접함. 마선구하의 물줄기 방향을 따라 북에서 남으로 JMM0397, JMM0398, JMM-0398, JMM0399의 순서로 배열되어 있음.

○ 4기의 연접묘는 동쪽 약 18m에 JMM1332호묘, 북쪽 약 10m에 JMM0394호묘, 남쪽 약 12m에 JMM0400호묘가 자리하고 있음.

3. 고분의 현황

1) 고분 형식

○ 유형 : 계단적석석광묘(『洞溝古墓群-1997年調査測繪報告』), 계단적석광실묘(『集安高句麗墓葬』).

○ 평면 : 방형.

○ 규모 : 연접묘의 전체 규모는 남북 길이 51m, 동서 너비 15m이며, 높이는 가장 높은 곳이 약 5m이고 보통은 3m 정도임.

2) 고분 구조(그림 2)

(1) 연접묘 계단

○ 4기의 묘가 함께 연접하여 1기의 연접묘를 이룸. 외부의 계단이 서로 연접하여 1개체를 이루고 있음. 아직 발굴되지는 않음.

○ 계단의 남단과 북단은 붕괴와 석재의 유실로 비교적 낮고 작음. 계단의 동측과 서측 역시 부분적 붕괴와 계단 석재의 유실된 정황 등이 보임.

○ 현재 3단의 계단이 확인되는데, 제1단과 2단은 연접묘 전체의 계단으로 조성되었으며, 제3단부터는 분

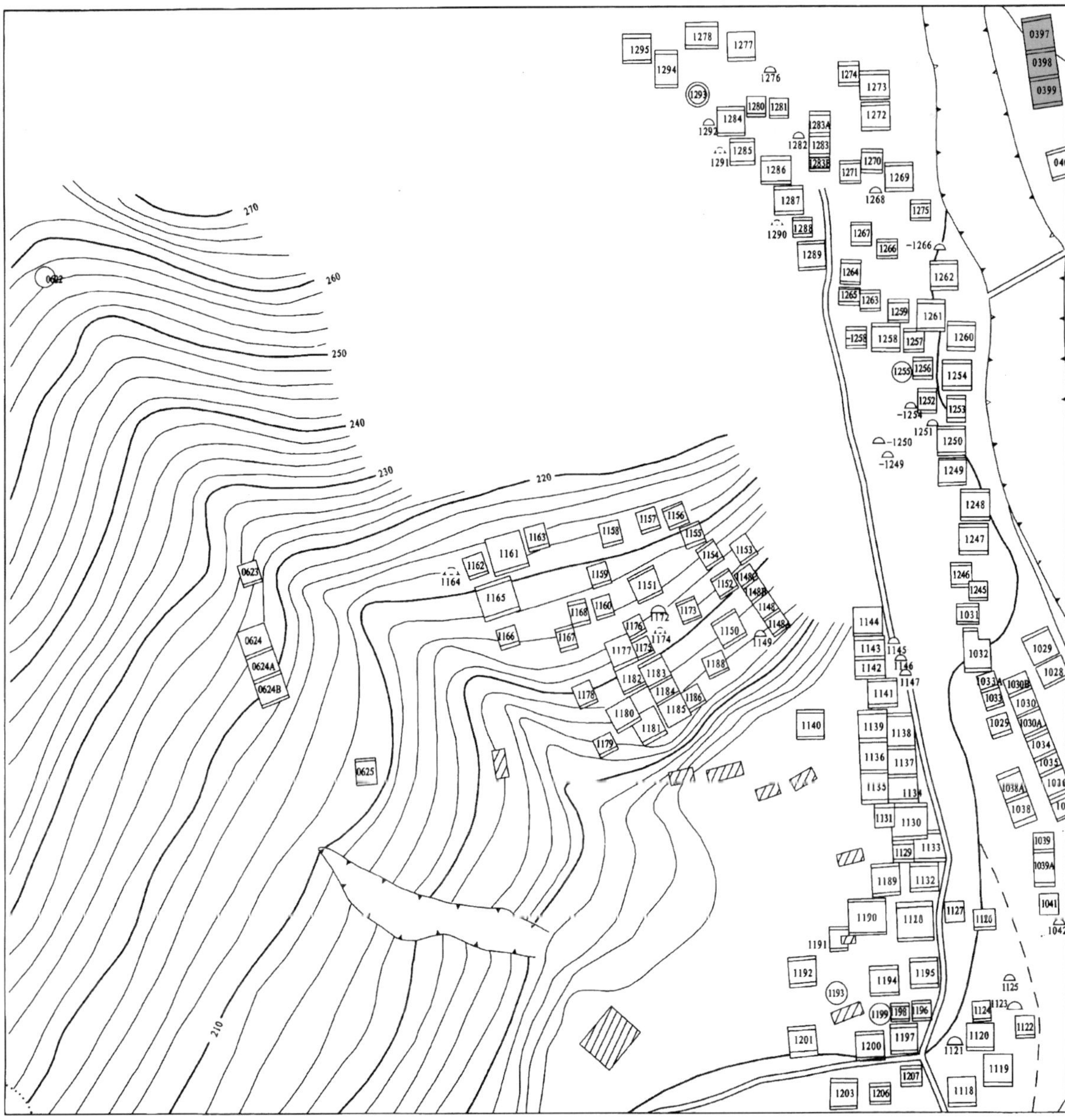

그림 1 마선구 397호묘 · 398호묘 · 399호묘 위치도(『洞溝古墓群－1997年調査測繪報告』)

리되어 개별 고분 단위로 축조됨.

○ 제1단 계단 석재는 비교적 커서 일반적으로 1.2m 정도이며, 네 모서리의 석재는 약간 커서 1.5～1.2m 정도임. 제2단 및 제3단 계단의 석재는 약간 작아서 대다수 0.8～1m에 해당함. 계단 석재는 모두 가공을 거쳐 다듬어져 석재가 정연한 방형을 이루며 크기가 균일함.

○ 제1단 계단은 길이 51m, 너비 15m, 높이 1～2m 이며, 낮은 곳은 계단석이 유실되었음. 2～5층으로 축조되어 있음. 제2단 계단은 제1단 계단 위에 사면을 안으로 1m 들여쌓아 조성하였는데 높이가 1m를 넘지 않음.

○ 제2단 계단의 상부는 평면으로 중앙에 광실이 축조되는데 각 개별 고분마다 둘 또는 하나의 광실을 가짐.

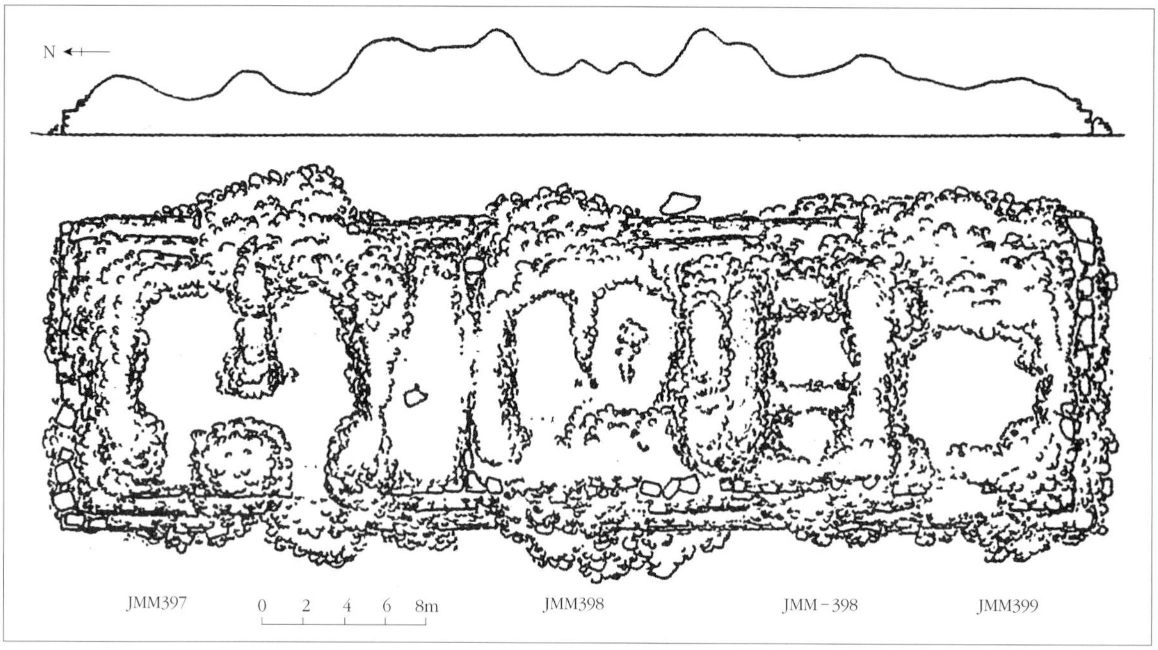

그림 2 마선구 397호묘 · 398호묘 · -398호묘 · 399호묘 평 · 단면도(『集安高句麗墓葬』)

(2) 묘실

○ 해당 고분의 제2단 계단 상면의 중앙에 1개의 함몰갱이 보이는데 광실 위치로 추정됨.

○ 광실의 바깥쪽에는 제3단 계단을 둘러쌓았는데 제3단 계단은 제2단 계단 위에 안으로 들여쌓았으며 축조석은 한 층만 보임.

○ 인접한 고분과 계단이 서로 연접되어 있으며, 그 가운데에는 두 고분을 분리하기 위해 석렬 한 줄을 쌓았음.

○ 북면은 제3단 계단이 없이 앞 계단에 기대고 있는 것이 명확함.

4. 역사적 성격

○ 이 고분을 포함한 4기의 연접 방식을 보면, 제1단 및 제2단 계단은 동일한 기초에 조성하고, 그 위 제3단 계단은 고분별로 조성하고 각기 광실을 축조함. 이 연접묘는 가족묘일 가능성이 아주 큼.

○ 매장부는 이미 광실 단계에 진입하였으며, 묘도 흔적이 보이지만 아직 석실로는 진입하지 못하였음. 매장부 구조로 보아 무덤의 연대는 4세기 중기 정도로 추정됨.

참고문헌

- 吉林省文物志編委會, 1984, 『集安縣文物志』.
- 國家文物局 主編, 1993, 『中國文物地圖集』 吉林分冊, 中國地圖出版社.
- 吉林省文物考古研究所·集安市博物館, 2002, 『洞溝古墓群-1997年調査測繪報告』, 科學出版社.
- 孫仁杰·遲勇, 2007, 『集安高句麗墓葬』, 香港亞洲出版社.
- 張福有·孫仁杰·遲勇, 2007, 「高句麗王陵通考要報」, 『東北史地』 2007-4 ; 2007, 『高句麗王陵通考』, 香港亞洲出版社.

15 집안 마선구0401호묘

集安 麻線溝0401號墓 | JMM0401

1. 조사현황

1) 1999년 조사

○ 조사기관 : 吉林省博物館·集安縣文物保管所·吉林大學考古學科·工農兵考古學習班.

○ 조사기간 : 6월 하순부터 1개월간 조사.

○ 조사내용 : 集安－丹東 간의 도로 건설로 인해 도로가 통과하는 통구고분군 마선구안자구 지역의 고분을 조사 및 정리함. 이 조사과정에서 마선구401호묘를 비롯해 마선구402호묘와 마선안자구10호묘 등을 발굴조사함.

○ 조사자 : 何明, 孫仁杰, 林世賢.

2. 위치와 자연환경(그림 1)

○ 고분은 마선구고분군 가장 서쪽 끝의 산비탈 대지 위에 자리함.

○ 마선구 安子溝河의 동쪽에 자리하고 있음.

○ 고분 동쪽으로는 서대묘와 약 300m 떨어져 있음.

3. 고분의 현황

1) 고분 형식

○ 유형 : 계단적석석광묘(『洞溝古墓群－1997年調查測繪報告』), 계단석광적석묘(『北方文物』 2002-2).

○ 평면 : 장방형.

○ 방향 : 335°.

○ 규모 : 남북 길이 19m, 동서 너비 14.5m, 높이 1.7m.

2) 고분 구조(그림 2)

(1) 계단

○ 무덤은 북면이 높고 남면이 낮은 자연지형을 이용하여 북면은 1단 계단만 축조하였으며, 사용된 석재는 비교적 작음.

○ 남면은 4단의 계단으로 수축하였으며, 사용된 석재는 비교적 큼. 남단의 제1단 계단은 사용된 석재가 대다수 1～2m이며, 모두 다듬지 않은 자연 석재를 사용함. 제2단 계단은 판상에 가까운 석재로 횡렬로 축조함. 제3단과 제4단의 계단은 약간 작은 자연 석재로 축조함.

(2) 묘실

○ 무덤 정상부는 산자갈(碎山石)과 강자갈(河卵石)을 평평하게 깔아 비교적 평탄하며 중앙부에서 동측에 치우친 곳에서는 불탄 흔적을 볼 수 있음.

○ 분구 상면에는 3개 석광이 북에서 남으로 순서대로 배열되었는데 각기 壙1, 壙2, 壙3 등으로 편호함. 壙1은 이미 파괴되었으며, 그 네 벽은 대체적인 윤곽을 판별할 수 있음. 壙2는 보존상태가 약간 양호하며, 동벽은

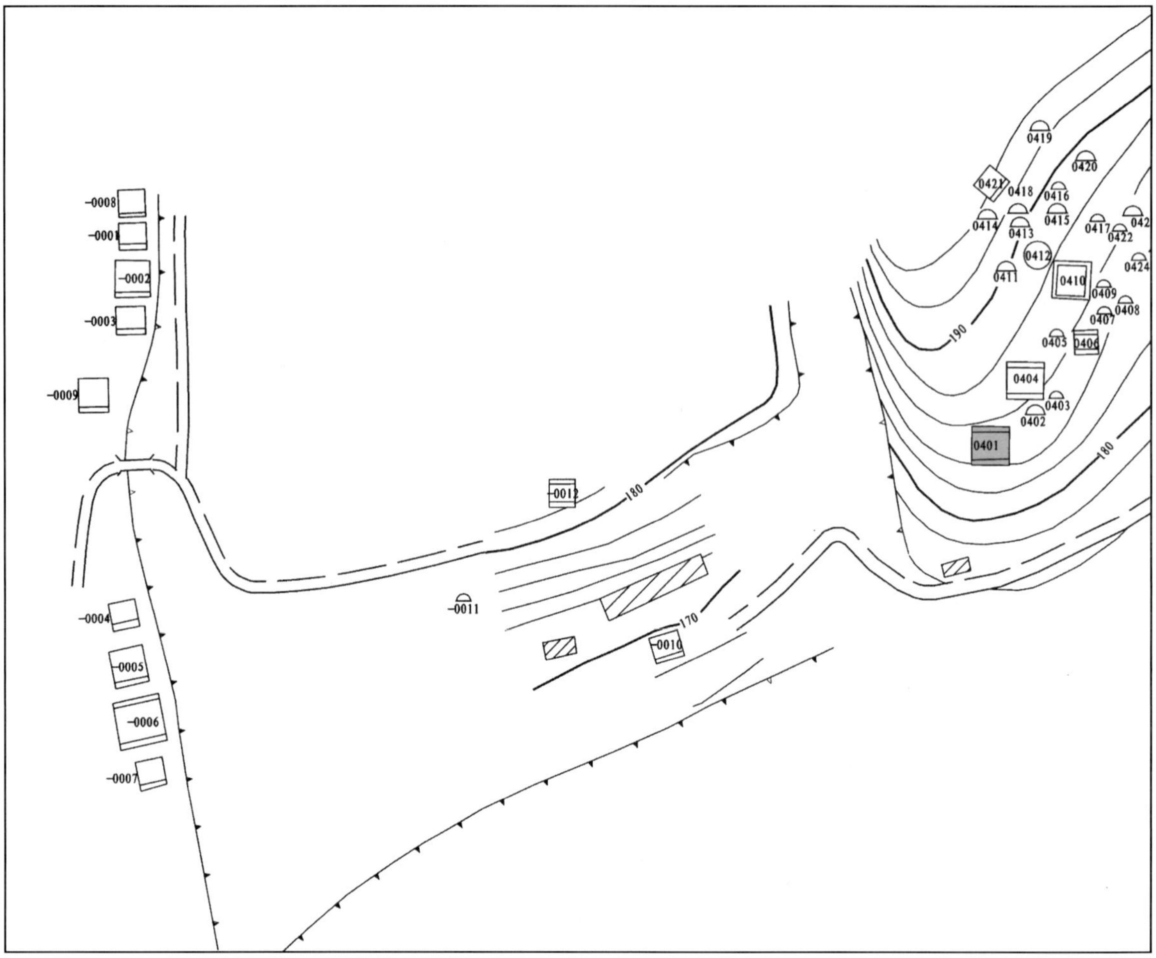

그림 1 마선구401호묘 위치도(『洞溝古墓群－1997年調査測繪報告』)

남벽과 정연하여 명확하나 서벽과 북벽은 흐릿하게 판별할 수 있으며, 바닥부는 비교적 정연하게 강자갈(河卵石)을 깔았고 광 안은 산자갈(碎山石)로 채워 덮음. 壙3은 파괴된 상태임.

3) 기타

○ 壙1 안에서 금제귀걸이 1점, 철제관고리장식(鐵棺環) 6점 등이 출토되었으며 여전히 소량의 인골 잔편들이 보임.

○ 壙2 안에서는 철제관못(鐵棺釘) 6점, 철제꺾쇠(鐵扒鋸) 3점, 철제고리(鐵分鈎) 3점, 사람 지골(人肢骨)의 일부 등이 출토되었음.

○ 壙3은 이미 파괴되어 어떤 유물도 보이지 않음.

4. 출토유물

(1) 금제귀걸이(金耳飾, M401:1, 그림 3-4)

○ 출토지 : 마선구401호묘 壙1.

○ 크기 : 전체 길이 5cm.

○ 형태 : 주환과 유환, 수하식으로 이루어졌음. 주환은 단면이 원형인 봉을 구부려 만들었음. 유환은 가는 고리이고, 수하식은 작은 고리와 접한 방형의 아래에 금사로 체인을 만든후 심엽형 보요를 매달음.

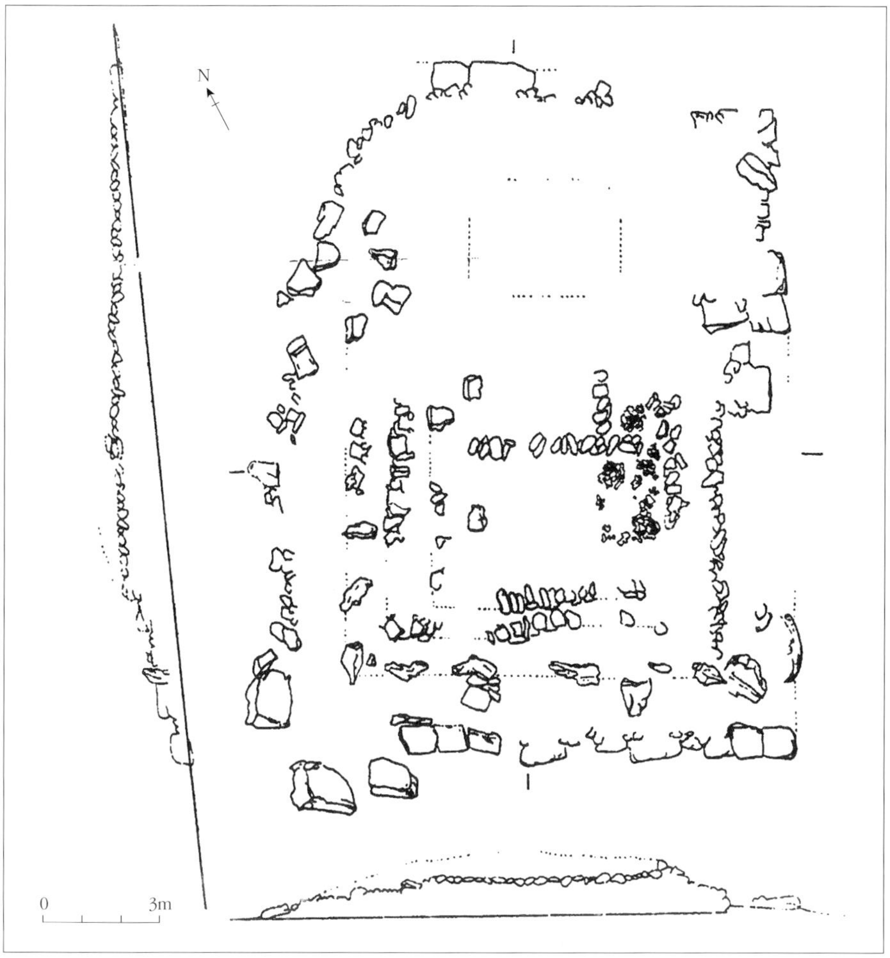

그림 2
마선구401호묘 평·단면도
(『北方文物』 2002-2)

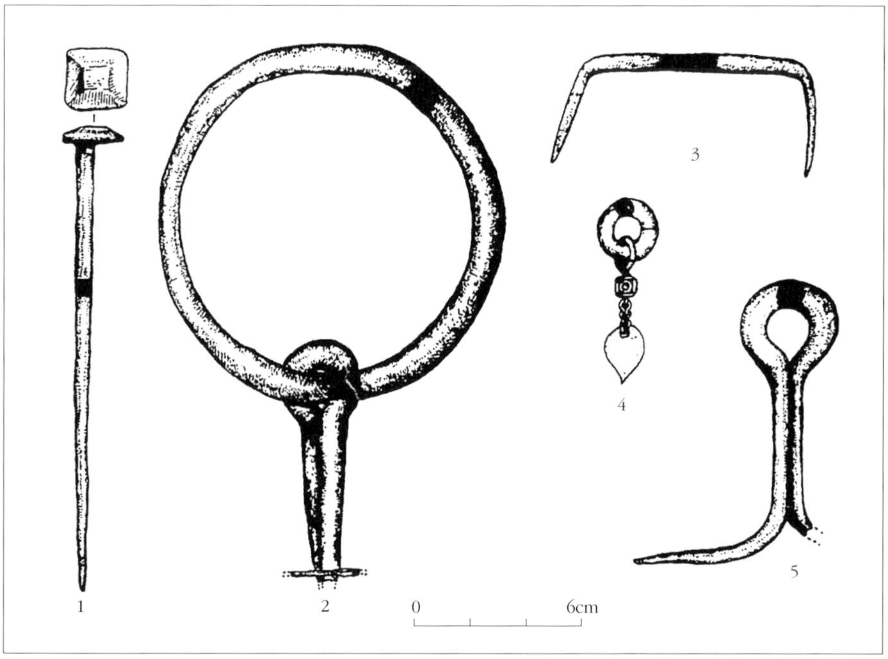

그림 3 마선구401호묘의 출토유물(『北方文物』 2002-2)
1. 철제관못(M401:2)
2. 철제관고리(M401:3)
3. 철제꺾쇠(M401:4)
4. 금귀고리(M401:1)
5. 철제고리(M401:5)

(2) 철제관고리(鐵棺環, M401:3, 그림 3-2)

○ 출토지 : 마선구401호묘 壙1.

○ 크기 : 고리(環)의 직경 9.7cm.

○ 형태 : 큰 고리에는 연결못(鉚釘)이 하나 씌워져 있음.

(3) 철제관못(鐵棺釘, M401:2, 그림 3-1)

○ 출토지 : 마선구401호묘 壙2.

○ 크기 : 전체 길이 12.5cm.

○ 형태 : 마름모꼴의 방형 슴베(四棱方鋌)이며, 대가리는 방형임.

(4) 철제꺾쇠(鐵扒鋸, M401:4, 그림 3-3)

○ 출토지 : 마선구401호묘 壙2.

○ 크기 : 전체 길이 11cm.

○ 형태 : 편평하고 길쭉하며(扁條) 양끝은 굽은 갈고리(彎鉤) 형태임.

(5) 철제고리(鐵分鉤, M401:5, 그림 3-5)

○ 출토지 : 마선구401호묘 壙2.

○ 크기 : 전체 길이 7.5cm.

○ 형태 : 작은 고리에 두 개의 굽은 갈고리가 연결되어 있음.

5. 역사적 성격

보고자는 마선구401호묘는 석광계단적석묘로서, 그 계단은 계장식으로 축조하였다고 함. 이런 축조방식은 고구려 적석묘의 변천 과정에서 연대가 약간 이른 편임. 남아 있는 석광 3개의 현상을 보면 다광묘임. 따라서 고분의 연대는 4세기 전후로 비정됨.

참고문헌

- 吉林省文物志編委會, 1984,『集安縣文物志』.
- 國家文物局 主編, 1993,『中國文物地圖集』吉林分冊, 中國地圖出版社.
- 吉林省文物考古研究所·集安市博物館, 2002,『洞溝古墓群-1997年調查測繪報告』, 科學出版社.
- 吉林省文物考古研究所·集安市文物保管所, 2002,「集安麻線安子溝高句麗墓葬調查與清理」,『北方文物』2002-2 ; 2009,『吉林集安高句麗墓葬報告集』재수록.

16	집안 마선구0402호묘 集安 麻線溝0402號墓 | JMM0402

1. 조사현황

1) 1999년 조사

○ 조사기관 : 吉林省博物館·集安縣文物保管所·吉林大學考古學科·工農兵考古學習班.

○ 조사기간 : 6월 하순부터 1개월간 조사.

○ 조사내용 : 集安 – 丹東 간의 도로 건설로 인해 도로가 통과하는 통구고분군 마선구안자구 지역의 고분을 조사 및 정리함. 이 조사과정에서 마선구402호묘를 비롯해 마선구401호묘와 마선안자구10호묘 등을 발굴조사함.

○ 조사자 : 何明, 孫仁杰, 林世賢.

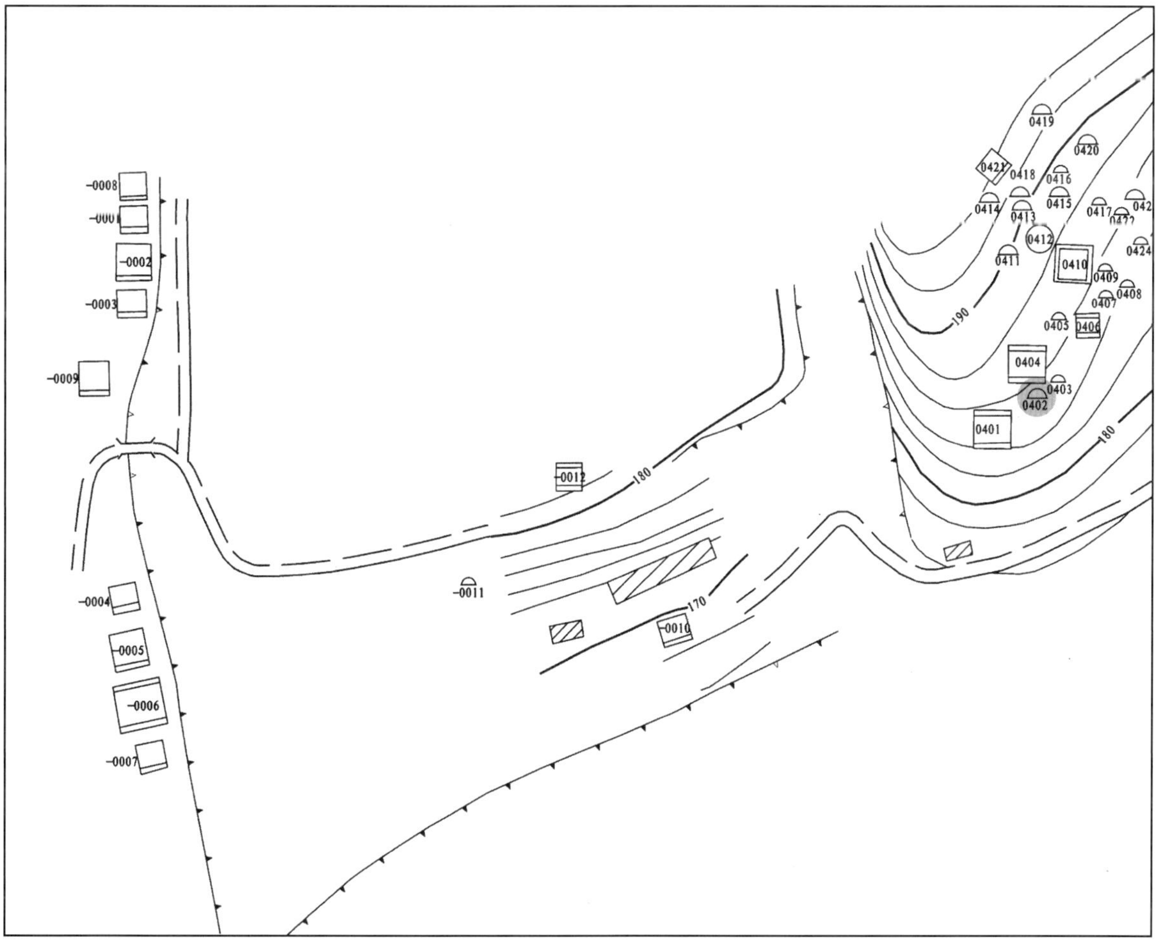

그림 1 마선구402호묘 위치도(『北方文物』 2002-2)

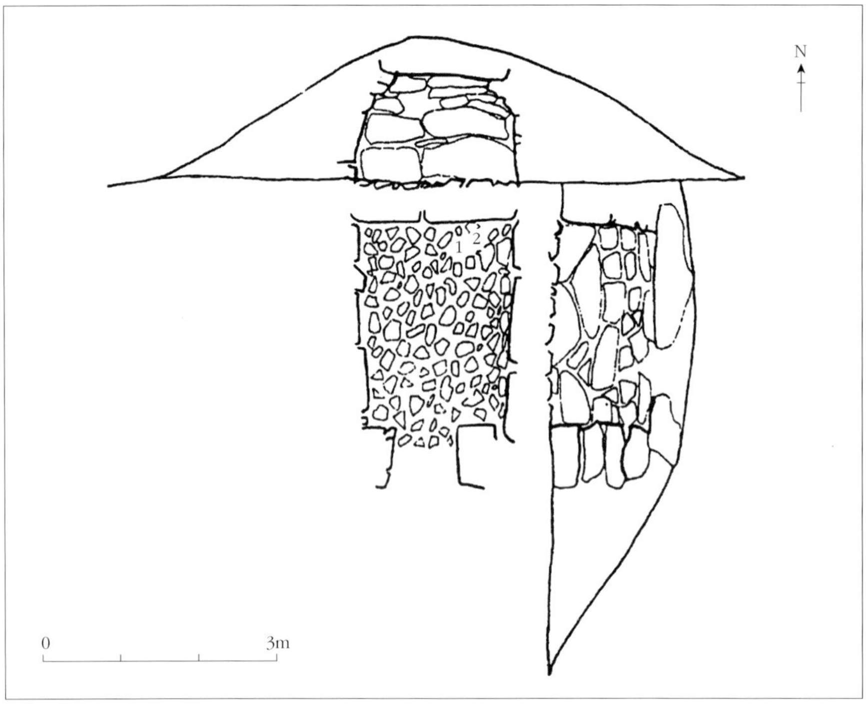

그림 2
마선구고분군402호묘
평·단면도
(『北方文物』 2002-2)
1. 頭骨 2. 陶罐

2. 위치와 자연환경(그림 1)

마선구 安子溝河의 동쪽에 자리하고 있음.

3. 고분의 현황

1) 고분 형식

○ 유형 : 동실묘(『洞溝古墓群 - 1997年調査測繪報告』), 봉토석실묘(『北方文物』 2002-2).

○ 평면 : 분구는 원형. 묘실은 방형 현실의 중앙연도임.

○ 방향 : 360°.

○ 규모

- 분구 : 직경 7m, 높이 1.7m.
- 묘실 : 동벽 및 서벽 길이 2.6m, 북벽 너비 1.8m, 남벽 너비 1.6m, 묘실 높이 1.3m.
- 묘도 : 길이, 너비, 높이 모두 0.8m.

2) 고분 구조(그림 2)

○ 묘실의 네 벽은 모두 자연석으로 축조함. 묘실 상부는 점차 안으로 들여쌓았고, 그 위에는 판석으로 덮음.

○ 묘실 바닥은 산자갈(碎山石)을 평평하고 가지런하게 한겹 깔았음.

○ 연도(墓道)는 남벽의 중앙에 설치됨.

3) 기타

묘실 안의 동북 모서리에서는 사람의 두개골이 하나 발견되었는데, 그 위에는 단지(陶罐)가 하나가 놓여 있으나 이미 파손됨.

4. 출토유물

(1) 단지(陶罐, M402:1, 그림 3)

○ 출토지 : 마선구402호묘 묘실.

○ 크기 : 바닥 직경 9.2cm.

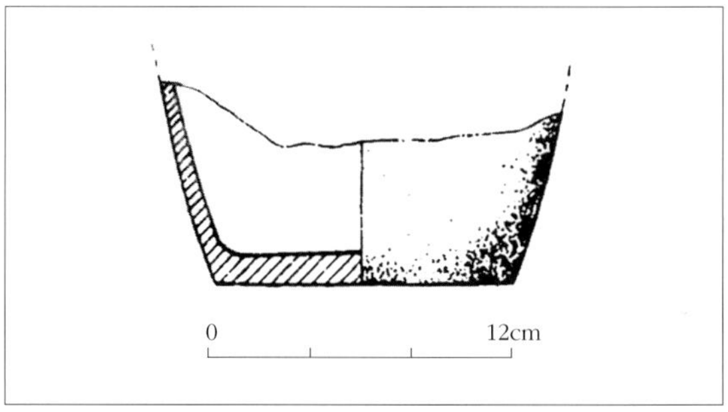

그림 3 마선구402호묘 단지(『北方文物』 2002-2)

○ 태토 및 색깔 : 모래섞인 갈색토기.

○ 형태 : 바닥부만 남아 있음. 동체는 비교적 곧으며, 바닥은 평평함.

5. 역사적 성격

무덤의 연대를 판단할 근거는 확실하지 않으나 현실과 연도를 갖춘 봉토석실묘임. 보고자는 무덤이 작아 '봉토동실묘'라고 보고하고 7세기 전후로 비정함.

참고문헌

- 吉林省文物志編委會, 1984, 『集安縣文物志』.
- 國家文物局 主編, 1993, 『中國文物地圖集』 吉林分冊, 中國地圖出版社.
- 吉林省文物考古研究所·集安市博物館, 2002, 『洞溝古墓群-1997年調查測繪報告』, 科學出版社.
- 吉林省文物考古研究所·集安市文物保管所, 2002, 「集安麻線安子溝高句麗墓葬調查與清理」, 『北方文物』 2002-2.

17 집안 마선구0500호묘:서대묘

集安 麻線溝0500號墓:西大墓 | JMM0500

1. 조사현황

1) 청대말 발견

유민들이 이곳을 개간하면서 이 고분을 발견하고 '西大墓'라 부르기 시작하면서 이 고분 명칭이 오늘날까지 전해짐.

2) 1913년 조사

○ 조사기관 : 조선총독부(촉탁).

○ 조사기간 : 9~12월.

○ 조사자 : 關野貞, 今西龍, 谷井濟一, 栗山俊一.

○ 조사내용 : 마선구 하천의 서쪽 산기슭의 고지대 서단에 위치. 전부 붕괴되어 돌산처럼 보임.

○ 출판물 : 關野貞, 1920, 「平安北道及滿州高句麗古蹟調查略報告」, 『大正六年度古蹟調査報告』; 關野貞, 1941, 『朝鮮の建築と藝術』 재수록.

3) 1935년 5월 조사

○ 조사기관 : 만주국 문교부 위촉.

○ 조사기간 : 5월 14일~5월 19일.

○ 조사자 : 三宅俊成, 伊藤伊八.

○ 조사유적 : 광개토왕릉비의 보호 상태와 능비를 탁본제작하면서 부근의 고분을 조사함.

○ 조사내용 : 천추총에서 서쪽으로 약 1.5km 떨어진 곳에 위치. 거대한 층단을 가진 방단형 석축 고분으로 심각하게 훼손되었으나 기단 한 변의 길이는 50m 정도에 달해 태왕릉과 동일한 구조로 추정함.

○ 출판물 : 三宅俊成, 1935, 「安東省輯安縣城附近高句麗の遺跡」, 『滿蒙』第18號; 三宅俊成, 1944, 「輯安縣城附近高句麗の遺跡」, 『輯安』; 三宅俊成, 1975, 『東北アジア考古學の研究』, 國書刊行會 재수록.

4) 1935년 9월 조사

○ 조사기관 : 만주국 문교부 지원(집안현 고구려유적 제1회 조사).

○ 조사기간 : 9월 28일~30일(3일간).

○ 조사자 : 池內宏, 濱田耕作, 梅原末治, 藤田亮策, 小場恒吉.

○ 조사유적 : 집안현성, 산성자산성, 광개토왕릉비, 장군총, 태왕릉, 임강총, 천추총, 서대총, 오회분, 삼실묘, 산연화총, 사신총, 귀갑총, 무용총, 각저총, 환문총, 모두루총 등.

○ 조사계기 및 내용 : 滿洲國 安東省 視學官 伊藤伊八은 5월에 2기의 벽화고분을 새로 발견하여 關野貞과 함께 통구지방 재조사를 추진. 池內宏, 濱田耕作(京都帝國大學) 등이 동행하기로 하였으나 7월에 關野貞이 죽으면서 池內宏과 濱田耕作만이 조사에 참가. 마선구 서안에 황폐하지만 거대한 규모의 고분이 확인됨.

○ 출판물 : 池內宏·梅原末治, 1938, 『通溝』上, 日滿文化協會.

5) 1936년 조사

○ 조사기관 : 만주국 문교부 지원(집안현 고구려유적 제2회 조사).

○ 조사기간 : 9월 30일~10월 4일.

○ 조사자 : 池內宏, 濱田耕作, 梅原末治, 黑田源次, 三上次男.

○ 조사유적 : 집안현성, 산성자산성, 광개토왕릉비, 환문총, 모두루총, 태왕릉, 장군총, 천추총, 서대총, 임강촌, 무용총, 각저총, 삼실묘, 서강122호분, 사신총, 모두루총, 서강62호분 등.

○ 출판물 : 池內宏·梅原末治, 1938, 『通溝』 上, 日滿文化協會.

6) 1938년 조사

○ 조사기간 : 4월에 20일간 조사.

○ 조사자 : 藤田亮策, 野守健, 齋藤忠.

○ 조사내용 : 통화－집안 간의 철도공사가 예정되면서 통구고분군의 중앙부가 파괴될 상황에 처해 1937년 黑田源次에 의한 대규모 발굴조사가 진행됨. 藤田亮策은 조선고분연구회 사업의 일부로 만주 당국에 요청하여 고분 배치상태의 실측을 시행함. 사진 촬영과 실측도 작성하고 고분배치도를 제작. 서대총은 천추총의 서쪽으로 십여 町(1.1km) 떨어져 있음.

○ 출판물 : 藤田亮策, 1940, 「通溝附近の古墳と高句麗の墓制」, 『池內博士還曆記念 東洋史論叢』; 藤田亮策, 1948, 『朝鮮考古學研究』, 高桐書院 재수록.

7) 1966년 조사

○ 조사기관 : 吉林省博物館·集安縣文物保管所.

○ 조사내용 : 통구고분군에 대한 조사 당시 해당고분을 마선구500호묘(JMM500)로 편호함.

8) 1997년 조사

○ 조사기관 : 吉林省文物考古研究所·集安市博物館.

○ 조사내용 : 1966년에 이어 통구고분군을 전면 재조사.

9) 2003년 조사

○ 조사기관 : 吉林省文物考古研究所, 集安市文物保管所.

○ 조사기간 : 4~7월 말.

○ 조사자 : 遲勇(集安市文物保護管理所), 李景冰(鎮賚縣文物保護管理所), 景阿男(前 郭縣文物保護管理所).

○ 조사내용 : 집안 고구려유적의 환경복원 작업 중에 정밀한 조사를 진행하였는데 고분 전체의 실측과 동시에 고분의 서측과 북측의 흘러내린 돌을 중점적으로 정리함. 동측 계단은 북단의 23m와 동남 모서리 북쪽으로 12m 지점을 정리함. 높이는 제1단 계단으로 제한하여 정리하고, 상부의 계단은 부분적으로 해체하여 정리한 후에 다시 원래 형태로 메워 놓음. 능역 내 기타 유적을 이해하기 위해 무덤 주위에 6개의 탐색갱을 팜. 동기, 철기, 토기, 석기 등 38점 유물이 출토됨.

2. 위치와 자연환경

1) 고분 위치(그림 1)

○ 통구고분군 마선구고분군의 서단, 麻線鄉 建疆村 5組의 북측 언덕에 위치함. 고분은 북으로 安子嶺에 기대어 있으며 남쪽으로 압록강과 약 500m, 동으로 집안 시내와 약 5.5km 떨어져 있음. 고분 가운데의 지리좌표는 동경 126° 7′39.99″, 북위 41° 5′44.07″임.

○ 고분이 자리한 곳은 북쪽이 높고 남쪽이 낮은 산지의 완만한 비탈지로, 무덤의 고도 차이는 비교적 큼. 고분의 북쪽은 비탈 위로 해발 211.49m이며, 남쪽은 비탈 아래로 해발고도 201.45m임.

그림 1 서대묘 위치도(『洞溝古墓群－1997年調査測繪報告』)

2) 주위 환경

○ 集安－丹東 간의 도로가 무덤과 압록강 사이를 동서로 통과함.

○ 언덕 가장자리를 따라 동북으로 약 1km에는 마선 626호묘가 있으며, 동쪽 약 2km 되는 곳의 도로 남쪽에는 천추묘가 자리하고 있음.

3. 고분의 현황

1) 고분의 훼손 현황

○ 고분은 일찍 도굴당해 심하게 파괴된 상태로 고분 중앙에는 남북 방향으로 고분 바닥까지 커다란 구덩이가 파여 있음. 그 구덩이 깊이는 7m 정도이며, 묘실은 이미 완전히 없어져 존재하지 않음.

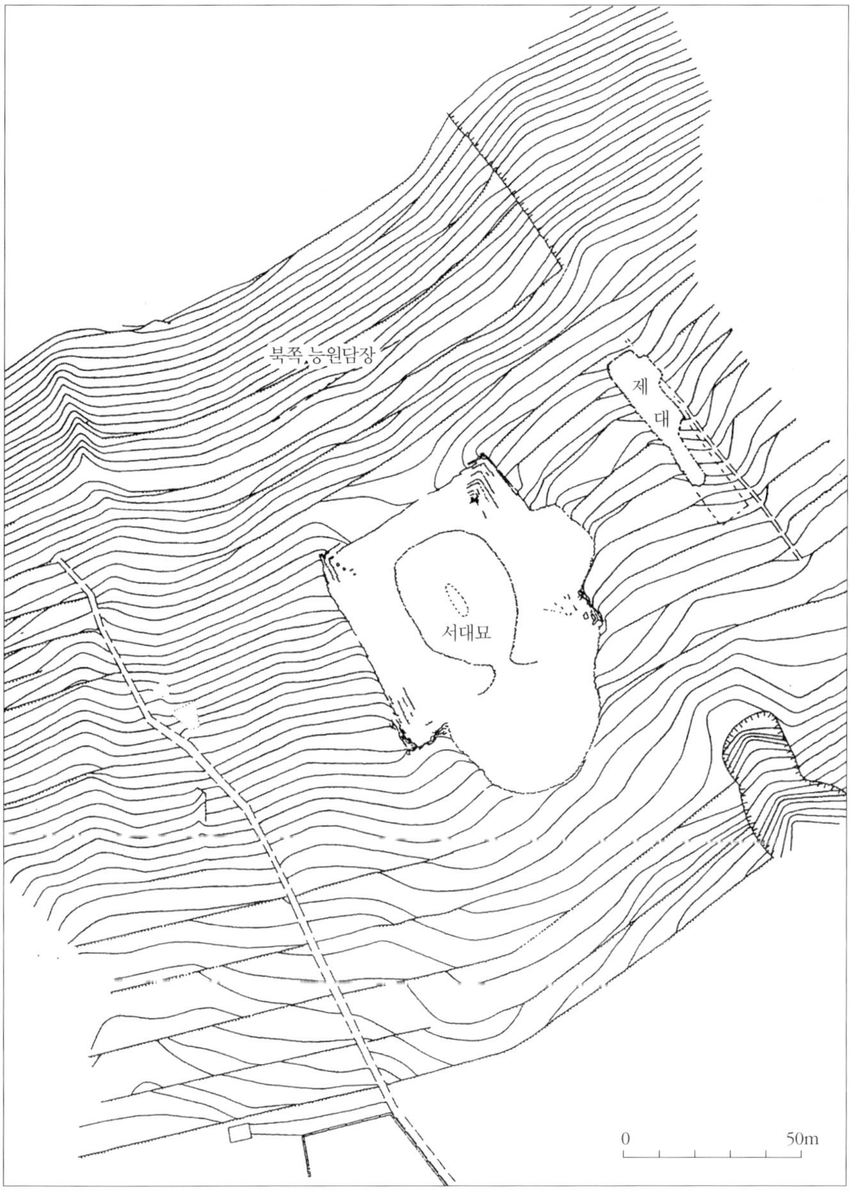

그림 2
서대묘 부근의 지형도
(『集安高句麗王陵』)

○ 도굴되어 드러난 석재는 대부분 남측을 향해 쌓여 있는데 길이 약 40m의 타원형 돌무지를 형성하고 있음.

○ 도굴로 남측의 상부 계단은 파괴되었고, 주위에는 백회가 묻은 석재가 흩어져 있었음. 서측의 중간 부분에서는 대량의 작은 강자갈(河卵石)이 발견되었는데 묘실 바닥부에 깔린 돌(鋪石)이 집중적으로 무너진 곳일 가능성이 있음.

○ 도굴 구덩이가 너무 깊어 외부의 장력이 커지면서 무덤 동측과 서측의 남쪽 계단은 안쪽으로 심하게 기울어졌고, 동남과 서남의 두 모서리 역시 안쪽으로 기울어짐. 북측은 높은 곳이기 때문에 떨어져 내린 돌은 있으나 재차 묻혀서 변형이 가장 적음(그림 2).

○ 서측의 중앙부가 약간 잘록하게 된 것은 변형 때문일 가능성이 있음. 무덤의 동측과 서측은 북쪽에서 23m 되는 곳에서 제1단 계단이 모두 안으로 1m 정도

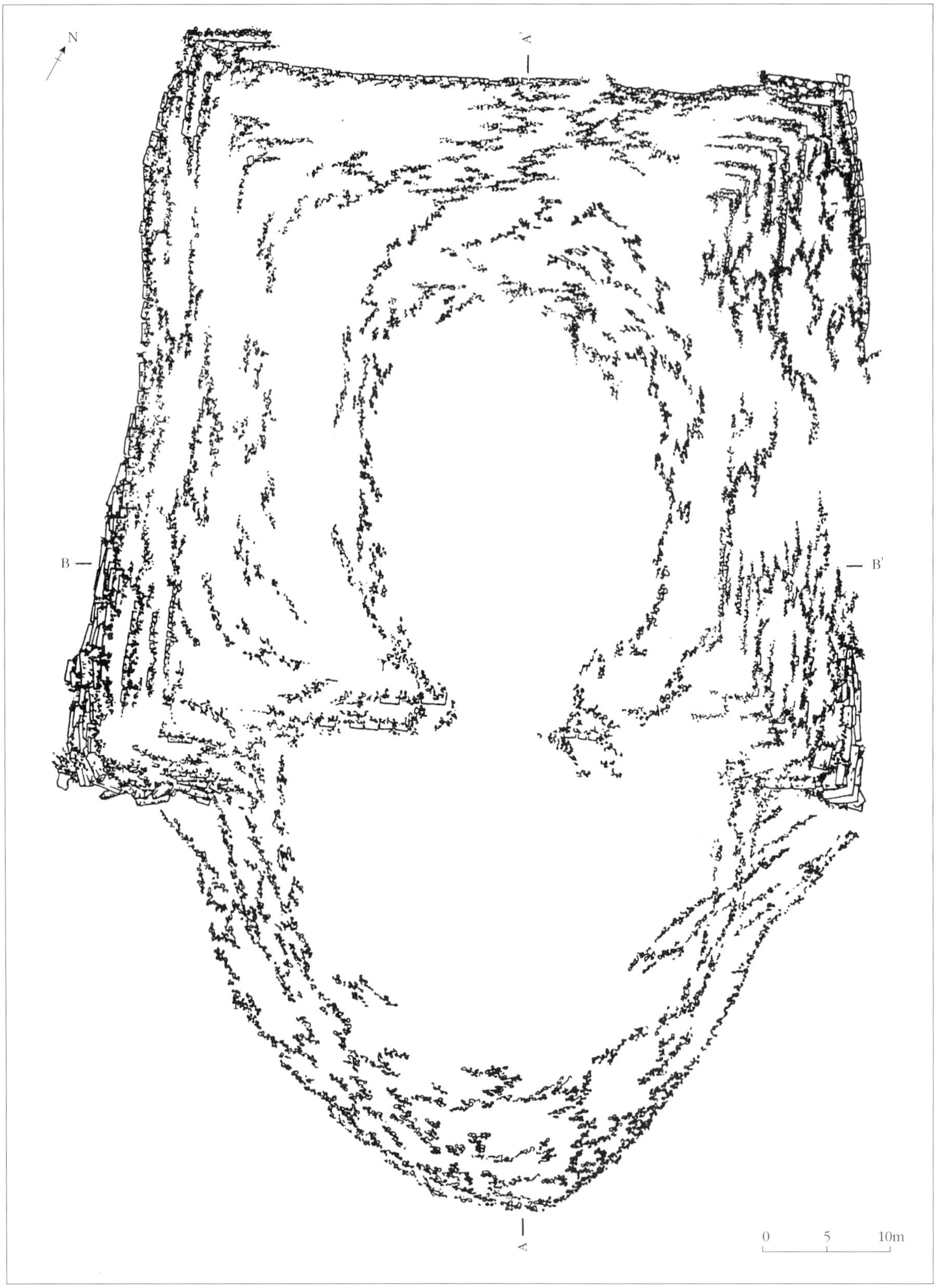

그림 3 서대묘 평면도(『集安高句麗王陵』)

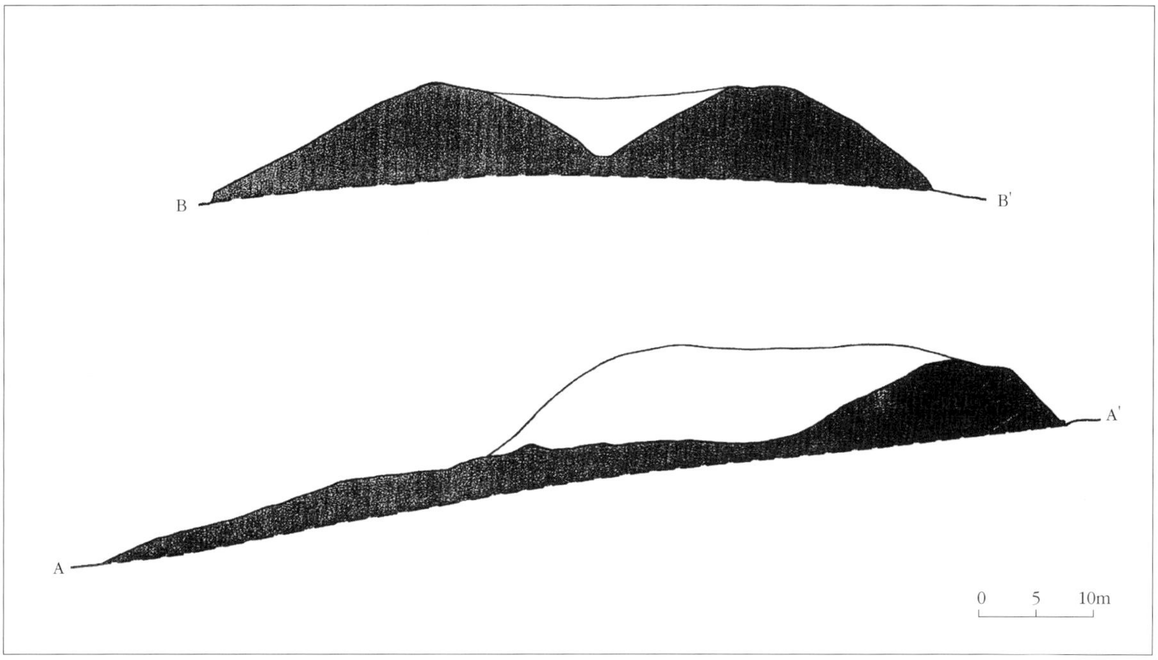

그림 4 서대묘 단면도(『集安高句麗王陵』)

그림 5 서대묘 정면도(『集安高句麗王陵』)

들여 있는데 적석의 중력에 의해 기단이 밖으로 밀려났을 가능성도 있고, 축조 당시 하층 계단이 단계별로 나누어 축조되었을 가능성도 배제할 수 없지만, 제2단 계단이 단절 없이 이어진 정황을 보면 전자일 가능성이 있음(그림 3~그림 5).

2) 고분 형식

○ 유형 : 특대형계단적석석광묘(『洞溝古墓群－1997年調査測繪報告』), 대형계단석실묘(『集安高句麗王陵』), 대형계단적석광실묘(『集安高句麗墓葬』).

○ 평면 : 사다리형(梯形).

○ 규모 : 고분이 변형된 상황이므로 네 면의 둘레는 차이가 있음. 현재 상황에서 동측과 북측의 길이 각기 53.5m, 서측 길이 56.7m, 남측 길이 62.5m, 현존 높이 11m.

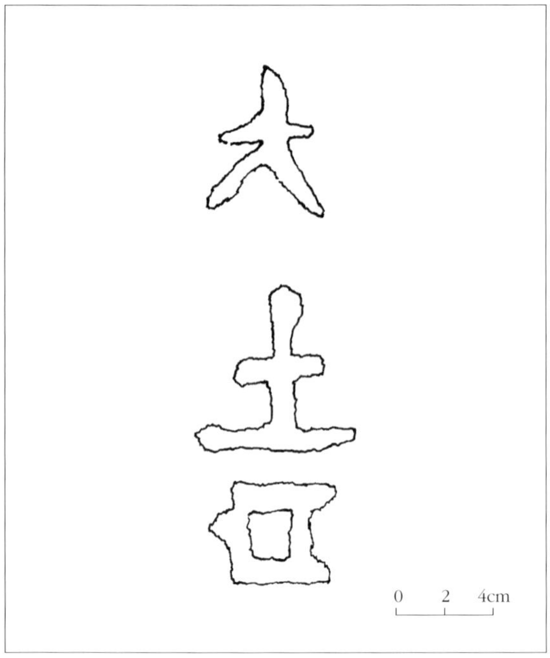

그림 6 서대묘에 새겨진 '大吉'의 모사도(『集安高句麗王陵』)

3) 고분 구조

(1) 계단 석재

○ 서대묘 내부는 크기가 다른 산자갈(碎山石)로 쌓았고, 외부는 다듬어 정제한 계단면석을 둘러쌓음.

○ 계단 석재에는 花崗巖, 砂巖, 灰巖 등 3종이 있는데 화강암이 가장 많이 사용되었고, 상부에는 비교적 사암을 많이 사용하였고, 하부 계단은 회암을 섞어 사용함. 계단석 석재는 대개 가공을 거쳤는데 남단 하부의 몇 단이 가장 정교하고 세심하며, 그 밖은 표면을 다듬어 정제하였음.

○ 장대석 사이의 틈은 깨진 잔돌로 메웠음. 석재의 규격은 일반적으로 길이 2.7~1.5m, 높이 1~0.6m 사이인데 가장 작은 장대석은 길이 1m, 높이 0.5m임.

○ 북측 석재는 비교적 작고, 대다수 길이 0.8~0.5m, 높이 0.4~0.2m이며 가공 또한 상대적으로 거친 편임.

○ 남측 모서리부의 석재는 가장 크며, 방형에 가까우며, 가장 커다란 모서리 돌은 길이 4m, 높이 1.6m임.

○ 서측 중앙 부분의 장대석은 길이 3.3m, 높이 1.5m 이며, 표면은 조금 다듬어졌으며, 중앙부의 아래에 치우친 곳에는 예서체의 '大吉'이란 두 글자가 음각되어 있음(그림 6).

(2) 계단 축조법

○ 계단 석축은 짜임새가 있음. 가장 하중을 받는 남측 두 모서리와 측면 중앙부에 모두 비교적 많은 커다란 장대석이 사용되었으며, 계단은 아래에서 위로 등간격으로 안으로 들여쌓아서 외관이 보기 좋은 것은 물론 내부의 깨진 돌의 側壓力으로 인해 계단석이 밖으로 밀려나가는 것을 방지하여 무덤을 더욱 견고히 함.

○ 무덤은 비탈 위에 자리하고 있어 남북의 높이 차이가 비교적 커서 남에서 북으로 점차 평평해지는 방법을 채용함. 비탈 아래에 놓인 제1·2단 계단의 석축는 모두 북변에까지 이르지 못하고 제3단 계단에 이르러서야 모든 계단이 비로소 연결됨.

○ 축조법상, 남측에는 커다란 석재가 많이 이용되고

북부에는 작은 돌이 사용되는 것을 제외하고도 산세를 이용하여 층을 줄이는 방법을 취함. 보존이 가장 좋은 동남 모서리는 장대석으로 8층이 축조되었는데 높이가 5.3m이며, 동북 모서리에서 23m 떨어진 곳의 계단석은 이미 3층까지 감해져 있음. 서측 제3단 계단의 북단은 한 층만 있고 남부는 오히려 두 층이 축조되어, 계단 표면이 대체적으로 평평함을 유지하고 있음.

(3) 계단 바닥층

○ 서대묘는 두께 약 1.5m의 황색 점토층 위에 축조되었는데 풍화암층과의 틈에는 돌알갱이를 포함한 아점토(亞黏土)가 있음.

○ 계단의 바닥층(底層) 장대석(條石)의 아랫면에는 바닥층 석재를 고정시키기 위해 대개 깊이 0.2~0.4m의 홈을 팠으며, 다시 장대석을 한층 올려 쌓기 위해 두께가 다른 석재의 상면을 고르게 다듬었음.

○ 동남 모서리의 제1층 계단석 아래에 높이가 1.2m에 달하는 장대석을 하나 괴었는데 가공 정도가 계단석에 비해 매우 거칠어 고분의 기초석으로 사용되었을 것으로 추정됨. 유사한 정황이 서측 중앙부분과 동측 남단에서 보이는데 장대석의 크기는 각기 다름. 동측 남단의 장대석은 높이 0.6m의 기초석으로, 이 기초석은 일반적으로 두 개의 장대석이 만나는 그 틈 사이에 사용되며, 상층 장대석이 받은 거대한 압력을 분담함. 이 고분이 붕괴되지 않는 이유는 석재의 석질과 밀접한 관계를 갖지만 기초석 홈과 기초석의 작용 역시 중요한 역할을 담당함.

(4) 계단의 현황

① 전체적 상황

○ 서대묘의 계단은 보존이 양호하지 못함. 일찍이 존재한 계단 동북 모서리에는 11단이 보이고, 그 밖에 동남 모서리에는 4단이, 서북 모서리에 5단이, 서남 모서리에 4단이 보임.

○ 계단은 층층이 안으로 들여쌓았는데 두 계단의 사이에는 자갈(碎石)과 강자갈(河卵石)을 쌓아 덮었으며, 위의 1단 계단의 상면 가장자리 모서리가 노출됨.

○ 서대묘의 현존 계단은 14단인데 그 하부의 계단은 남측의 양 모서리부가 보존이 비교적 양호하고 상부 계단은 동북 모서리가 가장 분명함.

② 제1단 계단

○ 제1단 계단의 남부는 높이 5.3m이며 모두 8층이 축조되었는데 북쪽으로 가면서 층수와 높이가 점차 감소함.

○ 석재는 크기가 다른데 대부분 화강암이고, 그 다음으로 사암과 회암을 사용함.

○ 가장 큰 모서리돌은 길이 4m, 높이 1.6m임. 석재의 가공은 모서리부가 가장 정교하고 세밀하며, 그 나머지 부분은 대다수 표면과 양측면만을 다듬었음.

③ 제2단 계단

○ 제2단 계단은 높이 1.5m이며 지금 3~5층이 남아 있음.

○ 석재는 대다수 화강암이고, 그 다음으로 응회암이 보임. 석재의 가공은 정교하고 세밀함. 남단의 석재는 대다수 길이 1.3~1.7m, 높이 0.5~0.3m이며, 가장 큰 것이 길이 1.5m, 높이 0.6m임. 중간 부분의 북쪽으로 석재는 길이 0.5~1m이며 가공이 거칠며 대개 정면만을 약간 다듬은 정도임.

○ 제1단 계단과 서로 비교하면, 제2단 계단은 안으로 1.2m 들여쌓았고 계단 외에는 직경 8~9cm 크기의 강자갈(河卵石)로 덮어 쌓음.

④ 제3단 계단

○ 제3단 계단의 남측은 높이 0.6m이며 2층으로 축조되었는데 제2단 계단에 비해 1.3m 안으로 들여쌓았음.

○ 북측에는 1층만 놓여 있는데 높이 0.3m임. 제3단의 계단은 북변에서는 제1층에 해당되는데 장대석은 모두 평평하게 고른 뒤에 지면 위에 놓았으며, 지면에 홈을 판 흔적은 발견되지 않았으며, 모서리부는 2층이 축조됨.

○ 석재는 높이 0.2~0.3m, 길이 0.6m이며 화강암이 다수를 차지함. 남측 석재는 일반적으로 가공하여 가지런한 장대석이며, 북측 석재는 상대적으로 비교적 작고 가공 역시 거친 편이며, 밝은 돌로 덮음.

○ 무덤 북측의 계단의 표면에는 일반적으로 크기가 고르고 표면이 평평하고 가지런한 강자갈(河卵石)을 한 겹 깔음. 자갈층 상면에는 제3단 계단이 단단히 놓여 있으며 가지런한 녹색의 회암 판석 1층이 질서있게 세워져 있는데 돌의 위쪽 가장자리는 제4단 계단보다 높으며, 아래는 강자갈(河卵石)이 덮여 있음. 판석은 높이 0.9~1.3m, 너비 0.4~0.7m, 두께 약 0.06~0.1m이며, 가공이 아주 세밀하지는 않음.

⑤ **제4단 계단**

○ 제4단 계단 이상은 기본적으로 정리되지 못하였으며, 봉석은 여전함.

○ 보존이 비교적 양호한 동북과 서북 모서리부의 노출 상황을 보면 대체로 제3단 계단에 비해 0.8m 안으로 들여쌓았으며, 2층으로 축조되어 높이는 0.5m 정도임.

○ 계단석은 화강암과 석회암을 사용하였는데 석재의 크기는 일반적으로 길이 0.4~0.3m, 높이 0.3~0.2m임.

⑥ **제5단 계단**

○ 제5단 계단은 현재 북측에서만 보임.

○ 제4단 계단과 비교하면 0.6m 안으로 들여쌓았음.

○ 계단은 화강암과 석회암을 사용해 축조하였으며, 석재는 비교적 작고 가공도 거칢.

○ 동북 모서리의 가장 큰 석재가 길이 0.7m, 높이 0.3m이며 그 위에 돌을 덮어 봉함.

⑦ **제6단 계단**

○ 제6단 계단은 0.5m 안으로 들여쌓았으며, 표면은 동측 북부의 계단 일부가 보일 수 있으나 대다수 봉석에 묻힘.

○ 석재는 화강암과 석회암을 사용했으며, 2~3층으로 축조되었는데 보통 다듬어진 상태임.

○ 가장 큰 석재는 동북 모서리돌인데 길이 0.6m, 높이 0.4m이며 그 나머지 석재는 길이 0.4~0.3m, 높이 0.3~0.2m로 고르지 않음. 두 단 사이에는 역시 자갈(碎石)과 강자갈(河卵石)이 덮여 있음.

⑧ **제7단 계단**

○ 제7단 계단은 다시 0.6m 안으로 들여쌓았음. 계단석은 간단히 가공하였으며, 석재는 화강암을 사용함. 계단 높이는 0.4m이며, 사용된 석재는 길이 0.2~0.4m, 너비 0.2m의 작은 돌임. 두 단 사이에는 자갈(碎石)과 강자갈(河卵石)로 덮여 있음.

⑨ **제8단 계단~제14단**

○ 제8단~제14단 계단은 기본적으로 동일하게 안으로 들여쌓았는데 모두 0.4m 정도임.

○ 정리한 상황을 보면, 축조법은 기본적으로 동일하며, 석재 또한 비교적 통일적이어서 전부 길이 0.3m, 높이 0.2~0.3m의 화강암과 석회암을 사용하여 2~3층으로 축조함. 계단 높이는 약 0.6m임. 마지막에 자갈(碎石)과 강자갈(河卵石)로 덮여 있음.

(5) 묘실

○ 제14단 계단 이상은 사면이 모두 보이지 않으며, 무덤 상부는 평탄하여 이 위에 묘실이 축조된 것으로 추정됨.

○ 도굴에 의해 현재 무덤 정상부에는 깊은 구덩이가

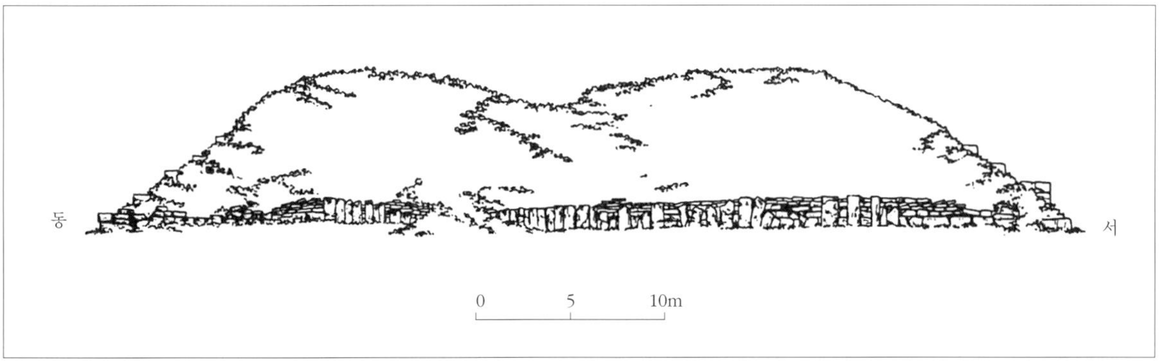

그림 7 서대묘 북면의 정면도(『集安高句麗王陵』)

형성되었고 묘실은 완전히 존재하지 않아 축조 방식은 알 수 없음.

○ 도굴 구덩이의 안팎에서 가공이 비교적 잘된 방형의 석재가 보이지 않고 천장 막음돌 및 자갈돌도 보이지 않음. 도굴로 인해 남쪽의 돌무지 중에 묻혔을 가능성도 없으므로 묘실은 잘 쌓은 석실이 아니라 상대적으로 정연한 광실이었을 것으로 추정됨.

○ 제6단 계단 이상부터 무덤의 표면에는 깨진 기와편이 매우 많은데 묘상 건축과 관련이 있을 것으로 추정됨.

4) 관련 유적

(1) 입석판(立石板, 그림 7)

○ 고분 북쪽에서 발견된 녹색 입석판은 2003년 서대묘 발굴의 중요 수확임. 이전의 고구려 고분 조사에서 발견하지 못한 새로운 현상으로, 서대묘의 고고현상은 이런 석판의 설치에 대해 확실한 증거를 제공하였음. 이후 천추묘, 태왕릉, 마선2100호묘 등의 대형고분에서 입석판을 발견하였음.

○ 이런 종류의 입석판은 구조 및 공예와는 무관하며 제사 유적에 속함.

(2) 배수구(排水溝)

배수구는 고분 북측의 제1단 계단 밖에 위치하는데 수로는 길이 약 55m, 너비 0.5m, 깊이 0.3m이며 대략 북변의 두 모서리보다 길게 나감. 수구의 덮개돌이 없으나 바닥부에는 작은 강자갈(卵石)이 깔려 있음. 수로의 북변에는 황토벽이 있고 남측은 크기가 다른 약간 다듬어진 돌로 축조되었는데 축조법이 매우 간단함.

(3) 능원 담장(陵墻)

○ 서대묘 북측 40.5m 되는 곳에서는 무덤의 북측 계단과 서로 평행하게 강자갈(河卵石)로 쌓은 담장 유적이 발견됨.

○ 부분적으로 들어난 담장은 현재 길이 39m, 너비 2m이며 전부 강자갈(河卵石)로 축조되었음. 현재 무너져 기초부만 남아 있음.

○ 남은 담장(殘墻)의 동쪽 2.6m, 즉 서대묘 북변 정중앙선 지점에는 남쪽을 향한 두 단의 계단이 있음. 계단은 강자갈(河卵石)을 배열해 놓았는데 너비 0.7m, 제1단 높이 0.25m, 제2단 높이 0.2m임.

(4) 제대(祭臺, 그림 8)

○ 서대묘 동측 40m 지점 밖에는 평면이 장방형에 가까운 臺狀유적이 한 곳 있음. 둘레 길이는 서대묘 동변과 대체로 비슷하고, 너비는 약 17m이고, 현재 높이는

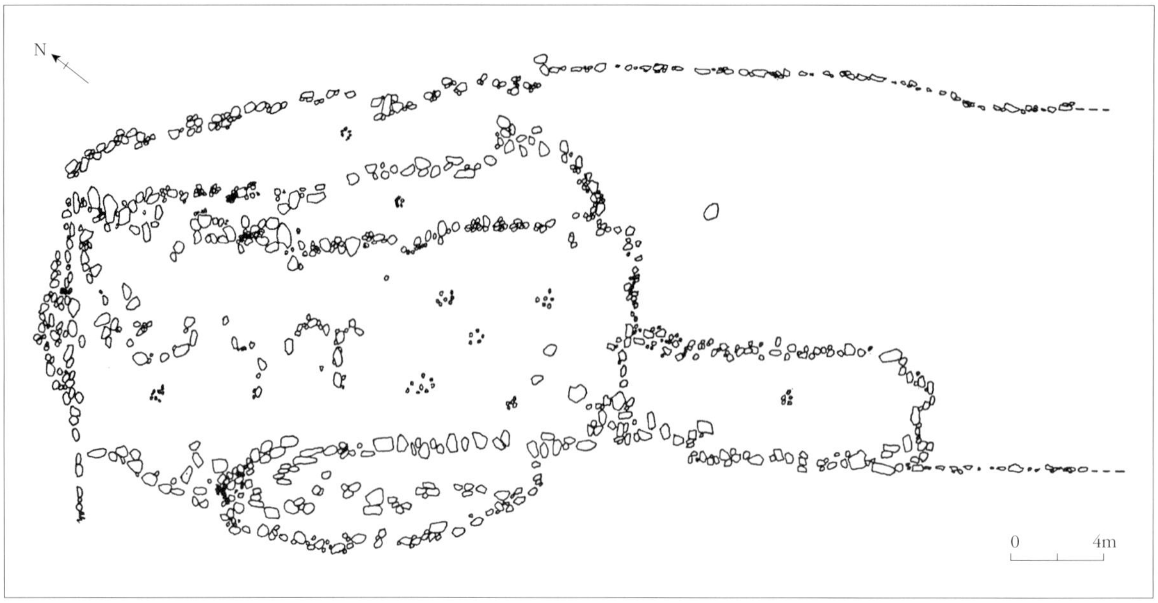

그림 8 서대묘 제대의 평면도(『集安高句麗王陵』)

0.6m이고, 방향은 기본적으로 서대묘 동변과 평행함.

○ 이 시설물의 사방 둘레는 간단히 가공한 장방체의 돌을 쌓아 단을 만들고, 중간에는 강자갈(河卵石)로 메웠으며, 상면은 정연하지는 않음.

○ 북측의 기단은 보존이 양호하여 현재 두 층을 볼 수 있으며, 남측은 이미 파괴되었음. 이 유적은 임시로 祭臺라고 칭함.

○ 과거 사진을 관찰해보면 원래 서대묘의 서변에도 돌로 쌓은 장방형 대가 있었는데 동변 제대와 떨어진 거리가 대체로 비슷하고 높이 또한 0.5m 정도이며, 지금 북단에는 여전히 남아 있음. 이것은 우산992호묘의 정황과 유사함.

5) 기타

○ 제6단 계단 이상부터 무덤의 표면에서 깨진 기와편이 다수 출토.

○ 능원 담장의 계단 주위에는 많은 점토질의 회색 암키와 및 수키와의 잔편들이 남아 있어서 북변 능원 담장의 밖으로 향하는 통로로 추정됨. 담장 위에는 기와가 설치되고 문이 만들어졌을 것으로 추정됨.

○ 제대의 상면에서 금동 보요장식의 잔편(鎏金步搖飾殘件)이 1점 출토되었는데 제사 용기로 추정됨.

4. 출토유물

2003년 서대묘 정리작업중에 토기, 청동기, 철기 5점, 석기, 금동기 12점 등 유물 38점이 출토됨. 대부분 고분 아래의 흘러 내린 돌무지에서 나왔고, 어떤 것은 묘상의 계단에서 나옴. 이외에 묘상과 묘하에서 대량의 수키와와 암키와가 채집됨.

1) 금동기

주로 서쪽의 낙석무지에서 찾아냄. 대부분 장식용로 표면은 금동(鎏金)임. 대롱모양장식(管飾) 1점, 보요장식(步搖飾) 1점, 단추장식(泡飾) 7점, 기타 3점 등 총 12점임.

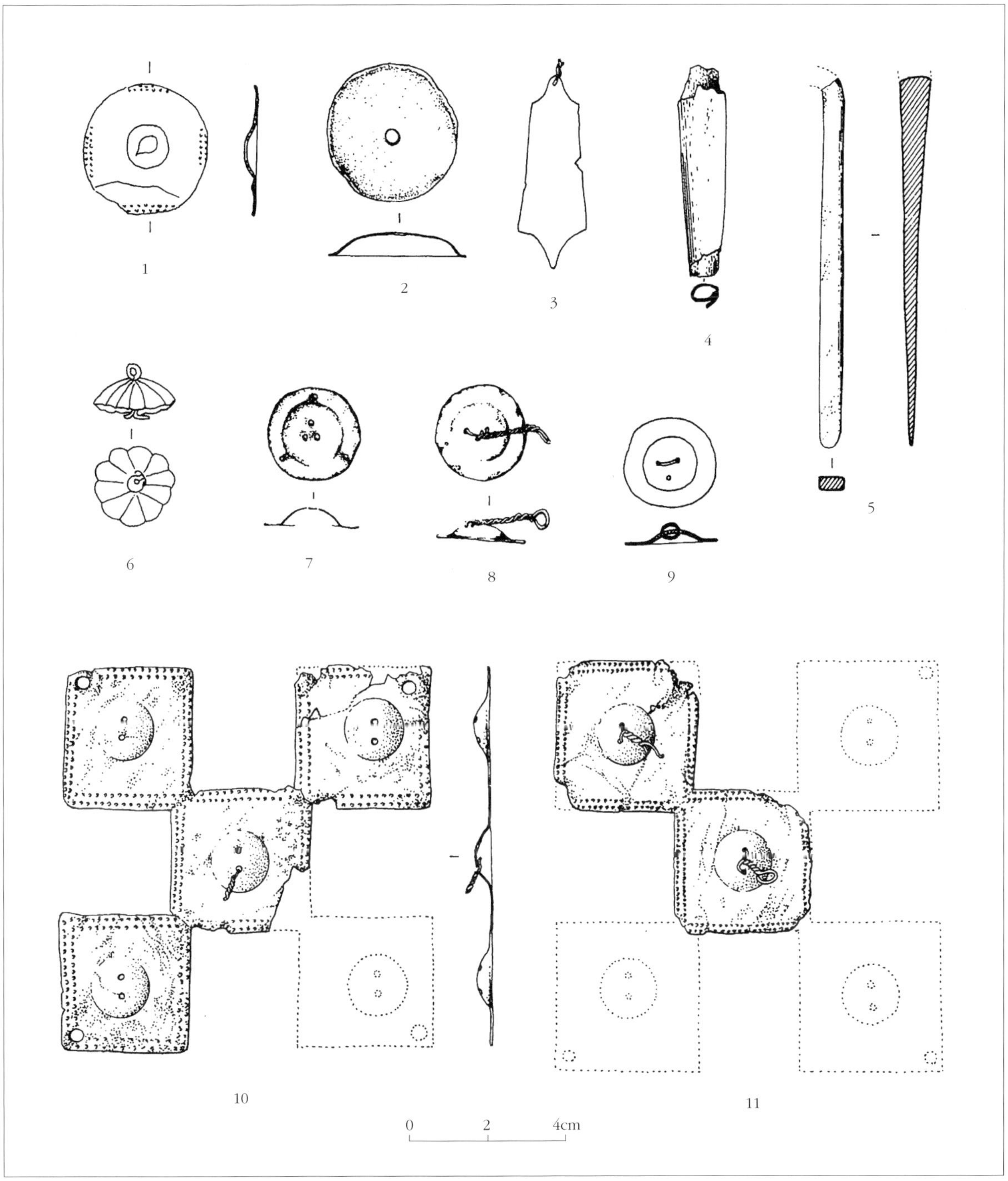

그림 9 서대묘 금동기(『集安高句麗王陵』)

1. 포식(03JMM500:27) 2. 포식(03JMM500:24) 3. 규형보요(03JMM500:32) 4. 대롱모양장식(03JMM500:33) 5. 장막걸이쇠(03JMM500:23) 6. 화판형운주(03JMM500:29) 7. 포식(03JMM500:25) 8. 포식(03JMM500:28) 9. 단추모양장식(03JMM500:26) 10. 오련방식편(03JMM500:30-1~4) 11. 오련방식편(03JMM500:30-5~6)

(1) 규형보요(圭形搖葉, 03JMM500:32, 그림 9-3)

○ 출토지 : 서대묘.

○ 크기 : 길이 4.8cm, 너비 2.1cm.

○ 형태 : 홀형(圭形). 청동재질의 금동(銅質鎏金). 단조제작. 위의 작은 구멍에는 두 가닥의 銅絲가 있어 보요를 매달 수 있게 함.

(2) 대롱모양장식(管飾, 03JMM500:33, 그림 9-4)

○ 출토지 : 서대묘.

○ 크기 : 현재 길이 5.5cm, 대롱의 직경 1.5cm.

○ 형태 : 청동재질의 금동제품(銅質鎏金). 단조제작. 몸체(管身)는 얇은 조각을 말았는데 한쪽은 약간 손상됨.

(3) 포식(泡飾, 03JMM500:25, 그림 9-7)

○ 출토지 : 서대묘.

○ 크기 : 직경 2.5cm, 높이 0.4cm.

○ 형태 : 청동재질의 금동제품(銅質鎏金). 반구형. 둥근 단추모양의 외연에는 寬邊이 있는데 관변에는 3개의 둥근 구멍이 있어 못으로 고정할 수 있었음. 중앙의 돌출부(乳突) 위에는 3개의 구멍이 있어 보요를 매달 수 있음.

(4) 단추모양장식(泡飾, 03JMM500:26, 그림 9-9)

○ 출토지 : 서대묘.

○ 형태 : 청동재질의 금동제품(銅質鎏金). 반구형. 반구형 외연에는 3개의 못구멍이 있음. 보요를 달 수 있는 중앙에 3개의 못구멍이 있음.

(5) 포식(泡飾, 03JMM500:28, 그림 9-8)

○ 출토지 : 서대묘.

○ 크기 : 직경 3.3cm, 연결가지 길이(枝長) 3cm.

○ 형태 : 청동재질의 금동제품(銅質鎏金). 반구형. 반구형 외연에는 못구멍이 없음. 보요를 달 수 있는 중앙에 3개의 못구멍이 있음.

(6) 포식(泡飾, 03JMM500:27, 그림 9-1)

○ 출토지 : 서대묘.

○ 크기 : 직경 3.2cm.

○ 형태 : 청동재질의 금동제품(銅質鎏金). 반구형. 원래 五聯方形飾 조각의 한편으로, 끝에 方邊이 잘려 원형이 됨. 중앙의 둥근 돌출부는 손상됨.

(7) 포식(泡飾, 03JMM500:24, 그림 9-2)

○ 출토지 : 서대묘.

○ 크기 : 직경 3.5cm, 구멍 직경 0.4cm, 높이 0.5cm.

○ 형태 : 청동재질의 금동제품(銅質鎏金). 원형의 가운데가 비어 있으며, 좁은 가장자리를 가지고 있음. 정상부의 정중앙에는 구멍이 하나 있음.

(8) 화판형 운주(泡飾, 03JMM500:29, 그림 9-6)

○ 출토지 : 서대묘.

○ 크기 : 직경 2.3cm.

○ 형태 : 청동재질의 금동제품(銅質鎏金). 꽃모양의 우산 형태. 10엽의 꽃잎으로 만들어졌으며, 중간에는 구멍이 있는데 그 안에 둥근고리가 통과하고 있음.

○ 기타 : 서대묘에서 또 다른 우산 형태의 단추모양 장식이 있으나 손상된 상태로 자세한 내용이 소개되지 않음.

(9) 오련방식편(五聯方飾片, 03JMM500:30-1~4, 그림 9-10)

○ 출토지 : 서대묘.

○ 크기 : 한 변 길이 3.3~3.5cm.

○ 형태 : 원형은 중앙에 자리한 방형편의 네 모서리에서 각각 동일한 크기의 방형편과 연결됨. 출토 당시 손상된 상태로 현재 네 매의 방형편이 남아 있음. 장식의 바깥 쪽 부분의 모서리에는 각기 하나의 구멍이 뚫려 있음.

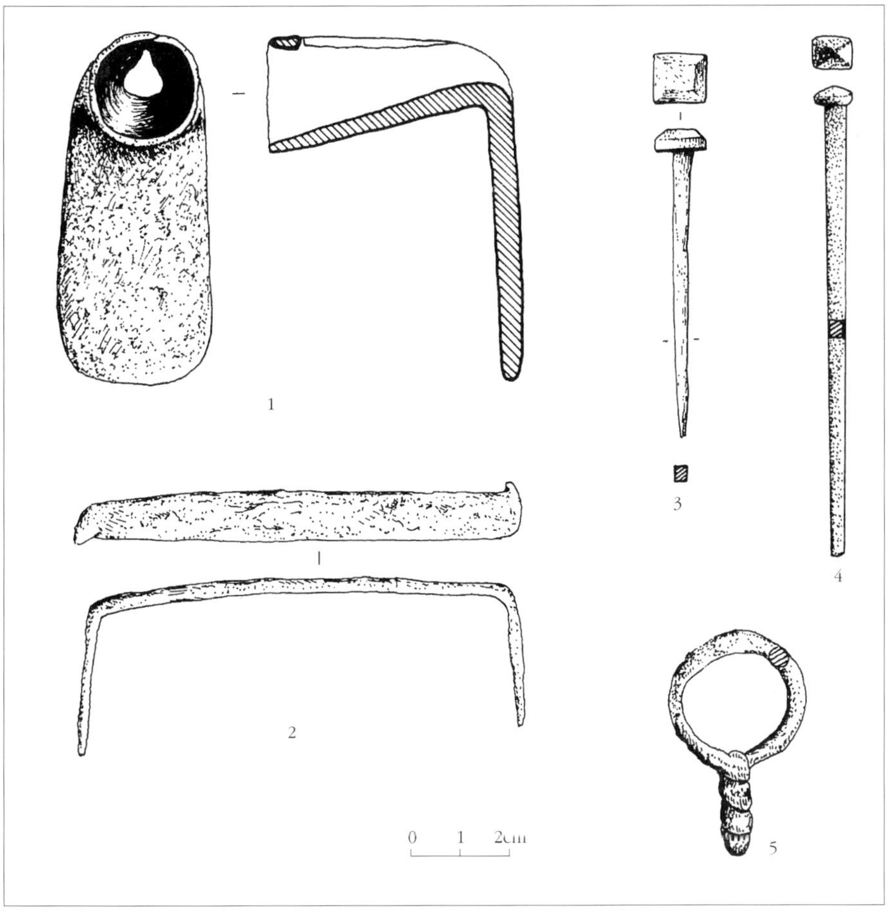

그림 10 서대묘 철기
(『集安高句麗王陵』)
1. 곡괭이(03JMM500:34)
2. 꺾쇠(03JMM500:22)
3. 못(03JMM500:22)
4. 못(03JMM500:36)
5. 재갈(03JMM500:35)

(10) 오련방식편(五聯方飾片, 03JMM500:30-5~6, 그림 9-11)

○ 출토지 : 서대묘.

○ 크기 : 둘레 길이 3.7~3.8cm.

○ 형태 : 원형은 중앙에 자리한 방형편의 네 모서리에서 각각 동일한 크기의 방형편과 연결됨. 출토 당시 손상된 상태로, 현재 두 매의 방편만 남아 있음.

(11) 장막걸이쇠(帳鉤, 03JMM500:23, 그림 9-5)

○ 출토지 : 서대묘.

○ 크기 : 길이 9cm, 너비 0.6cm.

○ 형태 : 이미 파손된 상태. 단조제작. 전체가 평평한 모양을 띠고 있으며 걸이부분(鉤部)은 훼손됨.

2) 철기

대다수 묘장 아래의 돌에서 출토되었고 공구와 마구가 있음.

(1) 곡괭이(鐵钁, 03JMM500:34, 그림 10-1)

○ 출토지 : 서대묘.

○ 크기 : 곡괭이의 몸체 길이(钁身) 10cm, 너비 6cm. 자루구멍 길이(銎長) 8cm, 직경 4cm.

○ 형태 : 단조제작. 곡괭이의 몸체는 장방형 모양을 띠며, 칼날부분(刃部)은 약간 호형이며, 곡괭이 상부에는 가로방향의 둥근 자루구멍과 연결되어 있음.

(2) 못(鐵釘, 03JMM500:36, 그림 10-4)

○ 출토지 : 서대묘.

○ 크기 : 길이 18cm. 머리부의 너비 0.6cm.

○ 형태 : 단조제작. 몸체(釘身)는 사각추(四棱錐) 모양이며, 머리부(釘帽)는 방형임.

(3) 못(鐵釘, 03JMM500:22, 그림 10-3)

○ 출토지 : 서대묘.

○ 크기 : 길이 12cm, 머리부(釘帽) 둘레 길이 2cm.

○ 형태 : 단조제작. 몸체(釘身)는 기둥모양(柱狀)이며, 머리부(釘帽)는 方錐截尖形임.

(4) 꺾쇠(鐵鋦釘, 03JMM500:22, 그림 10-2)

○ 출토지 : 서대묘.

○ 크기 : 꺾쇠 길이(鋦長) 18cm, 고리못(鉤釘) 길이 5cm.

○ 형태 : 단조제작. 몸체는 길고 편평한 모양(長條扁狀)이며, 양끝은 꺾여져 고리모양(鉤狀)을 함.

(5) 재갈(馬銜, 03JMM500:35, 그림 10-5)

○ 출토지 : 서대묘.

○ 크기 : 현재 남은 재갈쇠의 길이 4.8cm, 고리 직경 3cm.

○ 형태 : 단조제작. 재갈쇠 한쪽의 둥근고리(圓環)가 남아 있음.

3) 기와

○ 서대묘에서 비교적 기와가 많이 출토됨.

○ 묘하와 묘상의 약 절반면적에서 채집한 기와를 정리하였는데 가지런하게 쌓아둔 것이 대략 $9m^3$ 정도임.

○ 채집·정리한 기와에서 암키와의 수량이 다수를 차지하고, 수키와는 대략 1/5 보다 조금 더 많으며, 와당이 소량 발견됨.

○ 채집·정리한 기와 중에 수키와와 암키와는 두꺼운 것과 얇은 것 등 두 종류가 모두 있으며, 와당은 모두 8등분의 권운문 원형 도안임. 암키와는 대다수 무문이고, 일부 繩文과 指壓文이 있음.

○ 이들 기와는 통계상 무문의 얇은 암키와(素面薄板瓦) 약 40%·수키와 대략 12%, 무문의 두꺼운 암키와 대략 22%·두꺼운 수키와 약 10%, 거친 승문 암키와 대략 8%, 정교한 승문 암키와 약 5%, 지압문 끝암키와(檐頭瓦) 약 3%를 차지함.

○ 기와가 덮여진 면적을 추산하기위해 최대 밀도로 가지런하게 배열하였는데 면적은 대략 $100m^2$로 환산됨. 묘상에 아직 채집하지 않은 구역에는 손상된 기와(殘瓦)가 드물게 분포해 있는데 총량은 분구 정상부를 모두 덮기에는 조금 부족한 듯함.

○ 암키와는 무문이 비교적 많고 繩文이 새겨진 암키와 壓印文이 새겨진 끝암키와(檐瓦)는 비교적 매우 적음.

○ 수키와는 모두 무문이며 형체는 두께가 다름. 어깨부의 형태에 의해 구분됨. 언강(平肩)과 미구(肩舌)가 연접하는 곳이 직각을 이루는 형태(A형), 언강과 미구가 연접하는 곳이 원각을 이루는 형태(B형), 언강이 위로 들리고(翹肩) 미구와 연접하는 곳이 직각에 가까운 형태(C형) 등임.

○ 와당은 11점으로 모두 니질회도로서 模製. 절대다수는 8등분의 얕게 부조(淺浮彫)한 권운문도안이며, 원형이며 주연이 돌출하지 안했으며, 직경 14~14.5cm임. 그 가운데 비교적 온전한 2점을 보면, 와당 중앙이 원형돌기이며 그 밖의 도안은 8분 구획된 권운문임. 외측에는 안쪽을 향하는 연호(連弧)가 있음. 8개 연호선 안에는 양각의 예서체 문자가 새겨 있으며, 어떤 것은 획이 결여되어 있는 듯함. 문자는 간지 기년이 있으며, 그 가장자리에는 삼각 거치문이 새겨져 있음. 그 외 연화문 와당 잔편이 1점 있음.

○ 문자와는 4점으로, 소성 전에 기와의 내면 혹은 배면에 반듯하게 글씨를 새겼음.

(1) 암키와(03JMM500標:1, 그림 11-1)

○ 출토지 : 서대묘.

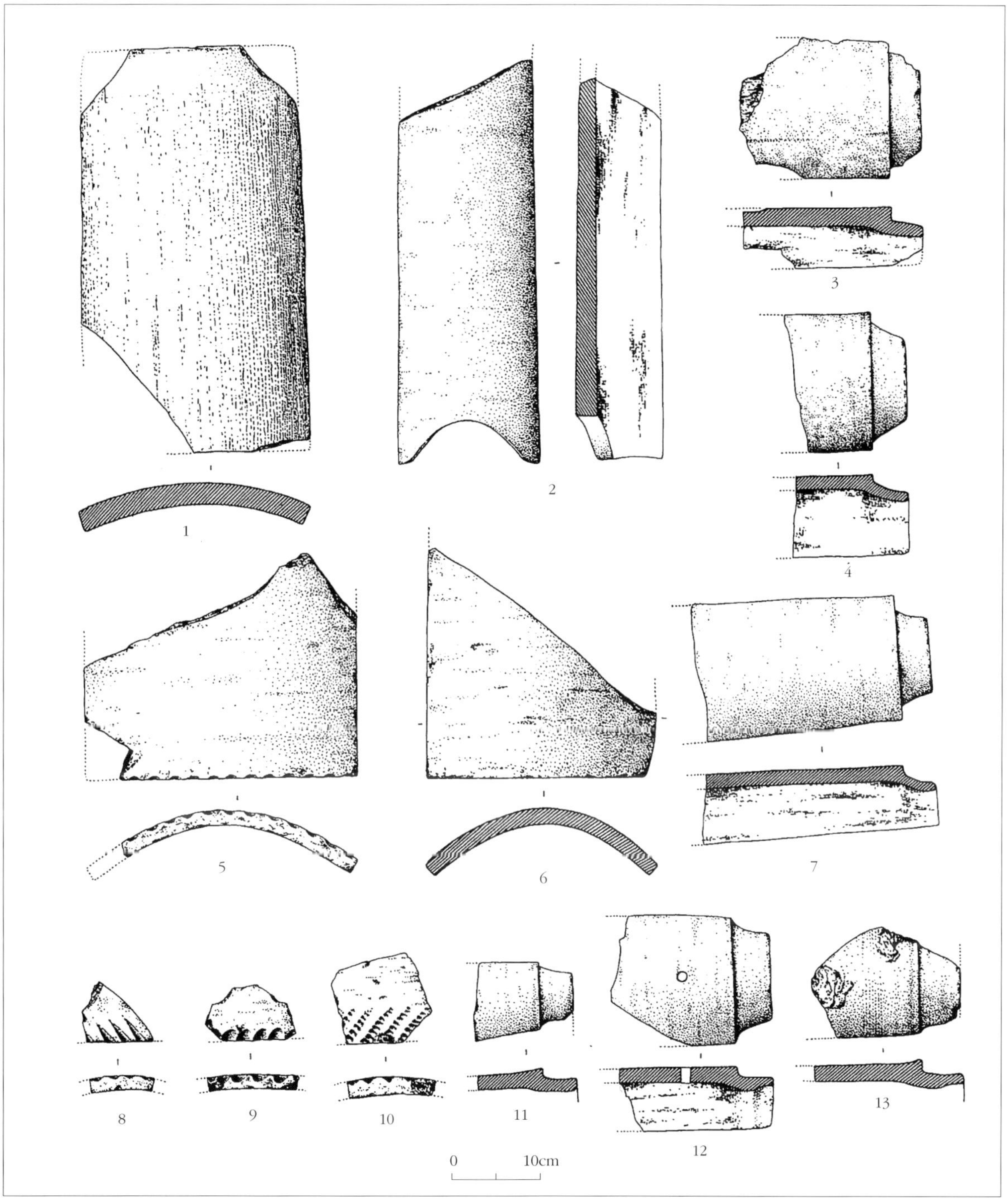

그림 11 서대묘 기와(『集安高句麗王陵』)

1. 암키와(03JMM500標:1) 2. C형수키와(03JMM500標:51) 3. A형수키와(03JMM500標:37) 4. B형수키와(03JMM500標:49) 5. 끝암키와(03JMM500標:8) 6. 암키와(03JMM500標:23) 7. B형수키와(03JMM500標:50) 8~10. 끝암키와(03JMM500標:13·5·15) 11. C형수키와(03JMM500標:31) 12. A형수키와(03JMM500標:39) 13. C형수키와(03JMM500標:36)

○ 크기 : 길이 45cm, 너비 28cm, 두께 3cm.
○ 문양 : 전체적으로 정교한 승문이 시문됨.
○ 색깔과 태도 : 회색.
○ 형태 : 온전한 형태에 가까움. 瓦身은 장방형. 平脣.

(2) 암키와(03JMM500標:2)
○ 출토지 : 서대묘.
○ 크기 : 남은 길이 32cm, 너비 28cm, 두께 3cm.
○ 문양 : 瓦身에는 거친 승문을 시문.
○ 색깔과 태도 : 홍갈색.
○ 형태 : 완형에서 절반이 손상됨. 瓦頭에는 6cm의 문질러 누른 흔적(抹壓痕迹)이 있음.

(3) 암키와(03JMM500標:23, 그림 11-6)
○ 출토지 : 서대묘.
○ 크기 : 남은 길이 26cm, 너비 28cm, 두께 2cm.
○ 문양 : 무문.
○ 색깔과 태도 : 회색.
○ 형태 : 瓦尾만 남아 있음.

(4) 끝암키와(檐瓦, 03JMM500標:8, 그림 11-5)
○ 출토지 : 서대묘.
○ 크기 : 남은 길이 24cm, 너비 23cm, 두께 2cm.
○ 문양 : 배면과 내면 모두 무문이고, 瓦沿에는 지압문이 시문됨.
○ 색깔과 태도 : 회색.
○ 형태 : 양측은 비교적 가지런하게 잘림.

(5) 끝암키와(檐瓦, 03JMM500標:13, 그림 11-8)
○ 출토지 : 서대묘.
○ 크기 : 남은 너비 8cm, 두께 1.6cm.
○ 문양 : 瓦沿에는 비스듬한 삼각 홈(三角溝槽)이 평행하게 눌려 있음.
○ 색깔과 태도 : 회색.

(6) 끝암키와(檐瓦, 03JMM500標:5, 그림 11-9)
○ 출토지 : 서대묘.
○ 크기 : 남은 길이 6cm, 너비 11cm, 두께 2cm.
○ 문양 : 瓦沿의 가장자리에는 조밀한 지압문이 시문됨.
○ 색깔과 태도 : 회색.
○ 형태 : 瓦沿이 가지런함.

(7) 끝암키와(檐瓦, 03JMM500標:15, 그림 11-10)
○ 출토지 : 서대묘.
○ 크기 : 남은 너비 11cm, 두께 2cm.
○ 문양 : 瓦沿의 下緣에는 이빨모양의 篦點文이 비스듬히 눌려 있음.
○ 색깔과 태도 : 홍갈색.

(8) 수키와(03JMM500標:37, 그림 11-3)
○ 출토지 : 서대묘.
○ 크기 : 남은 길이 21.6cm, 너비 16cm, 두께 2.4cm.
○ 문양 : 무문.
○ 형태 : 언강과 미구가 연접하는 곳이 직각을 이루는 형태(A형). 瓦舌이 아래로 약간 기울어짐.

(9) 수키와(03JMM500標:39, 그림 11-12)
○ 출토지 : 서대묘.
○ 크기 : 남은 길이 20cm, 높이 10cm, 두께 1.8cm.
○ 문양 : 무문.
○ 형태 : 언강과 미구가 연접하는 곳이 직각을 이루는 형태(A형). 瓦舌이 비교적 평평하며 중앙부에는 1개의 瓦釘孔이 뚫려 있음.

(10) 수키와(03JMM500標:50, 그림 11-7)
○ 출토지 : 서대묘.
○ 크기 : 남은 길이 28cm, 높이 8cm, 두께 1.6cm.
○ 문양 : 무문.

○ 형태 : 언강과 미구가 연접하는 곳이 원각을 이루는 형태(B형). 완형의 대부분이 남아 있음. 瓦舌의 弧曲이 아래로 기울어짐.

(11) 수키와(03JMM500標:49, 그림 11-4)

○ 출토지 : 서대묘.

○ 크기 : 남은 길이 14cm, 두께 2cm.

○ 문양 : 무문.

○ 형태 : 언강과 미구가 연접하는 곳이 원각을 이루는 형태(B형). 瓦頭가 아직 남아 있음.

(12) 수키와(03JMM500標:31, 그림 11-11)

○ 출토지 : 서대묘.

○ 크기 : 남은 길이 12cm, 두께 1.8cm.

○ 문양 : 무문.

○ 형태 : 언강이 위로 들리고 미구와 연접하는 곳이 직각에 가까운 형태(C형). 瓦舌의 상하는 모두 평평함.

(13) 수키와(03JMM500標:36, 그림 11-13)

○ 출토지 : 서대묘

○ 크기 : 남은 길이 20cm, 두께 2cm.

○ 문양 : 무문.

○ 형태 : 언강이 위로 들리고 미구와 연접하는 곳이 직각에 가까운 형태(C형). 瓦舌의 아랫면이 호형으로 오목함.

(14) 수키와(03JMM500標:51, 그림 11-2)

○ 출토지 : 서대묘.

○ 크기 : 남은 길이 45cm, 두께 2.4cm.

○ 문양 : 무문.

○ 형태 : 수키와의 후반부로 대부분이 남은 완형에 가까움. 瓦尾部는 확실히 안으로 오목한 호가 결여되어 있음.

(15) 와당(03JMM500:10, 그림 12-3)

○ 출토지 : 서대묘.

○ 크기 : 직경 14cm, 두께 2cm.

○ 문양 및 문자 : 원호 및 문자가 남아 있는데, 문자는 양각되어 있음(陽印). 중앙의 돌출부(乳突)에는 '大'자가 새겨졌음. 연호부의 8개 구역에는 陽印 예서체의 문자가 있으나 현재 한 글자는 손상되고 7자가 확인됨. 순차적으로 읽어서 통하지 않지만, 집안 출토의 유사한 와당문자를 참고하면 '□歲在□□年造□'가 합리적인 순서로 추정. 주연부에는 삼각 거치문이 시문됨.

○ 색깔과 태도 : 니질의 짙은 회색.

○ 형태 : 模製. 거의 완형에 가까움. 8등분의 얕은 부조식 권운문 도안. 원형이며 주연이 돌출하지 않음. 와당 중앙은 원형돌출이며, 그 밖의 도안의 주체는 8분 구획선과 권운문임. 권운문부 밖에는 內向하는 연호선이 있음.

(16) 와당(03JMM500:38, 그림 12-2)

○ 출토지 : 서대묘.

○ 크기 : 직경 14.5cm, 두께 2.5cm.

○ 문양 및 문자 : 원호 및 글자가 남아 있는데, 글자는 陽印된 反字임. 연호부의 8개 구역과 중앙의 돌출부에는 陽印 예서체의 문자가 새겨 있음. 중앙의 돌출부에 쓰여진 글자는 모호하나 '己'자 인듯함. 연호부의 8자는 명확하나 순서대로 읽으면 자의가 통하지 않아 대조 분석하여 '己丑年□□于利作'으로 해석을 시도함. 주연부에는 삼각 거치문이 시문됨.

○ 색깔과 태도 : 니질의 짙은 회색.

○ 형태 : 模製. 완형. 8등분의 얕은 부조의 권운문 도안. 원형이며 주연이 돌출하지 않음. 와당 중앙은 원형돌출이며, 그 밖의 도안의 주체는 8분 구획선과 권운문임. 권운문부 밖에는 內向하는 연호선이 있음.

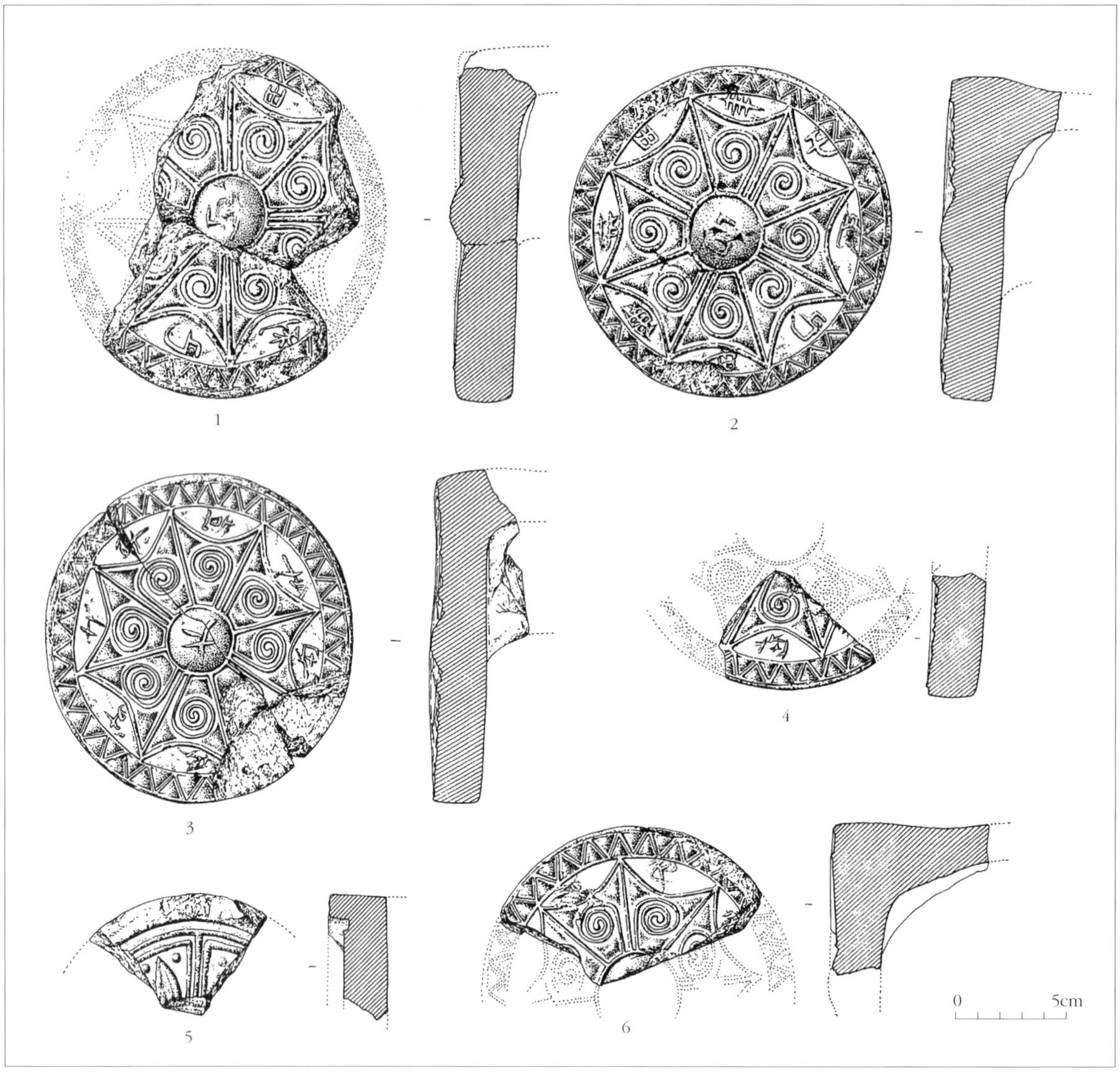

그림 12 서대묘 와당(『集安高句麗王陵』)
1. 03JMM500:10 2. 03JMM500:38 3. 03JMM500:10 4. 03JMM500:12 5. 03JMM500:11 6. 03JMM500:21

(17) 와당(03JMM500:12, 그림 12-4)

○ 출토지 : 서대묘.

○ 문양 및 문자 : 주연부에는 삼각 거치문이 시문됨. 연호부에는 '在'자가 하나 있음.

○ 색깔과 태도 : 니질의 회색.

○ 형태 : 模製. 완형의 1/10이 남은 정도임.

(18) 와당(03JMM500:16, 그림 12-1)

○ 출토지 : 서대묘.

○ 문양 및 문자 : 주연부에는 삼각 거치문이 시문됨. 연호부에 글자가 있는데, 나뉜 두 개의 덩어리 중 하나에는 '丑'자, 다른 하나에는 '己'자와 '利'가 있음.

○ 색깔과 태도 : 니질의 회색.

○ 형태 : 模製. 완형의 절반 정도 남은 상태인데 이것도 둘로 나뉘어져 있음.

(19) 와당(03JMM500:11, 그림 12-5)

○ 출토지 : 서대묘.

○ 문양 및 문자 : 연호부에 글자가 있는데, 나뉘어진 두개의 덩어리중에 하나에는 '丑'자, 다른 하나에는 '己'자와 '利'가 있음.

○ 색깔과 태도 : 니질의 회색.

○ 형태 : 模製. 8등분 연화문 와당으로 추정되나 잔편이 비교적 작음. 蓮瓣은 비교적 가늘고 길음. 蓮瓣의 밖에는 대칭하는 두 개의 둥근 돌기(圓突)가 있음.

(20) 와당(03JMM500:21, 그림 12-6)

○ 출토지 : 서대묘.

○ 문양 및 문자 : 주연부에는 삼각 거치문이 시문됨. 연호부에는 2개의 문자가 있으나 모호하여 확실치 않음.

○ 형태 : 模製. 잔편은 모두 비교적 작음.

(21) 암키와(03JMM500:7, 그림 13-10)

○ 출토지 : 서대묘.

○ 크기 : 길이 6cm, 너비 5cm,

○ 문양 및 문자 : 가마에 굽기에 앞서 기와의 내면 혹은 배면에 글씨를 새겼는데 글씨가 깔끔함. 내면에는 '丁'자 혹은 '了'자가 음각되어 있음.

○ 색깔과 태도 : 니질의 회색.

○ 형태 : 模製. 암키와 잔편.

(22) 암키와(03JMM500:8, 그림 13-7)

○ 출토지 : 서대묘.

○ 크기 : 남은 길이 6cm, 너비 3cm.

○ 문양 및 문자 : 가마에 굽기에 앞서 기와의 내면 혹은 배면에 글씨를 새겼는데 글씨가 깔끔함. 배면의 布文 위에는 '爵'자가 가늘게 새겨져 있음.

○ 색깔과 태도 : 니질의 회색.

○ 형태 : 模製. 암키와 잔편.

(23) 암키와(03JMM500:9, 그림 13-9)

○ 출토지 : 서대묘.

○ 크기 : 남은 길이 6cm, 너비 6cm.

○ 문양 및 문자 : 가마에 굽기에 앞서 기와의 내면 혹은 배면에 글씨를 새겼는데 글씨가 깔끔함. 배면의 布文 위에는 위의 점이 결여된 '音'자 혹은 '章'자나 '意'자로 추정되는 글자가 새겨져 있음.

○ 색깔과 태도 : 니질의 회색.

○ 형태 : 模製. 암키와 잔편.

(24) 수키와(03JMM500:6, 그림 13-8)

○ 출토지 : 서대묘.

○ 크기 : 남은 길이 3cm, 너비 2cm.

○ 문양 및 문자 : 가마에 굽기에 앞서 기와의 내면 혹은 배면에 글씨를 새겼는데 글씨가 깔끔함. 배면에는 글자가 하나 음각되어 있는데, 우산하992호묘에서 발견된 와당 문자 가운데서 '瓦'자와 흡사함.

○ 색깔과 태도 : 니질의 회색.

○ 형태 : 模製. 암키와 잔편.

4) 토기

(1) 어망추(陶網墜, 03JMM500:3, 그림 14-1)

○ 출토지 : 서대묘 아래.

○ 크기 : 길이 10.5cm, 너비 5cm, 두께 2cm.

○ 색깔과 태도 : 짙은 회색.

○ 형태 : 암키와를 갈아서 제작하여 한 면에는 승문이 있음. 평면은 장방형. 양끝에는 홈(凹槽)을 만들어 잘록한 모양을 이루고 있음.

(2) 벼루(陶墨盒, 03JMM500:5, 그림 14-2)

○ 출토지 : 서대묘 아래.

○ 크기 : 길이 9cm, 너비 5cm, 두께 1cm.

○ 색깔과 태도 : 짙은 회색.

그림 13
서대묘 와당 및 문자와의 탁본
(『集安高句麗王陵』)
1~6. 와당
(03JMM500:10·38·16·12·17·11)
7~10. 문자와
(03JMM500:8·6·9·7)

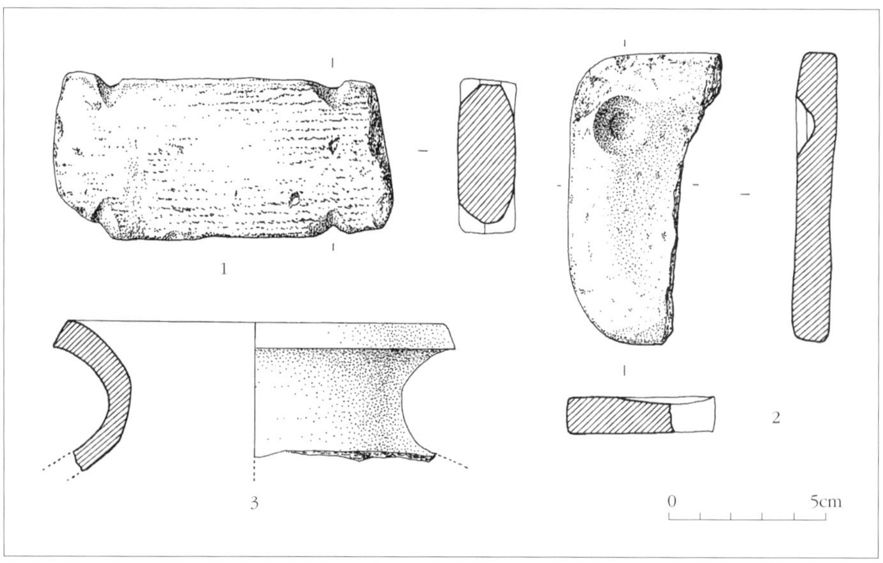

그림 14 서대묘 토기
(『集安高句麗王陵』)
1. 어망추(03JMM500:3)
2. 벼루(03JMM500:5)
3. 구연부(03JMM500:2)

○ 형태 : 잔편. 암키와를 갈아서 제작. 표면에는 오목한 면이 있으며, 모서리부분에는 물이 고이는 곳(水池)이 있음. 형체가 너무 작아 상징적 의미를 갖는 용기로 추정되기도 함.

(3) 구연부(陶口沿, 03JMM500:2, 그림 14-3)

○ 출토지 : 서대묘 아래.

○ 문양 : 무문.

○ 색깔과 태도 : 니질의 옅은 회백색.

○ 형태 : 잔편인데 罐으로 추정. 구연단은 직선이며 구연은 밖으로 벌어지고 목은 곧고 짧음.

5) 석기

(1) 석제곡괭이(石鎬, 03JMM500:1)

○ 출토지 : 서대묘 북쪽의 낙석무지.

○ 크기 : 길이 17cm, 칼날 너비(刃寬) 18cm.

○ 형태 : 打製. 砂巖質. 중간이 잘록한 형태임. 칼날부(刃部)는 조금 손상됨.

5. 역사적 성격

1) 왕릉 비정 : 미천왕릉

○ 서대묘는 대형계단석실묘로서, 고분이 자리한 위치와 무덤 형식이나 규모, 출토 기물 등 여러 요소에 의해 판단해볼 때 왕릉급 고분으로 짐작됨. 무덤 형식상 서대묘는 계단적석묘의 형성 단계에 속하나 발전된 형태는 아님. 인근의 천추묘보다 이르며, 동일한 발전 단계의 칠성산211호묘보다 늦음.

○ 중국학계에서는 『洞溝古墓群 - 1997年調査測繪報告』에서는 서대묘를 서천왕릉으로 비정하였으나, 현재는 당대 도굴당하였던 미천왕릉으로 추정함. 문헌에는 고구려왕릉의 도굴이 두 차례 확인됨. 『三國史記』 고구려본기에는 296년 서천왕릉과 342년 미천왕릉의 훼손 사례를 전하고 있으며, 『魏書』 고구려전에는 342년 미천왕릉 훼손사건이 기록되어 있음.

○ 서대묘에서 발견된 와당 중에는 '己丑'이란 문자가 있음. 만일 이 글자 해독과 간지기년이 오류가 없다면 앞서 문헌과 연계해볼 때 342년의 미천왕릉 훼손사건과 가장 관련성이 큼. 서천왕 재위중에는 '己丑'年이 없으며, 296년에서 342년 사이의 기축년은 329년으로 확인되는데 이해가 미천왕 32년이고 2년 후에 미천왕이 죽음. 고구려에는 미리 '送終之衣'를 마련하는 풍속이 있다는 점에서 미천왕이 재위 시기인 기축년에 자신이 능묘를 수축하고 기와를 만들었다고 추정 가능함. 서대묘의 형식과 문물의 특징 등은 이 연대와 대체로 일치함.

○ 2004년 집안지역의 초대형 적석묘들의 발굴조사한 내용을 토대로 이들 대형 적석묘를 고분 구조와 입지에 따라 고분의 축조 순서를 추정한 결과와 서대묘에서 출토된 '기축명 와당'이 329년으로 비정됨으로써 서대묘를 미천왕릉으로 보는 데에는 중국 학계나 한국, 일본 학계에서 별 이견이 없음.

2) 이중 매장구조

○ 미천왕릉설에 따르면, 서대묘는 고구려시기에 이미 훼손되었음. 보고자는 도굴 당시 전통적 의미의 묘실은 물론 묘실 바닥의 모종의 특수 유적에까지 화가 미쳤다고 보고, 이 특수 유적을 오랜동안 사람들이 의심하던 하층의 묘실로 파악함. 이에 대해서는 하층 묘실로 볼 수도 있지만, 요갱으로 보기도 함.

○ 이중 매장 : 고구려 왕릉은 이중으로 매장하는 특수구조인데 여러 현상을 증명할 수 있음. 집안에 현존하는 대형 적석묘중에서 바닥까지 도굴된 묘장이 여러 기가 있는데 칠성산211호묘, 칠성산871호묘, 마선구90호묘 등임. 따라서 이런 구조적 특징을 모르는 후대인들이 1,000m^3 석재를 옮겨 도굴하는 행위는 거의 불

가함. 옛『輯安縣志』의 기록에는, 장군총 묘실의 동북 모서리에는 빈 구멍이 있었는데 향민이 그 안에 돌을 던지면 소리가 오래되어서야 그쳤다고 함. 이런 현상은 1970대까지 확인할 수 있었음. 2003년 태왕릉 역시 묘실 외에 또 다른 석광이 발견되었고, 묘실 아래에는 또 다른 도굴 구멍이 있었음. 그런데 이처럼 고구려 무덤은 상·하 양층의 매장 장소가 있었을 가능성을 배제할 수 없으나, 아직 고고학적으로 확인된 것은 아님.

○ 2003년 서대묘의 발굴 작업과 동시에, 그 동쪽 400m 정도에 위치하며 근대에 훼손된 마선구610호묘의 기초를 정리하였음. 탐색 구덩이를 파고 해부를 통해서, 지면에는 타원형의 土坑이 하나 있으며 주변은 땅을 다졌던 것을 확인함. 그 해 토갱속에서 100kg 정도의 銅錢이 출토되었는데 그 가운데 연대가 가장 늦은 것이 왕망시기의 '貨泉'임. 이런 현상은 '腰坑' 성질의 유적에 속하는 것으로 보기도 하였으나, 이는 退藏遺蹟으로 보는 것이 합리적임.

참고문헌

- 關野貞, 1913,「關野貞博士一行の朝鮮古墳調査」,『考古學雜誌』4-3.
- 關野貞, 1914,「滿洲輯安縣及び平壤附近に於ける高句麗時代の遺跡」(一)(二),『考古學雜誌』5-3·4 ; 1941,『朝鮮の建築と藝術』巖波書店.
- 三宅俊成, 1935,「安東省輯安縣城附近高句麗の遺趾」,『滿蒙』16-9, 不二出版 ; 三宅俊成, 1944,「輯安縣城附高句麗の遺蹟」,『輯安』; 三宅俊成, 1975,「輯安縣城附近の高句麗の遺跡」,『東北アシア考古學の研究』, 國書刊行會 재수록.
- 池內宏, 1936,「滿洲輯安縣に於ける高句麗の遺跡」,『考古學雜誌』26-6.
- 藤田亮策, 1936,「滿洲國安東省輯安縣に於ける高句麗遺跡の調査」,『靑丘學叢』23.
- 藤田亮策, 1938,「滿洲に於ける高句麗遺跡」,『朝鮮』272.
- 池內宏·梅原末治, 1938,『通溝』上, 日滿文化協會.
- 池內宏, 1938, 滿洲國安東省輯安縣に於ける高句麗の遺跡,『考古學雜誌』28-2.
- 三上次男, 1938,「輯安行-高句麗時代の遺跡調査」,『歷史地理』71-1 ; 1990,『高句麗と渤海』재수록.
- 藤田亮策, 1940,「通溝附近の古墳と高句麗の墓制」,『池內博士還曆記念東洋史論叢』164 ; 1948,『朝鮮考古學研究』, 高桐書院 재수록.
- 蘇才, 1957,「集安高句麗遺跡調查簡記」,『吉林省文物工作通訊』.
- 吉林省文物志編委會, 1984,『集安縣文物志』.
- 永島暉臣愼, 1988,「集安の高句麗遺跡」,『好太王碑と集安の壁畵古墳』, 木耳社.
- 三上次男, 1990,「輯安および付近の遺跡」,『高句麗と渤海』.
- 國家文物局 主編, 1993,『中國文物地圖集』吉林分冊, 中國地圖出版社.
- 吉林省文物考古研究所·集安市博物館, 2002,『洞溝古墓群-1997年調查測繪報告』, 科學出版社.
- 吉林省文物考古研究所·集安市博物館, 2004,『集安高句麗王陵』, 文物出版社.
- 余昊奎, 2006,「集安地域 고구려 超大型積石墓의 전개과정과 被葬者 문제」,『한국고대사연구』41.
- 東潮, 2006,「高句麗 王陵과 巨大 적석총」,『朝鮮學報』199·200合.
- 孫仁杰·遲勇, 2007,『集安高句麗墓葬』, 香港亞洲出版社.
- 張福有·孫仁杰·遲勇, 2007,「高句麗王陵通考要報」,『東北史地』2007-4 ; 2007,『高句麗王陵通考』, 香港亞洲出版社.
- 魏存成, 2007,「集安高句麗大形積石墓王陵研究」,『社會科學戰線』2007-4.
- 임기환, 2009,「고구려의 장지명 왕호와 왕릉비정」,『고구려 왕릉 연구』, 동북아역사재단.
- 東潮, 2009,「고구려왕릉과 능원제」,『고구려 왕릉 연구』, 동북아역사재단.
- 桃崎祐輔, 2009,「고구려왕릉 출토 기와·부장품으로 본 편년과 연대」,『고구려 왕릉 연구』, 동북아역사재단.

18 집안 마선구0626호묘

集安 麻線溝0626號墓 | JMM0626

1. 조사현황

1) 1966년 조사

○ 조사기관 : 吉林省博物館·集安縣文物保管所.

○ 조사내용 : 통구고분군에 대한 일제 조사 및 측량제도를 하면서 해당고분을 마선구 제0626호묘(JMM0626)로 편호함.

2) 1997년 조사

○ 조사기관 : 吉林省文物考古研究所·吉林省博物館.

○ 조사내용 : 1966년에 이어 통구고분군을 전면 재조사.

3) 2003년 조사

○ 조사기관 : 吉林省文物考古研究所, 集安市文物保管所.

○ 조사기간 : 5~7월.

○ 조사자 : 遲勇(集安市文物保護管理所), 李景冰(鎮賚縣文物保護管理所), 景阿男(前郭縣文物保護管理所).

2. 위치와 자연환경(그림 1~그림 2)

○ 麻線鄉 建江村 북쪽 400m의 언덕 위에 자리하고 있음. 고분 남쪽 600m 되는 지점에는 集安-丹東간의 도로가 지나가며, 동쪽 500m 지점에는 麻線河가 지나고 있음. 고분의 중심지리좌표는 동경 126° 7′ 52.66″, 북위 41° 5′59.51″이며, 해발고도 227.46m임.

○ 고분의 북쪽은 安子嶺에 기대고, 남쪽은 압록강을 바라보고 있음. 고분의 서남 약 600m 되는 곳에 서대묘, 동남 약 1.3km 되는 곳에 천추묘가 각기 자리하고 있음.

3. 고분의 현황

1) 2003년 정리내용

(1) 이전의 고분 상황(그림 2)

○ 마선626호묘는 산비탈에 자리하고 있으며, 지세는 北高南低로 무덤의 남북 고도 차이는 거의 10m임.

○ 무덤 주위의 경작지는 1960년대에 이미 계단식 밭으로 개간되면서 일찍이 무덤은 교란되어 무덤 정상부에 여러 개의 깊은 타원형 구덩이가 있으며 비교적 크게 파괴됨.

(2) 계장 정리내용

① 계장과 보단의 현황

○ 당시 조사에서는 발굴은 진행하지 않았으나 분구의 계장에 대해 단면 조사를 실시함. 마선626호묘는 북부 계장과 남부 보단으로 나누어 조성됨.

그림 1 마선구626호묘 위치도(『洞溝古墓群－1997年調査測繪報告』)

○ 북부의 계장은 방형으로 무덤의 주체임. 계장의 대다수는 아직 존재하며, 사면의 보존 상황은 각기 다름. 계장은 동측과 남측에서는 6줄이 보이며, 서측과 북측에서는 5줄이 보이며, 서북 모서리부분은 비교적 심하게 파괴됨.

○ 남부의 보단은 반원형임. 이런 시설은 아래 비탈에 놓인 무덤 남면 계장을 보호하기 위해 그 붕괴를 방지하고자 부설한 것임. 지금 가장 바깥면의 弧形의 돌담이 한 겹이 보임. 그 내부에 대한 단면 조사는 하지 않았음.

② 계장과 계단의 축조법

○ 계장의 높이가 모두 안에서 밖으로 점차 낮아지고, 돌로 봉해 외관은 覆斗狀임. 외형은 계단적석묘와 유

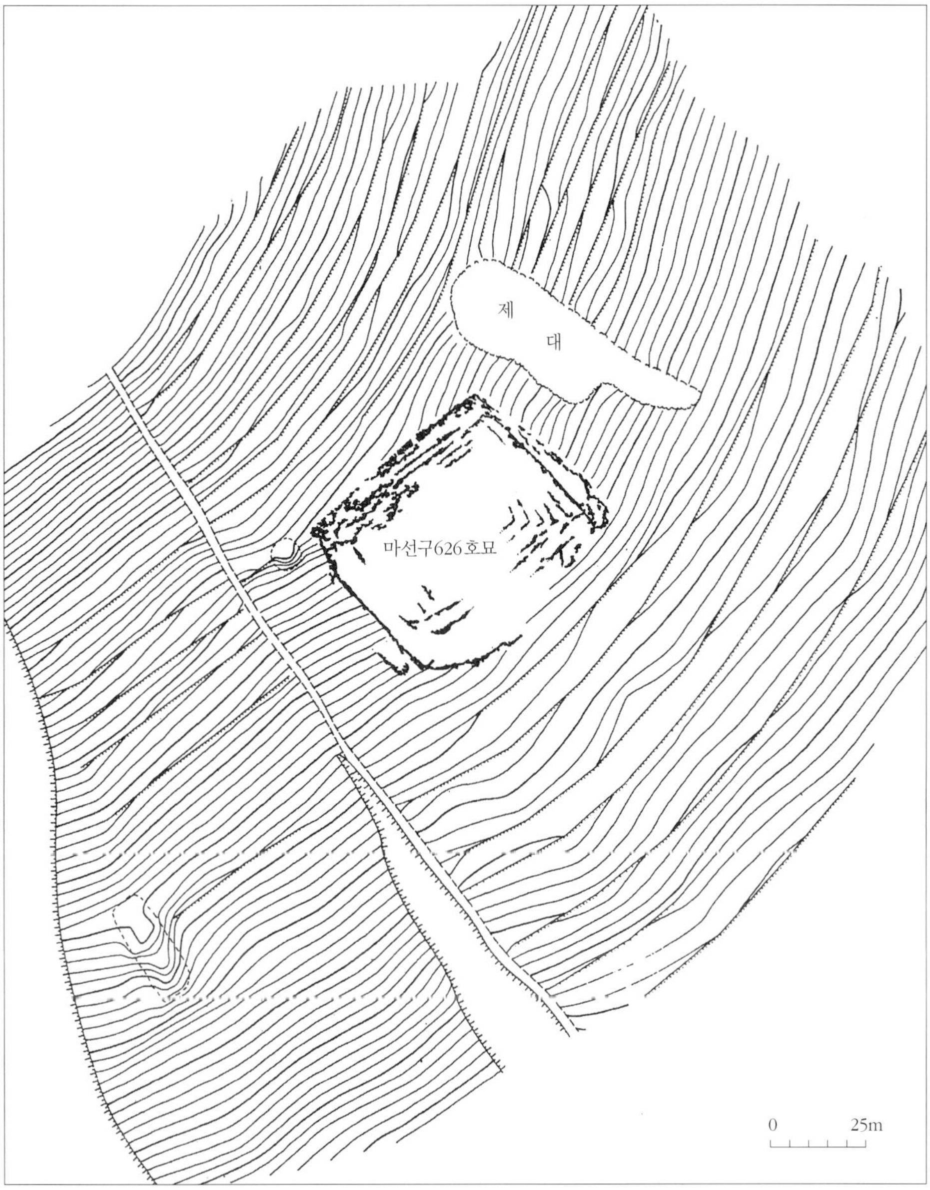

그림 2 마선구626호묘의 부근 지형도(『集安高句麗王陵』)

사함.

○ 계단과 계장의 축조양상은 다름. 계단은 아래에서 위로 쌓아 올리고 내부는 돌을 채워 상면의 평면을 유지함. 계장은 안에서 밖으로 가면서 층층이 쌓고 계장 사이를 돌로 메웠으나 상면의 높이는 맞지 않음. 외관상 바깥쪽 계장과 안에 있는 계장의 상부만이 노출됨.

③ 계장의 해부과정

○ 주위에 碎石들을 정리하면서 동서 양측에서 붕괴된 계장을 발견함. 너비 1m의 시굴갱을 3개 넣었는데 그 가운데 2개 탐색갱은 무덤 안쪽으로 제2단 계장까지 이르렀으나 뒤에 다시 묻음.

○ 단면 조사 결과 바깥쪽 계장 3줄은 모두 지표에서부터 축조하였고, 계장석은 모두 안쪽으로 경사졌음.

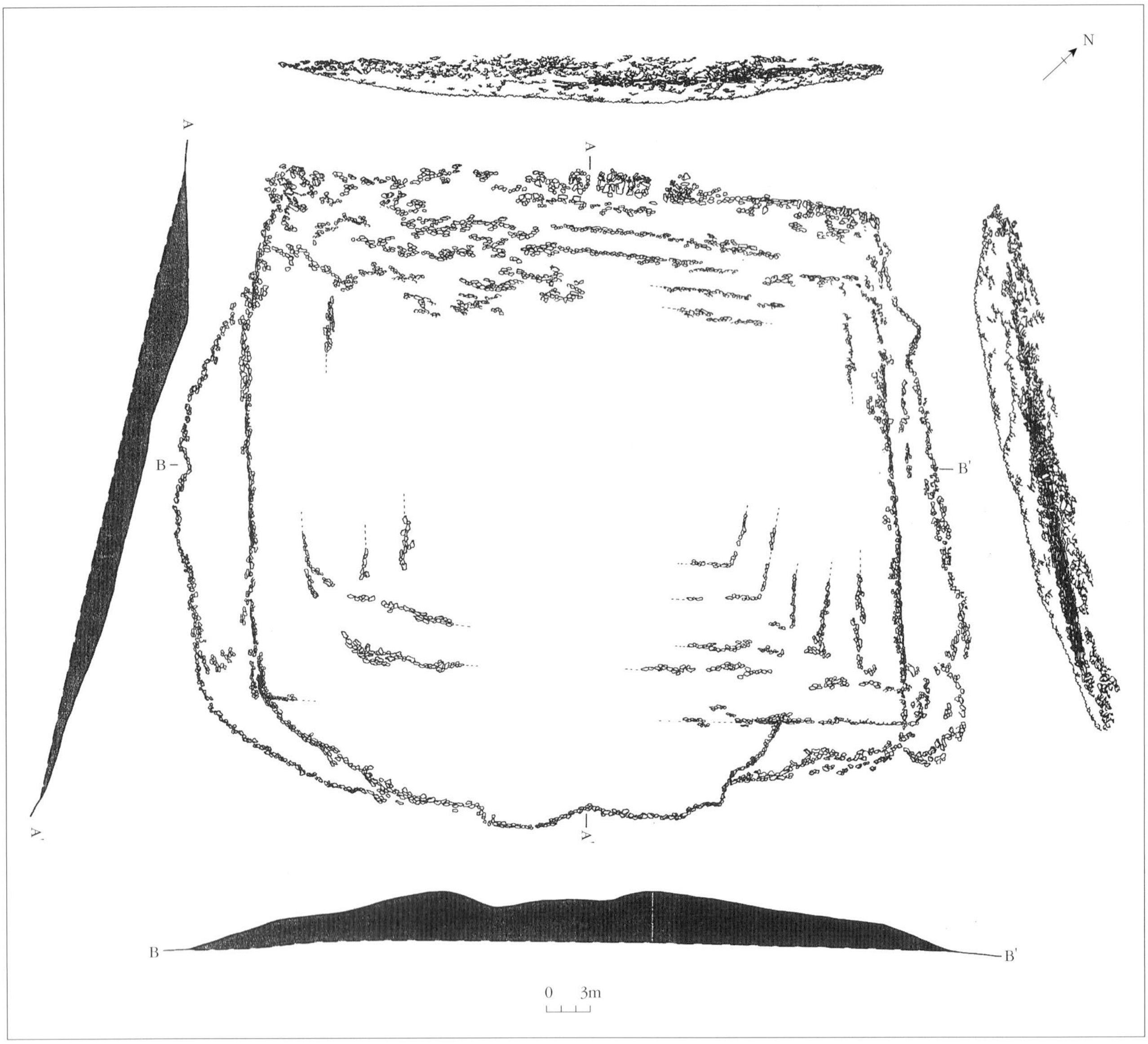

그림 3 마선구626호묘 평·단·정면도(『集安高句麗王陵』)

○ 계장 석재는 대다수 片狀 판석으로 석질은 해당 지역의 산돌임. 크기는 일반적으로 길이 0.5~0.9m, 너비 0.3~0.4cm, 두께 0.05~0.1m임.

○ 지세의 高低 차이로 인해 계장의 높이가 서로 달라 높이와 길이가 서로 잘 맞지 않아 틈이 있음. 서남 모서리부분은 남측 제2·제3의 계장은 서쪽으로 돌아가면서 서측 제2계장에서 만나 서로 접합됨. 다만 그 남쪽 보단에서는 표면을 관찰하든 탐색갱을 정리하든 모두 제2계장은 발견하지 못함.

(3) 고분의 축조과정

○ 현재 계장 현황을 통해 축조과정을 추정해보면, 먼저 지표 위에 무덤 중앙부의 돌을 쌓은 후에 주위에 계장을 축조하고 계장돌이 쓰러지지 않도록 안쪽으로 경사지게 깨진 돌로 받치고, 바깥쪽 계장 아래에도 돌을 쌓고 흙을 덮어 보호함. 일정한 높이로 돌을 쌓으면서

계장을 돌림. 계장은 안쪽을 높이고 바깥쪽 계장의 붕괴를 막기 위해 여러 줄의 계장을 쌓았음.

○ 돌을 메우고 계장을 쌓고, 계장을 쌓고 돌을 메우는 과정을 반복하여 묘 정상부에 이르고, 그 후에 다시 보단을 만듦. 바깥을 돌아가는 계장이 안쪽 계장을 보호하는데 목적이 있으므로 바깥쪽 계장의 높이는 자연 안쪽 계장보다 낮음.

○ 정리과정에서 보면, 계장의 수와 길이, 밀도 등의 변화가 보이는데 이것은 마선626호묘를 비롯한 초기 무덤 축조의 특징 가운데 하나임.

2) 고분 형식

○ 유형 : 특대형계단적석석광묘(『洞溝古墓群－1997年調查測繪報告』), 계장적석묘(『集安高句麗王陵』), 유단적석석광묘(『集安高句麗墓葬』).

○ 평면 : 전원후방형(前圓後方形).

○ 방향 : 남변 220°.

○ 규모 : 북변 길이 42m, 서변 길이 42m, 동변 길이 41m, 남벽 길이 48m, 높이 6m.

3) 고분 구조

(1) 계장

① 전체현황

○ 무덤의 상부는 발굴과 단면조사를 하지 못해서 그 내부 돌무지의 구조와 내측 계장의 높이는 아직 명확하지 않음. 확인할 수 있는 계장은 모두 6단, 20줄[1] 이 확인되었음.

○ 계장은 순서대로 쌓았고, 틈새를 메웠으나 치밀하지는 않음. 계장 석재 크기 또한 동일하지 않음. 석재는 주로 화강암과 산돌(山礫石) 두 종류이며, 대다수 간단한 가공을 거쳤거나 납작한 모양으로 쪼개어 절대다수가 깨진 면을 가지고 있음.

○ 정리하면 하부 계장에 사용된 돌은 비교적 큼. 대개 석재는 길이 0.6～0.9m, 너비 0.3～0.4m, 두께 0.2～0.4m이며, 상부 계장에 사용된 돌은 비교적 작음. 석재는 일반적으로 길이 0.5m, 너비 0.3～0.4m, 두께 0.1～0.2m임. 계장 위는 산자갈(碎山石)로 덮여 있음.

② 동쪽 계장

○ 동쪽에는 계장 6줄이 현존함.

○ 밖으로 튀어나온 제1계장은 동남 모서리에서 무덤 중앙부 일부분에 이르기까지 보존이 가장 양호한데 길이 37m, 높이 0.5～1m이며, 계장담장이 가장 높은 곳은 13층임. 계장 밖에는 커다란 판상석이 바싹 세워져 있어 계장을 견고하게 함. 지금 대다수 판상석은 이미 땅에 쓰러져 있으며, 중앙부의 입석판 2매는 제자리이고, 나머지는 모두 자리가 옮겨짐.

○ 제2계장은 남북 양단만이 남아 있는데 각각 길이 6m 정도이며, 중간의 12m 정도는 없어짐. 이 계장은 제1계장과 2.4～3m 떨어져 있으며, 방향은 제1계장과 평행하며, 안쪽보다 약 0.5m 높음. 계장의 양단은 남측 제2계장과 북측 제4계장에서 각기 만나고 있는데 북단은 절개를 통해 직접 지표로부터 시작되는 사실을 확인함.

○ 제3계장에서 제6계장까지 모두 동남 모서리부만 보이는데 잔존길이는 2.5～5m로 고르지 않으며, 각기 앞 계장과의 간격은 2～2.5m임. 계장 축조는 상대적으로 거칢. 밖이 안쪽 계장 보다 0.4m 정도 높으며, 고분 표면에는 계장 축조에 사용된 돌이 2～3겹 노출되어 있으며, 모두 약간 밖으로 기울어져 있음.

1 보고서(『集安高句麗墓葬』, 2007)의 실제 내용을 보면, 동쪽 계장과 남쪽 계장에서 각 6줄, 북쪽 계장과 서쪽 계장에서 각 5줄로 총 22줄로 소개됨.

③ 남쪽 계장

○ 남쪽 계장 대부분은 분구 돌로 덮여 있는데 동남 모서리만이 斷續的으로 6줄이 노출됨. 서남 모서리에서는 단면조사에서 발견된 2줄을 더하면 3줄이 알려졌음. 밖으로 돌출한 제1계장은 높이가 1.5m이며, 동단은 길이가 약 15m이며, 동단과 동쪽 제1계장은 서로 접하여 직각을 이루고 있음. 서단 길이는 2m이며, 서단과 서쪽 제1계장은 둥글게 접함.

○ 제2계장은 동단과 서단으로 나뉘는데 남쪽 제1계장과 떨어진 거리가 각기 2.5~3.5m이며, 방향은 계장과 평행하며, 앞의 계장보다 약 0.5m 높음. 동단 또한 동쪽 제1계장에 접하고 있는데 길이 약 18m이며, 축조상태가 아주 정연하지는 않음. 서단은 길이가 약 15m이며, 서쪽 제2계장과 둥글게 만남.

○ 제3계장 또한 동단과 서단에서 보이는데 동단은 동쪽 제3계장과 직각으로 접하며 길이는 9m 정도임. 서단은 길이가 약 11m이며, 둥글게 휘어서 굽었는데 서쪽 제2계장과 만나고 있음. 이 계장의 방향은 제2계장과 평행하지 않으며, 높이 차이는 0.3~0.6m로 고르지 않음. 그 동단과 앞의 계장은 서로 1.5~2m 떨어져 있으며, 서단은 두 계장과의 거리가 약 3m임.

○ 제4·5·6 계장은 동남 모서리에서만 보이며, 동쪽 계장의 동일한 층과 직각으로 서로 만남. 노출된 길이는 1.5~5m로 고르지 않으며, 간격은 각기 약 2m 정도 떨어져 있으며, 높이 차이는 0.4~0.6m임. 제3계장 이상부터 계장의 석재는 대부분 모두 길이 0.5m, 너비 0.3m, 두께 0.1m 정도이며, 축조 상태 역시 아주 깔끔하지는 않음.

④ 북쪽 계장

○ 북쪽의 계장은 5줄을 볼 수 있으며, 하부의 제1·2·3 계장은 기본적으로 동서로 통함.

○ 제1계장은 동단이 비교적 잘 보호된 상태이며, 동단은 동쪽 제1 계장과 서로 직각으로 만남. 계장은 높이 0.8m이며, 계장 밖에 호분석과 비슷한 석판(倚護石板)이 여러 개 세워 있음. 서단은 이미 많이 쓰러져 훼손되었는데 잔존높이가 0.2~0.4m이며, 서쪽 제1계장과 서로 만나는 곳은 원각을 이루는 듯함.

○ 제2계장은 제1계장과 3m 떨어져 있는데 높이는 제1계장보다 0.5m 높으며, 계장은 중간 부분 약 24m 정도 보존이 비교적 양호함. 양단이 연접하는 상황은 불분명함.

○ 제3계장은 동측 한부분에서 볼 수 있는데 축조상태가 가지런함. 동단은 동쪽 제1계장과 딱 맞으며, 서단은 심하게 붕괴되어 연접 상황이 명확하지 않음.

○ 제4·5계장은 모두 동측 일부만 보이는데 축조상태는 아주 가지런하지 않으며, 연접 상황은 불명확함.

○ 제2계장 이상부터 각 계장 간의 거리는 모두 1.5m 정도이며, 내외 계장 간의 높이 차이는 0.6m 이상임.

○ 북쪽 제1계장 바깥쪽 바닥으로 돌이 떨어졌는데 동남 모서리와 13~21m가 떨어진 곳에 동서 방향으로 4개의 화강암 돌무지가 배열되어 있음. 이 돌무지들의 외연은 다수가 원호형을 띠며, 가운데에는 모두 모양이 불규칙한 커다란 판석 하나가 있는데 이 판석은 지표인 황토 위에 놓여 있음.

⑤ 서쪽 계장

○ 서쪽의 무덤 표면에서 계장 5줄을 볼 수 있음.

○ 서쪽 제1계장은 길이 34m이며, 축조상태는 비교적 양호하며, 가장 높은 곳은 돌로 10층을 쌓은 곳으로 높이가 1.4m임. 계장 밖에는 대량의 碎石이 흩어져 있음.

○ 제1계장이 남북을 관통하는 것을 제외하고 그 나머지 각 계장은 일부만이 드러남. 그 가운데 제2·4·5계장이 서남 모서리에서 보이는데 각 계장 간의 거리는 3~4m 떨어져 있으며, 길이는 1.5~1.4m로 고르지 않으며, 방향은 모두 제1계장과 같음.

○ 제3계장은 서북 모서리에서 3.5m 정도 길이를 볼

수 있음. 제1계장과 서로 약 6m 떨어져 있으며 높이 차이는 근 2m임. 북단의 연접 상황은 명확하지 않음.

(2) 보단(輔壇)

○ 고분 남쪽의 보단은 고분의 남쪽 계장과 긴밀히 접해 쌓았는데 축조 당시에는 동·서 두 구역으로 나뉘었음.

① 서쪽 구역(西段)

○ 서쪽 구역은 반원형을 띠며, 동서 길이 38m, 남북 최고 넓은 곳 8.5m, 높이 1.5m 정도임.

○ 내부는 무덤 남쪽 계장에 기대어 돌(礫石)을 쌓았는데 돌은 일반적으로 길이 0.5~0.7m이지만 바닥부의 석재는 비교적 큼.

○ 돌무지 밖으로 석렬이 반원형(弧形)으로 돌아가서 평면은 반원형을 띠고 있음.

○ 반원형 석장은 지표 위에 바로 축조하였는데 서쪽 끝은 무덤의 서남 모서리로부터 시작되었으며, 상부는 얇은 석판 5겹을 사용하여 서남 모서리와 서로 메워 하나로 연결되었음. 동쪽 끝은 직접 무덤 남쪽 제1계장에 괴여 있는데 만나는 곳은 동남 모서리와 8.5m 떨어져 있으며, 두 벽체의 기초는 서로 만나지 않음.

○ 반원형 석장에 사용된 돌은 무덤 계장과 서로 같은데 산돌(山礫石)과 화강암 판석을 선택하여 사용하였으며, 석재는 일반적으로 비교적 커서 대다수 길이가 0.6m 정도에 이름. 계장 내부는 메워서 축조하였는데 중앙부 가장 높은 곳은 높이가 약 1.5m이고 양끝은 1.3m 정도임. 축조 당시 계장은 전부 안을 향해 경사지도록 하고 바깥면에는 장대석과 판석을 세워 기대놓은 것은 계장의 기술내용과 같음.

② 동쪽 구역(東段)

○ 동쪽 구역은 사다리형(梯形)에 가까운데 동서 길이 10m, 남북 너비 3~5m임. 축조방법은 서쪽 구역과 동일함. 동쪽 구역의 보단 외곽에도 동쪽과 남쪽에 石墻이 축조되어 있음.

○ 동쪽 석장은 동쪽 제1계장의 연장부분으로, 축조석은 5~7층으로 높이는 0.6m임. 석재는 일반적으로 0.8m보다 크며, 동남 모서리부분에는 약간 남쪽을 향해 경사진 화강암 판석이 기대어 세워져 있는데 높이 1.1m, 너비 0.7m, 두께 0.15m임.

○ 남쪽 석장은 안으로 기울어졌는데 서단은 반원형 석장 위에 괴었고, 동단은 동쪽 석장과 원각을 이루며 연결됨.

○ 석장은 대부분 이미 붕괴되어 남은 높이가 50cm에 미치지 못하며, 대다수 1~2층만 축조되었으며, 상면에는 산자갈(碎山石)이 쌓여 있음. 석재는 모두 불규칙한 산돌과 화강암으로 길이는 일반적으로 0.5m를 넘지 않고, 두께는 0.2~0.4m로 고르지 않음.

(3) 묘실과 묘상 건축물

○ 무덤 상면과 아래의 표면에는 기와편들이 비교적 많아 분구 위에 건축물이 있었다고 추측됨.

○ 제6계장 이상부터는 분구의 사면에는 계단 또는 계장이 보이지 않아 정상부는 평평했을 것으로 추정됨.

○ 광실은 이 평탄면 위에 축조된 것이 명확하나, 분구 정상부는 이미 교란되어 깊은 구덩이가 많음. 광실은 없어져 구조를 상세히 알 방법이 없음.

4) 관련 유적

(1) 제대(祭臺)

○ 제대는 고분 동측 20m에 위치하는데 길이 42m, 너비 9m이며, 평면은 장방형에 가까움.

○ 사면 둘레의 가장자리에는 장대석이나 부정형 석재로 2층을 쌓았으며, 내부는 강자갈(河卵石)과 산자갈(碎山石)로 메웠으며, 표면은 매우 정연하지는 않음.

○ 석대의 높이는 0.5m이며 장축 방향은 무덤 동변과

평행함.

○ 지금 가장자리는 서측과 북측 모두 보존상태가 비교적 양호하고 남측은 이미 파괴당함.

○ 석대의 동·북 두 방향으로 흩어진 자갈무지가 아직도 보이나 모양을 판별하기는 어려움.

○ 다른 왕릉의 상황과 해당 유적 및 유물의 분석에 의하면, 이 석대는 제사와 관련된 유적일 가능성이 있음.

(2) 산수(散水)

○ 무덤과 동쪽 제대에 이르는 사이에 산돌을 깐 鋪石面이 있음. 산돌은 모두 자연석으로 크기는 약 0.3~0.4m임.

○ 鋪石面은 가지런하지 못해 중간에 끊기었으나 석재 형태에 따라 평평하게 쌓은 것으로 보아 墓域의 鋪石으로 보임. 동일 현상이 칠성산871호묘에서 발견되었기 때문에 초기 왕릉의 특수한 시설로 추정됨.

○ 묘역 중앙부에는 동변에서 동쪽을 향해 펼쳐진 2층으로 쌓은 석렬이 한 줄 보임.

(3) 용석(鎔石) 무지

무덤의 북측에서 파낸 두 개의 탐색갱 속에서 발견함. 강자갈(河卵石)과 산자갈(碎山石)이 깔린 평면으로 범위 및 모양은 상세하지 않으나 너비 약 2m, 이미 알려진 길이 18m 정도임. 그 안에는 용석무지가 몇 개 나뉘어 있는데 최대 용석 무지는 직경 0.7m, 높이 0.3m 정도임.

(4) 배장묘(陪葬墓)

○ 무덤 서변 북측에서 일찍이 배장묘 1기가 보존되어 있었는데 형식은 이른 시기의 원형적석묘로 분구의 높이는 약 2m 가까이 됨.

5) 기타

○ 북측 계장에는 돌무지 안팎으로 납작한 鎔石이 흩어져 있는데 어떤 용석은 불에 타서 변형된 암키와 또는 수키와가 들러붙어 있음. 용석은 판석 위에 가장 집중되어 있으며, 주변의 용석 수량은 많지 않음.

○ 분구 정상에는 불탄 용석이 많이 발견되는데 어떤 용석은 기와와 함께 달라붙어 있음. 용석은 북측과 중앙부 갱 안에 비교적 많이 산재하며, 남측은 수량이 매우 적음.

○ 제대로 추정되는 석대에서 철제비녀장(鐵車轄)과 토기 구연부 각 1점이 출토됨.

○ 무덤 북측의 탐색갱 속 용석 무지 : 용석 무지 위에서 철제못(鐵釘), 철제화살촉(鐵鏃), 철제꺾쇠(鐵鋦釘) 각 1점이 출토됨.

4. 출토유물

○ 이번 정리에서 출토된 토기, 철기 등 모두 마선626호묘 이외의 유적에서 출토되었으며, 묘상에서는 수키와와 암키와만 채집함.

1) 토기

(1) 구연부(罐口沿, 03JMM626:5, 그림 4-1)

○ 출토지 : 마선구626호묘 제대.

○ 크기 : 남은 직경 20.8cm.

○ 문양 : 무문.

○ 색깔과 태도 : 가는 모래가 섞인 니질의 회갈색.

○ 형태 : 陶罐 잔편으로 손으로 제작(手製). 입이 곧고 입술이 네모진 모양임(直口方脣).

(2) 토기 잔편(陶罐殘片, 03JMM626:6)

○ 출토지 : 마선구626호묘.

○ 크기 : 남은 직경 20.8cm.

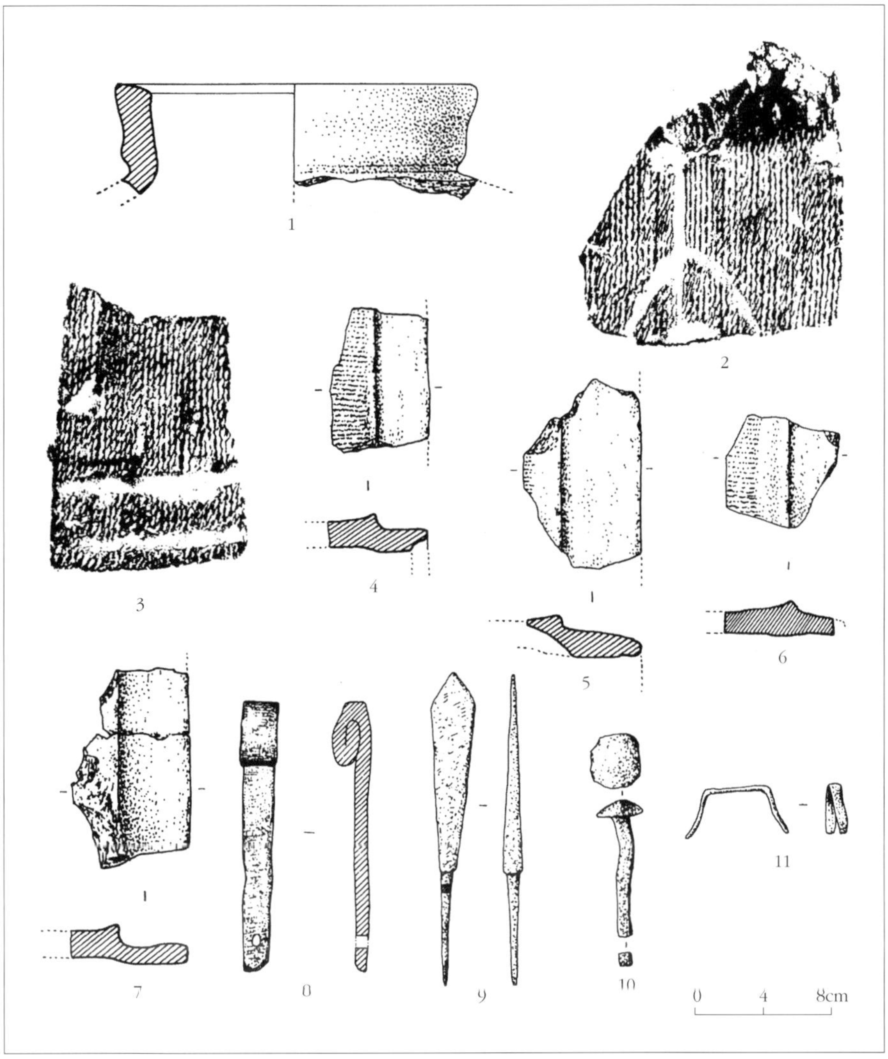

그림 4 마선구626호묘 유물
(『集安高句麗王陵』)
1. 토기 구연부(03JMM626:5)
2. 암키와(03JMM626標:9)
3. 암키와(03JMM626標:12)
4. 수키와(03JMM626標:3)
5. 수키와(03JMM626標:4)
6. 수키와(03JMM626標:5)
7. 수키와(03JMM626標:6)
8. 철제비녀장(03JMM626:4)
9. 철촉(03JMM626:3)
10. 철제못(03JMM626:1)
11. 철제꺾쇠(03JMM626:2)

○ 문양 : 무문.

○ 색깔과 태도 : 가는 모래의 회백색.

○ 형태 : 불에 타 비틀어져 변형됨. 짧은 대상파수(短橫耳)가 있음.

2) 기와

(1) 암키와(03JMM626標:9, 그림 4-2)

○ 출토지 : 마선구626호묘.

○ 크기 : 남은 길이 16cm, 너비 15cm, 두께 2cm.

○ 색깔과 태도 : 니질의 홍갈색.

○ 형태 : 잔편. 배면에 승문이 시문되었고 그 위에 손가락으로 문지른 '本'자형 도안이 있음.

(2) 암키와(03JMM626標:12, 그림 4-3)

○ 출토지 : 마선구626호묘.

○ 크기 : 남은 길이 16cm, 남은 너비 11cm, 두께 2cm.

○ 색깔과 태도 : 니질의 회색.

○ 형태 : 잔편으로 瓦尾인 듯함. 배면에 승문이 시문되었고 그 위에 손가락으로 누르며 문지른 평행선 두 줄이 있음.

(3) 암키와(03JMM626標:7)

○ 출토지 : 마선구626호묘.

○ 색깔과 태도 : 니질의 홍갈색.

○ 형태 : 잔편. 배면에 시문된 승문이 비교적 깊고 정연함.

(4) 수키와(03JMM626標:3, 그림 4-4)

○ 출토지 : 마선구626호묘.

○ 크기 : 미구(舌)의 길이 3cm.

○ 색깔과 태도 : 니질의 회색.

○ 형태 : 잔편. 瓦身에는 승문이 시문되어 있으며, 瓦頭에는 언강이 있음. 기울어진 언강은 비교적 높으며 언강 위에는 凸棱이 일어남. 미구(舌)는 평평하고 가장자리는 네모지며(平舌方沿), 하연은 칼로 홈(凹槽)을 잘라냄.

(5) 수키와(03JMM626標:4, 그림 4-5)

○ 출토지 : 마선구626호묘.

○ 크기 : 미구(舌)의 길이 5cm.

○ 색깔과 태도 : 니질의 회색.

④ 형태 : 잔편. 瓦身에는 승문이 시문되어 있으며, 瓦頭에는 언강이 있음. 기울어진 언강은 비교적 낮고 언강 위에는 凸棱이 일어나지 않음. 미구(舌)는 길고 舌面이 아래로 경사지며, 기와끝부분(瓦舌)에는 얕게 문지른 평행선 3줄이 있음.

(6) 수키와(03JMM626標:5, 그림 4-6)

○ 출토지 : 마선구626호묘.

○ 크기 : 미구(舌)의 길이 2.8cm.

○ 색깔과 태도 : 니질의 회색.

○ 형태 : 잔편. 瓦身에는 승문이 시문되어 있으며, 瓦頭에는 언강이 있음. 기울어진 언강은 낮고 평평하며, 언강에 凸棱이 일어남. 미구(舌)는 이미 손상되었고 경사진 경사면 아래를 문지름.

(7) 수키와(03JMM626標:6, 그림 4-7)

○ 출토지 : 마선구626호묘.

○ 크기 : 미구(舌)의 길이 4cm.

○ 색깔과 태도 : 니질의 회색.

○ 형태 : 잔편. 瓦身에는 승문이 시문되어 있으며, 瓦頭에는 언강이 있음. 기울어진 언강은 비교적 높고, 언강 위에는 약간 凸棱이 있음. 미구(舌)는 오목하고 가장자리가 둥글며(凹舌圓沿)며, 舌面은 약간 위로 치켜 올라감.

(8) 수키와(03JMM626標:11)

○ 출토지 : 마선구626호묘.

○ 색깔과 태도 : 니질의 회색.

○ 형태 : 잔편. 瓦身에는 승문이 시문되어 있음. 언강이 안으로 오목하며, 미구(瓦舌)는 손상됨.

3) 철기

(1) 비녀장(車轄, 03JMM626:4, 그림 4-8)

○ 출토지 : 마선구626호묘 제대.

○ 크기 : 길이 14.8cm, 너비 2cm, 두께 0.8cm.

○ 형태 : 鍛造製. 비녀장의 몸(轄身)은 편장방체이며, 상단은 말아서 3겹이 되며, 하단에 원형의 구멍이 하나 있음.

(2) 못(鐵釘, 03JMM626:1, 그림 4-10)

○ 출토지 : 마선구626호묘 북쪽의 용석무지.

○ 크기 : 남은 길이 7.6cm, 몸 너비 0.6cm, 대가리 직경 2.8cm.

○ 형태 : 鍛造製. 몸은 방형이며, 못의 뾰족한 부분은 이미 손상되었으며 대가리는 우산모양임(傘狀).

(3) 꺾쇠(鋦釘, 03JMM626:2, 그림 4-11)

○ 출토지 : 마선구626호묘 북쪽의 용석무지.

○ 크기 : 鋦의 길이 6cm, 너비 1.2cm. 못(釘) 길이 4.2cm.

○ 형태 : 鍛造製. 몸은 납작하고 편장방체이며, 양쪽 못의 뾰족한 부분은 밖으로 기울어져 팔자형으로 꺾여짐.

(4) 화살촉(鐵鏃, 03JMM626:3, 그림 4-9)

○ 출토지 : 마선구626호묘 북쪽의 용석무지.

○ 크기 : 전체 길이 17cm, 슴베(鋌)의 길이 6.4cm.

○ 형태 : 鍛造製. 몸은 圭形이며, 鏃鋌은 사각추모양(四棱錐狀)임.

5. 역사적 성격

1) 고분의 등급과 연대

○ 마선626호묘는 전방후원형 평면의 계장적석묘임. 이런 유형은 먼저 지면에 계장을 둘러쌓고 난 후에 안을 돌로 메워 계단을 쌓았으며, 다시 석광을 축조하는데 이 방법은 초기 고구려 고분에 속함. 무덤 남측의 弧形 계장이 둘러쌓은 반원형 석장은 일찍이 과거의 조사에서 발견되었으나, 호형 계장으로 인식하지 못하였음. 마선구626호의 이런 계장은 고구려 초기 무덤에서 여러 차례 발견되었으나 무덤의 규모는 모두 작은 편이었음. 마선626호묘와 같은 이런 전원후방형의 대형 무덤은 동시기 무덤 중 가장 최고 규격의 형태였음.

○ 중국학계에서는 해당 고분의 구조와 무덤이 자리한 곳의 현저한 위치 등 여러 요소의 분석을 통해 해당 고분은 고구려의 비교적 이른 왕릉으로 연대는 약 1~2세기라고 추정하고 있음.

○ 張福有는 구체적으로 대무신왕에 비정하고 있음(2007, 『高句麗王陵通考』). 임기환은 왕릉급 고분의 지리적 위치와 축조 편년을 왕의 장지명과 재위 시기에 대응해 비정하는 방법론을 통해 해당 고분은 입지상 높은 산언덕 경사지에 위치한다는 점에서 이른 시기의 산상왕릉에 비정될 가능성이 높다고 보았음(2009, 「고구려 장지명 왕호와 왕릉비정」, 『고구려 왕릉 연구』). 桃崎祐輔 역시 입지상 산상왕릉에 비정하고 있음(2009, 「고구려 왕릉 출토 기와·부장품으로 본 편년과 연대」, 『고구려 왕릉 연구』).

2) 용석 돌무지의 성격

주목할 가치가 있는 것은 무덤 상부에서 암키와와 수키와를 제외하고 대량의 용석이 발견되었는데 어떤 용석은 기와와 함께 달라붙어 있음. 고분의 북쪽계장 밖에서 용석을 부순 뒤에 작은 산돌과 혼합하여 원형처럼 덮은 돌무지가 여러 개 발견됨. 장속 관련성은 아직 명확하지 않음.

참고문헌

- 吉林省文物志編委會, 1984, 『集安縣文物志』.
- 國家文物局 主編, 1993, 『中國文物地圖集』 吉林分冊, 中國地圖出版社.
- 吉林省文物考古研究所·集安市博物館, 2002, 『洞溝古墓群-1997年調査測繪報告』, 科學出版社.
- 吉林省文物考古研究所·集安市博物館, 2004, 『集安高句麗王陵』, 文物出版社.
- 孫仁杰·遲勇, 2007, 『集安高句麗墓葬』, 香港亞洲出版社.
- 張福有·孫仁杰·遲勇, 2007, 「高句麗王陵通考要報」, 『東北史地』 2007-4 ; 2007, 『高句麗王陵通考』, 香港亞洲出版社.
- 임기환, 2009, 「고구려의 장지명 왕호와 왕릉비정」, 『고구려 왕릉 연구』, 동북아역사재단.
- 桃崎祐輔, 2009, 「고구려왕릉 출토 기와·부장품으로 본 편년과 연대」, 『고구려 왕릉 연구』, 동북아역사재단.

19 집안 마선구0675호묘

集安 麻線溝0675號墓 | JMM0675

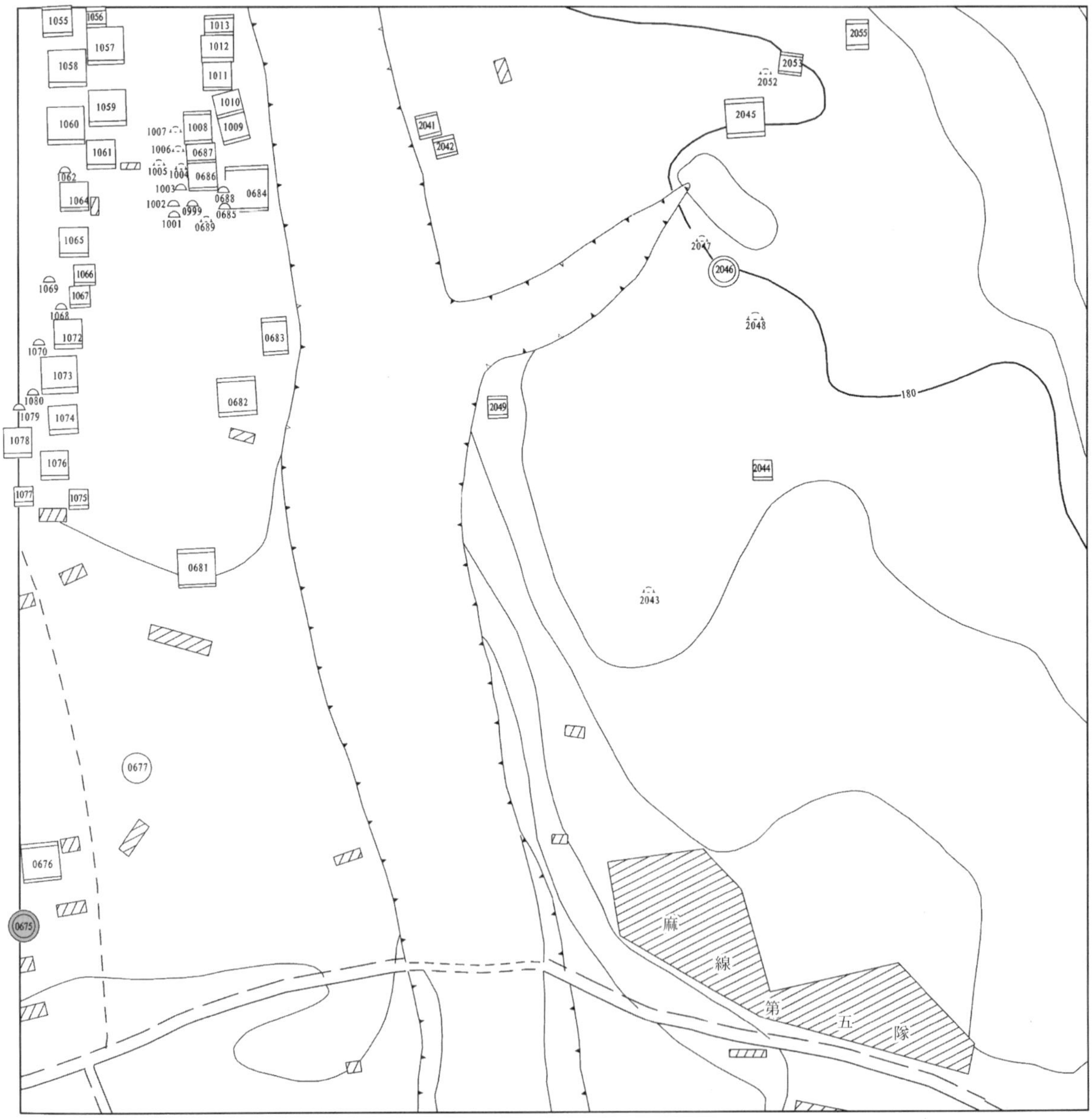

그림 1 마선구675호묘 위치도(『洞溝古墓群－1997年調查測繪報告』)

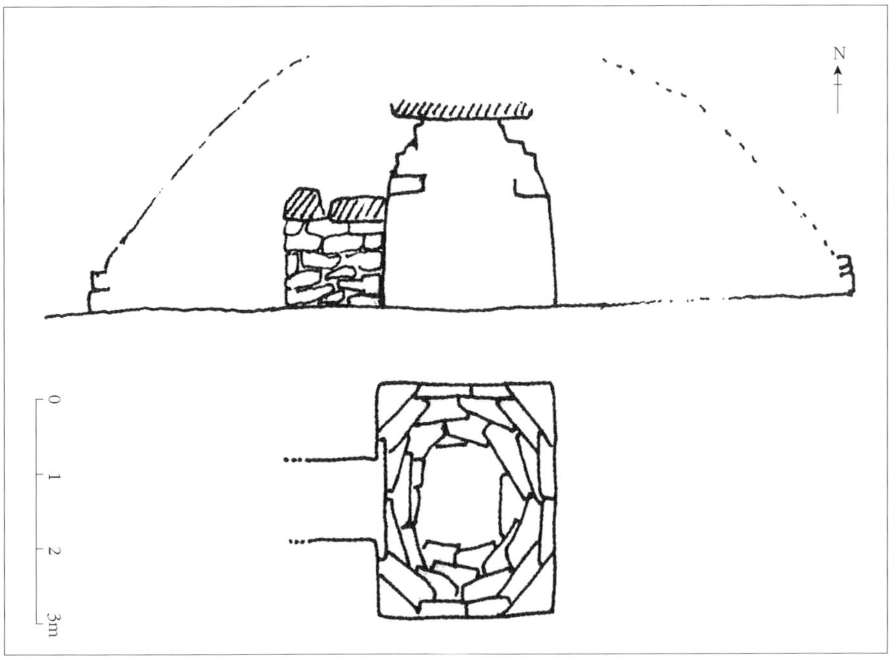

그림 2
마선구675호묘 평 · 단면도
(『集安高句麗墓葬』)

1. 조사현황

1) 1997년 조사

○ 조사기관 : 吉林省文物考古研究所 · 集安市博物館.

○ 조사내용 : 1966년에 이어 통구고분군을 전면 재조사.

2) 2004~2005년 조사

조사기간, 조사기관 등에 대한 언급이 없으나 張福有, 孫仁杰, 遲勇 등이 집안 경내의 고구려유적을 전면 재조사하면서 정리함.

2. 위치와 자연환경(그림 1)

○ 麻線溝河 우안(서안)의 建江村 동쪽의 평지에 위치함.

○ 고분의 동쪽 약 120m에 마선구하, 서쪽 약 40m에 JMM0665호묘, 남쪽 약 10m에 주민거주지, 북쪽은 약 7m 정도에 JMM0676호묘가 자리하고 있음.

3. 고분의 현황

1) 고분 형식

○ 유형 : 유단봉토석실묘(『洞溝古墓群 - 1997年調査測繪報告』 및 『集安高句麗墓葬』).

○ 평면 : 정방형.

○ 규모

- 기단 : 둘레 길이 13.5m.
- 묘실 : 둘레 길이 3.2m, 묘실 전체 높이 3.1m 정도.
- 연도 : 길이 1.5m, 높이 약 1m, 너비 약 0.9m.

2) 고분 구조(그림 2)

(1) 기단

고분은 평면이 정방형으로 기단석은 방형으로 가지런히 다듬어졌음. 기단은 2층으로 쌓아 높이가 0.8~1m

이며, 기단 둘레는 13.5m임.

(2) 묘실

○ 기단 안의 중앙부에는 묘실이 축조됨. 묘실은 지표 위에 축조하였는데 평면은 정방형임.

○ 묘실 상부에는 4개의 작은 고임식 천장이 조성되었는데 천장 위로 올라가면서 고임의 수가 늘어나서 궁륭상 천장과 유사함.

○ 고분 남쪽의 천장석은 파괴됨.

○ 묘실의 서벽 중앙부에는 묘도가 열려 있는데 묘도 위를 판석으로 덮었음.

○ 묘실 및 연도와 기단의 사이는 황토로 메우고 다시 황토로 고분의 상부를 덮음.

4. 역사적 성격

○ 고분은 아직 발굴하지 않았기 때문에 구조가 정확하지 않음.

○ 기단봉토석실분은 마선구에서 JMM0660, JMM0662, JMM0661, JMM0579, JMM1228호묘 등이 있음. 기단봉토분구는 고구려 고유의 적석방식을 채용하고, 그 내부는 봉토석실묘 방식을 택한 것으로 적석무덤에서 봉토분으로의 변하는 과도기에 해당됨.

○ 무덤은 석실 축조 이후에 출현한 것으로 짐작되므로, 고분 연대는 약 5세기 후반경으로 추정됨.

참고문헌

- 吉林省文物志編委會, 1984,『集安縣文物志』.
- 國家文物局 主編, 1993,『中國文物地圖集』 吉林分冊, 中國地圖出版社.
- 吉林省文物考古研究所·集安市博物館, 2002,『洞溝古墓群-1997年調査測繪報告』, 科學出版社.
- 孫仁杰·遲勇, 2007,『集安高句麗墓葬』, 香港亞洲出版社.
- 張福有·孫仁杰·遲勇, 2007,「高句麗王陵通考要報」,『東北史地』2007-4 ; 2007,『高句麗王陵通考』, 香港亞洲出版社.

20	# 집안 마선구0681호묘 ## 集安 麻線溝0681號墓 | JMM0681

1. 조사현황

1) 1997년 조사

○ 조사기관 : 吉林省文物考古研究所·集安市博物館.

○ 조사내용 : 1966년에 이어 통구고분군을 전면 재조사.

2) 2004～2005년 조사

조사기간, 조사기관 등에 대한 언급이 없으나 張福有, 孫仁杰, 遲勇 등이 집안 경내의 고구려유적을 전면 재조사하면서 정리함.

2. 위치와 자연환경(그림 1)

○ 마선구 묘구의 建江片 마선하 우안(서안) 평지에 자리하고 있음.

○ 고분의 동쪽으로 30m 떨어진 곳에 마선하가 있으며, 북쪽으로 약 50m 떨어져 JMM0682호묘가 있으며, 서쪽과 남쪽으로 약 80m 떨어진 곳에는 주민들의 거주지가 있음.

3. 고분의 현황

1) 고분 형식

○ 유형 : 대형계단적석석광묘(『洞溝古墓群－1997年調査測繪報告』), 계단적석석실묘(『集安高句麗墓葬』).

○ 평면 : 방형.

○ 방향 : 95°.

○ 규모 : 둘레 17m, 높이 5.5m.

2) 고분 구조

(1) 계단

① 전체현황

정연하게 가공한 화강암 석재로 계단을 축조함.

② 제1계단

제1단 계단은 4층으로 축조하였는데 가장 낮은 층의 석재는 비교적 크며, 가장 큰 것은 길이 2.1m, 너비 0.7m, 높이 0.7m임. 상층 석재는 아래층 석재에 비해 비교적 작은데 보통 길이 1m, 너비 0.5m, 높이 0.4m 정도임.

③ 제2계단

제2단 계단은 제1계단 위에 안으로 1m 들여쌓았음. 제2단 계단의 동, 서, 남 등 3면은 1층 계단이 현존하

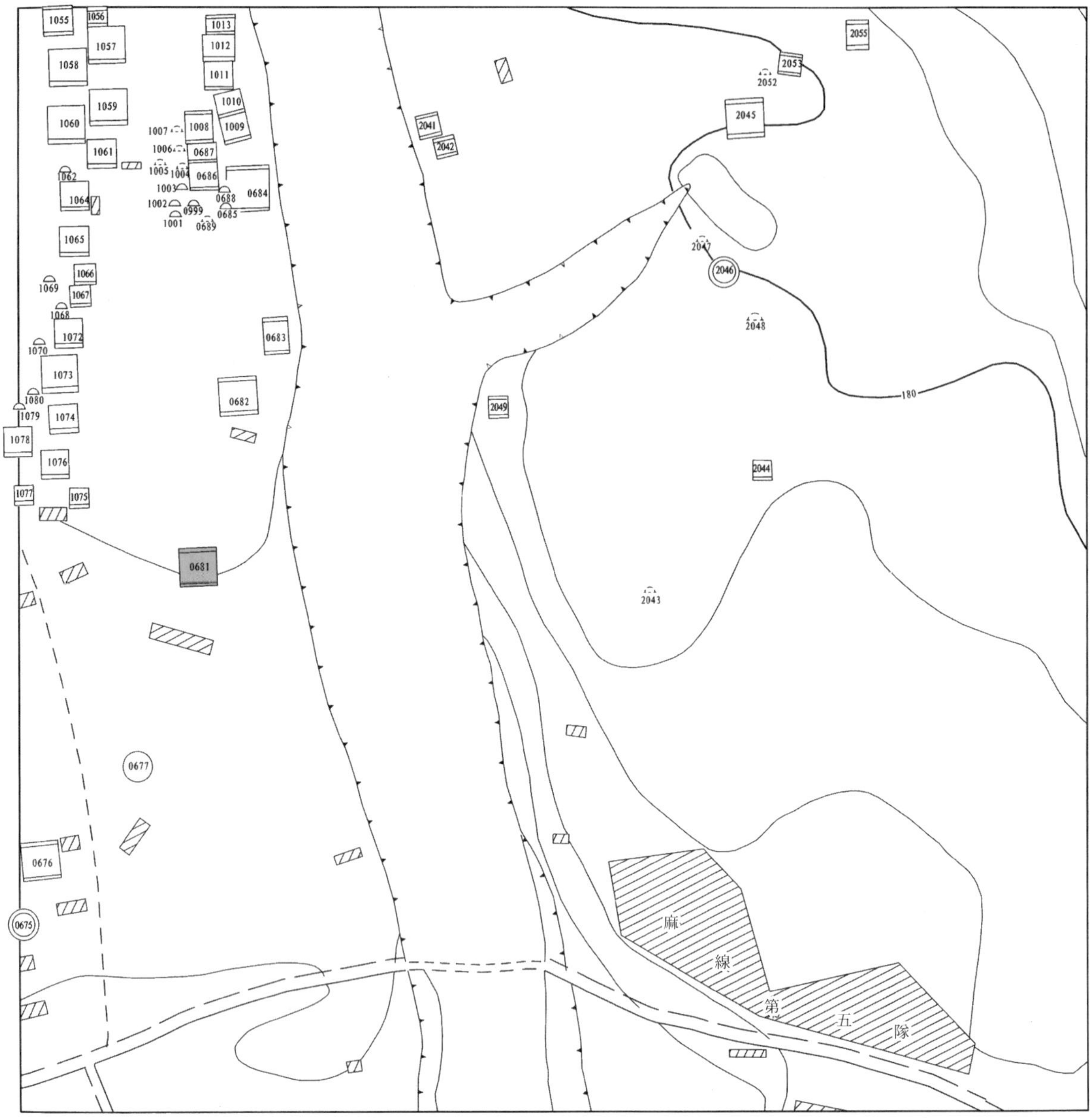

그림 1 마선구681호묘 위치도(『洞溝古墓群－1997年調査測繪報告』)

고. 북면은 축조석이 3층까지 보임. 제1층 축조석은 길이 1m, 너비 0.5m, 높이 0.5m이고 제2층 축조석은 높이 0.5m이며, 제3층 축조석은 높이 0.4m임. 제2단 계단의 전체 높이는 1.4m임.

④ **제3계단**

제3단 계단은 제2단 계단 위에 0.8m 안으로 들여 쌓았음. 계단석은 대부분 결실되고 현재는 1층 축조석만 보이는데 축조석은 길이 0.7, 너비 0.4m, 높이 0.4m임. 고분의 동쪽과 북쪽의 중앙부는 현재 각기 護墳石이 하나씩 남아 있음. 護墳石은 가공되지 않은 자연석을 채용하였으며, 그 석재 크기는 길이 약 2.2m, 너비 1.2m, 높이 0.4m 정도임.

(2) 묘실

○ 고분은 석실이 축조되어 있으며, 서쪽에는 묘도가 열려 있으나 현재는 이미 돌을 쌓은 것이 교란되어 있음. 묘도는 천장석이 있음. 무덤의 정상부에는 소량의 산자갈(碎山石)과 대다수의 강자갈(河卵石)로 덮여 있음. 돌의 크기는 일반적으로 0.3~0.2m 사이임.

○ 고분 아래의 계단 밖에서 5.5m 되는 곳에는 묘역시설이 설치되어 있음. 묘역시설은 다듬은 화강석을 사용해 축조하였는데 석재는 길이 0.6m, 너비 0.4m, 높이 0.3m 정도이며 조사 중에는 유물이 발견되지 않았음.

4. 역사적 성격

고분의 묘실은 석실구조이고 사용된 계단은 가공을 거친 것으로 고분의 연대는 5세기대에 조성된 것으로 비정됨.

참고문헌

- 吉林省文物志編委會, 1984,『集安縣文物志』.
- 國家文物局 主編, 1993,『中國文物地圖集』吉林分冊, 中國地圖出版社.
- 吉林省文物考古研究所·集安市博物館, 2002,『洞溝古墓群-1997年調査測繪報告』, 科學出版社.
- 孫仁杰·遲勇, 2007,『集安高句麗墓葬』, 香港亞洲出版社.
- 張福有·孫仁杰·遲勇, 2007,「高句麗王陵通考要報」,『東北史地』2007-4 ; 2007,『高句麗王陵通考』, 香港亞洲出版社.

21 집안 마선구0682호묘

集安 麻線溝0682號墓 | JMM0682

1. 조사현황

1) 1997년 조사

○ 조사기관 : 吉林省文物考古研究所·集安市博物館.

○ 조사내용 : 1966년에 이어 통구고분군을 전면 재조사.

2) 2004~2005년 조사

조사기간, 조사기관 등에 대한 언급이 없으나 張福有, 孫仁杰, 遲勇 등이 집안 경내의 고구려유적을 전면 재조사하면서 정리함.

2. 위치와 자연환경(그림 1)

○ 마선묘구 建江片 마선하 우안(서안) 평지에 자리하고 있음.

○ 고분의 동쪽으로 20m에는 마선하, 남쪽으로 50m에는 JMM0681호묘, 북쪽으로 60m에는 JMM0684호묘, 서쪽으로 55m에는 JMM1073호묘가 각기 자리하고 있음.

3. 고분의 현황

1) 고분 형식

○ 유형 : 대형계단적석석광묘(『洞溝古墓群－1997年調査測繪報告』), 계단적석전실묘(『集安高句麗墓葬』).

○ 평면 : 방형.

○ 방향 : 70°.

○ 규모 : 북변과 동변의 길이 20m, 남변 길이 20.5m, 서변 길이 22m, 현재 높이 4.2m.

2) 고분 구조

(1) 계단

① 전체현황

계단 석재는 가지런하게 다듬지 않은 화강암 석재로 축조했는데 현재 3단 계단만 남아 있음.

② 제1계단

제1단 계단은 축조석이 3~5층으로 고르지 않음. 제1층은 비교적 큰 돌로 축조하였는데, 가장 큰 석재는 길이 2.9m, 너비 0.7m, 높이 1.3m임. 제1단 계단의 높이는 2.1m 정도임.

③ 제2계단

제2단 계단은 제1단 계단 위에 안으로 1.6m 들여

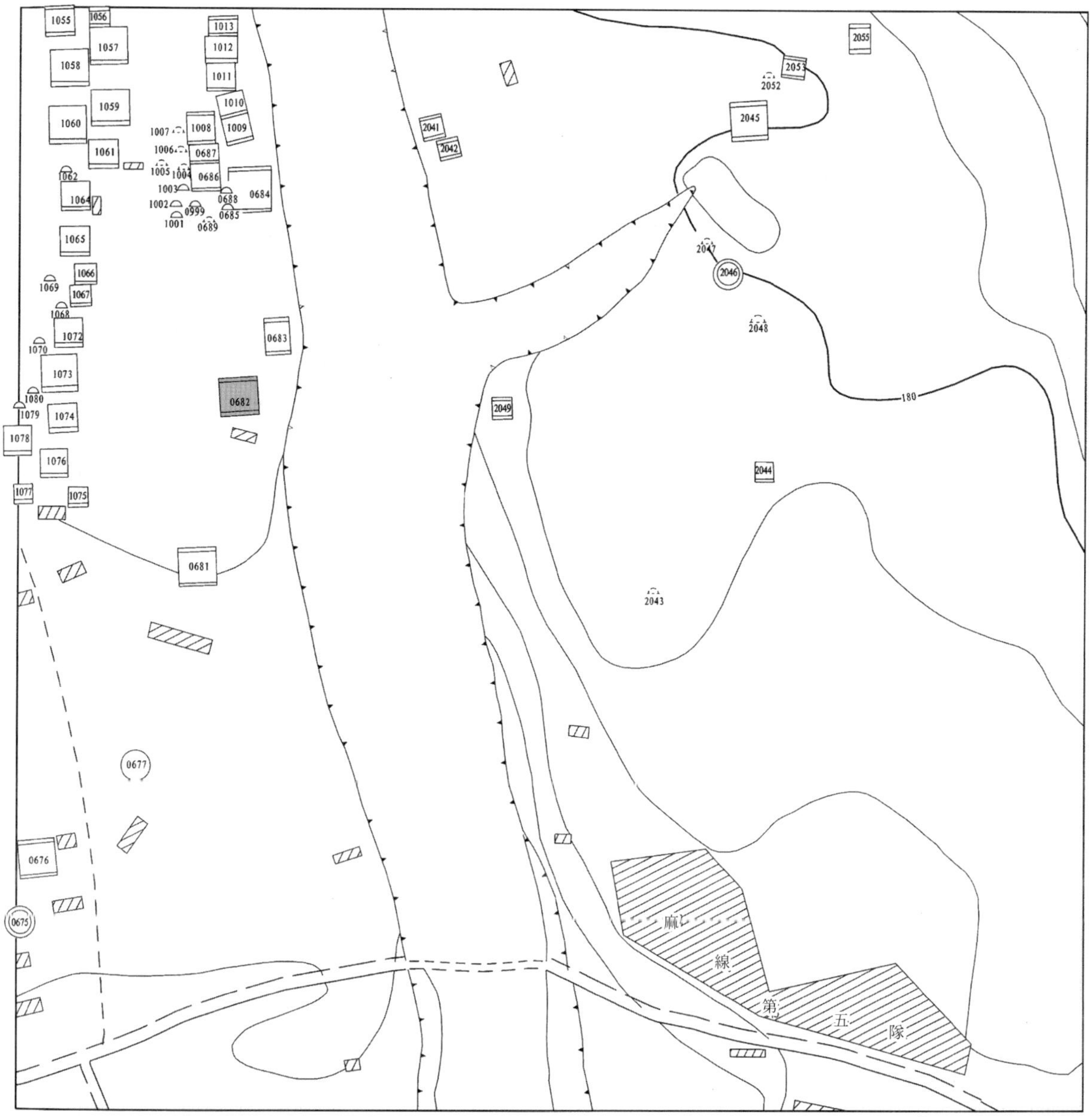

그림 1 마선구682호묘 위치도(『洞溝古墓群－1997年調査測繪報告』

서 축조하였으며, 3층으로 쌓았는데 전체 높이는 1.3m임.

④ 제3계단

제3단 계단은 제2단 계단 위에 1.3m 안으로 들여 계단을 쌓았음. 현재 1층 계단만 남아 있으며, 계단석은 다수가 결실되었음. 석재는 비교적 앞의 두 계단에 비해 약간 작아 보통 길이 1m, 너비 0.6m, 높이 0.5m 정도임.

(2) 묘실

磚室墓로 고분 정상부의 동서 길이 6m, 남북 너비 5m, 깊이 1.5m 정도의 함몰갱이 묘실이 있던 곳으로 추정됨.

3) 상관 유적

(1) 건축 유적지

현지 농민이 밭을 갈 때 JMM0682호묘 서측과 19.5m 떨어진 곳에서 고분 서측 계단과 평행하게 있는 장방형의 건축지를 발견함. 건축지의 너비는 약 6m이며, 돌로 한 겹을 깔았는데 석재는 가공을 거친 화강암임. 건축의 기초부로 JMM0682호묘와 관련될 것으로 추정됨.

(2) 돌무지

고분의 동북쪽에서 15m 되는 곳에는 남북 길이 35m, 동서 너비 약 5~6m, 현재 높이 1m 정도의 돌무지가 있음. 돌무지의 동변은 강물에 침식당함. 이 유적은 JMM0682호묘와 밀접한 관련을 가질 것으로 추정됨.

4) 기타

건축 유적지에서 기와 잔편들이 출토됨.

4. 출토유물

○ 함몰갱 주위에는 대량의 회색 전돌과 암키와 및 수키와의 잔편이 산재해 있음.

○ 전돌은 대다수 승문이며, 전돌 크기는 길이 0.32m, 너비 0.16m, 두께 0.06m임. 전돌의 소성도는 비교적 높고, 어떤 전돌은 비틀려 굽어져 있음. 이들 전돌은 묘실을 쌓는데 사용된 것임.

○ 암키와와 수키와는 대다수 무문이며, 내면에는 거친 布文이 새겨져 있음. 수키와는 너비 0.16m, 높이 0.08m이며, 언강은 직각을 띠고 있음.

5. 역사적 성격

고분은 그 건축구조 및 축조법, 묘실이 벽돌로 축조한 塼室인 점은 JYM3319호묘와 아주 유사함. 현재까지 통구고분군 가운데 전실 무덤은 이 두 기만이 확인되었음. 이 무덤의 연대는 JYM3319호묘에 비추어 볼 때 4세기 중엽으로 비정됨.

참고문헌

- 吉林省文物志編委會, 1984, 『集安縣文物志』.
- 國家文物局 主編, 1993, 『中國文物地圖集』 吉林分冊, 中國地圖出版社.
- 吉林省文物考古研究所·集安市博物館, 2002, 『洞溝古墓群-1997年調查測繪報告』, 科學出版社.
- 孫仁杰·遲勇, 2007, 『集安高句麗墓葬』, 香港亞洲出版社.

22 집안 마선구0684호묘

集安 麻線溝0684號墓 | JMM0684

1. 조사현황

1) 1997년 조사

○ 조사기관 : 吉林省文物考古研究所·集安市博物館.

○ 조사내용 : 1966년에 이어 통구고분군을 전면 재조사.

2) 2004~2005년 조사

조사기간, 조사기관 등에 대한 언급이 없으나 張福有, 孫仁杰, 遲勇 등이 집안 경내의 고구려유적을 전면 재조사하면서 정리함.

2. 위치와 자연환경(그림 1)

○ 마선묘구 建江片 마선하 우안(서안) 평지에 자리하고 있음.

○ 고분은 동쪽으로 2m가 안되는 곳에서 마선하 서안과 마주하고 있음. 북쪽으로 40m에는 JMM1009호묘, 서쪽 8m에는 JMM0686호묘, 남쪽 약 60m에는 JMM0682호묘가 있음.

3. 고분의 현황

1) 고분 형식

○ 유형 : 대형계단적석석광묘(『洞溝古墓群－1997年調查測繪報告』), 계단적석광실묘(『集安高句麗墓葬』).

○ 평면 : 장방형.

○ 방향 : 70°.

○ 규모 : 남북 길이 21m, 동서 너비 19m, 높이 2.2m 정도임.

2) 고분 구조

(1) 계단

① 전체현황

다듬은 화강암을 사용해 계단을 축조하였는데 계단석은 대다수 파괴당하거나 묻혔으며, 현재 3단 계단이 남아 있음.

② 동면

현재 높이가 약 0.8m이며, 계단 밖에서 계단을 보호하는 護墳石 2개가 남아 있음. 護墳石은 다듬지 않은 자연 석재로서, 대부분 이미 미끄러져 내린 封石에 의해 매몰됨. 현재 보이는 것은 길이는 약 1m, 너비는 0.7m, 두께가 0.4m임.

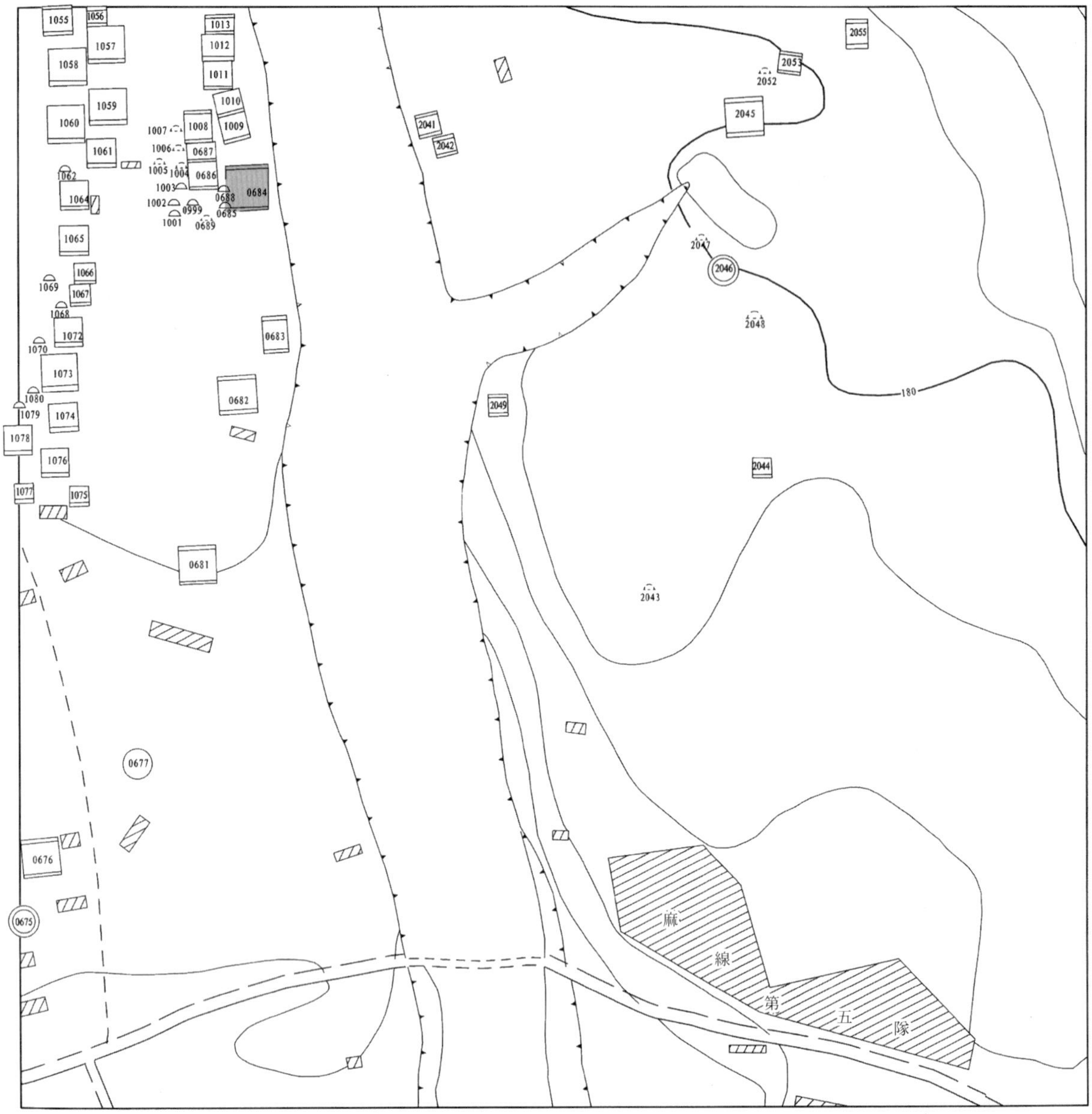

그림 1 마선구684호묘 위치도(『洞溝古墓群－1997年調查測繪報告』)

③ 남면

남면 계단은 높이 1.2m이며, 3층으로 축조되었음.

④ 서면

현재 3단 계단이 보이는데 제1단 계단은 대다수 파괴 당하거나 매몰당함. 제2단 계단은 제1단 계단 위에 안으로 0.9m 들여서 축조되었는데 현재 1층만 남아 있으며, 돌의 크기는 길이 1m, 너비 0.8m, 높이 0.35m임.

(2) 묘실

○ 분구 상면의 북측은 높고 남측은 약간 낮아 남북 배열의 광실 3개가 있는 것으로 판단됨.

○ 남측 광실은 길이 3m, 너비 3m, 깊이 0.6m 정도의 도굴갱이 현존하고 있음. 도굴갱의 남측에서는 여전

히 광실의 남벽 축조석을 볼 수 있음. 광실 서쪽 약 2m 되는 곳에서는 남북 배열의 板狀 장대석 3매가 보이는데 그 크기는 길이 1.5m, 너비 0.9m, 두께 0.3m임. 광실 서쪽의 남측에는 耳室이 보는데 耳室은 너비가 0.9m이고 서벽과 남벽은 밖으로 노출되어 있음. 耳室을 축조한 석재는 약간 가공을 거친 산자갈(碎山石)임. 축조석은 3~4층을 볼 수 있는데 가장 큰 돌이 길이 0.7m, 너비 0.45m이며 서벽의 전체 높이는 0.8m임. 천장돌은 보이지 않으며, 광실 안은 현재 0.3~0.2m 크기의 강자갈(河卵石)로 가득 채워져 있음.

○ 북측의 광실은 강자갈(河卵石)로 가득 채워졌음. 광실의 서측에는 함몰갱이 하나 있는데 함몰갱 가장자리에는 가공을 거친 비교적 커다란 산자갈(碎山石)이 있는 것을 보면 耳室이 구축되었을 가능성이 있음.

○ 중간 광실과 북측 광실의 상부는 비교적 평탄함.

○ 조사 중에 기타 유물은 발견하지 못함.

4. 역사적 성격

고분의 건축 구조를 보면, 이실이 출현하거나 묘도 시설이 있었을 가능성이 있음. 다만 묘실 부분은 아직 천장석이 없어 여전히 완전한 석실은 아니며, 광실 단계에 해당됨. 이런 구조는 우산 JYM3105호묘와 유사하여, 그 연대는 기원 4세기경으로 추정됨.

참고문헌

- 吉林省文物志編委會, 1984, 『集安縣文物志』.
- 國家文物局 主編, 1993, 『中國文物地圖集』 吉林分冊, 中國地圖出版社.
- 吉林省文物考古研究所·集安市博物館, 2002, 『洞溝古墓群-1997年調査測繪報告』, 科學出版社.
- 孫仁杰·遲勇, 2007, 『集安高句麗墓葬』, 香港亞洲出版社.

23 집안 마선구0702호묘

集安 麻線溝0702號墓 | JMM0702

1. 조사현황

1) 1997년 조사

○ 조사기관 : 吉林省文物考古研究所·集安市博物館.

○ 조사내용 : 1966년에 이어 통구고분군을 전면 재조사.

2) 2004~2005년 조사

조사기간, 조사기관 등에 대한 언급이 없으나 張福有, 孫仁杰, 遲勇 등이 집안 경내의 고구려유적을 전면 재조사하면서 정리함.

2. 위치와 자연환경(그림 1)

○ 마선묘구 마선촌 2組의 後山溝 아래에 위치함.

○ 고분의 서남쪽으로 110m에 JMM0703호묘, 서북쪽으로 약 400m에 JMM2100호묘가 자리하고 있음. 남쪽은 약 450m에 後山溝 입구가 있으며, 북쪽은 낮고 완만한 언덕과 접하고 있음.

3. 고분의 현황

1) 고분 형식

○ 유형 : 대형계단적석석광묘(『洞溝古墓群 – 1997年調査測繪報告』), 계단적석광실묘(『集安高句麗墓葬』).

○ 평면 : 방형.

○ 방향 : 150°.

○ 규모 : 둘레 길이 25m, 현재 높이 4.5m.

2) 고분 구조

(1) 계단

○ 고분은 사면 둘레의 가장자리는 다듬어진 화강암 석재로 계단을 쌓았는데 계단석 대부분은 유실되어 계단의 단수는 현재 명확하지 않음.

○ 보존이 비교적 양호한 동측과 남측의 현존 상황을 보면 계단 내부는 계장식으로 쌓았음. 고분의 중앙부에 가까이 있는 계장은 비교적 높고 가장자리로 가면 높이가 점차 낮아짐. 가장 바깥쪽 가장자리의 제1단 계단은 일반적으로 길이 0.7m, 너비 0.4m, 두께 0.3m를 채용하였는데 가지런하게 다듬어진 석재로 축조함.

○ 고분 정상부의 계장식 계단은 약간 가공한 자연석과 산돌을 채용해 축조하였는데 돌의 크기는 일반적으로 0.4~0.5m정도임. 계장과 계장의 표면에는 0.2m 정도의 산자갈(碎山石)과 강자갈(河卵石)로 봉해 그 외관은 적석무지를 이룸.

(2) 묘실

○ 고분 정상의 중앙부에 함몰갱이 하나 있는데 함몰갱은 길이 2.5m, 너비 2.5m, 깊이 0.5m로 광실의 위치

그림 1 마선구702호묘 위치도(『洞溝古墓群-1997年調査測繪報告』)

로 추정됨.

○ 광실 서면은 북측 한쪽에 기대어 묘도를 쌓았는데 묘도는 잔존 길이 1.2m, 너비 1.3m, 높이 0.5m임. 묘도는 가지런히 다듬은 산자갈(碎山石)로 축조함.

○ 광실의 축조는 거칠며, 묘도는 한쪽으로 치우쳐 광실은 刀形으로 추정됨.

○ 보존상태는 비교적 양호하며 조사 중 유물은 발견되지 않음.

4. 역사적 성격

○ 고분이 자리한 위치가 비교적 높고 상대적으로 독립된 공간이므로 묘주 신분은 비교적 높다고 추정됨.

○ 고분의 건축 구조를 보면 계단을 축조하는데 사용한 돌은 비교적 작고 그 내부의 계단은 계장식 축조법을 채용하였으며, 정상부의 봉석은 대량의 산자갈(碎山石)과 소량의 강자갈(河卵石)을 사용함.

○ 고분의 연대는 JMM0707호묘보다 이른 편으로 약 4세기 중엽으로 추정됨. 그러나 잔존 상황만으로 정확한 연대를 판단하기는 어려움.

참고문헌

- 吉林省文物志編委會, 1984,『集安縣文物志』.
- 國家文物局 主編, 1993,『中國文物地圖集』吉林分冊, 中國地圖出版社.
- 吉林省文物考古研究所·集安市博物館, 2002,『洞溝古墓群-1997年調査測繪報告』, 科學出版社.
- 孫仁杰·遲勇, 2007,『集安高句麗墓葬』, 香港亞洲出版社.

24 집안 마선구0703호묘

集安 麻線溝0703號墓 | JMM0703

1. 조사현황

1) 1997년 조사

○ 조사기관 : 吉林省文物考古研究所·集安市博物館.

○ 조사내용 : 1966년에 이어 통구고분군을 전면 재조사.

2) 2004~2005년 조사

조사기간, 조사기관 등에 대한 언급이 없으나 張福有, 孫仁杰, 遲勇 등이 집안 경내의 고구려유적을 전면 재조사하면서 정리함.

2. 위치와 자연환경(그림 1)

○ 마선묘구 마선촌 2組의 後山 산마루에 위치함.

○ 고분의 서남 70m에는 JMM0707호묘, 동북 100m에 JMM0702호묘, 서북 약 400m에 JMM2100호묘가 자리하고 있음.

3. 고분의 현황

1) 고분 형식

○ 유형 : 대형계단적석석광묘(『洞溝古墓群 - 1997年調查測繪報告』), 계단적석광실묘(『集安高句麗墓葬』).

○ 평면 : 방형.

○ 방향 : 95°.

○ 규모 : 둘레 길이 30m, 현재 높이 2m.

2) 고분 구조

(1) 계단

고분은 일찍부터 파괴되어 사면 둘레의 계단석은 대다수 유실됨. 고분 가장자리에서 볼 수 있는 계단석은 이미 깨져 있음. 현존 상황으로 보아 석재는 약간 가공된 화강암임. 고분 상부의 적석은 모두 강자갈(河卵石)이며, 크기는 비교적 고른 편으로 대개 0.3~0.2m 정도임.

(2) 묘실

○ 중앙에는 서쪽 한편에 기대어 가공을 거친 화강암 장대석이 있는데 장대석 크기는 길이 0.8m, 너비 0.5m, 두께 0.35m임. 이 돌은 고분의 묘도에 남아 있는 남벽으로 추정되며, 북벽은 현재 이미 존재하지 않음.

○ 무덤 정상부의 중앙에는 광실이 자리한 곳으로 추정되는 동서 길이 3m, 남북 너비 2.8m, 깊이 0.5m의 함몰갱이 있음. 광실 안에는 현재 강자갈(河卵石)이 가득 차 있으며, 조사 중에는 아직 다른 유물이 발견되지 않음.

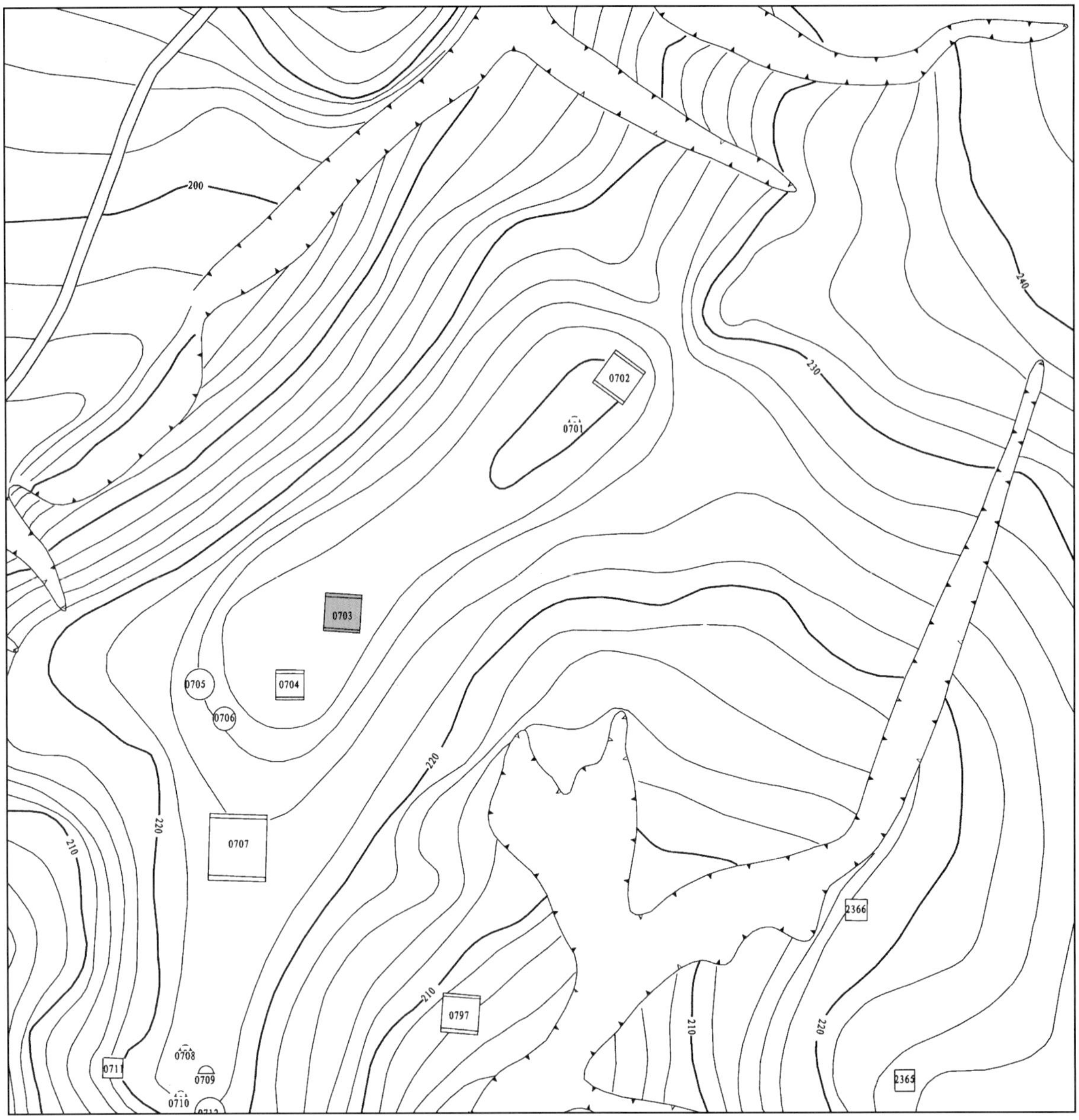

그림 1 마선구703호묘 위치도(『洞溝古墓群-1997年調査測繪報告』)

4. 역사적 성격

고분의 형식 및 구조는 JMM0707호묘와 기본적으로 동일하여 연대 역시 동일한 4세기경으로 비정됨. 다만 묘주의 신분은 JMM0707호묘의 묘주보다 낮을 것으로 추정됨. 그러나 잔존 상황으로 무덤의 연대나 피장자의 신분을 판단하기 어려움.

참고문헌

- 吉林省文物志編委會, 1984,『集安縣文物志』.
- 國家文物局 主編, 1993,『中國文物地圖集』吉林分冊, 中國地圖出版社.
- 吉林省文物考古研究所·集安市博物館, 2002,『洞溝古墓群-1997年調査測繪報告』, 科學出版社.
- 孫仁杰·遲勇, 2007,『集安高句麗墓葬』, 香港亞洲出版社.

25 집안 마선구0705호묘

集安 麻線溝0705號墓 | JMM0705

1. 조사현황

1) 1976년 조사

○ 조사기관 : 吉林省博物館·集安縣文物保管所·吉林大學考古學科·工農兵考古學習班.

○ 조사기간 : 4월 초~7월 중순.

○ 조사내용 : 농공업 생산 수요에 협력하기 위해 통구고분군의 부분 정리를 진행함. 발굴지역의 고분은 방향이 모두 남쪽을 향하고 있으며, 산세에 따라 점차 동쪽 또는 서쪽에 치우쳐 있고, 산세를 따라 일정한 규율을 갖고 배열됨. 당해 조사에서 188기의 고분을 정리하였는데, 우산하고분군이 56기, 산성하고분군이 37기, 칠성산고분군 26기, 마선구고분군이 69기 등임. 마선구고분군에서 발굴된 고분은 모두 麻線公社 소재지 서북 산마루의 남쪽비탈에 자리하고 있음. 188기 고분 가운데 심하게 파괴되어 정리할 가치가 없는 92기의 고분을 제외하고 적석묘 3기, 봉토묘 93기 등 96기를 정리함. 집안에서 만 기의 고분 가운데 봉토묘가 절대 다수를 점하는데 이번 발굴된 고분은 대다수가 소형 봉토묘로서 출토된 부장품은 매우 적으나 고구려 봉토묘의 변천, 구조, 장속 등의 연구에 새로운 자료를 제공함.

○ 조사자 : 方起東, 魏存成, 蘇興鈞, 郭文魁, 劉萱堂, 何明, 林至德, 閻毅之, 柳嵐, 張雪巖 등.

2) 1997년 조사

○ 조사기관 : 吉林省文物考古研究所·集安市博物館.

○ 조사내용 : 1966년에 이어 통구고분군을 전면 재조사.

2. 위치와 자연환경(그림 1)

麻線公社 소재지 서북 산마루의 남쪽비탈에 자리하고 있음.

3. 고분의 현황

1) 고분 형식

○ 유형 : 봉토석실묘(『考古』 1984-1 및 『洞溝古墓群-1997年調查測繪報告』).

○ 평면 : 동·서 묘실은 鏟形.

○ 방향 : 서·동실 255°.

○ 규모

- 서묘실 : 길이 3m, 너비 2.8m, 높이 2.35m.
- 동묘실 : 길이 2.7m, 너비 2.3m, 높이 2.3m.
- 묘도 : 길이 2.65m, 너비 1.08m, 높이 1.44m.

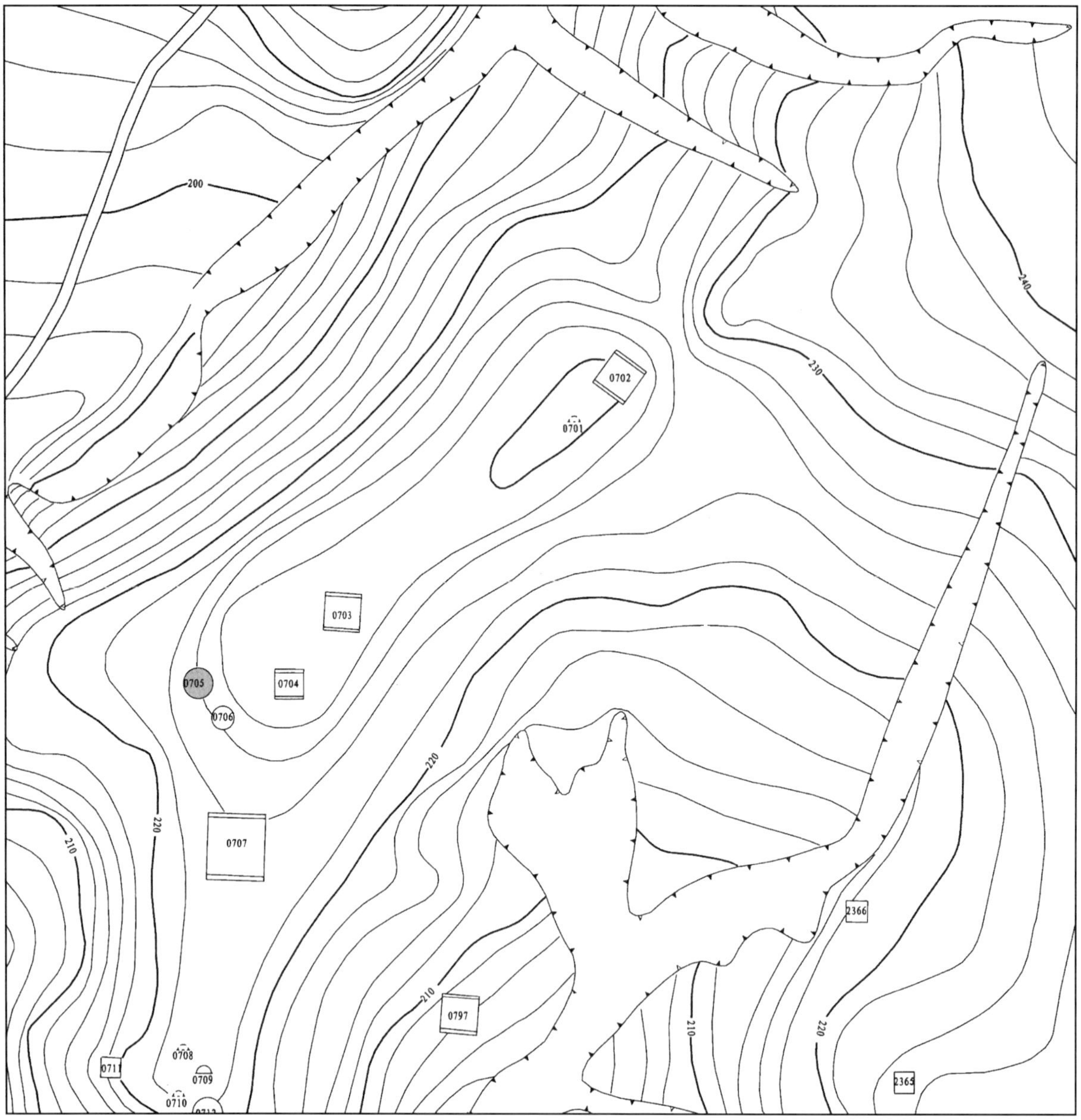

그림 1 마선구705호묘 위치도(『洞溝古墓群－1997年調査測繪報告』)

2) 고분 구조

(1) 묘실

동분이혈 쌍실묘이며, 묘실 천장은 모줄임 고임식인데 묘실에 따라 약간의 다르게 축조되었음. 서실은 3층의 모줄임과 2층의 평행고임을 하였고, 동실은 한 층의 모줄임 고임식임. 묘실의 네 벽은 정연하게 가공한 장대석으로 축조하였고, 묘실 바닥은 정연한 석판을 깔아 놓음.

(2) 묘도

쌍실묘의 묘도는 모두 중앙에 설치되었으며, 두 묘도 사이의 거리는 1.6m이고 서로 평행함. 묘도는 정연하게 가공한 장대석으로 축조함.

4. 역사적 성격

○ 1976년 조사 당시 보고서에 의하면 봉토묘 연대는 형식상 선후의 시간 차이가 있다는 것을 확인할 수 있음. 쌍실묘 중에서 1) 두 개 묘실이 모두 묘도가 없는 장방형[1] 인 경우와 2) 하나는 묘도가 없는 장방형이고 다른 하나는 방형으로 연도가 치우친 경우, 3) 하나는 묘도가 치우쳤고 다른 하나는 연도가 중앙인 경우 등이 있음. 아직 묘도가 없는 장방형 묘실과 묘도가 중앙에 있는 鏟形 묘실이 함께 하나의 봉분을 이룬 현상은 발견되지 않았음. 따라서 묘도가 치우친 묘실은 묘도가 없는 장방형 묘실과 묘도가 중앙에 있는 鏟形 묘실의 과도기 형식임.

○ 묘도가 없는 장방형 묘실과 鏟形 묘실의 선후 관계는 집안 지역에서 일반적으로 적석묘가 봉토묘보다 빠르고, 봉토묘 가운데 평천장이 고임 천장보다 이르며, 모줄임 고임이 가장 늦은 시기에 축조한 것으로 추정가능함. 묘도가 없는 장방형 묘실은 모두 작고 왜소하고, 장구와 부장품이 없고, 모두 평천장으로 전기 특징임. 초기 적석묘의 절대다수는 묘도가 없으며, 장방형 묘실의 고분 역시 명확히 묘도가 없으며 오직 세장한 묘실 남단에 석재가 가득 채워져 있음. 이는 초기 무덤의 특징이므로 묘도가 없는 장방형 묘실은 과도기 형식이라고 추측됨. 이런 종류의 무덤이 비교적 적어서 존재하던 시간은 그리 길지 않으며, 곧 고임식 천장을 갖춘 刀形과 鏟形의 묘실을 가진 봉토묘로 전환됨.

○ 우산하733호는 묘도가 없는 장방형 고분의 평면(평천장)과 刀形 고분의 평면(고임천장)이 하나의 봉토에서 함께 보이는데, 이는 두 형식의 과도기 모습을 보여주는 것임. 때문에 묘도 없는 장방형 고분은 치우친 묘도의 刀形과 중앙 묘도의 鏟形 고분보다 먼저 조성되었을 것임. 고임식 천장은 평천장보다 늦고, 모줄임 고임식천장은 고임식 천장보다 더욱 늦음. 이런 봉토묘의 연대는 약 兩晋에서부터 南北朝시기까지 해당함. 해당 고분은 묘실 평면이 중앙 묘도의 鏟形이며, 묘실 천장이 고임식이라는 점에서 고분의 연대는 4, 5세기대에 조성된 것으로 추정됨.

참고문헌

- 吉林省文物志編委會, 1984,『集安縣文物志』.
- 吉林省文物工作隊·集安縣文管所, 1984,「1976年集安洞溝高句麗墓清理」,『考古』1984-1.
- 國家文物局 主編, 1993,『中國文物地圖集』吉林分冊, 中國地圖出版社.
- 吉林省文物考古研究所·集安市博物館, 2002,『洞溝古墓群-1997年調査測繪報告』, 科學出版社.

---

1 묘도가 없는 장방형 묘실은 중국보고서에 의하면 '長條形'으로, 묘도와 묘실이 명확히 구분되지 않으며, 묘실벽과 묘도벽이 동시에 축조되었고, 묘실과 묘도의 천장은 몇 개의 대석으로 봉한 것으로 설명하였음.

26 집안 마선구0707호묘

集安 麻線溝0707號墓 | JMM0707

1. 조사현황

1) 1997년 조사

○ 조사기관 : 吉林省文物考古研究所·集安市博物館.

○ 조사내용 : 1966년에 이어 통구고분군을 전면 재조사함. 특히 해당 고분은 1980년 이래 무덤이 자리한 곳의 지리 위치가 특수하고 무덤 형식 및 규모가 비교적 커서 일찍부터 고분의 조사, 실측, 등록 등이 무수히 진행되었음.

2) 2004~2005년 조사

조사기간, 조사기관 등에 대한 언급이 없으나 張福有, 孫仁杰, 遲勇 등이 집안 경내의 고구려유적을 전면 재조사하면서 정리함.

2. 위치와 자연환경(그림 1)

○ 마선묘구 마선촌 2組의 後山 산마루에 위치함.

○ 고분의 서남 400m에는 麻線小學校, 북쪽 60m에 JMM0703호묘, 동쪽 약 70m에 JMM0797호묘, 서북 400m에 JMM2100호묘가 자리하고 있음. 고분 앞쪽으로는 천추묘가 있음.

○ 고분이 자리한 곳의 지세는 東高西低로 높이가 약 4m 차이가 남.

3. 고분의 현황

1) 고분 형식

○ 유형 : 특대형계단적석석광묘(『洞溝古墓群 - 1997年調查測繪報告』), 계단적석광실묘(『集安高句麗墓葬』).

○ 평면 : 방형.

○ 방향 : 95°.

○ 규모 : 동서 길이 30m, 남북 너비 29m, 높이 3m.

2) 고분 구조

(1) 계단

○ 고분의 사면을 돌아가며 계단을 축조했는데 계단석은 심하게 파괴되고 석재 대다수는 이탈됨. 현재 동남 및 동북 양 모서리에는 계단 3단이 남아 있음. 계단석은 가공을 거친 화강암석으로 축조하였는데 계단석 크기는 일반적으로 길이 1.1m, 너비 0.6m, 높이 0.5m 정도임.

○ 제1단 계단은 현재 2층을 볼 수 있는데 계단 높이는 약 1m임. 제2단 계단은 제1단 계단 위에 안으로 1m 들여서 축조하였으며, 현재 1층의 석재만 남았으며, 높이는 약 0.4m임. 제3단 계단은 제2단 계단 위에 안으로 1.2m 정도 들여쌓았으며, 현재 1층만 남아 있으며, 높이는 0.3m임. 제3단 계단 상부의 계단은 이미 명확히 보이지 않음. 고분의 표면은 비교적 고른 강자갈(河卵石)로 쌓았는데, 강자갈의 크기는 0.35~0.2m

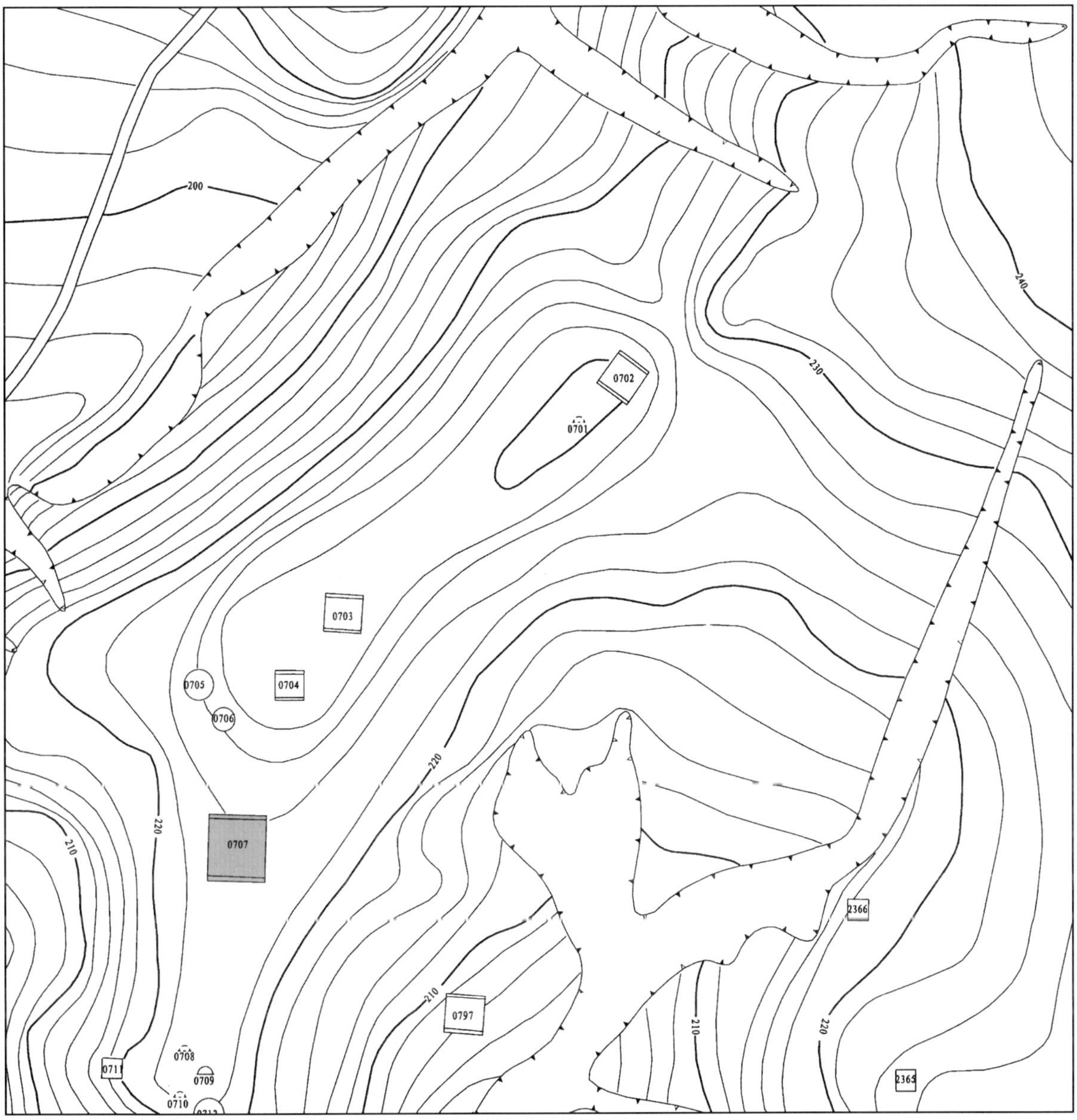

그림 1 마선구707호묘 위치도(『洞溝古墓群-1997年調査測繪報告』)

정도임.

(2) 묘실

○ 무덤 중앙에 길이와 너비가 각기 1.5m이며, 깊이가 0.5m인 교란갱이 하나 있음.

○ 교란갱의 동측 1m 되는 곳에 석렬이 있는데 석렬은 남북을 장축으로 길이가 약 2m이며, 편평한 모양의 강자갈(河卵石)로 축조하였음. 강자갈 돌은 길이 0.5m, 너비 0.35m, 두께 0.2m임. 이 석렬이 광실의 동벽일 가능성이 있으나 분구 상부가 이미 교란되어 광실의 범위는 명확하지 않음.

○ 무덤 정상부 표면의 돌은 모두 강자갈(河卵石)임.

○ 조사 중에 유물은 채집되지 않았음.

4. 역사적 성격

○ 고분은 높은 언덕의 산마루에 자리하고 있으며, 주위 둘레 50m 내에서는 다른 무덤이 없음. 이곳 지세가 높아 시야가 탁 트였고 무리 짓지 않고 홀로 자리하고 있어 묘주의 지위를 짐작할 수 있음. 또한 무덤의 규모가 거대하여 묘주 신분은 비교적 높았을 것인데, 특히 왕족으로 추정됨. 무덤 사면의 계단석은 크지 않고 가공의 정밀한 정도가 보통이며, 분구 상부에서 강자갈(河卵石)이 다량 분포함. 묘실은 광실 구조로, 여러 가지의 건축 특징을 채택하였던 왕릉과는 차이가 있음.

○ 보고자는 구조 무덤의 연대를 4세기경으로 추정하였으나, 잔존 구조만으로 연대 판단하기 어려움.

참고문헌

- 吉林省文物志編委會, 1984,『集安縣文物志』.
- 國家文物局 主編, 1993,『中國文物地圖集』 吉林分冊, 中國地圖出版社.
- 吉林省文物考古研究所·集安市博物館, 2002,『洞溝古墓群-1997年調査測繪報告』, 科學出版社.
- 孫仁杰·遲勇, 2007,『集安高句麗墓葬』, 香港亞洲出版社.

27 집안 마선구0797호묘

集安 麻線溝0797號墓 | JMM0797

1. 조사현황

1) 1997년 조사

○ 조사기관 : 吉林省文物考古研究所·集安市博物館.

○ 조사내용 : 1966년에 이어 통구고분군을 전면 재조사.

2) 2004～2005년 조사

조사기간, 조사기관 등에 대한 언급이 없으나 張福有, 孫仁杰, 遲勇 등이 집안 경내의 고구려유적을 전면 재조사하면서 정리함.

2. 위치와 자연환경(그림 1)

○ 마선묘구 마선촌 2組의 後山溝의 서쪽 언덕에 위치함.

○ 고분 동쪽은 후산구와 마주보는 언덕 위의 JMM0236호묘와 120m 떨어져 있으며, 서쪽은 언덕으로 JMM0707호묘와 약 80m 떨어져 있으며, 북쪽은 130m에 JMM0703호묘가 있으며, 남쪽 200m는 後山溝 입구임.

○ 고분이 자리한 곳의 지세가 西高東低로 높이가 약 3m 차이가 남.

3. 고분의 현황

1) 고분 형식

○ 유형 : 대형계단적석석광묘(『洞溝古墓群 - 1997年調查測繪報告』), 유단적석석광묘(『集安高句麗墓葬』).

○ 평면 : 방형.

○ 방향 : 50°.

○ 규모 : 한 변 길이 20m, 높이 2.5m.

2) 고분 구조

(1) 기단

기단석은 없어졌으며, 동측에 기단석 몇 개만 볼 수 있음. 고분 주위는 관목과 잡초가 우거짐. 기단석은 가공을 거친 자연석재로 축조하였는데, 석재의 크기는 길이 0.6m, 너비 0.4m, 높이 0.4～0.3m 정도임. 분구는 대다수 산자갈(碎山石)로 덮였으며, 그 가운데 소량의 강자갈(河卵石)이 있음. 석재 크기는 일반적으로 0.2m 정도임.

(2) 묘실

분구 정상의 중앙부에 동서 길이 3.5m, 남북 너비 3m, 깊이 0.5m의 함몰갱이 있음. 함몰갱 주위에는 불에 탄 용석이 보이나 다른 유물은 보이지 않음.

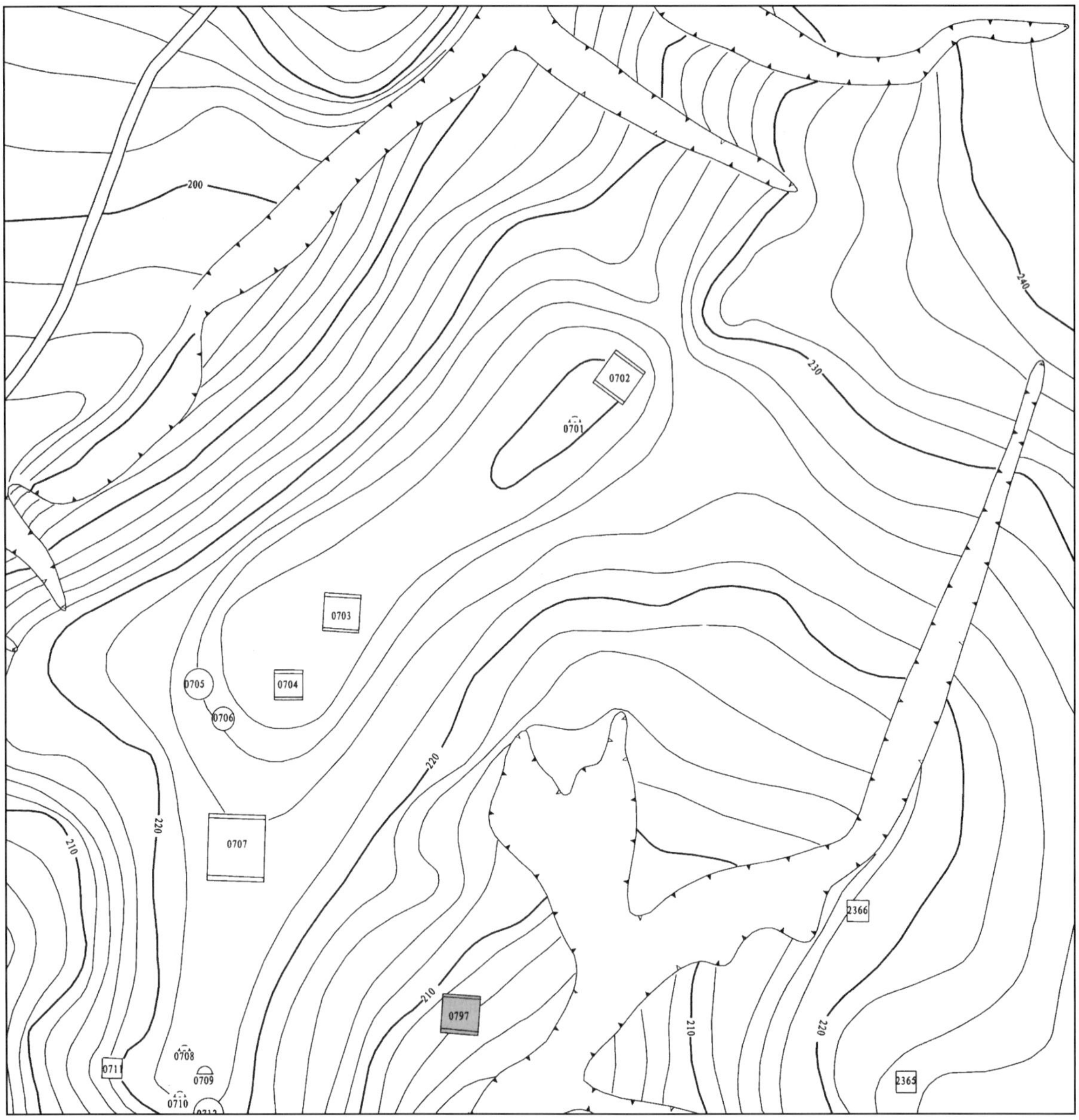

그림 1 마선구797호묘 위치도(『洞溝古墓群-1997年調査測繪報告』)

4. 역사적 성격

고분이 사용한 건축재료 및 무덤의 형식으로 미루어 볼 때 JMM2378호묘 및 JMM2360호묘의 연대에 상당할 것으로 보임. 따라서 기원 1세기경으로 추정됨. 다만 이른 시기의 특징을 갖고 있지만 잔존 상황만으로 연대 판단은 어려움.

참고문헌

- 吉林省文物志編委會, 1984, 『集安縣文物志』.
- 國家文物局 主編, 1993, 『中國文物地圖集』 吉林分冊, 中國地圖出版社.
- 吉林省文物考古研究所·集安市博物館, 2002, 『洞溝古墓群-1997年調査測繪報告』, 科學出版社.
- 孫仁杰·遲勇, 2007, 『集安高句麗墓葬』, 香港亞洲出版社.

28 집안 마선구1000호묘 : 천추묘

集安 麻線溝1000號墓 : 千秋墓 | JMM1000

1. 조사현황

1) 1909년

○ 조사자 : 谷井濟一, 栗山俊一.

2) 1913년

○ 조사자 : 烏居龍藏, 關野貞 등.

3) 1935년

○ 조사자 : 池內宏, 濱田耕策, 梅原末治, 三上次男.

○ 조사내용 : 기단 동면과 네 모서리는 원형에 가깝고, 네 변은 대체로 방위선과 일치(정확하게는 동쪽으로 10° 기울어짐). 네 변의 길이는 각각 190尺이고, 기단의 동남단을 기준으로 할 때 높이는 10尺임. 구조와 형태는 太王陵과 같고, 분구 보호석 2~3개가 세워져 있음. 계단은 3단이 남아 있는데, 원래는 6~7단으로 추정. 분구 정상부는 함몰되었고, 남쪽으로 흘러내리면서 연도 입구가 노출. 무덤 서북쪽으로 약 半町 떨어진 도로 좌측의 민가 담장에 거대한 화강암 초석이 기대어 있음. 초석은 팔각형이고 꽤 정교. 민가의 남쪽, 즉 무덤 서쪽 일대의 낮은 지역에 강돌이 펼쳐져 있고, 건물 유적지가 있음.

4) 1936년

○ 조사기간 : 1936년 9월 30일~10월 4일.

○ 조사자 : 池內宏, 濱田耕策, 梅原末治, 黑田源次, 三上次男.

5) 1966년

○ 조사기관 : 吉林省博物館, 集安縣文管所.

○ 조사내용 : 通溝古墳群에 대한 실측조사 때 '麻線區 第1000號 墓葬'으로 편호하고, 간단히 'JMM1000'으로 표기.

6) 1970년대

○ 조사내용 : 조사, 기록, 보호조치.

7) 1980년대 초

○ 조사내용 : 조사를 진행하면서 고구려의 왕릉으로 비정.

○ 발표 : 吉林省文物志編委會, 1984, 『集安縣文物志』.

8) 2003년

○ 조사기간 : 2003년 봄.

○ 조사기관 : 吉林省文物考古硏究所, 集安市文物保管所.

○ 조사자 : 傅佳欣(책임), 梁建軍(大安市博物館), 郜炳琨(長白朝鮮族自治縣文物保管所), 孫東文(德惠市文管所), 劉雪山(鎭賚縣文管所), 王志敏(通化市文辦).

○ 조사내용 : 통구고분군 내 주요 유적에 대한 환경정비 보수작업을 실시하면서 동시에 길림성문물고고연

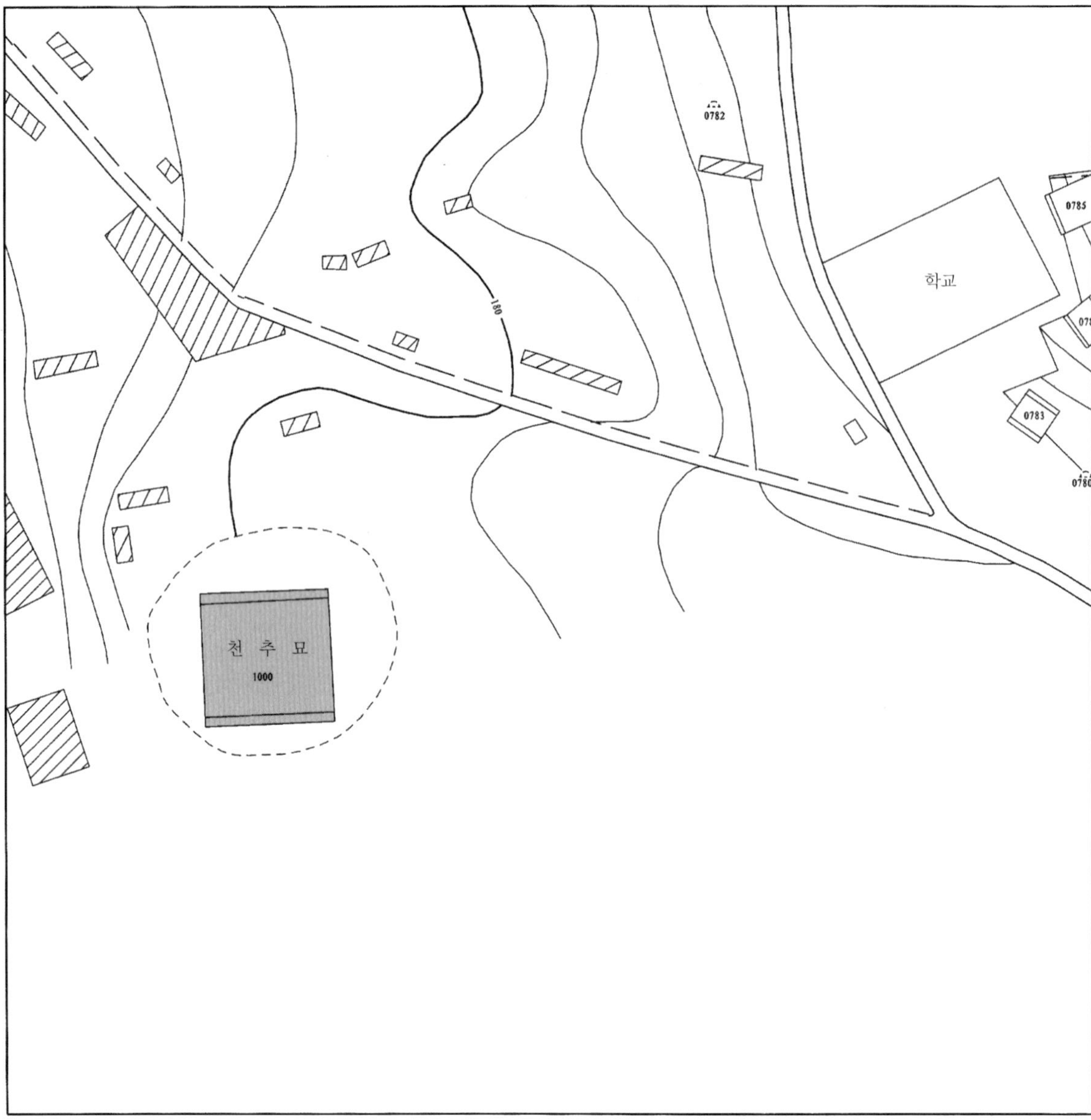

그림 1 천추묘 위치도(『洞溝古墓群－1997年調査測繪報告』, 270쪽)

구소와 집안시문물보관소 등이 천추묘 주변에 대해 실측 및 묘 일부분에 대한 정리작업을 진행하여 지질 상황, 현재 상황, 묘장 형태, 고고학적 현상, 주변 능역시설 등 많은 데이터를 획득. 계단의 층수와 형태를 파악하기 위해 분구적석 아래의 작은 범위를 시굴조사하였고, 바로 원상 복구함. 무덤의 기초조사는 서·남면을 중심으로 진행함. 도면 작성을 위해 무너져 내린 돌들과 雜物들을 묘의 한쪽에 정리하고 작업을 끝낸 후 바로 원상 복구함. 흘러내린 돌들을 정리하면서 유물 등을 최대한 수집하였고(1,100여 점), 진흙은 모두 엄선된 것만 사용. 그리고 작업과정과 고고현상 전부 기록.

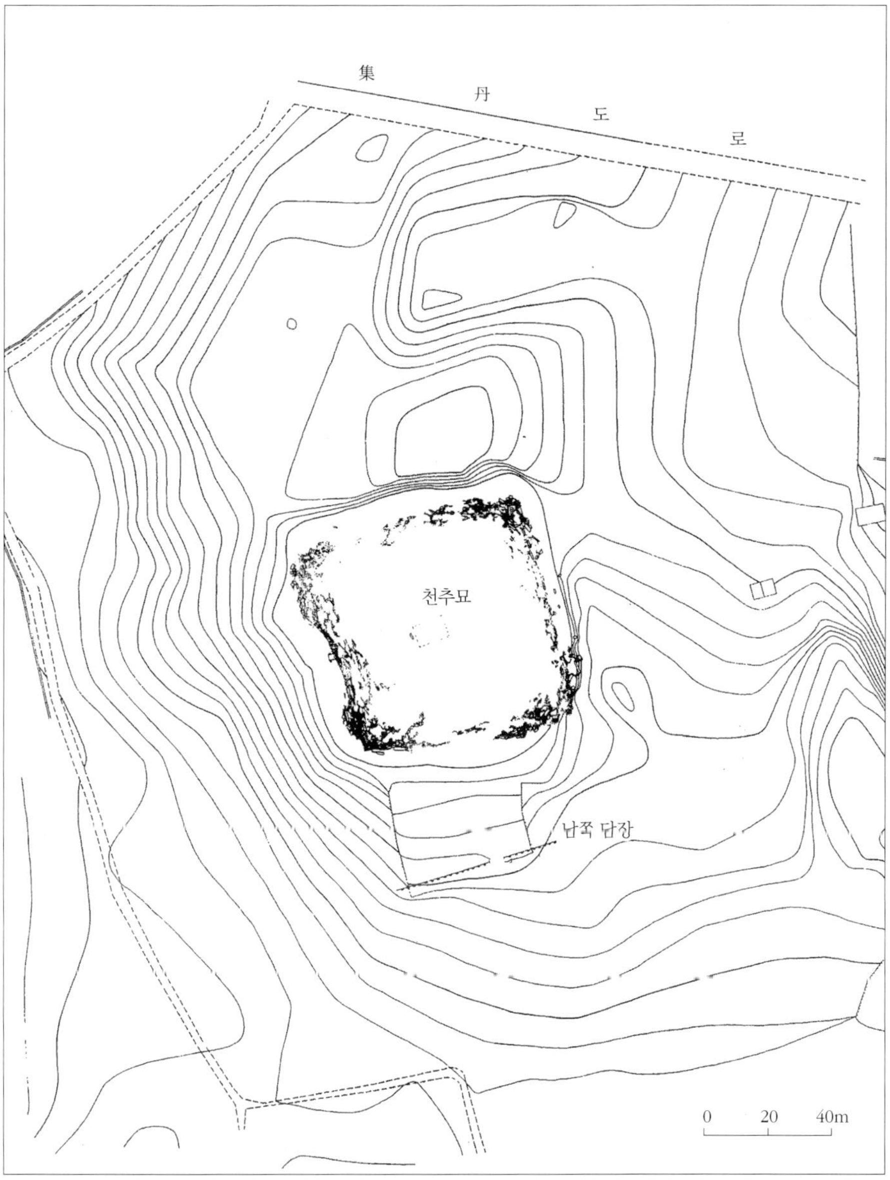

그림 2 천추묘 부근 지형도
(『集安高句麗王陵』, 169쪽)

2. 위치와 자연환경(그림 1~그림 2)

1) 고분의 위치

○ 集安市에서 약 3.5km 떨어진 麻線河 동안에 위치.

○ 집안 麻線鄕 麻線村 2組에 위치.

○ 압록강 右岸 대지 북쪽 가장자리의 높은 언덕에 위치. 언덕은 황토퇴적층으로 토층의 두께는 약 8m임. 토질이 순수하여 1940년대부터 벽돌, 기와 등을 굽기 위한 채굴이 이루어졌는데, 이로 인해 동서 양면 토층이 심하게 유실되어 원래 지면보다 3~5m 낮아짐.

○ 위치한 지세는 동쪽이 높고 서쪽이 낮음.

○ 중심지리좌표는 동경 126° 8′44.12″, 북위 41° 5′ 37.18″이고, 묘정상 해발고도는 192.09m, 가장 낮은 서변 散水面 해발고도는 180.83m이며, 남변방향은 250°임.

2) 고분의 주변환경

○ 동북쪽으로 약 1km 떨어진 지점에 麻線溝2378號墓가 있음.

○ 북쪽으로 약 800m 떨어진 지점에 麻線溝2100號墓가 있음.

○ 서북쪽으로 약 1.3km 떨어진 지점에 麻線溝626號墓가 있음.

○ 서쪽으로 약 2km 떨어진 지점에 西大墓가 있음.

3. 고분의 현황

1) 고분 명칭의 변경

○ 고분에서 '千秋萬歲永固'명 벽돌이 출토되면서 關野貞이 '千秋塚'이라고 부름.

○ 1966년 통구고분군에 대한 실측조사 때 '麻線區 第1000號 墓葬'으로 편호하고, 간단히 'JMM1000'으로 표기.

2) 고분 발굴 전 상황

○ 고분이 위치한 지점은 마을과 가까워 주민의 왕래가 빈번하였음. 그렇기 때문에 보존상태가 좋지 않았는데, 계단석은 심하게 파괴되었고, 주민들이 나름대로의 용도로 돌들을 운반해감으로써 고분 동쪽 장대석 돌무지가 유실되었음. 묘 위에 있던 돌들은 구덩이 바닥으로 굴러 떨어져 있었음.

3) 고분 형식(그림 3~그림 5)

(1) 유형

階壇積石石室墓.

(2) 규모

동변 길이 67m, 남변 길이 60.5m, 서변 길이 62.6m, 북변 길이 71m.

4) 고분 구조

(1) 외형

○ 무덤의 기초는 자연재해 및 인간에 의해 파괴되어 전모를 파악할 수 없음.

○ 동측 계단석에는 1층의 基礎石과 무너진 護墳石만 남아 있음. 북측 계단석은 거의 전부가 결실·파괴되었고, 지면은 밑으로 5m 낮아짐.

○ 서측은 묘 위에서 흘러내린 돌들이 덮고 있어서 서남 모서리의 5층 계단만 볼 수 있음.

○ 남측은 묘 위에서 흘러내린 돌들과 장대석이 같이 섞여 덮고 있는데, 자연 붕괴로 인한 것으로 추정됨.

○ 서변과 남변을 정리하면서 묘단 기단의 원래 모습이 드러났지만, 계단석의 이탈·外張 현상으로 인한 변형 및 파괴로 인해 측량이 어려웠음. 현재 남아 있는 기단석의 위치로 실측해보면, 동변 길이는 67m, 남변 길이는 60.5m, 서변 길이는 62.6m, 북변 길이는 71m임. 가장 원형에 가까운 測點은 서남 모서리이고 다음으로는 서북과 동북 모서리임. 동남 모서리의 기단석은 밖으로 밀려 나간 상태임. 서북 모서리의 기단석은 비록 파괴되었으나, 지세가 높은 곳에 위치하면서 자리 이탈의 범위가 그리 크지 않음. 동북 모서리에 있던 돌은 결실되었으나, 붕괴된 호분석과 장대석을 통해 가정할 수 있음. 묘장 평면을 정방형으로 가정한다면, 천추묘의 한 변 길이는 63m로 볼 수 있음. 각 변 중심점을 기점으로 높이를 측량해보면 동쪽은 7.9m, 남쪽은 10.8m, 서쪽은 10.9m, 북쪽은 8.6m임. 묘도가 향한 서변을 기점으로 할 때 잔존높이는 약 11m임.

(2) 기초

○ 서남 모서리와 서변의 시굴갱을 통해 무덤 축조 전

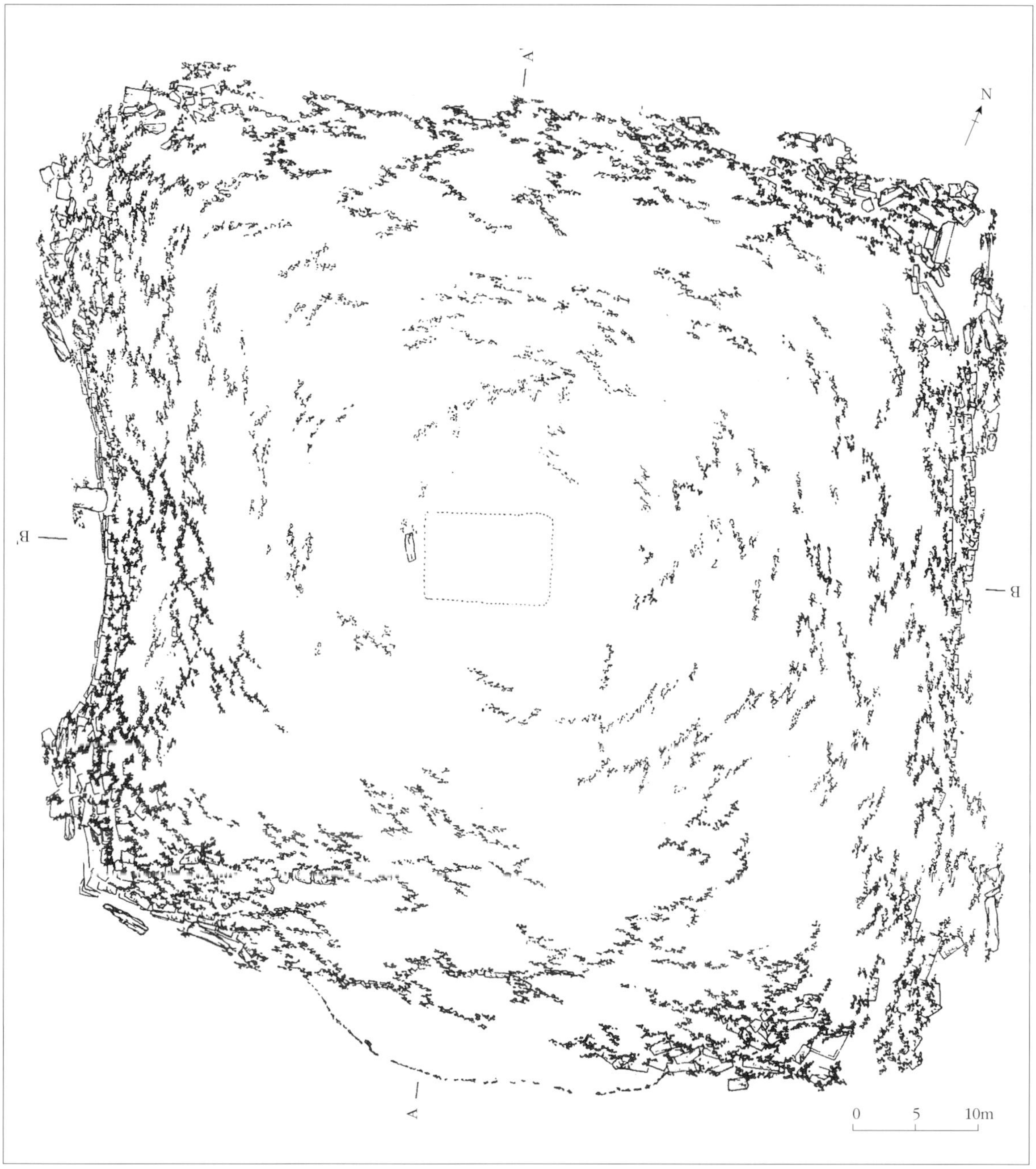

그림 3 천추묘 평면도(『集安高句麗王陵』, 171쪽)

에 0.4~0.5m 정도 땅을 파낸 것을 알 수 있음.

○ 계단석 가장 아랫변의 석재는 표면이 간단하게 가공되었고 제1층 계단과 수직임. 다른 층의 석재들이 안으로 들여쌓여 있다는 점에서 차이가 남. 장대석 두께는 0.7m임. 서남 모서리의 돌은 아랫부분이 자연적으로 갈라진 0.7m 두께의 긴 장대석임. 위에 둥글게 가공한 면이 없다는 점에서 지하에 묻혀 있었던 것으로 추정됨. 기초석이 대부분 황토층에 덮혀 있어서 기초 형태를 파악할 수 없음.

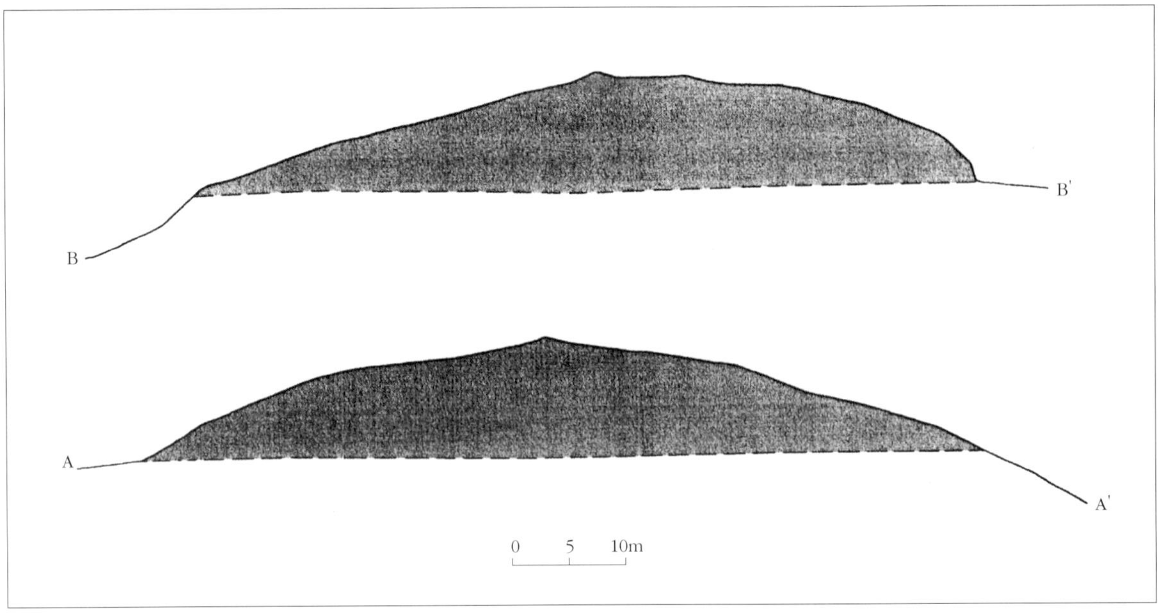

그림 4 천추묘 입면도 1(『集安高句麗王陵』, 172쪽)

(3) 계단

○ 천추묘는 현재 5단의 계단이 남아 있음. 서변의 가운데부분이 가장 양호하게 보존되어 있는데, 도굴 당시 묘실의 석재가 쌓였기 때문임.

○ 서측 제1단 계단에서는 5층이 보임. 하지만 서남 모서리의 제1층 계단이 지면에 묻혀 있어 반만 보이는 것을 감안하면 원래 6층으로 쌓았음을 알 수 있음. 바닥층에 있는 돌은 모두 매우 큰데, 가장 큰 것은 길이 2m 정도이고 일반적으로는 1.4m 이상임. 두께는 대부분 0.5m 정도임. 층과 층 사이는 서로 겹치지 않게 쌓았고, 매 층은 안으로 0.07~0.15m 들여쌓았음. 석재는 정밀하게 가공하였는데, 모서리가 분명하고 표면은 약간 둥그스름함. 내면은 다듬지 않아 자연 그대로임. 황갈색의 화강암이 절대 다수를 차지. 제2층에서 제4층까지 석재는 점점 작아지고 두께 또한 얇아지지만, 여전히 커다란 돌임. 최상층인 5층의 석재는 상대적으로 길. 서변에서 남쪽으로 치우친 지점에서 장대석 2개를 볼 수 있는데, 모두 3m 이상이고 두께는 0.36m임. 서변의 제1단 계단은 기초가 안정되지 않아 내려앉음으로써 기복이 있음. 전체 높이는 약 2.8m이고, 평면에서 약 0.5m 들어감.

○ 남변 제1단 계단의 서반부는 보존이 양호하나, 중부 동쪽 부분은 전부 붕괴되었는데, 위에 있는 돌들이 아래로 흘러내려 장대석이 흐트러짐에 따라 측량하기 어려움. 서변의 정황을 볼 때 5층으로 쌓았을 것으로 추정.

○ 동변의 계단을 보면, 오랜 시간에 걸친 흙 채취와 여러 차례의 도굴로 인해 큰 돌들이 지면으로 떨어짐. 남아 있는 장대석은 서·남면 바닥층의 석재와 비교해볼 때 약간 얇음. 동변의 지세가 약간 높기 때문에 얇은 돌을 채용한 것으로 추정됨. 동변에서 북쪽으로 치우진 지점에 계단석 여러 개가 남아 있는데, 가장 큰 것은 길이가 약 3m 정도이고, 두께는 0.6m임. 동변의 제1단 계단은 2층만 남아 있음.

○ 북변 제1단 계단은 동북 모서리에만 여러 개의 돌들이 남아 있고 모두 산실되거나 원래 자리를 이탈. 북변이 계단석의 파괴가 가장 심함.

○ 제1단 계단에 있는 돌에서는 모서리를 보수한 흔적

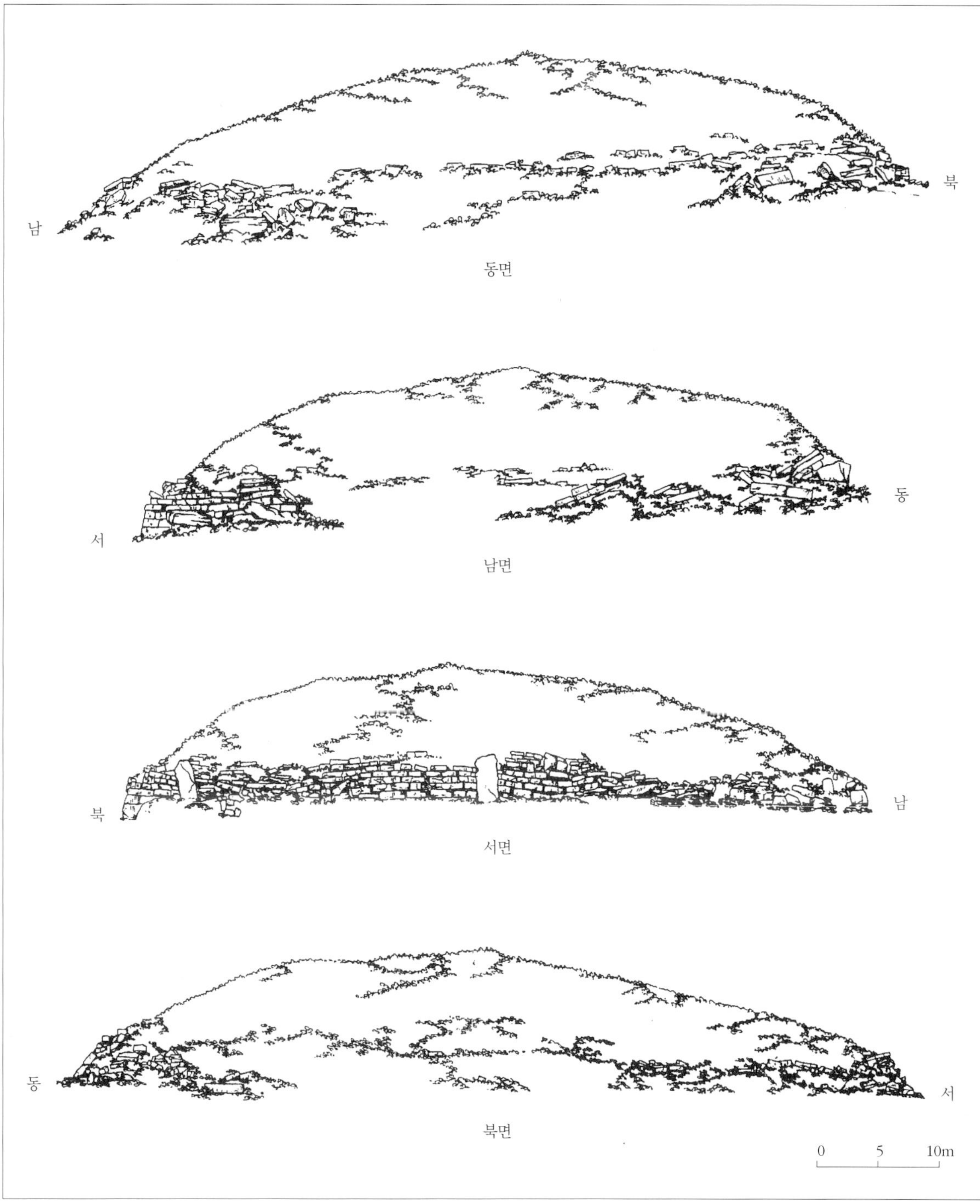

그림 5 천추묘 입면도 2(『集安高句麗王陵』, 173쪽)

을 흔히 볼 수 있음. 계단석 규격을 정하고 틈 사이에 크기가 다른 석재를 끼워 넣음으로써 압력을 견딜 수 있는 면적을 최대한 넓혔음. 변 윗부분의 계단석은 길이가 1.2m, 두께는 0.15m임.

○ 제2단 계단은 서·남·동면에 일부 남아 있음. 서변의 경우 4층으로 이루어져 있고, 제1단 계단 위에서 안으로 0.9~1.3m 들여쌓았음. 석재는 일반적으로 길이 약 1m, 두께 약 0.3m 정도임. 서로 겹치지 않게 쌓았음. 층 사이의 들여쌓기는 명확하지 않음. 모서리돌은 약간 크고, 전체 높이는 약 1m 정도임.

○ 제3단 계단은 서변의 남쪽부분과 동남 모서리에만 남아 있는데, 모두 2층이 보임. 제2단 계단 위에서 안으로 0.8m 들여쌓았고, 층 사이도 약간 들여쌓았음. 석재는 2단 계단에 사용된 것과 거의 같고, 높이는 0.6m 정도임. 제3단 계단 이상의 석재는 모두 세밀하게 가공한 작은 장방형으로, 5개의 면은 평평하게 가공하였고, 표면은 약간 곡선임. 일반적으로 길이는 0.5~0.7m, 두께는 0.2m 정도임.

○ 제4단 계단은 서남 모서리와 서변에서 1층만 볼 수 있는데, 하반부는 돌들에 의해 묻혀 있음. 3단과 4단 사이의 높이차는 0.6m임. 제3단 계단 위에서 안으로 1m 정도 들여쌓았음.

○ 제5단 계단은 몇 개의 계단석만 남아 있는데, 원래 자리를 이탈하였음. 측정할 수 있는 높이는 0.7m임. 제4단 계단에서 안으로 0.8m 정도 들여쌓았음.

○ 제2단 이상의 계단이 제대로 보존되지 않은 이유는 표면에 노출된 장대석 대부분이 도난 등의 이유로 없어져서 고분의 외형이 크게 파괴되었기 때문임.

○ 제2단 계단석 이상은 강자갈로 덮여 있는데, 이는 계단석이 외부로 노출된 장군총과 다른 모습임.

○ 정교하게 가공된 계단석 아래에 기초가 남아 있음. 계단의 기초는 굵은 산돌을 장대형으로 가공한 것이고 간혹 큰 강자갈이 함께 사용됨. 깊이는 명확하지 않음. 계단석의 높이, 들여쌓기, 묘 정상과의 거리 등을 참고·분석해 볼 때 천추묘의 계단은 최소한 10단 이상임.

(4) 護墳石

○ 태왕릉 및 장군총과 마찬가지로 커다란 호분석이 묘장 주위를 보호하고 있음. 석재는 대부분 화강암이고 형태는 장방체임. 무덤 주변에 기대어 세우는 방식으로써 계단이 밖으로 나가지 않게 함.

○ 서남 모서리의 호분석은 지금도 세워져 있음. 석재는 다른 호분석과 달리 석영 알갱이가 들어간 회색 암석임. 높이 3.2m, 너비 1.6m, 두께 1m 정도임.

○ 서변에서 남쪽으로 두 번째 호분석은 하반부만 남아서 묘에 기대어 있는데, 남아 있는 높이는 1.7m 정도임.

○ 서변 중간에 있는 호분석은 2003년에 진흙을 제거하면서 드러났는데, 천추묘의 호분석 중에 가장 규모가 큼. 황색의 화강암으로, 표면은 빛이 나고 깨끗하며 평평함. 자세히 보면 갈았던 흔적이 있는데, 가공을 한 것인지 아니면 운송 중 마찰로 인하여 생긴 것인지는 알 수 없음. 직육면체로서 전체 높이는 3.6m, 너비는 2.1m, 두께는 1.4m임. 이 호분석이 위치한 구간이 서쪽 계단에서 유일하게 원래 형태를 유지하고 있고, 양옆은 外張하여 최대 2m까지 이동함.

○ 서변 북쪽으로 첫번째·두번째 호분석은 부서져 지면에 떨어짐으로써 묘를 보호하는 기능을 발휘하지 못함.

○ 남변 서쪽으로 2개의 호분석이 있는데, 모두 부서지거나 무너져서 지면에 떨어져 있음.

○ 남변 정가운데와 동쪽에 있었던 호분석은 흘러내린 돌 중에 파묻혀 있는 것으로 보임.

○ 동변의 호분석은 남·북으로 2개가 있는데, 돌에 묻혀 있음.

○ 북변에는 호분석이 보이지 않음.

○ 서변에 일정한 간격으로 5개의 호분석이 있는 것으

로 볼 때 원래는 20개가 있었던 것으로 추정됨.

(5) 묘실

○ 묘 정상 중앙에 비교적 거칠게 가공된 석재 2개가 남북방향으로 놓여 있는데, 그 가운데 큰 석재는 길이 2.3m, 너비 0.6m의 직육면체임. 연도의 덮개돌 혹은 문미석으로 추정됨. 묘 정상부 중앙에 작은 강자갈면이 있음. 그 범위는 동서 길이 10m, 남북 길이 7m 정도인데, 묘실 바닥의 흔적으로 추정됨. 이러한 정황 등을 감안하면 천추묘에 묘실이 있었지만, 파괴된 것으로 보임.

○ 2003년 서변에 흘러내린 돌들을 정리했을 때 정교하게 간 회색암 판석 수십 점이 발견되었는데, 일부는 모서리를 둥글게 다듬었거나, 짜맞추는 홈이 있음. 1991년 태왕릉에서 발견된 가옥형 석곽과 비교해보면 재질, 형태, 규격 등 여러 방면에서 유사함. 이를 감안하면 천추묘에도 이와 같은 석곽이 있었다고 여겨지며, 석곽은 석실에 안치되었을 것으로 추정됨. 다만 이해하기 어려운 것은 석실 축조에 사용한 석재가 모두 사라졌고, 거대한 천장석의 흔적을 찾아 볼 수 없다는 점임. 서변에 흘러내린 돌들 중에 천장석의 잔여 부분이 있을 수도 있으나, 참고할 수 있는 자료가 부족하기 때문에 확인할 수는 없음. 묘 표면에 남아 있는 돌들을 분석해 볼 때 도난당하였거나 혹은 파쇄된 것으로 보임.

(6) 階壇立石板

○ 서변 제1단 계단석 윗면에는 제2단 계단에 기대어 입석판 3개가 있음. 입석판은 灰巖으로, 부드러워 부서지기 쉽고 옅은 녹색임. 장방형으로 가공하였는데, 높이는 0.6～1.2m, 너비는 0.5～0.7m, 두께는 0.1m임.

○ 같은 모양이지만 크기가 다른 석판이 서·남 양변의 돌무지 중에서 여러 개 발견되었는데, 당시 수집된 양은 약 2m³임.

○ 서대묘의 북변 제1단 계단 위에 입석판 20여 개가 가지런하면서 조밀하게 있고, 태왕릉 계단 정면에도 같은 종류의 입석판이 있음. 1998년에 장군총 1호배장묘 기단석 중간에서 석판조각들이 발견되었고(지금은 묘 측면에 있음), 장군총 서변 계단 틈에서도 이러한 종류의 석판 잔편을 볼 수 있음. 이를 감안하면 당시 무덤을 축조할 때 석판을 세웠던 것으로 보임. 입석판은 재질, 위치, 묘장 구조와 관계없이 특수한 의미가 담겨 있는 지표로 추정되는데, 제사나 상징물과 관련된 것일 수도 있음.

○ 입석판은 長川1號墓, 長川2號墓, 蓮花墓 등의 묘문에서 사용된 석재와 같아서, 이런 立石板 현상을 계승한 것으로 해석할 수 있음.

(7) 石壙

○ 묘 정상에서 서쪽으로 약간 치우친 지점에 장대석 한 개가 반쯤 묻혀 있는데, 대체로 서변과 평행. 과거에는 묘도의 덮개돌 혹은 문미석으로 추정하였으나, 석광의 덮개돌일 가능성이 큼.

○ 2003년 7월 태왕릉 묘도 보수작업 때 묘도 서변에서 같은 종류의 장대석이 발견되었는데, 門楣가 아닌 석광의 덮개돌이었음. 태왕릉의 사례를 감안하면 천추묘 정상에 남아 있는 장대석은 石壙이 드러난 흔적 혹은 남아 있는 부분이라고 볼 수 있음.

(8) 부호와 도안

○ 묘의 서·남변 정리 중에 부호가 새겨진 계단석 수 개를 발견. 부호는 하나로 된 형태와 조합된 형태가 있음. 하나로 된 부호는 모두 '#'자이고, 조합된 부호는 '井'자와 '工'자가 합쳐진 모양임. 하나로 된 부호는 서변 제1단 계단의 4층 좌측 아래 모서리에 남아 있는데, 모두 '#'자임. 나머지는 흘러내린 돌에서 발견됨. 부호가 새겨져 있는 석재는 제1단 계단에서만 볼 수 있는데, 경계선 혹은 위치를 나타내던 것으로 추정됨.

○ 서측 계단의 중부에서 남쪽으로 치우친 지점, 서남 모서리에서 약 21m 떨어진 지점의 제1단 계단 4층 좌측에 음각으로 새긴 용의 도안이 있는데, 높이는 23cm 이고 너비는 30cm임. 용은 머리, 몸, 앞발이 있으나 꼬리는 없음. 그 풍격은 북조시기에 보이는 형태임. 용의 수염, 입, 몸체가 연결되어 있고 머리는 북쪽을 향함. 방향은 묘도와 일치. 그 오른쪽의 쌓여 있는 돌 왼쪽 윗부분에는 두 줄로 음각한 마름모가 있는데, 출토된 명문벽돌의 花葉도안과 유사함.

4. 관련유적

1) 돌무지

무덤 동쪽에서 비교적 멀리 떨어져 있는 지점에 세로로 긴 돌무지가 있음. 예전에는 배장묘로 추정한 바 있으나, 서북측 중간에서 구멍이 있는 팔각형 초석이 발견됨. 2003년 조사 때에는 무덤 밖에 설치한 12개의 시굴갱에서 묘역 및 陵寢과 관련된 것으로 보이는 유구가 발견됨.

2) 남쪽 담장(그림 6)

묘 남쪽에서 40m 떨어진 지점에 경사진 흙무지가 있는데, 천추묘의 담장(陵垣)임. 노출된 석렬은 무덤의 남변과 평행. 석렬의 양쪽을 돌로 쌓았으며, 그 안쪽으로는 배수구가 나란히 있음. 중단에 기초와 담벽이 남아 있는데, 높이는 0.5m 정도임. 묘 남변 계단의 중앙축과 연장선상에서 석렬은 안으로 꺾여 넓은 면을 형성. 바깥 가장자리에 깔려 있는 석판에는 일정한 간격으로 네모난 구멍 4개가 있는데, 나무기둥을 세웠던 것으로 추정됨. 다만 기초가 없고 구멍의 직경이 너무 작다는 점에서 하중을 견딜 수 있는 건물이 세워진 것은 아닌 듯함. 광개토왕릉비문의 "守墓酒掃", "令備酒掃"라는 기록을 감안하면 수묘인호가 소제 시 제례를

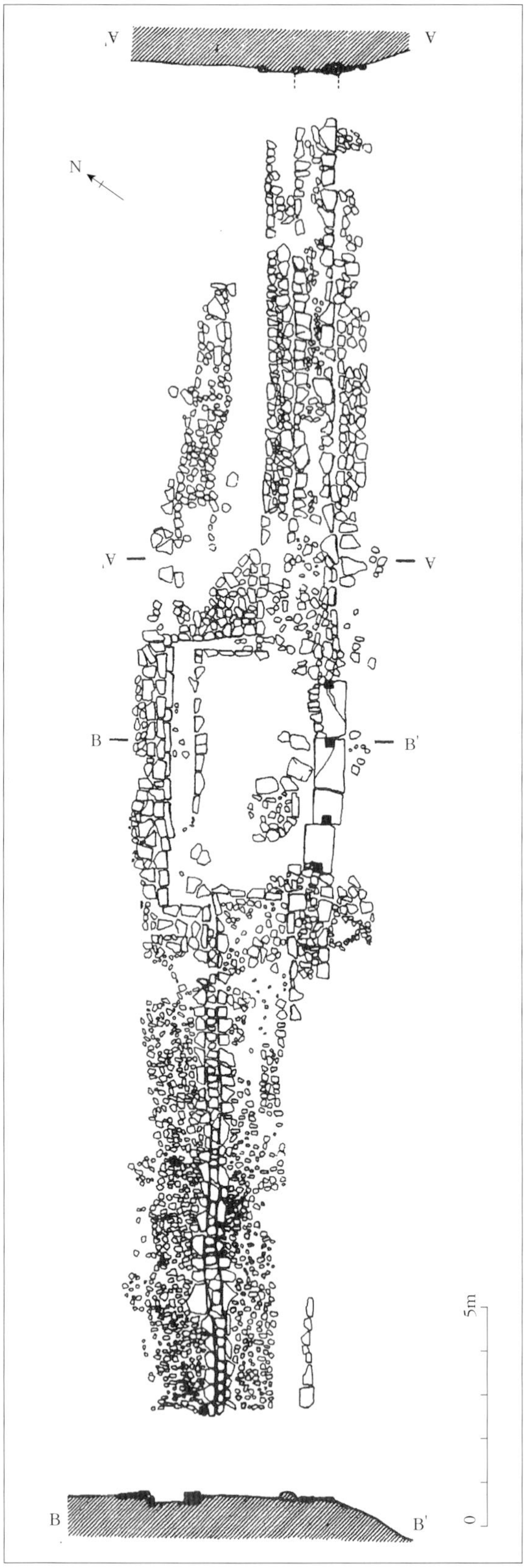

그림 6 천추묘 남쪽 담장의 평·단면도(『集安高句麗王陵』, 178쪽)

행하던 곳으로 추정됨.

3) 돌이 깔려 있는 시설

무덤 서변은 완만한 비탈지로 오랫동안 밭이었음. 이곳을 시굴조사하면서 산돌이 평평하게 깔려 있는 구역을 발견. 부석은 남쪽 담장과 방향을 같이 함. 장군총의 예에 비추어 볼 때 평면은 정방형으로 추정됨. 천추묘의 묘역과 관계가 있다고 여겨짐.

4) 건물지

고분 서남쪽으로 300m 떨어진 강변대지에서 큰 돌로 쌓은 담이 여러 차례 발견됨. 2003년 시굴조사에서는 작은 장대석과 강자갈로 쌓은 담장이 발견됨. 천추묘에 부속된 제사건물지로 추정.

5. 출토유물

1) 금기

(1) 금실(金絲, 03JMM1000:17)

○ 출토지 : 천추묘.

○ 크기 : 남은 길이 1~2cm.

○ 형태 : 모두 6단임. 가느다란 실 두 줄을 꼬아서 만듦.

(2) 금제장식(金絲泡飾, 03JMM1000:35-1, 그림 7-12)

○ 출토지 : 천추묘.

○ 크기 : 직경 1.5cm, 본체부(泡) 높이 0.3cm, 연결가지(懸枝) 길이 1.4cm.

○ 형태 : 찌그러져 변형됨. 본체부는 원형으로 가장자리는 평평함. 가장자리에는 일정한 간격으로 작은 구멍 3개가 있는데, 꿰어서 고정하기 위한 것임. 본체부 위에는 작은 구멍 3개가 삼각형태로 분포하고 있고, 구멍에는 금실 세 가닥을 꼬아서 만든 연결가지가 있으며, 연결가지 끝에는 둥근 모양의 搖葉이 달려 있음. 현재 요엽은 존재하지 않음.

(3) 금제보요(金搖葉, 03JMM1000:35-2, 그림 7-13)

○ 출토지 : 천추묘.

○ 크기 : 직경 0.8cm.

○ 형태 : 원형의 얇은 편임. 가장자리에 구멍 한 개가 있음.

2) 금동기

관장식(冠飾), 원형장식(泡飾) 5점, 화판형입식부운주 9점, 운주연결가지(懸枝), 운주본체부(泡飾) 4점, 투조장식(鏤空飾), 대롱장식(管飾) 5점, 찰갑편(甲片) 3점, 못(釘) 9점 등이 출토.

(1) 금동제관장식(鎏金冠飾, 03JMM1000:42·38·40, 그림 7-4~그림 7-6)

○ 출토지 : 천추묘.

○ 크기 : 남은 길이 6~7cm, 너비 5.9cm, 두께 0.05cm, 球面 직경 1.3cm, 사이 거리 4.5cm, 행 거리 약 2.3cm.

○ 형태 : 띠형의 편임. 정면에는 볼록하게 솟은 3행의 평행한 구면이 있음. 각 구면 가운데부분에는 3개의 작은 구멍이 삼각으로 분포하고 있는데, 연결가지(懸枝)와 보요(懸葉)를 달기 위함임.

(2) 금동제원형장식(鎏金圓泡飾, 03JMM1000:11, 그림 7-2)

○ 출토지 : 천추묘.

○ 크기 : 높이 1.4cm, 직경 5.9cm, 두께 0.05cm, 구멍 직경 0.4cm.

○ 형태 : 반구형임. 정면은 도금됨. 정가운데부분에 둥근 구멍이 있음. 가장자리는 안으로 꺾여 있음.

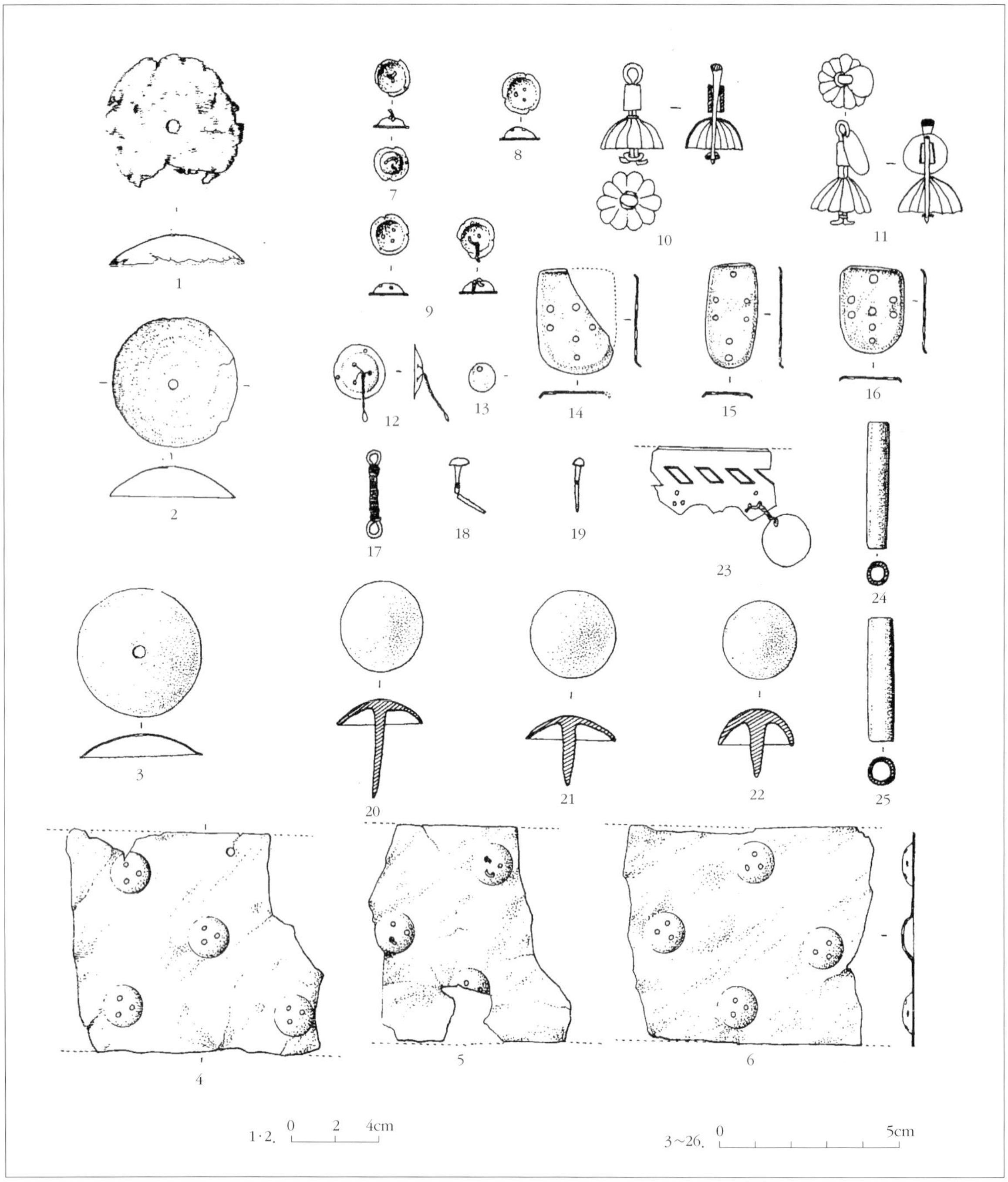

그림 7 천추묘 출토 금기·금동기(『集安高句麗王陵』, 182쪽)
1~3. 금동제원형장식 4~6. 금동제관장식 7~9. 금동제장식 10~11. 금동제화판형입식부운주 12. 금제장식 13. 금제보요 14~16. 금동제찰갑편 17. 금동제연결가지 18~22. 금동제못 23. 금동제투조장식 24·25. 금동제대롱장식

(3) 금동제원형장식(鎏金圓泡飾, 03JMM1000:10-2, 그림 7-1)

○ 출토지 : 천추묘.

○ 크기 : 직경 6.1cm, 두께 0.05cm.

○ 형태 : 약간 파손. 중앙에 구멍이 있음.

(4) 금동제원형장식(鎏金圓泡飾, 03JMM1000:5, 그림 7-3)

○ 출토지 : 천추묘.

○ 크기 : 직경 3.5cm, 높이 0.6cm, 두께 0.05cm, 구멍 직경 0.4cm.

○ 형태 : 반구형임. 중앙에 둥근 구멍이 있음. 가장자리는 평평하게 꺾임. 표면은 도금.

(5) 금동제화판형입식부운주(鎏金花瓣形飾, 03JMM1000:12, 그림 7-11)

○ 출토지 : 천추묘.

○ 크기 : 본체부 직경 1.8cm, 높이 0.9cm, 입주(穿條) 길이 0.6cm, 긴 보요 직경 1.6cm, 짧은 요엽 직경 1.4cm, 전체 길이 2.4cm.

○ 형태 : 본체부, 입주, 요엽으로 구성. 본체부는 반구형이고 밑받침은 花瓣形으로, 10판임. 弧棱을 꺾었고, 중간에 있는 원형 구멍에는 두 가닥의 동실이 통과. 동실 상단은 구부러트려서 둥근고리(環)를 만들었고, 고리에는 얇은 타원형의 요엽을 달았음. 동실 하단은 띠에 고정시키기 위해 밖으로 꺾음. 고리와 본체부 사이에 원통형 대롱(管)을 덧대었는데, 요엽의 높이를 고정하기 위함임. 아랫부분이 0.5cm 정도 큰데, 물체의 두께를 고려하여 고정시키기 위함임.

(6) 금동제화판형입식부운주(鎏金花瓣形飾, 03JMM1000:43, 그림 7-10)

○ 출토지 : 천추묘.

○ 크기 : 본체부 직경 1.8cm, 높이 0.9cm, 管 길이 0.6cm, 긴 搖葉 직경 1.6cm, 짧은 보요 직경 1.4cm, 입주 전체 길이 2.4cm.

○ 형태 : 위와 같은데, 같은 장식물에 연결한 것으로 추정.

(7) 금동제연결가지(鎏金懸枝, 03JMM1000:46-2, 그림 7-17)

○ 출토지 : 천추묘.

○ 크기 : 길이 2.3cm, 직경 약 0.3cm, 고리(環) 직경 0.4cm.

○ 형태 : 띠모양임. 두 가닥의 동실로 구성. 양 끝부분은 구부려 둥근고리모양으로 만듦. 중간은 동실을 나선형으로 꼬아서 견고함을 더함. 한쪽 끝은 장식물의 주체와 연결하고, 다른 한쪽 끝에는 보요를 달았을 것으로 추정.

(8) 금동제장식(鎏金泡飾, 03JMM1000:27-2, 그림 7-7)

○ 출토지 : 천추묘.

○ 크기 : 직경 1.1cm, 높이 0.3cm.

○ 형태 : 반구형이고, 가장자리는 꺾어서 평평하게 만듦. 중앙에는 구멍 3개가 삼각으로 분포하고 있고, 구멍 안에는 동실이 있음. 연결가지(懸枝)와 보요(懸葉)는 존재하지 않음. 가장자리에도 일정한 간격으로 작은 구멍 3개가 있는데, 못을 이용해서 직물 등에 고정하기 위함임.

(9) 금동제장식(鎏金泡飾, 03JMM1000:27-1, 그림 7-8)

○ 출토지 : 천추묘.

○ 형태 : 위와 같음. 같은 장식물에 있던 것으로 추정.

(10) 금동제장식(鎏金泡飾, 03JMM1000:22, 그림 7-9)

○ 출토지 : 천추묘.

○ 형태 : 위와 같음. 같은 장식물에 있던 것으로 추정.

(11) 금동제투조장식(鎏金鏤空飾, 03JMM1000:46-1, 그림 7-23)

○ 출토지 : 천추묘.

○ 크기 : 남은 길이 3.3cm, 남은 너비 1.9cm, 두께 약 0.5cm, 보요(懸葉) 직경 1.4cm.

○ 형태 : 양면 도금. 장방형의 투조장식 잔편으로, 가장자리부분만 남아 있음. 변은 직선이고, 변 내부에 평행사변형 도안이 연속해서 투조. 다시 그 안으로 3개의 작은 구멍이 2cm 간격으로 삼각 분포하고 있고, 구멍에는 요엽이 연결되어 있음. 다시 그 안으로 '主'자 도안이 있는데, 호선의 가장자리만 남아 있음.

(12) 금동제대롱장식(鎏金銅管飾, 03JMM1000:7, 그림 7-25)

○ 출토지 : 천추묘.

○ 크기 : 길이 3.3cm, 직경 0.7cm, 두께 약 0.1cm.

○ 형태 : 둥근 대롱모양임. 鑄造品임. 표면에 도금.

(13) 금동제대롱장식(鎏金銅管飾, 03JMM1000:23, 그림 7-24)

○ 출토지 : 천추묘.

○ 크기 : 길이 3.3cm, 직경 0.6cm, 두께 약 0.1cm.

○ 형태 : 위와 같음.

(14) 금동제찰갑편(鎏金銅甲片, 03JMM1000:14-1, 그림 7-16)

○ 출토지 : 천추묘.

○ 크기 : 길이 2.3cm, 너비 1.8cm, 두께 0.05cm.

○ 형태 : 표면은 도금. 비늘모양임. 윗변은 곧고 아랫변은 호형임. 윗변 가장자리는 바깥으로 꺾였고, 양 측변과 아랫변은 안으로 살짝 꺾임. 가운데 선상에 4개의 구멍이 있는데, 구멍 사이의 거리는 차이가 있음. 양 측변에는 각각 2개의 구멍이 있어 대칭을 이루고 있음.

(15) 금동제찰갑편(鎏金銅甲片, 03JMM1000:14-2, 그림 7-15)

○ 출토지 : 천추묘.

○ 크기 : 길이 2.8cm, 너비 1.5cm, 두께 0.05cm.

○ 형태 : 장방형. 표면은 도금. 윗변은 곧고, 양 측변은 약간 호형을 이루며, 아랫변은 호형임. 윗변은 바깥으로 꺾였고, 양 측변과 아랫변은 안으로 살짝 꺾임. 가운데 선상 위에 구멍 한 개가 있고, 선상 아랫부분에는 두 개의 구멍이 가로방향으로 배열되어 있음. 양 측변에는 각각 2개의 구멍이 있음.

(16) 금동제찰갑편(鎏金銅甲片, 03JMM1000:45, 그림 7-14)

○ 출토지 : 천추묘.

○ 크기 : 길이 2.3cm, 너비 2.1cm, 두께 0.05cm.

○ 형태 : 파손. 표면은 도금. 방형에 가까움. 윗변은 곧고, 아랫변은 호형임. 상부는 바깥으로 꺾였고, 양 측변과 아랫변은 안으로 살짝 꺾임. 가운데 선상으로 3개의 구멍이 있고, 양 측변에는 각각 2개의 구멍이 있음. 구멍 사이의 거리는 비교적 가까운데, 한 위치에서 묶기 위한 필요성 때문일 것임.

(17) 금동제못(鎏金銅釘, 03JMM1000:8, 그림 7-22)

○ 출토지 : 천추묘.

○ 크기 : 두부(帽) 직경 2.2cm, 높이 1.1cm, 전체 길이 1.4cm.

○ 형태 : 표면은 도금. 두부는 球形이고, 몸체(身)는 방추형으로 짧음.

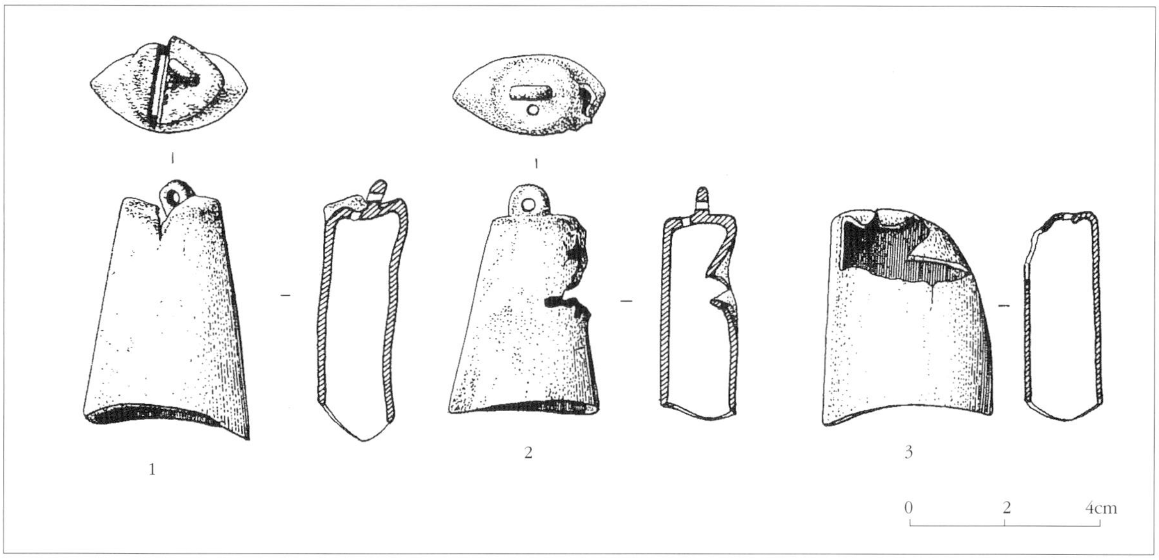

그림 8 천추묘 출토 동제방울(『集安高句麗王陵』, 184쪽)

(18) 금동제못(鎏金銅釘, 03JMM1000:4-2, 그림 7-21)

○ 출토지 : 천추묘.

○ 크기 : 두부(帽) 직경 2.5cm, 높이 0.6cm, 전체 길이 1.8cm.

○ 형태 : 도금. 두부는 球形이고, 몸체(身)는 방형임.

(19) 금동제못(鎏金銅釘, 03JMM1000:9-1, 그림 7-20)

○ 출토지 : 천추묘.

○ 크기 : 직경 2.5cm, 두부(帽) 높이 0.6cm, 전체 길이 2.5cm.

○ 형태 : 길고 가느다람. 두부는 球形임.

(20) 금동제못(鎏金銅釘, 03JMM1000:13)

○ 출토지 : 천추묘.

○ 크기 : 직경 2.3cm, 두부(帽) 높이 0.6cm, 전체 길이 0.9cm.

○ 형태 : 두부는 球形이고, 몸체(身)는 방추형으로 짧음.

(21) 금동제못(鎏金銅釘, 03JMM1000:16-1, 그림 7-19)

○ 출토지 : 천추묘.

○ 크기 : 직경 0.3cm, 전체 길이 1.5cm.

○ 형태 : 표면에 은도금. 두부(帽)는 반구형이고, 몸체(身)는 원형인데, 뾰족하지 않고 무뎌짐. 전체적으로 가늚.

(22) 금동제못(鎏金銅釘, 03JMM1000:16-2, 그림 7-18)

○ 출토지 : 천추묘.

○ 크기 : 두부(帽) 직경 0.6cm, 전체 길이 1.5cm.

○ 형태 : 몸체(身)의 뾰족한 부분이 부러짐. 전체적으로 가늚.

3) 동기

(1) 동제방울(銅鈴, 03JMM1000:1, 그림 8-2)

○ 출토지 : 천추묘.

○ 크기 : 높이 5.1cm, 너비 2~3.4cm, 측면 두께 1.8cm, 벽 두께 0.2cm.

○ 형태 : 파손. 청동으로 주조. 종모양임. 위가 좁고 아

래는 넓음. 꼭대기는 타원형인데, 그 중간에 꼭지(紐)가 있고, 꼭대기의 평평한 부분에 구멍이 뚫어져 있음. 밑면은 안쪽을 향해 휘어 있음. 눌리면서 변형되어 단면형태를 알 수 없고, 한 측면은 찢겨져 파손. 백회가 묻어 있음.

(2) 동제방울(銅鈴, 03JMM1000:34 그림 8-3)

○ 출토지 : 천추묘.

○ 크기 : 남은 높이 4.2cm, 너비 3.8cm, 벽 두께 0.1cm.

○ 형태 : 파손이 심하여 원래의 모습을 대부분 잃어버림. 청동으로 주조. 종모양임. 평평한 상면과 꼭지(紐) 부분은 파손되어 존재하지 않음. 밑면은 호선이고, 단면은 타원형임.

(3) 동제방울(銅鈴, 03JMM1000:37, 그림 8-1)

○ 출토지 : 천추묘.

○ 크기 : 높이 5.4cm, 상단 길이 2.4cm, 하단 긴 직경 3.4cm, 하단 짧은 직경 1.9cm, 벽 두께 0.2cm.

○ 형태 : 파손. 청동으로 주조. 종모양임. 상부 평면은 타원형이고, 그 정가운데에 꼭지가 있으며, 옆에는 작은 구멍이 뚫려 있음. 밑면은 호선임. 평평한 상면에는 예리한 도구로 찍혀서 찢어진 곳이 있는데, 특별한 의미가 담겨져 있다고 추정됨.

4) 철기

칼(刀), 고리(環), 꺾쇠(鍋釘), 찰갑편(甲片) 21점이 출토.

(1) 철제칼(鐵刀, 03JMM1000:29, 그림 9-6)

○ 출토지 : 천추묘.

○ 크기 : 남은 刀身 길이 7.3cm, 남은 자루(柄) 길이 2cm, 칼등 두께 0.3cm.

○ 형태 : 부식이 심하고 파손되어 자루부분과 칼 앞부분은 존재하지 않음. 칼등은 곧고 평평하며, 날은 예리함. 도신과 자루가 만나는 부분은 좁게 나타남. 칼등에는 타격으로 인해 일부 찧은 흔적이 있음.

(2) 철제고리(鐵環, 03JMM1000:48, 그림 9-7)

○ 출토지 : 천추묘.

○ 크기 : 남은 고리(環) 직경 7cm, 단면 약 0.6cm.

○ 형태 : 부식이 심하여 반만 남아 있음. 단면은 원형.

(3) 철제꺾쇠(鐵鋦釘, 03JMM1000:49, 그림 9-8)

○ 출토지 : 천추묘.

○ 크기 : 길이 10cm, 못(釘) 길이 3.5cm, 두께 0.5cm.

○ 형태 : 목재류를 고정하기 위한 이형못임. 납작하고 네모난 철대 양끝을 아래로 꺾음. 한쪽은 파손되었고 남아 있는 다른 한쪽 끝은 뾰족함.

(4) 철제찰갑편(鐵甲片, 03JMM1000:48, 그림 9-1)

○ 출토지 : 천추묘.

○ 크기 : 길이 12cm, 너비 6.8cm, 두께 약 0.1cm, 큰 구멍 직경 약 0.6cm, 중간 구멍 직경 약 0.3cm, 작은 구멍 직경 약 0.1cm.

○ 형태 : 약간 파손. 커다란 장방형임. 편평함. 한측 긴 변의 가장자리 상부에 구멍 2개가 있고, 다른 긴 변의 가장자리 하부에 구멍 2개가 있음. 짧은 변 한쪽의 모서리부분에 작은 구멍 1개가 있고, 다른 짧은 변의 가운데 부분에 수직방향으로 2개의 구멍이 있음. 정가운데에 큰 구멍 1개가 있음.

(5) 철제찰갑편(鐵甲片, 03JMM1000:39-2, 그림 9-3)

○ 출토지 : 천추묘.

○ 크기 : 남은 길이 11.1cm, 너비 5cm.

○ 형태 : 약간 파손. 장방형임. 한측 긴 변에는 위아래로 각각 2개의 작은 구멍이 있고, 다른 긴 변에는 구멍 흔적이 남아 있음. 한측 짧은 변 가운데부분에 구멍 1개가 있음.

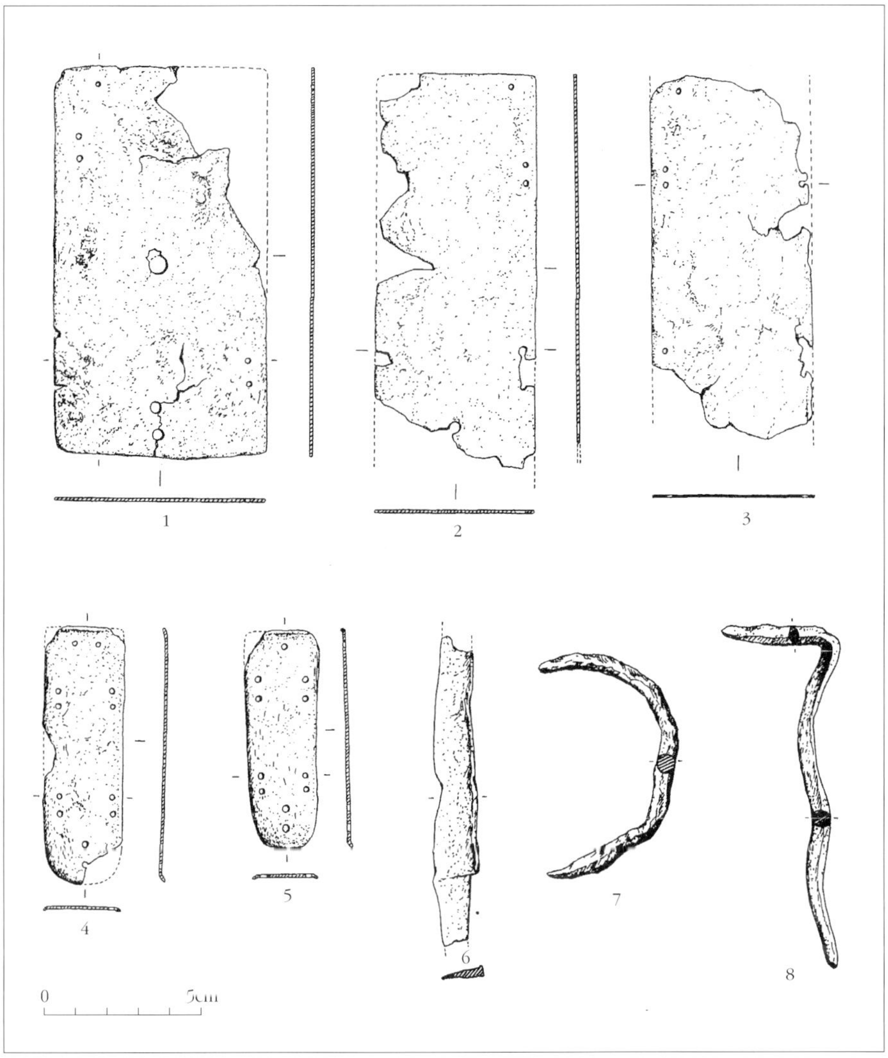

그림 9 천추묘 출토 철기
(『集安高句麗王陵』, 185쪽)
1~5. 찰갑편
6. 칼
7. 고리
8. 꺾쇠

(6) 철제찰갑편(鐵甲片, 03JMM1000:50, 그림 9-2)

○ 출토지 : 천추묘.

○ 형태 : 약간 파손. 장방형임. 한측 긴 변에는 위아래로 각각 2개의 작은 구멍이 있고, 다른 긴 변에는 구멍 흔적이 남아 있음. 한측 짧은 변 가운데부분에 구멍 1개가 있음.

(7) 철제찰갑편(鐵甲片, 03JMM1000:44, 그림 9-4)

○ 출토지 : 천추묘.

○ 크기 : 길이 8cm, 너비 2.2cm, 두께 0.1cm.

○ 형태 : 약간 파손. 긴 장방형임. 윗변은 곧고, 구멍 2개가 일정한 간격으로 나란히 있음. 아랫변은 반원형이고, 2개의 구멍이 수직방향으로 있음. 좌우 양측 변에는 구멍이 2개씩, 2세트가 뚫어져 있음. 상단의 가장자리는 약간 밖으로 꺾여 있고, 양 측변과 하단 가장자리는 안으로 꺾여 있음.

(8) 철제찰갑편(鐵甲片, 03JMM1000:41-1, 그림 9-5)

○ 출토지 : 천추묘.

○ 크기 : 길이 6.8cm, 너비 2.2cm, 두께 0.1cm.

○ 형태 : 위와 같음. 다만 상단의 평평한 가장자리에 단지 구멍 1개가 있음. 나머지는 같음.

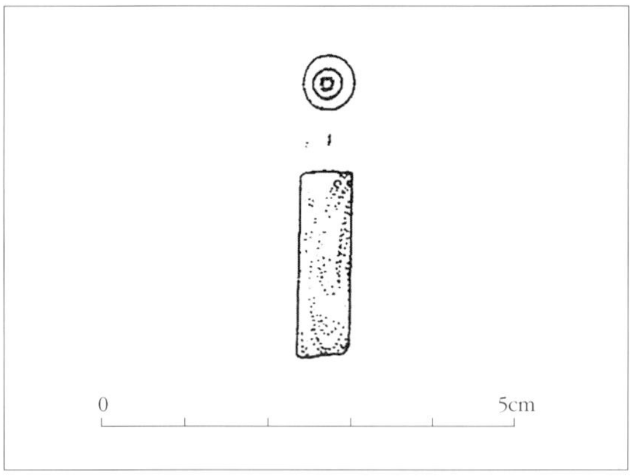

그림 10 천추묘 출토 마노장식(『集安高句麗王陵』, 182쪽)

5) 석기

○ 마노장식(瑪瑙飾)과 석곽구조물들이 출토.

○ 석곽구조물은 수십 점이 출토되었는데, 가옥형 椁室의 잔편임. 석곽구조물은 灰巖을 정밀하게 갈아서 제작함. 파손이 심하여 부위는 자세히 알기 어렵지만, 태왕릉에서 발견된 가옥형 석곽의 구조를 참고하면 어느 정도 파악이 가능함.

(1) 마노장식(瑪瑙飾, 03JMM1000:47, 그림 10)

○ 출토지 : 천추묘.

○ 크기 : 길이 2.2cm, 직경 0.7cm, 구멍 직경 0.1cm.

○ 형태 : 대롱모양임. 옅은 홍색 마노에 하얀색의 무늬가 들어감. 중간에 구멍이 있음.

(2) 석곽바닥석(槨底座板, 03JMM1000:629, 그림 11-1)

○ 출토지 : 천추묘.

○ 크기 : 남은 길이 68cm, 남은 너비 54cm, 두께 9.6cm.

○ 형태 : 회백색의 침적암을 정교하게 갈아서 제작한 것으로, 모서리부분만 남아 있음. 한 변의 바닥면은 안으로 휘어져 있고, 다른 한 변은 바닥에서 위로 갈수록 직선으로 기울다가, 수직으로 꺾이면서 평평한 면을 이룸. 표면에는 광택이 남. 윗면은 아랫면보다 6.6cm 안으로 들어감.

(3) 산화장식판(山花飾板, 03JMM1000:630, 그림 11-4)

○ 출토지 : 천추묘.

○ 크기 : 남은 길이 40.5cm, 두께 10.6cm.

○ 형태 : 태왕릉의 석곽구조를 참고할 때 맞배지붕(硬山頂)의 산화장식판으로 추정. 문미와 경사진 '人'자형 용마루(屋脊)의 결합을 용이하게 하기 위해서 제작된 것으로 추정. 灰巖으로 정교하게 제작. 표면은 광택이 남. 立面에는 서로 엇갈리는 榫臺가 남아 있는데, 판 두께의 1/2임.

(4) 석곽벽판(石槨壁板, 03JMM1000:631, 그림 11-3)

○ 출토지 : 천추묘.

○ 크기 : 남은 높이 35cm, 두께 12.4cm, 장부(榫)의 너비 4cm, 길이 3cm.

○ 형태 : 꼭대기의 모서리만 남아 있음. 灰巖으로 정교하게 제작. 양면은 평평하고 매끄러우며 광택이 남. 윗쪽 꼭대기 부분은 약간 경사지게 하여 천장의 홈(槽)에 끼우도록 함. 측면에 장부(通榫)가 있는데, 벽과 맞출 때 홈에 넣기 위한 것임. 윗면의 기울어진 각도는 6°임.

(5) 석곽문변장식판(槨門邊飾板, 03JMM1000:632, 그림 11-5)

○ 출토지 : 천추묘.

○ 크기 : 남은 높이 17cm, 두께 21cm.

○ 형태 : 파손. 석곽문 측면의 일부 남아 있는 부분임. 灰巖으로 정교하게 제작. 바깥 모서리를 둥글게 마연하여 넓게 하였으며, 모서리 바깥으로는 갈아서 만든 홈(槽)이 있음.

(6) 석곽바닥 받침(槨底板, 03JMM1000:633, 그림 11-2)

○ 출토지 : 천추묘.

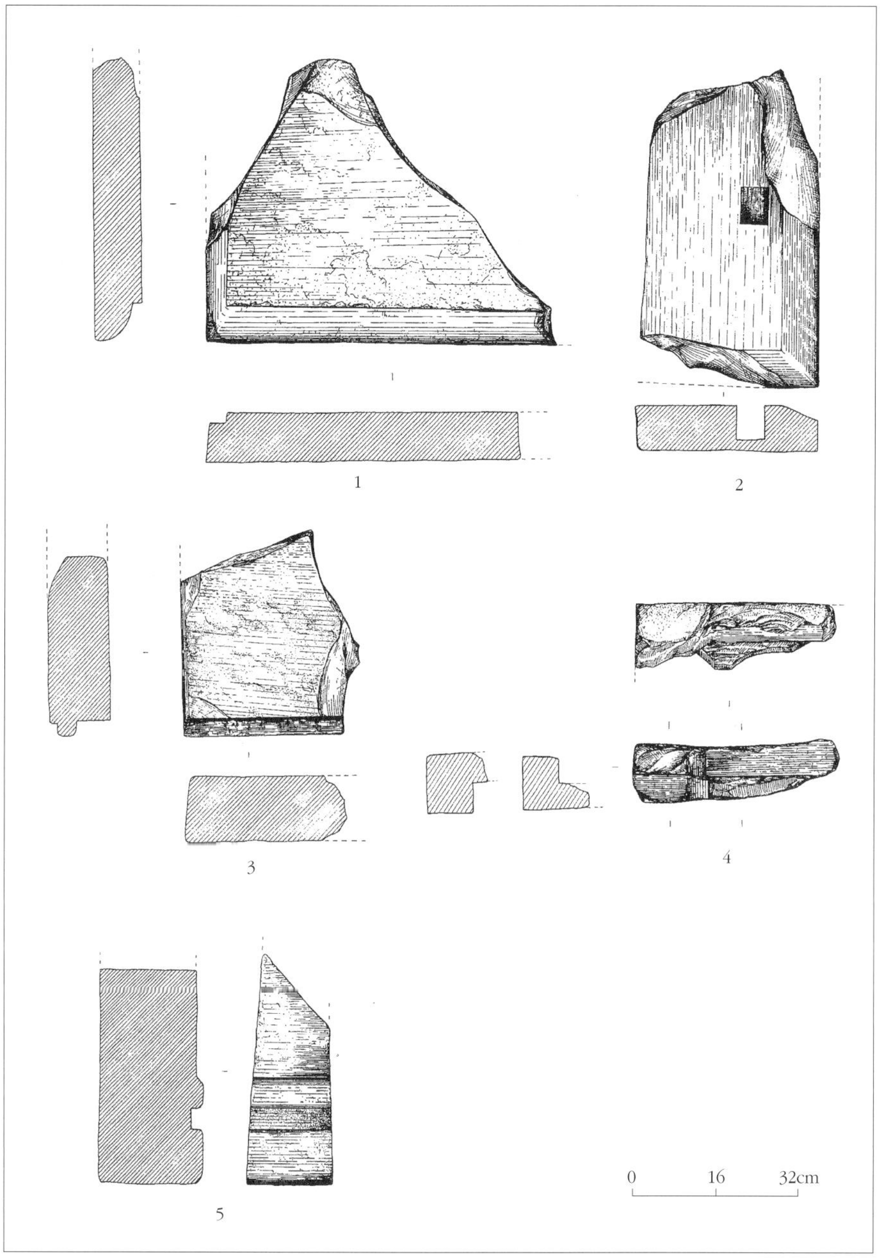

그림 11
천추묘 출토 석곽잔편
(『集安高句麗王陵』, 187쪽)
1. 바닥석　2. 바닥받침
3. 벽판　4. 산화장식판
5. 문변장식판

○ 크기 : 남은 길이 60cm, 두께 9cm, 홈(榫槽)의 길이 7.2cm, 너비 5.6cm, 깊이 6.8cm.

○ 형태 : 한 변의 일부분만 남아 있음. 灰巖으로 정교하게 제작. 위로 네 벽을 받치고 아래는 墓座임. 표면은 평평하고 매끄러움. 가장자리는 기울어졌음. 석판을 끼울 수 있도록 바닥석 가장자리에 장방형의 홈(榫槽)이 있음.

6) 토기

(1) 합뚜껑(陶墨盒殘片, 03JMM1000:626, 그림 12)

○ 출토지 : 천추묘.

○ 크기 : 바닥 직경 12cm, 손잡이(臺) 높이 2.7cm, 직경 3.6cm, 바닥 두께 약 1cm.

○ 형태 : 복원이 어느 정도 가능. 물레질로 제작. 표면

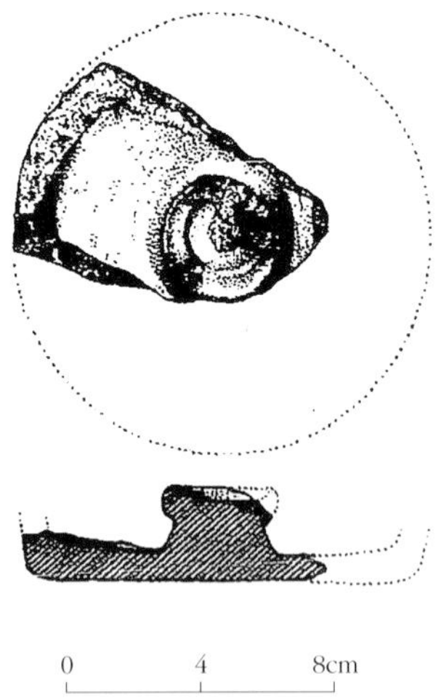

그림 12 천추묘 출토 합뚜껑(『集安高句麗王陵』, 206쪽)

은 흑회색이고 胎色은 약간 옅은 색으로, 광택이 남. 얕은 바닥은 평평하며 마연되었고 외면에 태토가 노출됨. 중앙에 원형 손잡이가 있는데, 밑부분이 오목함.
○ 태토 및 색깔 : 가는 모래의 회색토기.

(2) 토기편

○ 출토지 : 천추묘.
○ 형태 : 기형은 알 수 없음.
○ 태토 및 색깔 : 모래혼입의 회색토기.

7) 기와

○ 2003년 조사에서 많은 명문기와가 출토되었는데, 대부분 '王', '上', '下', '前', '後' 등의 글자가 새겨져 있었음. 그 가운데 '王'자명 기와는 천추묘의 피장자가 고구려왕임을 명확하게 보여줌. 나머지 글자는 위치를 표시한 것임. 이 외에 인물명, 기년, 지명 등이 있는 기와편들이 출토됨. 부호기와와 模印文기와도 출토되었는데, 절대 다수가 수키와 正面에 새겨져 있음. 일부 부호와 기호는 숫자 혹은 수량일 가능성이 있고, 또 일부는 불분명함. 가장 흔히 보이는 것은 가로 3줄과 4줄이 나타나는 형태이고, 일부는 5줄 이상이 나타남. 각획은 비교적 자유로움을 수발함. 휘어진 면에 새겨져 있고 새겨진 깊이가 적당한 것으로 보아, 전문적인 장인이 있었다고 추정됨.
○ 천추묘 붕괴 후 묘 위에 있던 많은 기와들이 파괴되면서 묘 위와 주변에 흩어짐. 2003년에 정리하면서 나온 기와무지들은 약 9m³에 이르는데, 원래는 이보다 두 배에 이른다고 추정됨. 기와는 100여 점 가까이 출토됨. 암키와, 수키와, 擋水瓦 등이 있는데, 그 가운데 암키와와 수키와가 95% 이상을 차지함. 암키와와 수키와는 대다수 태토 및 색깔이 가는 모래의 회색이고, 소성온도가 비교적 높으며, 규격도 비교적 통일됨. 색깔은 대다수 짙은 회색이고, 일부 옅은 회색이 보임. 황색과 홍갈색도 극히 일부 보이는데, 불에 타서 변색된 것이 아닌지 의심됨. 표면은 대다수 광택이 나고 무늬가 없음. 일부 기와의 배면에는 繩文이 있고, 내면에는 포문이 있음. 당수와는 길고 평평함. 외면은 짧고 평평하며, 내면은 원호형의 비스듬한 변임. '當溝'라고도 부름. 암키와는 대부분 模製이고 약간 구운 것도 있음. 태토와 색깔은 모두 가는 모래의 회색임. 내면에는 포문이 있음. 소성온도는 비교적 높으며, 일부는 백회가 묻어 있음. 현재 26점이 출토되었으나, 모두 파손됨. 당수와는 집안 산성자산성의 궁전지에서도 많이 발견되고 있는데, 가옥의 등마루와 암키와 결합부분의 빈 틈에 사용하였음.
○ 2003년 조사 중에 300여 점의 와당이 출토되었는데, 대부분이 파손된 상태였음. 4등분의 권운문와당(A형), 8등분의 권운문와당(B형), 연화문와당(C형) 등 3유형으로 나눌 수 있음. 4등분의 권운문와당과 8등분의 권운문와당은 차지하는 비율이 극히 적음에도 불구하고, 그 형태가 다양함. 4등분 권운문와당 가운데 Aa형은 1점, Ab형은 3점, Ac형은 1점, Ad형은 2점, Ae형은 1점, Af형은 1점이 출토됨. 8등분 권운문와당 가운데 Ba형은 5점이 출토되었고, 飛禽文

이 있음. Bb형은 2점이 출토되었고, 비금문과 부호가 뒤섞여 있음. Bc형은 2점, Bd형은 3점, Be형은 7점, Bf·Bg·Bh·Bi형은 각각 1점이 출토됨. 4등분의 권운문와당과 8등분의 권운문와당은 천추묘에서 집중적으로 보이고, 천추묘와 가까운 麻線溝2100號墓에서는 Ba형이 보임. 연화문와당은 2003년 조사 중에 수백점이 출토되었는데, 대부분 파손되어 복원이 어려움. 6판 연화문을 갖춤. 高浮雕이고 주연부(廓)는 높음. 當心은 반구형이고 둥그런 돌기가 있음. 花瓣은 半雕花葉形이고, 중간에 3줄의 弧棱線이 있음. 2개의 선으로 이루어진 돌출된 구획선이 구역을 나누고 있음. 각판의 花葉 윗부분 양 옆에는 둥그런 돌기가 있음. 와당의 직경은 약 16.5cm 정도이고, 크기는 와신과의 결합에 따라 조금씩 변화를 줌. 두께와 주연부의 높이차는 큼. 일부 연화문와당의 표면에 주색 안료가 남아 있고, 대부분 백회흔적이 있음. 연화문와당들은 형태와 규격 등이 매우 유사하지만, 제작 차이에 따라 3종류로 나눌 수 있음. Ca형은 합쳐지는 合範이 중간에 형성되고 合縫線이 명확함. Cb형은 합범이 측면에 형성되고, 합범선은 호곡을 띠면서 대칭. 연판 각각의 연잎들은 뾰족하게 분리되어 있음. Cc형은 합범흔적이 없음.

(1) 문자기와(03JMM1000:111, 그림 13-1, 그림 14-1)

○ 출토지 : 천추묘.

○ 크기 : 남은 길이 13cm, 曲面 너비 15.5cm, 두께 1.6cm, 문자구역의 길이 13cm, 너비 7cm, 글자 크기 2.5×2.5cm.

○ 형태 : 배면에 글자가 새겨져 있는데, 오른쪽에서 왼쪽으로 그리고 세로방향으로 썼음. 남아 있는 글자는 9자로, 그 중 6자가 판별이 가능. 오른쪽 행에는 "…□(浪?)趙將軍…", 왼쪽 행에는 "□未在永樂…"이라고 새겨져 있음. 그 중 '浪'자는 전서풍(篆風)이 남아 있음. '未'자에서 수직선은 끝부분이 간신히 나왔음. '在'자에서 위의 가로획이 끝까지 지나지 않아 '任'자로 틀려 읽기 쉬움. '永'자는 같은 묘에서 출토된 '千秋萬歲永固'명 벽돌 중 Ac·Af·Ah형의 '永'자와 유사함. '永樂'은 고구려 제19대 왕인 광개토왕의 연호인데, 그렇다면 '未'는 紀年의 地支일 것임. 광개토왕릉비문 제4면 末數 제2행에 "惜國崗上廣開土境好太王盡爲祖先王墓上立碑"라는 기록이 있음. 이를 감안하면 광개토왕이 선왕의 무덤에 비를 세우고 정비하면서 기와를 제작하여 사용하였을 가능성이 있는데, 이 명문기와가 바로 그 증거라고 볼 수 있음. 광개토왕은 정복전을 펼치면서 여러 차례 옛 樂浪郡에서 신라·백제와 전투를 벌인 바 있음. 이를 참고하면 '□浪'은 '樂浪'이라고 볼 수 있음. 기와에 보이는 '樂浪'의 '趙將軍'이 귀순한 것인지 아님 포로였는지 알 수 없음. 다만 漢의 姓이고 漢의 관직명이라는 점 그리고 무덤의 기와를 만드는 工匠과 監工에 漢人이 있었다는 점 등은 홀시할 수 없음. 서체에서는 예서풍이 보이고, 예리한 도구로 새겼으며, 收筆은 뾰족하고 날카로움. 파손된 기와의 오른쪽에도 글자가 있었을 것으로 추정되는데, 추정이 맞다면 기와에 새겨진 문구는 모두 3행임.

○ 태토 및 색깔 : 니질의 회색.

(2) 문자기와(03JMM1000:110, 그림 13-2, 그림 14-2)

○ 출토지 : 천추묘.

○ 크기 : 남은 길이 16.5cm, 너비 17.5cm, 펼쳐진 너비 21.5cm, 높이 8.5cm, 글자 크기 2.5×2.5cm.

○ 형태 : 배면에 글자 3행이 새겨져 있는데, 오른쪽에서 왼쪽으로 그리고 세로방향으로 썼음. 5글자가 있는데, 4글자만 판별이 가능. 기와면 오른쪽 끝부분에는 "…年", 중간에는 "…(胡)將軍"이 새겨져 있고, 왼쪽 행에 있는 글자는 절반 밖에 남아 있지 않아 판별할 수 없음. '胡'자에서 '古'와 '月'은 서로 바뀌었는데, 고의로 그렇게 한 것으로 보임. 글자체는 行書에 가깝고, 예리한 도구로 새겼음. 글자를 쓴 사람은 글 쓰는데 능통함. '年', '軍'자는 收筆이 날카로

움. 03JMM1000:111과 비교하면 글자의 크기 그리고 '軍'자의 필순이 같은데, 이로 볼 때 동일인물이 쓴 것으로 추정. '胡'는 고구려인이나 漢人의 성씨가 아닌 것으로 추정. '胡將軍'이 옛 낙랑군에서 온건지 아님 鮮卑로부터 온 것인지 알 수 없지만, '趙將軍'과 마찬가지로 기와를 만든 사람임은 분명함. 이로 볼 때 천추묘를 축조 혹은 보수하는 데 상당히 많은 外族들이 참여하였다고 여겨짐. '將軍'은 고구려의 관명도 아니고 고구려가 封한 것도 아님. 만약 亡人 혹은 전쟁포로가 아니라면 허직 혹은 자칭이라고 추정됨.

○ 태토 및 색깔 : 니질의 회색.

(3) 문자기와(03JMM1000:112, 그림 14-3)

○ 출토지 : 천추묘.

○ 크기 : 글자 크기 2.5×2.5cm.

○ 형태 : 대부분 결실됨. 배면에서 세로로 쓴 '長安' 두 글자를 볼 수 있는데, 그 아랫면에도 글자가 새겨져 있었을 것으로 추정. 글자체는 행서체에 가깝고, 예리한 도구로 새김. 필의 움직임이 유창하고, 收筆은 자유자재함. '長安'에 대해 '千秋萬歲永固', '保固乾坤相畢' 등의 길상어 문자 벽돌을 감안하면서 길상어로 추정하기도 함. 지명으로 추정하기도 하는데, 그와 관련하여 두가지 견해가 있음. 첫 번째는 中原의 지명으로 漢 長安城 혹은 그 부근을 가리킨다는 견해임. 비록 漢의 도성은 폐기되었으나, 長安縣의 설치 이후 계속해서 이어져 왔다는 것임. 두 번째는 고구려 후기의 도성인 '長安城'을 가리킨다는 견해임. 그러나 장안성이 6세기 중엽 이후에 축조되기 시작하였다는 점에서 연대와 부합하지 않음. 고구려가 漢族을 끌어들였다거나 혹은 수용 그리고 약탈하였다는 기록이 자주 보이는데, 이를 감안하면 솜씨가 뛰어난 한족출신 장인의 활용은 희한한 일이 아님. 그렇다면 중원의 長安에 籍을 둔 사람이 기와 만드는 일에 참여한 것은 아닌지 의심해볼 수 있음.

○ 태토 및 색깔 : 니질의 회색.

(4) 문자기와(03JMM1000:113, 그림 14-5)

○ 출토지 : 천추묘.

○ 크기 : 남은 길이 12cm, 너비 11cm, 글자 크기 2.2×2.5cm.

○ 형태 : 기와 정면에 세로방향으로 "口美 口美 □" 세 글자가 새겨져 있는 것으로 보이는데, 정확한 판별은 어려움. '□'자에서 윗부분은 '此'와 비슷하고, 아랫변은 없을 수도 있음. 예리한 도구로 새겼고 새김이 숙련된 것으로 보아, 글자를 새긴 사람은 서법 수준이 상당하였다고 추정됨. 문자는 같은 서체로 쓰지 않았음.

○ 태토 및 색깔 : 니질의 회색.

(5) 문자기와(03JMM1000:114, 그림 14-4)

○ 출토지 : 천추묘.

○ 크기 : 남은 길이 5.5cm, 너비 9.5cm, 글자 크기 2.2×2.2cm.

○ 형태 : 기와 표면에 세로방향으로 세 글자가 새겨져 있으나, 한 글자만 판별 가능. 글자는 예리한 도구로 새겼고, 筆의 움직임은 숙련됨. 맨 윗글자는 하반만 남아 있는데, '上', '正', '王' 등의 가로획으로 추정됨. 두 번째 글자인 '固'자의 필획은 행서나 예서체처럼 유창함. 마지막 글자는 상반만 남아 있는데, '卒'자일 가능성이 높아보임.

○ 태토 및 색깔 : 가는 모래의 회색.

(6) 문자기와(03JMM1000:51, 그림 15-1)

○ 출토지 : 천추묘.

○ 크기 : 글자 크기 3×2cm.

○ 형태 : 기와의 남아 있는 부분에 '王'자가 새겨져 있음. 예리한 도구로 새김. 收筆은 굵고 단단함.

○ 태토 및 색깔 : 니질의 회색.

(7) 문자기와(03JMM1000:52, 그림 15-2)

○ 출토지 : 천추묘.

○ 크기 : 글자 크기 3×2cm.

○ 형태 : 기와 표면에 '王'자가 새겨져 있음. 글자상에 殘筆이 있음. 새긴 흔적들은 균일함.

○ 색깔 : 회색.

(8) 문자기와(03JMM1000:53, 그림 15-3)

○ 출토지 : 천추묘.

○ 크기 : 글자 크기 4×2cm.

○ 형태 : 기와 표면에 '一王'자가 새겨져 있음. 예리한 도구로 글자를 새김. 두 글자 사이의 거리는 비교적 멂.

○ 태토 및 색깔 : 니질의 회색.

(9) 문자기와(03JMM1000:54, 그림 17-1)

○ 출토지 : 천추묘.

○ 크기 : 글자 높이 10cm, 너비 8cm.

○ 형태 : 기와 표면에 '前'자가 새겨져 있음. 필획은 매우 굵고 단단함. 기와 표면은 광택이 남. 손가락으로 누른 흔적이 비교적 많음.

○ 태토 및 색깔 : 니질의 회색.

(10) 문자기와(03JMM1000:55, 그림 17-4)

○ 출토지 : 천추묘.

○ 크기 : 글자 크기 6×6cm.

○ 형태 : 약간 파손. 기와 표면에 '前'자가 새겨져 있음. '前'자에서 '舟'은 아직 전서풍이 남아 있음.

○ 색깔 : 회색.

(11) 문자기와(03JMM1000:56, 그림 17-3)

○ 출토지 : 천추묘.

○ 크기 : 글자 크기 8×5cm.

○ 형태 : 파손. 기와 표면에 '前'자가 새겨져 있음. 새긴 흔적은 굵고 깊음. 글자체는 단조로움. 처음 두 筆은 있어야 할 위치에서 벗어나 작게 나타남.

○ 색깔 : 회색.

(12) 문자기와(03JMM1000:57, 그림 17-5)

○ 출토지 : 천추묘.

○ 형태 : 파손이 심함. 기와 표면에 '前'자가 새겨져 있음.

(13) 문자기와(03JMM1000:59, 그림 17-2)

○ 출토지 : 천추묘.

○ 크기 : 글자 크기 9×7cm.

○ 형태 : 기와 표면에 '前'자가 새겨져 있음. '03JMM1000:54'의 필적과 같음. 새긴 흔적을 보면 필획은 유창하고, 적당한 힘을 사용.

○ 색깔 : 회색.

(14) 문자기와(03JMM1000:60, 그림 16-5)

○ 출토지 : 천추묘.

○ 형태 : 기와 표면에 '前'자가 새겨져 있음.

(15) 문자기와(03JMM1000:62, 그림 16-2)

○ 출토지 : 천추묘.

○ 형태 : 기와 표면에 '前'자가 새겨져 있음.

(16) 문자기와(03JMM1000:64, 그림 16-1)

○ 출토지 : 천추묘.

○ 형태 : 기와 표면에 '前'자가 새겨져 있음.

(17) 문자기와(03JMM1000:65, 그림 16-4)

○ 출토지 : 천추묘.

○ 형태 : 기와 표면에 '前'자가 새겨져 있음.

(18) 문자기와(03JMM1000:98, 그림 16-3)

○ 출토지 : 천추묘.

○ 형태 : 기와 표면에 '前'자가 새겨져 있음.

(19) 문자기와(03JMM1000:66, 그림 15-4)

○ 출토지 : 천추묘.

○ 크기 : 글자 크기 5×4cm.

○ 형태 : 기와 표면에 '後'자가 새겨져 있음. 새긴 흔적은 균일하고, 收筆에는 힘이 있음.

○ 색깔 : 회색.

(20) 문자기와(03JMM1000:67, 그림 15-5)

○ 출토지 : 천추묘.

○ 크기 : 글자 크기 5×3.5cm.

○ 형태 : 파손. 기와 표면에 '後'자가 새겨져 있음. 글자 새김이 숙련됨. 行書風이 남아 있음.

○ 색깔 : 회색.

(21) 문자기와(03JMM1000:68, 그림 15-6)

○ 출토지 : 천추묘.

○ 크기 : 글자 크기 6×4cm.

○ 형태 : 기와 표면에 '上'자가 새겨져 있음.

○ 색깔 : 회색.

(22) 문자기와(03JMM1000:69, 그림 15-7)

○ 출토지 : 천추묘.

○ 크기 : 글자 크기 6×4.5cm.

○ 형태 : 기와 표면에 '上□' 두 글자가 새겨져 있음. '上'자의 오른쪽에 '土(?)'자 偏旁이 남아 있음. 두 글자 사이의 거리는 약간 가까움. 橫書방법은 다른 사례와 부합하지 않음.

○ 태토 및 색깔 : 가는 모래의 회색.

(23) 문자기와(03JMM1000:71, 그림 18-5)

○ 출토지 : 천추묘.

○ 형태 : 기와 표면에 '上'자가 새겨져 있음.

(24) 문자기와(03JMM1000:72, 그림 18-2)

○ 출토지 : 천추묘.

○ 형태 : 기와 표면에 '上'자가 새겨져 있음.

(25) 문자기와(03JMM1000:73, 그림 18-3)

○ 출토지 : 천추묘.

○ 형태 : 기와 표면에 '上'자가 새겨져 있음.

(26) 문자기와(03JMM1000:74, 그림 18-4)

○ 출토지 : 천추묘.

○ 형태 : 기와 표면에 '上'자가 새겨져 있음.

(27) 문자기와(03JMM1000:76, 그림 18-1)

○ 출토지 : 천추묘.

○ 형태 : 기와 표면에 '上'자가 새겨져 있음.

(28) 문자기와(03JMM1000:77, 그림 19-2)

○ 출토지 : 천추묘.

○ 크기 : 글자 크기 5×5cm.

○ 형태 : 기와 표면에 '下'자가 새겨져 있음. 자획의 굵기는 균일함. '下'자의 末筆은 길고 가늚.

○ 태토 및 색깔 : 가는 모래의 회색.

(29) 문자기와(03JMM1000:78, 그림 19-1)

○ 출토지 : 천추묘.

○ 크기 : 글자 크기 10×10cm.

○ 형태 : 기와 표면에 '下'자가 새겨져 있음. 자획은 균일하게 곧음. '下'자는 末筆이 길고 비스듬하게 새김. 글자 크기는 비교적 큼.

○ 태토 및 색깔 : 가는 모래의 회색.

(30) 문자기와(03JMM1000:85, 그림 19-10)

○ 출토지 : 천추묘.

○ 크기 : 글자 크기 5×5cm.

○ 형태 : 기와에 '下'자가 새겨져 있음. 자획은 휘어지는 모습 없이 균일하게 곧음. 기와 좌측에도 문자가 있었다고 추정됨.

○ 색깔 : 회색.

(31) 문자기와(03JMM1000:80, 그림 19-8)
○ 출토지 : 천추묘.
○ 형태 : 기와 표면에 '下'자가 새겨져 있음.

(32) 문자기와(03JMM1000:81, 그림 19-9)
○ 출토지 : 천추묘.
○ 형태 : 기와 표면에 '下'자가 새겨져 있음.

(33) 문자기와(03JMM1000:82, 그림 19-3)
○ 출토지 : 천추묘.
○ 형태 : 기와 표면에 '下'자가 새겨져 있음.

(34) 문자기와(03JMM1000:83, 그림 19-7)
○ 출토지 : 천추묘.
○ 형태 : 기와 표면에 '下'자가 새겨져 있음.

(35) 문자기와(03JMM1000:84, 그림 19-5)
○ 출토지 : 천추묘.
○ 형태 : 기와 표면에 '下'자가 새겨져 있음.

(36) 문자기와(03JMM1000:87, 그림 19-6)
○ 출토지 : 천추묘.
○ 형태 : 기와 표면에 '下'자가 새겨져 있음.

(37) 문자기와(03JMM1000:88, 그림 19-4)
○ 출토지 : 천추묘.
○ 형태 : 기와 표면에 '下'자가 새겨져 있음.

(38) 문자기와(03JMM1000:89, 그림 20-4)
○ 출토지 : 천추묘.
○ 크기 : 글자 크기 4×4cm.
○ 형태 : 글자는 판별할 수 없음.
○ 태토 : 가는 모래.

(39) 문자기와(03JMM1000:90, 그림 20-1)
○ 출토지 : 천추묘.
○ 형태 : 글자인지 기호인지 알 수 없음.

(40) 문자기와(03JMM1000:309, 그림 20-3)
○ 출토지 : 천추묘.
○ 형태 : 글자인지 기호인지 알 수 없음.

(41) 문자기와(03JMM1000:63, 그림 20-2)
○ 출토지 : 천추묘.
○ 형태 : 글자인지 기호인지 알 수 없음.

(42) 문자기와(03JMM1000標:14, 그림 20-6)
○ 출토지 : 천추묘.
○ 형태 : 기호나 부호를 새긴 것으로 추정.

(43) 문자기와(03JMM1000標:34, 그림 20-7)
○ 출토지 : 천추묘.
○ 형태 : 기호나 부호를 새긴 것으로 추정.

(44) 문자기와(03JMM1000標:50, 그림 20-8)
○ 출토지 : 천추묘.
○ 형태 : 기호나 부호를 새긴 것으로 추정.

(45) 문자기와(03JMM1000標:53, 그림 20-9)
○ 출토지 : 천추묘.
○ 형태 : 기호나 부호를 새긴 것으로 추정.

(46) 문자기와(03JMM1000:32, 그림 20-5)
○ 출토지 : 천추묘.
○ 크기 : 模印 2.2cm.
○ 형태 : 기와에 模印장식 2개가 있는데, 양각으로 새겨진 방형의 四瓣花葉文임. 기와면에 가는 승문과 拍印面이 있음. 바깥 가장자리에는 두 선을 이용해 틀을

만들었음.
○ 태토 및 색깔 : 가는 모래의 흑회색.

(47) 수키와(03JMM1000:325, 그림 21-2)
○ 출토지 : 천추묘.
○ 크기 : 두께 2.4cm.
○ 형태 : 파손. 미구(舌)는 경사져 있음. 앞 가장자리는 가지런함. 안쪽으로 갈수록 점점 두꺼워짐. 榫沿의 안쪽 각은 호형임.
○ 태토 및 색깔 : 가는 모래의 회색.

(48) 수키와(03JMM1000:426, 그림 21-1)
○ 출토지 : 천추묘.
○ 크기 : 너비 30cm, 두께 3cm.
○ 형태 : 파손. 미구(舌)와 가장자리는 평평함. 榫沿은 뾰족함. 안쪽 각은 굽었음.
○ 태토 및 색깔 : 가는 모래의 흑회색.

(49) 수키와(03JMM1000:327, 그림 21-3)
○ 출토지 : 천추묘.
○ 크기 : 너비 30cm, 두께 3.5cm.
○ 형태 : 미구(舌)와 가장자리는 평평함. 榫沿은 둥글고 뭉툭함.

(50) 수키와(03JMM1000:322, 그림 21-4)
○ 출토지 : 천추묘.
○ 크기 : 너비 30cm, 두께 3.5cm.
○ 형태 : 미구(舌)와 가장자리는 평평함. 榫沿은 둥글고 뭉툭함.

(51) 암키와(03JMM1000:346, 그림 22-1)
○ 출토지 : 천추묘.
○ 크기 : 두께 2.4cm.
○ 형태 : 파손. 기와 가장자리를 따라 指壓文이 있음. 지압문은 좌측으로 기울여서 누른 듯한 모양으로, 중첩되지 않고 연속적으로 나타남. 내면에 포문이 있음.

(52) 암키와(03JMM1000:330, 그림 22-5)
○ 출토지 : 천추묘.
○ 크기 : 두께 1.7cm.
○ 형태 : 파손. 기와 가장자리를 따라 指壓文이 있음. 지압문은 좌측으로 기울여서 누른 듯한 모양으로, 연속적으로 나타나고 일부는 중첩되어 있음. 내면에 포문이 있음.

(53) 암키와(03JMM1000:352, 그림 22-6)
○ 출토지 : 천추묘.
○ 형태 : 03JMM1000:330과 같음.

(54) 암키와(03JMM1000:342, 그림 22-7)
○ 출토지 : 천추묘.
○ 형태 : 03JMM1000:330과 같음.

(55) 암키와(03JMM1000:349, 그림 22-2)
○ 출토지 : 천추묘.
○ 크기 : 두께 2.2cm.
○ 형태 : 파손. 기와 가장자리를 따라 指壓文이 있음. 지압문은 수직방향으로 누른 듯한 모양으로, 그 깊이는 얕음. 지압문 사이에는 빈 틈이 있음. 내면에 포문이 있음.

(56) 암키와(03JMM1000:337, 그림 22-8)
○ 출토지 : 천추묘.
○ 크기 : 두께 1.8cm.
○ 형태 : 파손. 기와 가장자리를 따라 指壓文이 있음. 지압문은 좌측으로 기울여서 누른 듯한 모양으로 길게 나타나는데, 중첩되어 연속적으로 나타남. 내면에 포문이 있음.

(57) 암키와(03JMM1000:343, 그림 22-4)

○ 출토지 : 천추묘.

○ 크기 : 두께 2.2cm.

○ 형태 : 파손. 기와 가장자리를 따라 指壓文이 있음. 지압문은 좌측으로 기울여서 누른 듯한 모양이고, 사이에 빈틈이 있음. 배면에는 가는 승문, 내면에는 포문이 있음.

(58) 암키와(03JMM1000:356, 그림 22-3)

○ 출토지 : 천추묘.

○ 크기 : 두께 2.8cm.

○ 형태 : 파손. 기와 가장자리를 따라 指壓文이 있음. 지압문은 수직방향으로 누른 듯한 모양이고, 짧고 얕음. 지압문 사이에는 빈틈이 있음. 배면에는 가는 승문, 내면에는 포문이 있음.

(59) 당수와(擋水瓦, 03JMM1000:619, 그림 23-3)

○ 출토지 : 천추묘.

○ 크기 : 남은 길이 19cm, 너비 10cm, 두께 1.9cm.

○ 형태 : 소성온도는 비교적 높음. 정면은 광택이 남. 가장자리 모두 둥글고 뭉툭하게 잘려 있음. 배면에는 눌러 문지른 흔적과 포문이 있음.

○ 태토 및 색깔 : 가는 모래의 회색.

(60) 당수와(擋水瓦, 03JMM1000:613, 그림 23-2)

○ 출토지 : 천추묘.

○ 크기 : 남은 길이 19.2cm, 너비 9cm, 두께 1.4cm.

○ 형태 : 소성온도는 비교적 높음. 표면은 광택이 남. 각 변 모두 잘라내 둥글고 뭉툭함. 내면에는 얕은 포문이 있음.

○ 태토 및 색깔 : 가는 모래의 회색.

(61) 당수와(擋水瓦, 03JMM1000:617, 그림 23-1)

○ 출토지 : 천추묘.

○ 크기 : 남은 길이 18.5cm, 너비 10cm, 두께 1.6cm.

○ 형태 : 소성온도는 비교적 높음. 휘어져 있음. 배면에는 가늘고 얕은 승문, 내면에는 얕은 포문이 있음.

○ 태토 및 색깔 : 가는 모래의 회색.

(62) 4등분 권운문와당(四等分卷雲文瓦當, 03JMM1000:96, 그림 24-1)

○ 출토지 : 천추묘.

○ 크기 : 직경 13cm, 두께 2cm.

○ 형태 : Aa형. 약간 파손. 模製임. 표면은 흑회색을 띠고 있음. 소성온도는 비교적 높음. 구획선은 4개의 선으로 이루어짐. 중축은 수직으로 대칭되는 4개의 연호임. 當心은 球面形임. 주연부(廓)는 없고, 가장자리는 매끈함. 안쪽으로 향하고 있는 연호 안에는 같은 방향의 짧은 호선이 있는데, 수정한 흔적으로 보임.

○ 태토 및 색깔 : 가는 모래의 홍색.

(63) 4등분 권운문와당(四等分卷雲文瓦當, 03JMM1000:290, 그림 25-10)

○ 출토지 : 천추묘.

○ 크기 : 직경 13cm, 두께 1.8cm.

○ 형태 : Ab형. 1/7만 남아 있음. 표면은 검정색임. 模製임. 소성온도는 비교적 높음. 4개의 구역으로 나누어져 있고, 음각한 얕은 浮雕의 권운문이 있음. 가장자리는 평평하고 주연부(廓)는 없음. 3개의 선으로 이루어진 구획선 4조가 구역을 나누었고, 각 구역 안에는 대칭하는 2개의 卷渦文이 있음. 中隔線은 좌우로 뻗으면서 연호형태를 이룸. 호 안에는 대추씨 모양의 장식 7개가 있음. 정교하게 만들어졌고, 平陰線文이 특징임. 윗부분은 둥글고 볼록하며, 바닥은 圓雕수법에 가까움. 일부분에서는 보수한 모습과 누른 흔적을 볼 수 있음. 내면에 사선으로 깎은 흔적이 있음.

○ 태토 및 색깔 : 가는 모래의 홍색.

(64) 4등분 권운문와당(四等分卷雲文瓦當, 03JMM1000:108, 그림 25-1)

○ 출토지 : 천추묘.

○ 크기 : 직경 13cm, 두께 1.6cm.

○ 형태 : Ac형. 1/7만 남아 있음. 模製임. 소성온도는 비교적 높음. 4개의 구역으로 나누어져 있고, 4개의 선으로 이루어진 구획선 사이에 4개의 연호가 있음. 각 구역에는 대칭하는 卷云渦文 2개가 있고, 호 안에는 가운데를 사이로 대칭하는 호선이 있음. 가장자리는 평평하고 주연부(廓)가 없음. 연호와 구획선 사이에 'X'자와 '#'부호가 뚜렷이 남아 있음. 연호 안에 대칭하고 있는 호선은 눌러 수정한 흔적으로 보임. 卷云渦溝 흔적은 깊음.

○ 태토 및 색깔 : 가는 모래의 회색.

(65) 4등분 권운문와당(四等分卷雲文瓦當, 03JMM1000:99, 그림 25-7)

○ 출토지 : 천추묘.

○ 크기 : 두께 1.8cm.

○ 형태 : Ad형. 模製임. 소성온도는 비교적 높음. 4개의 구역으로 나누어져 있고 4개의 연호와 얕은 선의 권운문이 있음. 4개의 선으로 이루어진 구획선이 구역을 나누고 있음. 여러 줄의 평행선으로 조성된 연호는 안으로 향하고 있음. 卷云渦文 위부터 변 가장자리까지 평행한 짧은 호선이 있음. 문양이 있는 구역의 바깥 가장자리는 닳아서 평평함. 주연부(廓)는 없음.

○ 태토 및 색깔 : 가는 모래의 홍갈색.

(66) 4등분 권운문와당(四等分卷雲文瓦當, 03JMM1000:103, 그림 25-2)

○ 출토지 : 천추묘.

○ 크기 : 두께 1.3cm.

○ 형태 : Ad형. 파손이 심함. 模製임. 소성온도는 비교적 높음. 바깥 가장자리는 닳아서 광택이 남.

○ 태토 및 색깔 : 모래혼입의 회색.

(67) 4등분 권운문와당(四等分卷雲文瓦當, 03JMM1000:283, 그림 25-3)

○ 출토지 : 천추묘.

○ 크기 : 직경 약 12cm, 두께 1.5cm.

○ 형태 : Ae형. 파손이 심함. 模製임. 소성온도는 비교적 높음. Ad형과 유사하나, 연호 안은 평행한 호선이 아닌 꺾음식의 짧은 선임.

○ 태토 및 색깔 : 니질의 홍갈색.

(68) 4등분 권운문와당(四等分卷雲文瓦當, 03JMM1000:302, 그림 25-4)

○ 출토지 : 천추묘.

○ 크기 : 두께 1.7cm.

○ 형태 : Af형. 模製임. 소성온도는 높지 않음. Ac형과 유사하나, 연호와 구획선 사이에 부호가 없고 짧은 선이 있다는 점에서 차이가 남. 호 안의 짧은 호선은 규칙적이지 않음. 가장자리를 따라 둥근 선이 한 바퀴 둘러져 있는데, 구획선 안의 호선은 여기에서 시작되고 있음. 좁은 가장자리에는 꺾음선이 있는 것으로 보임.

○ 태토 및 색깔 : 니질의 회색.

(69) 8등분 권운문와당(八等分卷雲文瓦當, 03JMM1000:287, 그림 25-8)

○ 출토지 : 천추묘.

○ 크기 : 직경 12.5cm, 두께 1.9cm.

○ 형태 : Ba형. 파손. 模製임. 소성온도는 비교적 높음. 와당면은 약간 비틀어짐. 3개의 선으로 이루어진 구획선 8조가 와당면을 8개의 구역으로 나누고 있음. 각 구역에는 구획선 측면에서 나오는 卷云渦文이 있고, 밖으로는 안쪽을 향하고 있는 연호가 있음. 호 안에는 날아다니는 새 도안이 있는데 몸, 다리, 목 모두 긴 仙鶴임. 와당 가장자리에는 삼각문이 서로 맞물리면서 겹치지 않게 연속적으로 이어지고 있음. 주연부(廓)는 없음. 瓦身과 와당을 붙여서 성형.

○ 태토 및 색깔 : 니질의 회색.

(70) 8등분 권운문와당(八等分卷雲文瓦當, 03JMM1000:285, 그림 25-6)

○ 출토지 : 천추묘.

○ 크기 : 직경 13cm, 두께 1.6cm.

○ 형태 : Ba형. 약 1/4이 남아 있음. 模製임. 소성온도는 비교적 높음. 형태는 '03JMM1000:287'과 같음. 정교하게 제작되었고 도안은 뚜렷함. 연호 안의 새는 반대로 날고 있음. 球面形의 當心 바깥으로 둥그런 선이 솟아 있음. 연호 사이의 빈 곳에는 삼각문이 장식되어 있음. 구획선은 3개의 선으로 이루어져 있는데, 상대적으로 가운데의 선이 양측의 선보다 깊. 내면에 절삭한 흔적이 있음. 이 같은 형태의 와당은 파손된 것이 많고, 일부는 Bb형과 혼동되기도 함.

○ 태토 및 색깔 : 모래혼입의 회색.

(71) 8등분 권운문와당(八等分卷雲文瓦當, 03JMM1000:288, 그림 24-2, 그림 25-11)

○ 출토지 : 천추묘.

○ 크기 : 직경 13.6cm, 두께 2cm.

○ 형태 : Bb형. 약간 파손. 模製임. 소성온도는 비교적 높음. 8개 구역으로 나누어져 있고, 안으로 향하는 연호가 있음. 當心은 球面形이고, 주연부(廓)는 없음. 구획선은 3개의 선이 한 조를 이루고 있는데, 가운데의 선은 가장자리까지 지나고, 양측의 선은 그보다 약간 짧음. 구획선 안에는 측선에서 나오고 있는 卷云瓦文과 안쪽으로 향하는 연호가 있고, 빈틈에는 삼각문이 볼록하게 솟아 있음. 호 안에서 날아다니는 새 3마리, 부호 1개, 삼각융기문 2개를 볼 수 있는데, 분포에 있어 특별한 규칙성은 없음. 바깥 가장자리에는 꺾여서 휘어 있는 삼각문이 서로 맞물려 연속적으로 이어짐. 瓦身에 붙어 있는 접합면의 너비는 4cm에 달함.

○ 태토 및 색깔 : 니질의 회색.

(72) 8등분 권운문와당(八等分卷雲文瓦當, 03JMM1000:95)

○ 출토지 : 천추묘.

○ 형태 : Bb형. 8개의 구역으로 나누어져 있음. 권운문, 날아다니는 새문양, 부호가 뒤섞여 있음.

(73) 8등분 권운문와당(八等分卷雲文瓦當, 03JMM1000:102, 그림 25-5)

○ 출토지 : 천추묘.

○ 크기 : 직경 13cm, 두께 1.4cm.

○ 형태 : Bc형. 1/5만 남아 있음. 模製임. 소성온도는 비교적 높음. 8개의 구역으로 나누어져 있고, 연호와 권운문이 있음. 當心은 球面形임. 4개의 선으로 이루어진 구획선 8조가 구역을 나누고 있음. 구역 안에는 卷云渦文이 있고, 권운와문 바깥으로 평행한 두 호선이 있으며, 삼각문이 연속적으로 이어짐. 와당과 瓦身이 서로 접하는 곳은 돌출되었고, 광택이 남.

○ 태토 및 색깔 : 가는 모래의 흑회색.

(74) 8등분 권운문와당(八等分卷雲文瓦當, 03JMM1000:296, 그림 25-9)

○ 출토지 : 천추묘.

○ 크기 : 직경 12.8cm, 두께 1.6cm.

○ 형태 : Bc형. 1/4만 남아 있음. 模製. 소성온도는 매우 높음. 정교하게 제작됨. 03JMM1000:102와 비교하였을 때 4개의 선으로 이루어진 구획선은 當心 바깥가장자리 선에서 시작하여 연호에서 끝나고 있음. 구획선 사이는 卷云渦文이 가득 장식하고 있음. 연호는 평행곡선 3조로 이루어져 있음. 바깥선은 60도로 꺾인 삼각문임.

○ 태토 및 색깔 : 니질의 회색.

(75) 8등분 권운문와당(八等分卷雲文瓦當, 03JMM1000:97, 그림 26-7)

○ 출토지 : 천추묘.

○ 크기 : 두께 1.6cm.

○ 형태 : Bd형. 약간 파손. 模製임. 소성온도는 비교적 높음. 문양은 얕고 희미함. 2개 혹은 3개의 선으로 이루어진 구획선 8조가 와당면을 8개 구역으로 나누고 있음. 구역 안에는 卷云渦文이 있고 그 바깥으로는 안으로 향하고 있는 연호가 있음. 연호 안의 도안은 희미한데, 2개의 짧은 수직선처럼 보임. 가장자리는 평평하고 주연부(廓)는 없음. 바깥 가장자리에는 삼각문이 절곡되어 연속적으로 이어지고 구획선, 2~3개의 선 등이 삼각문을 막고 있음. 當心은 球面形이고, 돌출된 둥근 선은 없음. 막새면과 瓦身이 붙어 있던 흔적의 너비는 3.5cm이고, 당심 가장자리는 붙어 있는 陶土로 덮혀 있음.

○ 태토 및 색깔 : 모래혼입의 회갈색.

(76) 8등분 권운문와당(八等分卷雲文瓦當, 03JMM1000:295, 그림 26-1)

○ 출토지 : 천추묘.

○ 형태 : Bd형. 도안은 비교적 명확. 연호 안에는 짧고 기울어진 선이 있음. 바깥 가장자리에는 삼각문이 연속적으로 이어짐. 다만 구획선과 닿고 있는 가장자리에는 삼각문 대신에 두 개의 평행선이 나타남.

○ 태토 및 색깔 : 모래혼입의 회갈색.

(77) 8등분 권운문와당(八等分卷雲文瓦當, 03JMM1000:294, 그림 26-8)

○ 출토지 : 천추묘.

○ 크기 : 직경 14cm, 두께 1.8cm.

○ 형태 : Be형. 약 1/3만 남아 있음. 模製임. 소성온도는 비교적 높음. 球面形의 當心에는 '#'자형의 부호가 솟아 있고, 그 바깥에는 당심을 따라 동그란 선이 볼록하게 솟아 있음. 3개의 선으로 이루어진 구획선은 당심 바깥 둥근 선에서 변 가장자리까지 새겨져 있고, 8조가 와당면을 8개 구역으로 나누고 있음. 구역 안에는 측면(구획선)에서 나오는 卷云渦文이 있고, 그 빈틈에는 작은 삼각문 혹은 호선문이 있으며, 가장자리에는 삼각문이 절곡되어 연속적으로 이어짐. 다른 유형과 비교하면 구면 중심이 약간 높고 부호가 장식되어 있음. 각 구역 권운과 바깥 가장자리 사이의 도안에는 규칙성이 보이지 않은데, 어떠한 의미를 담고 있는지는 알 수 없음.

○ 태토 및 색깔 : 니질의 회색.

(78) 8등분 권운문와당(八等分卷雲文瓦當, 03JMM1000:104, 그림 24-3, 그림 26-2)

○ 출토지 : 천추묘.

○ 크기 : 직경 13cm, 두께 2.3cm.

○ 형태 : Be형. 약 1/2만 남아 있음. 胎는 자홍색임. 소성온도는 매우 높음. 비교적 무겁고, 약간 비틀려져서 변형됨. 형태는 03JMM1000:294와 같고, 문양은 뚜렷함. 각 구역 卷云渦文 사이에서 가로선 1개를 볼 수 있음. 문양들의 분포는 일치하지 않음.

○ 태토 및 색깔 : 가는 모래의 흑회색.

(79) 8등분 권운문와당(八等分卷雲文瓦當, 03JMM1000:300, 그림 26-6)

○ 출토지 : 천추묘.

○ 형태 : Be형.

(80) 8등분 권운문와당(八等分卷雲文瓦當, 03JMM1000:291, 그림 26-4)

○ 출토지 : 천추묘.

○ 형태 : Be형.

(81) 8등분 권운문와당(八等分卷雲文瓦當, 03JMM1000:100, 그림 26-3)

○ 출토지 : 천추묘.

○ 형태 : Be형.

(82) 8등분 권운문와당(八等分卷雲文瓦當, 03JMM1000:304, 그림 26-11)

○ 출토지 : 천추묘.

○ 크기 : 두께 2cm.

○ 형태 : Bf형. 약 1/8만 남아 있음. 模製임. 卷云渦文 상부가 弧나 짧은 선이 아닌 사다리꼴 折曲과 예리한 삼각문의 조합이라는 점이 특징임.

○ 태토 및 색깔 : 니질의 회색.

(83) 8등분 권운문와당(八等分卷雲文瓦當, 03JMM1000:299, 그림 26-9)

○ 출토지 : 천추묘.

○ 크기 : 두께 1.8cm.

○ 형태 : Bg형. 약 1/4만 남아 있고 가장자리는 파손됨. 模製임. 소성온도는 비교적 높음. 當心은 작은 球面形이고, 당심 바깥 가장자리에는 둥근 선이 없음. 4개의 선으로 이루어진 구획선 8조가 와당을 8개 구역으로 나누고 있음. 구역 안에는 당심에서 나오는 卷云渦文이 있고, 빈 곳에는 삼각형 문양이 솟아 있음. 내면에는 수직으로 곧게 잘린 흔적이 있음.

○ 태토 및 색깔 : 가는 모래의 흑회색.

(84) 8등분 권운문와당(八等分卷雲文瓦當, 03JMM1000:308, 그림 24-4, 그림 26-10)

○ 출토지 : 천추묘.

○ 크기 : 직경 12cm, 남은 두께 1cm.

○ 형태 : Bh형. 소성온도는 높지 않음. 구획선은 1조만 남아 있음. 側溝는 넓고 깊음. 권운 바깥에 평행한 3줄의 호선이 있음. 와당 가장자리는 광택이 남. 와당 장식에서 보수한 흔적이 여러 곳 보이고, 도안은 규칙·균일하지 않으며, 수공 제작의 흔적이 명확하게 보임. 배면에서는 胎質이 푸석하여 벗겨진 자연면이 나타남.

○ 태토 및 색깔 : 니질의 회색.

(85) 8등분 권운문와당(八等分卷雲文瓦當, 03JMM1000:106, 그림 26-5)

○ 출토지 : 천추묘.

○ 크기 : 두께 2.8cm.

○ 형태 : Bi형. 약 1/8만 남아 있음. 模製임. 소성온도는 비교적 높음. 당심은 球面形이고 가장자리를 따라 둥근 선이 있음. 1줄의 구획선이 구역을 나누고 있고, 빈 공간에는 사다리꼴 장식이 솟아 있음.

○ 태토 및 색깔 : 니질의 흑회색.

(86) 연화문와당(蓮花文瓦當, 03JMM1000:166, 그림 27-1)

○ 출토지 : 천추묘.

○ 크기 : 직경 15.6cm, 두께 2cm, 주연부(廓) 높이 1.6cm.

○ 형태 : Ca형. 약간 파손.

(87) 연화문와당(蓮花文瓦當, 03JMM1000:189, 그림 27-2)

○ 출토지 : 천추묘.

○ 크기 : 두께 2.4cm, 주연부(廓) 높이 1.4cm.

○ 형태 : Ca형.

(88) 연화문와당(蓮花文瓦當, 03JMM1000標:53, 그림 29-1)

○ 출토지 : 천추묘.

○ 크기 : 두께 2.4cm, 주연부(廓) 높이 1.4cm.

○ 형태 : Ca형.

(89) 연화문와당(蓮花文瓦當, 03JMM1000標:52, 그림 29-2)

○ 출토지 : 천추묘.

○ 크기 : 두께 2.4cm, 주연부(廓) 높이 1.4cm.

○ 형태 : Ca형.

(90) 연화문와당(蓮花文瓦當, 03JMM1000:249, 그림 28-1)

○ 출토지 : 천추묘.

○ 크기 : 직경 16.6cm, 두께 3cm, 주연부(廓) 높이 1.6cm.

○ 형태 : Cb형.

(91) 연화문와당(蓮花文瓦當, 03JMM1000:165, 그림 28-2)

○ 출토지 : 천추묘.

○ 크기 : 두께 3.4cm, 주연부(廓) 높이 1.7cm.

○ 형태 : Cb형.

(92) 연화문와당(蓮花文瓦當, 03JMM1000:168, 그림 28-3)

○ 출토지 : 천추묘.

○ 크기 : 두께 2.8cm, 주연부(廓) 높이 2cm.

○ 형태 : Cb형.

(93) 연화문와당(蓮花文瓦當, 03JMM1000:163, 그림 28-4)

○ 출토지 : 천추묘.

○ 크기 : 두께 2.4cm, 주연부(廓) 높이 1.6cm.

○ 형태 : Cb형.

(94) 연화문와당(蓮花文瓦當, 03JMM1000:286)

○ 출토지 : 천추묘.

○ 형태 : Cb형.

(95) 연화문와당(蓮花文瓦當, 03JMM1000:564)

○ 출토지 : 천추묘.

○ 형태 : Cb형.

(96) 연화문와당(蓮花文瓦當, 03JMM1000:215)

○ 출토지 : 천추묘.

○ 형태 : Cb형.

(97) 연화문와당(蓮花文瓦當, 03JMM1000:275)

○ 출토지 : 천추묘.

○ 형태 : Cb형.

(98) 연화문와당(蓮花文瓦當, 03JMM1000:188)

○ 출토지 : 천추묘.

○ 형태 : Cb형.

(99) 연화문와당(蓮花文瓦當, 03JMM1000:208)

○ 출토지 : 천추묘.

○ 형태 : Cb형.

(100) 연화문와당(蓮花文瓦當, 03JMM1000:565)

○ 출토지 : 천추묘.

○ 형태 : Cb형.

(101) 연화문와당(蓮花文瓦當, 03JMM1000:279)

○ 출토지 : 천추묘.

○ 형태 : Cb형.

(102) 연화문와당(蓮花文瓦當, 03JMM1000標:61, 그림 29-3)

○ 출토지 : 천추묘.

○ 형태 : Cb형.

(103) 연화문와당(蓮花文瓦當, 03JMM1000標:62, 그림 29-4)

○ 출토지 : 천추묘.

○ 형태 : Cb형.

(104) 연화문와당(蓮花文瓦當, 03JMM1000:220, 그림 27-3)

○ 출토지 : 천추묘.

○ 크기 : 두께 4.4cm.

○ 형태 : Cc형. 當心에서 脫模때 벗겨낸 흔적을 볼 수 있음. 주연부(廓)는 파손.

(105) 연화문와당(蓮花文瓦當, 03JMM1000:187, 그림 27-4)

○ 출토지 : 천추묘.

○ 크기 : 두께 2.6cm, 주연부(廓) 높이 1.6cm.

○ 형태 : Cc형.

(106) 연화문와당(蓮花文瓦當, 03JMM1000:148)

○ 출토지 : 천추묘.

○ 형태 : Cc형.

(107) 연화문와당(蓮花文瓦當, 03JMM1000:274)

○ 출토지 : 천추묘.

○ 형태 : Cc형.

(108) 연화문와당(蓮花文瓦當, 03JMM1000:556)

○ 출토지 : 천추묘.

○ 형태 : Cc형.

(109) 연화문와당(蓮花文瓦當, 03JMM1000標:75, 그림 29-5)

○ 출토지 : 천추묘.

○ 형태 : Cc형.

(110) 연화문와당(蓮花文瓦當, 03JMM1000標:77, 그림 29-6)

○ 출토지 : 천추묘.

○ 형태 : Cc형.

8) 벽돌

○ 2003년 묘장 주변을 정리할 때 模製의 명문벽돌 300여 점이 출토되었는데, 대부분 서변과 남변의 흘러내린 돌무지에서 수습. '千秋萬歲永固'명 벽돌과 '保固乾坤相畢'명 벽돌 두 종류로 나눌 수 있음. 두 종류의 명문벽돌 모두 장방형의 판모양이고, 긴 측면에 문자가 있음. 양 끝부분은 비스듬히 잘려 있고, 대부분 백회 흔적이 있으며 파손됨.

○ '千秋萬歲永固'명 벽돌(A형)은 문자 형태에 따라, 7유형으로 나눌 수 있음. Aa형은 90점으로 수량이 가장 많음. Ab형은 40점이 출토. 가는 모래의 회색이고, 소성온도는 비교적 높음. Ac형은 32점이 출토. 약간 길고 너비는 좁음. Ad형은 26점이 출토. 모두 가는 모래의 회색임. 양 끝부분 좌측은 비스듬히 잘려짐. 자곽에 볼록한 짧은 선이 있고, 문자 사이는 두 선이 나누고 있음. 문자체는 Ab형에 가깝고, 필획은 고르지 않음. '萬'과 '歲' 사이의 거리는 가깝고, '固'자 안에 있는 '古'의 세로획은 갖추지 않았는데, 특별한 의미가 담겨 있다고 추정됨. Ae형은 가는 모래의 흑회색이고, 소성온도는 비교적 높음. Af형은 12점이 출토. Ag형은 22점이 출토되었으나, 완전한 형태는 출토되지 않음. 소성온도는 비교적 높고, 글자는 반대로 나타남. 대부분 성형 후 표면을 두들겼고, 눌러서 평평한 흔적이 있음. 일부는 ad형과 함께 기와 양측에 위치해 있는데, 폐품으로 추정됨. Ah형은 Ag형과 매우 유사한데, 글자 또한 반대로 나타나고 있음. 매우 적게 출토되었고, 그나마 대부분 파손되어 복원하기 어려움. 글자체가 대부분 뚜렷하지 않고 모호하여 Ag형과 구분하기 어려움. 길이는 다른 유형의 명문벽돌과 같다고 추정됨. 이러한 형태의 벽돌 대부분은 폐품이고, 대부분 성형 후 표면을 두들겨서 평평하게 한 것이 특징임. 글자는 보일까말까 할 정도임.

○ '保固乾坤相畢'명 벽돌(B형)은 모두 35점이 출토. 형태는 장방형의 판모양으로 '千秋萬歲永固'명 벽돌과

그림 13 천추묘 출토 문자기와 탁본(『集安高句麗王陵』, 194쪽)

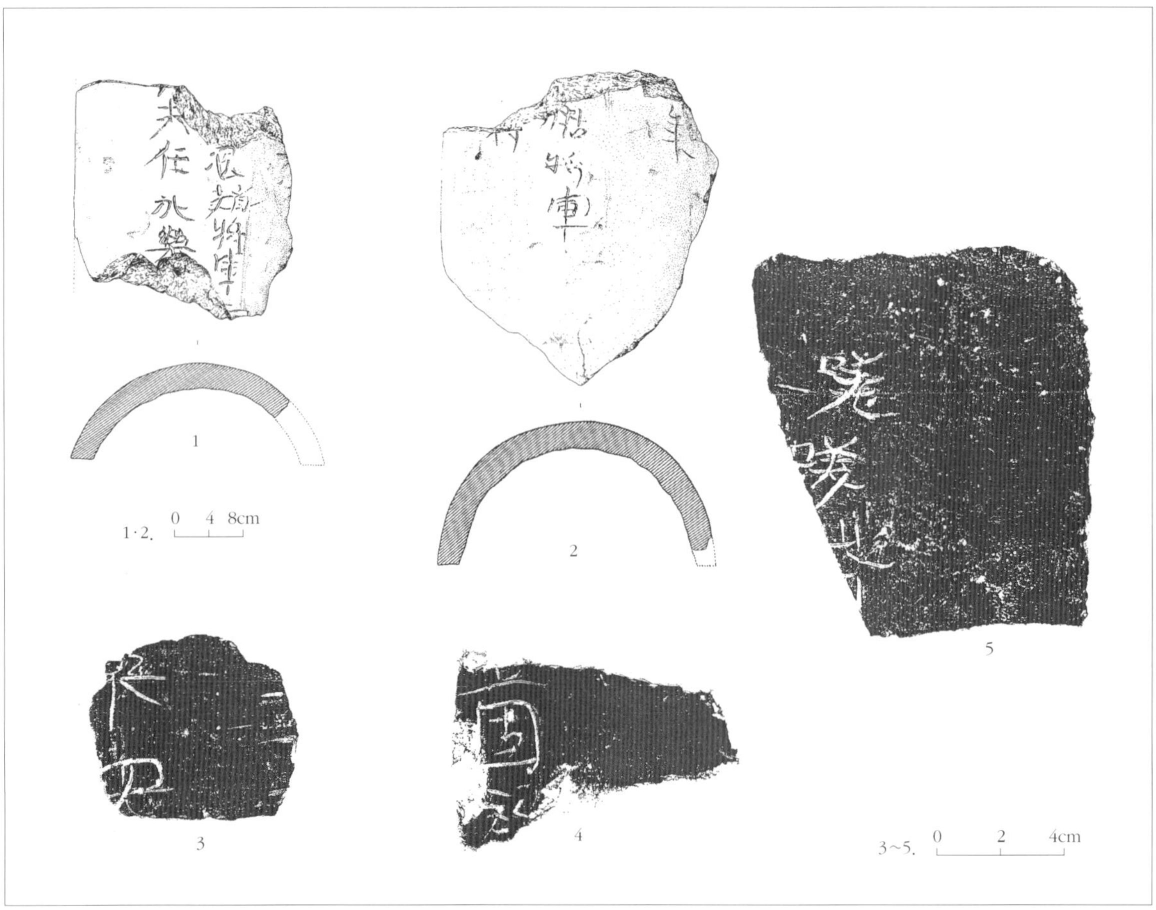

그림 14 천추묘 출토 문자기와와 탁본(『集安高句麗王陵』, 195쪽)

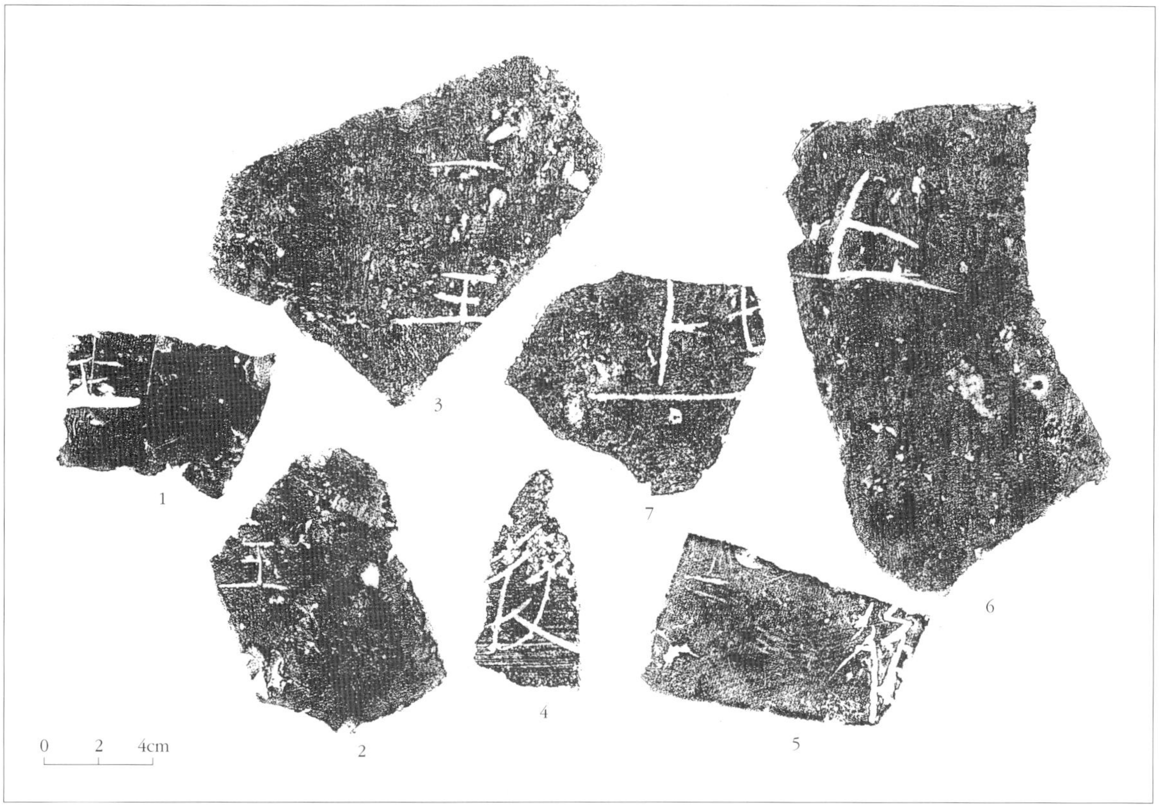

그림 15 천추묘 출토 문자기와 탁본(『集安高句麗王陵』, 197쪽)

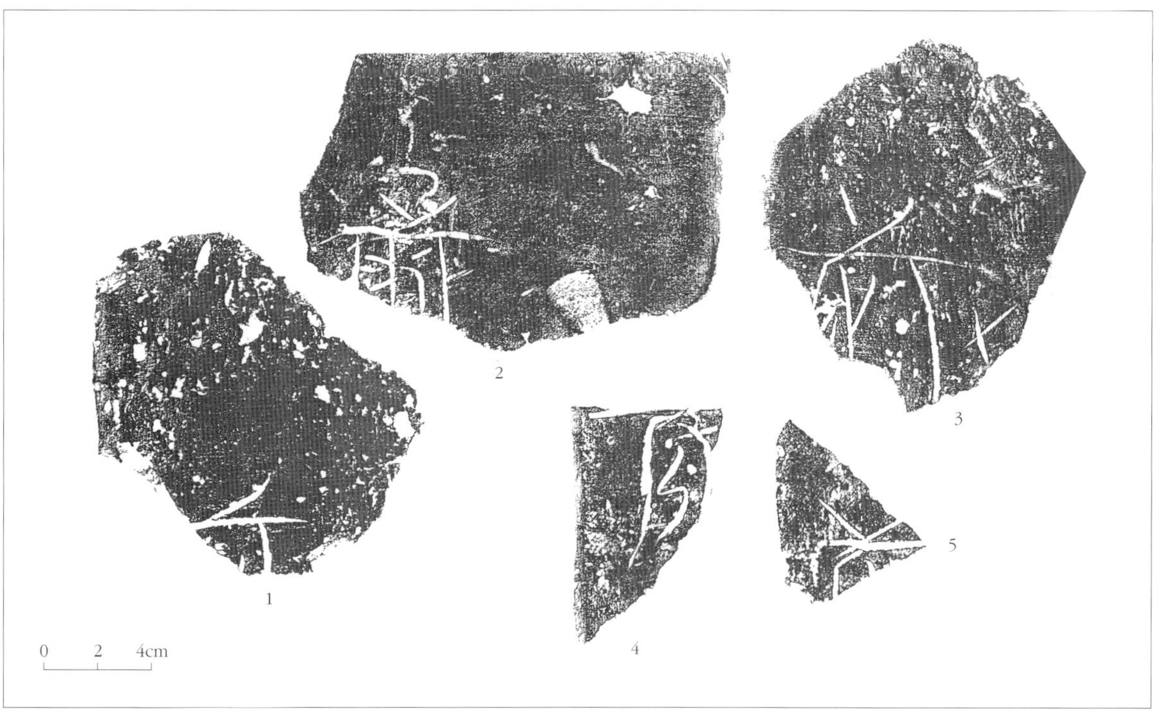

그림 16 천추묘 출토 문자기와에 보이는 '前'자와 탁본 1(『集安高句麗王陵』, 198쪽)

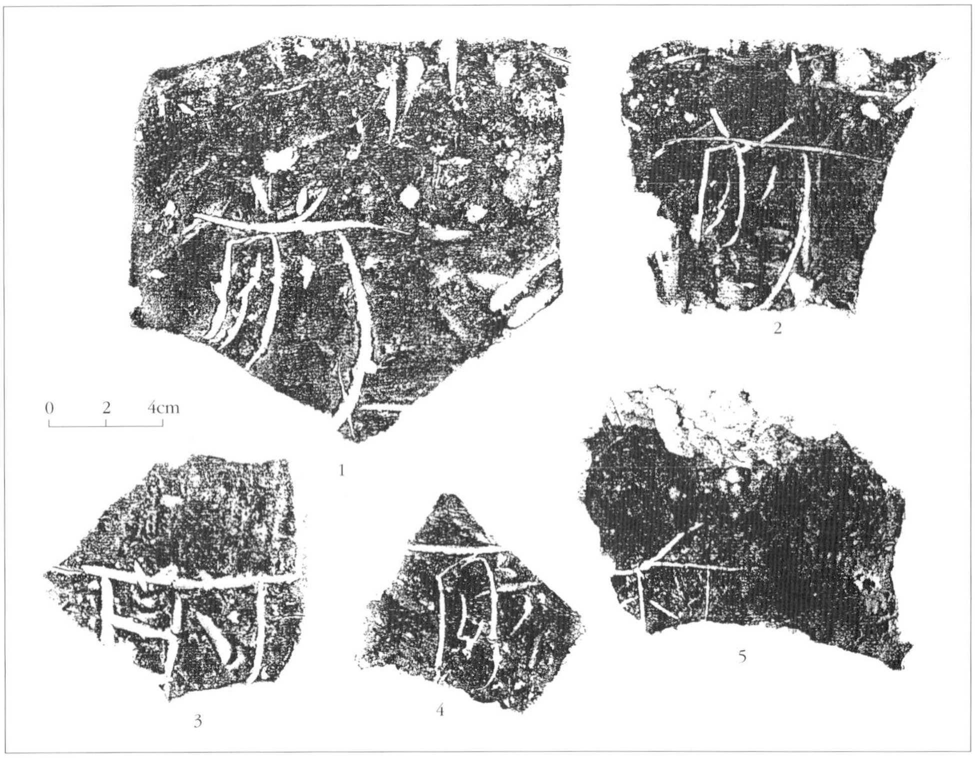

그림 17
천추묘 출토 문자기와에 보이는 '前'자와 탁본 2
(『集安高句麗王陵』, 199쪽)

그림 18
천추묘 출토 문자기와에 보이는 '上'자와 탁본
(『集安高句麗王陵』, 200쪽)

그림 19 천추묘 출토 문자기와에 보이는 '下'자와 탁본(『集安高句麗王陵』, 201쪽)

그림 20 천추묘 출토 문자기와 탁본(『集安高句麗王陵』, 202쪽)

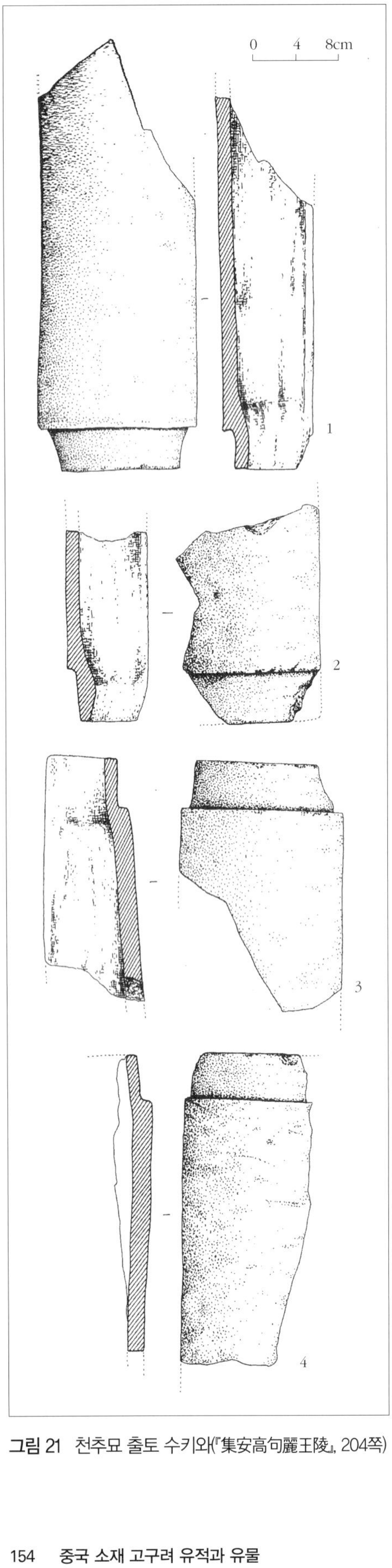

그림 21 천추묘 출토 수키와(『集安高句麗王陵』, 204쪽)

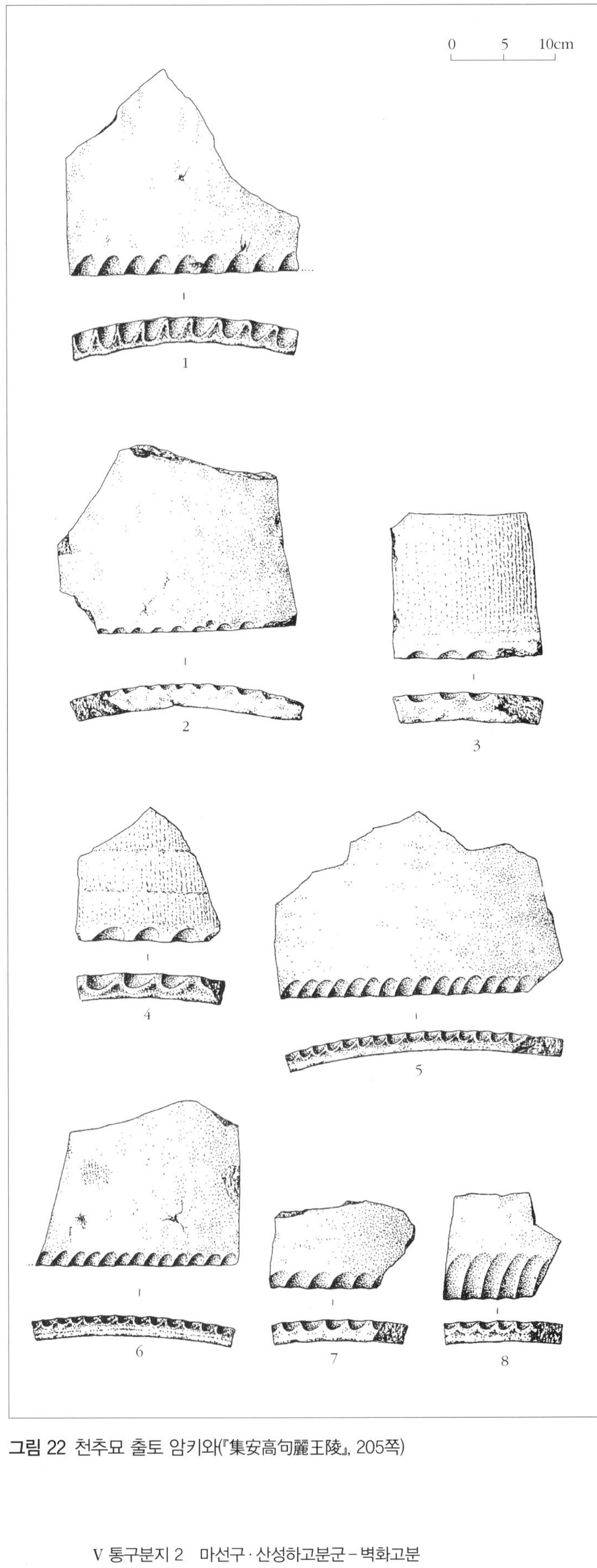

그림 22 천추묘 출토 암키와(『集安高句麗王陵』, 205쪽)

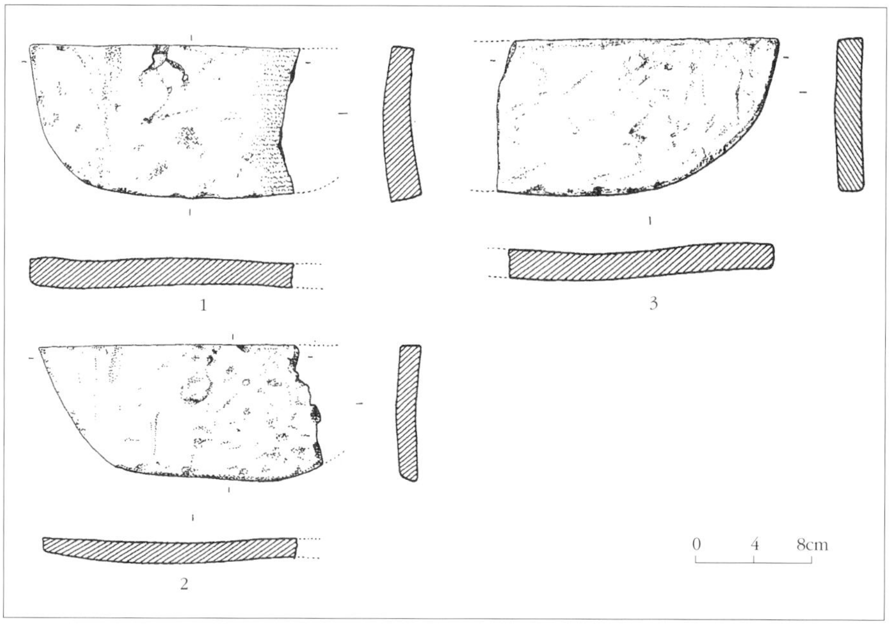

그림 23 천추묘 출토 당수와
(『集安高句麗王陵』, 206쪽)

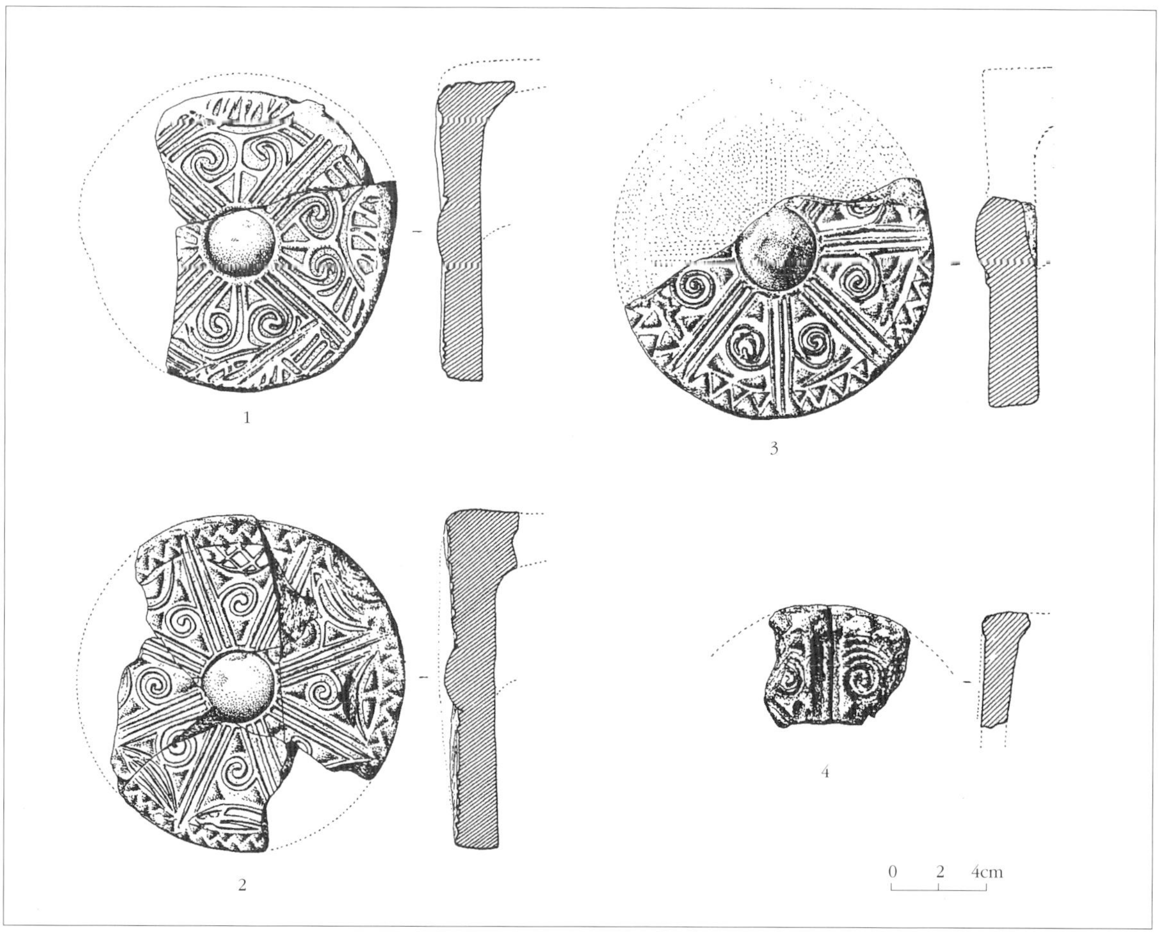

그림 24 천추묘 출토 권운문와당(『集安高句麗王陵』, 208쪽)

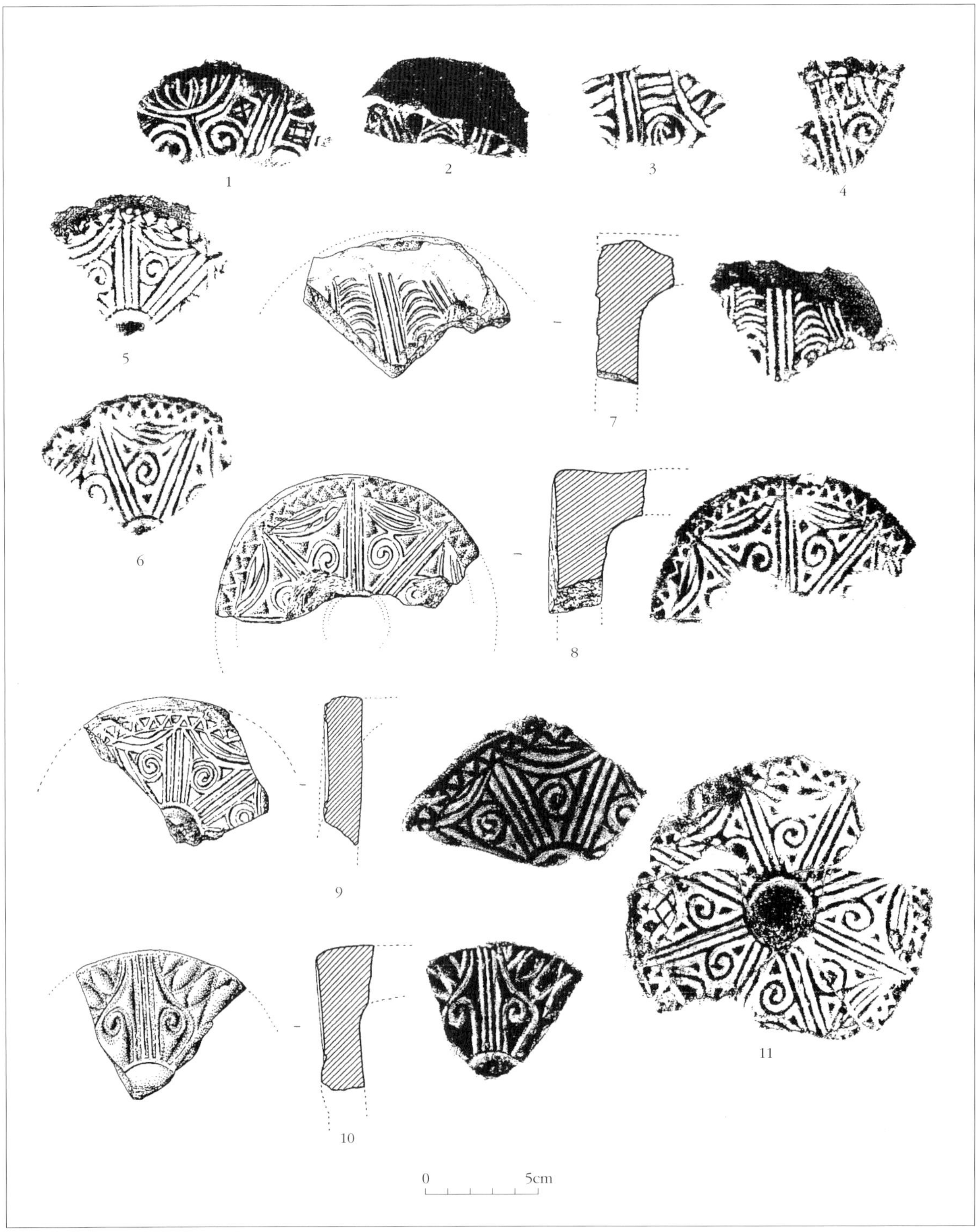

그림 25 천추묘 출토 권운문와당과 탁본 1(『集安高句麗王陵』, 209쪽)

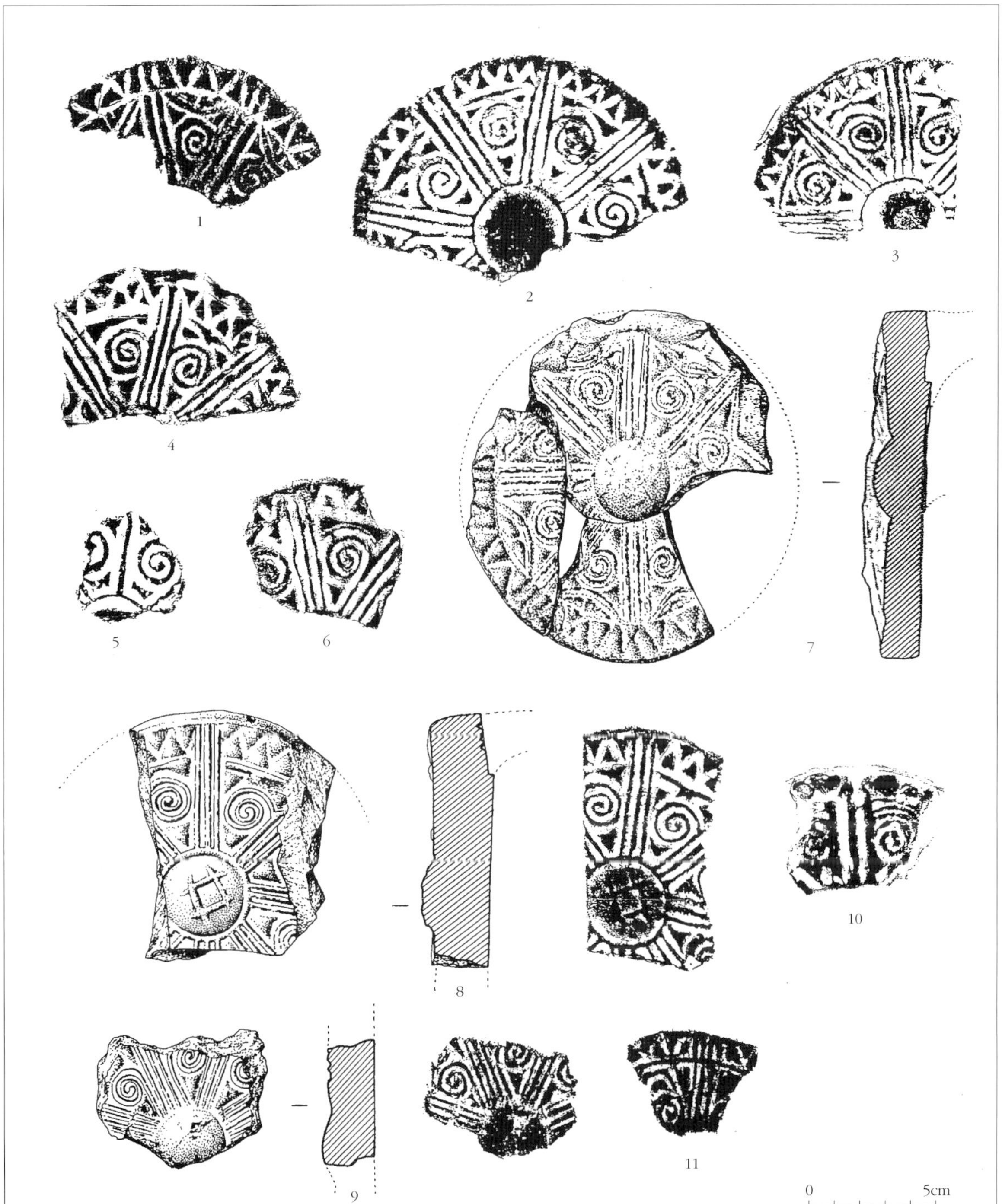

그림 26 천추묘 출토 권운문와당과 탁본 2(『集安高句麗王陵』, 211쪽)

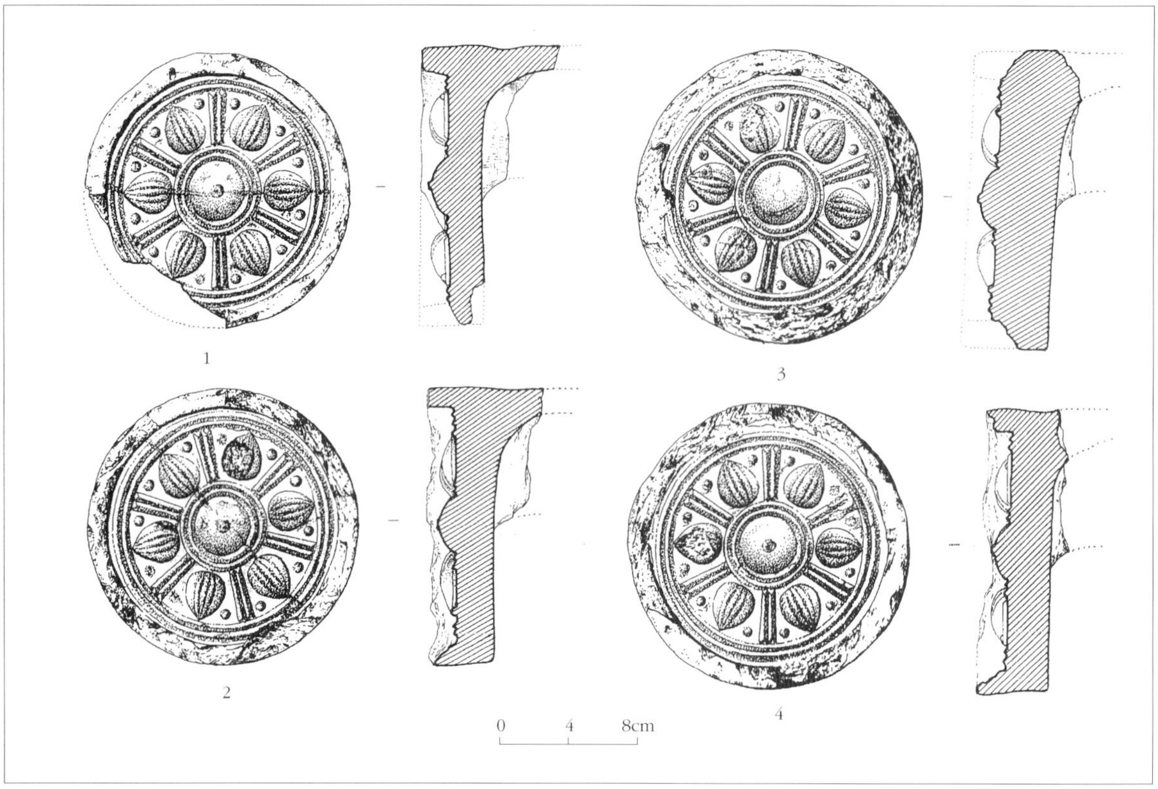

그림 27 천추묘 출토 연화문 와당 1(『集安高句麗王陵』, 213쪽)

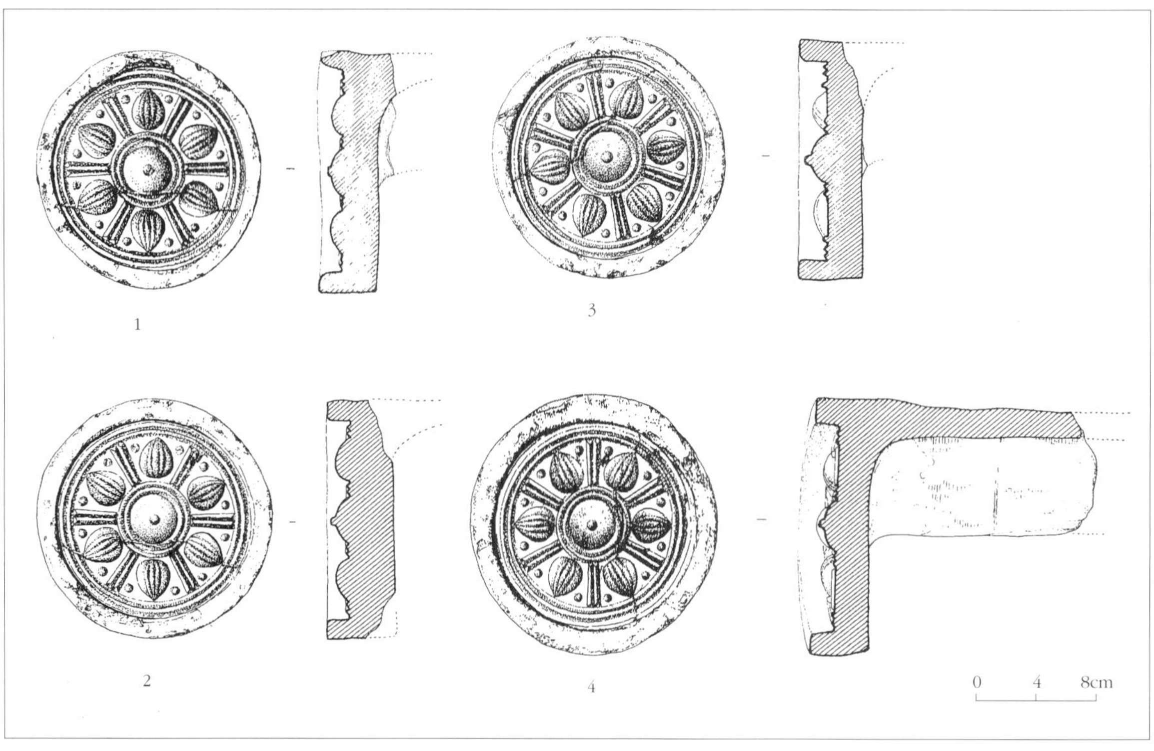

그림 28 천추묘 출토 연화문와당 2(『集安高句麗王陵』, 214쪽)

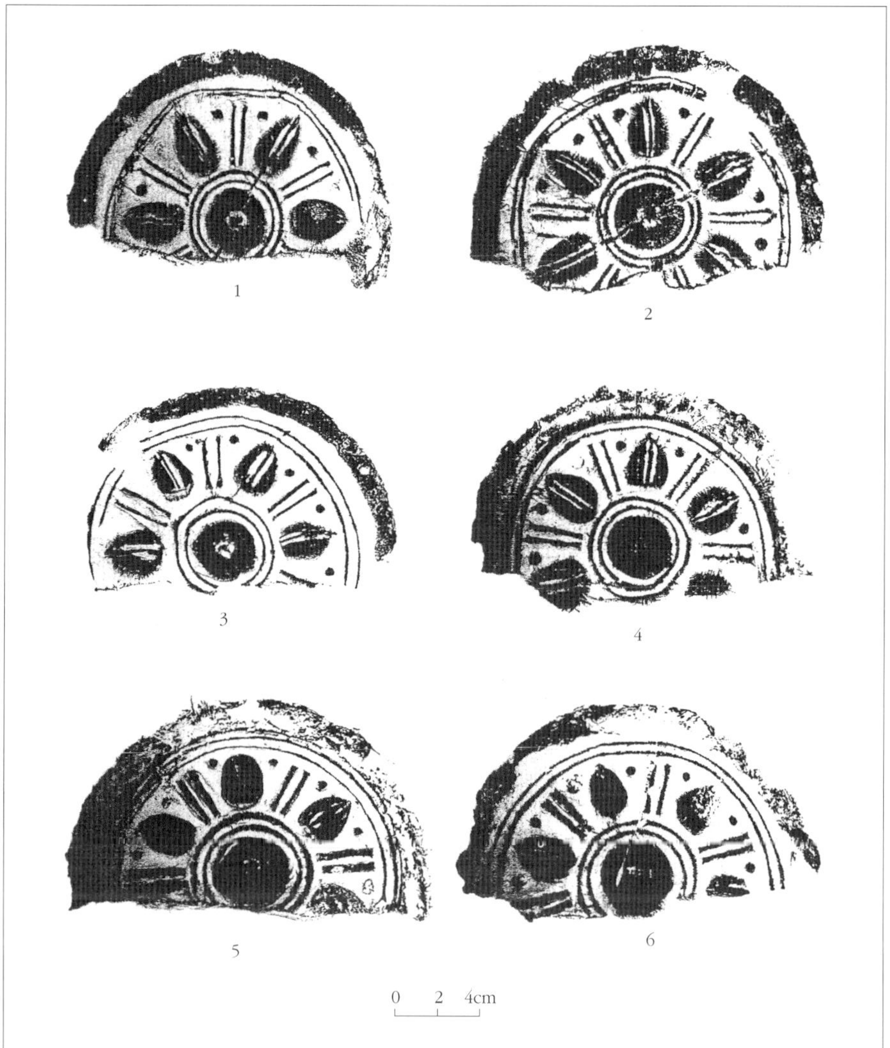

그림 29
천추묘 출토 연화문와당 탁본
(『集安高句麗王陵』, 215쪽)

같으나, 크기가 작음. 양 끝부분은 비스듬히 잘려 있음. 긴 측면에 글자가 있음. 대부분 묘 서측의 흘러내린 돌무지에서 수습되었는데, 파손이 심하여 복원하기 어려움. 문자의 형태에 따라 크게 두 유형으로 나눌 수 있음. ○ 두 종류의 명문벽돌은 묘의 서측에서 가장 많이 출토되었고 그 다음은 남측임. 이러한 출토현상은 천추묘의 묘실이 서향이라는 것과 직접적인 관계가 있음. 길상어가 있는 벽돌은 중국 후한-남북조시기의 장식벽돌을 모방한 것임. 그렇다면 기능 또한 장식용이었다고 볼 수 있는데, 많은 명문벽돌에 붙어 있는 백회는 그 증거라고 할 수 있음.

(1) '千秋萬歲永固'명 벽돌(03JMM1000:630, 그림 30-1)

○ 출토지 : 천추묘.

○ 크기 : 길이 27.6cm, 너비 10.2cm, 두께 3.3cm.

○ 형태 : Aa형. 보존이 양호. 소성온도가 매우 높음. 두드리면 금속소리가 남. 변곽에 짧은 선이 돌출되어 있음. 양 끝부분의 좌측은 비스듬히 잘려 있음. 맨 윗부분에는 'X'자형의 장식무늬가 있음. 문자형태는 고졸하고, 문자 사이는 볼록한 두 선이 나누고 있음. '秋'자의 '火'房 撇捺 필순이 바뀌었음. '萬'자는 簡化된 草頭를 사용. '歲'자는 오른쪽 부분이 굵음. '永'자에서 위의 점이 결실.

○ 태토 및 색깔 : 가는 모래의 회색.

(2) '千秋萬歲永固'명 벽돌(03JMM1000:521, 그림 30-2)

○ 출토지 : 천추묘.

○ 형태 : Aa형. 03JMM1000:630과 같음. 다만 양 끝부분의 우측이 비스듬하게 잘림.

○ 태토 및 색깔 : 가는 모래의 회색.

(3) '千秋萬歲永固'명 벽돌(03JMM1000:642)

○ 출토지 : 천추묘.

○ 형태 : Aa형. 03JMM1000:521과 같음.

○ 태토 및 색깔 : 가는 모래의 회색.

(4) '千秋萬歲永固'명 벽돌(03JMM1000:334, 그림 31-1)

○ 출토지 : 천추묘.

○ 크기 : 길이 27.5cm, 너비 10.7cm, 두께 2.9cm.

○ 형태 : Ab형. 변곽에 짧은 선이 돌출되어 있음. 무늬는 없음. 양 끝부분의 왼쪽이 비교적 크게 비스듬히 잘려 있음. 문자 사이는 볼록한 두 선이 나누고 있음. 글자체는 단정함. '秋'자의 제2필과 '火'의 두 점은 같이 사용됨. 제작刀法은 예리함.

○ 태토 및 색깔 : 가는 모래의 회색.

(5) '千秋萬歲永固'명 벽돌(03JMM1000:337, 그림 31-2)

○ 출토지 : 천추묘.

○ 크기 : 길이 27.5cm, 너비 11cm, 두께 3cm.

○ 형태 : Ab형. 붙여서 복원. 양 끝부분의 왼쪽이 약간 잘려 있음. 나머지는 03JMM1000:334와 같음.

○ 태토 및 색깔 : 가는 모래의 회색.

(6) '千秋萬歲永固'명 벽돌(03JMM1000:366, 그림 32-1)

○ 출토지 : 천추묘.

○ 크기 : 길이 30cm, 너비 11cm, 두께 2.7cm.

○ 형태 : Ac형. 소성온도는 비교적 높음. 양 끝부분의 좌측은 비스듬히 잘려 있음. 정면의 긴 변에는 볼록한 선이 1줄이지만, 짧은 변은 볼록한 선이 2줄임. 윗부분에는 四瓣花장식이 있음. 글자체는 가늚. 문자 사이는 두 선이 나누고 있음. '千'자는 약간 좌측으로 기울어져 있음.

○ 태토 및 색깔 : 가는 모래의 흑회색.

(7) '千秋萬歲永固'명 벽돌(03JMM1000:444·440·699)

○ 출토지 : 천추묘.

○ 형태 : Ac형. 3개 부분을 합쳐 복원.

(8) '千秋萬歲永固'명 벽돌(03JMM1000:451, 그림 35-1)

○ 출토지 : 천추묘.

○ 크기 : 길이 27.5cm, 너비 11.5cm, 두께 2.4cm.

○ 형태 : Ad형. 한 변에 Ah형과 반대반향으로 模印文이 있는데, 모호하여 명확하지 않음. 폐기면으로 보임.

○ 태토 및 색깔 : 가는 모래의 회색.

(9) '千秋萬歲永固'명 벽돌(03JMM1000:455·456·465, 그림 32-2)

○ 출토지 : 천추묘.

○ 형태 : Ad형. 3개 부분을 합쳐 복원.

○ 태토 및 색깔 : 가는 모래의 회색.

(10) '千秋萬歲永固'명 벽돌(03JMM1000:385, 그림 33-1)

○ 출토지 : 천추묘.

○ 크기 : 남은 길이 23cm, 너비 10.8cm, 두께 3cm.

○ 형태 : Ae형. 양 끝부분은 약간 파손. 字區는 아직 잘 남아 있는데, 변곽에 짧은 선이 돌출되어 있음. 윗부분에는 四瓣장식구역이 있고, 左瓣은 비스듬히 잘려 있음. 글자모양은 또렷한데, 대부분 필획이 곧게 깎였으며, 문자 사이는 두 선이 나누고 있음. '萬'자의 草頭는 두 점이 합쳐진 모양이고, '永'자의 字方은 곡선임.

○ 태토 및 색깔 : 가는 모래의 회흑색.

(11) '千秋萬歲永固'명 벽돌(03JMM1000:384·473, 그림 33-2)

○ 출토지 : 천추묘.
○ 크기 : 길이 26cm, 너비 11cm, 두께 3cm.
○ 형태 : Ae형. 두 부분을 합쳐서 복원.
○ 태토 및 색깔 : 가는 모래의 회흑색.

(12) '千秋萬歲永固'명 벽돌(03JMM1000:418, 그림 33-3)

○ 출토지 : 천추묘.
○ 크기 : 길이 25.5cm, 너비 10.8cm, 두께 2.8cm.
○ 형태 : Af형. 두 부분을 합쳐서 복원. 변곽에 짧은 선이 돌출되어 있음. 윗부분에는 四瓣장식구역이 있음. 글씨체의 가느다란 모양이 Ac형과 비슷함. 다만 '千'자는 단정함.

(13) '千秋萬歲永固'명 벽돌(03JMM1000:414·368, 그림 33-4)

○ 출토지 : 천추묘.
○ 형태 : Af형. 두 부분을 합쳐서 복원.

(14) '千秋萬歲永固'명 벽돌(03JMM1000:371)

○ 출토지 : 천추묘.
○ 형태 : Af형.

(15) '千秋萬歲永固'명 벽돌(03JMM1000:594·492·482, 그림 34-1)

○ 출토지 : 천추묘.
○ 크기 : 복원 後 길이 17cm, 너비 11cm, 두께 3cm.
○ 형태 : Ag형. 세 부분을 합쳐 복원. 자곽에 짧은 선이 돌출되어 있음. 윗쪽 끝부분에는 사각형 안에 대각선이 교차된 장식구역이 있음. 양 끝부분의 우측면은 잘려 있음. '千'자와 '秋'자 사이 및 '萬'자와 '歲'자 사이는 짧은 선이 나누고 있는 반면에, '歲永固' 세 글자 사이와 아래의 끝부분은 볼록한 두 선이 나누고 있음. '秋'자의 '禾'방획은 삼각형이고, '固'자의 '古'는 완전하지 않은데, 완전히 갖추어지지 않았는데, 특별한 의미가 담겨져 있는 것으로 보임.

(16) '千秋萬歲永固'명 벽돌(03JMM1000:454·624, 그림 34-2)

○ 출토지 : 천추묘.
○ 형태 : Ag형. 두 부분을 합쳐서 복원.

(17) '千秋萬歲永固'명 벽돌(03JMM1000:625·626, 그림 34-3)

○ 출토지 : 천추묘.
○ 크기 : 복원 後 길이 26cm, 너비 11cm, 두께 3.3cm.
○ 형태 : Ah형. 두 부분을 합쳐서 복원. 자곽에 짧은 선이 돌출되어 있음. 벽돌 윗부분에는 납작한 방형의 교차선 장식구역이 있고, 좌측면은 비스듬하게 잘려 있음. '千秋'와 '萬歲' 사이, '萬歲'와 '永固' 사이는 두 선이 나누고 있고, '千'과 '秋' 사이, '萬'과 '歲' 사이, '永'과 '固' 사이는 짧은 선이 나누고 있는데, 이는 Ag형과의 차이점임. '秋'자의 '禾'방획은 뾰족하게 쓰여 있는데, 이 또한 차이점임. '固'자는 Ag형과 매우 유사하고 틀 내의 '古' 또한 완전하지 않은데, 명문벽돌 제작시 일부러 그렇게 한 것이라 추정.

(18) '保固乾坤相畢'명 벽돌(03JMM1000:529, 그림 35-2)

○ 출토지 : 천추묘.
○ 크기 : 복원 後 길이 27.5cm, 너비 11cm, 두께 2.4cm.
○ 형태 : Ba형. 두 부분을 합쳐서 복원. 소성온도는 높지 않음. 자곽에 짧은 선이 돌출되어 있음. 가장 아랫부분에는 대각선 장식구역이 있음. 양 끝부분 우측은 비스듬히 잘려 있음. 문자는 3세트로 나눌 수 있는데, 세

트 사이는 방형의 대각선교차장식이 나누고 있음. 문자는 단조로움. '保'자 우변의 '口' 아랫변과 '木'의 가로획은 같이 사용됨. '固'자 안 '古'의 '口'에 연결되는 짧은 수직변은 없음. '乾'자 왼쪽의 윗부분은 완전하지 않고, '坤'자는 문자형이 아닌 八卦圖形의 변형임. '華'자는 굵고 단단함.

○ 태토 및 색깔 : 니질의 회색.

(19) '保固乾坤相畢'명 벽돌(03JMM1000:537·522, 그림 35-3)

○ 출토지 : 천추묘.

○ 형태 : Bb형. 두 부분을 합쳐서 복원. Ba형과 비교했을 때 문자모양에서 차이를 보이는데, '固'자의 '古'는 완전하고, '華'자는 Ba형보다 가늚.

(20) '保固乾坤相畢'명 벽돌(03JMM1000:535·527, 그림 35-4)

○ 출토지 : 천추묘.

○ 형태 : Bb형. 두 부분을 합쳐서 복원. '固'자의 '古'는 완전하고, '華'자는 Ba형보다 가늚.

9) 기타

(1) 납장식(03JMM1000:39-4)

○ 출토지 : 천추묘.

○ 크기 : 남은 길이 1.8cm, 남은 너비 1.8cm, 가장 두꺼운 두께 0.1cm

○ 형태 : 납으로 제작. 성질이 유연하여 변형이 심하고 약간 파손. 평평함. 한 측면에 융기선문이 있으며, 중간부분은 넓고 볼록한 원형 고리임. 배면에 깎아낸 흔적이 명확함.

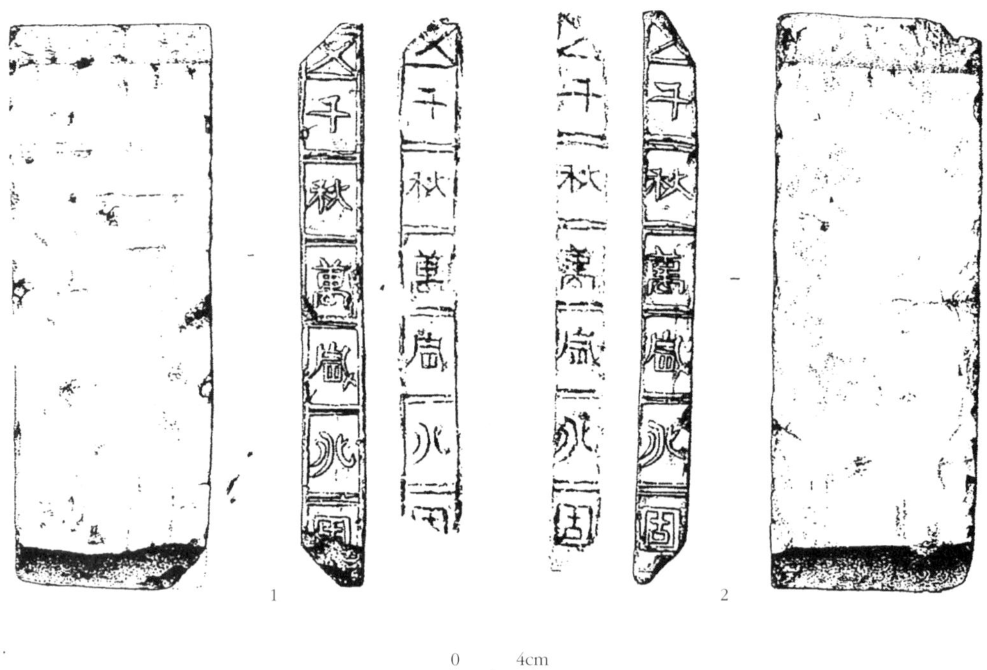

그림 30 천추묘 출토 Aa형 명문벽돌(『集安高句麗王陵』, 188쪽)

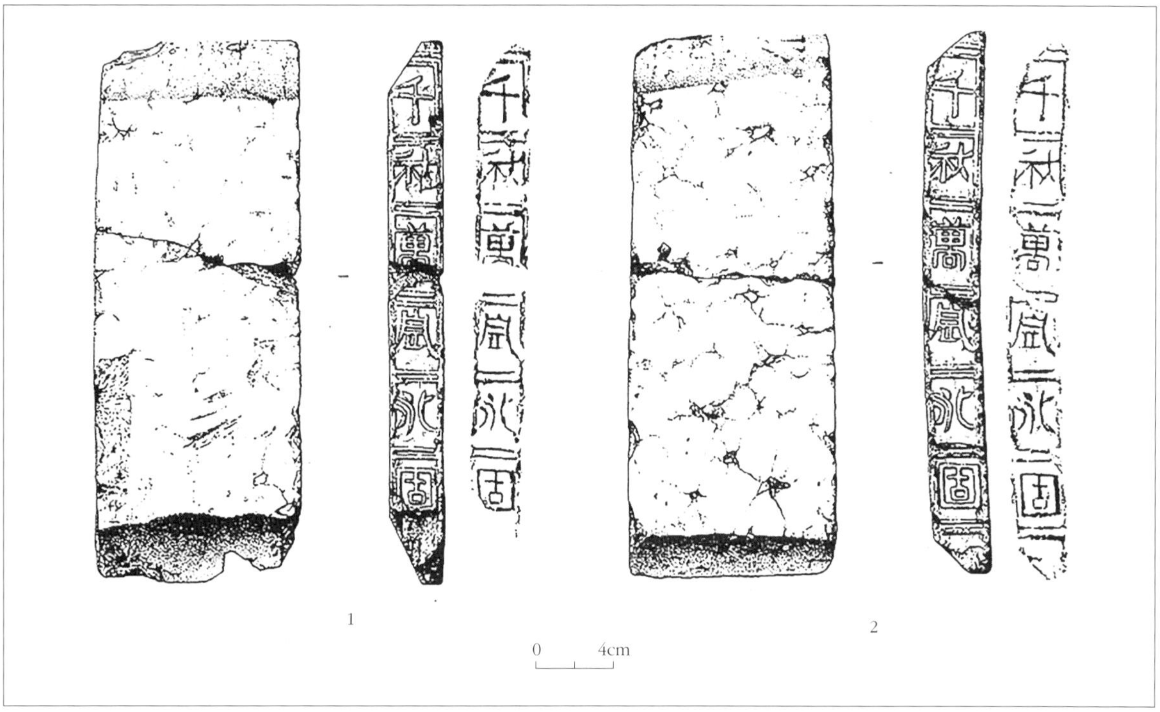

그림 31 천추묘 출토 Ab형 명문벽돌(『集安高句麗王陵』, 188쪽)

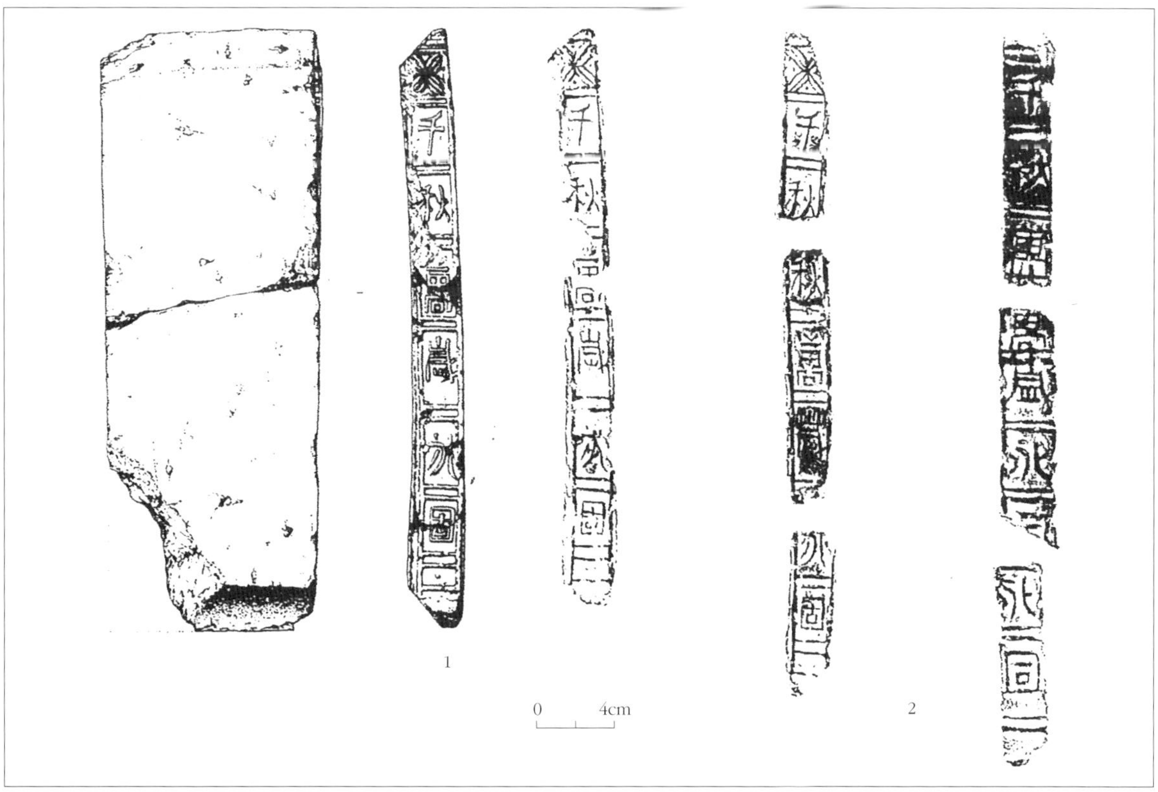

그림 32 천추묘 출토 Ac · Ad형 명문벽돌(『集安高句麗王陵』, 190쪽)

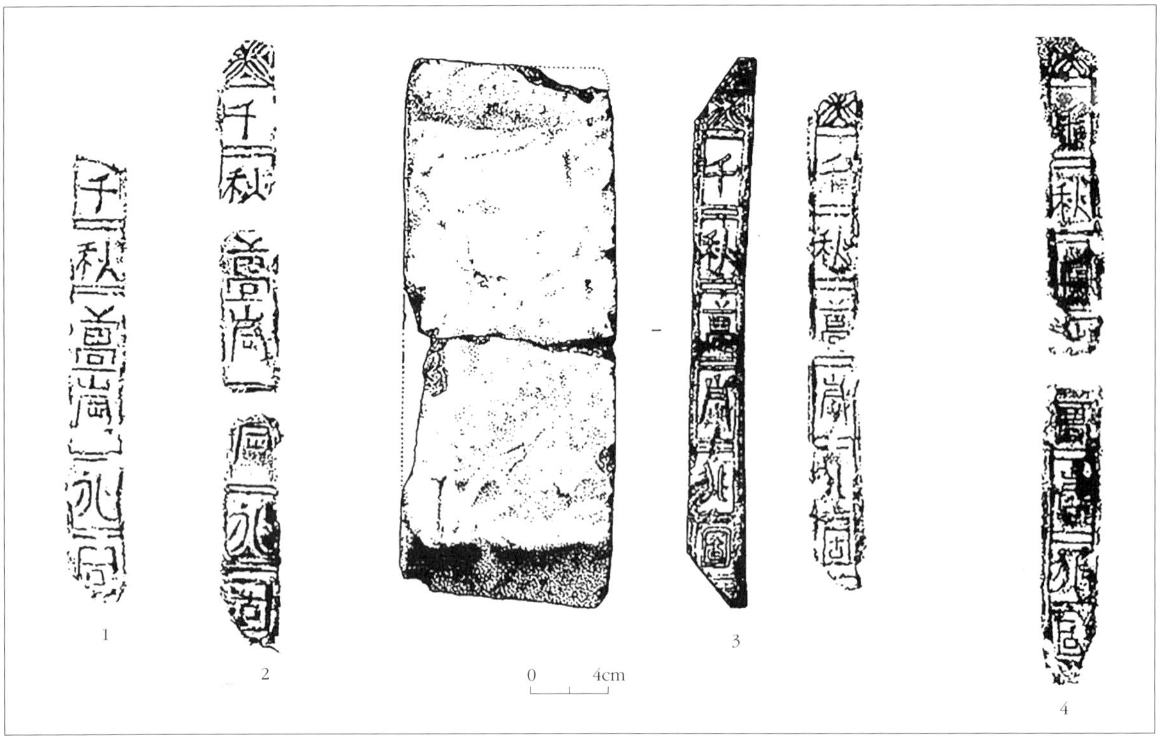

그림 33 천추묘 출토 Ae·Af형 명문벽돌(『集安高句麗王陵』, 190쪽)

그림 34 천추묘 출토 Ag·Ah형 명문벽돌(『集安高句麗王陵』, 191쪽)

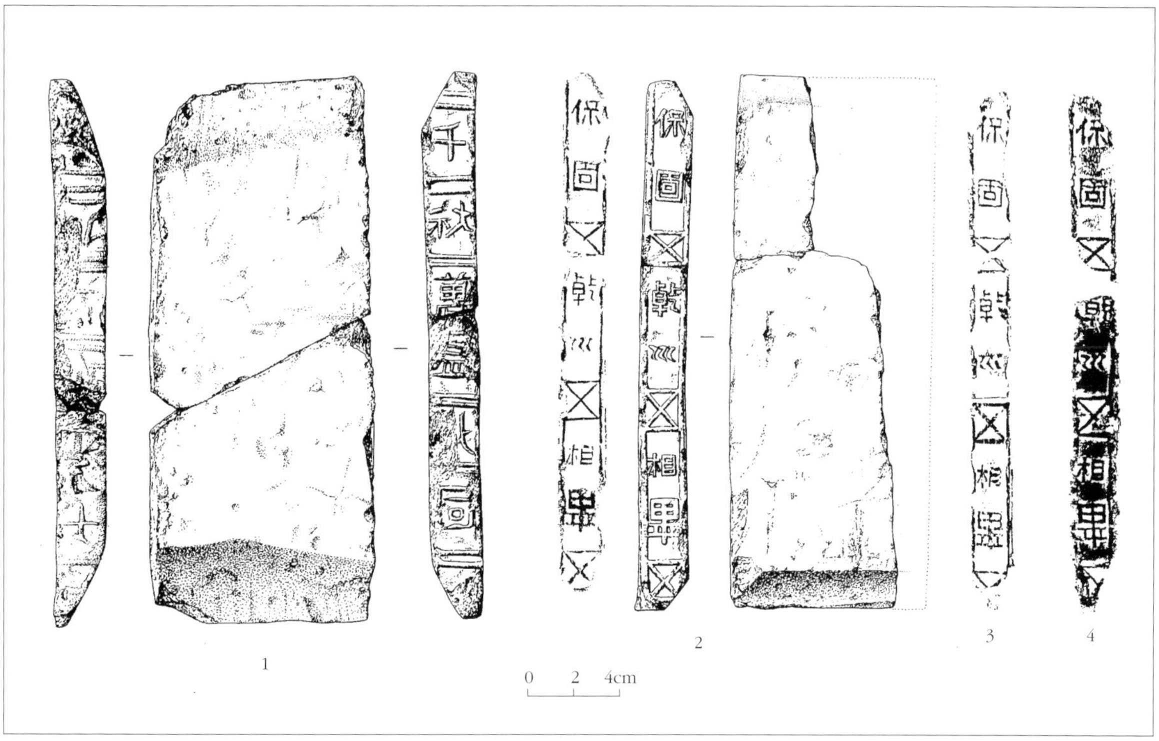

그림 35 천추묘 출토 Ad·Ba·Bb형 명문벽돌(『集安高句麗王陵』, 192쪽)

6. 역사적 성격

1) 구조 특징

○ 천추묘는 계단적석석실묘로 계단 수는 10단 정도이고, 계단과 묘실 사이에는 태왕릉처럼 완만한 경사가 있음. 그리고 묘 위에는 기와를 얹고 벽돌로 장식한 구조물이 있었을 것으로 추정됨. 묘실은 석실구조로 내부에는 정교하게 제작된 가옥형 석곽이 있고, 별도로 隨葬壙이나 아랫층에 묘실이 있었을 가능성이 있음. 묘 계단 위에는 제사와 관련된 입석판이 있고, 묘 주위에는 거대한 호분석이 있으며, 전역에 돌이 깔려져 있고, 담장이 둘러져 있음.

○ 1940년대 일본학자 藤田亮策은 묘 동쪽에서 30m 떨어져 있는 좁고 긴 장방형의 돌무지에 대해 배장묘군으로 봄. 돌무지에는 붉은색의 고구려 기와가 있었는데, 묘 위의 회색 기와 및 벽돌과는 다른 것으로, 무덤과 같은 시기에 축조된 다른 종류의 건축물로 추정됨. 이러한 형태의 유구는 태왕릉 등에 보이는 제대와 유사하다는 점에서 제대로 볼 수도 있으나, 현재는 확인하기 어려움. 왕릉의 건축구조물이 모두 회색이라는 점은 고고학적 조사를 통해 증명되었는데, 붉은색 기와는 다른 왕릉 제대의 고고학적 양상과 부합하지 않음. 붉은색 기와를 후대에 불에 탄 것으로 볼 수도 있지만 현재로서는 확인되지 않음.

○ 묘 남쪽 담장은 단지 한 구간만 남아 있지만, 문지가 있음. 담장은 기초가 있고, 안쪽으로는 배수구가 있으며, 중간에는 장방형의 臺가 돌출되어 있음. 그리고 담장과 나란히 하는 작은 문이 있음. 문은 4기둥 3칸식으로 기둥은 방형이고 기와는 보이지 않음. 혹 광개토왕릉비문에 보이는 '守墓洒掃'와 관계가 있을 수 있음.

○ 돌이 깔려 있는 묘역은 고구려 왕릉의 보편적인 특징임. 천추묘에는 서변만 남아 있는데, 범위가 명확하

고 형태는 완전하여 능역을 복원하는 데 중요한 참고가 됨. 깔린 돌은 산돌인데, 태왕릉에서는 산돌과 강자갈, 장군총에서는 강자갈이 깔려 있는 것과 차이가 있음. 이는 연대상의 차이로 보임.

2) 묘장 연대와 묘주인

(1) 연대 판단의 근거

○ 구조 : 계단석실묘가 고구려왕릉 발전의 완성단계라고 한다면, 천추묘는 계단석실묘 초기 형태에 속함. 階壇石壙墓인 西大墓, 麻線溝2100號墓, 禹山下0992號墓와 비교하면 묘실이 축조되었다는 점에서 확연히 일보 진전하였다고 볼 수 있음. 태왕릉이나 장군총과 비교하면 계단석은 가공이 약간 조잡하고, 바깥 가장자리에 이탈을 막기 위한 턱이 없다는 점에서 초기 형태를 보여주고 있음. 또한 태왕릉과 비교하면 돌이 깔린 묘역과 능원이 완전히 갖추어지지 않았다는 점에서 상대적으로 이른 시기에 축조되었다고 볼 수 있음.

○ 벽돌, 와당, 기와 : 천추묘와 태왕릉에서는 模製의 명문벽돌이 출토되었는데, '능묘의 영원한 보존'을 바라는 의미가 담겨 있음. 또한 두 묘 모두 6판의 연화문와당이 출토되었는데, 천추묘에서는 꽃과 잎, 태왕릉에서는 꽃과 잎 그리고 꽃봉오리가 함께 보임. 꽃과 잎이 보이는 연화문와당은 천추묘와 태왕릉 모두 출토되었는데, 상대적으로 천추묘가 앞선 것으로 보고 있음. 이외에 천추묘에서 광개토왕대의 연호인 '永樂'명 기와가 출토됨.

○ 동제방울 : 명문은 없지만 태왕릉에서 출토된 것과 같은 형태의 동제방울(銅鈴)이 출토되었음.

(2) 축조 시기 및 묘주 비정

○ 일찍부터 천추묘, 태왕릉, 장군총 등 3기 무덤의 축조 시기 문제에 대한 논의가 이루어짐. 중국학계는 대체로 태왕릉의 피장자가 광개토왕이고 천추묘가 태왕릉보다 이른 시기에 축조되었다고 보고 있는데, 이와 같은 관점에서 천추묘의 피장자를 광개토왕의 부친인 고국양왕으로 비정하기도 함(魏存成, 2007). 발굴보고자의 경우 천추묘와 태왕릉이 형태와 규모, 능역시설, 출토유물(능묘의 영원한 보존을 기원하는 의미의 명문벽돌, 동제방울, 연화문와당) 등에서 서로 비슷하다면서 축조 시기가 근접하다고 봄. 그리고 천추묘에서 광개토왕의 연호인 '永樂'명 유물이 출토되었다는 점은 광개토왕 시기에 정비가 이루어졌음을 증명하는 것으로[1] 광개토왕과의 특수한 관계를 보여준다면서, 이러한 점들을 고려하면 천추묘의 피장자는 고국원왕일 가능성이 높다고 함(吉林省文物考古研究所·集安市博物館, 2004). 반면 張福有는 고국양왕의 무덤을 '故國壤'이라는 장지명과 연관시키면서 태왕릉 부근의 禹山下540號墓로 보고, 천추묘를 소수림왕의 무덤으로 비정함.

○ 한국학계의 경우, 집안지역의 왕릉급 초대형 적석묘에서 출토된 권운문와당 분석을 통해 천추묘, 태왕릉, 장군총 순서로 조영되었다고 보고 각각의 무덤을 고국원왕릉, 고국양왕릉, 광개토왕릉으로 비정하는 견해가 있음(여호규, 2006). 고구려왕의 장지명을 근거로 천추묘의 피장자를 추정하기도 함. 고국원왕, 고국양왕, 광개토왕 등은 '國崗上'이라는 장지명을 가졌음. 이에 광개토왕릉비가 위치한 일대 지역을 국강상으로 설정하여 태왕릉과 장군총을 각각 고국양왕릉과 광개토왕릉으로 비정하고, 천추묘는 국강상이 아닌 西川(麻線河)에 위치하고 있다면서 소수림왕의 무덤으로 비정(임기환, 2009).

○ 일본학계의 경우, 연화문와당 등을 근거로 태왕릉, 천추묘, 장군총 순으로 축조되었다고 보면서, 각각 4세

1 고국양왕은 384년에 즉위하여 391년에 죽었음. 이에 발굴보고자는 재위기간에 천추묘가 완성되지 않았다고 보고, 광개토왕이 천추묘 축조를 계승하고 정비하면서 완성하였다고 추정함(吉林省文物考古研究所·集安市博物館, 216쪽).

기 중엽, 4세기 말, 5세기 전반에 축조되었다고 추정하거나(田村晃一, 1984), 천추묘를 고국양왕릉, 장군총을 광개토왕릉으로 비정하기도 함(東潮, 2009).

참고문헌

- 關野貞·谷井濟一, 1915,『朝鮮古蹟圖譜(一)』.
- 池內宏·梅原末治, 1938,『通溝』上, 日滿文化協會.
- 吉林省文物志編委會, 1984,『集安縣文物志』.
- 田村晃一, 1984,「高句麗の積石塚の年代と被葬者の問題について」,『青山史學』8.
- 吉林省文物考古研究所·集安市博物館, 2002,『洞溝古墓群-1997年調査測繪報告』, 科學出版社.
- 吉林省文物考古研究所·集安市博物館, 2004,『集安高句麗王陵』, 文物出版社.
- 여호규, 2006,「집안지역 고구려 초대형적석묘의 전개과정과 피장자문제」,『한국고대사연구』41, 한국고대사학회.
- 孫仁杰·遲勇, 2007,『集安高句麗墓葬』, 香港亞洲出版社.
- 魏存成, 2007,「集安高句麗大形積石墓王陵研究」,『社會科學戰線』2007-4.
- 張福有·孫仁杰·遲勇, 2007,『高句麗王陵通考』, 香港亞洲出版社.
- 桃崎祐輔, 2009,「고구려왕릉 출토 기와·부장품으로 본 편년과 연대」,『고구려 왕릉 연구』, 동북아역사재단.
- 東潮, 2009,「고구려왕릉과 능원제」,『고구려 왕릉 연구』, 동북아역사재단.
- 임기환, 2009,「고구려의 장지명 왕호와 왕릉비정」,『고구려 왕릉 연구』, 동북아역사재단.

29 집안 마선구1072호묘

集安 麻線溝1072號墓 | JMM1072

1. 조사현황

1) 1997년 조사

○ 조사기관 : 吉林省文物考古研究所·集安市博物館.

○ 조사내용 : 1966년에 이어 통구고분군을 전면 재조사.

2) 2004~2005년 조사

조사기간, 조사기관 등에 대한 언급이 없으나 張福有, 孫仁杰, 遲勇 등이 집안 경내의 고구려유적을 전면 재조사하면서 정리함.

2. 위치와 자연환경(그림 1)

○ 통구 마선묘구 建江片 마선하 우안(서안) 평지에 자리하고 있음.

○ 고분 북쪽에 JMM1067호묘, 남쪽에 JMM1073호묘와 접하고 있음.

3. 고분의 현황

○ 유형 : 유단적석석광묘(『洞溝古墓群 – 1997年調查測繪報告』 및 『集安高句麗墓葬』).

○ 평면 : 방형.

○ 규모 : 둘레 약 15m, 높이 2.5m 정도.

○ 구조 : 고분은 강자갈(河卵石)로 축조.

4. 역사적 성격

JMM1073호묘를 중심으로 해당 고분은 북쪽에, JMM1074호묘는 남쪽에 함께 연접하고 있는데 이는 고분들 사이의 친연관계를 보여주고 있음.

참고문헌

- 吉林省文物志編委會, 1984, 『集安縣文物志』.
- 國家文物局 編, 1993, 『中國文物地圖集』 吉林分冊, 中國地圖出版社.
- 吉林省文物考古研究所·集安市博物館, 2002, 『洞溝古墓群 – 1997年調查測繪報告』, 科學出版社.
- 孫仁杰·遲勇, 2007, 『集安高句麗墓葬』, 香港亞洲出版社.

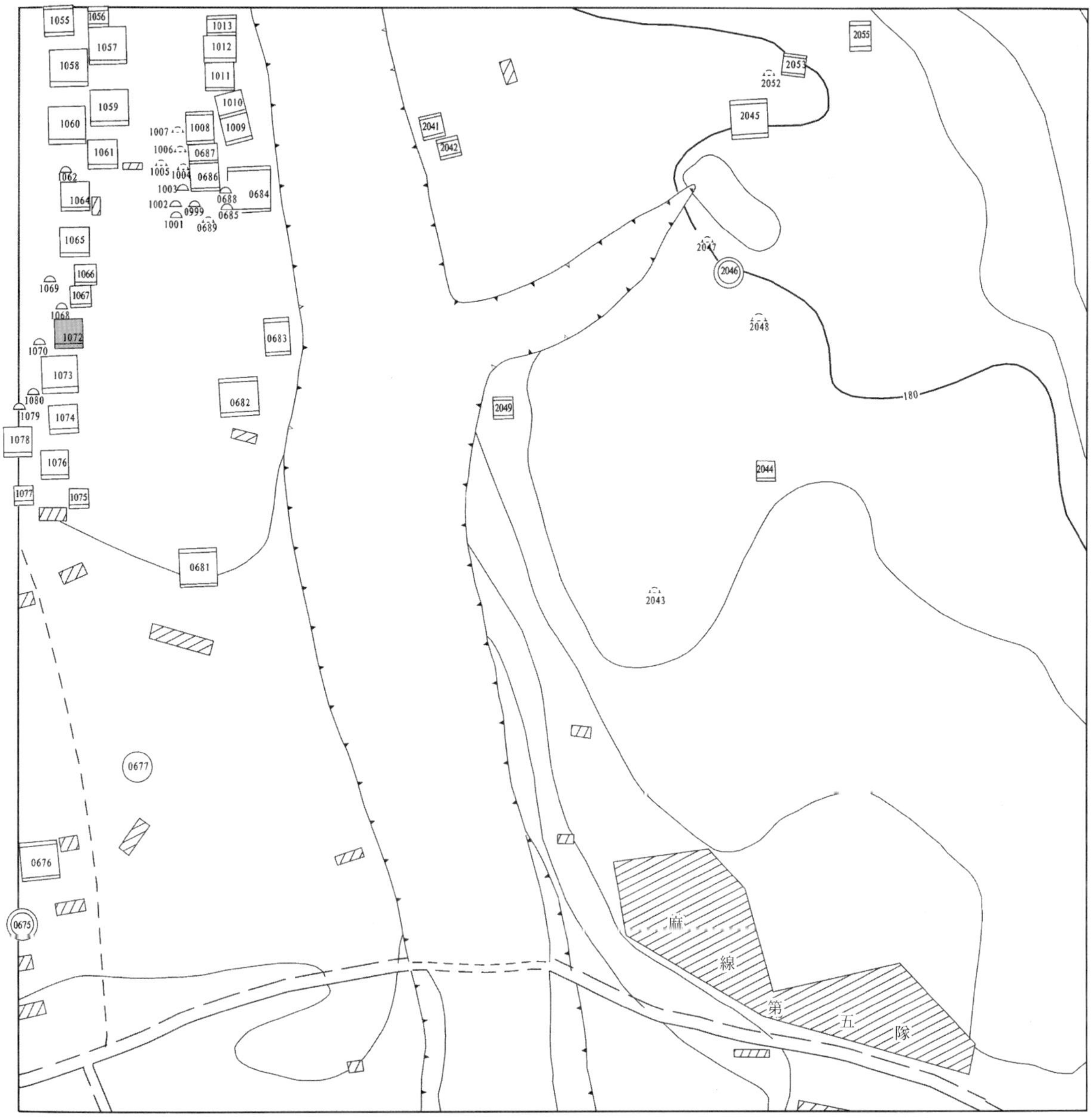

그림 1 마선구1072호묘 위치도(『洞溝古墓群－1997年調査測繪報告』)

30 집안 마선구1073호묘

集安 麻線溝1073號墓 | JMM1073

1. 조사현황

1) 1997년 조사

○ 조사기관 : 吉林省文物考古研究所·集安市博物館.

○ 조사내용 : 1966년에 이어 통구고분군을 전면 재조사.

2) 2004~2005년 조사

조사기간, 조사기관 등에 대한 언급이 없으나 張福有, 孫仁杰, 遲勇 등이 집안 경내의 고구려유적을 전면 재조사하면서 정리함.

2. 위치와 자연환경(그림 1)

○ 통구 마선묘구 建江片 마선하 우안(서안) 평지에 자리하고 있음.

○ 고분 동쪽 55m에는 JMM0682호묘가 있으며, 남쪽에는 1074호묘와 접하고 있으며, 북쪽에는 JMM 1072호묘와 접하고 있고, 서쪽은 논이 있음.

3. 고분의 현황

1) 고분 형식

○ 유형 : 대형유단적석석광묘(『洞溝古墓群－1997年調查測繪報告』), 유단적석석광묘(『集安高句麗墓葬』).

○ 평면 : 방형.

○ 방향 : 묘향 80°.

○ 규모 : 둘레 22m, 높이 약 4.5m.

2) 고분 구조

(1) 기단

○ 고분은 정연하게 다듬어진 비교적 큰 석재로 기단을 축조함.

○ 상부 封石이 흘러내려 기단석 대부분을 덮어서 기단석이 보이지 않음.

○ 기단 내부에는 판상의 깨진 산돌(碎山石)을 이용해 축조한 계장이 보임.

○ 분구 상부에는 강자갈(河卵石)로 계장을 축조, 계장의 동서 길이가 4m여 됨. 축조석은 4층이고, 강자갈(河卵石) 크기는 보통 길이 0.4m, 너비 0.4m, 높이 0.2m 정도임.

○ 기단을 덮은 封石은 대다수 강자갈(河卵石)과 깨진 산돌(碎山石)이 섞어 쌓음. 석재의 크기는 0.3~0.2m 사이임.

(2) 묘실

○ 분구 정상 중앙부에는 길이 4m, 너비 4m, 깊이 0.5m의 함몰갱이 하나 있음. 함몰갱의 주위에는 불에 탄 용석이 보이며 이것은 석광의 위치에 해당함.

○ 조사 중에 유물이 발견되지 않음.

그림 1 마선구1073호묘 위치도(『洞溝古墓群－1997年調査測繪報告』)

4. 역사적 성격

○ 해당 고분은 구조 및 축조법을 보면 고분의 높이가 증가함에 따라 계장을 사용하고 있음. 이런 방법은 계단보다 이르며, 그 연대는 4세기 초 정도로 추정하나, 연대판단의 적극적 증거는 확보되지 않음.

○ 이 고분은 JMM1072호묘 및 JMM1074호묘와 함께 연접하고 있는데 이것은 고분들 사이의 친연관계가 있었을 것으로 추정됨.

참고문헌

- 吉林省文物志編委會, 1984, 『集安縣文物志』.
- 國家文物局 編, 1993, 『中國文物地圖集』 吉林分冊, 中國地圖出版社.
- 吉林省文物考古研究所·集安市博物館, 2002, 『洞溝古墓群－1997年調査測繪報告』, 科學出版社.
- 孫仁杰·遲勇, 2007, 『集安高句麗墓葬』, 香港亞洲出版社.

31 집안 마선구1074호묘

集安 麻線溝1074號墓 | JMM1074

1. 조사현황

1) 1997년 조사

○ 조사기관 : 길림성문물고고연구소 · 집안시박물관.

○ 조사내용 : 1966년에 이어 통구 지역 고분군을 전면 재조사.

2) 2004～2005년 조사

○ 조사기간, 조사기관 등에 대한 언급이 없으나 張福有, 孫仁杰, 遲勇 등이 집안 경내의 고구려유적을 전면 재조사하면서 정리함.

2. 위치와 자연환경(그림 1)

○ 통구 마선묘구 建江片 마선하 우안(서안) 평지에 자리하고 있음.

○ 고분 북쪽으로 JMM1073호묘와 접하고 있음.

3. 고분의 현황

1) 고분 형식

○ 유형 : 유단적석석광묘(『洞溝古墓群 - 1997年調査測繪報告』 및 『集安高句麗墓葬』).

○ 평면 : 방형.

○ 규모 : 둘레 약 10m, 높이 2.5m 정도.

○ 고분 구조 : 고분은 강자갈(河卵石)로 축조.

4. 역사적 성격

JMM1073호묘를 중심으로 해당 고분은 남쪽에, JMM1072호묘는 북쪽에 함께 연접되어 있음. 마선구1074호는 이 두 고분과 친연관계에 있을 것으로 추정됨.

참고문헌

- 吉林省文物志編委會, 1984, 『集安縣文物志』.
- 國家文物局 編, 1993, 『中國文物地圖集』 吉林分冊, 中國地圖出版社.
- 吉林省文物考古研究所·集安市博物館, 2002, 『洞溝古墓群-1997年調査測繪報告』, 科學出版社.
- 孫仁杰·遲勇, 2007, 『集安高句麗墓葬』, 香港亞洲出版社.

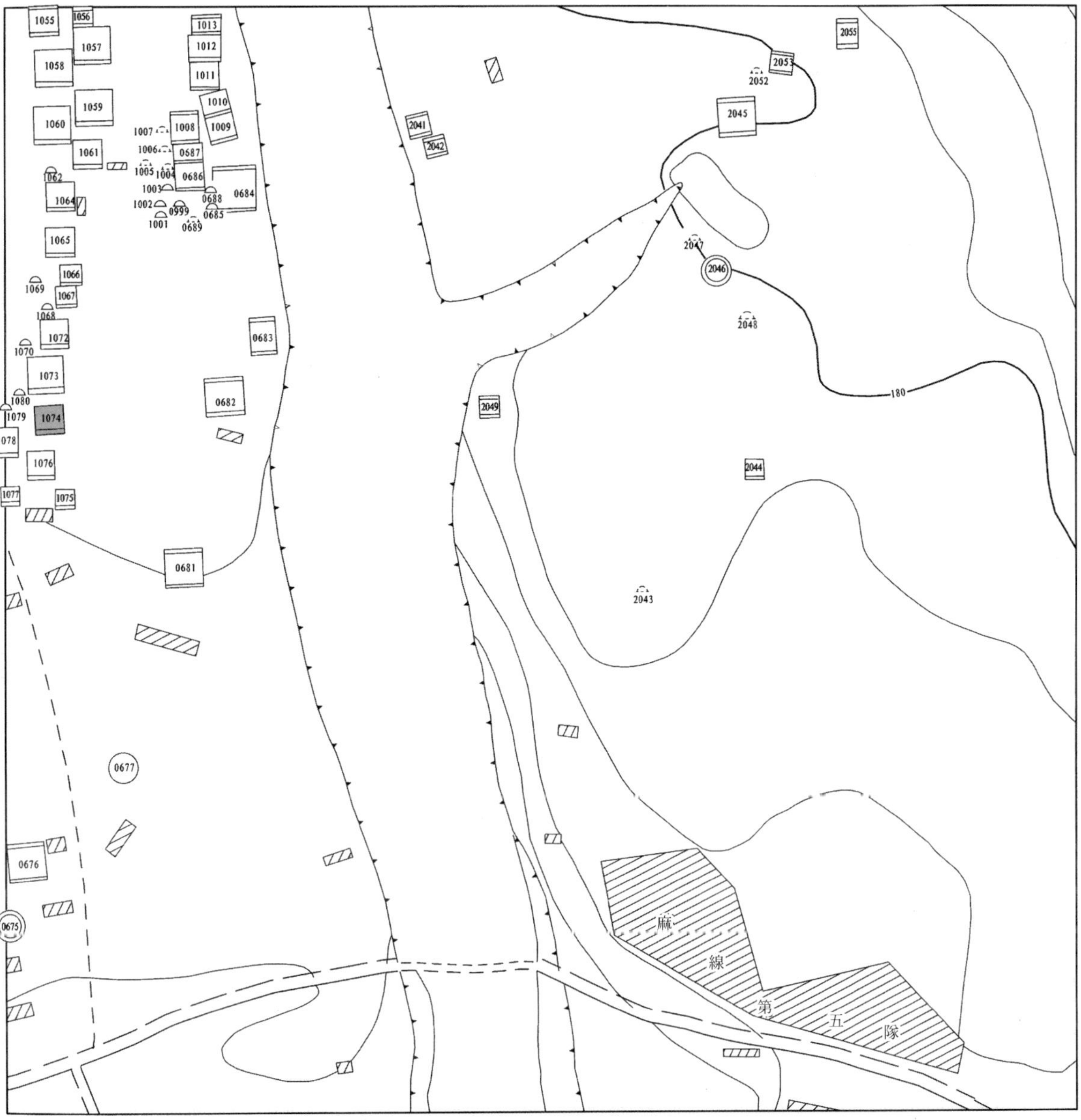

그림 1 마선구1074호묘 위치도(『洞溝古墓群-1997年調査測繪報告』)

32 집안 마선구1437호묘

集安 麻線溝1437號墓 | JMM1437

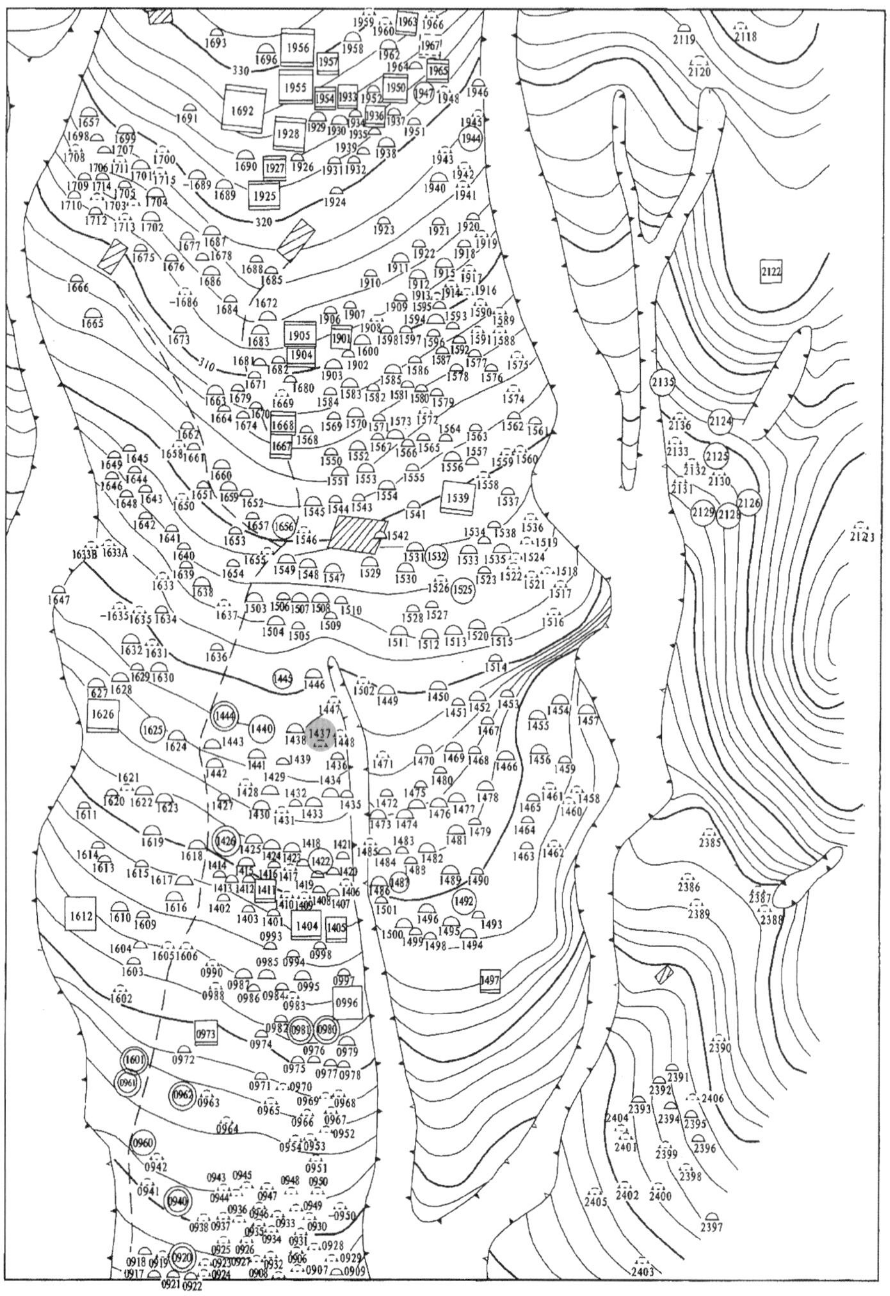

그림 1
마선구1437호묘 위치도
(『洞溝古墓群－1997年調査測繪報告』)

1. 조사현황

1) 1976년 조사

○ 조사기관 : 吉林省博物館·集安縣文物保管所·吉林大學考古學科·工農兵考古學習班.

○ 조사기간 : 4월 초~7월 중순.

○ 조사내용 : 농공업 생산 수요에 협력하기 위해 통구고분군의 부분 정리를 진행함. 발굴지역의 고분은 방향이 모두 남쪽을 향하고 있으며, 산세에 따라 점차 동쪽 또는 서쪽에 치우쳐 있고, 산세를 따라 일정한 규율을 갖고 배열됨. 당해 조사에서 188기의 고분을 정리하였는데, 우산하고분군이 56기, 산성하고분군이 37기, 칠성산고분군 26기, 마선구고분군이 69기 등임. 마선구고분군에서 발굴된 고분은 모두 麻線公社 소재지 서북 산마루의 남쪽비탈에 자리하고 있음. 188기 고분 가운데 심하게 파괴되어 정리할 가치가 없는 92기의 고분을 제외하고 적석묘 3기, 봉토묘 93기 등 96기를 정리함. 집안에서 만 기의 고분 가운데 봉토묘가 절대 다수를 점하는데 이번 발굴된 고분은 대다수가 소형 봉토묘로서 출토된 부장품은 매우 적으나 고구려 봉토묘의 변천, 구조, 장속 등의 연구에 새로운 자료를 제공함.

○ 조사자 : 方起東, 魏存成, 蘇興鈞, 郭文魁, 劉萱堂, 何明, 林至德, 閻毅之, 柳嵐, 張雪巖 등.

2) 1997년 조사

○ 조사기관 : 吉林省文物考古研究所·集安市博物館.

○ 조사내용 : 1966년에 이어 통구고분군을 전면 재조사.

2. 위치와 자연환경(그림 1)

麻線公社 소재지 서북 산마루의 남쪽비탈에 자리하고 있음.

3. 고분의 현황

1) 고분 형식

○ 유형 : 봉토석실묘(『考古』 1984-1), 동실묘(『洞溝古墓群 - 1997年調查測繪報告』)

○ 평면 : 동·서 묘실은 刀形.

○ 방향 : 서실 및 동실 모두 묘향은 190°.

○ 규모

- 서묘실 : 길이 2.8m, 너비 1.5m, 높이 1.36m.
- 동묘실 : 길이 2.5m, 너비 1.9m, 높이 1.2m.
- 서묘도 : 길이 0.74m, 너비 0.6m, 높이 1m.
- 동묘도 : 길이 0.75m, 너비 0.64m, 높이 1m.

2) 고분 구조(그림 2)

(1) 묘실

○ 同墳異穴의 쌍실묘. 천장은 한 층의 모줄임 고임식임.

○ 묘실의 네 벽은 비교적 정연한 돌로 축조하고, 그 틈새를 백회를 발라 메움.

(2) 묘도

○ 서실은 동쪽으로, 동실은 서쪽으로 치우쳐 두 묘도가 서로 등을 맞대고 있는 형상임. 두 묘도 사이의 거리는 1.1m이고 서로 평행함.

○ 묘도는 비교적 정연한 돌로 축조하고, 그 틈새는 백회를 바름.

4. 역사적 성격

○ 1976년 조사 당시 보고서에 의하면 봉토묘 연대는 형식상 선후의 시간 차이가 있다는 것을 확인할 수 있음. 쌍실묘 중에서 1) 두 개 묘실이 모두 묘도가 없

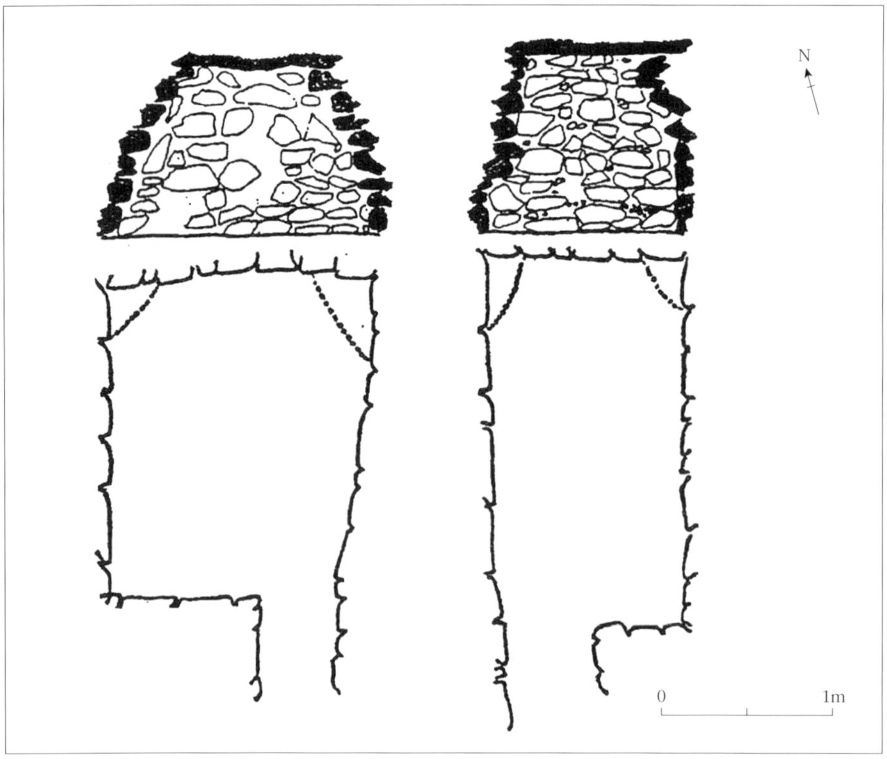

그림 2
마선구1437호묘 평·단면도
(『考古』 1984-1)

는 장방형인 경우와 2) 하나는 묘도가 없는 장방형이고 다른 하나는 방형으로 연도가 치우친 경우, 3) 하나는 묘도가 치우졌고 다른 하나는 연도가 중앙인 경우가 있음. 아직 묘도가 없는 장방형 묘실과 묘도가 중앙에 있는 鏟形 묘실이 함께 하나의 봉분을 이룬 현상은 발견되지 못함. 따라서 묘도가 치우친 묘실은 묘도가 없는 장방형 묘실과 묘도가 중앙에 있는 鏟形 묘실의 과도기 형식임.

○ 장방형 묘실과 鏟形 묘실의 선후관계는 집안지구에서 일반적이며, 적석묘가 봉토묘보다 이르고, 봉토묘 가운데 평천장이 고임 천장보다 이르며, 모줄임 고임이 가장 늦은 시기에 축조되었음. 이런 두 묘실에 비추면 장방형 묘실은 모두 작고 왜소하고 비루하며 장구와 부장품이 없고, 모두 평천장인데 이는 전기 특징을 비교적 많이 지니고 있는 것임. 초기 적석묘의 절대다수는 묘도가 없으며, 장방형 묘실의 고분 역시 명확한 묘도가 없으며 오직 세장한 묘실 남단에 석재가 가득 채워져 있음. 따라서 묘도 없는 장방형 묘실은 과도기형식이라고 추측됨. 이런 종류의 묘장은 비교적 적고 따라서 존재하던 시간은 크게 길지 않아 묘실 평면은 刀形과 鏟形의 고임식 천장 봉토묘로 전환됨.

○ 마선구1437호는 무덤의 연대를 판단할 근거는 확실하지 않지만, 묘실 평면이 刀形이고, 묘실 천장이 모줄인 고임천장이라는 점에서 5세기대 무덤으로 추정됨.

참고문헌

- 吉林省文物志編委會, 1984, 『集安縣文物志』.
- 吉林省文物工作隊·集安縣文管所, 1984, 「1976年集安洞溝高句麗墓清理」, 『考古』 1984-1.
- 國家文物局 編, 1993, 『中國文物地圖集』 吉林分冊, 中國地圖出版社.
- 吉林省文物考古研究所·集安市博物館, 2002, 『洞溝古墓群-1997年調查測繪報告』, 科學出版社.

33 집안 마선구1440호묘

集安 麻線溝1440號墓 | JMM1440

1. 조사현황

1) 1976년 조사

○ 조사기관 : 吉林省博物館·集安縣文物保管所·吉林大學考古學科·工農兵考古學習班.

○ 조사기간 : 4월 초~7월 중순.

○ 조사내용 : 농공업 생산 수요에 협력하기 위해 통구고분군의 부분 정리를 진행함. 발굴지역의 고분은 방향이 모두 남쪽을 향하고 있으며, 산세에 따라 점차 동쪽 또는 서쪽에 치우쳐 있고, 산세를 따라 일정한 규율을 갖고 배열됨. 당해 조사에서 188기의 고분을 정리하였는데, 우산하고분군이 56기, 산성하고분군이 37기, 칠성산고분군 26기, 마선구고분군이 69기 등임. 마선구고분군에서 발굴된 고분은 모두 麻線公社 소재지 서북 산마루의 남쪽비탈에 자리하고 있음. 188기 고분 가운데 심하게 파괴되어 정리할 가치가 없는 92기의 고분을 제외하고 적석묘 3기, 봉토묘 93기 등 96기를 정리함. 집안에서 만 기의 고분 가운데 봉토묘가 절대 다수를 점하는데 이번 발굴된 고분은 대다수가 소형 봉토묘로서 출토된 부장품은 매우 적으나 고구려 봉토묘의 변천, 구조, 장속 등의 연구에 새로운 자료를 제공함.

○ 조사자 : 方起東, 魏存成, 蘇興鈞, 郭文魁, 劉萱堂, 何明, 林至德, 閻毅之, 柳嵐, 張雪巖 등.

2) 1997년 조사

○ 조사기관 : 吉林省文物考古研究所·集安市博物館.

○ 조사내용 : 1966년에 이어 통구고분군을 전면 재조사.

2. 위치와 자연환경(그림 1)

麻線公社 소재지 서북 산마루의 남쪽비탈에 자리하고 있음.

3. 고분의 현황

1) 고분 형식

○ 유형 : 봉토석실묘(『考古』 1984-1), 동실묘(『洞溝古墓群-1997年調查測繪報告』).

○ 평면 : 동·서 묘실은 鏟形.

○ 방향 : 서실 및 동실 모두 묘향은 265°.

○ 규모

- 서묘실 : 길이 2.7m, 너비 2.2m, 높이 2.4m.
- 동묘실 : 길이 2.7m, 너비 2.1m, 높이 2.8m.
- 서묘도 : 길이 2.2m, 너비 0.8m, 높이 1m.
- 동묘도 : 길이 2m, 너비 1m, 높이 1m.
- 분구 : 높이 3.1m, 둘레 길이 48m.

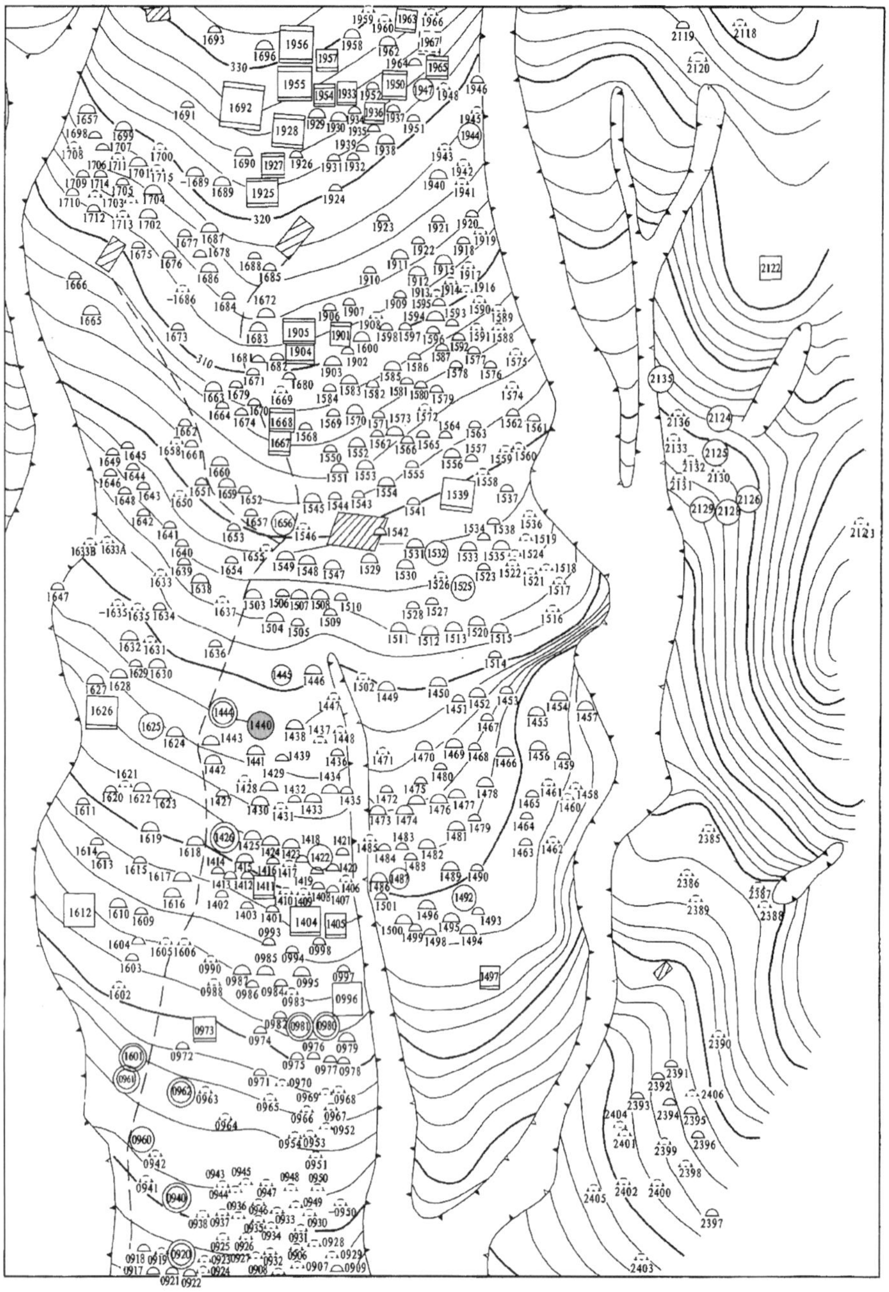

그림 1
마선구1440호묘 위치도
(『洞溝古墓群－1997年調査測繪報告』)

2) 고분 구조(그림 2)

(1) 묘실

○ 同墳異穴墳의 쌍실묘. 묘실의 천장은 고임식임.

○ 묘실의 네 벽은 비교적 정연한 대석으로 축조하고, 그 틈새를 백회를 발라 메움.

○ 서묘실과 동묘실의 크기는 기본적으로 동일하며 묘실은 넓고 높음.

○ 서묘실 안에는 두 개의 돌로 만든 관받침대가 있음.

(2) 연도(墓道)

○ 쌍실묘의 각 묘도는 중앙에 설치되어 있고, 서로 평

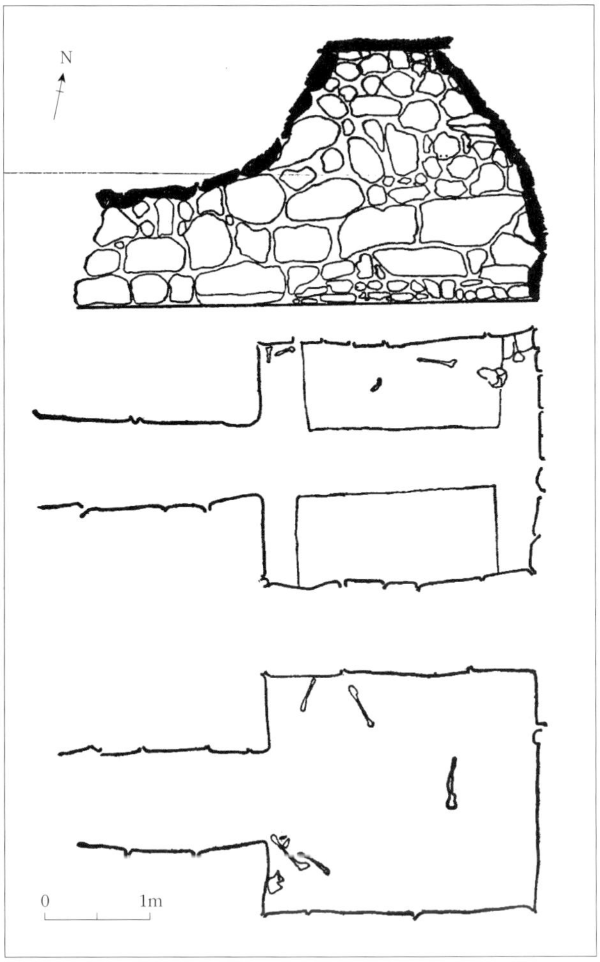

그림 2 마선구1440호묘 평·단면도(『考古』1984-1)

행함.

○ 연도는 비교적 정연한 대석으로 축조하고, 그 틈새를 백회를 발라 메움.

4. 역사적 성격

○ 1976년 조사 당시 보고서에 의하면 봉토묘 연대는 형식상 선후의 시간 차이가 있다는 것을 확인할 수 있음. 쌍실묘 중에서 1) 두 개 묘실이 모두 연도가 없는 장방형인 경우와 2) 하나는 연도가 없는 장방형이고 다른 하나는 방형으로 연도가 치우친 경우, 3) 하나는 연도가 치우쳤고 다른 하나는 연도가 중앙인 경우가 있음. 아직 연도가 없는 장방형 묘실과 연도가 중앙에 있는 鏟形 묘실이 함께 하나의 봉분을 이룬 현상은 발견되지 못함. 따라서 연도가 치우친 묘실은 연도가 없는 장방형 묘실과 연도가 중앙에 있는 鏟形 묘실의 과도기 형식임.

○ 장방형 묘실과 鏟形 묘실의 선후관계는 집안지구에서 일반적임. 적석묘가 봉토묘보다 이르고, 봉토묘 가운데 평천장이 고임 천장보다 이르며, 모줄임 고임이 가장 늦은 시기에 축조되었음. 이런 두 묘실에 비추면 장방형 묘실은 모두 작고 왜소하고 비루하며 장구와 부장품이 없고, 모두 평천장인데 이는 전기 특징을 비교적 많이 지니고 있는 것임. 초기 적석묘의 절대다수는 연도가 없으며, 장방형 묘실의 고분 역시 명확한 연도가 없으며 오직 세장한 묘실 남단에 석재가 가득 채워져 있음. 따라서 연도없는 장방형 묘실은 과도기형식이라고 추측됨. 이런 종류의 고분은 비교적 적고 따라서 존재하던 시간은 크게 길지 않아 묘실 평면은 刀形과 鏟形의 고임식 천장 봉토묘로 전환됨.

○ 마선구1440호분의 연대를 판단할 근거는 확실하지 않지만, 묘실 평면과 묘실 천장 등의 구조상 5세기대 무덤으로 추정됨.

참고문헌

- 吉林省文物志編委會, 1984, 『集安縣文物志』.
- 吉林省文物工作隊·集安縣文管所, 1984, 「1976年集安洞溝高句麗墓清理」, 『考古』 1984-1.
- 國家文物局 編, 1993, 『中國文物地圖集』 吉林分冊, 中國地圖出版社.
- 吉林省文物考古研究所·集安市博物館, 2002, 『洞溝古墓群-1997年調査測繪報告』, 科學出版社.

34 집안 마선구1445호묘

集安 麻線溝1445號墓 | JMM1445

1. 조사현황

1) 1976년 조사

○ 조사기관 : 吉林省博物館·集安縣文物保管所·吉林大學考古學科·工農兵考古學習班.

○ 조사기간 : 4월 초~7월 중순.

○ 조사내용 : 농공업 생산 수요에 협력하기 위해 통구 고분군의 부분 정리를 진행함. 발굴지역의 고분은 방향이 모두 남쪽을 향하고 있으며, 산세에 따라 점차 동쪽 또는 서쪽에 치우쳐 있고, 산세를 따라 일정한 규율을 갖고 배열됨. 당해 조사에서 188기의 고분을 정리하였는데, 우산하고분군이 56기, 산성하고분군이 37기, 칠성산고분군 26기, 마선구고분군이 69기 등임. 마선구 고분군에서 발굴된 고분은 모두 麻線公社 소재지 서북 산마루의 남쪽비탈에 자리하고 있음. 188기 고분 가운데 심하게 파괴되어 정리할 가치가 없는 92기의 고분을 제외하고 적석묘 3기, 봉토묘 93기 등 96기를 정리함. 집안에서 만 기의 고분 가운데 봉토묘가 절대 다수를 점하는데 이번 발굴된 고분은 대다수가 소형 봉토묘로서 출토된 부장품은 매우 적으나 고구려 봉토묘의 변천, 구조, 장속 등의 연구에 새로운 자료를 제공함.

○ 조사자 : 方起東, 魏存成, 蘇興鈞, 郭文魁, 劉萱堂, 何明, 林至德, 閻毅之, 柳嵐, 張雪巖 등.

2) 1997년 조사

○ 조사기관 : 吉林省文物考古研究所·集安市博物館.

○ 조사내용 : 1966년에 이어 통구 지역 고분군을 전면 재조사.

2. 위치와 자연환경(그림 1)

麻線公社 소재지 서북 산마루의 남쪽비탈에 자리하고 있음.

3. 고분의 현황

1) 고분 형식

○ 유형 : 봉토석실묘(『考古』 1984-1 및 『洞溝古墓群-1997年調査測繪報告』).

○ 평면 : 서실은 鏟形, 동·중실은 刀形.

○ 방향 : 삼실 모두 묘향은 175°.

○ 규모

- 서묘실 : 길이 3m, 너비 2.6m, 높이 3m.
- 서묘도 : 길이 4.2m, 너비 0.9m, 높이 1.5m.
- 중묘실 : 길이 2.55m, 너비 2.05m, 높이 3m.
- 중묘도 : 길이 4.2m, 너비 0.9m, 높이 1.5m.
- 동묘실 : 길이 2.5m, 너비 2.25m, 높이 3m.
- 동묘도 : 길이 4.2m, 너비 1m, 높이 1.3m.

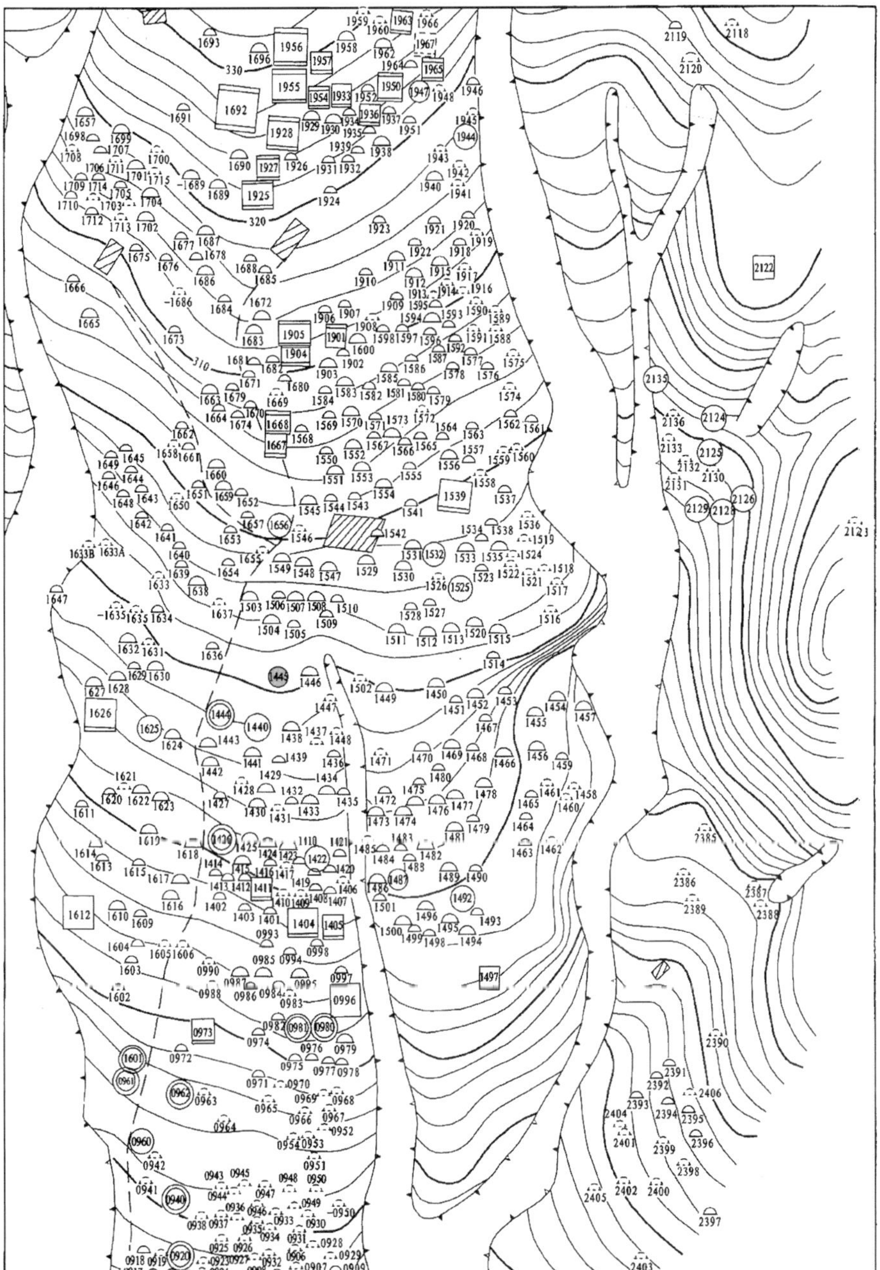

그림 1
마선구1445호묘 위치도
(『洞溝古墓群－1997年調査測繪報告』)

2) 고분 구조(그림 2)

(1) 묘실

○ 同墳異穴의 삼실묘. 천장은 모두 고임식임.

○ 삼실의 묘실 네 벽은 비교적 정연한 석재로 축조하고 틈새를 백회를 발라 메움.

(2) 연도(墓道)

○ 서실 연도는 중앙에, 동실 및 중실의 연도는 모두 동쪽에 치우쳐 설치되었음.

○ 연도는 비교적 정연한 석재로 축조하고 틈새를 백회를 바름.

○ 서실과 중실의 바닥은 각기 한 층이 2cm 두께로 백

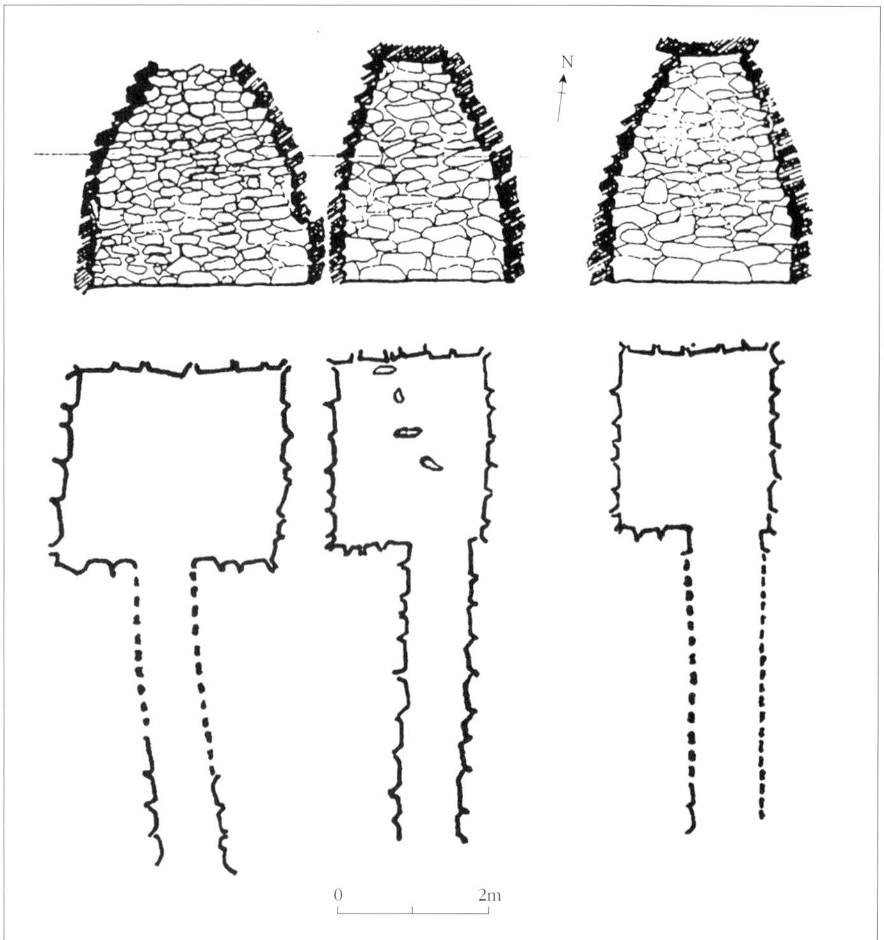

그림 2
마선구1445호묘 평 · 단면도
(『考古』 1984-1)

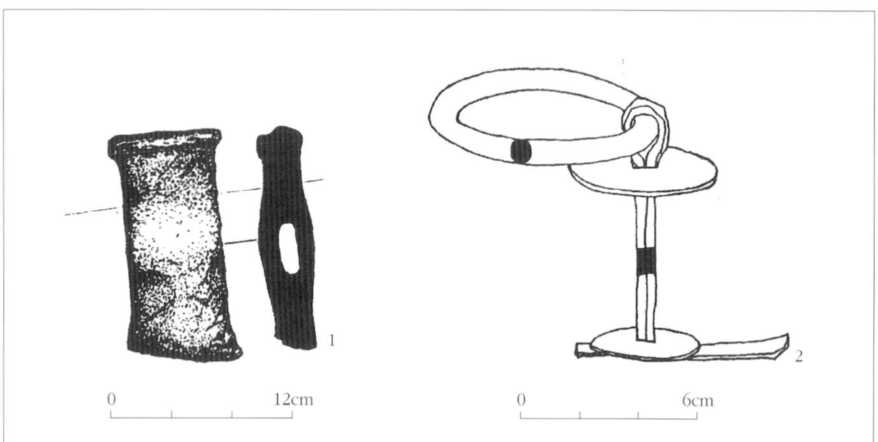

그림 3
마선구1445호묘 출토유물
(『考古』 1984-1)

회를 말랐음.

○ 세 묘실은 서로 평행함.

4. 출토유물

(1) 철제관고리(鐵棺環, 그림 3-2)

○ 출토지 : JMM1445.

○ 크기 : 총 길이 15cm.

○ 형태 : 四楞形의 鐵座가 있으며, 중간에는 2개의 圓形方孔의 當頭가 씌워 있음. 鐵座의 꼭대기에는 遊環 하나가 씌워져 있음. 이런 류의 기구는 棺을 들어 올릴 때 사용된 것으로 추측됨.

(2) 철제도끼(鐵斧, 그림 3-1)

○ 출토지 : JMM1445.

○ 크기 : 길이 28cm, 두께 2.6cm, 너비 1.3cm.

○ 형태 : 刃部는 약간 손상된 상태이며 양끝은 좁고 중간은 넓음. 중간에는 方孔이 있는데 손잡이 자루를 끼워 넣는 곳으로 추정.

5. 역사적 성격

○ 1976년 조사 당시 보고서에 의하면 봉토묘 연대는 형식상 선후의 시간 차이가 있다는 것을 확인할 수 있음. 쌍실묘 중에서 1) 두 개 묘실이 모두 연도가 없는 장방형인 경우와 2) 하나는 연도가 없는 장방형이고 다른 하나는 방형으로 연도가 치우친 경우, 3) 하나는 연도가 치우쳤고 다른 하나는 연도가 중앙인 경우가 있음. 아직 연도가 없는 장방형 묘실과 연도가 중앙에 있는 鏟形 묘실이 함께 하나의 봉분을 이룬 현상은 발견되지 못함. 따라서 연도가 치우친 묘실은 연도가 없는 장방형 묘실과 묘도가 중앙에 있는 鏟形 묘실의 과도기 형식임.

○ 장방형 묘실과 鏟形 묘실의 선후관계는 집안지구에서 일반적임. 적석묘가 봉토묘보다 이르고, 봉토묘 가운데 평천장이 고임 천장보다 이르며, 모줄임 고임이 가장 늦은 시기에 축조되었음. 이런 두 묘실에 비추면 장방형 묘실은 모두 작고 왜소하고 비루하며 장구와 부장품이 없고, 모두 평천장인데 이는 전기 특징을 비교적 많이 지니고 있는 것임. 초기 적석묘의 절대다수는 연도가 없으며, 장방형 묘실의 고분 역시 명확한 연도가 없으며 오직 세장한 묘실 남단에 석재가 가득 채워져 있음. 따라서 연도 없는 장방형 묘실은 과도기형식이라고 추측됨. 이런 종류의 고분은 비교적 적고 따라서 존재하던 시간은 크게 길지 않아 묘실 평면은 刀形과 鏟形의 고임식 천장 봉토묘로 전환됨.

○ 마선구1445호는 무덤의 연대를 판단할 근거는 확실하지 않지만, 묘실 평면과 묘실 천장 등의 구조상 5세기대 무덤으로 추정됨.

참고문헌

- 吉林省文物志編委會, 1984, 『集安縣文物志』.
- 吉林省文物工作隊·集安縣文管所, 1984, 「1976年集安洞溝高句麗墓清理」, 『考古』 1984-1.
- 國家文物局 編, 1993, 『中國文物地圖集』 吉林分冊, 中國地圖出版社.
- 吉林省文物考古研究所·集安市博物館, 2002, 『洞溝古墓群-1997年調査測繪報告』, 科學出版社.

35 집안 마선구1447호묘

集安 麻線溝1447號墓 | JMM1447

1. 조사현황

1) 1976년 조사

○ 조사기관 : 吉林省博物館·集安縣文物保管所·吉林大學考古學科·工農兵考古學習班.

○ 조사기간 : 4월 초~7월 중순.

○ 조사내용 : 농공업 생산 수요에 협력하기 위해 통구고분군의 부분 정리를 진행함. 발굴지역의 고분은 방향이 모두 남쪽을 향하고 있으며, 산세에 따라 점차 동쪽 또는 서쪽에 치우쳐 있고, 산세를 따라 일정한 규율을 갖고 배열됨. 당해 조사에서 188기의 고분을 정리하였는데, 우산하고분군이 56기, 산성하고분군이 37기, 칠성산고분군 26기, 마선구고분군이 69기 등임. 마선구고분군에서 발굴된 고분은 모두 麻線公社 소재지 서북 산마루의 남쪽비탈에 자리하고 있음. 188기 고분 가운데 심하게 파괴되어 정리할 가치가 없는 92기의 고분을 제외하고 적석묘 3기, 봉토묘 93기 등 96기를 정리함. 집안에서 만 기의 고분 가운데 봉토묘가 절대 다수를 점하는데 이번 발굴된 고분은 대다수가 소형 봉토묘로서 출토된 부장품은 매우 적으나 고구려 봉토묘의 변천, 구조, 장속 등의 연구에 새로운 자료를 제공함.

○ 조사자 : 方起東, 魏存成, 蘇興鈞, 郭文魁, 劉萱堂, 何明, 林至德, 閻毅之, 柳嵐, 張雪巖 등.

2) 1997년 조사

○ 조사기관 : 吉林省文物考古研究所·集安市博物館.

○ 조사내용 : 1966년에 이어 통구고분군을 전면 재조사.

2. 위치와 자연환경(그림 1)

麻線公社 소재지 서북 산마루의 남쪽비탈에 자리하고 있음.

3. 고분의 현황

1) 고분 형식

○ 유형 : 봉토석실묘(『考古』 1984-1), 동실묘(『洞溝古墓群 - 1997年調查測繪報告』).

○ 평면 : 묘실은 刀形.

○ 방향 : 서·중·동실 175°.

○ 규모

- 서묘실 : 길이 2.3m, 너비 1.6m, 높이 1.32m.
- 서묘도 : 길이 2m, 너비 0.9m, 높이 1.2m.
- 중묘실 : 길이 2.32m, 너비 1.9m, 높이 1.62m.
- 중묘도 : 길이 2.3m, 너비 1.1m, 높이 1.3m.
- 동묘실 : 길이 2.4m, 너비 1.56m, 높이 1.23m.
- 동묘도 : 길이 2.1m, 너비 0.8m, 높이 1.1m.

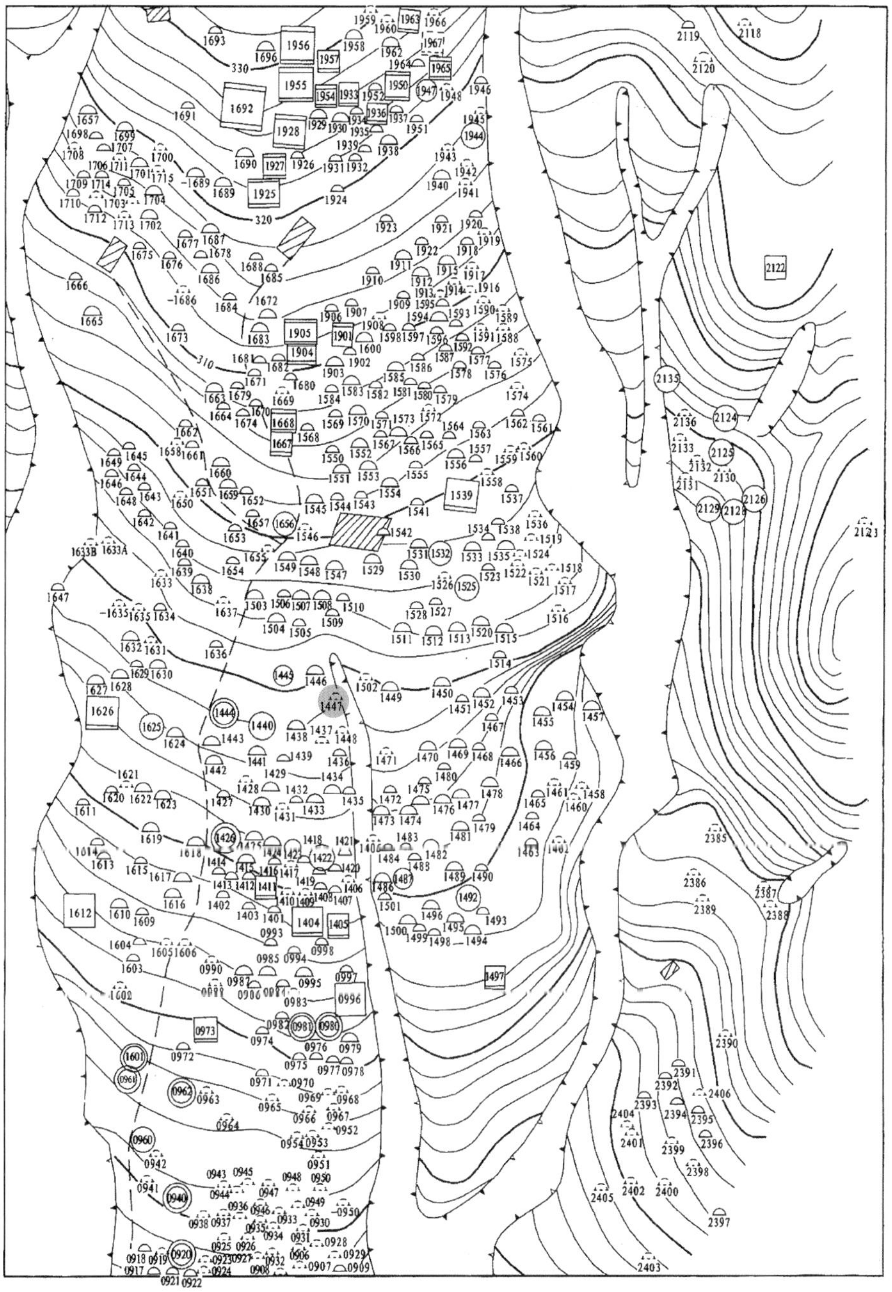

그림 1
마선구1447호묘 위치도
(『洞溝古墓群－1997年調査測繪報告』)

2) 고분 구조(그림 2)

(1) 묘실

○ 同墳異穴의 삼실묘. 천장은 각기 달라 서실은 고임식, 중·동실은 모줄인 고임식임.

○ 묘실 네 벽은 정연한 석재로 축조한 뒤에 틈새에 백회를 바름.

○ 세 묘실은 서로 평행함.

(2) 연도(墓道)

○ 서실과 중실의 연도는 묘실 남벽의 동쪽에 치우쳐 있고, 동실의 연도는 묘실 남벽의 서쪽에 치우쳐 설치

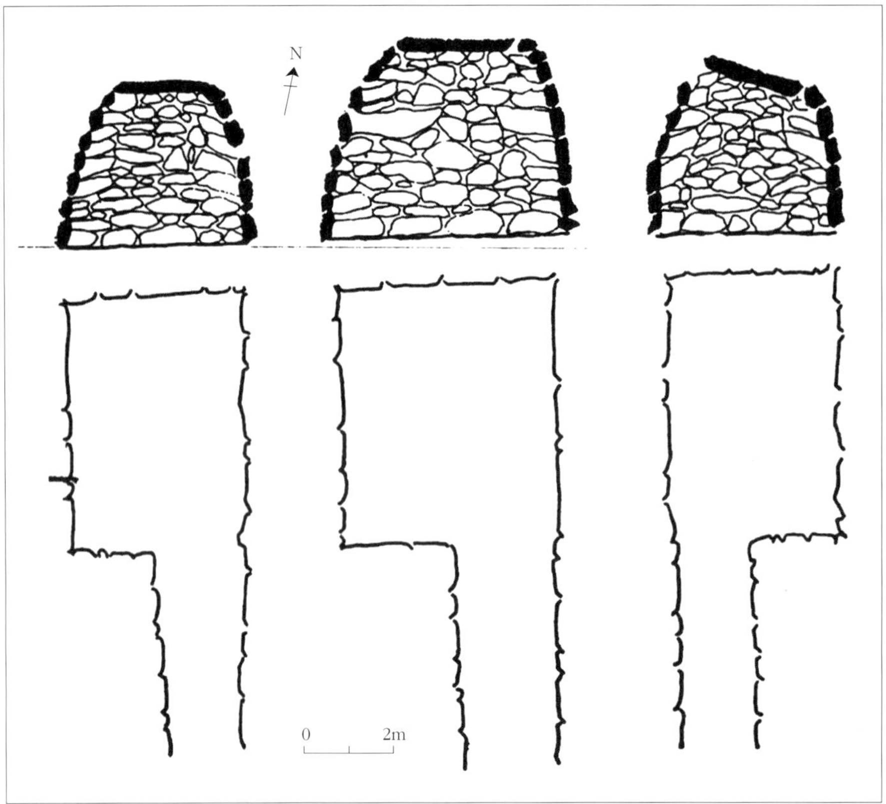

그림 2
마선구1447호묘 평·단면도
(『考古』 1984-1)

되어 있음.

○ 연도는 정연한 석재로 축조한 뒤에 틈새를 백회를 발라 메움.

4. 역사적 성격

○ 1976년 조사 당시 보고서에 의하면 봉토묘 연대는 형식상 선후의 시간 차이가 있다는 것을 확인할 수 있음. 쌍실묘 중에서 1) 두 개 묘실이 모두 연도가 없는 장방형인 경우와 2) 하나는 연도가 없는 장방형이고 다른 하나는 방형으로 연도가 치우친 경우, 3) 하나는 연도가 치우쳤고 다른 하나는 연도가 중앙인 경우가 있음. 아직 연도가 없는 장방형 묘실과 연도가 중앙에 있는 鏟形 묘실이 함께 하나의 봉분을 이룬 현상은 발견되지 못함. 따라서 연도가 치우친 묘실은 연도가 없는 장방형 묘실과 연도가 중앙에 있는 鏟形 묘실의 과도기 형식임.

○ 장방형 묘실과 鏟形 묘실의 선후관계는 집안지구에서 일반적임. 적석묘가 봉토묘보다 이르고, 봉토묘 가운데 평천장이 고임 천장보다 이르며, 모줄임 고임이 가장 늦은 시기에 축조되었음. 이런 두 묘실에 비추면 장방형 묘실은 모두 작고 왜소하고 비루하며 장구와 부장품이 없고, 모두 평천장인데 이는 전기 특징을 비교적 많이 지니고 있는 것임. 초기 적석묘의 절대다수는 연도가 없으며, 장방형 묘실의 고분 역시 명확한 연도가 없으며 오직 세장한 묘실 남단에 석재가 가득 채워져 있음. 따라서 연도없는 장방형 묘실은 과도기형식이라고 추측됨. 이런 종류의 묘장은 비교적 적고 따라서 존재하던 시간은 크게 길지 않아 묘실 평면은 刀形과

鏟形의 고임식 천장 봉토묘로 전환됨.

○ 마선구1447호묘는 무덤의 연대를 판단할 근거는 확실하지 않지만, 묘실 평면과 묘실 천장 등의 구조상 5세기대 무덤으로 추정됨.

참고문헌

- 吉林省文物志編委會, 1984,『集安縣文物志』.
- 吉林省文物工作隊·集安縣文管所, 1984,「1976年集安洞溝高句麗墓清理」,『考古』1984-1.
- 國家文物局 主編, 1993,『中國文物地圖集』吉林分冊, 中國地圖出版社.
- 吉林省文物考古研究所·集安市博物館, 2002,『洞溝古墓群-1997年調查測繪報告』, 科學出版社.

36 집안 마선구1479호묘

集安 麻線溝1479號墓 | JMM1479

1. 조사현황

1) 1976년 조사

○ 조사기관 : 吉林省博物館·集安縣文物保管所·吉林大學考古學科·工農兵考古學習班.

○ 조사기간 : 4월 초~7월 중순.

○ 조사내용 : 농공업 생산 수요에 협력하기 위해 통구고분군의 부분 정리를 진행함. 발굴지역의 고분은 방향이 모두 남쪽을 향하고 있으며, 산세에 따라 점차 동쪽 또는 서쪽에 치우쳐 있고, 산세를 따라 일정한 규율을 갖고 배열됨. 당해 조사에서 188기의 고분을 정리하였는데, 우산하고분군이 56기, 산성하고분군이 37기, 칠성산고분군 26기, 마선구고분군이 69기 등임. 마선구고분군에서 발굴된 고분은 모두 麻線公社 소재지 서북 산마루의 남쪽비탈에 자리하고 있음. 188기 고분 가운데 심하게 파괴되어 정리할 가치가 없는 92기의 고분을 제외하고 적석묘 3기, 봉토묘 93기 등 96기를 정리함. 집안에서 만 기의 고분 가운데 봉토묘가 절대 다수를 점하는데 이번 발굴된 고분은 대다수가 소형 봉토묘로서 출토된 부장품은 매우 적으나 고구려 봉토묘의 변천, 구조, 장속 등의 연구에 새로운 자료를 제공함.

○ 조사자 : 方起東, 魏存成, 蘇興鈞, 郭文魁, 劉萱堂, 何明, 林至德, 閻毅之, 柳嵐, 張雪巖 등.

2) 1997년 조사

○ 조사기관 : 吉林省文物考古研究所·集安市博物館.

○ 조사내용 : 1966년에 이어 통구고분군을 전면 재조사.

2. 위치와 자연환경(그림 1)

麻線公社 소재지 서북 산마루의 남쪽비탈에 자리하고 있음.

3. 고분의 현황

1) 고분 형식

○ 유형 : 봉토석실묘(『考古』 1984-1), 동실묘(『洞溝古墓群 - 1997年調査測繪報告』)봉토석실묘.

○ 평면 : 묘실은 刀形.

○ 방향 : 묘향 190°.

○ 규모

- 묘실 : 길이 2.8m, 너비 2.4m, 높이 1.8m.
- 묘도 : 길이 1.7m, 너비 0.8m, 높이 1.2m.

2) 고분 구조(그림 2)

(1) 묘실

○ 단실묘. 천장은 평행 고임식임.

○ 묘실 바닥은 깬돌을 깔았음.

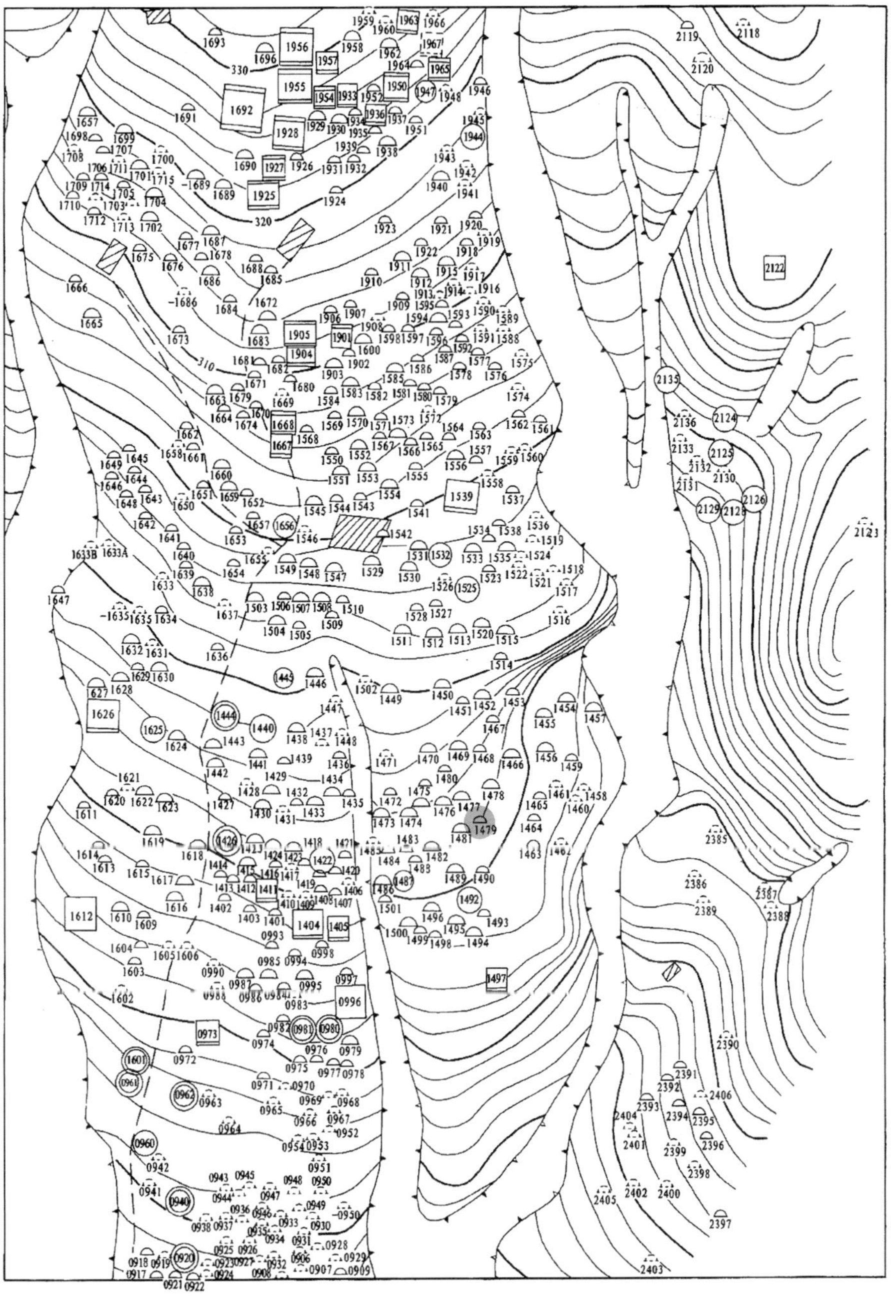

그림 1
마선구1479호묘 위치도
(『洞溝古墓群－1997年調査測繪報告』)

○ 묘실 네 벽은 묘도와 마찬가지로 크기가 다른 자연석을 이용해 축조하였으며, 그 틈에는 깬 돌로 메웠음.

○ 평행고임 위에 거대석을 하나 평평하게 덮음.

○ 묘실은 遼寧省 撫順 洼渾木 고구려13호분과 서로 같음.

(2) 연도(墓道)

○ 연도가 묘실 남벽의 서쪽에 치우쳐 있으며, 평평하고 일직선으로 뻗은 형태임.

○ 입구는 작은 돌을 쌓아 막음.

○ 연도는 크기가 다른 자연석을 이용해 축조하였으며, 그 틈은 할석(碎石)으로 메웠음.

그림 2
마선구1479호묘 평·단면도
(『考古』1984-1)

4. 역사적 성격

무덤의 연대를 판단할 근거는 확실하지 않지만, 묘실 평면이 도형(刀形)이며, 묘실 천장이 모줄임 고임식천장이라는 점에서 5세기대 무덤으로 추정됨.

참고문헌

- 吉林省文物志編委會, 1984, 『集安縣文物志』.
- 吉林省文物工作隊·集安縣文管所, 1984, 「1976年集安洞溝高句麗墓淸理」, 『考古』 1984-1.
- 國家文物局 編, 1993, 『中國文物地圖集』 吉林分冊, 中國地圖出版社.
- 吉林省文物考古研究所·集安市博物館, 2002, 『洞溝古墓群-1997年調查測繪報告』, 科學出版社.

37 집안 마선구2100호묘

集安 麻線溝2100號墓 | JMM2100

1. 조사현황

1) 1966년 조사

○ 조사기관 : 吉林省博物館·集安縣文物保管所.

○ 조사내용 : 통구고분군에 대한 일제 조사 및 측량이 실시되면서 해당 고분을 마선구2100호묘로 편호함.

2) 1997년 조사

○ 조사기관 : 吉林省文物考古研究所·集安市博物館.

○ 조사내용 : 1966년에 이어 통구고분군을 전면 재조사.

3) 2003년 조사

○ 조사기관 : 吉林省文物考古研究所, 集安市文物保管所.

○ 조사기간 : 4~7월 말.

○ 조사자 : 王志敏(通化市文物管理委員會), 王寶生(靖宇縣文物保護管理所), 王新春(松原縣博物館)

○ 조사내용 : 집안 고구려유적의 환경복원 작업중에 마선구2100호묘의 상세한 조사, 측량 및 발굴이 진행되었는데 총 58일이 소요됨. 조사 및 정리과정에서 金器, 金銅器, 青銅器, 鐵器, 陶器, 기와 등 총 550여 점이 출토됨.

2. 위치와 자연환경

1) 고분 위치(그림 1)

○ 고분은 集安市 서쪽의 麻線鄉 紅星村 남쪽에 위치하며, 동쪽으로는 집안시구와 약 3km 떨어져 있음.

○ 고분은 板岔嶺 支脈 서쪽 기슭의 동에서 서로 펼쳐진 평탄한 대지에 자리하고 있으며, 지세는 동쪽은 높고 서쪽은 낮음.

○ 묘장 중심지리좌표는 동경 126° 8′44.32″, 북위 41° 6′2.74″이며, 해발고도 200.1m임.

2) 주위 환경(그림 2)

○ 고분 동쪽 산기슭에는 紅星村 3組 居民區와 鄉敬老院이 있으며, 마선은 石廟村로 통하는 鄉路가 묘장 동변을 통과함.

○ 무덤의 남북 양측 모두 평탄한 골짜기로 남변은 경작지이며, 북측에는 麻線中學이 있음.

○ 서측 대지 아래에는 탁 트인 麻線河谷이 있으며, 북에서 내려오는 麻線河는 고분 서남 500m 정도 남쪽으로 흘러 압록강으로 들어감.

○ 통구고분군 마선묘구 가운데 대형 무덤의 하나로 주위에는 여러 기의 대형 고구려 왕릉이 있는데 서남의 마선626호묘는 1.7km 떨어져 있고, 정남의 천추묘는 800m 떨어져 있고, 동남의 마선향2378호묘는 1.2km 떨어져 있음.

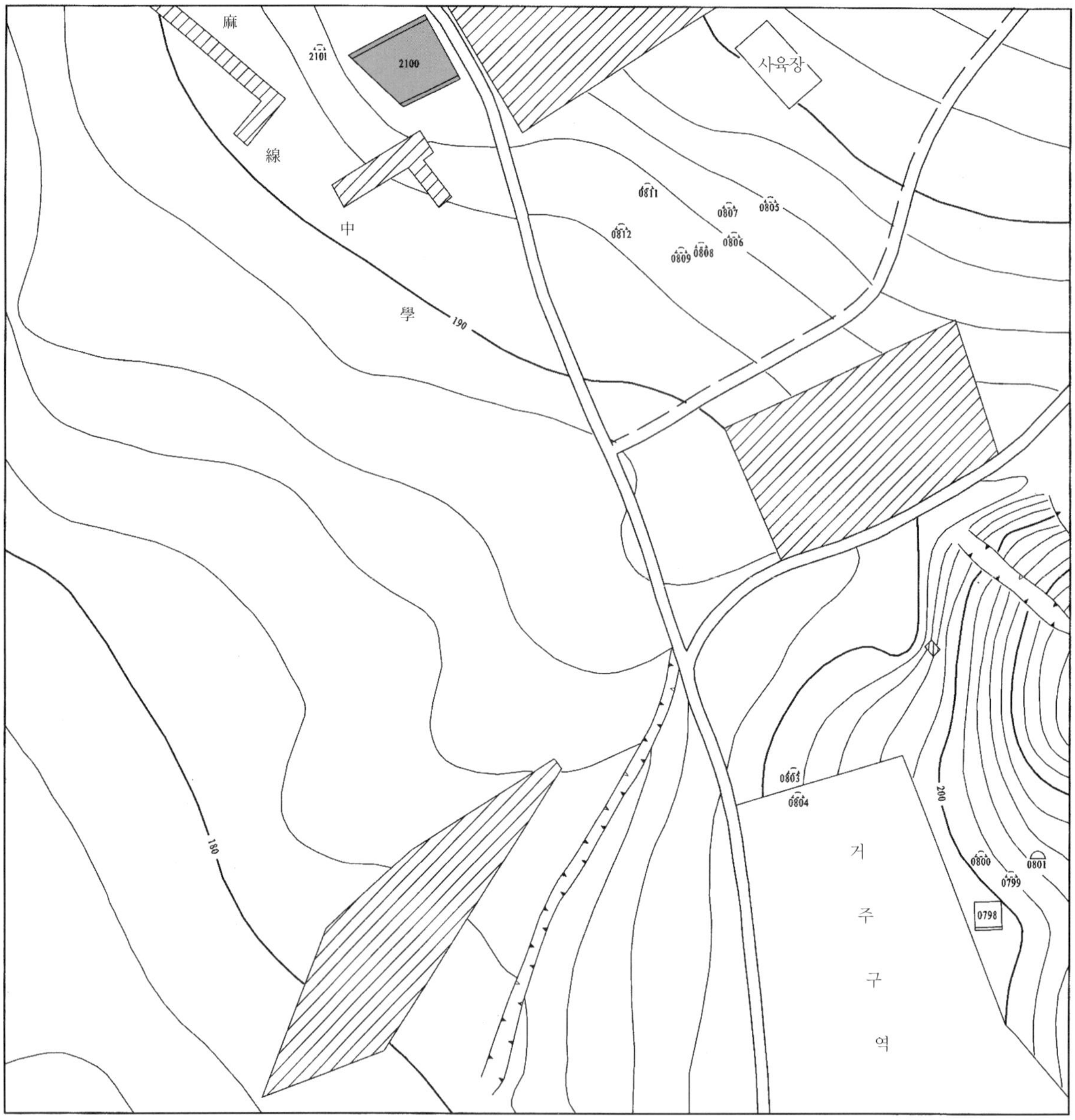

그림 1 마선구2100호묘 위치도(『洞溝古墓群 – 1997年調査測繪報告』)

3. 고분의 현황

1) 고분 형식

○ 유형 : 특대형계단적석석광묘(『洞溝古墓群 – 1997年調査測繪報告』), 계단적석묘(『集安高句麗王陵』), 계단적석광실묘(『集安高句麗墓葬』).

○ 평면 : 방형.

○ 방향 : 무덤의 남측변의 방향이 218°로 南偏西 38° (이하 '남편서'를 '南'으로 칭함)

○ 규모(그림 3, 그림 4)

– 지표로부터 현재 높이 6m,

– 동변 길이 33m, 서변 길이 32.2m, 남변 길이 29.6m, 북변 길이 33m.

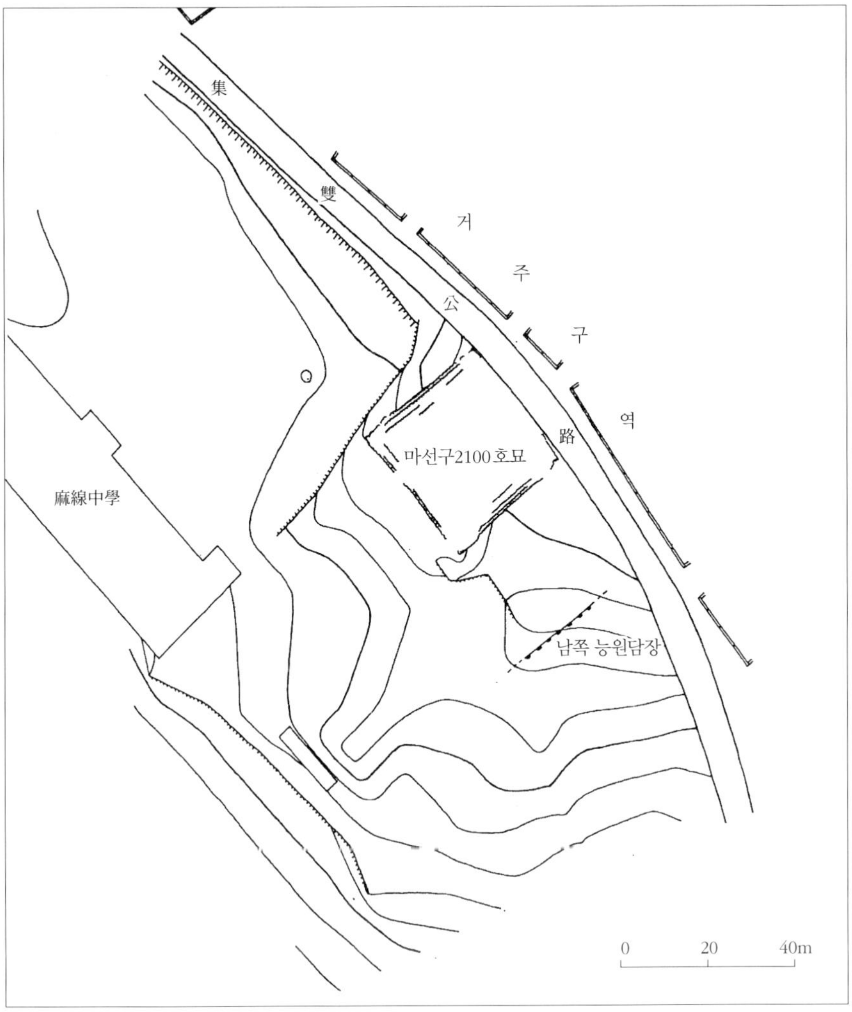

그림 2 마선구2100호묘의 부근 지형도(『集安高句麗王陵』)

2) 고분 구조

(1) 계단

① **기초석(基礎石)**

○ 제1단 계단의 아래에는 한 층의 잘 다듬어진 기초석(基礎石)을 깔아 놓았음. 기초석은 반쯤 지하에 위치. 지표 경사가 다르기 때문에 노출된 높이는 0.6~0.7m로 일정치 않음. 기초석 구덩이 깊이는 0.4~0.6m임.

○ 기초석(基礎石)은 대부분 산돌을 사용하였고 일부 화강암도 있음. 비교적 큰 석재로 견고함이 더함. 산돌은 일반적으로 상, 하, 밖 3면을 홈을 내었고, 화강암은 비교적 정연한 장대석과 방대석, 방대석의 모서리돌에 홈을 많이 내었음. 기초석(基礎石)은 비교적 가지런히 쌓아졌는데 위쪽 표면은 기본적으로 가지런함.

○ 기초석(基礎石) 바깥쪽과 무덤 네 둘레의 단면조사 결과를 보면, 구덩이 상층은 황토이고 하층은 황갈색 토임. 구덩이 위로 지표면에는 작은 강자갈(河卵石)을 한겹 깔았음. 무덤 자체의 압력과 장기적인 동결과 해빙 등의 요인에 영향을 받아 현재 서북과 동남 양 모서리의 기초석(基礎石)은 이미 빠져나가 안쪽이 아래로 함몰하여 바깥으로 뒤틀리는 현상이 나타남.

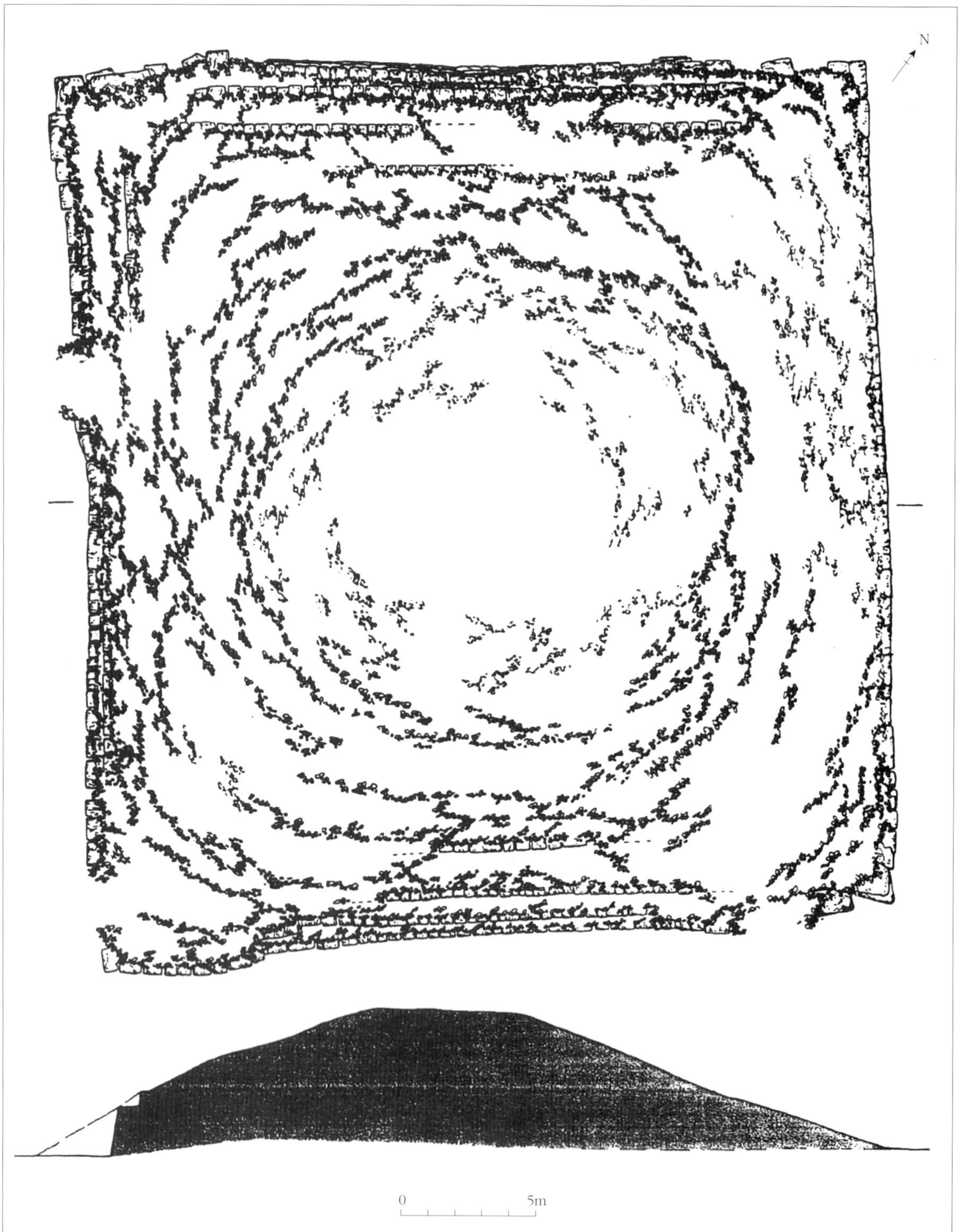

그림 3 마선구2100호묘 평·단면도(『集安高句麗王陵』)

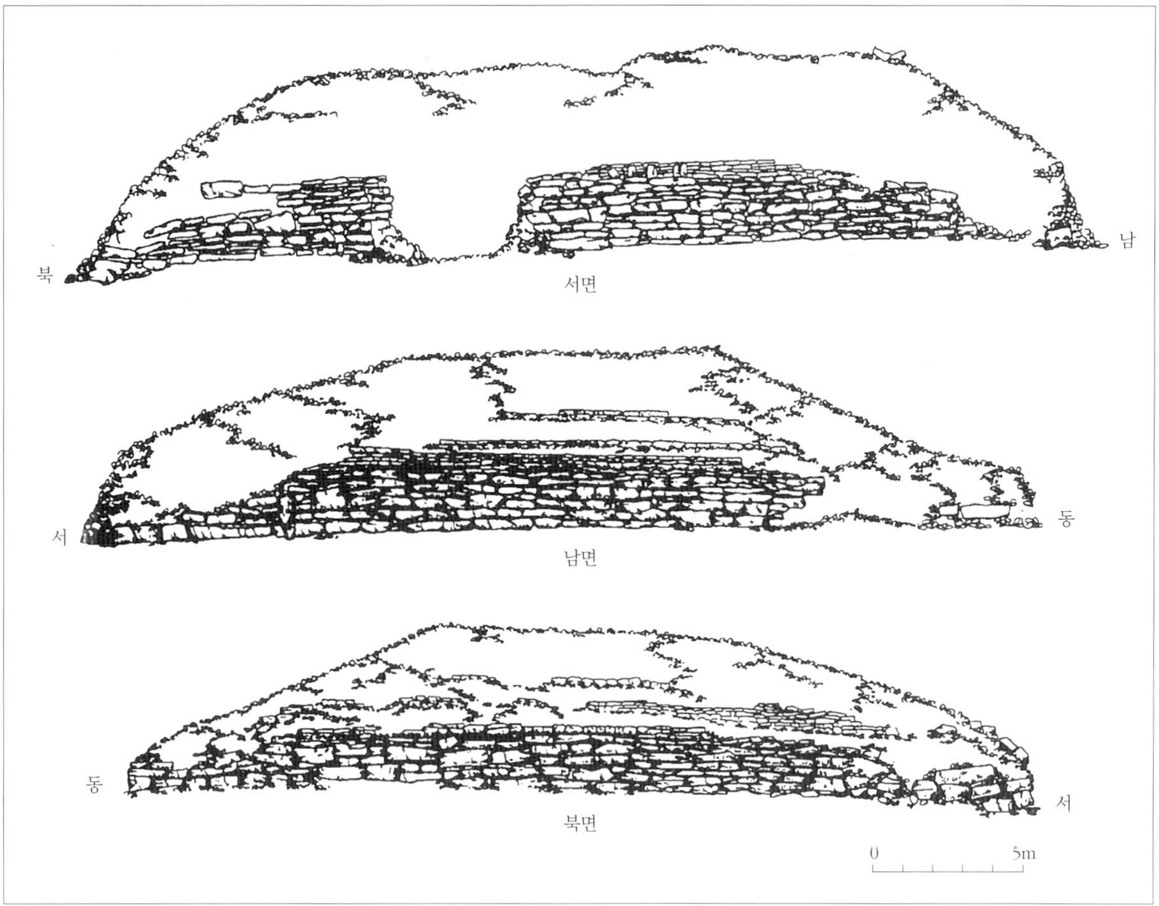

그림 4 마선구2100호묘 정면도(『集安高句麗王陵』)

○ 고분 북측 동단의 기초석(基石) 밖 0.5m 정도에는 무덤 기초와 수직하는 돌이 하나 있는데 길이 1.3m의 세워 놓는 석판으로 지표에서 반쯤 노출되었으나 아직 발굴이 진행되지 않아 그 성격은 분명하지 않음.

② **제1단 계단**

○ 기초석(基礎石)을 포함해 모두 6층으로 쌓았으며 계단돌 안은 강자갈(河卵石)로 메움.

○ 계단석은 점차 안으로 들여쌓았으며, 上面은 작은 강자갈(河卵石)로 덮혔음.

○ 남, 서, 북 3면은 보존이 상대적으로 온전하여 높이 1.8~2.2m임. 계단은 부분적으로 밖으로 벌어지는 변형이 있는데 남측 서단의 外張은 0.9m, 동단 외장은 0.3m이며, 북측 서단의 외장은 0.8m, 서측 북쪽 모서리 외장은 최대로 약 1.3m임. 동남 모서리와 서남 모서리는 비교적 심각하게 파괴되었으나 높이 0.6m 정도의 기초 모서리돌은 남아 있음. 동측의 보존이 가장 좋은 곳에는 현재 4층이 남아 있는데, 지표로부터 높이가 약 1.6m임.

○ 계단을 쌓는데 사용된 석재의 대부분은 산돌을 약간 가공하였음. 큰 모서리돌과 장대석은 화강암 석질임. 가공을 거친 석재는 일반적으로 길이 1m 정도이며, 작은 것은 0.5~0.8m 사이이며, 두께는 0.3~0.7m로 고르지 않으며, 가장 큰 것이 길이 1.8m임. 석재의 축조법상 보통 아래 돌이 크고, 윗 돌이 작으며, 정상에는 일반적으로 판석을 사용함. 다만 서남 모서리

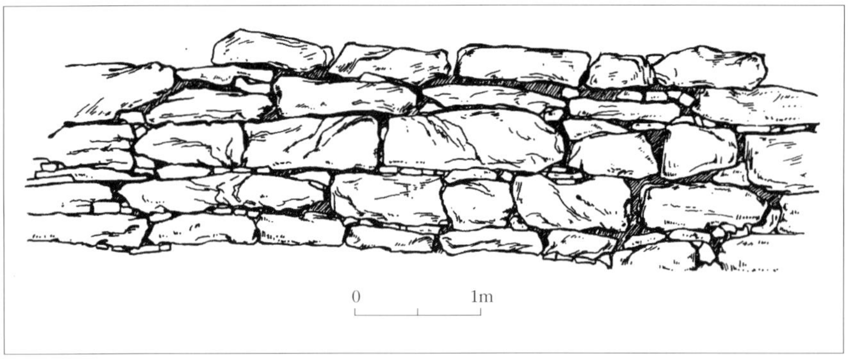

그림 5 마선구2100호묘 계단 구조도(『集安高句麗王陵』)

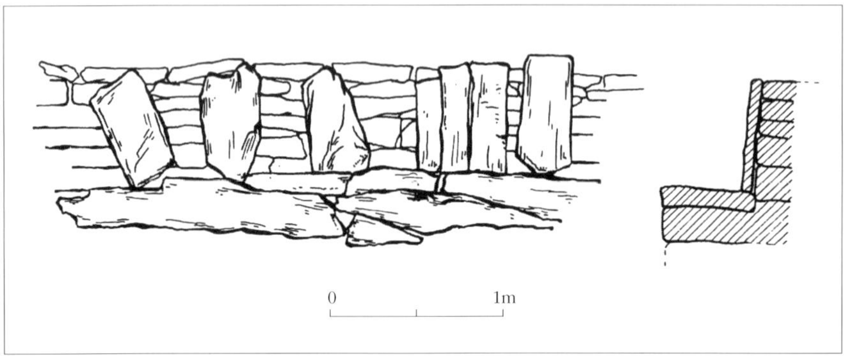

그림 6 마선구2100호묘 서변 1단 계단 위의 입석판(『集安高句麗王陵』)

5~6m 떨어진 곳의 남측 제2층 가공석재 중에 길이 1m, 높이 0.7m의 가공석재가 있는데 두께가 대체로 그 양옆의 3층 축조석에 맞물려 있어 제1단 계단은 여러 층이 동시에 수축된 것을 알 수 있음. 석재의 크기와 두께가 고르지 않아 생긴 비교적 커다란 틈새에는 소형의 판상 메움돌을 사용하여 각 층의 축조석은 견고하고 가지런 함(그림 5).

○ 무덤 서면의 계단 북단에는 너비 2m여의 도굴갱 입구가 있음. 남측 상하에는 각기 장대석의 단면이 밖을 향하도록 함. 단면상 장대석은 다른 한쪽이 고분 내 자갈층(卵石層)에 삽입되어 있음. 이것은 '힘줄을 끌어당기는 것'과 유사하게 작용하여 계단과 내부의 메운돌을 충분히 서로 접하게 하여 견고함을 더해 붕괴를 방지함. 이 현상은 칠성산211호묘의 서변에서도 발견됨.

③ **제2단 계단**

○ 높이 0.9m이며, 제1단 계단에 비해 0.5m 안으로 들여쌓았음.

○ 계단은 6~7층으로 축조되었으며, 아래쪽 석재는 화강암 소형 가공석재를 사용하였고, 위에는 장방형의 작은 판석을 쌓았음. 석질은 석회암이 다수를 차지하며, 그 나머지는 沈積巖과 頁巖임.

○ 계단 내부는 커다란 강자갈(河卵石)로 메워졌으며, 상면에는 돌을 덮음. 서측 남단 계단석의 담장에 기대어 6개의 소형 입석이 배열되어 있는데 입석은 板狀을 띠고 있는데 높이 0.6m, 너비 0.3m, 두께 0.1m 정도이며, 재질은 짙은 회색의 침적암임. 6개의 판상석은 모두 제1단 계단의 평면 위에 세워져 있으며 바깥면은 작은 강자갈 또는 깬돌(碎石)로 덮여 있는데, 상면 일부가 노출되어서 일부러 놓아둔 것이나 의도가 명확치

않음(그림 6). 유사한 정황은 남측 서단 제1단 계단 외측에서 보이는데, 이곳 역시 높이 1m 정도의 같은 재질의 입석판 하나가 계단석에 기대어 있음. 다만 외측에는 무덤 위에서 돌이 떨어져 내려 사람이 놓아둔 것인지 상면에서 미끄러 떨어진 것인지는 여전히 확실하지 않음.

④ 제3단 계단

○ 제2단 계단 위에 안으로 들여쌓았으며, 남측은 안으로 0.9m 들여쌓았고, 북측은 안으로 1.4m 들여쌓았음. 서측 북단은 1, 2단 계단의 전체가 밖으로 옮겨져 그 사이 간격이 1.7m에 이르며, 동측은 이미 파괴됨.

○ 제3단 계단의 높이는 0.9m.

○ 석재와 축조 정황은 제2단 계단과 기본적으로 동일하며, 계단 위에 돌이 덮여 있음.

⑤ 제4단 계단

○ 남측은 안으로 1.6m 들여쌓았고, 북측은 안으로 1.4m 들여쌓았음.

○ 동측과 서측은 이미 남아 있지 않으나 잔류한 계단을 보면 그 높이와 사용된 석재는 2, 3단 계단과 기본적으로 동일함.

○ 제4단 계단은 분구 정상에서 약 2m 떨어져 있는데 그 사이에 돌이 경사져 덮여 있어 계단석이 드러나지 않음. 아직 덮인 돌을 정리하지 않음. 앞의 4단 계단의 들여쌓기 한 폭을 보면 封石 안에는 아직 2단 또는 3단 계단이 무덤 정상까지 조성되었을 가능성이 있음.

(2) 분구 정상(墓頂)

○ 분구의 정상은 평편한 대상임(平臺). 남북 길이 18m, 동서 너비 11m 정도이며, 대체로 장방형을 이루며 중간은 사면 둘레보다 낮으며 서측 북단에는 너비가 근 2m인 입구가 있음.

○ 묘정 입구는 고분 아래로부터 정상부까지 연결되며, 내부의 자갈(卵石)이 대량의 흑토와 섞여 있음. 이 입구는 오래전의 도굴구덩이로 분석됨. 구덩이 안에는 비교적 두터운 부식토가 있는데 상면에는 관목이 가득 차 있고 뿌리는 단단하게 돌틈 사이에 깊이 뚫고 들어가 있음. 이로써 도굴 구덩이는 비교적 오래된 것으로 추측됨.

(3) 묘실

○ 분구 정상은 심각하게 파괴되어 오늘날 중앙부에는 얕은 구덩이가 있으며, 묘실은 이미 흔적도 없음.

○ 묘정의 낮은 함몰된 지점을 관찰해보면 중앙부는 희미하게 동서향으로 질서 있게 놓여진 자갈(卵石)이 한 줄 배열되어 있는데 마치 격벽 기초의 흔적 같음. 이런 격벽은 우산992호묘, 만보정242호묘 등의 고분에서 일찍이 발견되었으며, 묘실이 그 위에 만들어졌을 가능성이 있음.

○ 묘상 또는 묘하를 막론하고 모두 커다란 석재가 발견되지 않아 천장 막음에 작은 돌이 쓰였을 가능성도 있기 때문에 해당 고분의 묘실은 커다란 개석이 올려지지 않은 광실구조에 속한다고 추정됨.

(4) 묘상 건축구조물

○ 분구 정상과 네 개 비탈 모두 기와 조각이 산재하지만 분구 네 면의 무너진 돌 사이에 포함된 기와의 양에는 미치지 못함.

○ 고분 아래에는 기와조각이 서면, 남면, 북면 등 3면에 가장 밀집되어 있으며, 북측과 서측 북단에는 여전히 卷雲 飛禽文 와당이 발견됨. 해당 고분은 동쪽이 높고 서쪽이 낮은 지형 특징에 따라 기와조각의 분포상황을 분석한다면 그 묘상 건축구조물 대부분이 동쪽에서 서쪽을 향해 무너진 것으로 추정됨.

3) 상관 유적

(1) 산수(散水) 시설

○ 무덤 둘레에 황토층이 있고, 계단에서 바깥으로 작은 강자갈(河卵石)을 깔은 한 층의 散水가 있음.

○ 散水石은 무덤의 서측과 북측에서 너비 3~3.5m, 두께 0.05~0.1m로 확인됨. 동측은 지형이 이미 비교적 크게 파괴당하여 정황이 분명치 않으며, 남측의 산수석은 부분적으로는 두께가 0.18m에 달함.

○ 무덤의 남측 중앙부에서 계단 밖의 자갈 산수층 위에는 3개의 비교적 커다란 판석이 연속하여 있는데, 판석 너비는 0.6~1m, 두께는 0.08~0.15m로 고르지 않음. 3개 판석이 남북향으로 배열되었는데 북단 제1석과 계단 기초석이 수직으로 만나며, 다른 몇 면은 모두 깔려 있는 강자갈과 산수석의 일부분이 됨.

○ 동북 모서리 밖의 산수석 표면에는 계단과 수직으로 묻혀 있는 입석판이 보존되어 있는데 묻힌 것이 분명치 않음.

(2) 능원 담장(陵墻)

○ 동, 서, 북 3면의 지형이 파괴당하거나 비교적 크게 교란이 일어나서, 해당 고분의 능장은 남측에서 찾을 수 있음.

○ 고분 남쪽 중앙부에서 서쪽으로 치우쳐 무덤 밑변에서 30m 떨어진 탐색갱에서 길이 20m의 능원 남은 담장 일부를 발견함. 담장은 강자갈(河卵石)을 사용해 쌓았는데 방향은 남측의 계단과 서로 평행함. 담장은 너비 0.6m, 높이 0.3~0.4m이며, 무너진 강자갈(河卵石)은 남쪽으로부터 분포면적의 너비가 1.5m에 달하며, 원래의 담장은 일정한 높이를 가졌던 것으로 볼 수 있음.

○ 담장 축조는 비교적 간단하며, 대부분의 담장 벽은 2개 내지 3개의 강자갈(河卵石)에 황토를 섞어 축조하였는데 작은 산돌이 보이기도 함. 중앙부 가까이 있는 담장은 담장 폭과 비슷한 길이의 방형 석회암 2개가 있으며, 두 돌 사이 간격은 10m로 중심을 표시하는 전용 석재로 사용되었을 가능성이 있음.

○ 담장 조사 중에 담장 밖에 훼손된 자갈의 남측에서 담장벽과 서로 수직하는 너비 1m 정도의 작은 강자갈층(河卵石層)이 발견됨. 자갈(卵石)을 견고한 황토층 안에 많이 끼워 넣었는데 이것은 노면이 압력을 심하게 받는 것을 견뎌낼 수 있게 하였을 것임.

○ 노면은 散水石과 모두 동일한 층에 있음. 만일 담장 평면이 무덤처럼 방형이라면 네 둘레의 담장은 무덤 계단석에서 각 30m 떨어져 있게 되므로 담장 각 변의 길이는 90m가 됨.

○ 路面은 고분 남쪽 정중앙에 위치한 듯 하며, 앞서 散水시설에서 기술한 남북 배열한 3개 판석과 격벽은 서로 마주함. 노면 북단에는 능원 담장이 무너진 후에 형성된 강자갈(河卵石) 무지가 있는데 전면적 정리가 진행되지 않아 능원의 남문인지 도로인지 여부는 아직 명확치 않음.

(3) 건축 유적지

○ 고분 서남 약 200m의 평지에 건축지가 하나 있음.

○ 현지인들은 일찍이 이곳에서 형상이 단정한 대형 장대석 여러 개를 발견하여 이곳을 '大院套'라 칭함. 이 방위로부터 거리를 추측하면 해당 고분의 능침류의 건축 유적지일 가능성이 있음.

4) 기타

○ 분구 정상과 무너져 내린 고분의 사면 및 고분 아래에 기와 잔편이 다수 분포. 특히 고분 아래에는 서면, 남면, 북면 등 3면이 가장 밀집되어 있으며, 북측과 서측 북단에서는 卷雲 飛禽文 와당이 발견됨.

○ 분구 정상 도굴 구덩이의 돌과 흙더미에서는 상당한 수량의 금동기와 순금 장식물을 선별해 냈음.

○ 동북 모서리 밖의 산수석 부근에서 일찍이 금동장식물이 발견됨.

4. 출토유물

마선2100호묘 낙석의 정리 과정중에 총 550여 점 유물 발견. 유물 절대다수는 서측과 북측에서 출토되었는데 금기, 금동기, 철기, 피혁, 시유토기 및 청자기 잔편, 와당 및 기와편 등이 있음. 비교적 중요한 문물은 鐵鏡, 鐵矛, 금동 馬形鏤空장식 조각, 금동 봉황루공장식 조각, 순금 보요장식 등이 있음.

1) 금기(金器)

○ 다수 묘장 서측 도굴 구덩이속에서 발견되는데 종류는 비교적 단순하여 금제못머리(金帽釘) 1점을 제외하고 모두 步搖장식 및 그 부속품임.

○ 步搖장식(步搖飾)은 총 17점으로 온전한 것이 3점임. 모두 단추형보요장식(泡形座飾), 懸枝, 步搖 등 세 부분으로 구성되며, 형식은 單步搖, 3步搖 등 두 종류로 나뉘는데 어떤 것은 懸枝에 하나의 구슬 장식(珠飾)이 꿰어 있음. 步搖은 모두 납작한 판으로 되어 있고, 원형 평면엽, 원형 호면엽, 규형 步搖 등 3종으로 나뉠 수 있음. 잔편은 座飾과 步搖가 비교적 많고 좌식 형식은 기본적으로 동일하며, 步搖는 모양과 크기의 각종 변화가 있음.

○ 步搖는 고분에서 11점 출토되었고 그 가운데 8점은 金絲연결가지를 갖고 있음. 步搖는 모두 얇은 銅片으로 제작. 형식은 대체로 圓形 弧面, 원형 평면, 圭形 葉片 등 3가지로 구분 가능함.

(1) 단엽 보요장식(單葉步搖飾, 03JMM2100:170-1, 그림 7-4)

○ 출토지 : 마선구2100호묘.

○ 크기 : 단추모양장식(泡飾) 직경 0.95cm. 원형步搖 직경 0.8cm.

○ 형태 : 座飾은 圓泡形으로 중앙상부에는 대칭하는 3개 구멍이 뚫려 있고 그 구멍에는 懸枝가 꿰어 있음. 외연은 평평하게 만들고 衣冠 위에 꿰매도록 가장자리에는 3개의 구멍이 뚫려 있음. 懸枝는 金絲 한 가닥으로 고리를 만들고 반복하여 꼬아 감아서 만드는데 하단은 고리를 만들었고, 상단은 泡形座飾의 빈 속에 걸어서 고정함. 泡飾 아래에 원형의 평면 步搖 1개가 매달림.

(2) 단엽 보요장식(單葉步搖飾, 03JMM2100:170-2, 그림 7-3)

○ 출토지 : 마선구2100호묘.

○ 크기 : 泡飾 직경 0.55cm. 步搖 직경 0.45cm.

○ 형태 : 座飾은 圓泡形으로 중앙상부에는 대칭하는 3개 구멍이 뚫려 있고 그 구멍에는 懸枝가 꿰어 있음. 외연은 평평하게 만들고 衣冠 위에 꿰매도록 가장자리에는 3개의 구멍이 뚫려 있음. 懸枝는 金絲 한 가닥으로 고리를 만들고 반복하여 꼬아 감아서 만드는데 하단은 고리(環)를 만들고, 상단은 泡形座飾의 빈 속에 걸어서 고정함. 泡飾에는 1개의 弧面 步搖가 매달림.

(3) 삼엽 보요장식(三葉步搖飾, 03JMM2100:42-1, 그림 7-2)

○ 출토지 : 마선구2100호묘.

○ 크기 : 泡飾 직경 0.7cm. 步搖 직경 0.5cm.

○ 형태 : 座飾은 圓泡形으로 頂部에는 대칭하는 3개 구멍이 뚫려 있고 그 구멍에는 懸枝가 꿰어 있음. 외연은 평평한 가장자리(平沿)을 가지며, 衣冠 위에 꿰매도록 가장자리에는 3개의 구멍이 뚫려 있음. 懸枝는 金絲 한 가닥으로 고리를 만들고 반복하여 꼬아 감아서 만드는데 하단은 고리(環)를 만들고, 상단은 泡形座飾의 빈 속에 걸어서 고정함. 懸枝에는 오렌지색의 작은 보요 구슬이 하나 꿰어 있으며 다시 세 줄기로 나뉘는데, 각 줄기에는 片圓形 평면 보요가 하나씩 매달려 있음. 즉, 3엽 보요임.

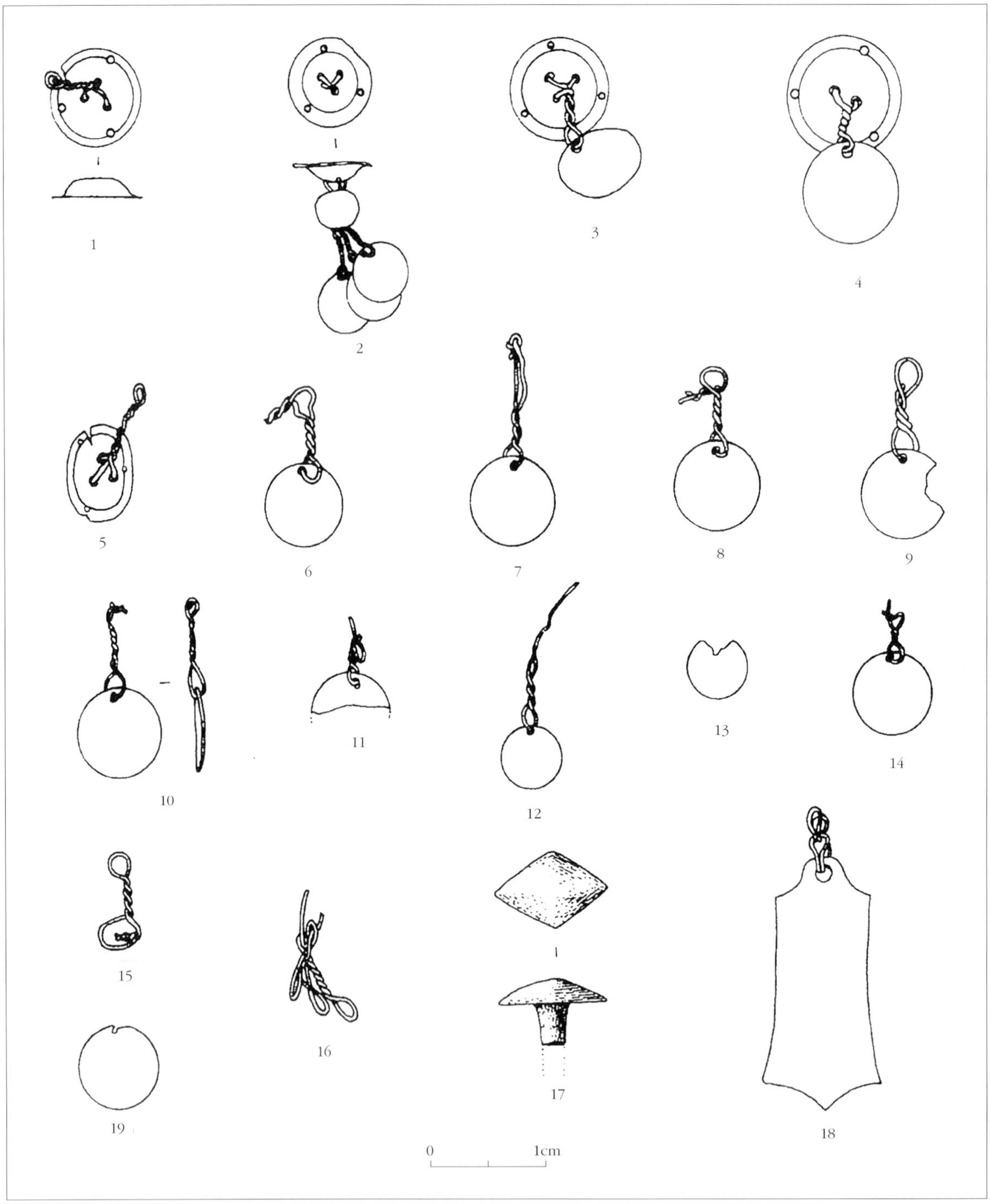

그림 7 마선구2100호묘 금기(『集安高句麗王陵』)

1. 단추형장식(03JMM2100:108) 2. 삼엽보요장식(03JMM2100:42-1) 3. 단엽보요장식(03JMM2100:170-2) 4. 단엽보요장식(03JMM2100:170-1) 5. 단추형보요(03JMM2100:170-3) 6. 평면요엽(03JMM2100:170-4) 7. 평면요엽(03JMM2100:110) 8. 호면요엽(03JMM2100:156-1) 9. 호면요엽(03JMM2100:156-2) 10. 호면요엽(03JMM2100:42-2) 11. 평면요엽(03JMM2100:170-9) 12. 평면요엽(03JMM2100:170-7) 13. 평면요엽(03JMM2100:42-3) 14. 호면요엽(03JMM2100:170-6) 15. 보요 현지(03JMM2100:170-11) 16. 보요 현지(03JMM2100:170-10) 17. 못(03JMM2100:167) 18. 규형요엽(03JMM2100:168) 19. 평면요엽(03JMM2100:170-8)

(4) 단추형장식(泡形飾座, 03JMM2100:108, 그림 7-1)

○ 출토지 : 마선구2100호묘.

○ 크기 : 泡飾 직경 0.75cm.

○ 형태 : 단조. 座飾은 圓泡形으로 중앙상부에는 대칭하는 3개 구멍이 뚫려 있고 그 구멍에는 懸枝가 꿰어 있음. 외연은 평평하게 만들고, 衣冠 위에 꿰매도록 가장자리에는 3개의 구멍이 뚫려 있음. 3개 구멍안의 金絲 상단은 꼬아서 고리 하나를 만듬. 단엽 보요의 좌식으로 추정됨. 가장자리에 쪼개진 곳이 있음.

(5) 단추형보요(泡形飾座, 03JMM2100:170-3, 그림 7-5)

○ 출토지 : 마선구2100호묘.

○ 크기 : 직경 0.75cm.

○ 형태 : 단조. 座飾은 圓泡形으로중앙 상부에는 대칭하는 3개 구멍이 뚫려 있고 그 구멍에는 懸枝가 꿰어 있음. 외연은 평평하게 만들고 衣冠 위에 꿰매도록 가장자리에는 3개의 구멍이 뚫려 있음. 3개 구멍안의 金絲 상단은 하나의 고리를 만들고, 단엽 보요의 좌식으로 추정됨. 이미 내리눌려 타원형을 이루고 있으며, 가장자리에 쪼개진 곳이 있음.

(6) 호면보요(弧面搖葉, 03JMM2100:156-1, 그림 7-8)

○ 출토지 : 마선구2100호묘.

○ 크기 : 步搖의 직경 0.7cm.

○ 형태 : 얇은 銅片으로 제작. 보요 모양이 원형 弧面임. 보요에 金絲 懸枝가 꿰여 있음.

(7) 호면보요(弧面搖葉, 03JMM2100:156-2, 그림 7-9)

○ 출토지 : 마선구2100호묘.

○ 크기 : 步搖의 직경 0.7cm.

○ 형태 : 얇은 銅片으로 제작. 보요 모양이 원형 弧面인데, 일부 훼손된 상태임. 보요에 金絲 懸枝가 꿰여 있음.

(8) 호면보요(弧面搖葉, 03JMM2100:170-6, 그림 7-14)

○ 출토지 : 마선구2100호묘.

○ 크기 : 步搖의 직경 0.7cm.

○ 형태 : 얇은 銅片으로 제작. 보요 모양이 원형 弧面임. 보요에 金絲 懸枝가 꿰여 있음.

(9) 호면보요(弧面搖葉, 03JMM2100:42-2, 그림 7-10)

○ 출토지 : 마선구2100호묘.

○ 크기 : 步搖의 직경 0.7cm.

○ 형태 : 얇은 銅片으로 제작. 步搖 모양이 원형 弧面임. 보요에 金絲 懸枝가 꿰여 있음.

(10) 평면보요(平面搖葉, 03JMM2100:170-4, 그림 7-6)

○ 출토지 : 마선구2100호묘.

○ 크기 : 步搖의 직경 0.7cm.

○ 형태 : 얇은 銅片으로 제작. 보요 모양이 원형 평면으로, 형체가 비교적 커서 단엽 보요의 懸葉으로 추정. 보요에는 金絲 懸枝가 꿰여 있음.

(11) 평면보요(平面搖葉, 03JMM2100:110, 그림 7-7)

○ 출토지 : 마선구2100호묘.

○ 크기 : 步搖의 직경 0.7cm.

○ 형태 : 얇은 銅片으로 제작. 보요 모양이 원형 평면으로, 형체가 비교적 커서 단엽 보요의 懸葉으로 추정. 보요에는 金絲 懸枝가 꿰여 있는데 다른 보요의 金絲보다 가늘고 대체로 길은 편임.

(12) 평면보요(平面搖葉, 03JMM2100:170-7, 그림 7-12)

○ 출토지 : 마선구2100호묘.

○ 크기 : 步搖의 직경 0.5cm, 金絲의 길이 1.5cm.

○ 형태 : 얇은 銅片으로 제작되었으며 비교적 완형임. 보요 모양이 원형 평면으로, 형체가 비교적 작아서 삼엽 보요의 懸葉으로 추정. 보요에는 金絲 懸枝가 꿰여 있음.

(13) **평면보요**(平面搖葉, 03JMM2100:42-3, 그림 7-13)
○ 출토지 : 마선구2100호묘.
○ 크기 : 步搖의 직경 0.5cm.
○ 형태 : 얇은 銅片으로 제작되었으며 잔편임. 보요 모양이 원형 평면. 잔편으로 보요에는 金絲 懸枝가 없음.

(14) **평면보요**(平面搖葉, 03JMM2100:170-8, 그림 7-19)
○ 출토지 : 마선구2100호묘.
○ 형태 : 얇은 銅片으로 제작. 이미 훼손된 상태임. 보요 모양이 원형 평면. 잔편으로 보요에는 金絲 懸枝가 없음.

(15) **평면보요**(平面搖葉, 03JMM2100:170-9, 그림 7-11)
○ 출토지 : 마선구2100호묘.
○ 형태 : 얇은 銅片으로 제작. 이미 훼손된 상태임. 보요 모양이 원형 평면. 보요에는 金絲 懸枝가 꿰여 있음.

(16) **규형보요**(圭形搖葉, 03JMM2100:168, 그림 7-18)
○ 출토지 : 마선구2100호묘.
○ 크기 : 步搖의 길이 2cm, 너비 1cm.
○ 형태 : 얇은 銅片으로 제작. 보요 모양은 거꾸로 놓은 圭形. 상단에는 구멍이 하나 뚫려 있고, 안에는 쇠사슬식의 懸枝가 꿰여 있음.

(17) **금사**(金絲, 03JMM2100:169)
○ 출토지 : 마선구2100호묘.

(18) **금실**(懸枝穿絲, 03JMM2100:170-10, 그림 7-16)
○ 출토지 : 마선구2100호묘.
○ 크기 : 길이 1.15cm.
○ 형태 : 보요를 연결시킨 금실은 약 20여 건이 있으나 두건만 온전한 형태인데, 이것이 완형 중의 하나임. 한쪽에는 꼬아서 만든 3개의 고리(環)가 있어 3편의 보요가 매달려 있을 수 있음. 다른 한쪽은 단추형장식이 꿰여 있어야 할 것임. 형태상 이 실은 3엽 보요장식의 금실임이 확실함.

(19) **금실**(懸枝穿絲, 03JMM2100:170-11, 그림 7-15)
○ 출토지 : 마선구2100호묘.
○ 크기 : 길이 0.75cm.
○ 형태 : 보요를 연결시키는 금실은 약 20여 건이 있으나 두 건만 온전한 형태인데, 이것이 완형 중의 하나임. 한쪽은 하나의 고리를 구부려 만들었고 여기에 보요를 매달았을 것임. 다른 한쪽은 손상된 상태임.

(20) **못**(金帽銅釘, 03JMM2100:167, 그림 7-17)
○ 출토지 : 마선구2100호묘.
○ 크기 : 長徑 0.9cm, 短徑 0.6cm, 두께 0.2cm.
○ 형태 : 못의 머리는 金이 포함되고, 못의 몸은 銅임(金帽銅釘). 못의 형태는 마름모형(菱形)으로, 옆에서 보면 바닥은 평평하고 위는 둥근(平底弧尖)형태의 삼각형임. 못의 몸인 銅釘은 형태가 원형이며, 釘尖은 약간 훼손된 상태임.

2) 금동기(金銅器)

○ 종류가 비교적 많은데, 수량이 가장 많은 보요 및 그 잔편를 제외하면 관장식(冠飾), 포정(泡釘), 찰갑편(甲片), 띠고리(帶卡), 투공장식편(鏤彫裝飾片) 등이 있음.
○ 금동 찰갑편은 총 30점으로 모두 비늘모양(鱗片狀)이고 단조제임. 형상에 따라 세 유형으로 나뉨. A형은 21점으로 좌우 가장자리가 비교적 직선이고 상하는 너비가 같으며, 상단은 평평하지만 약간 밖으로 드리고 下椽은 밖으로 곡선을 이룬 형태임. 찰갑편에는 구멍

(綴孔)이 7개 있는데 上椽에는 구멍이 하나 있고 하단과 좌우 양변의 중앙부에는 모두 구멍이 두 개 있음. B형은 3점으로 찰갑편이 상연은 좁고 하연은 넓음. 길이 5cm, 너비 1.5~1.6cm, 두께 0.1cm으로 상연은 들리고 형체가 가늘고 길음. 찰갑편에는 구멍이 7곳에 있는데 좌우 양쪽에 2조 雙孔이고, 중축상의 상단과 중앙에 單孔, 하단에 雙孔이 자리해 있음. C형은 6점으로 찰갑편이 위는 넓고 아래는 좁으며, 상연은 들리고 하단은 약간 方頭圓角形을 띠고 있음. 길이 4.1cm, 너비 1.8~1.6cm임. 좌우 양측에는 각기 2조 또는 1조의 雙孔이 있고, 중축상의 상단에 單孔, 하단에 雙孔이 자리해 있음.

○ 보요장식은 수량이 비교적 많은데 飾座와 搖葉은 모두 얇은 동편을 두들겨 만들며 중간에 懸枝를 연결함. 현지는 다수가 銅絲를 비틀어 1개 또는 세 개 고리를 만들며 전체는 도금함. 전반적으로 단엽보요장식과 삼엽보요장식 두 종류로 나눌 수 있음. 잔편 중에 보엽이 주를 이루고 보엽은 크기의 대소나 형태의 평평함이나 굽은 정도로 나뉘고 모양도 다른 점이 있음. 삼엽보요장식은 6점, 단엽보요식은 47점으로 대다수가 이미 손상됨. 요엽은 총 105점으로 1점의 桂葉形을 제외하고 모두 원형으로 원형요엽은 큰 것이 직경 2cm, 작은 것이 직경 1cm이며, 葉面의 평평함과 굽은 정도에 따라 나뉨.

○ 투공장식(鏤空銅飾)은 보통 銅質의 薄片으로 제작했고, 어떤 것은 요엽이 꿰여져 있어 장식성이 아주 강함. 보존이 비교적 양호한 것이 7점으로 奔馬飾 1점, 鳳鳥飾 2점, 장조형 冠飾 1점, 둥근 꽃모양 장식(團花形飾) 1점, 투각 꽃장식(鏤花片飾) 2점 등임. 그 외에 띠고리 1점, 둥근머리 못(環首釘) 1점, 泡釘 5점, 각뿔못(棱錐釘) 1점 등이 있음.

(1) 찰갑편(03JMM2100:49, 그림 8-1)

○ 출토지 : 마선구2100호묘.

○ 크기 : 길이 4.6cm, 너비 2.2cm, 두께 0. 1cm.

○ 형태 : A형. 비늘 모양이며, 鍛造製. 형체가 비교적 큰 편임. 좌우 가장자리가 비교적 곧으며, 상하의 너비는 동일하며, 상단은 가지런하며 대체로 밖은 휘어지고, 下緣의 밖은 弧를 이룸. 찰갑편 위에는 장식된 구멍이 모두 7개 있는데 上緣에는 하나의 구멍만 있으며, 하단과 좌우 양쪽 가장자리의 중앙부에는 모두 두 개의 구멍이 있음. 찰갑편 중앙부는 대체로 弧面이며, 좌측은 하단 가장자리 斜面으로 갈았음.

(2) 찰갑편(03JMM2100:63, 그림 8-2)

○ 출토지 : 마선구2100호묘.

○ 크기 : 길이 4.6cm, 너비 2.2cm, 두께 0. 1cm.

○ 형태 : A형. 비늘 모양이며, 鍛造製. 형체가 비교적 큰 편임. 좌우 가장자리가 비교적 곧으며, 상하의 너비는 동일하며, 상단은 가지런하며 대체로 밖은 휘어지고, 下緣의 밖은 弧를 이룸. 찰갑편 위에는 장식된 구멍이 모두 7개 있는데 上緣에는 하나의 구멍만 있으며, 하단과 좌우 양쪽 가장자리의 중앙부에는 모두 두 개의 구멍이 있음. 비교적 가지런하며, 매끄럽게 갈은 斜面은 하단 弧邊과 우측에 있음.

(3) 찰갑편(03JMM2100:107, 그림 8-3)

○ 출토지 : 마선구2100호묘.

○ 크기 : 길이 4.6cm, 너비 2.2cm, 두께 0. 1cm.

○ 형태 : A형. 비늘 모양(鱗片狀)이며, 鍛造製. 형체가 비교적 큰 편임. 좌우 가장자리가 비교적 곧으며, 상하의 너비는 동일하며, 상단은 가지런하며 대체로 밖은 휘어지고, 下緣의 밖은 弧를 이룸. 찰갑편 위에는 장식된 구멍이 모두 7개 있는데 上緣에는 하나의 구멍만 있으며, 하단과 좌우 양쪽 가장자리의 중앙부에는 모두 두 개의 구멍이 있음. 비교적 가지런하며, 매끄럽게 갈은 斜面은 하단 弧邊과 우측에 있음.

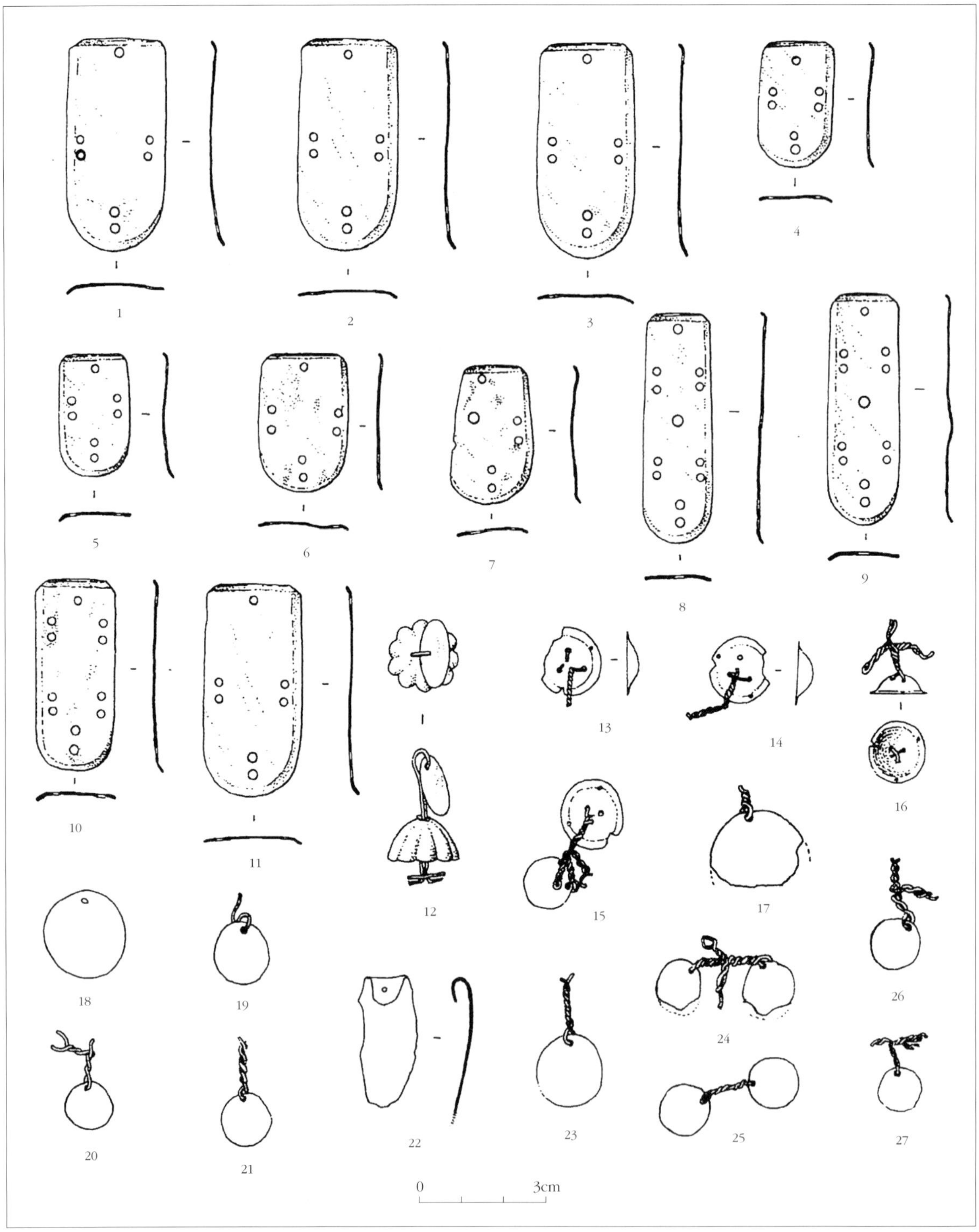

그림 8 마선구2100호묘 금동기 1(『集安高句麗王陵』)

1. A형찰갑편(03JMM2100:49) 2. A형찰갑편(03JMM2100:63) 3. A형찰갑편(03JMM2100:107) 4. A형찰갑편(03JMM2100:177-1) 5. A형찰갑편(03JMM2100:50) 6. A형찰갑편(03JMM2100:155-1) 7. A형찰갑편(03JMM2100:155-2) 8. B형찰갑편(03JMM2100:31-2) 9. B형찰갑편(03JMM2100:31-1) 10. C형찰갑편(03JMM2100:159-1) 11. C형찰갑편(03JMM2100:64-1) 12. 화판형입식부운주(03JMM2100:103) 13. 보요장식의 飾座(03JMM2100:188-1) 14. 보요장식의 飾座(03JMM2100:173-3) 15. 삼엽보요장식(03JMM2100:173-2) 16. 삼엽보요장식(03JMM2100:73-2) 17. 보요(03JMM2100:173-9) 18. 보요(03JMM2100:109-2) 19. 보요(03JMM2100:109-3) 20. 삼엽보요장식(03JMM2100:41) 21. 보요(03JMM2100:105) 22. 보요(03JMM2100:186-1) 23. 보요(03JMM2100:173-6) 24. 삼엽보요장식(03JMM2100:112-2) 25. 삼엽보요장식(03JMM2100:112-1) 26. 보요(03JMM2100:165-1) 27. 보요(03JMM2100:109-1)

(4) 찰갑편(03JMM2100:155-1, 그림 8-6)

○ 출토지 : 마선구2100호묘.

○ 크기 : 길이 3cm, 너비 2.1cm, 두께 0. 1cm.

○ 형태 : A형. 비늘 모양이며, 鍛造製. 형체가 비교적 작은 편임. 좌우 가장자리가 비교적 곧으며, 상하의 너비는 동일하며, 상단은 가지런하며 대체로 밖은 휘어지고, 下緣의 밖은 弧를 이룸. 찰갑편 위에는 장식된 구멍이 모두 7개 있는데 上緣에는 하나의 구멍만 있으며, 하단과 좌우 양쪽 가장자리의 중앙부에는 모두 두 개의 구멍이 있음. 우측 및 하단의 圓弧 가장자리는 斜面狀을 하고 있음.

(5) 찰갑편(03JMM2100:155-2, 그림 8-7)

○ 출토지 : 마선구2100호묘.

○ 크기 : 길이 3cm, 너비 1.5~1.8cm, 두께 0. 1cm.

○ 형태 : A형. 비늘 모양이며, 鍛造製. 형체가 비교적 작은 편임. 좌우 가장자리가 비교적 곧으며, 상하의 너비는 동일하며, 상단은 가지런하며 대체로 밖은 휘어지고, 下緣의 밖은 弧를 이룸. 찰갑편 위에는 장식된 구멍이 모두 6개 있는데 上緣에는 1개 구멍만 있으며, 하단과 우측 가장자리의 중앙부에는 모두 2개 구멍이 있으며, 좌측 가장자리 중앙부에는 구멍이 1개 뚫려 있음. 斜面이 우측에 있으며, 좌측은 가장자리 일부가 잘려 나갔음.

(6) 찰갑편(03JMM2100:177-1, 그림 8-4)

○ 출토지 : 마선구2100호묘.

○ 크기 : 길이 2.2cm, 너비 1.7cm, 두께 0. 1cm.

○ 형태 : A형. 비늘 모양이며, 鍛造製. 형체가 비교적 작은 편임. 좌우 가장자리가 비교적 곧으며, 상하의 너비는 동일하며, 상단은 가지런하며 대체로 밖은 휘어지고, 下緣의 밖은 弧를 이룸. 찰갑편 위에는 장식된 구멍이 모두 7개 있는데 上緣에는 하나의 구멍만 있으며, 하단과 좌우 양쪽 가장자리의 중앙부에는 모두 두 개의 구멍이 있음. 우측 및 하단의 圓弧 가장자리는 斜面狀을 하고 있음.

(7) 찰갑편(03JMM2100:50, 그림 8-5)

○ 출토지 : 마선구2100호묘.

○ 크기 : 길이 2.2cm, 너비 1.7cm, 두께 0. 1cm.

○ 형태 : A형. 비늘 모양이며, 鍛造製. 형체가 비교적 작은 편임. 좌우 가장자리가 비교적 곧으며, 상하의 너비는 동일하며, 상단은 가지런하며 대체로 밖은 휘어지고, 下緣의 밖은 弧를 이룸. 찰갑편 위에는 장식된 구멍이 모두 7개 있는데 上緣에는 하나의 구멍만 있으며, 하단과 좌우 양쪽 가장자리의 중앙부에는 모두 두 개의 구멍이 있음. 좌측이 斜面임.

(8) 찰갑편(03JMM2100:31-1, 그림 8-9)

○ 출토지 : 마선구2100호묘.

○ 크기 : 길이 5cm, 너비 1.5~1.6cm, 두께 0.1cm.

○ 형태 : B형. 비늘 모양이며, 鍛造製. 찰갑편의 상부는 좁고 하부는 넓음. 上緣은 휘어졌으며 형체는 細長形임. 좌우 양측에 각기 두 세트의 雙孔이 있음. 종축상에 4개 구멍이 있는데 위에 1개, 아래에 2개, 중앙에 1개가 있음.[1] 우측 및 하연은 斜面으로 갈아져 있음.

(9) 찰갑편(03JMM2100:31-2, 그림 8-8)

○ 출토지 : 마선구2100호묘.

○ 크기 : 길이 5cm, 너비 1.5~1.6cm, 두께 0.1cm.

○ 형태 : B형. 비늘 모양이며, 鍛造製. 찰갑편의 상부는 좁고 하부는 넓음. 上緣은 휘어졌으며 형체는 細長形임. 좌우 양측에 각기 두 세트의 雙孔이 있음. 종축상에 4개 구멍이 있는데 위에 1개, 아래에 2개, 중앙에

---

1 설명글과 그림이 부합하지 않아 그림에 따라 내용을 수정함.

1개가 있음.[2] 좌측 및 하연은 斜面이 있음.

(10) 찰갑편(03JMM2100:159-1, 그림 8-10)

○ 출토지 : 마선구2100호묘.

○ 크기 : 길이 4.1cm, 너비 1.8~1.6cm.

○ 형태 : C형. 비늘 모양이며, 鍛造製. 찰갑편은 상부는 넓고 하부는 넓음. 上緣은 휘어졌으며, 하단은 대체로 양끝을 둥글렸음. 좌우 양측에는 각기 두 세트의 雙孔이 있음. 중심축 상에는 3개 구멍이 있는데 상부에 1개, 하부에 2개임. 우측 및 하연은 斜面으로 갈려 있음.

(11) 찰갑편(03JMM2100:64-1, 그림 8-11)

○ 출토지 : 마선구2100호묘.

○ 크기 : 길이 4.1cm, 너비 1.8~1.6cm.

○ 형태 : C형. 비늘 모양이며, 鍛造製. 찰갑편은 상부는 넓고 하부는 넓음. 上緣은 휘어졌으며, 하단은 대체로 양끝을 둥글렸음. 좌우 양측에는 각기 두 세트의 雙孔이 있음. 중심축 상에는 3개 구멍이 있는데 상부에 1개, 하부에 2개임. 우측 가장자리가 斜面으로 갈려 있음.

(12) 삼엽 보요장식(三葉步搖飾, 03JMM2100:173-2, 그림 8-15)

○ 출토지 : 마선구2100호묘.

○ 크기 : 단추장식 직경 1.5m, 步搖 직경 1.1cm.

○ 형태 : 飾座와 步搖는 얇은 銅片을 단련하여 제작. 전체가 금동. 온전한 형체에서 약간 훼손된 상태임. 飾座와 步搖의 중간은 懸枝로 연결됨. 飾座은 圓泡形으로 속이 비어 있음. 懸枝는 세 가닥의 銅絲를 비틀어 감았는데 하부는 하나가 셋이 되며, 말단은 모두 고리모양(環狀)으로 비틀었는데 고리에는 각기 보요 하나가 꿰여 있어야 하지만 현재는 弧面 보요 하나만 매달려 있음. 보요는 현재 1개만 남아 있으나 본래 삼엽 보요장식임.

(13) 삼엽 보요장식(三葉步搖飾, 03JMM2100:41, 그림 8-20)

○ 출토지 : 마선구2100호묘.

○ 크기 : 단추장식 직경 1.4m, 懸枝 길이 1.2cm.

○ 형태 : 步搖는 얇은 銅片을 단련하여 제작하였고, 전체가 금동임. 보요에 연결된 懸枝는 銅絲를 비틀어 감았으며, 말단은 고리모양(環狀)으로 비틀었는데 고리에는 각기 보요 하나가 꿰여 있음. 본래 앞서 03JMM2100:173-2의 보요식과 동일 형식으로 추정되나 현재는 세 갈래 銅絲 懸枝의 보엽은 이미 탈락한 상태임. 보요는 현재 1개만 남아 있으나 본래 삼엽 보요장식임.

(14) 삼엽 보요장식(三葉步搖飾, 03JMM2100:112-1, 그림 8-25)

○ 출토지 : 마선구2100호묘.

○ 크기 : 步搖 직경 1.1m, 두 步搖 간의 거리 1.7cm.

○ 형태 : 步搖는 얇은 銅片을 단련하여 제작. 전체가 금동임. 懸枝와 步搖만 남아 있는 상태임. 懸枝는 십자형으로 비틀어져 있으며, 그 가운데 세 가닥의 末端은 모두 고리모양(環狀)으로 제작되었으며, 좌우 양쪽 고리에는 일찍이 보요가 매달려 있으며, 飾座과 서로 접하는 한 부분은 이미 손상된 상태임. 보요는 원형 弧面이며, 현재 2엽만 남아 있으나 본래 삼엽 보요장식임.

---

2 설명글과 그림이 부합하지 않아 그림에 따라 내용을 수정함.

(15) 삼엽 보요장식(三葉步搖飾, 03JMM2100:73-2, 그림 8-16)[3]

○ 출토지 : 마선구2100호묘.

○ 크기 : 步搖 직경 1m.

○ 형태 : 步搖는 얇은 銅片을 단련하여 제작. 전체가 금동임. 飾座과 懸枝만 남아 있는 상태임. 飾座은 圓泡形으로 속이 비어 있음. 懸枝는 세 가닥의 銅絲를 비틀어 감았는데 하부는 하나가 셋이 되며, 말단은 모두 고리모양(環狀)으로 비틀었는데 고리에는 각기 步搖 하나가 꿰여 있어야 하지만 현재는 하나도 남아 있지 않음. 懸枝가 세 가닥으로 나뉘는 것으로 보아 본래 삼엽 보요장식임.

(16) 삼엽 보요장식(三葉步搖飾, 03JMM2100:112-2, 그림 8-24)

○ 출토지 : 마선구2100호묘.

○ 크기 : 步搖 직경 1.1m, 두 步搖 간의 거리 1.2cm.

○ 형태 : 步搖는 얇은 銅片을 단련하여 제작. 전체가 금동임. 懸枝와 步搖만 남아 있는 상태임. 懸枝는 십자형으로 비틀어져 있으며, 그 가운데 세 가닥의 말단은 모두 고리모양(環狀)으로 제작되었으며, 좌우 양쪽 고리에는 일찍이 보요가 매달려 있으며, 飾座과 서로 접하는 한 부분은 이미 손상된 상태임. 보요는 弧面이며, 현재 2엽만 남아 있으나 본래 삼엽 보요장식임.

(17) 화판형 입식부운주(傘形泡狀單葉步搖飾, 03JMM 2100:103, 그림 8-12)

○ 출토지 : 마선구2100호묘.

○ 크기 : 화판형 좌식 직경 1.6cm, 높이 0.9cm. 입식 길이 1.6cm, 두께 0.1cm. 보요 직경 1.2~1.4cm.

○ 형태 : 단엽 보요장식으로 비교적 완형임. 화판형 飾座 중간에 구멍이 있으며, 구멍 안에는 반으로 접은 띠가 있고, 고리 안에는 타원형 보요가 매달려 있음. 입식의 원통형 관은 없음.

(18) 보요장식 飾座(圓泡形飾座, 03JMM2100:188-1, 그림 8-13)

○ 출토지 : 마선구2100호묘.

○ 크기 : 飾座 직경 1.5cm, 銅絲 懸枝의 남은 길이 1cm.

○ 형태 : 단엽 보요장식 가운데 飾座는 남았는데, 그 형태는 포식형. 보요는 이미 소실됨. 懸枝는 두 가닥의 銅絲를 비틀어 감았음.

(19) 보요장식 식좌(圓泡形飾座, 03JMM2100:173-3, 그림 8-14)

○ 출토지 : 마선구2100호묘.

○ 크기 : 飾座 직경 1.4cm, 銅絲 懸枝 길이 2cm.

○ 형태 : 단엽 보요장식 가운데 飾座는 남았는데, 그 형태는 圓泡形임. 보요는 이미 탈락됨. 懸枝는 두 가닥의 銅絲를 비틀어 감았음.

(20) 보요(搖葉, 03JMM2100:186-1, 그림 8-22)

○ 출토지 : 마선구2100호묘.

○ 크기 : 남은 길이 3.7cm, 너비 0.6~1.2cm.

○ 형태 : 단엽 보요장식 가운데 보요만 남았는데 그 형태는 桂葉形임. 끝부분이 약간 손상되었으며, 상단은 이미 꺾여져 彎鉤狀을 띠고 있음.

(21) 보요(搖葉, 03JMM2100:173-9, 그림 8-17)

○ 출토지 : 마선구2100호묘.

○ 크기 : 직경 2.1cm.

○ 형태 : 단엽 보요장식 가운데 보요만 남았는데 그 형태는 弧面圓形임. 1/3 정도가 파손된 상태이며, 구멍 안에는 銅絲가 남아 있음.

---

3 글과 그림이 불일치하여 그림을 보고 설명글 작성함.

(22) **보요**(搖葉, 03JMM2100:109-1, 그림 8-27)[4]

○ 출토지 : 마선구2100호묘.

○ 크기 : 직경 1.9cm.

○ 형태 : 단엽 보요장식 가운데 보요만 남았는데 그 형태는 弧面 圓形임.

(23) **보요**(搖葉, 03JMM2100:109-2, 그림 8-18)

○ 출토지 : 마선구2100호묘.

○ 크기 : 직경 1.5cm.

○ 형태 : 단엽 보요장식 가운데 보요만 남았는데 그 형태는 弧面圓形임. 상단의 구멍 안에 비틀어진 銅絲가 아직 남아 있음.[5]

(24) **보요**(搖葉, 03JMM2100:109-3, 그림 8-19)

○ 출토지 : 마선구2100호묘.

○ 크기 : 직경 1.4cm.

○ 형태 : 단엽 보요장식 가운데 보요만 남았는데 그 형태는 弧面圓形임. 보요 상단 구멍 안에는 銅絲가 남아 있음.

(25) **보요**(搖葉, 03JMM2100:173-6, 그림 8-23)

○ 출토지 : 마선구2100호묘.

○ 크기 : 직경 1.2cm.

○ 형태 : 단엽 보요장식 가운데 보요만 남았는데 그 형태는 弧面圓形임. 보요 상단의 구멍 안에는 銅絲가 남아 있음.

4 설명내용과 그림이 부합하지 않는데 그림에는 직경이 1cm 정도에 懸枝가 있으나 설명내용에는 직경이 근 2cm이고 현지가 없음. 『집안고구려왕릉』(2005)에 실린 도판 59-3의 사진을 보면 설명내용과 일치하고 있음.

5 그림에는 銅絲가 남아 있지 않으며, 해당 유물의 사진(도판 59-1)에는 남아 있음. 『집안고구려왕릉』(2005)에 실린 도판 59-1과 59-3은 03JMM2100:109-2란 동일한 유물번호로 표기되었지만 형태가 서로 다르므로 확인이 필요함.

(26) **보요**(搖葉, 03JMM2100:105, 그림 8-21)

○ 출토지 : 마선구2100호묘.

○ 크기 : 직경 1.1cm.

○ 형태 : 단엽 보요장식 가운데 보요만 남았는데 그 형태는 弧面圓形임. 보요 상단의 구멍 안에는 銅絲가 남아 있음.

(27) **보요**(搖葉, 03JMM2100:165-1, 그림 8-26)

○ 출토지 : 마선구2100호묘.

○ 크기 : 직경 1.1cm.

○ 형태 : 단엽 보요장식 가운데 보요만 남았는데 그 형태는 弧面圓形. 보요 상단의 구멍 안에는 銅絲가 남아 있음.

(28) **보요**(搖葉, 03JMM2100:173-8)

○ 출토지 : 마선구2100호묘.

○ 형태 : 단엽 보요장식 가운데 보요만 남았고 형태는 平面 圓形.

(30) **천마장식**(奔馬飾, 03JMM2100:176, 그림 9-1)

○ 출토지 : 마선구2100호묘.

○ 크기 : 전체 길이 8.5cm, 남은 높이 5.8cm, 두께 0.1cm. 보요 직경 0.8~1cm.

○ 형태 : 말이 달리는 모양으로 약간 파손됨. 말은 머리를 쳐들고 나는 듯 달리는 자세를 하고 있으며, 갈기를 휘날리며 네 발굽은 디디고 있어 조형이 생동감이 있음. 말 몸체의 양면은 모두 보요가 매달려 있는데 금동이 탈락된 것이 비교적 많음. 현재 보요의 대부분은 탈락되었으며, 아직 하나의 보요만이 매달려 있는데 弧面의 타원형임. 冠飾과 유사함.

(31) **봉황장식**(鳳鳥飾, 03JMM2100:38-1, 그림 9-2)

○ 출토지 : 마선구2100호묘.

○ 크기 : 길이 3.6cm, 남은 높이 4cm.

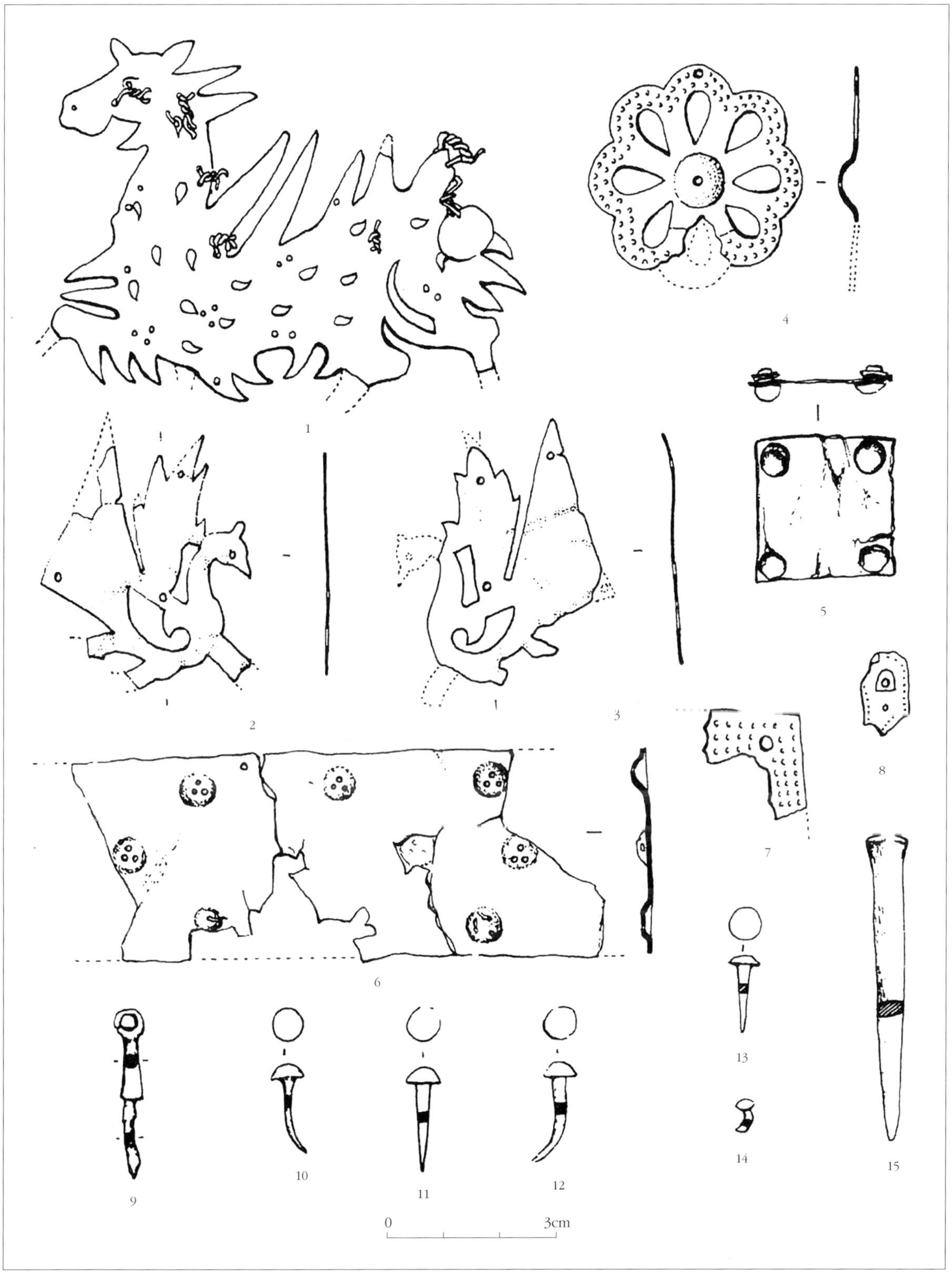

그림 9 마선구2100호묘 금동기 2(『集安高句麗王陵』)

1. 천마장식(03JMM2100:176) 2. 봉황장식(03JMM2100:38-1) 3. 봉황장식(03JMM2100:100) 4. 둥근 꽃모양장식(03JMM2100:58) 5. 과판(03JMM2100:190-1) 6. 장방형 관장식(03JMM2100:124-1) 7. 투각 꽃장식(03JMM2100:44) 8. 투각 꽃장식(03JMM2100:43) 9. 둥근머리 못(03JMM2100:104) 10. 포정(03JMM2100:116) 11. 포정(03JMM2100:161) 12~14. 포정(03JMM2100:178-1~3) 15. 각뿔 못(03JMM2100:129)

○ 형태 : 봉황장식으로 비교적 완형이나 꼬리 끝과 발톱이 약간 손상됨. 날개가 하나(單翅)로서 날개를 펴고 나는 형상임. 장식 위에는 4개의 구멍이 있는데 양측으로는 懸枝가 펼쳐 있으며, 보요는 이미 전부 탈락되었음. 봉황장식은 2점이 출토되었는데, 사용할 때 두 봉황은 서로 마주하고 있었던 것으로 보임. 冠飾의 부속 장식과 유사함.

(32) 봉황장식(鳳鳥飾, 03JMM2100:100, 그림 9-3)

○ 출토지 : 마선구2100호묘.

○ 크기 : 남은 길이 2.9cm, 남은 높이 4.3cm.

○ 형태 : 봉황장식으로 비교적 완형이나 봉황 머리와 다리가 이미 손상됨. 날개가 하나(單翅)로서 날개를 펴고 나는 형상임. 장식 위에는 등, 꼬리, 날개 등에 아직 3개 구멍이 남아 있음. 봉황장식은 2점이 출토되었는데, 사용할 때 두 봉황은 서로 마주하고 있었던 것으로 보임. 冠飾의 부속 장식과 유사함.

(33) 장방형 관장식(條形冠飾, 03JMM2100:124-1, 그림 9-6)

○ 출토지 : 마선구2100호묘.

○ 크기 : 길이 9.5cm, 너비 3.5cm.

○ 형태 : 띠형의 冠飾으로 이미 손상된 상태. 넓은 표면에는 3줄의 질서 있게 엇갈리는 반구상 융기(圓泡)가 있음. 반구상 장식의 중앙상부에는 삼각 대칭하는 작은 구멍이 있으며, 부분적으로 구멍안에 보요를 매달던 銅絲 懸枝가 남아 있으며, 보요는 이미 전부 탈락함. 관식 가장자리부분에는 연접에 사용된 연결못(鉚釘)의 작은 구멍이 하나 있음.

(34) 둥근 꽃모양장식(團花形飾, 03JMM2100:58, 그림 9-4)

○ 출토지 : 마선구2100호묘.

○ 크기 : 직경 3.8cm.

○ 형태 : 완전한 형태상 원형이며, 꽃이 활짝 핀 연화 같은 형상임. 꽃술은 원형 단추모양으로 단련하였는데 가운데 작은 둥근 구멍이 있음. 8개의 꽃잎은 꽃술을 둥글게 두르고 있어 대칭하는 둥근 꽃모양(團花狀)을 이루고 있음. 꽃잎 안은 투각되어 있으며, 둘레를 돌아가며 두 줄의 점렬문이 있음.

(35) 투각 꽃장식(鏤花片飾, 03JMM2100:43, 그림 9-8)

○ 출토지 : 마선구2100호묘.

○ 크기 : 남은 길이 1.4cm.

○ 형태 : 문양이 새겨진 장식이지만, 이미 파괴되어 조각 상태임. 조각의 상단은 圓弧形을 띠며, 아래를 향해 점차 밖으로 벌려지고 있음. 정면의 중간에는 상하 두 개의 투각구멍이 있으며, 가장자리는 點線文이 새겨있음.

(36) 투각 꽃장식(鏤花片飾, 03JMM2100:44, 그림 9-7)

○ 출토지 : 마선구2100호묘.

○ 크기 : 남은 길이 2.4cm, 너비 0.6~0.9cm.

○ 형태 : 문양이 새겨진 장식이지만, 전체 장식의 모서리 부분만 남아 있는 상태임. 표면은 세 줄의 點線文이 단련되고 있고, 모서리부의 정 가운데에는 고정하기 위해 하나의 못구멍이 있음.

(37) 과판(帶卡, 03JMM2100:190-1, 그림 9-5)

○ 출토지 : 마선구2100호묘.

○ 크기 : 각 변의 길이 2.5cm.

○ 형태 : 방형으로 네 모서리는 4개의 둥근 머리(圓帽)의 연결못(鉚釘)이 박혀 있음. 후면 연결못의 또 다른 쪽은 대가리 모양(帽狀)임. 연결못과 과판 사이에는 가죽 조각이 끼어 있음.

(38) 둥근머리 못(環首釘, 03JMM2100:104, 그림 9-9)

○ 출토지 : 마선구2100호묘.

○ 크기 : 장식 대가리 길이 1.5cm, 못의 길이 1.3cm, 총 길이 2.8cm.

○ 형태 : 둥근머리(環首)는 반원추 모양의 거친 몸과 연결되며, 아래쪽는 사각추못(四棱錐釘)임. 둥근머리는 懸葉類을 매다는데 사용되었음.

(39) 포정(泡釘, 03JMM2100:116, 그림 9-10)

○ 출토지 : 마선구2100호묘.

○ 크기 : 대가리 직경 0.55cm, 전체 길이 1.6cm.

○ 형태 : 대가리는 둥근 단추모양이며, 못의 몸은 사각추 모양임.

(40) 포정(泡釘, 03JMM2100:161, 그림 9-11)

○ 출토지 : 마선구2100호묘.

○ 크기 : 대가리 직경 0.6cm, 전체 길이 1.75cm.

○ 형태 : 대가리는 둥근 단추모양이며, 못의 몸은 사각추 모양임.

(41) 포정(泡釘, 03JMM2100:178-1, 그림 9-12)

○ 출토지 : 마선구2100호묘.

○ 크기 : 대가리 직경 0.55cm, 전체 길이 1.8cm.

○ 형태 : 대가리는 둥근 단추모양이며, 못의 몸은 사각추 모양임.

(42) 각뿔 못(棱錐釘, 03JMM2100:129, 그림 9-15)

○ 출토지 : 마선구2100호묘.

○ 크기 : 길이 5.2cm, 끝부분의 長徑 0.7cm 短徑 0.5cm.

○ 형태 : 대가리는 없으며, 못의 전체 형상은 납작한 사각추모양임(扁四棱錐狀).

3) 철기

○ 2003년 조사 때 출토된 철기는 공구와 병기가 다수를 차지하며 종류는 칼(刀), 도끼(斧), 창(矛), 화살촉(鏃), 거울(鏡) 등이 있음. 특히 철제거울의 출토는 드문 사례임.

○ 칼(刀) : 총 6점이 출토됨. 칼은 형식에 따라 4형식으로 나뉘는데 A형은 3점으로 등은 평평하고 칼날은 곧고(平背直刃), B형은 1점으로 環首刀로 병부만 남았고, C형은 1점으로 鋌이 긴 철촉으로 만들었고, D형은 1점으로 彎月形임.

○ 찰갑편

- 263점으로 대부분 완형임. 찰갑편은 모두 단조제이고 형태는 정연하고 가장자리는 세심하게 갈아서 만듦. 형상에 따라 장방형, 梯形, 비늘형(鱗片形), 弓形 등으로 나눌 수 있음.
- A형은 총 95점으로 거의 완형이고 장방형이고 형태는 대소가 있고 平面과 弧面의 구별이 있음. 큰 것은 다리(腿) 및 등(背) 부분 등의 평면의 방호에 다수 사용되고 작은 것은 평면과 호면이 있는데 어깨(肩) 및 팔꿈치(肘) 부분 등의 만곡되는 곳에 사용됨. 이는 다시 네 유형으로 나뉨. Aa형은 23점으로 찰갑이 편평하고 길이 9.8cm, 너비 4. 6cm 정도, 두께 0.1cm임. 상단에는 횡방향으로 배열된 2개의 구멍(綴孔)이 있고 하단에는 수직방향의 雙孔이 있고 좌우 양변에는 각기 2조의 수직배열 雙孔이 있음. Ab형은 23점으로 그 가운데 18점이 완형임. 상단은 평평하게 가지런하고 하단은 약간 圓角을 띠고 있음. 길이 5.5cm, 너비 1.9~2.1cm, 두께 0.1cm임. Ac형은 3점으로 오직 1점만이 완형임. 찰갑편은 장방형 모양으로 側視는 밖으로 弧를 이루며, 상부에는 2조의 횡열 雙孔이 있고 下椽에는 單孔이 있고 좌우 양변에는 각기 2조 雙孔이 있고 정중앙에는 單孔이 뚫려 있음. Ad형은 1점으로 하단은 약간 좁고 상하 양단의 중간에는 각기 구멍이 하나씩 있고 좌우 양변에는 모두 2조 雙孔이 있고 중앙의 圓孔은 약간 큼.
- B형은 총 78점으로 대부분 완형임. 찰갑편은

원각의 梯形으로 위는 좁고 아래는 넓음. 길이 7.9~8cm, 너비 3.8~4.5cm, 두께 0.1cm임. 상연은 들리고 횡열 雙孔이 뚫려 있고 좌우 양변에는 각기 1조 수직배열의 雙孔이 있고 하부 중간에도 수직배열의 雙孔이 있음.

- C형은 총 77점이며, 찰갑편은 비늘형으로 상단은 평평하게 가지런하고 하단은 밖으로 호를 이루는 원형임. 상연은 모두 들리고 중간에는 單孔이 있고 하부와 좌우 양변에는 각기 1조 수직배열의 雙孔이 있음. 형식에 따라 다시 나뉨. Ca형은 18점이고 11점이 완형임. 찰갑편은 가늘고 길며 약간 條形을 띰. 상단은 평평하게 가지런하고 중간에는 單孔이 있고 하단은 밖으로 호를 이루고 중간에는 수직배열의 雙孔이 있고 양변에는 모두 2조 雙孔이 있음. Cb형은 59점으로 대다수 완형임. 찰갑편은 넓고 짧으며, 비늘모양에 가까움. 상단은 평평하게 가지런하고 가운데는 單孔이 있고 하단은 밖을 호를 이루는 원형을 띠고 하부와 좌우 양변에는 각기 1조 수직배열의 雙孔이 있음.
- D형은 총 16점으로 대다수 잔편임. 찰갑편은 좁고 길며 측시는 弓形을 띰. 이 유형의 찰갑편은 모양이 특수하고 수량이 비교적 적으며, 투구용으로 추정됨. 찰갑편의 弧曲 부위와 정도에 따라 나뉨. Da형은 5점으로 모두 잘록한 허리모양(束腰形片狀)임. 한쪽끝은 평평하게 가지런하고 가장자리 중앙에는 單孔이 있고 다른 한쪽 끝은 둥글게 밖으로 호를 이루고 가장자리 정중앙에는 1조 수직배열의 雙孔이 있음. Db형은 11점으로 완형은 1점임. 찰갑편 평면은 蘭葉으로 한쪽 끝은 넓고 평평하게 가지런하고, 다른 한쪽끝은 점차 좁아져 圓頭狀을 띠며, 측시는 S형을 띰. 머리가 평평한 한쪽 끝에는 횡열의 雙孔이 있고, 머리가 둥근 한쪽 끝에는 수직배열의 雙孔이 있고, 좌우 양변에는 모두 2조 雙孔이 있음.
- E형은 1점임.

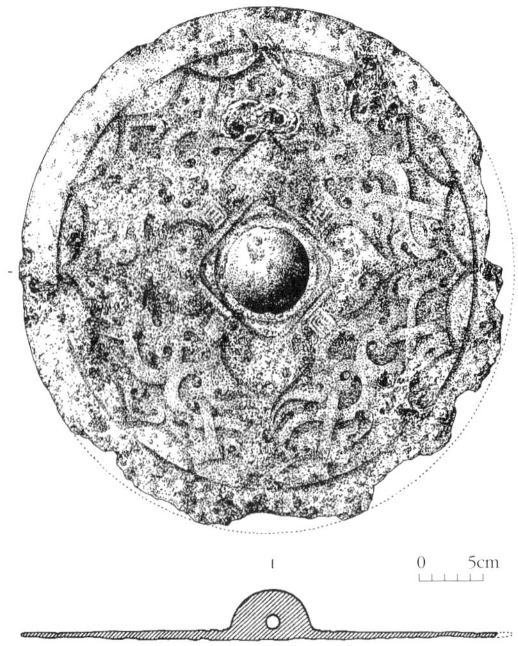

그림 10 마선구2100호묘 철제거울(03JMM2100:10) (『集安高句麗王陵』)

그림 11 마선구2100호묘 철제거울(03JMM2100:10) 문양 (『集安高句麗王陵』)

(1) 거울(鐵鏡, 03JMM2100:10, 그림 10~그림 11)

○ 출토지 : 마선구2100호묘.

○ 크기 : 직경 38cm.

○ 문양 : 얕은 부조식(淺浮彫式)으로 꼭지 주위(鈕座)에는 內圓外方된 두 줄의 음각선문이 돌아감. 선문 밖은 사엽문이며, 외연에는 內向하는 연호가 16개 있음. 4엽문과 내형연호문 사이에 4세트의 대칭문이 있는데, 이는 간략하고 추상화된 기봉무늬(夔鳳紋)임. 사엽문 사이에는 방형 구획이 있고 그 안에 양각된 문자가 있으나 부식이 심각하여 문자 중에 오직 '富'자와 인접한 글자 '子'변이 희미하게 판별 할 수 있음. '子孫富貴' 류의 길상어일 가능성 있음. 거울의 무늬는 감숙성 무위경기장(武威擂台) 東漢墓에서 출토된 금은 기봉문 철제거울과 풍격이 유사함. 번잡하고 간결함의 차이만 있을 뿐임.

○ 형태 : 원형으로 가장자리는 약간 손상됨. 뒷면에는 검은색 옻이 칠해져 있으며, 중앙에는 둥근 꼭지(圓鈕)가 있음. 표면은 심각하게 부식되었는데 장식면 부식의 경중은 고르지 않음. 옻칠된 면이 많이 탈락하였으며, 기포현상이 생김. 거울의 꼭지, 남은 옻 표면 등에는 아주 가는 명주(絲絹)의 흔적이 있음.

(2) 도끼(斧, 03JMM2100:77, 그림 12-2)

○ 출토지 : 마선구2100호묘.

○ 크기 : 길이 14.4cm, 칼날 너비 4.3cm, 두께 3cm.

○ 형태 : 도끼의 몸은 장방형에 가까우며, 위는 좁고 아래는 넓음. 날은 약간 外弧한 直刃임. 상단은 평평하고 장방형이며, 중간에 銎孔이 관통하고 있음.

(3) 칼(刀, 03JMM2100:5, 그림 13-4)

○ 출토지 : 마선구2100호묘.

○ 크기 : 칼 몸길이 16.2cm, 등의 두께 2.2cm, 자루 길이 8cm, 전체 길이 24.2cm.

○ 형태 : 등은 곧은 直刃(平背直刃, A형)이며, 칼끝은 뾰족하고 弧刃임.

(4) 칼(刀, 03JMM2100:82, 그림 13-8)

○ 출토지 : 마선구2100호묘.

○ 크기 : 남은 길이 11.8cm, 등의 두께 0.3cm, 칼날 뒷부분의 너비 1.6cm.

○ 형태 : 등은 평평하고 斜直刃(平背直刃, A형)임. 중앙부는 약간 안으로 오목하며, 칼끝의 뾰족한 부분이 약간 손상됨.

(5) 칼(刀, 03JMM2100:18, 그림 13-10)

○ 출토지 : 마선구2100호묘.

○ 크기 : 남은 길이 11.9cm, 등의 두께 0.2cm.

○ 형태 : 등은 평평하고 直刃(平背直刃, A형)이며, 양끝은 이미 손상됨.

(6) 칼(刀, 03JMM2100:149, 그림 13-1)

○ 출토지 : 마선구2100호묘.

○ 크기 : 남은 길이 16cm, 너비 2.2cm, 두께 0.8cm.

○ 형태 : 둥근머리칼(環首刀)이나 현재 자루부분만 남아 있음(B형). 부식이 심각하지만 양면의 상감 흔적은 아직 남아 있는데 현미경 관찰을 하면 각 면에는 두 겹의 상감이 있음. 바닥층의 색은 옅은 황색이고 상층은 황금색이며, 그 순도는 뚜렷하게 상층이 하층보다 높음.

(7) 칼(刀, 03JMM2100:47, 그림 13-3)

○ 출토지 : 마선구2100호묘.

○ 크기 : 칼 길이 3cm, 칼날 너비 1.1cm, 등의 두께 0.3cm, 전체 길이 18.8cm.

○ 형태 : 긴 철제화살촉을 고쳐 제작함(C형). 칼의 몸은 화살촉에 가까운데 한쪽은 날이 있고, 화살촉 몸의 후반부분과 鋌部는 여전히 원형을 유지하고 있음.

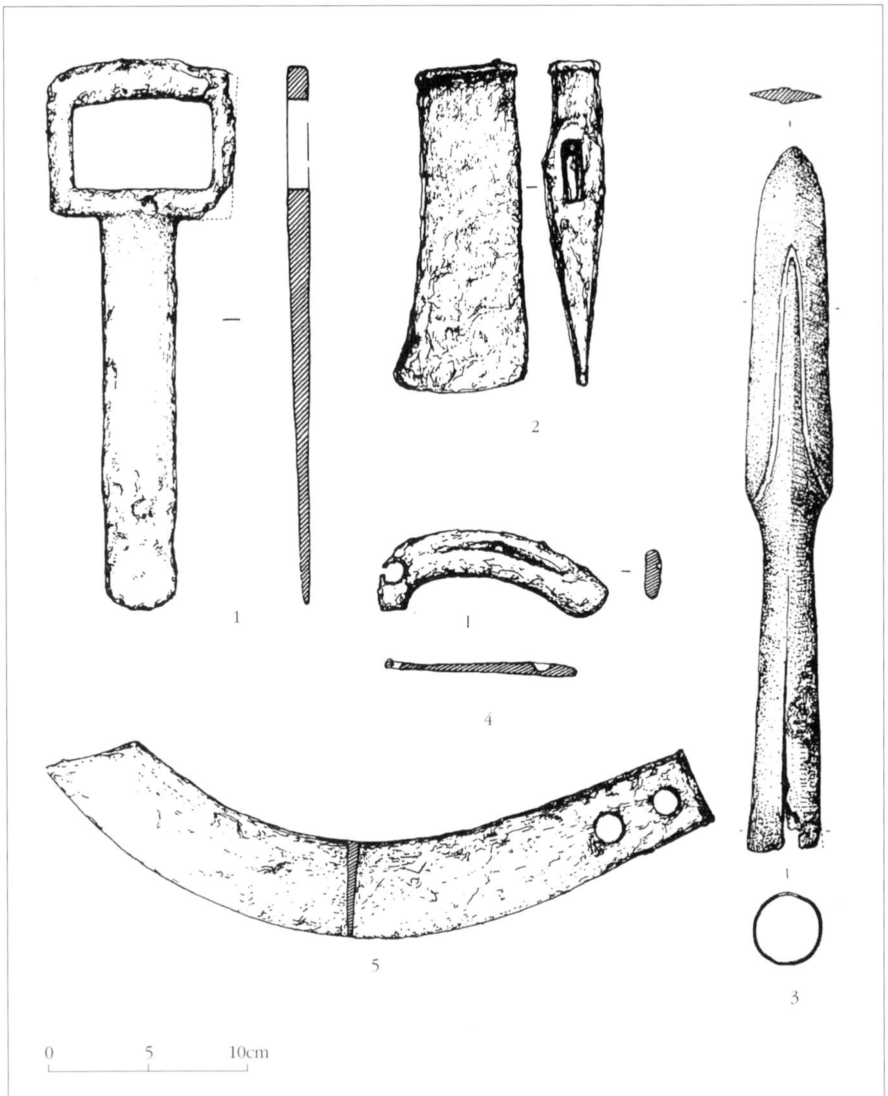

그림 12
마선구2100호묘 철기 1
(『集安高句麗王陵』)
1. 환수기(03JMM2100:163)
2. 도끼(03JMM2100:77)
3. 창(03JMM2100:157)
4. 호형장식(03JMM2100:174-2)
5. D형칼(03JMM2100:174-1)

(8) 칼(刀, 03JMM2100:174-1, 그림 12-5)

○ 출토지 : 마선구2100호묘.

○ 크기 : 칼몸의 길이 24.3cm, 너비 4.5cm, 두께 0.45cm, 자루 길이 5.5m, 전체 길이 30.8cm.

○ 형태 : 彎月形(D형). 등과 칼날이 모두 弧를 이루고 있고 칼끝과 등부분은 사선형을 띠고 있음. 자루는 장방형이며, 전후로 배열된 두 개 구멍이 있음.

(9) 창(矛, 03JMM2100:157, 그림 12-3)

○ 출토지 : 마선구2100호묘.

○ 크기 : 창몸 길이 18cm, 너비 3~4.2cm, 등성마루 두께 0.9cm, 구멍 직경 3.2cm, 전체 길이 33cm.

○ 형태 : 창몸은 柳葉形을 띠며, 뾰족한 칼끝은 雙刃임. 창몸의 가운데에는 등심대가 일어났는데 등심대 쪽에는 대칭하는 피홈(血槽)이 있음. 창의 말단에는 깊고 둥근 도끼자루 구멍(銎)이 있음.

(10) 화살촉(鏃, 03JMM2100:131, 그림 13-5)

○ 출토지 : 마선구2100호묘.

○ 크기 : 화살촉 몸길이 8.9cm, 刃 너비 3.7cm, 鋌

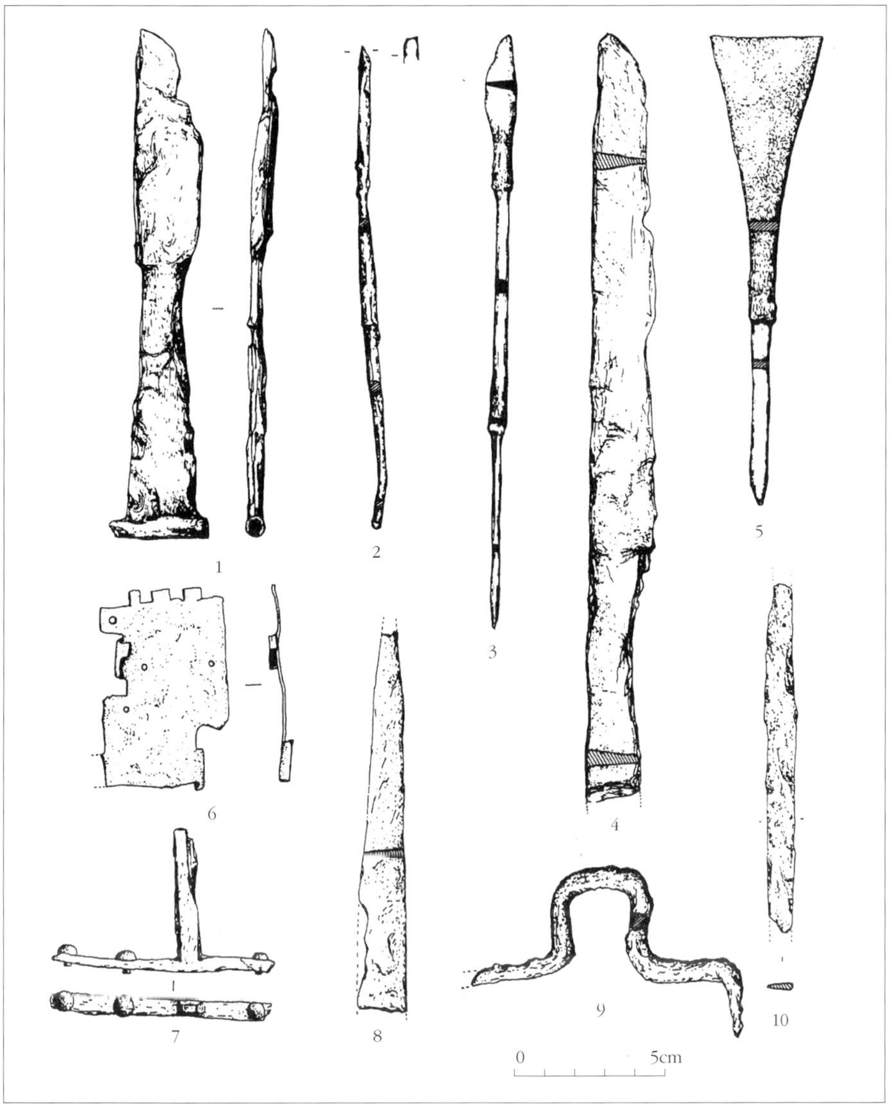

그림 13
마선구2100호묘 철기 2
(『集安高句麗王陵』)
1. B형칼(03JMM2100:149)
2. 화살촉(03JMM2100:81)
3. C형칼(03JMM2100:47)
4. A형칼(03JMM2100:5)
5. 화살촉(03JMM2100:131)
6. 편형장식(03JMM2100:37)
7. T형기(03JMM2100:123)
8. A형칼(03JMM2100:82)
9. 꺾쇠(03JMM2100:8)
10. A형칼(03JMM2100:18)

길이 5.9cm, 전체 길이 14.8cm.

○ 형태 : 鏟形으로 平刃이 약간 안으로 오목하며, 화살촉 몸은 점차 안으로 들어오면서 줄어들고, 鋌은 사각추모양(四棱錐狀)임.

(11) 화살촉(鏃, 03JMM2100:81, 그림 13-2)

○ 출토지 : 마선구2100호묘.

○ 크기 : 화살촉 몸의 남은 길이 9cm, 슴베(鋌) 길이 6.2cm, 전체 길이 15.2cm.

○ 형태 : 화살촉의 몸은 가늘고 길며, 칼끝 부분은 이미 파손된 상태이며, 鋌은 사각추모양(四棱錐狀)임.

(12) 환수기(環首器, 03JMM2100:163, 그림 12-1)

○ 출토지 : 마선구2100호묘.

○ 크기 : 자루의 머리 너비 9.2cm, 두께 1cm, 器身 길이 18.76cm, 너비 3.8cm, 전체 길이 25.4cm.

○ 형태 : 刀形과 유사함. 둥근머리(環首)는 장방형에 가까우며, 아래는 점차 얇게 장방형의 납작한 것으로 변하고, 말단은 혀모양(舌狀)을 띠고 있음.

(13) T형기(T形器, 03JMM2100:123, 그림 13-7)

○ 출토지 : 마선구2100호묘.

○ 크기 : 横梁의 잔존 길이 7.4cm, 두께 0.3cm. 立柱 잔존 높이 4.5cm, 두께 0. 8cm.

○ 형태 : 横梁과 立柱로 장부를 끼워 맞춰 'T'자형를 이룸. 横梁의 절반이 파손되고 立柱도 손상되어 잔존 부분에는 금동 둥근대가리(圓帽)의 연결못(鉚釘)이 있음.

(14) 꺾쇠(鋦釘, 03JMM2100:8, 그림 13-9)

○ 출토지 : 마선구2100호묘.

○ 크기 : 길이 9cm, 너비 5.4cm, 대략의 직경(粗徑) 0.5cm.

○ 형태 : 꺾쇠못의 몸은 弓形임. 중간부분은 반고리(半環)으로 단조되었으며, 양끝은 아래로 90° 꺾여 있음. 말단은 뾰족한 모양으로 단조되어 있는데, 그 한쪽끝 못의 몸은 이미 손상됨.

(15) 편형장식(片形飾, 03JMM2100:37, 그림 13-6)

○ 출토지 : 마선구2100호묘.

○ 크기 : 길이 6.2cm, 너비 4.1cm, 두께 0.08cm.

○ 형태 : 장방형의 얇고 납작한 것을 가공하여 만듦. 상단 가장자리에는 이빨모양을 이루고 있으며, 양측 가장자리에는 구멍이 뚫려 있으며, 좌측 가장자리 상부와 우측 가장자리 하부에는 각기 두 개의 터진 부분(豁口)이 있으며, 그 중간부분은 반대방향으로 말린 원통이 있음.

(16) 호형장식(弧形飾, 03JMM2100:174-2, 그림 12-4)

○ 출토지 : 마선구2100호묘.

○ 크기 : 길이 11.2cm, 너비 2.5cm, 두께 0.5cm.

○ 형태 : 형체가 납작하고 얇음. 휘어 굽어져 마치 누에고치모양(蠶形)과 유사. 머리부에는 둥근 구멍이 하나 있으며, 한쪽 면의 중앙부에는 오목한 홈(凹槽)이 있으며, 홈 안에는 둥근 구멍이 하나 뚫려 있음. 이 장식은 174-1(그림 12-5)의 철제칼과 함께 출토되었는데 머리부의 구멍 역시 해당 칼자루부분의 둥근 구멍과 지름이 같아 그 부속물일 가능성이 있음.

(17) 찰갑편(03JMM2100:189-1, 그림 14-1)

○ 출토지 : 마선구2100호묘.

○ 크기 : 길이 9.8cm, 너비 4.6cm 정도, 두께 0.1cm.

○ 형태 : Aa형. 鍛造製로 완형임. 정연하고 가장자리를 갈아 만들어 정교하고 섬세함. 장방형으로, 상단에는 횡방향으로 배열된 구멍 2개가 있고 하단에는 수직방향의 雙孔이 있고 좌우 양변에는 각기 수직배열의 雙孔이 2벌씩 있으며, 정중앙에는 하나의 구멍이 있음. 上緣은 들림.

(18) 찰갑편(03JMM2100:6, 그림 14-2)

○ 출토지 : 마선구2100호묘.

○ 크기 : 길이 9.8cm, 너비 4.6cm 정도, 두께 0.1cm.

○ 형태 : Aa형. 鍛造製로 완형임. 장방형, 납작하며, 정연함. 가장자리를 갈아 만들어 정교하고 섬세함. 상단에는 횡방향으로 배열된 구멍 2개가 있고 하단에는 수직방향의 雙孔이 있고 좌우 양변에는 각기 수직배열의 雙孔이 2벌씩 있으며, 중앙에는 구멍이 없음.

(19) 찰갑편(03JMM2100:158-1, 그림 14-5)

○ 출토지 : 마선구2100호묘.

○ 크기 : 길이 5.5cm, 너비 1.9~2.1cm, 두께 0.1cm

○ 형태 : Ab형. 鍛造製로 완형임. 장방형으로 납작하며, 정연함. 가장자리를 갈아 만들어 정교하고 섬세함. 상단은 가지런하며, 하단은 말각하여 약간 弧形을 이룸. 上緣 중간에는 각각 구멍이 하나씩 있으며, 하단에는 수직방향의 雙孔이 1벌 있으며, 좌우 양측에는 모두 수직방향의 雙孔이 2벌씩 있음.

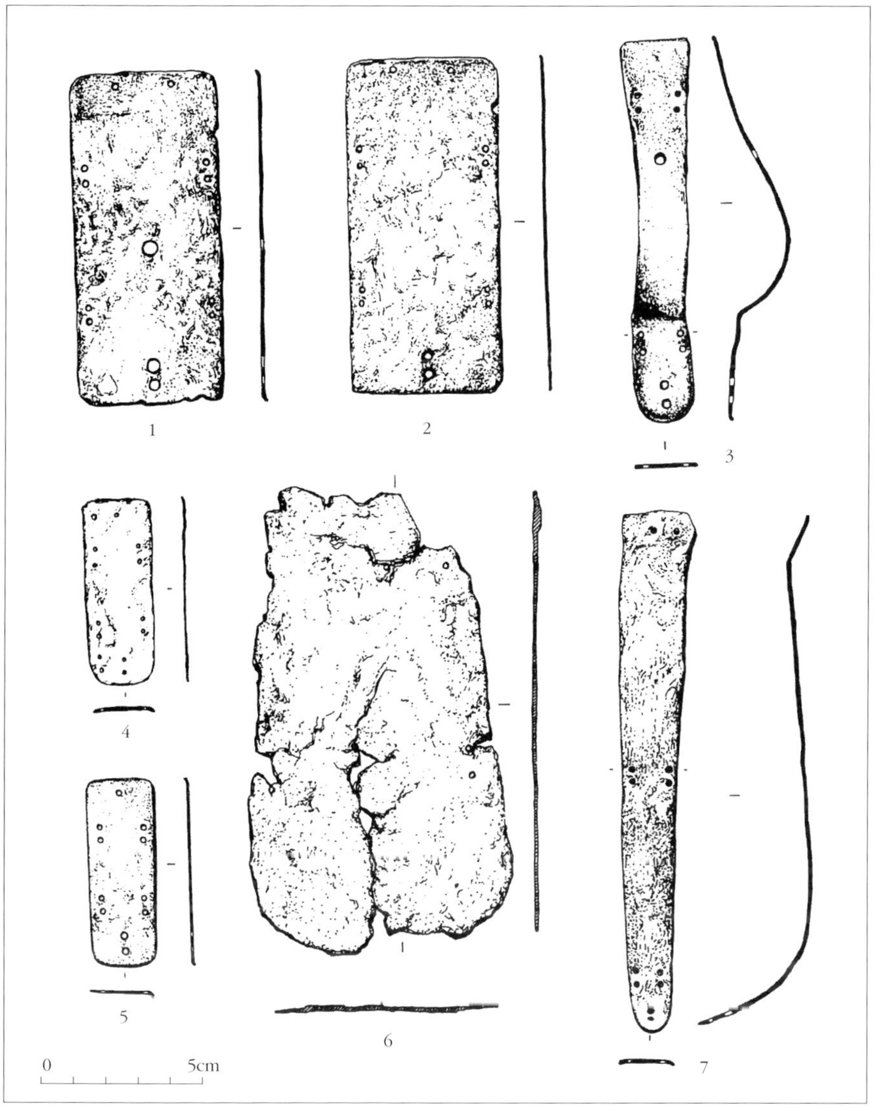

그림 14
마선구2100호묘 찰갑편 1
(『集安高句麗王陵』)
1. Aa형찰갑편(03JMM2100:189-1)
2. Aa형찰갑편(03JMM2100:6)
3. Da형찰갑편(03JMM2100:24-1)
4. Ab형찰갑편(03JMM2100:20)
5. Ab형찰갑편(03JMM2100:158-1)
6. E형찰갑편(03JMM2100:23)
7. Db찰갑편(03JMM2100:24-2)

(20) 찰갑편(03JMM2100:20, 그림 14-4)

○ 출토지 : 마선구2100호묘.

○ 크기 : 길이 5.5cm, 너비 1.9~2.1cm, 두께 0.1cm

○ 형태 : Ab형. 鍛造製로 완형임. 장방형, 납작하며, 정연함. 가장자리를 갈아 만들어 정교하고 섬세함. 상단은 가지런하며, 하단은 말각하여 弧形을 이룸. 上緣의 중앙과 좌측에 각기 구멍이 하나씩 있음. 하단의 중앙과 좌측에는 수직방향의 雙孔이 1벌씩 있으며, 좌우 양측에는 모두 수직방향의 雙孔이 2벌씩 있음. 구멍의 지름이 비교적 작음.

(21) 찰갑편(03JMM2100:151, 그림 15-5)

○ 출토지 : 마선구2100호묘.

○ 크기 : 길이 5.7cm, 너비 2.6cm, 두께 0.1cm

○ 형태 : Ac형. 鍛造製로 완형이나 약간 손상된 상태. 측면은 外弧狀임. 上緣에는 횡열의 雙孔이 2벌씩 있으며, 하단에는 구멍이 하나 있으며, 좌우 양측에는 각기 雙孔이 2벌씩 있으며, 정중앙에는 구멍이 하나 있음.

(22) 찰갑편(03JMM2100:25, 그림 15-6)

○ 출토지 : 마선구2100호묘.

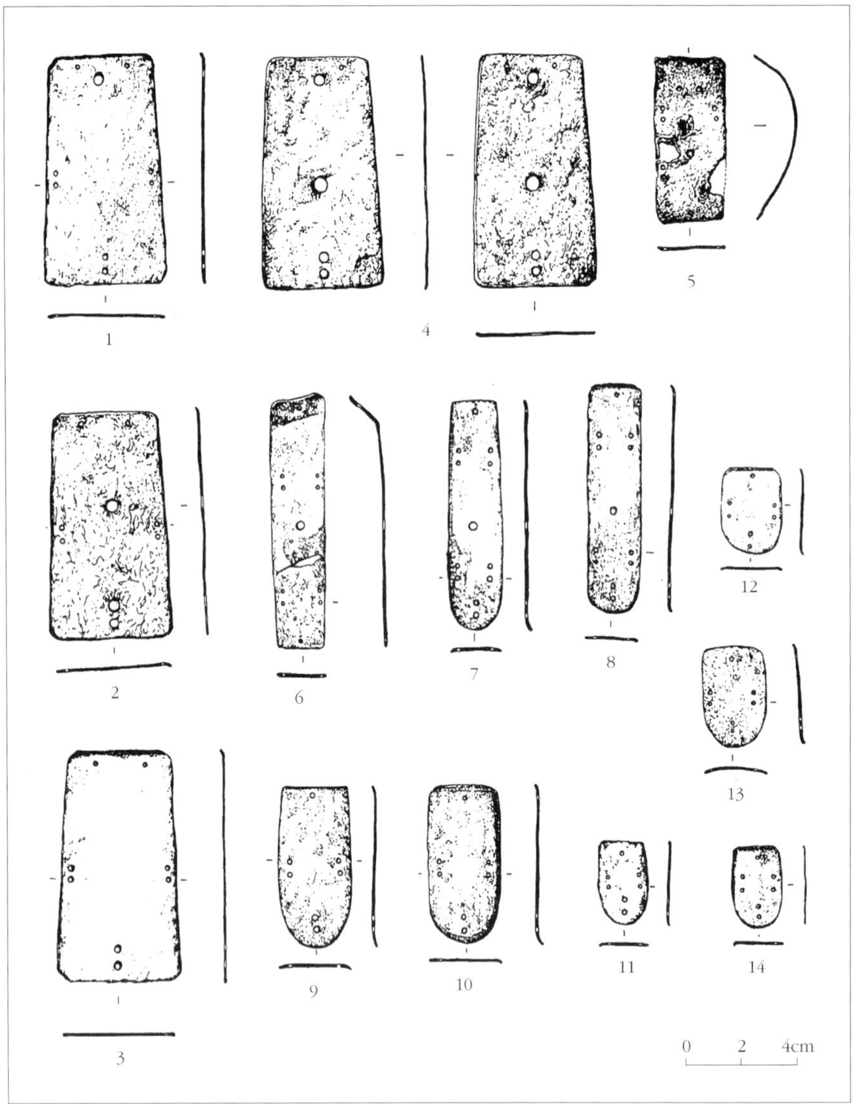

그림 15
마선구2100호묘 찰갑편 2
(『集安高句麗王陵』)
1. B형찰갑편(03JMM2100:51)
2. B형찰갑편(03JMM2100:98)
3. B형찰갑편(03JMM2100:172-1)
4. B형찰갑편(03JMM2100:2-1)
5. Ac형찰갑편(03JMM2100:151)
6. Ad형찰갑편(03JMM2100:25)
7. Ca형찰갑편(03JMM2100:56)
8. Ca형찰갑편(03JMM2100:52)
9. Cb형찰갑편(03JMM2100:21)
10. Cb형찰갑편(03JMM2100:183)
11. Cb형찰갑편(03JMM2100:134-1)
12. Cb형찰갑편(03JMM2100:191-2)
13. Cb형찰갑편(03JMM2100:191-1)
14. Cb형찰갑편(03JMM2100:134-2)

○ 크기 : 길이 9.2cm, 너비 1.8~2cm, 두께 0.1cm
○ 형태 : Ad형. 鍛造製로 완형임. 세장방형으로 납작하며, 정연함. 가장자리를 갈아 만들어 정교하고 섬세함. 하단이 약간 좁음. 상하 양단 중앙에는 각기 하나의 구멍이 있으며, 좌우 양측에 모두 雙孔이 2벌씩 있으며, 정중앙에는 구멍이 하나 있는데 구멍 지름이 약간 큼.

(23) 찰갑편(03JMM2100:51, 그림 15-1)

○ 출토지 : 마선구2100호묘.
○ 크기 : 길이 7.9~8cm, 너비 3.8~4.5cm, 두께 0.1cm.
○ 형태 : B형. 鍛造製로 완형임. 찰갑편은 말각 사다리꼴(梯形)로 위가 좁고 아래가 넓은 모양. 정연함. 가장자리를 갈아 만들어 정교하고 섬세함. 上緣은 들림. 상연에는 횡렬로 두 개 구멍이 뚫려 있고 그 두 구멍 바로 아래의 정중앙에 약간 커다란 둥근 구멍이 있음. 좌우 양변에는 각기 수직배열의 雙孔이 한 벌씩 있으며, 하부 중앙에는 수직방향의 雙孔이 있음.

(24) 찰갑편(03JMM2100:98, 그림 15-2)

○ 출토지 : 마선구2100호묘.

○ 크기 : 길이 7.9~8cm, 너비 3.8~4.5cm, 두께 0.1cm.

○ 형태 : B형. 鍛造製로 완형임. 찰갑편은 원각 사다리꼴(梯形)로 위가 좁고 아래가 넓은데 모양이 정연하며, 가장자리는 갈아 만들어 정교하고 섬세함. 上緣은 들림. 상연에는 횡렬의 두 개 구멍이 뚫려 있으며, 좌우 양변에는 각기 수직배열의 雙孔이 한 벌씩 있으며, 하부 중앙에는 수직방향의 雙孔이 있음. 찰갑편의 정중앙에 근접한 지점에 약간 큰 둥근 구멍이 하나 있음.

(25) 찰갑편(03JMM2100:172-1, 그림 15-3)

○ 출토지 : 마선구2100호묘.

○ 크기 : 길이 7.9~8cm, 너비 3.8~4.5cm, 두께 0.1cm.

○ 형태 : B형. 鍛造製로 완형임. 찰갑편은 말각된 사다리꼴(梯形)로 위가 좁고 아래가 넓으며 정연함. 가장자리를 갈아 만들어 정교하고 섬세함. 上緣은 들림. 상연에는 횡렬의 두 개 구멍이 뚫려 있으며, 좌우 양변에는 각기 수직배열의 雙孔이 한 벌씩 있으며, 하부 중앙에는 수직방향의 雙孔이 있음. 중앙에는 구멍이 없음.

(26) 찰갑편(03JMM2100:2-1, 그림 15-4)

○ 출토지 : 마선구2100호묘.

○ 크기 : 길이 7.9~8cm, 너비 3.8~4.5cm, 두께 0.1cm.

○ 형태 : B형. 鍛造製로 완형임. 찰갑편은 말각 사다리꼴(梯形)로 위가 좁고 아래가 넓으며 정연함. 가장자리를 갈아 만들어 정교하고 섬세함. 上緣은 들림. 상연에는 횡렬의 두 개 구멍이 뚫려 있고 그 두 구멍 바로 아래의 정중앙에 지름이 조금 큰 둥근 구멍이 있음. 하부 중앙에는 수직방향의 雙孔이 있음. 상연 중앙의 구멍과 마찬가지로 찰갑편 정중앙에는 지름이 큰 둥근 구멍이 있음.

(27) 찰갑편(03JMM2100:56, 그림 15-7)

○ 출토지 : 마선구2100호묘.

○ 크기 : 길이 8cm, 너비 1.9cm, 두께 0.1cm.

○ 형태 : Ca형. 鍛造製로 완형. 찰갑편은 가늘고 긴 장방형의 비늘모양(鱗片形). 상단은 평평하고 가지런하며 하단은 外弧圓形을 이루고 있어 물고기비늘과 비슷함. 상단이 약간 좁음. 상단은 평평하고 가지런하고 중간에는 구멍이 하나 있으며, 하단은 外弧하고 중간에는 수직배열의 雙孔이 있으며, 좌우 양측에는 수직배열의 雙孔이 두 벌씩 있음. 찰갑편 정중앙에는 구멍 지름이 약간 큰 구멍이 하나 있음.

(28) 찰갑편(03JMM2100:52, 그림 15-8)

○ 출토지 : 마선구2100호묘.

○ 크기 : 내략 길이 8cm, 너비 1.9cm, 두께 0.1cm.

○ 형태 : Ca형. 鍛造製로 완형. 찰갑편은 가늘고 긴 장방형 비늘모양(鱗片形). 상단은 평평하고 가지런하며 하단은 外弧圓形을 이루고 있어 물고기비늘과 비슷함. 좌우양변의 상하 너비가 같음. 부식이 심함. 상연에는 횡렬의 두 개 구멍이 뚫려 있고 그 두 구멍 바로 아래의 정중앙에 지름이 조금 큰 둥근 구멍이 있음. 하부 중앙에는 수직방향의 雙孔이 있음. 상연 중앙의 구멍과 마찬가지로 찰갑편 정중앙에는 지름이 큰 둥근 구멍이 있음.

(29) 찰갑편(03JMM2100:21, 그림 15-9)

○ 출토지 : 마선구2100호묘.

○ 크기 : 길이 5.5cm, 너비 2.6~2.7cm, 두께 0.1cm.

○ 형태 : Cb형. 鍛造製로 완형. 찰갑편은 넓고 짧으며, 형체가 비교적 큰 편임. 上緣이 약간 좁음. 상단은 평평하고 가지런하고 중간에는 구멍이 하나 있으며, 하

단은 外弧圓形을 띠고 있으며, 하부와 좌우 양변에는 각기 수직배열의 雙孔이 한 벌씩 있음.

(30) 찰갑편(03JMM2100:183, 그림 15-10)

○ 출토지 : 마선구2100호묘.

○ 크기 : 길이 5.5cm, 너비 2.6~2.7cm, 두께 0.1cm.

○ 형태 : Cb형. 鍛造製로 완형. 찰갑편은 넓고 짧으며, 형체가 비교적 큰 편임. 우측과 하연 모두 가지런한 경사면으로 갈아냄. 상단은 평평하고 가지런하고 중간에는 구멍이 하나 있으며, 하단은 外弧圓形을 띠고 있으며, 하부와 좌우 양변에는 각기 수직배열의 雙孔이 한 벌씩 있음.

(31) 찰갑편(03JMM2100:191-1, 그림 15-13)

○ 출토지 : 마선구2100호묘.

○ 크기 : 길이 3.4cm, 너비 2.4cm, 두께 0.1cm.

○ 형태 : Cb형. 鍛造製로 완형. 찰갑편은 넓고 짧으며, 형체가 약간 작음. 횡절단면의 중앙은 약간 弧鼓를 띠고 있음. 상단은 평평하고 가지런하고 중간에는 구멍이 하나 있으며, 하단은 外弧圓形을 띠고 있으며, 하부와 좌우 양변에는 각기 수직배열의 雙孔이 한 벌씩 있음.

(32) 찰갑편(03JMM2100:134-2, 그림 15-14)

○ 출토지 : 마선구2100호묘.

○ 크기 : 길이 3cm, 너비 2.2cm, 두께 0.1cm.

○ 형태 : Cb형. 鍛造製로 완형. 찰갑편은 넓고 짧으며, 형체가 약간 작음. 횡절단면은 비교적 평평하며, 우측변은 약간 갈아서 광택을 내었음. 상단은 평평하고 가지런하고 중간에는 구멍이 하나 있으며, 하단은 外弧圓形을 띠고 있으며, 하부와 좌우 양변에는 각기 수직배열의 雙孔이 한 벌씩 있음.

(33) 찰갑편(03JMM2100:134-1, 그림 15-11)

○ 출토지 : 마선구2100호묘.

○ 크기 : 길이 2.8cm, 너비 1.9cm, 두께 0.1cm.

○ 형태 : Cb형. 鍛造製로 완형. 찰갑편은 넓고 짧으며, 형체가 작음. 좌측 가장자리는 경사면으로 갈았음. 상단은 평평하고 가지런하고 중간에는 구멍이 하나 있으며, 하단은 外弧圓形을 띠고 있으며, 하부와 좌우 양변에는 각기 수직배열의 雙孔이 한 벌씩 있음.

(34) 찰갑편(03JMM2100:191-2, 그림 15-12)

○ 출토지 : 마선구2100호묘.

○ 크기 : 길이 2.9cm, 너비 1.8cm, 두께 0.1cm.

○ 형태 : Cb형. 鍛造製로 완형. 찰갑편은 넓고 짧으며, 형체가 작음. 가장자리 부분에 갈아서 광택을 내지 않음. 상단은 평평하고 가지런하고 중간에는 구멍이 하나 있으며, 하단은 外弧圓形을 띠고 있으며, 하부와 좌우 양변에는 각기 수직배열의 雙孔이 한 벌씩 있음.

(35) 찰갑편(03JMM2100:24-1, 그림 14-3)

○ 출토지 : 마선구2100호묘.

○ 크기 : 弧의 길이 12.2cm, 너비 1.9~2.1cm, 허리가 잘록한 부분의 너비 1.2cm, 두께 0.1cm.

○ 형태 : Da형. 鍛造製로 완형. 찰갑편은 좁고 길으며, 측단면은 弓形을 띠고 있음. 찰갑편 모양이 특수하며 수량이 적은데 투구용에 속할 수 있음. 허리가 잘록한 모양. 한쪽은 평평하고 가지런하고 가장자리의 정중앙에는 구멍이 하나 있으며[6], 다른 한쪽은 圓頭外弧로 가장자리 정중앙에 수직배열의 雙孔이 한 벌씩 있으며, 양측 가장자리에는 雙孔이 두 벌씩 있으며, 중간에는 구멍이 하나 있음.

6 그림상 구멍표시가 명확치 않음.

(36) 찰갑편(03JMM2100:24-2, 그림 14-7)

○ 출토지 : 마선구2100호묘.

○ 크기 : 弧의 길이 12.2cm, 너비 1.9~2.1cm, 허리가 잘록한 부분의 너비 1.2cm, 두께 0.1cm.

○ 형태 : Db형. 鍛造製로 완형. 찰갑편은 좁고 길며, 측단면은 弓形을 띠고 있음. 찰갑편 모양이 특수하고 수량이 적어 투구용에 속할 수 있음. 찰갑편의 평면은 난초잎 모양(蘭葉狀)을 하고 있는데 한쪽은 넓고 평평하고 가지런하며, 다른 한쪽은 점차 좁아져 圓頭狀을 하고 있음. 측면 S형을 띠고 있음. 平頭 방면에는 횡배열의 雙孔이 한 벌 있으며, 圓頭 방면에는 수직배열의 雙孔이 한 벌 있으며, 좌우 양측에는 모두 雙孔이 두 벌씩 있음.

(37) 찰갑편(03JMM2100:23, 그림 14-6)

○ 출토지 : 마선구2100호묘.

○ 크기 : 남은 길이 13.8cm, 너비 6.8~8cm, 두께 0.1cm.

○ 형태 : E형. 鍛造製. 원각의 사다리꼴임(梯形). 형체는 비교적 크며, 상부 및 하연 중앙부는 파손된 상태임. 상부에는 오른쪽에 치우친 곳에 두 개의 작은 구멍이 있으며, 하부 양측에는 각기 雙孔이 한 벌씩 있음.

4) 토기 및 자기

○ 서쪽과 북쪽 양측의 낙석 속에서만 소량의 토기 및 자기, 시유도편이 발견됨. 시유도편은 귤색과 청회색의 두 종류 태토가 있으며, 시유색은 푸르고 노란 편이고 표면은 투명하지만 니질 태토와 시유층이 결합이 충분히 긴밀하지 못해 시유의 박락현상이 비교적 많음. 이들 잔편에서 토기와 자기 각 1점, 시유도는 鉢, 壺 등의 5점을 확인할 수 있으나 모두 복원은 불가능함. 특히 사이시유호(四耳釉陶壺) 5점이 있는데 태토는 홍색과 회색이 각기 반씩이며 무늬는 기본적으로 동일함. 이런 四耳壺는 고구려의 전형적 기물로 형태는 侈口展沿, 短頸圓肩, 斜腹平底하며, 상복부에는 4개의 橋狀橫耳가 있고 견부에는 물결무늬가 시문되어 있음. 이번 채집된 잔편은 모두 복원하지 않았지만 각 부위는 온전함.

(1) 토기 잔편(陶罐, 03JMM2100標:11, 그림 16-1)

○ 출토지 : 마선구2100호묘.

○ 태토 및 색깔 : 니질의 회색(泥質灰陶).

○ 형태 : 輪製이며, 비교적 소성도가 높음. 동체편만 남아 있음. 器壁은 비교적 얇으며, 안쪽은 홍갈색을 띠며, 외면은 물결무늬(水波紋)가 음각되어 있음.

(2) 시유 발(釉陶鉢, 03JMM2100標:26, 그림 16-2)

○ 출토지 : 마선구2100호묘.

○ 크기 : 입지름(구경) 약 13~14cm.

○ 태토 및 색깔 : 회색(灰胎).

○ 형태 : 구연과 복부 잔편이 남아 있음. 구순은 뾰족하며, 입은 벌어졌고 배는 둥긂. 구연 아래에는 두 줄의 음각선문이 있음.

(3) 시유 사이전연호(四耳釉陶壺, 03JMM2100標:25-2, 그림 16-4)

○ 출토지 : 마선구2100호묘.

○ 형태 : 구연부 잔편만 남아 있음. 구연은 밖으로 크게 벌여졌고, 구순은 둥그스름함(圓脣).

(4) 시유 사이전연호(四耳釉陶壺, 03JMM2100標:24-4, 그림 16-3)

○ 출토지 : 마선구2100호묘.

○ 형태 : 구연부 잔편만 남아 있음. 구연은 밖으로 크게 벌여졌고, 구순은 각졌고(方脣). 구순 위에는 두 줄의 음각선문이 새겨져 있음.

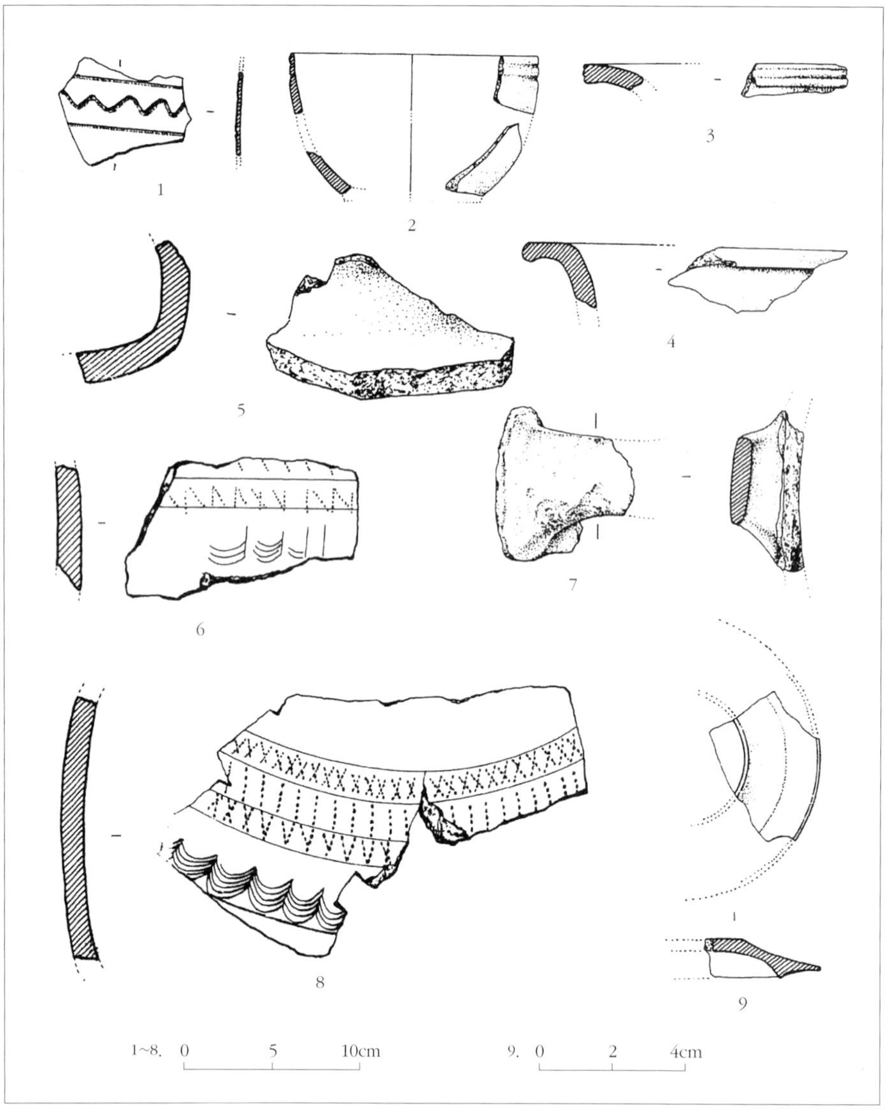

그림 16
마선구2100호묘
토기 및 자기
(『集安高句麗王陵』)
1. 토기 잔편(03JMM2100標:11)
2. 시유 발(03JMM2100標:26)
3. 시유 사이전연호
(03JMM2100標:24-4)
4. 시유 사이전연호
(03JMM2100標:25-2)
5. 시유 사이전연호
(03JMM2100標:24-2)
6. 시유 사이전연호
(03JMM2100標:25-1)
7. 시유 사이전연호
(03JMM2100標:24-3)
8. 시유 사이전연호
(03JMM2100標:24-1)
9. 청자(03JMM2100標:192)

(5) 시유 사이전연호(四耳釉陶壺, 03JMM2100標:24-2, 그림 16-5)

○ 출토지 : 마선구2100호묘.

○ 형태 : 구연부 잔편만 남아 있음. 짧은 목(短頸)을 가지고 있음.

(6) 시유 사이전연호(四耳釉陶壺, 03JMM2100標:24-3, 그림 16-7)

○ 출토지 : 마선구2100호묘.

○ 크기 : 남은 길이 7.8cm, 너비 4.2cm.

○ 형태 : 횡교상(橫橋狀) 대상파수의 잔편임.

(7) 시유 사이전연호(四耳釉陶壺, 03JMM2100標:24-1, 그림 16-8)

○ 출토지 : 마선구2100호묘.

○ 형태 : 어깨부 잔편. 무늬는 음각선으로 네 층으로 나뉘어지는데 상면의 세 층은 연속되는 점으로 그물무늬, 사선무늬, 삼각형무늬 등을 만들었음. 제4층에는 음각된 밀집파상선문이 새겨짐(垂幛紋).

(8) 시유 사이전연호(四耳釉陶壺, 03JMM2100標:25-1, 그림 16-6)

① 출토지 : 마선구2100호묘.

② 형태 : 어깨부 잔편. 상부 무늬는 24-1(그림 16-8) 잔편을 통해 볼 때 동일한 무늬로 추정됨. 즉, 음각선으로 네 층으로 나뉘어지는데 상면의 세 층는 연속되는 점으로 그물무늬, 사선무늬, 삼각형무늬 등을 만들었으며, 제4층에는 밀집파상선문(垂帳紋)이 새겨져 있음. 다만 제4층의 수장문은 앞서 사례와 비교하면 비교적 큰 편임.

(9) 청자(青瓷器, 03JMM2100標:192, 그림 16-9)

○ 출토지 : 마선구2100호묘 동남 모서리.

○ 크기 : 직경 6cm.

○ 태토 및 색깔 : 옅은 회색. 청록색 시유는 맑고 투명함.

○ 형태 : 청자의 뚜껑 잔편으로, 원형이고 상면은 평평함. 견고하면서 세밀함.

5) 기와

○ 고분 정리중에 출토된 기와 조각들이 많은데 조밀하게 놓은 후에 측량하면 약 7m³에 달함. 묘상에는 아직 수집되지 않은 기와가 정리된 기와에 비해 많이 있으나, 총량은 전체 분구 상부를 덮을 수 없을 듯함.

○ 이들 기와 조각들의 형식 및 규격이 서로 통일되지 않으며 陶質 및 陶色, 소성도, 기와의 두께 변화 등 모두 명확한 구별이 있음.

○ 와당은 3점. 모두 니질회도이며, 8등분의 권운문이 얕게 부조(淺浮彫)된 원형 와당으로 직경 13~14.5cm로 고르지 않음. 채집된 와당은 모두 잔편으로 크기는 대략 차이가 있음.

○ 수키와의 언강(瓦肩)과 미구(瓦舌)을 관찰해보면 3型 10種으로 분류할 수 있는데, 이것은 마선구2100호묘의 묘상 건축이 일차에 그치지 않고 수리가 진행되었다는 것을 보여주며, 또한 기와가 여러 곳에서 제작된 차이일 가능성도 있음. 수키와는 모두 잔편임. 수량은 대략 기와 총량의 30%를 차지하는데 채집한 표본은 13점임. 모두 泥質陶이며 색은 회색이 주를 이룸. A형은 5점으로 모두 언강이 들렸는데(翹肩) Aa형은 4점으로 언강(瓦肩)이 비교적 높고 언강과 미구가 연결되는 곳이 圓角을 띠고 있으며, Ab형은 1점으로 언강이 약간 낮음. B형은 채집품 8점이 있는데 모두 언강이 평평한데(平肩) Ba형은 4점으로 언강면이 坡狀이고 언강과 미구가 연결되는 곳은 直弧의 변화가 있으며, Bb형은 4점으로 언강면이 평평하게 곧고(平直) 미구는 비교적 짧음.

○ 암키와는 아직 완형이 발견되지 않음. 잔편의 대다수는 청회색이며, 소성도는 비교적 높음. 소수의 황갈색 기와의 소성도는 낮은 편이며, 회색 기와에 비해 약간 두터움. 무문이 절대 다수를 차지하고, 소량은 細繩文과 긁어 문지른 선문(條紋)이 있고 일부 끝암키와(檐頭瓦)의 瓦沿에는 지압문이 시문되어 있음. 끝암키와(檐頭瓦)는 모두 회색이며, 황갈색 기와와 시문와 중에는 아직 끝암키와(檐瓦)가 보이지 않음. 繩文瓦는 암키와 총수의 약 6%를 차지하고 채집한 2점은 모두 시선의 細繩文을 시문함. 끝암키와는 보통 方沿이고 내측에는 약간 문지른 斜面이 있으며, 瓦沿은 모두 指壓文이 시문됨.

(1) 와당(03JMM2100:143, 그림 17-1)

○ 출토지 : 마선구2100호묘.

○ 크기 : 직경 13.3cm.

○ 문양 : 주연부에는 연속 삼각 거치문이 시문되었으며, 중앙은 원형으로 돌출함. 중앙 돌출부 밖에는 방사상의 8組 구획선과 함께 그 구획선과 마주하고 있는 內向 연호가 있으며, 구획선 내에는 4組의 마주보는 또는 등을 맞대고 있는 권운문을 배치하였음. 연호 안에는 8개의 首尾相接하는 새가 있는데, 이 새는 목과 다

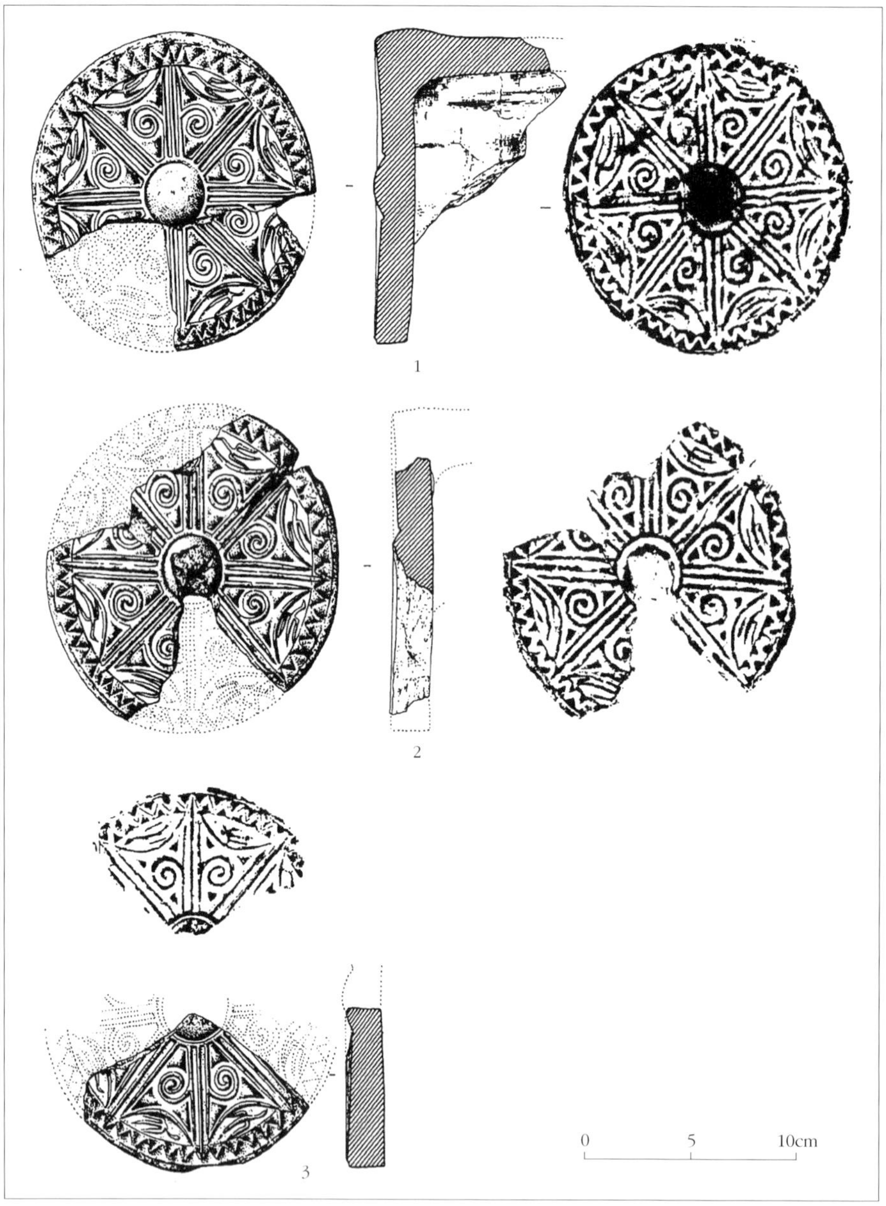

그림 17
마선구2100호묘 와당
(『集安高句麗王陵』)
1. 03JMM2100:143
2. 03JMM2100:139
3. 03JMM2100:127

리가 긴 것이 仙鶴을 형상화한 것임.

○ 색깔과 태도 : 니질의 회색.

○ 형태 : 8등분의 권운문이 얕게 부조(淺浮彫)된 원형의 완형.

(2) 와당(03JMM2100:139, 그림 17-2)

○ 출토지 : 마선구2100호묘.

○ 크기 : 직경 14.3cm.

○ 문양 : 주연부에는 연속 삼각 거치문이 시문되었으며, 중앙은 원형으로 돌출함. 중앙 돌출부 밖에는 방사상의 8組 구획선과 함께 그 구획선과 마주하고 있는 內向 연호가 있으며, 구획선 내에는 4組의 마주보는 또는 등을 맞대고 있는 권운문을 배치하였음. 연호 안에는 8개의 首尾相接하는 새가 있는데, 이 새는 목과 다리가 긴 것이 仙鶴을 형상화한 것임.

○ 색깔과 태도 : 니질의 회색.

○ 형태 : 8등분의 권운문이 얕게 부조(淺浮彫)된 원형 와당. 완형의 1/5이 훼손.

(3) 와당(03JMM2100:127, 그림 17-3)

○ 출토지 : 마선구2100호묘.

○ 문양 : 와당의 일부만 남은 상태로 정확치 않으나 같이 출토된 와당과 동일한 형태로 추정됨. 주연부에는 연속 삼각 거치문이 시문됨. 중앙부 밖에는 방사상의 구획선과 함께 그 구획선과 마주하고 있는 內向 연호가 있는데, 전체적으로 8조 구획선으로 추정. 구획선 내에는 권운문이 배치되어 있는데, 4組의 마주보는 또는 등을 맞대고 있는 권운문이 배치되었을 것으로 추정. 연호 안에는 首尾相接하는 새가 있는데, 총 8개로 추정됨. 이 새는 목과 다리가 긴 것이 仙鶴을 형상화한 것임.

○ 색깔과 태도 : 니질의 회색.

○ 형태 : 권운문이 얕게 부조(淺浮彫). 완형의 1/4정도 남은 상태.

(4) 수키와(03JMM2100標:12, 그림 18-2)

○ 출토지 : 마선구2100호묘.

○ 크기 : 언강 높이 1.4cm, 미구(舌)의 길이 4.2cm, 기와 두께 1.6cm.

○ 색깔과 태도 : 니질.

○ 형태 : Aa형. 잔편. 언강이 들림(翹肩). 언강은 비교적 높음. 미구면의 後部는 대략 아래가 오목한 모양이며, 언강(肩)과 미구(舌)가 접하는 곳은 直面圓角을 이루고 있음.

(5) 수키와(03JMM2100標:10, 그림 18-3)

○ 출토지 : 마선구2100호묘.

○ 크기 : 어깨 높이 1.2cm, 미구(舌)의 길이 3.6cm, 기와 두께 1.2cm.

○ 색깔과 태도 : 니질.

○ 형태 : Aa형. 잔편. 언강은 들림(翹肩). 언강이 비교적 높음. 미구면이 비교적 평평함. 언강(肩)과 미구(舌)가 접하는 곳은 直面圓角을 이루고 있음.

(6) 수키와(03JMM2100標:4, 그림 18-1)

○ 출토지 : 마선구2100호묘.

○ 색깔과 태도 : 니질.

○ 형태 : Aa형. 잔편. 언강이 들림(翹肩). 언강이 비교적 높음. 미구면이 비교적 평평함. 언강(肩)과 미구(舌)가 접하는 곳은 圓角을 이루고 있음.

(7) 수키와(03JMM2100標:6, 그림 18-4)

○ 출토지 : 마선구2100호묘.

○ 색깔과 태도 : 니질.

○ 형태 : Aa형. 잔편. 언강은 들림(翹肩). 언강이 비교적 높음. 미구면이 비교적 평평함. 언강(肩)과 미구(舌)가 접하는 곳은 圓角을 이루고 있음.

(8) 수키와(03JMM2100標:11, 그림 18-5)

○ 출토지 : 마선구2100호묘.

○ 크기 : 언강 높이 0.7cm, 미구(舌) 길이 4.4cm, 기와 두께 1.4cm.

○ 색깔과 태도 : 니질.

○ 형태 : 잔편으로 언강이 약간 낮음(Ab형).

(9) 수키와(03JMM2100標:23, 그림 18-6)

○ 출토지 : 마선구2100호묘.

○ 크기 : 언강 높이 2cm, 미구(舌) 길이 3.4cm, 기와 두께 1.2cm.

○ 색깔과 태도 : 니질.

○ 형태 : Ba형. 잔편. 언강은 평평함(平肩). 언강면은 坡狀임. 언강(肩)과 미구(舌)가 접하는 곳은 斜面圓角을 이루고 있음.

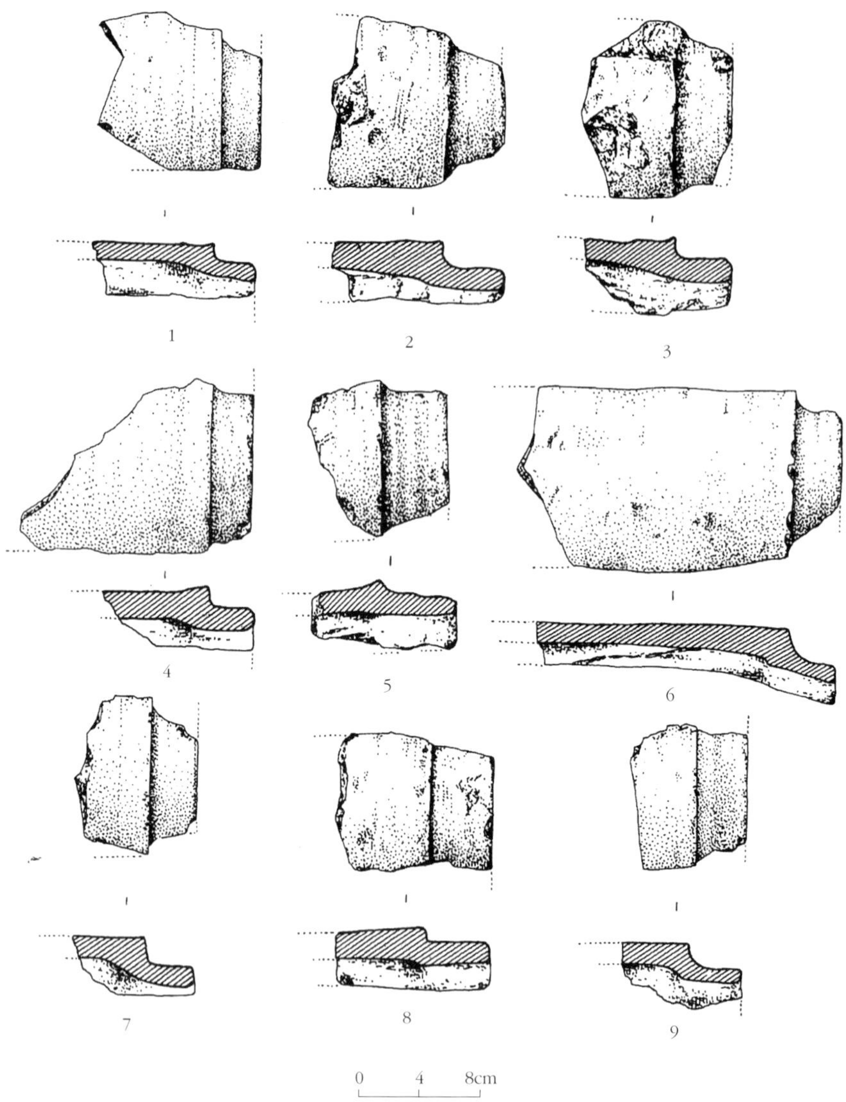

그림 18
마선구2100호묘 수키와
(『集安高句麗王陵』)
1. Aa형(03JMM2100標:4)
2. Aa형수키와
(03JMM2100標:12)
3. Aa형수키와
(03JMM2100標:10)
4. Aa형수키와(03JMM2100標:6)
5. Ab형수키와
(03JMM2100標:11)
6. Ba형수키와
(03JMM2100標:23)
7. Ba형수키와(03JMM2100標:7)
8. Ba형수키와(03JMM2100標:9)
9. Ba형수키와(03JMM2100標:8)

(10) 수키와(03JMM2100標:7, 그림 18-7)

○ 출토지 : 마선구2100호묘.

○ 크기 : 언강 높이 1.7cm, 미구(舌) 길이 3.2cm, 기와 두께 1.3cm.

○ 색깔과 태도 : 니질.

○ 형태 : Ba형. 잔편. 언강은 평평함(平肩). 언강면은 坡狀임. 미구(瓦舌)가 비교적 짧고 언강면이 비교적 평평함. 언강(肩)과 미구(舌)가 접하는 곳은 斜面鈍角을 이루고 있음.

(11) 수키와(03JMM2100標:9, 그림 18-8)

○ 출토지 : 마선구2100호묘.

○ 크기 : 언강 높이 1cm, 미구(舌) 길이 4cm, 기와 두께 1.6cm.

○ 색깔과 태도 : 니질.

○ 형태 : Ba형. 잔편. 언강은 평평함(平肩). 언강면은 坡狀임. 미구(瓦舌)가 비교적 짧고 언강면이 비교적 평평함. 언강(肩)과 미구(舌)가 접하는 곳은 斜面鈍角을 이루고 있음.

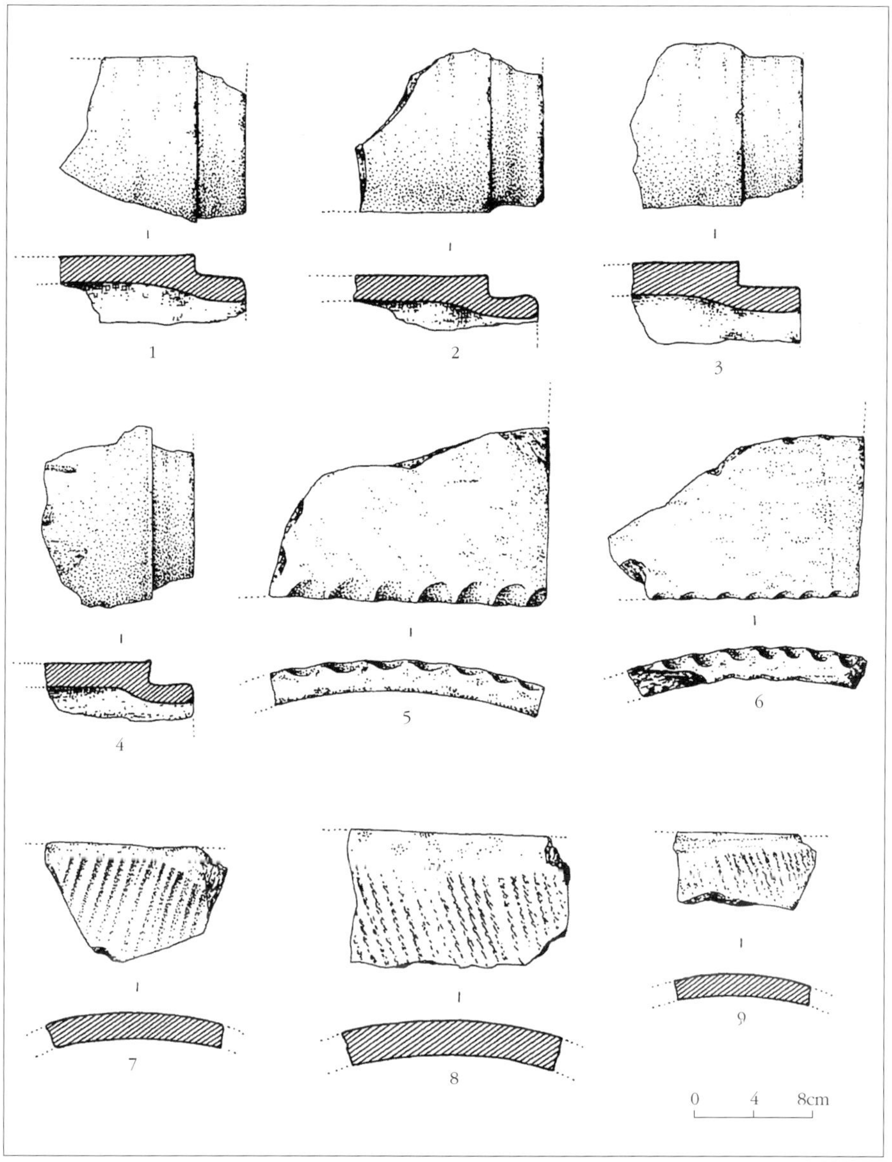

그림 19
마선구2100호묘 기와류
(『集安高句麗王陵』)
1. Bb형수키와(03JMM2100標:2)
2. Bb형수키와(03JMM2100標:3)
3. Bb형수키와(03JMM2100標:1)
4. Bb형수키와(03JMM2100標:5)
5. 끝암키와(03JMM2100標:19)
6. 끝암키와(03JMM2100標:13)
7. 조형문암키와(03JMM2100標:15)
8. 승문암키와(03JMM2100標:16)
9. 승문암키와(03JMM2100標:17)

(12) 수키와(03JMM2100標:8, 그림 18-9)

○ 출토지 : 마선구2100호묘.

○ 크기 : 언강 높이 1.4cm, 미구(舌) 길이 3.6cm, 기와 두께 1.3cm.

○ 색깔과 태도 : 니질.

○ 형태 : Ba형. 잔편. 언강은 평평함(平肩). 언강면은 坡狀임. 미구(瓦舌)가 길고 미구면 後部는 대체로 아래가 오목함. 언강(肩)과 미구(舌)가 접하는 곳은 斜面圓角을 이루고 있음.

(13) 수키와(03JMM2100標:2, 그림 19-1)

○ 출토지 : 마선구2100호묘.

○ 크기 : 언강 높이 1.2cm, 미구(舌) 길이 3.4cm, 기와 두께 1.6cm.

○ 색깔과 태도 : 니질.

○ 형태 : Bb형. 잔편. 언강은 평평함(平肩). 언강면은 미구(瓦舌)가 비교적 짧음. 미구면은 평평하고 아래는 경사짐. 언강(肩)과 미구(舌)가 접하는 곳은 鈍角을 이루고 있음.

(14) 수키와(03JMM2100標:3, 그림 19-2)

○ 출토지 : 마선구2100호묘.

○ 크기 : 언강 높이 1.4cm, 미구(舌) 길이 3.2cm, 기와 두께 1.6cm.

○ 색깔과 태도 : 니질.

○ 형태 : Ba형. 잔편. 언강은 평평함(平肩). 언강면은 平直함. 미구(瓦舌)가 비교적 짧음. 미구면 後部는 아래가 오목함. 언강(肩)과 미구(舌)가 접하는 곳은 圓角을 이루고 있음.

(15) 수키와(03JMM2100標:1, 그림 19-3)

○ 출토지 : 마선구2100호묘.

○ 크기 : 언강 높이 1.5cm, 미구(舌) 길이 4cm, 기와 두께 2cm.

○ 색깔과 태도 : 니질.

○ 형태 : Ba형. 잔편. 언강은 평평함(平肩). 언강면은 平直함. 미구(瓦舌)가 비교적 짧음. 미구면은 비교적 평평함. 언강(肩)과미구(舌)가 접하는 곳은 直角을 이루고 있음.

(16) 수키와(03JMM2100標:5, 그림 19-4)

○ 출토지 : 마선구2100호묘.

○ 크기 : 언강 높이 1.5cm, 미구(舌) 길이 3cm, 기와 두께 1.5cm.

○ 색깔과 태도 : 니질.

○ 형태 : Ba형. 잔편. 언강은 평평함(平肩). 언강면은 平直함. 미구(瓦舌)가 비교적 짧음. 언강(肩部)은 약간 돌출되어 있으며, 미구면 後部는 약간 아래가 오목함. 언강(肩)과 미구(舌)가 접하는 곳은 銳角을 이루고 있음.

(17) 승문 암키와(03JMM2100標:16, 그림 19-8)

○ 출토지 : 마선구2100호묘.

○ 크기 : 가장자리 너비(沿寬) 2.6cm, 기와 두께 2cm.

○ 문양 : 사선(斜向)의 細繩文이 비교적 얕게 시문.

○ 색깔과 태도 : 니질의 회색.

○ 형태 : 잔편.

(18) 승문 암키와(03JMM2100標:17, 그림 19-9)

○ 출토지 : 마선구2100호묘.

○ 크기 : 가장자리 너비(沿寬) 1.2cm, 기와 두께 1.3cm.

○ 문양 : 사선의 細繩文이 비교적 깊게 시문.

○ 색깔과 태도 : 니질의 청회색.

○ 형태 : 잔편.

(19) 선문 암키와(條紋瓦, 03JMM2100標:15, 그림 19-7)

○ 출토지 : 마선구2100호묘.

○ 크기 : 가장자리 너비(沿寬) 0.8cm, 기와 두께 1.5cm.

○ 문양 : 사선의 선문이 시문되었는데 그 간격은 고르지 않는데 이빨모양의 공구로 긁어냄.

○ 색깔과 태도 : 니질의 황갈색.

○ 형태 : 잔편.

(20) 끝암키와(檐頭瓦, 03JMM2100標:13, 그림 19-6)

○ 출토지 : 마선구2100호묘.

○ 크기 : 기와 두께 2cm.

○ 문양 : 기와 가장자리에 시문된 지압문은 비교적 깊고 세밀함.

○ 색깔과 태도 : 니질의 황갈색.

○ 형태 : 잔편. 方沿을 하고 있으며, 내측은 약간 斜面으로 문질러졌음.

(21) 끝암키와(檐頭瓦, 03JMM2100標:19, 그림 19-5)

○ 출토지 : 마선구2100호묘.

○ 크기 : 기와 두께 1.9cm.

○ 문양 : 기와 가장자리에 시문된 지압문은 비교적 얕

고 성긂.

○ 색깔과 태도 : 니질의 황갈색.

○ 형태 : 잔편. 方沿을 하고 있으며, 내측은 약간 斜面으로 문질러졌음.

6) 기타

(1) 동전(03JMM2100:83)

○ 출토지 : 마선구2100호묘.

○ 크기 : 직경 2.3cm, 方郭의 한 변 길이 0.7cm .

○ 형태 : 원형에 郭이 있고 篆書로 '貨泉' 두 글자가 쓰여 있음.

(2) 피혁(03JMM2100:30)

○ 출토지 : 마선구2100호묘.

○ 크기 : 길이 6.6cm, 너비 3.3cm, 두께 0.1cm.

○ 형태 : 한쪽은 구부러져 있고, 표면의 무늬와 바늘구멍(鬃眼, 針孔)은 비교적 거칠음. 돼지가죽으로 추정됨.

5. 역사적 성격

1) 고분 형식

○ 마선구2100호묘의 현상은 원래 규모가 아니며, 원래는 현재의 覆斗形 보다 높음. 이 무덤의 규모 및 현존 계단의 정황을 보면 현재 4단 계단이지만, 원래는 7단이었을 것이며, 낮아도 5단 이상이었을 것임.

○ 무덤의 형식은 마선구2100호묘는 우산하992호묘와 비슷하며, 계단적석묘의 과도기 형태임.

○ 현재 해당 고분은 서남 모서리와 서북 모서리가 주로 파괴되었는데 그 원인은 지세가 서쪽으로 경사지고, 기초가 얕고 하층 토질의 지탱력이 약하기 때문임. 무덤 본체의 압력이 가해져 外張과 外移, 부분적 훼손이 초래됨. 그 동측의 파괴는 주로 도로 수축과 석재 채취가 구조와 외형의 파괴를 가져옴.

2) 묘상 기와

기와조각의 무지를 정리해 쌓아 올린 것이 약 7m³가 되며 아직 수집되지 않고 깊게 매몰되거나 유실 또는 훼손된 부분을 제외하면 그 총량은 약 9m³을 넘지 않을 것으로 추측됨. 다시 기와의 연결 및 빈틈 등의 요인을 제거하면 그 실제 덮은 면적은 약 80~90m²로 추산됨. 이로써 추측해보면 묘상을 덮은 면적은 약 80m² 정도임.

3) 고분 연대

무덤에서 나온 철제거울의 造型 및 무늬, 밀집파상선문(垂帳文) 시유도기호 등은 명확한 시대 특징을 지님. 해당 고분의 연대를 분석하면 4세기 중기에 해당하는데 가장 늦게는 4세기 말보다 늦지 않으므로 동진시기에 상당함.

4) 묘주의 신분

○ 해당 고분에서는 도굴 때 사라진 황금 장식품이 대량 출토되었는데 순금 보요식은 많게는 20여 점에 달함. 아직도 금동 甲片, 금장식한 철도, 옻칠된 철제거울 등은 족히 묘주인의 신분을 설명할 수 있는 진귀한 문물임. 그 가운데 옻칠한 철제거울과 금장식된 철제칼은 삼국에서 위진시기까지 중원 귀족의 표지성 물품이며, 기와와 와당의 사용은 고구려 왕릉의 두드러진 특징으로, 이 고분은 왕릉임이 틀림없음.

○ 무덤의 위치를 보면, 천추묘와 동일한 남북 축선에 놓여 있고, 거리 역시 가장 가까움. 묘상에서 출토된 飛鶴雲文 와당은 천추묘 동일 와당과 매우 유사한데 통구고분군 중 유일한 예로 두 묘주 사이의 밀접한 관계를 설명해줌. 와당 연호부에는 飛鶴이 시문되고 간지기년이 보이지 않으므로 비교적 우산992호묘와 서대

묘의 기년 와당에 비해 늦어야만 함.

○ 해당 고분의 묘주에 대해 魏存成은 기원 371년~384년의 고구려 제17대 소수림왕릉으로 추정하고 있으며, 張福有는 해당고분의 입지가 '烽山'이며 출토유물이 3세기 말 또는 4세기 초에 해당한다고 보아 봉상왕릉에 비정하고 있으며, 東潮는 전연으로부터 빼앗겼다가 돌려받은 미천왕 시신을 재매장한 능으로 설정하며, 桃崎祐輔는 출토유물의 분석상 서대총보다 후대 고분이라는 점에서 소수림왕릉에 비정함.

참고문헌

- 吉林省文物志編委會, 1984,『集安縣文物志』.
- 國家文物局 編, 1993,『中國文物地圖集』 吉林分冊, 中國地圖出版社.
- 吉林省文物考古研究所·集安市博物館, 2002,『洞溝古墓群-1997年調査測繪報告』, 科學出版社.
- 吉林省文物考古研究所·集安市博物館, 2004,『集安高句麗王陵』, 文物出版社.
- 孫仁杰·遲勇, 2007,『集安高句麗墓葬』, 香港亞洲出版社.
- 張福有·孫仁杰·遲勇, 2007,「高句麗王陵通考要報」,『東北史地』 2007-4 ; 2007,『高句麗王陵通考』, 香港亞洲出版社.
- 魏存成, 2007,「集安高句麗大形積石墓王陵研究」,『社會科學戰線』 2007-4.
- 임기환, 2009,「고구려의 장지명 왕호와 왕릉비정」,『고구려 왕릉연구』, 동북아역사재단.
- 桃崎祐輔, 2009,「고구려왕릉 출토 기와·부장품으로 본 편년과 연대」,『고구려 왕릉 연구』, 동북아역사재단.

38 집안 마선구2360호묘

集安 麻線溝2360號墓 | JMM2360

1. 조사현황

1) 1997년 조사

○ 조사기관 : 吉林省文物考古研究所·集安市博物館.

○ 조사내용 : 1966년에 이어 통구고분군 전면 재조사.

2) 2004~2005년 조사

조사기간, 조사기관 등에 대한 언급이 없으나 張福有, 孫仁杰, 遲勇 등이 집안 경내의 고구려유적을 전면 재조사하면서 성리함.

2. 위치와 자연환경(그림 1)

○ 마선묘구의 마선촌 2組 後山溝 동쪽 언덕에 위치함.

○ 고분 서쪽으로는 약 200m 거리에 JMM0785호묘, 동남 약 160m 거리에 JMM2381호묘, 서남 약 500m 거리에 천추묘가 있음.

○ 고분이 자리한 곳은 지세가 東高西低로 약 5m의 높이 차이가 있음.

3. 고분의 현황

1) 고분 형식

○ 유형 : 특대형유단적석석광묘(『洞溝古墓群 – 1997年調査測繪報告』), 유단적석석광묘(『集安高句麗墓葬』).

○ 평면 : 장방형.

○ 방향 : 묘향 45°.

○ 규모 : 동서 길이 27m, 남북 너비 22m, 높이 약 2m.

2) 고분 구조

(1) 기단

○ 고분 사면 둘레의 기단석이 일찍부터 많이 파괴당하였는데 어떤 기단은 가져가버렸음.

○ 가장 낮은 곳인 서면 기단석은 분구 위에서 흘러내린 돌에 의해 덮여 있음.

○ 분구의 서측 붕괴, 붕괴된 단면을 보면 해당 고분은 계장식으로 축조하였고, 대개 깨진 산돌(碎山石)로 계장을 축조함. 이 돌들은 가공하지 않았으며 일반적으로 길이 0.5m, 너비 0.4m, 높이 0.2m 정도임.

(2) 묘실

○ 분구 상면은 비교적 평평하며, 동·서·남 3면에는 교란된 구덩이가 3개 있으며, 묘상에는 또한 불에 탄 용석이 발견되지 않음.

○ 조사 중에 유물은 발견되지 않음.

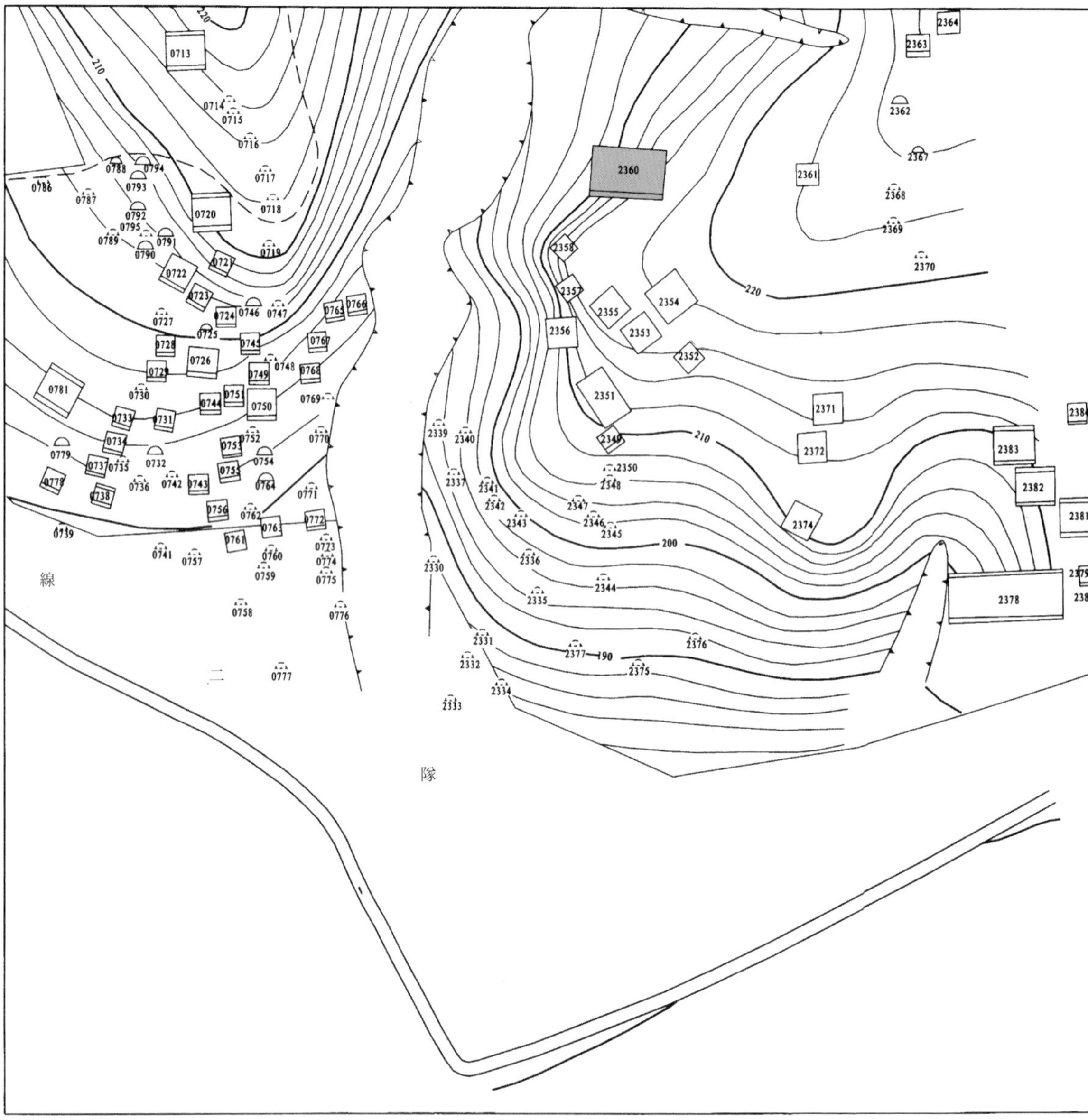

그림 1 마선구2360호묘 위치도(『洞溝古墓群-1997年調査測繪報告』)

4. 역사적 성격

보고자는 해당 고분의 건축석재 및 축조법을 보면 그 연대는 JMM2378과 JMM2381호묘의 연대에 근접하여 기원 1세기경으로 추정하였으나(孫仁杰·遲勇, 2007), 같은 규모와 구조의 이른 시기 무덤에서 보이는 용석이 확인되지 않았음. 용석은 초기 적석묘에서 보이는 현상이므로, JMM2381호묘를 기원 1세기경으로 판단할 객관적 근거는 확보되지 못함.

참고문헌

- 吉林省博物志編委會, 1983,『集安縣文物志』.
- 國家文物局 編, 1993,『中國文物地圖集』吉林分冊, 中國地圖出版社.
- 吉林省文物考古研究所·集安市博物館, 2002,『洞溝古墓群-1997年調査測繪報告』, 科學出版社.
- 孫仁杰·遲勇, 2007,『集安高句麗墓葬』, 香港亞洲出版社.

39 집안 마선구2378호묘

集安 麻線溝2378號墓 | JMM2378

1. 조사현황

1) 1966년 조사

○ 조사기관 : 吉林省博物館·集安縣文物保管所.

○ 조사내용 : 통구고분군에 대한 일제조사 및 측량제도하면서 해당 고분을 마선구 제2378호묘(JMM2378)로 편호함.

2) 1997년 조사

○ 조사기관 : 吉林省文物考古研究所·集安市博物館.

○ 조사내용 : 1966년에 이어 통구고분군을 전면 재조사.

3) 2003년 조사

○ 조사기관 : 吉林省文物考古研究所, 集安市文物保管所.

○ 조사기간 : 5월 20일~6월 18일(30일간).

○ 조사자 : 王志敏(通化市文物管理委員會), 王寶生(靖宇縣文物保護管理所), 王新春(松原縣博物館).

○ 조사내용 : 집안 고구려유적의 환경복원 작업중에 해당 고분의 상세한 조사와 측량 및 발굴을 진행, 발굴기간은 총 30일이 소요됨. 고분 사면 둘레에 미끄러져 떨어진 돌과 무덤 위의 관목을 정리함. 동측 계장을 부분 해부하고, 묘상 기와를 채집하고 통계함. 조사 및 정리과정에서 다량의 기와 수집.

4) 2004~2005년 조사

조사기간, 조사기관 등에 대한 언급이 없으나 張福有, 孫仁杰, 遲勇 등이 집안 경내의 고구려유적을 전면 재조사하면서 정리함.

2. 위치와 자연환경

1) 고분 위치(그림 1)

○ 마선묘구 동남부에 위치하며, 麻線鄕 麻線村에 속함.

○ 집안시내에서 서쪽으로 약 2.5km 떨어져 있음.

○ 고분은 마선향 정부 동쪽의 작은 언덕 위에 위치하며, 남측 산 아래로 集安－丹東 간의 도로가 지나가며, 서면의 산 아래로는 마선에서 石廟村으로 통하는 鄕路가 있음.

○ 묘장 중심지리좌표는 동경 126° 9′20.40″, 북위 41° 5′41.16″이며, 해발 200.77~211.34m임.

2) 주위 환경

○ 고분은 集丹 도로를 따라 서쪽으로 약 1.1km 가면 천추묘, 동북 1.6km에는 칠성산211호묘, 서북으로는 약 1.2km 떨어져 마선구2100호묘 등이 자리하고 있음.

○ 고분이 자리한 산 정산부는 南高北低이며, 동측에는 남북으로 뻗은 골짜기가 자리하는데 비탈이 험하고 계곡은 깊음.

그림 1 마선구2378호묘 위치도(『洞溝古墓群－1997年調査測繪報告』)

○ 서남측의 산세는 비교적 완만하여 현재 과수원이 있으며, 서북측에는 산이 연속으로 이어져 언덕을 이루고 있음.

○ 동측과 북측에는 마선구2379호묘, 마선구2380호묘, 마선구2381호묘 3기가 해당 고분과 긴밀하게 서로 이어져 있음. 이 가운데 마선구2379호묘와 마선구2380호묘는 동측에 기대어 있는데 규모가 비교적 작아 현재 높이는 1.5m를 넘지 않으며, 북측에 자리한 마선구2381호묘는 규모가 비교적 크고 묘상에는 승문와 및 대량의 鎔石이 있음(그림 2).

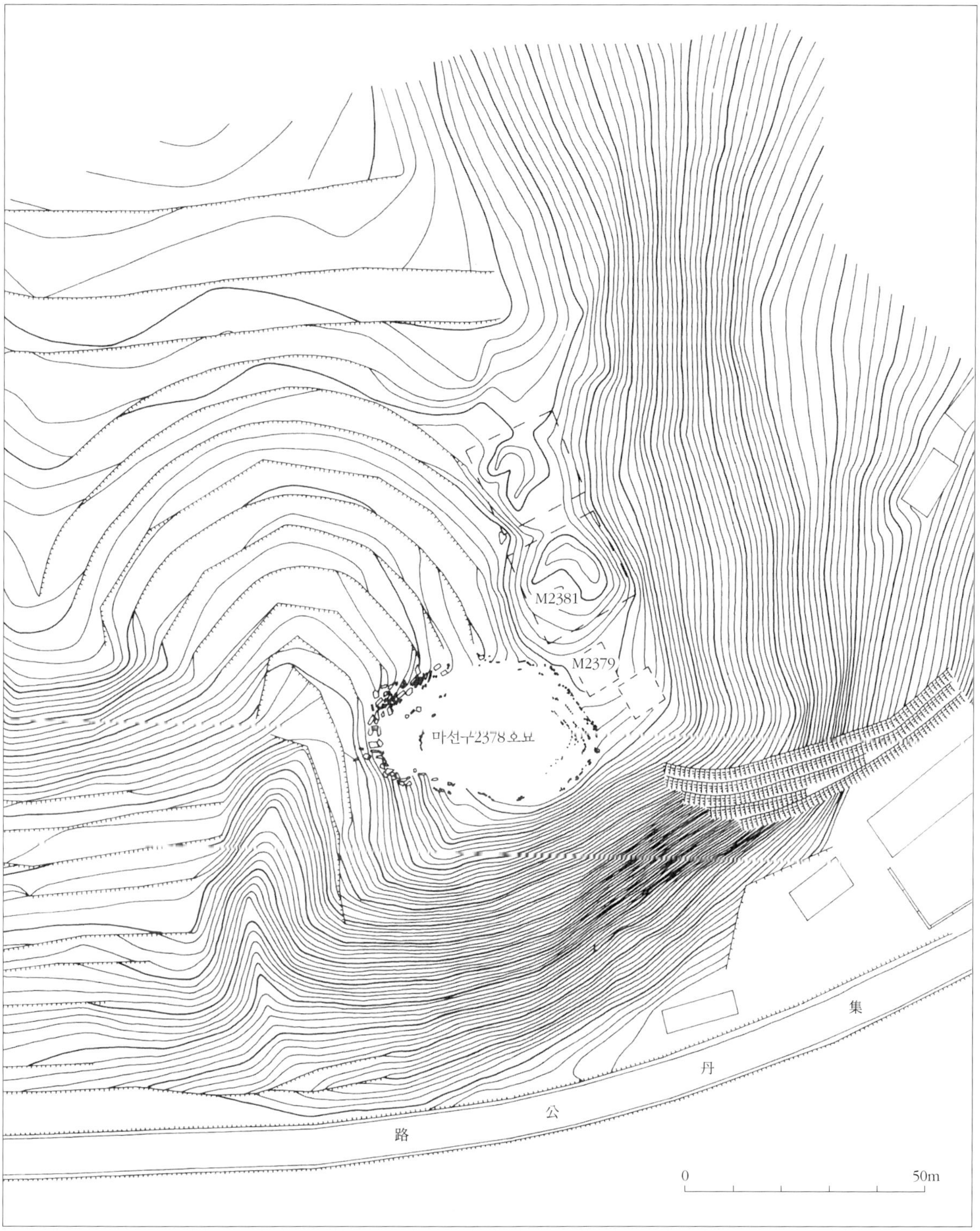

그림 2 마선구2378호묘 부근의 지형도(『集安高句麗王陵』)

3. 고분의 현황

1) 고분 형식

○ 유형 : 특대형계단적석석광묘(『洞溝古墓群－1997年調査測繪報告』), 계장적석묘(『集安高句麗王陵』), 유단적석석광묘(『集安高句麗墓葬』).

○ 평면 : 전원후방형(前圓後方形).

○ 방향 : 主壇 남측 계장 방향은 230°. 고분 종축은 동북－서남 방향.

○ 규모 : 동서 길이 46m, 남북 너비 30m, 남은 높이 4m 정도.

○ 입지 : 산비탈 황토 위에 축조되었는데 암반에 가까움.

2) 고분 구조

(1) 주단과 보단의 위치 및 형태(그림 3~그림 4)

○ 무덤은 석재로 축조한 主壇과 補壇으로 구성됨.

○ 주단은 대체로 방형을 띠며, 산정상에 자리함. 남측 계장의 방향은 230°이며, 네 모서리 방위는 정방향에 가까움.

○ 보단은 舌形을 띠며, 주단의 서측에 만들어졌으며, 산세를 따라 줄곧 비탈 아래로 펼쳐지며, 그 외측 계장은 長圓弧形을 이루고 있음.

(2) 주단(主壇)

① 전체현황

○ 주단 계장은 불규칙한 판상의 사암·화강암·석회암으로 축조하였으며, 내부는 산돌과 소량의 자갈(卵石)로 메움.

○ 계장의 바깥에는 각기 얼마의 거리를 두고 보호 계장 비슷한 커다란 판석 또는 방형 석재가 매립되어 있어 담장의 벽체가 외장력에 의해 붕괴되는 것을 방지하게 함.

○ 보존이 가장 잘된 동측 계장은 확실히 7개의 階墻이 보이는데 안쪽은 높고 바깥쪽은 낮아 계단 모양을 띠고 있음.

○ 남측 계장은 이미 많이 붕괴되고 동단만 4줄이 남아 있음.

○ 서측과 북측의 계장은 본래 존재하지 않으며, 동북 모서리 지점에는 길이 약 0.9m의 계장이 두 줄 남아 있음.

② 동측 계장

○ 동측 제1 계장은 길이 24m, 높이 0.7m이며, 남단은 아직 立石板이 하나 남아 있으며, 그 바깥에는 지하에 반매립 되어 가로로 놓인 판석 6개가 입석판 하부에 바싹 붙어 있어서 계장을 더욱 견고하게 하며 밖으로 넘어지는 것을 억제함.

○ 제2계장은 첫 번째 계장의 입석판 외연으로부터 안으로 1.2m 들여쌓았으며, 제3계장은 0.8m 들여쌓았고, 제4계장은 0.8m 들여쌓았으며, 제5계장은 0.8m 들여쌓았으며, 제6계장은 0.6m 들여쌓았으며, 제7계장은 0.7m 들여쌓았음.

○ 정리하면, 제1계장에서 제4계장은 모두 지표로부터 축조되었고, 제5계장 이상은 무덤 내부의 돌무지 위로부터 축조되었음. 계장 밖은 모두 고르지 않은 간격의 입석이 보호함. 그 높이는 제1계장은 그 밖의 입석 높이로서 測點에서 약 0.8m이며, 제2계장은 전자보다 0.7m 높으며, 제3계장에서 제7계장은 모두 0.5m씩 위로 올라가서 무덤 정상에 이름.

③ 남측 계장과 동측 계장의 연접 상황

○ 주단의 동남 모서리는 대체로 직각을 띠며, 남측에는 동단의 계장 5줄이 남아 있음. 주단 남측의 서단은 한 줄만 보이는데, 주단의 서남 모서리는 벼랑 가에 바짝 붙어 있어 가용면적이 매우 제한적이므로 아래 4줄

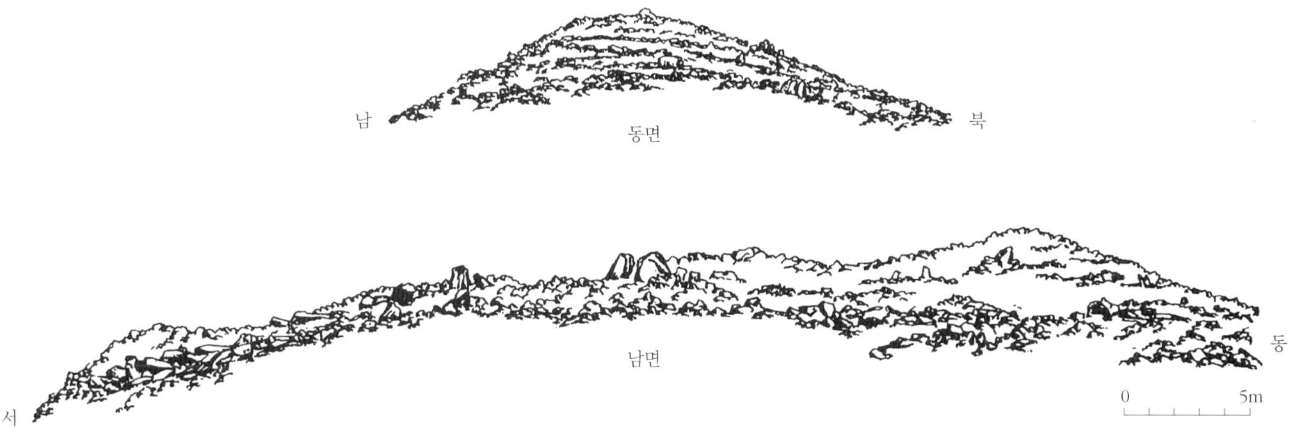

그림 3 마선구2378호묘 정면도(『集安高句麗王陵』)

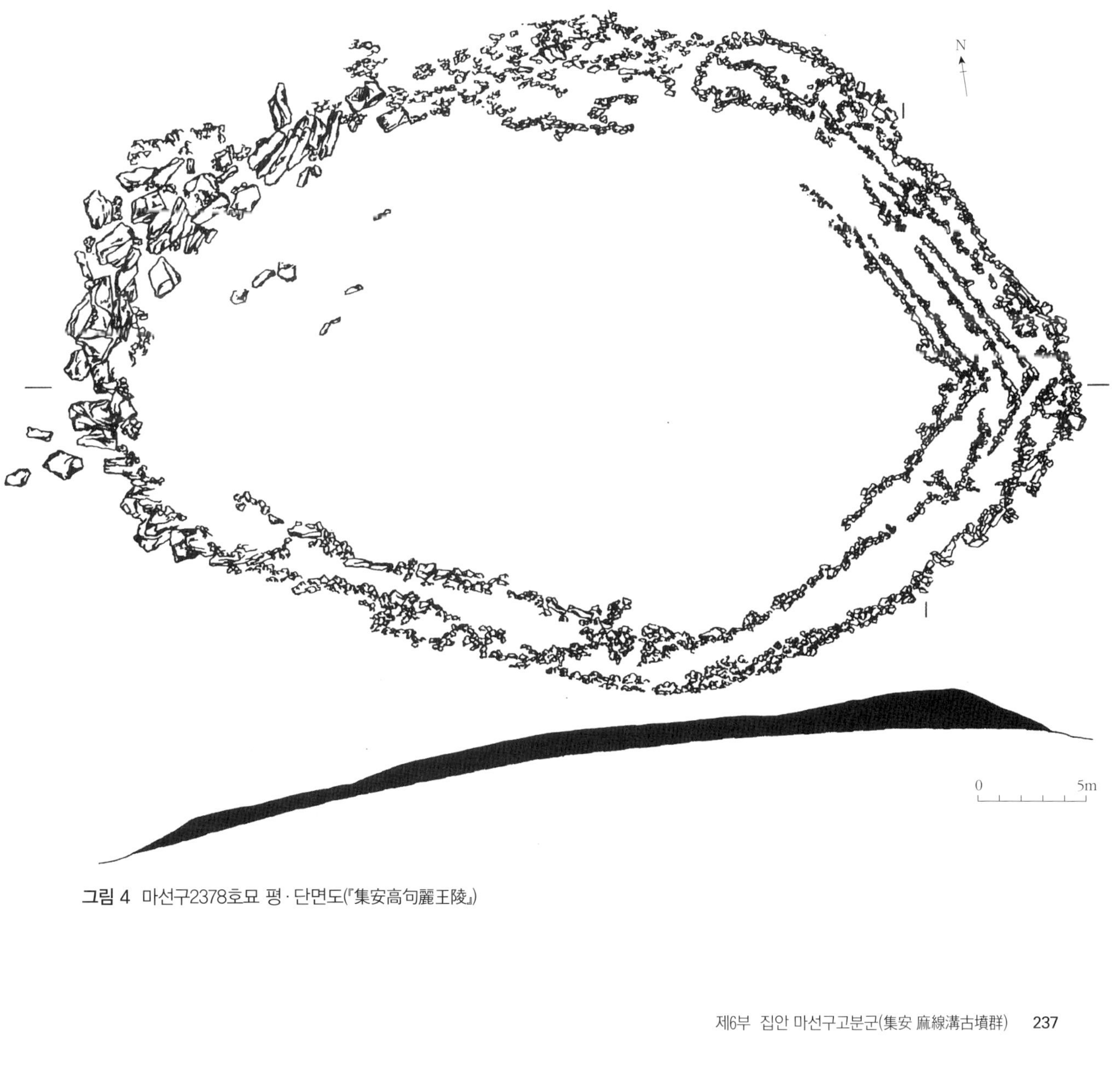

그림 4 마선구2378호묘 평·단면도(『集安高句麗王陵』)

의 계장은 이곳에서 점차 1줄로 모아졌을 가능성이 있음.

○ 남측 제1·2계장은 파괴되어 연접 상황은 이해할 수 없음.

○ 남측 제3계장의 길이가 20m이며 그 동단은 동측의 제3·4계장 둘과 서로 연접함.

○ 남측 제4계장은 겨우 일부분만 남아 있어 연접 상황이 명확치 않음.

○ 남측 제5계장은 동측 제6계장과 서로 연접하며, 그 계장의 남은 길이가 약 10m 가량 되며, 주향을 분석해 보면 서남 모서리에 이르면 남측 제1계장과 합쳐져야만 함.

○ 총괄하면, 주단의 계장은 정연하지 않으며, 사면의 계장 역시 각 단마다 서로 연결되어 있지 않으며, 높이도 획일적이지 않음. 상황에 따라 계장을 쌓거나 서로 합침으로써 묘장이 견고하여 붕괴되지 않는 것을 원칙으로 함.

④ 주단과 보단의 연접 상황

○ 보단 북단과 주단의 동북 모서리, 그리고 보단 남단과 주단의 동남 모서리가 각기 서로 이어졌으며, 주단의 서부를 보단 서남 모서리가 포괄하여 그 안을 완전히 포위함.

○ 주단의 제1·2계장의 동북 모서리는 모두 둥글며, 서남쪽으로 꺾여짐. 1970년대 계단식 밭으로 손질하면서 보단의 北墻 동단 및 계단 내의 계장 부분 석재가 파괴되었기 때문에 주단의 서북 계장과 보단 외연의 두 겹의 입석은 모두 이미 보이지 않음. 3줄 이상의 계장 또한 이미 남아 있지 않음.

(3) 보단(補壇)

① 전체현황과 작용

보단 평면은 긴 반원형이며, 4줄 7겹의 커다란 판상의 입석으로 주위를 둘러싸고, 입석의 안쪽에는 간단한 계장을 쌓았음. 보단의 작용은 경사도가 만든 주단의 붕괴를 방어하기 위해 주단을 둘러싸서 보호하는 것임.

② 계장 현황

○ 계장 외면에 겹겹이 세워진 입석은 지탱하고 견고히 하는 작용을 하고 있음.

○ 이들 입석 가운데 제1줄의 남북 양측에는 두 겹을, 서측 舌形의 앞부분인 둥근 곳에는 4겹을 두름. 앞부분 석재는 크고 밀집되어 있음. 외측의 두 겹은 밖으로 무너지는 것을 방지하기 위해 가로방향으로 빽빽하게 제3겹의 외연에 기대었음. 3·4겹은 수직방향이며, 아래쪽은 깊숙이 지하에 매장되어 있으며, 그 틈은 돌로 메워 거대하고 견고한 장벽을 한줄 만듦.

○ 제 2·3·4줄의 계장 밖에는 입석이 각기 1줄씩 있으며, 아래쪽은 모두 돌무지 속에 매립되어 있음.

○ 각 계장간의 거리는 1～2m로 고르지 않으며, 또한 고르지 않게 안으로 들여쌓았으며, 석판 밀도는 비교적 제1줄이 확연히 듬성듬성함.

○ 보단 북부 중단에는 비교적 심각하게 파괴되어 입석은 이미 존재하지 않음. 보단 남측은 보존이 비교적 양호하여 아직 두 줄의 입석이 남아 있음.

(4) 묘실과 묘상 건축물

○ 분구의 頂部는 구릉모양이며, 중앙에서 서쪽으로 치우쳐 3개의 함몰갱이 있음. 매장 장소는 주단의 정부에 있을 수 있으나 이미 그 형식과 자리했던 곳은 명확치 않음.

○ 중앙부 함몰갱 및 그 주위에 승문기와 잔편들이 많이 산재해 있어 일찍이 건축물이 있었다고 분석됨. 다만 지금 분구에 있던 기와의 총량이 무덤 정상부 면적의 1/5에 조금 못 미치게 덮을 수 있을 뿐이며, 그 유실과 훼손을 충분히 고려하여도 200m² 정도의 분구 정상부와 아주 심하게 차이가 남. 추측컨대 무덤의 주요

부분에만 기와로 덮었을 것으로 보임.

3) 상관 유적

마선2378호묘의 부근에는 여러 기의 고분이 있는데, 그 가운데 마선2381호묘의 정황과 마선2378호묘가 가장 유사하며 서로 인접하여 있음. 마선2381호묘는 계장적석묘이며, 방형에 가까우며, 둘레 길이는 약 18m이며 분구 위에 대량의 기와조각들이 있음. 그 남변과 마선2378호묘 북변은 서로 떨어진 것이 0.5m에 불과해 두 묘는 특수한 관계를 갖고 있다고 추측됨. 무덤 분구에 기와가 사용된 것은 고구려 왕릉의 확실한 특징 가운데 하나이므로 마선2381호묘는 고구려의 중요 능묘에 당연히 속함. 고구려 무덤 발전의 일반적 규율을 보면, 초기 무덤은 산 위에서 많이 장례를 지냈으며, 규모는 낮고 작으며, 族葬 및 火葬 현상이 나타남. 마선2378호묘와 2381호묘는 모두 초기 고분의 이런 특징과 부합하고 있음.

4) 기타

분구 정상의 중앙부 함몰갱 및 그 주위에 승문기와 잔편들이 많이 산재해 있고, 분구 정상과 고분 아래에서는 鎔石들이 발견되고 있는데, 어떤 것은 용석과 기와편이 함께 불타 응결되어 있음.

4. 출토유물

마선2378호묘는 묘상 및 주위에서 발견된 대량의 기와조각들과 鎔石을 제외하면 다른 유물들은 발견되지 않음. 이들 기와조각들 중에는 수키와와 암키와 두 종류가 있으며, 표면은 모두 거친 승문이 시문되어 있으며, 절대 다수는 청회색 니질도이며, 소량의 주황색과 등황색도 있음.

(1) 수키와(03JMM2378標:1, 그림 5-1)

○ 출토지 : 마선구2378호묘.

○ 크기 : 언강 높이 1cm, 미구(舌) 길이 3.8cm.

○ 색깔과 태도 : 니질의 청회색.

○ 형태 : 잔편. 언강이 들렸으며 긴 혀모양임(翹肩長舌). 배면(瓦面)의 승문 위에 가로방향의 指抹文이 시문되어 있음. 언강(肩)과 미구(舌)가 접하는 곳은 直面圓角을 이루고 있음. 미구면이 비교적 평평함.

(2) 수키와(03JMM2378標:2, 그림 5-2)

○ 출토지 : 마선구2378호묘.

○ 크기 : 언강 높이 0.8cm, 미구(舌) 길이 4cm.

○ 색깔과 태도 : 니질의 청회색.

○ 형태 : 잔편. 언강이 들렸으며 긴 혀모양임(翹肩長舌). 배면(瓦面)의 승문 위에 가로방향의 指抹文이 시문되어 있음. 언강(肩)과 미구(舌)이 접하는 곳은 直面圓角을 이루고 있음. 미구(瓦舌)가 안으로 오목한 형태임.

(3) 수키와(03JMM2378標:3, 그림 5-3)

○ 출토지 : 마선구2378호묘.

○ 크기 : 언강 높이 1.05cm, 미구(舌) 잔존길이 1.8cm.

○ 색깔과 태도 : 니질의 청회색.

○ 형태 : 잔편. 언강이 들렸으며 긴 혀모양임(翹肩長舌). 배면(瓦面)의 승문 위에 가로방향의 指抹文이 시문되어 있음. 언강(肩)과 미구(舌)가 접하는 곳은 直面圓角을 이루고 있음. 미구면에는 얕은 받침대 흔적이 있음.

(4) 수키와(03JMM2378標:4, 그림 5-4)

○ 출토지 : 마선구2378호묘.

○ 크기 : 언강 높이 0.6cm, 미구(舌) 길이 4cm.

○ 색깔과 태도 : 니질의 청회색.

○ 형태 : 잔편. 언강이 들렸으며 긴 혀모양임(翹肩長舌). 배면(瓦面)의 승문 위에 가로방향의 指抹文이 시

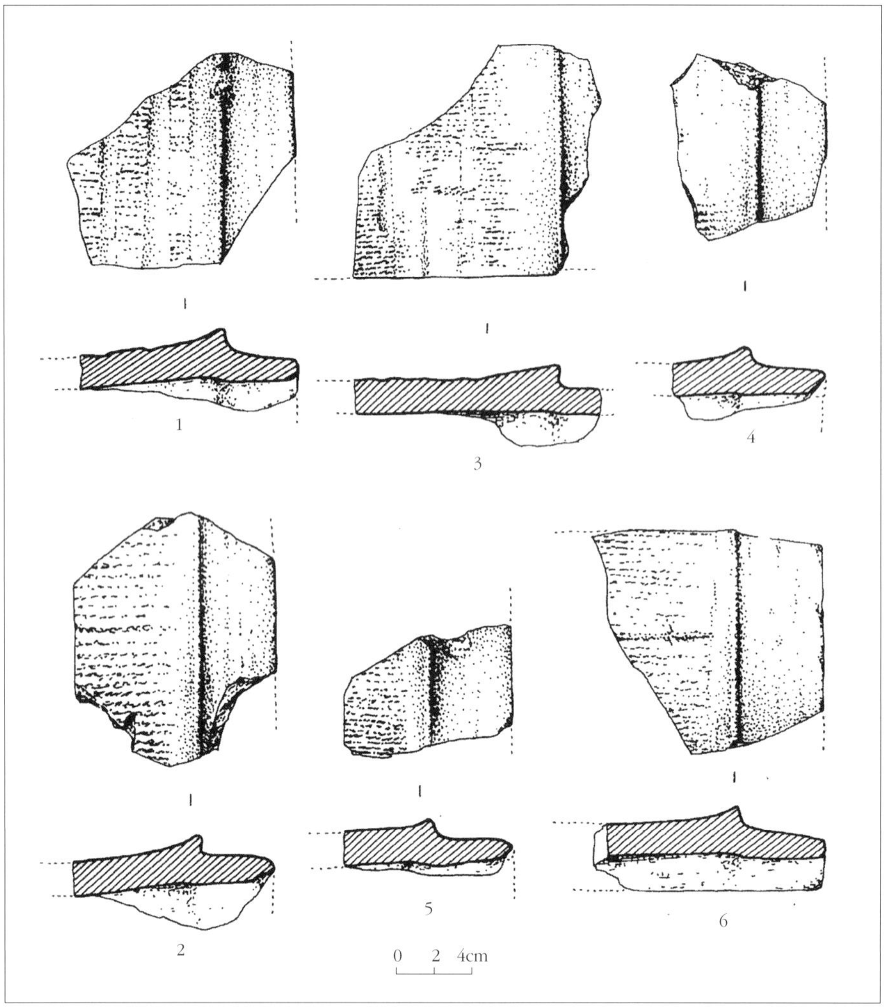

그림 5 마선구2378호묘 수키와(『集安高句麗王陵』)
1. 03JMM2378標:1
2. 03JMM2378標:2
3. 03JMM2378標:3
4. 03JMM2378標:4
5. 03JMM2378標:5
6. 03JMM2378標:20

문되어 있음. 언강(肩)과 미구(舌)가 접하는 곳은 斜面圓角을 이루고 있음. 미구(舌)의 안쪽 가장자리 역시 斜面狀임.

(5) 수키와(03JMM2378標:5, 그림 5-5)

○ 출토지 : 마선구2378호묘.

○ 크기 : 언강 높이 1cm, 미구(舌)의 길이 4.2cm.

○ 색깔과 태도 : 니질의 청회색.

○ 형태 : 잔편. 언강이 들렸으며 긴 혀모양임(翹肩長舌). 배면(瓦面)의 승문 위에 가로방향의 指抹文이 시문되어 있음. 언강(肩)과 미구(舌)가 접하는 곳은 斜面圓角을 이루고 있음. 미구면 중앙부가 살짝 볼록 일어남.

(6) 수키와(03JMM2378標:20, 그림 5-6)

○ 출토지 : 마선구2378호묘.

○ 크기 : 언강 높이 1cm, 미구(舌) 길이 4.3cm.

○ 색깔과 태도 : 니질의 청회색.

○ 형태 : 잔편. 언강이 들렸으며 긴 혀모양임(翹肩長舌). 배면(瓦面)의 승문 위에 가로방향의 指抹文이 시문되어 있음. 언강(肩)과 미구(舌)가 접하는 곳은 斜面圓角을 이루고 있음.

(7) 암키와(03JMM2378標:6, 그림 6-6)

○ 출토지 : 마선구2378호묘.

○ 크기 : 남은 길이 12.6cm, 남은 너비 10cm, 기와

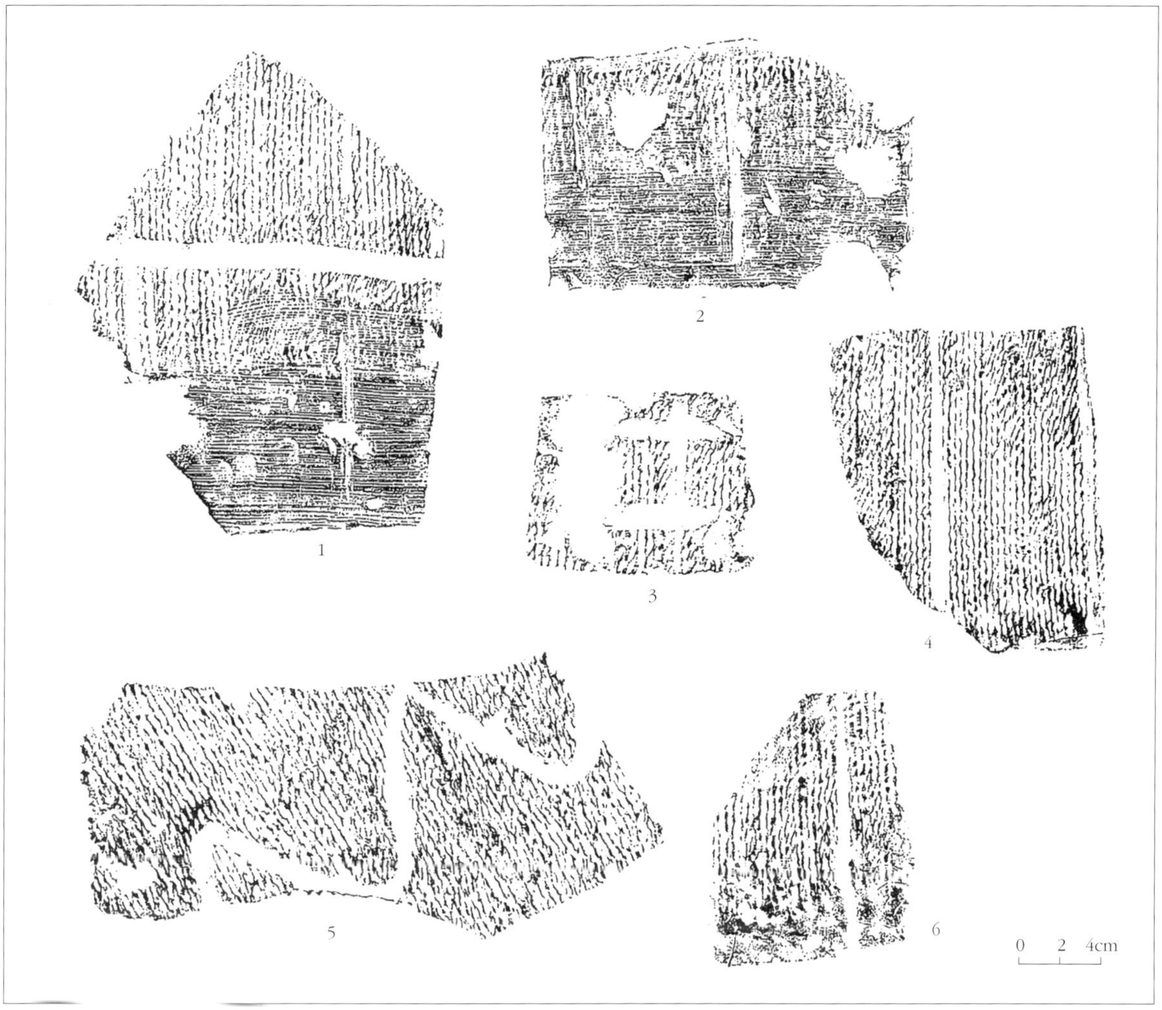

그림 6 마선구2378호묘 승문암키와(『集安高句麗王陵』)
1. 03JMM2378標:10 2. 03JMM2378標:12 3. 03JMM2378標:13 4. 03JMM2378標:9 5. 03JMM2378標:15 6. 03JMM2378標:6

두께 1.6cm.

○ 색깔과 태도 : 니질의 청회색.

○ 형태 : 잔편. 배면(瓦面)에는 거친 승문이 시문되어 있으며 그 위에 수직방향으로 그은 흔적이 한 줄 있음. 배면(瓦面) 승문 위에는 가로방향 指抹文 두 줄이 시문되어 있음. 기와 가장자리(瓦沿)는 外抹斜狀을 띠고 있음.

(8) 암키와(03JMM2378標:9, 그림 6-4)

○ 출토지 : 마선구2378호묘.

○ 크기 : 남은 길이 15cm, 남은 너비 11cm, 기와 두께 1.6cm.

○ 색깔과 태도 : 니질의 청회색.

○ 형태 : 잔편. 배면(瓦面)에는 거친 승문이 시문되어 있으며 그 위에 수직방향으로 그은 흔적이 한 줄 있음. 배면(瓦面) 승문 위에는 가로방향 指抹文 두 줄이 시문되어 있음. 기와 가장자리(瓦沿)는 內抹斜狀을 띠고 있음.

(9) 암키와(03JMM2378標:13, 그림 6-3)

○ 출토지 : 마선구2378호묘.

○ 크기 : 남은 길이 8.3cm, 남은 너비 11cm, 기와 두께 1.6cm.

○ 색깔과 태도 : 니질의 청회색.

○ 형태 : 잔편. 배면(瓦面)에는 거친 승문이 시문되어 있으며 그 위에 수직방향으로 그은 흔적 한 줄과 가로 방향으로 문지른 흔적 두 줄이 있음.

(10) 암키와(03JMM2378標:12, 그림 6-2)

○ 출토지 : 마선구2378호묘.

○ 크기 : 남은 길이 11.6cm, 남은 너비 16cm, 기와 두께 1.6cm.

○ 색깔과 태도 : 니질의 청회색.

○ 형태 : 잔편. 배면(瓦面)에는 거친 승문이 시문되어 있으며 그 위에 수직방향으로 그은 흔적이 두 줄 있음. 배면(瓦面)의 승문 위에는 가로방향 指抹文이 시문되어 있음.

(11) 암키와(03JMM2378標:10, 그림 6-1)

○ 출토지 : 마선구2378호묘.

○ 크기 : 남은 길이 21.6cm, 남은 너비 16cm, 기와 두께 1.6cm.

○ 색깔과 태도 : 니질의 청회색.

○ 형태 : 잔편. 배면(瓦面)에는 거친 승문이 시문되어 있으며 그 위에 수직방향으로 그은 흔적이 한 줄 있음. 배면(瓦面) 승문 위에는 가로방향 指抹文 한 줄이 시문되어 있음. 기와 가장자리(瓦沿)는 방형임.

(12) 암키와(03JMM2378標:15, 그림 6-5)

○ 출토지 : 마선구2378호묘.

○ 크기 : 남은 길이 12.5cm, 남은 너비 26.5cm, 기와 두께 1.5cm.

○ 색깔과 태도 : 니질의 청회색.

○ 형태 : 잔편. 배면(瓦面)의 승문 위에는 손가락으로 문지른 물결무늬(水波紋) 한 줄이 시문되어 있음.

(13) 암키와(03JMM2378標:18)

○ 출토지 : 마선구2378호묘.

○ 형태 : 잔편으로 기와와 용석이 엉겨 있음. 두 차례에 걸쳐 불태워짐. 고온 때문에 이미 태토는 구워져 그 표면은 자홍색을 띠고 광택이 있으며, 기와는 이미 변형됨. 태토와 색깔은 마선2378호묘 기와와 기본적으로 동일.

5. 역사적 성격

1) 고분 연대

○ 마선2378호묘에 보이는 승문와의 선문은 비교적 얕고 형식은 소박하고 옛스러워서 漢代 기와와 유사하여 고구려 초기의 풍격에 속함. 해당 고분에 인접한 마선2379호묘의 주위에는 황갈색 토기편, 회갈색 토기편, 홍색에 모래가 섞인 토기편 등이 부분적으로 발견되는데 그 가운데 아직 둥근귀(環狀耳)가 달려 있음. 마선2379호묘 묘상에는 아직 니질의 회도 바닥이 발견되었는데 태토가 비교적 얇고, 형식은 가지런하며, 바닥의 가장자리에는 한 줄의 받침 흔적이 있음. 이것들은 후대의 유물임.

○ 『集安高句麗王陵』에서는 고구려 무덤 분기의 일반적 순서와 이들 지역 기와의 형식 변천 및 인근 무덤 주변에서 발견된 모래 섞인 토기편을 참조한다면 해당 고분의 연대는 약 1세기경이라고 추정함. 반면 張福有는 해당 시기를 2세경으로 추정함.

2) 고분 등급

고분의 형식과 구조를 보면 마선구626호묘, 산성하전창36호묘와 대체로 유사한 부분이 있으므로 고구려 초기 무덤의 범주에 속함. 다만 다른 고분 몇 기의 보단이 일반적으로 비탈 아래 부분만 보호하여 사용된 석재가 비교적 적은데 비해, 마선2378호묘는 이미 주단 서측 전부가 둘러싸여 있는데 사용된 재료가 비교적 크고 洞溝古墳群 대형 능묘 가운데 있어 특수한 구조의 고분 사례임. 고구려 무덤의 일반적 규칙에 따르면 이것은 초기 대형 무덤임. 그 매장지점은 비교적 높으며, 분구 위에 기와가 있으며, 배총묘도 있어 고구려 왕릉에 속함. 특히 張福有는 해당 고분을 차대왕릉에 비정하였음. 반면 桃崎祐輔은 입지상 봉상왕릉에 비정하고 있음.

참고문헌

- 吉林省文物志編委會, 1984,『集安縣文物志』.
- 國家文物局 主編, 1993,『中國文物地圖集』吉林分冊, 中國地圖出版社.
- 吉林省文物考古研究所·集安市博物館, 2002,『洞溝古墓群-1997年調查測繪報告』, 科學出版社.
- 吉林省文物考古研究所·集安市博物館, 2004,『集安高句麗王陵』, 文物出版社.
- 孫仁杰·遲勇, 2007,『集安高句麗墓葬』, 香港亞洲出版社.
- 張福有·孫仁杰·遲勇, 2007,「高句麗王陵通考要報」,『東北史地』2007-4 ; 2007,『高句麗王陵通考』, 香港亞洲出版社.
- 桃崎祐輔, 2009,「고구려왕릉 출토 기와·부장품으로 본 편년과 연대」,『고구려 왕릉 연구』, 동북아역사재단.

40 집안 마선구2381호묘

集安 麻線溝2381號墓 | JMM2381

1. 조사현황

1) 1966년 조사

○ 조사기관 : 吉林省博物館 · 集安縣博物館 · 雲峰水電站測繪大隊.

○ 조사내용 : 마선구로 편입하고, JMM2381호묘라고 편호함.

2) 1997년 조사

○ 조사기관 : 吉林省文物考古研究所 · 集安市博物館.

○ 조사내용 : 1966년에 이어 통구고분군을 전면 재조사. 1980년 이래 여러 차례의 조사 중에 고분 정상에서 대량의 기와 조각들을 발견.

3) 2003년~2005년 조사

○ 조사자 : 張福有, 孫仁杰, 遲勇.

○ 조사내용 : 여러 번의 조사와 실측을 통해 왕릉으로 추정.

2. 위치와 자연환경(그림 1)

○ 통구고분군 마선묘구 동남단의 구릉 위에 위치함.

○ 중심 지리좌표는 동경 126° 09′ 408″, 북위 41° 05′ 721″이며, 분구 정상부 최고 해발고도는 245m임.

○ 고분은 마선향 마선촌에 자리하며, 동으로 남북 주향의 골짜기에 접해 있는데 현지에서는 肖家溝라 칭하며, 초가구를 약 25km 지나면 국내성이 있음. 남으로는 JMM2379호묘와 연접하며, 서남으로는 JMM2378호묘와 1m 떨어져 있으며, 북으로는 JMM2382호묘와 접해 있음. 서측은 골짜기이며, 현재 과수원임(마선구2378호묘의 그림 2).

3. 고분의 현황

1) 고분 형식

○ 유형 : 대형계단적석석광묘(『洞溝古墓群 – 1997年調查測繪報告』), 유단적석석광묘(『集安高句麗墓葬』).

○ 평면 : 불규칙한 장방형(동쪽은 방형이고 서쪽은 호형을 이룸).

○ 방향 : 묘향 90°.

○ 규모 : 동서 최고 길이 34m, 남북 최고 너비 25m, 현재 높이 5.8m.

2) 고분 구조(그림 2)

(1) 전체현황

○ 고분은 계장식으로 묘단을 만듦. 안에서 밖으로 계장을 축조하였고, 고분 가장자리에는 다시 板狀의 대석재를 기대어 놓았음.

○ 고분이 자리한 위치는 동, 서, 남 3면이 낮은데 이곳

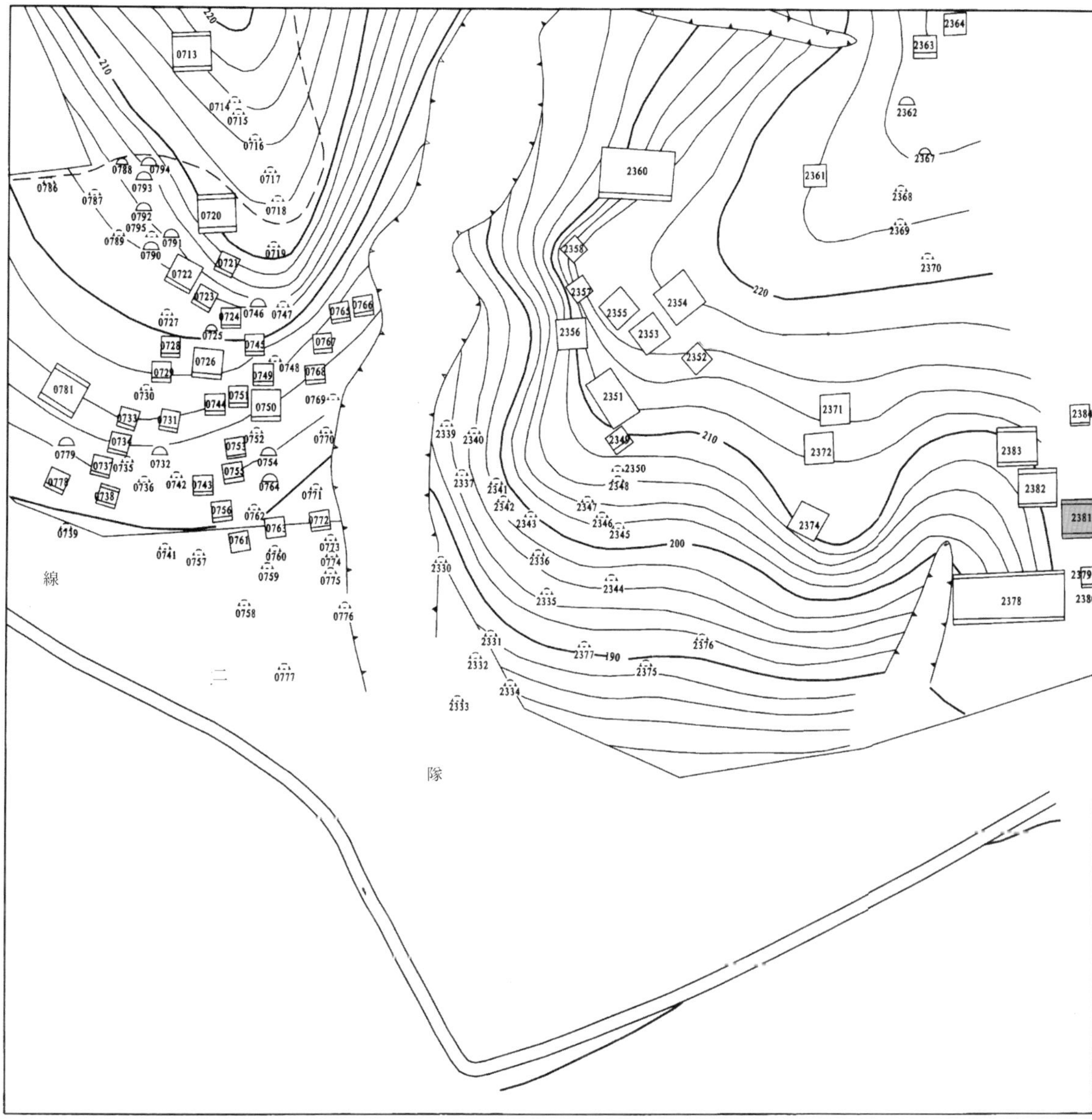

그림 1 마선구2381호묘 위치도(『洞溝古墓群－1997年調査測繪報告』)

의 한 면은 약간 큰 돌로 더 높이 쌓았으며, 가장자리의 보호석도 큼. 반면 북면은 지세가 높아 축조석은 약간 작으며, 가장자리의 보호석 또한 작거나 보이지 않음.

○ 고분은 일찍부터 도굴 당하고 자연적으로 파괴되어 이미 원형을 상실함.

(2) 계장(階墻)

① 동면

○ 가장자리가 비교적 곧으며, 계장은 현재 길이 20m, 높이 0.5m가 남아 있음.

○ 언덕이 가파러 가장자리 계장은 이미 대다수 파괴 되었으나, 남과 북 두 모서리는 아직 가장자리 계장이

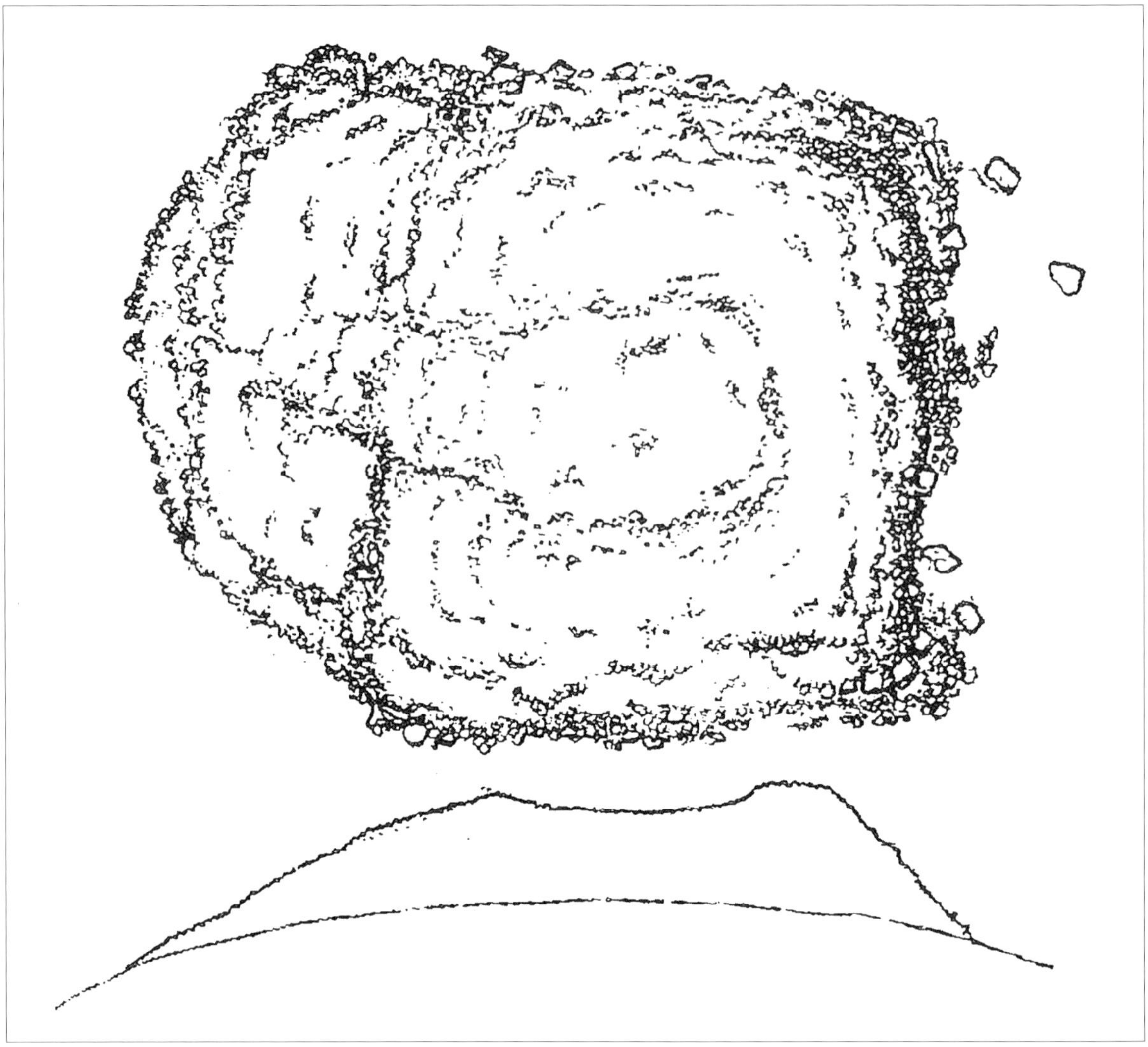

그림 2 마선구2381호묘 평 · 단면도(『集安高句麗墓葬』)

보임.

○ 계장은 깨진 산돌(碎山石)로 축조되었으며 가지런한 면을 선택해 밖으로 향하게 하였으며, 계장석은 크기가 0.5×0.3×0.2m 정도임.

○ 계장 밖에는 기단을 보호하는 대석재가 있는데 보통 보호석은 길이 1.5m, 너비 1m, 두께 0.3m 정도임.

② **북면**

○ 위로는 JMM2382호묘와 접하며, 두 고분 사이에는 각기 계장이 축조되었고, 계장 밖으로는 계장을 보호하는 석재가 있음.

○ 북면 바깥쪽의 계장 길이는 18.5m, 현재 높이 0.5m 정도임. 계장은 돌로 동면과 동일하게 축조하였으나 계장을 보호하는 석재가 약간 작아서 보통 0.8×0.6×0.3m 정도임.

③ **남면**

○ 남면 아래로 JMM2379호묘와 연접됨. 두 고분 사이에는 각기 계장이 축조되었으며, 계장의 바깥쪽에는 계장을 보호하는 석재가 세워져 있음. 석재는 비교적

커서 보통 1.8×0.8×0.3m 정도임.

○ 계장은 돌을 사용해 북면과 동일하게 축조하였으며, 계장의 길이는 21m, 현재 높이 0.6m 정도임.

④ 서면

○ 계장 길이 25m이며, 서면의 지세가 가장 낮아 계장은 대다수 서쪽으로 무너져 위치가 옮겨짐.

○ 계장의 바깥쪽 8m 되는 지점에 보단이 축조되었음. 보단의 길이는 18m이며, 양측은 안으로 들여쌓았음. 이는 계장을 견고히 하거나 다른 이유가 있을 것이지만 알 수 없음.

○ 현존하는 서남 모서리의 보단 석재는 직각으로 가공되고, 석재의 표면은 다듬어졌음. 돌의 길이 0.8m, 너비 0.8m, 두께 0.3m임.

○ 보단의 내부는 깨진 산돌(碎山石)을 메워 쌓았으며 서쪽 계장에 기대어 있음. 메워 쌓는데 사용된 깨진 산돌(碎山石)의 크기는 0.4×0.3×0.2m 정도임.

○ 보단의 바깥쪽에 깨진 산돌(碎山石)과 강자갈(河卵石)을 사용하여 호형으로 축조된 것이 있는데, 계장이 쌓여 있던 것인지 아닌지는 현재 붕괴되어 명확하지 않음.

(3) 분구 정상(墓頂)

○ 분구 정상 중앙부에는 현재 5×5×1m의 오목한 함몰갱이 있음. 함몰갱의 주위에 불에 탄 용석과 대량의 암키와 및 수키와의 잔편들이 전면적으로 분포하고 있음.

○ 유물은 아직 발견되지 않음.

4. 출토유물

○ 암키와는 대다수 회색이며 소량의 홍색이 포함되어 있는데, 홍색기와는 소성 상태가 안정적이지 못했기 때문임. 기와의 배면에는 거친 繩文과 席文, 손으로 문지른 선문 등이 시문되어 있으며, 내면에는 거친 布文이 시문되어 있음.

○ 수키와의 표면은 거친 승문과 손으로 문지른 선문이 시문되어 있으며, 또한 회색이며, 肩部는 비교적 낮음. 어떤 수키와의 어깨(肩)에는 손으로 문지른 鼓棱이 한 줄 있음.

○ 기와의 연대는 비교적 이른데, 漢代 기와의 풍격이 있음.

(1) 암키와(03JMM2381標:1, 그림 3-2)

○ 출토지 : 마선구2378호묘.

○ 크기 : 남은 길이 8.2cm, 남은 너비 6.6cm, 기와 두께 1.6cm.

○ 색깔과 태도 : 니질의 청회색.

○ 형태 : 잔편으로 비교적 작음. 배면(瓦面) 승문 위에는 가로방향 평행선 세 줄이 시문되어 있음.

(2) 암키와(03JMM2381標:2, 그림 3-4)

○ 출토지 : 마선구2378호묘.

○ 크기 : 남은 길이 7.3cm, 남은 너비 10.4cm, 기와 두께 1.8cm.

○ 색깔과 태도 : 니질의 청회색.

○ 형태 : 잔편으로 비교적 작음. 배면(瓦面) 승문 위에는 가로방향 평행선이 여러 줄 시문됨.

(3) 암키와(03JMM2381標:3, 그림 3-1)

○ 출토지 : 마선구2378호묘.

○ 크기 : 남은 길이 6.2cm, 남은 너비 5.8cm, 기와 두께 1.8cm.

○ 색깔과 태도 : 니질의 청회색.

○ 형태 : 잔편으로 비교적 작음. 배면(瓦面)의 승문 위에는 가로방향의 평행선 4줄과 세로선 1줄이 시문되어 있음.

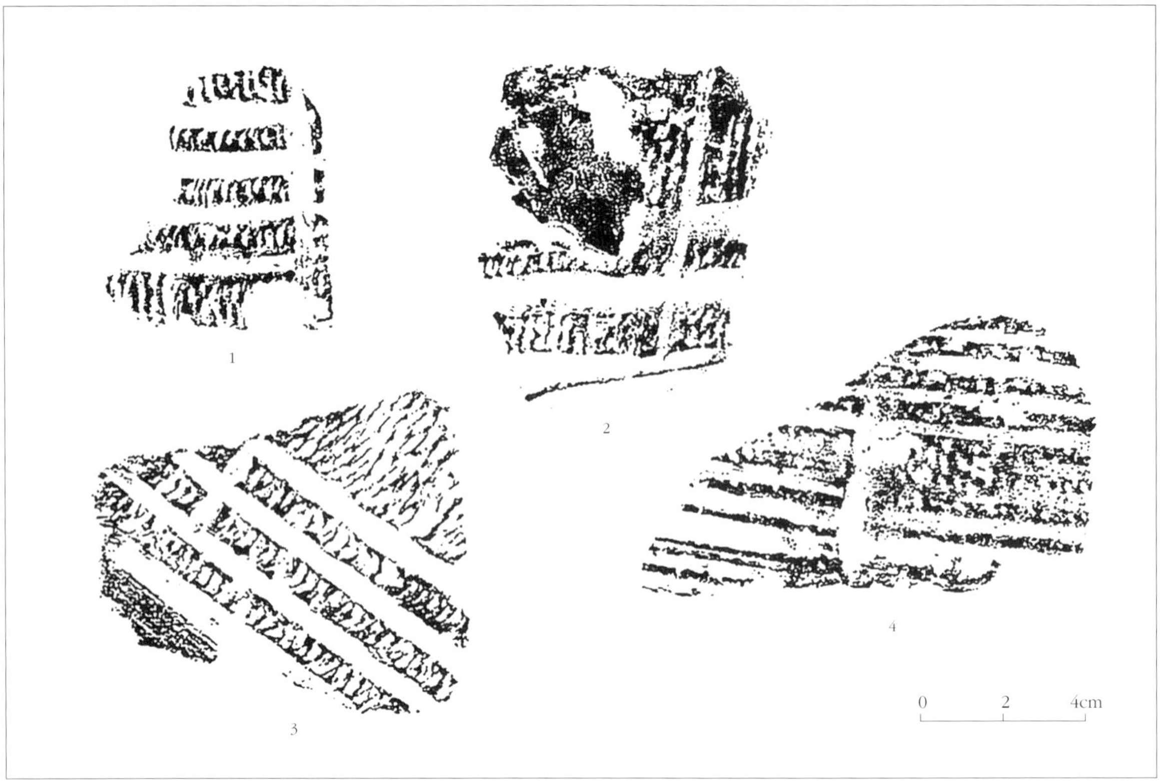

그림 3 마선구2381호묘 승문암키와(『集安高句麗王陵』)
1. 03JMM2381標:3　2. 03JMM2381標:1　3. 03JMM2381標:4　4. 03JMM2381標:2

(4) 암키와(03JMM2381標:4, 그림 3-3)

○ 출토지 : 마선구2378호묘.

○ 크기 : 남은 길이 6.2cm, 남은 너비 5.8cm, 기와 두께 1.7cm.

○ 색깔과 태도 : 니질의 청회색.

○ 형태 : 잔편으로 비교적 작음. 배면(瓦面) 승문 위에는 가로방향 평행선 4줄이 시문되어 있음.

5. 역사적 성격

1) 고분 연대

○ 이 고분의 배열 순서를 보면, JMM2378호묘와 기본적으로 동일함. 다만 JMM2378호묘가 자리한 위치는 JMM2381호묘의 후면으로 JMM2378호묘는 JMM2381호묘에 연속하여 뒤에 축조되었음. 분포 정황으로 미루어 해당 고분의 연대는 JMM2378호묘보다 이르며, 그 연대는 1세기경으로 비정됨.

2) 고분 등급

○ JMM2381호묘와 서로 연접한 JMM2382호묘와 JMM2379호묘는 그 규모가 모두 작아 JMM2381호묘 묘주와 친연 관계가 있는 배장묘임. 張福有는 JMM2381호묘의 묘장 규모 및 각 방면을 종합한 요소를 고려해 해당 고분이 고구려 이른 시기의 왕릉, 그 가운데 모본왕릉으로 비정함.

참고문헌

- 吉林省文物志編委會, 1984,『集安縣文物志』.
- 國家文物局 編, 1993,『中國文物地圖集』吉林分冊, 中國地圖出版社.
- 吉林省文物考古研究所·集安市博物館, 2002,『洞溝古墓群-1997年調查測繪報告』, 科學出版社.
- 吉林省文物考古研究所·集安市博物館, 2004,『集安高句麗王陵』, 文物出版社.
- 孫仁杰·遲勇, 2007,『集安高句麗墓葬』, 香港亞洲出版社.
- 張福有·孫仁杰·遲勇, 2007,「高句麗王陵通考要報」,『東北史地』2007-4 ; 2007,『高句麗王陵通考』, 香港亞洲出版社.

41 집안 마선구석묘자석굴

集安 麻線溝石廟子石窟

1. 조사현황

조사기간, 조사기관 등에 대한 언급이 없으나 張福有, 孫仁杰, 遲勇 등에 의해 2004~2005년 집안 경내의 고구려유적을 전면 재조사하면서 정리됨.

2. 위치와 자연환경

1) 고분 위치

○ 고분은 石廟子村 一組 後溝 동측의 산기슭 중간에 위치함.

○ 환도산성 서쪽 담장에서 가장 높은 산봉우리로부터 이어져 내려온 산마루가 서쪽으로 약 3,500m 이어져 마선하 좌안의 소평원에 이름. 산봉우리가 낮아진 가장자리는 단애를 이루며, 단애의 중앙부에 석굴이 자리하고 있음.

○ 석굴이 마치 호랑이 입과 흡사하여 현지 농민들은 '노호취(老虎嘴)'라고 부르고, 이 단애를 '老虎砬子'라 부름.

○ 단애 높이 약 40m, 바닥 너비 약 50m임.

○ 단애의 동쪽은 張家溝, 서쪽은 後溝임.

○ 석굴 입구의 지리좌표는 동경 126° 07′ 308″, 북위 41° 5′ 595″이고, 해발 227.46m임.

2) 주변 환경

○ 大板岔嶺에서 발원한 마선하가 곡류하다가 石廟子村 一組에 이르렀을 때 우안 산기슭에 기대어 남쪽으로 흘러 압록강으로 들어감.

○ 이곳은 좁고 긴 C형의 소충적평원이 자연 형성되었음. 소평원은 남북 길이 약 1,300m, 동서 너비 약 250m임.

3. 고분의 현황

○ 유형 : 석굴묘(『集安高句麗墓葬』)

○ 규모 : 남북 너비 약 8m로 남측은 대략 낮으며, 동서 길이 약 5m, 현재 전체 높이 4m 정도임.

○ 구조

– 석굴 하부는 산자갈(碎山石)로 눌려 있음.

– 석굴에는 인공으로 뚫은 흔적이 보이지 않음.

4. 출토유물

○ 석굴 서남 25m의 평지에서 비교적 많은 홍갈색 암키와 및 수키와가 산재되어 있으나 아직 와당은 발견하지 못함.

○ 암키와의 배면에는 다수가 方格文, 席文이 시문되어 있고, 내면에는 布文이 시문되어 있음.

○ 수키와의 배면에는 광택을 발랐으며, 내면에는 포문이 시문되어 있음.

5. 역사적 성격

○ 기와 분포 범위는 석굴 서남쪽 아래 남북 20m, 동서 15m 정도임. 그 중 황토색 지표와 표면의 융기로 미뤄 유적 범위는 약 300m² 정도로 추정, 張福有는 기와가 분포하는 이 유적이 석굴과 모종의 관계를 가질 가능성이 있이 있다고 봄. 따라서 이곳의 지리환경, 지형특징, 석굴위치 및 지표유적 등의 상황을 분석하여 석묘자의 노호립자석굴이 고구려 제4대왕인 민중왕(解色朱)을 장례지낸 석굴일 가능성을 제기함.

○ 그러나 석굴 내에서 매장을 한 증거는 확인되지 않았으므로, 석굴묘라고 단정하기 어려움.

참고문헌

- 孫仁杰·遲勇, 2007,『集安高句麗墓葬』, 香港亞洲出版社.
- 張福有·孫仁杰·遲勇, 2007,「高句麗王陵通考要報」,『東北史地』2007-4 ; 2007,『高句麗王陵通考』, 香港亞洲出版社.

제7부

집안 산성하고분군
(集安 山城下古墳群)

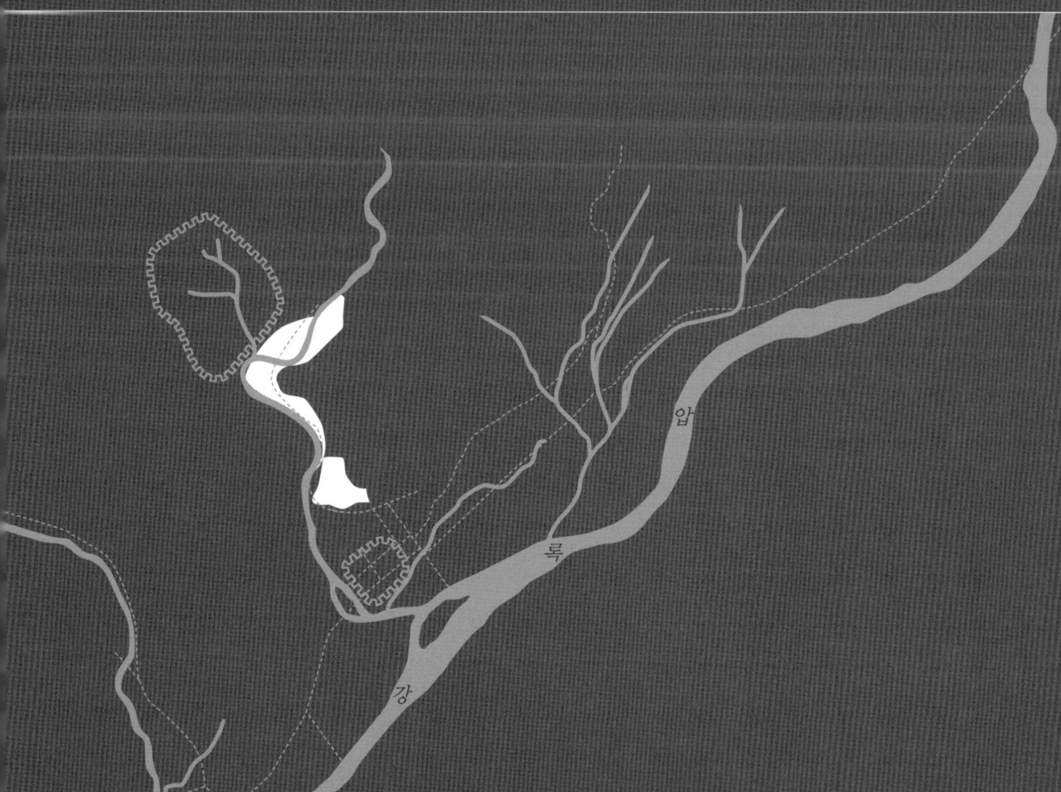

| 고분 분포도 |

© 노윤성

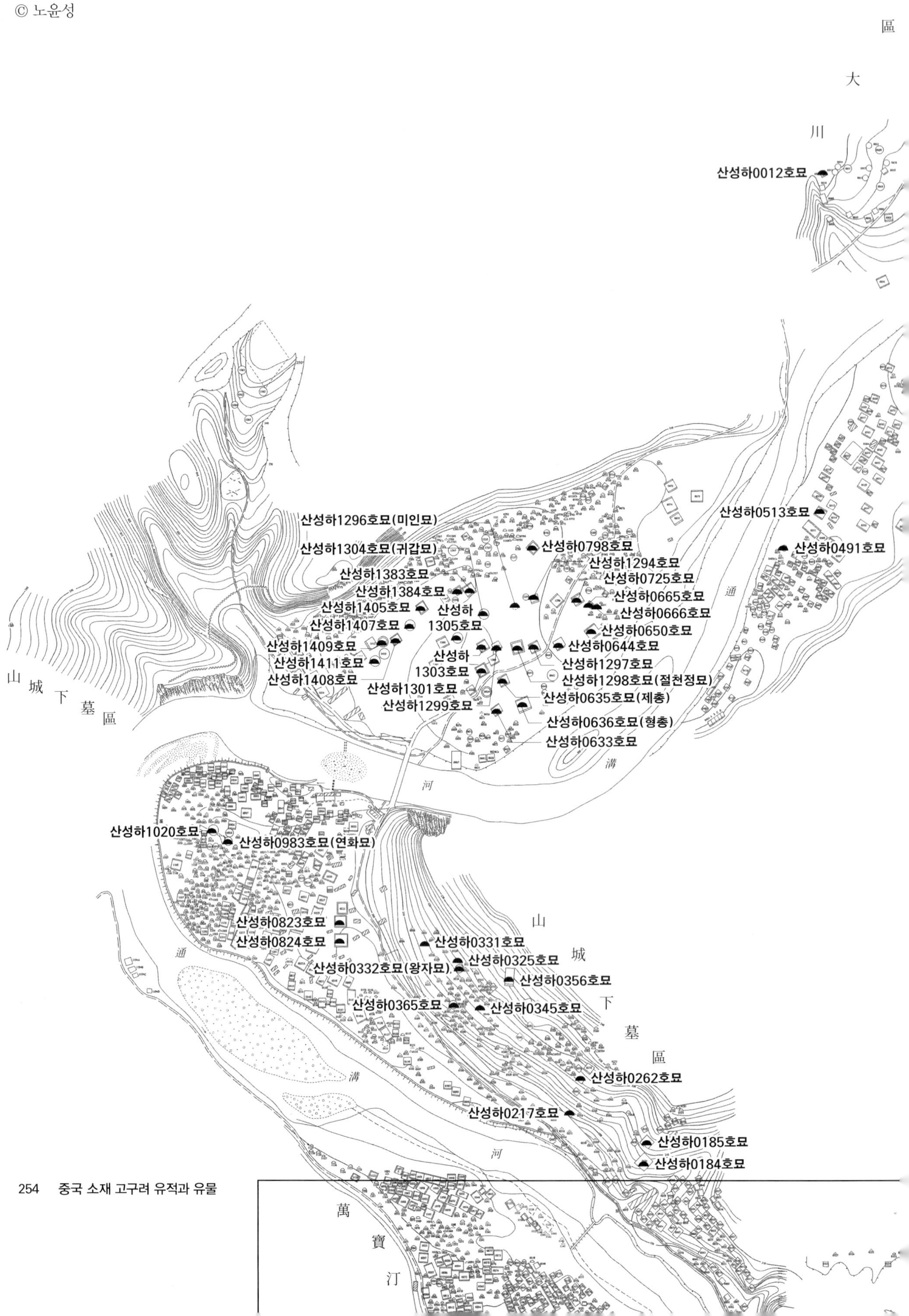

區
大
川
산성하0012호묘
산성하1296호묘(미인묘)
산성하1304호묘(귀갑묘)
산성하1383호묘
산성하1384호묘
산성하1405호묘
산성하1407호묘
산성하1409호묘
산성하1411호묘
산성하1408호묘
산성하
1305호묘
산성하
1303호묘
산성하1301호묘
산성하1299호묘
산성하0798호묘
산성하1294호묘
산성하0725호묘
산성하0665호묘
산성하0666호묘
산성하0650호묘
산성하0644호묘
산성하1297호묘
산성하1298호묘(절천정묘)
산성하0635호묘(제총)
산성하0636호묘(형총)
산성하0633호묘
산성하0513호묘
산성하0491호묘
通
溝
河
山
城
下
墓
區
산성하1020호묘
산성하0983호묘(연화묘)
산성하0823호묘
산성하0824호묘
산성하0331호묘
산성하0325호묘
산성하0332호묘(왕자묘)
산성하0356호묘
산성하0365호묘
산성하0345호묘
山
城
下
墓
區
通
溝
산성하0262호묘
산성하0217호묘
河
산성하0185호묘
산성하0184호묘
萬
寶
汀

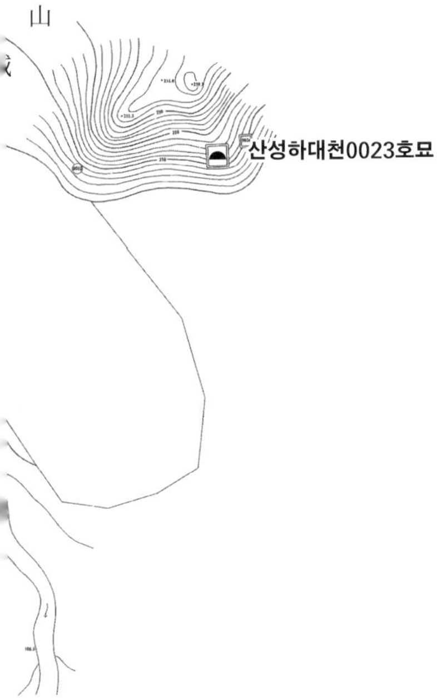
山
산성하대천0023호묘

山城下墓區塼廠
萬寶汀墓區
通溝河
산성하전창0145호묘
산성하전창0036호묘
산성하전창(전산자) 0181호묘
산성하전창(전산자) 0195호묘
산성하전창0001호묘
山城下墓區塼廠

집안 산성하고분군 개관

1. 고분군의 위치와 규모

○ 집안 통구분지는 동서 길이 40km, 남북 너비 2~4km 정도이며, 고분군의 점유면적은 1,334.68ha이며, 통구고분군의 보호범위는 3,914.02ha임. 통구고분군은 1966년 측량 및 편호 작업을 통해 우산하고분군, 하해방고분군, 산성하고분군, 만보정고분군, 칠성산고분군, 마선구고분군 등 6개 구역으로 나뉘었다가 2005년 조사를 계기로 장천고분군까지 확대되어 7개 구역으로 구획됨.[1]

○ 통구고분군은 1980년 李殿福이 발표한 『集安高句麗研究』에 의하면 1962년 조사 때 11,280기 고분을 실측조사함. 이후 시기별로 확인된 고분 개체 수의 편차가 있는데 1997년 중국의 실측보고서(『洞溝古墓群 - 1997年調查測繪報告』)에서는 11,300기를, 2005년 조사(『集安高句麗墓葬』)에서는 11,494기를 확인함.

○ 산성하고분군은 우산 남쪽 기슭에 위치하며, 환도산성 아래의 통구하 양안에 위치함. 현재 총 1,881기가 확인되며, 점유면적은 194.70ha임. 산성하고분군은 5개 묘역으로 다시 나뉘는데 禹山後片묘지, 山城下片묘지, 南大灣子片묘지, 東大坡片묘지, 塼廠後片묘지 등임. 전창후편묘지의 고분 조성연대는 비교적 이르고 묘지는 남북으로 길게 분포함. 산성하편묘지의 고분 조성연대는 비교적 늦음. 각 묘지의 고분 배열은 일반적으로 산 상부의 고분이 산 아래의 고분보다 일찍 축조되기 시작하며, 통구하 상류의 고분은 하류의 고분에 비해 조성시기가 이름. 산성하고분군의 대표적 고분으로는 전창1호묘, 전창36호묘, 전창145호묘, 절천정묘(JSM1298), 제묘(JSM0635), 형묘(JSM0636), 귀갑묘(JSM1304), 연화묘(JSM0983), 왕자묘(JSM0332) 등이 있음.

2. 고분군의 조사 연혁

1) 일제강점기 조사내용

(1) 1907년 5월 조사

프랑스 학자 샤반(Édouard Chavannes)이 만주지역을 조사할 때 5일간 集安에서 통구성(국내성)과 광개토왕릉비 및 고분군을 조사함. 당시 장군총, 태왕릉 등을 비롯한 우산하고분군, 산성하고분군 등

---

1 孫仁杰·遲勇, 2007, 『集安高句麗墓葬』, 香港亞洲出版社, 2~6쪽 참조.

을 조사함.

(2) 1913년 조사

關野貞을 중심으로 谷井濟一, 栗山俊一, 今西龍 등의 조사단이 11일간 集安 지역에 있는 산성자산성(환도성), 통구성(국내성), 광개토왕릉비, 동대자 건축지 초석 등과 함께 고분군을 조사함. 당시 우산하고분군, 마선구고분군을 비롯해 산성하고분군의 귀갑총, 형총, 제총, 절천정총, 사아천정총 등을 조사함.

(3) 1935년 조사

滿洲國 문교부 촉탁으로 伊藤伊八, 三宅俊成 등이 광개토왕릉비 보존상태 조사와 비문 탁본을 목적으로 集安을 조사하다가 벽화고분 2기(무용총, 각저총)를 발견하고, 만주국 문교부에 조사를 건의함. 池內宏, 濱田耕作, 梅原末治, 藤田亮策, 小場恒吉 등이 광개토왕릉비와 산성자산성(환도성), 통구성(국내성) 등의 성곽 외에 고구려 고분을 조사함.

(4) 1936년 조사

1935년 제1차 통구 방문에 이어 제2차 방문이 진행됨. 池內宏, 濱田耕作, 梅原末治, 水野淸一, 三上次男 등이 산성자산성과 통구성 등의 성곽 외에 고구려 고분을 정밀조사함.

2) 중국의 조사내용

(1) 1965년 조사

吉林市文物保管所에서 9기를 조사함.

(2) 1966년 조사

吉林省博物館과 集安縣文管所에서 21기를 조사함.

(3) 1968~1969년 조사

농지확장사업이 추진되면서 吉林省博物館 주도로 통구고분군을 대대적으로 조사하였는데, 산성하고분군은 1968년 40기, 1969년 2기, 1970년 3기가 각기 조사됨.

(4) 1976년 조사

농지 정리를 위해 통구고분군에 대한 대대적 조사를 진행했는데, 당시 산성하고분군은 塼廠에서 21기, 山城下東大坡에서 133기가 조사됨.

(5) 1979~1980년 조사

1979년 集安縣文管所 주도로 山城下塼廠片에서 46기가 조사되었고, 1980년 벽돌공장 수리로 인해 山城下塼廠片에서 1기가 조사됨.

(6) 1983년 조사

集安市博物館에서 산성하고분군에서만 38기를 조사함.

(7) 1997년 조사

통구 일대 고분에 대해 실측조사 등을 비롯한 전면적 조사를 실시함. 이때 산성하고분군은 1,843기가 확인됨.

(8) 2005년 조사

集安市文物局에서 통구 일대를 전면적으로 조사하였는데, 산성하고분군은 1,881기가 확인됨.

참고문헌

- 關野貞, 1913,「關野貞博士一行の朝鮮古墳調査」,『考古學雜誌』4-3.
- 池內宏·梅原末治, 1938,『通溝』上, 日滿文化協會.
- 池內宏·梅原末治, 1940,『通溝』下, 日滿文化協會.
- 李殿福, 1980,「集安高句麗硏究」,『考古學報』1980-2.
- 吉林省文物考古研究所·集安市博物館, 2002,『洞溝古墓群-1997年調查測繪報告』, 科學出版社.
- 孫仁杰·遲勇, 2007,『集安高句麗墓葬』, 香港亞洲出版社.

01 집안 산성하대천0023호묘

集安 山城下大川0023號墓 | JSDM0023

1. 조사현황

1) 2005년 조사

○ 조사기관 : 集安市文物局.

○ 조사기간 : 4~5월.

○ 조사참여자 : 孫仁杰, 遲勇.

2. 위치와 자연환경(그림 1)

○ 산성하묘구대천편 산성자촌 북측의 언덕 위에 자리하고 있음.

○ 고분의 동쪽 약 50m 거리에 JSDM0024호묘가 위치하며, 북쪽은 융기한 산마루가 있고, 남쪽 약 100m에는 산성자촌이 있으며, 앞쪽은 우산 북쪽 언덕임.

○ 통구하가 동에서 서로 산허리를 통과하고 있으며, 서쪽으로는 환도산성 동벽과 서로 마주하고 있음.

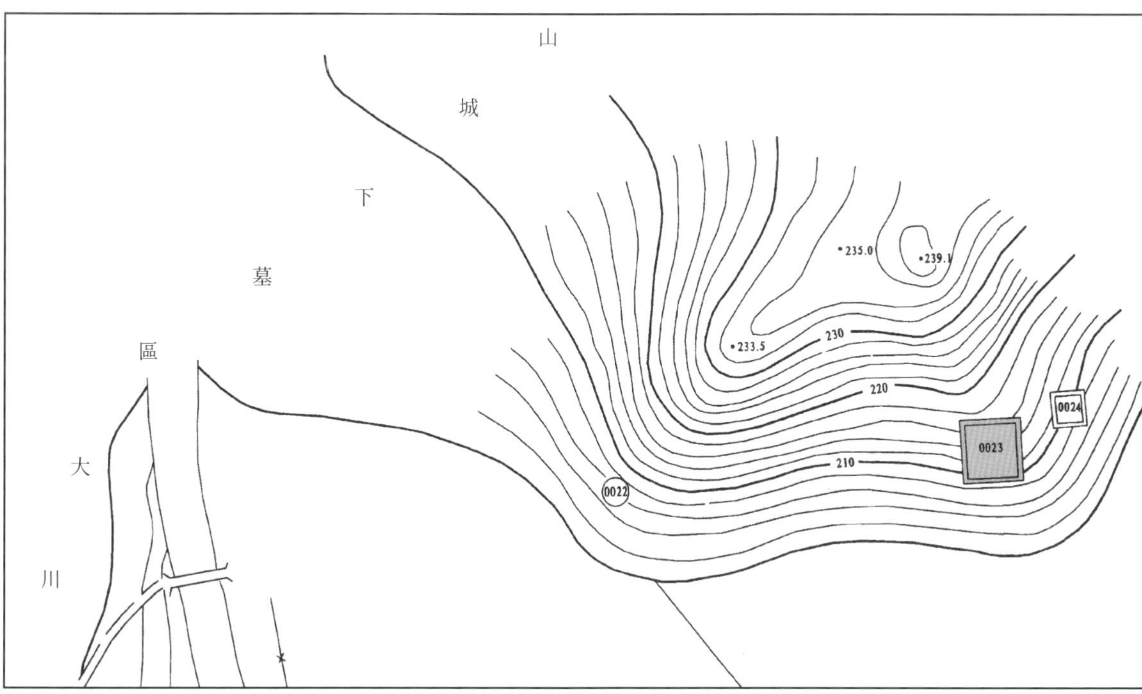

그림 1 산성하대천23호묘 위치도(『洞溝古墓群-1997年調查測繪報告』)

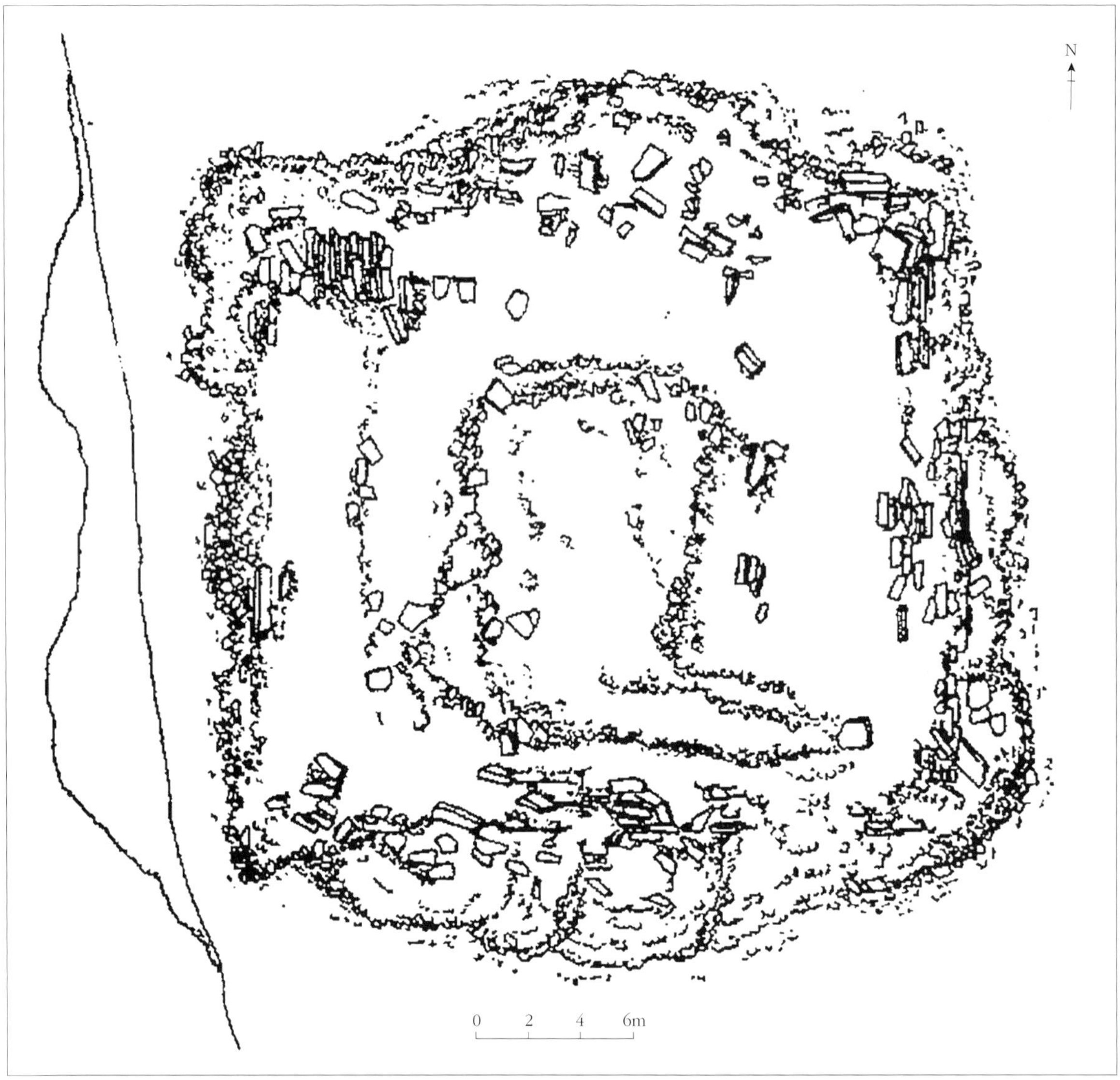

그림 2 산성하대천23호묘의 평 · 단면도(『集安高句麗墓葬』)

3. 고분의 현황

1) 고분 형식

○ 유형 : 대형계단적석석실묘(『洞溝古墓群 – 1997年調査測繪報告』), 계단적석석광묘(『集安高句麗墓葬』).

○ 평면 : 장방형.

○ 방향 : 85°.

○ 규모

– 동서 길이 24m, 남북 너비 24m, 높이 5m(1997년 조사).

– 동서 길이 27m, 남북 너비 23m, 현재 높이 약 4m(2005년 조사).

2) 고분 구조(그림 2)

(1) 전체현황

○ 고분의 동 · 북 양측은 높고, 남 · 서 양측은 낮은데 고분의 서남 모서리가 가장 낮음.

○ 고분 네 둘레의 계단은 현재 전부 안으로 무너졌음.

(2) 계단

○ 계단석은 화강암석질로 가공하여 정연한데 개별 계단석의 가공 상태는 정교함. 장대석에서 맞물리도록 홈을 판 흔적은 아직 발견되지 않았으나 계단석의 立面에는 모두 또렷하고 정연한 수직의 끌질 흔적(鑿痕)이 있음.

○ 계단석은 비교적 모두 고른데 일반석이 길이 1.8m., 너비 0.6m, 높이 0.4~0.6m 사이임.

○ 고분의 남측은 3단 계단이 현존하는데 모두 가공하여 정연한 화강암석질임. 제1단 계단은 2층이 현존하는데 높이 1.2m이며, 제2단 및 3단 계단은 현재 무너져서 몇 층인지 분별하기 어려운데 계단석은 길이 1.6m, 너비 0.6m, 높이 0.6m임.

○ 고분 동측은 3단 계단으로 보이며, 제1단 계단은 2층이 현존하는데 높이 0.9m이고 계단석은 길이 1.6m, 너비 0.6m, 높이 0.5m임. 제2단 계단은 제1단 계단의 상면에서 0.8m 안으로 들여쌓았으며, 2층으로 되어 있으나 현재는 무너진 상태로 계단석은 길이 1.4m, 너비 0.6m, 높이 0.4m임. 제3단 계단은 이미 무너져 위치가 옮겨졌는데 계단석은 길이 1.4m, 너비 0.6m, 높이 0.4m임.

○ 고분의 서측은 3단 계단이 보이는데 현재 파괴되어 층수는 명확하지 않으나 서남 모서리는 잔존높이 1.6m를 아직 볼 수 있음. 계단석은 길이 1.6m, 너비 0.6m, 높이 0.7m임.

○ 고분의 북측 계단은 이미 파괴되었는데 무덤 주위에 산재하는 계단석은 길이 1.4m, 너비 0.6m, 높이 0.4m임.

(3) 석실

○ 고분의 정상부는 이미 파괴당해 도처에 깨진 큰 돌(大石塊)이 산재해 있어 묘실이 설치된 것은 확인됨.

○ 분구 정상부의 봉석은 강자갈(河卵石)이고 일부 소량의 산자갈(碎山石)이 섞임. 강자갈의 크기는 0.5~0.2m 사이임.

○ 분구 정상부에 오물이 가득 쌓여 있고 네 둘레에는 관목이 오랫동안 가득 차 있었는데 조사 중에 유물은 발견되지 않음.

4. 역사적 성격

보고자는 매장부를 석실로 파악하였으나, 천장석이 확실되지 않고 발굴 조사로 석실구조를 확인하지 않은 상황이므로 석실적석묘인지는 확실히 알 수 없음. 다만, 석실적석묘라면 이 고분의 조성 시기는 4세기 중엽 이전으로 소급시키기 어려움.

참고문헌

- 吉林省文物志編委會, 1984, 『集安縣文物志』.
- 吉林省文物考古硏究所·集安市博物館, 2002, 『洞溝古墓群-1997年調查測繪報告』, 科學出版社.
- 孫仁杰·遲勇, 2007, 『集安高句麗墓葬』, 香港亞洲出版社.

02 집안 산성하0012호묘

集安 山城下0012號墓 | JSM0012

1. 조사현황

1) 1981년 4월 조사

○ 조사기관 : 集安縣文物保管所.

○ 조사참여자 : 孫仁杰.

○ 조사내용 : 벽돌공장 건설을 위해 정리 조사함.

2. 위치와 자연환경(그림 1)

○ 우산 서쪽 기슭의 완만한 대지 위에 자리하고 있음.

○ 남북으로 종렬을 이루는 적석묘 떼 가운데 남부 최말단에 위치함.

○ 해당 고분의 주위에는 적석묘 50여 기가 있는데 모두 북에서 남으로 종렬을 이루고 있음.

3. 고분의 현황

1) 고분 형식

○ 유형 : 기단광실적석묘 또는 방단적석묘(『博物館研究』 1994-3), 적석석광묘(『洞溝古墓群 - 1997年調查測繪報告』).

○ 평면 : 방형.

○ 방향 : 255°.

○ 규모

- 동서 길이 10.5m, 남북 너비 10.2m, 높이 1.35m(1981년 조사).
- 동서 길이 10m, 남북 너비 8m, 높이 0.5m(1997년 조사).

2) 고분 구조(그림 2)

(1) 전체현황

○ 고분은 북고남저의 경사진 언덕 위에 자리하고 있음.

○ 고분의 서북 모서리는 붕괴되어 밖으로 밀려남.

○ 분구 정상 중앙부에는 일찍부터 심하게 파괴되어 2개의 커다란 교란갱이 보임.

(2) 기단

○ 고분의 사면 둘레는 약간 가공을 거친 커다란 돌로 둘러쌓아 방형 기단을 만듦.

○ 기단의 네 모서리에는 큰 돌을 두거나 가공하였는데 대다수 길이와 너비가 1m 정도임.

○ 기단 중간은 약간 작은 돌로 쌓았는데 낮은 곳에는 2~3층으로 쌓아 사면이 비교적 정연하며, 사면을 두른 기단 안은 작은 강자갈(河卵石)과 깨진 산돌(碎山石)로 메워 기단 상면을 평평하게 만듦.

그림 1 산성하12호묘 위치도(『洞溝古墓群－1997年調查測繪報告』)

(3) 광실

○ 기단 상부 평면의 중앙에는 광실을 구축하였으나, 분구가 파괴되어 명확치 않음.

○ 교란갱 범위에서 조사를 진행하였는데 교란갱은 동서 길이 6.5m, 남북 너비 5m, 깊이 1m임. 당시 정리할 때 기단 정상부의 평면에서 동서 길이 3m, 남북 너비 1.5m의 한겹의 돌이 깔린 광실을 발견함. 광실은 0.4～0.6m의 강자갈(河卵石)로 축조하였으며, 광실 안의 바닥에는 작은 강자갈 조각들이 깔려 있었음.

3) 기타

광실 안에서 관못(棺釘), 관고리(棺環), 장막고리(帳鉤), 비녀(簪) 등의 철기와 깨진 토기편 등이 출토됨.

그림 2 산성하12호묘 평·단면도(『博物館研究』 1994-3)
1. 관고리 2. 관못 3. 토기편 4. 장막걸쇠

4. 출토유물

1) 토기(陶器)

(1) 호 잔편(JSM0012, 그림 3-1~그림 3-3)

○ 출토지 : 산성하12호묘.

○ 색깔과 태도 : 니질 회색토기.

○ 형태 : 輪製. 토기편 세 조각이 수습되었는데 호(罐)로 추정되는 하나의 기형에서 나온 조각들임. 입이 벌어졌으며, 구순이 둥글고(圓脣), 동체가 볼록하며, 바닥이 평평하며(平底), 橋形의 가로손잡이(橫耳)가 있음. 기형은 정연하며 소성도는 높음.

2) 철기

(1) 비녀(頭簪, JSM0012:1, 그림 3-4)

○ 출토지 : 산성하12호묘.

○ 크기 : 단면 직경 0.4cm.

○ 형태 : 가는 철봉으로 錐形을 만듦. 한쪽 끝에는 작은 원형 고리가 하나 이어져 있음. 철제인 이 고리는 직경 2.2cm, 단면 직경 0.5cm임.

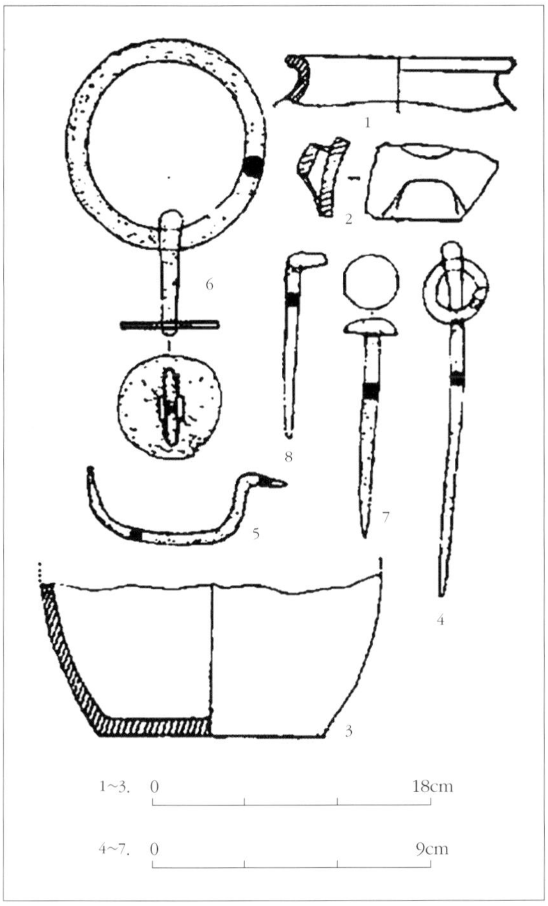

그림 3 산성하12호묘의 출토유물(『博物館研究』 1994-3)
1. 호 구연부(JSM0012) 2. 호 손잡이(JSM0012)
3. 호 바닥부(JSM0012) 4. 철제비녀(JSM0012:1)
5. 철제장막고리(JSM0012:2) 6. 철제관고리(JSM0012:5)
7. 철제관못(JSM0012:7)

(2) 장막걸이(帳鉤, JSM0012:2, 그림 3-5)

○ 출토지 : 산성하12호묘.

○ 크기 : 길이 6.8cm, 단면 직경 0.5cm.

○ 형태 : 철봉으로 걸이 형태를 만듦.

(3) 관고리(棺環, JSM0012:5, 그림 3-6)

○ 출토지 : 산성하12호묘.

○ 크기 : 고리 직경 8cm, 分釘의 길이 4.2cm, 鐳片 직경 3.5cm.

○ 형태 : 단면 직경이 0.8cm인 철선 조각으로 고리를 만듦. 고리에는 分釘이 매달려 있는데 그 끝쪽에 鐳片이 연결되어 있음.

(4) 관못(棺釘, JSM0012:7, 그림 3-7)

○ 출토지 : 산성하12호묘.

○ 크기 : 못대가리 직경 2cm, 못의 단면 직경 0.5cm, 못의 전체 길이 7.5cm.

○ 형태 : 못대가리는 원형임.

5. 역사적 성격

○ 해당고분이 위치한 지역은 북고남저의 지형으로 주위의 여러 적석묘 또한 높은 곳에서 낮은 곳으로 펼쳐져 있음. 북단은 연접묘가 많고, 남쪽으로는 고분과 고분 사이의 거리는 보통 5m를 넘지 않음. 대다수 북면의 높은 곳의 고분이 조성연대가 비교적 이르고, 남면의 낮은 곳의 고분은 조성연대가 비교적 늦은 것으로 알려졌음.

○ 고분에서 관못, 관고리가 출토된 것을 보면 본래 棺이 있었음. 이 지역의 고고자료는 적석묘 가운데 棺의 출토가 봉토묘 영향을 받은 후에 나타나는 것임을 증명하고 있음. 따라서 해당 고분의 연대는 약 5세기 전후로 추정됨.

○ 1997년 조사보고(『洞溝古墓群 - 1997年調査測繪報告』)에서는 석광적석묘라고 보고하였으나, 분구는 기단인데 매장부로 추정되는 함몰갱에서 관못, 관고리, 장막걸이쇠가 출토된 점으로 미루어 매장부는 목실의 광실이었을 것으로 판단됨. 따라서 광실기단적석묘로 판단한 1981년 조사보고(『博物館研究』 1994-3)가 정확함.

참고문헌

- 吉林省文物志編委會, 1984, 『集安縣文物志』.
- 孫仁杰, 1994, 「集安洞溝古墓群三座古墓清理」, 『博物館研究』 1994-3 ; 吉林省文物考古研究所·集安市博物館, 2009, 『吉林集安高句麗墓葬報告集』, 科學出版社, 재수록.
- 吉林省文物考古研究所·集安市博物館, 2002, 『洞溝古墓群-1997年調査測繪報告』, 科學出版社.

03 집안 산성하0184호묘

集安 山城下0184號墓 | JSM0184

1. 조사현황

1) 2005년 조사

○ 조사기관 : 集安市文物局.

○ 조사기간 : 4~5월.

○ 조사참여자 : 孫仁杰, 遲勇.

2) 2004~2005년 조사

조사기간, 조사기관 등에 대한 언급이 없으나 張福有, 孫仁杰, 遲勇 등이 집안 경내의 고구려유적을 전면 재조사하면서 정리함.

2. 위치와 자연환경

○ 산성하고분군 東大坡片 최남단의 산비탈에 위치.

○ 고분의 서쪽 200m에는 산성로가 있으며, 앞으로 통구가 흐르는데 그 맞은편은 만보정고분군 지역이며, 남쪽으로 黑瞎子溝에 임해 있으며, 동으로 높은 산이 있으며, 북으로 약 500m 거리에 환도산성 남문이 있음.

3. 고분의 현황

1) 고분 형식

○ 유형 : 특대형적석석광묘(『洞溝古墓群 – 1997年調査測繪報告』), 유단적석석광묘(『集安高句麗墓葬』).

○ 평면 : 방형.

○ 규모

– 동서 길이 25m, 남북 너비 25m, 높이 2m(1997년 조사).

– 동서 길이 27m, 남북 너비 25m, 높이 약 1.8m (2005년 조사).

2) 고분 구조

(1) 전체현황

고분은 동고서저의 산비탈에 위치하는데 고도 차이는 약 3.5m이며, 보존상태는 비교적 양호함.

(2) 기단

○ 고분 가장자리는 가공을 거치지 않은 산자갈(碎山石)로 기단을 축조함.

○ 고분의 서쪽 기단석은 비교적 큰데 가장 큰 기단석은 길이 0.7m, 너비 0.5m, 높이 0.4m 정도임.

○ 기단석 내부는 계장식 축조법을 채용하였으며, 표면에서 아직 계장의 흔적을 볼 수 있음.

(3) 석광

고분의 정상부에는 동서 길이 4m, 남북 너비 3m, 깊이 0.5m 정도의 함몰갱이 하나 있음. 함몰갱 주위에는 불에 탄 鎔石이 대량 남아 있는데 석광이 있던 자리임.

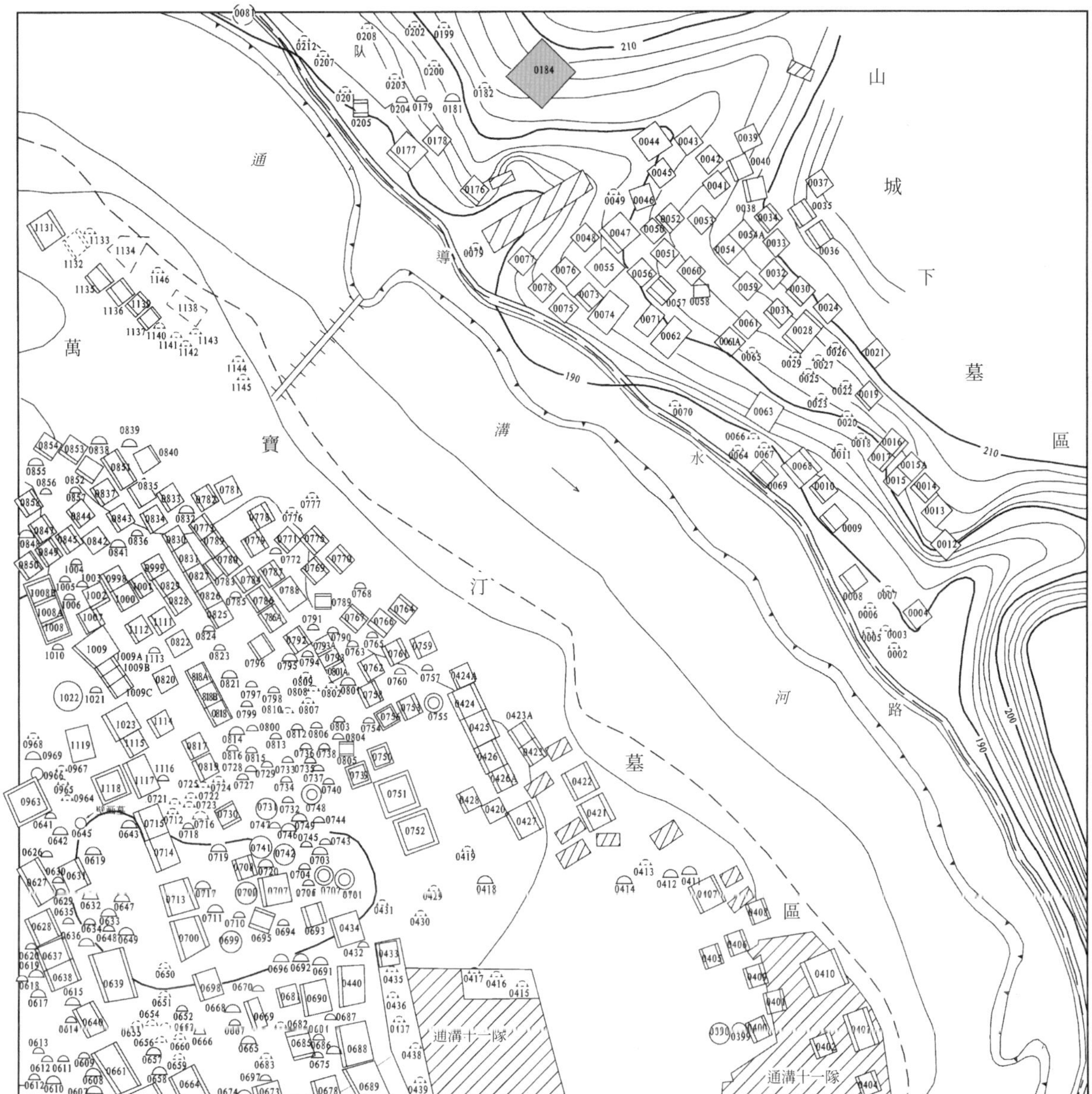

그림 1 산성하184호묘 위치도(『洞溝古墓群－1997年調查測繪報告』)

분구 상부의 봉석은 모두 산자갈로 그 크기는 일반적으로 0.3～0.1m임. 유물은 발견하지 못함.

4. 역사적 성격

고분은 낮게 축조되었으며, 고분 정상부는 비교적 평평하며, 석재는 가공을 거치지 않았으며, 기단은 대다수 왜소하며, 내부에는 계장식의 축조방식을 사용하였음. 이런 특징들은 고구려 적석묘의 초기 특징으로 해당 고분의 조성연대는 약 1세기 정도임.

참고문헌

- 吉林省文物志編委會, 1984, 『集安縣文物志』.
- 吉林省文物考古研究所·集安市博物館, 2002, 『洞溝古墓群－1997年調查測繪報告』, 科學出版社.
- 孫仁杰·遲勇, 2007, 『集安高句麗墓葬』, 香港亞洲出版社.

04 집안 산성하0185호묘

集安 山城下0185號墓 | JSM0185

1. 조사현황

1) 2005년 조사

○ 조사기관 : 集安市文物局.

○ 조사기간 : 4~5월.

○ 조사자 : 孫仁杰, 遲勇.

2. 위치와 자연환경

산성하고분군 東大坡片 남단의 산비탈에 위치하는데 고분의 서쪽 210m 거리에는 산성로가 있으며, 앞으로 통구하가 흐르며, 통구하 맞은편에는 만보정 고분이 있음. 고분의 남쪽 약 20m에는 JSM0184호묘가 자리하며, 동쪽은 높은 산이며, 북쪽 약 520m에는 환도산성 남문이 자리하고 있음.

3. 고분의 현황

1) 고분 형식

○ 유형 : 대형적석석광묘(『洞溝古墓群－1997年調査測繪報告』), 유단적석석광묘(『集安高句麗墓葬』).

○ 평면 : 장방형.

○ 규모

- 동서 길이 20m, 남북 너비 20m, 높이 2m(1997년 조사).
- 동서 길이 28m, 남북 너비 24m, 높이 약 1.6m (2005년 조사).

2) 고분 구조

(1) 전체현황

고분은 동고서저의 산비탈에 위치하는데 고도 차이는 약 3m이며, 보존상태는 비교적 양호함.

(2) 기단

○ 고분 가장자리는 가공을 거치지 않은 산자갈(碎山石)로 기단을 축조함.

○ 기단석은 대다수 자갈(碎石)이나, 서측 기단석은 비교적 큰데 가장 큰 기단석은 길이 0.6m, 너비 0.5m, 높이 0.4m 정도임.

○ 기단석 내부는 계장식 축조법을 채용하였으며, 표면에서 아직 계장의 흔적을 볼 수 있음.

(3) 석광(石壙)

○ 고분의 정상부 중간에는 동서 길이 4m, 남북 너비 4m, 깊이 0.5m 정도의 함몰갱이 하나 있음. 함몰갱의 주위에는 대량의 불에 탄 鎔石이 보이는데 석광의 있던 자리임.

○ 분구 위의 봉석은 모두 산자갈로 그 크기는 일반적으로 0.3~0.1m임.

○ 조사중에 유물은 아직 발견하지 못함.

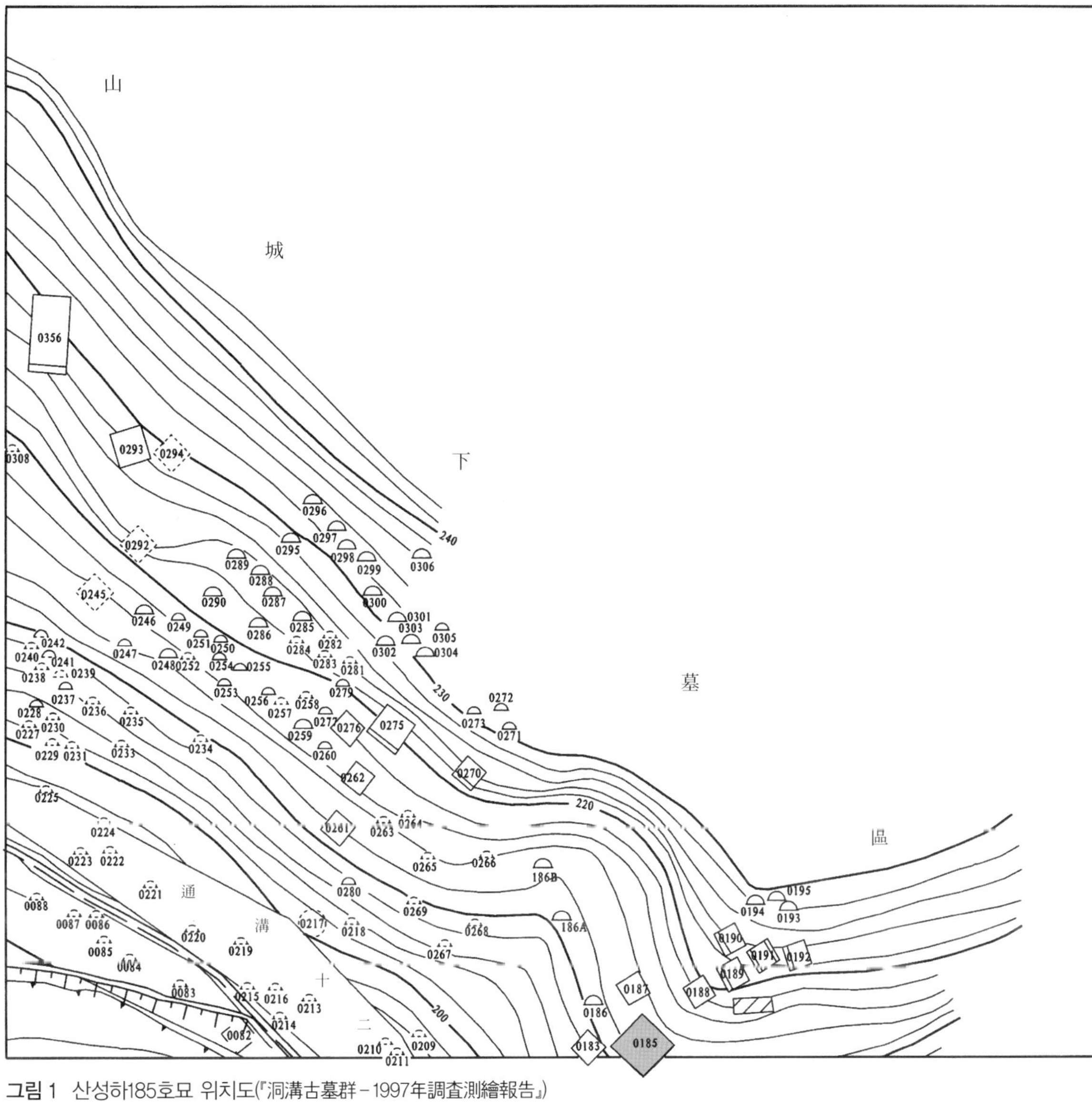

그림 1 산성하185호묘 위치도(『洞溝古墓群－1997年調査測繪報告』)

4. 역사적 성격

○ 고분은 낮고, 분구 정부는 비교적 편평함. 가공하지 않은 돌로 축조하였고, 계장식으로 축조한 기단은 작음.

○ 보고자는 계장식 축조가 고구려 적석묘의 초기 특징이라고 파악해 이 고분의 조성연대를 1세기로 비정하였으나, 계장식 축조만으로는 무덤의 축조 연대를 판단할 수는 없음. 그러나 고분의 입지와 축조 재료 등은 적석묘의 이른 시기 특징을 갖고 있음.

참고문헌

- 吉林省文物志編委會, 1984, 『集安縣文物志』.
- 吉林省文物考古研究所·集安市博物館, 2002, 『洞溝古墓群－1997年調査測繪報告』, 科學出版社.
- 孫仁杰·遲勇, 2007, 『集安高句麗墓葬』, 香港亞洲出版社.

05 집안 산성하0217호묘

集安 山城下0217號墓 | JSM0217

1. 조사현황

1) 1976년 조사

○ 조사기관 : 吉林省博物館·集安縣文物保管所.

○ 조사기간 : 9월 말~11월 초.

○ 조사자 : 方起東, 魏存成, 蘇興鈞, 郭文魁, 劉萱堂, 何明, 林至德, 閻毅之, 柳嵐, 張雪巖 등.

○ 조사내용 : 농업생산력을 위해 통구촌 농민의 협조 하에 95기 고분을 정리·조사하였는데 54기는 심하게 파괴당하였고 41기만 파괴가 경미한 상태였음. 41기 고분 중에 2기는 적석묘이고, 39기는 봉토묘임. 조사 당시 출토된 유물은 172점임.

2. 위치와 자연환경

1) 고분 위치(그림 1)

산성하東大坡片고분군의 산비탈 하부에 위치하여 지세가 낮음.

2) 주변 환경(그림 2)

○ 환도산과 우산의 서쪽 기슭이 두 개의 천연 병풍을 이루고 있으며, 그 안에 너비 약 0.5km로 동북에서 서남으로 이어지는 협곡이 있음. 이 협곡의 동북에서 통구하가 북에서 꺾여 남으로 흐르고 있는데 통구하 서북과 동남의 하안은 오랜 기간 충적으로 형성된 하곡대지임. 동대파 지역의 고분군은 이 대지 동측의 산 아래 완만한 지대에 위치함.

○ 동대파편고분군이 자리한 지대는 산세를 따라 동고서저로 형성되었는데 범위는 서북에서 동남까지의 길이 약 400m, 너비 약 200m 정도임.

○ 고분군의 고분은 기본적으로 질서 있게 배열되었는데 묘지의 남부와 언덕 위에는 대다수 적석묘(봉석묘)가 있고, 북쪽으로 봉토묘가 점차 많아져 북부는 모두 봉토묘를 이루고 있음.

○ 동대파고분군에서 조사된 39기 봉토석실묘 가운데 단실묘 37기와 쌍실묘 2기로 구성됨. 단실묘 가운데는 2인 합장묘가 3기 있음.

3. 고분의 현황

1) 고분 형식

○ 유형 : 봉토석실묘(『考古』 1991-7, 『洞溝古墓群-1997年調查測繪報告』).

○ 평면 : 중앙연도를 갖춘 묘실의 평면은 鏟形.

○ 방향 : 324°.

○ 규모

- 묘실 : 길이 3.46m, 너비 2.6m, 높이 2.8m.
- 연도(甬道) : 길이 0.3m, 너비 1.3m, 높이 1.2m.
- 묘도(墓道) : 길이 1.2m, 너비 1.2m, 높이 1.8m.

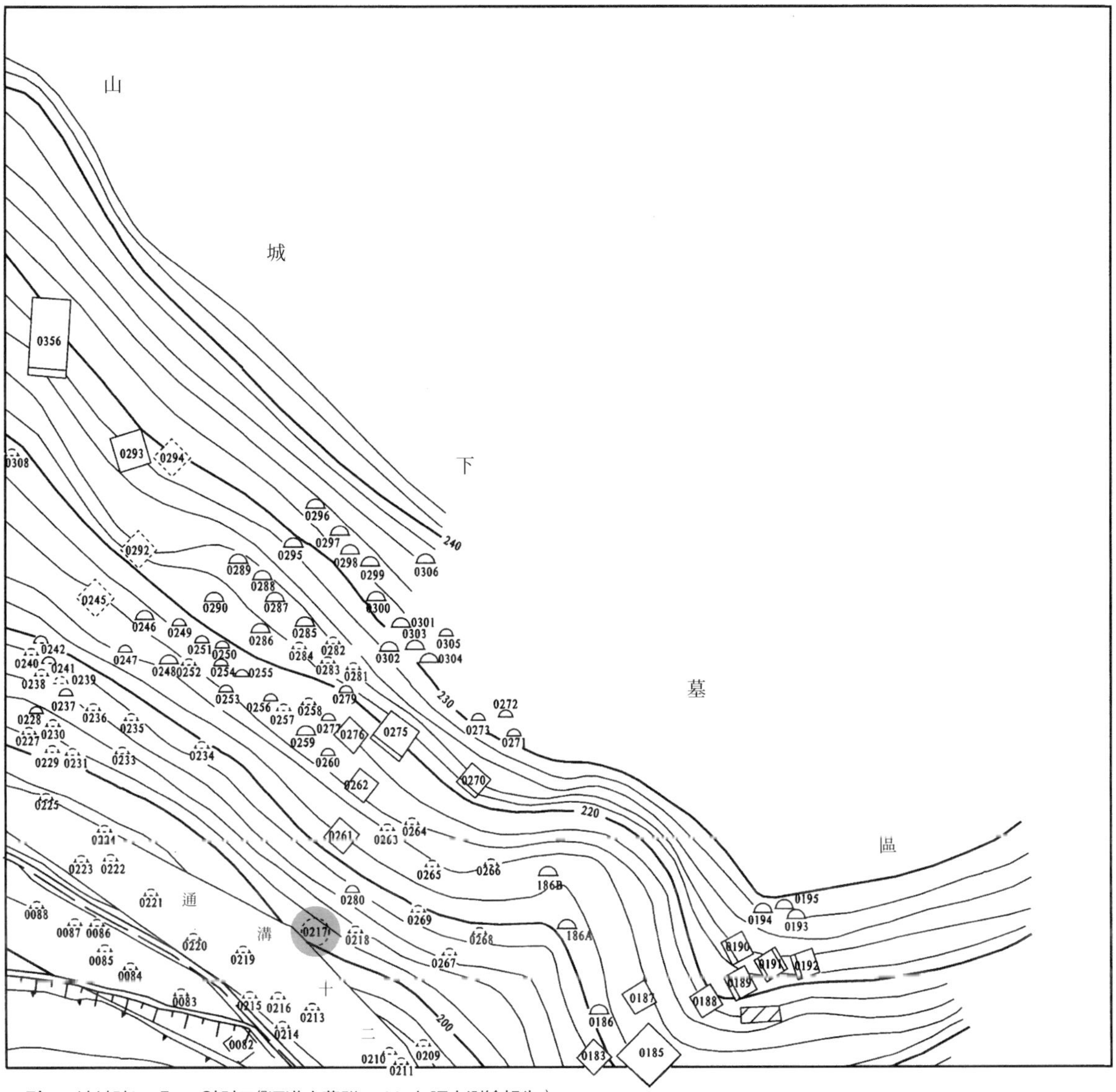

그림 1 산성하217호묘 위치도(『洞溝古墓群-1997年調査測繪報告』)

2) 고분 구조(그림 3)

(1) 전체현황

동대파 지역의 봉토묘 가운데 비교적 대형 고분의 하나임. 묘실 바닥부는 현 지표보다 낮아 무덤 밖의 주위와 묘실 안의 동남 모서리에는 산에서 흐르는 물이 스며들고 있음. 분구 상부의 서측에 도굴갱이 하나 있는데 묘실 바닥부와 1.6m 떨어져 있음.

(2) 묘실

○ 묘실은 가공을 거쳐 매우 정연한 돌로 축조되었음. 묘실 천장은 6층 평행고임과 2층 모줄임 고임으로 축조됨.

○ 묘실 내에는 棺座 두 개가 있음. 묘벽과 관대 위에는 모두 4cm 정도 두께의 백회가 발라져 있는데 묘벽 위의 백회는 다수가 이미 탈락됨. 묘실 바닥 백회면 아래에는 9cm 정도 두께의 목탄이 깔려 있으며, 목탄 아래면의 토질은 견고하고 붉은 燒土로 불에 탔던 것으

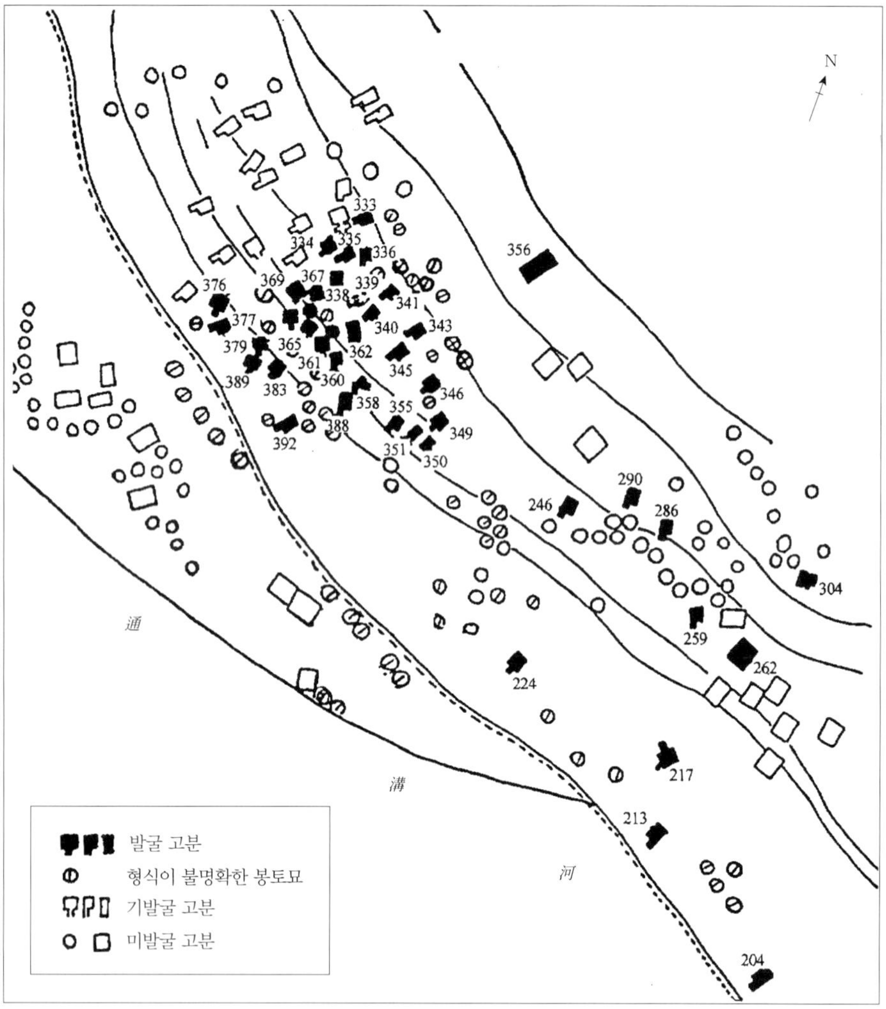

그림 2
산성하동대파고분군의 분포도(『考古』 1991-7)

로 보임. 다만 棺座 위와 묘벽의 노출된 석벽면 및 잔류한 백회에서는 모두 연기에 그을린 흔적을 찾을 수 없음. 따라서 묘실 축조 이전에 불에 탔던 것으로 추정됨.

(3) 연도(甬道)와 묘도(墓道)

고분의 매장부는 묘도와 연도를 거쳐 묘실로 이어지는데 묘도 천장에는 대석을 가로로 덮었으며, 연도와 묘도가 서로 접하는 곳에는 높이 1.7m, 너비 1.14m, 두께 0.15m인 靑石板이 하나 있는데 마치 묘도 안쪽 끝에서 문을 달은 것과 같음. 이 연문(石板門)의 우측에는 지면에서 높이가 약 1m되는 곳에 반원형의 깨진 홈(缺口)이 보이는데 도굴 당시 파괴되었을 가능성이 있음.

3) 기타

○ 묘실 관대의 서측에서 관못(棺釘) 2점, 금동행엽 1점과 철제허리띠고리(鐵帶卡) 1점 등이 출토됨. 묘실의 서북 모서리와 동북 모서리에서는 부뚜막모양 회색토기가 발견되었으나 복원은 이미 불가능한 상태임.

○ 분구 상부 서측의 도굴갱 주변 정리 작업에서 철제화살촉 7점, 철제관못(鐵棺釘) 7점, 철제관고리(鐵棺環) 2점, 장방형 띠에 연결못(鉚釘)이 있는 금동 마구장식(鎏金馬飾) 등이 출토됨. 녹으로 부식되어 금동은 모두 탈락되어 남아 있지 않음.

그림 3 산성하217호묘 평·단면도(『考古』1991-7)
1. 관못·관고리 2. 부뚜막모양 토기 3. 목탄 4. 고인물 5. 금동 마구장식 6. 관대 7. 연문 8. 결구(缺口)

4. 출토유물

1) 금동기

(1) 마구장식(馬飾, JSM0217, 그림 4-4)

○ 출토지 : 산성하217호묘.

○ 형태 : 장방형 철재질의 마구장식임. 금동이 많이 탈락되었으나 연결못(鉚釘) 위에 부분적으로 금동이 남아 있음.

(2) 행엽(桃葉形鐵馬飾, JSM0217:2, 그림 4-1)

○ 출토지 : 산성하217호묘.

○ 크기 : 길이 6.3cm, 너비 6.6cm, 두께 2cm.

○ 형태 : 철재질의 마구장식으로, 행엽의 가장자리가 돌기하였고 중간에도 돌기한 십자가 있는데 가장자리와 십자 위에는 17개의 연결못(鉚釘)이 배치됨. 이 행엽은 마구인 말 엉덩이 부분의 띠에 매단 드리개장식(垂飾)임.

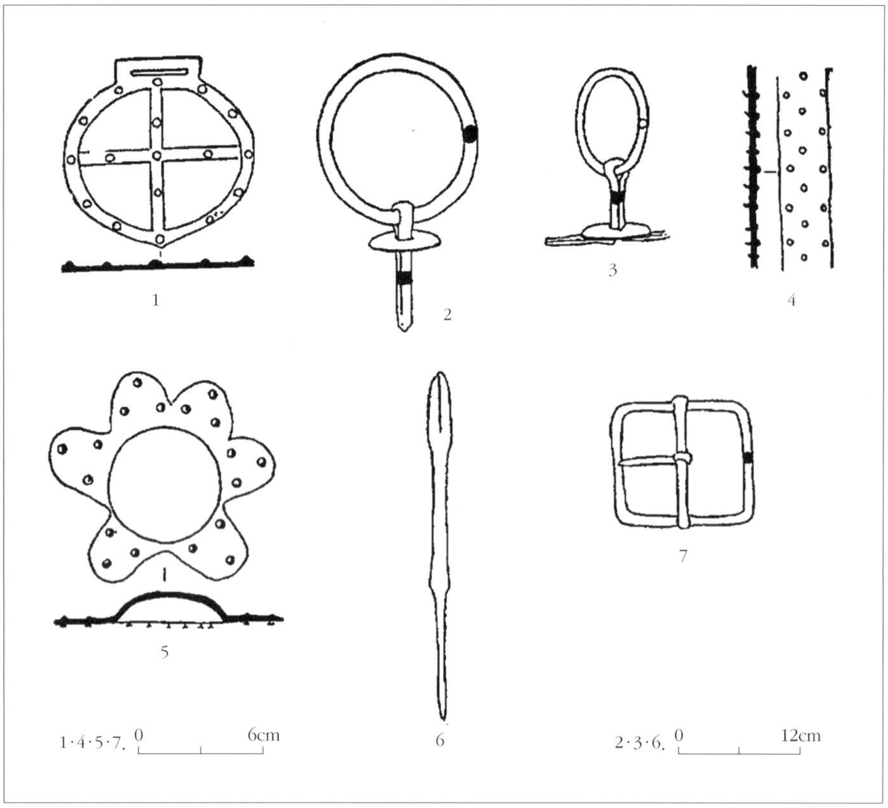

그림 4 산성하217호묘 출토유물(『考古』 1991-7)
1. 금동행엽(JSM0217:2)
2. 철제관고리(JSM0217:4)
3. 철제관고리(JSM0217:3)
4. 금동마구장식(JSM0217)
5. 금동말띠연결고정장식(JSM0217:1)
6. 철촉(JSM0217:6)
7. 철제허리띠고리

(3) 말띠연결고정장식(馬飾, JSM0217:1, 그림 4-5)

○ 출토지 : 산성하217호묘.

○ 형태 : 해바라기(六瓣葵花) 모양의 마구장식으로 기형에는 6개의 잎이 있으며, 꽃잎의 중간에는 돌기한 圓心이 하나 있음. 각 잎의 위에는 3개의 연결못(鉚釘)이 있음. 이 장식은 말 엉덩이 부분의 띠에 매단 장식임.

2) 철기

(1) 관고리(棺環, JSM0217:4, 그림 4-2)

○ 출토지 : 산성하217호묘.

○ 형태 : 방형 鐵錐의 하부에 방형의 구멍이 뚫린 원형 철편이 끼어 있으며, 錐根에는 游環 하나가 연결되어 있음.

(2) 관고리(棺環, JSM0217:3, 그림 4-3)

○ 출토지 : 산성하217호묘.

○ 크기 : 일반적으로 총 길이 11.8cm.

○ 형태 : 방형 鐵錐의 하부에 방형의 구멍이 뚫린 원형 철편이 끼어 있으며, 錐根은 받침대 모양(座狀)을 띠고 있음.

(3) 화살촉(鐵鏃, JSM0217:6, 그림 4-6)

○ 출토지 : 산성하217호묘.

○ 크기 : 鏃部 길이 7.1cm, 鋌部 길이 4.9cm.

○ 형태 : 鏃尖은 창모양(矛狀)이며, 중간은 가늘어짐. 鋌部는 사각첨추형(四楞尖錐形)임.

(4) 띠고리(帶卡, JSM0217:8, 그림 4-7)

○ 출토지 : 산성하217호묘.

○ 형태 : 방형. 교침이 남아 있음.

5. 역사적 성격

고분은 비교적 대형의 봉토석실묘로 금동마구장식, 철촉, 부뚜막모양 토기 등이 출토됨. 출토된 관못 역시 다른 묘에 비해 크며, 묘도에는 석제연문(石門)이 설치되어 있으며, 묘실 바닥에는 목탄이 깔려 있음. 이것은 일반적인 소형 봉토묘 중에는 많이 보이지 않는 것임. 왕자묘(JSM0332)는 동대파고분군의 중부에 위치하는데 묘실 바닥에는 목탄이 깔려 있고 묘도는 耳室을 갖추고 있으며, 조성연대가 약 5세기에 해당함. 해당 고분은 동대파고분군의 최하부에 위치하므로 연대는 왕자묘에 비해 늦은 6~7세기의 고분으로 추정된다고 보고하였으나. 금동제행엽이나 부뚜막모양 토기의 공반은 왕자묘의 부장양상과 유사하므로 6~7세기로 내려 볼 근거는 확실하지 않음.

참고문헌

- 吉林省文物志編委會, 1984,『集安縣文物志』.
- 張雪巖, 1991,「吉林集安東大坡高句麗墓葬發掘簡報」,『考古』1991-7 ; 吉林省文物考古研究所·集安市博物館, 2009,『吉林集安高句麗墓葬報告集』, 科學出版社 재수록.
- 吉林省文物考古研究所·集安市博物館, 2002,『洞溝古墓群-1997年調査測繪報告』, 科學出版社.

06 집안 산성하0262호묘

集安 山城下0262號墓 | JSM0262

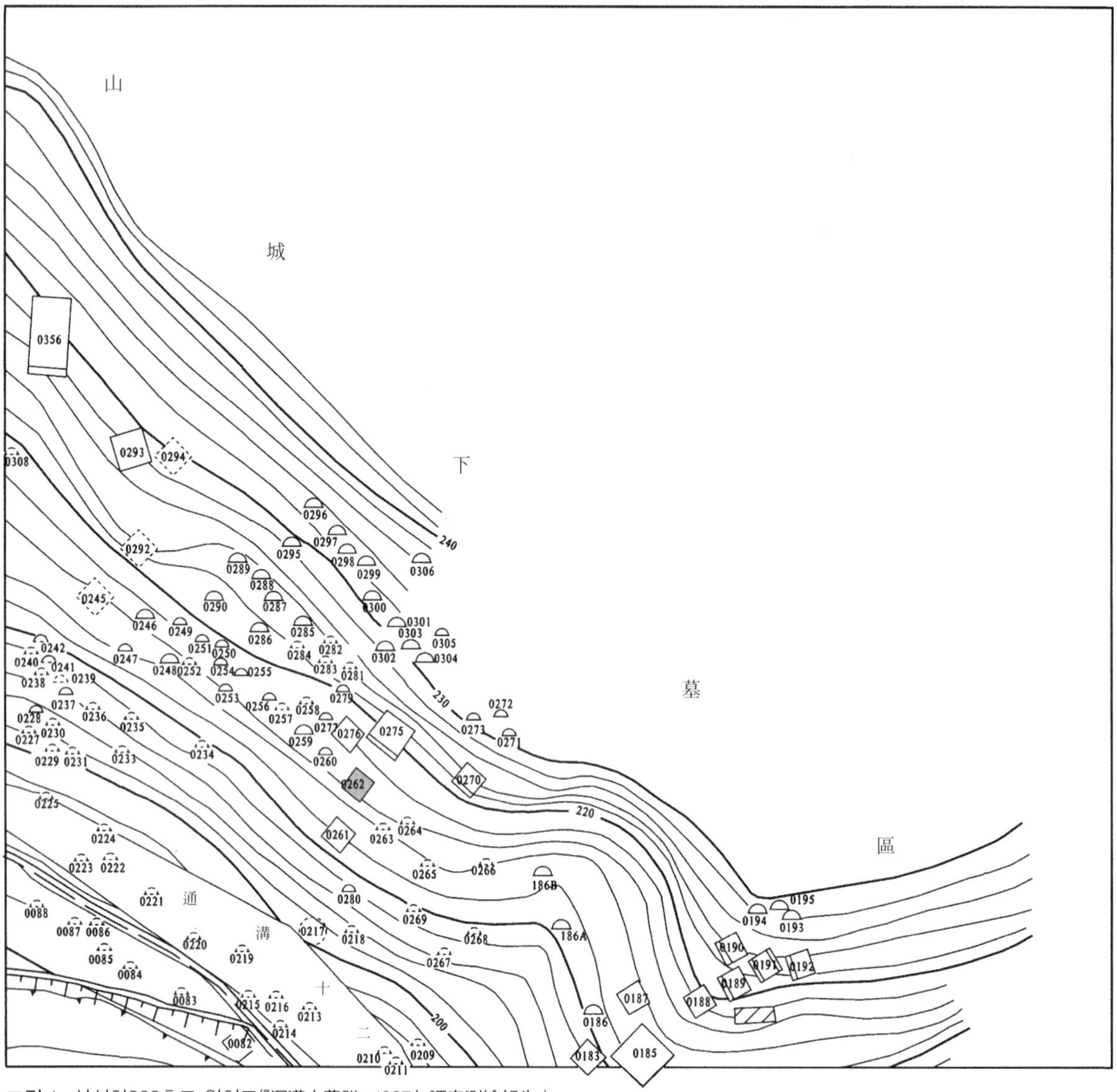

그림 1 산성하262호묘 위치도(『洞溝古墓群-1997年調查測繪報告』)

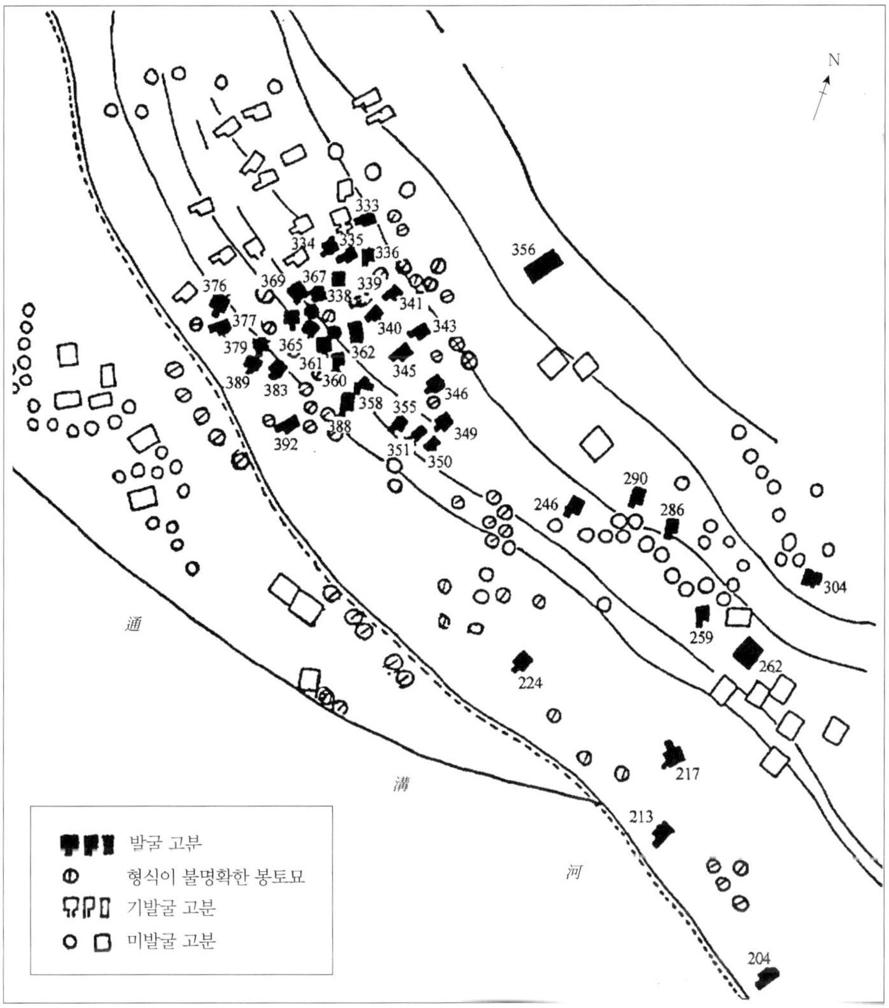

그림 2
산성하동대파고분군의 분포도(『考古』 1991-7)

1. 조사현황

1) 1976년 조사

○ 조사기관 : 吉林省博物館·集安縣文物保管所.

○ 조사기간 : 9월 말~11월 초.

○ 조사자 : 方起東, 魏存成, 蘇興鈞, 郭文魁, 劉萱堂, 何明, 林至德, 閻毅之, 柳嵐, 張雪巖 등.

○ 조사내용 : 농업생산력을 위해 통구촌 농민의 협조 하에 95기 고분을 정리·조사하였는데 54기는 심하게 파괴당하였고 41기만 파괴가 경미한 상태였음. 41기 고분 중에 2기는 적석묘이고, 39기는 봉토묘임. 조사 당시 출토된 유물은 172점임.

2. 위치와 자연환경

1) 고분 위치(그림 1)

산성하東大坡片의 동남부에 위치.

2) 주변 환경(그림 2)

○ 환도산과 우산의 서쪽 기슭이 두 개의 천연 병풍을 이루고 있으며, 그 안에 너비 약 0.5km로 동북에서 서남으로 이어지는 협곡이 있음. 이 협곡의 동북에서 통구하가 북에서 꺾여 남으로 흐르고 있는데 통구하 서북과 동남의 하안은 오랜 기간 충적되어 형성된 하곡대지임. 동대파 지역의 고분군은 이 대지 동측 산 아래의

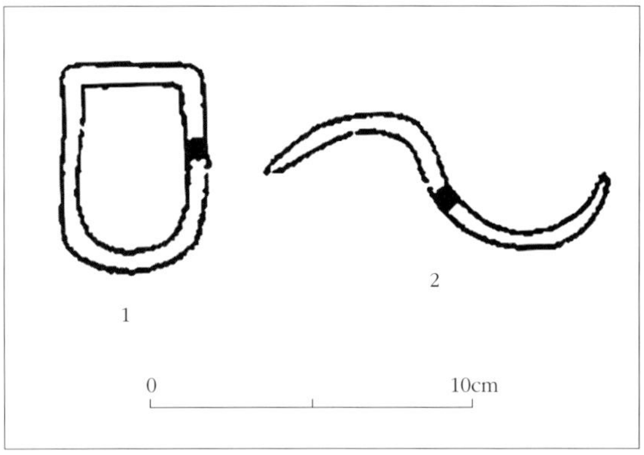

그림 3 산성하262호묘 유물(『考古』 1991-7)
1. 철제띠고리 2. 불명 청동기

완만한 지대에 위치함.

○ 동대파편고분군이 자리한 지대는 산세를 따라 동고서저로 형성되었는데 범위는 서북에서 동남까지 길이 약 400m, 너비 약 200m 정도임.

○ 고분군의 고분은 기본적으로 질서 있게 배열되었는데 묘지의 남부와 언덕 위에는 대다수 적석묘(봉석묘)가 있고, 북쪽으로 봉토묘가 점차 많아져 북부는 모두 봉토묘를 이루고 있음.

3. 고분의 현황

○ 유형 : 방단계제봉석석광묘(『考古』 1991-7), 적석석광묘(『洞溝古墓群－1997年調査測繪報告』).

○ 평면 : 방형.

○ 방향 : 218°.

○ 분구 규모

- 동서 길이 18m, 남북 너비 14.8～20.6m, 높이 2m 정도(1976).
- 동서 길이 8m, 남북 너비 4m, 높이 1.5m(1997년 조사).

○ 구조 : 분구 정상의 동부에 치우친 곳에 있는 교란갱을 정리 및 조사했으나 묘실 위치는 정확하지 않으나 바닥에 작은 강자갈(河卵石)을 깐 것이 확인됨.

4. 출토유물(그림 3-1～그림 3-2)

교란갱의 동남 모서리에서 철제띠고리(鐵帶卡)와 양쪽 머리가 뾰족한 모양(兩頭尖狀)의 청동기 등이 출토됨.

5. 역사적 성격

보고자는 이 고분을 산성하356호묘와 동일한 구조로 파악하고, 고분 연대를 356호묘의 출토유물에 근거하여 1～3세기로 추정하고, 장속 역시 365호묘의 고분 현황에 근거하여 묘실은 목곽시설을 갖춘 석광이었고 화장습속이 있었던 것으로 추정함.

참고문헌

- 吉林省文物志編委會, 1984, 『集安縣文物志』.
- 張雪巖, 1991, 「吉林集安東大坡高句麗墓葬發掘簡報」, 『考古』 1991-7 ; 吉林省文物考古研究所·集安市博物館, 2009, 『吉林集安高句麗墓葬報告集』, 科學出版社, 재수록.
- 吉林省文物考古研究所·集安市博物館, 2002, 『洞溝古墓群－1997年調査測繪報告』, 科學出版社.

07 집안 산성하0325호묘

集安 山城下0325號墓 | JSM0325

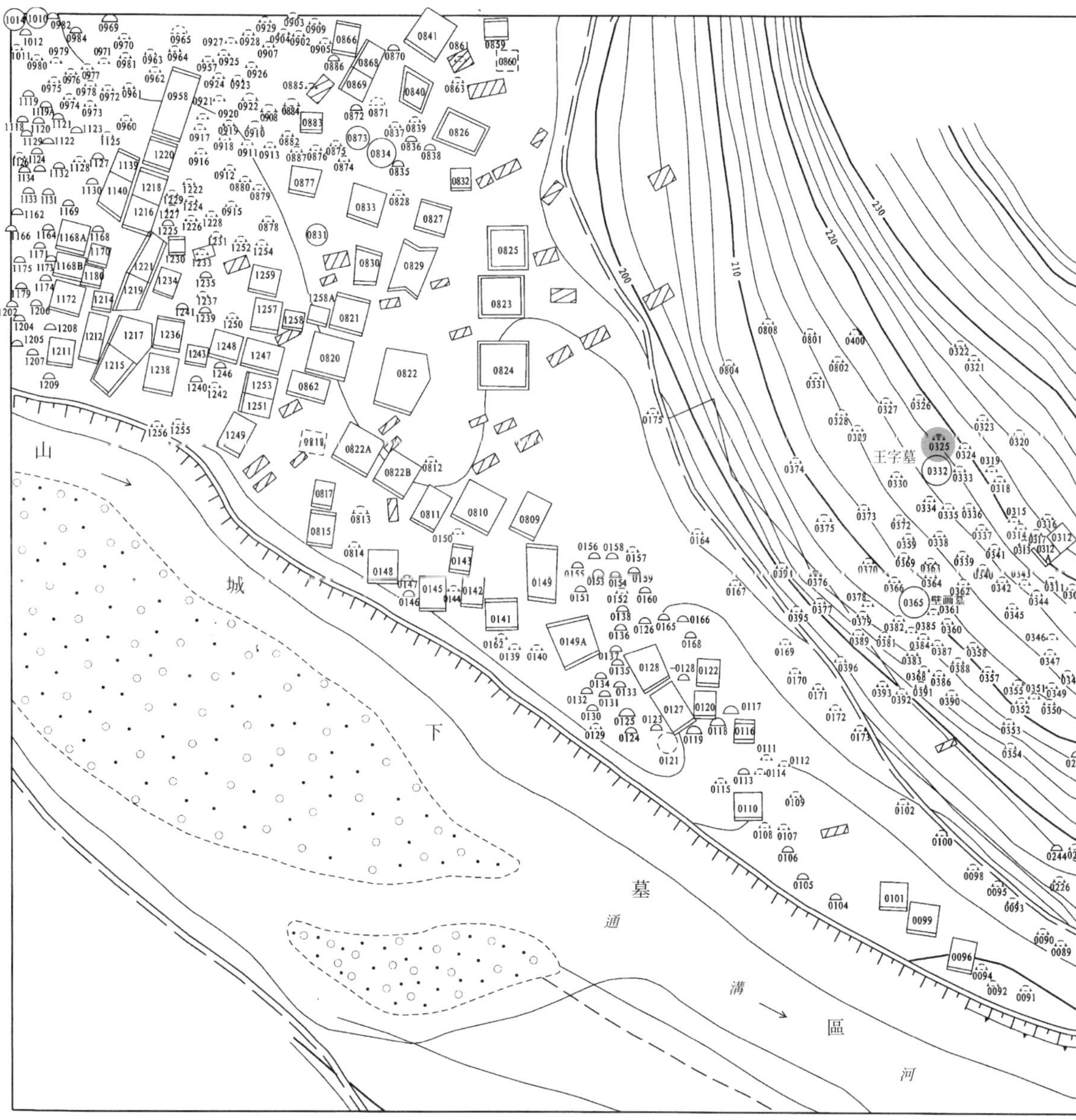

그림 1 산성하325호묘 위치도(『洞溝古墓群－1997年調査測繪報告』)

1. 조사현황

1) 1976년 조사

○ 조사기관 : 吉林省博物館 · 集安縣文物保管所 · 吉林大學考古學科 · 工農兵考古學習班.

○ 조사기간 : 4월 초~7월 중순.

○ 조사내용 : 농공업 생산 수요에 협력하기 위해 통구 고분군의 부분 정리를 진행함. 당해 조사에서 188기 고분을 정리하였는데 우산하고분군이 56기, 산성하고분군이 37기, 칠성산고분군 26기, 마선구고분군이 69기 등임. 산성하고분군에서 발굴된 고분은 통구하 동안 및 동대파 산허리 일대에 다수 자리하고 있음. 188기 고분 가운데 심각하게 파괴되어 정리할 가치가 없는 92기의 고분을 제외하고 실제 96기(적석묘 3기, 봉토묘 93기)를 정리함. 집안의 1만 기 고분 가운데 봉토묘가 절대 다수를 점하는데 이번 발굴된 고분은 대다수가 소형 봉토묘로서 출토된 부장품은 매우 적으나 고구려 봉토묘의 변천, 구조, 장속 등의 연구에 새로운 자료를 제공함.

○ 조사자 : 方起東, 魏存成, 蘇興鈞, 郭文魁, 劉萱堂, 何明, 林至德, 閻毅之, 柳嵐, 張雪巖 등.

2. 위치와 자연환경(그림 1)

고분은 산성하고분군 동대파편 북단에 위치하는데 남쪽으로 왕자묘(산성하332호묘)가 자리하고 있음.

3. 고분의 현황

1) 고분 형식

○ 유형 : 봉토석실묘(『考古』 1984-1), 동실묘(『洞溝古墓群-1997年調査測繪報告』).

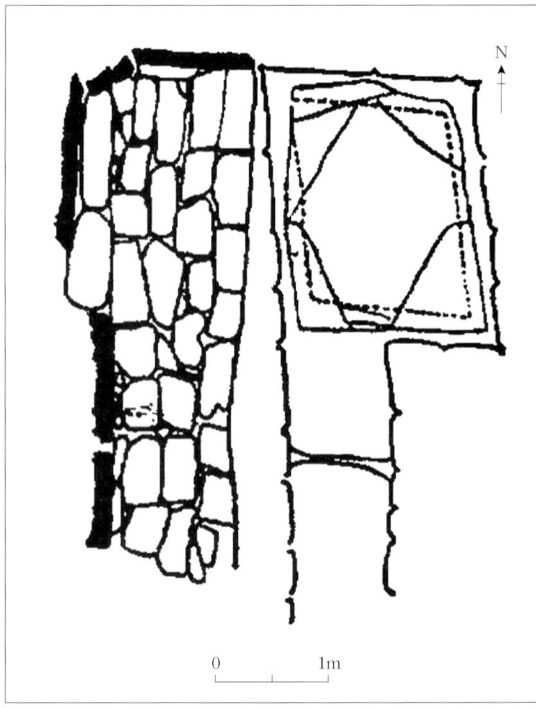

그림 2 산성하325호의 평 · 단면도(『考古』 1984-1)

○ 규모

- 묘실 : 길이 2.24m, 너비 1.88m, 높이 1.57m.
- 연도 : 길이 2.4m, 너비 0.92m, 높이 1.06m.

2) 고분 구조(그림 2)

(1) 묘실

○ 평면은 치우친 연도를 갖춘 刀形으로 묘실 벽에는 백회가 발라져 있음. 묘실 바닥에는 묘실 네 벽에서 안으로 15cm 정도 들어간 지점에 높이 7cm, 너비 28cm로 흙을 다져 쌓은 둘레 담이 있음.

○ 묘실 바닥은 자갈(碎石) 또는 강자갈(河卵石), 작은 석판을 깔음. 또한 약 2cm 두께로 목탄 한 겹을 깔았는데 이는 이전에 발견하지 못한 시설로, 지하수 침투를 방지하기 위한 방수시설로 추정됨.

○ 연도(墓道)는 묘실의 남벽의 한쪽에 치우쳐 설치되었음.

그림 3 철제칼(『考古』 1984-1)

○ 묘실 천장은 모줄인 고임식임.

○ 환인현 고력묘자촌 제12호묘와 유사한 구조임.

4. 출토유물

1) **철제칼**(鐵刀, JSM0325, 그림 3)

○ 출토지 : 우산하325호묘.

○ 크기 : 전체 길이 15.3cm. 손잡이는 길이 3.3cm, 너비 0.3cm.

5. 역사적 성격

무덤의 연대를 판단할 근거는 확실하지 않지만 묘실 평면은 치우친 연도를 갖춘 刀形이며, 묘실 천장은 모줄임 고임식천장이라는 점에서 5세기대 무덤으로 추정됨.

참고문헌

- 吉林省文物志編委會, 1984, 『集安縣文物志』.
- 吉林省文物工作隊·集安縣文管所, 1984, 「1976年集安洞溝高句麗墓清理」, 『考古』 1984-1 ; 吉林省文物考古研究所·集安市博物館, 2009, 『吉林集安高句麗墓葬報告集』, 科學出版社 재수록.
- 國家文物局 主編, 1993, 『中國文物地圖集』 吉林分冊, 中國地圖出版社.
- 吉林省文物考古研究所·集安市博物館, 2002, 『洞溝古墓群-1997年調查測繪報告』, 科學出版社.
- 孫仁杰·遲勇, 2007, 『集安高句麗墓葬』, 香港亞洲出版社.

08 집안 산성하0331호묘

集安 山城下0331號墓 | JSM0331

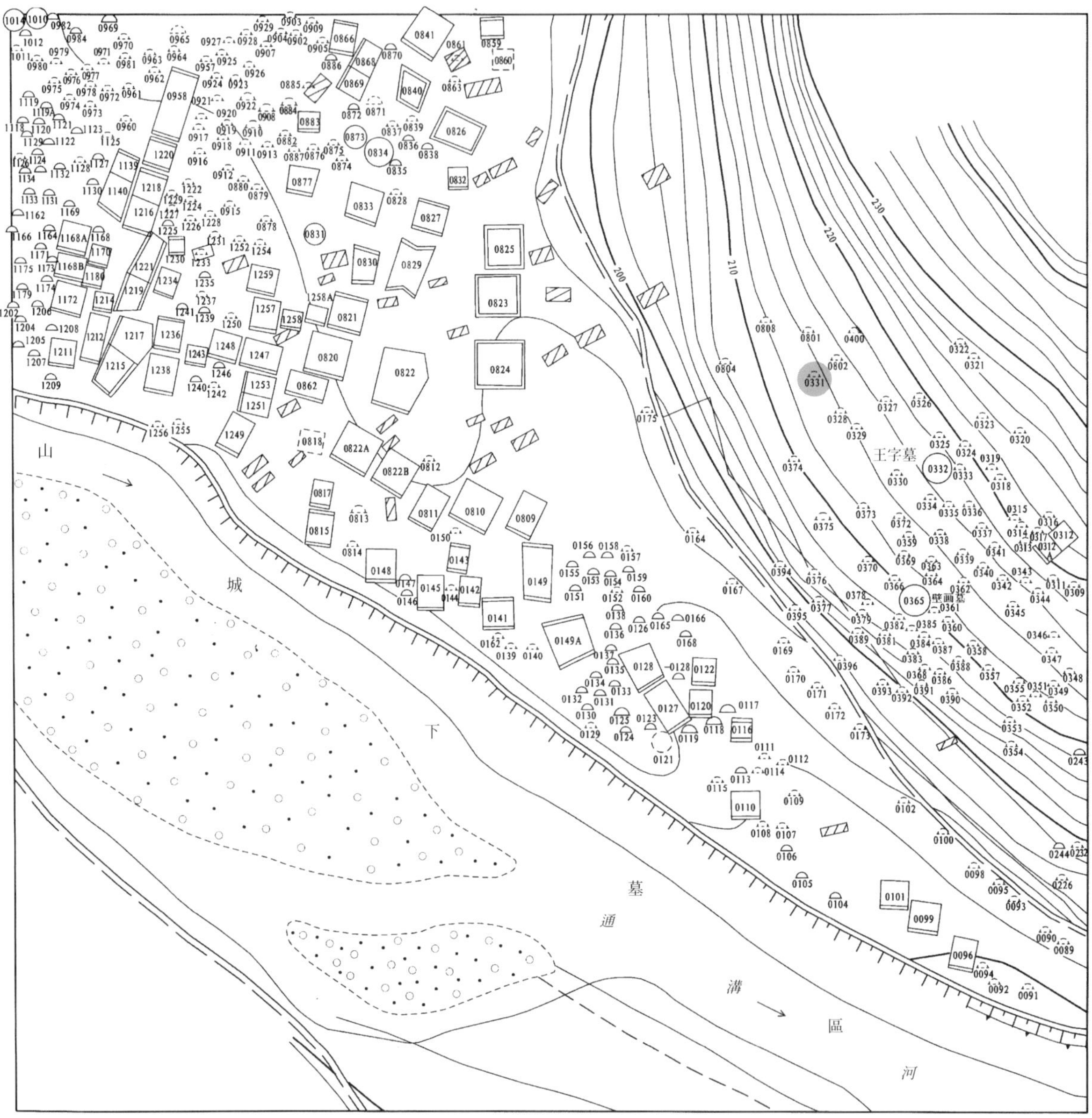

그림 1 산성하331호묘 위치도(『洞溝古墓群－1997年調查測繪報告』)

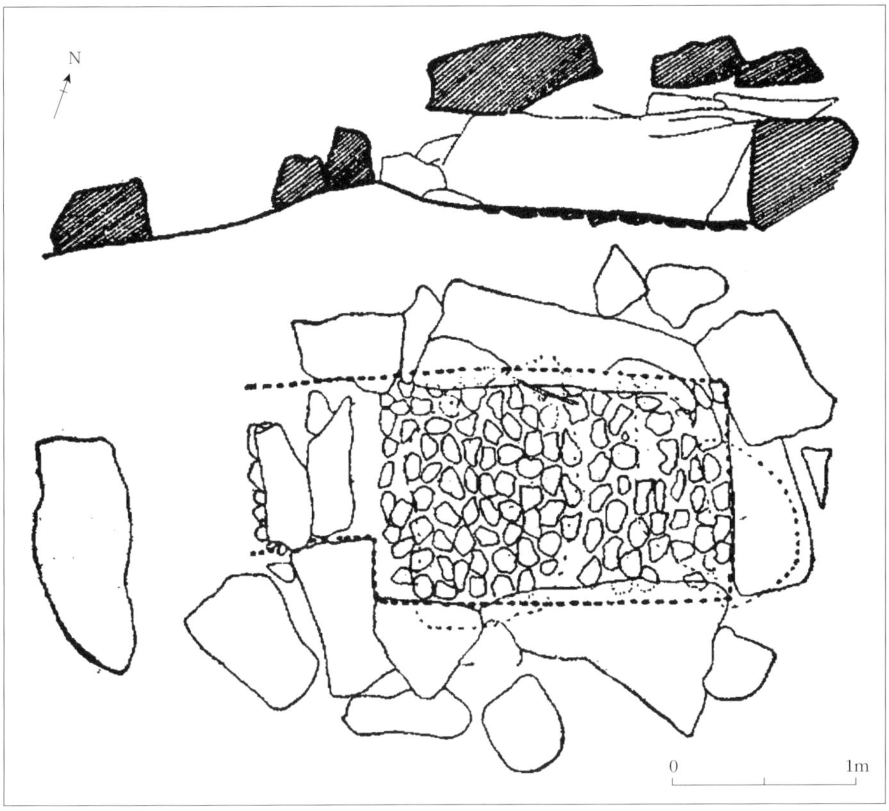

그림 2
산성하331호묘의 평·단면도
(『考古』 1984-1)

1. 조사현황

1) 1976년 조사

○ 조사기관 : 吉林省博物館·集安縣文物保管所·吉林大學考古學科·工農兵考古學習班.

○ 조사기간 : 4월 초~7월 중순.

○ 조사내용 : 농공업 생산 수요에 협력하기 위해 통구 고분군의 부분 정리를 진행함. 당해 조사에서 188기 고분을 정리하였는데 우산하고분군이 56기, 산성하고분군이 37기, 칠성산고분군 26기, 마선구고분군이 69기 등임. 산성하고분군에서 발굴된 고분은 통구하 동안 및 동대파 산허리 일대에 다수 자리하고 있음. 188기 고분 가운데 심하게 파괴되어 정리할 가치가 없는 92기의 고분을 제외하고 실제 96기(적석묘 3기, 봉토묘 93기)를 정리함. 집안에서 1만 기의 고분 가운데 봉토묘가 절대 다수를 점하는데 이번 발굴된 고분은 대다수가 소형 봉토묘로서 출토된 부장품은 매우 적으나 고구려 봉토묘의 변천, 구조, 장속 등의 연구에 새로운 자료를 세공함.

○ 조사자 : 方起東, 魏存成, 蘇興鈞, 郭文魁, 劉萱堂, 何明, 林至德, 閻毅之, 柳嵐, 張雪巖 등.

2. 위치와 자연환경

산성하고분군 동대파편 북단에 위치함.

3. 고분의 현황

1) 고분 형식

○ 유형 : 봉토석실묘(『考古』 1984-1), 동실묘(『洞溝古

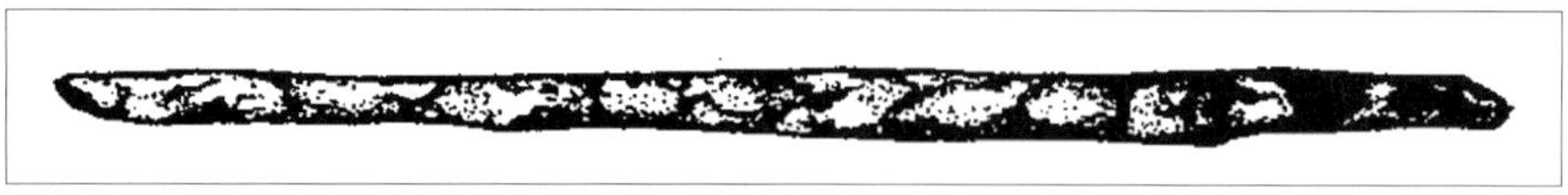

그림 3 철제칼(『考古』 1984-1)

墓群－1997年調査測繪報告』).

○ 평면 : 묘실은 刀形.

○ 방향 : 묘향은 南偏西 66°.

○ 고분 규모

- 묘실 : 길이 1.88m, 너비 1.2m, 높이 0.62m.
- 연도 : 길이 0.66m, 너비 0.82m, 높이 0.4m.

2) 고분 구조(그림 2)

(1) 전체현황

여러 해의 풍우로 침식되어 봉석이 이미 노출되었으나 보존상태는 비교적 양호함.

(2) 묘실

○ 묘실 네 벽은 반질반질하고 정연한 석재로 축조. 커다란 돌을 깔아 바닥을 하였고, 그 위에 비교적 작은 돌로 서로 겹쳐 쌓았으며, 그 틈 사이에는 작은 돌로 메워 평평하게 함.

○ 묘실 바닥은 碎石을 깔았음.

○ 연도(墓道)는 묘실의 남벽의 한쪽에 치우쳐 설치되었으며 입구는 돌로 막혔음.

○ 묘실 천장은 판석 3매를 덮은 평천장임.

○ 환인현 고력묘자촌 제12호묘와 유사함.

4. 출토유물

(1) 철제칼(鐵刀, JSM0331, 그림 3)

○ 출토지 : 산성하331호묘.

○ 크기 : 전체 길이 54.6cm. 손잡이는 길이 10.8cm, 너비 2.1cm, 두께 0.6cm. 刃部는 길이 43.8cm, 너비 2.4cm.

5. 역사적 성격

무덤의 연대를 판단할 근거는 확실하지 않음. 다만, 연도를 갖춘 석실구조가 완비된 적석묘는 고구려에서 4세기 중엽 이후로 비정되므로, 이 무덤의 상한은 4세기 중엽 이전으로 소급되지 않음.

참고문헌

- 吉林省文物志編委會, 1984, 『集安縣文物志』.
- 吉林省文物工作隊·集安縣文管所, 1984, 「1976年集安洞溝高句麗墓清理」, 『考古』 1984-1 ; 吉林省文物考古研究所·集安市博物館, 2009, 『吉林集安高句麗墓葬報告集』, 科學出版社 재수록.
- 國家文物局 主編, 1993, 『中國文物地圖集』 吉林分冊, 中國地圖出版社.
- 吉林省文物考古研究所·集安市博物館, 2002, 『洞溝古墓群－1997年調査測繪報告』, 科學出版社.

09

집안 산성하0345호묘

集安 山城下0345號墓 | JSM0345

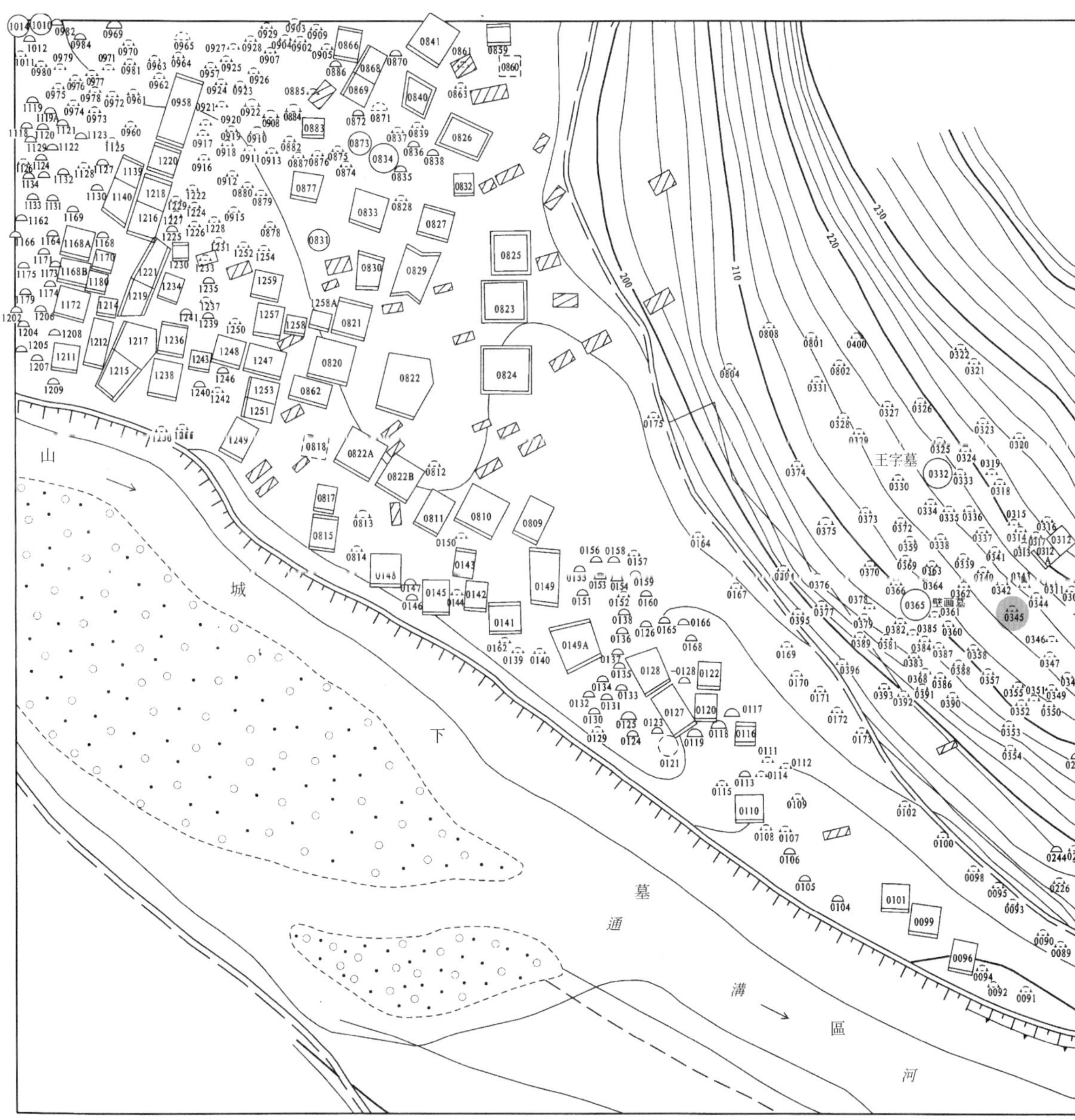

그림 1 산성하345호묘 위치도(『洞溝古墓群－1997年調査測繪報告』)

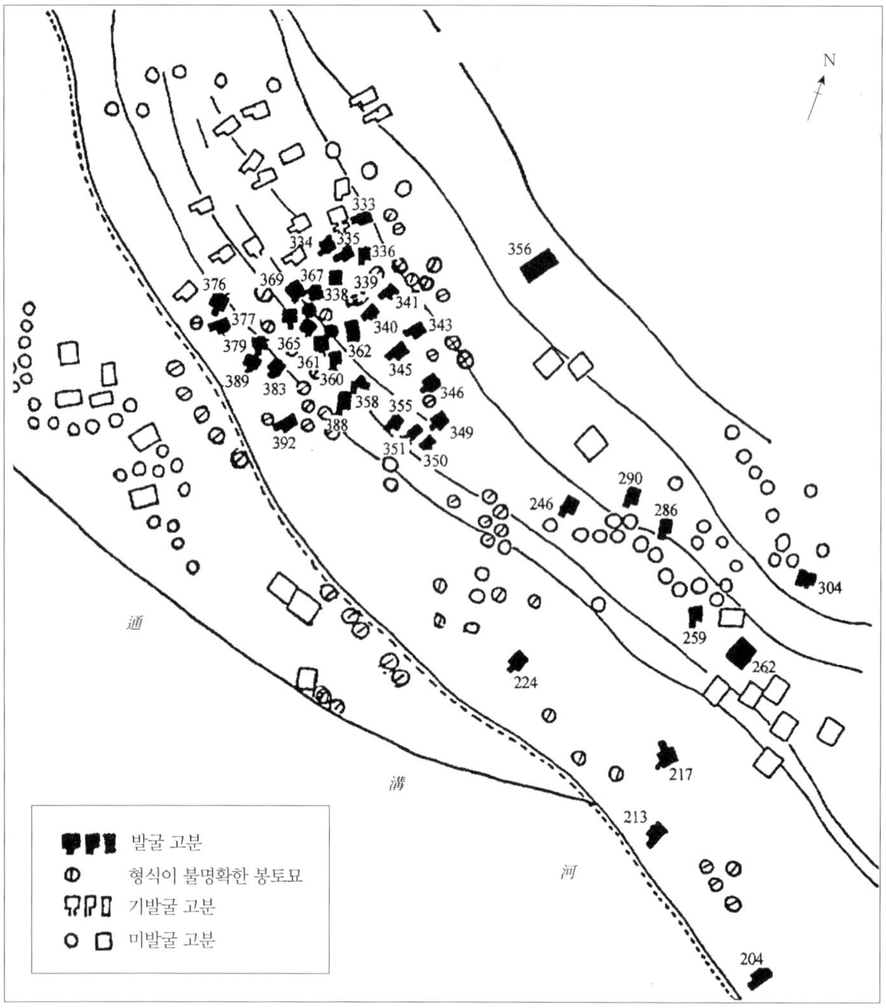

그림 2
산성하동대파고분군의 분포도(『考古』 1991-7)

1. 조사현황

1) 1976년 조사

○ 조사기관 : 吉林省博物館·集安縣文物保管所.

○ 조사기간 : 9월 말~11월 초.

○ 조사자 : 方起東, 魏存成, 蘇興鈞, 郭文魁, 劉萱堂, 何明, 林至德, 閻毅之, 柳嵐, 張雪巖 등.

○ 조사내용 : 농업생산력을 위해 통구촌 농민의 협조 하에 95기 고분을 정리·조사하였는데 54기는 심하게 파괴당하였고 41기만 파괴가 경미한 상태였음. 41기 고분 중에 2기는 적석묘이고, 39기는 봉토묘임. 조사 당시 출토된 유물은 172점임.

2. 위치와 자연환경

1) 고분 위치(그림 1)

산성하東大坡片 고분군의 중부에 위치함.

2) 주변 환경

○ 환도산과 우산의 서쪽 기슭이 두 개의 천연 병풍을 이루고 있으며, 그 사이에 너비 약 0.5km로 동북에서 서남으로 이어지는 협곡이 있음. 이 협곡의 동북에서 통구하가 북에서 꺾여 남으로 흐르고 있는데 통구하 서북과 동남의 하안은 오랜 기간 충적되어 형성된 하곡대지임. 동대파 지역의 고분군은 이 대지 동측 산 아래의

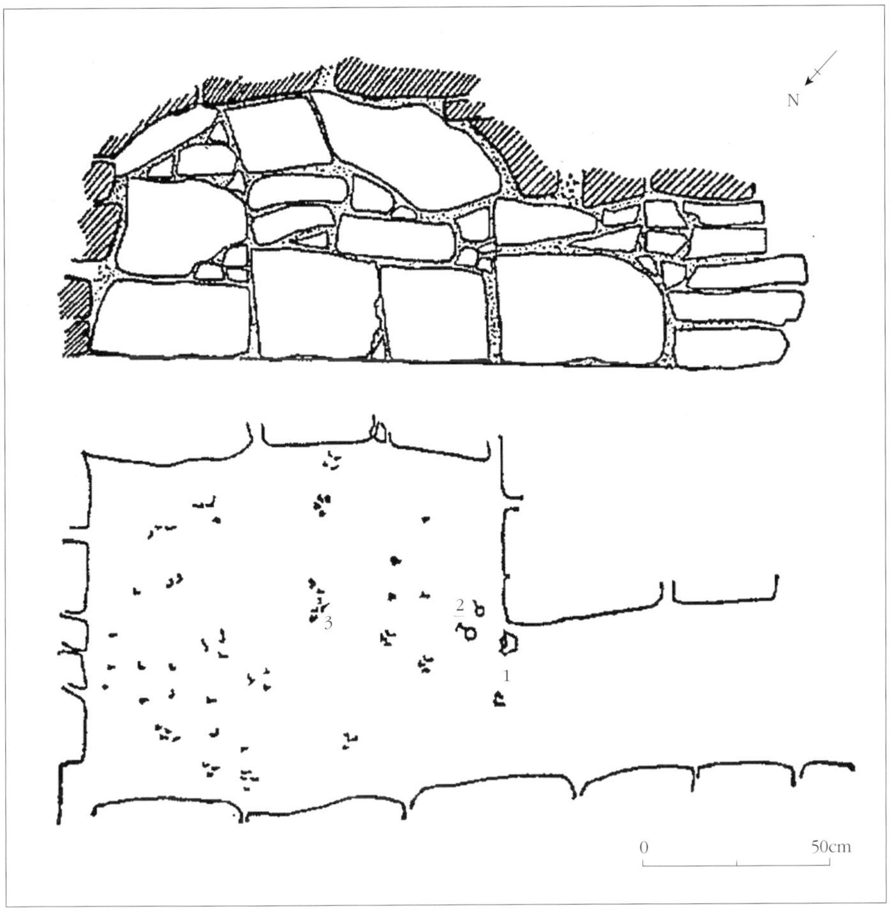

그림 3
산성하345호묘의 평·단면도
(『考古』 1991 7)
1. 호자 2. 관고리 3. 관못

완만한 지대에 위치하고 있음.

○ 동대파편고분군이 자리한 지대는 산세를 따라 동고서저로 형성되었는데 범위는 서북에서 동남까지 길이 약 400m, 너비 약 200m 정도임.

○ 고분군의 고분은 기본적으로 질서 있게 배열되었는데 묘지의 남부와 언덕 위에는 대다수 적석묘(봉석묘)가 있고, 북쪽으로 봉토묘가 점차 많아져 북부는 모두 봉토묘를 이루고 있음.

○ 동대파고분군에서 조사된 39기 봉토석실묘 가운데 단실묘 37기와 쌍실묘 2기로 구성됨. 단실묘 가운데는 2인 합장묘가 3기 있음.

3. 고분의 현황

○ 유형 : 봉토석실묘(『考古』 1991-7), 동실묘(『洞溝古墓群-1997年調査測繪報告』).

○ 평면 : 치우친 연도를 갖춘 묘실은 刀形.

○ 방향 : 235°.

○ 고분 규모

- 묘실 : 동서 길이 2.34m, 남북 너비 2m, 높이 1.48m.
- 연도 : 동서 길이 1.94m, 남북 너비 0.9m, 높이 0.94m.

○ 고분 구조(그림 3) : 연도는 偏北이고, 묘실의 네 벽은 비교적 정연한 돌로 축조했으며, 묘실 바닥은 황토를 다졌음. 묘실 천장은 모줄임 구조임.

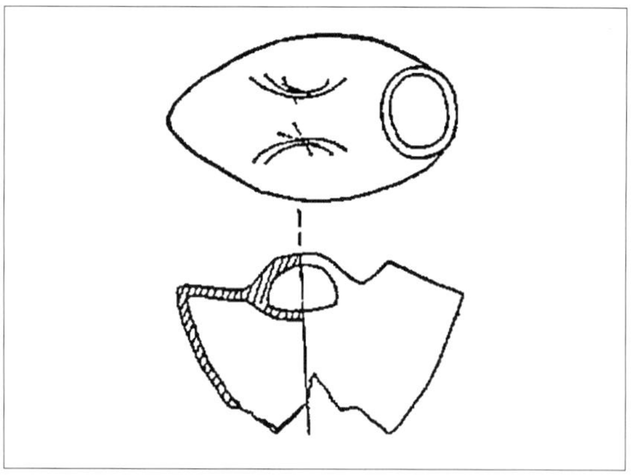

그림 4 오리형 호자(『考古』1991-7)

○ 기타 : 연도 남벽이 연문과 만나는 곳에서 오리형 虎子가 출토되었고, 묘실 안을 채운 흙에서 관못(棺釘) 56점과 관고리(棺環) 2점이 출토됨.

4. 출토유물

(1) 오리형 호자(鴨形虎子, JSM0345, 그림 4)

○ 출토지 : 산성하345호묘.

○ 크기 : 현재 높이 16.4cm, 길이 24.5cm, 구경 8.1cm.

○ 색깔과 태도 : 니질 황색토기.

○ 형태 : 구순은 평평하고(平脣), 구연은 둥글고(圓口) 앞이 볼록함. 동체(器身)은 둥글게 튀어나왔으며, 꼬리 부분(尾部)은 속이 빈 원추모양으로 약간 위로 치켜 올라가 마치 오리의 꼬리와 같음. 동체의 상부에는 고리형(橋狀耳式)의 손잡이가 하나 있음. 손잡이 밑의 器身에는 두 개의 '×'자형 부호가 새겨져 있음.

○ 바닥은 이미 파손됨.

(2) 관못(棺釘, JSM0345)

○ 출토지 : 산성하345호묘.

○ 크기 : 못머리가 납작한 것(平頂帽)은 전체 길이 10cm 정도. 方棱帽는 보통 전체 길이 8cm.

○ 형태 : 못머리가 平頂인 것은 반원형을 띠며, 못은 四棱尖錐形을 띠고 있음. 方棱帽는 약간 偏方尖錐形을 띠고 있음.

5. 역사적 성격

고분에서 출토된 니질 황색토기인 오리형 호자는 집안에서 최초로 발견. 이전에 집안에서 호자가 출토되었으나 기형이 다름. 오리형 호자의 손잡이 아래에는 두 개의 교차형 부호가 새겨져 있음. 이외에 봉토묘인 JSM0392호에서 출토된 토기(陶罐)에도 바닥 부호가 찍혀 있음. 보고자는 토기 위에 찍히거나 새겨진 부호는 발해시기에 비교적 유행했으므로, 이 두 고분의 연대는 약 고구려 말기에서 발해 초기로 추정하였으나, 연대를 판단할 근거는 확실하지 않음.

참고문헌

- 吉林省文物志編委會, 1984, 『集安縣文物志』.
- 張雪巖, 1991, 「吉林集安東大坡高句麗墓葬發掘簡報」, 『考古』1991-7 ; 吉林省文物考古研究所·集安市博物館, 2009, 『吉林集安高句麗墓葬報告集』, 科學出版社, 재수록.
- 吉林省文物考古研究所·集安市博物館, 2002, 『洞溝古墓群-1997年調査測繪報告』, 科學出版社.

10

집안 산성하0350호묘

集安 山城下 JSM0350號墓

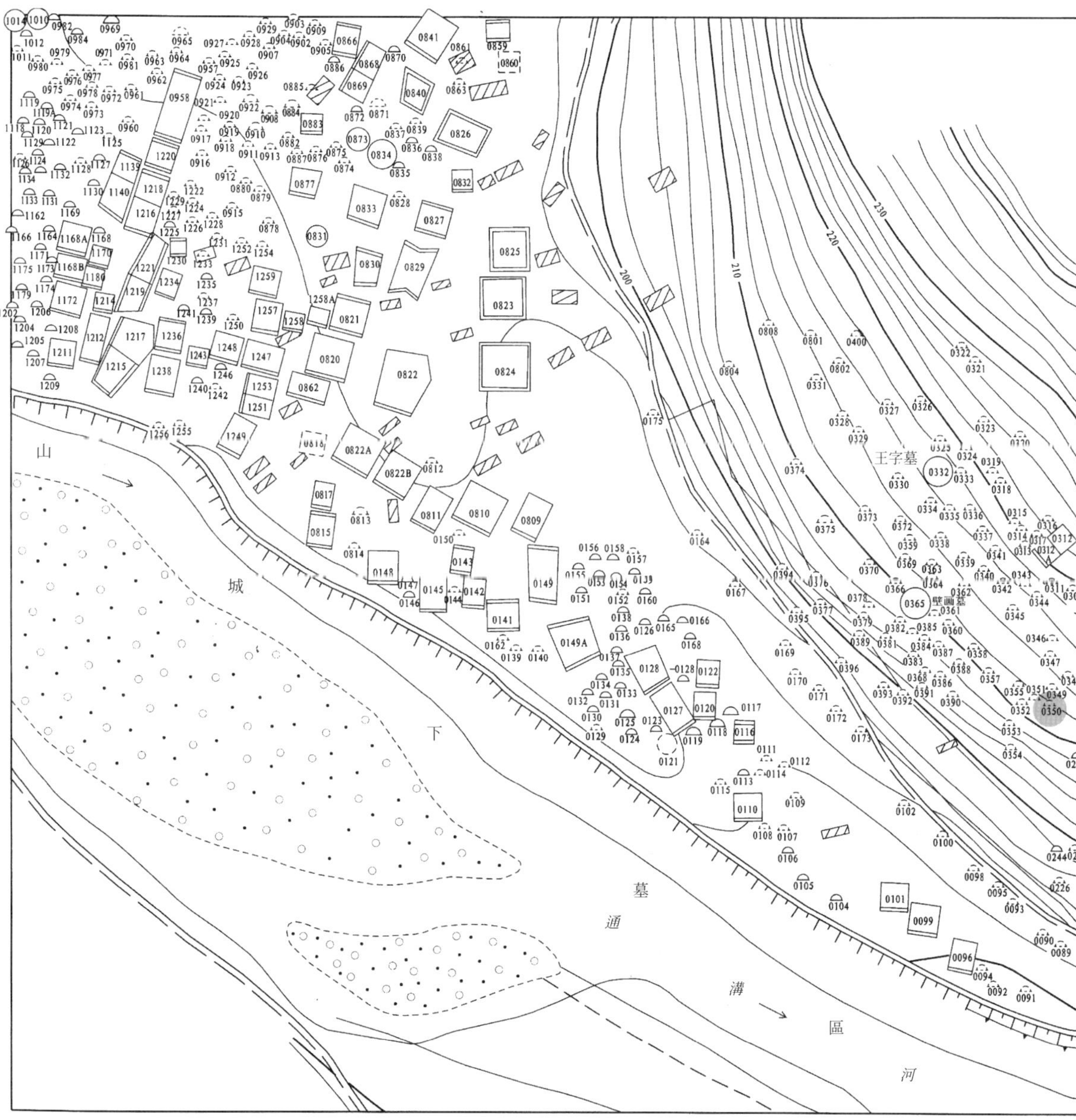

그림 1 산성하350호묘 위치도(『洞溝古墓群-1997年調查測繪報告』)

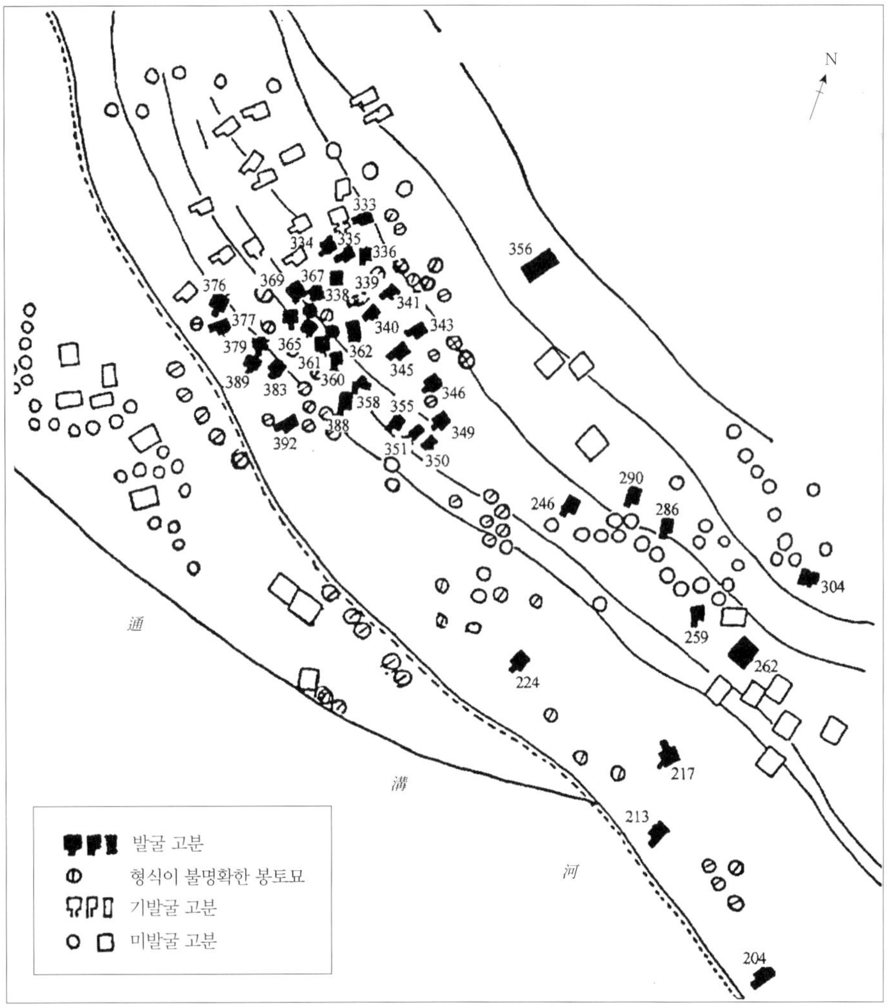

그림 2
산성하동대파고분군의 분포도(『考古』 1991-7)

1. 조사현황

1) 1976년 조사

○ 조사기관 : 吉林省博物館·集安縣文物保管所.

○ 조사기간 : 9월 말~11월 초.

○ 조사자 : 方起東, 魏存成, 蘇興鈞, 郭文魁, 劉萱堂, 何明, 林至德, 閻毅之, 柳嵐, 張雪巖 등.

○ 조사내용 : 농업생산력을 위해 통구촌 농민의 협조하에 95기 고분을 정리·조사하였는데 54기는 심하게 파괴당하였고 41기만 파괴가 경미한 상태였음. 41기 고분 중에 2기는 적석묘이고, 39기는 봉토묘임. 조사 당시 출토된 유물은 172점임.

2. 위치와 자연환경(그림 1~그림 2)

1) 고분 위치

산성하 東大坡片 고분군의 중하부에 위치함.

2) 주변 환경

○ 환도산과 우산의 서쪽 기슭이 두 개의 천연 병풍을 이루고 있으며, 그 사이에 너비 약 0.5km로 동북에서 서남으로 이어지는 협곡이 있음. 이 협곡의 동북에서 통구하가 북에서 꺾여 남으로 흐르고 있는데 통구하 서북과 동남의 하안은 오랜 기간 충적되어 형성된 하곡대지임. 동대파 지역의 고분군은 이 대지 동측 산 아래의

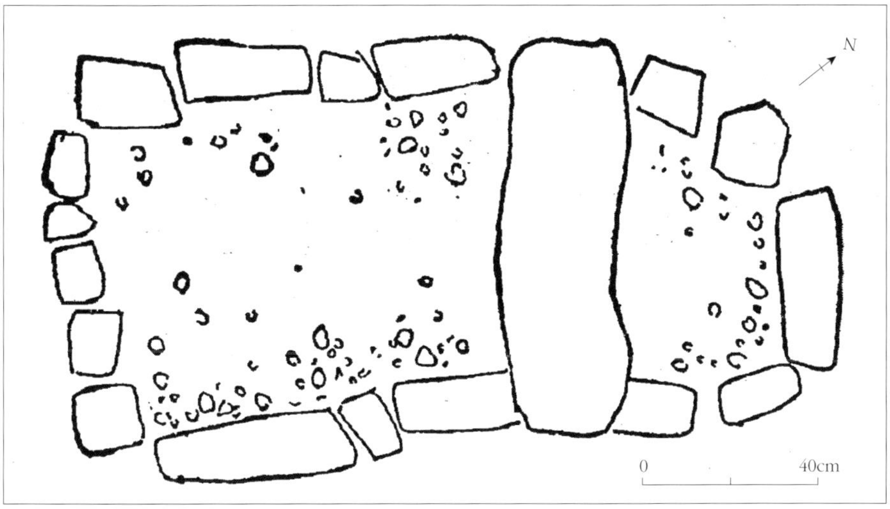

그림 3
산성하350호묘 평면도

완만한 지대에 위치하고 있음.

○ 동대파편고분군이 자리한 지대는 산세를 따라 동고서저로 형성되었는데 범위는 서북에서 동남까지 길이 약 400m, 너비 약 200m 정도임.

○ 고분군의 고분은 기본적으로 질서 있게 배열되었는데 묘지의 남부와 언덕 위에는 대다수 적석묘(봉석묘)가 있고, 북쪽으로 봉토묘가 점차 많아져 북부는 모두 봉토묘를 이루고 있음.

○ 동대파고분군에서 조사된 39기 봉토석실묘 가운데 단실묘 37기와 쌍실묘 2기로 구성됨. 단실묘 가운데는 2인 합장묘가 3기 있음.

3. 고분의 현황

○ 유형 : 봉토석실묘

○ 평면 : 묘실은 장방형

○ 방향 : 묘향 210°

○ 규모 : 묘실의 동서 길이 1.9m, 남북 너비 0.8m, 높이 0.6m.

○ 고분 구조(그림 3)

- 발굴 전에 이미 도굴된 상태임.
- 묘정은 평천장으로 석판으로 평평하게 덮음.
- 묘벽 내의 석재는 가공을 거치지 않았음.
- 묘실 3면은 비교적 커다란 돌로 장방형의 墓框을 축조함.
- 묘실 바닥은 작은 장자갈(河卵石)로 평평하게 깔고, 무덤 입구(墓口)는 작은 돌로 막아 축조함.

○ 기타 : 고분 내에는 어떤 유물도 출토되지 않음.

4. 역사적 성격

동대파의 봉토묘는 조성연대가 5세기 말부터 7세기에 이름.

참고문헌

- 吉林省文物志編委會, 1984, 『集安縣文物志』.
- 張雪巖, 1991, 「吉林集安東大坡高句麗墓葬發掘簡報」, 『考古』 1991-7 ; 吉林省文物考古研究所·集安市博物館, 2009, 『吉林集安高句麗墓葬報告集』, 科學出版社, 재수록.
- 吉林省文物考古研究所·集安市博物館, 2002, 『洞溝古墓群-1997年調査測繪報告』, 科學出版社.

11 집안 산성하0356호묘

集安 山城下0356號墓 | JSM0356

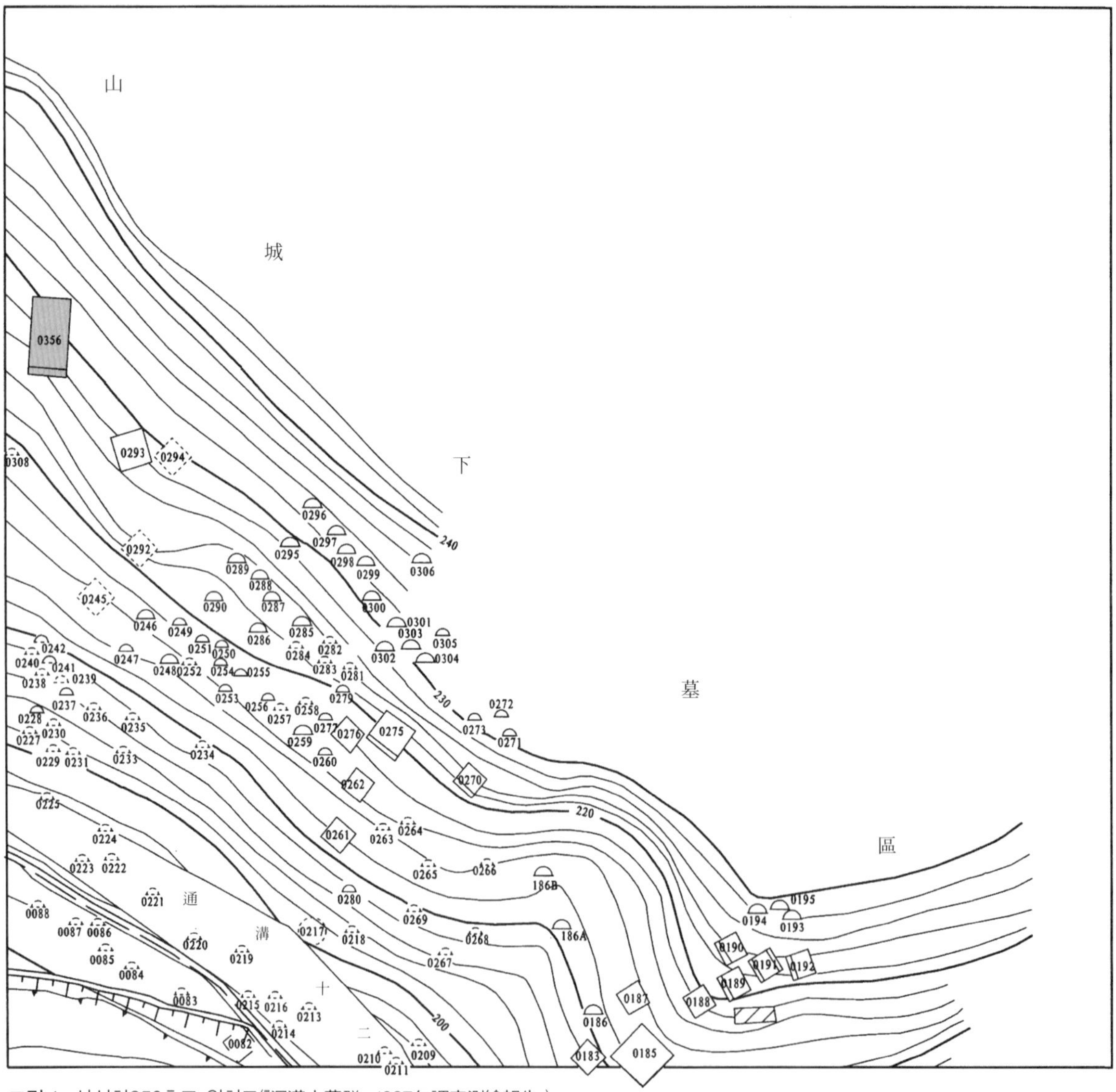

그림 1 산성하356호묘 위치도(『洞溝古墓群－1997年調查測繪報告』)

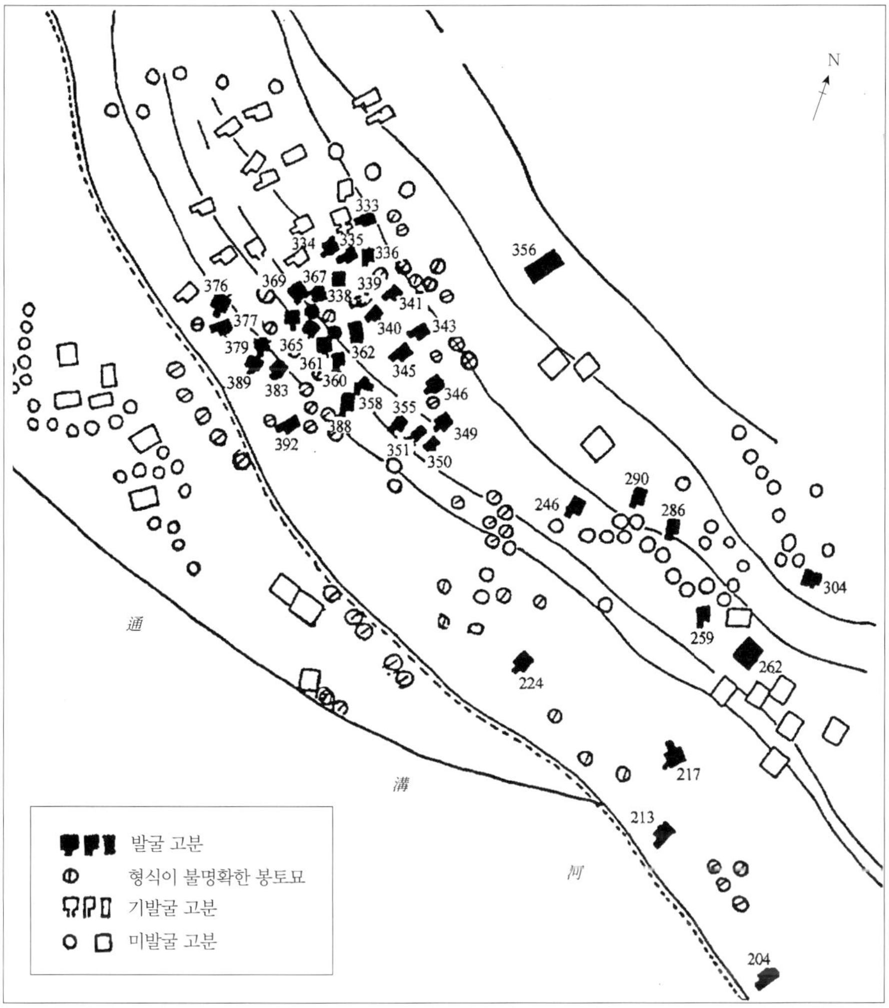

그림 2
산성하동대파고분군의 분포도(『考古』 1991-7)

1. 조사현황

1) 1976년 조사

○ 조사기관 : 吉林省博物館·集安縣文物保管所.

○ 조사기간 : 9월 말~11월 초.

○ 조사자 : 方起東, 魏存成, 蘇興鈞, 郭文魁, 劉萱堂, 何明, 林至德, 閻毅之, 柳嵐, 張雪巖 등.

○ 조사내용 : 농업생산력을 위해 통구촌 농민의 협조하에 95기 고분을 정리·조사하였는데 54기는 심하게 파괴당하였고 41기만 파괴가 경미한 상태였음. 41기 고분 중에 2기는 적석묘이고, 39기는 봉토묘임. 조사 당시 출토된 유물은 172점임.

2. 위치와 자연환경

1) 고분 위치(그림 1)

산성하東大坡片고분군의 중상부에 위치.

2) 주변 환경(그림 2)

○ 환도산과 우산의 서쪽 기슭이 두 개의 천연 병풍을 이루고 있으며, 그 안에 너비 약 0.5km로 동북에서 서남으로 이어지는 협곡이 있음. 이 협곡의 동북에서 통구하가 북에서 꺾여 남으로 흐르고 있는데 통구하 서북과 동남의 하안은 오랜 기간 충적되어 형성된 하곡대지임. 동대파 지역의 고분군은 이 대지 동측 산 아래의

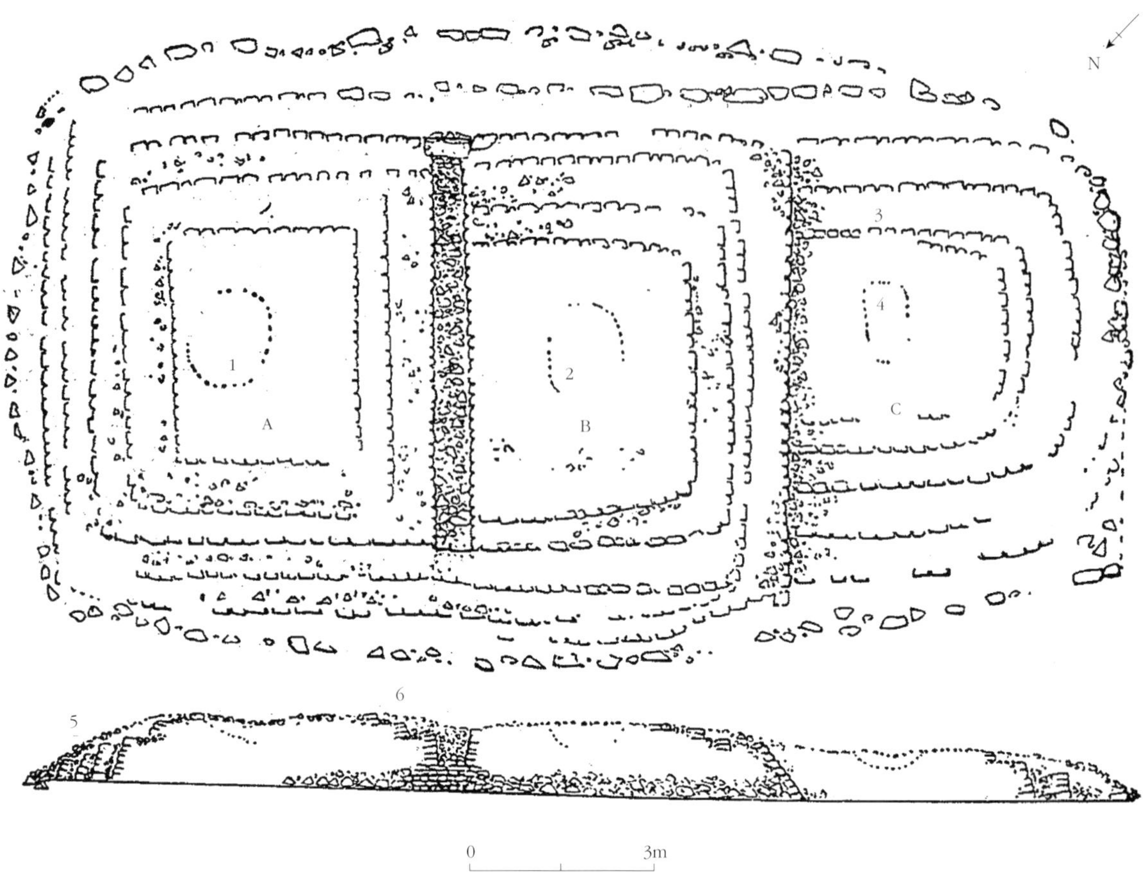

그림 3 산성하356호묘 평·단면도(『考古』 1991-7)
A. M356① B. M356② C. M356③
1. 귀달린잔 2. 불에 탄 청동기와 철제괭이 3. 호 4. 철제꺾쇠 5. 계장 6. 계단

완만한 지대에 위치하고 있음.

○ 동대파편고분군이 자리한 지대는 산세를 따라 동고서저로 형성되었는데 범위는 서북에서 동남까지 길이 약 400m, 너비 약 200m 정도임.

○ 고분군의 고분은 기본적으로 질서 있게 배열되었는데 묘지의 남부와 언덕 위에는 대다수 적석묘(봉석묘)가 있고, 북쪽으로 봉토묘가 점차 많아져 북부는 모두 봉토묘를 이루고 있음.

3. 고분의 현황

1) 고분 형식

○ 유형 : 방단계제봉석석광연접묘(『考古』 1991-7), 대형유단적석석광묘(『洞溝古墓群 - 1997年調査測繪報告』).

○ 평면 : 장방형.

○ 방향 : 묘향 310°.

○ 규모

- 동서 길이 33m, 남북 너비 20~13m, 높이 2.6m 정도(1976).

– 동서 길이 28m, 남북 너비 15m, 높이 2.2m(1997년 조사).

2) 고분 구조(그림 3)

(1) 전체현황

○ 고분은 3기가 연접된 대형방단계제봉석석광묘로 분구 위에는 교란된 것으로 보이는 함몰갱이 3개 있으며, 불에 탄 鎔石도 보임.

○ 가장 동부의 고분은 JSM356①, 중부의 고분은 JSM356②, 서부의 고분은 JSM356③로 편호함. 세 고분의 길이와 너비는 고르지 않는데 JSM356①은 동서 길이 12.5m, 남북 너비 19m, 높이 2.3m이고 JSM356②는 동서 길이 11.5m, 남북 너비 19m, 높이 2.6m이고 JSM356③은 동서 길이 10.5m, 남북 너비 16m, 높이 1.7m임.

○ 고분 외형은 한 겹의 산자갈(碎山石)을 덮어 丘狀를 띠도록 했는데 이는 이른 시기의 방단적석묘와 유사함.

(2) 계장(階墻)과 계단

○ JSM356①의 봉석을 제거해보니 4~5층의 매우 정연하지 않은 계단이 노출됨. 계단을 축조한 돌은 비교적 작은데 보통 길이가 15~25cm임. 각 계단은 2~3층으로 쌓았으며, 계단 사이는 30~40cm의 높이 차이가 남.

○ 계단은 축조방식이 비교적 복잡함. 밖에서 안으로 4층 내지 5층 계단이 계단식으로 축조됨. 제4층 계단은 지면으로부터 축조되어 臺狀을 이룬 후 제5층은 제4층의 상면에 축조하여 계단을 형성함. 반면 바깥면의 세 층의 계단은 계장식으로 축조하는데 즉 세 층의 계장은 돌로 동시에 지면으로부터 축조하고 중간에 산자갈(碎山石)로 틈을 메움. 세 층의 계장은 다음 차례의 낮은 계단에 기대어 외부를 보호하도록 작용함.

(3) 연접 방식

○ 세 고분의 축조시간은 모두 같지는 않음. JSM356①과 JSM356②의 두 고분은 원래 1개의 완전한 고분으로 원래 하나의 기초 위에 축조됨. 지면으로부터 높이가 약 1.5m 정도인 곳에 당시 축조되었는데 JSM356①의 동에서 서로 12.5m 되는 곳에서 동서 너비 약 90cm의 남북으로 이어지는 긴 공간이 하나 나타남. 이 공간이 고분을 동서 양단으로 나누며, 이후 각기 동서 양측에 고분을 축조하였음. 공간의 동측은 JSM356①의 서쪽이며, 공간의 서측은 JSM356②의 동쪽이 되는데 공간의 두 벽은 서로 마주보며 매우 정연하게 축조됨. 두 벽을 다 축조한 뒤에 생긴 공간에는 산자갈(碎山石)로 메워 외관을 보면 두 고분은 마치 하나의 온전한 고분처럼 보임. 따라서 두 고분 축조의 연대 차이는 없음.

○ JSM356③은 JSM356②의 서쪽에 위치함. JSM356②의 서쪽 바깥쪽에는 둘레돌이 축조되었으며, JSM356③은 JSM356②의 서쪽 둘레돌에 연접하여 동쪽 둘레돌로 삼았음. 이처럼 JSM356③은 앞의 JSM356①과 JSM356②가 다 축조된 이후에 재차 축조한 세 번째 고분이므로 축조연대는 JSM356①과 JSM356②에 비해 늦음.

(4) 묘실

○ 세 묘실은 모두 교란된 상태로 묘실의 확실한 범위가 불분명함. JSM356①은 묘정으로부터 깊이 약 55cm인 곳을 중심으로 길이와 너비가 약 2m 정도인 범위에서 부분적으로 작은 강자갈(河卵石)로 가지런히 깐 石面을 발견했으며, 서쪽 면에는 소형 돌로 축조한 불규칙한 석렬(石墻)이 일부 있음.

○ JSM356②의 교란갱 범위는 묘정에서 깊이 약 80cm인 곳을 중심으로 길이 3m, 너비 2m임. 교란갱의 북측에는 불타 흘러내린 상태의 鎔石 한 덩어리와 불타서 변형된 강자갈(河卵石)들이 있음.

○ JSM356③은 묘정으로부터 깊이가 약 60cm인 곳을 중심으로 길이와 너비가 2~1.1m인 범위 내에 중소형 돌을 약간 반듯하게 쌓은 것이 일부가 있으며, 그 사이에는 강자갈(河卵石) 한 겹이 고르게 깔려 있음.
○ 위의 정황을 보면 유물이 출토된 자리와 강자갈(河卵石)이 깔린 곳은 묘실이 자리한 곳일 가능성이 있음.

3) 기타

○ JSM356① 묘실 추정지 : 서북 모서리에서는 귀달린발(單耳鉢) 하나를 발견함.
○ JSM356② 묘실 추정지 : 불타서 훼손된 청동기와 불에 타서 흘러내린 돌이 함께 엉겨 붙은 것들이 있음.
○ JSM356③ : 묘실 추정지에서 철제꺾쇠(鐵扒鋦) 1점이 발견되었고, 교란갱 밖 남측에서는 호(灰陶罐) 잔편이 세 조각 보임.

4. 출토유물

1) 토기(陶器)

(1) 호(陶罐, JSM0356, 그림 4-4)

○ 출토지 : 산성하356호묘 ③묘실.
○ 크기 : 구경 7cm, 현재 높이 3.5cm.
○ 색깔과 태도 : 모래 섞인 회황색(灰黃色) 토기.
○ 형태 : 구연부만이 남아 있고, 남은 파편은 비교적 무거움. 소성도는 높지 않음.

(2) 귀달린발(單耳鉢, JSM0356, 그림 4-3)

○ 출토지 : 산성하356호묘 ①묘실.
○ 크기 : 구경 9.4cm, 바닥 직경 5.7cm, 높이 12.5cm.
○ 색깔과 태도 : 모래섞인 홍갈색토기.
○ 형태 : 手製. 구연이 넓고(侈口), 대략 동체가 꺾이고(折腹), 바닥은 작음. 세로의 고리형 파수(竪橋耳)가 하나 붙어 있음. 기형은 아주 정연하지 못함.

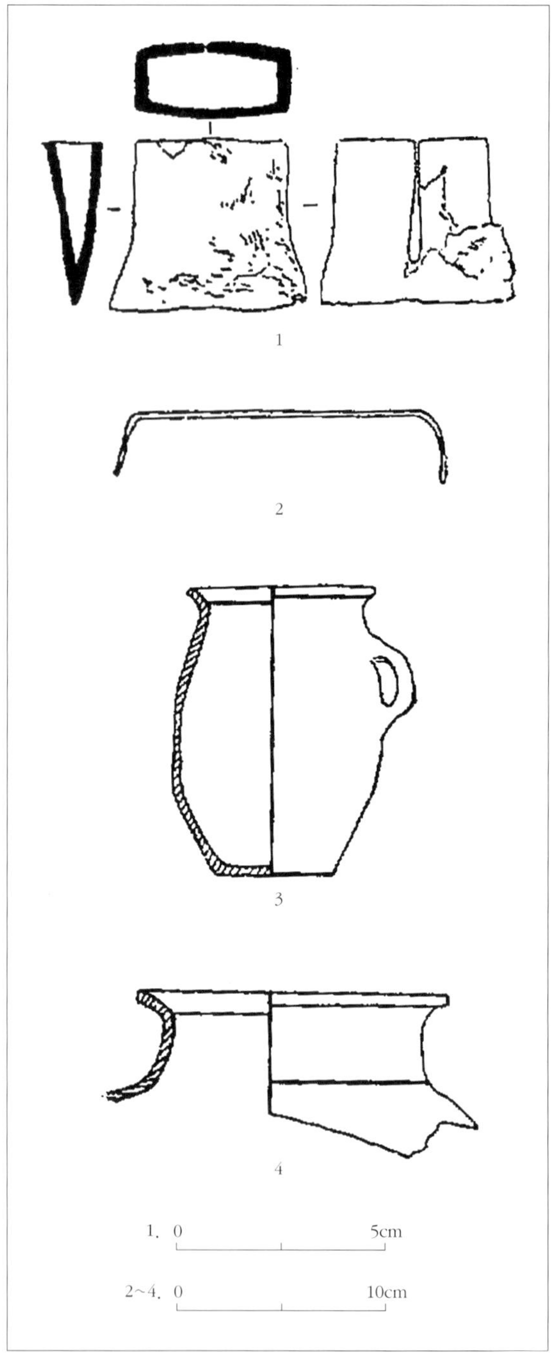

그림 4 산성하356호묘 유물(『考古』 1991-7)
1. 철제괭이 2. 철제꺾쇠 3. 귀달린발 4. 호

2) 철기

(1) 괭이(鑁, JSM0356, 그림 4-1)

○ 출토지 : 산성하356호묘.

○ 크기 : 장부구멍의 너비 6.5cm, 平刃의 너비 8.7cm, 전체 높이 7.3cm.

○ 형태 : 단조제. 보존상태는 양호하지만 불에 타서 표면이 평평하지 않음. 장방형의 장부구멍(銎)이 있음.

(2) 꺾쇠(鐵扒鋦, JSM0356, 그림 4-2)

○ 출토지 : 산성하356호묘 ③묘실.

○ 크기 : 길이 13cm.

○ 형태 : 단조제.

5. 역사적 성격

1) 고분의 연대

출토유물인 귀달린발(單耳鉢)은 手製로 모래가 섞인 재료를 사용해 매우 거칠고, 기형이 정연하지 못함. 철제괭이는 전한의 철제괭이와 매우 유사함. 따라서 고분 연대는 비교적 이른 시기인 1~3세기대로 추정됨.

2) 葬俗 특징

○ 석광방단계제봉토묘에서 철제꺾쇠(鐵扒鋦子)가 출토된 것으로 보아 목제의 장구가 있었다고 추정됨. 철제꺾쇠로 제작된 葬具는 목재가 두껍고 무거우며 거칠었을 가능성이 있으며, 제작은 비교적 간단했을 것으로 추정됨. 고분 형식은 목곽식으로 추정됨.

○ 해당 고분의 묘실을 보면 묘실이 분명치 않으며, 가장자리는 정연하지 않는데 이는 교란 이외에 축조에 일정한 문제가 있었을 가능성이 있음. 당시 매장할 때 고분 축조 때 묘광을 축조하지 않고 먼저 棺槨을 놓은 후에 돌로 주위를 막아 견고히 하고 돌로 덮었기 때문에 장구가 부패한 뒤에는 천장석이 없고 정성을 들여 축조한 석광이 없어 바로 자연스럽게 무너지고 묘실의 천장부에는 함몰갱이 생겼을 가능성이 있음.

○ 고분에서는 불에 탄 鎔石, 불타서 훼손된 청동기와 불에 타서 녹은 돌이 하나로 엉겨 붙은 것들이 있는데 화장은 고분에서 진행된 것이 확실함. 고구려는 화장습속이 있었고 이런 습속은 5세기 이전의 적석묘에서 비교적 유행함.

○ JSM356①와 JSM356② 무덤은 하나의 분구에 두 기가 있는 쌍무덤이며, JSM356②에 연접하여 JSM356③이 축조되었으므로 JSM356①와 JSM356②와 비슷한 시기로 비정되는데 그 가운데 JSM356③은 가장 늦게 축조되었음.

참고문헌

- 吉林省文物志編委會, 1984, 『集安縣文物志』.
- 張雪巖, 1991, 「吉林集安東大坡高句麗墓葬發掘簡報」, 『考古』 1991-7 ; 吉林省文物考古研究所·集安市博物館, 2009, 『吉林集安高句麗墓葬報告集』, 科學出版社, 재수록.
- 吉林省文物考古研究所·集安市博物館, 2002, 『洞溝古墓群-1997年調査測繪報告』, 科學出版社.

12 집안 산성하0513호묘

集安 山城下0513號墓 | JSM0513

1. 조사현황

1) 1997년 조사

○ 조사기관 : 吉林省文物考古研究所·集安市博物館.

○ 조사기간 : 4~6월.

○ 조사내용 : 통구고분군에 대한 전면적 재조사와 실측조사 진행.

2) 2004~2005년 조사

조사기간, 조사기관 등에 대한 언급이 없으나 張福有, 孫仁杰, 遲勇 등이 집안 경내의 고구려유적을 전면 재조사하면서 정리함.

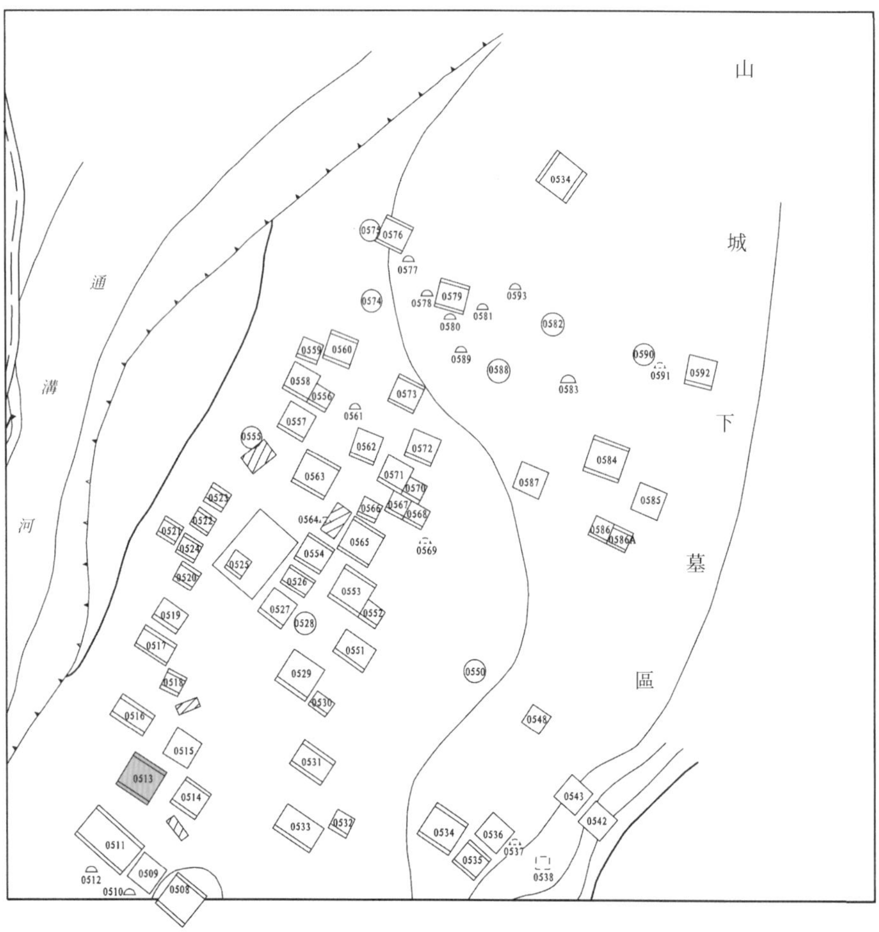

그림 1
산성하513호묘 위치도
(『洞溝古墓群-1997年調査測繪報告』)

2. 위치와 자연환경

1) 고분 위치(그림 1)

고분은 산성하고분군 가운데 통구하 동편의 동단에 위치.

2) 주변 환경

○ 고분 남쪽으로 200m에는 우산 北坡의 小南溝口가 있으며, 북쪽으로 약 80m에는 통구하가 있으며, 통구하를 두고 환도산성 동벽과 마주하고 있음. 동쪽으로 약 300m에는 大南溝가 있음.

○ 고분이 자리한 곳은 통구하 좌안의 대지임. 이 대지 위에는 고구려시기 고분 400여 기가 분포하고 있는데 해당 고분은 이곳에서 가장 큰 고분임.

3. 고분의 현황

1) 고분 형식

○ 유형 : 대형계단적석석광묘(『洞溝古墓群－1997年調査測繪報告』), 유단적석석광묘(『集安高句麗墓葬』).

○ 평면 : 방형.

○ 방향 : 125°.

○ 규모

- 길이 및 너비 각 21m, 높이 2.8m(1997).
- 남북 길이 20m, 동서 너비 18m, 높이 약 3m(2007).

2) 고분 구조

○ 고분의 둘레는 약간 가공을 거친 자연석으로 기단을 축조함. 기단석 크기는 길이 1m 정도, 높이 약 0.3m임. 고분의 네 모서리 기단석은 약간 크며, 기단석의 높이는 0.6m 정도임. 기단 위는 산자갈(碎山石)로 쌓았는데 높이는 약 2.4m임.

○ 분구 상부의 남측은 비교적 평평하며, 북측은 약간 함몰되어 있으며, 분구 상부에는 남북으로 배열된 두 개의 석광이 있음. 봉석 크기는 일반적으로 0.3～0.2m 정도임.

○ 고분의 남측에는 해당 고분보다 낮은 소형의 유단적석석광묘가 연접해 있는데 남북 길이 10m, 동서 길이 10m, 높이 약 1.5m임. 묘상 봉석은 대다수 산자갈(碎山石)이며, 소량의 강자갈(河卵石)도 있는데 일반적으로 0.2～0.1m 정도이며, 무덤 정상부에는 남북으로 배열된 두 개의 석광이 있음. 고분은 온전히 보존된 상태임.

4. 역사적 성격

해당 고분은 위치 및 건축 구조를 보면 고분이 위치한 일대에서 최고 신분으로 추정되며, 연대는 약 3세기 말 정도로 보임. 그러나 무덤의 성격이나 연대를 판단할 증거는 확실하지 않음.

참고문헌

- 吉林省文物志編委會, 1984, 『集安縣文物志』.
- 吉林省文物考古研究所·集安市博物館, 2002, 『洞溝古墓群－1997年調査測繪報告』, 科學出版社.
- 孫仁杰·遲勇, 2007, 『集安高句麗墓葬』, 香港亞洲出版社.

13 집안 산성하0633호묘

集安 山城下0633號墓 | JSM0633

1. 조사현황

1) 1966년 조사

○ 조사기관 : 吉林省博物館·集安縣文物保管所.

○ 조사내용 : 통구고분군에 대한 조사와 실측을 실시했는데 해당 고분은 산성하 묘구 산성하편0633호묘로 편호됨.

2) 1983년 조사

○ 조사기관 : 集安市博物館.

○ 조사참여자 : 耿鐵華, 孫仁杰, 張雪巖, 遲勇, 董長玉, 周營順.

○ 조사내용 : 산성하고분군 보수 및 조사.

3) 1993년 조사

산성하고분군 보수 및 정리조사.

4) 2004~2005년 조사

조사기간, 조사기관 등에 대한 언급이 없으나 張福有, 孫仁杰, 遲勇 등이 집안 경내의 고구려유적을 전면 재조사하면서 정리함.

2. 위치와 자연환경(그림 1)

○ 고분은 산성하고분군 가운데 산성하편에 위치.

○ 해당 고분 동쪽으로 약 30m에는 JSM0636호묘가 있으며, 북쪽으로 약 25m에는 JSM0634호묘가 있으며, 남쪽으로 약 60m 정도에는 통구하가 있음.

3. 고분의 현황

1) 고분 형식

○ 유형 : 대형계단적석석광묘(『洞溝古墓群 - 1997年調査測繪報告』), 계단적석묘(『集安高句麗墓葬』).

○ 평면 : 방형.

○ 방향 : 125°.

○ 규모 : 동서 길이 18m, 남북 너비 18m, 높이 3.8m (1997).

2) 고분 구조

(1) 계단

① 제2단 계단

○ 동면의 제1층 계단석 바닥면 한 변의 길이 13.8m, 제3층 상면 한 변의 길이 13.6m임.

○ 서면 제1층 계단석 바닥면 한 변의 길이 14.5m, 제3층 상면 한 변의 길이 14.2m임.

○ 남면 제1층 계단석 바닥면 한 변의 길이 14.2m, 제3층 상면 한 변의 길이 13.m임.

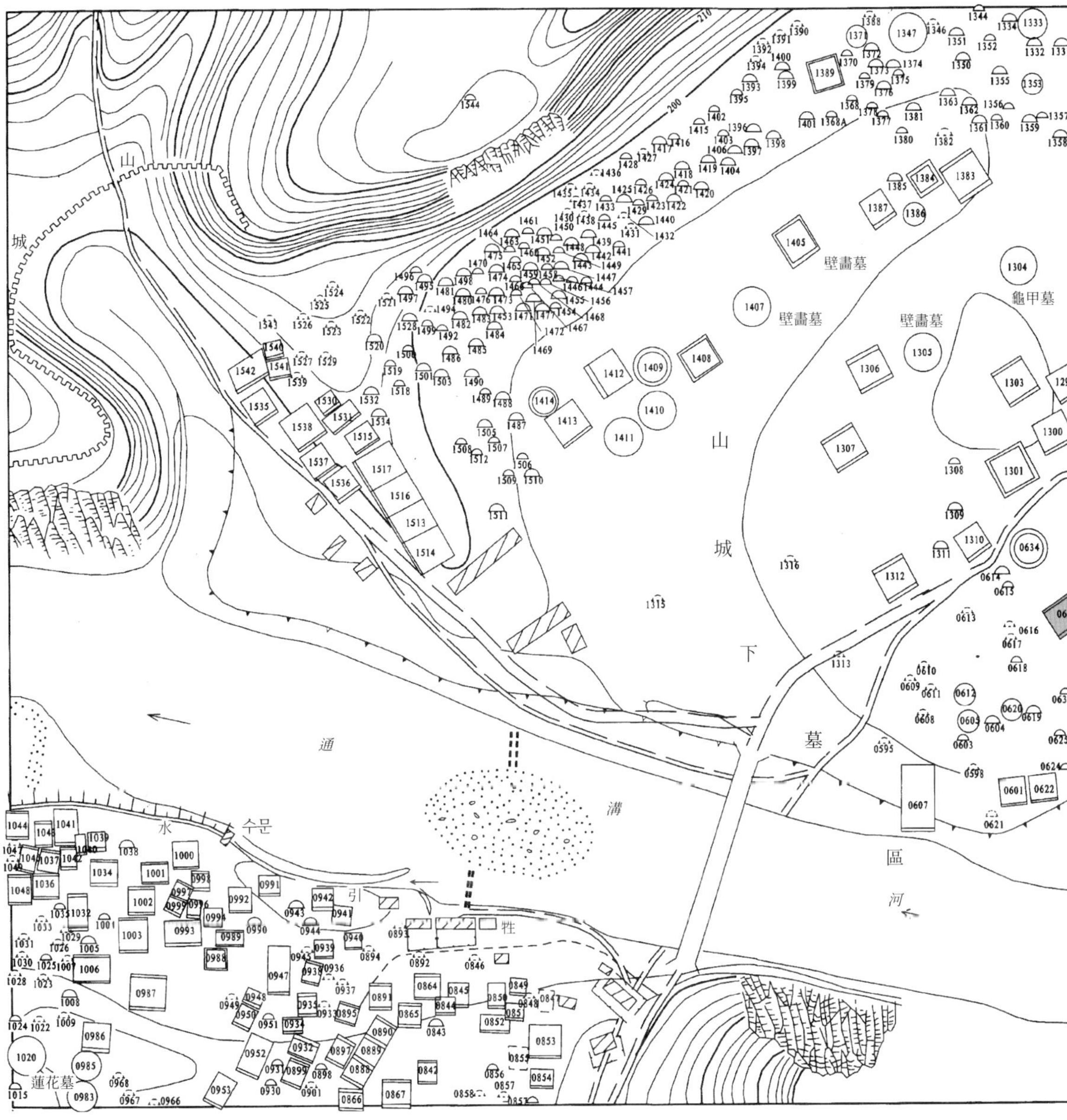

그림 1 산성하633호묘 위치도(『洞溝古墓群－1997年調査測繪報告』)

○ 북면 제1층 계단석 바닥면 한 변의 길이 14m, 제3층 상면 한 변의 길이 13.8m임.

② 제3단 계단

○ 제2단 계단의 상면에서 안으로 1.3m 정도 들여쌓았음.

○ 2층 계단석은 높이 0.6m, 동면 한 변의 길이 12m, 서면 한 변의 길이 11.8m, 북면 한 변의 길이 11.6m임.

○ 제3단 계단 위에는 강자갈(河卵石)이 높이 약 1m 정도 현존하고 있음.

(2) 광실

○ 무덤 정상의 중앙부에는 동서 길이 5m, 남북 너비

4m, 깊이 1.2m 정도의 함몰갱이 하나 있는데 광실로 추정됨.

○ 일찍부터 도굴당해 무너졌는데 여러 차례 조사를 했으나 유물은 아직 발견되지 않음.

4. 역사적 성격

고분은 건축 구조 및 방법이 JSM0635호 및 JSM0636호묘와 서로 동일하여 고분의 축조연대도 이들 고분들과 마찬가지로 5세기대로 추정됨. 그러나 잔존 구조만으로 연대를 판단할 근거는 확실하지 않음.

참고문헌

- 吉林省文物志編委會, 1984, 『集安縣文物志』.
- 吉林省文物考古研究所·集安市博物館, 2002, 『洞溝古墓群-1997年調查測繪報告』, 科學出版社.
- 孫仁杰·遲勇, 2007, 『集安高句麗墓葬』, 香港亞洲出版社.

14 집안 산성하0635호묘 : 제총

集安 山城下0635號墓 : 弟塚[1] | JSM0635

1. 조사현황

1) 1913년 조사

○ 조사기관 : 조선총독부(촉탁).

○ 조사기간 : 9~12월.

○ 조사자 : 關野貞, 今西龍, 谷井濟一, 栗山俊一.

○ 조사내용 : 산성자 지역 조사 당시 형총(JSM0636)과 함께 제총을 확인하였는데 關野貞이 이들 고분을 각기 형총, 제총으로 명명함.

○ 출판물 : 關野貞, 1914, 「滿洲輯安縣及び平壤附近に於ける高句麗の遺蹟」, 『考古學雜誌』 5-3·4 ; 『朝鮮美術史』 재수록.

1 1913년 關野貞이 산성하지역에서 구조는 동일하고 크기가 다른 두 고분을 확인하고 큰 고분은 형총, 작은 고분은 제총으로 명명하였음. 1966년 중국이 통구지역 고분을 조사한 후 두 고분을 JSM0636호묘와 JSM0635호묘로 편호하였는데 『集安縣文物志』(1983) 및 『中國文物地圖集』 吉林分冊(1992)과 『洞溝古墓群-1997年調査測繪報告』(2002)에서는 JSM0635호묘를 형총, JSM0636호묘를 제총으로 소개함. 『通溝』上의 사진자료를 보면 통구하 방향의 고분을 제총, 산성자산성 방향의 고분을 형총이라고 소개하여 위의 중국측 자료와 부합함. 그런데 『集安高句麗墓葬』(2007)에서는 JSM0636호묘를 형총, JSM0635호묘를 제총으로 소개하는데 앞서 關野貞이 크기의 대소에 따라 형총과 제총으로 명명하였다는 점에서 이 책의 비정이 타당하다고 봄. 특히, 『通溝』上 第26圖의 제총·형총 도면과 중국측 자료의 내용을 비교하면 『集安高句麗墓葬』(2007)의 비정과 부합하고 있음.

2) 1936년 조사

○ 조사기관 : 만주국 문교부 지원(집안현 고구려유적 제2회 조사).

○ 조사기간 : 9월 30일~10월 4일.

○ 조사자 : 池內宏, 濱田耕作, 梅原末治, 黑田源次, 三上次男.

○ 조사유적 : 집안 주요 유적을 조사하는 가운데 산성자동방고분군을 梅原末治가 조사함.

○ 출판물 : 池內宏·梅原末治, 1938, 『通溝』 上, 日滿文化協會 ; 梅原末治, 1939, 「高句麗の墓制に就いて」, 『史林』 24-1 ; 1947, 『朝鮮古代の墓制』, 座右寶刊行會 재수록.

3) 1966년 조사

○ 조사기관 : 吉林省博物館·集安縣文物保管所.

○ 조사내용 : 통구고분군에 대한 조사 당시 해당고분을 산성하635호묘(JSM0635)로 편호함.

4) 1983년 조사

○ 조사기관 : 집안시박물관.

○ 조사참여자 : 耿鐵華, 孫仁杰, 張雪巖, 遲勇, 董長玉, 周瑩順.

○ 조사내용 : 산성하고분군 보수 및 조사.

5) 1993년 조사

산성하고분군 보수 및 정리조사.

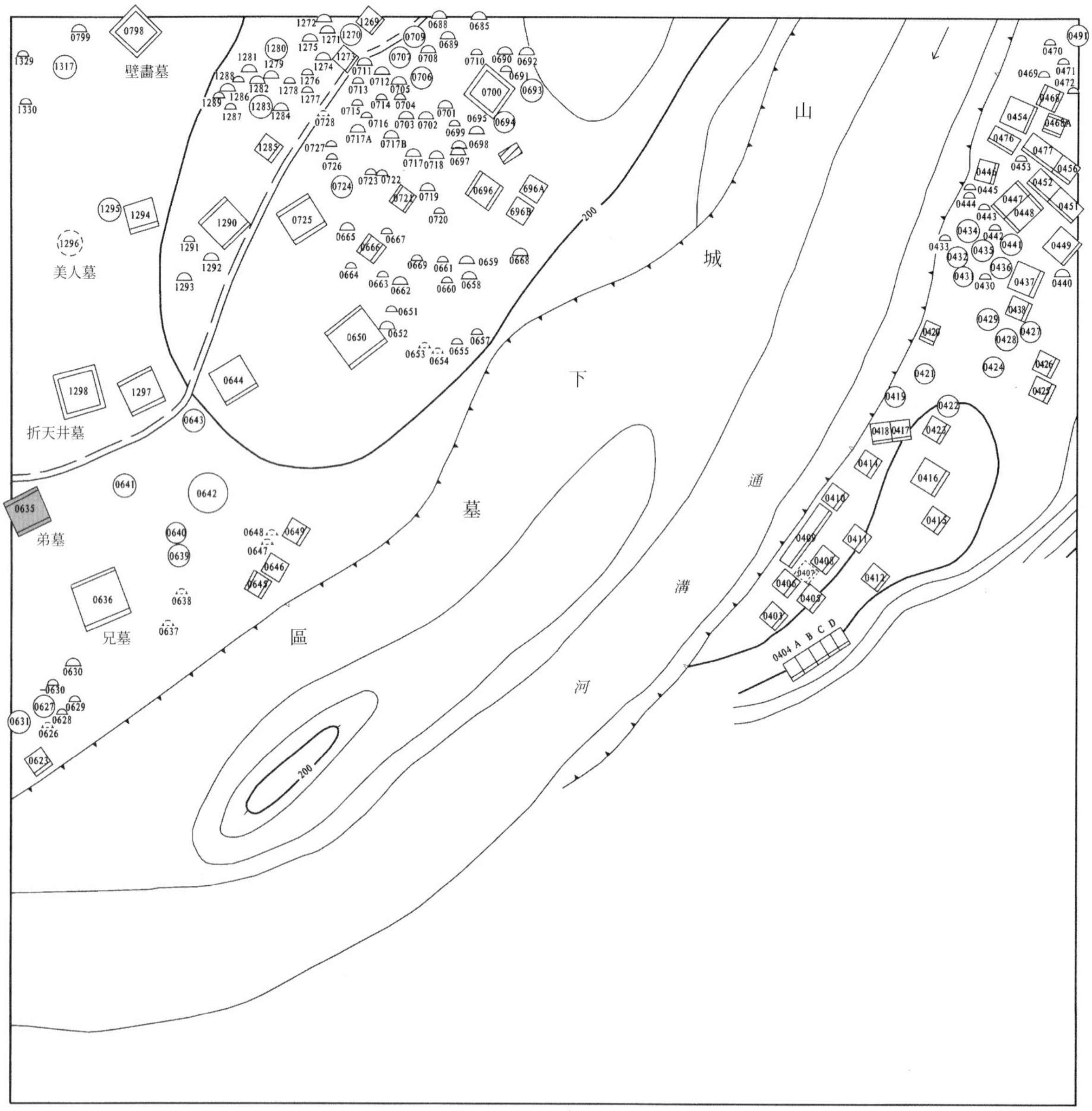

그림 1 산성하635호묘 위치도(『洞溝古墓群－1997年調査測繪報告』)[2]

6) 2004~2005년 조사

조사기간, 조사기관 등에 대한 언급이 없으나 張福有, 孫仁杰, 遲勇 등이 집안 경내의 고구려유적을 전면 재조사하면서 정리함.

2 주석 1에서 설명하였듯, 『洞溝古墓群－1997年調査測繪報告』(2002)의 오류를 『集安高句麗墓葬』(2007)에 따라 수정하여 형총과 제총의 위치를 수정함.

2. 위치와 자연환경(그림 1)

○ 산성하고분군 산성하편의 중부에 위치.

○ 해당 고분의 남으로 약 31m에 JSM0636호묘가 있고, 서쪽으로 약 8m에 JSM0634호묘가 있으며, 동북으로 약 40m에 JSM1298호묘가 있음.

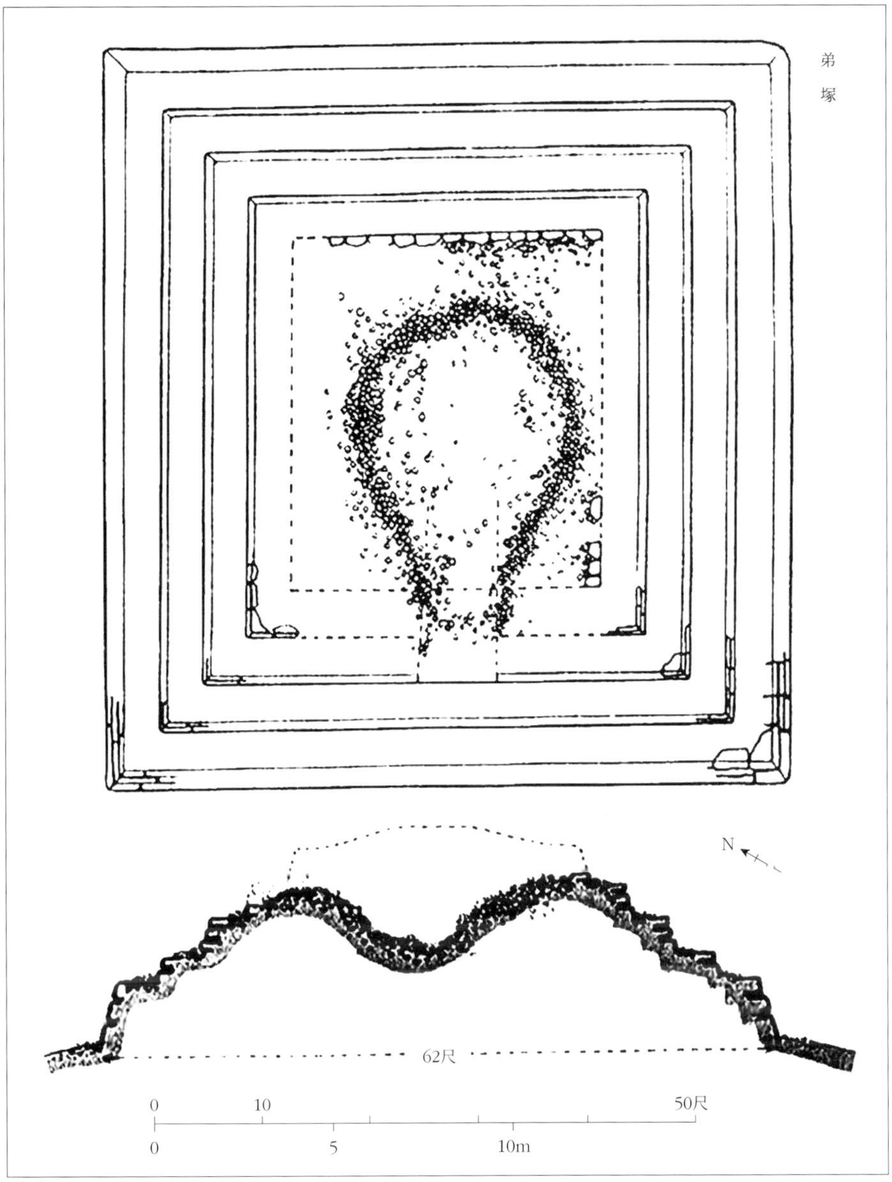

그림 2 산성하635호묘(제총) 평·단면도(『通溝』 上, 1938)

3. 고분의 현황

1) 고분 형식

○ 유형 : 대형계단적석석광묘(『洞溝古墓群－1997年調査測繪報告』), 계단적석광실묘(『集安高句麗墓葬』).

○ 평면 : 방형.

○ 방향 : 묘향 60°.

○ 규모

– 한 변의 길이 18m, 높이 5.6m(1997).

– 한 변의 길이 약 19m, 높이 5.5m(2007).

2) 고분 구조(그림 2~그림 3)

(1) 1935년 조사 당시 현황(『通溝』 및 『朝鮮古代の墓制』 참조)

○ 기단 한 변의 길이가 65尺(약 19.6m)으로 형총에 비해 작으나 구조는 거의 동일함.

그림 3 산성하635호묘 평·단면도(『集安高句麗墓葬』, 2007)

○ 5단 계단으로 추정되는 흔적이 확인되며, 각 계단의 표면은 가공된 화강암의 석재로 쌓았으나 그 안은 割石으로 채움.

(2) 계단

① 전체현황

○ 고분 계단은 5단이 있으며, 네 변의 길이는 고르지 않음.

○ 고분은 가공을 거친 비교적 정연한 화강암 석재로 계단을 축조함. 가장 낮은 층의 석재가 비교적 큼. 서남 최대 석재의 길이는 4.5m 정도에 달함. 제1·2·3단 계단은 비교적 양호하여 현재 축조석 3층이 보이지만, 제4·5단 계단은 양호하지 못해 비교적 많이 결실된 상태임. 계단석 바깥면 가장자리에는 홈이 파여 있어 계단을 더욱 공고히 하였음. 계단 안은 모두 강자갈(河卵石)로 메움.

② 제1단 계단

○ 제1단 계단의 제1층 계단석은 높이 0.8m 정도임. 제2층 계단석은 높이 0.5m이며, 3층 전체 높이는 1.8m임. 상면은 약간 안으로 들여쌓았음.

○ 동면 제1단 가장 낮은 변의 계단 축조석의 한 변 길이는 19m이며, 제1층 계단을 둘러쌓아 고분 범위를 고정한 후에 재차 그 상면에 제2층·제3층을 들여쌓았음. 제3층 상면의 한 변 길이는 18.3m임.

○ 서면 제1단 계단 밑면의 한 변 길이 18.7m, 상면의 한 변 길이 17.8m임.

○ 남면 제1단 계단 밑면의 한 변 길이 19.4m, 상면의 한 변 길이 18.7m임.

○ 북면 제1단 계단 밑면의 한 변 길이 18.6m, 상면의 한 변 길이 18.1m임.

③ 제2단 계단

○ 제1단 계단이 다 축조된 후에 그 상면에서 1.1m 들여쌓아 제2단 계단을 축조함.

○ 제2단 계단의 축조법은 제1단 계단의 축조법과 동일하며, 역시 3층 계단으로 축조함. 제1층 석재는 높이 0.6m, 제2층 석재는 높이 0.4m, 제3층 석재는 높이 0.4m임.

○ 제2단 계단의 동면 제1층 밑면의 한 변 길이 15.6m, 상면의 제3층 윗면의 한 변 길이 15.2m임. 서면의 제1층 밑면의 한 변 길이 15.9m, 상면의 제3층 윗면 한 변 길이 15.2m임. 남면 제1층 밑면의 한 변 길이 16.6m, 상면의 제3층 윗면 한 변 길이 16m임. 북면 제1층 밑면의 한 변 길이 16.6m, 상면의 제3층 윗면 한 변 길이 16m임.

④ 제3단 계단

○ 제3단 계단은 제2단 계단 위에 축조되었는데 사면은 0.9m 안으로 들여쌓았으며, 3층으로 축조됨. 제1층 석재는 높이 0.4m, 제2층 석재는 높이 0.4m, 제3층 석재는 높이 0.3m이며, 3층 석재의 전체 높이는 1.1m임.

○ 제3단 계단의 동면 제1층 밑면의 한 변 길이 13.8m, 제3층석 상면의 한 변 길이 13.3m임. 서면 제1층석 밑면의 한 변 길이 13.5m, 상면 제3층 윗면의 한 변 길이 13.1m임. 남면 제1층석 밑면의 한 변 길이 14.2m, 상면 제3층 윗면의 한 변 길이 13.8m임.

⑤ 제4단 계단

○ 제4단 계단은 보존상태가 좋지 못해 동·북 두 면만 보이며, 그 축조석의 층위는 명확하지 않음. 다만 현재 보이는 축조 방식은 0.9m 안으로 들여쌓았으며, 석재는 현재 2층만 남아 있음.

○ 동면 계단석은 높이 0.6m, 잔존길이 10m임. 북면 축조석은 2층으로 잔존길이 4m, 잔존높이 0.7m임.

⑥ 제5단 계단

제5단 계단은 동면에 축조석 하나가 남아 있을 뿐인데 0.9m 들여쌓았으며, 돌의 길이는 0.8m이고 높이는 0.3m임.

(3) 묘실

분구 상부는 東高西低로 중간에 길이 5m, 너비 4m, 깊이 0.8m 정도의 함몰갱이 있는데 광실로 추정됨. 광실은 일찍이 파괴되어 구조가 명확하지 않음.

4. 역사적 성격

고분은 산성하고분군 산성하편 중에서 비교적 대형 묘임. 이 고분은 고분 형식, 고분 축조법과 구조, 고분 규모 등 모두 JSM0636호묘와 동일함. 고분 연대 역시 동일하다고 보아 5세기로 추정됨.

참고문헌

• 關野貞, 1914, 「滿洲輯安縣及び平壤附近に於ける高句麗時代の遺跡」(一)·(二), 『考古學雜誌』 5-3·4 ; 1941, 『朝鮮の建築と藝術』, 巖波書店 재수록.
• 梅原末治, 1939, 「高句麗の墓制に就いて」, 『史林』 24-1 ; 1947, 『朝鮮古代の墓制』, 座右寶刊行會 재수록.
• 三宅俊成, 1975, 「輯安縣城附近の高句麗の遺跡と遺物」, 『東北アジア考古學の硏究』, 國書刊行會, 東京.
• 吉林省文物志編委會, 1984, 『集安縣文物志』.
• 吉林省文物志編纂委會, 1983, 『集安縣文物志』.
• 永島暉臣慎, 1988, 「集安の高句麗遺跡」, 『好太王碑と集安の壁畵古墳』, 木耳社.
• 三上次男, 1990, 「輯安および付近の遺跡」, 『高句麗と渤海』.
• 國家文物局 主編, 1992, 『中國文物地圖集』 吉林分冊.
• 吉林省文物考古硏究所·集安市博物館, 2002, 『洞溝古墓群-1997年調査測繪報告』, 科學出版社.
• 孫仁杰·遲勇, 2007, 『集安高句麗墓葬』, 香港亞洲出版社.

15 집안 산성하0636호묘：형총

集安 山城下0636號墓：兄塚[1] | JSM0636

1. 조사현황

1) 1913년 조사

○ 조사기관 : 조선총독부(촉탁).

○ 조사기간 : 9～12월.

○ 조사자 : 關野貞, 今西龍, 谷井濟一, 栗山俊一.

○ 조사내용 : 산성자 지역 조사 당시 제총(JSM0635)과 함께 형총을 확인하였는데 關野貞이 이들 고분을 각기 제총, 형총으로 명명함.

○ 출판물 : 關野貞, 1914, 「滿洲輯安縣及び平壤附近に於ける高句麗の遺蹟」, 『考古學雜誌』 5권 3·4호 ; 『朝鮮美術史』 재수록.

1 1913년 關野貞이 산성하지역에서 구조는 동일하고 크기가 다른 두 고분을 확인하고 큰 고분은 형총, 작은 고분은 제총으로 명명하였음. 1966년 중국이 통구지역 고분을 조사한 후 두 고분을 JSM0636호묘와 JSM0635호묘로 편호하였는데 『集安縣文物志』(1983) 및 『中國文物地圖集』 吉林分冊(1992)과 『洞溝古墓群－1997年調查測繪報告』(2002)에서는 JSM0635호묘를 형총, JSM0636호묘를 제총으로 소개함. 『通溝』 上의 사진자료를 보면 통구하 방향의 고분을 제총, 산성자산성 방향의 고분을 형총이라고 소개하여 위의 중국측 자료와 부합함. 그런데 『集安高句麗墓葬』(2007)에서는 JSM0636호묘를 형총, JSM0635호묘를 제총으로 소개하는데 앞서 關野貞이 크기의 대소에 따라 형총과 제총으로 명명하였다는 점에서 이 책의 비정이 타당하다고 봄. 특히, 『通溝』 上 第26圖의 제총·형총 도면과 중국측 자료의 내용을 비교하면 『集安高句麗墓葬』(2007)의 비정과 부합하고 있음.

2) 1936년 조사

○ 조사기관 : 만주국 문교부 지원(집안현 고구려유적 제2회 조사).

○ 조사기간 : 9월 30일～10월 4일.

○ 조사자 : 池內宏, 濱田耕作, 梅原末治, 黑田源次, 三上次男.

○ 조사유적 : 집안 주요 유적을 조사하는 가운데 산성자동방고분군을 梅原末治가 조사함.

○ 출판물 : 池內宏·梅原末治, 1938, 『通溝』 上, 日滿文化協會 ; 梅原末治, 1939, 「高句麗の墓制に就いて」, 『史林』 24-1 ; 1947, 『朝鮮古代の墓制』, 座右寶刊行會 재수록.

3) 1966년 조사

○ 조사기관 : 吉林省博物館·集安縣文物保管所.

○ 조사내용 : 통구고분군에 대한 조사 당시 해당 고분을 산성하636호묘(JSM0636)로 편호함.

4) 1983년 조사

○ 조사기관 : 集安市博物館.

○ 조사자 : 耿鐵華, 孫仁杰, 張雪巖, 遲勇, 董長玉, 周謍順.

○ 조사내용 : 산성하고분군 보수 및 조사.

5) 1993년 조사

산성하고분군 보수 및 정리조사.

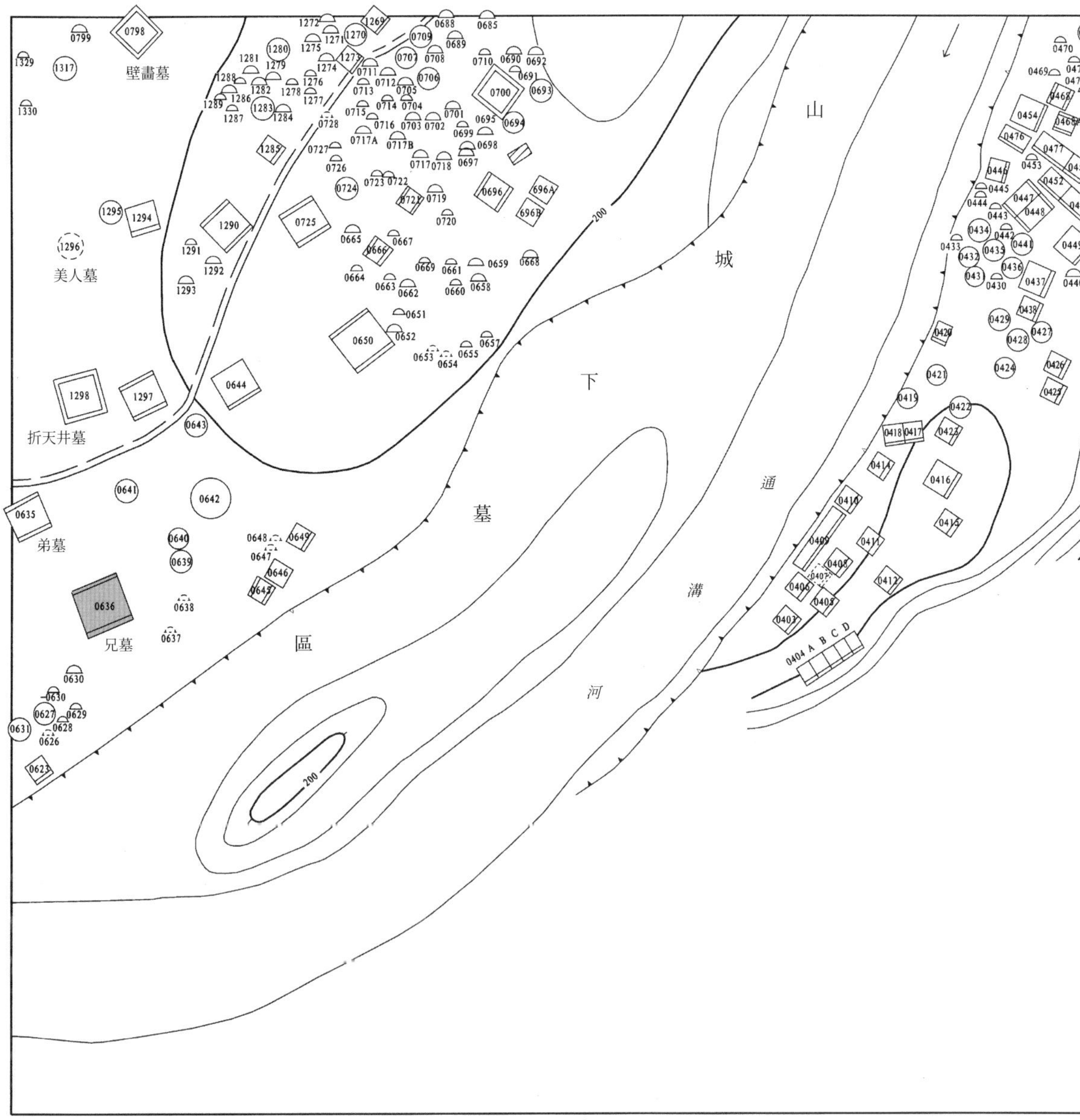

그림 1 산성하636호묘(형총) 위치도(『洞溝古墓群－1997年調査測繪報告』)[2]

6) 2004～2005년 조사

조사기간, 조사기관 등에 대한 언급이 없으나 張福有, 孫仁杰, 遲勇 등이 집안 경내의 고구려유적을 전면 재조사하면서 정리함.

2 주석 1에서 설명하였듯, 『洞溝古墓群－1997年調査測繪報告』(2002)의 오류를 『集安高句麗墓葬』(2007)에 따라 수정하여 형총과 제총의 위치를 수정함.

2. 위치와 자연환경(그림 1)

○ 산성하고분군 산성하편의 중부에 위치.

○ 통구하가 동에서 서로 흘러 환도산성을 지나 남쪽으로 꺾여 압록강으로 유입되며, 환도산성 남측에는 비교적 넓게 펼쳐진 하곡지가 형성됨. 이곳에 고구려 고분이 대략 400여 기가 분포하는데 해당 고분은 이 일대

고분 가운데 대형고분에 속함.

○ 해당 고분의 북쪽으로 약 30m에 JSM0635호묘가 있고, 서쪽으로 약 30m에 JSM0633호묘가 있으며, 남쪽으로 약 60m에 통구하가 있음.

3. 고분의 현황

1) 고분 형식

○ 유형 : 대형계단적석석광묘(『洞溝古墓群－1997年調查測繪報告』), 계단적석광실묘(『集安高句麗墓葬』).

○ 평면 : 방형.

○ 방향 : 60°.

○ 규모

– 한 변의 길이 20m, 높이 5.7m(1997).

– 한 변의 길이 22m, 높이 6.1m(2007).

2) 고분 구조(그림 2)

(1) 1935년 조사 당시 현황(『通溝』 및 『朝鮮古代の墓制』 참조)

○ 4단의 계단이 잔존하는데 기단 한 변의 길이가 75.6尺(약 22.9m), 제4단 계단 한 변의 길이가 45.6척(약 13.8m)임.

○ 당시 2단 상면을 기저로 삼은 횡혈식 석실의 연도부가 보임. 연도의 천장을 보면 본래 제4단 계단 위에 최상위 계단으로 제5단이 있었을 것으로 추정됨.

(2) 계단

① 전체현황

○ 고분은 계단이 4단 현존하고 있음. 계단은 다듬어져 비교적 정연한 화강암돌로 축조하였는데 그 바닥부와 네 모서리의 계단은 거대한 돌을 사용하였으며, 가장 큰 석재는 길이 3m 정도임.

○ 계단은 일반적으로 중간과 상부의 석재는 약간 작으며, 각 층 계단석 상면의 가장자리는 다수 홈을 파서 상·하 돌을 맞추었는데 이 홈은 상층의 축조석이 밖으로 미끄러지지 않도록 하는 작용을 함.

○ 계단 안은 강자갈(河卵石)로 메웠는데 강자갈은 가장 큰 것이 0.6m 정도이며, 일반적으로는 0.2m 정도임.

② 제1단 계단

○ 제1단 계단은 3층으로 쌓았음. 제1층석은 높이 1m, 제2층석은 높이 0.65m, 제3층석은 높이 0.55m로 전체 높이는 2.2m임. 3층의 축조석은 너비가 일반적으로 0.7m 정도이며, 계단의 상면은 모두 약간 안으로 들여 있음.

○ 동면 제1단 계단의 제1층 계단석 바닥의 한 변 길이 21.8m, 돌 상면 가장자리 홈은 너비 0.18m이고 높이 0.03m임. 동면 제2층 석재 상면의 홈은 너비 0.14m, 높이 0.03m임. 제3층 계단석 상면에는 홈이 없음. 상면의 한 변 길이 21m이며, 묘 상부 석재의 압력으로 중간부가 밖으로 밀려나오는 현상을 초래하였으며, 최고 너비 0.6m임.

○ 서면 제1단 계단의 제1층 계단석의 바닥 한 변의 길이 22.7m, 제1층 및 2층 계단석 상면의 가장자리에는 홈이 파여 있으며, 제3층 계단석 상면의 한 변 길이는 21.85m임.

○ 남면 제1단 계단의 제1층 계단석 바닥의 한 변 길이가 22.1m이며, 홈이 파여 있음. 제3층 계단석 상면의 한 변 길이는 21.4m임.

③ 제2단 계단

○ 제2단 계단은 제1단 계단 위에 축조되었으며, 사면이 안으로 1.2m 들여쌓았음.

○ 제2단 계단 축조석은 3층으로 제1층 계단석은 높

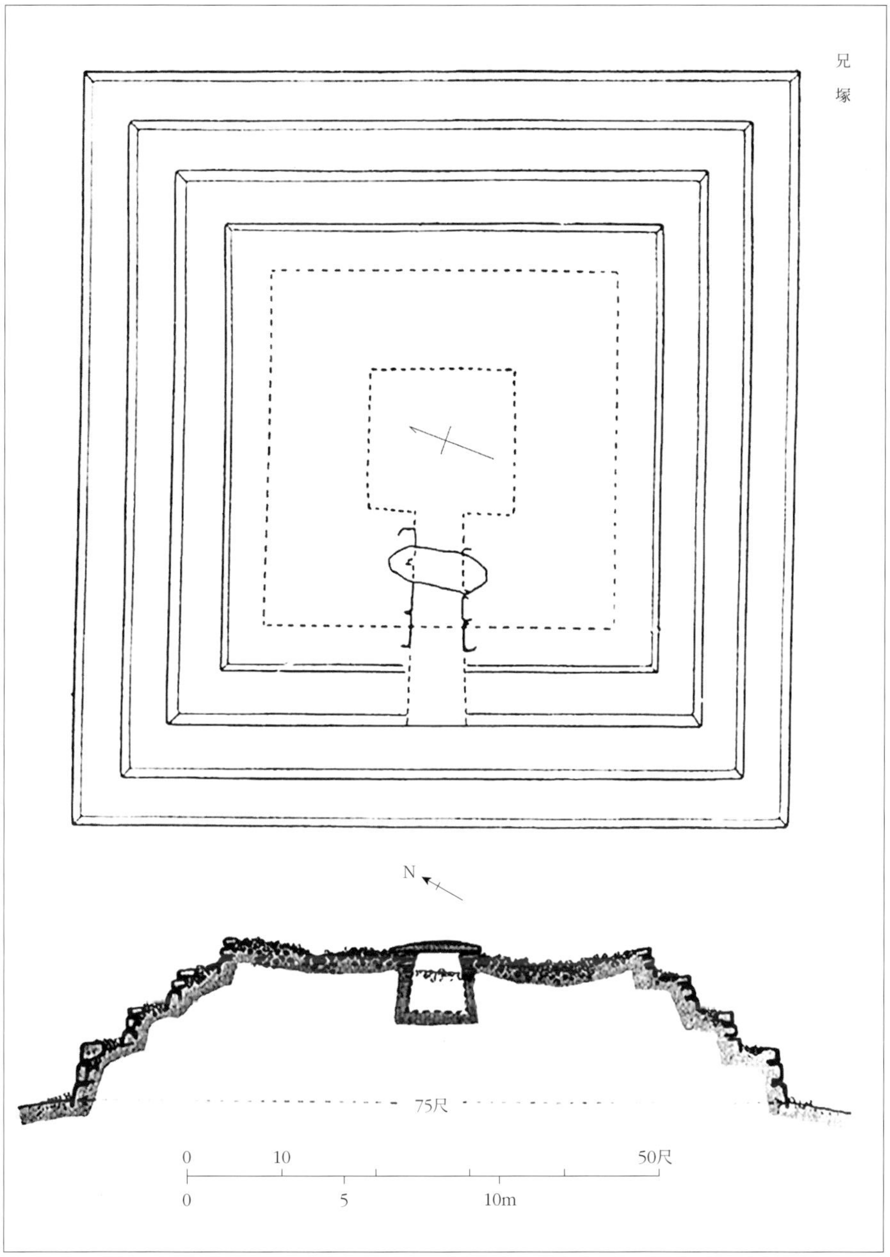

그림 2 산성하636호묘(형총) 평 · 단면도(『通溝』 上, 1938)

이 0.6m, 제2층 계단석 높이 0.55m, 제3층 계단석 높이 0.4m로 전체 높이 1.55m임. 제2단 계단은 돌이 제1단 계단보다 약간 작은 것을 사용하였으며, 홈이 파여 있음.

○ 제2단 계단 동면 바닥의 한 변 길이 19.3m, 상면의 한 변 길이 18.4m임.

○ 서면 바닥의 한 변 길이 19.5m, 상면의 한 변 길이 18.85m임.

○ 남면 바닥의 한 변 길이 19.1m, 상면의 한 변 길이 18.4m임.

○ 북면 바닥은 한 변 길이 19.4m, 상면은 한 변 길이 18.6m임.

④ **제3단 계단**

○ 제3단 계단은 제2단 계단 위에 축조되었는데 사면 둘레는 안으로 1.2m 정도 들여쌓았음.

○ 제3단 계단은 총 3층으로 제1층 석재의 높이 약 0.6m, 제2층 석재의 높이 0.4m, 제3층 석재의 높이 0.35m로 전체 높이는 13.5m임. 또한 홈이 파여 있음.

○ 제3단 계단의 동면 바닥의 한 변 길이 16.2m, 상면의 한 변 길이 15.7m임.

○ 서면 바닥의 한 변 길이 16.3m, 상면의 한 변 길이 15.6m임.

○ 남면 바닥의 한 변 길이 16.4m, 상면 한 변의 길이 15.9m임.

○ 북면 바닥의 한 변의 길이 16.6m, 상면의 한 변의 길이 16.4m임.

⑤ **제4단 계단**

○ 제4단 계단은 제3단 계단 위에 축조하였는데 안으로 1.2m 정도 들여쌓음.

○ 서·남면 계단석은 이미 파괴되어 존재하지 않으며, 현재는 동면의 두 계단석과 북면의 제1단 계단석만이 보임.

○ 계단석 높이는 0.5m이며, 제4단 계단석 위에는 0.6m 두께의 봉석이 보이는데 봉석은 모두 강자갈(河卵石)임.

(3) 묘실

○ 분구 상부의 중앙부에는 길이 및 너비 각기 5m, 깊이 1m의 방형 함몰갱이 있는데 광실로 추정됨.

○ 묘실은 제2단 계단 위에 축조하였는데 지금은 이미 파괴됨.

(4) 연도(墓道)

○ 고분 상부의 함몰갱 서측에는 연도가 축조되었는데 너비 1.4m, 잔존길이 0.8m, 현존높이 0.5m임.

○ 연도의 상면에는 덮개돌 하나가 있는데 길이 2.7m, 너비 0.9m, 두께 0.45m임.

○ 묘실 밖은 작은 강자갈(河卵石)로 봉하였음.

3) 기타

일찍이 무덤 주위에서 黃釉陶片과 철갑편 등이 수습됨.

4. 역사적 성격

보고문(孫仁杰·遲勇, 2007)에서 해당 고분은 산성하편 중에서 비교적 대형으로 지리적 위치가 특수하고 고분의 축조방식이 장군총과 유사한 점이 있으나, 축조가 거칠고, 묘실 구조상 아직 석실계단적석묘에 진입하지 않았다고 파악함. 따라서 조성연대는 장군총 보다 빠른 약 5세기 정도로 추정하고 묘주의 신분 지위는 장군총보다 낮다고 봄. 그러나 일제강점기 조사에 따르면 현실과 연도를 갖춘 석실구조로 계단석실적석총이었음을 알 수 있음. 계단석 축조법 등을 고려해 볼 때 매장부는 석광보다는 석실이었을 것으로 판단됨.

참고문헌

- 關野貞, 1914, 「滿洲輯安縣及び平壤附近に於ける高句麗時代の遺跡」(一)·(二), 『考古學雜誌』, 5-3·4 ; 1941, 『朝鮮の建築と藝術』, 巖波書店 재수록.
- 池內宏·梅原末治, 1938, 『通溝』 上, 日滿文化協會.
- 梅原末治, 1939, 「高句麗の墓制に就いて」, 『史林』 24-1 ; 1947, 『朝鮮古代の墓制』, 座右寶刊行會 재수록.
- 三宅俊成, 1975, 「輯安縣城附近の高句麗の遺跡と遺物」, 『東北アジア考古學の研究』, 國書刊行會, 東京.
- 吉林省文物志編委會, 1984, 『集安縣文物志』.
- 吉林省文物志編纂委會, 1983, 『集安縣文物志』.

- 永島暉臣慎, 1988,「集安の高句麗遺跡」,『好太王碑と集安の壁畫古墳』, 木耳社.
- 三上次男, 1990,「輯安および付近の遺跡」,『高句麗と渤海』.
- 國家文物局 主編, 1992,『中國文物地圖集』吉林分冊.
- 吉林省文物考古研究所·集安市博物館, 2002,『洞溝古墓群-1997年調査測繪報告』, 科學出版社.
- 孫仁杰·遲勇, 2007,『集安高句麗墓葬』, 香港亞洲出版社.

16 집안 산성하0644호묘

集安 山城下0644號墓 | JSM0644

1. 조사현황

1) 1966년 조사

○ 조사기관 : 吉林省博物館·集安縣文物保管所.

○ 조사내용 : 통구고분군에 대한 조사 당시 해당 고분을 산성하644호묘(JSM0644)로 편호함.

2) 1983년 조사

○ 조사기관 : 集安市博物館.

○ 조사자 : 耿鐵華, 孫仁杰, 張雪巖, 遲勇, 董長玉, 周螢順.

○ 조사내용 : 산성하고분군 보수 및 조사.

3) 1993년 조사

산성하고분군 보수 및 정리조사.

4) 1997년 조사

○ 조사기관 : 吉林省文物考古研究所, 集安市博物館.

○ 조사내용 : 통구고분군 조사 및 측량 및 실측.

5) 2004~2005년 조사

조사기간, 조사기관 등에 대한 언급이 없으나 張福有, 孫仁杰, 遲勇 등이 집안 경내의 고구려유적을 전면 재조사하면서 정리함.

2. 위치와 자연환경(그림 1)

○ 산성하고분군 산성하편에 위치.

○ 해당 고분의 서쪽 약 20m에 JSM1297호묘가 있으며, 동쪽으로 약 30m에 JSM0650호묘가 있고, 북쪽으로 약 50m에 JSM1290호묘가 있음.

3. 고분의 현황

1) 고분 형식

○ 유형 : 대형유단적석석광묘(『洞溝古墓群－1997年調查測繪報告』), 계단적석광실묘(『集安高句麗墓葬』).

○ 평면 : 방형.

○ 방향 : 70°.

○ 규모

- 한 변의 길이 17m, 높이 4.9m(1997).
- 높이 4.2m 정도(2007).

2) 고분 구조

(1) 계단

○ 고분은 2단 계단이 현존하고 있음. 동·서 두 측면의 제2단 계단은 오직 중앙부에만 있으며 몇 개의 계단석이 남아 있을 뿐임. 남측에는 제1단 계단만이 남아 있음. 계단석은 모두 가공을 거쳐 정연한 거대 화강암

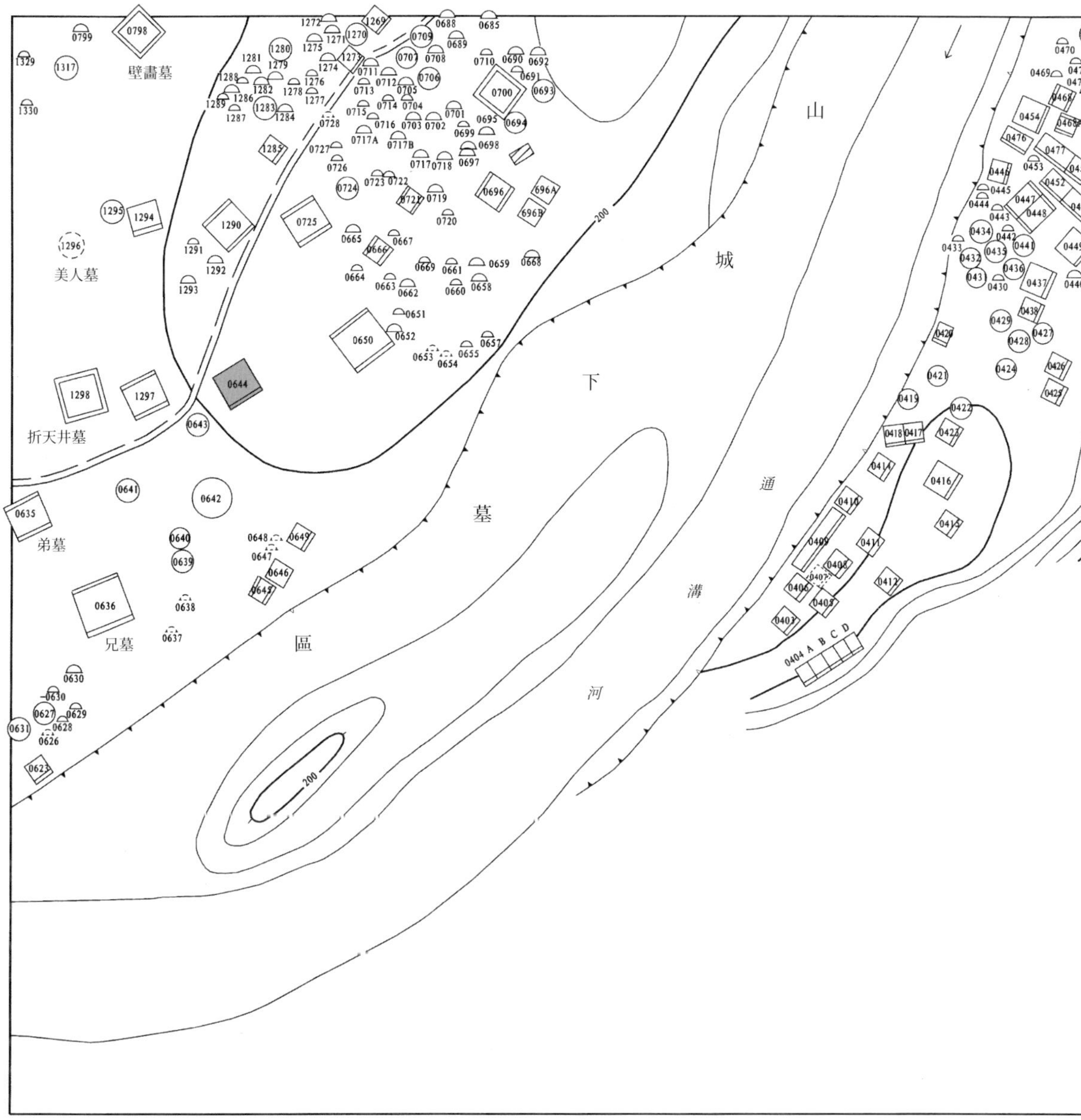

그림 1 산성하644호묘 위치도(『洞溝古墓群－1997年調査測繪報告』)

장대석으로 축조됨.

○ 고분 북측에서는 2단 계단을 볼 수 있음. 제1단 계단은 길이 17.9m, 높이 1.35m인데 축조석은 2층이며, 가장 큰 계단석은 길이 1.8m, 너비 0.6m, 높이 0.7m이고 제2층 축조석은 약간 작음. 제2단 계단은 제1단 계단의 위에 1m 정도 들여쌓아 축조했는데 계단석은 부분적으로 이미 유실되었음. 축조석은 1층만 남아 있는데 잔존높이 4.9m, 계단 높이 0.6m임.

○ 동측 계단은 2단 계단이 남아 있음. 제1단 계단 밑면 한 변의 길이 18.4m, 계단 높이 1.2m이며 축조석은 2층이 남아 있음. 가장 큰 돌은 길이 2.95m, 너비 0.4m, 높이 0.6m임. 제2단 계단은 중앙부에 2개의 계단석만이 남아 있는데 돌의 크기는 약 0.8×0.4×0.6m 정도임.

○ 고분 남측에는 1단 계단이 남아 있는데 밑면 한 변의 길이 18.6m, 계단 높이 1.2m이며 축조석은 2층이 있음. 가장 큰 돌은 길이 3.4m, 너비 1.1m, 높이 1.2m임.

○ 고분 서측에는 2단 계단이 현재 보이는데 제1단 계단 밑면의 한 변 길이 18.7m, 계단 높이 1.2m이며 축조석은 2층이 있음. 가장 큰 돌은 길이 2m, 너비 0.6m, 높이 0.8m임. 제2단 계단은 현재 중앙부에 2개의 계단석이 남아 있는데 돌은 제1단 계단석보다 약간 작음.

○ 고분 상부의 봉석은 모두 강자갈(河卵石)로 돌의 크기는 0.4~0.2m 정도임.

(2) 묘실

분구의 상부 중앙부에 5×5×1m 정도의 함몰갱이 있는데 석광의 위치로 추정됨.

4. 역사적 성격

무덤의 성격을 구체적으로 알 수 없으나, 분구는 계단상이고 매장부는 석광으로 파악한 보고문에 따르면 고분의 축조 시기는 4세기대로 추정됨.

참고문헌

- 吉林省文物志編委會, 1984, 『集安縣文物志』.
- 吉林省文物考古研究所·集安市博物館, 2002, 『洞溝古墓群-1997年調查測繪報告』, 科學出版社.
- 孫仁杰·遲勇, 2007, 『集安高句麗墓葬』, 香港亞洲出版社.

17 집안 산성하0650호묘

集安 山城下0650號墓 | JSM0650

1. 조사현황

1) 1966년 조사

○ 조사기관 : 吉林省博物館, 集安縣文物保管所.

○ 조사내용 : 산성하650호묘(JSM0650)로 편호.

2) 1983년 조사

○ 조사기관 : 集安市博物館.

○ 조사자 : 耿鐵華, 孫仁杰, 張雪巖, 遲勇, 董長玉, 周營順.

○ 조사내용 : 산성하고분군 보수 및 조사.

3) 1993년 조사

산성하고분군 보수 및 정리조사.

4) 1997년 조사

○ 조사기관 : 吉林省文物考古研究所, 集安市博物館.

○ 조사내용 : 통구고분군 조사 및 측량 및 실측.

5) 2004~2005년 조사

조사기간, 조사기관 등에 대한 언급이 없으나 張福有, 孫仁杰, 遲勇 등이 집안 경내의 고구려유적을 전면 재조사하면서 정리함.

2. 위치와 자연환경(그림 1)

○ 고분은 산성하고분군 산성하편에 위치.

○ 해당 고분의 동쪽으로 약 5m에 JSM0652호묘, 서쪽으로 약 30m에 JSM0644호묘, 북쪽으로 약 10m에 JSM0663호묘, 남쪽으로 약 70m에 JSM0640호묘가 있음.

3. 고분의 현황

1) 고분 형식

○ 유형 : 대형계단적석석광묘(『洞溝古墓群 - 1997年調査測繪報告』), 계단적석광실묘(『集安高句麗墓葬』).

○ 평면 : 장방형.

○ 규모 : 한 변 길이 21m, 잔존높이 3.6m.

2) 고분 구조

(1) 계단

○ 고분의 네 변은 모두 3단 계단으로 축조되어 있음. 계단은 약간 가공을 거친 대형 강자갈(河卵石)로 축조함. 가장 큰 돌은 길이 0.8m, 너비 0.5m, 높이 0.5m임.

○ 고분의 북측에는 3단 계단으로 축조됨. 제1단 계단의 한 변 길이 14.9m, 계단 높이 0.8m이며, 3층으

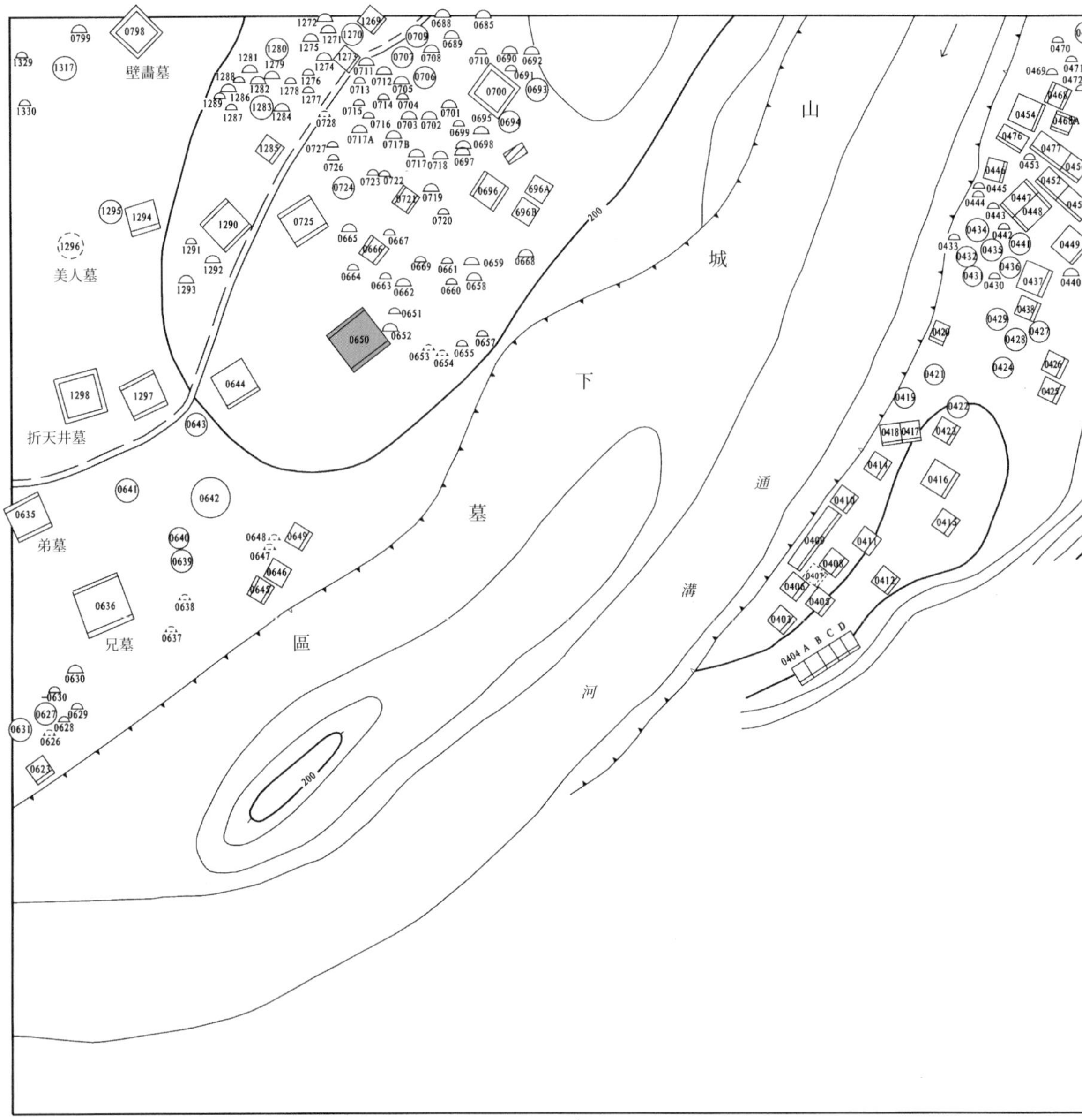

그림 1 산성하650호묘 위치도(『洞溝古墓群 – 1997年調査測繪報告』)

로 축조되었는데 돌의 크기가 일반적으로 0.5×0.4×0.3m임. 제2단 계단은 제1단 계단의 위에 안으로 0.5m 정도 들여쌓았는데 한 변 길이 14.3m, 계단 높이 0.5m이며 2층으로 축조함. 제3단 계단은 제2단 계단 위에 안으로 0.6m 들여쌓았는데 한 변 길이 13.6m, 계단 높이 0.2m 정도이며, 축조석은 1층이 있음.

○ 고분 동측에는 3단 계단으로 축조됨. 제1단 계단의 한 변 길이 21.9m, 계단 높이 0.9m이며 3층으로 축조되었는데 가장 큰 돌은 길이 0.7m, 너비 0.5m, 높이 0.3m임. 제2단 계단은 제1단 계단 위에 안으로 0.5m 들여쌓았는데 한 변 길이 21.4m, 계단 높이 0.5m이며 2층으로 축조됨. 제3단 계단은 제2단 계단 위에 안으로 0.6m 들여쌓았는데 계단 높이 0.25m이며, 1층이 있음.

○ 고분 남측에는 3단 계단으로 축조됨. 제1단 계단은 한 변 길이 15.5m, 계단 높이 0.8m이며 3층으로 축조됨. 제2단 계단은 제1단 계단 위에 안으로 0.5m 들여쌓았는데 한 변 길이 14.6m, 계단 높이 0.6m이며 2층으로 쌓았음. 제3단 계단은 제2단 계단 위에 안으로 0.7m 정도 들여쌓았는데 한 변 길이 14m, 계단 높이 0.25m 정도임.

○ 고분 서측은 3단 계단으로 축조됨. 제1단 계단은 한 변 길이 22.3m이며 3층으로 축조되었는데 계단석은 일반적으로 0.6×0.4×0.3m이며, 계단 높이는 0.9m 정도임. 제2단 계단은 제1단 계단 위에 안으로 0.6m 들여쌓았는데 한 변 길이 21.7m, 계단 높이 0.5m이며 2층으로 쌓았음. 제3단 계단은 길이 20.9m, 높이 0.3m 정도이며 1층이 있음.

○ 고분의 남·서 양측에는 분구 버팀석이 현존하고 있는데 버팀석은 가공을 거치지 않은 자연석을 사용함. 남측에는 2개가 현존하는데 길이 1.2m 정도, 너비 0.8m, 두께 0.2~0.35m임. 서측에는 4개가 현존하는데 버팀석 사이는 5m 거리이며, 돌의 크기는 길이 1.4m, 너비 0.8m, 두께 0.3m 정도임.

(2) 석광(石壙)

○ 현재 분구 상부는 온전히 보전된 상태로 4개의 석광이 남북으로 배열되었는데 일반적으로 동서 길이 4m, 남북 너비 3m, 깊이 0.7~1m 정도임.

○ 북측의 석광에서는 연도(墓道)를 볼 수 있음. 연도(墓道)의 남북 양측에는 6개의 판석이 보이는데 판석은 길이 1.9m, 너비 1m, 두께 0.3m임. 이 판석이 있는 자리는 耳室로 추정됨.

4. 역사적 성격

○ 보고자는 석광으로 보고하였으나. 연도(墓道)나 이실로 추정되는 함몰갱으로 미루어 유사두칸구조의 광실로 추정됨.

○ 유사두칸구조의 광실계단적석총의 축조가 4세기 중엽 이전으로 올라가지 않으므로 4세기 중엽 이후에 조성된 무덤으로 추정됨.

참고문헌

- 吉林省文物志編委會, 1984, 『集安縣文物志』.
- 吉林省文物考古研究所·集安市博物館, 2002, 『洞溝古墓群-1997年調査測繪報告』, 科學出版社.
- 孫仁杰·遲勇, 2007, 『集安高句麗墓葬』, 香港亞洲出版社.

18 집안 산성하0665호묘

集安 山城下0665號墓 | JSM0665

1. 조사현황

1) 1966년 조사

○ 조사기관 : 吉林省博物館, 集安縣文物保管所.

○ 조사내용 : 통구고분군 조사 및 실측.

2) 1983년 조사

○ 조사기관 : 集安市博物館.

○ 조사참여자 : 耿鐵華, 孫仁杰, 張雪巖, 遲勇, 董長玉, 周謍順.

○ 조사내용 : 산성하고분군 보수 및 조사.

3) 1993년 조사

산성하고분군 보수 및 정리조사.

4) 1997년 조사

○ 조사기관 : 吉林省文物考古硏究所, 集安市博物館.

○ 조사내용 : 통구고분군 조사 및 실측. JSM066호묘를 봉토동실묘, JSM0665호묘를 적석묘로 조사하였는데 오류임.

5) 2004~2005년 조사

○ 조사기간, 조사기관 등에 대한 언급이 없으나 張福有, 孫仁杰, 遲勇 등이 집안 경내의 고구려유적을 전면 재조사하면서 정리함.

○ JSM0665호묘를 봉토묘, JSM0666호묘를 적석묘로 정정함.

○ 1997년 조사에서 누락된 두 고분을 '－'를 붙여 JSM－0666호묘와 JSM－0665호묘로 편호함.

○ 기존의 JSM0665호묘, JSM0666호묘와 더불어 새롭게 편호된 JSM－0665호묘, JSM－0666호묘가 서쪽에서 동쪽으로 순서대로 연접하고 있는 것을 확인함.

2. 위치와 자연환경(그림 1)

○ 산성하고분군 산성하편에 위치.

○ 해당 고분은 서쪽으로 약 6m에 JSM0725호묘 벽화묘가 있고, 동쪽으로 약 2m에 JSM0667호묘가 있으며, 남쪽으로 약 6m에 JSM0664호묘가 있으며, 북쪽으로 약 10m에 JSM0724호묘가 있음.

3. 고분의 현황

1) 고분 형식

○ 유형 : 봉토석실묘(『集安高句麗墓葬』).

○ 평면 : 외형은 원형, 묘실은 刀形.

○ 규모

－ 봉토 : 직경 10m, 높이 3m.

－ 묘실 : 남북 길이 2.2m, 동서 너비 2m, 현존 높이 1.7m.

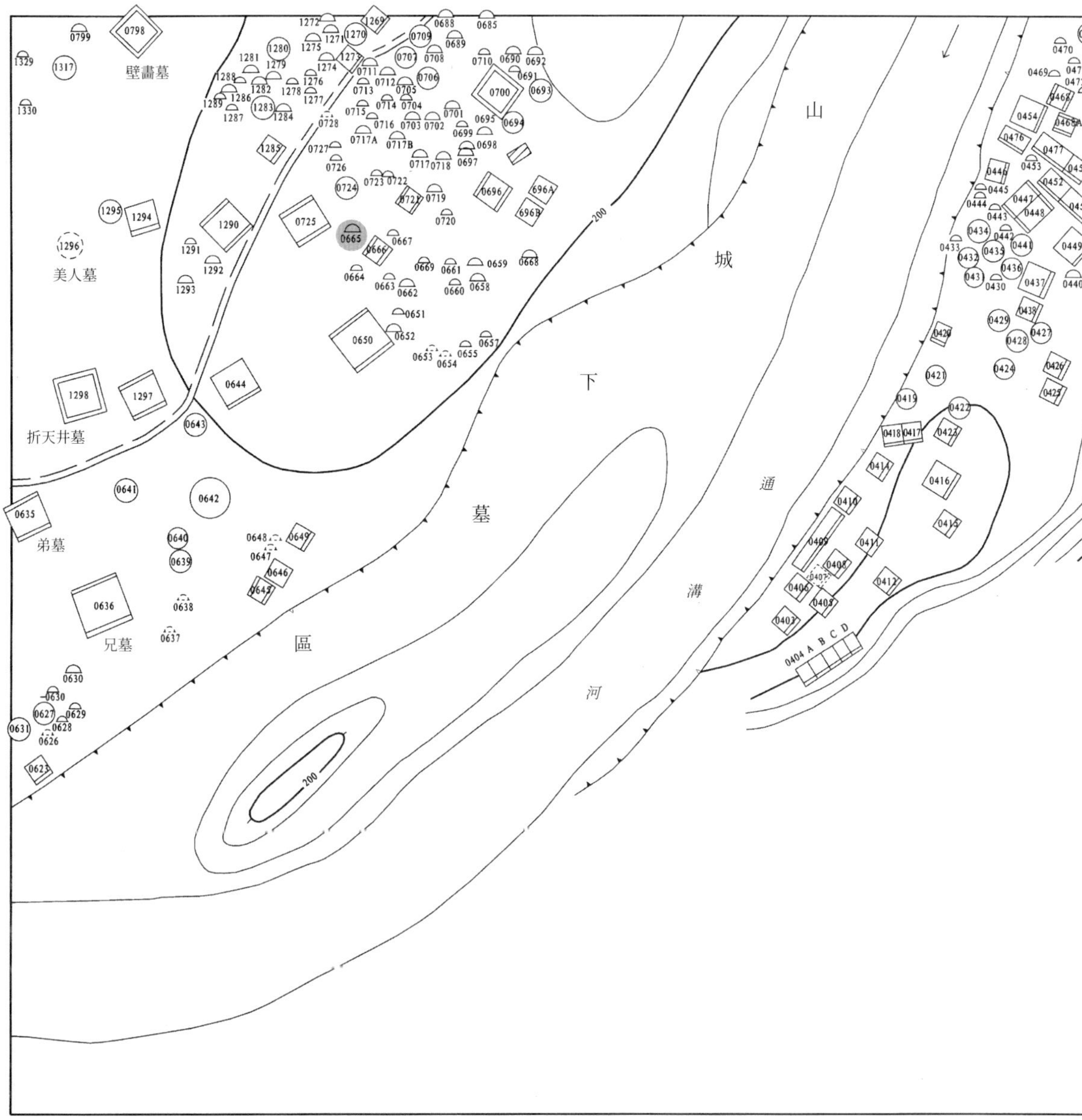

그림 1 산성하665호묘 위치도(『洞溝古墓群 - 1997年調査測繪報告』)[1]

- 묘도 : 길이 0.8m, 너비 0.7m, 높이 1m.

2) 고분 구조

○ 서에서 동으로 JSM0665호묘, JSM0666호묘, JSM - 0665호묘, JSM - 0666호묘가 하나의 연접묘를 이룸. JSM0665호묘만이 석실봉토묘이고 나머지 세 고분은 곽실봉석묘임.

○ JSM0665호묘는 석실이 지표에 축조되었는데 약간 가공을 거친 자연석으로 축조함. 묘실은 연도(墓道)가

1 『洞溝古墓群 - 1997年調査測繪報告』에는 산성하665호묘가 적석묘, 산성하666호묘가 봉토묘로 표현되었으나 『集安高句麗墓葬』에 의하면 산성하665호묘는 봉토석실묘, 산성하666호묘는 봉석곽실묘(적석묘)로 소개되어 고분위치를 수정함.

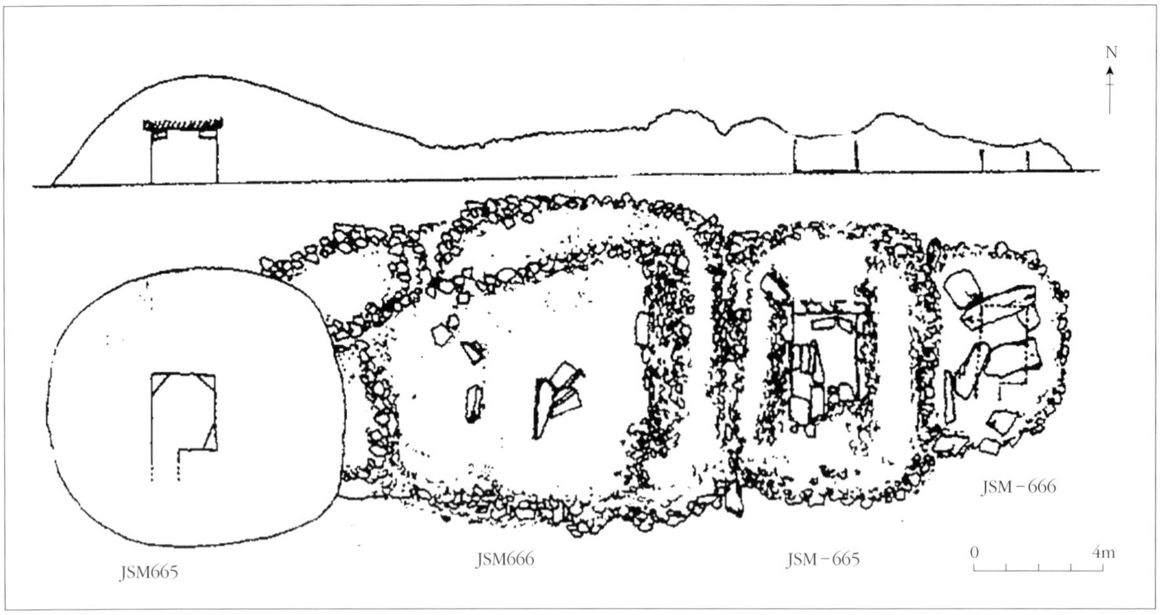

그림 2 산성하 665~−666호 연접묘의 평·단면도(『集安高句麗墓葬』)

동쪽을 향하고 있으며, 천장은 1층의 모줄임이고 그 위에는 커다란 판상석으로 천장을 덮음. 묘실 남벽의 서측에는 연도(墓道)가 있는데 그 상부는 판석으로 천장을 덮었으며, 연도(墓道)의 남측은 돌로 덮음. 묘실 외부는 황토로 덮음.

4. 역사적 성격

해당 고분이 포함된 연접묘는 적석묘와 봉토묘가 함께 연접을 이루고 있는데 이런 연접방식은 산성하고분군의 南大灣子 지역에서 발견되며, 그 외에는 산성하고분군의 JSM1271, JSM1275, JSM−1275호묘의 사례가 하나 있음. 이런 연접의 고분은 그 연대가 5세기 이후에 해당됨.

참고문헌

- 吉林省文物志編委會, 1984, 『集安縣文物志』.
- 吉林省文物考古研究所·集安市博物館, 2002, 『洞溝古墓群−1997年調查測繪報告』, 科學出版社.
- 孫仁杰·遲勇, 2007, 『集安高句麗墓葬』, 香港亞洲出版社.

19 집안 산성하0666호묘

集安 山城下0666號墓 | JSM0666

1. 조사현황

1) 1966년 조사

○ 조사기관 : 吉林省博物館, 集安縣文物保管所.

○ 조사내용 : 통구고분군 조사 및 실측.

2) 1983년 조사

○ 조사기관 : 集安市博物館.

○ 조사참여자 : 耿鐵華, 孫仁杰, 張雪巖, 遲勇, 董長玉, 周謍順.

○ 조사내용 : 산성하고분군 보수 및 조사.

3) 1993년 조사

산성하고분군 보수 및 정리조사.

4) 1997년 조사

○ 조사기관 : 吉林省文物考古研究所, 集安市博物館.

○ 조사내용 : 통구고분군 조사 및 실측. JSM066호묘를 봉토동실묘, JSM0665호묘를 적석묘로 조사하였는데 오류임.

5) 2004~2005년 조사

○ 조사기간, 조사기관 등에 대한 언급이 없으나 張福有, 孫仁杰, 遲勇 등이 집안 경내의 고구려유적을 전면 재조사하면서 정리함.

○ JSM0665호묘를 봉토묘, JSM0666호묘를 적석묘로 정정함.

○ 1997년 조사에서 누락된 두 고분을 '-'를 붙여 JSM-0666호묘와 JSM-0665호묘로 편호함.

○ 기존의 JSM0665호묘, JSM0666호묘와 더불어 새롭게 편호된 JSM-0665호묘, JSM-0666호묘가 서쪽에서 동쪽으로 순서대로 연접하고 있는 것을 확인함.

2. 위치와 자연환경(그림 1)

○ 산성하고분군 산성하편에 위치.

○ 해당 고분은 서쪽으로 약 6m에 JSM0725호묘 벽화묘가 있고, 동쪽으로 약 2m에 JSM0667호묘가 있으며, 남쪽으로 약 6m에 JSM0664호묘가 있으며, 북쪽으로 약 10m에 JSM0724호묘가 있음.

3. 고분의 현황

1) 고분 형식

○ 유형 : 봉석곽실묘(『集安高句麗墓葬』).

○ 규모 : 봉석무지는 남북 길이 10m, 동서 너비 10m, 잔존높이 1.3m(2007).

2) 고분 구조(그림 2)

○ 서에서 동으로 JSM0665호묘, JSM0666호묘,

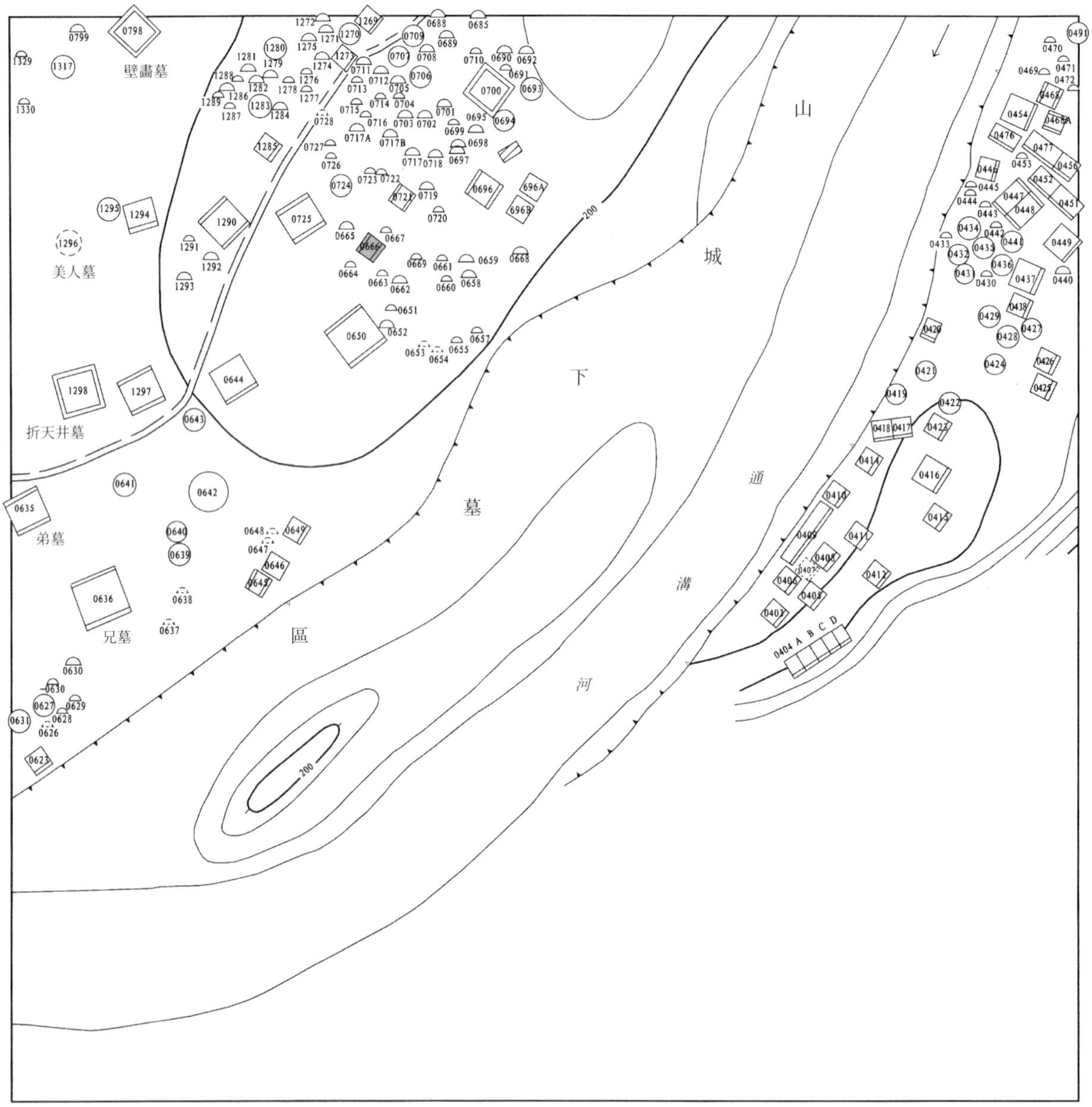

그림 1 산성하666호묘 위치도(『洞溝古墓群 – 1997年調査測繪報告』)

JSM – 0665호묘, JSM – 0666호묘가 하나의 연접묘를 이룸. JSM0665호묘만이 봉토석실묘이고 나머지 세 고분은 곽실봉석묘임.

○ JSM0666호묘는 심하게 파괴된 상태임. 봉석 무지가 헤쳐져 무덤 주위에 떨어졌으며, 고분 중앙부에는 곽실의 축조석 몇 개만 보일 뿐이고 이미 원래의 위치에 자리하고 있지 않음.

4. 역사적 성격

○ 해당 고분이 포함된 연접묘는 적석묘와 봉토묘가 함께 연접을 이루고 있는데 이런 연접방식은 산성하고분군의 南大灣子 지역에서 발견되며, 그 외에는 산성하고분군의 JSM1271, JSM1275, JSM – 1275호묘의 사례가 하나 있음. 이런 연접의 고분은 그 연대가 5세기 이후에 해당됨.

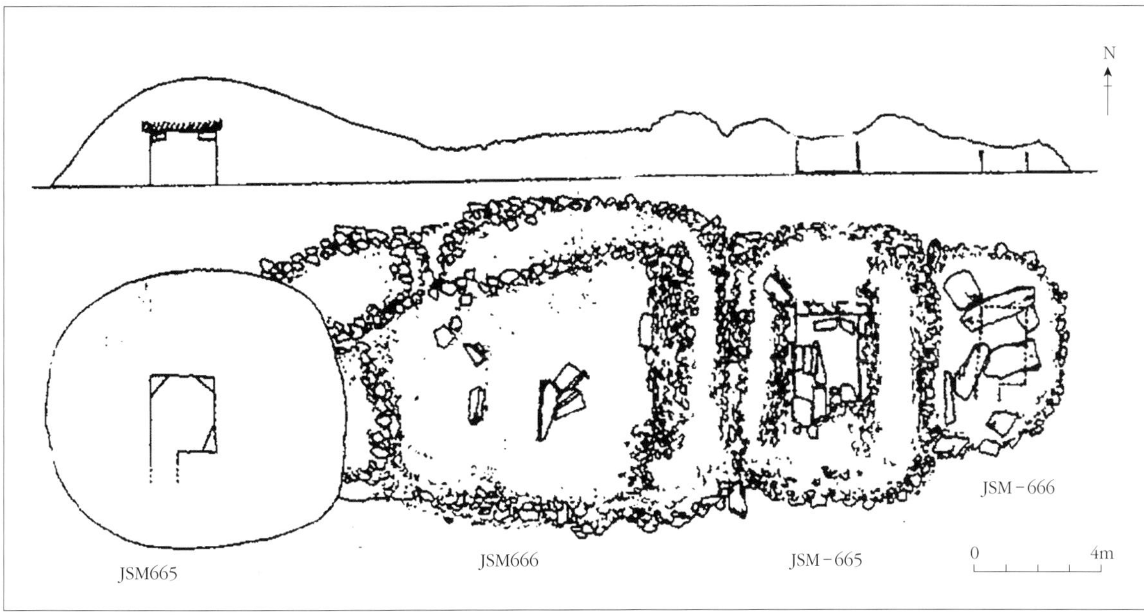

그림 2 산성하665~-666호 연접묘의 평·단면도(『集安高句麗墓葬』)

○ 보고자(『集安高句麗墓葬』)는 곽실로 표현하였으나, 천장석은 없지만 연도(墓道)와 묘실로 구성된 묘실 구조를 광실이라고 부르기도 함.

참고문헌

- 吉林省文物志編委會, 1984, 『集安縣文物志』.
- 吉林省文物考古研究所·集安市博物館, 2002, 『洞溝古墓群-1997年調查測繪報告』, 科學出版社.
- 孫仁杰·遲勇, 2007, 『集安高句麗墓葬』, 香港亞洲出版社.

20 집안 산성하-0665호묘

集安 山城下-0665號墓 | JSM-0665

1. 조사현황

1) 2004~2005년 조사

○ 조사기간, 조사기관 등에 대한 언급이 없으나 張福有, 孫仁杰, 遲勇 등이 집안 경내의 고구려유적을 전면 재조사하면서 정리함.

○ JSM0665호묘를 봉토묘, JSM0666호묘를 적석묘로 정정함.

○ 1997년 조사에서 누락된 두 고분을 '-'를 붙여 JSM-0666호묘와 JSM-0665호묘로 편호함.

○ 기존의 JSM0665호묘, JSM0666호묘와 더불어 새롭게 편호된 JSM-0665호묘, JSM-0666호묘가 서쪽에서 동쪽으로 순서대로 연접하고 있는 것을 확인함.

2. 위치와 자연환경

○ 산성하고분군 산성하편에 위치.

○ 해당 고분은 서쪽으로 약 6m에 JSM0725호묘 벽화묘가 있고, 동쪽으로 약 2m에 JSM0667호묘가 있으며, 남쪽으로 약 6m에 JSM0664호묘가 있으며, 북쪽으로 약 10m에 JSM0724호묘가 있음.

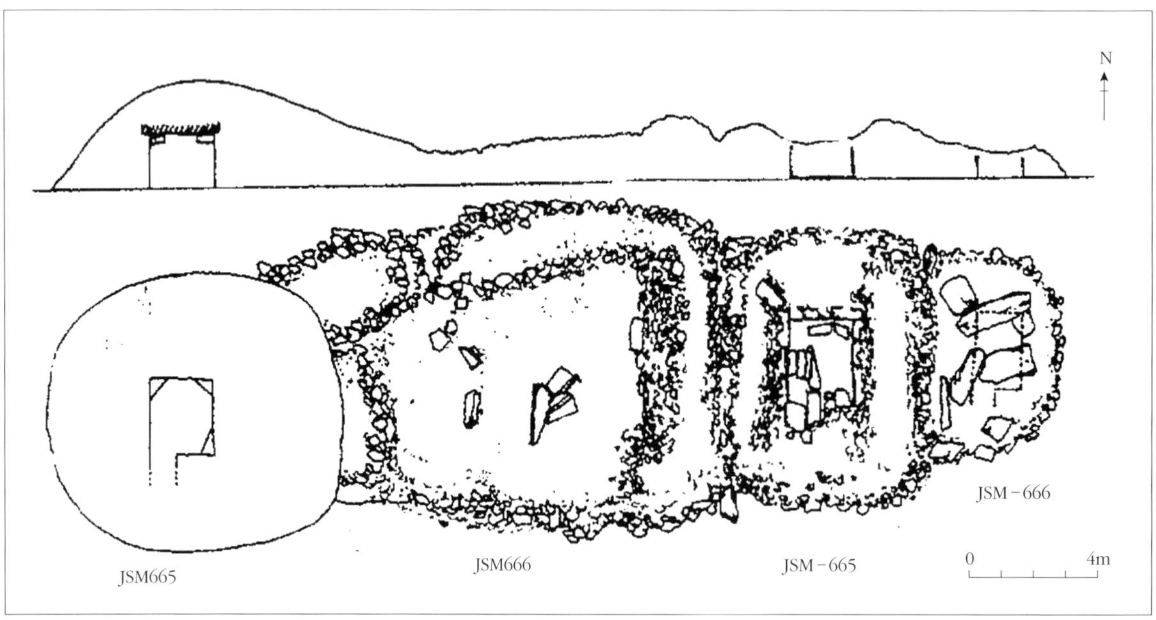

그림 1 산성하665~-666호 연접묘의 평·단면도(『集安高句麗墓葬』)

3. 고분의 현황

1) 고분 형식

○ 유형 : 봉석곽실묘(『集安高句麗墓葬』).

○ 평면 : 묘실은 刀形.

○ 규모

- 봉석 무지 : 남북 길이 8.2m, 동서 너비 6m, 높이 1.5m.
- 묘실 : 남북 길이 2.2m, 동서 너비 1.9m.
- 연도 : 길이 0.4m, 너비 0.6m.

2) 고분 구조(그림 1)

○ 서에서 동으로 JSM0665호묘, JSM0666호묘, JSM-0665호묘, JSM-0666호묘가 하나의 연접묘를 이룸. JSM0665호묘만이 봉토석실묘이고 나머지 세 고분은 곽실봉석묘임.

○ JSM-0665호묘는 JSM-0666호묘와 축조법은 동일한데 가운데에는 지표 위에 축조된 곽실이 있고, 곽실 남벽의 서측에는 묘도가 있음. 다만 JSM-0666호묘에 비해 곽실과 봉석무지가 더 큼. 곽실 상부는 이미 붕괴되어 높이가 분명하지 않음. 연도(墓道)의 남측은 돌로 막음. 마지막에는 산돌(碎山石)과 강자갈(河卵石)로 덮음.

4. 역사적 성격

○ 해당 고분이 포함된 연접묘는 적석묘와 봉토묘가 함께 연접을 이루고 있는데 이런 연접방식은 산성하고분군의 南大灣子 지역에서 발견되며, 그 외에는 산성하고분군의 JSM1271, JSM1275, JSM-1275호묘의 사례가 하나 있음. 이런 연접의 고분은 그 연대가 5세기 이후에 해당됨.

○ 보고자(『集安高句麗墓葬』)는 곽실로 표현하였으나, 천장석은 없지만 연도(墓道)와 묘실로 구성된 묘실 구조를 광실이라고 부르기도 함.

참고문헌

- 吉林省文物志編委會, 1984, 『集安縣文物志』.
- 吉林省文物考古研究所·集安市博物館, 2002, 『洞溝古墓群-1997年調査測繪報告』, 科學出版社.
- 孫仁杰·遲勇, 2007, 『集安高句麗墓葬』, 香港亞洲出版社.

21 집안 산성하-0666호묘

集安 山城下-0666號墓 | JSM-0666

1. 조사현황

1) 2004~2005년 조사

○ 조사기간, 조사기관 등에 대한 언급이 없으나 張福有, 孫仁杰, 遲勇 등이 집안 경내의 고구려유적을 전면 재조사하면서 정리함.

○ 1997년 조사에서 누락된 두 고분을 '-'를 붙여 JSM-0666호묘와 JSM-0665호묘로 편호함.

○ 기존의 JSM0665호묘, JSM0666호묘와 더불어 새롭게 편호된 JSM-0665호묘, JSM-0666호묘가 서쪽에서 동쪽으로 순서대로 연접되어 있는 것을 확인함.

2. 위치와 자연환경

○ 산성하고분군 산성하편에 위치.

○ 해당 고분은 서쪽으로 약 6m에 JSM0725호묘 벽화묘가 있고, 동쪽으로 약 2m에 JSM0667호묘가 있으며, 남쪽으로 약 6m에 JSM0664호묘가 있으며, 북쪽으로 약 10m에 JSM0724호묘가 있음.

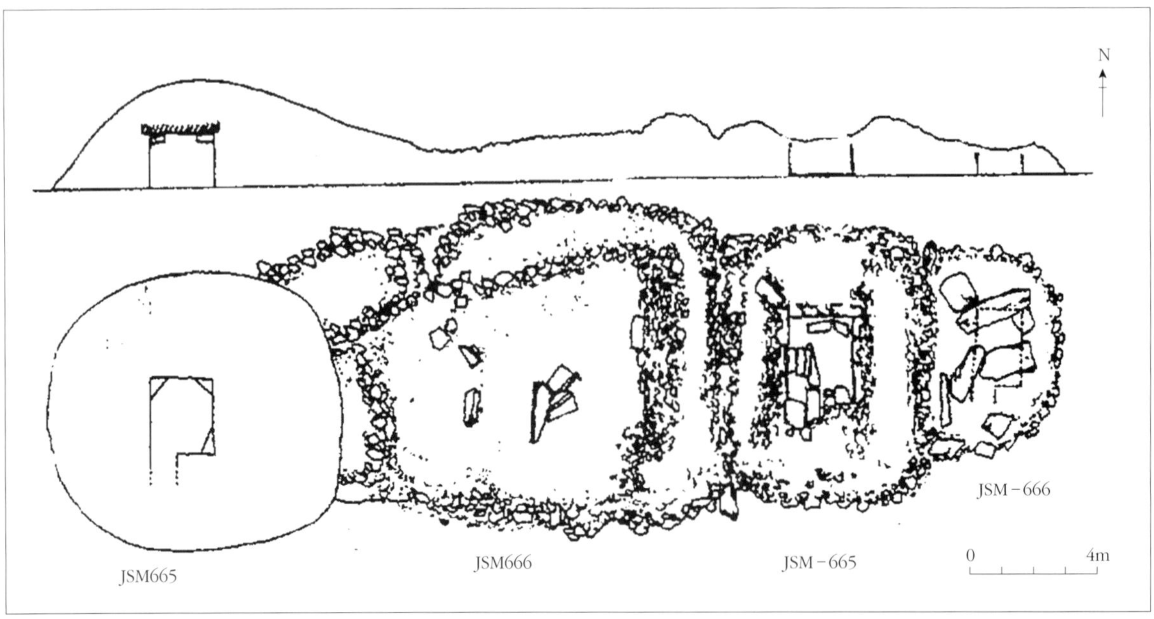

그림 1 산성하665~-666호 연접묘의 평·단면도(『集安高句麗墓葬』)

3. 고분의 현황

1) 고분 형식

○ 유형 : 봉석곽실묘(『集安高句麗墓葬』).

○ 평면 : 묘실은 刀形.

○ 규모

- 전체 : 남북 길이 6m, 동서 너비 4m이고 잔존높이는 1m가 안됨.
- 묘실 : 남북 길이 2.3m, 동서 너비 1.4m, 높이 0.9m.
- 연도 : 길이 0.5m, 너비 0.5m.

2) 고분 구조(그림 1)

○ 서에서 동으로 JSM0665호묘, JSM0666호묘, JSM-0665호묘, JSM-0666호묘가 하나의 연접묘를 이룸. JSM0665호묘만이 봉토석실묘이고 나머지 세 고분은 곽실봉석묘임.

○ JSM-0666호묘의 가운데에는 곽실이 있는데 곽실은 지표 위에 축조됨. 곽실 상부는 비교적 큰 석판으로 천장을 덮음. 곽실 남벽의 서측에 연도(墓道)가 있는데 그 상부가 결실되어 높이가 상세하지 않음. 마지막에 다시 산돌(碎山石)과 강자갈(河卵石)로 덮었는데 봉석의 크기는 0.2~0.3m 정도임.

4. 역사적 성격

○ 해당 고분이 포함된 연접묘는 적석묘와 봉토묘가 함께 연접을 이루고 있는데 이런 연접방식은 산성하고분군의 南大灣子 지역에서 발견되며, 그 외에는 산성하고분군의 JSM1271, JSM1275, JSM-1275호묘의 사례가 하나 있음. 이런 연접의 고분은 그 연대가 5세기 이후에 해당됨.

○ 보고자(『集安高句麗墓葬』)는 곽실로 표현하였으나, 천장석은 없지만 연도(墓道)와 묘실로 구성된 묘실 구조를 광실이라고 부르기도 함.

참고문헌

- 吉林省文物編委會, 1984, 『集安縣文物志』.
- 吉林省文物考古研究所·集安市博物館, 2002, 『洞溝古墓群-1997年調查測繪報告』, 科學出版社.
- 孫仁杰·遲勇, 2007, 『集安高句麗墓葬』, 香港亞洲出版社.

22 집안 산성하0823호묘

集安 山城下0823號墓 | JSM0823

1. 조사현황

1) 2004~2005년 조사

조사기간, 조사기관 등에 대한 언급이 없으나 張福有, 孫仁杰, 遲勇 등이 집안 경내의 고구려유적을 전면 재조사하면서 정리함.

2. 위치와 자연환경(그림 1)

○ 고분은 산성하고분군 南大灣子 동단에 위치.

○ 해당 고분의 동쪽 약 45m에 山城路가 있으며, 북측으로 2m여에는 JSM0825호묘가 있으며, 남으로 약 5m에는 JSM0824호묘가 있으며, 서로 약 30m에는 JSM0829호묘가 있음.

3. 고분의 현황

1) 고분 형식

○ 유형 : 대형계단적석석실묘(『洞溝古墓群 - 1997年調査測繪報告』), 계단적석석실묘(『集安高句麗墓葬』).

○ 평면 : 방형.

○ 방향 : 90°.

○ 규모

- 남북 길이 22m, 동서 길이 20m, 높이 6m(1997).
- 한 변 길이 21m, 현재 높이 6m 정도(2007).

2) 고분 구조

○ 고분의 하부 계단석은 붕괴된 봉석에 의해 대다수 묻혀 계단은 이미 명확하지 않음. 현재 고분 서변의 꼭대기에서 몇 개의 계단석만이 보이는데 회색의 석회암 석질을 다듬어 쌓음.

○ 현재 고분의 표면은 모두 강자갈(河卵石) 무지인데 강자갈 크기는 0.4~0.2m임. 강자갈의 외면에는 원래 축조된 계단이 있어야 하는데 현재 남아 있지 않음. 현지인에 의하면 해당 고분은 원래 5단 계단적석묘이고 돌로 축조된 묘실이 있었으며, 연도(墓道)는 서측에 있어 사람이 묘실로 진입할 수 있었다고 함.

○ 고분은 일찍 도굴당해 언제 열린 것인지 알 수 없는데 현재 연문(墓門)은 碎石으로 봉쇄됨.

○ 현존하는 정황을 관찰해보면 고분은 석실이 존재했을 가능성이 있음.

4. 역사적 성격

○ 고분의 조성연대를 태왕릉과 같을 것으로 추정하나 태왕릉과 동시기로 판단할 근거는 없음.

○ 분구는 계단상이고, 매장부는 석실로 보고한 점에서 볼 때 4세기 중엽 이전으로 올라갈 가능성은 희박하며, 축조의 중심 시기는 5세기대로 추정됨.

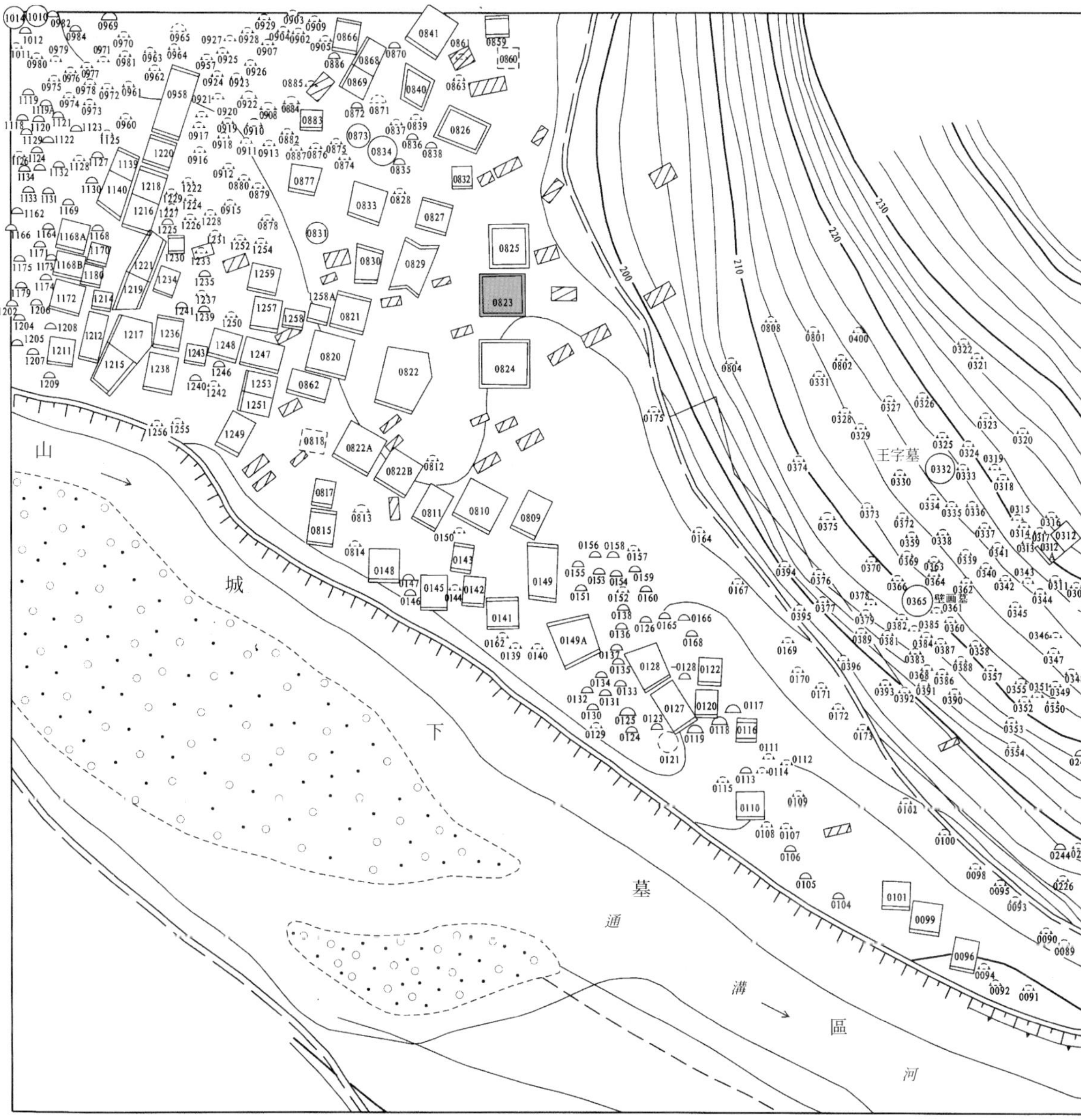

그림 1 산성하823호묘 위치도(『洞溝古墓群－1997年調查測繪報告』)

참고문헌

- 吉林省文物志編委會, 1984, 『集安縣文物志』.
- 吉林省文物考古研究所·集安市博物館, 2002, 『洞溝古墓群－1997年調查測繪報告』, 科學出版社.
- 孫仁杰·遲勇, 2007, 『集安高句麗墓葬』, 香港亞洲出版社.

23 집안 산성하0824호묘

集安 山城下0824號墓 | JSM0824

1. 조사현황

1) 1983년 조사

○ 조사기관 : 集安市博物館.

○ 조사자 : 耿鐵華, 孫仁杰, 張雪巖, 遲勇, 董長玉, 周營順.

○ 조사내용 : 산성하고분군 보수 및 조사.

2) 2004~2005년 조사

조사기간, 조사기관 등에 대한 언급이 없으나 張福有, 孫仁杰, 遲勇 등이 집안 경내의 고구려유적을 전면 재조사하면서 정리함.

2. 위치와 자연환경(그림 1)

○ 고분은 산성하고분군 南大灣子 동단에 위치.

○ 고분의 사방은 모두 通溝12組 주민들의 주택이며, 동으로 약 50m에 산성로가 있으며, 서로 약 30m에 JSM0822호묘가 있으며, 북으로 약 5m에 JSM0823호묘가 있으며, 남으로 약 100m에 통구하가 있음.

3. 고분의 현황

1) 고분 형식

○ 유형 : 대형계단적석석실묘(『洞溝古墓群 – 1997年調査測繪報告』), 계단적석석실묘(『集安高句麗墓葬』).

○ 평면 : 방형.

○ 방향 : 90°.

○ 규모

– 남북 길이 23m, 동서 길이 20m, 높이 5m(1997).

– 한 변 길이 23m, 현재 높이 약 5m(2007).

2) 고분 구조

(1) 계단

○ 고분은 일찍부터 도굴된 상태로 발견되었으며 조사 중에 어떤 유물도 발견되지 않음. 해당 고분의 사면은 계단으로 축조되었는데 일찍부터 4단 계단을 볼 수 있었으나 현재는 제1단 계단석이 미끄러져 내려온 봉석에 의해 묻혔고, 제2단과 제3단 계단석은 이미 전부 유실되어 제4단 계단석만 볼 수 있음. 계단석은 정연히 다듬어진 회색 석회암 석질로 축조되었는데 현재 계단석은 심하게 풍화되어 모서리가 이미 온전하지 못함. 서측의 제4단계단석은 현재 2층이 보이는데 계단석은 길이 1.1m, 너비 0.5m, 높이 0.3m이며 전체 높이는 0.6m임. 동측 제4단 계단은 현재 1층 계단석을 볼 수 있으나 어떤 것은 유실되거나 혹은 봉석에 묻혔으며,

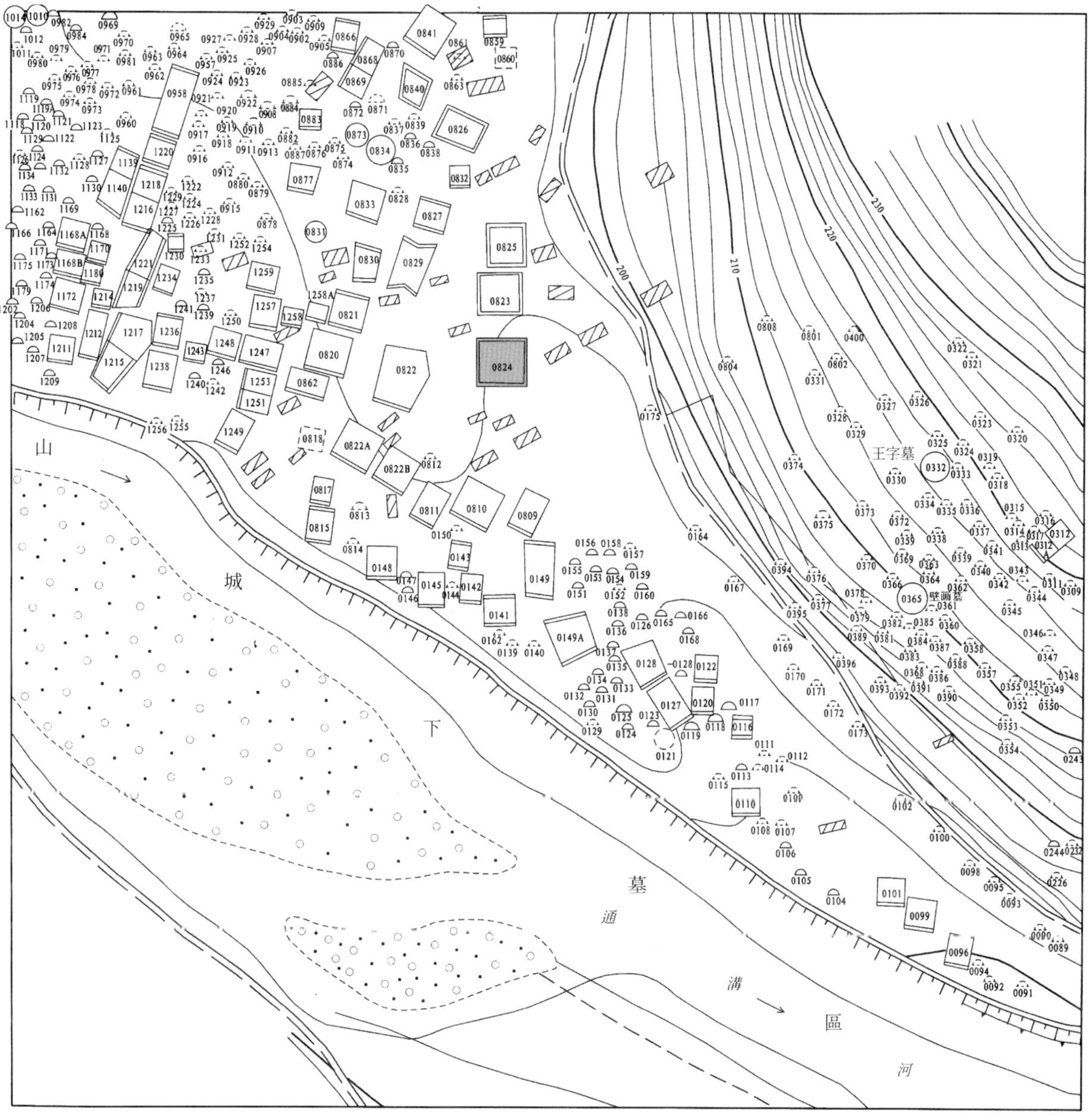

그림 1 산성하824호묘 위치도(『洞溝古墓群－1997年調査測繪報告』)

계단석은 길이 0.9m, 너비 0.5m, 높이 0.3m 정도임.

(2) 석실

해당 고분의 정상부에는 석실이 하나 있음. 석실의 서측에는 길이 약 3m, 너비 약 1.5m, 깊이 0.6m의 함몰갱이 하나 있는데 석실 묘도의 폐쇄부로 추정됨. 고분의 봉석은 강자갈(河卵石)이 대부분이고 산자갈(碎山石)이 소량 있음. 강자갈 크기는 일반적으로 0.2~0.1m 정도임.

4. 역사적 성격

고분의 축조법, 구조와 규모, 형식 등이 모두 JSM

0823호묘와 동일하여 태왕릉과 축조연대가 동일한 것으로 추정됨. 그러나 구조만으로 무덤 축조의 구체적 시기를 알 수는 없음.

참고문헌

- 吉林省文物志編委會, 1984, 『集安縣文物志』.
- 吉林省文物考古研究所·集安市博物館, 2002, 『洞溝古墓群-1997年調査測繪報告』, 科學出版社.
- 孫仁杰·遲勇, 2007, 『集安高句麗墓葬』, 香港亞洲出版社.

24 집안 산성하1071호묘

集安 山城下1071號墓 | JSM1071

1. 조사현황

1) 1993년 조사

산성하고분군을 보수 및 정리 조사하는데 해당 고분을 쌍실봉토묘로 확인함.

2) 1997년 조사

○ 조사기관 : 吉林省文物考古研究所, 集安市博物館.

○ 조사내용 : 통구고분군에 대한 조사 및 실측이 진행되었으나 『洞溝古墓群 - 1997年調査測繪報告』(2002)에서 누락됨.

3) 2004~2005년 조사

○ 조사기간, 조사기관 등에 대한 언급이 없으나 張福有, 孫仁杰, 遲勇 등이 집안 경내의 고구려유적을 전면 재조사하면서 정리함.

○ 1997년 조사 당시 누락된 해당 고분을 재차 JSM1071호묘로 편호함.

2. 위치와 자연환경

고분은 산성하고분군 南大灣子에 위치.

3. 고분의 현황

1) 고분 형식

○ 유형 : 봉토석실묘(『集安高句麗墓葬』).

○ 평면 : 동묘실은 정방형, 서묘실은 장방형.

○ 방향 : 150°.

○ 규모

- 동묘실 : 남북 길이 3.5m, 동서 너비 3.4m, 전체 높이 3.05m.
- 서묘실 : 남북 길이 2.7m, 동서 너비 2.6m, 전체 높이 3.1m.

2) 고분 구조(그림 1)

○ 해당 고분은 同墳異穴의 쌍실묘로 묘실이 동서로 배열되었음.

○ 동묘실이 서묘실보다 큼. 동묘실의 네 벽은 약간 안으로 기울어졌는데 천장에는 5층 평행고임과 2층 모줄임 고임을 설치하고, 그 위에 대석판으로 천장을 덮음.

(1) 묘실

① 동묘실

○ 묘실의 남벽 중앙부에는 甬道가 열려 있는데 동·서 양측의 甬道 길이가 불일치함. 甬道 동벽은 길이 1m, 서벽은 길이 0.75m이며, 연도의 너비는 1.3m, 높이

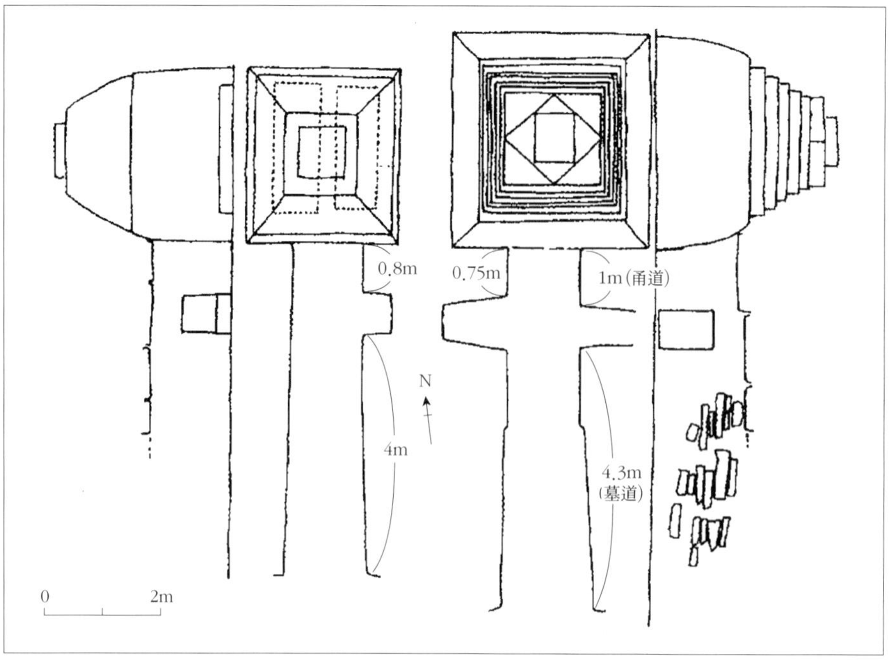

그림 1
산성하1071호묘의
평·단면도
(『集安高句麗墓葬』)

1.45m임.

○ 甬道의 남단에는 마주하는 두 감실을 접하고 있음. 동측 감실이 서측보다 작은데 모두 나팔 모양을 띰. 동측 감실은 안쪽 너비 0.5m, 바깥 너비 0.65m, 세로 길이 0.9m이며, 감실은 지면에서 0.1m 높음. 서측 감실은 안쪽 너비 0.55m, 바깥 너비 1m, 세로 길이 1.18m, 높이 1.5m이며, 감실은 지면보다 0.1m 높음.

○ 감실의 남벽은 墓道와 접하며, 밖으로 가면서 넓어짐. 남쪽 감실 끝에서 묘도 끝까지 길이 4.3m, 바깥 너비 1.55m, 안쪽 너비 1.3m, 높이 1.55m임. 외측 무덤길에 기댄 덮개돌은 대다수 결실되었으며, 墓道·甬道 및 감실 모두 백회를 말라 평평하게 하였으나 그 위에 벽화는 보이지 않음.

② 서묘실

○ 동묘실에서 0.85m 떨어진 곳에는 서묘실이 축조되었음.

○ 서묘실은 약간 장방형을 띠고 있으며, 묘실 네 벽은 비교적 곧으며, 상부의 천장은 四阿式이며, 다시 그 위에 2층 평행고임을 축조하고 그 위에 대형 판상석으로 덮음.

○ 묘실 안에는 동서로 2개의 관대(棺床)가 배치됨. 동측 관상은 약간 작은데 그 관상은 길이 2m, 너비 0.8m, 높이 0.25m이며, 서측 관상은 길이 2.15m, 너비 0.8m, 높이 0.25m임.

○ 묘실의 남벽 중앙부에는 甬道가 열려 있는데 길이 0.8m, 너비 1.2m, 높이 1.35m임.

○ 동측 甬道의 남단에는 감실이 접해 있는데 서측에서는 감실이 보이지 않음. 감실은 너비 0.65m, 세로 길이 0.5m, 높이 0.65m이며, 감실은 지표면으로부터 0.2m 높음.

○ 감실 남벽이 墓道와 접하며 밖으로 가면서 넓어짐. 감실 남쪽 끝에서 묘도 끝까지는 길이 4m, 바깥 너비 1.4m, 안쪽 너비 1.2m, 높이 1.36m이며, 묘도 바깥의 천장돌(蓋頂石)은 많이 결실됨.

○ 묘실과 甬道, 감실은 모두 백회가 발라져 있으나 그 표면에 벽화가 보이지 않음.

3) 기타

서묘실 안에서 일찍이 토기 잔편이 출토됨.

4. 역사적 성격

고분의 두 묘실 모두 봉토하였는데 이는 두 묘실 주인의 친연관계가 매우 밀접한 것을 설명함. 이런 동분이혈의 봉토쌍실묘는 통구고분군 가운데 비교적 많이 보이는데 우산고분군의 마조총이 이런 유형임. 따라서 해당 고분의 조성연대 역시 마조총과 동일한 5세기대로 추정됨.

참고문헌

- 吉林省文物志編委會, 1984, 『集安縣文物志』.
- 吉林省文物考古研究所·集安市博物館, 2002, 『洞溝古墓群-1997年調査測繪報告』, 科學出版社.
- 孫仁杰·遲勇, 2007, 『集安高句麗墓葬』, 香港亞洲出版社.

25 집안 산성하1294호묘

集安 山城下1294號墓 | JSM1294

1. 조사현황

1) 1966년 조사

○ 조사기관 : 吉林省博物館, 集安縣文物保管所.

○ 조사내용 : 산성하1294호묘(JSM1294)로 편호.

2) 1983년 조사

○ 조사기관 : 集安市博物館.

○ 조사참여자 : 耿鐵華, 孫仁杰, 張雪巖, 遲勇, 董長玉, 周營順.

○ 조사내용 : 산성하고분군 보수 및 조사.

3) 1993년 조사

산성하고분군 보수 및 정리조사.

4) 1997년 조사

○ 조사기관 : 吉林省文物考古研究所, 集安市博物館.

○ 조사내용 : 통구고분군 조사 및 측회.

5) 2004~2005년 조사

조사기간, 조사기관 등에 대한 언급이 없으나 張福有, 孫仁杰, 遲勇 등이 집안 경내의 고구려유적을 전면 재조사하면서 정리함.

2. 위치와 자연환경(그림 1)

○ 고분은 산성하고분군 산성하편에 위치.

○ 고분의 동쪽으로 15m에 JSM1290호묘, 서쪽으로 3m에 JSM1295호묘, 남쪽으로 40m에 JSM1297호묘, 북쪽으로 50m에 JSM798호묘가 자리하고 있음.

3. 고분의 현황

1) 고분 형식

○ 유형 : 유단적석석광묘(『洞溝古墓群 - 1997年調査測繪報告』), 계단적석광실묘(『集安高句麗墓葬』).

○ 평면 : 방형.

○ 방향 : 70°.

○ 규모

- 한 변 길이 14m, 높이 4.9m(1997).
- 한 변 길이 13m 정도, 높이 4m(2007).

2) 고분 구조

(1) 계단

○ 고분의 네 변은 계단으로 축조되었는데 현재 1단 계단이 보이고 있음.

○ 고분 네 모서리는 서남 모서리를 제외하고 나머지는 모두 정연한 거석으로 축조되었는데 높이가 1.3m임.

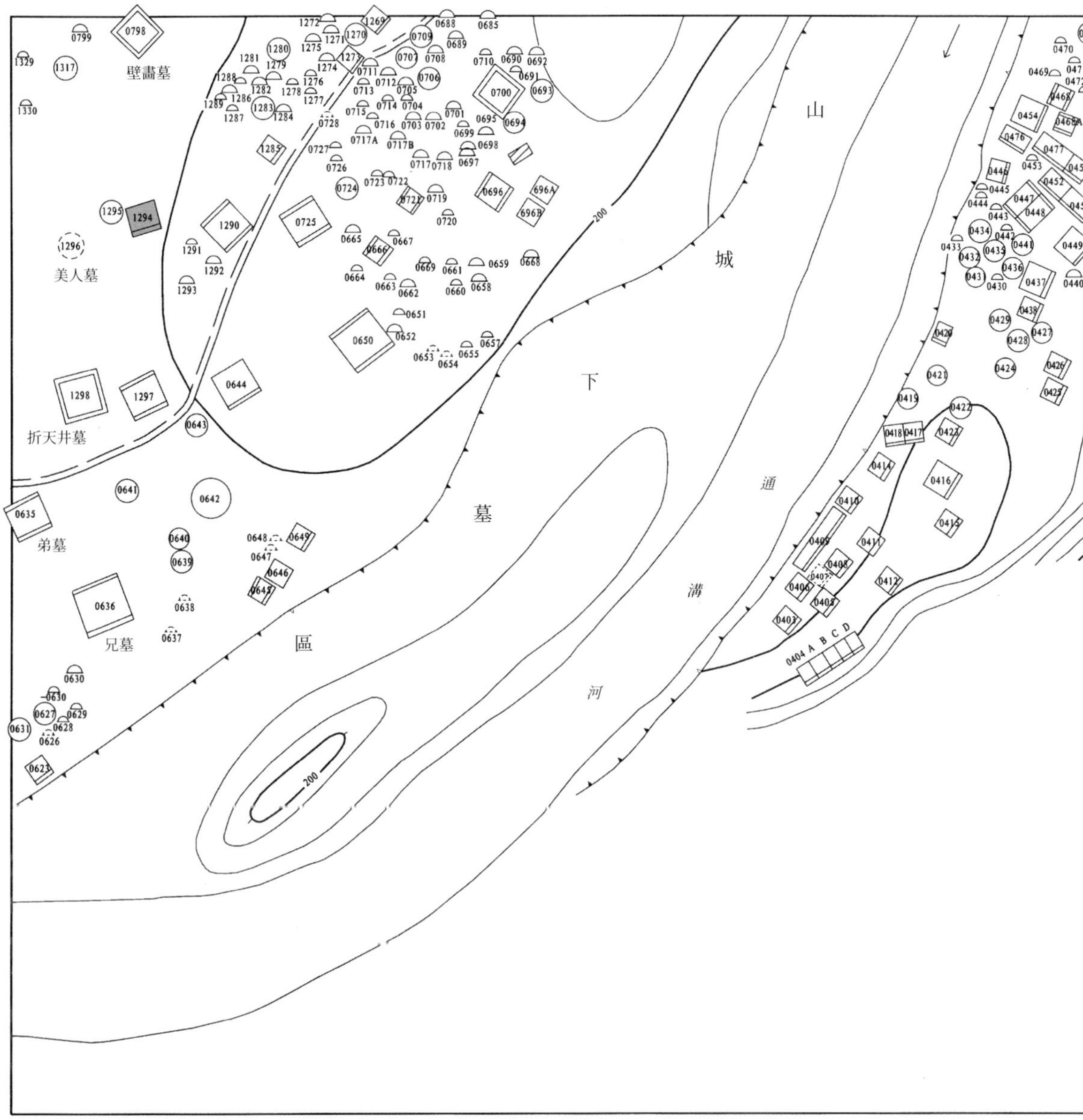

그림 1 산성하1294호묘 위치도(『洞溝古墓群－1997年調査測繪報告』)

○ 계단은 모두 약간 가공을 거친 화강암석으로 축조됨.

○ 북측 계단은 길이 13m, 계단 높이 1.3m로, 축조석이 2층인데 가장 큰 돌은 길이 0.9m, 너비 0.6m, 높이 0.8m임.

○ 서측 계단은 길이 13.3m, 높이 1.3m로, 축조석이 3층인데 돌 크기는 0.7×0.6×0.5m임.

○ 남측 계단은 길이 12.9m, 높이 1.3m로, 축조석은 3층인데 돌은 0.6×0.5×0.5m임.

○ 동측 계단은 길이 12.5m, 높이 1.3m로, 축조석은 3층인데 가장 큰 돌은 길이 0.8m, 너비 0.6m, 높이 0.6m임.

○ 분구의 봉석은 모두 강자갈(河卵石)인데 돌은 비교적 큰 편으로 0.5~0.2m임.

(2) 묘실

고분 정상의 중앙부에는 함몰갱이 하나 있는데 함몰갱은 4×4×1m로, 묘광의 위치로 추정됨.

4. 역사적 성격

고분의 성격을 구체적으로 알 수 없으나, 분구는 계단상이고 매장부는 석광이나 광실로 보고된 점으로 미루어 축조의 중심 시기는 4, 5세기로 추정됨.

참고문헌

- 吉林省文物志編委會, 1984,『集安縣文物志』.
- 吉林省文物考古研究所·集安市博物館, 2002,『洞溝古墓群-1997年調査測繪報告』, 科學出版社.
- 孫仁杰·遲勇, 2007,『集安高句麗墓葬』, 香港亞洲出版社.

26 집안 산성하1297호묘

集安 山城下1297號墓 | JSM1297

1. 조사현황

1) 1966년 조사

○ 조사기관 : 吉林省博物館, 集安縣文物保管所.

○ 조사내용 : 산성하1297호묘(JSM1297)로 편호.

2) 1983년 조사

○ 조사기관 : 集安市博物館.

○ 조사자 : 耿鐵華, 孫仁杰, 張雪巖, 遲勇, 董長玉, 周螢順.

○ 조사내용 : 산성하고분군 보수 및 조사.

3) 1993년 조사

산성하고분군 보수 및 정리조사.

4) 1997년 조사

○ 조사기관 : 吉林省文物考古研究所, 集安市博物館.

○ 조사내용 : 통구고분군 조사 및 측회.

5) 2004~2005년 조사

조사기간, 조사기관 등에 대한 언급이 없으나 張福有, 孫仁杰, 遲勇 등이 집안 경내의 고구려유적을 전면 재조사하면서 정리함.

2. 위치와 자연환경(그림 1)

○ 고분은 산성하고분군 산성하편에 위치.

○ 고분의 동쪽으로 20m에 JSM0644호묘, 서쪽으로 10m에 JSM1298호묘, 남쪽으로 60m에 JSM0636호묘 등이 자리하고 있음.

3. 고분의 현황

1) 고분 형식

○ 유형 : 대형계단적석석광묘(『洞溝古墓群 – 1997年調查測繪報告』), 계단적석광실묘(『集安高句麗墓葬』).

○ 평면 : 방형.

○ 방향 : 65°.

○ 규모

– 한 변 길이 17m, 높이 5m(1997).

– 한 변 길이 약 17m, 높이 4.2m(2007).

2) 고분 구조

(1) 계단

○ 고분 네 변의 길이가 고르지 않음.

○ 고분의 동·북 양측이 3단 계단이며, 서·남 양측은 2단 계단임. 계단석은 모두 가공된 정연한 화강암 석조로 축조함.

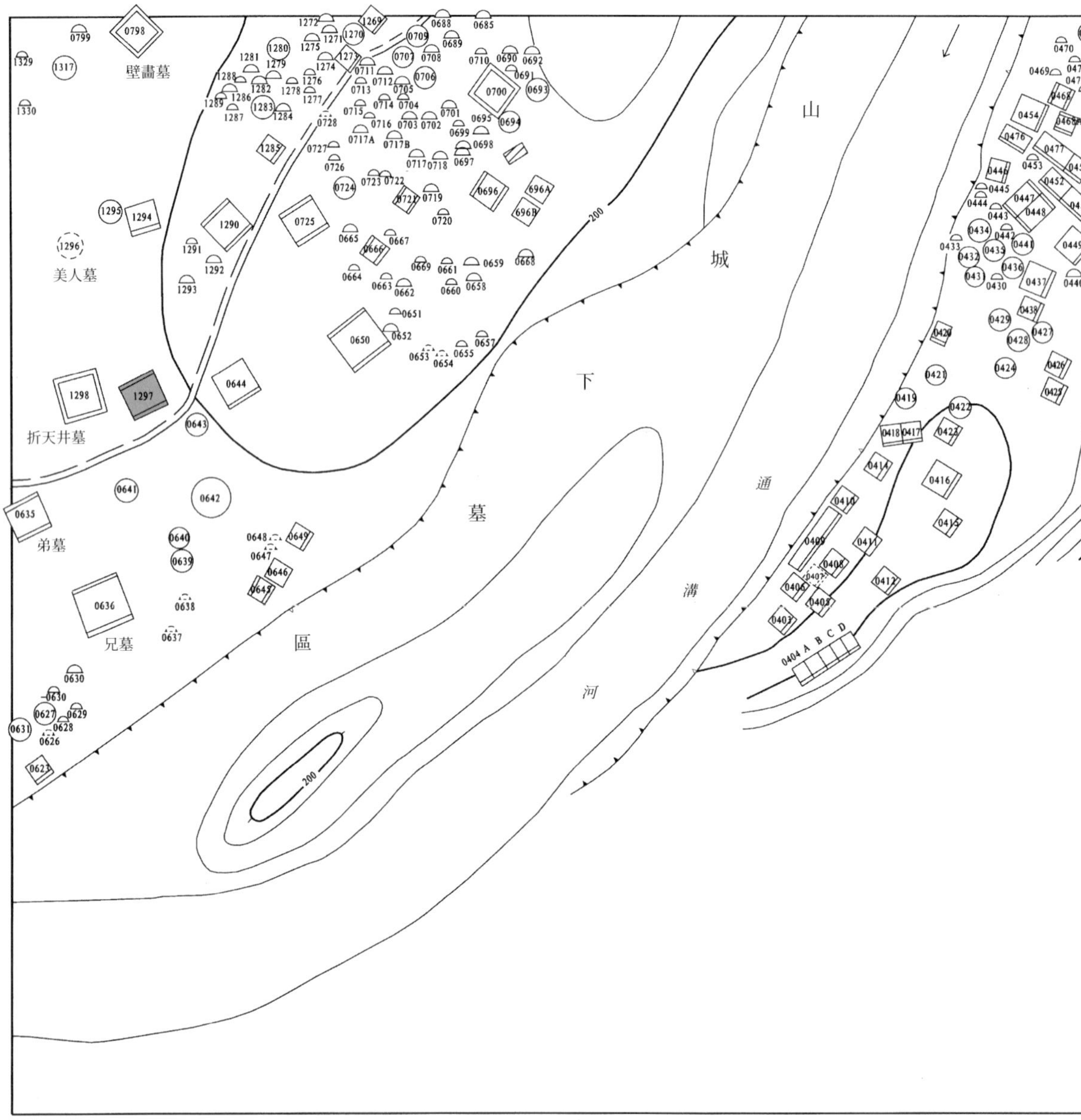

그림 1 산성하1297호묘 위치도(『洞溝古墓群－1997年調査測繪報告』)

○ 고분 서측은 한 변 길이 17.2m이고, 2단 계단으로 축조됨. 제1단 계단은 3층으로 축조되었는데 계단 높이 1.7m이며 축조석의 가장 큰돌은 길이 2.1m, 너비 0.6m, 높이 0.8m임. 제2단 계단은 제1단 계단 위에 안으로 0.8m 들여쌓았는데 계단은 길이 15.1m, 계단 높이 0.6m 정도임. 축조석은 2층인 가장 큰돌은 길이 0.6m, 너비 0.6m, 높이 0.4m임.

○ 고분 남면은 2단 계단으로 축조되었는데 제1단 계단은 길이 17m, 계단 높이 1.45m임. 축조석은 3～2층으로 고르지 않는데 가장 큰 돌은 길이 3m, 너비 1.1m임. 제2단 계단은 제1단 계단 위에 0.9m 들여쌓음.

○ 고분 동측에는 3단 계단이 있음. 제1단 계단은 한 변 길이 17.2m, 계단 높이는 1.4m이며, 축조석은

3층인데 가장 큰 돌은 길이 0.5m, 너비 0.4m, 높이 0.7m임. 제2단 계단은 제1단 계단 위에 안으로 0.8m 들여쌓았는데 한 변 길이 15.2m, 계단 높이 1.1m이며, 축조석은 3층임. 제3단 계단은 제2단 계단 위에 안으로 0.9m 들여쌓았는데 축조석은 1층으로 계단 높이는 0.5m임.

○ 고분의 북측에는 3단 계단이 축조되어 있음. 제1단 계단은 한 변 길이 16.8m, 계단 높이는 1.4m이며 축조석은 3층인데 가장 큰돌은 길이 1.2m, 너비 0.5m, 높이 0.8m임. 제2단 계단은 제1단 계단 위에 안으로 0.8m 들여쌓았는데 한 변 길이 15.2m, 계단 높이 0.7m이며, 축조석은 2층인데 가장 큰 돌은 1m 정도임. 제3단 계단은 제2단 계단 위에 안으로 0.8m 들여쌓았는데 잔존높이 8m이며, 축조석은 2층으로 계단 높이 0.7m임.

(2) 묘실

○ 고분 정상의 중앙부에는 동서 길이 5m, 남북 너비 4m, 깊이 1m인 함몰갱이 있는데 이는 광실로 추정됨.

○ 고분 정상의 봉석은 모두 강자갈(河卵石)로, 돌의 크기는 0.3~0.2m임.

○ 조사 중에 유물은 발견되지 않음.

4. 역사적 성격

고분의 구조, 형식, 축조방법 등이 모두 JSM0636 및 JSM0633호묘와 동일함. 따라서 고분의 축조연대 역시 두 고분과 비슷한 5세기대로 추정됨.

참고문헌

- 吉林省文物志編委會, 1984, 『集安縣文物志』.
- 吉林省文物考古研究所·集安市博物館, 2002, 『洞溝古墓群－1997年調查測繪報告』, 科學出版社.
- 孫仁杰·遲勇, 2007, 『集安高句麗墓葬』, 香港亞洲出版社.

27 집안 산성하1299호묘

集安 山城下1299號墓 | JSM1299

1. 조사현황

1) 1966년 조사

○ 조사기관 : 吉林省博物館, 集安縣文物保管所.

○ 조사내용 : 산성하1299호묘(JSM1299)로 편호.

2) 1983년 조사

○ 조사기관 : 集安市博物館.

○ 조사자 : 耿鐵華, 孫仁杰, 張雪巖, 遲勇, 董長玉, 周營順

○ 조사내용 : 산성하고분군 보수 및 조사.

3) 1993년 조사

산성하고분군 보수 및 정리조사.

4) 1997년 조사

○ 조사기관 : 吉林省文物考古研究所, 集安市博物館.

○ 조사내용 : 통구고분군 조사 및 실측.

5) 2004~2005년 조사

조사기간, 조사기관 등에 대한 언급이 없으나 張福有, 孫仁杰, 遲勇 등이 집안 경내의 고구려유적을 전면 재조사하면서 정리함.

2. 위치와 자연환경(그림 1)

○ 고분은 산성하고분군 산성하편에 위치.

○ 고분의 동쪽으로 20m에 JSM1298호묘, 북쪽으로 20m에 JSM1304호묘, 서쪽으로 20m에 JSM1301호묘, 남쪽으로 약 40m에 JSM0635호묘가 자리하고 있음.

3. 고분의 현황

1) 고분 형식

○ 유형 : 대형유단적석석광묘(『洞溝古墓群 - 1997年調查測繪報告』), 계단적석광실묘(『集安高句麗墓葬』).

○ 평면 : 방형.

○ 방향 : 묘향65°.

○ 규모

- 한 변 길이 16.5m, 높이 4.5m(1997).
- 한 변 길이 17.4m 정도(2007).

2) 고분 구조

(1) 계단

○ 고분의 네 면에는 계단이 축조되었는데 현재 1단 계단만이 존재함. 1단 계단의 최상층 돌의 표면에 홈을 만들었는데 홈은 너비 0.08m, 높이 0.02m 정도임.

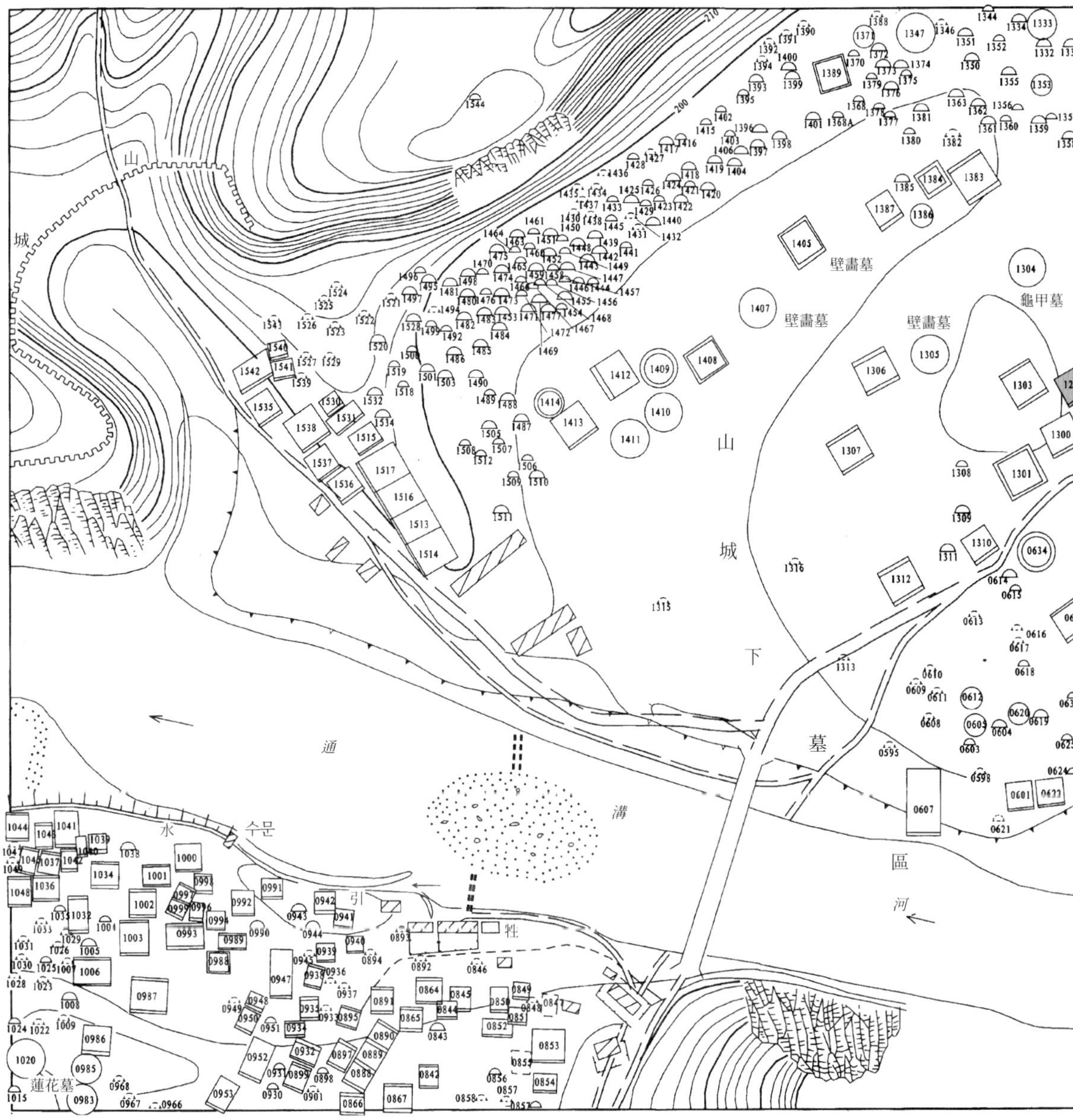

그림 1 산성하1299호묘 위치도(『洞溝古墓群－1997年調査測繪報告』)

○ 계단은 정교하게 가공된 화강암 대형 석재로 축조되었는데 계단 높이 1.2～1.4m 정도이며, 축조석은 2층임. 서측의 돌은 거대한데 가장 큰 돌은 길이 3.8m, 너비 0.6m, 높이 1.2m임. 북측 돌은 길이 1.5m, 너비 0.5m, 높이 1.1m임. 분구의 봉석은 비교적 큰데 모두 강자갈(河卵石)로 가장 큰 돌이 0.6m, 가장 작은 것이 0.2m임.

(2) 묘실

묘상 중앙부의 5×5×1m인 함몰갱은 묘광으로 추정됨.

4. 역사적 성격

고분의 성격을 구체적으로 알 수 없으나, 분구는 계단상이고, 계단석 둘레를 돌아가며 홈을 주어 상·하석을 맞물리도록 한 것으로 보아 무덤 축조의 중심 시기는 4세기 말에서 5세기대로 추정됨.

참고문헌

- 吉林省文物志編委會, 1984,『集安縣文物志』.
- 吉林省文物考古研究所·集安市博物館, 2002,『洞溝古墓群-1997年調査測繪報告』, 科學出版社.
- 孫仁杰·遲勇, 2007,『集安高句麗墓葬』, 香港亞洲出版社.

28 집안 산성하1301호묘

集安 山城下1301號墓 | JSM1301

1. 조사현황

1) 1966년 조사

○ 조사기관 : 吉林省博物館, 集安縣文物保管所.

○ 조사내용 : 산성하1301호묘(JSM1301)로 편호.

2) 1983년 조사

○ 조사기관 : 集安市博物館.

○ 조사참여자 : 耿鐵華, 孫仁杰, 張雪巖, 遲勇, 董長玉, 周營順.

○ 조사내용 : 산성하고분군 보수 및 조사.

3) 1993년 조사

산성하고분군 보수 및 정리조사.

4) 1997년 조사

○ 조사기관 : 吉林省文物考古研究所, 集安市博物館.

○ 조사내용 : 통구고분군 조사 및 측회.

5) 2004~2005년 조사

조사기간, 조사기관 등에 대한 언급이 없으나 張福有, 孫仁杰, 遲勇 등이 집안 경내의 고구려유적을 전면 재조사하면서 정리함.

2. 위치와 자연환경(그림 1)

○ 고분은 산성하고분군 산성하편에 위치.

○ 해당 고분의 남쪽으로 20m에 JSM0634호묘, 동쪽으로 10m에 JSM1300호묘, 북쪽으로 20m에 JSM1303호묘, 서쪽으로 20m에 JSM1308호묘가 자리하고 있음.

3. 고분의 현황

1) 고분 형식

○ 유형 : 대형계단적석석실묘(『洞溝古墓群 - 1997年調查測繪報告』), 계단적석광실묘(『集安高句麗墓葬』).

○ 평면 : 방형.

○ 방향 : 묘향 65°.

○ 규모

– 길이 23m, 너비 21m, 높이 6m(1997).

– 높이 5.3m 정도임(2007).

2) 고분 구조

(1) 계단

○ 고분 네 변의 길이가 고르지 않음.

○ 고분의 네 변에는 계단이 축조되어 있음. 현재 고분의 동·서 양측에는 3단 계단이 존재하고 있으며,

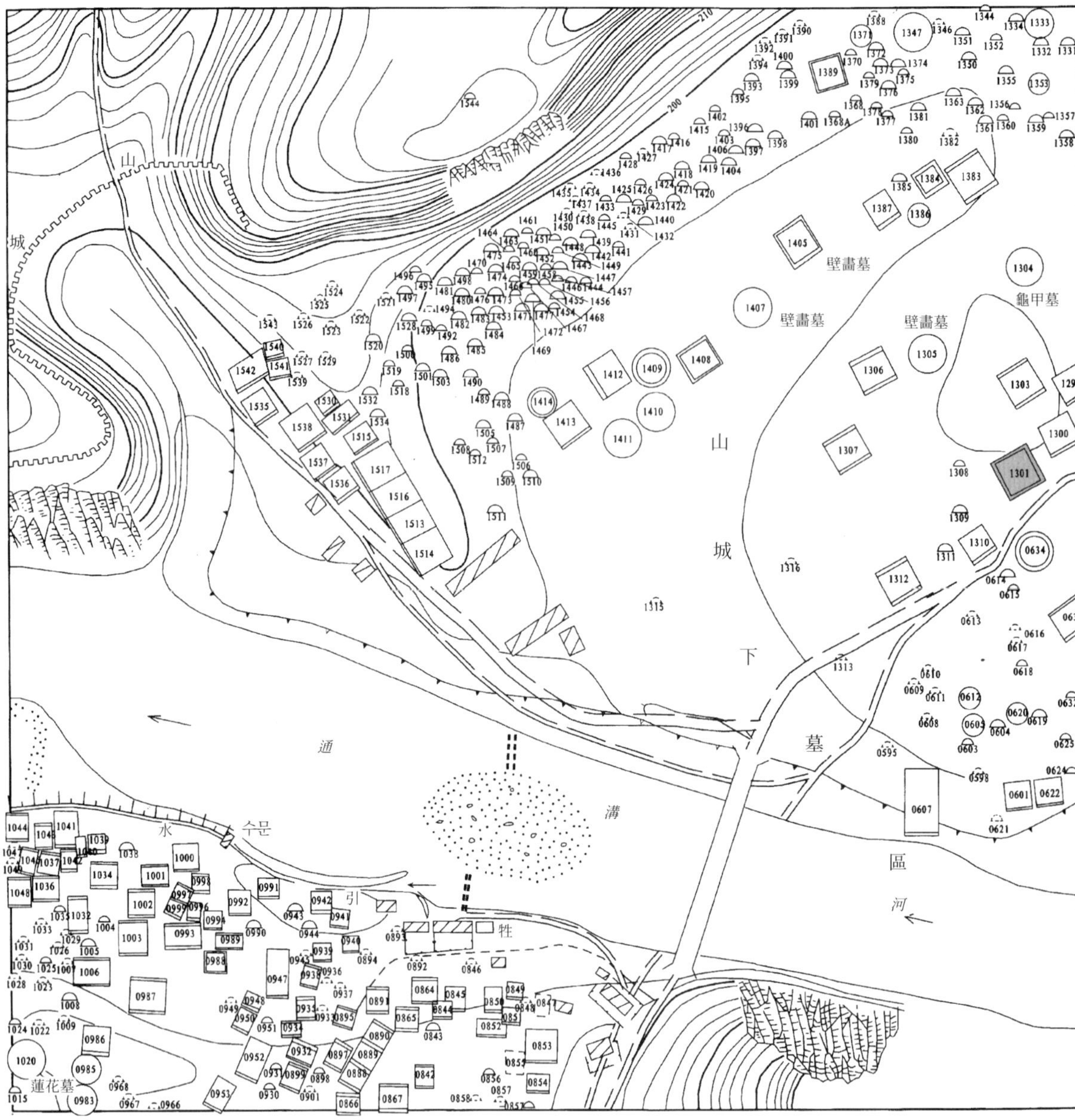

그림 1 산성하1301호묘 위치도(『洞溝古墓群－1997年調査測繪報告』)

서·남 양측에는 1단 계단만이 보임. 계단은 다듬어 가공하여 정연한 화강암 석조로 축조됨.

○ 고분의 동측은 3단으로 축조됨. 제1단 계단의 밑면 한 변의 길이 22.9m, 계단 높이 1.8m이며, 축조석은 4층인데 돌의 크기는 1×0.6×0.6m 정도임. 제2단 계단은 제1단 계단 위에 안으로 0.8m 들여쌓았는데 잔존길이 2m임. 축조석은 1층인데 계단 높이는 0.5m임. 제3단 계단은 잔존길이 5m, 계단 높이 0.5m 정도임.

○ 고분의 남측에는 1단 계단만 보이는데 밑면은 한 변의 길이 21.7m, 계단 높이 1.6m이며, 축조석은 4층인데 돌은 모두 0.9×0.5×0.4m 정도임.

○ 고분의 서측은 1단 계단만 보이는데 밑면은 한 변 길이 13.7m, 계단 높이 1.6m이며, 축조석은 4층인데 가장 큰 돌은 길이 1.6, 너비 0.6m, 높이 0.8m임.

○ 고분의 북측은 3단 계단으로 축조되었는데 제1단 계단의 밑면은 한 변 길이 22m, 계단 높이 1.8m이며, 4층으로 축조됨. 제2단 계단은 제1단 계단의 위에 0.9m 들여쌓았으며, 계단의 잔존길이 3.2m, 계단 높이 0.8m이며, 축조석은 2층으로 가장 큰 돌은 길이 0.6m, 너비 0.4m, 높이 0.4m임. 제3단 계단은 제2단 계단 위에 안으로 1m 정도 들여쌓았으며, 계단의 잔존 높이는 5m임. 축조석은 1층으로 계단 높이는 0.4m이고, 돌은 2·3계단석 보다 작음.
○ 고분 정상의 봉석은 모두 강자갈(河卵石)로 돌은 비교적 큰데 가장 큰 돌은 직경이 0.5m 정도이고, 작은 것은 0.3~0.2m 정도임.

(2) 묘실

고분 정상의 중앙부에는 4×4m의 석실이 있는데 현재 석실의 덮개돌은 유실되었으며, 석실은 개방되어 석실의 네 벽을 볼 수 있음. 석실 안은 고분 정상의 봉석에 의해 메워져 깊이가 명확하지 않음.

4. 역사적 성격

○ 매장부는 광실 또는 석실로 보고하였는데, 천장석이 원래부터 없었다면 광실일 것이나, 유실된 것이라면 석실일 가능성이 있음.
○ 사아천정총이 절천정묘(JSM1298)의 서쪽에 인접한 것으로 기록되었는데 현재 『통구고묘군』을 보면 1301호묘가 절천정총의 서쪽에 인접하여 있어 사아천정총일 가능성이 있음. 그러나 일제강점기에 사아천정총이라고 명명한 것은 천장이 있었기 때문인데, 현재 산성하1301호에서는 천장이 확인되지 않으므로 단정하기 어려움.

참고문헌

- 吉林省文物志編委會, 1984, 『集安縣文物志』.
- 吉林省文物考古研究所·集安市博物館, 2002, 『洞溝古墓群-1997年調査測繪報告』, 科學出版社.
- 孫仁杰·遲勇, 2007, 『集安高句麗墓葬』, 香港亞洲出版社.

참조	# 사아천정총 ## 四阿天井塚

1. 조사현황

1) 1913년 조사

○ 조사기관 : 조선총독부(촉탁).

○ 조사기간 : 9~12월.

○ 조사자 : 關野貞, 今西龍, 谷井濟一, 栗山俊一.

○ 조사내용 : 산성자 지역 조사 당시 關野貞이 천장 구조에 근거해 사아천정총이라 명명함.

○ 출판물 : 關野貞, 1914, 「滿洲輯安縣及び平壤附近に於ける高句麗の遺蹟」, 『考古學雜誌』 5권3-4호 ; 『朝鮮美術史』 재수록.

2) 1936년 조사

○ 조사기관 : 만주국 문교부 지원(집안현 고구려유적 제2회 조사).

○ 조사기간 : 9월 30일~10월 4일.

○ 조사자 : 池內宏, 濱田耕作, 梅原末治, 黑田源次, 三上次男.

○ 조사유적 : 통구 지역의 산성과 고분 등을 조사하였는데 산성하고분군은 梅原末治가 직접 조사함.

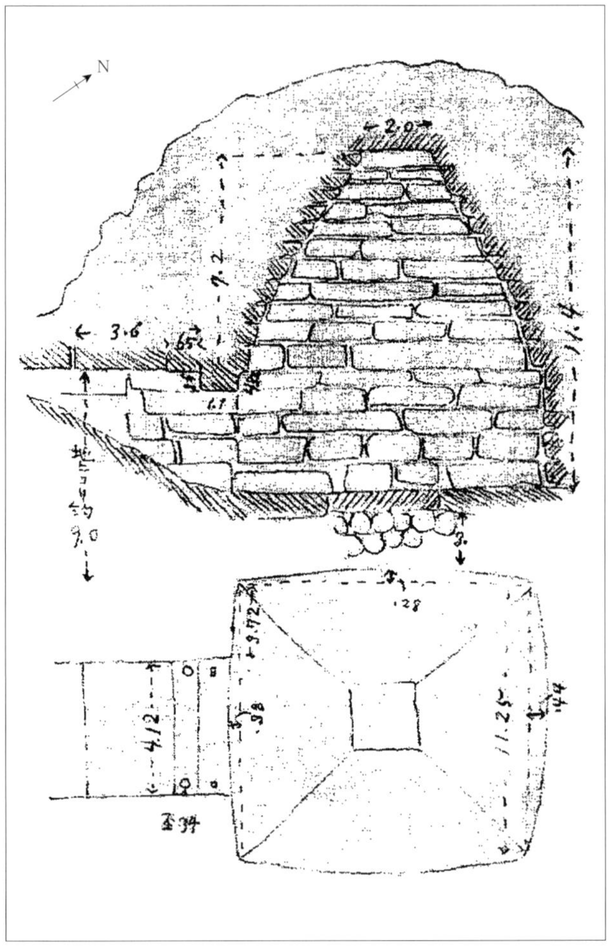

그림 2 사아천정총 평·단면도(『朝鮮の建築と藝術』, 1941)

2. 고분 위치와 구조

○ 산성하고분군의 절천정묘(JSM1298)의 서쪽에 바로 인접해 있음.

○ 사아천정총은 적석묘이며, 묘실벽 상부의 네 모서리가 점차 안으로 기울게 축조되어 천장 덮개돌이 매우 작음.

참고문헌

- 關野貞, 1914,「滿洲輯安縣及び平壤附近に於ける高句麗の遺蹟」,『考古學雜誌』5권 3-4호 ; 1941,『朝鮮の建築と藝術』재수록.
- 梅原末治, 1939,「高句麗の墓制に就いて」,『史林』24-1 ; 1947,『朝鮮古代の墓制』.
- 三宅俊成, 1975,「輯安縣城附近の高句麗の遺跡と遺物」,『東北アジア考古學の研究』, 國書刊行會, 東京.
- 永島暉臣慎, 1988,「集安の高句麗遺跡」,『好太王碑と集安の壁畵古墳』, 木耳社.

29 집안 산성하1303호묘

集安 山城下1303號墓 | JSM1303

1. 조사현황

1) 1966년 조사

○ 조사기관 : 吉林省博物館, 集安縣文物保管所.

○ 조사내용 : 산성하1303호묘(JSM1303)로 편호.

2) 1983년 조사

○ 조사기관 : 集安市博物館.

○ 조사자 : 耿鐵華, 孫仁杰, 張雪巖, 遲勇, 董長玉, 周甞順.

○ 조사내용 : 산성하고분군 보수 및 조사.

3) 1993년 조사

산성하고분군 보수 및 정리조사.

4) 1997년 조사

○ 조사기관 : 吉林省文物考古研究所, 集安市博物館.

○ 조사내용 : 통구고분군 조사 및 측회.

5) 2004~2005년 조사

조사기간, 조사기관 등에 대한 언급이 없으나 張福有, 孫仁杰, 遲勇 등이 집안 경내의 고구려유적을 전면 재조사하면서 정리함.

2. 위치와 자연환경(그림 1)

○ 고분은 산성하고분군 산성하편에 위치.

○ 고분의 북쪽으로 30m에 JSM1304호묘, 동쪽으로 30m에 JSM1299호묘, 남쪽으로 20m에 JSM1301호묘, 서쪽으로 20m에 JSM1305호묘가 각기 자리하고 있음.

3. 고분의 현황

1) 고분 형식

○ 유형 : 대형계단적석석광묘(『洞溝古墓群 - 1997年調査測繪報告』), 계단적석광실묘(『集安高句麗墓葬』).

○ 평면 : 방형.

○ 방향 : 70°.

○ 규모 : 분구 한 변 길이 18m, 높이 5m(1997).

2) 고분 구조

(1) 계단

○ 고분 네 변에는 계단이 축조되어 있음. 계단은 가공하여 정연한 석회암질 장대석으로 축조되었으며, 장대석의 표면은 모두 심하게 풍화됨.

○ 고분의 남측 계단에는 2단의 계단이 있음. 제1단 계단은 길이 17.6m, 계단 높이 1.6m로, 5층이 축조되

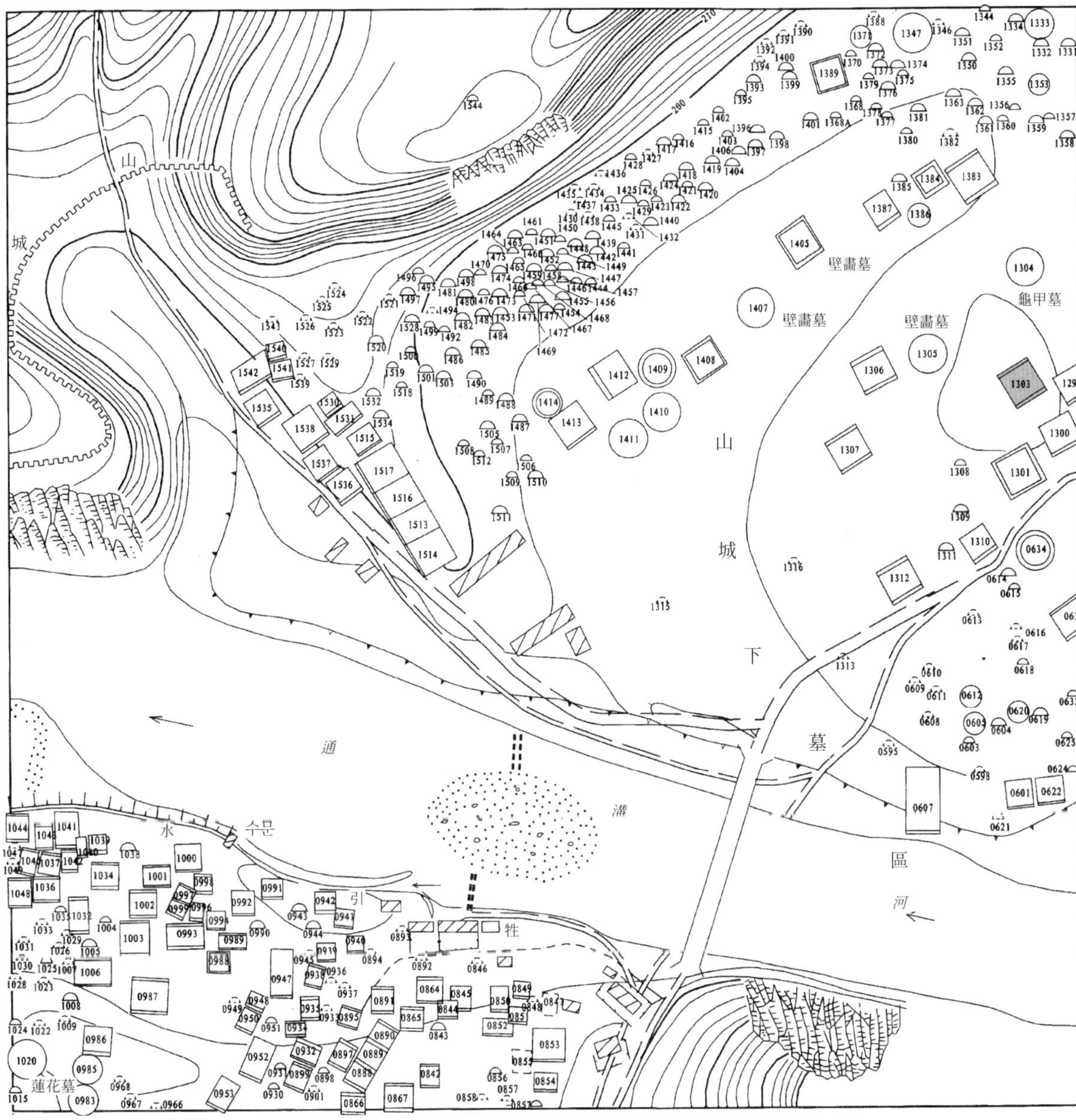

그림 1 산성하1303호묘 위치도(『洞溝古墓群－1997年調査測繪報告』)

었는데 돌은 비교적 균등하여 일반적으로 0.6×0.4×0.3m 정도임. 제2단 계단은 제1단 계단 위에 안으로 0.8m 들여쌓았는데 동·서 양측 계단은 부분적으로 유실됨. 계단 길이 15.5m, 계단 높이 0.4m이며, 축조석이 2층임.

○ 고분 서측에는 1단 계단이 현존하는데 길이 17.5m, 계단 높이 1.6m이며, 축조석이 5층임.

○ 고분 북측에는 1단 계단이 현존하는데 길이 17.3m, 계단 높이 1.6m이며, 축조석이 5층이 있음.

○ 고분 동측에는 2단 계단이 축조되어 있는데 제1단 계단은 길이 18m, 높이 1.6m이며 5층으로 축조되어 있음. 제2단 계단은 제1단 계단 위에 안으로 0.8m 들여쌓았음. 계단의 양측은 부분적으로 유실되었는데 현존 길이 14.5m, 높이 0.5m이며, 축조석이 2층이 있음.

○ 고분 정상의 봉석은 모두 강자갈(河卵石)인데 돌은 비교적 큰 편으로 일반적으로 0.4~0.2m임.

(2) 묘실

고분 정상의 상부에는 함몰갱이 하나 있음. 함몰갱은 5×5×1m인데 석광으로 추정됨.

4. 역사적 성격

고분의 성격을 구체적으로 알 수 없으나, 분구는 계단상이고, 매장부는 석광이나 광실인 점으로 미루어 무덤의 축조 시기는 4, 5세기대로 추정됨.

참고문헌

- 吉林省文物志編委會, 1984, 『集安縣文物志』.
- 吉林省文物考古研究所·集安市博物館, 2002, 『洞溝古墓群-1997年調查測繪報告』, 科學出版社.
- 孫仁杰·遲勇, 2007, 『集安高句麗墓葬』, 香港亞洲出版社.

30 집안 산성하1383호묘

集安 山城下1383號墓 | JSM1383

1. 조사현황

1) 1966년 조사

○ 조사기관 : 吉林省博物館, 集安縣文物保管所.

○ 조사내용 : 산성하1383호묘(JSM1383)로 편호.

2) 1983년 조사

○ 조사기관 : 集安市博物館.

○ 조사자 : 耿鐵華, 孫仁杰, 張雪巖, 遲勇, 董長玉, 周螢順.

○ 조사내용 : 산성하고분군 보수 및 조사.

3) 1993년 조사

산성하고분군 보수 및 정리조사.

4) 1997년 조사

○ 조사기관 : 吉林省文物考古研究所, 集安市博物館.

○ 조사내용 : 통구고분군 조사 및 측회.

5) 2004~2005년 조사

조사기간, 조사기관 등에 대한 언급이 없으나 張福有, 孫仁杰, 遲勇 등이 집안 경내의 고구려유적을 전면 재조사하면서 정리함.

2. 위치와 자연환경(그림 1)

○ 고분은 산성하고분군 산성하편에 위치.

○ 고분의 서쪽으로 5m에 JSM1384호묘, 북쪽으로 20m에 JSM1361호묘, 남쪽으로 50m에 JSM1304호묘가 자리하고 있음.

3. 고분의 현황

1) 고분 형식

○ 유형 : 대형계단적석석광묘(『洞溝古墓群 - 1997年調查測繪報告』), 계단적석광실묘(『集安高句麗墓葬』).

○ 평면 : 방형.

○ 방향 : 70°.

○ 규모

- 한 변 길이 18m, 높이 3m(1997).
- 한 변 길이 17m 정도, 높이 4.3m(2007).

2) 고분 구조

(1) 계단

○ 고분의 네 변에 계단이 축조되었는데 현재 고분의 네 측면에서 1단 계단만이 보임. 계단은 약간 가공을 거친 화강암석으로 축조하였는데 가장 큰 돌이 길이 2.2m, 너비 0.6m, 높이 1.1m임.

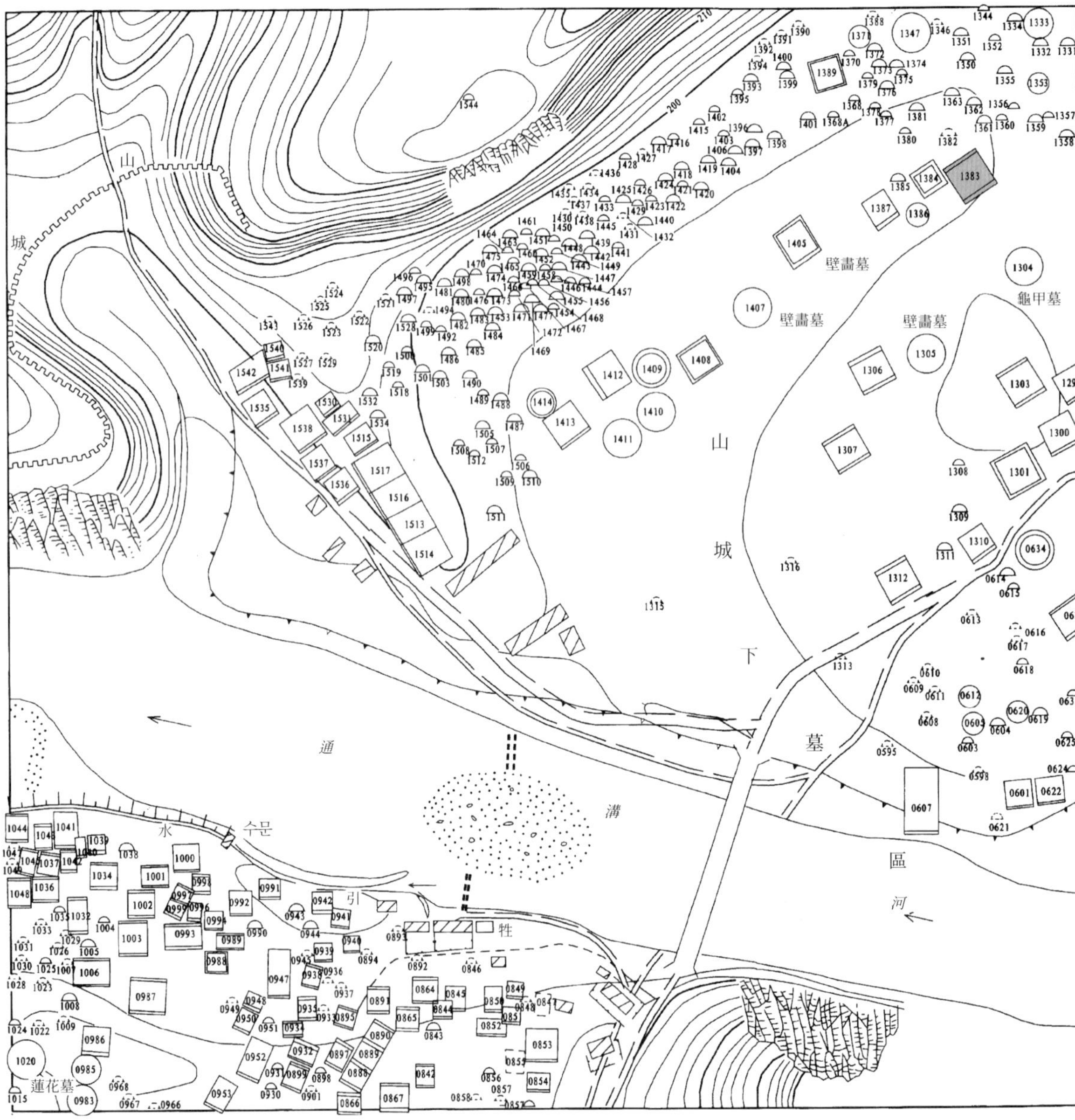

그림 1 산성하1383호묘 위치도(『洞溝古墓群－1997年調査測繪報告』)

○ 묘의 동·북 양측 계단은 축조석이 2층이며, 계단의 높이는 1.1～1.3m임.

○ 묘의 서·남 양측 계단은 축조석이 3층이며, 계단의 높이는 1.2～1.7m임.

○ 묘의 동·서·북 3면의 계단 밖에는 호분석이 보임. 호분석은 가공을 거치지 않은 자연석을 사용함. 현재 서측에는 호분석 1개가 남아 있는데 호분석은 길이 1.8m, 너비 0.7m, 두께 0.4m임. 묘의 북측에는 호분석 3개가 현존하는데 호분석 간의 거리는 5m 정도이며, 돌은 길이 1.5m, 너비 0.8m, 두께 0.3m임. 묘 동측의 호분석은 길이 1.5m, 너비 0.9m, 두께 0.5m임.

○ 고분 정상의 봉석은 모두 강자갈(河卵石)인데 돌은 0.4～0.2m임.

(2) 묘실

분구 상부 중간에 길이와 너비가 각 4m, 깊이가 1m인 함몰갱이 있는데 묘광으로 추정됨.

4. 역사적 성격

고분은 자세히 보고되지 않아 그 성격을 알 수 없으나, 계단적석총임. 매장부가 석광 또는 광실로 보고된 점으로 미루어 무덤의 축조는 4세기 중엽 이후부터 5세기대의 어느 시점에 축조된 것으로 추정됨.

참고문헌

- 吉林省文物志編委會, 1984, 『集安縣文物志』.
- 吉林省文物考古研究所·集安市博物館, 2002, 『洞溝古墓群-1997年調査測繪報告』, 科學出版社.
- 孫仁杰·遲勇, 2007, 『集安高句麗墓葬』, 香港亞洲出版社.

31 집안 산성하1384호묘

集安 山城下1384號墓 | JSM1384

1. 조사현황

1) 1966년 조사

○ 조사기관 : 吉林省博物館, 集安縣文物保管所.

○ 조사내용 : 산성하1384호묘(JSM1384)로 편호.

2) 1983년 조사

○ 조사기관 : 集安市博物館.

○ 조사자 : 耿鐵華, 孫仁杰, 張雪巖, 遲勇, 董長玉, 周營順.

○ 조사내용 : 산성하고분군 보수 및 조사.

3) 1993년 조사

산성하고분군 보수 및 정리조사.

4) 1997년 조사

○ 조사기관 : 吉林省文物考古研究所, 集安市博物館.

○ 조사내용 : 통구고분군 조사 및 실측.

5) 2004~2005년 조사

조사기간, 조사기관 등에 대한 언급이 없으나 張福有, 孫仁杰, 遲勇 등이 집안 경내의 고구려유적을 전면 재조사하면서 정리함.

2. 위치와 자연환경(그림 1)

○ 고분은 산성하고분군 산성하편에 위치.

○ 고분의 동쪽으로 3m에 JSM1383호묘, 서쪽으로 5m에 JSM1385호묘, 남쪽으로 10m에 JSM1386호묘, 북쪽으로 10m에 JSM1380호묘가 자리잡고 있음.

3. 고분의 현황

1) 고분 형식

○ 유형 : 계단적석석실묘(『洞溝古墓群－1997年調查測繪報告』), 계단적석광실묘(『集安高句麗墓葬』).

○ 평면 : 방형.

○ 방향 : 75°.

○ 규모

- 한 변 길이 14m, 높이 3m(1997).
- 한 변 길이 13.7m, 높이 4.1m(2007).

2) 고분 구조

(1) 계단

○ 고분의 네 변은 계단식인데 현재 1단 계단만이 보임. 계단은 약간 가공을 거친 화강암석으로 축조함. 네 변의 축조석은 모두 2층인데 돌의 크기는 0.7×0.5×0.4m 정도이며, 계단 높이는 0.7~0.9m임.

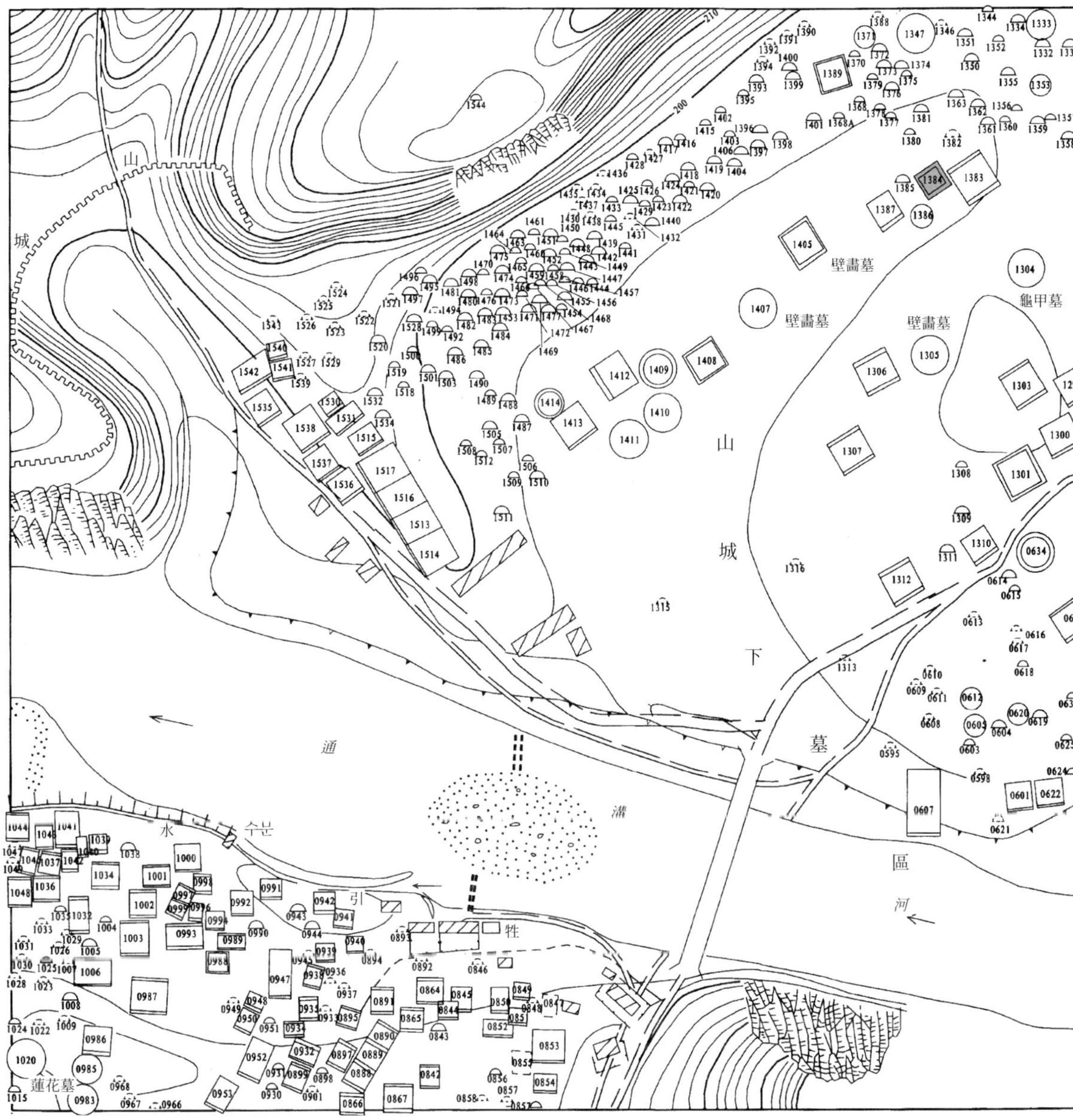

그림 1 산성하1384호묘 위치도(『洞溝古墓群－1997年調査測繪報告』)

○ 고분 정상의 봉석은 강자갈(河卵石)로 돌의 크기는 0.4～0.2m임.

(2) 묘실

무덤 상부의 묘실은 이미 교란됨. 묘실 천장돌은 가공하여 정연한 화강암으로 이 묘실 천장의 동쪽으로 미끄러진 상태임. 이 판상의 천장돌은 길이 2.4m, 너비 1.4m, 두께 0.4m이며, 판석의 표면은 정교하게 다듬어져 있음.

4. 역사적 성격

고분 구조로 미루어 산성하1384호묘는 형총·제총 등

과 같은 시기에 조성된 것으로, 그 연대는 5세기대로 추정됨.

참고문헌

- 吉林省文物志編委會, 1984,『集安縣文物志』.
- 吉林省文物考古研究所·集安市博物館, 2002,『洞溝古墓群-1997年調查測繪報告』, 科學出版社.
- 孫仁杰·遲勇, 2007,『集安高句麗墓葬』, 香港亞洲出版社.

32 집안 산성하1409호묘

集安 山城下1409號墓 | JSM1409

1. 조사현황

1) 1993년 조사

산성하고분군 보수 및 정리조사.

2) 2004~2005년 조사

조사기간, 조사기관 등에 대한 언급이 없으나 張福有, 孫仁杰, 遲勇 등이 집안 경내의 고구려유적을 전면 재조사하면서 정리함.

2. 위치와 자연환경(그림 1)

○ 고분은 산성하고분군 산성하편의 서측에 위치.

○ 고분의 동쪽으로 봉토석실벽화묘인 JSM1408호묘와 접하고 있으며, 서쪽에는 계단적석광실묘인 JSM1412호묘가 있고, 남쪽으로 봉토석실묘인 JSM1416호묘와 이어져 있음.

○ 해당 고분이 자리한 일대는 고분이 밀집해 분포하고 있는데 고분간 거리가 1~2m 정도이며, 대다수 비교적 대형의 고분임.

3. 고분의 현황

1) 고분 형식

○ 유형 : 대형유단봉토석실묘(『洞溝古墓群－1997年調查測繪報告』), 봉토석실묘(『集安高句麗墓葬』).

○ 평면 : 묘실은 扁方形.

○ 방향 : 154°.

○ 규모

- 봉토 : 한 변 길이 18m, 높이 9m(1997).
- 봉토 무지 : 직경 20m, 높이 5m 정도임(2007).
- 묘실 : 동서 길이 2.98m, 남북 너비 2.72m, 묘벽 높이 1.57m, 전체 높이 3.36m(2007).

2) 고분 구조(그림 2)

(1) 전체현황

○ 고분은 일찍부터 도굴당해 연도(墓道) 안의 연문(墓門)은 파괴당했고, 葬具 및 부장품은 모두 보이지 않음.

○ 묘의 현존 상황을 보면 묘실, 연도(甬道), 무덤길로 조성되었음.

○ 황토로 덮어 봉토 무지를 이룸.

(2) 묘실

○ 묘실 천장은 5층의 평행 고임식이며, 위에 천장돌이 덮여 있음.

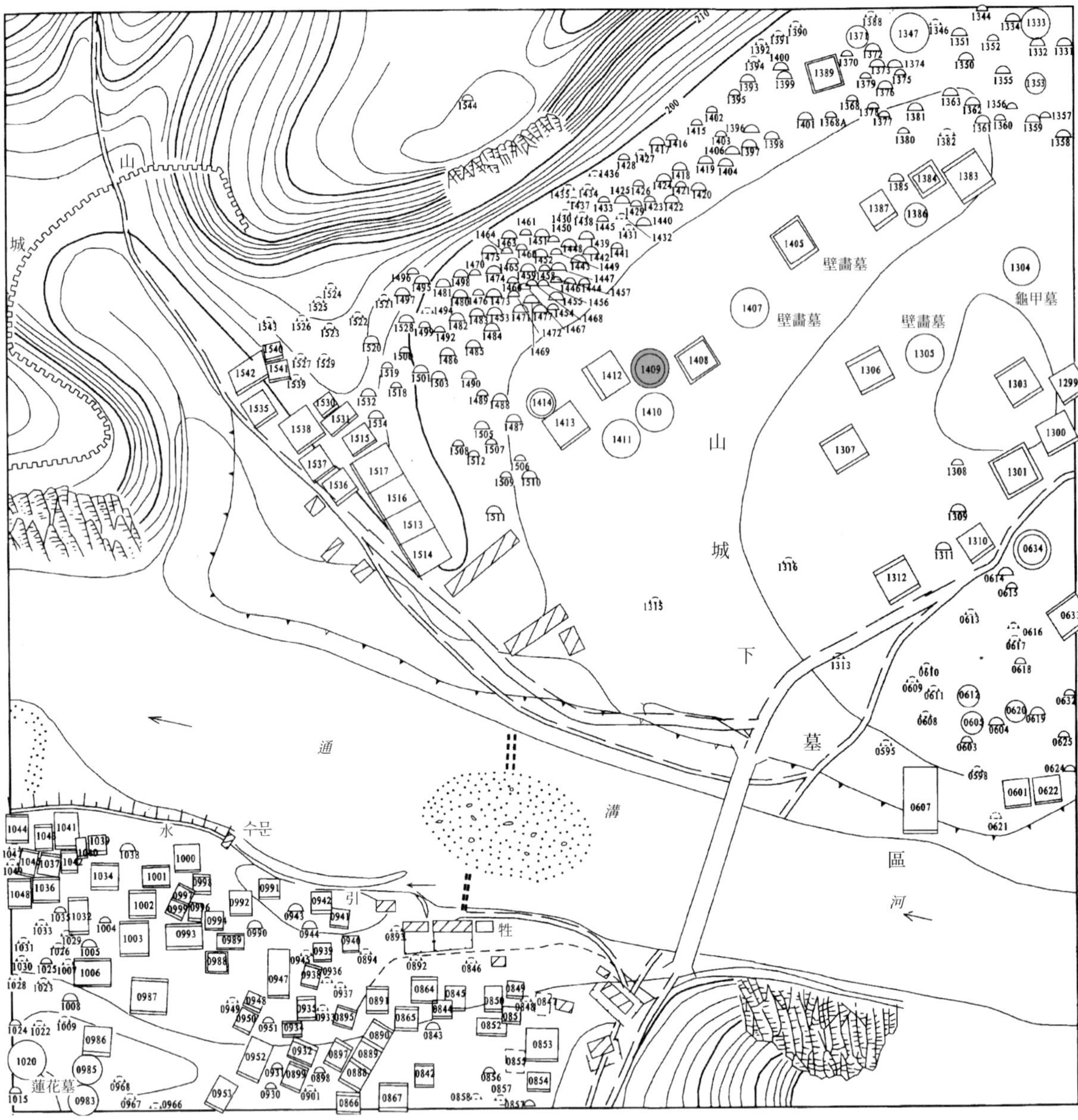

그림 1 산성하1409호묘 위치도(『洞溝古墓群－1997年調査測繪報告』)

○ 전체 묘실의 네 벽 및 천장은 모두 다듬어진 정연한 화강암 석재를 사용해 축조하였으며, 다시 백회를 사용해 틈새를 메움.

○ 묘실 바닥에는 관대(棺床)를 3개 배치하였는데 이 관대는 정교하게 다듬은 정연한 석재를 사용해 제작함. 중간의 관대가 가장 큰데 길이 2.23m, 너비 0.76m, 두께 0.20m임. 좌우의 두 관대는 길이 1.97m, 너비 0.63m, 두께 0.20m임.

○ 묘실 남벽에는 약간 동쪽으로 치우쳐 甬道가 열려 있는데 길이 0.5m, 너비 1.1m, 높이 1.48m임.

○ 甬道의 남쪽 입구는 墓道과 접하고 있는데 양자 사이에는 石門이 세워져 있었지만 현재 파괴된 상태임.

○ 甬道 남쪽 끝에서 墓道 끝까지는 밖으로 가면서 벌

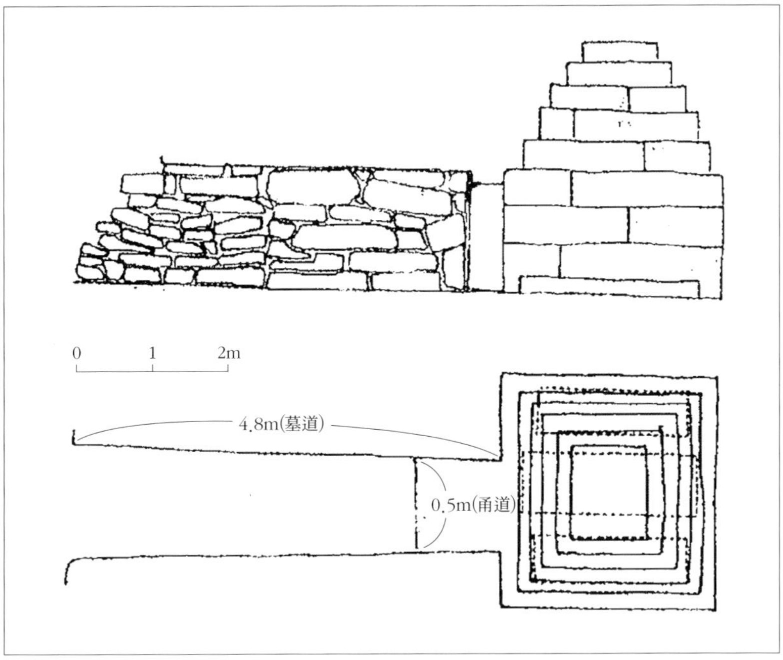

그림 2 산성하1409호묘 평·단면도
(『集安高句麗墓葬』, 2007)

어지는데 앞 너비 1.1m, 뒤 너비 1.45m, 길이 4.8m, 높이 1.5m임.

○ 묘도의 남쪽 입구에는 비교적 커다란 석재를 사용해 연도를 폐쇄하였고, 폐쇄된 돌의 석장의 너비는 0.8m임.

4. 역사적 성격

보고자(『集安高句麗墓葬』)는 고분의 구조와 축조법상 조성연대를 6세기경으로 추정하였으나. 그에 대한 근거는 없음.

참고문헌

- 吉林省文物志編委會, 1984, 『集安縣文物志』.
- 吉林省文物考古研究所·集安市博物館, 2002, 『洞溝古墓群-1997年調査測繪報告』, 科學出版社.
- 孫仁杰·遲勇, 2007, 『集安高句麗墓葬』, 香港亞洲出版社.

33 집안 산성하1411호묘

集安 山城下1411號墓 | JSM1411

1. 조사현황

1) 1969년 조사

○ 조사기관 : 吉林省博物館.

○ 조사내용 : 각 변 길이 13.6m, 높이 약 4m의 봉토석실의 쌍실묘 확인.

2) 1997년 조사

○ 조사기관 : 吉林省博物館, 吉林省文物考古研究所, 集安市博物館.

○ 조사내용 : 각 변 길이 18m, 높이 7m로 확인.

3) 2004~2005년 조사

조사기간, 조사기관 등에 대한 언급이 없으나 張福有, 孫仁杰, 遲勇 등이 집안 경내의 고구려유적을 전면 재조사하면서 정리함.

2. 위치와 자연환경(그림 1)

○ 산성하1411호묘는 산성하 묘구의 서북 모서리에 위치함.

○ 산성하 묘구는 남쪽으로 집안현성과 약 2.5km 떨어진 곳에 위치함.

○ 통구하가 깊고 험한 협곡을 따라 동에서 서로 환도산성 남벽 아래를 통과하다 산성의 서남 모서리에서 꺾여 남쪽으로 향해 국내성을 통과하고, 이후 서쪽으로 압록강에 유입됨.

○ 산성하 묘구는 환도산성 남벽 동단과 통구하의 사이에 평평하게 펼쳐진 골짜기에 위치함. 이곳은 대다수 대형적석묘와 소형 봉토동실묘가 있는데 비교적 대형의 봉토석실묘 8기가 있음.

○ 산성하1411호묘의 동남쪽 100~150m 범위 내에 형묘, 제묘, 절천정묘, 귀갑묘 등이 자리하고 있음.

3. 고분의 현황

1) 고분 형식

○ 유형 : 봉토석실묘(『考古與文物』 1983-2), 대형봉토석실묘(『洞溝古墓群 - 1997年調查測繪報告』).

○ 평면 : 장방형.

○ 방향 : 南偏東 2°.

○ 규모 : 각 변 길이 18m, 높이 7m(1997년 조사).

2) 고분 구조(그림 2)

(1) 묘실

○ 2개 묘실이 동서로 배열되어 있는데 각기 연문(墓門)과 연도(甬道)가 있음.

○ 동묘실은 일찍 열렸음. 현지인에 의하면 서묘실의 연도(甬道)는 역시 활짝 열려 있어 후에 빗물에 침식되

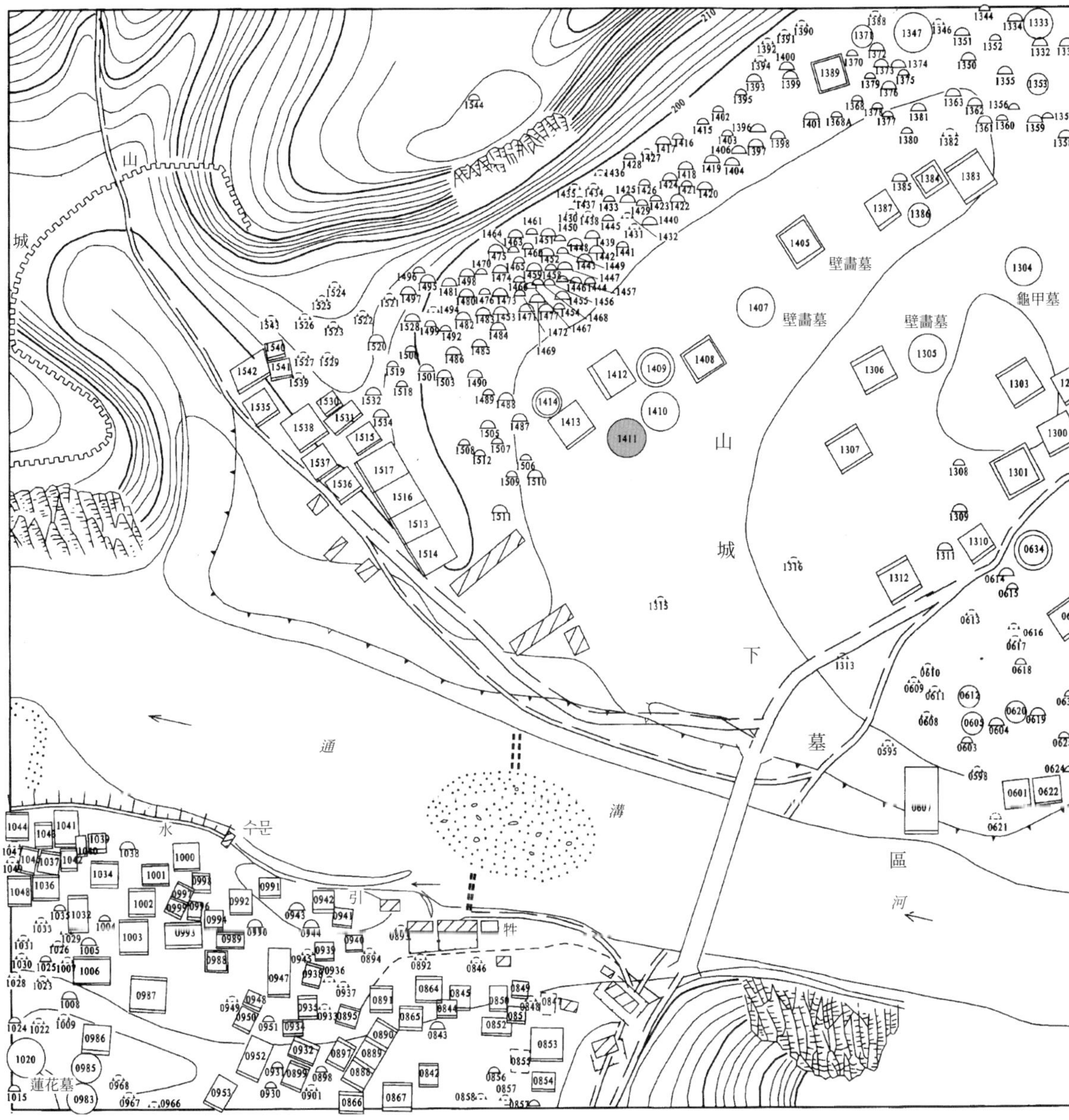

그림 1 산성하1411호묘 위치도(『洞溝古墓群－1997年調査測繪報告』)

었으며, 지금은 봉토에 막혀 버림. 동묘실을 조사 및 실측했으나 서묘실은 아직 정리되지 않아 구조가 상세하지 않음.

○ 동묘실은 커다란 석재로 축조하였는데 석재는 거칠게 가공되었고, 대체로 정연한 한 면이 묘실 안으로 향하며, 틈새에는 백회를 말라 메웠음.

○ 동묘실은 장방형으로 남북 길이 3.36m, 동서 너비 2.02m임. 묘실 네 벽은 대략 안으로 기울어졌으며, 높이는 1m임. 그 위에는 4층의 평행고임식 천장을 축조한 후에 천장돌을 덮었는데 묘실의 전체 높이는 2.72m임.

○ 동묘실에는 어떤 유물도 남아 있지 않음.

○ 연문(墓門)은 남벽 중앙부에 정연한 판석으로 만들었음. 높이 1.35m, 너비 0.9m임. 좌우 문틀(門框)은

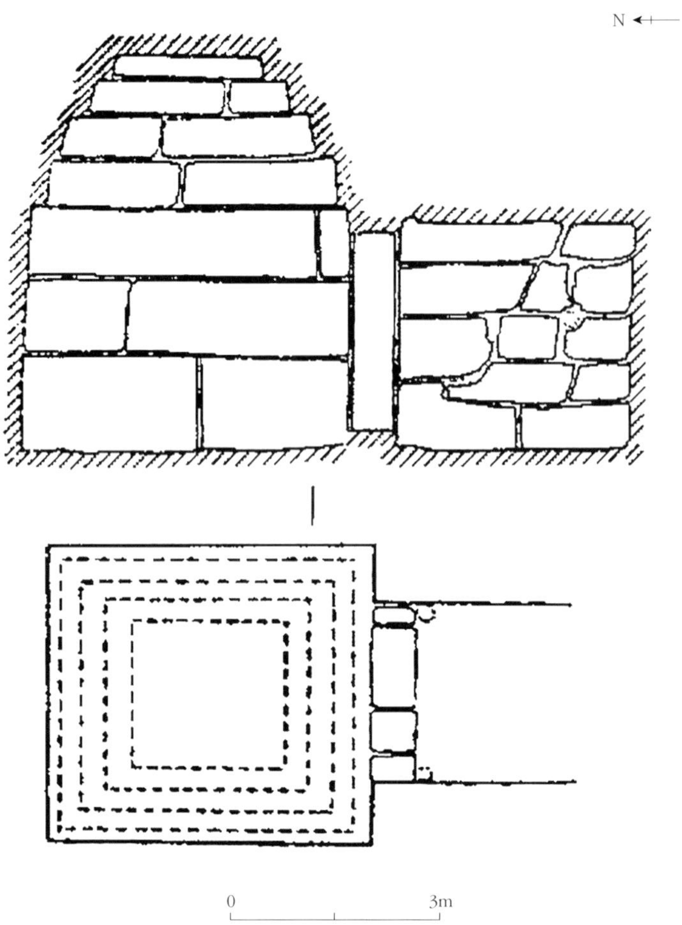

그림 2
산성하1411호묘 평·단면도
(『考古與文物』 1983-2)

2개의 판벽을 세워 만들었는데 모두 너비 30cm, 두께 15cm이며, 그 위에는 장대석 하나가 가로로 걸쳐 있어 문미(門楣)를 이루며, 문턱(門檻)은 2개의 석재로 축조했는데 높이가 10cm임.

○ 연문(墓門) 바깥으로 연도(甬道)의 천장석과 바닥석에 각기 2개의 원형 문지도리구멍(門樞孔)이 뚫려 있음. 또한 양쪽으로 열리는 2매의 판석으로 된 돌문이 설치되었는데 한 짝은 이미 훼손되었으며 지금은 하나만 남은 상태임.

(2) 연도(甬道)

○ 연도는 높이 1.6m, 너비 1.2m, 세로길이 2.06m임.

○ 좌우의 양 벽에는 대략 다듬어진 자연석으로 축조되었으며, 천장은 2개의 대석판이 덮여 있음.

3) 석비(그림 3)

○ 고분 동측 북부의 봉토 기저부에 기대어 석비가 하나 세워져 있음.

○ 碑身은 약간 한쪽으로 기울어졌으며, 바닥부는 유실되어 내려온 봉토에 매몰됨. 방위와 碑底 아래에 가지런하고 평평한 기초 등이 없는 정황을 보면, 이 석비는 확실히 위치가 옮겨졌으며 원래는 분구 정상에 세워졌을 가능성이 있음.

○ 석비는 화강암질이며, 위는 정교하고 아래는 거친

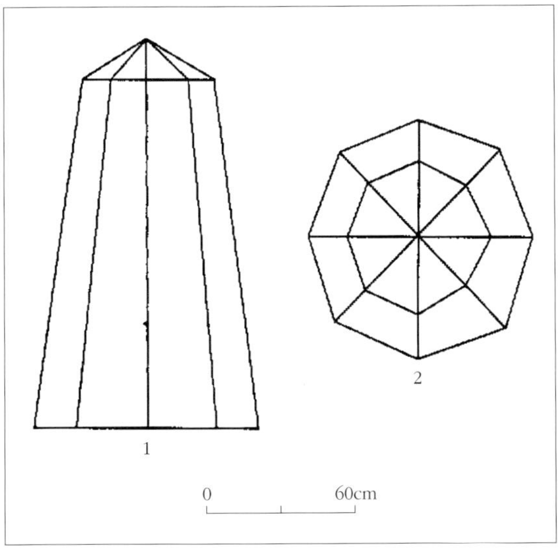

그림 3 1411호묘 석비의 정면도 및 부감도(『考古與文物』 1983-2)
1. 정면도 2. 부감도

팔각기둥 모양을 띠며, 정상부는 무딘 팔각원추 모양으로 다듬음. 원기둥의 8변의 각 길이는 고르지 않아 형상은 아주 규칙적이지 않지만 보기에 모서리선은 가지런하고, 石面은 정연하여 상당히 규칙적으로 보임.

○ 상부 팔각원추의 직경은 0.48m, 높이 0.14m이며, 원기둥의 바닥부는 직경 0.85m, 전체 높이 1.16m임.

○ 碑身에는 글자를 새긴 흔적이 없음.

4. 역사적 성격

1) 고분 연대

○ 고분은 통구고분군 가운데 그런대로 상중급의 규모이고 거칠게 축조되어 고구려 중소귀족의 고분에 해당함.

○ 고분의 방향은 남쪽을 향해 이미 열린 동묘실을 보면 천장부는 4층의 평행고임식 천장임. 통구고분군의 고구려 봉토묘 형식의 변천 순서에 비추어 보자면 연대는 약 5세기 중후기에 해당함.

2) 석비의 성격과 연대

○ 고분에 보이는 석비는 우산하1080호묘에서도 확인됨. 석비는 본래 묘상에 위치하였던 것으로 추정되는데 광개토왕릉비문에서도 '墓上立碑'란 표현이 확인되고 있음. 보고자(方起東·林至德, 1983)에 의하면, 墓上立碑는 고구려가 늦어도 5세기 중후기가 시작되면 왕릉이 아니라 중소 귀족묘에서도 나타나 적어도 6세기까지 지속된 것으로 파악함.

○ 산성하1411호묘와 우산하1080호묘의 석비는 광개토왕릉비와 같은 명문이 없어 석비의 성격을 판단하기 어려우나 광개토왕릉비에 보이는 수묘인연호가 표기되었을 가능성 있음. 귀족묘의 석비는 고구려왕릉의 '묘상입비' 세도를 계승한 것으로 그 연대는 왕릉의 석비연대인 4세기 말에서 5세기 초보다 조금 늦으며, 특히 산성하1411호묘의 석비는 5세기 초로부터 멀지 않음.

참고문헌

- 吉林省文物志編委會, 1984, 『集安縣文物志』.
- 方起東·林至德, 1983, 「集安洞溝兩座樹立石碑的高句麗古墓」, 『考古與文物』 1983-2 ; 吉林省文物考古研究所·集安市博物館, 2009, 『吉林集安高句麗墓葬報告集』, 科學出版社 재수록.
- 國家文物局 主編, 1993, 『中國文物地圖集』 吉林分冊, 中國地圖出版社.

34	집안 산성하전창0001호묘 集安 山城下塼廠0001號墓 | JSZM0001

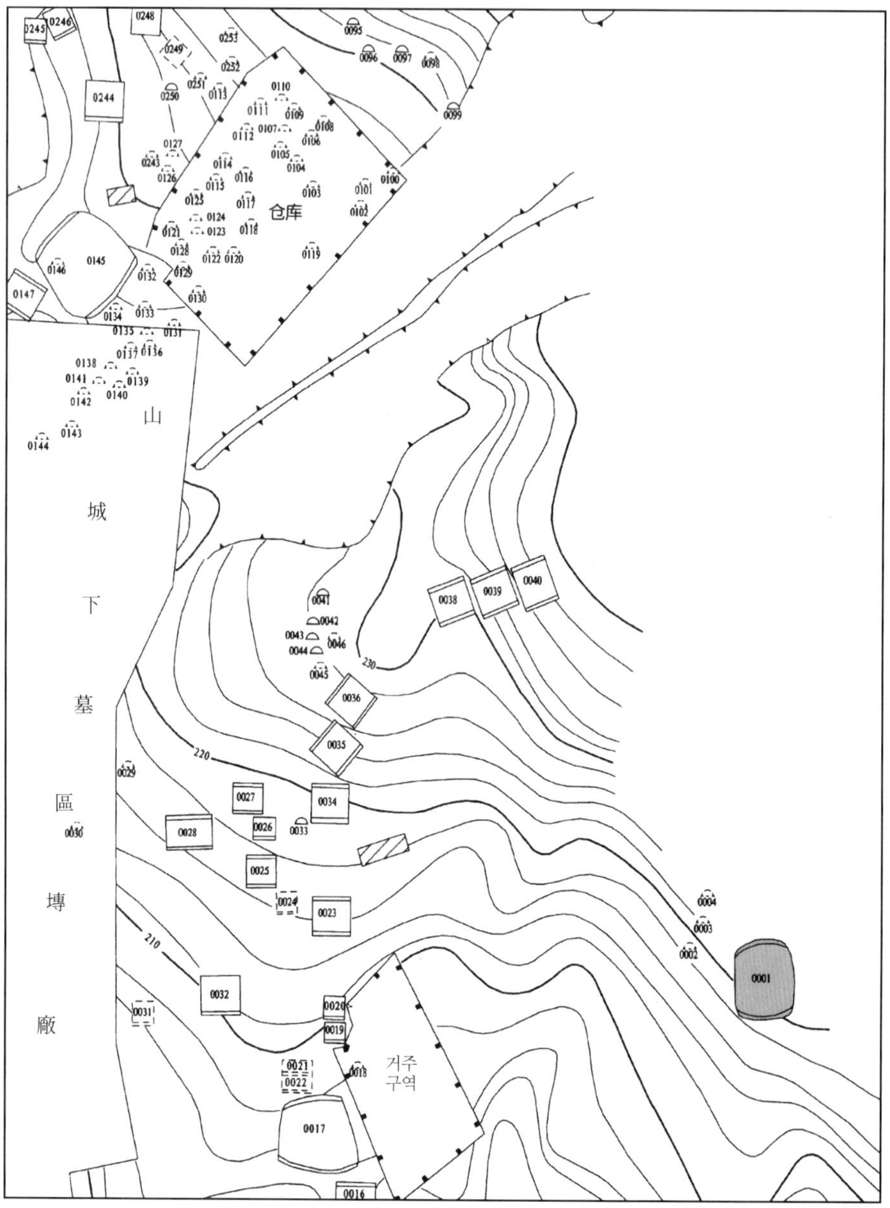

그림 1
산성하전창1호묘 위치도 1
(『洞溝古墓群－1997年調査測繪報告』)

1. 조사현황

1) 1966년 조사

○ 조사기관 : 吉林省博物館, 集安縣文物保管所.

○ 조사내용 : 산성하1호묘(JSM001)로 편호.

2) 1997년 조사

○ 조사기관 : 吉林省博物館, 吉林省文物考古研究所, 集安市博物館.

○ 조사내용 : 편호 중복현상으로 산성하전창1호묘(JS塼M001, JSZM0001호묘)로 개편함.

3) 2003년 조사

○ 조사기관 : 吉林省文物考古研究所, 集安市博物館.

○ 조사기간 : 10~11월 초.

○ 조사자 : 孫仁杰, 遲勇.

○ 조사내용 : 고분 사면 둘레의 일부 기단과 묘실 위치의 도굴갱을 정리조사하여 고부의 형식, 구조, 규모, 연대 등을 확인함. 광실 안에서 토기, 도금 청동기, 철갑편, 소량의 승문 기와편 등의 유물이 출토됨.

4) 2005년 조사

○ 조사기관 : 集安市文物局.

○ 조사기간 : 4~5월.

○ 조사자 : 孫仁杰, 遲勇.

2. 위치와 자연환경(그림 1~그림 2)

1) 고분 위치

○ 집안 국내성 북쪽 1km 거리의 우산 서쪽 기슭의 산비탈 중간부에 독립적으로 위치함.

○ 통구고분군 산성하 묘구의 최남단인 城後村 塼廠片에 소재함.

○ 고분은 북쪽이 높고 남쪽이 낮은 산비탈에 자리하는데 고도 차이는 약 8m임.

○ 중심 지리좌표는 동경 126° 10′ 458″, 북위 41° 07′ 879″이며 해발 226m에 위치함.

2) 주변 환경

○ 고분은 북쪽으로 우산에 기대어 있고, 남쪽으로는 城後村 紅塼廠을 사이에 두고 국내성과 서로 바라보고 있음.

○ 통구하가 고분 서쪽 언덕 아래에서 북에서 남으로 흘러감.

○ 고분의 동쪽으로 우산공원 안의 JYM3319호묘와 약 700m 떨어져 있으며, 서쪽으로 약 200m 거리에 JSZM36호묘와 400m 거리에 JSZM0145호묘가 있으며, 동남쪽으로 약 200m의 산마루에는 JYM0000호묘가 자리하고 있음.

3. 고분의 현황

1) 고분 형식

○ 유형 : 대형계단적석석광묘(『洞溝古墓群 - 1997年調査測繪報告』), 계단적석석광묘(『集安高句麗墓葬』), 계단적석광실묘(『吉林集安高句麗墓葬報告集』).

○ 평면 : 장방형.

○ 규모 : 동서 길이 29m, 남북 길이 35m, 중간 높이 약 3m.

2) 고분 구조(그림 3)

(1) 전체현황

○ 고분은 북측과 서측이 점차 파괴되고 있는 것을 제외하면 나머지는 기본적으로 온전히 잘 보존된 상태임.

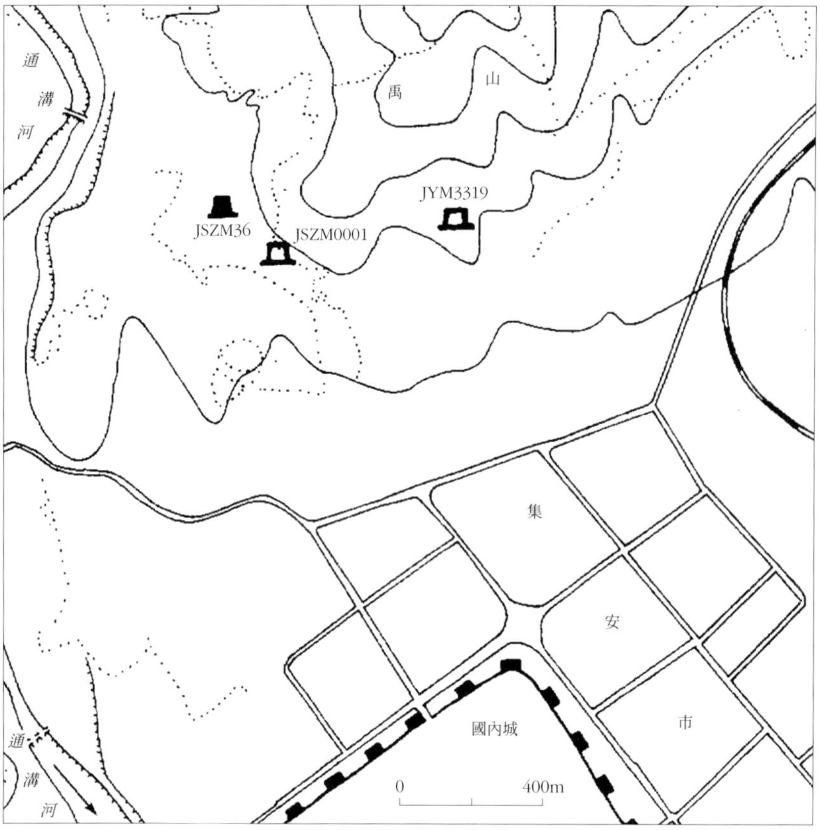

그림 2
산성하전창1호묘 위치도 2
(『吉林集安高句麗墓葬報告集』, 2009)

○ 고분의 축조법을 보면, 지면을 다듬은 후에 불규칙한 장방형 돌로 제1단 계단을 둘러쌓고 계단 안에는 강자갈(河卵石)로 바닥을 메워 평평하게 만들고 다시 제2단 계단을 들여쌓음. 지세가 낮은 남쪽에 축조석을 많이 쌓아 높이를 올려 상면을 평평하게 만듦. 고분 정상의 중앙에 광실(석광)을 만든 후에 마지막에 봉석함.

(2) 계단

계단은 동측에 3단, 북측에 2단이 보존되어 있으며, 서측과 남측에는 아직 전면적인 정리를 하지 않아 정황이 상세하지 않음.

① 동측 계단

○ 제1단 계단이 지표에 축조되었는데 북단은 2층, 남단은 4층으로 석재를 쌓아 올렸음. 석재는 모두 화강암 석질로 가공이 아주 정밀하지 않는데 가장 큰 석재는 길이 1.45m, 너비 1m, 높이 0.8m이며, 작은 석재는 길이 0.5m, 너비 0.4m, 높이 0.2m임. 가장 높은 곳은 현재 높이가 1.3m임.

○ 제2단 계단은 제1단 계단 위에 1.1m 안으로 들여쌓았음. 계단 축조석은 2층으로 높이 0.6~0.4m임. 석질은 화강암으로 표면을 간단히 가공하였는데 큰 것은 길이 0.9m, 너비 0.4m, 높이 0.3m임.

○ 제3단 계단은 일찍이 1층의 계단석만이 남아 있는데 화강암 석질로, 제2단 계단에서 대략 1.5m 들여쌓았으며 높이는 30cm가 채 안됨. 가장 큰 석재는 길이 0.8m, 너비 0.5m, 높이 0.3m임.

② 북측 계단

○ 현대 민묘에 의해 다수가 파괴된 상태임.

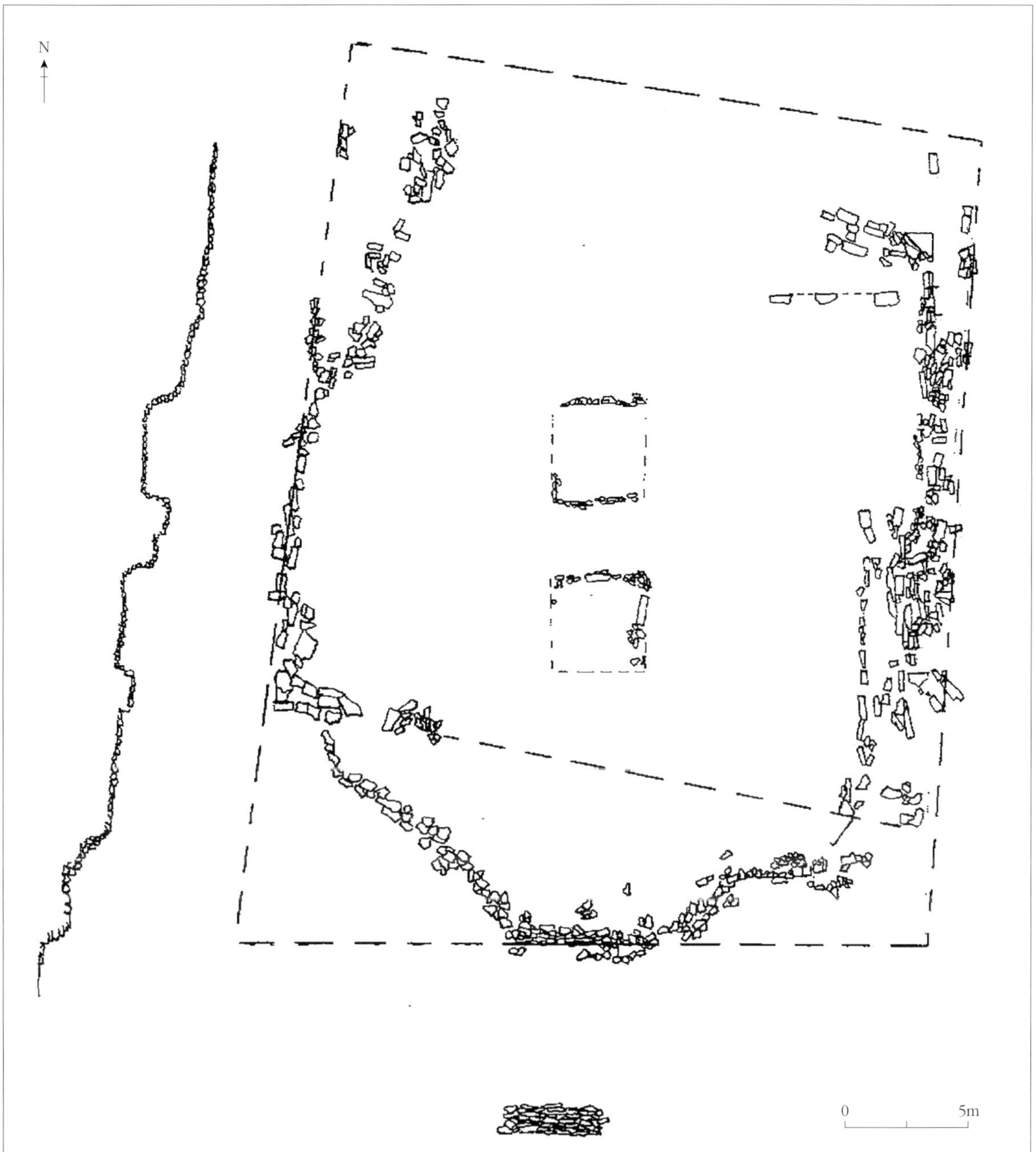

그림 3 산성하전창1호묘 평·단면도(『吉林集安高句麗墓葬報告集』, 2009)

○ 제1단 계단은 현재 동단에 9m 정도 남아 있었으며, 석질은 간단히 가공한 화강암임. 석재는 길이 1.1~0.6m, 너비 0.5~0.3m, 높이 0.3~0.2m로 상하 2층으로 쌓았는데 높이는 약 0.6m임.

○ 제2단 계단은 제1단 계단에서 약 1m 안으로 들여 쌓았으며, 축조석은 1층만 보이는데 높이 0.3~0.5m이며, 석질은 모두 화강암질로 큰 것은 길이 약 1.1m, 너비 0.5m, 높이 0.5m임. 동단과 동측 제2단 계단이 서로 접하고 있음.

③ **서측 계단**

○ 대부분 이미 파괴되고 남단의 일부에 아직 화강암으로 쌓은 제2단 계단이 남아 있음. 계단 높이는 0.6～0.4m로 2층 석재로 축조되었는데 축조석은 길이 0.8m, 너비 0.5m, 높이 0.3m로 모두 약간의 가공을 거쳤음. 계단의 수는 상세하지 않으며, 모서리는 손상됨.

④ **남측 계단**

○ 바깥면에 '혀(舌頭)'와 같이 반원형의 부석시설이 있어 서남 모서리 부분의 1단 계단 일부를 정리함. 화강암 축조석 3층이 발견되었는데 높이 1.2m, 너비 0.7m, 높이 0.4m임.

○ 계단 밖의 舌形 부석시설은 평면이 반원형을 띠며, 고분의 남측 거의 전부를 덮음. 부석시설 밖으로 弧形의 석렬 한 줄이 있는데 높이 1.3m임. 석질은 화강암과 산자갈(碎山石)이며, 부분적으로 돌은 간단한 가공을 거쳤음. 석재의 크기는 일반적으로 길이 0.6～0.4m, 너비 0.4～0.3m, 높이 0.3～0.2m임. 이와 유사한 부석시설이 마선구2378호묘 및 626호묘 등에서 일찍부터 확인되는데 비교적 비탈진 언덕에서 적석묘의 보강시설로 축조됨. 이것은 고분의 적석 또는 계단이 비탈 아래로 일찍 붕괴되는 것을 방지하기 위해 설치됨.

(3) 광실(壙室)

○ 고분 중앙의 도굴갱을 정리하여 남북으로 배열된 2개의 광실이 구축된 것을 발견하고 JSZM0001K①(북측)과 JSZM0001K②호묘(남측)로 편호함. 여기서 유물들이 출토됨. 광실 주변에는 많은 鎔石들이 산재해 있음.

○ 두 광실 사이의 간격은 3m이며, 평면은 모두 장방형으로 크기도 서로 유사하여 동서 길이 4m, 남북 너비 3.8m, 깊이 0.5～0.6m임.

○ 광실의 네 벽은 대다수 돌로 쌓았음. 석재는 일반적으로 뉘어서 쌓았으나 K②의 동벽은 길이 1.5m, 두께 0.5m, 높이 0.7m의 대석판을 세워서 쌓음. K①의 동벽과 서벽 및 K②의 남벽과 서벽은 모두 일찍이 파괴되어 현재 1층의 축조석만이 일부 남아 있음.

3) 관련 유적 : 건축지 유적

○ 고분 동쪽 약 25m에 고분 동쪽 면에 평행하여 건축지 유적이 하나 있는데 남북 길이 20m, 동서 너비 8m이며, 평면은 대체로 장방형을 띠고 있음.

○ 유적의 네 둘레는 장대석으로 쌓았는데 현재 부분적으로 결손되고 자리가 옮겨져 있음. 석재는 가공을 거친 화강암질로 일반적으로 두께가 0.3m 정도이고 가장 큰 석재는 길이 1m, 너비 0.5m임.

○ 유적 남부의 장대석 사이에는 산자갈(碎山石塊)이 퇴적되어 있는데 범위는 길이 5m, 너비 3m, 높이 약 1m이고, 석재 크기는 0.2×0.3m 정도임. 돌무지 가장자리에는 많은 암키와가 분포되어 있어 이 유적은 JSZM0001호묘의 제사지로 추정됨(2005년조사).

4) 기타

○ 건물지 남부의 돌무지 가장자리에는 많은 홍갈색의 마름모 무늬(菱格紋) 암키와가 분포되어 있음.

4. 출토유물

1) 토기(陶器)

구연부 1점, 기저부 1점, 손잡이부 2점, 문식 토기편 2점 등 확인.

(1) 구연부편(口緣部, JSZM0001K②:25-4, 그림 4-1)

○ 출토지 : 산성하전창1호묘 K②.

○ 크기 : 벽의 두께 0.5cm, 구경 14cm임.

○ 색깔과 태도 : 니질 회갈색토기.

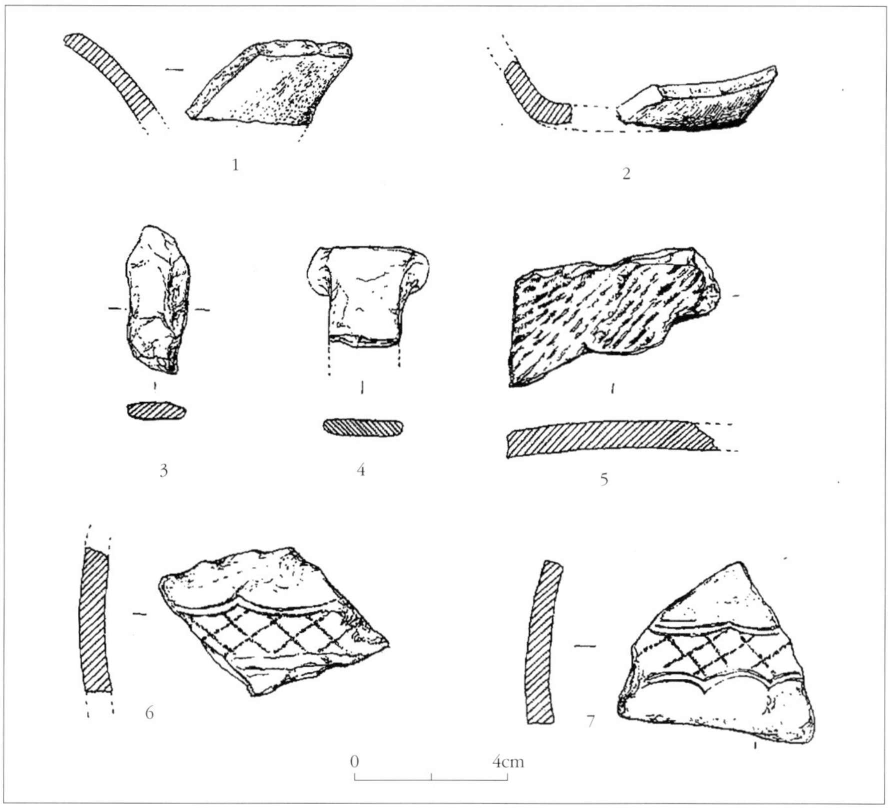

그림 4 산성하전창1호묘의 토기와 기와(『吉林集安高句麗墓葬報告集』, 2009)
1. 구연부편
(JSZM0001K②:25-4)
2. 바닥 저부편
(JSZM0001K②:25-3)
3·4. 파수편
(JSZM0001K②:25-6, JSZM0001K②:25-5)
5. 암키와
(JSZM0001K②:26)
6·7. 토기편
(JSZM0001K②:25-1, JSZM0001K②:25-2)

○ 형태 : 手製의 토기편. 둥근 입술(圓脣)이며, 구연은 넓은데(敞口), 형태가 호의 구연과 유사함.

(2) 저부편(器底, JSZM0001K②:25-3, 그림 4-2)

○ 출토지 : 산성하전창1호묘 K②.

○ 크기 : 벽의 두께 0.6cm, 바닥 직경 약 10cm.

○ 색깔과 태도 : 니질 회갈색토기.

○ 형태 : 手製의 토기편. 平底.

(3) 파수편(器耳, JSZM0001K②:25-5, 그림 4-4)

○ 출토지 : 산성하전창1호묘 K②.

○ 크기 : 남은 길이 4.5cm, 손잡이 너비 3.4cm.

○ 색깔과 태도 : 니질 회갈색토기.

○ 형태 : 手製의 대상파수편.

(4) 파수편(器耳, JSZM0001K②:25-6, 그림 4-3)

○ 출토지 : 산성하전창1호묘 K②.

○ 크기 : 손잡이 너비 3.6cm.

○ 색깔과 태도 : 니질 회갈색토기.

○ 형태 : 手製의 대상파수편. 손잡이 상부는 두껍고 하부는 얇음.

(5) 토기편(紋飾陶片, JSZM0001K②:25-2, 그림 4-7)

○ 출토지 : 산성하전창1호묘 K②.

○ 크기 : 벽의 두께 0.5cm.

○ 색깔과 태도 : 니질 회갈색토기.

○ 형태 : 手製. 표면에는 雙月線과 垂帳弦紋 두 줄이 새겨져 있으며, 현문띠 안에는 점열로 만든 마름모형(楞形)의 그물 양식이 눌려져 있음. SZM0001K②:25-1(그림 4-6)의 토기편과 동일 기물의 잔편으로 추정됨.

2) 기와

1점만 확인.

(1) 암키와(JSZM0001K②:26, 그림 4-5)

○ 출토지 : 산성하전창1호묘 K②.

○ 크기 : 남은 길이 10cm, 두께 1.2cm.

○ 색깔과 태도 : 가는 모래가 섞인 회도(灰陶).

○ 형태 : 기와 잔편. 소성도가 높지 않음. 표면에는 승문이 비스듬하게 찍혀 있음.

3) 금동기(銅質鎏金器)

○ 보요식 8점이 확인되는데 모두 불완정한 형태로 세 유형으로 나뉨. A형은 飾座는 속이 빈(空心) 半球狀으로 꼭대기에는 구멍이 있는데 구멍에는 懸枝가 통과하고 있음. 懸枝는 銅片을 반으로 접어 만들어진 다리가 나뉜 걸쇠모양(銷釘狀)으로 꼭대기는 고리를 이루어 보요를 걸 수 있으며, 釘脚은 동편 말단이 밖으로 꺾여 받치고 있음. 가죽띠 또는 나무류 위에 고정할 수 있음. B형은 심각하게 손상되어 飾座와 보요는 모두 잃은 상태로 懸枝는 비교적 길고 外包는 대롱형식(筒形)의 긴 띠(長箍)를 이루고 있음. C형은 잔편으로 飾座는 원형과 좁은 가장자리(窄邊)로 이루어졌으며, 중심이 돌출하여 모자모양과 같음. 가장자리에는 꿸 수 있는 구멍이 있으며, 頂部에는 懸枝가 통과하는 3개의 구멍이 있음.

○ 그 외 포식(泡飾) 1점, 띠고리 2점 확인.

(1) 보요장식(步搖飾, JSZM0001K②:21, 그림 5-1)

○ 출토지 : 산성하전창1호묘 K②.

○ 크기 : 飾座는 직경 2.5cm, 높이 1.2cm. 懸枝는 길이 2.7cm, 너비 0.3cm.

○ 형태 : A형. 보요는 이미 없어졌고, 도금은 아직 양호하고, 飾座는 조금 변형됨.

(2) 보요장식(步搖飾, JSZM0001K②:20-1, 그림 5-2)

○ 출토지 : 산성하전창1호묘 K②.

○ 크기 : 飾座는 직경 2cm, 높이 1cm. 懸枝는 길이 2.2cm, 너비 0.3cm.

○ 형태 : A형. 보요는 이미 없어졌으나 나머지는 양호한 상태이며, 전체 도금임.

(3) 보요장식(步搖飾, JSZM0001K②:11)

○ 출토지 : 산성하전창1호묘 K②.

○ 형태 : 懸枝 일부분만 남은 상태임.

(4) 보요장식(步搖飾, JSZM0001K②:17, 그림 5-8)

○ 출토지 : 산성하전창1호묘 K②.

○ 크기 : 懸枝 길이 4.7cm.

○ 형태 : B형. 懸枝는 銅片을 반으로 접어 만들어진 다리가 나뉜 걸쇠모양(銷釘狀)으로 꼭대기는 고리를 이루어 보요를 달 수 있으며, 釘脚은 동편 말단이 밖으로 꺾여 받치고 있음. 다만 꺾인 다리는 매우 길고, 懸枝 밖의 긴 띠는 동편을 말아 만들었음. 도금이며, 양끝이 모두 손상되어 전체 형식은 명확치 않음.

(5) 보요장식(步搖飾, JSZM0001K②:22-1, 그림 5-3)

○ 출토지 : 산성하전창1호묘 K②.

○ 크기 : 飾座는 직경 2cm, 높이 0.4cm.

○ 형태 : C형. 가장자리가 손상됨. 鍛造製이며 도금임.

(6) 보요장식(步搖飾, JSZM0001K②:22-2, 그림 5-4)

○ 출토지 : 산성하전창1호묘 K②.

○ 크기 : 飾座는 직경 1.8cm.

○ 형태 : C형. 가장자리가 손상됨. 銅絲 懸枝의 잔흔이 보임.

(7) 포식(泡飾, JSZM0001K②:29, 그림 5-5)

○ 출토지 : 산성하전창1호묘 K②.

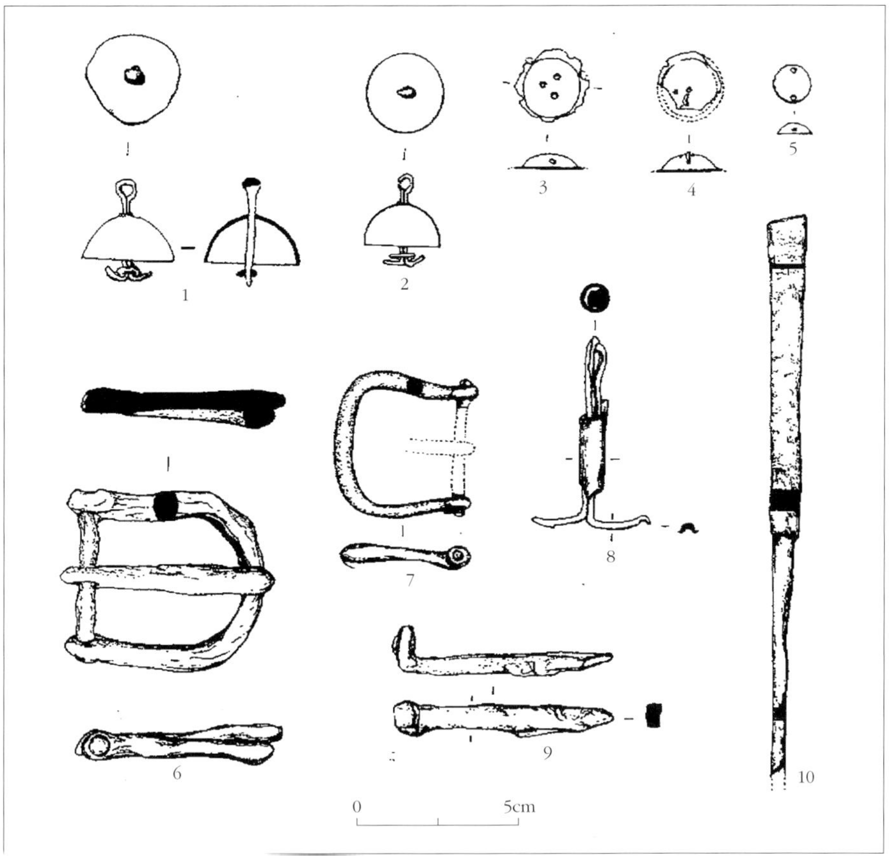

그림 5
산성하전창1호묘의 금동기 및 철기(『吉林集安高句麗墓葬報告集』, 2009)
1·2. A형금동보요장식 (JSZM0001K②:21, JSZM0001K②:20-1)
3·4. C형금동보요장식 (JSZM0001K②:22-1, JSZM0001K②:22-2)
5. 금동포식 (JSZM0001K②:29)
6. 철제띠고리 (JSZM0001K②:13)
7. 금동띠고리 (JSZM0001K②:20)
8. B형금동보요장식 (JSZM0001K②:17)
9. 철제장막걸쇠 (JSZM0001K②:15)
10. 철제화살촉 (JSZM0001K②:12)

○ 크기 : 직경 0.8cm, 높이 0.3cm.

○ 형태 : 금동의 鍛造製. 원형의 거품모양(泡狀). 양측에 각기 하나의 원형 구멍이 뚫려 있음.

(8) 띠고리(帶卡, JSZM0001K②:20, 그림 5-7)

○ 출토지 : 산성하전창1호묘 K②.

○ 크기 : 길이 및 너비 모두 3.5cm. 단면 직경 0.4cm.

○ 형태 : 금동의 鍛造製. 평면은 'U'자형을 띠며, 절단면은 원형임. 고리부분(扣環) 後端의 횡축과 침부분(扣針)은 손상된 상태임.

4) 철기

○ 띠고리 2점, 장막걸쇠 5점, 철제화살촉 1점, 찰갑편 다수가 출토됨.

○ 찰갑편은 형상에 따라 다섯 유형으로 나뉘고 ①②의 두 묘광에서 나옴. A형은 비늘모양의 짧은 형태로 총 28점이며, 길이가 약 3.5cm이며, 찰갑편의 상단이 평평하고, 하단이 호형을 띠고 있음. 사방 둘레에는 보통 4組로 이루어진 9개의 원형구멍이 뚫려 있음. B형은 비늘모양의 긴 형태로 총 50점이며, 길이는 7cm 이사이며, 찰갑편의 상단이 평평하고, 하단이 호형을 띠고 있음. 사방 둘레에는 원형구멍이 6~8組로 고르지 않은데 구멍(綴孔)의 차이에 따라 두 형식으로 다시 나뉨. Ba형은 8점으로 둘레에는 2개 구멍이 1조를 이루어 8組가 배치되었으며, 중앙에서 아래에 치우친 곳에 따로 약간 큰 원형구멍이 하나 있음. Bb형은 42점으로 2개 구멍이 1조를 이루어 6組가 배치됨. C형은 아치형(弓形)으로 총 6점이며, 側視는 弧曲이 있음. D형은 장방형으로 총 15점이며, 모두 잔편으로 크기가 균일하지 않고 형태도 차이가 있음. E형은 반원형으로 1점이 있음.

(1) 띠고리(帶卡, JSZM0001K②:13, 그림 5-6)

○ 출토지 : 산성하전창1호묘 K②.

○ 크기 : 길이 5.6cm, 너비 4.3cm.

○ 형태 : 완형. 고리부분(扣環)은 반원형을 띠며, 後端의 리벳(鉚)에는 橫軸이 있으며, 침부분(扣針)은 횡축 위에 연결되어 있음.

(2) 장막걸쇠(帳鉤, JSZM0001K②:15, 그림 5-9)

○ 출토지 : 산성하전창1호묘 K②.

○ 크기 : 전체 길이 5.7cm, 너비 0.6cm.

○ 형태 : 비교적 완형으로 단조제임. 고리(鉤)는 직각을 띠며, 고리몸체(鉤身)은 납작한 방형이며, 꼬리부(尾部)는 예리함.

(3) 화살촉(鐵鏃, JSZM0001K②:12, 그림 5-10)

○ 출토지 : 산성하전창1호묘 K②.

○ 크기 : 길이 13.8cm, 너비 0.8~1cm.

○ 형태 : 조금 손상된 형태. 촉신(鏃身)은 납작한 방형이며, 촉두(鏃尖)은 鏟形이며, 뿌리는 방추형이며 긺.

(4) 찰갑편(JSZM0001K②:2-1, 그림 6-1)

○ 출토지 : 산성하전창1호묘 K②.

○ 크기 : 길이 3.4cm, 너비 2.3cm.

○ 형태 : A형. 사방 둘레에는 4組 9개의 원형구멍이 뚫려 있는데 상부에는 횡렬의 3개 구멍이, 나머지 3면에는 각기 종렬의 2개 구멍이 있음. 상부의 두 모서리는 모를 죽여(斜邊) 문질렀음.

(5) 찰갑편(JSZM0001K①:1-1, 그림 6-2)

○ 출토지 : 산성하전창1호묘 K①.

○ 크기 : 길이 3.6cm, 너비 2.5cm.

○ 형태 : A형. 사방 둘레에는 4組로 이루어진 9개의 원형구멍이 뚫려 있는데 상부에는 횡렬의 3개 구멍이, 나머지 3면에는 각기 종렬의 2개 구멍이 있음. 상부의 두 모서리는 모를 죽여(斜邊) 문지르지 않음.

(6) 찰갑편(JSZM0001K②:7-2, 그림 6-3)

○ 출토지 : 산성하전창1호묘 K②.

○ 크기 : 길이 3.5cm, 너비 2.4cm.

○ 형태 : A형. 사방 둘레에는 4組로 이루어진 7개의 원형구멍이 뚫려 있는데 상부에만 1개의 구멍이, 나머지 3면에는 각기 종렬의 2개 구멍이 있음.

(7) 찰갑편(JSZM0001K①:5-1, 그림 6-4)

○ 출토지 : 산성하전창1호묘 K①.

○ 크기 : 길이 8.5cm, 너비 2.5cm.

○ 형태 : Ba형. 약간 손상됨. 사방 둘레에는 2개 구멍이 1조를 이루어 8組가 배치되었는데 상단 1조만이 횡렬로 배치되었으며 나머지 7조는 모두 종렬로 배치됨. 한편 중앙에서 아래에 치우친 부분에는 약간 커다란 원형구멍이 하나 있음.

(8) 찰갑편(JSZM0001K②:5, 그림 6-5)

○ 출토지 : 산성하전창1호묘 K②.

○ 크기 : 길이 9.3cm, 너비 2.5cm.

○ 형태 : Ba형. 완형. 사방 둘레에는 2개 구멍이 1조를 이루어 8組가 배치되었는데 상단 1조만이 횡렬로 배치되었으며 나머지 7조는 모두 종렬로 배치됨. 한편 중앙에서 아래에 치우친 부분에는 약간 커다란 원형구멍이 하나 있음. 下緣이 밖으로 꺾여 형식이 비교적 독특함.

(9) 찰갑편(JSZM0001K②:9-1, 그림 6-6)

○ 출토지 : 산성하전창1호묘 K②.

○ 크기 : 길이 7.4cm, 너비 2.7cm.

○ 형태 : Bb형. 완형. 사방 둘레에는 2개 구멍이 1조를 이루어 6組가 배치되었는데 상단 1조만이 횡렬로 배치되었으며 나머지 5조는 모두 종렬로 배치됨. 중앙부에는 구멍이 보이지 않음.

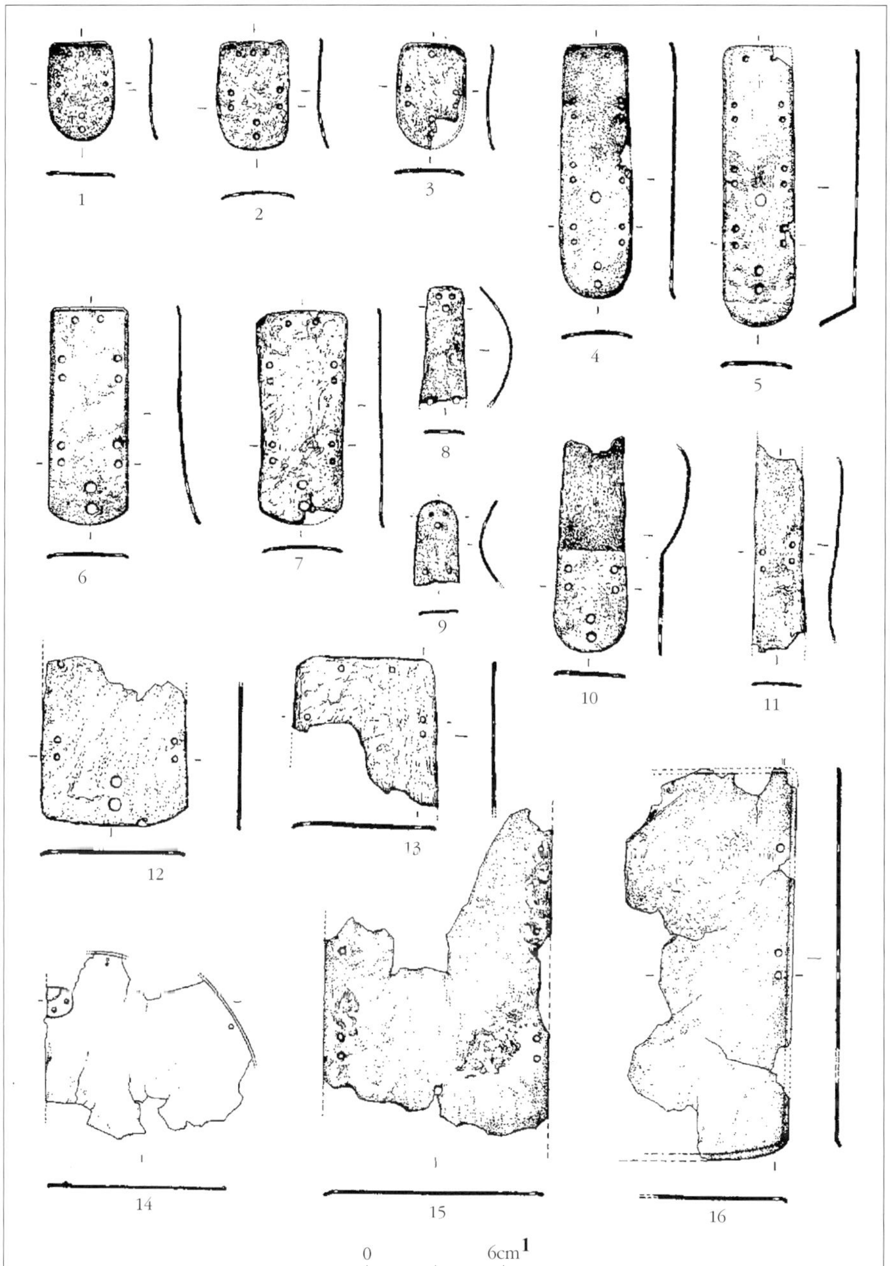

그림 6
산성하전창1호묘의 철갑편
(『吉林集安高句麗墓葬報告集』, 2009)
1~3. A형찰갑편
(JSZM0001K②:2-11, JSZM0001K①:1-1, JSZM0001K②:7-2)
4·5. Ba형찰갑편
(JSZM0001K①:5-1, JSZM0001K②:5)
6·7. Bb형찰갑편
(JSZM0001K②:9-1, JSZM0001K①:7-1)
8~11. C형찰갑편
(JSZM0001K①:4, JSZM0001K②:4, JSZM0001K②:6-1, JSZM0001K②:2)
12·13·15·16. D형찰갑편
(JSZM0001K①:9-1, JSZM0001K①:9-2, JSZM0001K②:8-1, JSZM0001K②:10-2)
14. E형찰갑편
(JSZM0001K①:11)

(10) 찰갑편(JSZM0001K①:7-1, 그림 6-7)

○ 출토지 : 산성하전창1호묘 K①.

○ 크기 : 길이 7.2cm, 너비 3cm.

○ 형태 : Bb형. JSZM0001K① : 7은 총 7점. 사방 둘레에는 2개 구멍이 1조를 이루어 6組가 배치되었는데 상단 1조만이 횡렬로 배치되었으며 나머지 5조는 모두 종렬로 배치됨. 중앙부에는 구멍이 보이지 않음. 하부는 약간 허리가 잘록함.

1 원문에는 14번 축척이 별도로 있으나 오류로 삭제함.

(11) **찰갑편(JSZM0001K①:4, 그림 6-8)**

○ 출토지 : 산성하전창1호묘 K①.

○ 크기 : 남은 길이 4cm.

○ 형태 : C형. 상단만 남은 상태임. 甲身은 안쪽으로 비교적 크게 곡선(弧曲)을 이룸. 頂部에는 구멍이 3개 뚫려 있으며, 양측에는 각기 손상된 1개의 구멍이 남아 있음.

(12) **찰갑편(JSZM0001K②:4, 그림 6-9)**

○ 출토지 : 산성하전창1호묘 K②.

○ 크기 : 남은 길이 2.8cm.

○ 형태 : C형. 상단만 남은 상태임. 甲身 上緣이 弧形을 이룸. 상단에는 구멍이 3개 뚫려 있으며, 양측에는 각기 1개의 구멍이 있음.

(13) **찰갑편(JSZM0001K②:6-1, 그림 6-10)**

○ 출토지 : 산성하전창1호묘 K②.

○ 크기 : 남은 길이 7.3cm. 너비 2.5cm.

○ 형태 : C형. 하단만 남은 상태임. 바닥 가장자리(底緣)가 弧形을 이루며 측면은 위쪽으로 갈수록 점차 좁아지는 형태임. 상부는 활처럼 굽어져 있으며 바닥과 양 측면에는 각기 두 개 구멍이 1조를 이루고 있음.

(14) **찰갑편(JSZM0001K②:2, 그림 6-11)**

○ 출토지 : 산성하전창1호묘 K②.

○ 크기 : 남은 길이 7cm.

○ 형태 : C형. 중간부만 남은 상태임. 상하는 너비가 고르지 않음. 양측면에 두 개의 구멍으로 이루어진 각 1조가 대칭을 이루고 있으나 정확히 맞지는 않음.

(15) **찰갑편(JSZM0001K①:9-1, JSZM0001K①:9-2, 그림 6-12, 그림 6-13)**

○ 출토지 : 산성하전창1호묘 K①.

○ 크기 : 복원 길이 7.6cm, 너비 4.5~5cm 정도.

○ 형태 : D형. JSZM0001k①:9는 다섯 개의 잔편이 모두 맞춰지지 않는데 9-1은 상반부 잔편이고, 9-2는 하반부 잔편임. 측면의 두 組의 구멍에 따라 복원하면 梯形에 해당함.

(16) **찰갑편(JSZM0001K②:10-2, 그림 6-16)**

○ 출토지 : 산성하전창1호묘 K②.

○ 크기 : 길이 13cm, 남은 너비 6cm.

○ 형태 : D형으로 弧角 장방형임. 삼면만이 남아 있는 상태임. 찰갑편 둘레의 구멍 배치상황은 명확하지 않음.

(17) **찰갑편(JSZM0001K②:8-1, 그림 6-15)**

○ 출토지 : 산성하전창1호묘 K②.

○ 크기 : 남은 길이 10.8cm, 너비 7.5cm.

○ 형태 : D형으로 중간부만이 남아 있는 상태임. 양측면은 평행함.

(18) **찰갑편 15(JSZM0001K①:11, 그림 6-14)**

○ 출토지 : 산성하전창1호묘 K①.

○ 크기 : 남은 길이 7.2cm.

○ 형태 : E형. 반원형으로 한 측면은 圓弧이고, 다른 한 측면은 平直인 상태임. 平直 측면의 한쪽 끝에는 반원형 철편을 리벳(鉚)으로 박아 놓음. 원호 측면의 가장자리에는 원형구멍 2組가 배치되어 있는데 상변의 1조는 구멍이 2개이며, 하변의 1조는 구멍이 1개임.

5. 역사적 성격

1) 고분 연대

○ 2003년 조사 : 고분은 광실계단적석묘로 계단은 적어도 3단 계단이며, 광실은 남북으로 배열되어 있음. 보고자에 의하면, 고분은 기단을 구축하고 내부에는 돌

을 메운 후에 재차 광실을 구축하였는데 이는 비교적 발전된 형식으로, 광실에서 출토된 유물과 함께 고려해 보면 고분 연대는 4세기 전후에 해당됨.

○ 2005년 조사 : 고분의 석광 구축 정황을 보면 석광은 이미 사각형이며 점점 높아 보이므로 석광의 가장 만기의 계단에 속함. 무덤 외부 축조 계단의 석질이 이미 가공을 거친 장대석이며, 그 축조법은 이미 성숙한 계단에 진입함. 금동기는 다수가 작은 장식품임. 그 밖에 해당 고분 위에서 회색의 승문 암키와가 발견되었고, 고분의 남측에서는 홍색의 마름모형식의 암키와가 발견되었고, 고분의 동남 25m에서는 건축유지가 있음. 고분의 구조와 석광에서 출토된 유물을 종합적으로 분석해보면, 고분은 3세기 후기임.

2) 제사 관련 유적

○ 고분 동쪽에서 발견된 홍색 마름모형식의 암키와와 건축유적은 매우 중요함. 과거의 조사, 특히 2003년의 고구려 왕릉조사에서 유사한 건축유적이 태왕릉, 천추묘 등 왕릉급묘 옆에서 모두 발견되었고 중소형 고분에서는 발견되지 않음. 이는 墓祭와 관련된 유적임.

○ 고분의 규모는 비교적 큰데 둘레 길이는 이미 30m에 달하며, 무덤 정상부에서는 회색의 승문암키와가 발견됨. 도굴로 고분의 현존 유물은 급은 높지 않을 뿐만 아니라 유물 역시 교란되어 위치가 바뀌었을 가능성이 있으나 지리적으로 홀로 높은 곳에 위치한다는 점을 고려한다면 고구려왕릉의 가능성이 있음.

3) 왕릉 비정

張福有는 중천왕릉에 비정함. 문헌상의 '中川'의 위치를 현재 국내성 북쪽으로 설정하고 해당 고분의 위치가 우월한 지리적 위치라는 점, 고분 구조상 석광은 가장 만기의 단계이며 계단석의 석재가 성숙단계라는 점, 출토된 금동기는 고구려왕릉급에서 나오는 유물로 3세기 만기에 해당한다는 점 등을 근거로 제시함.

참고문헌

- 吉林省文物志編委會, 1984, 『集安縣文物志』.
- 國家文物局 編, 1993, 『中國文物地圖集』 吉林分冊, 中國地圖出版社.
- 吉林省文物考古研究所·集安市博物館, 2002, 『洞溝古墓群-1997年調査測繪報告』, 科學出版社.
- 張福有·孫仁杰·遲勇, 2007, 「高句麗王陵通考要報」, 『東北史地』 2007-4 ; 2007, 『高句麗王陵通考』, 香港亞洲出版社.
- 孫仁杰·遲勇, 2007, 『集安高句麗墓葬』, 香港亞洲出版社.
- 吉林省文物考古研究所·集安市博物館, 2009, 「集安JSZM0001號墓清理報告」, 『吉林集安高句麗墓葬報告集』, 科學出版社.

35 집안 산성하전창0036호묘

集安 山城下塼廠0036號墓 | JSZM0036

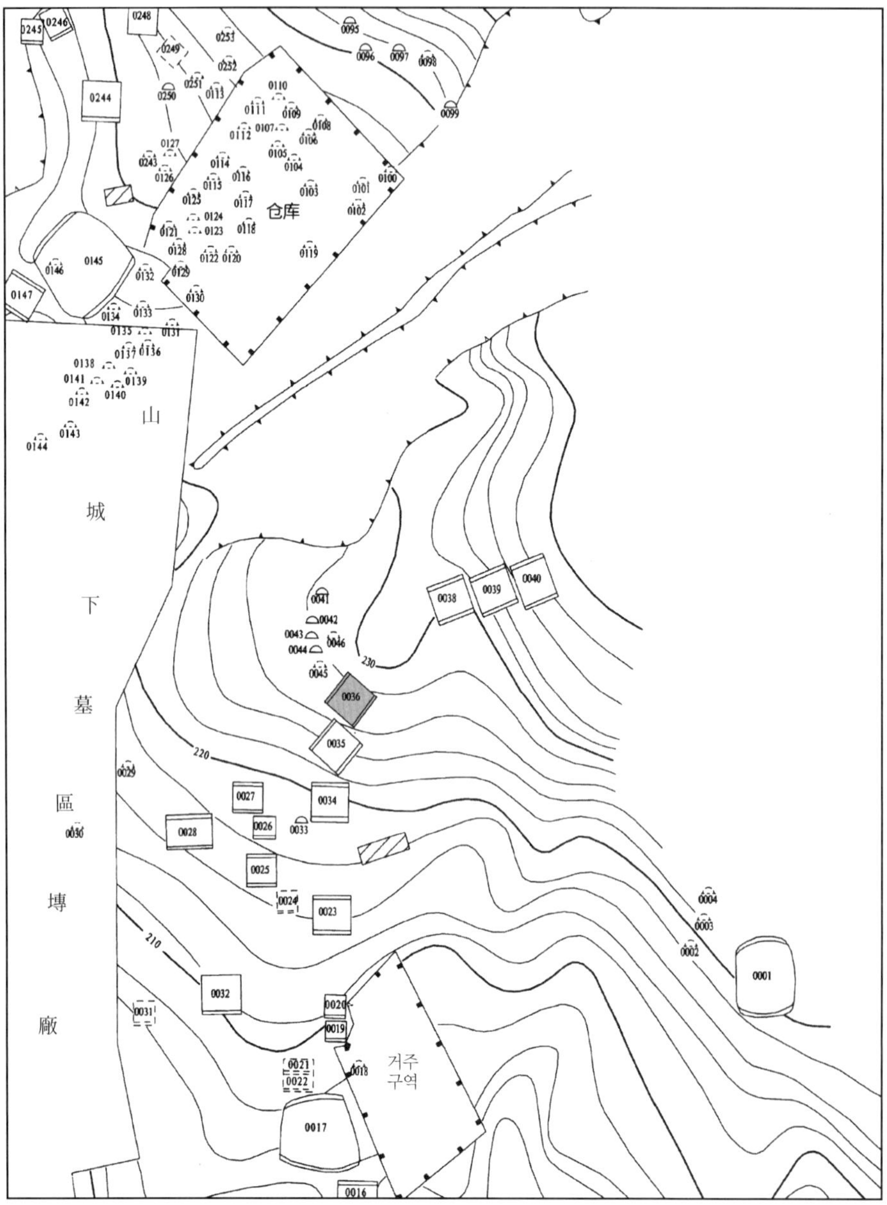

그림 1
산성하전창36호묘 위치도
(『洞溝古墓群－1997年調查測繪報告』)

1. 조사현황

1) 1966년 조사

○ 조사기관 : 吉林省博物館, 集安縣文物保管所.

○ 조사내용 : 산성하36호묘(JSM36)로 편호.

2) 1997년 조사

○ 조사기관 : 吉林省博物館, 吉林省文物考古研究所, 集安市博物館.

○ 조사내용 : 고분의 편호가 중복된 것을 발견하고 산성하전창36호묘(JS塼M36, JSZM36)로 수정함.

3) 2003년 조사

○ 조사기관 : 吉林省文物考古研究所, 集安市縣文物保管所.

○ 조사기간 : 11월(15일 소요).

○ 조사자 : 孫仁杰, 遲勇.

○ 조사내용 : 1997년 조사에서 규모와 위치가 잘못 기록된 것을 수정함. 고분 네 둘레와 고분 상부의 일부 계장을 간단히 정리조사.

4) 2005년 조사

○ 조사기관 : 集安市文物局.

○ 조사기간 : 4~5월.

○ 조사자 : 孫仁杰, 遲勇.

2. 위치와 자연환경(그림 1~그림 2)

1) 고분 위치

○ 산성하전창36호분은 산성하고분군의 남단의 높은 언덕 위에 위치하며, 黎明街 城後村 3組 북변의 狍圈溝 산마루 위에 자리하고 있음.

○ 고분이 자리한 곳의 지세는 북쪽은 높고 남쪽은 낮으며, 남측의 경사도가 비교적 가파름.

○ 중심 지리좌표는 동경 126° 10′ 20″, 북위 41° 55′ 21″이며 고분 꼭대기는 해발 230m임.

2) 주변 환경

○ 산성하고분군은 통구고분군 가운데 북쪽에 치우쳐 분포하는데 남쪽은 城區 迎賓路 서쪽 끝에서 시작되며, 동쪽은 우산 서쪽 기슭에 접해 분포하며, 북쪽은 山城村에 이르며, 서쪽은 통구하를 경계로 삼음.

○ 고분의 동북쪽은 우산의 서남 언덕이고, 동남쪽은 국내성과 압록강이 조망되며, 남쪽은 城後村 벽돌공장이고, 서쪽은 산마루와 떨어져 통구하가 있음.

○ 고분 남쪽으로 약 1.8km에는 칠성산871호묘가 있음.

○ 고분 동북에는 동서 방향으로 적석묘(有壇積石石壙墓) 3기가 배열되어 있는데 서쪽에서 동쪽으로 산성하전창38호묘, 산성하전창39호묘, 산성하전창40호묘 등으로 편호됨. 이들 고분은 모두 방형 기단묘이며, 고분 사이는 큰 돌로 간격을 나누고 있는데 규모가 약 $20m^2$이고 높이는 1m에 이르지 못함.

○ 고분 서쪽에는 몇 기의 원형적석묘가 아직도 남아 있으며, 서남쪽에 연접하여 소형 有壇積石石壙墓인 산성하전창35호묘가 자리하고 있음.

3. 고분의 현황

1) 고분 형식

○ 유형 : 계단적석석광묘(『洞溝古墓群 - 1997年調査測繪報告』), 유단적석석광묘(『集安高句麗墓葬』), 계장적석묘(『集安高句麗王陵』).

○ 평면 : 前圓後方形으로 主壇은 방형, 輔壇은 반원형.

○ 방향 : 155°.

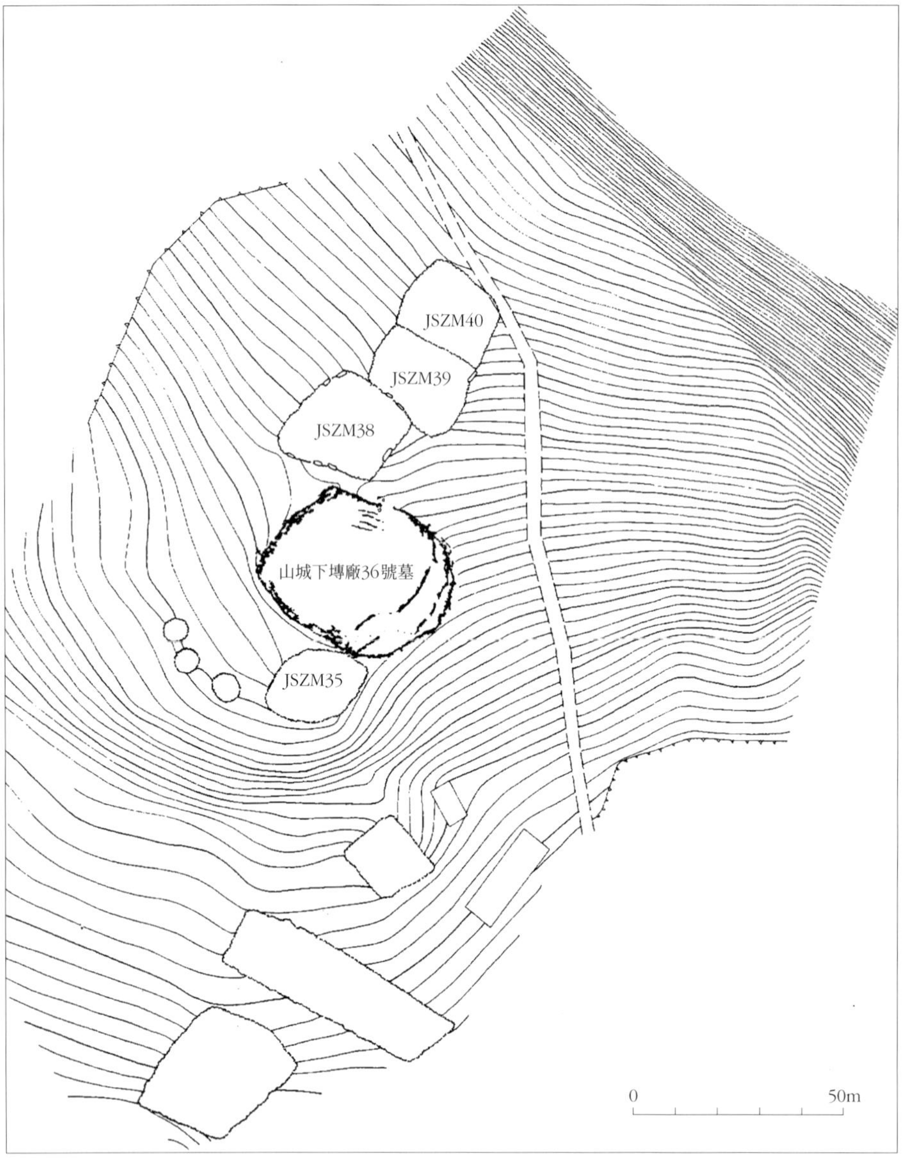

그림 2 산성하전창36호묘 부근 지형도(『集安高句麗王陵』, 2004)

○ 규모 : 主壇의 북변 길이 29.5m, 서변 길이 약 31.5m, 동변 길이 약 28m, 남변 길이 약 37m, 현재 높이 4.5m.

2) 고분 구조

(1) 주단(主壇)

○ 평평하고 완만한 대지 위에 자리하는데 평면은 梯形으로 남쪽은 넓고 북쪽은 좁은 형태이며, 남쪽은 外弧의 반원형 輔壇과 서로 접하고 있음.

○ 주단의 서, 북, 동 3면의 기초석은 잘 보존되어서 비교적 명확하지만 남측은 보단의 내부에 둘러싸여 走向과 구조가 불명확함. 주단의 현상만을 관찰하면 대부분 기초석은 비교적 온전한 상태임.

○ 주단과 보단의 명확한 경계선이 없는데 특히 기단 계장이 서로 연결되어 마치 주단과 보단의 구분이 없

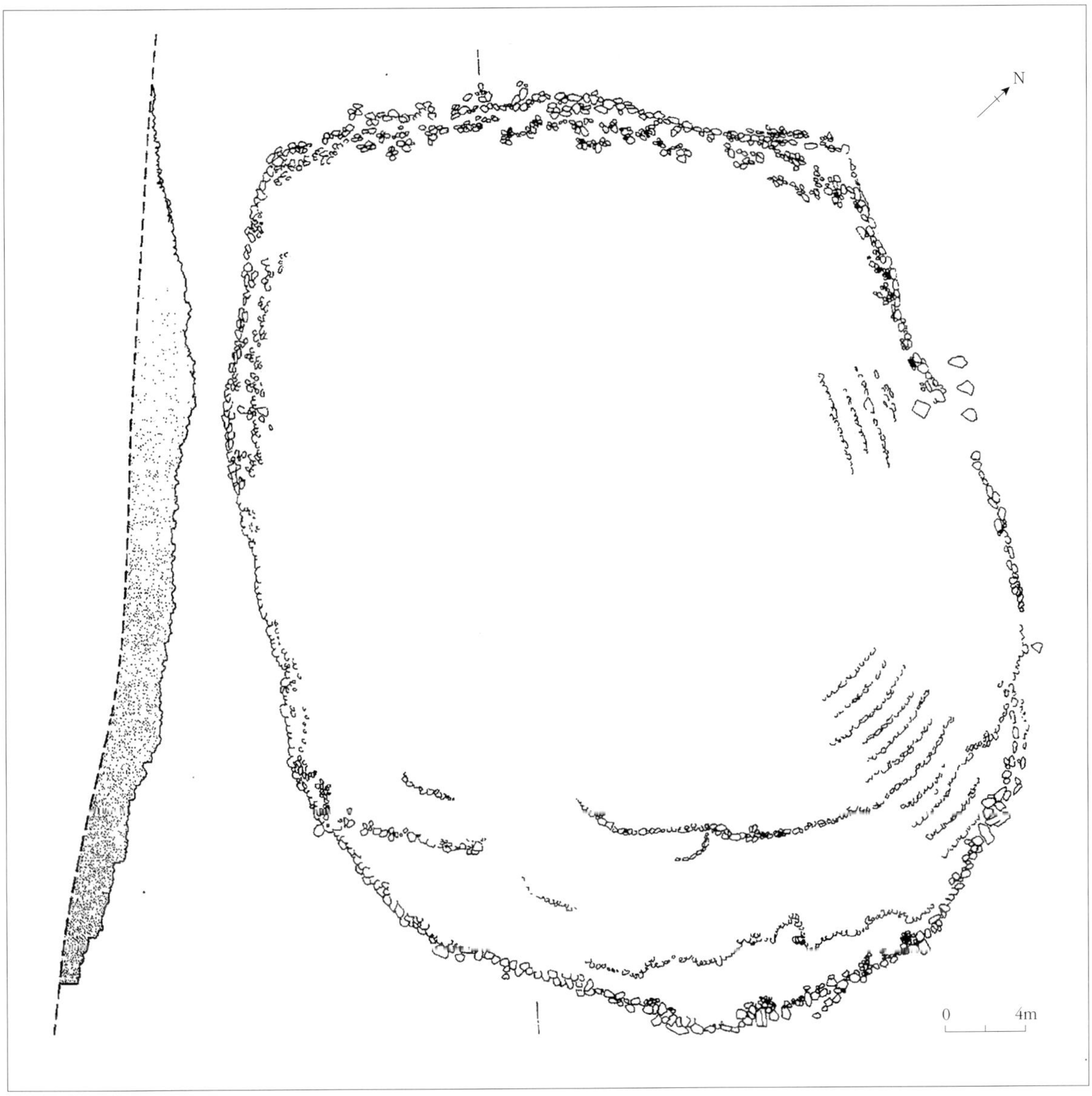

그림 3 산성하전창36호묘 평 · 단면도(『集安高句麗王陵』, 2004)

는 것처럼 보임. 남북의 고도 차이가 비교적 커서 계장의 수량 또한 서로 균일하지 않는데 정리한 동부를 보면 적어도 7층임. 보단은 경사진 비탈의 아래쪽에 자리하는데 동남 모서리에는 11단의 계장이 보이며, 게다가 일정한 거리와 고도를 갖고 있는 분구 상부를 향하고 있어서 몇 층이 더 있었다고 추측됨.

○ 기초석의 외연을 살펴보면 남측에는 동남 모서리 지점에 접근해 있으며, 가장 바깥쪽의 기초석은 세로 또는 가로로 반이 지하에 매립되어 있어 견고하기 때문에 밖으로 벌어지는 것을 방지함. 다만 고분 자체의 압력 및 凍融 등의 요인으로 말미암아 세워서 묻은 기초석들은 모두 밖으로 젖혀져 있음. 그 나머지 부분은 모두 층층이 쌓는 방법을 채용함.

○ 고분 축조에 채용된 석재는 절대다수가 자연 산돌(山石)이며, 소량의 화강암과 석회암 및 강자갈(河卵石) 등도 사용됨. 기초석과 계장은 대다수 비교적 큰 석

재를 사용하였고, 그 나머지는 모두 산자갈(碎山石)과 강자갈(河卵石)로 채움. 기초석으로 사용된 가장 큰 석재는 길이 1.2~1.8m, 두께 0.2m 정도로 주로 동·남쪽 및 보단 중앙부에 분포함. 그 나머지 벽체는 모두 직경 0.3~0.5m의 고르지 않는 석재를 사용해 축조함.

(2) 계장(階墻)

○ 계장은 기단을 따라 평행하게 층층히 들여쌓았는데 각 단의 높이 차이는 0.4m 정도이며 들여쌓은 폭은 일반적으로 1m 정도임.

○ 계장은 안으로 들인 모양으로 만들어졌는데 일부 정리 상황을 보면 계장은 모두 비교적 명확하며, 보단을 제외하면 각 면의 계장은 평행 직선이 점차 계단 모양처럼 안으로 들여진 모습임.

○ 주단 중앙부의 꼭대기에는 5×8m의 함몰갱 하나가 있으며 주위에는 대형 덮개돌(蓋板石)은 발견되지 않았음. 다만 기와 조각들이 널려져 있어 이 함몰갱은 고분의 석광으로 추정되나 아직 정리되지 않아 정황은 상세하지 않음.

(3) 보단(輔壇)

○ 남측의 경사도가 심해 주단의 남면을 보호하기 위해 동남부에 보단을 축조함. 보단은 주단의 남쪽에 반원의 弧形을 띠고 있으며, 주단과 긴밀히 서로 연결됨. 보단의 경사도는 비교적 가파르므로 계장 또한 그에 따라 증가함. 보단의 작용은 가파른 두둑의 가장자리 부분의 주단 남벽을 보호하는 것임.

○ 기단 외연 및 동부의 일부를 정리하였는데 보단의 계장과 주단의 동남 모서리의 계장이 원각형을 띠고 있으며, 그 수량은 11단에 이름. 각 계장과 주단이 어떻게 연결되었는지는 아직 정리되지 않아 상세히 알 수 없음. 서쪽은 아직 정리되지 않아 겨우 제3단과 제4단 계장의 흔적만이 보이며 거리와 너비는 완만함. 상면에 일찍 민묘가 자리하고 있었던 것으로 보아 표면은 이미 교란된 상태임. 현존하여 볼 수 있는 몇 단의 계장 흔적을 관찰해 보면 기단은 호형을 띠고 있었을 것으로 보임. 중앙부 제2단의 일부 계장을 보면 6층의 축조석이 보이며, 계장의 들여쌓은 경사도는 약 30°에 이르러 비교적 견고하게 보임.

○ 제2단 계장의 상면에 제3단 계장의 외연이 붙어 있는데 무질서한 碎石속에 묻힌 약간 큰 돌 1줄이 있으며, 바닥부에는 직경 2.5m의 반원형 석렬(石圈)이 있으나 고분의 다른 특수한 유적인지 아닌지 알 수 없음.

3) 기타

○ 주단 중앙부 함몰갱 주위에 기와 조각들이 널려져 있고 2차에 걸쳐 불타 갈라지고 변형된 기와편들이 있음.

○ 보단 중앙부의 외연에서 細砂陶器의 구연편을 채집하였는데 구연은 뚜껑받이 턱이 있고(子母口) 입술이 말려 붙어 있으며, 형식은 정연하며, 소성도는 비교적 높음.

4. 출토유물

○ 주로 기와류가 채집되었는데 기와는 암키와(板瓦), 수키와(筒瓦), 등성마루기와(脊瓦)로 나뉨. 암키와와 수키와는 泥質陶이고, 색깔은 회색, 청회색, 회갈색, 홍갈색, 황갈색 등 몇 종류가 있음. 기와 표면은 2차례 불에 태워져 무문(素面)이 된 1점을 제외하고 그 나머지 모두 거친 승문이 시문되어 있음. 등성마루기와는 夾砂陶로 모두 무문(素面)이며, 기와는 두껍고 무거우며, 표면은 매끈하게 갈았음.

1) 수키와(筒瓦)

○ 모두 12점을 채집하였는데 상단부(榫頭) 8점, 말단부(瓦尾) 4점임. 상단부 기와는 모두 언강은 낮으며(矮

肩), 어떤 것은 심지어 미구(瓦舌)와 거의 평행에 가까움. 기와 언강(瓦肩)과 미구(瓦舌)의 차이와 변화에 따라 A, B형으로 나뉨.

○ A형은 치켜 들린 언강으로 그 치켜 들린 언강의 너비는 크지 않으며, 뾰족한 치켜들린 언강과 무딘 각 언강으로 나눌 수 있음. B형은 2점으로 짧은 언강(短肩)임.

○ 수키와 말단부(筒瓦尾)은 4점으로 그중 한 점은 무문(素面)이며, 두 차례 불에 태워져 瓦身은 이미 변형되었고 말단부(瓦尾)의 말단은 方沿과 안으로 문질러 기울어진 모양 두 종류로 나뉨.

(1) 수키와(03JS塼M36標:11, 그림 4-1, 그림 7-6)

○ 출토지 : 산성하전창36호묘.

○ 크기 : 언강 높이 0.6cm, 미구(舌)의 길이 3cm, 기와 두께 1.2cm.

○ 색깔과 태도 : 니질도.

○ 형태 : 尖角의 언강(A형)으로 상단부 기와는 모두 언강은 낮음(矮肩). 舌面의 뒷면은 약간 아래가 오목하며, 舌端은 가장자리가 각이 졌고(方沿) 위가 치켜올라감(上翹). 가장자리(沿)의 중앙부에는 안으로 오목 패인 한 줄이 있음. 언강과 미구(舌)가 접하는 곳은 斜面 圓角을 이루고 있음.

(2) 수키와(03JS塼M36標:13, 그림 4-2)

○ 출토지 : 산성하전창36호묘.

○ 크기 : 어깨 높이 0.6cm, 미구(舌)의 길이 3cm, 기와 두께 1.6cm.

○ 색깔과 태도 : 니질도.

○ 형태 : 尖角의 언강(A형)으로 상단부 기와는 모두 언강 높이가 낮음(矮肩). 舌面의 중앙부는 대체로 돌출하였으며 가장자리(沿)는 안으로 문질러 기울어진 모양(斜狀)을 띠고 있음.

(3) 수키와(03JS塼M36標:7, 그림 4-4)

○ 출토지 : 산성하전창36호묘.

○ 크기 : 언강 높이 0.4cm, 미구(舌)의 길이 4cm, 기와 두께 1.4cm.

○ 색깔과 태도 : 니질도.

○ 형태 : 尖角의 언강(A형)으로 상단부 기와는 모두 언강 높이가 낮음(矮肩). 미구(瓦舌)는 아래로 경사졌으며, 舌面의 중앙부는 대체로 돌출하였으며 平沿 하반부는 안으로 문질러 기울어진 모양(斜狀)을 띠고 있음.

(4) 수키와(03JS塼M36標:3, 그림 4-6, 그림 7-7)

○ 출토지 : 산성하전창36호묘.

○ 크기 : 어깨 높이 0.5cm, 미구(舌)의 길이 3.5cm, 기와 두께 1.2cm.

○ 색깔과 태도 : 니질도.

○ 형태 : 무딘 각(禿角)의 언강(A형)으로 상단부 기와는 모두 언강 높이가 낮음(矮肩). 舌面의 중앙부는 약간 돌출하였으며 언강과 미구(舌)가 접하는 곳은 圓角을 이루고 있음.

(5) 수키와(03JS塼M36標:14, 그림 4-5)

○ 출토지 : 산성하전창36호묘.

○ 크기 : 미구(舌)의 길이 3.8cm, 기와 두께 0.8cm.

○ 색깔과 태도 : 니질도.

○ 형태 : 무딘 각(禿角)의 언강(A형)으로 상단부 기와는 모두 언강 높이가 낮음(矮肩). 언강은 대체로 살짝 돌출했으며, 舌面 가운데 전면부의 돌출선(凸棱) 하나가 있는데 언강과 돌출선(凸棱)이 오목면을 띠는 단계로 이행함.

(6) 수키와(03JS塼M36標:19, 그림 4-3)

○ 출토지 : 산성하전창36호묘.

○ 크기 : 언강 높이 0.4cm, 미구(舌)의 길이 4.4cm,

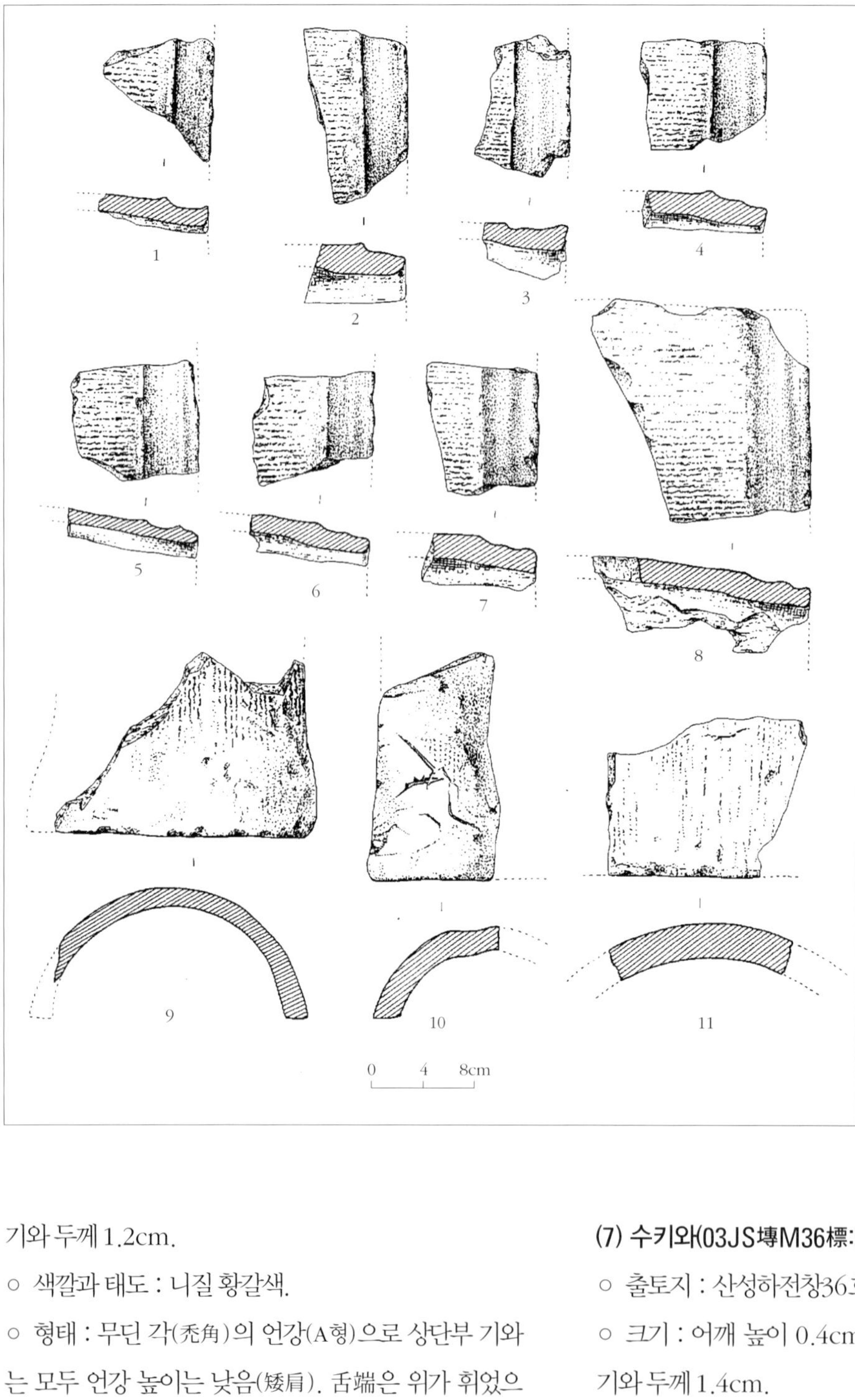

그림 4
산성하전창36호묘의 수키와
(『集安高句麗王陵』, 2004)
1~6. A형수키와
(03JS塼M36標:11·標:13·標:19·標:7·標:14·標:3)
7·8. B형수키와
(03JS塼M36標:20·標 : 5)
9~11. 수키와
(03JS塼M36標:10·標:22·標:24)

기와 두께 1.2cm.

○ 색깔과 태도 : 니질 황갈색.

○ 형태 : 무딘 각(禿角)의 언강(A형)으로 상단부 기와는 모두 언강 높이는 낮음(矮肩). 舌端은 위가 휘었으며(上翹), 舌沿의 단면은 안으로 오목한 모양을 띠고 있음. 언강과 미구(舌)가 접하는 곳은 斜面 圓角을 띠고 있음.

(7) 수키와(03JS塼M36標:5, 그림 4-8, 그림 7-2)

○ 출토지 : 산성하전창36호묘.

○ 크기 : 어깨 높이 0.4cm, 미구(舌)의 길이 4.2cm, 기와 두께 1.4cm.

○ 색깔과 태도 : 니질도.

○ 형태 : 언강(B형)으로 상단부 기와는 모두 언강은 낮음(矮肩). 미구(瓦舌)의 舌面 중앙부가 돌출하였는데 언강과 돌출된 곳은 오목한 면(凹面)을 띠는 단계로 이행함. 舌沿은 평평하고 가지런함.

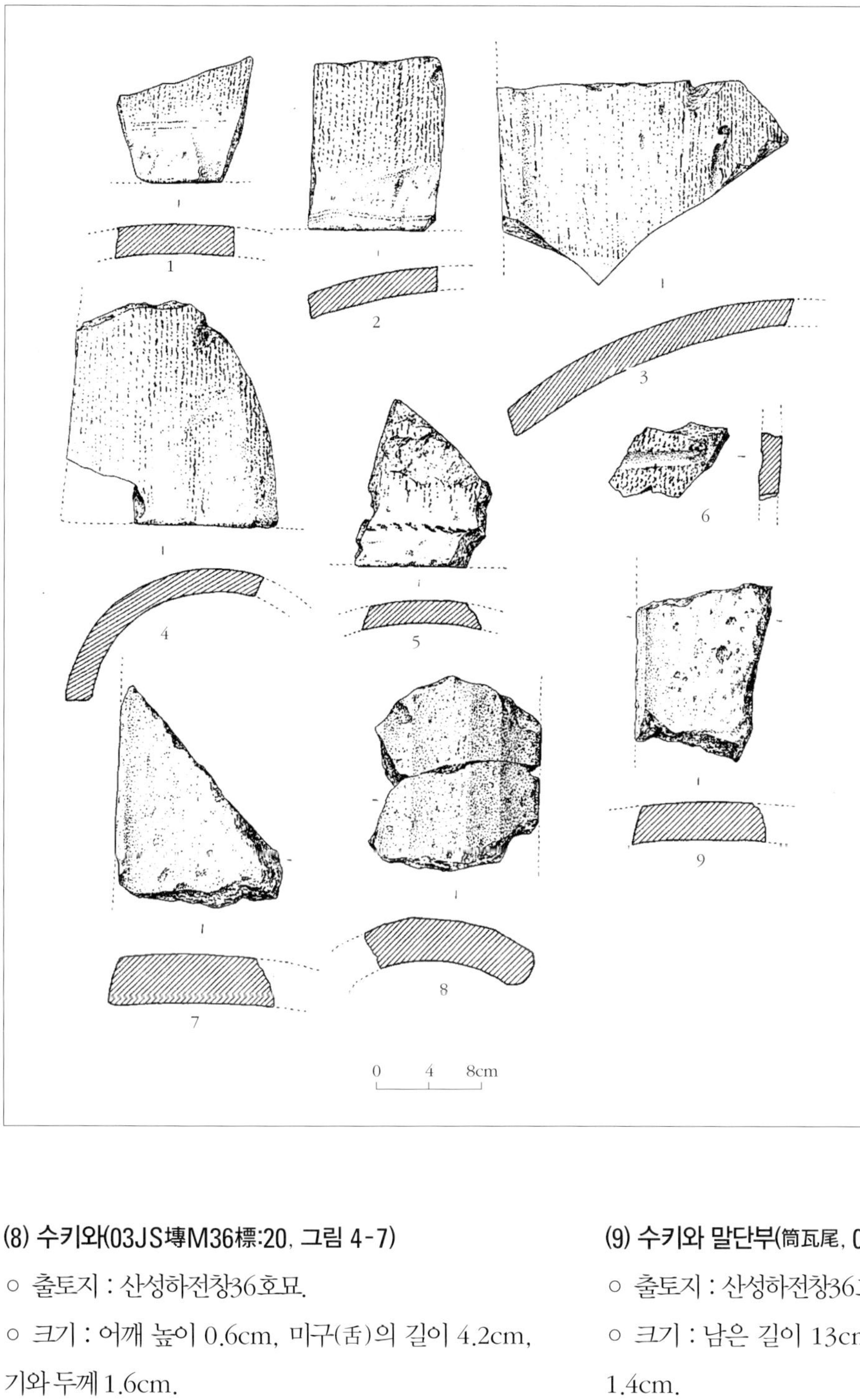

그림 5
산성하전창36호묘의 기와편
(『集安高句麗王陵』, 2004)
1~3·5·6·9. 암키와
(03JS塼M36標:8·標:23·標.16·標:27·標:26·標:25)
4. 수키와 말단부
(筒瓦尾, 03JS塼M36標:18)
7·8. 등성마루기와
(03JS塼M36標:17·標:2)

(8) 수키와(03JS塼M36標:20, 그림 4-7)

○ 출토지 : 산성하전창36호묘.

○ 크기 : 어깨 높이 0.6cm, 미구(舌)의 길이 4.2cm, 기와 두께 1.6cm.

○ 색깔과 태도 : 니질도.

○ 형태 : 언강(B형)으로 상단부 기와는 모두 언강 높이는 낮음(矮肩). 舌面 후부의 아래가 오목하며, 중앙부에는 대체로 좁은 돌출선(凸棱)이 하나 있음.

(9) 수키와 말단부(筒瓦尾, 03JS塼M36標:10, 그림 4-9)

○ 출토지 : 산성하전창36호묘.

○ 크기 : 남은 길이 13cm, 남은 너비 19cm, 두께 1.4cm.

○ 색깔과 태도 : 니질도.

○ 형태 : 거친 승문이 시문됨. 2차 火燒를 거쳐 瓦身은 이미 변형된 상태임. 말단(尾端)의 바닥면이 점차 얇게 변하였으며, 안으로 문질러 기울어진 모양(斜狀)을 띠고 있음. 너비는 瓦頭에서 瓦尾로 점차 넓어짐.

그림 6 산성하전창36호묘 수키와 탁본
(『集安高句麗王陵』, 2004)
1. 03JS塼M36標:4
2. 03JS塼M36標:18
3. 03JS塼M36標:16
4. 03JS塼M36標:23
5. 03JS塼M36標:15
6. 03JS塼M36標:21
7. 03JS塼M36標:20

(10) 수키와(筒瓦尾, 03JS塼M36標:18, 그림 5-4)

○ 출토지 : 산성하전창36호묘.

○ 크기 : 남은 길이 17cm, 남은 너비 16cm, 두께 1.8cm.

○ 색깔과 태도 : 니질도.

○ 형태 : 거친 승문이 시문됨. 2차 火燒를 거쳐 瓦身은 이미 변형된 상태임. 끝부분 가장자리(尾沿) 바닥면이 점차 얇게 변함.

(11) 수키와(筒瓦尾, 03JS塼M36標:24, 그림 4-11)

○ 출토지 : 산성하전창36호묘.

○ 크기 : 남은 길이 11.2cm, 남은 너비 14.6cm, 두께 2.4cm.

○ 색깔과 태도 : 협사도.

○ 형태 : 거친 승문이 시문됨. 말단(尾端)은 두께의 변화가 없으며, 方沿 모양을 하고 있음. 瓦体는 두꺼움.

(12) 수키와(筒瓦尾, 03JS塼M36標:22, 그림 4-10)

○ 출토지 : 산성하전창36호묘.

○ 크기 : 남은 길이 16.2cm, 남은 너비 9.6cm, 두께 1.8cm.

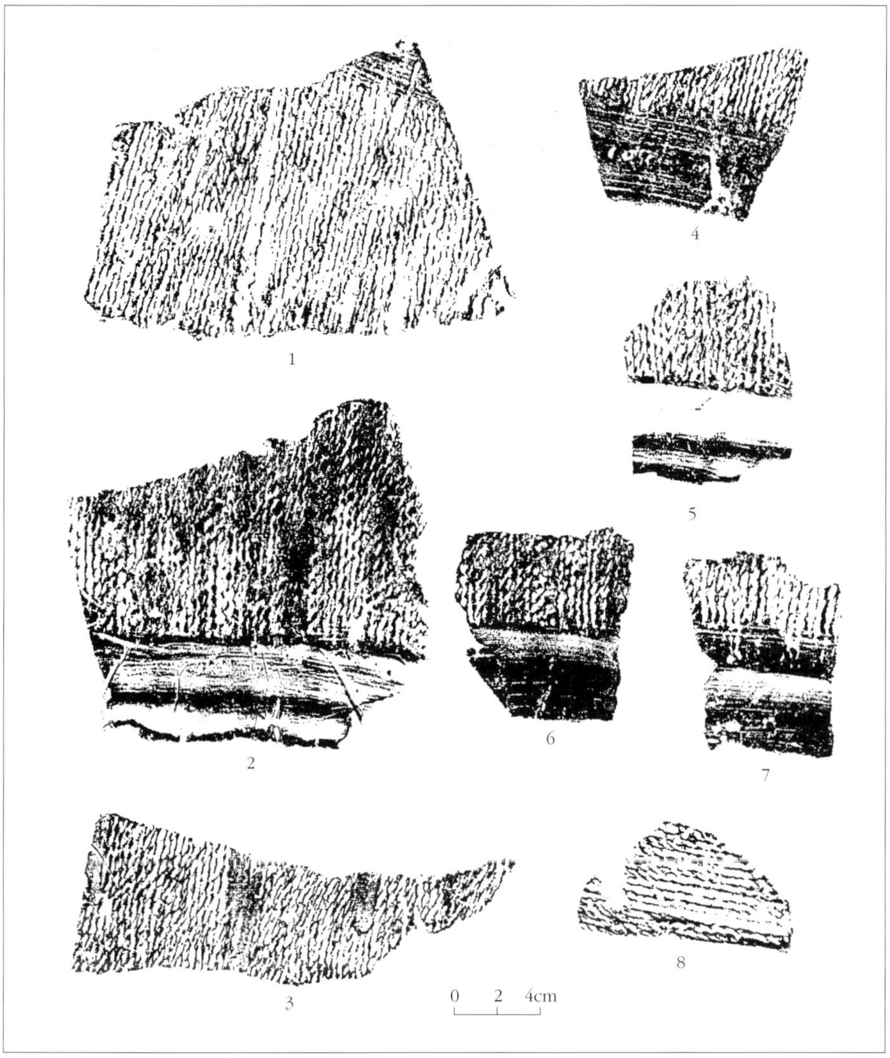

그림 7
산성하전창36호묘 기와 탁본
(『集安高句麗王陵』, 2004)
1. 암키와(03JS塼M36標:26)
2. B형수키와(03JS塼M36標:5)
3~5. 암키와(03JS塼M36標:35·標:8·標:34)
6·7. A형수키와
(03JS塼M36標:7·標:3)
8. 암키와(03JS塼M36標:9)

○ 색깔과 태도 : 황갈색 니질도.

○ 형태 : 무늬가 시문되지 않음. 2차 火燒를 거쳐 이미 변형되어 갈라진 상태임. 말단(尾端)은 두께의 변화가 없으며, 方沿 모양을 하고 있음.

2) 암키와(板瓦)

○ 총 59점 채집. 瓦沿은 3점으로 方沿임.

○ 모두 거친 승문이 시문되었으며, 아직 지압문 등의 무늬는 발견되지 않음.

(1) 암키와(03JS塼M36標:8, 그림 5-1, 그림 7-4)

○ 출토지 : 산성하전창36호묘.

○ 크기 : 남은 길이 9cm, 남은 너비 10cm, 두께 2cm.

○ 색깔과 태도 : 니질도.

○ 형태 : 거친 승문이 시문됨. 瓦沿에서 5cm되는 곳까지 문질러 무늬없는 평면을 만듦.

(2) 암키와(03JS塼M36標:16, 그림 5-3, 그림 6-3)

○ 출토지 : 산성하전창36호묘.

○ 크기 : 남은 길이 15cm, 남은 너비 22cm, 두께 2.3cm.

○ 색깔과 태도 : 니질도.

○ 형태 : 거친 승문이 시문됨. 瓦沿 부분이 비교적 크게 파손되었으나 남아 있는 일부분에서 와연에 근접한 곳이 문질러 무늬없는 평면을 이루고 있는 것을 알 수 있음.

(3) 암키와(03JS塼M36標:23, 그림 5-2, 그림 6-4)

○ 출토지 : 산성하전창36호묘.

○ 크기 : 남은 길이 13cm, 남은 너비 10cm, 두께 1.8cm.

○ 색깔과 태도 : 니질도.

○ 형태 : 거친 승문이 시문됨. 前端 5cm되는 곳까지 문질러 무늬없는 평면을 만듦.

(4) 암키와(03JS塼M36標:26, 그림 5-6, 그림 7-1)

○ 출토지 : 산성하전창36호묘.

○ 크기 : 남은 길이 5cm, 남은 너비 9cm, 두께 1.6cm.

○ 색깔과 태도 : 니질도.

○ 형태 : 거친 승문이 시문됨. 상면에는 가로 방향의 指抹文이 한 줄 시문되어 있음.

(5) 암키와(03JS塼M36標:27, 그림 5-5)

○ 출토지 : 산성하전창36호묘.

○ 크기 : 남은 길이 12.4cm, 남은 너비 9.2cm, 두께 1.6cm.

○ 색깔과 태도 : 니질도.

○ 형태 : 거친 승문이 시문됨. 瓦沿에 가까운 곳에서 가로 방향으로 壓印의 짧고 얕은 거친 승문이 한 줄 시문되어 있음.

(6) 암키와(03JS塼M36標:4·標:18·標:15·標:21·標:20, 그림 6-1, 그림 6-2, 그림 6-5, 그림 6-6, 그림 6-7)

○ 출토지 : 산성하전창36호묘.

○ 색깔과 태도 : 니질도.

○ 형태 : 모두 비교적 거친 승문이 시문됨.

(7) 암키와(03JS塼M36標:35·標:34·標:9, 그림 7-3, 그림 7-5, 그림 7-8)

○ 출토지 : 산성하전창36호묘.

○ 색깔과 태도 : 니질도.

○ 형태 : 모두 승문이 비교적 정연함.

3) 등성마루기와(脊瓦)

○ 평면에 의해 兩坡水와 圓弧面 등의 두 종류로 나뉨. 등성마루 기와는 두껍고 무거우며, 표면은 매끈하게 문지름. 兩坡水의 등성마루기와 표면은 평평하고 가지런하며, 圓弧面의 등성마루기와 표면은 칼로 깎아낸 흔적이 뚜렷히 남아 있음.

(1) 등성마루기와(03JS塼M36標:17, 그림 5-7)

○ 출토지 : 산성하전창36호묘.

○ 크기 : 남은 길이 16cm, 남은 너비 13cm, 두께 3.6cm.

○ 색깔과 태도 : 협사도.

○ 형태 : 기와 가장자리(瓦邊)는 斜面狀을 띠고 기와 등마루(瓦脊)에 근접한 곳은 이미 손상되어 등날(脊棱)은 보이지 않음.

(2) 등성마루기와(03JS塼M36標:25, 그림 5-9)

○ 출토지 : 산성하전창36호묘.

○ 크기 : 남은 길이 13cm, 남은 너비 10.4cm, 두께 2.8cm.

○ 색깔과 태도 : 회갈색 협사도.

○ 형태 : 기와 가장자리(瓦邊)는 斜面狀을 띠며, 파손이 심해 기와의 등날(脊棱)은 보이지 않음.

(3) 등성마루기와(03JS塼M36標:2, 그림 5-8)

○ 출토지 : 산성하전창36호묘.

○ 크기 : 남은 길이 14.4cm, 남은 너비 13cm, 두께 3cm.

○ 색깔과 태도 : 황갈색 협사도.

○ 형태 : 형식은 수키와에 유사함. 기와 상면(瓦面)에는 뚜렷한 刀削 흔적이 남아 있는데 약간 작은 평면들을 형성하고 있음. 기와는 두껍고 무거움.

5. 역사적 성격

1) 고분 연대

○ 산성하전창36호분은 비록 부장품이 보이지 않지만 고분 형식 및 기와편에 보이는 무늬 등을 보면 마선구2378호묘와 마선구626호묘에 근접하였다고 하며(2003년 조사), 우산하2110호묘 및 우산하43호묘의 등성마루기와(脊瓦)와 일치하고 고분 형식이 많이 유사하다고 보기도 함(2005년 조사).

○ 해당 고분의 주변에는 비교적 많은 고분이 배열되었는데, 모두 적석묘로 동쪽의 3기가 서로 일렬을 이루어 매장자의 관계가 서로 밀접함을 알 수 있음. 서쪽에는 3기의 원구식 무기단 적석묘가 수직으로 배열되어 있는데 연구에 의하면 이 형식의 연대는 기원 전후에 이를 만큼 빠를 수 있음. 만일 이들 고분이 모두 산성하전창36호묘의 배장묘라면, 조성연대의 차이는 아주 멀지 않으므로 산성하전창36호묘의 연대는 약 1세기로 추정함(2003년 조사). 반면 우산하2110호묘 및 우산하43호묘(임강묘)와의 유사성에 근거하여 고분 연대를 2세기로 추측하기도 함(2005년 조사).

2) 왕릉 비정

이와 같은 초기의 대형 계장적석묘는 통구고분군에서 비교적 적게 보이는데 고분 정상부에 대량의 기와 조각들이 있고, 주위에 배장묘가 있고, 고분입지가 높아 고구려 왕릉의 특징과 부합해 고구려 초기 왕릉으로 추정됨(2003년 조사). 張福有는 『삼국사기』에 보이는 지명 분석을 토대로 왕릉을 비정하였는데 신대왕의 장지는 故國谷이며, 이곳에서 가장 이른 시기 고분이 산성하전창36호묘라는 점 등을 근거로 신대왕릉에 비정하였음. 桃崎祐輔는 국내성 시기의 첫왕을 고국천왕으로 보고, 산성하전창36호묘에서 출토된 기와의 승문타날 방식을 이른 시기로 추정해 고국천왕릉에 비정함.

참고문헌

- 吉林省文物志編委會, 1984, 『集安縣文物志』.
- 國家文物局 主編, 1993, 『中國文物地圖集』 吉林分冊, 中國地圖出版社.
- 吉林省文物考古研究所·集安市博物館, 2002, 『洞溝古墓群-1997年調査測繪報告』, 科學出版社.
- 吉林省文物考古研究所·集安市博物館, 2004, 『集安高句麗王陵』, 文物出版社.
- 張福有·孫仁杰·遲勇, 2007, 「高句麗王陵通考要報」, 『東北史地』 2007-4 ; 2007, 『高句麗王陵通考』, 香港亞洲出版社.
- 孫仁杰·遲勇, 2007, 『集安高句麗墓葬』, 香港亞洲出版社.
- 桃崎祐輔, 2009, 「고구려왕릉 출토 기와·부장품으로 본 편년과 연대」, 『고구려 왕릉 연구』, 동북아역사재단.

36 집안 산성하전창0145호묘

集安 山城下塼廠0145號墓 | JSZM0145

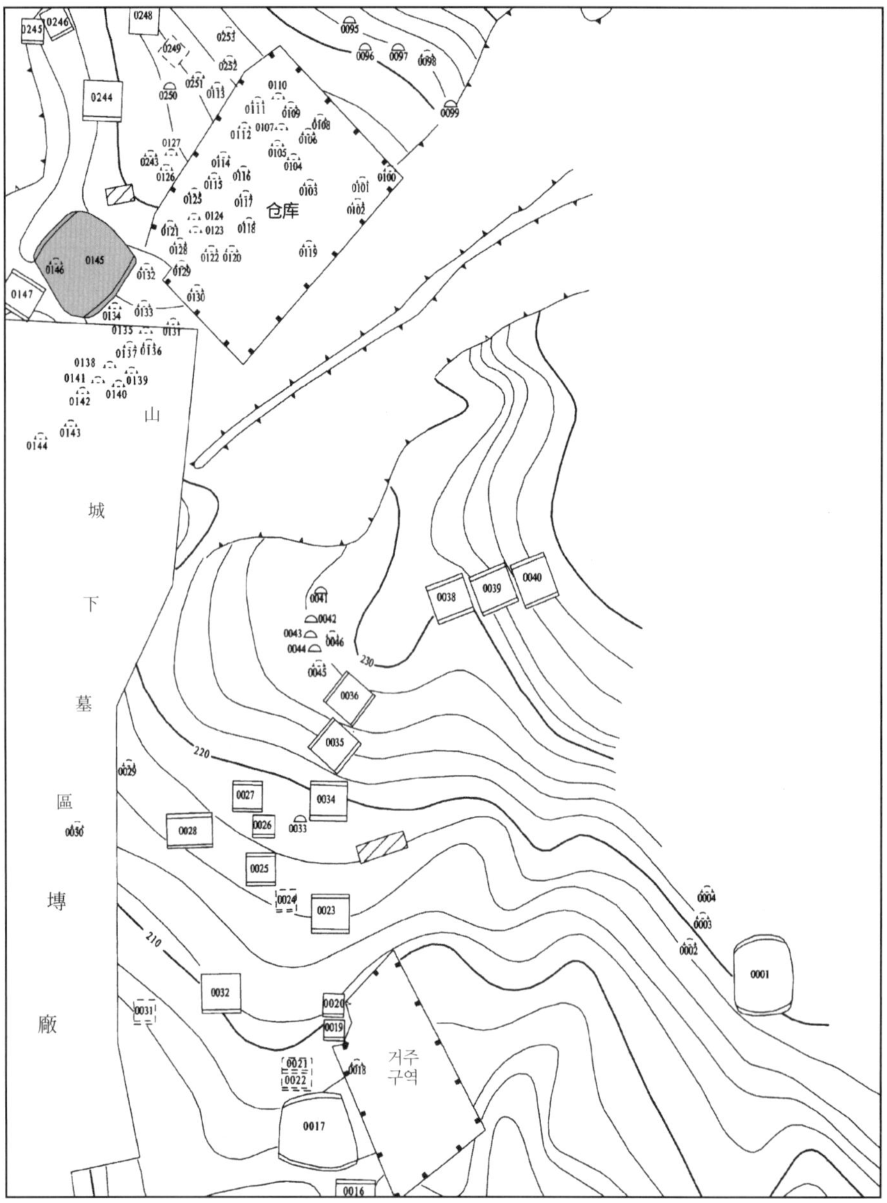

그림 1
산성하전창145호묘 위치도 1
(『洞溝古墓群－1997年調査測繪報告』)

1. 조사현황

1) 1966년 조사

○ 조사기관 : 吉林省博物館, 集安縣文物保管所.

○ 조사내용 : 산성하145호묘(JSM0145)로 편호.

2) 1997년 조사

○ 조사기관 : 吉林省博物館, 吉林省文物考古研究所, 集安市博物館.

○ 조사내용 : 편호 중복으로 산성하전창145호묘(JS塼M145, JSZM0145)로 개편함. 길이 42m, 너비 36cm, 높이 3.5m의 초대형 계단적석석광묘로 확정함.

3) 2003년 조사

○ 조사기관 : 吉林省文物考古研究所, 集安市博物館.

○ 조사기간 : 10월 20일~11월 6일(18일간).

○ 조사자 : 孫仁杰, 遲勇.

○ 조사내용 : 묘광을 정리하는 동시에 탐색갱을 설치하여 무덤 주위를 발굴하였고, 이때 유물 80여 점을 출토함.

4) 2005년 조사

○ 조사기관 : 集安市文物局.

○ 조사기간 : 4~5월.

○ 조사자 : 孫仁杰, 遲勇.

2. 위치와 자연환경(그림 1~그림 2)

1) 고분 위치

○ 禹山 서쪽 기슭의 城後村 4組 북측 산 위에 위치함.

○ 狍圈溝 溝掌의 서북 산정상에 자리하고 있음. 국내성 북쪽 약 1km 거리에 남북 방향의 골짜기가 있는데 현지인은 狍圈溝 라고 부름. 포권구 계곡 입구는 특히 문이 활짝 열린 대문과 같으며, 포권구 길이 약 500m는 포권구의 溝掌임.

2) 주변 환경

○ 고분의 동북은 점차 禹山의 주봉에 접하게 되며, 서북은 단애인데 통구하가 단애 아래를 지나 구불구불 꺾여 남쪽에서 압록강으로 유입됨.

○ 狍圈溝 남쪽은 국내성 북문과 멀리 마주하고 있는데 서로의 거리는 2km를 넘지 않음.

○ 이곳의 지세는 우뚝 솟아 북으로 환도성, 남으로 국내성이 조망되며, 산성하고분군과 만보정고분군이 잘 보임.

○ 고분의 북쪽 50m에 기단적석묘 JSZM0244호묘, 서남쪽 20m에는 계단적석묘 JSZM0147호묘가 있으며, 동남쪽으로 포권구와 약 200m 떨어진 곳, 맞은 편 산마루에 JSZM0036호묘가 있음.

3. 고분의 현황

1) 고분 형식

○ 유형 : 특대형계단적석석광묘(『洞溝古墓群 - 1997年調査測繪報告』), 유단적석석광묘(『集安高句麗墓葬』), 계장식 계단석광묘(『吉林集安高句麗墓葬報告集』).

○ 평면 : 방형.

○ 규모 : 동변 길이 약 31.5m, 서변 길이 약 36m, 북변 길이 약 37m, 남변 길이 약 37m, 높이 3.8m(사면의 길이가 불일치).

2) 고분 구조

(1) 전체현황(그림 3)

○ 자연 풍화된 산돌로 축조함.

○ 북쪽이 높고 남쪽이 낮은 언덕으로 인해 고분의 양

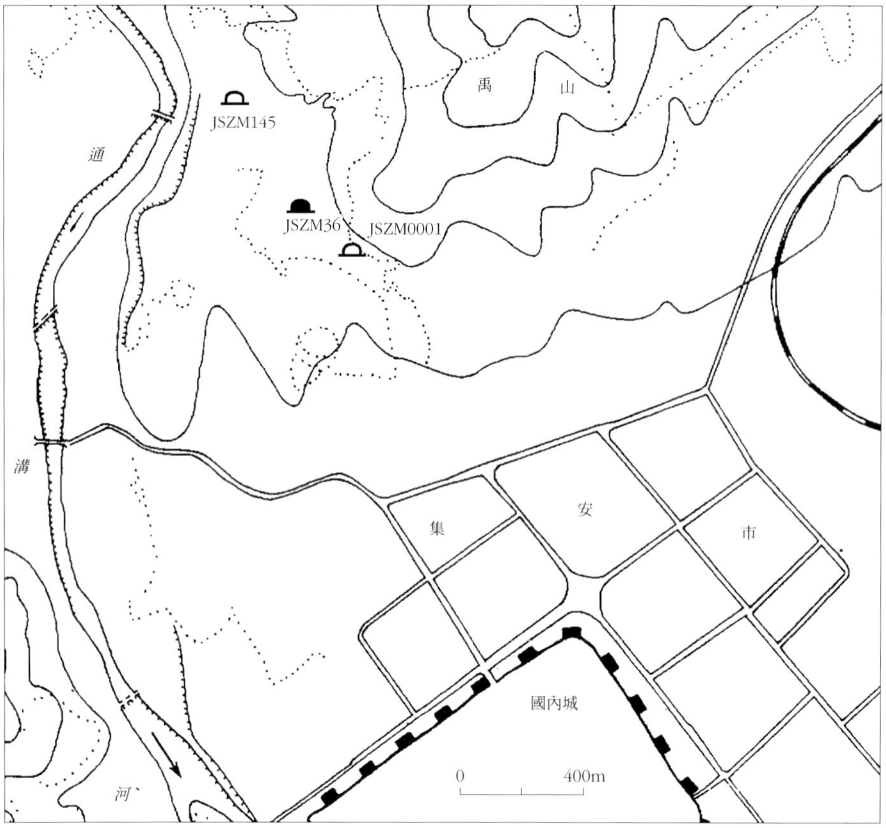

그림 2
산성하전창145호묘 위치도 2
(『吉林集安高句麗墓葬報告集』)

끝은 약 2m의 고도 차이가 있음.

○ 고분의 계단은 남면에 계단 14단이 축조되었고, 동면에 현재 9단이 남아 있고, 서면에 10단이 보이며, 북면은 아직 정리하지 않아 계단 수를 자세히 알 수 없음.

○ 고분 정상부의 함몰갱은 석광이 있던 자리이며, 封石은 비교적 적음.

○ 고분 정리를 통해 고찰해 보면 축조법은 JQM871호묘의 축조법과 기본적으로 동일함. 우선 지표의 亞粘土 위에 자연 산자갈(碎山石塊)로 길이 및 너비 약 28m, 높이 2.5m의 丘狀으로 쌓음. 다시 돌무지의 네 둘레에 안에서 밖으로, 위에서 아래로 계장식 계단을 축조함. 마지막에 고분 정상부의 중앙에 묘광을 축조함.

(2) 계장(階墻)

○ 계단은 동측에 아직 3단, 북측에 2단이 보존되어 있으며, 서측과 남측에는 아직 전면적인 정리를 하지 않아 정황이 상세하지 않음.

○ 계장석은 조금 규정화되었지만 크기가 균일하지 않음. 큰 것은 0.7×0.5×0.3m, 작은 것은 약 0.2×0.2×0.1m임.

○ 돌무지의 내부 구조는 해부하지 않아 명확하지 않음. 계장 설명은 남면을 축조 순서에 따라 안에서 밖으로 서술하면 다음과 같음. 제14단 계장은 북으로 고분 중심과 약 6m 떨어진 곳에 축조되었는데 동남에서 서북 방향에 이르는 계장의 높이는 약 0.9m이며, 돌무지 위에 축조됨. 계장의 축조 석재는 가공을 거치지 않은 자연 산돌로, 석재의 크기는 고르지 않지만 대다수 길이 0.6~0.4m, 너비 0.4~0.2m임. 이 계장의 동단

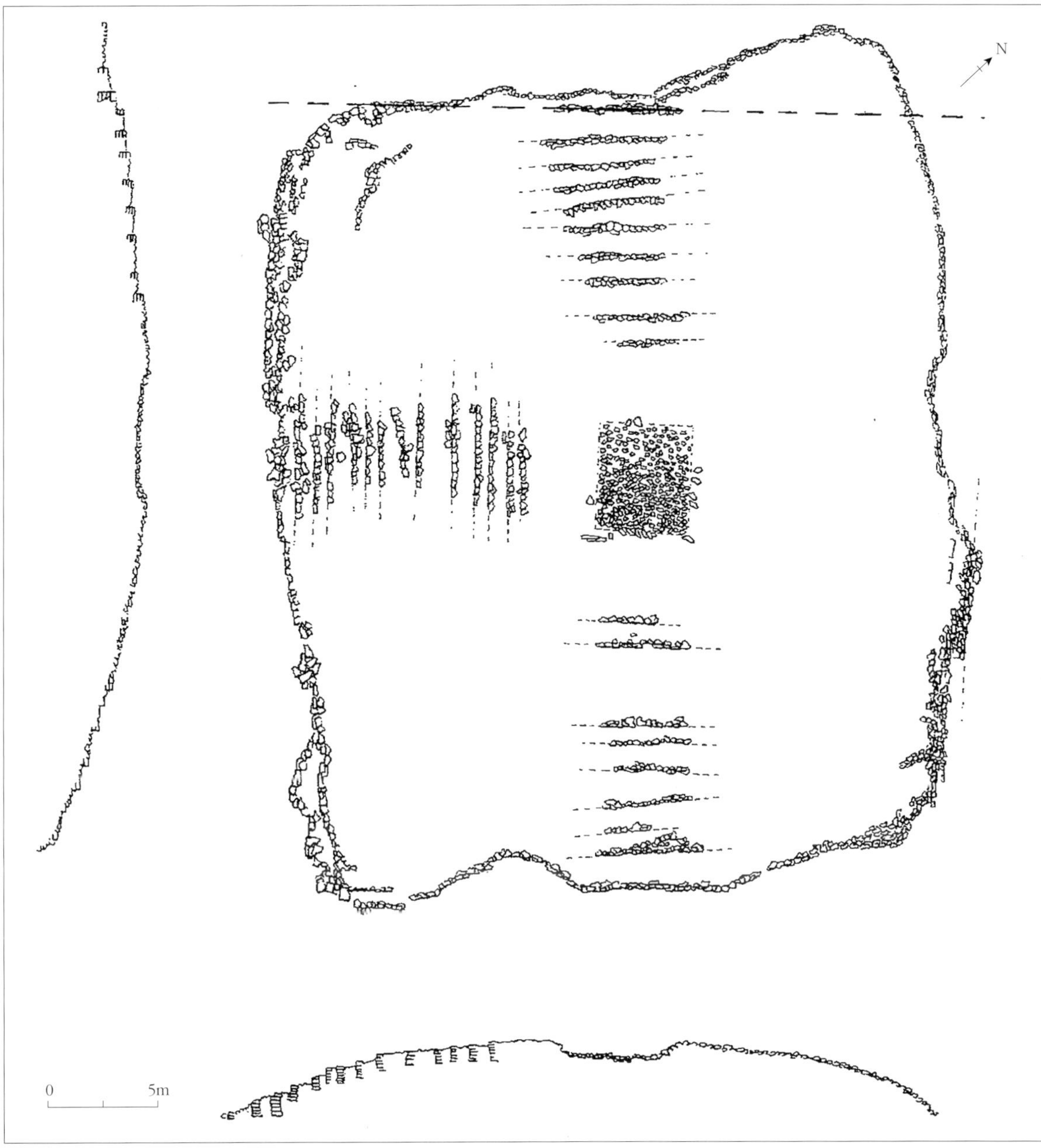

그림 3 산성하전창145호묘의 평·단면도(『吉林集安高句麗墓葬報告集』)

에는 동면 제9단 계장과, 서단은 서면의 제10단 계장과 접할 수 있음.

○ 제13단 계장은 제14단 계장 밖에서 약 1m 거리에 축조되었는데 방향은 동일하며, 석재와 축조법 역시 동일함. 계장의 높이는 약 0.7m이며, 양단이 서로 접하는 곳은 명확하지 않으며, 정상부 상면은 제14단 계장과 0.2m 정도의 높이 차이가 있음.

○ 제12단 계장은 북으로 제13단 계장과 약 1m 거리에 위치하며, 계장 높이는 약 0.7m이며 축조법과 사용된 석재는 모두 위의 계장과 동일하며, 계장의 양단이 연접하는 것은 명확하지 않음.

○ 제11단 계장은 북으로 제12단 계장과 약 0.7m 떨

어져 있으며, 계장 높이는 약 0.8m임. 서단 계장의 벽체는 아래로 미끄러져 밖으로 움직였으며, 구축방법은 위의 계장과 동일하며, 양단의 연접은 명확하지 않음.

○ 제10단 계장은 북으로 제11단 계장과 약 1.3m 떨어져 있으며, 계장의 높이는 약 0.7m이며, 양단의 벽체면은 다수가 붕괴되었으며, 축조법은 제10단 계장과 동일하며, 양단의 연접은 명확하지 않음.

○ 제9단 계장은 북으로 제10단 계장과 약 1.6m 떨어져 있으며, 계장 높이는 약 0.7m이며, 축조법은 10단 계장과 동일하지만 양단의 연접은 명확하지 않음.

○ 제8단 계장은 북으로 제9단 계장과 약 0.8m 떨어져 있으며, 이 계장은 기울어진 상태로 거의 정동에서 정서 방향이며, 계장 높이는 0.8m이며, 축조 석재는 위의 계장과 동일하며, 계장의 동서 양단은 연접이 안 될 수 있음.

○ 제7단 계장은 북으로 제8단 계장과 약 1m 떨어져 있으며, 계장의 높이는 0.8m이며, 벽체는 보존상태가 비교적 양호하며, 축조법은 위의 계장과 동일함.

○ 제6단 계장은 북으로 제7단 계장과 약 0.6m 떨어져 있으며, 계장의 높이는 0.6m이며, 축조법은 변화가 없음.

○ 제5단 계장은 북으로 제6단 계장과 약 0.7m 떨어져 있으며, 계장의 높이는 약 0.6m이며, 벽체는 돌무지 위에 축조하였으며, 사용된 석재는 비교적 작음.

○ 제4단 계장은 북으로 제5단 계장과 약 1.2m 떨어져 있으며, 계장의 높이는 0.6m이며, 돌무지 위에 축조하였으며, 석재와 축조법은 위의 계장과 동일함.

○ 제3단 계장은 북으로 제4단 계장과 약 0.8m 떨어져 있으며, 계장의 높이는 1.1m이며, 지표 위에 직접 축조하였음. 계장 축조에 사용된 돌은 비교적 큰데 일반적으로 0.6×0.5×0.2m 정도이며, 가공을 거치지 않은 자연 산자갈(碎山石)임. 계장 양단의 연접은 명확하지 않음.

○ 제2단 계장은 북으로 제3단 계장과 약 0.9m 떨어져 있으며, 계장 높이는 0.8m이며, 지표로부터 축조하였으며, 계장 축조에 사용된 돌은 제3단 계장과 동일함.

○ 제1단 계장은 북으로 제2단 계장과 약 1m 떨어져 있으며, 축조석은 파괴되어 겨우 1~2층만 남아 있으며, 지표에 직접 축조하였음. 이 계장의 外側에는 계장을 보호하는 板狀石이 보이는데, 큰 판상석은 0.8m 정도이며, 다수는 이미 외장력에 의해 붕괴됨.

○ 계장과 계장 사이는 산자갈(碎山石塊)로 메웠는데 이 부분의 돌은 모두 작음. 보통 0.4×0.3×0.2m 정도임. 동서 양측의 계단 축조법은 사용된 석재 모두 남면과 일치하는데 오직 계단의 단수가 일치하지 않아 서술하지 않음.

(3) 석광(石壙)

○ 고분의 상부 즉 남면의 제14단·동면의 제9단·서면의 제10단 계장의 중앙에는 길이 및 너비 약 13m인 방형의 평대가 있으며, 석광은 평대의 중앙부에 구축되었음.

○ 석광은 이미 도굴당해 교란되었으며, 석광을 축조한 석재는 이미 다수가 존재하지 않고 동변과 북변만 1층이 보임. 석재는 상대적으로 가공된 산돌로 큰 것은 0.5m를 넘지 않음.

○ 석광의 깊이는 0.4m 정도이며, 바닥에는 강자갈(河卵石)이 깔려 있고 산자갈(碎山石)이 함께 섞여 있음. 바닥돌의 두께는 약 0.2m이며, 산자갈과 강자갈의 크기는 서로 비슷하여 모두 약 8cm 정도임. 바닥에 깔린 돌의 범위를 보면, 석광은 장방형으로 동서 길이 5m, 남북 너비 4.5m 정도임.

4. 출토유물

○ 출토유물은 모두 석광 안에서 나옴. 무덤은 일찍부터 도굴되어 출토유물은 모두 소량 또는 파손품임.

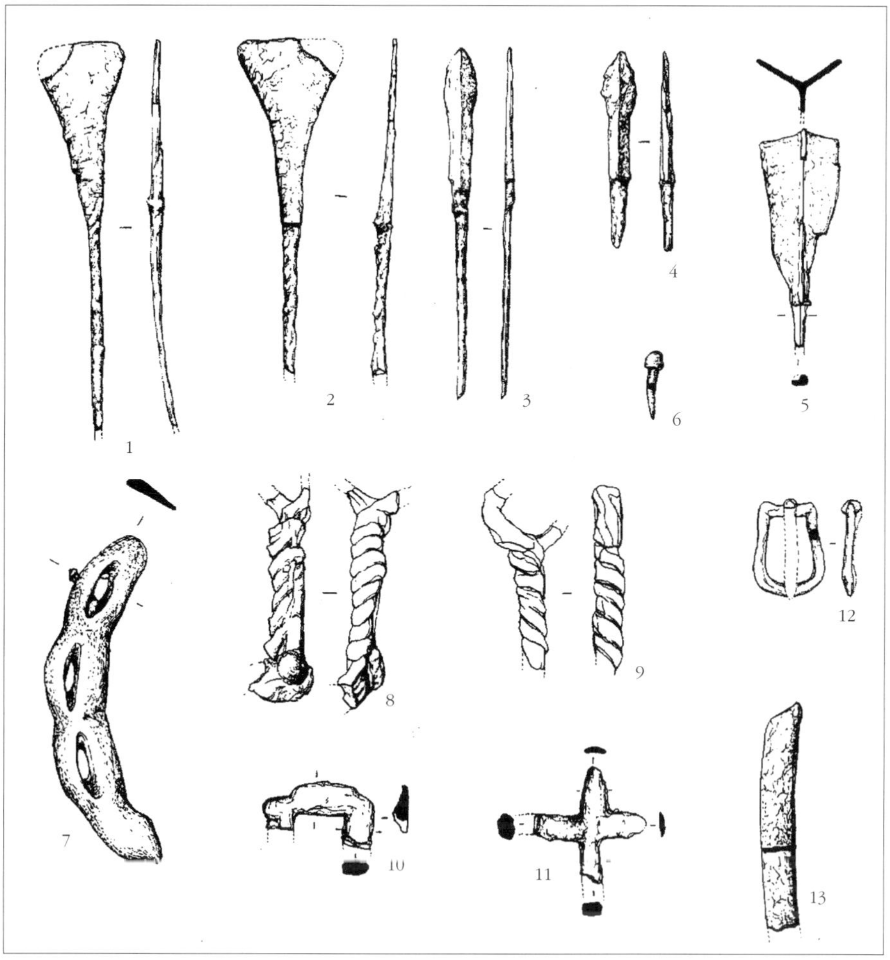

그림 4 산성하전창145호묘의 청동기와 철기(『吉林集安高句麗墓葬報告集』)
1·2. B형철촉(03JSZM0145:8-2·8-1)
3·4. A형철촉(03JSZM0145:20-1·20-2)
5. C형철촉(03JSZM0145:23)
6. 청동못(03JSZM0145:21)
7. 철제소편자(03JSZM0145:26)
8·9. 철제재갈(03JSZM0145:16)
10·11. 철제재갈멈추개(03JSZM0145:22-1·22-2)
12. 철제띠고리(03JSZM0145:24)
13. 철제단검(03JSZM0145:25)

1) 청동기(銅器)

(1) 못(03JSZM0145:21, 그림 4-6)

○ 출토지 : 산성하전창145호묘.

○ 크기 : 직경 0.5cm, 못의 길이 0.6cm.

○ 형태 : 鍛造製. 球形의 둥근 모(圓帽)임.

2) 철기(鐵器)

○ 철기는 띠고리 1점, 단검 1점, 재갈 1점, 재갈멈추개 1점, 편자 1점, 화살촉 5점, 찰갑편이 다수 있음.

○ 화살촉은 세 종류로 나뉘는데 A형은 2점으로 鐵身이 뱀머리형(蛇頭形)이고 중간에 등마루(脊)가 일어나 있음. B형은 2점으로 鐵身이 납작한 부채모양(扁翼形)이고 날(鋒刃)은 평평하고 곧음. C형은 1점으로 鐵身이 三翼形임.

○ 찰갑편은 모두 鍛造製이며, 형상에 따라 다섯 유형을 나눔. A형은 찰갑편이 장방형에 가깝고 크기와 미세함의 차이에 따라 다시 나눔. Aa형은 장방형으로 3점이 있으며, 모두 손상됨. Ab형은 원각장방형으로 21점이 있으며, 다수가 온전하지 못함. B형은 梯形에 가까운 형태로 1점이 있음. C형은 물고기비늘형태(魚鱗形)로 온전한 것이 비교적 다수이며, 크기에 따라 다시 나눔. Ca형은 36점으로 길이(身長)가 5cm 정도이며, 상부는 평평하고 하부는 둥글며, 사면 둘레에는 구멍(穿孔)이 있음. Cb형은 4점으로 길이가 3cm 정도이며, 상부는 평평하고 하부는 둥글며, 사면 둘레에는

모두 구멍(穿孔)이 있음. D형은 2점으로 찰갑의 측시가 弓形을 이루며, 모두 온전하지 않음. E형은 온전한 형태가 불분명한 잔편임.

(1) 띠고리(帶卡, 03JSZM0145:24, 그림 4-12)

○ 출토지 : 산성하전창145호묘.

○ 크기 : 고리부분(扣環) 길이 3.1cm, 너비 2.5cm. 卡針 길이 3.2cm.

○ 형태

- 앞은 둥글고 뒤는 네모진 형태임(前圓後方).
- 중간의 T자형 침(卡針)은 뚫린 구멍(透孔)의 가운데에 끼워져 있음.

(2) 단검(鐵匕, 03JSZM0145:25, 그림 4-13)

○ 출토지 : 산성하전창145호묘.

○ 크기 : 남은 길이 7.5cm, 너비 1.2cm. 두께 0.15cm.

○ 형태 : 鍛造製로 손상된 상태임. 등과 칼날은 호형을 이룸(弧背弧刃).

(3) 재갈(馬銜, 03JSZM0145:16, 그림 4-8, 그림 4-9)

○ 출토지 : 산성하전창145호묘.

○ 크기 : 양끝의 남은 길이가 6~7cm로 균일하지 않음.

○ 형태 : 재갈쇠는 두 줄을 꼬아서 만듦.

(4) 재갈멈추개(馬鑣, 03JSZM0145:22-1, 그림 4-10)

○ 출토지 : 산성하전창145호묘.

○ 크기 : 너비 3.8cm, 두께 0.3cm.

○ 형태 : 鍛造製. 半環形.

(5) 재갈멈추개(馬鑣, 03JSZM0145:22-2, 그림 4-11)

○ 출토지 : 산성하전창145호묘.

○ 크기 : 길이 및 너비 각기 약 3.5cm.

○ 형태 : 鍛造製. '十'자형. 잔편.

(6) 소편자(牛掌, 03JSZM0145:26, 그림 4-7)

○ 출토지 : 산성하전창145호묘.

○ 크기 : 길이 11cm, 너비 1.4~2.2cm, 두께 0.3cm.

○ 형태 : 鍛造製. 초승달형(新月形). 중간에는 3개의 장조형 못구멍이 있는데 그 가운데 못(釘掌) 1개가 남아 있음. 소편자(牛掌)는 일찍 사용되어 심하게 마모된 상태임.

(7) 화살촉(03JSZM0145:20-1, 그림 4-3)

○ 출토지 : 산성하전창145호묘.

○ 크기 : 촉신(鏃身) 길이 4.5cm. 슴베(鋌)의 길이 7cm, 직경 0.4cm.

○ 형태 : 촉신(鏃身)은 뱀머리형(蛇頭形)으로 가운데에 등마루(脊)가 일어섬(A형). 촉신(鏃身)에 원형의 긴 슴베(長鋌)가 이어져 있음.

(8) 화살촉(03JSZM0145:20-2, 그림 4-4)

○ 출토지 : 산성하전창145호묘.

○ 크기 : 전체 길이 6.3cm.

○ 형태 : 촉신(鏃身)은 뱀머리형(蛇頭形)으로 가운데에 등마루(脊)가 일어섬(A형). 鋌이 손상됨.

(9) 화살촉(J03SZM0145:8-2, 그림 4-1)

○ 출토지 : 산성하전창145호묘.

○ 크기 : 촉신(鏃身) 길이 5cm, 너비 3cm, 두께 0.2cm. 鋌의 길이 7cm, 직경 0.4cm.

○ 형태 : 촉신(鏃身)은 납작한 부채모양(扁扇形)으로 날(鋒刃)은 평평하고 곧음(A형). 약간 손상됨. 長釘은 방형임.

(10) 화살촉(03JSZM0145:8-1, 그림 4-2)

○ 출토지 : 산성하전창145호묘.

○ 크기 : 촉신(鏃身) 길이 6cm, 너비 3.6cm, 두께 0.2cm. 슴베(鋌)의 남은 길이 4.8cm, 직경 0.5cm.

○ 형태 : 촉신(鏃身)은 납작한 부채형(扁扇形)으로 날(鋒刃)은 평평하고 곧음(A형). 약간 손상됨. 釘은 방형임.

(11) 화살촉(03JSZM0145:23, 그림 4-5)

○ 출토지 : 산성하전창145호묘.

○ 크기 : 촉신(鏃身) 길이 5.6cm. 날개 너비(翼寬) 1.6cm. 단면 원형 슴베의 남은 길이 1.5cm, 직경 0.4cm.

○ 형태 : 촉신(鏃身)은 三翼形(C형)으로 손상된 상태인데 날개 하나가 비교적 온전함. 앞의 칼끝(前鋒)은 비교적 무딤.

(12) 찰갑편(03JSZM0145:5-2, 그림 5-1)

○ 출토지 : 산성하전창145호묘.

○ 크기 : 길이 6.8cm, 너비 4cm, 두께 0.1cm.

○ 형태 : 鍛造製. 장방형(Aa형). 상단은 平直이며, 그 양변이 모죽임(말각)된 상태이며, 하단은 약간 弧를 이루고 있음. 네 둘레에는 각기 두 개의 구멍이 뚫려 있음.

(13) 찰갑편(03JSZM0145:1-1, 그림 5-2)

① 출토지 : 산성하전창145호묘.

② 크기 : 길이 5.9cm, 너비 3.6cm, 두께 0.1cm.

③ 형태 : 鍛造製. 圓角의 장방형(Ab형). 상단은 平直이며, 한쪽 모서리가 둥글게 모죽임(말각)된 상태이며, 하단은 둥근 弧를 이루고 있음. 네 둘레에는 각기 두 개의 구멍이 뚫려 있음.

(14) 찰갑편(03JSZM0145:9, 그림 5-3)

○ 출토지 : 산성하전창145호묘.

○ 크기 : 남은 길이 5.5cm, 너비 3.5cm, 두께 0.1cm.

○ 형태 : 鍛造製. 圓角의 장방형(Ab형). 하단이 손상됨. 중앙부에 둥근 구멍 1개가 있음.

(15) 찰갑편(03JSZM0145:6, 그림 5-4)

○ 출토지 : 산성하전창145호묘.

○ 크기 : 남은 길이 4.8cm, 너비 2.5~3cm, 두께 0.1cm.

○ 형태 : 鍛造製. 사다리형(梯形)에 가까운 형태임(B형).

○ 상단은 平直으로 그 양변이 모죽임(抹角)된 상태이며, 하단은 손상됨.

○ 세 변이 각기 두 개의 구멍이 있음.

(16) 찰갑편(03JSZM0145:2-1, 그림 5-5)

○ 출토지 : 산성하전창145호묘.

○ 크기 : 길이 4.8cm, 너비 3.2cm, 두께 0.1cm.

○ 형태 : 鍛造製. 물고기 비늘형으로(魚鱗形) 상부은 평평하고 하부는 둥근 형태임(C형). 네 변에는 구멍이 뚫려 있는데 상단에는 單孔이며, 양측과 바닥 가장자리에는 각기 2개의 구멍이 있음.

(17) 찰갑편(03JSZM0145:3-1, 그림 5-6)

○ 출토지 : 산성하전창145호묘.

○ 크기 : 길이 5.1cm, 너비 3.4cm, 두께 0.1cm.

○ 형태 : 鍛造製. 물고기 비늘형으로(魚鱗形) 상부은 평평하고 하부는 둥근 형태임(C형). 네 변에는 구멍이 뚫려 있는데 상단에는 雙孔이며, 양측과 바닥 가장자리에는 각기 2개의 구멍이 있음.

(18) 찰갑편(03JSZM0145:4, 그림 5-7)

○ 출토지 : 산성하전창145호묘.

○ 크기 : 길이 4.7cm, 너비 3.2cm.

○ 형태 : 鍛造製. 물고기 비늘형으로(魚鱗形) 상부은 평평하고 하부는 둥근 형태임(C형). 네 변에는 구멍이

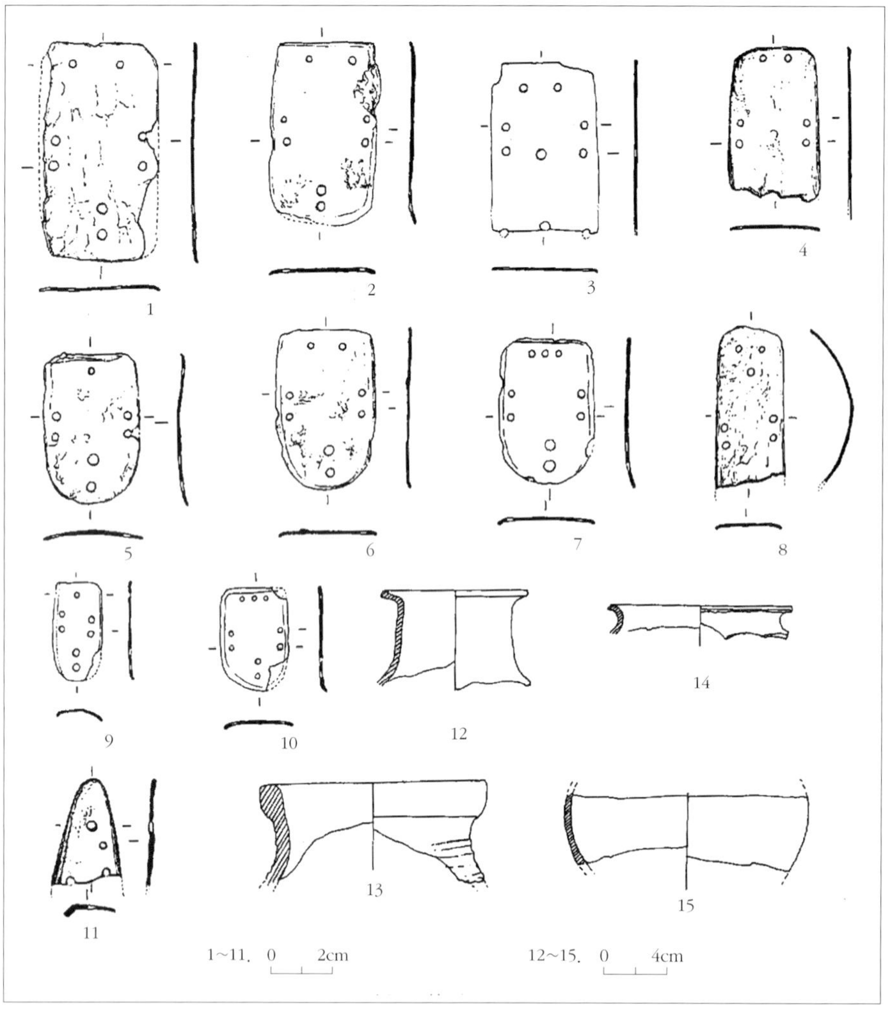

그림 5
산성하전창145호묘의
철기와 토기
(『吉林集安高句麗墓葬報告集』)
1. Aa형찰갑편(03JSZM0145:5-2)
2·3. Ab형찰갑편
(03JSZM0145:1-1·9)
4. B형찰갑편(03JSZM0145:6)
5~7. Ca형찰갑편
(03JSZM0145:2-1·3-1·4)
8. D형찰갑편(03JSZM0145:17-2)
9·10. Cb형찰갑편
(03JSZM0145:14-2·15)
11. E형찰갑편(03JSZM0145:13)
12. B형호(03JSZM0145:27)
13. A형호(03JSZM0145:29)
14·15. 심발형토기
(03JSZM0145:28)

뚫려 있는데 상단은 3개 구멍이며, 양측과 바닥 가장자리는 각기 2개 구멍임.

(19) 찰갑편(03JSZM0145:15, 그림 5-10)

○ 출토지 : 산성하전창145호묘.

○ 크기 : 길이 3.3cm, 너비 2.3cm, 두께 0.1cm.

○ 형태 : 鍛造製. 물고기 비늘형으로(魚鱗形) 상부은 평평하고 하부는 둥근 형태임(C형). 형체가 비교적 큼. 상단은 평행하고 양변이 약간 모죽임(抹角)된 상태이며, 하단은 둥근 형태임. 네 변에는 구멍이 뚫려 있는데 上緣은 3개 구멍이며, 하단과 측면은 각기 2개 구멍임.

(20) 찰갑편(03JSZM0145:14-2, 그림 5-9)

① 출토지 : 산성하전창145호묘.

② 크기 : 길이 3.1cm, 너비 1.6cm, 두께 0.1cm.

③ 형태 : 鍛造製. 물고기 비늘형으로(魚鱗形) 상부은 평평하고 하부는 둥근 형태임(C형). 네 변에는 구멍이 뚫려 있는데 상단은 單孔이며, 하단과 측면은 각기 2개 구멍임.

(21) 찰갑편(03JSZM0145:17-2, 그림 5-8)

① 출토지 : 산성하전창145호묘.

② 크기 : 남은 길이 5cm, 너비 2.4cm, 두께 0.1cm.

③ 형태 : 鍛造製. 圓角 장방형의 잔편임.

○ 측면은 弧를 이루고 있음(D형).

○ 상부에는 구멍 3개가 있고, 양 측면에는 각기 2개의 구멍이 있음.

(22) 찰갑편(03JSZM0145:13, 그림 5-11)

○ 출토지 : 산성하전창145호묘.

○ 크기 : 남은 길이 3.5cm, 두께 0.1cm. 구멍의 직경 2~2.5cm.

○ 형태 : 鍛造製. 평면이 삼각형. 상부는 원호를 이루며, 하부는 손상된 상태인데 온전한 형상이 명확치 않음(E형). 찰갑편에는 4개의 구멍이 있는데 우측의 구멍 하나는 중간선을 차지하지 않고 또한 가장자리에 가깝지도 않는 것으로 보아 부식된 것으로 추정됨.

3) 토기(陶器)

○ 호(陶壺) 2점, 심발형토기(陶罐) 1점 출토. 호는 모두 구연부만 남아 있는데 입술은 둥글고 입이 넓은(圓脣侈口) A형과 입술이 네모나고 입이 넓고 구연부가 외반한(方脣侈口折沿) B형으로 다시 나뉨.

(1) 호(陶壺, 03JSZM0145:29, 그림 5-13)

○ 출토지 : 산성하전창145호묘.

○ 크기 : 구연 직경(口徑) 15cm, 목 높이(頸高) 4cm.

○ 태토 및 색깔 : 輪製. 가는 모래섞인 회백색(夾細砂灰白陶).

○ 형태 : 둥근 입술(圓脣), 넓은 입(侈口), 곡선의 목(弧頸) 등으로 이루어짐(A형). 둥근 입술은 비교적 두터움. 목의 바깥면에는 네 줄의 선문이 시문되어 있음.

(2) 호(陶壺, 03JSZM0145:27, 그림 5-12)

○ 출토지 : 산성하전창145호묘.

○ 크기 : 구연 직경(口徑) 10cm, 목 길이(頸長) 5cm.

○ 태토 및 색깔 : 가는 모래섞인 회백색(夾細砂灰白陶).

○ 형태 : 手製. 네모난 입술(方脣), 넓은 입(侈口), 외반된 구연부(折沿), 긴 목(長頸) 등으로 이루어짐(B형). 태토가 얇으며(薄胎), 소성도는 비교적 높음.

(3) 심발형토기(陶罐, 03JSZM0145:28, 그림 5-14, 그림 5-15)

○ 출토지 : 산성하전창145호묘.

○ 크기 : 구연 직경(口徑) 12cm, 동체의 직경(腹徑) 16.5cm.

○ 태토 및 색깔 : 모래섞인 회갈색(夾砂灰褐陶).

○ 형태 : 手製. 구연부(口)와 동체부(腹)만이 남은 잔편임. 네모난 입술(方脣), 넓은 입(侈口), 잘록한 목(束頸), 팽팽한 동체부(鼓腹) 등으로 이루어짐. 태토가 얇으며(薄胎), 소성도는 비교적 높지 않음.

5. 역사적 성격

1) 고분 연대

○ 고분은 칠성산871호묘 및 마선구626호묘와 동일한 계장식 계단으로 축조됨. 고분의 높이는 약 4m로 계장 각 단의 높이는 겨우 0.8m 정도, 고분의 높이가 약 7m로 계장의 높이가 2m에 가까운 칠성산871호묘의 구조에 비하면 많이 작음. 고구려 고분은 낮고 작은 무덤에서 높고 큰 무덤으로 발전한다는 연구에 따르면 해당 고분의 연대는 칠성산871호묘 등에 비해 빠른 것으로 판단됨.

○ 또한 고분을 축조하는데 사용된 돌을 보면 해당 고분은 사용된 석재는 모두 자연 산자갈(碎山石塊)로 아직 가공 흔적이 없음. 이는 고구려 적석묘의 초기 특징을 반영하는 것임.

○ 이 밖에 묘광 안에서 호(陶壺)가 출토되는데 회백색 호는 전형적 漢代 호의 풍격임. 구연부가 외반하고(折沿), 입이 모아지고(斂口), 목이 긴(長頸) 호가 출토되었는데 이는 고구려 초기 호의 특징을 모두 갖추고

있음. 종합 분석해보면, 고분은 칠성산871호묘보다 연대가 빨라서 기원 1세기 전후(2003년 조사) 또는 기원 2세기로 추정됨(2005년 조사).

2) 묘주의 신분

고분의 규모가 아주 크며, 국내성과 환도산성의 사이의 절벽 위에 위치하여 지세가 높고 시야가 광활한 점을 볼 때, 묘주의 신분이 높았음을 알 수 있음. 그러나 고분 상부에 기와류와 묘주의 신분을 설명할 수 있는 문자자료가 발견되지 않았으므로 아직 왕릉임을 확인할 수 없음.

참고문헌

- 吉林省文物志編委會, 1984,『集安縣文物志』.
- 國家文物局 主編, 1993,『中國文物地圖集』吉林分冊, 中國地圖出版社.
- 吉林省文物考古研究所·集安市博物館, 2002,『洞溝古墓群-1997年調査測繪報告』, 科學出版社.
- 孫仁杰·遲勇, 2007,『集安高句麗墓葬』, 香港亞洲出版社.
- 吉林省文物考古研究所·集安市博物館, 2009,「集安JSZM145號墓調査報告」,『吉林集安高句麗墓葬報告集』, 科學出版社.

37	집안 산성하전창0181호묘 集安 山城下塼廠0181號墓 | JSZM0181

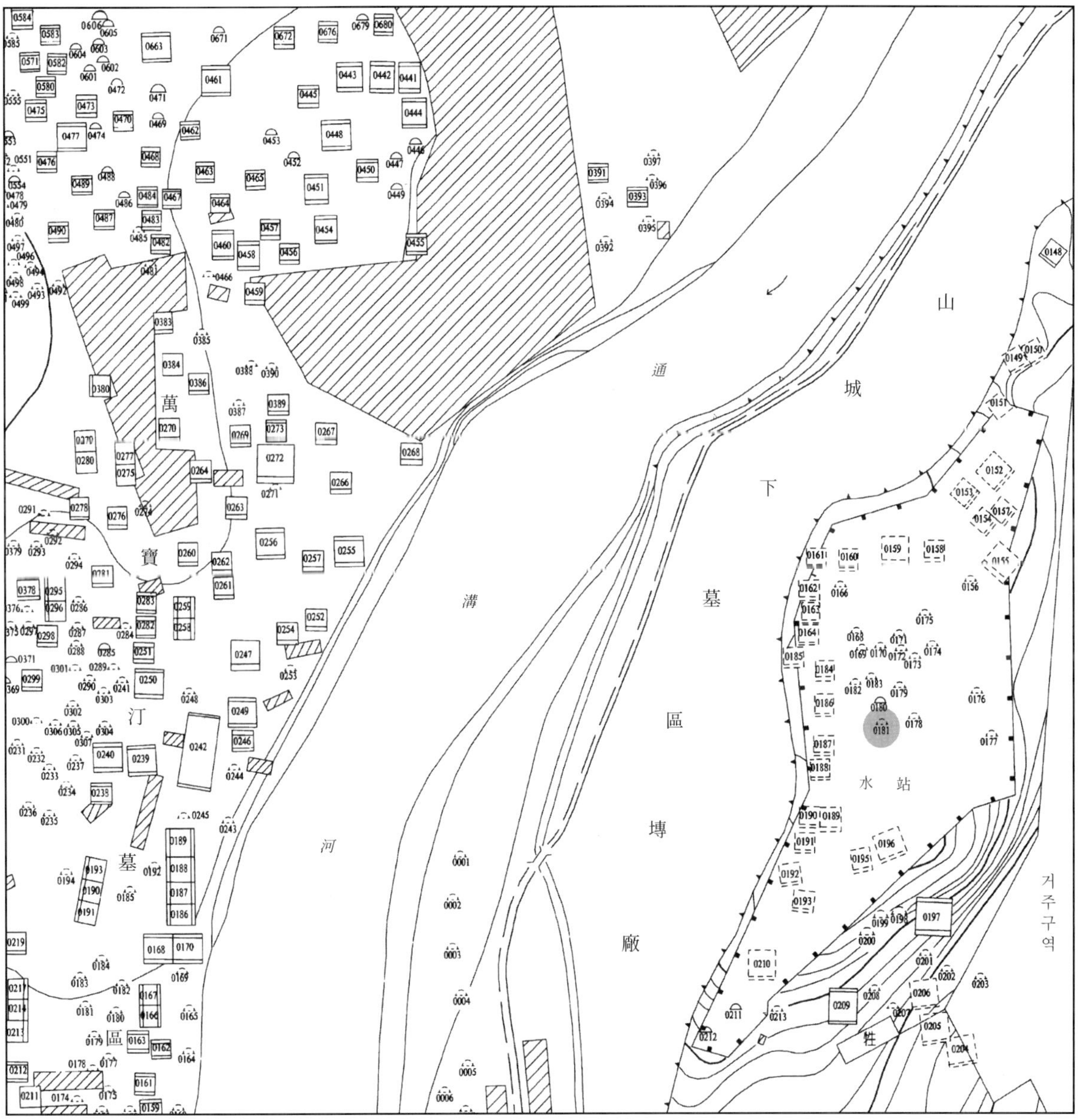

그림 1 산성하전창181호묘 위치도(『洞溝古墓群 - 1997年調査測繪報告』)

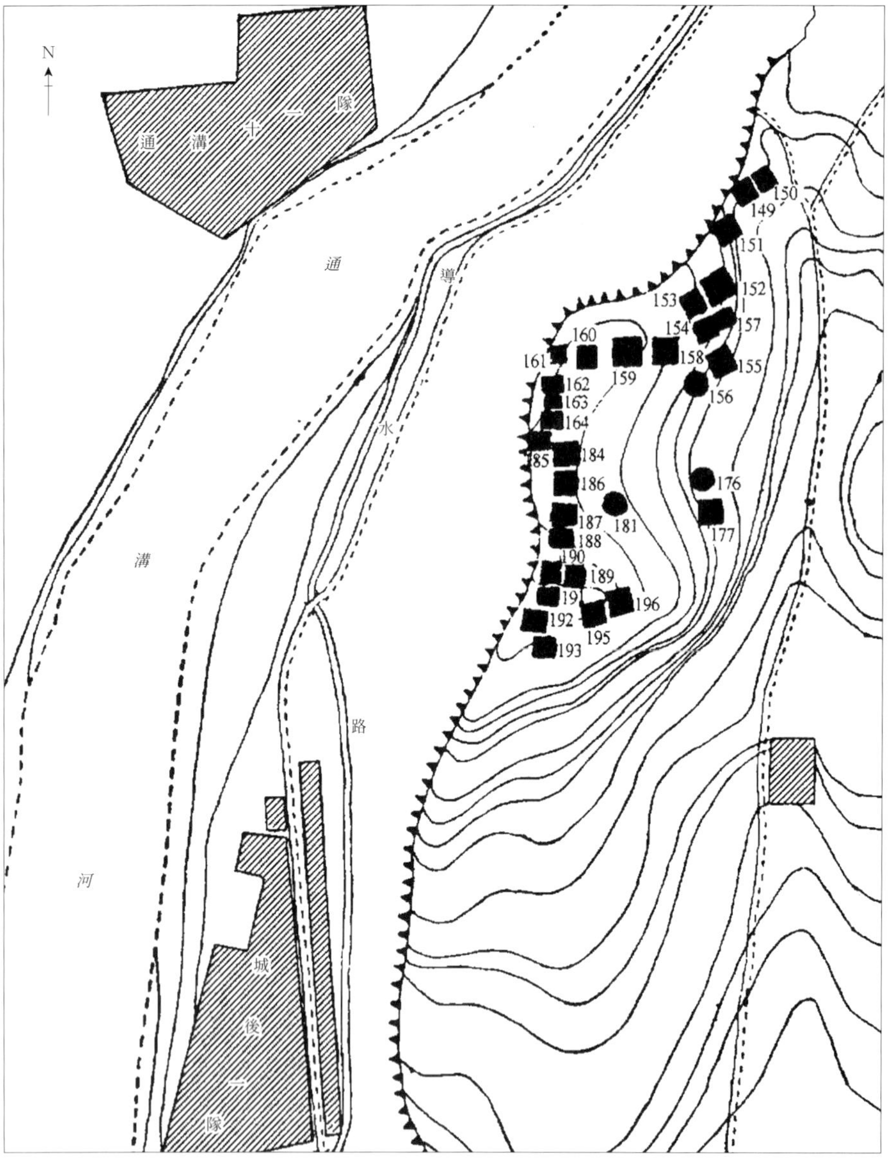

그림 2
산성자 전산자고분의 분포도
(『考古』 1983-4)

1. 조사현황

1) 1965년 조사

○ 조사기관 : 吉林省博物館, 集安縣文物保管所.

○ 조사내용 : 산성하전창181호묘(JSZM0181)로 편호.

2) 1979년 조사

○ 조사기관 : 集安縣文物保管所, 吉林省文物工作隊.

○ 조사기간 : 10월 10일~11월 2일.

○ 조사자 : 林至德, 閻毅之, 趙書勤, 孫仁杰, 遲勇.

○ 조사내용 : 轉山子 지역에서 31기의 고구려 고분을 발굴조사.

2. 위치와 자연환경(그림 1~그림 2)

1) 고분 위치

고분은 轉山子의 제3대지의 남단에 위치.

2) 주변 환경

○ 轉山子고분군은 집안현성에서 북으로 1.5km 거리, 우산 서단의 '轉山子' 정상부와 동측의 언덕에 위치함.

○ 이 지역은 자연지형에 따라 언덕 아래에서 언덕 위에 이르기까지 세 단계의 대지로 나뉨.

○ 轉山子고분군에서 31기를 발굴조사하였는데 적석묘 28기와 봉토동실묘 3기임. 적석묘는 대체로 전산자의 제3대지와 제2대지에 축조되었고, 봉토동실묘는 제2대지와 제1대지에 분포하고 있음.

○ 봉토동실묘 3기는 묘실 바닥이 지표와 깊이 60~80cm 떨어져 있으며, 묘실 벽은 모두 돌로 쌓고, 상면은 대석판으로 덮고, 가장 마지막에 황토로 정상부를 봉하였는데 丘狀을 이루고 있음.

3. 고분의 현황

1) 고분 형식

○ 유형 : 봉토동실묘(『考古』 1983-4), 동실묘(『洞溝古墓群 - 1997年調査測繪報告』).

○ 평면 : 묘실은 장방형.

○ 방향 : 140°.

○ 규모 : 묘실은 동서 길이 2.4m, 남북 너비 1.8m.

2) 고분 구조(그림 3)

(1) 전체현황

고분의 외부는 불규칙한 석재를 이용하여 축조하였는데 기단은 아직 발견되지 않았으며, 시간이 오래 지나 봉토는 대부분 유실되고 축조에 사용된 돌이 기본적으로 밖으로 노출됨. 묘실 안은 진흙으로 가득 차 있으며 커다란 천장돌 하나가 기울어져 떨어진 상태임.

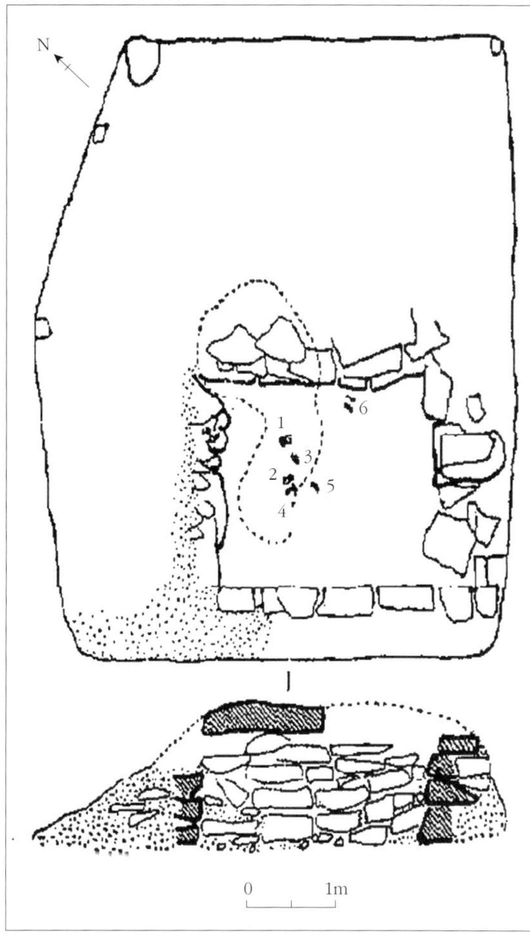

그림 3 산성하전창181호묘 평·단면도(『考古』 1983-4)
1~2. 토제 구슬 3~6. 인골

(2) 묘실

○ 묘실은 돌로 쌓았는데 벽면은 비교적 가지런하며, 묘벽 기초에서 위로 점층적으로 안으로 들여쌓았음. 묘벽의 현재 높이는 0.6~1m이며, 묘실 바닥은 자갈(礫石)을 깔았는데 두께가 약 20cm임.

○ 묘도(墓道)가 묘실 남벽에 열려 있어 묘실은 刀形을 이루고 있음. 묘도는 너비 0.9m, 길이 1m이며, 돌 1매로 천장을 덮음.

3) 기타

○ 묘실은 일찍이 파괴되어 출토유물이 극히 적어 토기 구슬 2점이 확인됨.

○ 묘실에서 두개골 2개와 넓적다리뼈 두 조각이 출토되었는데 葬式은 명확하지 않음.

4. 출토유물

(1) 토제 구슬(JSZM0181)

○ 출토지 : 산성하전창181호묘.

○ 크기 : 길이 2~3.5cm.

○ 색깔과 태도 : 모래섞인 회갈색토기.

○ 형태 : 타원형.

5. 역사적 성격

고분의 구조와 출토된 유물 상으로는 고분의 축조 시기를 판단할 근거가 없음.

참고문헌

• 吉林省文物志編委會, 1984,『集安縣文物志』.

• 集安縣文物保管所, 1983,「集安高句麗墓葬發掘簡報」,『考古』1983-4 ; 吉林省文物考古研究所·集安市博物館, 2009,『吉林集安高句麗墓葬報告集』, 科學出版社, 재수록.

• 吉林省文物考古研究所·集安市博物館, 2002,『洞溝古墓群-1997年調査測繪報告』, 科學出版社.

38 집안 산성하전창0195호묘

集安 山城下塼廠0195號墓 | JSZM0195

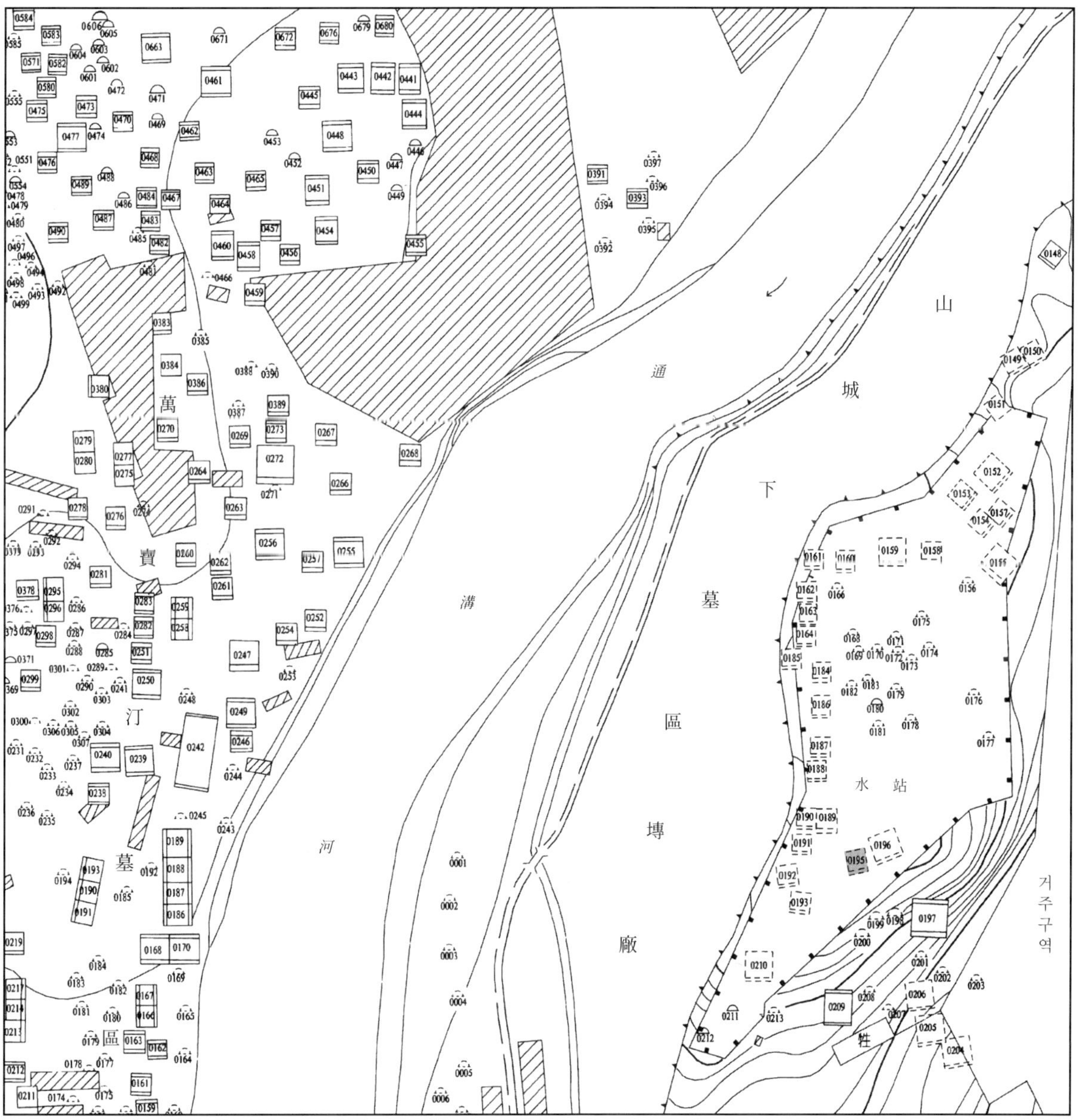

그림 1 산성하전창195호묘 위치도(『洞溝古墓群-1997年調査測繪報告』)

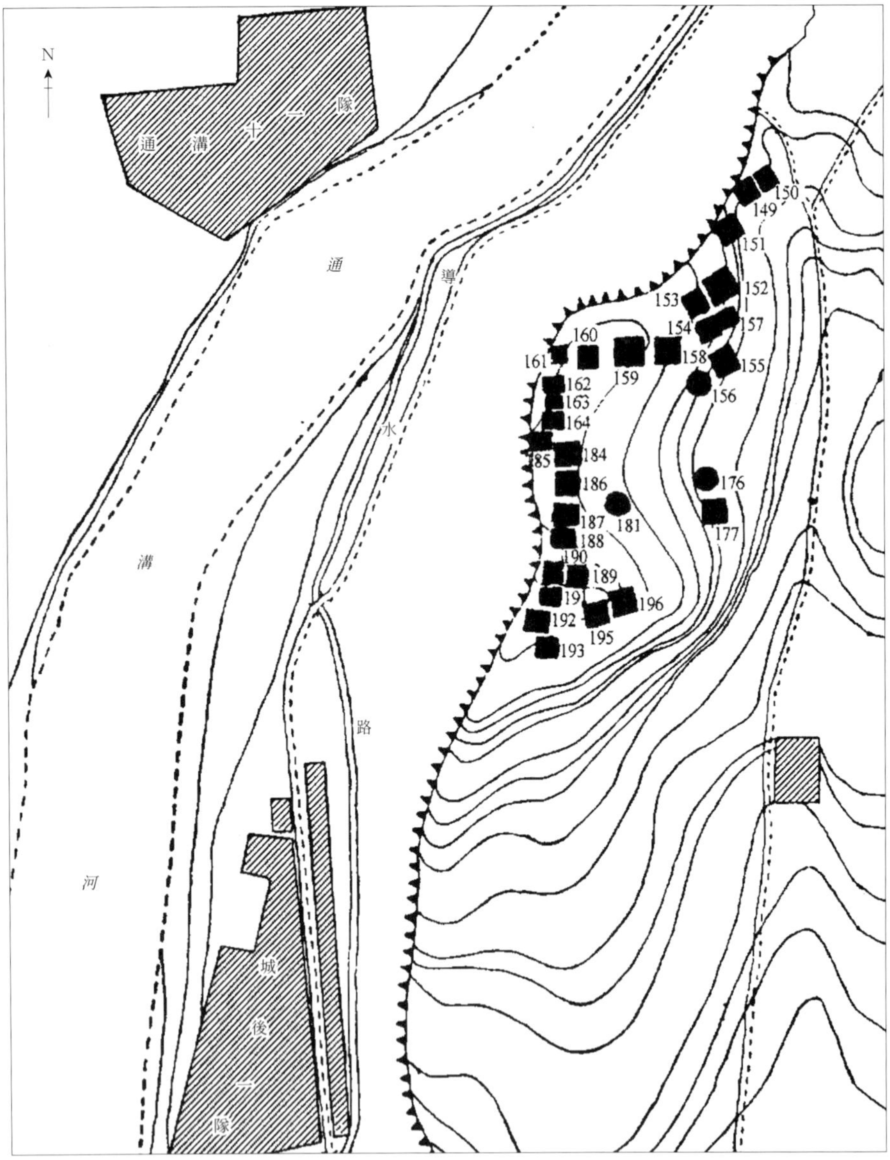

그림 2
산성자전산자고분의 분포도
(『考古』 1983-4)

1. 조사현황

1) 1965년 조사

○ 조사기관 : 吉林省博物館, 集安縣文物保管所.

○ 조사내용 : 산성하전창195호묘(JSZM0195)로 편호.

2) 1979년 조사

○ 조사기관 : 集安縣文物保管所, 吉林省文物工作隊.

○ 조사기간 : 10월 10일~11월 2일.

○ 조사자 : 林至德, 閻毅之, 趙書勤, 孫仁杰, 遲勇.

○ 조사내용 : 轉山子 지역에서 31기 고구려 고분을 발굴조사.

2. 위치와 자연환경(그림 1~그림 2)

1) 고분 위치

고분은 轉山子의 제3대지의 남단에 위치.

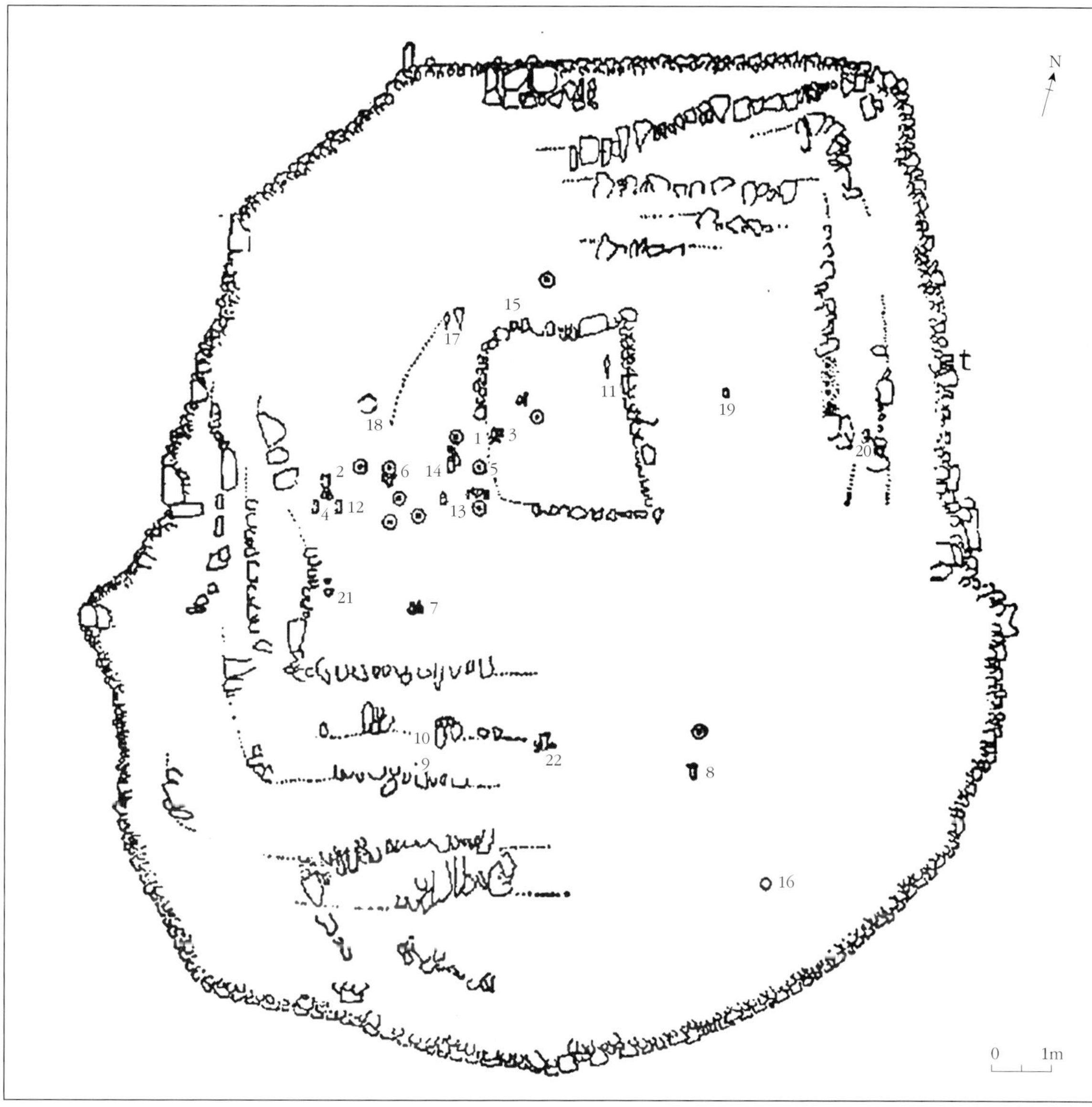

그림 3 산성하전창195호묘의 평 · 단면도(『考古』 1983-4)

2) 주변 환경

○ 轉山子고분군은 집안현성에서 북으로 1.5km 거리, 우산 서단의 '轉山子' 정상부와 동측의 언덕에 위치함.

○ 이 지역은 자연지형에 따라 언덕 아래에서 언덕 위에 이르기까지 세 단계의 대지로 나뉨.

○ 轉山子고분군에서 31기를 발굴조사하였는데 적석묘 28기와 봉토동실묘 3기로 이루어짐. 적석묘는 대체로 전산자의 제3대지와 제2대지에 축조되었고, 봉토동실묘는 제2대지와 제1대지에 분포하고 있음.

○ 轉山子고분군의 적석묘 28기는 두 가지 형식으로 구분됨. I식은 18기로 모두 돌을 쌓아 올린 것이 정방형에 가까운 형태로 길이와 너비 9~10m이고 현재 높이 0.6~1.15m이며, 아직 壙坑은 발견되지 않았으며, 유물도 극히 드묾. II식은 10기로 형식은 I식과 기본적으로 일치하지만 계장이 있는 것으로 JSZM0195호가 대표적임.

3. 고분의 현황

1) 고분 형식

○ 유형 : (계장) 적석묘(『考古』 1983-4), 유단적석석광묘(『洞溝古墓群 - 1997年調査測繪報告』).

○ 평면 : 근방형.

○ 방향 : 150°.

○ 규모 : 각변의 길이 16m, 현재 높이 1.4m.

2) 고분 구조(그림 3)

(1) 전체현황

○ 고분의 정상부는 이미 파괴되고, 중앙의 함몰갱이 묘광으로 추정됨.

○ 고분은 우선 크고 작은 돌로 무덤의 기초를 평평하게 깔고 중앙에는 돌로 불규칙하게 쌓은 묘광이 자리하고 있음.

(2) 계장(階墻)

○ 묘광 밖의 사면 둘레를 보면 낮은 곳에서 점차 높은 곳으로, 안에서 밖으로 불균등하게 떨어져 있는 무규칙의 계단이 축조되어 있음.

○ 고분의 북측은 '轉山子'의 높은 위치이며, 남측은 점차 낮아지므로 북고남저의 산을 따라 축조함. 이로 인해 남면은 6줄이고, 동·서·북면은 3줄이며, 중간의 빈틈은 크고 작은 자갈(礫石)로 메움.

○ 계장 축조는 돌이 상면에서 흘러내리는 것을 막을 수 있어 더욱 무덤의 기초를 견고히 만듦. 가장 마지막에 돌로 고분 정상부를 모두 봉하여 丘狀을 이룸. 둘레돌 바깥쪽에는 견고한 돌이 있는데 가장자리 부분이 무너졌기 때문에 원래 몇 층을 돌로 쌓았겠지만 지금은 알 수 없음.

(3) 석광(石壙)

○ 묘광은 남북 최대 길이 2.8m, 동서 최고 너비 2.6m이며, 묘광 바닥은 지면보다 20cm 높음.

4. 출토유물

석광과 계장에서 반량전, 금동장식류, 청동방울, 철제품(鐵件), 철제화살촉, 철제고리(鐵圈), 청동장식, 帶首片, 陶瓶, 陶罐, 陶豆 등이 출토됨.

1) 토기(陶器)

(1) 호(陶罐, JSZM0195:33, 그림 4)

○ 출토지 : 산성하전창(전산자)195호묘.

○ 크기 : 구연 직경 13cm, 바닥 직경 95cm, 전체 높이 20cm.

○ 색깔과 태도 : 모래섞인 황갈도.

○ 형태 : 구연이 넓고, 입술이 벌어졌음. 동체는 볼록하며, 바닥은 평평함.

(2) 호(陶罐, JSZM0195:32, 그림 5)

○ 출토지 : 산성하전창(전산자)195호묘.

○ 색깔과 태도 : 모래섞인 회백도. 태토(陶胎)는 비교적 얇고, 재질은 견고함.

○ 형태 : 곧은 목(直頷)이며, 구연은 짧고 밖으로 경사졌으며, 입술이 평평하며, 어깨는 둥글고, 동체가 볼록하며, 바닥은 좁고 평평함. 소성도는 비교적 높음.

2) 금동기

(1) 띠끝장식(鉈尾, JSZM0195:12, 그림 6-1)

○ 출토지 : 산성하전창(전산자)195호묘.

○ 형태 : 청동편을 접어 두 겹을 만듦. 평면은 사다리

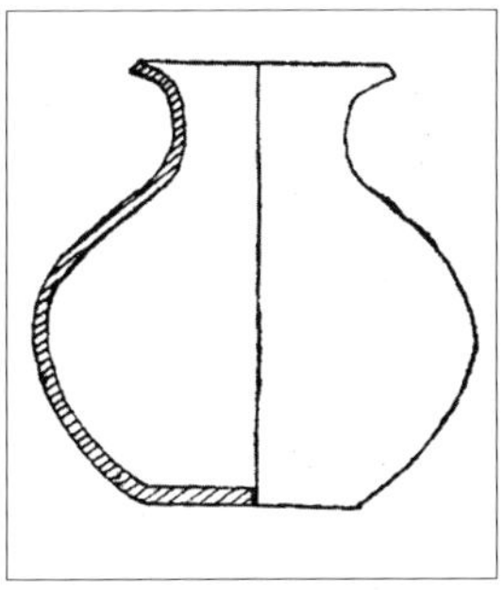

그림 4 호(『考古』 1983-4)

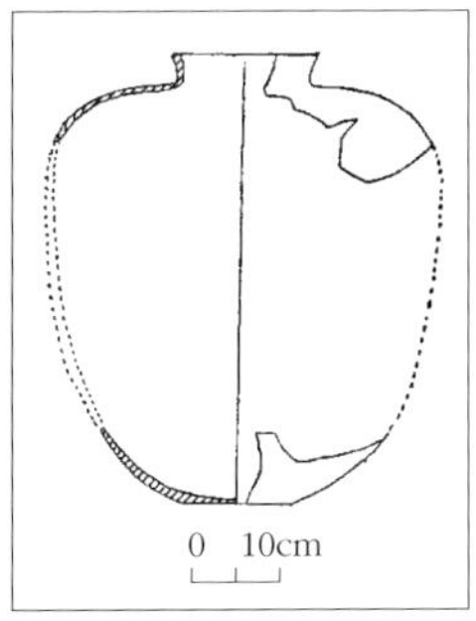

그림 5 호(『考古』 1983-4)

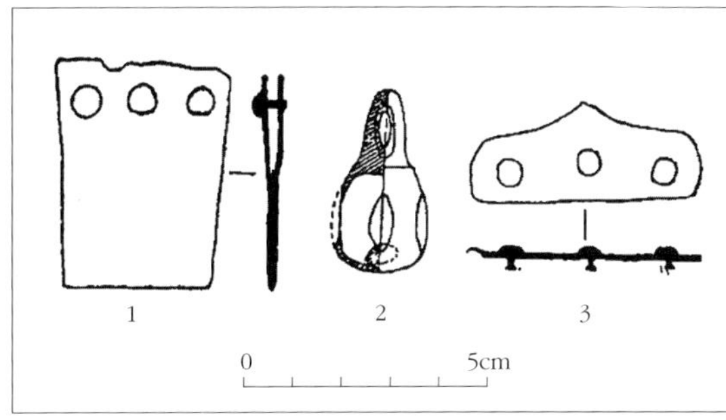

그림 6 산성하전창(전산자)195호묘 금동기(『考古』 1983-4)
1. 띠끝장식(JSZM0195:12) 2. 방울(JSZM0195:16)
3. 띠끝장식(SZM0195:18)

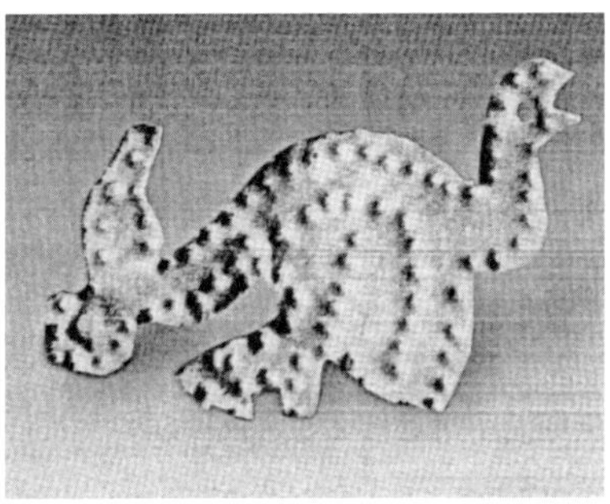

그림 7 금동새형장식(『考古』 1983-4)

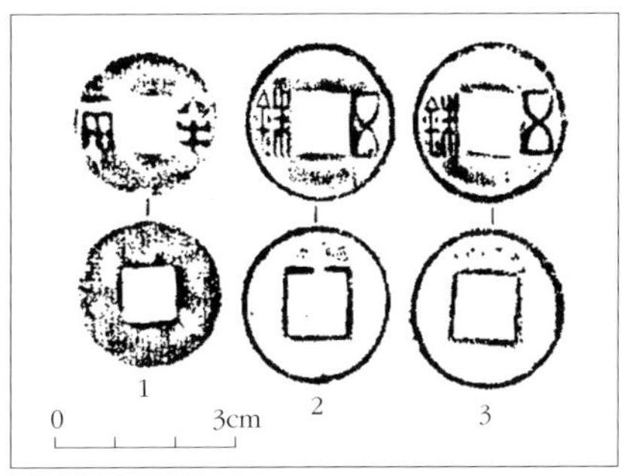

그림 8 동전(『考古』 1983-4)

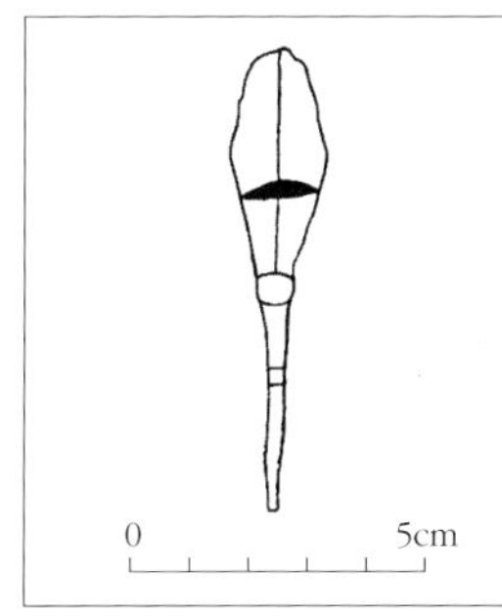

그림 9 철촉(『考古』 1983-4)

형(梯形)으로 넓은 쪽에 3개의 연결못(鉚釘)이 있는데 가죽을 넓은 쪽에 끼워 못으로 고정함.

(2) 방울(JSZM0195:16, 그림 6-2)

○ 출토지 : 산성하전창(전산자)195호묘.

○ 형태 : 방울은 불규칙한 공모양(球狀)을 이루고 있음. 방울 몸체(鈴身)에는 대칭되는 4개의 긴 투각구멍(長條形鏤孔)을 갖추고 있으며, 안에는 작은 공(小球)가 하나 있으며, 상단에는 둥근 구멍(圓孔)의 납작한 고리가 하나 있음.

(3) 대끝장식편(帶首片, JSZM0195:18, 그림 6-3)

○ 출토지 : 산성하전산자195호묘.

○ 형태 : 한쪽은 방형, 다른 한쪽은 山形을 띠고 있음. 상면에는 3개의 연결못(鉚釘)이 있음.

(4) 새형장식(鳥形飾件, JSZM0195:13, 그림 7)

○ 출토지 : 산성하전창(전산자)195호묘.

○ 형대 : 새형태와 유사한데 입을 벌리고 날개를 펼치고 있음. 새의 몸에는 錐點文이 새겨져 있고 머리와 꼬리에는 각기 구멍이 하나씩 있음.

3) 청동류

○ 고분에서 동전 33매가 출토되었는데 반량전 1매, 오수전 32매임.

○ 모두 壙坑 서남 모서리에서 출토됨.

(1) 반량전(半兩錢, 그림 8-1)

○ 출토지 : 산성하전창(전산자)195호묘.

○ 크기 : 직경 2.3cm, 무게 1.75g.

○ 형태 : 文帝의 반량전임.

(2) 오수전(五銖錢 ; 그림 8-2, 그림 8-3)
○ 출토지 : 산성하전창(전산자)195호묘.
○ 형태 : 전한과 후한의 오수전임.

4) 철기

(1) 화살촉(JSZM0195:21, 그림 9)
○ 출토지 : 산성하전창(전산자)195호묘.
○ 크기 : 길이 8cm.
○ 형태 : 鏟形.

5. 역사적 성격

1) 고분 연대

○ 계장적석묘는 일반적으로 비교적 높은데 계장의 작용은 적석이 솟아오르게 할 수 있음. 무기단적석묘에 비해 시기가 늦으며, 방단적석묘와 방단계제석실묘로 발전해나가는 과도기의 형식임.

○ 산성하 전창지역의 고분에서 출토된 모래섞인 토기는 대부분이 손으로 빚었고, 일부는 물레로 빚었음. JSZM0195호에서 출토된 민무늬의 회백색 토기는 목이 곧고 입술이 평평하며, 토기 표면이 반질반질하여 원시 자기와 유사함. 이는 통구고분군 가운데 최초로 출토되어 고구려 토기의 발전과 고분의 시대구분을 탐색하기 위한 실마리를 제공해줌. 고구려 토기는 초기에는 홍갈도 또는 회백도이었으나 점차 회도 또는 황도 및 黃釉陶로 교체되며, 거친 바탕이었다가 점차 발전하여 토기 벽이 견고해지고 무늬 장식은 균형이 잡힘. 토기 造型은 목이 높고 손잡이가 네 개이고 나팔 모양의 입을 가졌으나 발전하여 목이 짧고 입술 가장자리가 넓으며, 동체는 矮圓에서 鼓腹으로 발전함. 따라서 토기공예의 발전과정을 보면 이 토기는 고구려 전기 고분의 유물임을 알 수 있음.

○ 위의 고분 형식이나 출토유물 등을 참조해 보면 고구려 전기의 고분으로 추정되는데 대체로 기원 3세기 초에서 3세기 말에 해당됨.

2) 葬俗 특징

일부 부장품은 묘광 밖에서 출토되었는데 이는 적석묘의 일반적 현상임. 『북사』에서 "매장이 끝나면 죽은 사람이 생존 당시에 썼던 의복, 노리개, 수레, 말 등을 가져다가 무덤 옆에 놓아두는데 장례에 참석한 사람들이 다투어 그것을 가져갔다"고 하는 내용과 부합함.

참고문헌

• 吉林省文物志編委會, 1984, 『集安縣文物志』.
• 集安縣文物保管所, 1983, 「集安高句麗墓葬發掘簡報」, 『考古』 1983-4 ; 吉林省文物考古研究所·集安市博物館, 2009, 『吉林集安高句麗墓葬報告集』, 科學出版社 재수록.
• 吉林省文物考古研究所·集安市博物館, 2002, 『洞溝古墓群-1997年調査測繪報告』, 科學出版社.

39 집안 산성하고분군의 유물

1. 토기(陶器)

1) 발(鉢, JSM0321, 그림 1)

○ 출토지 : 산성하321호묘.

○ 크기 : 구연 직경 18.5cm, 바닥 직경 14.6cm, 전체 높이 9.3cm.

○ 색깔과 태토 : 니질 홍색토기.

○ 출처 : 吉林省文物工作隊·集安縣文管所, 1984, 「1976年集安洞溝高句麗墓清理」, 『考古』 1984-1 ; 吉林省文物考古研究所·集安市博物館, 2009, 『吉林集安高句麗墓葬報告集』, 科學出版社 재수록.

2) 호(壺, JSZM0196:18, 그림 2-1)

○ 출토지 : 산성하전창(전산자)196호묘.

○ 크기 : 구연 직경 13.8cm, 바닥 직경 6.6cm, 전체 높이 25cm.

○ 색깔과 태토 : 모래섞인 홍갈색토기.

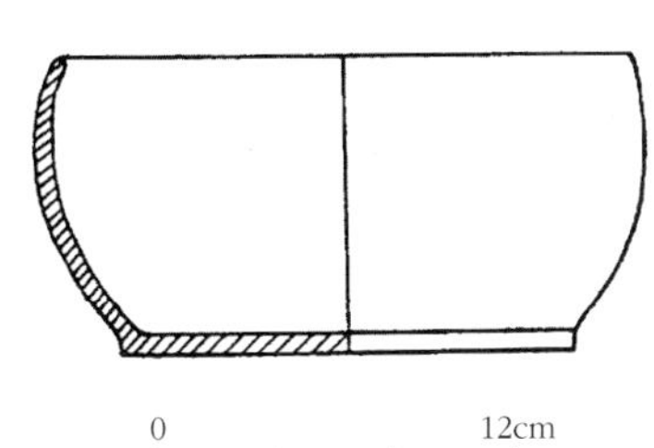

그림 1 산성하321호묘 발(『考古』 1984-1)

○ 형태 : 어깨가 둥글고(圓肩), 동체가 불룩하고(鼓腹), 목이 길고, 입술이 말렸고(卷脣), 구연은 나팔모양(喇叭口)임. 어깨와 배가 서로 만나는 곳에는 橋狀의 손잡이(橫耳)가 네 개 있으며, 유사 들린 굽(假圈足)으로 바닥은 작고 평평함. 무늬가 없음.

○ 출처 : 集安縣文物保管所, 1983, 「集安高句麗墓葬發掘簡報」, 『考古』 1983-4 ; 吉林省文物考古研究所·集安市博物館, 2009, 『吉林集安高句麗墓葬報告集』, 科學出版社 재수록.

3) 호(壺, JSZM0196:15, 그림 2-2)

○ 출토지 : 산성하전창(전산자)196호묘.

○ 크기 : 구연 지경 13.2cm, 바닥 직경 8.4cm, 전체 높이 20.4cm.

○ 색깔과 태토 : 모래섞인 홍갈색토기.

○ 형태 : 어깨가 둥글고(圓肩), 동체가 불룩함(鼓腹). 어깨에는 대칭으로 아치형(拱形) 손잡이와 鋬狀 손잡이가 각기 두 개가 있으며, 목이 높고(高領) 구연이 넓으며(敞口), 바닥은 평평함. 무늬가 없음.

○ 출처 : 集安縣文物保管所, 1983, 「集安高句麗墓葬發掘簡報」, 『考古』 1983-4 ; 吉林省文物考古研究所·集安市博物館, 2009, 『吉林集安高句麗墓葬報告集』, 科學出版社 재수록.

4) 심발형토기(陶罐, JSZM0152:3, 그림 2-3)

○ 출토지 : 산성하전창(전산자)152호묘.

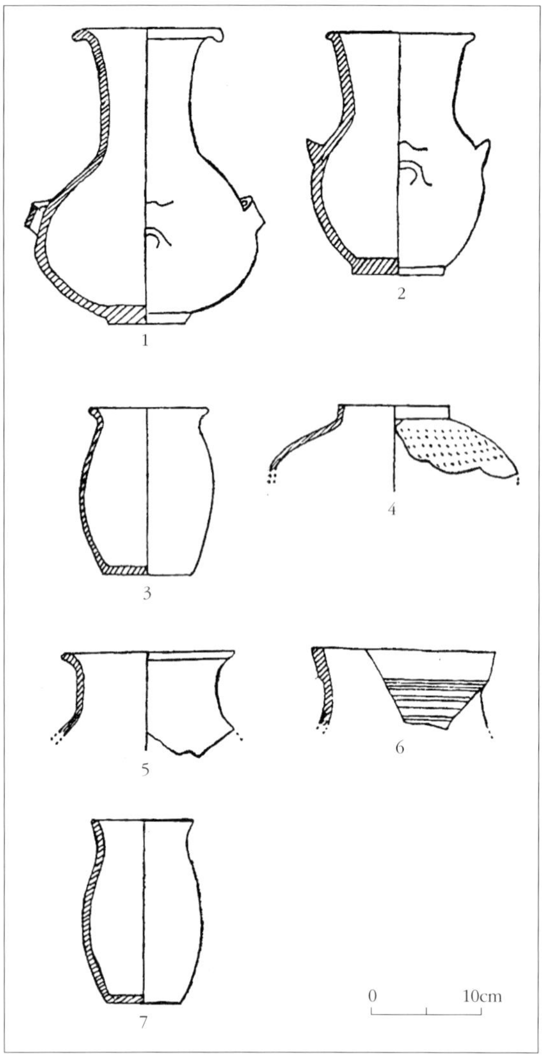

그림 2 산성하 전산자고분의 토기(『考古』 1983-4)
1. 호(JSZM0196:18) 2. 호(JSZM0196:15)
3. 심발형토기(JSZM0152:3) 4. 호(JSZM0164:2)
5. 호(JSZM0149:9) 6. 병(JSZM0158:11)
7. 심발형토기(JSZM0196:8)

○ 크기 : 구연 직경 10.6cm, 바닥 직경 8.6cm, 전체 높이 14cm.

○ 색깔과 태토 : 모래섞인 황갈색토기.

○ 형태 : 동체가 둥글고(圓腹), 어깨가 없고, 구연이 크게 벌어졌고(侈口), 바닥이 평평함.

○ 출처 : 集安縣文物保管所, 1983, 「集安高句麗墓葬發掘簡報」, 『考古』 1983-4 ; 吉林省文物考古研究所·集安市博物館, 2009, 『吉林集安高句麗墓葬報告集』, 科學出版社 재수록.

5) **심발형토기**(陶罐, JSZM0196:8, 그림 2-7)

○ 출토지 : 산성하전창(전산자)196호묘.

○ 크기 : 구연 직경 9.6cm, 바닥 직경 7cm, 전체 높이 15cm.

○ 색깔과 태토 : 모래섞인 홍갈색토기.

○ 형태 : 동체가 둥글고(圓腹), 바닥이 평평함.

○ 출처 : 集安縣文物保管所, 1983, 「集安高句麗墓葬發掘簡報」, 『考古』 1983-4 ; 吉林省文物考古研究所·集安市博物館, 2009, 『吉林集安高句麗墓葬報告集』, 科學出版社 재수록.

6) **호**(陶罐, JSZM0164:2, 그림 2-4)

○ 출토지 : 산성하전창(전산자)164호묘.

○ 색깔과 태토 : 모래섞인 회갈색토기.

○ 형태 : 구연부와 복부만 남아 있는 상태임. 목이 짧고(短頸), 구연부가 수직이고(直沿), 동체가 불룩함(鼓腹). 구연(口)에 가까운 곳에는 5열의 점무늬가 새겨져 있음. 이런 기형은 고구려 고분에서 최초로 출토됨.

○ 출처 : 集安縣文物保管所, 1983, 「集安高句麗墓葬發掘簡報」, 『考古』 1983-4 ; 吉林省文物考古研究所·集安市博物館, 2009, 『吉林集安高句麗墓葬報告集』, 科學出版社 재수록.

7) **호**(陶罐, JSZM0149:9, 그림 2-5)

○ 출토지 : 산성하전창(전산자)149호묘.

○ 색깔과 태토 : 회색토기.

○ 형태 : 이미 파손된 상태.

○ 출처 : 集安縣文物保管所, 1983, 「集安高句麗墓葬發掘簡報」, 『考古』 1983-4 ; 吉林省文物考古研究所·集安市博物館, 2009, 『吉林集安高句麗墓葬報告集』, 科學出版社 재수록.

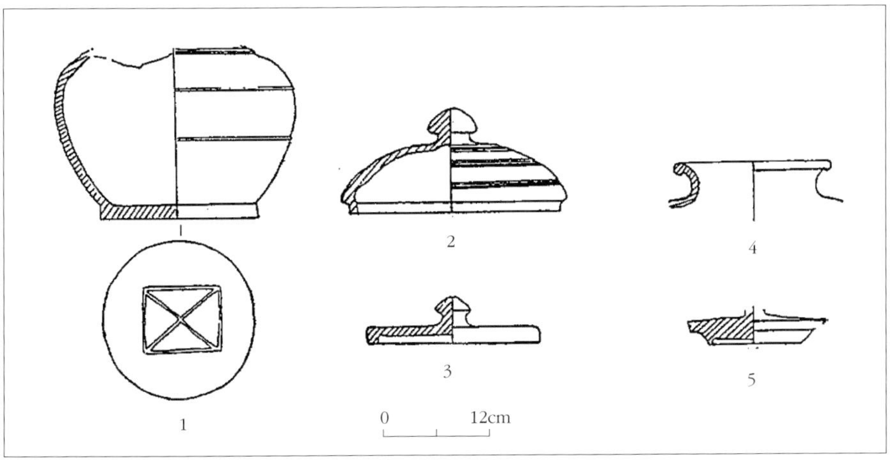

그림 3
산성하동대파고분군의 유물들
(考古』1991-7)
1. 호(JSM0392)
2·3·5. 뚜껑
(JSM0346·JSM0377·JSM0392)
4. 호(JSM0339)

8) 호(陶罐, JSM0392, 그림 3-1)

○ 출토지 : 산성하동대파392호묘.

○ 크기 : 잔존높이 11.9cm, 어깨 너비 17.2cm, 바닥 직경 11.1cm.

○ 색깔과 태토 : 흑색토기.

○ 형태 : 구연부는 이미 파손된 상태. 어깨는 둥글고(圓肩), 동체가 들어가고(收腹), 바닥이 평평하고(平底), 유사 들린 굽(假圈足)임. 목 아래, 어깨 아래, 복부 등 세 곳에는 凸弦文이 1줄 돌려져 있음. 단지 바닥의 정중앙에는 '☒'부호가 새겨져 있음.

○ 출처 : 張雪巖, 1991, 「吉林集安東大坡高句麗墓葬發掘簡報」, 『考古』 1991-7 ; 吉林省文物考古研究所·集安市博物館, 2009, 『吉林集安高句麗墓葬報告集』, 科學出版社 재수록.

9) 호(陶罐, JSM0339, 그림 3-4)

○ 출토지 : 산성하동대파339호묘.

○ 크기 : 구연 직경 10.4cm.

○ 색깔과 태토 : 회색토기.

○ 출처 : 張雪巖, 1991, 「吉林集安東大坡高句麗墓葬發掘簡報」, 『考古』 1991-7 ; 吉林省文物考古研究所·集安市博物館, 2009, 『吉林集安高句麗墓葬報告集』, 科學出版社 재수록.

10) 뚜껑(器蓋, JSM0392, 그림 3-5)

○ 출토지 : 산성하동대파392호묘.

○ 색깔과 태토 : 모래섞인 홍색토기.

○ 형태 : 손잡이(紐)는 이미 파손된 상태임.

○ 출처 : 張雪巖, 1991, 「吉林集安東大坡高句麗墓葬發掘簡報」, 『考古』 1991-7 ; 吉林省文物考古研究所·集安市博物館, 2009, 『吉林集安高句麗墓葬報告集』, 科學出版社 재수록.

11) 뚜껑(器蓋, JSM0377, 그림 3-3)

○ 출토지 : 산성하동대파377호묘.

○ 색깔과 태토 : 니질 회색토기.

○ 형태 : 손잡이(紐)는 漫圓의 첨추형임.

○ 출처 : 張雪巖, 1991, 「吉林集安東大坡高句麗墓葬發掘簡報」, 『考古』 1991-7 ; 吉林省文物考古研究所·集安市博物館, 2009, 『吉林集安高句麗墓葬報告集』, 科學出版社 재수록.

12) 뚜껑(器蓋, JSM0346, 그림 3-2)

○ 출토지 : 산성하동대파346호묘.

○ 색깔과 태토 : 니질 흑색토기.

○ 형태 : 손잡이(紐)는 漫圓의 첨추형임. 손잡이 목(紐頸) 아래, 어깨, 구연부 근처에는 음각선문(凹弦文)

이 2~3줄이 돌려져 있음.

○ 출처 : 張雪巖, 1991, 「吉林集安東大坡高句麗墓葬發掘簡報」, 『考古』 1991-7 ; 吉林省文物考古研究所·集安市博物館, 2009, 『吉林集安高句麗墓葬報告集』, 科學出版社 재수록.

13) 병(甁, JSZM0158:11, 그림 2-6)

○ 출토지 : 산성하전창(전산자)158호묘.

○ 색깔과 태토 : 모래섞인 회백색토기, 태토는 비교적 두꺼움.

○ 형태 : 구연이 평평하고(平口), 입술이 두껍고(厚脣), 목이 잘록함(束頸). 목 부위에는 5줄의 철현문(凸弦文)이 있음.

○ 출처 : 集安縣文物保管所, 1983, 「集安高句麗墓葬發掘簡報」, 『考古』 1983-4 ; 吉林省文物考古研究所·集安市博物館, 2009, 『吉林集安高句麗墓葬報告集』, 科學出版社 재수록.

2. 금동기 및 금은기

1) 안장장식(鞍飾, JSZM0160:2, 그림 4-1)

○ 출토지 : 산성하전창(전산자)160호묘.

○ 형태 : 잔편. 사다리모양(梯形). 鏤孔方格이 있음. 가장자리에는 2개의 연결못(鉚釘)이 있음.

○ 출처 : 集安縣文物保管所, 1983, 「集安高句麗墓葬發掘簡報」, 『考古』 1983-4 ; 吉林省文物考古研究所·集安市博物館, 2009, 『吉林集安高句麗墓葬報告集』, 科學出版社 재수록.

2) 궁형꺾쇠(弓形挂鉤, JSZM0158:2, 그림 4-2)

○ 출토지 : 산성하전창(전산자)158호묘.

○ 크기 : 길이 13cm.

○ 출처 : 集安縣文物保管所, 1983, 「集安高句麗墓葬發掘簡報」, 『考古』 1983-4 ; 吉林省文物考古研究所·集安市博物館, 2009, 『吉林集安高句麗墓葬報告集』, 科學出版社 재수록.

3) 안교압조(鞍橋壓條, JSZM0152:8, 그림 4-4)

○ 출토지 : 산성하전창(전산자)152호묘.

○ 크기 : 너비 0.09cm.

○ 형태 : 아치형(拱形). 상면에는 9개의 연결못(鉚釘)이 있으며, 그 못 사이에는 작은 圓泡가 연이어 있는데 못대가리와 유사함.

○ 출처 : 集安縣文物保管所, 1983, 「集安高句麗墓葬發掘簡報」, 『考古』 1983-4 ; 吉林省文物考古研究所·集安市博物館, 2009, 『吉林集安高句麗墓葬報告集』, 科學出版社 재수록.

4) 띠고리(帶環, JSZM0152:10, 그림 4-5)

○ 출토지 : 산성하전창(전산자)152호묘.

○ 크기 : 길이 3.7cm, 너비 2.8cm.

○ 형태 : 타원형의 懸環. 環身은 장방형의 小牌인데 정면에는 곡선의 문양이 새겨져 있고 양측은 弧形으로 연결되었으며, 4개의 대칭되는 鏤孔 권운문이 있으며 네 모서리에는 각기 하나의 연결못(鉚釘)이 있음. 뒤에는 가죽이 연결된 흔적이 있음.

○ 출처 : 集安縣文物保管所, 1983, 「集安高句麗墓葬發掘簡報」, 『考古』 1983-4 ; 吉林省文物考古研究所·集安市博物館, 2009, 『吉林集安高句麗墓葬報告集』, 科學出版社 재수록.

5) 화판형장식(傘形飾件, JSZM0159:10, 그림 4-3)

○ 출토지 : 산성하전창(전산자)159호묘.

○ 크기 : 직경 2cm.

○ 형태 : 8엽의 화판형. 안에는 연결못 하나를 박아 넣음.

○ 출처 : 集安縣文物保管所, 1983, 「集安高句麗墓

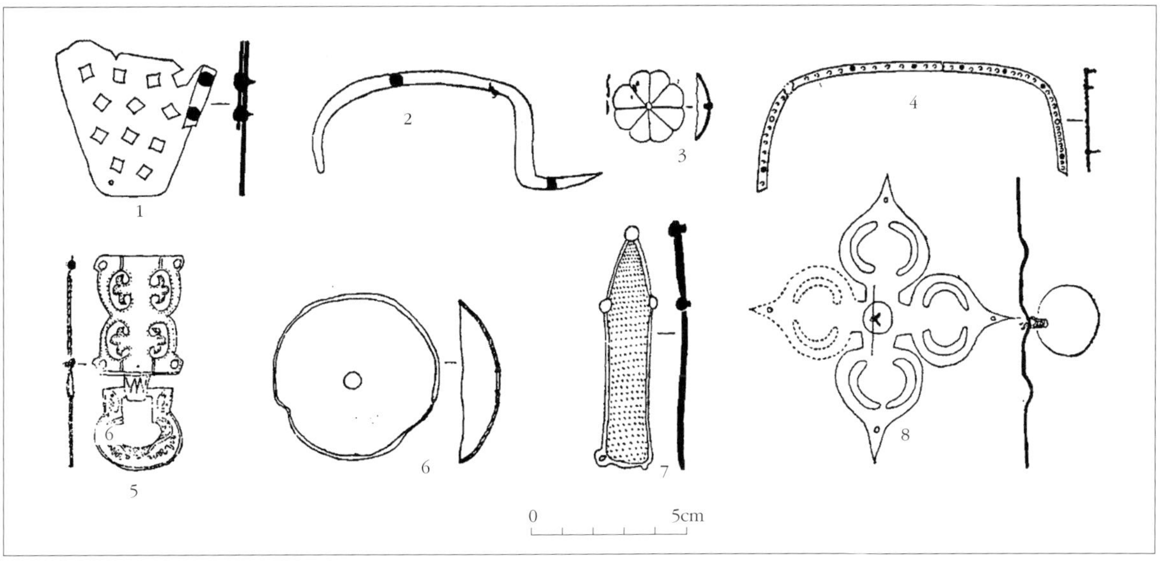

그림 4 산성하 전산자고분의 금동기(『考古』 1983-4)
1. 안장장식(JSZM0160:2) 2. 궁형꺾쇠(JSZM0158:2) 3. 화판형장식(JSZM0159:10) 4. 안교압조(JSZM0152:8)
5. 띠고리(JSZM0152:10) 6. 방울덮개(JSZM0159:8) 7. 투구편(盔片, JSZM0151:24) 8. 도형장식(JSZM0160:8)

葬發掘簡報」, 『考古』 1983-4 ; 吉林省文物考古研究所·集安市博物館, 2009, 『吉林集安高句麗墓葬報告集』, 科學出版社 재수록.

6) 방울덮개(鈴蓋, JSZM0159:8, 그림 4-6)

○ 출토지 : 산성하전창(전산자)159호묘.

○ 크기 : 직경 5.2cm.

○ 형태 : 얕은 접시형(碟形)으로 정중앙에는 구멍이 하나 있음.

○ 출처 : 集安縣文物保管所, 1983, 「集安高句麗墓葬發掘簡報」, 『考古』 1983-4 ; 吉林省文物考古研究所·集安市博物館, 2009, 『吉林集安高句麗墓葬報告集』, 科學出版社 재수록.

7) 도형장식(桃形飾件, JSZM0160:8, 그림 4-8)

○ 출토지 : 산성하전창(전산자)160호묘.

○ 형태 : 감나무꼭지모양(柿蒂)으로 복숭아모양과 흡사하며, 중간에는 한 개의 銅絲가 있어 원형 銅片 1개와 연결됨.

○ 출처 : 集安縣文物保管所, 1983, 「集安高句麗墓葬發掘簡報」, 『考古』 1983-4 ; 吉林省文物考古研究所·集安市博物館, 2009, 『吉林集安高句麗墓葬報告集』, 科學出版社 재수록.

8) 투구편(盔片, JSZM0151:24, 그림 4-7)

○ 출토지 : 산성하전창(전산자)151호묘.

○ 크기 : 길이 7.6cm, 너비 1.4cm.

○ 형태 : 납작한 원추형. 정면에는 점렬문이 새겨져 있음. 하단의 두 모서리와 중앙의 양측에는 한쌍의 연결못(鉚釘)이 있고, 뾰족한 부분에도 연결못(鉚釘)이 하나 있어 투구를 고정함.

○ 출처 : 集安縣文物保管所, 1983, 「集安高句麗墓葬發掘簡報」, 『考古』 1983-4 ; 吉林省文物考古研究所·集安市博物館, 2009, 『吉林集安高句麗墓葬報告集』, 科學出版社 재수록.

9) 대구(馬飾, JSZM0159:5, 그림 5)

○ 출토지 : 산성하전창(전산자)159호묘.

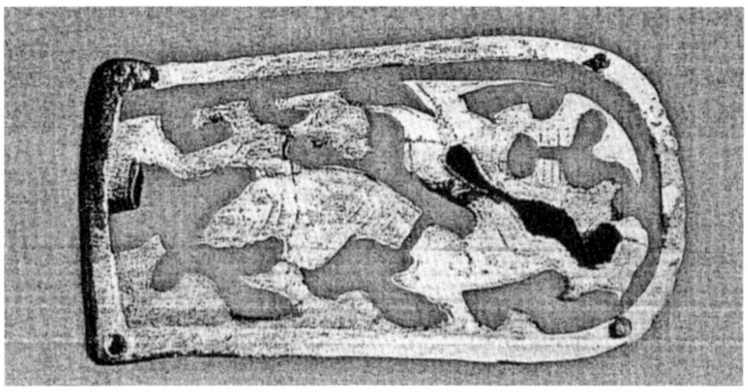

그림 5 산성하전산자159호묘 금동대구(『考古』 1983-4)

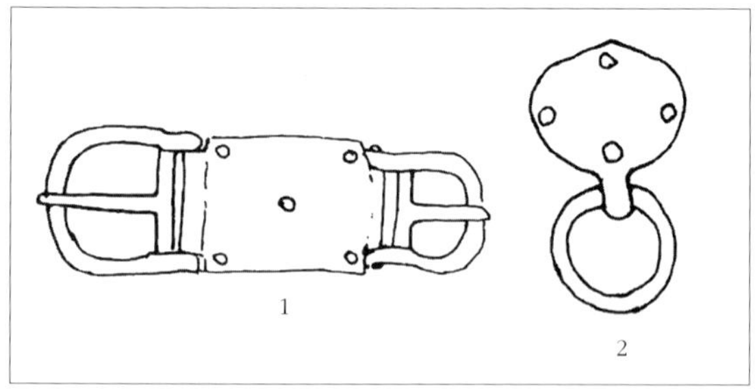

그림 6 산성하725호묘 금동기
1. 띠고리 2. 대구

○ 형태 : 한쪽 끝은 직각이고, 다른 한쪽 끝은 방원형임. 가장자리에는 壓條가 있으며, 테의 모서리에는 각기 연결못(鉚釘)이 하나씩 있으며, 테 안에는 물고기 무늬가 투각되어 있음.

○ 출처 : 集安縣文物保管所, 1983, 「集安高句麗墓葬發掘簡報」, 『考古』 1983-4 ; 吉林省文物考古研究所·集安市博物館, 2009, 『吉林集安高句麗墓葬報告集』, 科學出版社 재수록.

10) **띠고리**(帶扣, 그림 6-1)

○ 출토지 : 산성하725호묘.

○ 형태 : 두 개의 대구 사이에 하나의 도금편이 있으며, 그 위에 5개의 연결못(鉚釘)이 있음. 두 개의 띠고리는 앞부분이 약간 원형이고 뒷부분이 곧으며, 각기 가운데 하나의 T형 단추침이 있음. 해당 고분에서 마구가 출토되지 않아 이 대구는 의복 장신구에 사용했을 가능성이 있음.

○ 출처 : 張雪巖, 2001, 「高句麗帶飾研究」, 『高句麗研究』 12.

11) **대구**(그림 6-2)

○ 출토지 : 산성하725호묘.

○ 형태 : 銀에 도금함. 원형 고리 가운데 하나의 행엽을 매달았으며 행엽 위에 4개의 연결못(鉚釘)이 있음.

○ 출처 : 張雪巖, 2001, 「高句麗帶飾研究」, 『高句麗研究』 12.

12) **대구**(帶銙, JSM152:10, 그림 7-1)

○ 출토지 : 산성하152호묘.

○ 크기 : 길이 3.7cm, 너비 2.8cm.

○ 형태 : 온전한 형태로 도금은 비교적 두꺼운 편임. 帶環은 2조로 이루어졌는데 위는 장방형으로 양 옆이 호형임. 상부의 대환 안에는 4개의 권운문을 투각한 패식이 있으며, 패식의 주위에는 점렬문이 있으며 네 모서리에는 각각 하나의 연결못이 있음. 아래에는 말굽쇠 모양의 懸環이 한 개 있으며, 그 위에는 음각한 구름 무늬 곡선이 장식되어 있음.

○ 출처 : 張雪巖, 2001, 「高句麗帶飾研究」, 『高句麗研究』 12.

13) **대구**(帶銙, 그림 7-2)

○ 출토지 : 산성하159호묘.

○ 형태 : 앞부분이 약간 둥글고 뒷부분이 납작한 사각형임. 안에 물고기 비늘 무늬를 투각한 도안이 있고 네 모서리에 연결못이 있으며, 그 외 두 개의 납작하고 작은 장방형 구멍은 대과를 매는데 쓰임.

○ 출처 : 張雪巖, 2001, 「高句麗帶飾研究」, 『高句麗研究』 12.

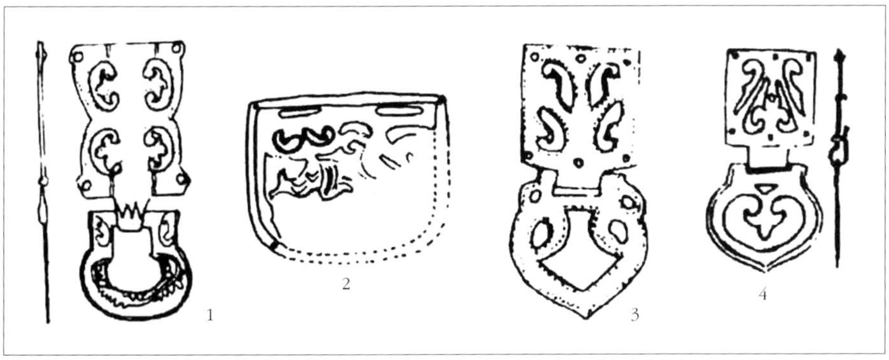

그림 7 산성하 금동대구
1. 산성하152호묘 금동대구
2. 산성하159호묘 금동대구
3. 산성하330호묘 금동대구
4. 산성하725호묘 금동대구

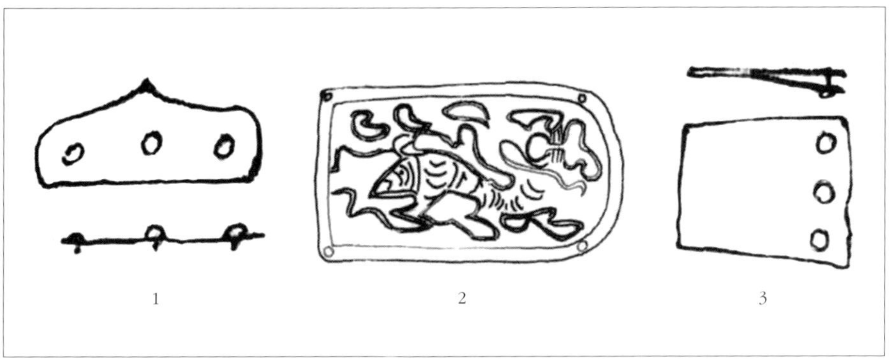

그림 8 산성하159호묘의 띠끝장식(『高句麗研究』 12)

14) **대구**(帶銙, 그림 7-3)

○ 출토지 : 산성하330호묘.

○ 형태 : 위는 장방형 장식 조각이고 안에는 권운문을 조각한 도안이 있으며, 상하에 각기 3개의 연결못이 있음. 아래에는 심엽형의 투각된 장식 조각이 끼워져 연결되었는데 투각한 꽃무늬 주위에 점렬문이 있음.

○ 출처 : 張雪巖, 2001, 「高句麗帶飾研究」, 『高句麗研究』 12.

15) **대구**(帶銙, 그림 7-4)

○ 출토지 : 산성하725호묘.

○ 형태 : 위는 장방형이고 안에는 권운문을 투각한 패식이 있으며, 그 위에는 상하 각기 3개와 중앙의 1개 등 총 7개의 연결못이 있음. 아래는 권운문이 있는 심엽형의 고리 장식으로 기법이 정교하고 세밀함.

○ 출처 : 張雪巖, 2001, 「高句麗帶飾研究」, 『高句麗研究』 12.

16) **띠끝장식**(鉈尾, 그림 8-2)

○ 출토지 : 산성하159호묘.

○ 형태 : 사미를 투각함. 앞부분은 둥글고 뒷부분은 곧은 장방형으로 안에 물고기 비늘무늬 도안을 투각함. 주위에는 압축된 고리가 있고 네 모서리에는 연결못이 하나씩 있음.

○ 출처 : 張雪巖, 2001, 「高句麗帶飾研究」, 『高句麗研究』 12.

17) **띠끝장식**(鉈尾, 그림 8-3)

○ 출토지 : 산성하159호묘.

○ 형태 : 장방형의 도금 조각을 맞접은 것이며 그 뒷부분에 3개의 연결못(鉚釘)이 있음.

○ 출처 : 張雪巖, 2001, 「高句麗帶飾研究」, 『高句

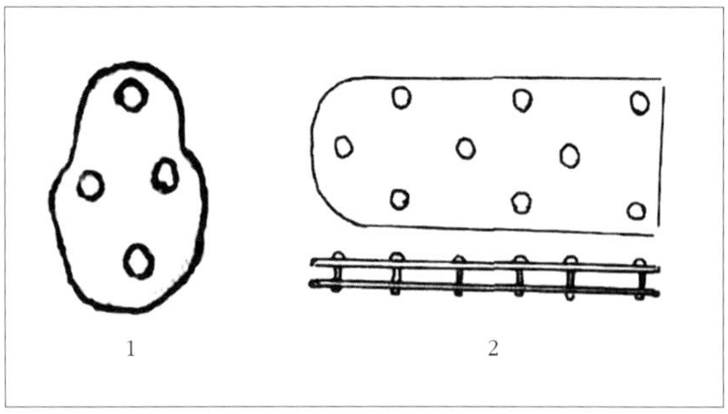

그림 9 산성하725호묘 띠끝장식(『高句麗研究』 12)

麗研究』 12.

18) 띠끝장식(銙尾, 그림 8-1)
○ 출토지 : 산성하159호묘.
○ 형태 : 상부 가장자리 가운데가 튀어 나와 산모양을 이루며, 하부 가장자리는 평평하고 곧으며 그 위에 3개의 연결못이 있음.
○ 출처 : 張雪巖, 2001, 「高句麗帶飾研究」, 『高句麗研究』 12.

19) 띠끝장식(銙尾, 그림 9-1)
○ 출토지 : 산성하725호묘.
○ 형태 : 대략 타원형. 위에 4개의 연결못이 있음.
○ 출처 : 張雪巖, 2001, 「高句麗帶飾研究」, 『高句麗研究』 12.

20) 띠끝장식(銙尾, 그림 9-2)
○ 출토지 : 산성하725호묘.
○ 형태 : 앞부분이 둥글고 뒷부분이 네모난 장방형임. 상하로 2조각의 도금 장식조각이 있고 가운데 가죽을 끼워 9개의 연결못을 이용해 서로 연결함.
○ 출처 : 張雪巖, 2001, 「高句麗帶飾研究」, 『高句麗研究』 12.

3. 철기

1) 솥(釜, JSZM0191:1, 그림 10-7)
○ 출토지 : 산성하전창(전산자)195호묘.
○ 형태 : 심하게 손상되어 복원이 불가능함. 입술이 네모지고(方脣), 동체가 둥글(圓腹)고, 어깨가 둥긂(圓肩). 동체에는 약 0.5m의 모서리를 가로지르는 선이 한 줄 돌아가고 있음. 이전에 발견된 고구려 솥의 기형과는 다름.
○ 출처 : 集安縣文物保管所, 1983, 「集安高句麗墓葬發掘簡報」, 『考古』 1983-4 ; 吉林省文物考古研究所·集安市博物館, 2009, 『吉林集安高句麗墓葬報告集』, 科學出版社 재수록.

2) 낫(鎌, JSZM0191:2, 그림 10-6)
○ 출토지 : 산성하전창(전산자)191호묘.
○ 크기 : 길이 22cm, 너비 2.5~2.6cm.
○ 형태 : 鎌身은 휘어져 마치 초생달 형태를 보이며, 말단은 휘어져 손잡이가 통과하도록 되어 있으며, 뾰족한 부분은 약간 손상된 상태임.
○ 출처 : 集安縣文物保管所, 1983, 「集安高句麗墓葬發掘簡報」, 『考古』 1983-4 ; 吉林省文物考古研究所·集安市博物館, 2009, 『吉林集安高句麗墓葬報告集』, 科學出版社 재수록.

3) 자귀(錛, JSZM0191:5, 그림 10-1)
○ 출토지 : 산성하전창(전산자)191호묘.
○ 크기 : 길이 11.3cm, 너비 7.5cm. 칼날의 너비 9.2cm, 장부구멍 길이 2.5cm, 장부구멍 너비 1.6cm.
○ 형태 : 장방형. 한 면만 칼날(刃)이 있으며, 상부는 속이 비어 장부구멍이 있음.
○ 출처 : 集安縣文物保管所, 1983, 「集安高句麗墓葬發掘簡報」, 『考古』 1983-4 ; 吉林省文物考古研究所·集安市博物館, 2009, 『吉林集安高句麗墓葬報

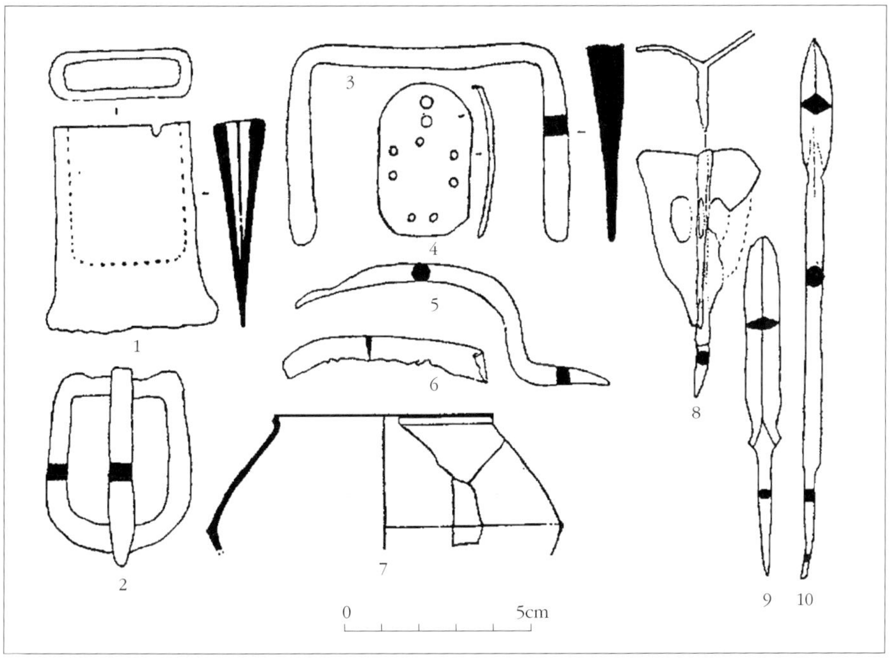

그림 10
산성하 전산자고분 철기
(『考古』 1983-4)
1. 자귀(JSZM0191:5)
2. 띠고리(JSZM0187:1)
3. 꺾쇠(JSZM0177:1)
4. 찰갑편(JSZM0159:14)
5. 장막걸이쇠(JSZM0160:6)
6. 겸(JSZM0191:2)
7. 솥(JSZM0191:1)
8~10. 화살촉(JSZM0159:16·JSZM0159:23·JSZM0157:37)

告集』, 科學出版社 재수록.

4) **꺾쇠**(把鋦, JSZM0177:1, 그림 10-3)

○ 출토지 : 산성하전창(전산자)177호묘.

○ 크기 : 길이 7cm.

○ 형태 : 납작한 방형임.

○ 출처 : 集安縣文物保管所, 1983, 「集安高句麗墓葬發掘簡報」, 『考古』 1983-4 ; 吉林省文物考古研究所·集安市博物館, 2009, 『吉林集安高句麗墓葬報告集』, 科學出版社 재수록.

5) **장막걸이쇠**(弓形挂鉤, JSZM0160:6, 그림 10-5)

○ 출토지 : 산성하전창(전산자)160호묘.

○ 크기 : 길이 8.5cm.

○ 출처 : 集安縣文物保管所, 1983, 「集安高句麗墓葬發掘簡報」, 『考古』 1983-4 ; 吉林省文物考古研究所·集安市博物館, 2009, 『吉林集安高句麗墓葬報告集』, 科學出版社 재수록.

6) **찰갑편**(甲片, JSZM0159:14, 그림 10-4)

○ 출토지 : 산성하전창(전산자)159호묘.

○ 크기 : 길이 4cm, 너비 2.5cm.

○ 형태 : 평면은 장방형. 네 모서리는 무디고 둥글며, 찰갑편이 뒷면을 향해 약간 휘어 있으며, 찰갑편에는 9개의 작은 구멍이 4조를 이루고 있음.

○ 출처 : 集安縣文物保管所, 1983, 「集安高句麗墓葬發掘簡報」, 『考古』 1983-4 ; 吉林省文物考古研究所·集安市博物館, 2009, 『吉林集安高句麗墓葬報告集』, 科學出版社 재수록.

7) **띠고리**(帶卡, JSZM0187:1, 그림 10-2)

○ 출토지 : 산성하전창(전산자)187호묘.

○ 형태 : 한쪽 끝부분은 원형이고 다른 한쪽 끝부분은 장방형을 이루고 있음. 그 위에는 자유자재로 움직이는 機針이 있음.

○ 출처 : 集安縣文物保管所, 1983, 「集安高句麗墓葬發掘簡報」, 『考古』 1983-4 ; 吉林省文物考古研究所·集安市博物館, 2009, 『吉林集安高句麗墓葬報告

告集』, 科學出版社 재수록.

8) 화살촉(鐵鏃, JSZM0159:16, 그림 10-8)

○ 출토지 : 산성하전창(전산자)159호묘.

○ 크기 : 길이 6.7cm.

○ 형태 : 三翼形. 상단은 가지런하고 하단은 점차 좁아져서 원추형을 이루며, 中鋌에서 세 개의 날개로 나뉘어짐. 각 날개의 중앙부에는 타원형 구멍이 하나 있음.

○ 출처 : 集安縣文物保管所, 1983, 「集安高句麗墓葬發掘簡報」, 『考古』 1983-4 ; 吉林省文物考古研究所·集安市博物館, 2009, 『吉林集安高句麗墓葬報告集』, 科學出版社 재수록.

9) 화살촉(鐵鏃, JSZM0159:23, 그림 10-9)

○ 출토지 : 산성하전창(전산자)159호묘.

○ 크기 : 길이 9cm.

○ 형태 : 長扁形. 중간에 약간 脊이 일어남.

○ 출처 : 集安縣文物保管所, 1983, 「集安高句麗墓葬發掘簡報」, 『考古』 1983-4 ; 吉林省文物考古研究所·集安市博物館, 2009, 『吉林集安高句麗墓葬報告集』, 科學出版社 재수록.

10) 화살촉(鐵鏃, JSZM0157:37, 그림 10-10)

○ 출토지 : 산성하전창(전산자)157호묘.

○ 크기 : 길이 15cm.

○ 형태 : 마름모형.

○ 출처 : 集安縣文物保管所, 1983, 「集安高句麗墓葬發掘簡報」, 『考古』 1983-4 ; 吉林省文物考古研究所·集安市博物館, 2009, 『吉林集安高句麗墓葬報告集』, 科學出版社 재수록.

40 집안 산성자산성의 고분

1. 조사현황

1) 1913년 조사

○ 조사자 : 關野貞이 谷井·今西 文學士, 栗山 工學士 등과 함께 조선총독부의 촉탁을 받아서 조사.

○ 조사내용 : 고분의 존재 확인.

○ 발표 : 關野貞, 1914, 「滿洲輯安縣及び平壤附近に於ける高句麗時代の遺跡(1·2)」, 『考古學雜誌』 5-3·4.

2) 1982년 조사

○ 조사자 : 李殿福(길림성 박물관).

○ 조사내용 : 산성 내에서 고구려 고분 37기 확인.

○ 발표 : 李殿福, 1982, 「高句麗丸都山城」, 『文物』 1982-6 ; 1982, 「集安高句麗山城子山城考略」, 『求是學刊』 1982-1 ; 1994, 『東北考古硏究』(2), 中州古籍出版社.

3) 2001~2003년 조사

○ 조사기관 : 吉林省文物考古硏究所, 集安市博物館.

○ 조사자 : 길림성문물고고연구소의 金旭東(팀장), 李光日(집행팀장), 谷德平, 賈瑩, 王昭, 張玉春, 趙昕, 于立群, 劉慶彬. 집안시박물관의 王鵬勇, 林世賢, 董峰, 四平市文物管理委員會協公室 趙殿坤, 德惠市文物保護所 孫東文, 九臺市文物保護所 姚啓龍, 中國人民解放軍 總裝備部勘探測繪總院 楊林春, 吉林大學 文學院考古學系在校硏究生 唐淼, 張小輝, 李蜀蕾, 王樂, 華陽, 金君麗, 何景成 등.

○ 조사내용 : 산성 내에서 고구려 고분 38기 확인.

○ 발표 : 吉林省文物考古硏究所 集安市博物館 編著, 2004, 『丸都山城 - 2001~2003年集安丸都山城調査試掘報告』, 文物出版社.

2. 고분의 분포현황

1) 1982년 李殿福의 조사내용

○ 산성 내에서 고구려 고분 37기 확인.

○ 분류 : 적석묘와 봉토묘로 분류한 다음, 적석묘는 다시 적석묘, 방단적석묘, 계단적석묘로 세분.

○ 분포 : 적석묘는 대부분 서벽 아래쪽의 산기슭에 분포하고, 봉토묘는 궁전지 서남쪽 30m 지점에 자리함.

2) 2001~2003년의 조사내용

○ 수량 : 2003년 조사 당시 산성 내부에서 총 38기의 무덤을 확인.

○ 분포 : 주로 남부의 대지와 산 아래의 평탄하고 완만한 지대에 분포. 산성 내부를 자연 골짜기를 경계로 4구역으로 구분했는데, 그 중 서쪽 산기슭 아래의 I구역 동부와 동벽 안쪽의 III구역 동부에 비교적 밀집 분포해 있음.

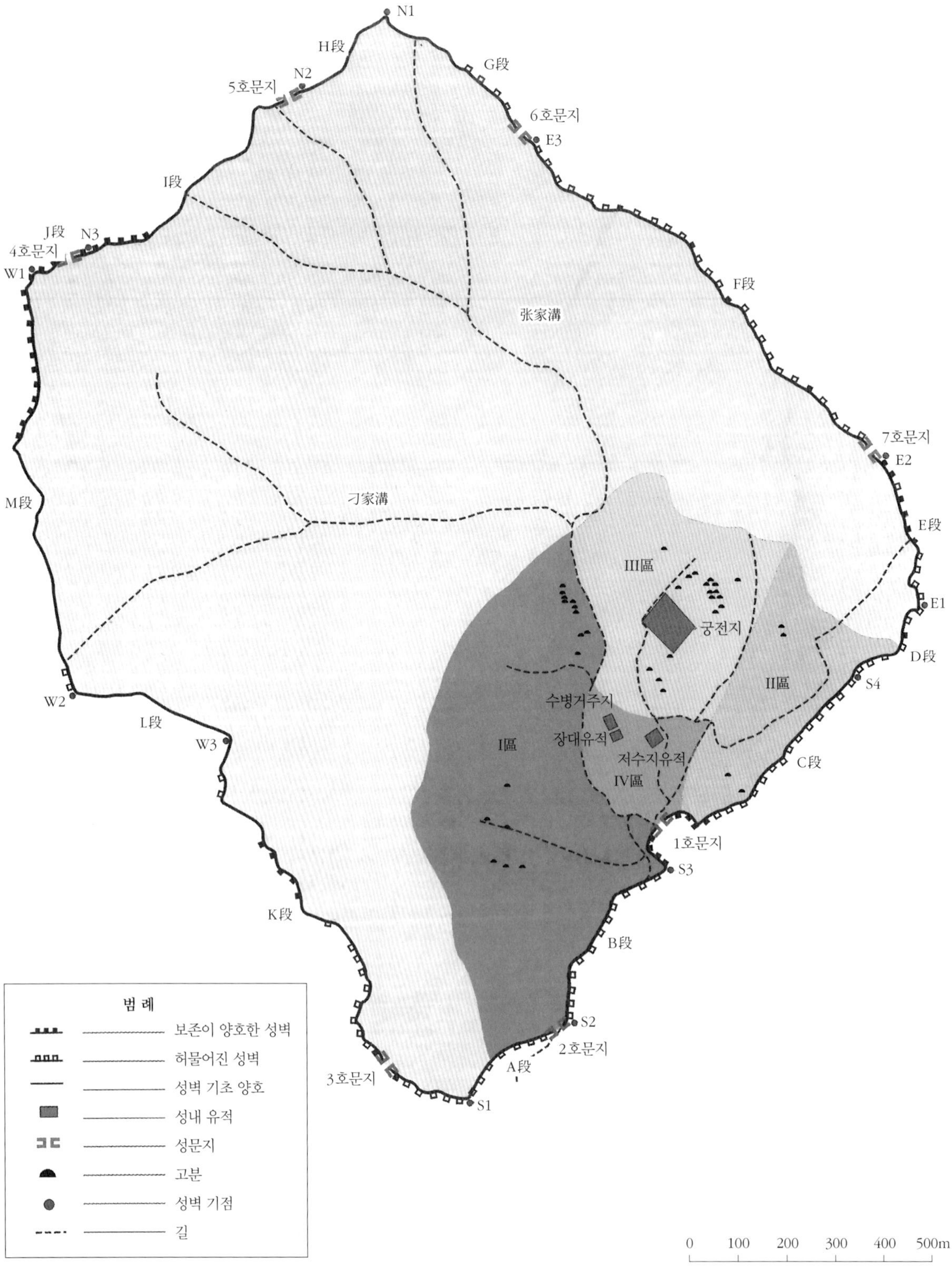

그림 1 산성자산성 유적 분포도(『丸都山城』, 2004)

○ 시기 : 모두 고구려 고분에 속함.

○ 유형 : 적석묘, 방단적석묘, 봉토묘 등 3유형으로 분류할 수 있는데, 적석묘 30기, 방단적석묘 6기, 봉토묘 2기임.

3. 2001~2003년의 고분별 조사내용

1) 적석묘

○ 수량 : 모두 30기가 발견되었음.

○ 석재 : 인공적인 손질을 거치지 않은 화강암을 쌓아 만듦.

○ 크기 : 석재는 대부분 규칙적이지 않으며, 크기가 다름.

○ 구조 : 구조도 대체로 완전하지 않음.

○ 보존상태 : 심하게 파괴됨.

○ 궁전지 동쪽의 고분군 : 궁전지 동쪽의 완만한 산비탈에 6호묘, 7호묘, 8호묘, 9호묘, 10호묘, 11호묘, 12호묘, 13호묘, 14호묘, 15호묘, 16호묘, 17호묘 등 12기가 밀집 분포. 고분 간의 거리는 3~20m로 소형 고분군 형성.

○ I구역 동부의 고분군 : I구역 동부에 분포함. 산성 내부를 관통하는 골짜기 북단 부근의 평탄한 대지에 23호묘, 24효묘, 26호묘, 27호묘, 28호묘, 29호묘, 30호묘, 31효묘, 32호묘 등 10기가 소형 고분군을 이룸.

(1) 2호묘

○ 위치 : II구역의 서부 중앙에 위치함.

○ 평면 : 무덤은 원형임.

○ 규모 : 최대 직경 5m, 잔존높이 1.1m.

○ 보존상태 : 심하게 파괴됨. 서쪽 구조는 이미 기본이 남아 있지 않으며, 무덤 위에 잡초가 무성함.

(2) 3호묘

○ 위치 : II구역의 동쪽에 위치. 무덤의 남부는 남성 벽임.

○ 평면 : 원형.

○ 규모 : 최대 직경 5m, 잔존높이 1.5m.

○ 보존상태 : 무덤은 비교적 심하게 파괴되었는데 남쪽 더욱 심함.

(3) 4호묘

○ 위치 : II구역의 동쪽, 3호묘의 북쪽에 위치하며 양자의 거리는 7m임. 무덤의 남쪽은 산성의 남벽임.

○ 평면 : 원형.

○ 규모 : 최대 직경 5.5m, 잔존높이 1.5m.

○ 보존상태 : 심하게 파괴되었으며, 무덤 위에 잡초가 무성함.

(4) 6호묘

○ 위치 : 궁전지 동쪽의 고분군.

○ 평면 : 방형.

○ 규모 : 길이 7.2m, 너비 6m, 잔존높이 1.5m.

○ 보존상태 : 비교적 심하게 파괴되었는데 무덤 동쪽이 더욱 심함. 현재 무덤 위에는 잡초가 무성함.

(5) 7호묘

○ 위치 : 6호묘의 남측에 위치하며, 둘 사이의 거리는 3m.

○ 평면 : 불규칙적인 원형.

○ 규모 : 최대 직경 약 4m, 잔존높이 1.5m.

○ 보존상태 : 심하게 파괴됨.

(6) 8호묘

○ 위치 : 6호묘의 서쪽에 위치. 둘 사이의 거리는 8m.

○ 평면 : 원형.

○ 규모 : 최대 직경 7.3m. 잔존높이 1.7m.

○ 보존상태 : 무덤의 서쪽은 비교적 심하게 파괴됨.

(7) 9호묘

○ 위치 : 7호묘의 서쪽에 위치. 둘 사이의 거리는 11m.

○ 평면 : 원형.

○ 규모 : 직경 4.2m. 잔존높이 1.4m.

○ 보존상태 : 심하게 파괴됨.

(8) 10호묘

○ 위치 : 9호묘의 남쪽에 위치. 둘 사이의 거리는 9m.

○ 평면 : 원형.

○ 규모 : 직경 6.8m. 잔존높이 1.3m.

○ 보존상태 : 심하게 파괴됨.

(9) 11호묘

○ 위치 : 9호묘의 서쪽에 위치. 둘 사이의 거리는 2m.

○ 평면 : 원형.

○ 규모 : 직경 4.2m. 잔존높이 0.8m.

○ 보존상태 : 심하게 파괴됨.

(10) 12호묘

○ 위치 : 11호묘의 남쪽에 위치. 둘 사이의 거리는 6.5m.

○ 평면 : 원형.

○ 규모 : 직경 5.8m. 잔존높이 0.75m.

○ 보존상태 : 심하게 파괴되었음.

(11) 13호묘

○ 위치 : 12호묘의 남쪽에 위치. 둘 사이의 거리는 18.5m.

○ 평면 : 원형.

○ 규모 : 직경 5.78m. 잔존높이 1.2m.

○ 보존상태 : 심하게 파괴됨.

(12) 15호묘

○ 위치 : 8호묘의 북측에 위치. 둘 사이의 거리는 27.5m. 남쪽에 3호묘가 잇닿아 있음.

○ 평면 : 원형.

○ 규모 : 직경 6.3m. 잔존높이 1.6m.

○ 보존상태 : 비교적 심하게 파괴됨.

(13) 16호묘

○ 위치 : 15호묘의 서쪽에 위치. 둘 사이의 거리는 6.7m.

○ 평면 : 원형.

○ 규모 : 직경 8.2m. 잔존높이 1.3m.

○ 보존상태 : 심하게 파괴됨.

(14) 17호묘

○ 위치 : 궁전지의 서북부에 위치하며, 궁전지의 동궁 담장에서 26m 떨어져 있음.

○ 평면 : 원형.

○ 규모 : 직경 약 9m. 잔존높이 1.8m.

○ 보존상태 : 심하게 파괴됨. 무덤 위에 과일나무 한 그루가 있음.

(15) 20호묘

○ 위치 : 궁전지 서부의 완만하고 평탄한 대지에 위치하며, 18호묘의 서쪽에 위치.

○ 평면 : 장방형.

○ 규모 : 길이 9.6m. 너비 4.6m, 잔존높이 1.7m.

○ 보존상태 : 무덤의 서쪽은 심하게 파괴됨.

(16) 21호묘

○ 위치 : 궁전지 서부의 평탄하고 완만한 대지상에 위치하며, 20호묘의 남쪽에 있음.

○ 평면 : 장방형.

○ 규모 : 길이 10.1m, 너비 5.2m, 잔존높이 2.2m.

○ 보존상태 : 비교적 좋지 않으며, 동쪽은 더욱 심하게 파괴됨.

(17) 22호묘

○ 위치 : 궁전지의 북쪽에 위치.

○ 평면 : 원형.

○ 규모 : 최대 직경 4.5m, 너비 5.2m, 잔존높이 1.3m.

○ 보존상태 : 심하게 파괴됨.

(18) 24호묘

○ 위치 : I구역 동부 고분군.

○ 평면 : 방형.

○ 규모 : 남은 길이 7.8m, 너비 8.5m, 잔존높이 0.8m.

○ 보존상태 : 심하게 파괴되었음. 무덤의 동측은 홍수로 파괴되어 구조가 1/2 정도가 겨우 남아 있음.

(19) 25호묘

○ 위치 : 24호묘의 서쪽에 위치하며, 둘 사이의 거리는 8m.

○ 평면 : 원형.

○ 규모 : 직경 5.2m, 잔존높이 0.5m.

○ 보존상태 : 심하게 파괴됨.

(20) 26호묘

○ 위치 : 25호묘의 동쪽에 위치하며, 둘 사이의 거리는 34m.

○ 평면 : 원형.

○ 규모 : 직경 6.9~7.5m, 잔존높이 0.9m.

○ 보존상태 : 무덤의 남쪽은 파괴되어 형태가 불분명함.

(21) 27호묘

○ 위치 : 26호묘의 동쪽에 위치하며, 둘 사이의 거리는 6m.

○ 평면 : 원형.

○ 규모 : 직경 4.4~4.5m, 잔존높이 0.7m.

○ 보존상태 : 심하게 파괴됨.

(22) 28호묘

○ 위치 : 27호묘의 동쪽에 위치하며, 둘 사이의 거리는 3.5m.

○ 평면 : 원형.

○ 규모 : 직경 3.8~4m, 잔존높이 0.4m.

○ 보존상태 : 심하게 파괴됨.

(23) 29호묘

○ 위치 : 28호묘의 남쪽에 위치하며, 둘 사이의 거리는 4m.

○ 평면 : 원형.

○ 규모 : 직경 4.1m, 잔존높이 0.3m.

○ 보존상태 : 심하게 파괴됨.

(24) 31호묘

○ 위치 : 30호묘의 동쪽에 위치하며, 둘 사이의 거리는 3.5m.

○ 평면 : 원형.

○ 규모 : 직경 4.5m, 잔존높이 0.4m.

○ 보존상태 : 심하게 파괴됨.

(25) 32호묘

○ 위치 : 31호묘의 동쪽에 위치하며, 둘 사이의 거리는 12m.

○ 평면 : 원형.

○ 규모 : 직경 3.2m, 잔존높이 0.35m.

○ 보존상태 : 심하게 파괴됨.

(26) 33호묘

○ 위치 : I구역의 중부의 약간 동쪽에 위치.

○ 평면 : 장방형.

○ 규모 : 길이 14m, 너비 12m, 잔존높이 0.4~1.8m.

○ 보존상태 : 심하게 파괴되어 구조가 남아 있지 않음.

(27) 35호묘

○ 위치 : I구역의 중부의 약간 동쪽에 위치하며, 34호묘의 서쪽에 있는데 둘 사이의 거리는 20m.

○ 평면 : 장방형.

○ 규모 : 길이 14m, 너비 10m, 잔존높이 0.1m.

○ 보존상태 : 심하게 파괴됨.

(28) 37호묘

○ 위치 : I구역 중부의 약간 북쪽에 위치.

○ 평면 : 장방형.

○ 규모 : 길이 18m, 너비 약 11m, 잔존높이 0.1m.

○ 보존상태 : 심하게 파괴됨.

2) 방단적석묘

총 6기가 발견되었는데 기단은 모두 단층으로 잘 다듬은 장방형 혹은 장조형 돌을 쌓아 축조하였음. 고분의 주체 구조는 화강암을 사용하여 쌓았으며, 석재의 모양은 일정하지 않음.

(1) 1호묘

○ 위치 : II구역 서부의 약간 남쪽에 위치.

○ 평면 : 方形.

○ 규모 : 한 변 길이 18m. 잔존높이 약 1.5m.

○ 석재 크기 : 일반적으로 길이 1.7m, 너비 0.4m, 두께 0.5m.

○ 보존상태 : 서단의 기단석은 보존상태가 비교적 좋음. 고분의 정상부 구조는 이미 파괴되었으며, 무덤 위에 대량의 깬돌이 흩어져 있음.

(2) 5호묘

○ 위치 : III구역 동남부에 위치.

○ 평면 : 장방형.

○ 규모 : 길이 8m, 너비 7m, 잔존높이 0.7m.

○ 보존상태 : 서북 모서리와 동남 모서리에 길쭉한 형태(條形)의 기단석이 남아 있음. 묘실의 구조는 이미 파괴되어 판별이 불가함.

(3) 14호묘

○ 위치 : 궁전지의 동남측에 위치.

○ 평면 : 장방형.

○ 규모 : 길이 6.7m, 너비 6.4m, 잔존높이 0.65m.

○ 묘실 구조 : 파괴됨. 무덤 위에는 대량의 깬 돌이 흩어져 있음.

○ 보존상태 : 동측에 長條形 기단석 3개가 남아 있으며, 석재의 길이 1.2m, 너비 0.8m, 두께 0.4m임.

(4) 23호묘

○ 위치 : I구역 동부에 위치하며, 남단은 성내 최대의 골짜기임.

○ 평면 : 장방형.

○ 규모 : 길이 9.6m, 너비 9.1m, 잔존높이 0.7m.

○ 묘실 구조 : 이미 파괴되어 판별할 수 없음.

○ 보존상태 : 동남 모서리에 長條形의 기단석이 남아 있음. 석재의 길이 1m, 너비 0.5m, 두께 0.3m. 고분은 비교적 심하게 파괴되었으며 서북 모서리는 더욱 심하게 파손되었음.

(5) 34호묘

○ 위치 : I구역의 중앙에 위치.

○ 평면 : 장방형.

○ 규모 : 길이 12.3m, 너비 9.7m, 잔존높이 0.5m.

○ 묘실 구조 : 판별할 수 없음.

○ 보존상태 : 북측에 장방형의 기단석이 남아 있으며,

석재는 길이 1.1m, 너비 0.6m, 두께 0.35m임. 고분은 비교적 심하게 파괴됨.

(6) 36호묘

○ 위치 : I구역의 중앙의 서부에 위치.

○ 평면 : 장방형.

○ 규모 : 길이 14m, 너비 12m, 잔존높이 2.5m.

○ 석재 크기 : 일반적으로 길이 1.3m, 너비 0.6m, 높이 0.5m.

○ 묘실 축조방식 : 장방형과 장조형 돌을 사용해 안으로 들여 쌓아 올렸음. 묘실의 규모는 길이 2.8m, 너비 1.8m, 높이 1.2m임. 묘실 위에는 불규칙한 板石 2매로 천장을 덮음. 蓋石은 길이 1.6~1.7m, 너비 1.2~1.3m, 두께 0.15~0.5m임. 蓋石은 2매의 위치가 이동되었고, 묘실 내에 대량의 깬돌이 무너져 흩어져 있음.

○ 보존상태 : 고분의 전체형태는 심하게 파괴됨.

3) 봉토묘 : 총 2기 발견.

(1) 18호묘

○ 위치 : 궁전지의 서남측에 위치함.

○ 평면 : 불규칙한 원형.

○ 규모 : 바닥 직경 약 17m, 높이 5m.

○ 보존상태 : 이 무덤은 보수한 적이 있으며, 보존상태가 비교적 좋음.

(2) 19호묘

○ 위치 : 궁전지의 서북쪽에 위치함.

○ 평면 : 원형.

○ 규모 : 바닥 직경 약 11.5m, 높이 7.5m.

○ 보존상태 : 이 무덤은 보수한 적이 있으며, 보존상태가 비교적 좋음.

4. 역사적 성격

○ 고구려 고분으로 추정되지만 조성연대를 파악하기는 힘듦.

○ 궁전지 앞의 봉토묘를 근거로 342년 前燕의 환도성 함락 또는 427년 평양 천도 이후 산성자산성이 쇠락하거나 폐기되었다고 추정하기도 하지만(李殿福 1982 및 吉林省文物考古研究所 集安市博物館 編著, 2004), 궁전지 유적은 6세기 이후에 조영되었을 가능성이 높음. 따라서 고분의 조성연대에 대해서도 보다 면밀하게 고찰할 필요가 있음.

참고문헌

- 關野貞, 1914, 「滿洲輯安縣及び平壤附近に於ける高句麗時代の遺跡(1·2)」, 『考古學雜誌』 5-3·4.
- 池內宏·梅原末治, 1938, 『通溝』 上, 日滿文化協會.
- 李殿福, 1982, 「高句麗丸都山城」, 『文物』 1982-6.
- 吉林省文物考古研究所 集安市博物館 編著, 2004, 『丸都山城-2001~2003年集安丸都山城調查試掘報告』, 文物出版社.

제8부

집안 벽화고분
(集安 壁畫古墳)

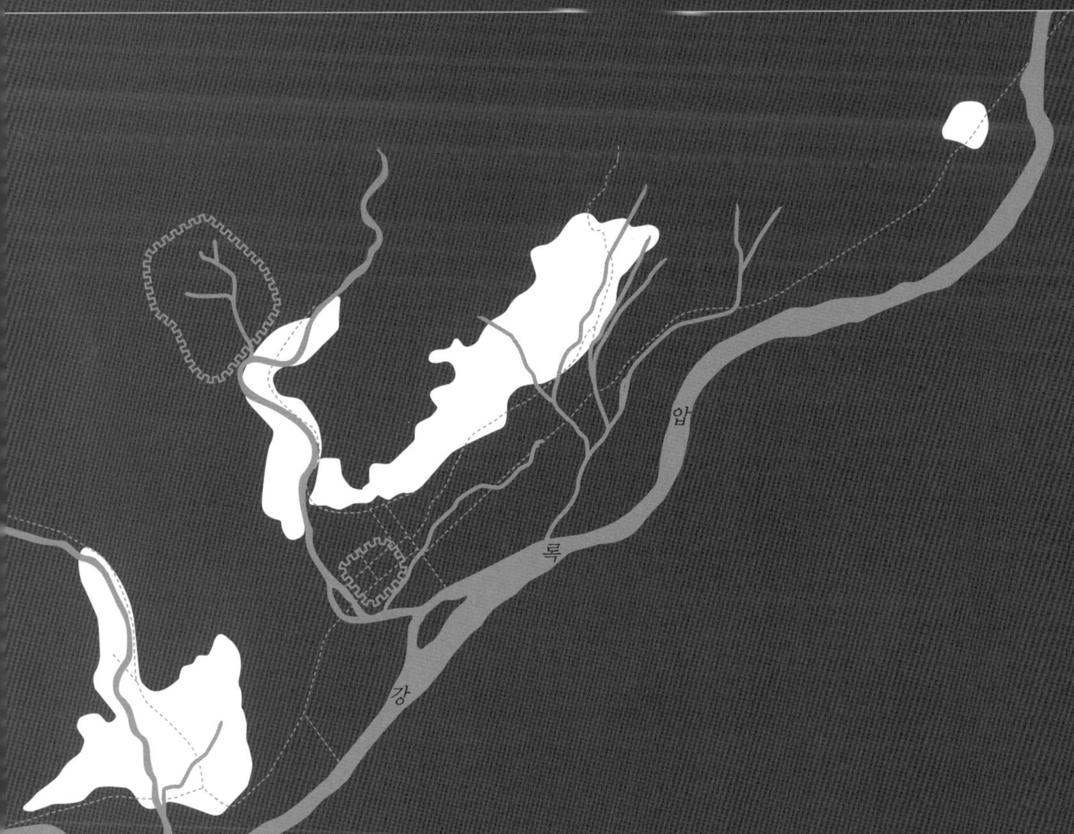

|고분 분포도|

산성하고분군
산성하1304호묘(귀갑묘)
산성하1405호묘
산성하1407호묘
산성하0798호묘
산성하0491호묘
산성하1408호묘
산성하0725호묘
산성하1020호묘
산성하1296호묘(미인묘)
산성하1298호묘(절천정묘)
산성하0983호묘(연화묘)
산성하1305호묘
산성하0332호묘(왕자묘)
산성하0365호묘
만보정1022호묘
만보정0645호묘
만보정0709호묘
만보정1368호묘
우산하3319호묘
우산하2231호묘
(삼실묘)
만보정고분군
마선구0001호묘
칠성산고분군
마선구고분군

하해방고분군
하해방0033호묘(환문묘)
하해방0031호묘
하해방0001호묘(모두루묘)
우산하0458호묘
(무용묘)
우산하0457호묘(각저묘)
산하1041호묘
113호묘(사신묘)
105호묘(오회분5호묘)
우산하고분군
압
록

집안 벽화고분 개관

1. 통구분지의 벽화고분

○ 통구분지에서는 현재까지 총 33기의 벽화묘가 확인됨. 통구고분군의 6개 고분구역 중 칠성산고분군을 제외한 모든 고분군에 벽화고분이 분포함.

○ 마선구고분군에서는 마선구1호묘 1기가 확인됨.

○ 만보정고분군에서는 만보정645호묘, 만보정709호묘, 만보정1022호묘, 만보정1368호묘 등 4기가 확인됨.

○ 산성하고분군에서는 연화묘(산성하983호묘), 왕자묘(산성하332호묘), 미인묘(산성하1296호묘), 귀갑묘(산성하1304호묘), 절천정묘(산성하1298호묘), 동대파365호묘, 산성하798호묘, 산성하1305호묘, 산성하1405호묘, 산성하1407호묘, 산성하1408호묘, 산성하491호묘, 산성하1020호묘, 산성하725호묘 등 14기가 확인됨.

○ 우산하고분군에서는 각저묘, 무용묘, 통구12호묘, 삼실묘, 산연화묘, 우산하1041호묘, 우산하3319호묘, 우산하2174호묘, 오회분4호묘, 오회분5호묘, 통구 사신묘 등 11기가 확인됨.

○ 하해방고분군에서는 환문묘, 하해방31호묘, 그리고 벽화는 없지만 묘지명이 남아 있는 모두루묘를 포함해 3기가 확인됨.

○ 근래 장천고분군을 통구고분군의 범주에 포함시키기도 하는데, 이러한 견해를 받아들이면 장천1호묘와 장천2호묘, 장천4호묘 등 3기를 포함하여 총 36기의 벽화묘가 통구고분군에 자리하고 있음. 벽화묘가 가장 많이 분포하는 곳은 산성하고분군이며, 특히 산성하편에 집중되어 있다는 점에서 특기할 만함.

2. 매장방식과 구조

○ 분구는 적석묘와 봉토묘로 나뉨. 적석묘의 외형은 모두 계단상임. 우산하1041호묘, 절천정묘, 산성하725호묘, 산성하1405호묘, 산성하1408호묘, 우산하3319호묘 등 6기가 계단적석묘이며, 나머지는 모두 봉토묘임.

○ 매장방식은 하나의 분구 내에 합장이 가능한 연도가 하나 있는 동분동혈합장과 별개의 연도를 가진 동분이혈합장 두 가지로 나누어 볼 수 있음. 현재 동분이혈합장의 벽화묘를 대표하는 것은 통구12호묘임. 하나의 분구 안에 남북으로 석실 두 기가 나란히 있는 무덤으로, 두 기의 구조는 차이를 보임. 북실에는 연도의 한쪽 벽에만 측실이 있고, 남실에는 연도의 양쪽에 대칭되는 측실이 있음.

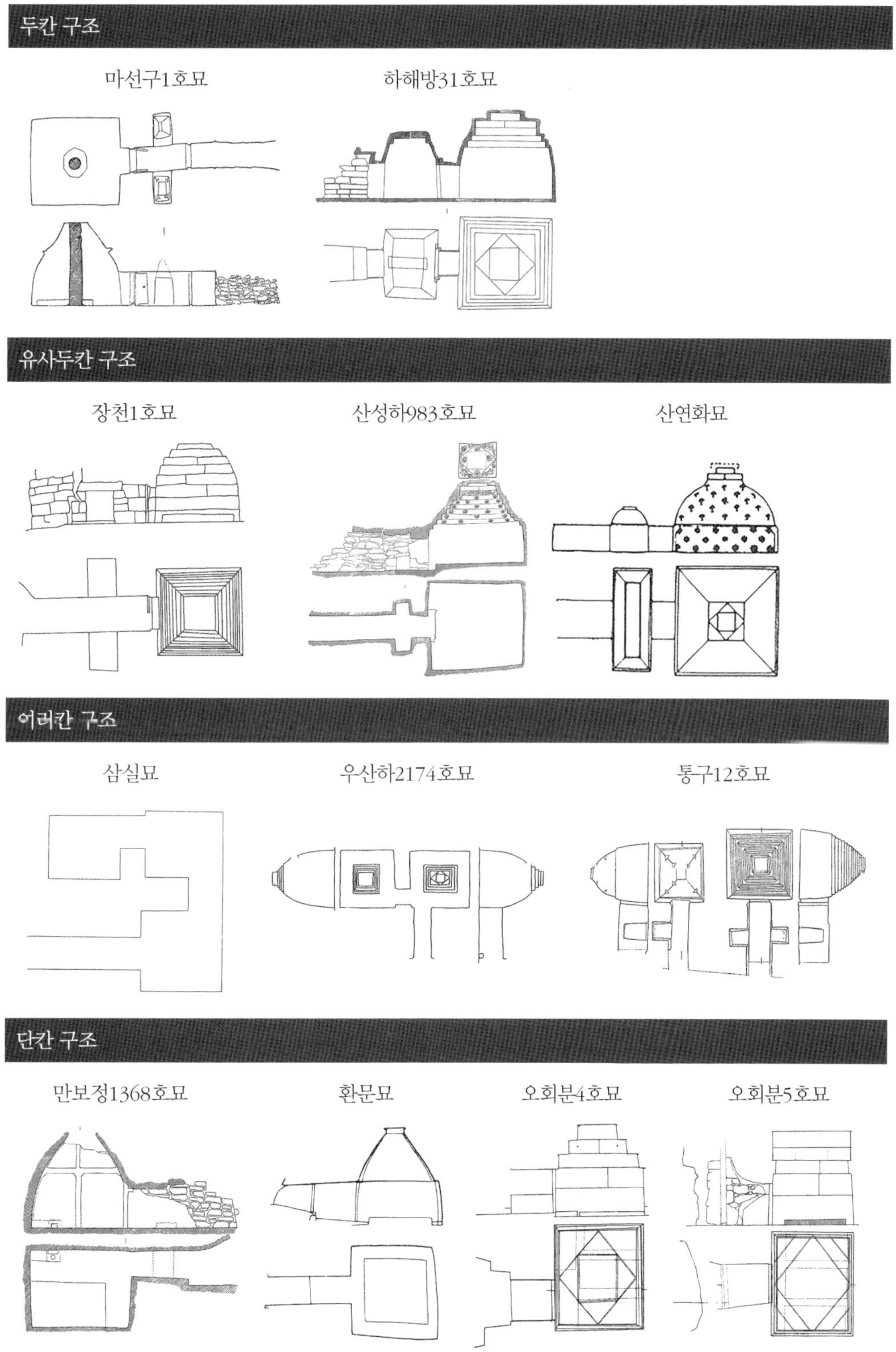

그림 1 통구분지 벽화고분의 구조

두 무덤은 하나의 분구 내에 있어서 최소한 4명이 매장되었음을 추정할 수 있음. 대부분의 벽화묘는 동분동혈합장으로, 매장부를 돌로 쌓은 석실구조이고, 우산하3319호묘 한 예만이 전실임. 우산하3319호묘는 천장과 문틀 등에 일부 돌을 사용하기도 하지만, 바닥과 벽 축조에 사용된 것은 벽돌임. 나머지 동분동혈의 벽화묘는 모두 석실구조임.

○ 석실의 구조는 무덤 칸의 수에 따라 다시 몇 가지 평면형으로 나눌 수 있음.

○ 전실과 현실이 통로로 연결되어 종렬배치를 갖고 있는 두칸 구조 무덤이 있음. 두칸 구조 무덤은 전실 좌우의 측실 여부에 따라 측실이 있는 두칸 구조와 측실이 없는 두칸 구조로 나뉨. 측실을 가진 두칸 구조로는 마선구1호묘가 있음. 마선구1호묘는 방형 현실과 종방형 전실, 그리고 전실 좌우의 장방형 측실로 이루어진 것으로, 통구분지의 벽화묘 중에서는 마선구1호묘 한 예 뿐임. 특히 종장방형 전실과 현실 중앙의 천장석을 받치는 기둥이 있는 구조는 고구려에서 예외적인 구조임. 측실이 없는 두칸구조 무덤은 방형 현실과 중앙 통로, 횡장방형 전실과 중앙 연도로 이루어진 것으로, 하해방31호묘, 모두루묘가 이에 해당되며, 장천2호묘도 이 평면형에 해당되어 현재로서는 하해방고분군과 장천고분군에서 관찰되는 평면형임. 이와 유사한 평면형은 서북한의 덕흥리고분이 대표적임.

○ 방형 현실과 중앙 연도로 이루어진 단칸 구조지만 연도 좌우에 측실이 있어서 마치 횡장방형 전실을 가진 두칸 구조처럼 보이는 유사두칸 구조가 있음. 통구분지 내 벽화묘의 다수가 이 평면형에 해당하며, 서북한 일대에서는 관찰되지 않는 집안 지역 벽화묘의 특징적인 평면형이라고 할 수 있음. 이와 유사한 평면형 무덤으로 축조연대를 348년으로 비정하는, 황해도 태봉리 장무이무덤으로 전해지는 전실묘가 있으며, 통구분지에서는 축조연대를 357년으로 비정하는 우산하3319호묘에서 처음 평면형이 관찰됨. 이 외에도 무용묘, 각저묘, 산연화묘, 연화묘, 왕자묘, 장천1호묘 등이 유사두칸 구조의 대표적인 예임.

○ 방형 현실 무덤 둘이나 셋이 통로로 연결되었으나 종렬배치를 하지 않는 것도 있음. 현재로서는 집안 통구분지에서만 확인되는 평면구조임. 우산하2174호묘는 현실 두 개가 병렬배치된 두칸 구조라는 점에서 앞의 전실과 현실이 종렬배치된 두칸 구조와 구별됨. 방형 현실 두 개가 통로로 연결되고, 연도는 동쪽 현실의 왼쪽으로 치우쳐 있어서 이 연도를 통하여 동쪽과 서쪽의 현실에 주검을 안치하게 됨. 삼실묘는 방형 현실 세 개가 'ㄱ'자상으로 배치되어 있음.

○ 현실과 연도로 이루어진 단칸 구조 무덤이 있음. 현실 평면과 연도 위치에 따라 다시 세분됨. 하나는 장방형 현실의 무덤인데, 연도가 우편재인 무덤으로 만보정1368호묘가 있으며, 중앙 연도로는 우산하1041호묘가 있음. 다른 하나는 방형 현실의 중앙 연도 무덤인데, 환문묘와 통구 사신묘가 이에 해당함. 세 번째는 횡장방형 현실 무덤인데, 오회분4호묘의 연도는 중앙에서 오른쪽으로 약간 치우쳤으며, 오회분5호묘는 중앙 연도를 가졌음.

3. 묘실 벽화

○ 묘실 벽화는 묘실 내부 전체에 그렸는데, 제재에 따라 벽면과 천장에 여러 생활 장면을 표현한 생활풍속도와 장식도안으로 무덤 내부를 꾸민 장식도, 그리고 벽면 전체에 사신만을 그려 넣은 사신도로 나눌 수 있음. 통구분지에서는 생활풍속도를 주 내용으로 하는 벽화묘가 다수를 점하며, 생활풍속도를 주 내용으로 하면서 장식도안과 결합되거나 장신도안만으로 묘실 내부를 꾸미는 경우도 있음. 생활풍속도나 장식도의 벽화묘는 모두 벽 네 모서리에 기둥을 그리고, 벽 상부에 들보를 표현하여 마치 묘실 내부를 목조가옥의 내부처럼 표현하였다는 점에서 공통됨. 벽면에는 생활의 여러 장면을 표현하거나 장식도안으로 장식하기도 하며, 천장에는 해와 달, 별과 신선과 신수 등 여러 상상 속의 내용을 표현함. 그러나 묘주 단독 초상화가 확인되지 않는다는 점에서 서북한의 생활풍속도 벽화묘와 세부적인 차이가 있음. 사신도를 주 내용으로 하는 경우 잘 다듬은 벽과 천장에 직접 그림을 그려 넣었는데, 벽면의 중심에 사신을 배치하고 천장에는 해와 달과 선인과 신화인물, 용문과 연화문 등을 배치함.

○ 매장부 구조와 묘실 벽화의 제재 및 화면 처리는 어느 정도 상관관계를 갖기도 함. 즉 측실이 있는 두칸 구조와 측실이 없는 두칸 구조, 유사두칸 구조는 모두 벽화 천장에 백회를 발라 화면을 정리한 후에 생활풍속도나 장식도안을 그려 넣었으며, 생활풍속도나 장식도안으로 표현된 단칸 무덤으로는 만보정1368호묘나 우산하1041호묘, 환문묘가 있음. 그 외 단칸 구조 무덤은 모두 사신도를 주 내용으로 하였음. 따라서 매장부 구조와 벽화내용을 기준으로 볼 때 벽화묘는 생활풍속도에 장식도안이 더해지고, 후에 사신도가 생활풍속도와 장식도안을 대체한 것으로 보임.

4. 벽화고분의 변천

○ 현재 보고된 자료로 보아서 통구분지에서 벽화묘가 처음 등장한 시기는 4세기 중엽으로 보임. 집안 일대에서는 장방형 현실의 좌편재 연도 비중이 큰 데 반해 만보정1368호묘는 장방형 현실의 우편재 연도이며 궁륭상 천장을 갖추었다는 점에서 평양의 영화9년명동리무덤과 유사 구조이며, 석제화덕의 형태적 특징이나 묘실 벽면에 가옥만 표현하였다는 것은 본격적으로 벽화가 등장하기 이전의 모습으로 볼 수 있으므로 4세기 중엽으로 비정.

○ 4세기 후엽이 되면 마선구1호묘가 축조되고, 4세기 말에서 5세기를 경과하면서 산성하고분군과 우산하고분군에서 본격적으로 벽화묘가 축조되기 시작.

○ 5세기 중엽이 되면 하해방고분군과 장천고분군으로 벽화묘의 분포범위는 확대되어 감.

○ 6세기대에 들어서면서 사신도 벽화묘가 산성하고분군에서는 자리하지 않고, 우산하고분군에서만 3기가 확인됨.

○ 통구분지의 벽화묘 조영이 유행하였던 시기는 5세기대로, 100여 기가 넘는 고구려 벽화묘 중 5세

기대 통구분지에서 30여 기의 벽화묘가 집중분포한다는 점에서 통구분지는 고구려 벽화묘 최대 분포지의 하나임을 증명하는 것임.

5. 벽화고분의 현황과 과제

통구분지의 벽화묘에 대한 조사와 보존이 절실한 상황임. 실제 2011년 조사 당시 일부 벽화묘는 천장석이 결실된 상태로 묘실의 일부가 드러나기도 하였고, 드러난 묘실 벽에서 희미하게나마 벽화의 흔적이 육안으로 관찰되기도 하였음. 더욱이 무방비 상태로 보호되지 못한 무덤들은 그 보존을 기약할 수 없는 상황인데, 이러한 무덤들에 대한 조사 보고조차 되어있지 않아서 발굴조사에 따른 보호, 보존 조치가 절실한 상황임.

01 집안 우산하0457호묘:각저묘

集安 禹山下0457號墓:角觝墓 | JYM0457

1. 조사현황

1) 1935년

○ 조사자 : 池內宏, 梅原末治 등.

○ 조사내용 : 만주국 안동도호부의 학교 감독이 발견하여 신고하자 조사를 진행. 벽화에 두 사람이 씨름하는 장면이 있기 때문에 '角觝墓'라고 부름.

○ 발표 : 池內宏·梅原末治, 1940, 『通溝』下, 日滿文化協會.

2) 1956년

○ 조사내용 : 무덤 보수, 나무문 설치.

3) 1957년

○ 조사기간 : 1957년 4월.

○ 조사기관 : 吉林省博物館.

○ 조사자 : 王承禮, 周健鵬, 曲紹伯, 蘇才.

○ 조사내용 : 전체 벽화묘를 조사할 때 조사대상에 포함됨.

4) 1961년

○ 조사기간 : 1961년 가을.

○ 조사내용 : 묘문 폐쇄.

5) 1962년

○ 조사내용 : 봉토에 흙을 북돋아줌.

6) 1963년

○ 조사기간 : 1963년 6월.

○ 조사내용 : 무덤 앞에 나무표지판 설치.

7) 1964년

○ 조사기간 : 1964년 8월.

○ 조사내용 : 봉토에 흙을 북돋아줌.

8) 1965년

○ 조사내용 : 봉토에 흙을 북돋아줌.

9) 1966년

○ 조사기관 : 길림성박물관, 集安縣文管所.

○ 조사내용 : 通溝古墳群에 대한 실측조사 때 '禹山墓區0457號墓'로 편호.

10) 1975년

○ 조사기간 : 1975년 5월.

○ 조사내용 : 보수.

11) 1976년

○ 조사기간 : 1976년 7월.

○ 조사내용 : 묘도와 묘문을 수리하고, 벽화에 대한 화학보호 진행.

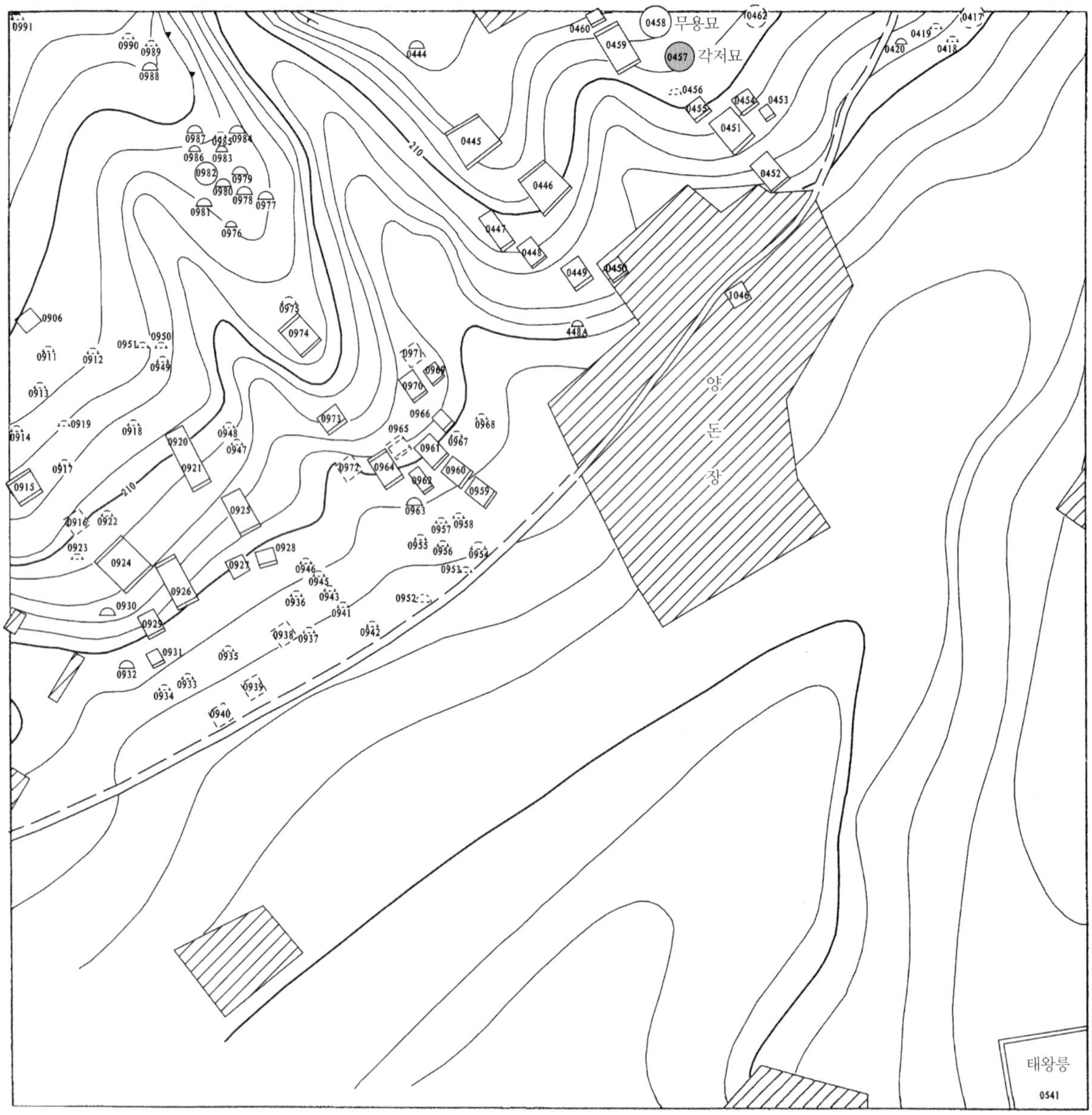

그림 1 각저묘 위치도(『洞溝古墓群－1997年調查測繪報告』, 201쪽)

12) 1981~1982년

○ 조사기관 : 集安市博物館.

○ 조사자 : 董長富, 張忠國.

13) 1982년

○ 조사기간 : 1982년 5월.

○ 조사기관 : 집안현문관소.

○ 조사내용 : 벽화 모사.

14) 1997년

○ 조사기관 : 吉林省文物考古研究所, 집안시박물관.

○ 조사내용 : 실측 및 기록. 봉토 바닥변 길이 15m, 너비 13m, 높이 5m임을 확인.

2. 위치와 자연환경(그림 1)

1) 고분의 위치

○ 集安市에서 동북쪽으로 3km 떨어진 禹山 남쪽 기슭의 완만한 구릉지에 위치.

○ 禹山下古墳群 동부에 위치.

○ 집안 太王鎭 果樹村 1組에 위치.

2) 고분의 주변환경

○ 남쪽으로 통구평원이 보이고, 광개토왕릉비까지 약 1.54km임.

○ 북쪽에 舞踊墓가 이웃해 있는데, 불과 수 m 떨어짐.

○ 북쪽으로 500m 떨어진 지점에 集通철로가 있음.

3. 고분의 현황

1) 고분 명칭의 변천

○ 고분벽화 중에 두 사람이 씨름하는 장면이 있기 때문에 '角觝墓'라고 부름.

○ 1966년 통구고분군에 대한 실측조사 때 '禹山墓區 0457號墓'로 편호.

2) 고분발굴 전 상황

○ 봉토는 유실되어 그 원형을 잃어버렸음.

○ 일찍이 도굴을 당함.

3) 고분 형식

(1) 유형

封土石室壁畵墓.

(2) 분구 규모

○ 池內宏·梅原末治(1940) : 바닥 변 길이 46~47척.

○ 吉林省文物志編委會(1983) : 봉토 직경 15m, 높이 약 4m.

○ 吉林省文物考古研究所·集安市博物館(2002) : 봉토 바닥 변 길이 15m, 너비 13m, 높이 5m.

4) 고분 구조(그림 2~그림 3)

○ 截頭方錐形임.

○ 묘도, 연도, 좌우 耳室(半前室), 묘실 등으로 구성.

○ 이실, 연도, 묘실에 백회가 발라져 있고, 그 위로 벽화가 그려져 있음.

(1) 묘도

○ 방향은 서남편 50°임.

○ 길이는 1.2m임.[1]

○ 입구내에는 석판이 깔아져 있음.

○ 묘도와 전실 내벽이 통하는 문미에는 원래 나무가 박아져 있었으나, 현재는 썩어서 흔적만 남아 있음.

(2) 이실

○ 묘도 뒤에서 두 개가 마주하고 있음.

○ 세 벽은 안으로 기울어져 있음.

○ 바닥 길이 1.2m, 너비 1m, 높이 2.1m임.[2]

○ 천장은 장방형의 覆頭頂임.[3] 너비는 0.3m임.

(3) 연도

○ 이실의 북쪽에 있음.

○ 길이는 1.4m, 높이는 1.3m임.

○ 묘실과 가까운 지점, 묘도와 연결되는 지점 모두 백회가 발라진 문틀흔적이 있는데, 이는 무용묘와 같음.

---

1 길이 1.5m, 높이 1.3m라는 기록이 있음(耿鐵華, 2008).

2 반전실 길이 3.2m, 너비 1m, 높이 2.1m라는 기록이 있음(耿鐵華, 2008).

3 천장선이 천장석을 향하여 아치형으로 휘어 들어가는 궁륭고임.

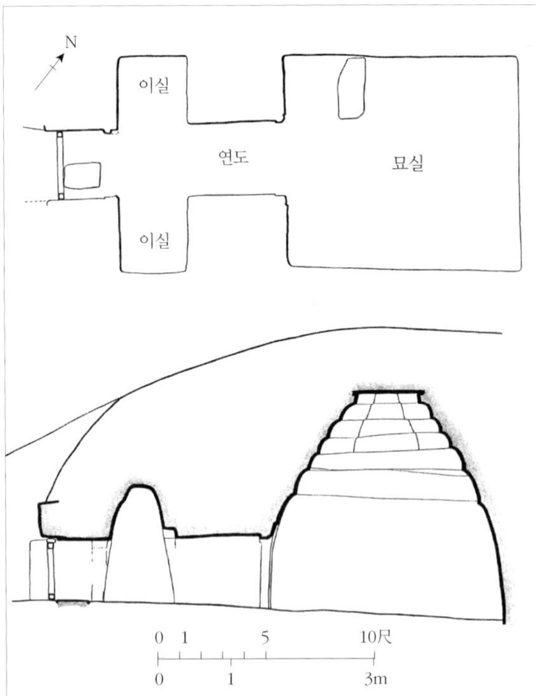

그림 2 각저묘 평·단면도(『通溝』 下, 14쪽)

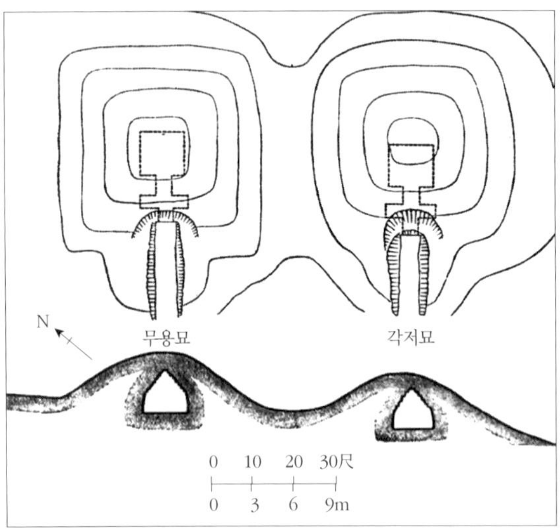

그림 3 무용묘와 각저묘 평·단면도(『通溝』 下, 6쪽)

(4) 묘실

○ 평면은 방형이고, 네 벽은 안으로 기울어져 있음.

○ 남벽은 연도 입구로 인해 두 부분으로 나누어짐. 안쪽면에는 백회가 발라진 문틀이 있음.

○ 바닥 변은 길이 3.2m, 높이 3.4m임.

○ 묘실의 꼭대기는 궁륭식 천장임. 천장은 3층 평행고임 후 다시 4층 말각고임을 구축하고, 석판으로 덮었음.

○ 묘실 왼쪽 벽 아래에 파손된 석판이 있는데, 棺臺로 추정됨.

4. 벽화내용

○ 이실, 연도, 묘실에는 백회가 발라져 있고, 그 위에 벽화를 그림.

○ 묘실의 주제는 주로 생활풍속도임.

1) 묘실

○ 벽면 각 제재의 위 혹은 아래에 새구름무늬를 배치하였으며, 벽 상단 도리와 보 위에는 세모꼴불꽃무늬를 그렸음.

(1) 북벽(그림 4)

○ 무덤주인부부의 가내생활도가 있음.

○ 북벽 들보(梁枋) 아래에는 휘장이 있고, 휘장의 위에는 좁은 들보가 있어 처마를 상징하고 있음. 처마 위에는 일정한 간격으로 뾰족한 모양의 용마루(屋脊) 3개가 있음.

○ 가옥 내에는 묘주인이 연회를 베푸는 장면이 있음. 묘주인은 손을 모으고 나무궤 위에 앉아 있음. 왼쪽에는 둥근고리큰칼을 차고 있는데, 현재는 박락됨. 반대편 오른쪽에는 두 여인이 두 손을 가슴 앞에서 마주잡고 무릎을 꿇어 묘주를 향하고 있는데, 처와 첩으로 추정됨. 무덤 주인 주변의 작은 탁자들 위에는 활과 화살, 둥근고리큰칼 등이 놓여 있음. 두 부인 앞에는 각각 음식상이 놓여 있음. 묘주인의 왼쪽에 한 사람이 앉아 있는데, 박락됨.

그림 4 각저묘 묘실 북벽 벽화배치도(『高句麗考古』, 도면 101)

그림 5 각저묘 묘실 동벽 벽화배치도(『조선유적유물도감(5)』, 95쪽)

○ 벽화 좌우 두 모서리 가옥 안팎으로 각각 비율적으로 매우 작은 노복 1인이 있는데, 두 손을 모으고 서 있음.

○ 전체 벽화면 아랫부분에 원래 花草 등의 도안이 있었으나, 현재는 희미하여 명확하지 않음.

(2) 동벽(그림 5)

○ 벽화가 가장 풍부함.

○ 벽화 가운데에 커다란 나무가 있고, 그 위에는 새가 머물고 있음. 天空에는 변형된 구름송이가 있음. 나무 밑동 좌우에는 곰과 호랑이가 나무에 등을 기댄 채 사람처럼 서 있음.

○ 나무 아래 오른쪽부분에는 두 역사가 힘을 다해서 씨름을 하고 있음. 두 역사는 자신의 머리를 서로의 상대방 어깨에 두었고, 손은 상대방 허리를 꽉 쥐고 있음. 두 역사 모두 웃통을 드러내고 짧은 바지를 입었으며,

그림 6 각저묘 묘실 서벽 벽화배치도(『조선유적유물도감(5)』, 95쪽)

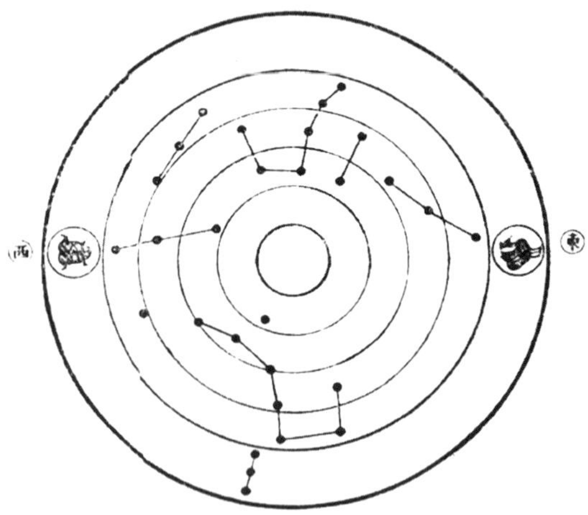

그림 7 각저묘 묘실 천장 별자리 배치도(『通溝』 下, 11쪽)

샅바를 걸치고 있음. 머리에는 수건을 매었음. 왼쪽의 역사는 눈이 크고 코가 높은 서역계 인물임. 오른쪽의 역사는 漢式의 짧은 콧수염이 있음.

○ 벽화 오른쪽에는 백발의 노인이 지팡이를 집고 서 있음. 허리에는 두건을 매고, 통이 큰 바지를 입었음.

○ 벽화 좌측에는 四阿式 가옥이 있는데, 부엌 건물로 추정됨. 연기가 나는 굴뚝이 세워진 부엌 안에서는 주방장으로 추정되는 작은 시종이 도마와 같은 도구 위에 있는 음식을 썰고 있음.

(3) 서벽(그림 6)

○ 묘실 입구로 인해 둘로 나뉜 서남벽의 좌우에는 가지가 얽힌 큰 나무가 한 그루씩 있고, 서남벽의 가운데 상단부는 새구름무늬로 장식. 동남벽에는 크기가 다른 세 그루의 나무, 그리고 나무 사이로 각기 안장을 갖춘 말과 그 말의 고삐를 쥔 마부 두 명, 마차 한 대가 있음.

(4) 천장

○ 천장고임에는 해와 달, 여러 개의 별자리가 있음(그림 7). 별자리 이외의 공간은 넝쿨형 무늬로 장식. 해는 검은 세발까마귀가 들어가 있는 붉은 원, 달은 두꺼비가 들어가 있는 노란 원으로 표현.

2) 연도

○ 연도에 그려져 있는 벽화는 대부분 박락. 다만 서벽 아래에 긴 꼬리를 가진 개가 있는데, 눈을 부릅뜨고 이빨을 드러내며 짖고 있음. 목에는 목걸이를 둘렀고, 묘도를 향해 엎드려 있음.

3) 이실

○ 동·서 이실내 모서리에는 나무 기둥이 있고, 위에

는 대들보(橫梁)가 올려져 있는데, 두 이실을 통과하고 있음. 안에는 굵은 나무와 자색의 나뭇잎이 있음.

○ 자색의 도리와 보 위는 세모꼴불꽃무늬로 장식.

표 1 각저묘 벽화제재

위치		종류
이실		나무
연도	서벽	개(다른 벽의 벽화는 남아 있지 않음)
묘실	동벽	부엌, 나무, 씨름꾼 2인
	서벽	마차 두 대와 말, 마부, 세 그루의 나무
	남벽	나무
	북벽	무덤주인공, 부인 2인, 남자인물 1인, 시종 4인

5. 역사적 성격

1) 특징

○ 2004년 7월 유네스코 세계문화유산에 등재.

○ 각저묘의 벽화 주제는 사회 풍속이 주를 이루고, 묘주인의 생전 모습을 그렸음.

2) 축조연대

○ 4세기 중~5세기 초 설 : 전체적인 형태가 무용묘와 유사(魏存成, 1994).

○ 4세기 말 설 : 각저묘에는 연회, 마차, 가옥, 수목, 새짐승 등이 그려져 있음. 이는 四神墓, 五盔墳 4·5號墓 등 신선을 주제로 한 벽화묘와 차이가 있음. 비교적 이른 시기의 벽화에 속한다고 볼 수 있는데, 4세기 말로 추정(孫仁杰·遲勇, 2007).

○ 4세기 말~5세기 초 설 : 집안에서 발견된 벽화묘를 연대 및 분기로 나누어 볼 때 각저묘는 4기 가운데 제2기에 해당. 제2기의 특징을 살펴보면, 먼저 묘방향은 서향임. 그리고 단실묘의 연도와 연결된 前半室을 갖추고 있는데, 전반실은 두 개의 이실 천장이 서로 연결되어 통한 결과임. 전반실 꺽대기는 橫長覆斗式이고, 묘실 꺽대기는 궁륭식 혹은 여러 층의 말각고임으로 간혹 작은 말각이 더해지기도 함. 벽화 내용은 두 유형이 있음. 첫 번째 유형은 묘주인의 생전 생활이 주를 이루면서 천장에 日月星辰, 신선, 四神이 출현하기 시작하는데, 사신은 완전하지 않음. 두 번째 유형은 문양이 주를 이루는데, 배치에 있어 더욱 정연한 모습을 보임. 이 시기에 속하는 벽화묘로는 각저묘 외에 무용묘, 散蓮花墓 등이 있고, 축조 연대는 4세기 말~5세기 초엽으로 추정(方起東·劉萱堂, 2002).

참고문헌

- 池內宏, 1936, 『滿洲國安東省輯安縣高句麗遺蹟』, 日滿文化協會.
- 池內宏·梅原末治, 1940, 『通溝』 下, 日滿文化協會.
- 조선민주주의인민공화국·문물보존지도국화책편집실, 1979, 『고구려벽화』, 조선중앙역사박물관.
- 조선화보사출판부, 1985, 『高句麗古墳壁畵』, 朝鮮畵報社.
- 中國美術全集編輯委員會, 1989, 『中國美術全集(繪畵編12)』, 新華書店上海發行所.
- 조선유적유물도감 편찬위원회, 1990, 『조선유적유물도감(5)』.
- 조선일보사, 1993, 『집안고구려고분벽화』.
- 魏存成, 1994, 『高句麗考古』, 吉林大學出版社.
- 한국방송공사, 1994, 『고구려 고분벽화』.
- 전호태, 2000, 『고구려 고분벽화 연구』, 사계절.
- 吉林省文物考古研究所·集安市博物館, 2002, 『洞溝古墓群-1997年調査測繪報告』, 科學出版社.
- 方起東·劉萱堂, 2002, 「集安下解放第31號高句麗壁畵墓」, 『北方文物』 2002-3.
- 魏存成, 2002, 『高句麗遺跡』, 文物出版社.
- 전호태, 2004, 『고구려 고분벽화의 세계』, 서울대학교 출판부.
- 吳廣孝, 2006, 『集安高句麗壁畵』, 山東畵報出版社.
- 孫仁杰·遲勇, 2007, 『集安高句麗墓葬』, 香港亞洲出版社.
- 耿鐵華, 2008, 『高句麗古墓壁畵研究』, 吉林大學出版社.
- 吉林省集安市文物局, 2008, 『高句麗王城王陵及貴族墓葬』, 上海世界圖書出版公司.
- 전호태, 2009, 「고구려 집안권 벽화고분의 현황과 과제」, 『울산사학』 14.

02 집안 우산하0458호묘:무용묘

集安 禹山下0458號墓:舞踊墓 | JYM0458

1. 조사현황

1) 1935년

○ 조사자 : 池內宏, 梅原末治 등.

○ 조사내용 : 만주국 안동도호부의 학교 감독이 발견하여 신고하자 조사를 진행. 벽화에 사람들이 춤추는 장면이 있기 때문에 '舞踊墓'라고 부름.

○ 발표 : 池內宏·梅原末治, 1940, 『通溝』 下, 日滿文化協會.

2) 1956년

○ 조사내용 : 묘문에 나무문 설치.

3) 1957년

○ 조사기간 : 1957년 4월.

○ 조사기관 : 吉林省博物館.

○ 조사자 : 王承禮, 周健鵬, 曲紹伯, 蘇才.

○ 조사내용 : 전체 벽화묘를 조사할 때 조사대상에 포함됨.

4) 1961년

○ 조사기간 : 1961년 가을.

○ 조사내용 : 묘문 폐쇄.

5) 1962년

○ 조사기간 : 1962년 5월.

○ 조사내용 : 봉토에 흙을 북돋아주는 등 부분적으로 정비.

6) 1963년

○ 조사기간 : 1963년 6월.

○ 조사내용 : 무덤 앞에 나무로 제작한 설명표지판을 세움.

7) 1964년

○ 조사기간 : 1964년 8월.

○ 조사내용 : 봉토에 흙을 북돋아줌.

8) 1965년

○ 조사내용 : 묘문 봉쇄.

9) 1966년

○ 조사기관 : 길림성박물관, 集安縣文管所.

○ 조사내용 : 通溝古墳群에 대한 실측조사 때 '禹山墓區0458號墓'로 편호.

10) 1975년

○ 조사기간 : 1975년 6월.

○ 조사내용 : 무덤 보수.

11) 1976년

○ 조사기간 : 1976년 9월.

○ 조사내용 : 봉토에 흙을 북돋아줌.

12) 1977년

○ 조사기간 : 1977년 5월.

○ 조사기관 : 집안현문관소.

○ 조사내용 : 묘도와 묘문을 수리하고, 벽화에 대한 화학보호 진행.

13) 1981~1982년

○ 조사기관 : 集安市博物館.

○ 조사자 : 董長富, 張忠國.

14) 1982년

○ 조사기간 : 1982년 5월.

○ 조사기관 : 집안현문관소.

○ 조사내용 : 벽화 모사.

15) 1997년

○ 조사기관 : 吉林省文物考古研究所, 집안시박물관.

○ 조사내용 : 실측을 통해 봉토 한 변 길이 13m, 너비 13m, 높이 5m임을 확인.

2. 위치와 자연환경(그림 1)

1) 고분의 위치

○ 集安市에서 동북쪽으로 3km 떨어진 禹山 남쪽 기슭의 완만한 구릉지에 위치.

○ 禹山下古墳群 동부에 위치.

○ 太王鎮 果樹村 1組 경작지에 위치.

2) 고분의 주변환경

○ 남쪽으로 角觝墓와 이웃해 있음.

○ 동남쪽으로 1.54km 떨어진 지점에 광개토왕릉비가 있음.

3. 고분의 현황

1) 고분 명칭의 변천

○ 고분벽화 중에 사람들이 춤추는 장면이 있기 때문에 '舞踊墓'라고 부름.

○ 1966년 통구고분군에 대한 실측조사 때 '禹山墓區 0458號墓'로 편호.

2) 고분발굴 전 상황

○ 경작지에서 봉토는 현저하게 솟아 있었고, 풀로 덮여 있었음. 시간이 지남에 따라 봉토가 많이 훼손되었지만, 그 외관은 비교적 정연하고 옛 모습이 남아 있었음.

3) 고분 형식

(1) 유형

封土石室壁畵墓.

(2) 분구규모

○ 池內宏·梅原末治(1940) : 변 길이 50여 척, 높이 11~12척.

○ 吉林省文物考古研究所·集安市博物館(2002) : 봉토 변 길이 13m, 너비 13m, 높이 5m.

○ 孫仁杰·遲勇(2007) : 변 길이 17m, 높이 4m.

4) 고분 구조(그림 2~그림 3)

○ 무덤 방향은 서쪽으로 50° 기울어진 남향, 즉 서남향임.

○ 외형은 截頭方錐形임. 황갈색 黏沙로 봉분을 쌓음.

○ 석재로 묘도, 연도, 耳室, 묘실을 쌓았음. 묘실과 묘도는 동일한 중축선 상에 있음.

○ 측면에서 봤을 때 기단 바닥은 지금의 봉토 바닥보다 약간 낮음.

○ 형태는 각저묘와 같으나, 크기는 약간 다름.

그림 1 무용묘 위치도(『洞溝古墓群－1997年調査測繪報告』, 201쪽)

(1) 묘도

○ 길이 1.2m, 높이 1.2m임.[1]

○ 묘도 앞쪽의 끝부분 바닥에 2~3겹의 돌이 세로로 놓여 있음. 중간은 돌계단처럼 보임. 돌은 끝부분이 고르지 않으며, 양 벽과 서로 접하지 않고 묻혀 있음. 돌로 제작한 문이 있었다고 여겨지는 바, 돌은 그 잔해로 추정.

○ 높이 4척이 조금 넘는 곳에 개정석이 있는데, 개정석은 아랫쪽만 평평함.

○ 묘도와 묘실이 만나는 지점에 문틀이 있는 것으로 보아 석실에 문이 있었음을 알 수 있음.

1 4尺 6寸 정도가 남아 있었다는 기록이 있음(池內宏·梅原末治, 1940).

(2) 이실

○ 묘도에는 대칭하는 두 개의 이실이 있는데, 형태와 크기 모두 각저묘의 이실과 같음.

(3) 연도

○ 길이는 1.5m, 높이는 1.3m임.

○ 묘실과 서로 접하는 지점에 백회가 발라진 문틀 흔적이 있음.

○ 높이 4척이 조금 넘는 곳에 개정석이 있는데, 개정석은 아랫쪽만 평평함.

(4) 묘실

○ 묘실은 일찍부터 노출됨.

○ 평면은 방형에 가까움.

○ 길이 3.3m, 너비 3.5m, 높이 3.55m이고, 방향은 남서편 60°임.[2]

○ 석실을 쌓은 돌의 크기는 다름.

○ 네 벽은 안으로 기울어서 있음.

○ 네 벽 위에는 8층 고임 궁륭식 천장이 구축. 3층 평행고임 후 다시 5층 말각고임을 구축하고 석판을 덮은 것임(평행고임 위에 팔각고임을 얹은 평행팔각고임).

○ 네 벽 아래에는 석판 4개로 이루어진 棺臺가 있음.

○ 연도와 묘실이 접해진 지점에 문틀이 있는 것으로 보아 석실에 문이 있었음을 알 수 있음.

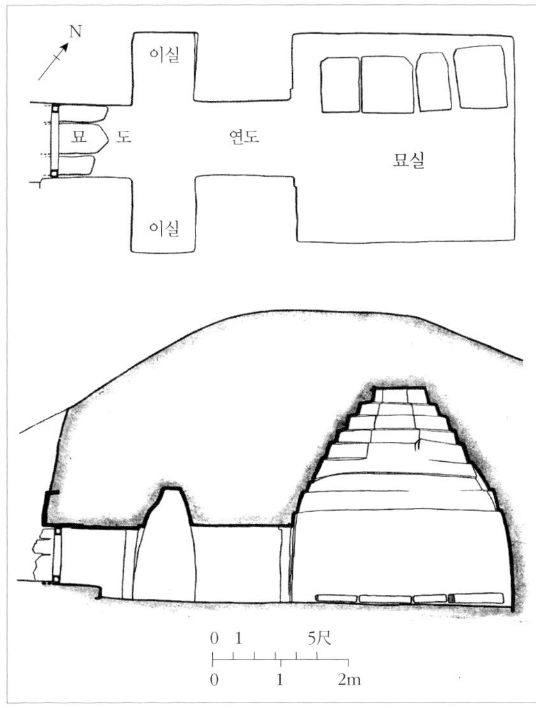

그림 2 무용묘 평·단면도(『通溝』 下, 도면 2)

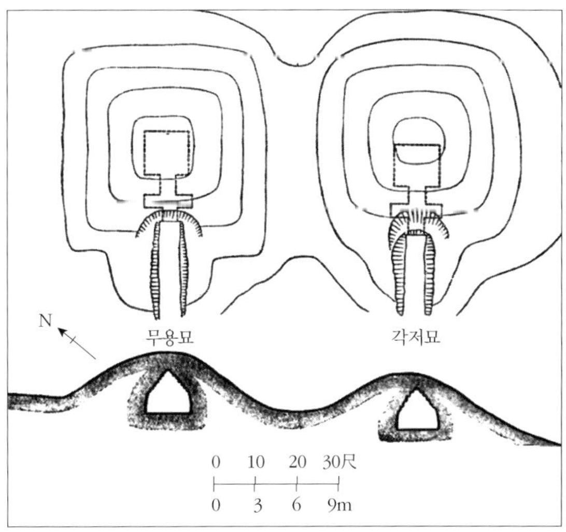

그림 3 무용묘와 각저묘 평·단면도(『通溝』 下, 6쪽)

4. 벽화내용

○ 무덤 안의 벽과 천장에 백회를 바르고 그 위로 생활풍속을 주제로 한 벽화를 그렸으나, 습기 등의 영향을 받아 상당 부분이 떨어져 나가거나 지워진 상태임.

1) 묘실

○ 묘실 네 구석에는 一斗三升의 자색 지붕받침(斗拱)이 있고, 그 위에는 굵고 큰 들보(梁枋)가 올려져 있음. 들보 위에는 권운문으로 구성된 삼각형 尖脊이 있음.

2 깊이와 넓이 모두 1丈 6~7寸이라는 기록이 있음(池內宏·梅原末治, 1940).

그림 4 무용묘 묘실 북벽 벽화배치도(『조선유적유물도감(6)』, 39쪽)

지붕받침과 들보 등은 무덤 칸이 목조 가옥의 내부인 듯한 느낌을 들게 함.

(1) 북벽(그림 4)

○ 북벽 들보 아래에 휘장이 있는데, 두 모서리에 있는 지붕받침에 걸었던 것임.

○ 집 가운데에는 6인이 있음. 남자 묘주인은 왼쪽을 바라보면서 나무궤에 앉아 있음. 맞섶 짧은 옷과 통이 큰 바지를 입었고, 절풍을 썼으며 허리를 묶었음. 묘주인의 왼쪽에는 두 사람이 있는데, 묘주인을 바라보며 나무궤에 앉아 있음. 왼손을 들면서 묘주인과 이야기를 나누는 듯함. 두 사람은 삭발을 하고 수염이 있음. 긴 검은 옷에 燈籠式 바지를 입었는데, 주름이 많이 있는 것으로 보아 승려나 도사로 추정됨. 주인 앞에는 비례적으로 비교적 작은 시종이 있음. 고개를 숙이고 무릎을 꿇으면서 남주인을 향하고 있음. 손에는 칼을 쥐고 있음. 그 좌우에는 각각 3개의 탁자가 있는데, 다리는 세 개 혹은 네 개임. 벽화 아래에 시녀 8인이 있는데, 묶은 머리만 남아 있음.

○ 북벽 하단에는 묘주인의 호위무사로 보이는 관모 쓴 인물 8인이 일정한 간격으로 배치되어 있음. 얼굴만 남고 나머지 부분은 지워짐.

(2) 동벽(그림 5)

○ 동벽에는 무용도가 그려져 있음. 벽화 오른쪽에 한 무리가 춤을 추고 있는 장면이 있음. 무리 맨 앞에 있는 사람은 긴 소매가 있는 맞섶 옷과 통이 큰 무늬바지를 입었고, 머리에는 꿩꼬리(새깃) 두 개를 꼽았음. 두 팔은 뒤로 하고 긴 소매를 아래로 늘여 뜨렸음. 춤추는 자세가 매우 아름다움. 뒤에는 춤추는 여성 4인이 따르고 있는데, 자세는 같음. 앞에 두 사람은 무늬치마를 입었고, 뒤에 두 사람은 무늬바지를 입었음. 네 사람 모두 긴 소매가 나부끼고 있고 앞쪽으로 걸어가면서 소매를 들어올리고 있음. 무리 왼쪽 윗부분에는 남자 1인

그림 5 무용묘 묘실 동벽 벽화배치도(『조선유적유물도감(6)』, 44쪽)

그림 6 무용묘 묘실 서벽 벽화배치도(『조선유적유물도감(5)』, 40~41쪽)

이 이들을 향하면서 동일한 자세로 춤을 추고 있는데, 무리를 이끄는 사람으로 보임. 두 번째 사람 위에도 한 사람이 있는데, 두 다리만 남아 있음. 무리 아랫쪽에는 남녀 7인이 합창을 하고 있는데, 왼쪽에서 세 번째 사람은 오른쪽으로 머리를 돌려 자연스러운 정취를 느끼고 있음. 합창대오의 왼쪽에는 말 탄 사람이 이를 구경하고 있고, 그 뒤로 시중드는 소년이 물건을 들고 서 있음. 무용도 왼쪽 위·아래로 각각 우진각 기왓집(四阿頂 廊柱門樓)이 있음. 윗쪽의 기왓집을 보면 안쪽에서 여성 노복 2인이 왼쪽으로 나오고 있는데, 손에는 음식이 놓여 있는 상을 들고 있음. 그 여성 노복 앞에는 손을 모으고 인도하는 한 사람이 있음. 아랫쪽의 기왓집 안에는 화로와 사람이 있으나, 대부분 박락됨.

(3) 서벽(그림 6)

○ 묘실 서벽 중앙에서 약간 오른쪽으로 치우친 지점에 있는 커다란 나무를 경계목으로 왼편에는 수렵도, 오른편에는 두 대의 牛轎車와 마부가 있음.

○ 수렵도를 보면 왼편 아랫부분에는 두 사람이 말을 타고 활시위를 당겨 각각 호랑이와 사슴을 겨냥하고 있음. 호랑이를 쫓는 기사 말 앞에는 사냥개가 있음. 왼편 윗부분에는 말머리를 돌리고 활시위를 당겨 사슴 한 쌍을 겨누고 있는 기사가 있음. 왼쪽 끝 가운데부분에는 말을 타고 달리는 무사가 있는데, 손에는 활과 화살을 잡았고 허리에는 화살통을 매었으며 머리에는 羽領을 썼음.

○ 커다란 나무 오른쪽에 있는 우교차 2대는 위아래로 있음. 아래의 우교차는 희미하여 명확하지 않음. 위의 우교차는 덮개를 갖추고 있고 앞에는 발이 걸려 있는데, 테두리는 적색임. 마부가 끌고 있는데, 마부는 붉은 옷을 입고 채찍을 들었음.

(4) 남벽

○ 묘실 입구인 남벽 좌우에 각각 커다란 나무 한 그루가 있음.

그림 7 무용묘 묘실 천장 벽화배치도(『高句麗壁畵研究』, 134쪽)

(5) 천장(그림 7)

○ 묘실 벽과 잇닿는 평행고임 1단에는 세모꼴불꽃무늬가 잇달아 있음(그림 4, 그림 5, 그림 6). 평행고임 2단에는 하늘로 떠오르는 연꽃봉오리와 연꽃이 번갈아 있음(그림 4, 그림 5, 그림 6, 그림 8). 평행고임 3단에는 각종 상서동물과 仙人이 있음. 동남면에는 청룡(그림 9)과 나무, 평상에 앉아 있는 인물 2인이 있음. 오른쪽의 인물은 반가좌의 자세로 평상에 걸터앉아 무엇인가를 종이에 쓰고 있으며, 왼편의 인물은 평상 위에 앉은 채로 비스듬히 몸을 뒤로 젖히고 있음. 서남면의 한 가운데에는 주작 한 쌍이 마주보며 서 있음. 서북면에는 오른쪽을 향하여 달려가는 백호(그림 9)와 거문고를 타는 두 인물이 있음. 두 인물의 소매와 바지 끝은 좌우로 갈라졌는데, 그 끝이 뾰족하고 날카로움. 동북면에는 두 역사가 태껸류의 무술인 수박희에 열중하는 장면이 있는데, 그 중 한 명은 코가 높

그림 8
무용묘 각종 연화
(『高句麗考古』, 도면 109)

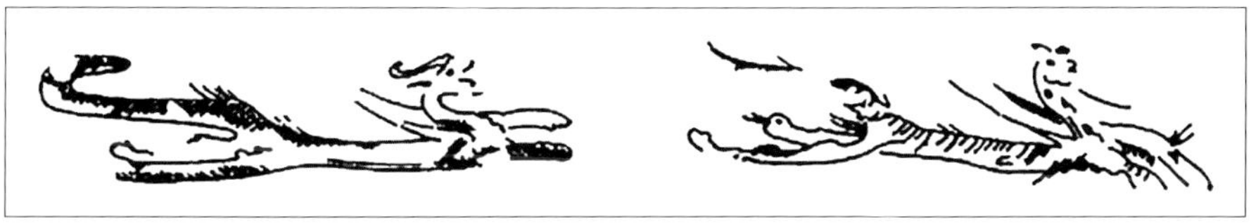

그림 9
무용묘 묘실 청룡과 백호
(『高句麗考古』, 도면 110)

고 눈이 큼(그림 4). 5단에 이르는 팔각고임부에는 해와 달, 각종 별자리, 상서동물들, 피리를 불거나 거문고를 타고 있는 선인들이 있음. 이들 사이로 평행고임 2단에 그린 것과 같은 연꽃과 하늘을 상징하는 구름이 흩어져 있음. 해는 검은 세발까마귀가 들어가 있는 붉은 원, 달은 두꺼비가 들어가 있는 노란 원으로 표현.

2) 연도

○ 연도 동벽에 입을 벌리고 이빨을 드러낸 짐승이 있는데, 묘를 지키는 개로 추정됨. 나머지부분은 박락되어 알 수 없음.

3) 이실

○ 이실 안쪽 모서리 모두 一斗三升의 자색 지붕받침이 있고, 그 위로는 두 이실을 통과하는 자색 들보가 올려져 있음.

○ 이실 개정석은 휘감아진 인동초로 채워져 있음.

(1) 서쪽 이실

○ 이실 오른칸에 해당하는 서남쪽의 서남벽에는 벽에 걸린 두 개의 말안장이 있고, 서북벽에는 절풍을 쓰고 점무늬 바지와 저고리를 입은 두 남자가 있음. 동북벽에는 탁지를 사이에 두고 마주 앉은 두 인물이 있는데, 오른쪽 인물은 머리에 方巾을 썼음.

표 1 무용묘 벽화제재

위치		종류	
이실	동쪽	나무, 가옥	
	서쪽	2개의 말안장, 인물 입상 2명, 인물 좌상 2명	
묘실	동벽	음식상 든 여자 3인과 우진각 기와집 2채, 말탄 무덤 주인, 무용수와 가수 13인, 나무	세모꼴불꽃무늬, 연꽃, 해, 청룡, 봉황, 승학선인, 별자리, 선인
	남벽	좌우벽 각각 한 그루의 나무	세모꼴불꽃무늬, 연꽃, 기린, 주작, 선인, 별자리
	서벽	두 대의 우교차, 마부, 사냥, 나무	세모꼴불꽃무늬, 연꽃, 달, 백호, 천마, 탄금선인, 인면조, 선인, 별자리
	북벽	승려 2인, 무덤 주인공, 남녀 시종 6인	세모꼴불꽃무늬, 연꽃, 기린, 수박희, 서조, 취적선인, 선인, 별자리

(2) 동쪽 이실

○ 동쪽 이실 남·북 두 벽에는 가옥이 있고, 그 사이로 나무가 있음.

○ 이실 왼칸에 해당하는 동남쪽의 동남벽에는 커다란 나무가 있고, 동북벽에는 지붕 위에 연봉오리가 장식된 집과 나무가 있음.

5. 역사적 성격

1) 특징

○ 2004년 7월 유네스코 세계문화유산에 등재.

○ 무용묘의 벽화는 주제가 새롭고, 형상은 생동감이 있으며, 고구려 귀족생활을 보여주는 대표적인 예임.

2) 축조연대

○ 4세기 중~5세기 초 설 : 사신도가 출현하나, 형상이 서투름. 수렵도에는 쌍등자가 보이는 반면, 4세기 중엽에 축조된 것으로 추정되는 前燕의 安楊 孝民屯 晋墓에서 출토된 등자는 단등자임. 이러한 점들을 감안할 때 축조연대는 4세기 중엽~5세기 초로 추정(魏存成, 1994).

○ 4세기 말~5세기 초 설 : 집안에서 발견된 벽화묘를 연대 및 분기로 나누어 볼 때 무용묘는 4기 가운데 제2기에 해당. 제2기의 특징을 살펴보면, 먼저 묘방향은 서향임. 그리고 단실묘의 연도와 연결된 前半室을 갖추고 있는데, 전반실은 두 개의 이실 천장이 서로 연결되어 통한 결과임. 전반실 꼭대기는 橫長覆斗式이고, 묘실 꼭대기는 궁륭식 혹은 여러 층의 말각고임으로 간혹 작은 말각이 더해지기도 함. 벽화 내용은 두 유형이 있음. 첫 번째 유형은 묘주인의 생전 생활이 주를 이루면서 천장에 日月星辰, 신선, 四神이 출현하기 시작하는데, 사신은 완전하지 않음. 두 번째 유형은 문양이 주를 이루는데, 배치에 있어 더욱 정연한 모습을 보임. 이 시기에 속하는 벽화묘로는 무용묘 외에 각저묘, 散蓮花墓 등이 있고, 축조 연대는 4세기 말~5세기 초엽으로 추정(方起東·劉萱堂, 2002).

○ 5세기 설 : 연회, 춤추는 장면, 수렵, 가옥, 우교차 등의 주제는 생활풍속계라고 할 수 있는데, 중원의 漢晋 사족의 유풍을 갖추고 있음. 그리고 '단실+궁륭식 천장' 구조는 고구려가 적석묘를 축조하였던 옛 풍습과 차이가 있음. 이를 감안하면 축조연대는 5세기로 추정(耿鐵華, 2008).

참고문헌

- 池內宏·梅原末治, 1940,『通溝』下, 日滿文化協會.
- 吉林省文物志編委會, 1984,『集安縣文物志』.
- 조선화보사출판부, 1985,『高句麗古墳壁畵』, 朝鮮畫報社.
- 조선유적유물도감 편찬위원회, 1990,『조선유적유물도감(5)』.
- 조선일보사, 1993,『집안고구려고분벽화』.
- 魏存成, 1994,『高句麗考古』, 吉林大學出版社.
- 李殿福, 1994,『중국내의 고구려유적』, 학연문화사.
- 한국방송공사, 1994,『고구려 고분벽화』.
- 전호태, 2000,『고구려 고분벽화 연구』, 사계절.
- 吉林省文物考古研究所·集安市博物館, 2002,『洞溝古墓群-1997年調査測繪報告』, 科學出版社.
- 方起東·劉萱堂, 2002,「集安下解放第31號高句麗壁畵墓」,『北方文物』2002-3.
- 魏存成, 2002,『高句麗遺跡』, 文物出版社.
- 尹國有, 2003,『高句麗壁畵研究』, 吉林文學出版社.
- 전호태, 2004,『고구려 고분벽화의 세계』, 서울대학교 출판부.
- 吳廣孝, 2006,『集安高句麗壁畵』, 山東畵報出版社.
- 孫仁杰·遲勇, 2007,『集安高句麗墓葬』, 香港亞洲出版社.
- 耿鐵華, 2008,『高句麗古墓壁畵研究』, 吉林大學出版社.
- 전호태, 2009,「고구려 집안권 벽화고분의 현황과 과제」,『울산사학』14.

03 집안 우산하1041호묘

集安 禹山下1041號墓 | JYM1041

1. 조사현황

1) 1966년

○ 조사기관 : 吉林省博物館, 集安縣文管所.

○ 조사내용 : 通溝古墳群에 대한 실측조사 때 '禹山下1041號墓'로 편호.

2) 1973년

○ 조사기관 : 길림성박물관, 집안현문관소.

○ 조사자 : 方起東, 林至德, 高至武.

○ 조사내용 : 문화대혁명 기간 중에 太王公社 社員이 벽화를 발견. 이에 조사를 진행하고, 조사를 마친 후에는 붕괴된 구멍을 봉하여 보호함.

3) 1974년

○ 조사기관 : 길림성박물관, 집안현문관소.

○ 조사자 : 方起東, 林至德, 高至武.

○ 조사내용 : 구제성 고고발굴 실시. 묘실과 묘문을 정리하였으며 고분내 벽화에 대해 모사하고 상세히 기술함. 方壇階梯石室壁畵墓로 확정.

○ 발표 : 吉林省博物館文物工作隊, 1977, 「吉林集安兩座高句麗墓」, 『考古』 1977-2.

4) 1975년

○ 조사기관 : 集安縣博物館.

○ 조사내용 : 묘실 내 벽화에 대한 초보적 보호처리 진행. 벽화에 에폭시 수지를 코팅해 보호하고, 일부 벽화가 박락된 곳에는 백회로 틈을 메움. 묘실 측벽과 개정석이 만나는 곳, 묘실 바닥에 깔려 있는 돌 2개 사이의 틈, 묘실 남벽의 균일된 틈 등은 시멘트 모르타르를 부어 메움. 그라우팅(grouting) 처리를 마친 후 대형 괴석과 강자갈로 묘문을 봉쇄.

5) 1997년

○ 조사기관 : 吉林省文物考古硏究所, 集安市博物館.

○ 조사내용 : 24×21×3m로 실측. 階壇積石石室壁畵墓임을 확인.

6) 2008년

○ 조사기간 : 2008년 4~8월.

○ 조사기관 : 길림성문물고고연구소, 집안시박물관.

○ 조사참가자 : 王洪峰, 王志剛, 李丹, 郭建剛.

○ 조사내용 : 통구고분군의 고분을 보호하기 위한 프로젝트를 가동하면서 禹山下901號墓, 麻線溝1號墓, 萬子溝1號墓 그리고 우산하1041호묘에 대한 고고 정리를 실시. 고분 주변의 계단 정리, 고분 구조 파악, 묘실 개방, 1차 발굴 때 하지 못한 墓道 정리 등을 진행. 다만 주변 도로와 민간거주지로 인해 고분 동쪽과 서쪽의 대부분 구역은 온전한 정리를 할 수 없었고, 대신 고분 남쪽과 북쪽의 계단에 대한 전면적 정리 진행. 본 발굴을 통해 고분의 형식, 구축방식, 내부구조 등을 확인하고 묘도형식을 이해. 금기, 금동기, 철기, 토기 등

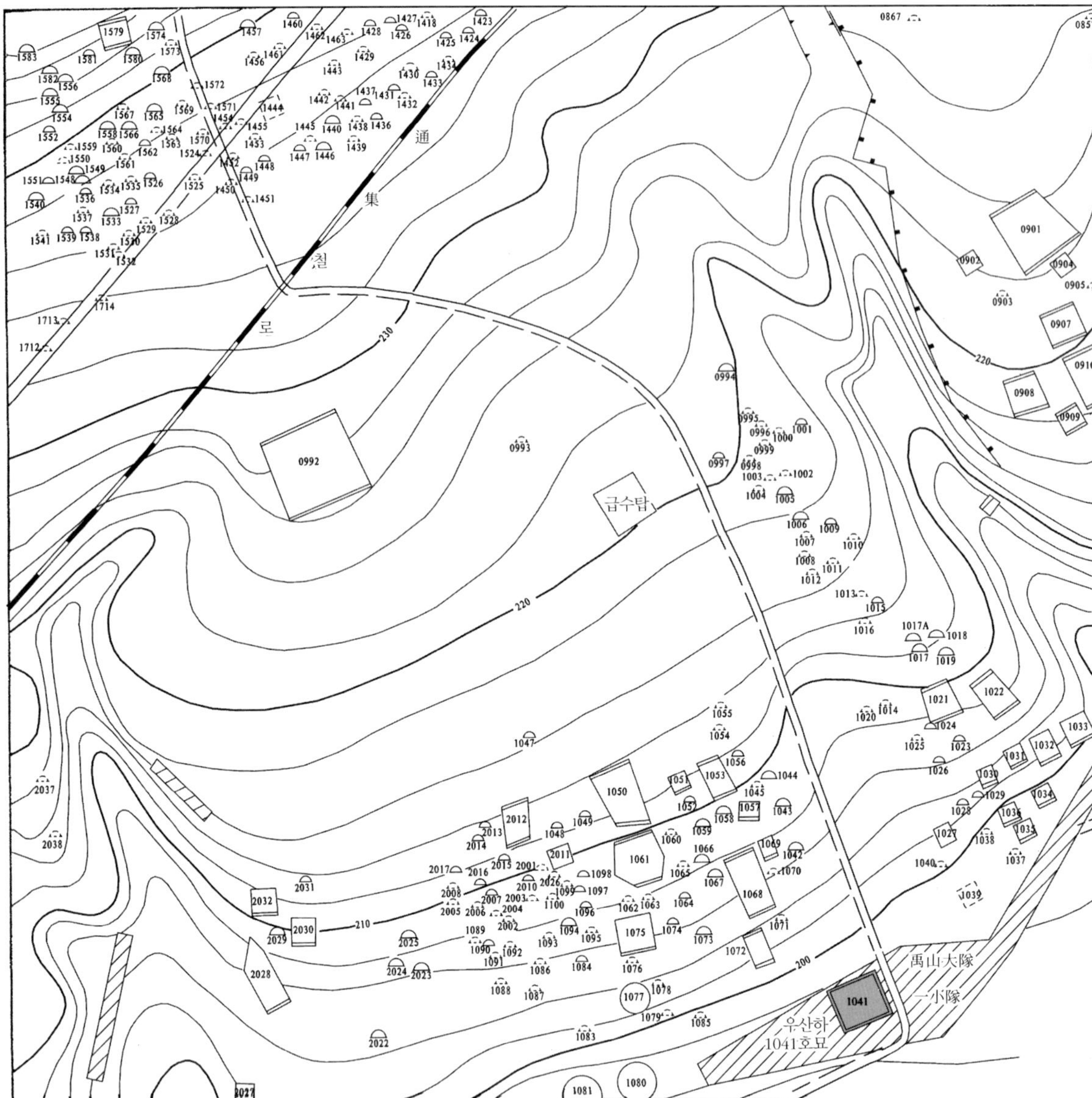

그림 1 우산하1041호묘 위치도 1(『洞溝古墓群－1997年調查測繪報告』, 200쪽)

400여 점에 가까운 유물 수습.

○ 발표 : 吉林省文物考古研究所·集安博物館, 2010, 「2008年集安市洞溝古墓群考古發掘報告」, 『邊疆考古研究』 9.

2. 위치와 자연환경(그림 1~그림 2)

1) 고분의 위치

○ 禹山下古墳群 중부에 위치.

○ 集安市 동쪽 약 2km의 太王鎭 禹山村 1隊에 위치.

○ 禹山 남쪽 기슭의 완만한 언덕 가장자리에 위치. 지세는 북고남저로, 지면경사도는 약 6°임.

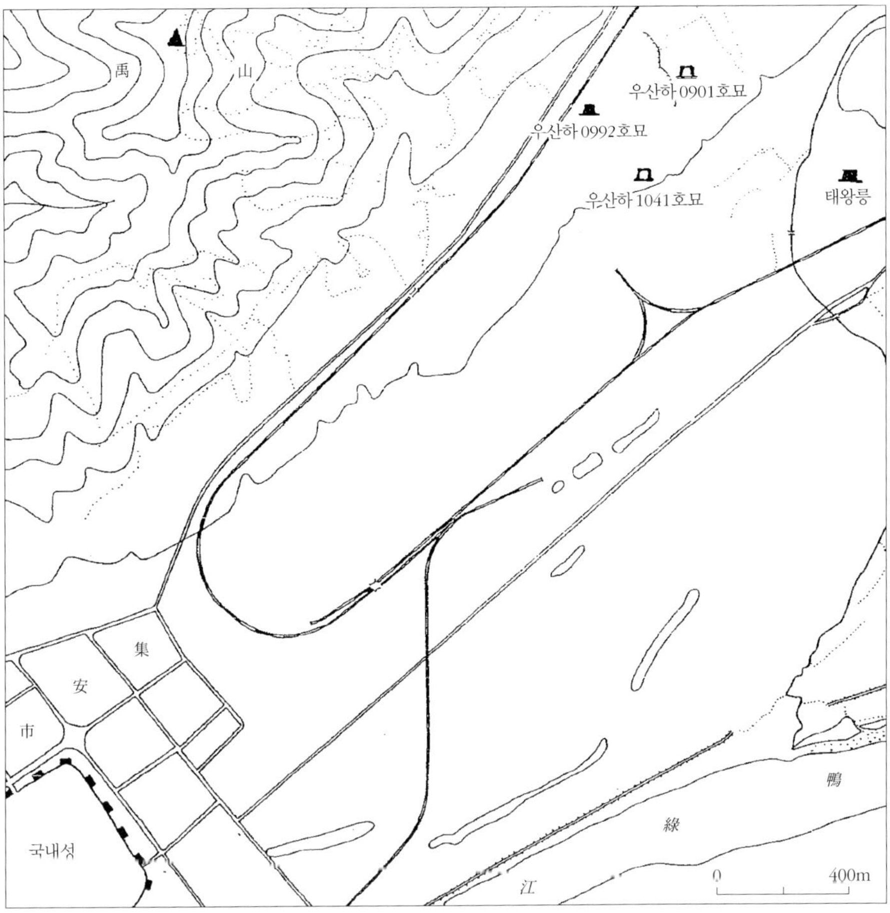

그림 2
우산하1041호묘 위치도 2
(『邊疆考古研究』 9, 302쪽)

○ 묘실 개정석의 중심좌표는 동경 41°8′30.25″, 북위 129°12′8.92″이며, 고도는 308.23m임. 묘 방향은 南偏西 70°임.

2) 고분의 주변환경

○ 북쪽으로 우산에 기대고 남쪽으로는 압록강을 바라보는데, 지세가 비교적 탁 트여 있음.

○ 동변 바로 옆에 작은 시내가 흐름.

○ 남쪽으로는 우산 남쪽 기슭에서 果樹廠村에 이르는 도로가 지나고, 도로 건너 평탄한 농경지가 있음.

○ 북쪽 기슭에 이른 시기에 파괴된 3~4기의 積石墓와 소형 封土石室墓가 있음. 이들 고분을 제외하고 근처에서 다른 고분의 흔적을 발견할 수 없음.

○ 서북쪽으로 약 200m 떨어진 지점에 禹山下992號墓가 있음.

○ 동남쪽으로 약 500m 떨어진 지점에 太王陵이 있음.

3. 고분의 현황

1) 발굴 전 상황

(1) 1974년 발굴 전

○ 이미 도굴을 당해 부장품과 인골이 묘문 부근의 삼합토에 분산됨.

(2) 2008년 발굴 전

○ 고분의 보존상태는 비교적 나쁨. 묘 위는 주변 촌민이 목재와 풀을 쌓아 두는 곳이 됨.

○ 고분의 동쪽과 남쪽에는 잡초와 수목이 자라고 있음. 고분 동부는 현대의 배수구에 의해 파괴됨. 고분 서쪽 가장자리는 마을길이 지나감. 고분 남쪽 계단 5m 범위 안에 십 몇 기의 배나무와 백양나무가 있는데, 가장 가까운 것은 남쪽 계단에서 1m가 채 되지 않고, 큰 것은 수령이 20년을 넘음. 고분 서남쪽에는 쓰레기통이 있음. 고분 북쪽 계단 인근은 밭으로 개간됨.

○ 고분 계단은 대부분 결실되는 등 심하게 파괴됨. 고분 남쪽의 지표에 노출되어 있는 몇 개의 계단석을 제외하고 원래 위치에 있는 계단석은 거의 볼 수 없음.

○ 묘 표면에는 계단 내부에 채워져 있던 강사갈이 있음. 강자갈 사이에 비교적 큰 돌이 있는데, 방형 혹은 장방형에 가까움. 큰 돌이 놓여 있는 위치는 대체로 묘변의 방향과 일치.

○ 묘실의 천장석은 밖으로 노출되어 있는데, 묘문의 봉석에 있는 작은 구멍을 통해 묘실을 엿볼 수 있음.

2) 고분 형식

(1) 유형

方壇階梯石室壁畵墓.

(2) 분구 규모

○ 吉林省博物館文物工作隊(1977) : 한 변 길이 약 20m, 높이 약 2.15m.

○ 吉林省文物志編委會(1983) : 한 변 길이 약 20m.

○ 吉林省文物考古研究所·集安市博物館(2002) : 한 변 길이 24m, 너비 21m, 높이 3m.

○ 吉林省文物考古研究所·集安博物館(2010) : 동서 길이 약 22m, 남북 너비 약 21m, 높이 약 2.4m(고분 본체의 규모는 동남 모서리 계단의 각석과 동북 모서리 계단의 기초석 위치로 추정함).

3) 고분 구조

(1) 1974년 조사 내용

○ 심하게 파괴되어 봉분의 원래 형태를 판별하기 쉽지 않음.

○ 기단 중간에 자갈이 쌓여 있음. 분구 상부의 자갈은 50×50×30cm 이상으로 비교적 큼. 원래는 묘 꼭대기를 덮었던 것으로 추정.

○ 중앙에 묘실 개정석이 노출되어 있음. 주위에 쌓여 있는 자갈 높이를 감안하면, 분구의 자갈은 묘실 꼭대기도 덮었다고 추정됨.

○ 네 변의 기단 위로 계단이 구축되어 있었다고 추정됨.

① 기단

○ 서변과 남변에서 서쪽으로 치우친 지점에 1층 장조석이 남아 있음. 동변에서 북쪽으로 치우친 지점에는 기단을 쌓았던 석재들이 남아 있음. 남아 있는 기단과 분구를 덮은 자갈의 정황을 볼 때 원래는 방형 기단을 갖추고 있었다고 추정됨.

○ 기단의 장조석은 정밀한 가공을 거쳐 정연함. 바깥 측면에는 수직으로 끌질한 흔적이 있으며, 윗면에는 가장자리를 따라 돌기가 있음.

② 묘실(그림 3)

○ 기단의 중앙에 위치.

○ 정리 당시 묘실은 숯으로 가득 쌓여 있었는데, 두께는 약 60cm 정도임.

○ 거대한 화강암 판석으로 축조.

○ 평면은 장방형으로, 동서 길이 3.15m, 남북 너비 2.0m, 높이 2.32m임.

○ 방향은 245°이고, 기단과 평행.

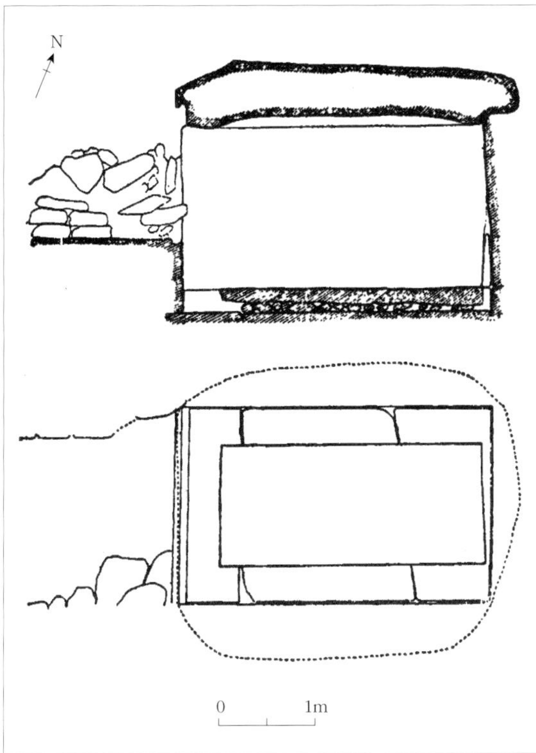

그림 3 우산하1041호묘 평·단면도 1(『考古』 1977-2, 125쪽)

○ 묘실 바닥은 지표보다 약간 낮고, 기단 바닥부와 동일한 높이에 있음. 원래 묘실 바닥은 지면과 가지런하였다고 추정됨. 묘실의 동·남·북 세 벽 아래에 각각 장조석 한 개를 깔면서 묘 바닥이 20～25cm 높아짐. 그 위에 석판을 세워 벽을 제작함.

○ 벽면의 회가 벗겨진 곳에서는 벽판 표면을 깎아내면서 생긴 평행한 세로줄을 볼 수 있음.

○ 묘실 남벽은 수직이고, 동벽과 북벽은 안으로 기울어져 있음.

○ 동북 모서리 아랫부분의 석재 틈은 돌로 메웠음.

○ 각 벽의 상방 내측에는 홈을 파서 천장석 아래의 돌출 부위가 끼워지도록 함.

○ 천장석은 약 10m²이고 두께는 50cm 정도임. 묘실에서 올려다보면 개정석의 네 변은 평탄하게 다듬었고, 가운데부분은 약간 안으로 융기되어 있음. 천장석 앞쪽(서변) 윗면에는 가장자리를 따라 간단한 물길(坡水)을 만들었고 아랫면에는 홈을 파서 직각의 처마(室檐)를 형성. 처마바깥 하부의 남북 양측에는 횡렬의 가느다란 홈이 있는데, 그 너비는 5cm를 넘지 않음. 이와 같이 아랫면에 좁은 홈이 있는 천장석은 장군총의 배장묘에서도 확인할 수 있음. 천장석 아랫면에 홈을 낸 이유는 아마도 윗면에서 흐르는 물이 천장석 처마를 따라 묘실 안으로 스며드는 것을 방지하기 위해서라고 추정됨.

○ 묘실 바닥에는 세 개의 석판이 가로방향으로 깔려 있음.

○ 묘실 바닥 위로는 장방형의 관대가 놓여 있음. 관대는 석판 통째를 다듬어서 제작. 가지런하지만 아랫면은 가공하지 않고, 틈새에 작은 자갈을 채워 넣어 관대를 받쳤음. 길이는 2.8m, 너비는 1.24m, 두께는 0.1～0.18m, 전체 높이는 0.2～0.3m임.

③ 묘도

○ 묘실 서쪽 방면은 벽이 없고, 묘도가 묘실 밖으로 나 있음

○ 묘도 바닥은 묘실 바닥보다 75cm 높음. 평평하고 커다란 석재를 가지런하게 겹쳐 깔았음. 너비는 묘실과 비슷함. 안쪽 끝은 약간 묘실로 뻗어 들어감. 길이는 1.6m임.

○ 묘도의 좌우 양벽은 매우 심하게 파괴됨. 약간 다듬은 석재로 쌓음. 사이의 너비는 묘실보다 약간 좁음. 묘도 바닥 윗면에 쌓여 있는 석재는 묘실의 안쪽 끝 가장자리로 뻗어 들어가고 홈 한 줄이 둘러져 있는데, 천장석 바깥 처마의 가늘게 파인 홈과 위아래로 마주하면서 약간 밖으로 치우쳐 있음. 용도는 알 수 없으나, 묘도 바닥에 고인 물이 묘실로 흘러들어 가는 것을 막기 위함일 수도 있음.

○ 묘실 서부 입구 근처에 거칠게 가공한 석재와 자갈·황사·석회가 뒤섞인 많은 양의 삼합토가 쌓여 있었는데, 석벽을 쌓아 묘실을 봉쇄하려 했던 흔적으로 보임.

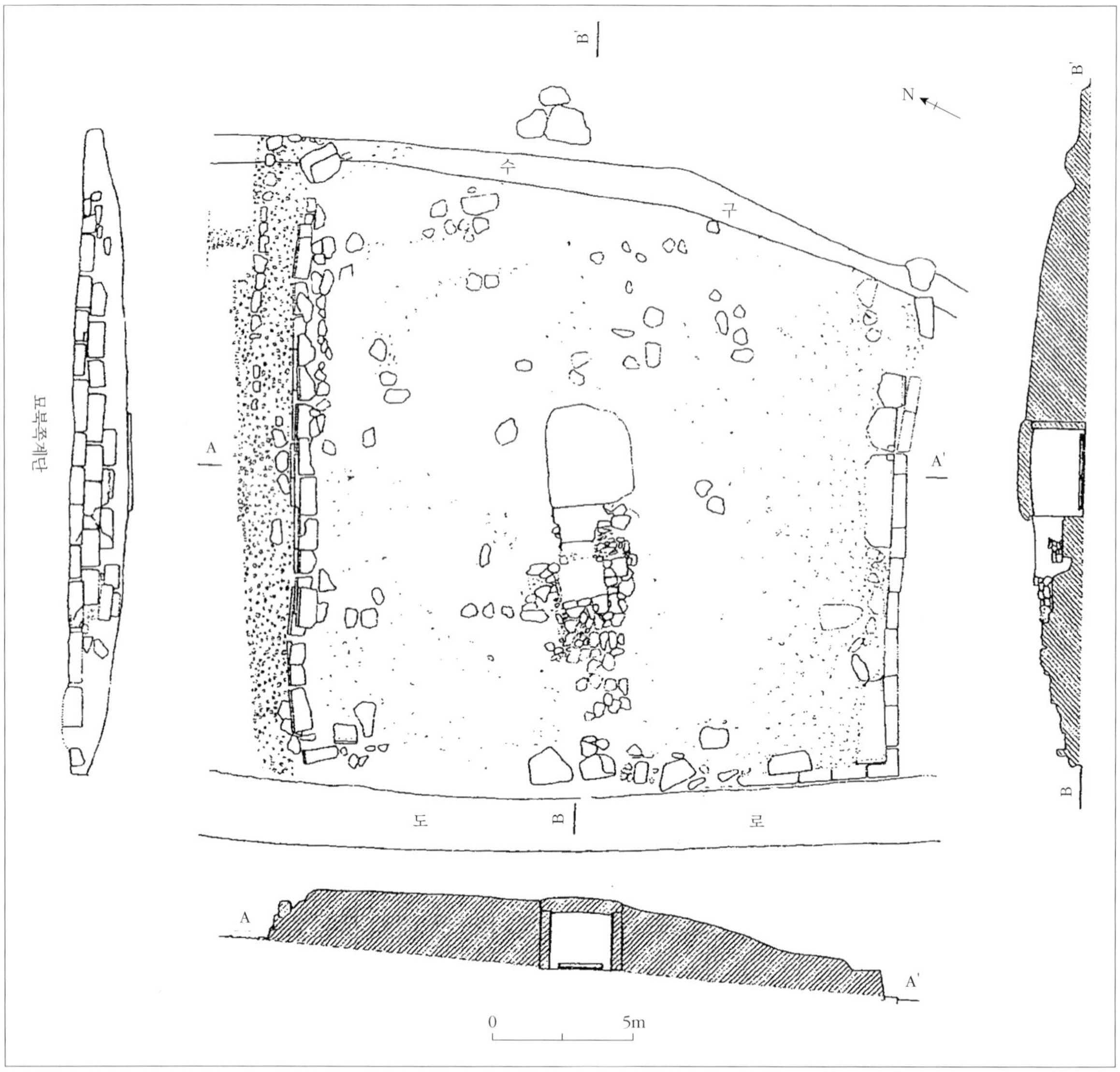

그림 4 우산하1041호묘 평·단면도 2(『邊疆考古硏究』 9, 384쪽)

(2) 2008년 조사 내용

○ 고분 아래의 기초, 고분 밖의 계단, 고분 안의 채움돌, 묘실 등 네 부분으로 조성(그림 4).

○ 고분 계단 주위에서 강자갈과 산돌이 깔려 있는 묘역이 발견.

① 고분 및 주변의 지층퇴적

○ 제1층은 表土로서 두께가 10~20cm임. 표토 아래에는 겹겹이 쌓인 세 종류의 퇴적층이 있음. 고분 주위의 표토 아래는 묘장이 붕괴된 퇴적층으로, 주로 고분내의 채움돌, 황색의 굵은 모래와 소량의 무너진 계단석이 있음. 묘도 밖의 표토 아래는 황갈색 모래에 강자갈이 들어가 있는 퇴적층으로, 비교적 많은 부장품이 포함되어 있음. 묘실이 도굴되고 교란된 후에 형성된 퇴적층임. 고분의 기타 위치 표토 아래에는 고분의 본체가 눌려 있음. 이들 세 퇴적층 아래에는 황색 생토가 있는데, 굵기가 다른 풍화모래와 깨진 산돌이 혼재하며, 토질은 견고하고 성긴 편임. 고분은 생토 위에

축조됨.

② 무덤 아래 기초와 무덤 내의 채움돌

○ 무덤 아래 기초는 생토 표면에 홈을 내고 축조. 홈을 내면서 나온 생토로 무덤 기초와 홈 사이의 틈을 메움. 생토의 토질이 부드럽기 때문에 홈 흔적이 명확치 않음.

○ 기초의 가장자리는 비교적 큰 돌로 수축하여 계단 기초석을 이룸. 계단 기초석은 바닥층 계단의 아래에 반쯤 눌려 있으며, 바깥쪽은 계단 밖에 노출됨.

○ 서·남쪽 바깥 가장자리의 기초석은 인공적으로 가공한 정연한 대형 화강암이며, 정연한 정도는 차이가 나지 않음. 밖으로 노출된 부분은 정연한 장방형으로 다듬었고, 각 측면은 모두 매끈하게 다듬었으며, 내측은 정연한 함몰면으로 다듬었고, 그 위로 바닥층의 계단석을 올림. 고분 모서리에 위치한 계단 기초석의 위에는 'ㄴ'형의 함몰을 다듬어 만들고 모서리 계단석을 올림. 계단 기초석이 밖으로 노출된 부분은 너비 0.4~0.45m이며, 남측 일부의 단면에서는 두께가 약 0.35m임을 볼 수 있으며, 기초석 내측의 함몰면은 깊이가 약 0.04m임.

○ 북측 계단 기초석(동북 모서리 계단 기초석 제외)만 인공적으로 가공하지 않았는데, 다만 윗면이 비교적 가지런한 대형 강자갈이 사용되었음. 북측 계단은 강자갈 위에 놓았으며, 기초석 또한 반만 노출되었는데, 그 위에는 계단을 받치는 함몰면이 없음.

○ 북측 계단 기초석에 보이는 각기 다른 형태와 특징은 자연지세의 차이에 기인함. 북측은 지세가 높은 기슭에 위치하고 있어서 바닥층 계단석이 북으로 이동할 가능성이 없고 기타 측면은 자연지세의 경사도 영향을 받아 자신의 중력 작용에 의해 쉽게 밖으로 기울어지므로, 이에 계단 기초석에 홈을 내어 계단의 견고성을 높이고자 하였음. 동·서 계단 기초석의 밖으로 노출된 부분은 정교하게 가공하여 정연함. 그 기능으로는 기초로서 고분의 견고성을 증강시키는 것 외에 고분 가장자리의 散水를 겸할 수 있음.

○ 고분 동부는 현대 하수구에 의해 파괴되면서 가장자리의 기초석이 모두 결실됨. 고분 남쪽의 가장자리 기초석은 대부분 보존되어 있으나 동단은 결실됨. 고분 서부는 마을길이 지나가고, 서북부는 정리하지 못하여 가장자리 기초석의 보존 정황이 불명확함. 고분 북쪽의 기초는 서북 모서리 밖이 정리되지 못한 것을 제외하면 보존이 좋음. 고분의 모서리 계단 기초석은 서남 모서리와 동북 모서리에 남아 있음. 서남 모서리 계단 기초석은 그 위에 계단석이 올려져 있는 것으로 보아 원래 위치에 있다고 볼 수 있음. 동북 모서리 계단 기초석은 그 위의 계단석이 결실되었고, 윗면의 'ㄴ'형 함몰은 고분의 네 변 방향과 대응하지 않는데, 이는 비교적 큰 위치 착란이 있었음을 보여줌.

○ 고분 남측에 바닥층 계단석이 일부 결실된 지점이 있는데, 이 지점에서 바깥 가장자리 기초석 내측의 무덤 아래 기초 채움 방식을 볼 수 있음. 그 방식은 계단 내 채움방식과 동일한데, 큰 강자갈을 채우고 그 사이는 주로 황색 굵은 모래와 깨진 산돌 그리고 일부 소량의 작은 강자갈로 메우는 방식임. 무덤 아래 기초석 내부의 채움돌과 계단내의 채움돌 사이에 경계가 보이지 않는데, 이는 함께 채워졌음을 보여줌.

○ 계단내의 채움과 무덤 아래 기초 내부의 채움 방식은 동일함. 다른 점은 고분 남측의 바닥층 계단 안에 채웠던 돌 중에서 거대한 화강암을 볼 수 있다는 것임. 길이는 2m에 가까우며 표면에는 가공한 흔적이 있는데, 계단을 제작하고 남은 석재임.

③ 계단

○ 무덤 외부의 계단은 가공한 장방형의 백색 혹은 청회색 화강암 재질의 계단석으로 축조.

○ 계단석은 무덤 내부를 향하는 한 면을 제외한 나머지 5면 모두 정교하게 가공함. 가공한 5면 중에 비노출

면은 매끈하고 정연하여 계단석을 쌓는 데 도움이 됨. 계단석의 노출면에는 대체로 평행한 세로방향의 얕은 홈 흔적이 있음.

○ 꼭대기 층의 계단석을 제외하고 나머지 각 층 계단석의 상면 외측에는 너비 약 10cm, 높이 2～3cm의 돌기가 있는데, 상하 2층 계단석 간의 견고성을 높이고 상층 계단석이 흘러내리는 것을 방지하는 기능이 있음. 일부 계단석의 모서리부분에는 손상으로 인해 석재를 다듬어 보수한 흔적인 장방형 홈(凹槽)이 있음. 홈 안에 있던 석재는 결실.

○ 동일층 계단석에 사용한 석재의 두께는 기본적으로 동일하지만, 길이 및 너비는 석재 원형에 따라 다름. 고분 남쪽에 남아 있는 계단석에서는 약간 바닥이 크고 윗면이 작은 형태를 볼 수 있지만, 고분 북쪽의 계단석에서는 볼 수 없음. 각 단의 계단 및 계단 각 층의 계단석은 아래에서 위로 점차 들여쌓음.

○ 고분 동부는 현대 하수구에 의해 파괴되어 계단이 존재하지 않음. 다만 표토층 아래에 큰 돌 2개가 있음. 그 중 한 개는 윗면에 돌기가 있는데, 원래 자리를 이탈한 계단석으로 볼 수 있음.

○ 고분 서쪽 가장자리는 마을길이 지남에 따라 계단을 완전히 정리할 수 없었고, 남부의 한 구간(길이 약 12m)만 정리. 정리한 구역에서 제1단 계단의 바닥층 계단석 7개를 단속적으로 발견. 대다수의 계단석이 파괴되고 원래 자리를 이탈. 남단의 계단석 2개만 온전히 정리하였고, 3개의 계단석은 마을길의 제한을 받아 윗면만 정리할 수 있었음. 서북부에 있는 2개의 계단석 중에 한 개는 윗면에 돌기가 있고 한측에는 鑿坑이 있음. 원래 자리를 이탈한 계단석임.

○ 남측 계단석은 서측에 비해 보존상태가 양호함. 동부와 중서부에 각각 결실된 한 구간이 있음. 제1단 계단의 바닥층 계단석 3개가 남아 있는데, 그 중에는 서남 모서리 계단석이 포함됨. 기타 측면의 계단석보다 명확하게 큰데, 길이는 2.7～3.2m, 높이 및 너비는 0.9～1.1m임. 북측 동일 위치의 계단석이 0.5m 남짓 높은데, 이는 고분이 소재한 지세가 북고남저이기 때문임.

○ 고분 북쪽은 기슭 위에 위치하여 오랜 기간 북측 계단 하부가 흙으로 덮혀 있었고 인위적인 파괴가 적었음. 그렇기 때문에 고분 북쪽 계단의 보존상태가 가장 좋음. 북측 계단은 현재 2단이 남아 있고 계단석은 모두 26개임. 외관은 가지런하고 일부는 약간 밖으로 볼록 나와 있음. 서북 모서리 계단은 마을길이 지남에 따라 정리하지 못함. 동북 모서리의 계단 모서리석은 결실되었고, 모서리석 아래의 무덤 기초만이 남아 있음. 묘 기초석 윗면의 'ㄴ'형 함몰면에서 고분 동북 모서리의 대체적인 위치를 확인할 수 있음. 북측 계단의 북측에서 무너진 계단석 19개를 정리함. 다른 층의 계단석 두께와 기본적으로 일치하고, 꼭대기층 계단석 윗면에 돌기가 있음.

○ 고분 북쪽 계단의 정황을 살펴보면 제1단 계단은 3층으로 이루어져 있음. 제1층 계단석은 13개가 남아 있음. 계단석은 높이 약 0.5m, 너비 약 0.7m, 길이 1～1.7m임. 제2층 계단석은 8개가 남아 있음. 규격은 대다수가 1.7×0.7m, 0.5m로 비교적 비슷함. 계단석 바닥부분의 가지런하지 않은 곳은 강자갈을 평평하게 깔았음. 제3층 계단석은 3개가 남아 있음. 규격은 1·2층 계단석보다 약간 작은데, 1.25×0.45m, 0.45m 정도임. 제2단 계단은 층수가 명확하지 않음. 제1층 계단석은 2개만 남아 있음. 서부에 있는데, 비교적 원래 자리에 위치함. 제1단 계단에서 안으로 70～90cm 들여쌓았음. 제1층 계단석 윗면 외측에 돌기가 있는 것으로 보아 최소 2층임을 알 수 있음. 서쪽 첫 번째 돌은 0.8×0.7m, 0.5m임. 서단에 있는 돌은 이미 절단되었고, 동단은 약간 휘어짐. 윗부분에는 방형의 참갱 2개가 남아 있음. 그 옆의 돌(서쪽에서 두 번째 돌)은 0.8×0.3m, 0.42m임. 동단은 파괴되었고 돌 전체가 약간 가라앉음.

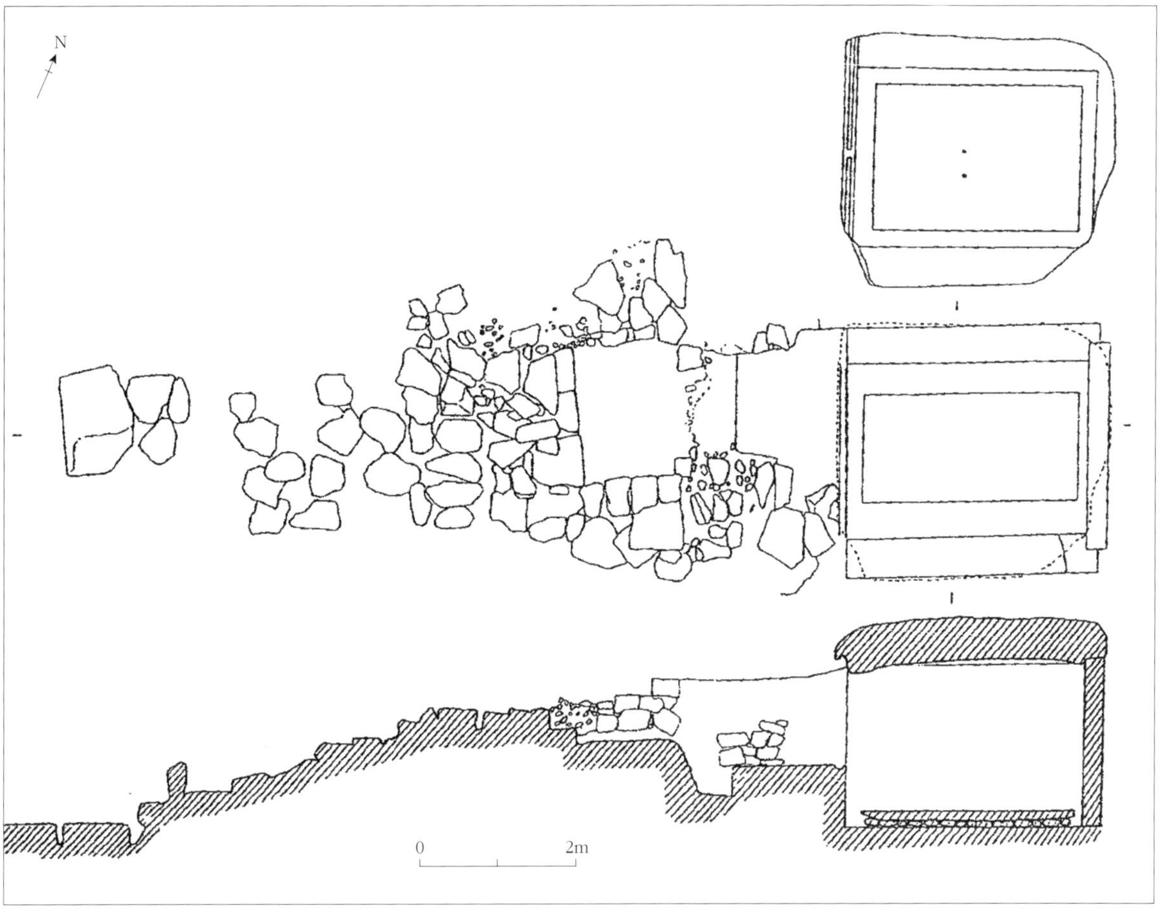

그림 5 우산하1041호묘 묘도 · 묘실 평 · 단면도(『邊疆考古研究』 9, 387쪽)

④ **묘실**(그림 5)

○ 묘실은 고분 정중앙에 있음. 묘문은 서향임.

○ 서쪽 방향으로 펼쳐진 묘도가 있음. 묘도는 심하게 파괴되어 명확하게 파악할 수 없음. 현재 동단의 묘문 근처만 보존이 약간 양호한데, 너비는 약 1.5m임. 묘도 방향과 묘실 방향은 약간 편차가 있음. 측벽은 약간 가공한 장방형의 석회암으로 쌓았음. 3층이 남아 있고 돌 틈 사이는 黃紗와 작은 강자갈이 들어간 백회로 메웠음. 천장석 서쪽 가장자리에서 약 3.2m 떨어진 묘도 지점에 석회암으로 쌓은 2층 평행고임이 있는데, 각 층 층계 모두 단층의 석회암으로 축조하였고 높이는 약 0.2m임. 상층고임의 윗면은 가지런하여 방대형과 유사하고, 층계 아래는 두께 약 0.5m, 길이 10～15cm인 강자갈과 황사가 들어간 백회를 기초로 삼음. 묘도의 문과 가까운 지점은 교란되어 깊은 구덩이가 형성됨. 묘문과 가까운 곳의 바닥석과의 높이차는 약 0.4m이며, 연접방식은 명확치 않음.

○ 묘문 지점에는 잘 다듬어 정연한 장방형의 화강암을 깔았는데, 화강암은 길이 약 2m, 너비 약 1.35m, 두께 약 0.4m임. 앞부분은 묘실로 뻗어 들어가지만, 대부분은 묘도 안에 위치함. 석면은 묘실 바닥보다 약 0.7m 높음. 묘문 지점에는 묘문으로부터 정중앙을 나누는 두 줄의 홈이 있는데, 길이 약 1.6m, 너비 10cm, 깊이 약 0.05cm임.

○ 묘실은 평면이 장방형임. 축조 당시 지표 위에 구축함. 묘실 측벽 방향은 계단과 평행하고, 방향은

248.5°이며, 동서 길이 3.15m, 남북 너비 2m, 전체 높이 2.32m임. 묘실의 동·남·북 세 벽 아래에는 각각 정연하게 다듬은 장방형의 장조석 한 개를 깔았는데, 돌의 윗면은 묘실 바닥부에 비해 20~25cm 높음. 장조석 위에는 정연한 대석판을 세워 측벽을 만듦. 남·북 측벽석은 길이 약 325cm, 두께 약 42cm에 달하고, 동벽은 비교적 짧고 얇아서 길이 약 250cm, 두께 약 20cm임. 측벽에는 백회를 바르고 그 위에 벽화를 그렸으나, 현재 대부분 박락됨. 측벽 입석에서 벽화가 박락된 부분을 보면 계단석 표면에서 보았던 것과 같은 세로방향의 가공 흔적이 있는데, 상대적으로 세밀함. 남벽에는 우측 상부 모서리에서 중부 하부로 내려간 균열 한 줄이 있음. 균열은 시멘트로 메워 발랐음.

○ 묘실 꼭대기는 거대한 돌로 덮음. 천장석은 윗면이 약간 볼록함. 바닥면은 약간 안으로 오목한데, 다듬어서 매끈하고 가지런함. 현재 길이 3.3m, 너비 2.9m, 최대 두께 약 0.5m임. 동·남·북 세 측면의 가장자리는 오목하게 파냈는데, 측벽 입석이 끼워짐으로써 견고함이 더해짐. 서쪽 가장자리 역시 오목하게 파냈는데, 파낸 안쪽은 묘문 바닥석의 홈 위치와 대응하고, 약간 안쪽에 있는 정중앙을 나누는 두 줄의 홈은 길이 약 1.6m, 너비 약 5cm, 깊이 약 5cm임. 천장석의 아랫면은 정교하게 가공하였는데, 주위는 경사면이 안으로 들어가는 모양으로 다듬었음. 천장석 아랫면 정중앙에서 서쪽으로 치우친 곳에 남북선상으로 2개의 둥근 구멍이 있음. 구멍은 직경 2cm, 깊이 약 5.5cm이고, 구멍 사이의 거리는 27cm임. 남쪽 구멍은 남벽과 85cm 떨어져 있고, 서쪽으로 묘문 개정석의 처마와 155cm 떨어져 있는데, 용도는 알 수 없음. 천장석 아랫면에 영성한 백회 흔적이 있는데, 천장석 아랫면 모두 백회를 발랐는지는 알 수 없음.

○ 천장석 서남·동남·동북 모서리는 파괴되었고, 그 아래로 측벽 입석이 노출됨. 남·북 측벽 입석의 동단은 오목하게 파내고 그 사이에 동벽 입석을 끼워 놓음. 동벽 입석의 두께는 두 벽보다 얇음.

○ 묘실 바닥에는 윗면을 정연하게 다듬은 석판 3개를 깔았음.

○ 묘문은 결실됨. 천장석 외부 처마(外檐) 아래와 묘문 바닥석 윗면이 대응하는 두 줄의 정중앙을 나누는 홈은 묘문을 받치는 구조일 수 있음. 묘문 내측에 백회로 문기둥을 희미하게 그렸는데, 너비 약 10cm임. 북측 문기둥 위에는 홍색이 남아 있고, 남측의 홍색 문기둥은 박락되어 하부만 조금 남아 있음.

○ 묘실 정중앙에는 화강암 석판으로 제작한 관대가 놓여 있는데, 서남부는 갈라짐. 평면은 장방형임. 5면은 다듬어 매끈하고 백회를 발랐음. 바닥면은 가공하지 않았고 그 아래로 작은 강자갈이 가지런하게 깔려 있는데, 돌 사이는 백회로 메웠음. 길이 2.8m, 너비 1.24m, 두께 0.1~0.18m, 전체 높이 0.2~0.3m임.

○ 처음 발굴하였을 때 묘실 서부의 입구 근처에서 두께 0.6m의 목탄을 발견하였다고 하나, 이번 발굴에서는 그 흔적을 확인하지 못함.

4. 벽화내용

1) 1974년 조사 내용

○ 묘실 내의 벽, 꼭대기, 관대 그리고 묘도 바닥의 큰 돌 내측에 이르기까지 0.5cm 두께의 백회가 발라져 있음. 대부분 박락되었는데, 심지어 묘실 꼭대기는 전부 박락됨. 벽면에 남아 있는 일부 백회 표면과 바닥에 떨어진 백회 껍질에서 벽화를 볼 수 있는데, 이를 통해 백회 위에 벽화를 그렸음을 알 수 있음. 묘실 내의 벽화는 대부분 박락됨. 다만 朱砂로 起稿한 듯한 흔적이 일부 남아 있음.

(1) 묘실

○ 묘실 남·북 양벽 상단에는 각각 가로방향으로 배열

그림 6
우산하1041호묘 묘실 동벽 벽화배치도(『考古』 1977-2, 126쪽)

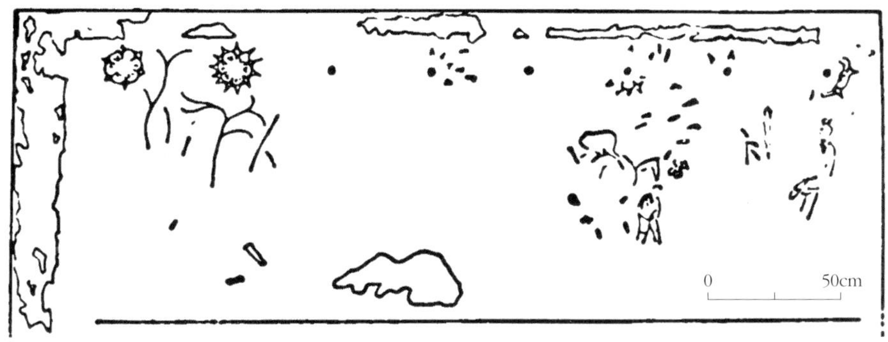

그림 7
우산하1041호묘 묘실 북벽 벽화배치도(『考古』 1977-2, 127쪽)

된 작은 구멍들이 있는데, 사이의 거리는 35cm임. 작은 구멍은 정면에서 바라본 연화문의 중심에 해당. 이러한 형태의 연화문은 북벽에서 8송이를 볼 수 있음. 작은 구멍은 안쪽의 6송이에만 뚫려 있음. 남벽의 경우 윗부분의 백회는 완전히 박락되었으나, 북벽과 대칭하는 6개의 작은 구멍이 있음. 通溝12號墓와 麻線溝0001號墓의 예로 볼 때 구멍에는 원래 벽걸이가 있었다고 추정됨. 현재 일부 작은 구멍에 벽걸이를 삽입한 후 회반죽을 채워 넣었던 흔적이 남아 있음. 같은 형태의 작은 구멍이 개정석 아랫면 중앙 좌우에 각각 한 개씩 있는데, 못을 박고 갈고리를 설치하였던 것으로 추정.

○ 묘실 네 모서리에는 자홍색 기둥이 있음. 동북 모서리에 있는 기둥을 보면 끝에 지붕받침(栌頭)이 있고, 위로는 자홍색 들보(梁枋)가 있음. 들보는 매우 좁고, 동·남·북벽의 윗부분을 관통하고 있음.

○ 동벽(묘도에서 보았을 때 정면에 보이는 벽)에 보이는 들보 아래에는 청회색 가옥이 있고, 오른쪽 가장자리에는 빨간 선으로 윤곽을 그린 斜脊이 있는데, 四坡頂으로 추정됨. 처마 아래에는 황색 장막이 늘어져 있음. 장막 아래 가운데부분에서 남쪽으로 치우진 곳에 남자가 있음. 황색 바탕에 붉은 점이 있는 옷을 입었는데, 홍색으로 테두리를 둘렀음. 남측을 향해 약간 돌아서 있음. 두 눈은 길고 가느다람. 코는 곧게 꺾여 있고 콧수염은 약간 휘었음. 입술은 선홍색을 띰. 얼굴은 두터움. 묘주인으로 추정됨(그림 6). 형상을 윤곽한 묵선은 꼼꼼하면서도 힘차고, 눈과 눈썹 부분의 운필은 가늘며, 면부에는 색을 덧칠해서 갈무리를 함. 동벽 전체는 묘주인이 집에서 연회를 베푸는 장면임.

○ 북벽에 보이는 들보 아래에는 정면에서 바라본 모양의 연화문이 있음. 8송이가 배열되어 있는데, 안에서 밖으로 홍색과 녹색을 번갈아 그림. 안쪽 6송이의 중심

에는 구멍이 파여 있음. 그 아래의 가운데에는 사슴 뒷부분이 있음. 그리고 사슴의 뒷부분 아래쪽으로는 몸을 약간 앞으로 기울인 사람이 있음. 고깔과 같은 절풍을 쓰고 있는 듯하며, 오렌지색 바지를 입었고, 자홍색의 장화를 신었음. 다시 안쪽으로 기둥에 바짝 다가선 지점에 사람이 있음. 방책을 썼고, 맞섶옷을 입었으며, 허리띠를 매었음. 전체적으로 보면 수렵도 계통으로 파악할 수 있음. 이 외에 북벽에는 엇갈려 있는 나뭇가지, 그리고 바소꼴의 녹색 낙엽들이 있음(그림 7).

○ 남벽은 박락이 심하여 벽화가 거의 남아 있지 않음. 다만 중앙에서 바깥으로 치우친 하부에서 사람을 볼 수 있는데, 황색 맞섶옷을 입었음. 북벽의 연화문과 대응하는 상단에 6개의 작은 구멍이 있는데, 연화문이 그려져 있었던 것으로 추정.

○ 관대에는 백회가 발라져 있고 얼룩덜룩한 자홍색도 남아 있는데, 어떠한 도안인지는 알 수 없음.

○ 개정석에 벽화가 있었는지는 알 수 없음.

(2) 묘도

○ 묘실 안쪽을 향하고 있는 묘도에 세워진 2개의 석재에 백회가 발라져 있고 얼룩덜룩한 자홍색이 남아 있는데, 어떠한 도안인지는 알 수 없음.

2) 2008년 조사 내용

○ 묘실의 벽화 상황은 1974년 조사 때와 크게 다르지 않음. 다만 색채가 비교적 어둡고 희미하며, 도안은 비교적 모호하고, 일부 벽화면은 볼록해짐으로써 박락 추세가 확인.

(1) 북벽

○ 서쪽 제2·4·6번째 연화문에서 외부 윤곽을 볼 있음.

○ 수렵도에서는 적갈색 사슴 뒷부분이 남아 있음.

○ 동북 모서리의 인물에서는 朱砂로 그린 바닥선을 볼 수 있음.

○ 사슴 아래에 있는 인물은 허리 부분 이하만 남아 있음. 주황색 바지를 입었고 적갈색 장화를 착용하였는데, 오른쪽 다리의 장화는 약간 흐릿해짐.

○ 가운데부분에 있는 커다란 나뭇가지모양의 벽화는 흐릿해져 판별할 수 없으며, 큰 홍색과 황색 일부만 남아 있음.

(2) 동벽

○ 벽화 대부분이 박락. 적갈색 들보가 남아 있고, 청색 가옥 일부분을 판별할 수 있음.

○ 가운데부분의 묘주인 연회도에서는 묘주인의 상반부가 남아 있는데, 얼굴은 모호하고 의복에는 붉은색 테두리가 둘러져 있음.

(3) 남벽

○ 벽화 전부 박락됨.

○ 동쪽으로 약 40cm 지점에 있는 석판은 균열되었는데, 바닥부분의 장조석까지 이름. 균열된 틈은 시멘트로 메움.

(4) 서벽

○ 묘문 바닥석의 동측면 위에서 홍색을 볼 수 있을 뿐임.

5. 상관 유적

1) 묘역과 散水

○ 고분 북측에서 단층의 강자갈로 깐 산수를 발견. 산수는 제1단 계단의 기저부에 설치됨. 남단은 계단 기초석 위에 눌려 있고, 나머지는 생토 위에 직접 설치. 사용한 강자갈은 직경이 8～15cm임.

○ 고분 북쪽 동측에 설치하였던 트렌치를 통해 산수의

분포 범위가 너비 약 3.3m임을 알 수 있음.

○ 북측 계단에서 약 1.5m 떨어진 지점의 산수 안에 고분 가장자리와 평행한 청회색 석회암 한 줄이 설치되어 있음. 석회암은 가공되지 않았고 크기와 형태가 다른데, 대부분 길이 30~50cm, 너비 20~30cm임. 석회암의 윗면과 산수 윗면은 기본적으로 가지런함. 산수의 석재 자연면 중에 비교적 평평하고 곧은 한쪽은 북쪽을 향하며, 남측변은 가지런하지 않음. 인접한 석회암과는 서로 연결되지 않고 그 사이의 틈은 산수 강자갈면과 균일한 강자갈로 메웠는데, 이로써 석회암과 산수가 함께 설치되었음을 알 수 있음. 고분 동북 모서리 계단 기초석 외측에서 모퉁이모양으로 설치된 석회암과 강자갈이 발견되었는데, 이를 통해 고분 동쪽에도 같은 유형이 시설이 설치되었음을 알 수 있음.

○ 고분 서쪽은 마을길이 지남에 따라 정리하지 못함으로써 명확한 정황을 파악할 수 없음.

○ 고분 남쪽 중부를 정리하던 중 생토 위에 평평하게 깔려 있는 강자갈층이 발견됨. 다만 많은 나무가 심어져 있어 지층에 대한 파괴가 비교적 심함. 정리한 강자갈층은 크기가 균일하지 않고, 그 사이에서는 고분 북쪽에 설치되었던 것과 같은 석회암이 아닌 뒤집힌 계단석이 보이는데, 이는 말기의 교란을 보여주는 것임. 고분 남측의 계단 기초석을 정리할 때 강자갈층이 발견되지 않았음. 그러므로 산수 형태와 계단 기초석의 상대적 관계는 아직 불명확함.

2) 立石板

○ 고분 남·북 계단의 정리과정 중 뒤집힌 계단석과 고분내의 채움돌 퇴적에서 소량의 청녹색 頁巖石板이 혼재되어 있음을 확인하였는데, 석판의 두께는 4~6cm임.

○ 고분 북쪽의 제1단 계단석 위에는 청녹색 혈암으로 제작한 입석판 3개가 있음. 형태와 크기는 같지 않은데, 현재 남아 있는 부분은 길이와 너비 모두 0.5m를 넘음. 일부 입석판의 표면에는 소량의 백회가 붙어 있고, 두께는 4cm 정도임.

○ 고분 북쪽 산수 위의 석판 2개는 제1층 계단석에 기대어 있고, 제1층 계단석 위의 석판은 제2층 계단석에 기대어 있는데, 원래 위치인지는 알 수 없음.

○ 계단 위에 청색 석판이 세워져 있는 모습은 西大墓, 麻線溝2100號墓, 千秋墓, 太王陵 등의 왕릉급 고분에서 확인할 수 있음. 우산하1041호묘에 보이는 입석판의 경우 석재, 놓은 방법, 놓인 위치 모두 앞에서 언급한 고분들과 동일함. 현재 대다수의 연구자는 입석판에 대해 어떠한 의미를 담고 있거나 제사와 관련이 있다고 파악하고 있음.

6. 출토유물

1) 1974년 출토유물

○ 고분은 일찍이 도굴을 당함. 남아 있던 인골과 유물은 대부분 묘실 앞부분에 쌓여 있던 삼합토 중에서 출토됨. 묘도 가운데와 묘실 내에 쌓여 있던 숯의 상층에서도 출토됨.

○ 유물은 대부분 부속품에 속함. 전체적으로 鎧甲과 마구가 가장 많은 비중을 차지함. 이 외에 황색시유도기편과 棺槨의 부속품 등도 적지 않게 출토됨.

(1) 금동기

① 금동제십자형운주(圓泡十字形帶具, 그림 8-8)

○ 출토지 : 우산하1041호묘.

○ 형태 : 반구형 본체부(泡)의 상하좌우로 각각 방형의 얇은 판이 있어 전체적으로 '十'자형임. 방형의 얇은 판에는 각각 4개의 연결못(鉚釘)이 있는데, 가죽띠를 박기 위함임. 방형의 얇은 판 안쪽 끝에는 卡圈이 있어 끈을 묶을 수 있음. 마구 가운데 후걸이(鞦系)에 연

결하는 운주임.

② **금동제입식부운주**(鑞管葉的花飾, 그림 8-9)
○ 출토지 : 우산하1041호묘.
○ 형태 : 3점이 출토. 통모양의 가는 管, 육판형 본체부, 뼈로 만든 원형의 얇은 편 등을 동실로 엮어서 제작. 동실의 아래 끝부분은 좌우로 꺾어서 다른 기구에 고정시키고자 하였고, 윗부분은 둥글게 구부려서 원형 구멍을 만들었는데, 구멍에는 타원형의 동제엽편이 연결되어 있음. 유사한 동제엽편이 8점 출토되었는데, 약간 큼.

③ **금동제못**(鎏金釘, 그림 8-12, 그림 8-14)
○ 출토지 : 우산하1041호묘.
○ 크기 : 큰 못 전체 길이 10cm, 작은 못 전체 길이 4.5cm.
○ 형태 : 4점 출토되었고, 그 가운데 2점은 큼. 둥근 형태의 두부(釘帽) 윗부분은 도금.

④ **금동제반원형장식**(鎏金半圓形飾片, 그림 8-5)
○ 출토지 : 우산하1041호묘.
○ 크기 : 큰 장식 너비 2.5cm, 작은 장식 너비 2cm.
○ 형태 : 2점 출토. 위에 연결못(鉚釘) 3개가 박혀 있음. 연결못의 전각을 감안할 때 0.3cm 두께의 혁대를 박았던 것으로 추정. 한 장식편의 배면에 麻布흔적이 남아 있는데, 원래는 진홍색 마포를 덧붙여 깔았던 것으로 추정됨.

⑤ **금동제릉형장식**(鎏金菱形飾片, 그림 8-10)
○ 출토지 : 우산하1041호묘.
○ 형태 : 파손. 중간에 卷草무늬가 투조. 무늬 가장자리에는 찍어서 만든 듯한 점들이 있음. 모서리에 구멍이 있음.

⑥ **금동제부채형장식**(鎏金扇面形飾片)
○ 출토지 : 우산하1041호묘.
○ 형태 : 파손. 안측에 크기가 다른 2개의 구멍이 있음.

⑦ **금동제당두**(擋頭)
○ 출토지 : 우산하1041호묘.
○ 형태 : 주연부가 돌출된 원형의 얇은 판임. 중간에 구멍이 있음.

(2) 은기

① **은제팔각기둥형장식**(八稜柱狀端飾, 그림 8-6)
○ 출토지 : 우산하1041호묘.
○ 크기 : 전체 높이 2.4cm, 너비 2.cm, 무게 86g.
○ 형태 : 단면은 팔각형임. 꼭대기 부분은 솟아 있고, 아랫부분은 약간 모아짐. 윗면과 측면 사이의 릉각은 평평하게 다듬었음. 바닥에는 깊이 1.2cm 정도의 불규칙적인 구멍이 있어 막대를 꽂을 수 있음.

② **은제못**(釘, 그림 8-4)
○ 출토지 : 우산하1041호묘.
○ 크기 : 전체 길이 7.4cm, 몸체 길이 5.4cm.
○ 형태 : 가운데부분은 철이지만, 양 끝부분의 반구형 두부(釘帽)는 은으로 제작.

(3) 철기

① **철제안교**(鞍橋)
○ 출토지 : 우산하1041호묘.
○ 크기 : 아랫부분의 양끝 사이 거리 53cm, 전체 높이 약 36cm.
○ 형태 : 후안교로 추정됨. 녹이 슬어 파손됨. 얇은 철판으로 제작. 바깥 가장자리에는 별도로 철대를 덧붙였고, 안쪽 가장자리에는 작은 구멍이 있음. 배면에 썩은

나무가 엉기어 있는 것으로 보아 원래 목질이 이어졌던 것으로 추정. 안교 가장자리에 작은 구멍이 있다는 것은 못(釘)을 박아 목제말안장에 고정하였음을 보여줌. 안교 바깥 가장자리의 철대는 목제말안장의 가장자리와 함께 덧대어짐. 양 끝에 테두리가 있는 철대가 발견되었는데, 전안교에 박았던 것임.

② **철제등자**(馬鐙)
○ 출토지 : 우산하1041호묘.
○ 크기 : 남은 높이 27cm, 너비 20cm, 총 두께 1.4cm.
○ 형태 : 한 쌍이 출토. 파손. 木芯 바깥을 철편이 싸맴. 철편 아랫측에 볼록 솟은 못(釘) 흔적이 남아 있는데, 원래는 목심과 철대가 못으로 연결되어 있었음을 알 수 있음. 그 사이 내외 측면의 틈에는 좁고 긴 철판을 박아 넣음. 자루부분에는 장방형의 현수공이 있음. 답수부 안측에는 작은 못 6정이 박혀 있는데, 못의 두부(釘帽)는 방형임.

③ **철제안판장식**(鞍板饰片, **그림** 9-6)
○ 출토지 : 우산하1041호묘.
○ 형태 : 鞍板頭 표면에 붙이는 장식임. 평면은 부채꼴임. 가운데부분에는 장방형의 구멍이 있는데, 鼻를 달기 위한 끈 혹은 수하식을 연결할 수 있음. 麻線溝 0001號墓에서 출토된 소뿔모양의 금동편과 용도가 같음.

④ **철제띠고리** 1(带卡, **그림** 8-3)
○ 출토지 : 우산하1041호묘.
○ 형태 : 못을 이용해 뒷부분에 반원형 철편을 연결.

⑤ **철제띠고리** 2(带卡, **그림** 8-1)
○ 출토지 : 우산하1041호묘.
○ 형태 : 뒷부분에 원형 擋頭가 끼워져 있음. 안장꾸미개(鞖)일 가능성도 있음.

⑥ **철제띠고리** 3(带卡, **그림** 8-2)
○ 출토지 : 우산하1041호묘.
○ 형태 : 띠고리만 있음.

⑦ **철제찰갑편**(甲片, **그림** 10)
○ 출토지 : 우산하1041호묘.
○ 형태 : 155점이 출토. 대부분 길고 좁은 혀모양임. 가장자리는 약간 안으로 굽어져 있음. 상단은 말각되고, 하단은 완만한 원형이며, 구멍이 뚫어져 있음. 짧은 찰갑편 중에 상단이 삼각형인 형태가 3점 있는데, 꺾어지는 부위에 사용된 것으로 추정. 매우 긴 찰갑편 한 점은 활동이 심하지 않은 몸 혹은 어깨 부위에 사용된 것으로 추정. 착용되는 부위의 받는 힘을 감안하여 굽어진 형태의 찰갑편을 제작하기도 함. 한쪽 끝이 좁은 형태와 전체적으로 좁은 형태의 찰갑편도 있음. 그 외에 녹슨 덩어리 형태가 11점 출토됨. 찰갑편은 가는 노끈으로 연결하면서 생선비늘 형태로 엮었음. 찰갑편을 엮을 때 일부는 좌측 찰갑편이 우측 찰갑편을 누르면서 중첩하고, 일부는 우측 찰갑편이 좌측 찰갑편을 누르면서 중첩함. 일부 찰갑편의 양면에는 가느다란 직물흔적이 남아 있음. 출토된 찰갑편이 사람의 갑옷에 사용된 것인지 아니면 馬甲에 사용된 것인지는 파악하기 어려움.

⑧ **철제창**(矛, **그림** 9-7)
○ 출토지 : 우산하1041호묘.
○ 형태 : 2점 출토. 뒷부분은 말아진 통 형태의 공부(銎)임. 공부에 대응하는 구멍이 뚫어져 있음. 날부분은 두껍고 뭉툭함. 날의 앞부분은 꺾어져 있음.

⑨ **철촉**(鐵鏃, **그림** 8-7)
○ 출토지 : 우산하1041호묘.
○ 크기 : 남은 길이 4.4cm.
○ 형태 : 편평한 三翼形임. 翼 한 개의 앞부분은 약간 파손. 촉두와 촉신 사이에 格이 있음.

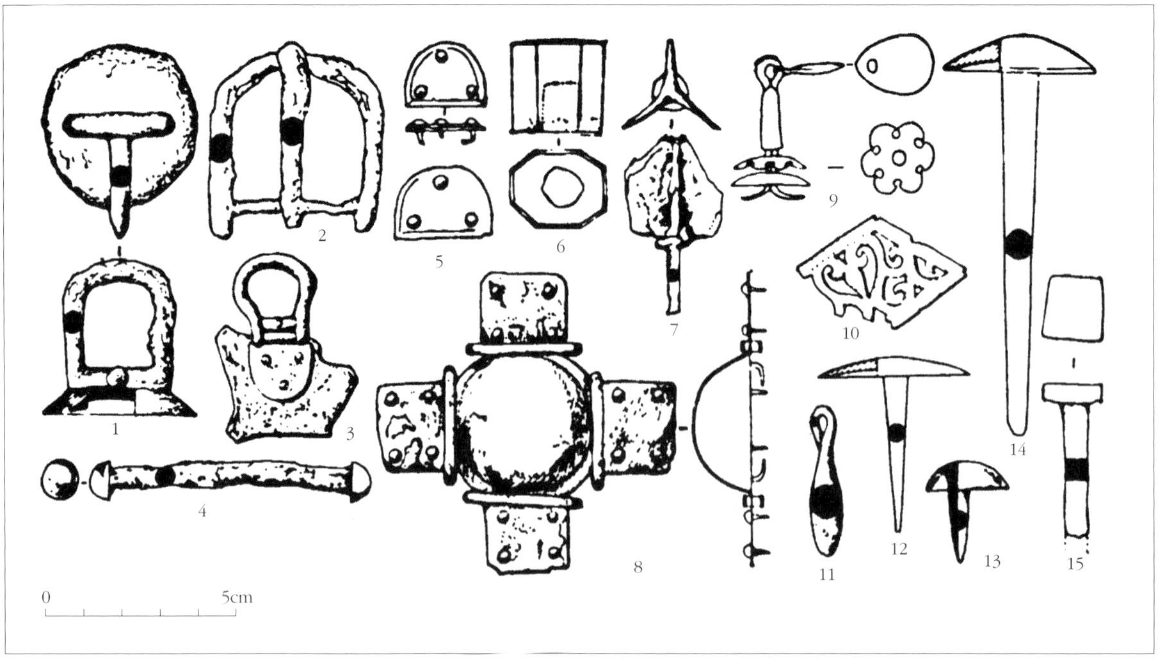

그림 8 우산하1041호묘 출토유물(『考古』 1977-2, 128쪽)
1~3. 철제띠고리 4. 은제못 5. 금동제반원형장식 6. 은제팔각기둥형장식 7. 철촉 8. 금동제십자형운주 9. 금동제입식부운주 10. 금동제릉형장식 11. 철제추 12·14. 금동제못 13·15. 철제못

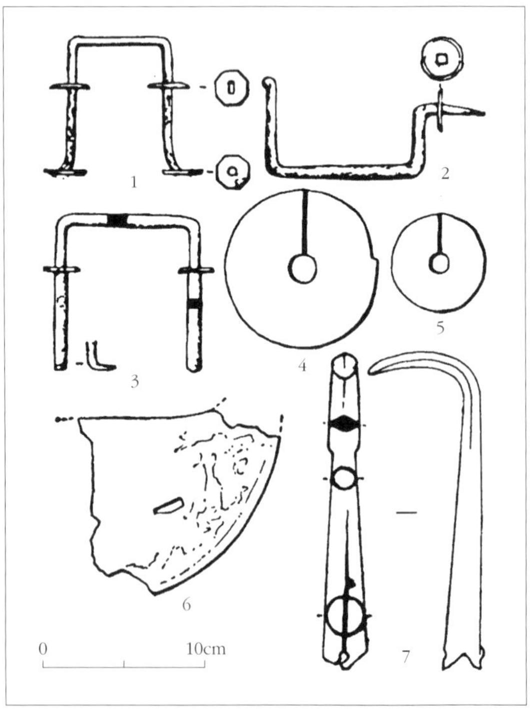

그림 9 우산하1041호묘 출토 철기(『考古』 1977-2, 127쪽)
1·3. 국형반수 2. 벽걸이 4~5. 당두 6. 안판장식 7. 창

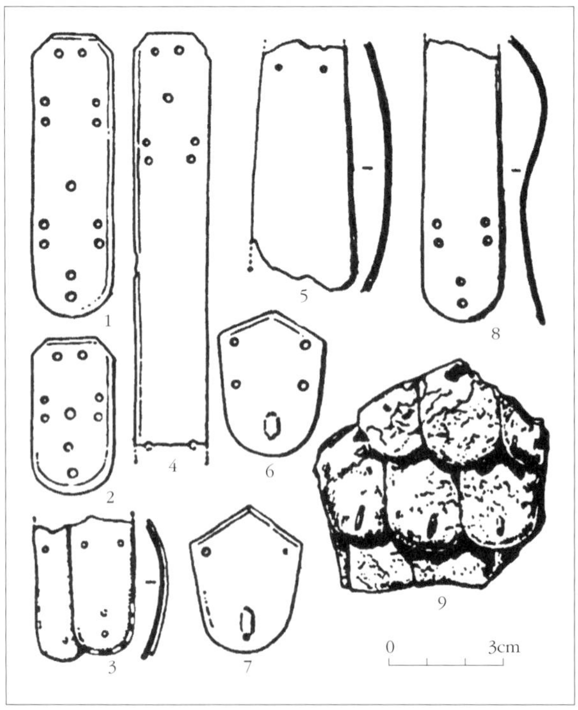

그림 10 우산하1041호묘 출토 철제찰갑편
(『考古』 1977-2, 128쪽)

⑩ **철제추**(墜, 그림 8-11)
○ 출토지 : 우산하1041호묘.
○ 크기 : 전체 길이 3.8cm, 무게 8g.
○ 형태 : 방망이모양임. 뒷부분은 가느다란데, 구부려서 구멍을 만들었음. 물고기를 낚을 때 사용한 것으로 추정됨.

⑪ **철제국형반수**(鍋形鋬手, 그림 9-1, 그림 9-3)
○ 출토지 : 우산하1041호묘.
○ 형태 : 6점 출토. 양 끝부분의 못(釘)에 목질기물이 있음. 철제못부분 앞에 擋頭가 있음. 뒷부분 혹은 轉角 일부에 당두가 고정되어 있음. 당두 사이의 거리로 볼 때 큰 것 3개는 두께 6cm 부위, 작은 것 3개는 두께 5cm 부위에 박았던 것으로 추정. 棺椁의 鋬手로 여겨짐.

⑫ **철제당두**(圓片擋頭, 그림 9-4, 그림 9-5)
○ 출토지 : 우산하1041호묘.
○ 형태 : 2점이 출토되었는데, 크기가 다름. 원형의 판임. 두꺼운 철판으로 제작. 중간에 원형 구멍이 있음. 대문 고리(鋪首)의 받침판으로 추정.

⑬ **철제못**(釘)
○ 출토지 : 우산하1041호묘.
○ 형태 : 30점이 출토. 두부(釘帽)가 둥글고 몸체가 짧은 못은 24점이 출토. 두부는 둥글게 부풀어 오른 모양으로, 가운데는 비었음. 길이는 2.5cm 정도임(그림 8-13). 두부와 몸체 모두 방형인 못은 6점이 출토. 아랫부분은 약간 가느다람. 가장 긴 못은 약 11cm임(그림 8-15).

⑭ **철제벽걸이**(挂鈎, 그림 9-2)
○ 출토지 : 우산하1041호묘.
○ 형태 : 2점 출토. 둥근 철사를 구부려서 갈고리형태로 만듦. 뒷쪽 끝의 錘는 횡단면이 방형인 긴 못을 이루고, 원형의 擋頭가 있음. 通溝12號墓의 사례로 볼 때 벽면 상부에 있는 연화문의 중심에 박혀 있었던 것으로 추정.

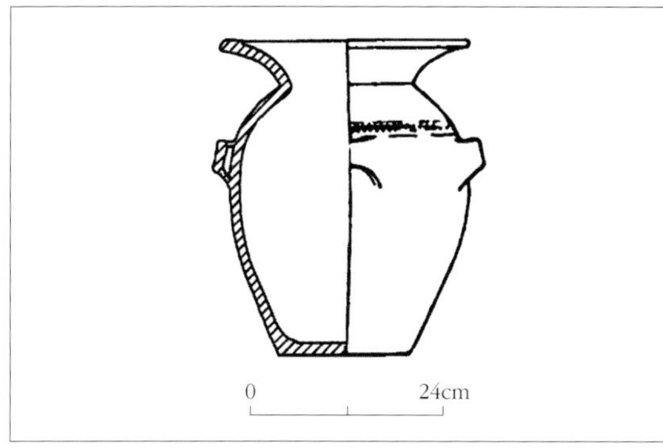

그림 11 우산하1041호묘 출토 호(『考古』 1977-2, 130쪽)

(4) 토기
○ 시유도기편은 꽤 많은 양이 출토되었는데, 모두 니질의 옅은 홍색이고, 황록색 유약을 발라 광택이 나고 밝음. 호(壺) 3점과 부뚜막(陶竈)이 출토

① **호 1**(壺, 그림 11)
○ 출토지 : 우산하1041호묘.
○ 크기 : 높이 40cm, 口徑 32cm, 바닥 직경 17.5cm, 두께 0.9cm.
○ 형태 : 구연은 뻗어 있음(展沿). 구연은 외반됨(侈口). 동체부는 둥그스름함(鼓腹). 바닥은 평평함. 동체부 중간에 대칭하는 가로방향의 손잡이 4개가 있음. 황록색 유약을 바름.
○ 태토 및 색깔 : 니질의 옅은 홍색토기.

② **호 2**(壺)
○ 출토지 : 우산하1041호묘.
○ 형태 : 복원은 불가능. 구연은 뻗어 있음(展沿). 4개의 손잡이가 있음. 황록색 유약을 바름.
○ 태토 및 색깔 : 니질의 옅은 홍색토기.

③ 호3(壺)

○ 출토지 : 우산하1041호묘.

○ 형태 : 복원은 불가능. 구연은 뻗어 있음(展沿). 황록색 유약을 바름.

○ 태토 및 색깔 : 니질의 옅은 홍색토기.

(5) 기타

① 마포잔편(織物殘迹)

○ 출토지 : 우산하1041호묘.

○ 형태 : 진홍색임. 선은 매우 균등함. 날실(經線)이 치밀하고 씨실(緯線)은 드문드문하면서 뚜렷하여 약간 直文임. 조직은 cm^2당 19×11근임. 반원형의 장식편 뒤에 깔려 있던 마포를 제외하고 비교적 큼. 한 마포는 3층으로 이루어져 있고, 위쪽에는 擋頭로 사용한 동제의 작은 圈이 있는데, 받침판으로 이용한 것임. 찰갑편에도 가느다란 직물 흔적이 남아 있는데, 평균 cm^2당 약31×30근으로 일종의 견직물로 추정.

② 칠피잔편(漆皮殘片)

○ 출토지 : 우산하1041호묘.

○ 형태 : 대부분 주홍색이 발라져 있고, 일부는 짙은 갈색임. 작은 편 하나만 깊은 갈색 바탕에 주홍색 칠이 더해져 있음. 두 색이 교접하는 지점은 평평하고 가지런한 선이 나타남. 문양 혹은 그림은 확인되지 않음. 이들 칠피잔편은 원래 관곽의 옷칠이었던 것으로 추정.

③ 인골

○ 출토지 : 우산하1041호묘의 묘실 앞부분에 쌓여 있는 삼합토.

○ 형태 : 발바닥뼈, 손가락뼈, 팔다리뼈, 머리뼈 등이 출토.

2) 2008년 출토유물

○ 유물은 주로 묘문에서 가까운 길이 3.5m의 묘도, 그 바깥의 묘실 도굴퇴적, 북측 계단의 고분이 붕괴된 퇴적에서 출토됨.

○ 금동기, 동기, 철기, 토기 등 모두 395점이 출토됨. 그 중 철기가 주를 이루고, 철기 중에서도 찰갑편이 가장 많이 출토됨. 시유도기와 암키와는 소량의 잔편만이 보임.

(1) 금기

○ 수량은 비교적 적으며, 금실(金絲) 2단만 출토됨. 08JYM1041:55는 직경이 0.03mm에 못 미침. 표면은 고르지 않음. 좁고 얇은 금편을 꼬아서 제작. 길이는 짧은 것이 2.5cm, 긴 것은 약 4cm임(그림 12-1).

(2) 금동기

○ 총 37점이 출토. 동에 금을 씌운 것(銅鎏金器)과 철에 금을 씌운 것(鐵鎏金器)으로 양분됨. 대다수 장식품임. 동류금기로는 사미(鉈尾), 보요식(步搖飾), 대금구과판(帶銙), 포정(泡釘), 장방형부속품(長方形構件) 등이 있고, 철류금기는 형태를 알 수 없는 2점이 있음.

○ 사미(鉈尾)는 7점이 출토되었고, 모두 완형임. 하나의 편으로서 한쪽 면이 도금. 두 유형으로 나눌 수 있음. A형은 4점임. 평면은 반원형에 가까움. 위에는 3개의 연결못(鉚釘)이 삼각으로 분포하고 있고, 크기는 차이가 남. B형은 3점임. 평면은 정방형이고, 네 모서리에 각각 한 개의 연결못이 있음.

○ 운주(步搖飾)는 25점이 출토되었는데, 2점은 완형이고 나머지는 일부만 남아 있음. 형태는 대체로 동일하지만 크기가 다르고, 표면은 도금함. 화판형의 동체부(銅泡飾), 원형의 管, 요엽을 동실로 연결하여 제작. 관의 끝부분은 구부려서 둥근 구멍을 만들었고, 구멍에는 알모양의 요엽이 달려 있음. 동실 하단은 밖으로 꺾어 平脚을 이루고 있고, 안에는 骨質의 원형 擋片이

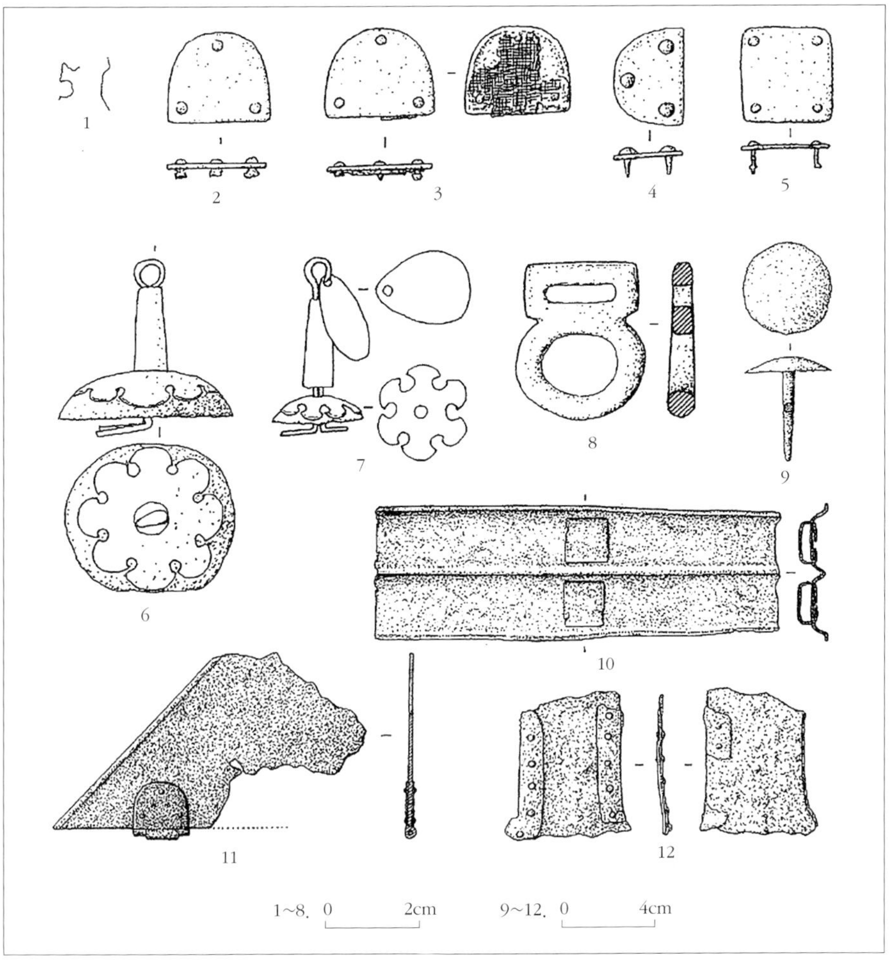

그림 12 우산하1041호묘 출토 금기와 금동기
(『邊疆考古研究』 9, 394쪽)
1. 금실
2~5. 금동제사미
6~7. 금동제운주
8. 금동제대금구과판
9. 금동세보성
10. 금동제장방형부속품
11~12. 금동기

있음.

○ 대금구과판(帶銙), 못(泡釘), 장방형부속품(長方形構件) 등은 각각 1점이 출토됨.

① **금동제사미** 1(鉈尾, 08JYM1041 : 29, **그림** 12-2)

○ 출토지 : 우산하1041호묘.

○ 크기 : 바닥 변 길이 2.2cm, 두께 0.1cm, 못 두부(釘帽) 직경 0.2cm, 길이 0.4cm.

○ 형태 : A형임.

② **금동제사미** 2(鉈尾, 08JYM1041 : 30, **그림** 12-3)

○ 출토지 : 우산하1041호묘.

○ 크기 : 바닥 변 길이 2.3cm, 두께 0.1cm, 못 두부(釘帽) 직경 0.2cm, 길이 0.4cm.

○ 형태 : A형. 배면에 가로세로로 교차하는 검붉은색의 織文이 있는데, 布帶가 썩은 후에 남은 무늬임.

③ **금동제사미** 3(鉈尾, 08JYM1041 : 51, **그림** 12-4)

○ 출토지 : 우산하1041호묘.

○ 크기 : 바닥 변 길이 2cm, 두께 0.1cm, 못 두부(釘帽) 직경 0.2cm, 길이 0.6cm.

○ 형태 : A형.

④ **금동제사미** 4(鉈尾, 08JYM1041 : 8, **그림** 12-5)

○ 출토지 : 우산하1041호묘.

○ 크기 : 한 변 길이 2cm, 두께 0.1cm, 못 두부(釘帽)

직경 0.2cm, 길이 0.6cm.
○ 형태 : B형.

⑤ **금동제운주 1**(步搖飾, 08JYM1041:56, **그림** 12-7)
○ 출토지 : 우산하1041호묘.
○ 크기 : 전체 길이 5cm, 요엽 길이 2cm, 骨片 직경 2cm, 화엽 직경 2cm, 원추형 管 길이 1.8cm, 직경 0.6cm.
○ 형태 : 아랫단은 6판 장식임.

⑥ **금동제운주 2**(步搖飾, 08JYM1041:57, **그림** 12-6)
○ 출토지 : 우산하1041호묘.
○ 크기 : 전체 길이 3.8cm, 骨片 직경 3.7cm, 화엽 직경 3.1cm, 원추형 管 길이 1.8cm, 직경 0.8cm.
○ 형태 : 비교적 큼. 바닥은 8판형의 장식임. 꼭대기의 요엽은 결실.

⑦ **금동제대금구과판**(帶銙, 08JYM1041:14, **그림** 12-8)
○ 출토지 : 우산하1041호묘.
○ 크기 : 전체 길이 3.4cm, 너비 2.8cm, 두께 0.6cm, 장방형 구멍(穿) 길이 1.5cm, 너비 0.4cm, 둥근고리(環) 內徑 1.6×1.2cm.
○ 형태 : 주조품임. 전체를 도금. 상부는 장방형의 구멍이고, 하부는 둥근고리 형태임. 두껍고 무거움.

⑧ **금동제포정**(泡釘, 08JYM1041:69, **그림** 12-9)
○ 출토지 : 우산하1041호묘.
○ 크기 : 전체 길이 4.4cm, 못 두부(釘帽) 직경 3.9cm, 길이 3.8cm.
○ 형태 : 두부는 원형이고 볼록하게 솟아 있으며 도금됨. 몸체(釘身)는 원추형임.

⑨ **장방형부속품**(長方形構件, 08JYM1041:70, **그림** 12-10)
○ 출토지 : 우산하1041호묘.
○ 크기 : 길이 17.6cm, 너비 5.7cm, 두께 0.2cm, 耳변 길이 1.9cm.
○ 형태 : 평면은 장방형임. 鍛制임. 세로방향으로 평행한 두 줄이 한 측으로 돌출. 두 줄의 정중앙에는 각각 방형의 耳가 있음. 볼록한 면 한쪽만 도금. 용도는 불명확함.

⑩ **금동기 1**(鐵鎏金器, 08JYM1041:20, **그림** 12-11)
○ 출토지 : 우산하1041호묘.
○ 크기 : 측면 길이 약 12cm, 바닥 길이 7cm, 두께 0.6cm, 折頁片 길이 2.4cm, 연결못(鉚釘) 직경 0.2cm.
○ 형태 : 부식이 심하고 한쪽 모서리만 남아 있음. 측변은 더욱 두꺼움. 바닥변에는 A형 사미(鉈尾)와 유사한 형태의 折頁이 연결되어 있고, 절혈편 위에 있는 연결못(鉚釘) 3개가 몸체를 연결. 연결못의 두부(釘帽)는 원형이고 도금됨. 절혈 하부는 파손되었는데, 원추형 軸孔이 남아 있음.

⑪ **금동기 2**(鐵鎏金器, 08JYM1041:52, **그림** 12-12)
○ 출토지 : 우산하1041호묘.
○ 크기 : 남은 길이 약 6.2cm, 몸체 최고너비 약 5.7cm, 두께 약 0.2cm, 못(釘) 직경 0.2cm.
○ 형태 : 양단이 모두 파손됨. 장방형에 가깝고, 한쪽 끝은 밖으로 벌어짐. 몸체는 세로방향으로 약간 弧를 이룸. 양 측변에 장조형의 철편을 덧대었는데, 연결못(鉚釘)을 밀집적으로 박아 몸체와 철편을 고정함. 연결못은 양 측변에 각각 5점이 남아 있는데, 두부(釘帽)는 원형이고 도금됨. 뾰족한 부분은 대부분 파손되었고, 우측 위의 2점만 잘 남아 있음.

(3) 철기

○ 등자(馬鐙) 1점, 꺾쇠(把鋦) 2점, 철촉(鏃) 3점, 못(釘) 1점, 포정(泡釘) 14점, 편자(鐵掌) 1점, 편자못(掌釘) 2점, 찰갑편(鐵甲片) 328점 등 모두 352점이 출토.

○ 포정(泡釘)은 단제이고 형태는 서로 같음. 전체적으로 짧음. 두부(釘帽)는 원형이고 가운데가 비어 있음.

○ 철제편자못(掌釘) 2점은 크기와 형태가 동일함.

○ 찰갑편(鐵甲片)은 鍛制임. 형태는 정연하며, 가장자리는 매끈함. 각기 다른 수의 구멍이 있음. 평면에 따라 4종류로 나눌 수 있음.

- A형은 모두 226점임. 평면은 장방형이고, 형태와 구멍 수에 따라 6유형으로 세분할 수 있음. Aa형은 177점이고, 그 가운데 46점이 완형임. 측면에서 보면 평평하고 곧음. 상단의 양 모서리는 모죽임을 하면서 사다리꼴임. 양 측변은 평평하고 곧음. 하단은 원호형임. 구멍은 13개가 있는데, 정중앙에 비교적 큰 구멍 1개가 있고, 나머지는 2개가 1조를 이루면서 양측 가장자리에 각각 2조, 상단과 하단에 각각 1조가 있음. Ab형은 20점이고 그 가운데 2점이 완형임. 구멍은 12개가 있음. Aa형과 형태가 동일하지만, 가운데부분에 구멍이 없음. Ac형은 21점이고 모두 파손. 양 측변은 평평하고 곧음. 측면에서 보면 호형임. 가운데부분에 구멍이 없음. Ad형은 6점이고 모두 파손. 양 측변은 평평하고 곧음. 하단은 원호형임. 양 측변 하단에는 세로방향으로 배열된 2개의 구멍이 있음. 하단에는 세로방향으로 배열된 2개의 구멍이 있음. 가운데부분에는 구멍이 없음. 측면에서 보면 'S'자형임. Ae형과 Af형은 각각 1점임.
- B형은 모두 88점임. 평면은 A형과 유사하나, 상대적으로 짧고 넓으며, 상단은 약간 뒤쪽으로 기울어짐. 측면에서 보면 평평하고 곧음. 하단에는 2개의 구멍이 세로방향으로 배열되어 있고, 일부는 상단에 2개의 구멍이 가로방향으로 배열되어 있음. 중앙에는 1개의 구멍이 있거나 혹은 없기도 함. 구멍의 수에 따라 5유형으로 세분할 수 있음. Ba형은 모두 55점이고 그 가운데 42점이 완형임. 구멍은 9개가 있음. 중앙에 있는 1개의 구멍은 큼. 상단, 하단, 양 측변의 가운데부분에는 각각 1조 2개의 구멍이 있음. 규격에 따라 다시 2유형으로 세분할 수 있음. 큰 것은 52점이고 그 가운데 40점이 완형임. 작은 것은 3점이고 그 가운데 2점이 완형임. Bb형은 2점이고 모두 완형인데, 규격에 차이가 있음. 구멍은 8개가 있음. 중앙에 구멍이 없는 것을 제외하면 Ba형과 동일한 위치에 구멍이 있음. Bc형은 17점이고 그 가운데 16점이 완형임. 구멍은 8개가 있음. 중앙과 상단 정가운데 각각에 1개의 구멍이 있고, 하단과 양 측변 가운데부분에는 2개의 구멍이 세로방향으로 배열되어 있음. 중앙의 구멍과 가장자리의 구멍은 크기가 같음. Bd형은 11점이고 그 가운데 8점이 완형임. 구멍은 7개가 있음. 중앙에 구멍이 없는 것을 제외하면 Bc형과 동일한 위치에 구멍이 있음. Be형은 3점이고 모두 파손. 녹으로 인해 엉겨있지만, 원래의 연결형태를 유지하고 있음. 삼각형으로 중첩되어 있는데, 윗열이 아랫열을 누르고 있고 좌측이 우측을 누르고 있음. 구멍 안에는 찰갑편을 연결했던 끈 또는 가죽이 있음. 구멍은 4개가 있음. 상단 양측 모서리에는 각각 1개의 구멍이 있고, 하단에는 2개의 구멍이 세로방향으로 배열되어 있음.
- C형은 11점임. 상단이 비교적 넓고 둔각이등변삼각형을 띰. 양 측변은 약간 비스듬히 호를 이루고, 하단은 원호형임. 구멍 수에 따라 2유형으로 세분할 수 있음. Ca형은 7점임. 구멍은 4개가 있음. 구멍 위치는 Be형과 같은데, 상단 양측 모서리에 각각 1개의 원형 구멍이 있고, 하단에는 2개의 구멍이 세로방향으로 배열되어 있음. 미세한 형태의 차이에 따라 다시 2유형으로 세분할 수 있음. 제1종은 5점이고 그 가운데 3점이 완형임. 약간 가늘고 깂. 상단의 交角 각도는 비교적 크고, 양 측변은 비교적 곧음.

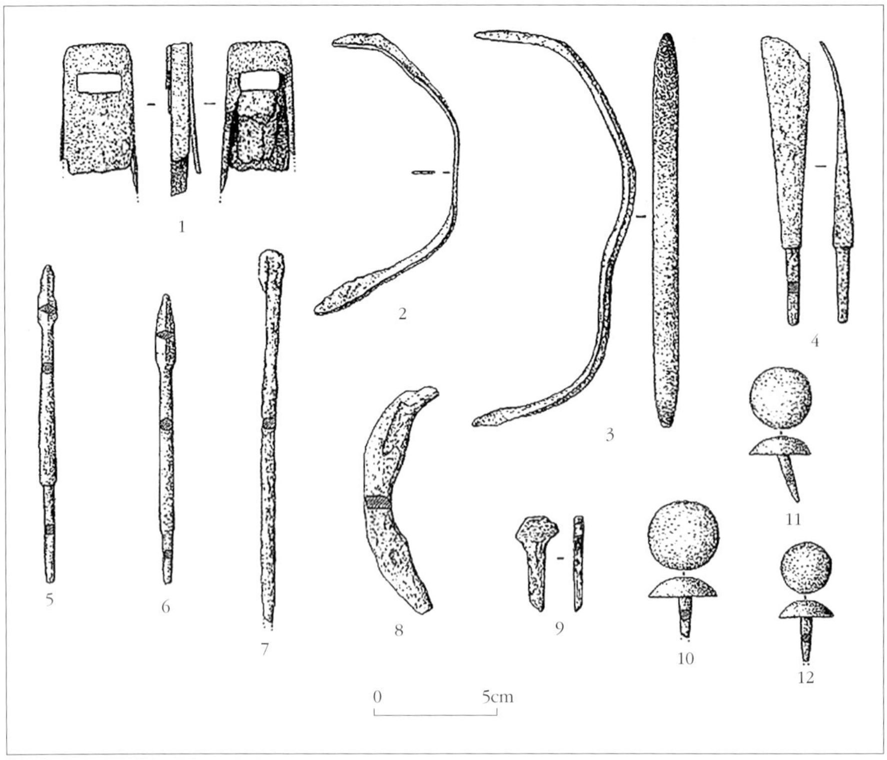

그림 13 우산하1041호묘 출토 철기
(『邊疆考古硏究』 9, 391쪽)
1. 등자 2~3. 꺾쇠
4~6. 철촉 7. 못
8. 편자 9. 편자못
10~12. 포정

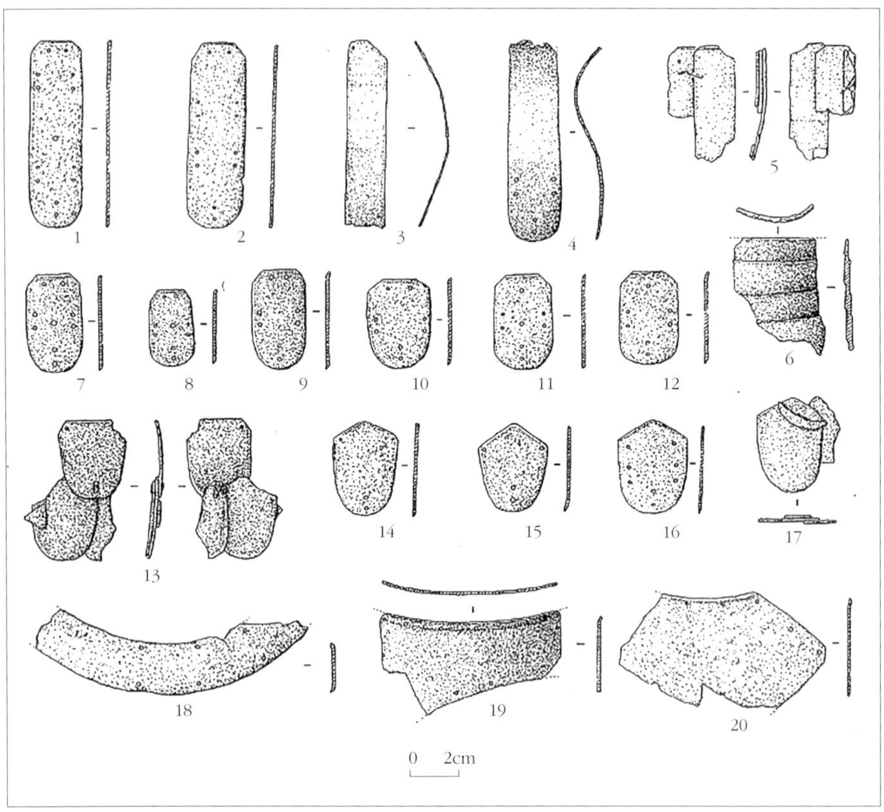

그림 14 우산하1041호묘 출토 철제찰갑편
(『邊疆考古硏究』 9, 392쪽)

제2종은 2점이고 모두 완형임. 상대적으로 짧고 넓으며, 상단의 교각 각도는 비교적 작음. 양 측변은 비교적 기울어짐. Cb형은 1점임.

- D형은 3점임. 異形 찰갑편으로 특수 부위에 사용된 것으로 추정.

① **철제등자**(馬鐙, 08JYM1041:5, 그림 13-1)

○ 출토지 : 우산하1041호묘.

○ 크기 : 남은 길이 약 6.1cm, 자루(柄) 너비 약 2.8cm, 두께 약 1.1cm, 현수공 길이 약 1.7cm, 너비 약 0.7cm.

○ 형태 : 자루만 남아 있음. 현수공은 장방형임. 木芯을 철대가 감싸는 형태이나, 목심은 부패함.

② **철제꺾쇠** 1(把鋦, 08JYM1041:53, 그림 13-2)

○ 출토지 : 우산하1041호묘.

○ 크기 : 길이 11cm, 너비 0.9cm, 두께 약 0.1cm.

○ 형태 : 편평한 철편으로 제작하였고 鍛制임. 약간 손상됨. 몸체는 변형되어 'U'자형을 띰. 뾰족한 부분은 비교적 무딤.

③ **철제꺾쇠** 2(把鋦, 08JYM1041:4, 그림 13-3)

○ 출토지 : 우산하1041호묘.

○ 크기 : 길이 15.3cm, 너비 약 1cm, 두께 약 0.4cm.

○ 형태 : 편평한 철편으로 제작하였고 鍛制임. 약간 손상됨. 몸체는 변형되어 'W'자형을 띰. 뾰족한 부분은 비교적 무딤.

④ **철촉** 1(鏃, 08JYM1041:1, 그림 13-4)

○ 출토지 : 우산하1041호묘.

○ 크기 : 남은 길이 약 11.7cm, 촉신 길이 약 3.1cm, 단면 변 길이 약 0.7cm.

○ 형태 : 鍛制임. 촉두(鏃尖)는 편평한 鏟形이고 모서리 한 부분이 손상되었으며 한 측면은 굽어짐. 촉신은 방형임.

⑤ **철촉** 2(鏃, 08JYM1041:32, 그림 13-5)

○ 출토지 : 우산하1041호묘.

○ 크기 : 전체 길이 약 12.7cm, 촉두(尖) 길이 약 2.5cm, 경부(鋌) 길이 약 3.9cm, 너비 약 0.4cm.

○ 형태 : 鍛制임. 완형임. 촉두는 柳葉形에 가까움. 정중앙에 세로방향의 脊이 일어나 있고, 양 측면 날부분은 오목하게 손상됨. 촉신 단면은 원형이고, 경부는 방형임.

⑥ **철촉** 3(鏃, 08JYM1041:63, 그림 13-6)

○ 출토지 : 우산하1041호묘.

○ 크기 : 길이 약 11.6cm, 촉두(尖) 길이 3cm, 경부(鋌) 길이 약 2cm, 직경 약 0.5cm.

○ 형태 : 鍛制임. 완형임. 촉두는 柳葉形에 가까움. 정중앙에 세로방향의 脊이 일어나 있음. 촉신 단면은 원형이고, 경부는 원형임.

⑦ **철제못**(釘, 08JYM1041:61, 그림 13-7)

○ 출토지 : 우산하1041호묘.

○ 크기 : 남은 길이 약 15cm, 몸체(釘身) 단면 변 길이 약 0.5cm.

○ 형태 : 뾰족한 부분은 손상됨. 몸체 단면은 원각방형임. 윗부분은 반으로 접혀 모자형태를 띠고 있음.

⑧ **철제포정** 1(泡釘, 08JYM1041:2-1, 그림 13-10)

○ 출토지 : 우산하1041호묘.

○ 크기 : 두부(帽) 직경 약 2.8cm, 높이 약 0.8cm, 전체 남은 길이 약 2cm.

○ 형태 : 뾰족한 부분은 약간 손상됨.

⑨ **철제포정** 2(泡釘, 08JYM1041:38-1, 그림 13-11)

○ 출토지 : 우산하1041호묘.

○ 크기 : 두부(帽) 직경 약 2.5cm, 높이 약 0.7cm, 전체 남은 길이 약 2.1cm.

○ 형태 : 완형임.

⑩ 철제포정 3(泡釘, 08JYM1041:3-1, **그림** 13-12)
○ 출토지 : 우산하1041호묘.
○ 크기 : 두부(帽) 직경 약 2.1cm, 높이 약 0.7cm, 전체 남은 길이 약 2.3cm.
○ 형태 : 뾰족한 부분은 약간 손상됨.

⑪ 철제편자(鐵掌, 08JYM1041:65, **그림** 13-8)
○ 출토지 : 우산하1041호묘.
○ 크기 : 남은 길이 약 9.2cm, 너비 약 1.5cm, 두께 약 0.5cm.
○ 형태 : 부식이 심함. 평면은 반월형임. 위에 2개의 장방형 못구멍(釘孔)이 있음. 못구멍이 있는 곳은 약간 밖으로 볼록함.

⑫ 철제편자못(掌釘, 08JYM1041:68, **그림** 13-9)
○ 출토지 : 우산하1041호묘.
○ 크기 : 두부(頂) 너비 약 1.6cm, 두께 약 0.4cm, 못(釘) 길이 약 3.8cm.
○ 형태 : 둥그런 두부를 갖춘 추형임.

⑬ 철제찰갑편 1(鐵甲片, 08JYM1041:42-1, **그림** 14-1)
○ 출토지 : 우산하1041호묘.
○ 크기 : 길이 약 7.4cm, 너비 2.1cm, 두께 0.1cm.
○ 형태 : Aa형.

⑭ 철제찰갑편 2(鐵甲片, 08JYM1041:43-1, **그림** 14-2)
○ 출토지 : 우산하1041호묘.
○ 크기 : 길이 약 7.2cm, 너비 약 2.2cm, 두께 약 0.1cm.
○ 형태 : Ab형.

⑮ 철제찰갑편 3(鐵甲片, 08JYM1041:44, **그림** 14-3)
○ 출토지 : 우산하1041호묘.
○ 크기 : 남은 길이 약 7.4cm, 너비 약 1.6cm, 두께 약 0.1cm.
○ 형태 : Ac형. 상·하단 모두 파손. 상부 한쪽에는 1개의 구멍, 하단에는 가로방향으로 배열된 2개의 구멍이 남아 있음.

⑯ 철제찰갑편 4(鐵甲片, 08JYM1041:16-1, **그림** 14-4)
○ 출토지 : 우산하1041호묘.
○ 크기 : 남은 길이 약 7.6cm, 너비 약 2cm, 두께 약 0.1cm.
○ 형태 : Ad형. 상단은 파손되었고, 가로방향으로 배열된 2개의 구멍이 남아 있음.

⑰ 철제찰갑편 5(鐵甲片, 08JYM1041:21, **그림** 14-6)
○ 출토지 : 우산하1041호묘.
○ 크기 : 길이 약 4.6cm, 너비 약 3.4cm, 두께 약 0.2cm.
○ 형태 : Ae형. 파손되고 부식이 심함. 구멍 수는 불명확한데, 중앙에 구멍은 없는 것으로 추정. 측면에서 보면 호형인데, 굽은 정도는 비교적 큼. 4개의 찰갑편이 긴 변에 중첩되어 있는데, 원호형임.

⑱ 철제찰갑편 6(鐵甲片, 08JYM1041:54, **그림** 14-5)
○ 출토지 : 우산하1041호묘.
○ 크기 : 남은 길이 약 4.6cm, 너비 약 2.7cm, 두께 약 0.5cm.
○ 형태 : Af형. 3개의 찰갑편이 중첩되어 있는데, 파손되고 부식이 심함. 하부는 측면에서 보면 內弧形임. 상단 양 모서리는 모죽임되면서 사다리꼴임. 양 측변은 평평하고 곧음. 한 측변에는 세로방향으로 배열된 2개의 구멍이 남아 있음. 하단의 2개 구멍에는 찰갑편을 연결했던 끈이 남아 있음.

⑲ 철제찰갑편 7(鐵甲片, 08JYM1041:34, **그림** 14-7)
○ 출토지 : 우산하1041호묘.

○ 크기 : 길이 약 3.9cm, 너비 약 2.1cm, 두께 약 0.1cm.

○ 형태 : Ba형 가운데 상대적으로 큰 찰갑편임.

⑳ **철제찰갑편** 8(鐵甲片, 08JYM1041 : 23, **그림** 14-8)

○ 출토지 : 우산하1041호묘.

○ 크기 : 길이 약 3cm, 너비 1.8cm, 두께 약 0.1cm.

○ 형태 : Ba형 가운데 상대적으로 작은 찰갑편임.

㉑ **철제찰갑편** 9(鐵甲片, 08JYM1041 : 35, **그림** 14-9)

○ 출토지 : 우산하1041호묘.

○ 크기 : 길이 약 4cm, 너비 약 2.2cm, 두께 약 0.1cm.

○ 형태 : Bb형 가운데 상대적으로 길고 가느다람.

㉒ **철제찰갑편** 10(鐵甲片, 08JYM1041 : 6, **그림** 14-10)

○ 출토지 : 우산하1041호묘.

○ 크기 : 길이 약 3.6cm, 너비 약 2.6cm, 두께 약 0.1cm.

○ 형태 : Bb형 가운데 상대적으로 짧고 넓음.

㉓ **철제찰갑편** 11(鐵甲片, 08JYM1041 : 36, **그림** 14-11)

○ 출토지 : 우산하1041호묘.

○ 크기 : 길이 약 3.7cm, 너비 약 2.3cm, 두께 약 0.1cm.

○ 형태 : Bc형.

㉔ **철제찰갑편** 12(鐵甲片, 08JYM1041 : 37, **그림** 14-12)

○ 출토지 : 우산하1041호묘.

○ 크기 : 길이 약 3.6cm, 너비 약 2.3cm, 두께 약 0.1cm.

○ 형태 : Bd형.

㉕ **철제찰갑편** 13(鐵甲片, 08JYM1041 : 46, **그림** 14-13)

○ 출토지 : 우산하1041호묘.

○ 크기 : 찰갑편 한 개 길이 약 3.1cm, 남은 너비 약 2.8cm, 두께 약 0.1cm.

○ 형태 : Be형.

㉖ **철제찰갑편** 14(鐵甲片, 08JYM1041 : 10, **그림** 14-14)

○ 출토지 : 우산하1041호묘.

○ 크기 : 길이 3.5cm, 너비 2.5cm, 두께 약 0.1cm.

○ 형태 : Ca형 가운데 제1종.

㉗ **철제찰갑편** 15(鐵甲片, 08JYM1041 : 33, **그림** 14-15)

○ 출토지 : 우산하1041호묘.

○ 크기 : 길이 3.4cm, 너비 2.5cm, 두께 약 0.1cm.

○ 형태 : Ca형 가운데 제2종.

㉘ **철제찰갑편** 16(鐵甲片, 08JYM1041 : 7, **그림** 14-16)

○ 출토지 : 우산하1041호묘.

○ 크기 : 길이 3.7cm, 너비 2.7cm, 두께 약 0.1cm.

○ 형태 : Cb형. 구멍은 8개가 있음. 하단 정중앙에는 2개의 구멍이 세로방향으로 배열되어 있고, 양 측변에는 각각 3개의 구멍이 세로방향으로 배열되어 있음.

㉙ **철제찰갑편** 17(鐵甲片, 08JYM1041 : 48, **그림** 14-17)

○ 출토지 : 우산하1041호묘.

○ 크기 : 찰갑편 한 개 길이 약 3.8cm, 남은 너비 2.7cm, 두께 약 0.1cm.

○ 형태 : C형. 부식된 찰갑편으로 파손됨. 3점의 철갑편이 연결되어 있는데, 윗열이 아랫열을 누르고 있고 좌측이 우측을 누르고 있음. 찰갑편의 상단은 삼각형, 하단은 원호형을 띠면서 Cb형과 유사. 부식이 심하여 구멍 수를 판별하기 어려움.

㉚ **철제찰갑편** 18(鐵甲片, 08JYM1041 : 27, **그림** 14-18)

○ 출토지 : 우산하1041호묘.

○ 크기 : 남은 길이 약 10.9cm, 너비 약 2cm, 두께 약

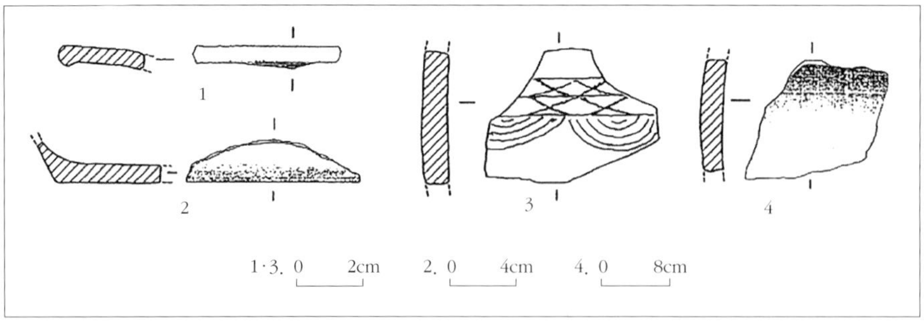

그림 15 우산하1041호묘 출토 토기와 기와
(『邊疆考古硏究』 9, 396쪽)
1. 토기 구연부
2. 토기바닥
3. 시유도기편
4. 암키와

0.1cm.

○ 형태 : D형. 평면은 원호형임. 양단은 파손됨. 양 측변 가장자리에는 각각 3개의 구멍이 대칭하고 있음.

㉛ **철제찰갑편** 19(鐵甲片, 08JYM1041:60, 그림 14-19)

○ 출토지 : 우산하1041호묘.

○ 크기 : 남은 길이 약 7.5cm, 최고너비 약 3.9cm, 두께 약 0.1cm.

○ 형태 : D형. 평면은 불규칙형임. 위·아래의 긴 변은 원호형을 띠며, 양단은 파손됨. 세로방향의 弧曲이 있음. 한쪽 긴 변은 약간 두꺼우며, 가장자리에는 일정한 간격으로 6개의 구멍이 있음. 다른 한 쪽의 긴 변 가장자리에는 2개의 구멍이 남아 있음.

㉜ **철제찰갑편** 20(鐵甲片, 08JYM1041:15, 그림 14-20)

○ 출토지 : 우산하1041호묘.

○ 크기 : 남은 길이 약 8.3cm, 남은 너비 약 4.5cm, 두께 약 0.1cm.

○ 형태 : D형. 평면은 부채꼴에 가까움. 반만 남아 있음. 한 측의 짧은 변은 보다 두껍고 원호형을 띰. 인접한 다른 한측 가장자리는 가공하여 정연하고, 보다 두꺼운 원호형의 변 둔각과 접함. 두 변에 5개의 원형 구멍이 남아 있음.

(4) 토기

○ 18점이 출토되었는데, 모두 황록색 시유도기 잔편으로 니질의 홍색임. 유약이 발라진 면은 광택이 남. 물레질로 제작. 구연과 토기바닥을 판별할 수 있음.

① **토기 구연부**(08JYM1041 標:1, 그림 15-1)

○ 출토지 : 우산하1041호묘.

○ 크기 : 구순(脣) 두께 0.6cm.

○ 형태 : 구연은 평평하게 꺾여 있음(平折沿). 구순은 각이 짐(方脣). 구순부분은 보다 두툼함.

② **토기바닥**(08JYM1041 標:2, 그림 15-2)

○ 출토지 : 우산하1041호묘.

○ 크기 : 남은 높이 3cm, 바닥 두께 1cm.

○ 형태 : 바닥은 평평하고 비교적 두꺼움.

○ 태토 및 색깔 : 니질의 홍갈색토기.

③ **시유도기편**(08JYM1041 標:6, 그림 15-3)

○ 출토지 : 우산하1041호묘.

○ 크기 : 두께 약 0.8cm.

○ 형태 : 윗부분에는 교착꺾은선(交錯折線), 아랫부분에는 원호문이 있음.

○ 태토 및 색깔 : 니질의 홍갈색토기.

(5) 기와

○ 7점이 출토. 모두 묘도 서단의 서쪽 계단에 인접한 강자갈이 섞여 있는 흑토층에서 수습됨. 모두 암키와 잔편으로 회색이고, 소성온도는 매우 높으며, 단단함.

배면에는 무늬가 없고, 내면에는 布文이 있음. 측면은 광택이 남. 瓦端이 없는 등 형태가 불명확함.

① **암키와편**(08JYM1041 標:5, **그림** 15-4)
○ 출토지 : 우산하1041호묘.
○ 크기 : 두께 약 2.7cm.
○ 형태 : 두껍고 무거움.

7. 역사적 성격

1) 축조연대

○ 4세기 중~말엽 설 : 벽화내용의 배치는 통구12호묘와 유사하고 출토된 등자는 朝陽 袁臺子墓에서 출토된 것과 유사함. 이를 감안하면 축조 시기는 4세기 중~말엽으로 추정(方起東·劉萱堂, 2002).
○ 5세기대 설 : 호(壺)와 마구의 특징을 볼 때 5세기대에 축조된 것으로 추정(魏存成, 1994).
○ 5세기 중엽 설 : 묘실의 평면구조, 장벽 아래의 기초석, 천장석 바깥 처마의 가느다란 홈 등은 장군총의 배장묘와 유사. 다만 구조에 있어서 정교함이 더해졌고 묘실 바닥부는 지표보다 높지 않음(고구려 전·중기 묘의 석실 혹은 묘광의 대부분은 지표보다 높고, 중기 이후의 석실 대부분은 지표와 같음). 장군총의 배장묘는 5세기 초엽에 축조된 것으로 추정되는데, 구조를 감안하면 우산하1041호묘의 축조 시기는 장군총의 배장묘보다 이르지 않음. 벽화 배치, 도안과 풍격 등을 보면 통구12호묘 및 마선구1호묘와 거의 같음. 그리고 출토된 유물을 보면 마선구1호묘에서 출토된 것과 대부분 비슷함. 이를 감안하면 우산하1041호묘는 5세기 중엽에 축조된 것으로 추정됨. 한편 5세기 중엽에 축조되었을 것으로 추정되는 고구려 고분을 살펴보면, 봉분은 돌을 쌓아 조성하는 전통적인 방식을 채용하며(내부구조는 변화가 있음) 농후한 보수성을 보이는 반면, 고분 벽화는 유행을 따르고 있음. 이러한 모순 같은 현상은 신구 교체과정에 있어 필연적인 산물임. 일부 학자는 적석묘와 봉토묘의 축조 시기가 달랐다고 보고 적석묘시기와 봉토묘시기로 나누었는데(池內宏, 1938), 우산하1041호묘를 보면 완전히 부합하지 않음을 알 수 있음(吉林省博物館文物工作隊, 1977).
○ 5세기 후엽 설 : 우산하1041호묘는 계단적석석실벽화묘로서 고분 계단 아래는 거석에 홈을 내어 기초로 삼았고, 계단석은 거대하고 정연하며, 고분 밖에는 강자갈을 깐 묘역이 있음. 형태의 완비, 제작의 정교, 미관 등은 장군총과 제1호 배장묘에 견줄만함. 고분 계단 아래에 계단 기초석을 마련하였고 돌 사이의 틈을 굵은 모래로 메움으로써 구조상 더욱 견고해짐에 따라 護墳石이 필요하지 않게 되었고 또한 계단 위에도 봉석이 보이지 않게 됨. 고분내에 돌을 채우고 굵은 모래로 틈을 메우는 방식은 전통적인 적석묘의 채움방식과 근본적으로 다른 것으로 진일보한 면모를 보여줌. 또한 전통적인 적석묘에서는 묘실이 분구 위에 위치하는 데 반해 봉토석실묘에서는 묘실이 지표와 근접한 지점에 위치하는데, 우산하1041호묘에는 지표와 가까운 지점에 묘실이 있음. 상술한 우산하1041호묘의 구조상 특징들은 계단적석석실묘의 극치 발전 속에서 봉토석실묘의 영향을 받았음을 보여줌. 이를 감안하면 우산하1041호분은 축조 시기는 장군총1호 배장묘보다 늦은 5세기 후엽이라고 볼 수 있음(吉林省文物考古研究所·集安博物館, 2010).
○ 한편 입식부운주, 등자, 손잡이가 4개 달린 호(壺) 등의 유물을 통해 축조 시기를 추정할 수 있음. 입식부운주를 보면 요엽이 한 매이고, 본체부와 입주는 花形이며, 본체부는 골제의 원형 얇은 편으로 퇴화하는 모습을 보이는데, 운주 변천상 가장 늦은 시기에 해당. 등자는 병부가 짧고 답수부 너비가 넓으며 재질이 금속인데, 제작 하한은 5세기 후반으로 추정할 수 있음. 호는 동체부가 비교적 가늘고 길며 목(頸)이 짧은데, 5세기

후반~5세기 말에 제작된 것으로 추정됨. 유물을 통해서도 우산하1041호묘가 5세기 후반에 축조되었음을 알 수 있는 것임(趙俊杰·馬健, 2014).

참고문헌

- 池內宏·梅原末治, 1938,『通溝』上, 日滿文化協會.
- 吉林省博物館文物工作隊, 1977,「吉林集安兩座高句麗墓」,『考古』1977-2.
- 吉林省文物志編委會, 1984,『集安縣文物志』.
- 魏存成, 1994,『高句麗考古』, 吉林大學出版社.
- 吉林省文物考古研究所·集安市博物館, 2002,『洞溝古墓群-1997年調査測繪報告』, 科學出版社.
- 方起東·劉萱堂, 2002,「集安下解放第31號高句麗壁畵墓」,『北方文物』2002-3.
- 孫仁杰·遲勇, 2007,『集安高句麗墓葬』, 香港亞洲出版社.
- 耿鐵華, 2008,『高句麗古墓壁畵研究』, 吉林大學出版社.
- 전호태, 2009,「고구려 집안권 벽화고분의 현황과 과제」,『울산사학』14.
- 吉林省文物考古研究所·集安博物館, 2010,「2008年集安市洞溝古墓群考古發掘報告」,『邊疆考古研究』9.
- 王志剛, 2010,「集安市五座高句麗墓葬」,『中國考古學年鑑(2009)』.
- 趙俊杰·馬健, 2014,「集安禹山41號高句麗壁畵墓的時代」,『考古與文物』2014-1.

04	집안 우산하1894호묘 : 통구12호묘 集安 禹山下1894號墓 : 通溝12號墓 | JYM1894

1. 조사현황

1) 중국정부 수립 전

○ 조사내용 : 通化 - 集安 간 철로를 공사할 때 일본인들이 실측하면서 '112號'라고 편호하는데, 이후 '通溝12號墓'라고 부름.

2) 1937년

○ 조사기간 : 1937년 6월.

○ 조사자 : 黑田源次.

○ 조사내용 : 벽화 중에 마굿간이 있기 때문에 '馬槽墓'라고 불렀음. 자질구레한 내용만 보고하고 자료를 공개하지 않음. 묘문이 열리면서 벽화가 파괴됨.

3) 1950년

○ 조사내용 : 재조사.

4) 1956년

○ 조사기간 : 1956년 봄.

○ 조사기관 : 集安縣文化科.

○ 조사내용 : 봉토에 흙을 북돋아주고, 묘문을 봉쇄.

5) 1957년

○ 조사기간 : 1957년 4월.

○ 조사기관 : 吉林省博物館.

○ 조사자 : 王承禮, 周健鵬, 曲紹伯, 蘇才.

○ 조사내용 : 전체 벽화묘를 조사할 때 조사대상에 포함됨.

6) 1962년

○ 조사기간 : 1962년 4월.

○ 조사기관 : 길림성박물관, 集安縣文管所.

○ 조사내용 : 무덤에 대한 조사와 실측, 벽화 모사가 이루어짐.

7) 1962년

○ 조사기간 : 1962년 5월.

○ 조사기관 : 吉林省博物館 集安考古隊, 集安縣文物管理所.

○ 조사내용 : 무덤에 대한 유지보수 작업 진행.

8) 1962년

○ 조사기간 : 1962년 6~8월.

○ 조사기관 : 길림성박물관 집안고고대, 집안현문물관리소.

○ 조사자 : 王承禮, 方起東, 韓淑華, 劉萱堂.

○ 조사내용 : 무덤에 대한 조사와 실측, 벽화 모사가 이루어짐.

9) 1962년

○ 조사기간 : 1962년 8월.

○ 조사기관 : 길림성박물관 집안고고대.

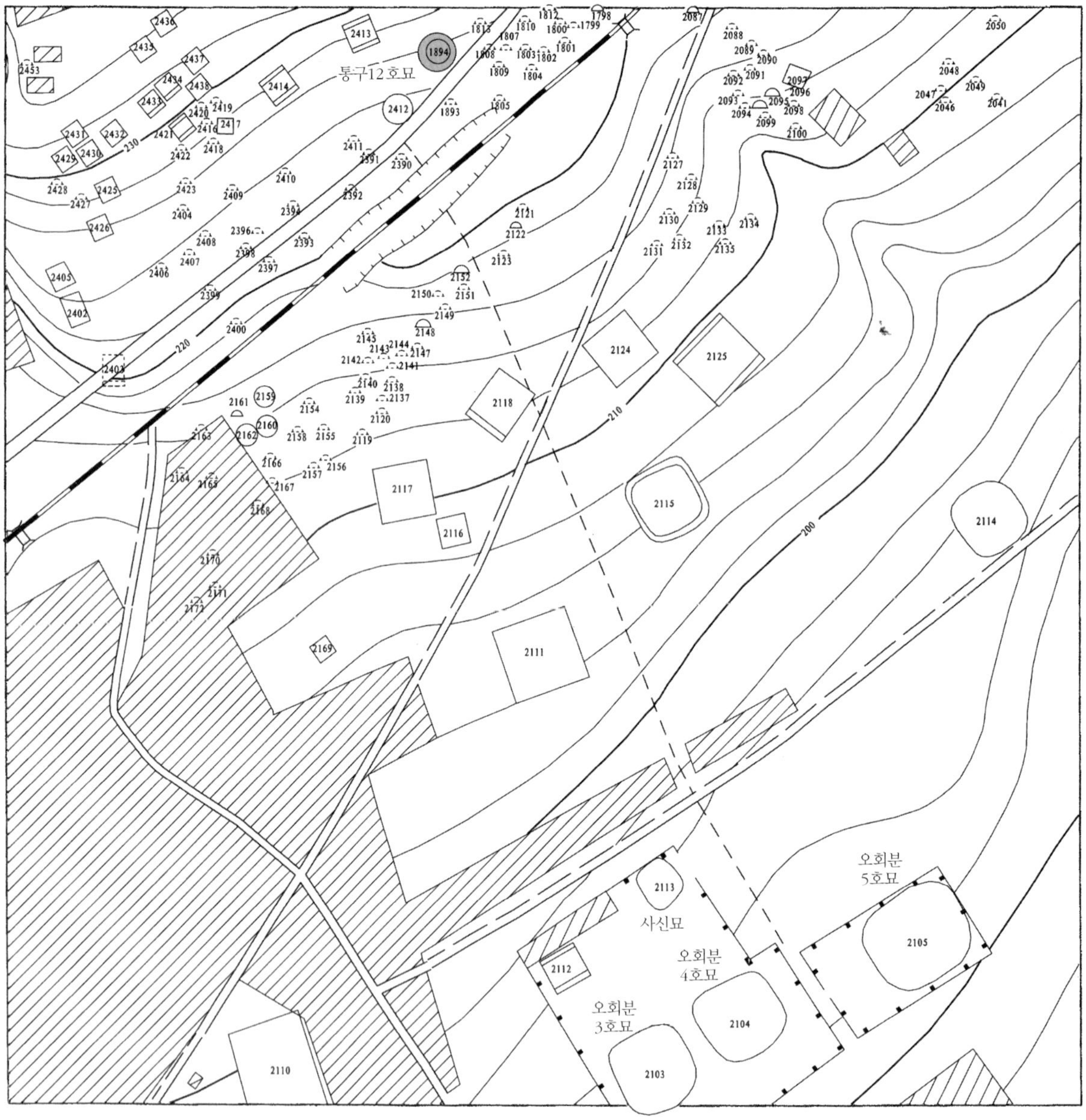

그림 1 통구12호묘 위치도(『洞溝古墓群－1997年調査測繪報告』, 209쪽)

○ 조사자 : 王大維, 李超雄, 劉萱堂.

○ 조사내용 : 벽화 조사 및 모사.

10) 1964년

○ 조사기간 : 1964년 봄.

○ 조사내용 : 봉토에 흙을 북돋아줌.

11) 1966년

○ 조사내용 : 通溝古墳群에 대한 실측조사 때 '禹山墓區1894號墓(JYM1894)'로 편호.

12) 1977년

○ 조사내용 : 보수 및 벽화에 대한 화학보존 처리 진행.

13) 1997년

○ 조사기간 : 1997년 5월.

○ 조사기관 : 集安市文物保管所.

○ 조사내용 : 묘문 등 보수. 실측작업 실시.

2. 위치와 자연환경(그림 1)

1) 고분의 위치

○ 集安 禹山下古墳群 중부에 위치.

○ 통구평야 중부 禹山 남쪽 기슭의 평평하고 완만한 지대에 위치.

2) 고분의 주변환경

○ 남쪽에 集通도로와 철로가 있고, 철로 너머 약 460m 떨어진 지점에 五盔墳 4·5號墓가 있음.

○ 북쪽으로 약 300m 떨어진 지점에 우산이 있음.

○ 북면에 封土墓 4기가 연이어 있고(일직선상으로 두 번째 묘가 散蓮花墓임) 동쪽에는 세로방향으로 소형 묘 3기가 있는데, 마치 통구12호묘를 둘러싸고 있는 듯한 배치임. 서방과 남방에 각각 1기의 方壇積石墓가 있음. 서남쪽에 다시 1기의 봉토묘가 있음.

3. 고분의 현황

1) 고분 명칭의 변천

○ 중국정부 수립 전 일본인들이 철로공사를 할 때 '112號'라고 편호하고, '通溝12號墓'라고 불렀음.

○ 1937년 黑田源次가 벽화를 조사하면서 마굿간 그림을 보고 '馬槽墓'라 불렀음.

○ 1966년 통구고분군에 대한 실측 때 '禹山墓區 1894號墓(JYM1894)'로 편호.

○ 集安西岡12號雙室墳, 西崗122號墳, 通溝20號墳, 通溝連室古墳 등으로도 불림.

2) 고분 형식

(1) 유형

有壇封土石室壁畵墓.

(2) 분구 규모

○ 王承禮·韓淑華(1964) : 둘레 90여 m, 높이 4.6m.

○ 吉林省文物考古研究所·集安市博物館(2002) : 한 변 길이 16m, 높이 8m.

3) 고분 구조(그림 2)

○ 원래 외형은 截頭方錐形임.

○ 봉토는 황색 점토임.

○ 봉토 주위의 아랫면에 약간 가공을 거친 돌 9개가 둘러져 있는데, 돌은 1×1×2m 정도임. 將軍塚과 太王陵 주위에 있는 護墳石과 동일함.

○ 묘문은 서향으로 방향은 262°임(각 무덤칸의 방향은 남으로 8° 기운 서향).

○ 시면, 벽, 고임친장, 각은 말각석, 천장석 등으로 구축.

○ 묘실은 남실과 북실로 이루어져 있음. 각각 묘문과 연도가 있고, 연도는 평행함.

(1) 남실

① 묘실

○ 크기가 같지 않은 돌로 축조했고, 안에는 석회를 발랐음. 석회 표면에 아교(膠)와 유사한 물질을 발라서 광택을 내고 내구성을 오래 유지하고자 함.

○ 평면은 정방형으로 동벽 길이 3.38m, 남벽 길이 3.52m, 북벽 3.54m, 서벽 길이 3.47m임.

○ 네 벽은 높이가 1.72m이고, 안으로 기울어져 있음.

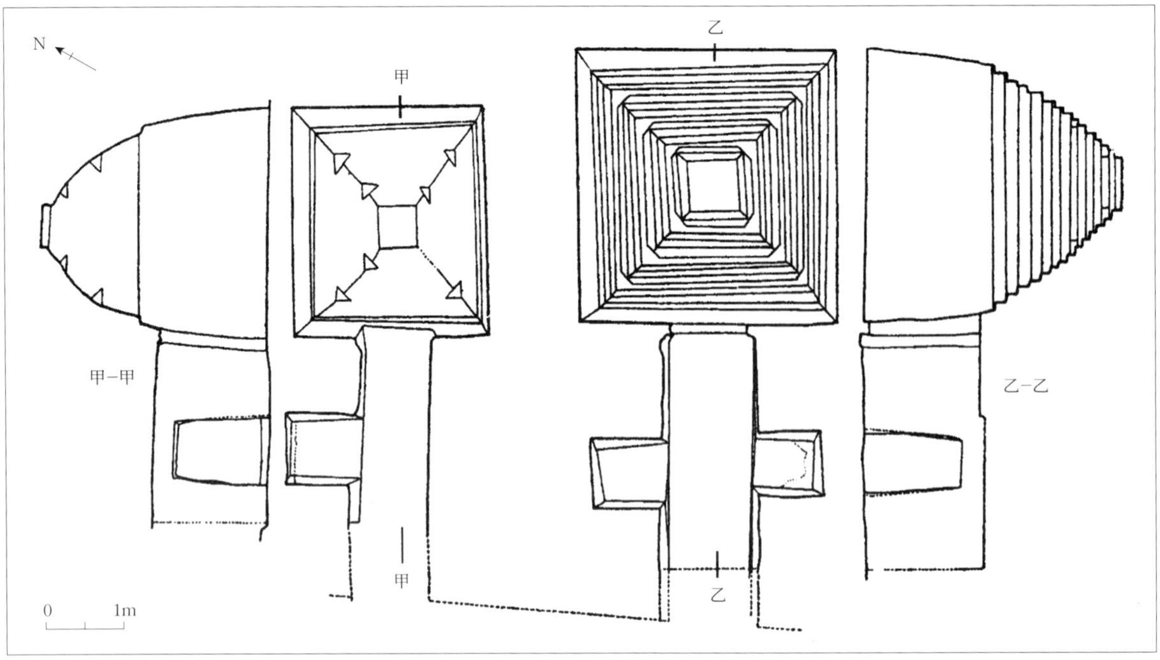

그림 2 통구12호묘 평·단면도(『考古』 1964-2, 68쪽)

○ 남벽 서쪽 끝에는 파괴된 구멍이 있음.

○ 고임받침석(梁枋)이 설치됨. 고임받침석 위에는 13층 평행고임을 하였고, 다시 그 위로 돌을 덮어 정연한 궁륭식 천장을 구축하였는데, 높이는 3.48m임. 천장고임 3, 7, 11층의 네 모서리에는 작은 말각석이 놓여 있음. 천장에 석회를 발랐지만, 현재는 박락됨.

○ 묘 바닥은 거대한 두 개의 돌을 좌우로 합쳐 축조. 비교적 빈틈이 없음. 표면과 빈틈 모두 석회를 발랐는데, 두께는 1~2cm임.

○ 棺臺는 보이지 않음.

② 연도

○ 서벽 중간에 연도가 있는데, 북쪽 길이 1.22m, 남쪽 길이 1.24m임.

○ 연도 바닥은 묘실보다 낮음.

○ 만주국 당시 서쪽 끝에 별도의 문을 제작함에 따라, 원래의 길이를 측정할 수 없음. 남은 길이 3.18m, 너비 1.3m, 높이 1.58m임.

○ 꼭대기 부분은 석회가 대부분 떨어져 나갔고, 커다란 돌 세 개가 합쳐져 이루어졌는데, 그 틈은 좁지 않음.

○ 연도 가운데부분에 남북으로 각각 한 개의 이실이 마주보고 있음. 이실 세 벽은 안으로 기울어져 있음. 바닥부는 파괴되면서 묘 바닥과 평행해짐. 남쪽 이실은 깊이 1m, 너비 0.7m, 높이 1.32m이고, 북쪽 이실은 깊이 0.93m, 너비 0.9m, 높이 1.35m임. 원래 부장품이 있었던 것으로 추정.

○ 연도 안쪽 입구와 묘실이 연결된 부분에 길쭉한 돌로 만들어진 문지방이 가로놓여 있는데, 가로 길이 1m, 두께 0.14m, 높이 0.07m임. 가까운 연도 양 벽에 오목한 흔적이 있는 것으로 보아 문틀이 설치되었음을 알 수 있음.

(2) 북실

○ 대체적으로 남실과 구조는 같지만, 규모가 작음.

① 묘실

○ 남실과 마찬가지로 크기가 같지 않은 돌로 축조했고, 안에는 석회를 발랐음. 석회 표면에 아교와 유사한 물질을 발랐음.

○ 평면은 정방형으로 동벽 길이는 2.97m, 남·북벽 길이는 2.94m이고, 연도가 있는 서벽의 전체 길이는 2.66m임. 네 벽은 높이가 1.72m이고, 약간 안으로 기울어져 있음.

○ 네 벽 위에는 석회 벽면이 있는데, 약간 경사를 이루면서 안으로 들여쌓고 마지막에는 돌로 천장을 막음으로써 四阿式 천장을 구축. 높이는 3.04m임. 사아식 천장의 네 모서리 아래 위로 각각 두 개의 말각석이 있으며, 남면 서쪽 끝은 구멍이 남에 따라 말각이 보이지 않음. 하층 말각은 묘 바닥에서 2.18~2.24m 떨어져 있고, 상층 말각은 묘 바닥에서 2.7m 떨어져 있음.

○ 묘실 바닥에는 돌들이 깔려 있고 그 위로 회가 발라져 있음. 원래 연도보다 높았을 것이나, 남실과 마찬가지로 일찍이 파괴됨.

○ 관대는 보이지 않음.

② 연도

○ 서벽에 연도가 있음.

○ 남실 연도처럼 묘문이 별도로 만들어지면서 원래 길이를 측정할 수 없음. 남은 길이는 2.4m, 너비는 1.08m, 높이는 1.54m임.

○ 바닥과 꼭대기 모두 커다란 석판을 평평하게 깔았음. 표면에는 석회가 발라져 있음.

○ 연도 북벽에 이실 한 개가 있는데, 너비 0.98m, 깊이 1.3m, 높이 1.1m임. 세 벽은 안으로 기울어져 있음.

4. 벽화내용

○ 벽화는 묘실, 이실, 연도에 있음.

○ 주색, 자색, 황색, 백색, 흑색, 녹색 등으로 白堊土 벽에 직접 그렸음.

○ 벽화는 대부분 박락되거나 혹은 희미해져서 모호하지만, 부부대좌, 전투, 수렵, 舞樂, 마굿간, 車輦, 그림 그리는 사람, 밥짓는 기구 등을 확인할 수 있음.

○ 벽화의 선은 힘이 있고, 색채는 풍부하며, 형상은 사실적임.

1) 남실

(1) 묘실

묘실 네 벽 모서리에는 꼬인 구름무늬로 장식된 붉은색 나무기둥이 있는데, 기둥머리는 천장석까지 이름. 묘실 벽과 천장고임은 붉은색 창방(梁架)으로 구분. 벽 위쪽에는 일정한 간격으로 붉은색, 누런색, 검은색 연꽃 7송이가 있는데, 꽃심에 둥근 구멍이 있고 그 안에는 쇠녹 흔적이 있음. 유장을 거는 못을 박았던 자리로 추정. 벽 위쪽의 연꽃은 남벽에서도 확인.

① 동벽(그림 3)

○ 가옥 한 채가 있음. 용마루에 치미가 있고 청색 기와가 덮고 있음. 처마 아래의 회색 바탕에 검은 선을 한 무늬와 하얀 바탕에 빨간 선을 한 무늬 사이에 휘장이 있고, 홍색 휘장띠가 이어져 있음. 가옥 양측 바깥에는 좌우 측면이 있고, 측면의 하층에는 문루가 있음. 좌측 하층의 좌변에 문 한 개가 있는데, 문고리가 있음. 위는 치미가 있는 四坡水瓦 지붕임. 그 상층에는 주색의 기둥머리를 갖춘 지붕받침이 있고 그 위로 황색 창방이 있음. 창방 위에는 낙타봉을 만들고 荷葉墩을 올려 瓴脊을 직접적으로 받침. 우측 하층 문루는 세 칸으로 이루어져 있음. 좌우칸은 측문으로서 각각 문고

그림 3 통구12호묘 남실 동벽 부부대좌도(『중국내의 고구려유적』, 163쪽)

리가 있음. 중간의 주색 기둥 2개 가운데, 왼쪽 기둥에는 皿板과 櫨頭가 있고 위에는 비스듬한 격자문의 황색 들보(挑梁枋)를 올렸으며 兩坡水의 청색 기와로 꼭대기를 덮었음. 윗층 가운데부분에는 너비가 벽면의 1/2보다 넓은 주색 기둥머리가 있음. 아울러 명판 상방에는 좌우로 뻗어나가는 매우 가는 華栱 2根이 있고, 그 위로는 雀替式의 散頭를 놓고 창방을 받침.

○ 가옥 안에는 앉아 있는 부부가 있음. 남자는 왼쪽에 위치하여 남쪽을 바라보고 있고, 평상에 정좌하였음. 왼손은 평상을 어루만지고 있고 오른손은 무릎 위에 얹었음. 오른쪽 다리는 굽혔고 왼쪽 다리는 곧게 폄. 입술은 주색이고 콧수염이 있음. 폭이 넓은 소매를 갖춘 하얀 맞섶옷과 회색 바탕에 검은 점이 있는 肥花 바지를 입었음. 머리에는 백색의 方幘을 썼고, 요대를 갖추었음. 여자는 오른쪽에 위치하면서 남자를 바라보고 있음. 얼굴 빰에는 둥근 연지를 하였고, 두 손을 모으고 꿇어 앉아 있음. 머리에는 백색 巾幗을 썼음. 목둘레가 넓고 소매가 넓은 백색 合衽 치마를 입었음. 목둘레, 소매, 합임의 가장자리에는 빨간색과 흑색을 사이에 두고 칠한 장식이 있음. 치맛자락은 비교적 넓게 주름잡았음. 남자 주인의 뒤에는 노복이 있음. 노복은 코밑에 수염이 있음. 오른손은 허리를 잡고 있고 왼손은 백색 수건을 들고 있는데, 시중을 하고 있는 모습임. 가옥의 왼쪽 밖에는 3인이 손을 모으고 오른쪽을 향해서 있음. 모두 통이 넓은 바지를 입었고, 옷소매를 걷어 올림으로써 팔뚝이 노출됨. 중간에 있는 사람은 황색 저고리와 녹색 바탕에 검은 점이 있는 바지를 입었고, 좌우의 두 사람은 녹색 바탕에 검은 점이 있는 저고리와 황색 바지를 입었음. 좌측에 있는 사람은 얼굴 형태를 볼 수 있는데, 눈이 크고 눈썹은 두꺼움. 가옥 오른쪽의 문루 측문 사이에 왼쪽을 향하는 시녀가 있음. 시녀의 오른손에는 안은 홍색이고 겉은 검정색인 큰 사발을 들고 있음. 머리는 묶었고, 얼굴빰에는 빨간색의 둥근 연지가 있음. 백색 바탕에 홍색 점이 있고 통이 큰 소매를 갖춘 합임 옷을 입었고, 치맛자락에는 주름이 져 있음. 가옥의 오른쪽 밖에도 왼쪽을 향하고 있는 시녀가 있는데, 어떤 물건을 앞에 있는 사람에게 주고 있는 자세를 취함. 머리에 흰색 건괵을 썼음. 얼굴빰에 연지가 있음. 녹색에 흑점이 있고 소매가 넓은 합임 꽃치마를 입었음.

그림 4 통구12호묘 남실 북벽 마차행렬도(『高句麗壁畫硏究』, 165쪽)

○ 가옥 상방에는 정면에서 바라본 모양의 연화 7송이가 있는데, 홍색과 검정색이 번갈아 배치. 꽃술 중간에는 둥근 구멍이 있고, 구멍 안에는 녹이 슨 흔적이 있음.

② **북벽**(그림 4)

○ 북벽의 오른쪽에 수레행렬도가 있는데, 대부분 박락됨. 수레는 빨간색의 굽은 덮개를 갖추고 있음. 바퀴는 높고 검정색임. 황색 상의에 녹색 바지를 입은 시동이 손으로 수레를 끌고 동쪽을 향해 가고 있음. 수레 측면에 녹색 상의와 황색 바지를 입은 사람이 있는데, 명확하지 않음. 수레 앞에는 3인이 있음. 가장 앞에 있는 사람은 남자로, 녹색 상의에 황색 바지를 입었음. 나머지 사람은 희미하여 자세한 모습을 파악할 수 없음. 수레 뒷편에는 시위하는 사람이 있는데, 상반신만 볼 수 있음. 왼쪽 끝에는 안장을 갖춘 청회색 말이 있고, 말 앞에는 사람이 있음.

③ **남벽**(그림 5-1)

○ 남벽 왼쪽 끝에 황색 저고리와 청색 바지를 입은 남자 시종이 있는데, 동쪽을 향해 두손으로 수레를 끌고 있음. 수레 우측으로는 녹색 상의와 황색 바지를 입은 남자 시종이 있음. 수레는 둥글게 굽은 오렌지색 덮개와 검은색 바퀴를 갖추었음. 시녀 2인이 수레 뒤를 따르고 있는데, 검은 색에 녹색의 옷깃을 단 노란색 꽃무늬 치마를 입었음. 그 뒷편에 시녀 4인이 있음. 앞의 3인은 치마를 입었음. 맨 앞에 있는 시녀는 우산을 잡고 있고, 두 번째 시녀는 검정색 네모난 盒을 들고 있음. 나머지는 명확하게 알 수 없음.

○ 남벽과 북벽의 벽화 모두 남자 시종과 시녀가 수레를 이끌고 묘주인을 향해 禮品을 운송하는 내용을 담고 있음.

④ **서벽**

○ 서벽 묘실 문 양측에 舞樂圖와 문을 지키는 개가 있음.

○ 묘문 오른쪽 벽 윗부분에는 황색 저고리와 청색 바지를 입고 춤추는 사람이 있음. 두 팔은 앞을 향해 수평으로 뻗었고, 긴 소매는 아래로 늘여져 있으며, 몸은 약간 앞으로 기울였음. 왼쪽 다리는 땅을 밟고 오른쪽 다리는 뒤로 들어올렸음. 춤을 추는 모습은 너무 아름다움. 춤추는 사람 앞에는 무릎을 꿇고 거문고를 반주하는 사람이 있는데, 많이 희미해진 상태임(그림 5-4). 아랫부분에는 문을 지키는 검정색 개가 엎드려 앉아 있는데, 연도를 향해 머리를 쳐들고 있으며 귀를 세웠음.

○ 묘문 왼쪽 벽 윗부분에는 춤추고 있는 사람이 있음. 홍색 저고리와 청색 바지를 입었음. 왼팔은 앞을 향해

그림 5 통구12호묘 벽화모사도(『考古』 1964-2, 70쪽)

수평으로 뻗었고, 오른손은 들어서 팔꿈치를 가슴 앞에서 굽혔음. 긴 소매는 아래로 늘여져 있고, 두 다리는 땅을 딛고 있는데, 오른쪽 다리를 약간 앞으로 뻗었음. 엉덩이는 치켜들고 있음(그림 5-5). 오른쪽에는 긴 치마를 입은 사람이 있는데, 자세히 알 수 없음. 아래에는 문을 지키는 황색 개가 있음. 연도를 향하면서 검은색 개와 마주보고 있음.

⑤ **천장**

○ 제1중 굄돌(頂石)에는 들보와 꼬인구름무늬(菱形云文) 도안이 있음. 주홍색 바탕에 검정색과 황색으로 윤곽을 그렸는데, 대부분 희미해서 명확하지 않음.

○ 천장 각 층에는 잎과 줄기를 갖춘 연꽃 및 연꽃봉오리가 있는데, 9판이고, 홍색과 검정색이 번갈아 있음. 묘실 네 벽 상부에 각각 6~7송이가 있고, 주색과 흑색이 번갈아 있음. 꽃 가운데는 황색임.

(2) 연도

① **북측 이실**

○ 연도 북측 이실의 북벽과 동벽에 마굿간이 있음(그림 5-6). 지붕은 청색 기와로 이루어져 있고, 용마루에 치미가 놓여 있음. 주색 기둥과 홍색 보(枋)를 갖추고 있음. 처마, 주색 기둥, 홍색 보는 일직선상으로 북벽을 지나 동벽까지 뻗어 있음. 마굿간 안에는 노란색 말구유와 말 세 마리가 있는데, 말은 각각 붉은색, 푸른색, 누런색임. 북벽 상단에 푸른색 말안장이 있고, 마굿간 곁에는 인물의 상체 일부가 남아 있음.

○ 북측 이실 남벽에는 홍색 옷을 입고 머리를 묶은 사람의 상부가 남아 있는데, 마굿간과 관계가 있을 것으로 추정.

② **남측 이실**

○ 연도 남측 이실 동벽에는 그림을 그리는 사람이 있음. 얼굴은 수척하고 콧수염이 있으며 몸은 호리호리함. 녹색 저고리와 황색 바지를 입었고 소매를 걷었음. 머리에는 황색 방책을 썼고 허리를 묶었음. 오른손에 붓을 잡고 앞으로 펴서 그림을 그리고 있음. 그림을 그리는 사람 앞에 시녀 1인이 있음. 황색의 꽃무늬 치마를 입었고 머리를 높이 올렸음. 시녀 앞에는 상이 있고 상 위에는 어떤 물건이 놓여 있음. 이배로 추정되나, 모호해서 명확하지 않음(그림 5-3).

○ 동벽에는 가옥이 있는데, 대부분 박락됨. 청색 기와, 홍색 난간, 주색 기둥을 갖추고 있음.

○ 서벽 남쪽에는 취사도구로 보이는 그릇 두 개가 놓여 있음.

③ **연도 양벽**

○ 연도 양 벽에 수렵도가 있으나, 극히 일부분만 남아 있음. 북벽에는 높은 산봉우리들을 배경으로 밤색 말을 타고 달리면서 동물들을 사냥하는 기마인물이 있는데, 몸에 화살통을 지녔고 張弓을 들어 활시위를 당기고 있음. 달리는 모습이 매우 생동적임(그림 5-7). 남벽 윗부분에는 자색 몸통에 녹색 잎을 가진 매우 큰 나무가 있음. 나무 앞에는 황색 바지를 입은 2인이 있음. 앞에 있는 사람은 몸을 앞으로 기울이면서 활시위를 당기고 있음. 한 다리는 앞으로 내딛었고 다른 한 다리는 앞으로 약간 굽혔음. 뒤에 있는 사람은 앞 사람을 뒤따르고 있음. 수렵도에는 묘주인 생전의 말을 타고 사냥하던 생활을 담았을 것임.

2) 북실

(1) 묘실

① **동벽**(그림 6)

○ 부부대좌도가 있으나 대부분 박락됨. 벽면 남쪽 끝에 부인이 있음. 무릎을 꿇고 북쪽을 바라보고 있으며

그림 6 통구12호묘 북실 동벽 부부대좌도 (『高句麗壁畵研究』, 164쪽)

꽃무늬치마를 입었음. 부인 뒤로 시녀가 있는데, 황색 치마를 입은 것만 확인할 수 있음. 북단 아래에는 남쪽을 바라보며 고개를 숙이고 있는 시종 3인이 있음. 왼쪽에서 오른쪽으로 각각 회색 상의와 황색 바지, 황색 상의와 회색 바지, 회색 상의와 황색 바지를 입고 있음.

② 북벽

○ 수렵도 일부가 남아 있음. 벽 한가운데에는 산으로 달아나는 적갈색 사슴 세 마리를 향해 활을 당기고 있는 붉은 말을 탄 무사 그리고 그 뒤로 멧돼지를 향해 활을 당기고 있는 흰 말을 탄 무사가 있음. 사슴 세 마리 가운데 앞의 두 마리는 암컷과 수컷으로, 수컷은 목에 화살을 맞았음. 맨 마지막에 있는 사슴은 네 발과 꼬리만 보임(그림 7).

○ 홍색과 검은색으로 그린 나무가 있고, 나뭇가지에는 작은 새가 머물고 있음. 우벽 좌측 아래의 모서리에는 치마를 입은 부인이 있음. 오른쪽 아래의 모서리에는 말을 끌고 있는 시종이 있음.

③ 남벽

○ 남벽에는 전투장면이 남아 있는데, 박락이 심하여 명확하지 않음. 동벽 가까운 면에는 투구와 찰갑을 착용하고 오른손에 둥근고리큰칼을 쥔 무사가 비슷한 복장을 갖춘 포로의 목을 내리치려 하는 장면이 있음(그림 5-2, 그림 8).

○ 중간부분에 기마무사 한 명이 있음(그림 8). 얼굴은 박락되어 보이지 않음. 투구와 찰갑을 착용하고 손에는 창을 들었음. 오른쪽을 보며 말을 타고 질주하고 있음. 말안장 뒤로는 커다란 깃발이 휘날리고 있음. 전투하는 장면을 그린 것임. 기마무사 앞에는 3인이 있는데, 형상을 판단할 수는 없음.

④ 서벽

○ 묘실 입구로 인해 좌우로 나누어진 서벽의 남쪽 아래에는 문을 향하여 엎드려 있는 개(문지기로 보임)가 일부 남아 있음.

⑤ 천장

○ 벽의 각 모서리에는 붉은색 기둥이 있고, 벽과 천장부는 붉은색 창방으로 구분. 천장고임은 연꽃과 구름무늬로 장식.

○ 천장 위에는 3중의 연화문 도안이 있음(그림 9).

그림 7 통구12호묘 북실 북벽 수렵도(『高句麗壁畵研究』, 162쪽)

그림 8 통구12호묘 북실 남벽의 참수도와 개마무사도(『高句麗壁畵研究』, 166쪽)

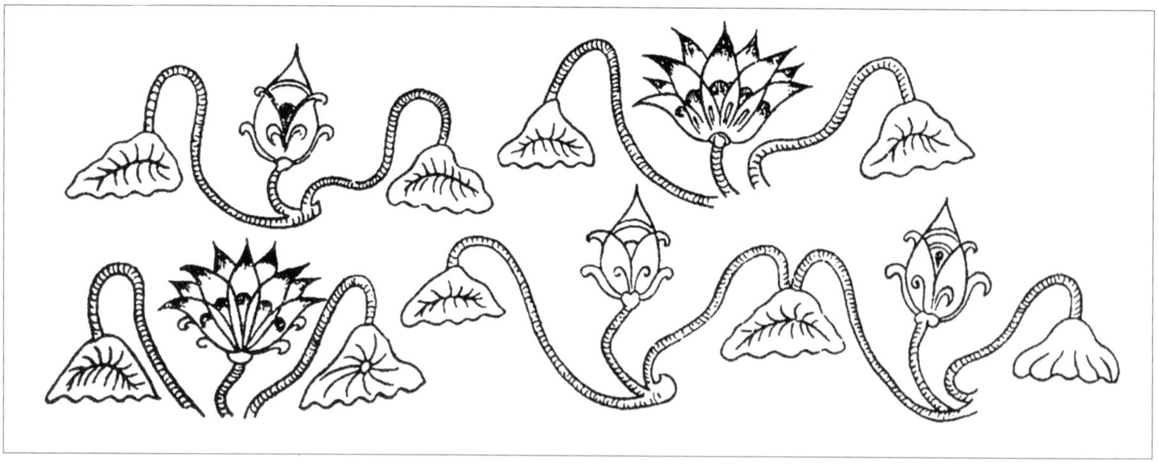

그림 9 통구12호묘 연화문 모사도(『考古』 1964-2, 71쪽)

○ 제1중 네 모서리에는 두 청묵색 연잎이 아래로 내려와 있음. 그 중앙에는 홍색 연화가 있는데, 잎은 뾰족하고 아위었으며 중간에는 각각 홍색 꽃봉오리의 청색과 묵색의 연잎이 있음.

○ 제2중 네 모서리에는 꽃봉오리가 달려 있는 연잎이 있고, 그 중간에는 활짝 펴서 연화 아래에 늘어진 청·묵색의 연잎이 있음.

○ 제3중 연화문 도안은 박락되어 명확하지 않음.

(2) 연도

○ 연도 남측 이실의 서벽과 북벽에는 여러 가지 취사도구가 있는데, 자세한 형상은 판단하기 어려움. 아래의 것은 斗狀으로, 물고기꼬리모양의 손잡이가 있는 청회색 뚜껑을 덮었음. 또 다른 하나는 하부에 불을 뗄 수 있는 기물로 음식을 삶았던 것으로 추정됨.

5. 역사적 성격

1) 특징

○ 2004년 7월 유네스코 세계문화유산에 등재.

○ 통구12호묘는 치밀한 구조를 갖추고 있는데, 축조가 정연하고 웅장하며 아름다운 묘실을 갖추고 있음. 그리고 벽화는 색채가 풍부하고 형상이 생동적임.

○ 통구12호묘는 쌍실을 갖추고 있고 각각 묘문이 있음. 두 묘실 모두 부부대좌도가 그려져 있는데, 그림의 주인공은 두 묘주일 것임. 즉, 통구12호묘는 한 봉토분 안에 두 명이 동시에 매장된 것으로 일종의 가족제도가 반영되어 있다고 볼 수 있음.

○ 통구12호묘의 벽화는 대부분 현실생활을 주제로 삼았음. 그리고 그린 방식을 보면 검은 선으로 윤곽을 그린 후 평평하게 채색. 검은 선에는 힘이 있고 시원스러우며 매끄러운데, 고구려 벽화가 나날이 성숙해지는 모습을 보여줌.

2) 피장자 추정

통구12호묘에는 묘주인이 생전에 거주했던 호화로운 건축물, 마굿간, 마굿간을 채우는 살찐 말들 그리고 노비들이 그려져 있음. 이를 감안하면 무덤의 피장자는 고구려의 귀족으로 볼 수 있음.

3) 축조연대

○ 4세기 중~말엽 설 : 집안에서 발견된 벽화묘를 연대 및 분기로 나누어 볼 때 통구12호묘는 4기 가운데

제1기에 해당. 제1기의 특징을 살펴보면, 먼저 단실묘이고 연도 양측에 이실이 구축되어 있음. 묘실은 궁륭식과 四阿式, 혹은 여러 층의 고임이나 네 모서리에 작은 말각석이 더해진 천장을 갖추고 있음. 그리고 묘방향은 서쪽을 향하고 있음. 벽화를 보면 묘주인의 생전생활, 연화 혹은 '王'자로 조성된 문양 등을 그렸음. 묘실 네 모서리에는 나무구조물을 그려 넣었고, 菱形文 혹은 螭文을 그리기도 하였으며, 천장에는 주로 연화와 雲文을 그렸음. 이 시기에 속하는 벽화묘로는 통구12호묘 외에 麻線溝1號墓, 王字墓, 長川2號墓 등이 있고, 축조 시기는 4세기 중~말엽으로 추정(方起東·劉萱堂, 2002).

○ 5세기 설 : 고분의 구조, 벽화내용, 형상을 보면 기본적으로 舞踊墓, 角觝墓, 三室墓와 같음. 이로 보아 서로 간의 축조 시기 차이는 그리 크지 않은데, 다만 통구12호묘는 무용묘와 각저묘보다는 늦고 삼실묘보다는 이르다고 여겨짐(李殿福, 1962). 벽화를 보면 불교와 관련한 연화문이 나타남. 고구려는 4세기 후반에 불교를 수용하는데, 광범위한 전파가 이보다 늦을 것이라는 점을 감안하면(魏存成, 1994) 축조 시기는 5세기대로 추정됨.

참고문헌

- 李殿福, 1962, 「1962年春香吉林輯安考古調查簡報」, 『考古』 1962-11.
- 王承禮·韓淑華, 1964, 「吉林集安洞溝第12號高句麗壁畵墓」, 『考古』 1964-2.
- 吉林省文物志編委會, 1984, 『集安縣文物志』, 吉林省文物志編委會.
- 조선화보사출판부, 1985, 『高句麗古墳壁畵』, 朝鮮畫報社.
- 조선유적유물도감 편찬위원회, 1990, 『조선유적유물도감(5)』.
- 魏存成, 1994, 『高句麗考古』, 吉林大學出版社.
- 전호태, 2000, 『고구려 고분벽화 연구』, 사계절.
- 吉林省文物考古研究所·集安市博物館, 2002, 『洞溝古墓群-1997年調查測繪報告』, 科學出版社.
- 方起東·劉萱堂, 2002, 「集安下解放第31號高句麗壁畵墓」, 『北方文物』 2002-3.
- 尹國有, 2003, 『高句麗壁畵研究』, 吉林文學出版社.
- 吳廣孝, 2006, 『集安高句麗壁畫』, 山東畵報出版社.
- 孫仁杰·遲勇, 2007, 『集安高句麗墓葬』, 香港亞洲出版社.
- 耿鐵華, 2008, 『高句麗古墓壁畵研究』, 吉林大學出版社.
- 전호태, 2009, 「고구려 집안권 벽화고분의 현황과 과제」, 『울산사학』 14.

05 집안 우산하1896호묘 : 산연화묘

集安 禹山下1896號墓 : 散蓮花墓 | JYM1896

1. 조사현황

1) 1907년

○ 조사자 : 프랑스의 동양학자 에두아르 샤반(Édouard Chavannes).

○ 조사내용 : 벽화를 발견. 고구려 벽화묘 가운데 최초로 발견된 것임.

2) 1909~1910년

○ 조사자 : 古井濟一, 栗山俊一.

○ 조사내용 : '散蓮花墓'라고 부름.

3) 1913년

○ 조사자 : 關野貞, 烏居龍藏 등.

4) 1962년

○ 조사기관 : 吉林省博物館 集安考古隊.

○ 조사내용 : 벽화 조사 및 모사.

5) 1966년

○ 조사기관 : 吉林省博物館, 集安縣文管所.

○ 조사내용 : 通溝古墳群에 대한 실측조사 때 '禹山下1896號墓'로 편호.

6) 1997년

○ 조사기관 : 吉林省文物考古研究所, 集安市博物館.

○ 조사내용 : 실측.

2. 위치와 자연환경(그림 1)

1) 고분의 위치

○ 集安의 禹山 남쪽 기슭에 위치.

2) 고분의 주변환경

○ 남쪽으로 약 30m 떨어진 지점에 通溝12號墓가 있음.

3. 고분의 현황

1) 고분 명칭의 변천

○ 1909~1910년에 谷井濟一, 栗山俊一 등이 조사를 진행하면서 '散蓮花墓'라고 부름.

○ 西岡113號墳이라고도 불렀음.

○ 1966년 통구고분군에 대한 실측조사 때 '禹山下1896號墓(JYM1896)'로 편호됨.

2) 고분 형식(그림 2~그림 3)

(1) 유형

封土石室壁畵墓.

그림 1 산연화묘 위치도(『洞溝古墓群－1997年調査測繪報告』, 207쪽)

(2) 규모

변 길이 7m, 높이 2.2m.

3) 고분 구조

○ 봉토 바닥은 방형임.

○ 방향은 서쪽에 가까움.

○ 묘도, 半前室, 연도, 묘실로 구성. 연도의 앞면은 발굴 당시 이미 파괴.

○ 묘도는 길이 2.3m, 너비 1.5m, 높이 1m임.

○ 반전실은 장방형으로, 길이 1.5m, 너비 4.2m, 높이 1.8m임. 천장은 사방에서 안으로 굽은 형태의 고임을 설치하고, 꼭대기에 좁고 긴 부분을 남긴 다음 그 위를 평평한 돌로 덮음으로써 구축.

○ 묘실은 방형으로, 길이 4.3m, 너비 4.5m, 높이

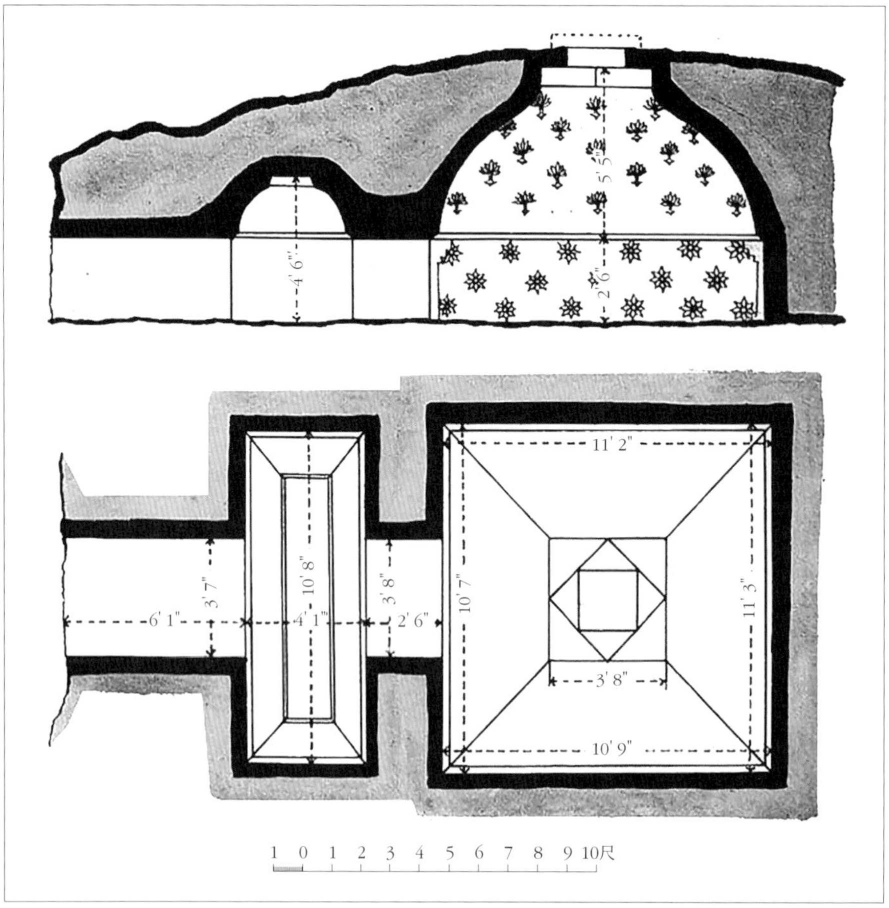

그림 2
산연화묘 평·단면도
(『朝鮮古蹟圖譜(一)』, 87쪽)

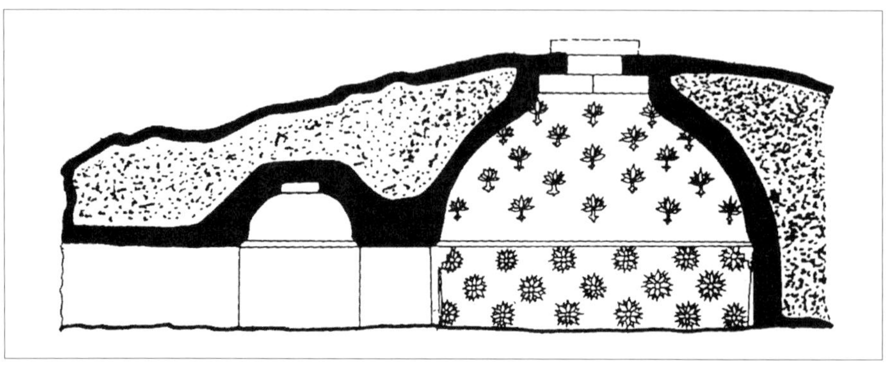

그림 3
산연화묘 무덤칸측면 투시도
(『고구려 고분벽화 연구』, 158쪽)

3.5m임. 벽의 윗부분부터 안으로 굽은 형태의 고임을 설치하고, 중앙에 협소한 방형의 빈 공간을 남긴 다음, 그 위에 평평한 삼각형 돌을 겹겹이 놓고 굄돌(頂石)을 놓음으로써 천장을 구축.

4. 벽화내용(그림 3)

○ 묘실에는 백회가 발라져 있고, 네 벽과 천장에 벽화가 있음.
○ 벽화 주제는 연꽃이 주가 된 장식무늬임.

○ 묘실의 벽면부와 궁륭부에 연화문이 일정한 간격으로 배치되어 있음. 사방 벽면은 활짝 핀 보상화문형 8엽 연화문으로 장식하였고, 천장부는 반쯤 핀 연화의 옆모습을 그린 측련화로 장식. 이와 같이 정면형과 측면형 연화문으로 벽면과 천장부를 구분.

5. 역사적 성격

1) 특징

2004년 7월 유네스코 세계문화유산에 등재.

2) 축조연대

○ 평양천도 이전 설 : 연화문 등은 동진시대에 속하는 것이고 북위양식을 찾을 수 없음. 이로 보아 평양천도 이전으로 추정(關野貞, 1932).

○ 4세기 말~5세기 초 설 : 집안에서 발견된 벽화묘를 연대 및 분기로 나누어 볼 때 산연화묘는 4기 가운데 제2기에 해당. 제2기의 특징을 살펴보면, 먼저 묘방향은 서향임. 그리고 단실묘의 연도와 연결된 前半室을 갖추고 있는데, 전반실은 두 개의 이실 천장이 서로 연결되어 통한 결과임. 전반실 꼭대기는 橫長覆斗式이고, 묘실 꼭대기는 궁륭식 혹은 여러 층의 말각고임으로 간혹 작은 말각이 더해지기도 함. 벽화 내용은 두 유형이 있음. 첫 번째 유형은 묘주인의 생전 생활이 주를 이루면서 천장에 日月星辰, 신선, 四神이 출현하기 시작하는데, 사신은 완전하지 않음. 두 번째 유형은 문양이 주를 이루는데, 배치에 있어 더욱 정연한 모습을 보임. 이 시기에 속하는 벽화묘로는 산연화묘 외에 角觝墓, 舞踊墓 등이 있고, 축조 연대는 4세기 말~5세기 초엽으로 추정(方起東·劉萱堂, 2002).

○ 5세기 말~6세기 초 설 : 龜甲墓, 長川1號墓, 長川4號墓, 下解放31號墓, 牟頭婁墓, 環紋墓, 三室墓와 더불어 5세기 말~6세기 초로 추정(魏存成, 1994).

참고문헌

- 關野貞·谷井濟一, 1915, 『朝鮮古蹟圖譜(一)』.
- 關野貞, 1932, 『朝鮮美術史』, 朝鮮史學會.
- 조선유적유물도감 편찬위원회, 1990, 『조선유적유물도감 (6)』.
- 魏存成, 1994, 『高句麗考古』, 吉林大學出版社.
- 전호태, 2000, 『고구려 고분벽화 연구』, 사계절.
- 吉林省文物考古研究所·集安市博物館, 2002, 『洞溝古墓群-1997年調査測繪報告』, 科學出版社.
- 方起東·劉萱堂, 2002, 「集安下解放第31號高句麗壁畵墓」, 『北方文物』 2002-3.
- 耿鐵華, 2008, 『高句麗古墓壁畵研究』, 吉林大學出版社.
- 전호태, 2009, 「고구려 집안권 벽화고분의 현황과 과제」, 『울산사학』 14.

06 집안 우산하2104호묘 : 오회분4호묘

集安 禹山下2104號墓 : 五盔墳4號墓 | JYM2104

1. 조사현황

1) 1909~1910년

○ 조사자 : 谷井濟一, 栗山俊一.

○ 발표 : 關野貞·谷井濟一, 1915,『朝鮮古蹟圖譜(一)』.

2) 1950년

○ 조사기간 : 1950년 8월.

○ 조사자 : 李浴.

○ 조사내용 : 주변을 봉쇄하고 보호작업 실시.

3) 1950년

○ 조사기간 : 1950년 겨울.

○ 조사내용 : 인민해방군 부대장이 무단으로 묘문을 열어 임의로 사용하다가 국가문화부의 개입으로 묘문 폐쇄.

4) 1962년

○ 조사기간 : 1962년 6월 6일~8월 말.

○ 조사기관 : 吉林省博物館 集安考古工作隊, 集安縣文物保管所.

○ 조사자 : 王承禮, 李殿福, 方起東, 韓淑華, 劉萱堂, 林至德(이상 조사), 莫東作, 鄭捷, 王紀棟(이상 촬영), 王大維, 李超雄, 曲紹伯, 劉萱堂(이상 모사).

○ 조사내용 : 정리와 발굴을 진행하면서 봉토 보호작업 실시. 금동기, 철제못(釘), 관못(棺木) 잔편 등을 수습.

5) 1962~1963년

○ 조사기간 : 1962년 8월~1963년 8월.

○ 조사기관 : 吉林省博物館 集安考古隊.

○ 조사자 : 王大維, 李超雄, 劉萱堂.

○ 조사내용 : 벽화 조사 및 모사.

6) 1965년

○ 조사기간 : 1965년 6월.

○ 조사기관 : 길림성박물관.

○ 조사내용 : 고분 실측과 무덤 안 벽화 모사작업 진행.

7) 1966년

○ 조사내용 : 通溝古墳群에 대한 실측조사 때 '禹山墓區2104號墓(JYM2104)'로 편호.

8) 1974년

○ 조사기간 : 1974년 3·9월.

○ 조사기관 : 길림성박물관, 集安縣文管部門, 集安縣文管所.

○ 조사내용 : 1974년 3월에 길림성박물관과 집안현문관부문이 벽화 수리를 검토하였고, 1974년 9월에 집안현문관소가 벽화에 대한 화학적 보존처리 작업 시행.

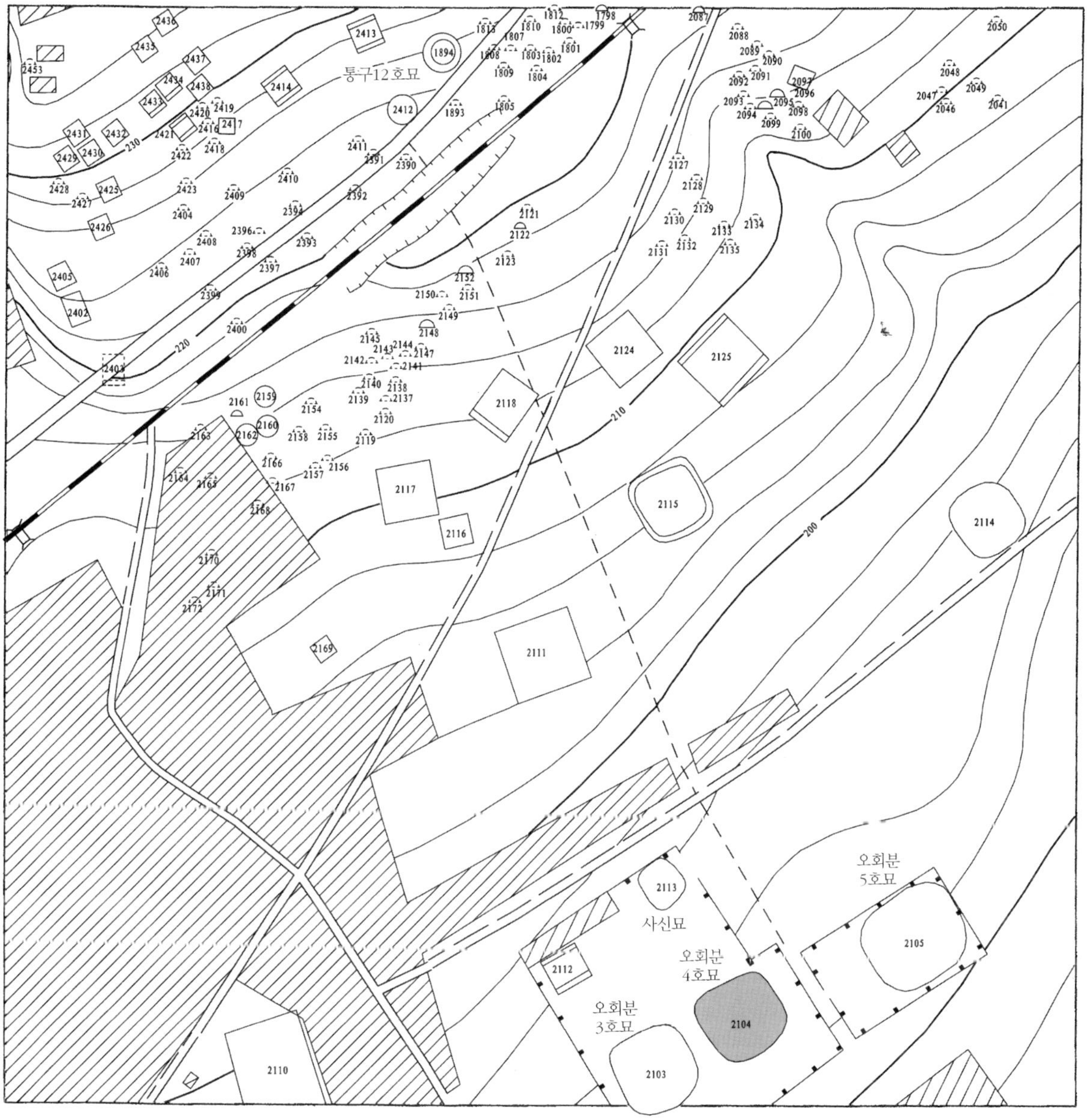

그림 1 오회분4호묘 위치도 1(『洞溝古墓群-1997年調查測繪報告』, 209쪽)

9) 1997년

○ 조사기관 : 길림성문물고고연구소, 집안시박물관.

○ 조사내용 : 실측.

10) 2004~2005년

○ 조사자 : 孫仁杰, 遲勇.

○ 조사내용 : 고분 주위에서 많은 암키와와 수키와를 수습.

2. 위치와 자연환경(그림 1~그림 3)

1) 고분의 위치

○ 集安 通溝平原의 禹山下古墳群 중부 남단에 위치.

○ 集安 버스정류장 북측에 위치한 고구려 무덤군인 五盔墳 가운데 1기임.

○ 중심지리좌표는 동경 126° 11′855″, 북위 41° 08′

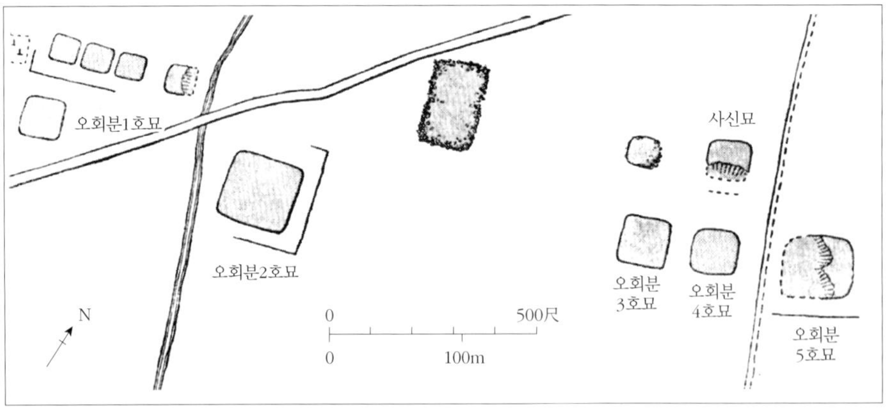

그림 2
오회분4호묘 위치도 2
(『通溝』 下, 30쪽)

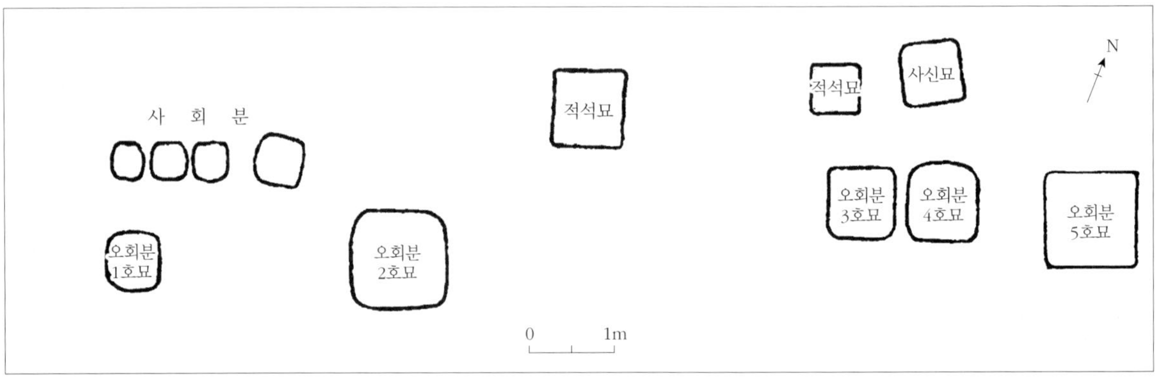

그림 3 오회분4호묘 위치도 3(『考古』 1964-2, 59쪽)

224″이고, 묘정상해발고도는 225m임.

2) 고분의 주변환경

○ 동쪽으로 약 44m 떨어진 지점에 五盔墳5號墓가 있음.

○ 서쪽으로 약 3m 떨어진 지점에 五盔墳3號墓가 있음.

○ 북쪽으로 약 30m 떨어진 지점에 四神墓가 있고, 다시 북쪽으로 약 350m 떨어진 지점에 通溝12號墓가 있음.

○ 서북쪽으로 약 47m 떨어진 지점에 方壇積石墓가 있음.

3. 고분의 현황

1) 고분 명칭의 변천

○ 五盔墳4號墓는 五盔墳 가운데 한 기인데, 오회분은 5기의 고분 형태가 투구와 닮았다하여 붙여진 명칭임.

○ 1966년 통구고분군에 대한 실측조사 때 '禹山墓區2104號墓(JYM2104)'로 편호.

○ 通溝未編號墓라고도 불렀음.

2) 고분발굴 전 상황

○ 일찍이 도굴을 당한 상태였음.

○ 동·서·북면의 봉토는 보존이 비교적 양호했고, 남

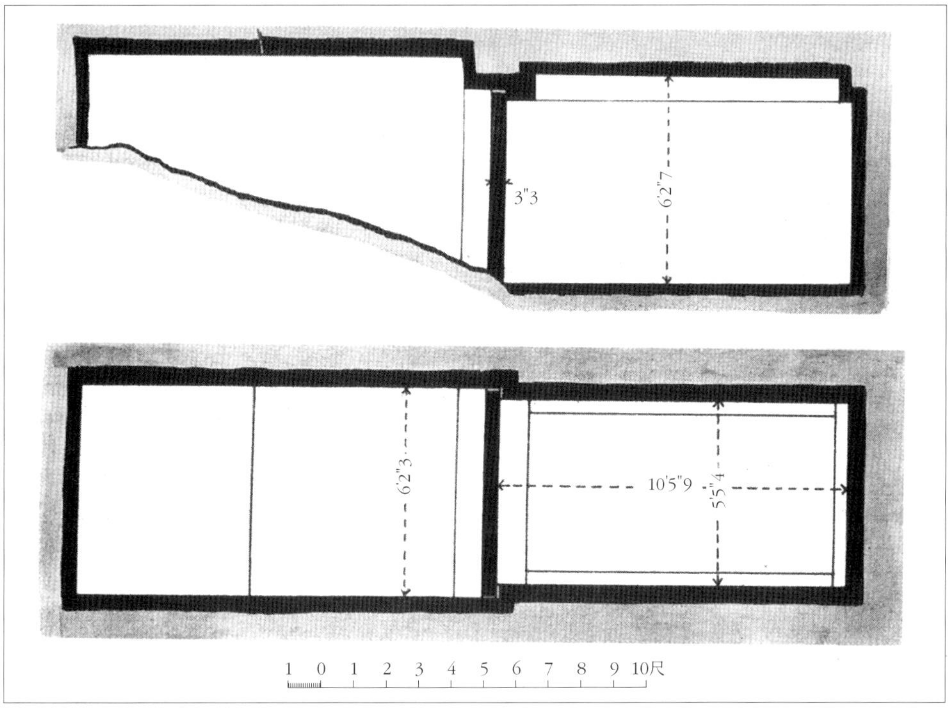

그림 4
오회분4호묘 실측도 1
(『朝鮮古蹟圖譜(一)』, 80쪽)

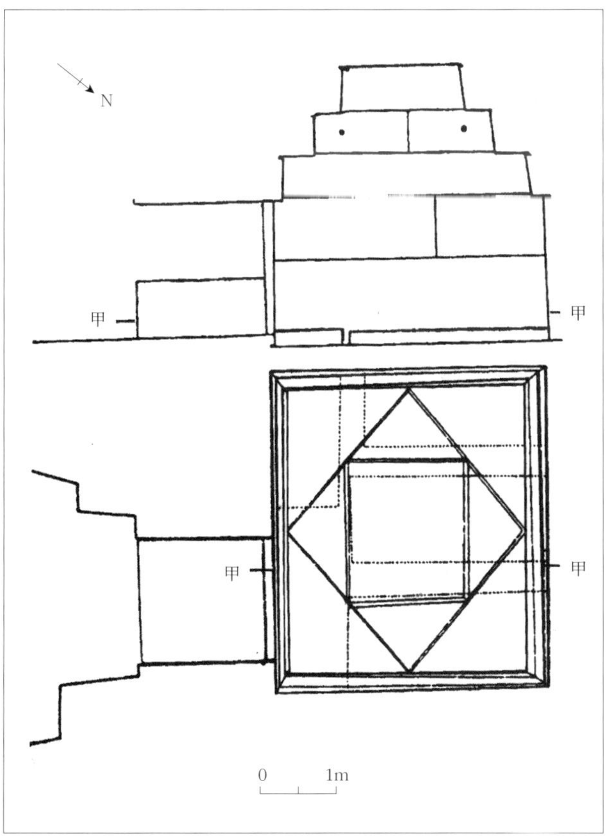

그림 5 오회분4호묘 실측도 2(『考古』 1964-2, 59쪽)

면은 봉토가 약간 유실되어 돌로 쌓은 보호석(擋土墻)이 일부 드러남.

○ 묘실 내에는 진흙이 적지 않게 있었고, 관대 사이의 틈에는 황색 모래토가 가득 차 있었음.

3) 고분 형식

(1) 유형

封土石室壁畫墓.

(2) 규모

○ 吉林省博物館(1964), 吉林省文物志編委會(1983) : 주변 길이 160m, 높이 8m.

○ 吉林省文物考古研究所·集安市博物館(2002) : 변 길이 30m, 높이 10m.

4) 고분 구조(그림 4~그림 6)

○ 截頭方錐形이고, 봉토는 황색 점토임.

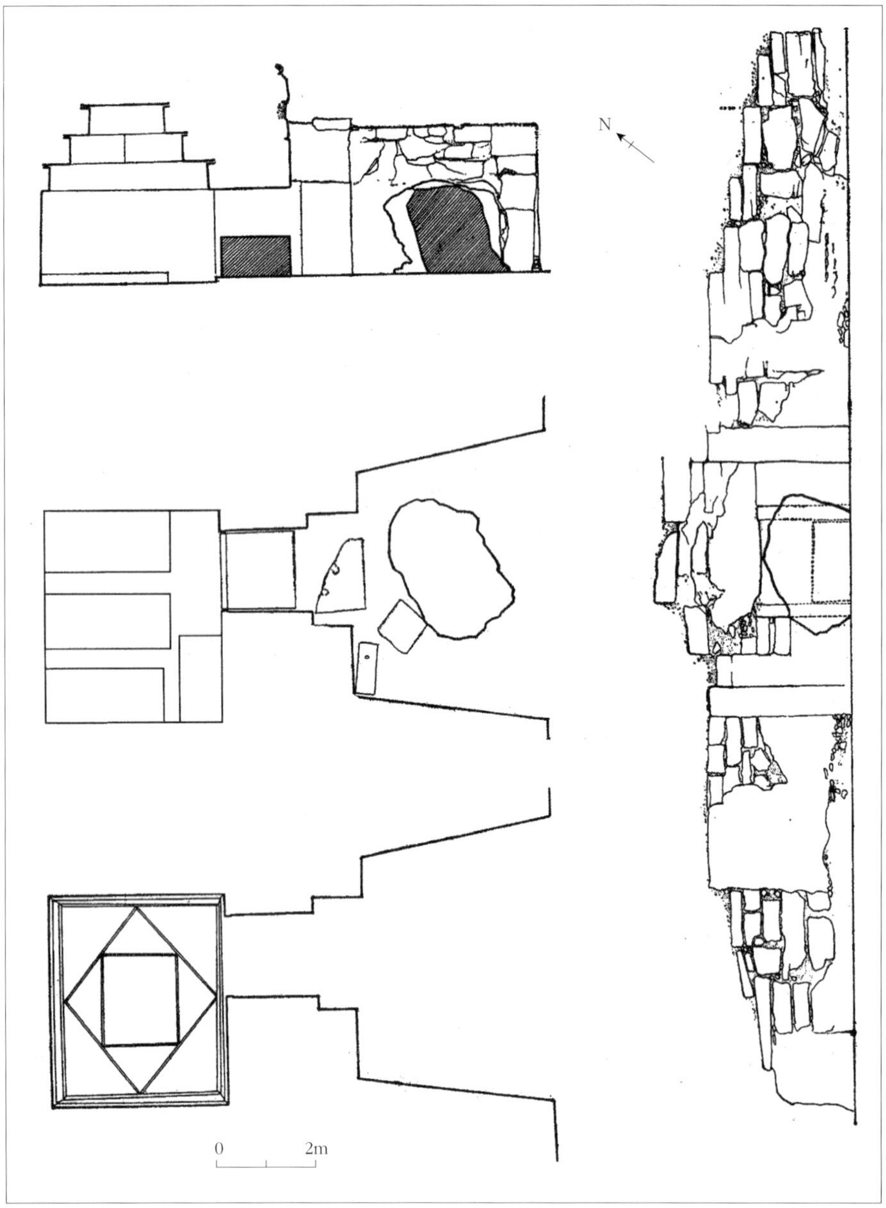

그림 6
오회분4호묘 실측도 3
(『考古學報』 1984-1, 123쪽)

○ 무덤칸의 방향은 동으로 30° 기운 남향임.

○ 묘도, 연도, 묘실로 구성됨.

(1) 묘도

○ 남쪽에 있고 길이는 6m, 너비는 8m임.

○ 묘도 양측에 돌로 쌓은 보호석(擋土墻)이 있는데, 높이는 3m임. 큰 장조석으로 쌓았고 외벽에는 4~5cm 두께의 백회를 발랐는데, 현재 백회는 대부분 박락됨. 보호석은 연도 바깥입구에서부터 양측면으로 0.25~0.3m 정도 평평하게 뻗었고, 다시 각각 남쪽으로 꺾여 0.8~1m 정도 뻗었음.

○ 묘도 뒷쪽 끝부분(북쪽) 중앙에 가공하지 않은 직경 2.6m, 높이 1.8m의 커다란 돌이 있는데, 묘문을 막고 있음.

○ 묘도 바닥은 평평한 생토이고, 그 위에 자연석이 쌓여 있음.

(2) 연도

○ 연도는 묘도 뒤에 접해 있는데, 묘실 남벽에서 동쪽에 치우진 지점에 있음. 연도 뒤로는 묘문이 있음.

○ 길이는 1.88m, 너비는 1.75m, 높이는 1.75m임.

○ 연도 양 벽과 묘실 남벽 양측에 있는 돌은 동일함. 연도 굄돌(頂石)과 묘실 남벽 윗면에 있는 들보(梁枋)의 돌도 역시 동일한 것으로, 바깥쪽으로 계속 뻗어 연도 꼭대기를 덮고 있음.

○ 연도 굄돌의 윗면에 가로방향으로 거대한 돌을 3층 쌓았는데, 높이는 1m 정도임. 楣石과 유사하게 고분 꼭대기의 봉토를 차단함.

○ 연도 입구 안쪽 가장자리에 너비 0.2m의 문틀이 파여 있는데, 문틀은 연도 벽보다 2cm 높음.

○ 연도 바닥은 석판을 깔아 묘실보다 14cm 높음. 바깥쪽으로 묘도와 평행.

○ 원래 연도 안쪽은 거대한 돌 4개가 막고 있었는데, 연도 안측에는 가장 아래층의 돌 한 개가 남아 있음. 돌의 안쪽 끝은 문틀과 접해 있고 좌우 양측은 연도 양 벽과 접해 있는데, 틈은 작은 자갈과 백회로 메웠음. 길이 1.55m, 너비 0.94m, 높이 0.72m임. 돌 바깥 끝 측면의 가운데부분에는 대칭하는 두 개의 원형 구멍이 있음. 사이 거리는 0.63m, 직경은 0.12m, 깊이는 0.2~0.22m임. 나머지 돌 3개는 묘문 외측에 옮겨져 있는데, 같은 모양으로 가지런하게 다듬었음. 그 가운데 돌 한 개는 길이 1.57m, 너비 1.5m, 두께 0.49m로 비교적 크고, 한 측면에 두 개의 원형 구멍이 대칭하고 있는데, 직경 0.12~0.14m, 깊이 0.18~0.2m임. 연도를 막았던 돌 가운데 제2층석임. 나머지 두 개의 돌은 길이 0.83m, 너비 0.77m, 두께 0.41~0.44m로 비교적 작고, 한 측면에 원형 구멍이 있음. 제2층석 윗면에 놓여 있던 돌들임(제3층석). 돌의 한 면 외측은 동그랗게 파여 있는데, 밀폐할 때 윗부분을 밀기 위함이라고 추정됨.

(3) 묘실

○ 묘실은 정교하게 다듬은 커다란 화강암으로 쌓았고, 백회로 틈을 메웠음. 공법은 정교하고 구조가 엄밀함.

○ 평면은 횡장방형으로 동서 길이 4.2m, 남북 너비 3.68m, 네 벽 높이 1.92m이고, 전체 높이는 3.64m임.

○ 네 벽은 약간 안으로 기울어졌고, 2층으로 쌓음.

○ 네 벽 위에 고임받침석(梁枋)이 있음. 네 벽에서 안쪽으로 12cm 들여져 있고, 높이는 0.55m임.

○ 고임받침석(梁枋) 윗면은 천장으로, 2층 말각고임임. 제1중 말각고임은 고임받침석 네 모서리 위에 있음. 올려다보면 마름모꼴이고, 높이는 0.56cm임. 제2중 말각고임은 제1중 굄돌(頂石) 네 모서리에 있고, 고임받침석과 평행함. 올려다보면 방형이고, 높이는 0.6m임. 제2중 굄돌 윗면에는 정연한 큰 석판을 놓아 묘꼭대기를 덮음.

○ 묘문 양측, 남벽 윗쪽 끝에는 좌우로 대칭하는 작은 구멍 두 개가 있음. 제1중 말각석의 측면 정가운데와 남벽 고임받침석의 오른쪽 끝(서쪽 끝) 정가운데에도 작은 구멍 한 개가 있음. 구멍은 직경 4~6cm, 깊이 12cm임.

○ 묘실에는 돌로 제작한 관대 3개가 남북으로 평행하게 놓여 있음. 관대 북쪽 끝은 모두 북벽과 접해 있음. 그리고 좌우 두 관대는 각각 동서 양 벽에 닿아 있음. 좌측 관대와 서벽이 접해진 곳에는 백회를 0.18m 너비 정도 바르면서 관대의 일부분을 충당함. 세 관대는 높이 0.16m, 길이 2.45~2.71m, 너비 1.05~1.25m임.

○ 남벽의 서쪽 끝에 동서방향의 돌받침(石座) 한 개가 있는데, 남쪽과 서쪽은 각각 남벽 및 서벽과 접해 있음. 길이는 1.78m, 너비는 0.87m, 높이 0.2m임. 부장품을 놓았던 臺座로 추정됨.

○ 석실의 바닥에는 평평한 석판을 깔았음.

그림 7 오회분4호묘 묘실 동벽 벽화모사도(『考古學報』 1984-1, 124쪽)

0 80cm

4. 벽화내용

○ 묘실 네 벽, 천장, 관대, 연도의 벽에 벽화가 있음.

○ 네 벽에는 四神, 들보 위에는 蛟龍, 천장에는 기악선인, 天人, 日月星宿, 草木, 流雲 등이 있음.

1) 연도

○ 연도 좌우의 동벽과 서벽에 실물 크기의 문지기 역사가 있는데, 희미하여 자세히 볼 수 없음.

2) 묘실

○ 묘실의 네 모서리에는 용을 받치는 괴수가 있는데, 들보까지 이어져 있음. 괴수는 오른쪽 다리를 뒤로 빼고 왼쪽 다리는 약간 구부린 자세로서 위에서 내려온 교룡의 머리를 두 팔로 받치고 있음. 도깨비 얼굴에 용뿔을 갖추고 있고, 입을 벌려 이빨을 드러냄으로써 흉악한 용모를 드러내고 있음. 겨드랑이 아래에는 날개가 있고 몸과 가슴을 드러냈는데, 근육이 솟아 있음. 하반신에는 짧은 羽袴를 입었으며, 맨발임. 괴수들은 형상은 같지만 색깔이 청색, 자주색, 자색, 녹색 등으로 다름. 교룡은 머리를 위로 향하여 있고, 입은 마주하는 용의 몸을 물고 있음. 두 꼬리는 아래로 늘어뜨렸음. 복부는 들보에 걸쳤고, 뒷발은 들보에 올렸음. 한 마리 용은 괴수의 머리 위에 발을 올려놓았음.

○ 묘실 네 벽에는 四神이 있는데 동쪽에 청룡, 서쪽에 백호, 남쪽에 주작, 북쪽에 현무가 있음. 그리고 사신 아래에는 연화화염문이 연이어져 있음. 화염문은 홍색, 황색, 검정색으로 평행선을 묘사. 網文 안은 세 유형

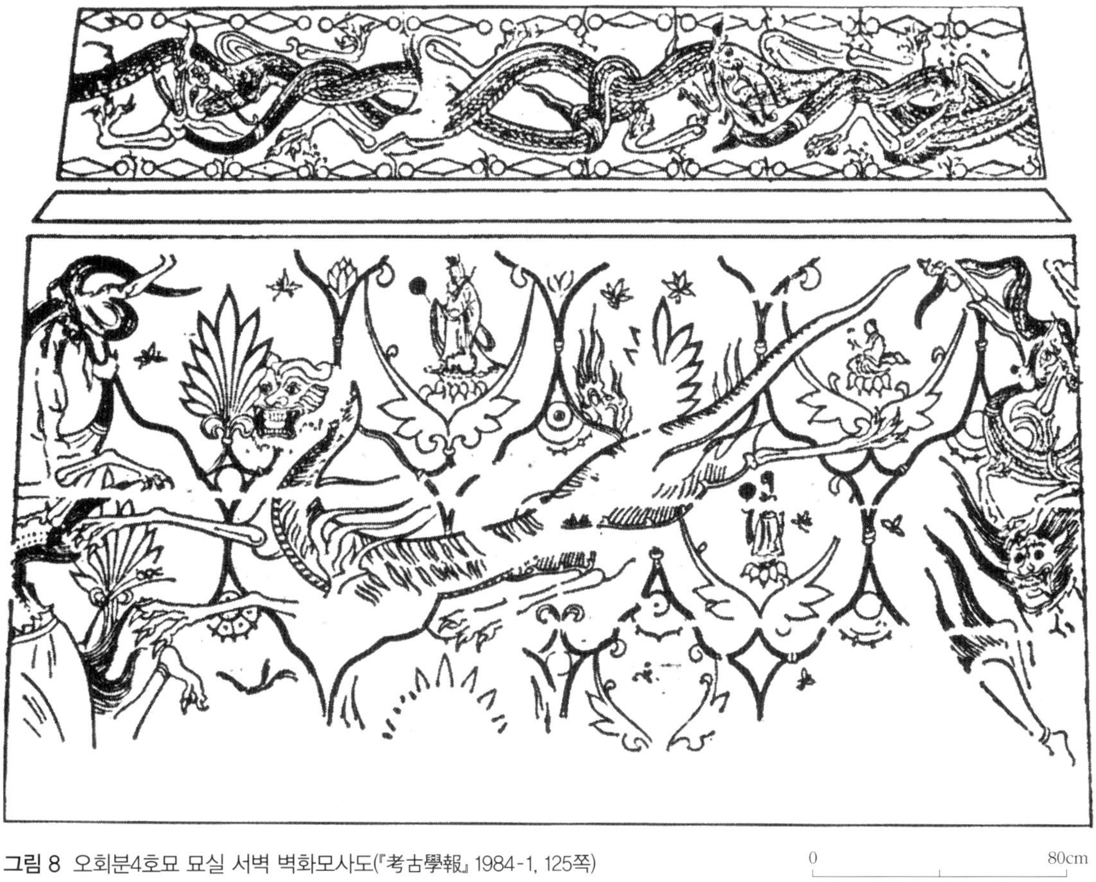

그림 8 오회분4호묘 묘실 서벽 벽화모사도(『考古學報』 1984-1, 125쪽)

의 도안을 섞어서 묘사. 첫 번째 유형은 측면에서 바라본 모양의 연화로, 모두 11송이이고, 황색, 자색, 녹색이 있으며, 아래에 꽃받침이 있음. 양측에는 화염문이 있고, 화염문의 윗부분에는 작은 연화가 있음. 두 번째 유형은 망문 아랫부분에서 두 송이의 연판이 좌우로 비스듬히 뻗어 나오는데 녹색, 홍색, 다갈색 등 3색으로 나뉘어짐. 연판 중간에는 각종 인물 도상이 있음. 모두 10명이고, 백색의 연화대좌에 서 있거나 앉아 있음. 세 번째 유형은 망문 아랫부분에서 좌우로 卷草葉이 뻗어 나오고, 두 잎의 중간에 3판 혹은 5판의 홍색 연화가 피어 있음.

(1) 동벽(그림 7)

○ 동벽에는 청룡이 있음. 머리를 들고 입을 벌려 혀를 내밀고 있으며, 남쪽으로 내달리고 있음. 뿔은 황색, 머리는 녹색, 등은 황색, 배는 자색, 나머지 몸통은 녹색, 홍색, 다갈색임. 검은 선으로 비스듬히 기울어진 격자형 비늘무늬를 묘사. 용의 목은 비교적 가늘고 홍색, 황색, 분색 등 세 가지 색으로 그림. 목덜미에는 홍색과 녹색의 結環이 있음. 앞발은 펴고 뒷발은 박차고 있음. 발가락은 모두 붉은 색임. 꼬리는 끝부분이 올라가 있고, 앞다리 아래쪽에는 화염문이 있음.

○ 동벽에는 인물 도상이 있는데, 오른쪽 위의 망문 속 바탕에 그려져 있음. 머리에는 鳥紗籠冠을 썼고, 백색 내의와 녹색 옷깃에 무늬가 있는 긴 도포를 입었음. 흰 띠로 허리를 묶었으며, 검은 신발을 신었음. 왼팔은 앞쪽으로 펴고 팔꿈치를 굽히면서 團扇을 들었음. 오른팔은 뒤로 구부리고 오른손을 소매 속에 감추었음.

그림 9 오회분4호묘 묘실 남벽 벽화모사도(『考古學報』 1984-1, 126쪽)

(2) 서벽(그림 8)

○ 서벽에는 백호가 있는데, 청룡과 마주하고 있음. 머리를 들고 남쪽을 향해 있음. 전체 몸은 흰색이고 묵선으로 단순하게 윤곽을 그림. 백호의 발가락은 청룡과 마찬가지로 3개임. 앞발 아래쪽에는 화염문이 있음. 꼬리는 위로 올라가 있음.

○ 서벽에는 인물 3인이 있음. 제1층 망문 속 바탕 좌측 제2조 안에 인물은 조사롱관을 썼고 백색 내의와 홍색 옷깃의 녹색 도포를 입었음. 허리에는 홍색 띠를 매었음. 오른손에는 단선을 들었고, 왼팔은 약간 굽혔음. 검정색 신발을 신고 연화대좌를 밟고 있음. 제1층 망문 속 바탕 우측 제1조 안에 있는 인물은 머리를 묶었고, 흰색 옷깃의 자색 도포를 입었음. 허리에는 흰 띠를 매었음. 연화대좌에 무릎을 꿇고 앉아 있음. 왼손은 무릎 위에 가볍게 얹었고, 오른손은 책을 들고 있음. 제2층 망문 속 바탕 좌쪽 제2조 안에 있는 인물은 머리에 조사롱관을 썼고, 둥근 황색 옷깃의 자색 도포를 입었음. 허리에는 흰 띠를 매었음. 왼손에는 단선을 들고, 오른손은 등 뒤에 두었음. 검은 신발을 신고 연화대좌에 서 있음. 인물의 흉부는 박락됨.

(3) 남벽(그림 9)

○ 남벽에는 주작이 있음. 부리는 노랗고 벼슬은 붉으며 勝을 썼음. 몸은 주로 홍색임. 동쪽을 향해 길게 울면서 날개를 펼쳐 날고자 함. 꼬리는 늘어뜨렸고, 녹색 점이 있는 긴 털이 위로 휘날리고 있음.

○ 남벽에는 인물 2인이 있음. 남벽 윗부분의 망문 속 바탕에 있는 인물은 머리를 높이 묶고 동쪽으로 향하고 있는데, 용모는 명확하지 않음. 둥근 황색 옷깃의 다갈색 도포를 입었음. 허리에는 흰색 띠를 매었음. 오른팔은 앞으로 폈는데, 손은 바깥으로 드러나지 않았음. 통이 큰 소매는 아래로 늘어뜨렸고, 왼팔은 뒤로 늘어뜨

그림 10 오회분4호묘 묘실 북벽 벽화모사도(『考古學報』 1984-1, 126쪽)

렸음. 다리부분은 명확하지 않고, 연화대좌에 서 있음. 주작 오른쪽 날개의 망문 속 바탕에 있는 인물은 머리를 묶었고 두상은 길며 귀는 뾰족함. 백색 날개옷을 입었음. 연화대좌 위에 앉아 있는데, 오른쪽 다리는 책상다리를 하고 왼쪽 다리는 쪼그렸음. 왼팔을 앞으로 뻗어 그릇 안에 물건을 던져 넣는 모습을 하고 있음. 오른쪽 팔은 구부려서 무릎 위에 놓았음.

(4) 북벽(그림 10)

○ 북벽에는 현무가 있음. 현무는 거북이와 뱀이 뒤엉켜 싸우고 있는 모습임. 거북이는 몸이 서쪽을 향하고 있고, 머리를 들고 입을 벌려 혀를 내밀고 있음. 등은 자색이고 껍질은 없음. 뱀은 머리를 오른쪽으로 돌려 거북이 머리와 마주하고 있음. 몸은 오색을 띠고 있는데, 등은 황색, 배는 다갈색임. 거북이 몸을 휘감고 있는 꼬리는 윗쪽으로 올라감.

○ 북벽에는 인물 4인이 있음. 망문 윗줄 정중앙에 있는 인물은 머리에 조사롱관을 썼고 용모가 뛰어남. 녹색 옷깃의 홍색 도포를 입었음. 허리에는 띠를 묶었음. 왼손에는 단선을 들었고 오른팔은 소매 안에 넣었음. 팔은 약간 구부려서 가슴 앞에 두었음. 옷의 통은 넓고 띠가 넓음. 검은 신발을 신고 연화대좌를 밟고 있음. 북벽 오른쪽 윗쪽 모서리 망문 속 바탕에 있는 사람은 머리에 조사롱관을 썼음. 홍색 옷깃의 녹색 合袵 도포를 입었고, 허리에는 홍색 띠를 매었음. 검은 신발을 신고 연화대좌를 밟고 있음. 왼손에는 단선을 들었고, 오른팔은 약간 굽히면서 다섯 손가락을 폈으며 손바닥을 밖으로 향하게 함. 통이 큰 소매는 나부낌. 얼굴에 분칠을 하였으며 입술은 빨갛고 고개를 숙여 아래를 보고 있음. 북벽 왼쪽 아래 모서리 망문 속 바탕에 있는 인물은 머리에 아무것도 쓰지 않고 머리카락을 풀어헤쳤음. 녹색 옷깃의 녹색 날개옷을 입음. 맨발로 홍색 연화대

좌에 앉아 있으면서 고개를 숙이고 옆을 보고 있음. 왼손은 八卦圖를 가리키고, 오른손은 무릎 위에 가볍게 올려놓았음. 복사뼈 부위에 홍색 고리가 차여 있음. 북벽의 오른쪽 아래 모서리 망문 속 바탕에 있는 인물은 조사롱관을 썼음. 황색 옷깃의 자색 합임 도포를 입었고, 허리에는 녹색 띠를 묶었음. 검은 신발을 신고 연화대좌를 밟고 있음. 왼손에는 鹿尾를 들었고, 오른팔은 아래로 늘어뜨리면서 손을 소매 속에 넣었음.

(5) 천장

○ 각 묘실 벽과 천장고임이 닿는 벽 상단부에는 2마리의 용(모두 8마리)이 서로 얽혀 휘감고 있음. 용들은 위를 향해 입을 벌리고 있고 앞에 있는 용의 몸을 물면서 서로 이어짐. 교룡 위아래로는 자색, 남색, 백색, 황색, 녹색 등으로 칠한 마름모형과 붉은 산호문양이 번갈아 이어짐. 들보가 앞으로 나온 네 벽의 아랫부분에는 황색, 백색, 자색으로 이루어진 격자문 두 줄이 있음(그림 7~그림 10).

○ 천장고임 제1단에는 머리 위로 각각 해와 달을 떠받든 복희여와형 해의 신과 달의 신, 수레바퀴를 다루는 신, 쇠망치질을 하는 대장장이 신, 불씨를 쥐고 있는 飛仙, 소의 머리에 인간의 몸을 하고 있는 신 등 여러 문명신이 있음.

○ 북쪽 모서리의 두 말각석 위에는 사람 얼굴에 용의 몸을 갖추고 있는 해의 신과 달의 신이 있음. 해의 신은 남자 형상으로 오른쪽에 있음. 머리를 풀어헤쳤고 짧은 콧수염이 있음. 두 손은 머리 위로 황색의 둥근 해를 받들고 있음. 해 가운데에는 삼족오가 있음. 황색 옷깃의 황색 합임 날개옷을 입었음. 남색 깃이 날개처럼 펄럭이며, 허리에 황색 띠를 매었음. 용의 몸은 오색으로, 발은 앞뒤로 힘차게 박차고 있고, 꼬리를 흔들고 있음(그림 11-3-좌). 달의 신은 여자형상으로 왼쪽에 있음. 흰 얼굴에 입술은 붉고 긴 머리카락을 휘날리고 있음. 머리 위로 둥근 달을 받들고 있는데, 달 한가운데에는 두꺼비가 있음. 녹색 옷깃에 홍색 깃을 갖춘 녹색 합임 옷을 입었음. 허리에는 흰 띠를 매었음. 용의 몸은 오색으로, 발은 앞뒤로 힘차게 박차고 있고, 꼬리를 흔들고 있음(그림 11-4-우). 두 신은 서로를 향하여 날아가고 있음. 두 신의 중간과 몸 뒤에 2~4 그루의 나무가 있음. 나무는 자색 줄기에 홍, 황, 녹색의 둥근 나뭇잎이 있음.

○ 동쪽 모서리의 말각석이 이어진 곳에는 소의 머리에 인간의 몸을 하고 있는 신과 불씨를 쥐고 있는 비선이 있음. 소의 머리에 인간의 몸을 하고 있는 신은 왼쪽에 있음. 황색 옷깃에 분홍색 날개모양의 합임 바지를 입음. 허리에는 흰 띠를 매었음. 두 팔은 나란히 폈고 한 손에 곡식 이삭을 쥐고 있음. 검은 신발을 신고 굽힌 두 다리를 펴서 도약하려 함(그림 11-3-우). 비선은 남자형상으로, 오른쪽에 있음. 머리에는 아무것도 쓰지 않고 머리카락을 풀어헤쳤으며, 짧은 콧수염이 있음. 황색 옷깃의 긴 합임 치마를 입었음. 오른손은 가슴 뒤에 있고 긴 소매는 나부끼고 있음. 왼손은 비스듬히 뒷쪽으로 뻗었으며, 손에는 불씨를 쥐고 있음. 고개를 돌리면서 내려다보고 있음(그림 11-2-좌). 두 신의 중간과 몸 뒤에는 2~3그루의 나무가 있음.

○ 남쪽 모서리 말각석 위에는 쇠망치질을 하는 대장장이신과 수레바퀴를 다루는 신이 있음. 대장장이신은 왼쪽에 있음. 머리를 묶었고 짧은 콧수염이 있음. 황색 옷깃의 녹갈색 도포를 입었고, 허리에는 흰색 띠를 매었음. 검은 신발을 신고 네모난 돌 위에 책상다리로 앉았음. 왼손은 철제집게를 쥐고 다듬잇돌 위에 있는 붉은 색 쇳덩어리를 잡고 있고, 오른손은 쇠망치를 쥐고 높이 들어 야철함(그림 11-2-우). 수레바퀴를 다루는 신은 오른쪽에 있음. 머리를 묶었고 짧은 콧수염이 있음. 황색 옷깃에 녹갈색 날개모양의 합임 도포를 입었음. 허리에는 흰 띠를 매었으며, 검은 신발을 신었음. 왼손은 수레바퀴를 쥐고 오른손으로 망치를 들어 내리치고 있음(그림 11-1-좌). 두 신의 중간과 몸 뒤에 큰

그림 11 오회분4호묘 묘실 천장고임 1단 벽화모사도(『考古學報』 1984-1, 128쪽)

나무가 있음.

○ 서쪽 모서리 말각석 왼쪽에는 남쪽을 향하고 있는 인물이 있음. 황색 옷깃에 날개모양의 갈색 합임 도포를 입었음. 허리에는 녹색 짧은 치마를 묶었으며, 검은 신발을 신었음. 왼쪽 다리는 오른쪽 다리 뒷쪽에 두고 신발 끝으로 땅을 딛고 있음. 나무 그루터기 위에 있는 검은색 숫돌 앞에서 물건을 손에 들고 힘차게 가고 있음(그림 11-1-우). 인물 앞뒤로는 나무가 있음. 그리고 그 오른쪽에는 용을 타고 남쪽으로 향하는 선인이 있음. 긴 두상에 머리를 묶었고, 두 귀는 뾰족하며,

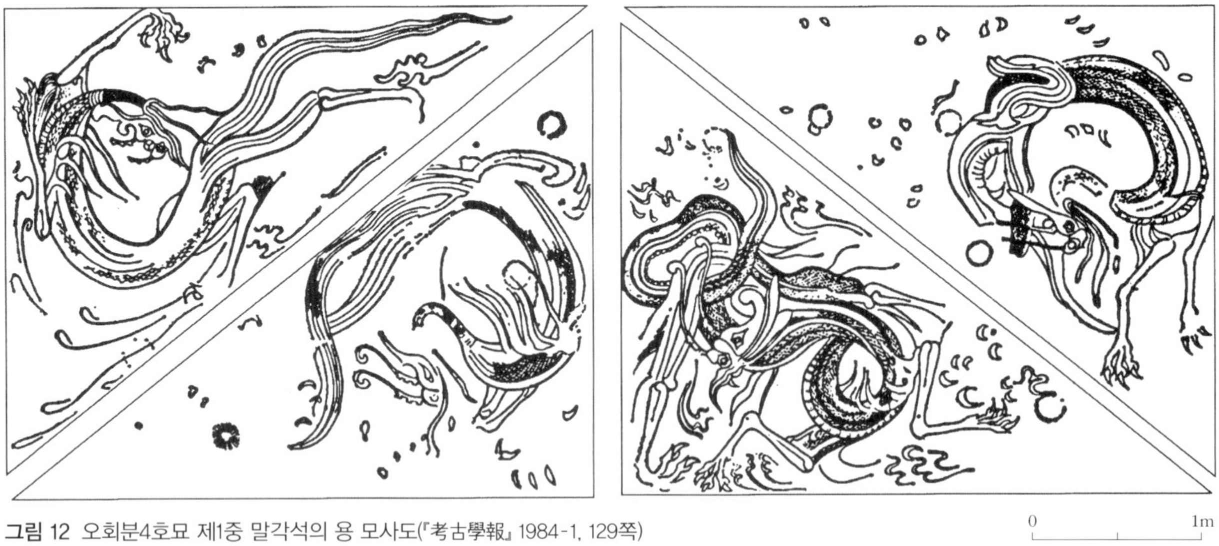

그림 12 오회분4호묘 제1중 말각석의 용 모사도(『考古學報』 1984-1, 129쪽)
왼쪽부터 동북 모서리, 서남 모서리, 동남 모서리, 서북 모서리

그림 13 오회분4호묘 묘실 제2중 굄돌 북면 벽화모사도(『考古學報』 1984-1, 130쪽)

콧수염이 조금 나 있음. 흰색 내의와 황색 옷깃에 맞섶인 날개모양 다갈색 도포를 입었고, 허리에는 흰 띠를 매었음. 머리를 들고 오색 용을 타며 날아오르고 있고, 왼손에는 깃발을 들었음(그림 11-4-좌).

○ 네 개의 말각석 가운데부분에 각각 용 한 마리가 있는데, 자태는 서로 같음. 용은 머리를 뒤로 돌리고 몸을 일으키면서 굽은 등과 배를 두 번째 굄돌에 걸치고 있음. 몸은 오색이고, 네 발 윗부분에는 흰색 지느러미가 있음(그림 12).

○ 2중 굄돌 북면에는 기악선인 3인이 있음(그림 13). 오른쪽에는 거문고를 타는 기악선인이 있음. 머리에 연화관을 썼고, 용모는 빼어나며, 짧은 콧수염이 있음. 백색 내의와 황색 옷깃의 긴 자색 합임 도포를 입었음. 오른쪽 다리는 책상다리를 하고, 왼쪽 다리는 앞으로 뻗었으며, 무릎 위에 거문고를 놓았음. 왼손은 거문고를 잡고 오른손은 줄을 타고 있음. 가운데에는 남쪽으로 향하면서 요고를 치고 있는 기악선인이 있음. 홍황색 끈으로 머리를 묶었고 짧은 콧수염이 있음. 홍색 옷깃에 맞섶인 황색 도포를 입었는데, 얇은 옷은 몸에 붙었고 어깨에 걸친 비단 휘자락이 휘날리고 있음. 가슴

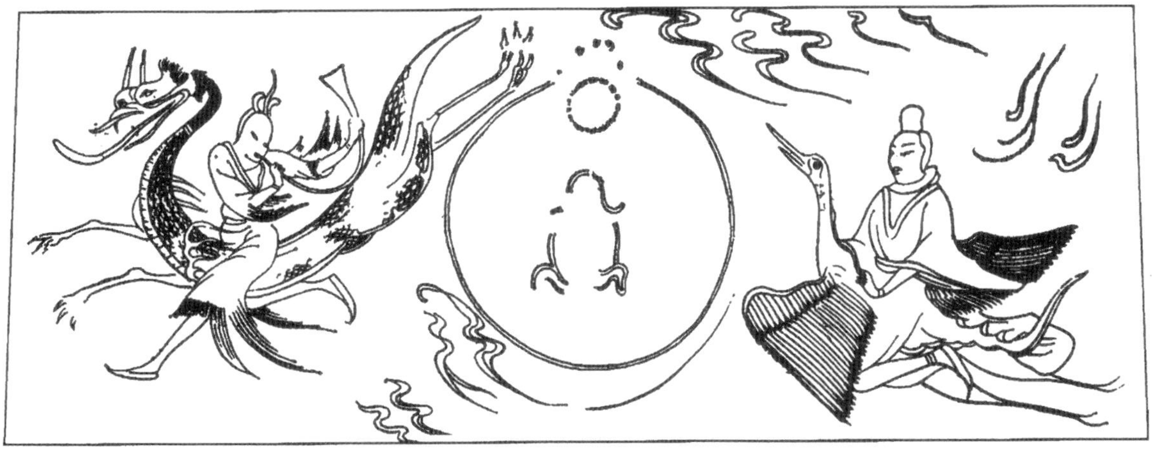

1. 서면

2. 동면

그림 14 오회분4호묘 묘실 제2중 굄돌 벽화모사도(『考古學報』 1984-1, 131쪽)

은 내밀고 배는 들이 밀었음. 무릎을 굽혀 공중으로 도약하려고 함. 오른손은 높이 들었고 왼손은 허리에 묶여 있는 요고를 치려고 하고 있음. 왼쪽에 있는 선인은 머리를 묶었고, 흰색의 맞섶 내의와 황색 옷깃의 자색 합임 도포를 입었음. 왼팔은 굽혀서 몸 가까이 대었고 손에 두루마기를 들고 있음. 머리를 돌려 뒤를 보고 있고, 두 다리는 뒷쪽으로 굽혔다가 펴고 있음. 세 선인 사이에는 북두성좌와 流雲이 있음.

○ 제2중 굄돌 동면에는 해, 용을 탄 기악선인, 봉황을 탄 기악선인이 있음(그림 14-2). 해는 가운데에 있음. 주색과 검정색으로 원의 윤곽을 그렸고, 그 안에 삼족오를 그렸음. 삼족오는 날개를 펼치고 길게 울고 있음. 용을 탄 기악선인은 왼쪽에 있음. 머리를 높이 묶었고, 황색 옷깃의 다갈색 도포를 입었음. 오른손에는 펄럭이는 붉은색 깃발을 들었고, 고개와 몸을 돌려 왼손에 들고 있는 퉁소를 불고 있음. 타고 있는 용은 몸이 오색이고, 날아오르기 위해 머리를 높이 들었으며, 입을 벌려 혀를 내밀고 있음. 봉황을 탄 기악선인은 오른쪽에 있음. 긴 머리를 묶었고, 두 귀는 뾰족하며, 콧수염이 있음. 둥근 옷깃에 맞섶인 백색 내의와 황색 옷깃의 다

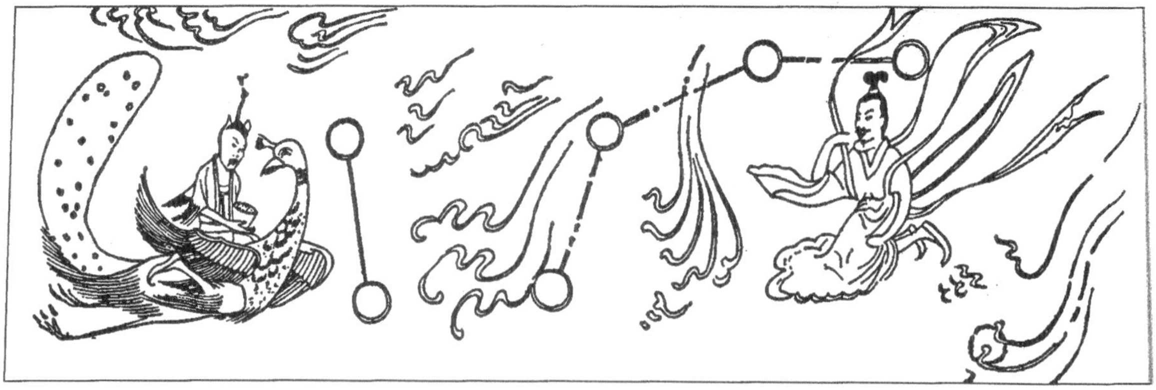

그림 15 오회분4호묘 묘실 제2중 굄돌 남면 벽화모사도(『考古學報』 1984-1, 130쪽)

0 46cm

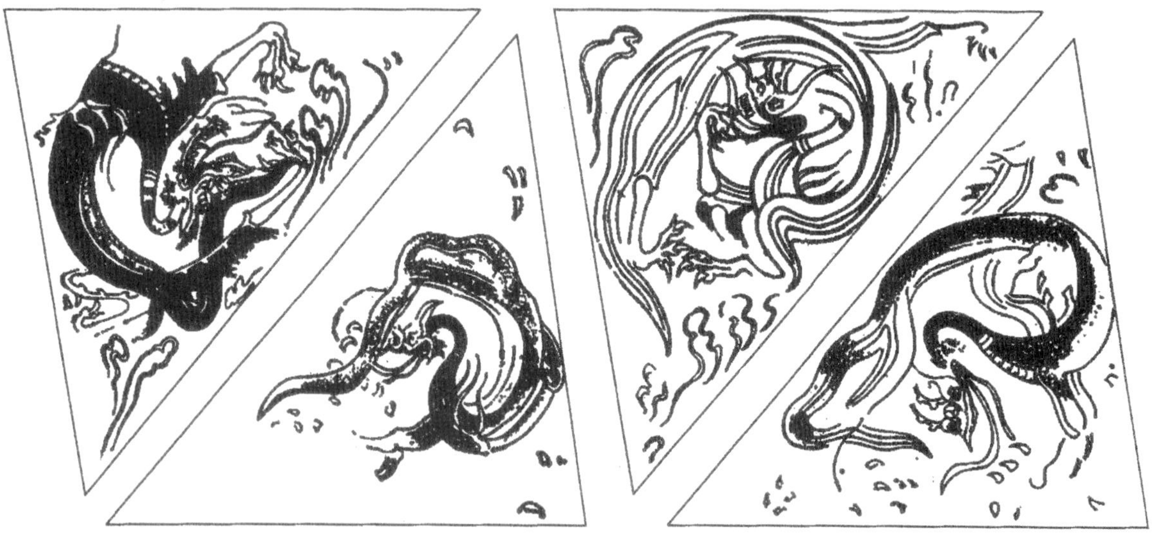

그림 16 오회분4호묘 묘실 제1·2중 굄돌 말각석의 용 모사도(『考古學報』 1984-1, 132쪽)
첫 번째 : 남쪽 모서리 두 번째 : 동쪽 모서리 세 번째 : 북쪽 모서리 네 번째 : 서쪽 모서리

0 1m

0 50cm

그림 17 오회분4호묘 묘실 개정석의 용 모사도
(『考古學報』 1984-1, 133쪽)

표 1 오회분4호묘 벽화제재

묘실				천장	
동벽	서벽	남벽	북벽	고임돌	천장석
청룡	백호	주작	현무	신화인물, 선인, 해, 달, 별자리, 운문, 교룡문, 반룡문, 수목문	황룡, 별자리, 운문
귀갑형당초문, 괴수역사상	귀갑형당초문, 괴수역사상	귀갑형당초문, 괴수역사상	귀갑형당초문, 괴수역사상		

갈색 합임 도포를 입었고, 허리에는 흰 띠를 매었음. 두 손은 피리를 잡고 있으며 입으로 불고 있음. 기악선인의 손목과 발목에는 홍·황색의 팔찌를 차고 있음. 타고 있는 봉황은 주홍색의 높은 볏이 있음. 목의 색깔은 다채롭고, 등은 황색이며, 어깨는 홍색임. 날개는 녹색이고 묵선으로 깃의 윤곽을 그림. 꼬리는 황색 바탕에 빨간 깃털이고, 뒤로 펼쳐져 있음. 머리를 들고 날개를 펴서 비약하고 있음.

○ 제2중 굄돌 남면에는 남두육좌, 공작을 탄 기악선인, 피리를 부는 기악선인이 있음(그림 15). 공작을 탄 기악선인은 왼쪽 끝에 있음. 머리를 묶었고, 두 귀는 뾰족하며, 콧수염이 있음. 백색 내의와 다갈색의 맞섶 날개옷을 입었음. 두 손은 가슴 쪽에 두고 물건을 들고 있음. 검은 신발을 신었고, 팔목과 발목에 팔찌를 차고 있음. 타고 있는 공작은 짙은 녹색임. 머리에 勝을 썼고, 꼬리는 늘어뜨리면서 날개를 펴 비약하고 있음. 머리는 들어 뒤돌아보고 있고, 화려한 깃털을 가진 꼬리는 위로 펼쳐져 있음. 피리를 부는 기악선인은 오른쪽 끝에 있음. 머리를 묶었고, 황색 옷깃의 다갈색 도포를 입었음. 두 다리는 굽혔고, 검은 신발을 신었음. 몸에 두른 비단 자락이 나부끼고 있음.

○ 제2중 굄돌 서면에는 달, 용을 탄 기악선인, 학을 탄 기악선인이 있음(그림 14-1). 달은 중간에 있는데, 주색으로 윤곽을 그렸고 두꺼비를 그려 넣음. 달의 위아래로는 流雲이 있음. 용을 탄 기악선인은 왼쪽에 있는데, 날아오르는 오색 용의 등에 앉아 있음. 머리를 묶었고, 두 귀는 뾰족함. 흰색 내의와 둥그런 황색 옷깃의 다갈색 날개옷을 입었고, 허리에 흰 띠를 매었음. 몸을 돌려 뒤를 바라보며 胡角을 불고 있음. 오른쪽 다리는 구부렸고, 왼쪽 다리는 오른쪽 다리 위에 얹으면서 앞쪽으로 폈음. 검은 신발을 신었고, 팔목과 발목에 황색 팔찌를 찼음. 학을 탄 선인은 오른쪽에 있는데, 남쪽을 향하고 있음. 머리에는 백관을 썼고, 흰색 내의와 황색 옷깃의 긴 자색 도포를 입었으며, 허리에는 흰 띠를 매었음. 오른손은 학의 목을 가볍게 잡았고, 왼손은 학의 등에 두었음. 검은 신발을 신었고, 팔목과 발목에 홍·황색의 팔찌를 찼음. 하얀 학은 날개를 펴 비약하고 있음.

○ 제1·2중 굄돌 말각석의 아랫부분에 각각 한 마리의 용이 있음(모두 8마리). 용은 머리를 들어 돌아보고 있고, 입은 벌려 혀를 내밀고 있음. 몸은 오색이고, 네 발을 뻗고 있음(그림 16).

○ 천장 굄돌에는 청룡 한 마리가 있음. 오색으로, 등은 황색이고 배는 자색임. 머리는 들어올렸고, 입은 벌려 혀를 내밀고 있음. 앞발 겨드랑이 아래에는 불꽃이 솟아오르고 있음. 뒷발에는 흰색 지느러미가 달려 있고, 뒷발 하나가 바깥쪽으로 힘차게 박차고 있음. 바탕에는 流雲과 별자리가 있음(그림 17).

5. 출토유물

1) 금동기

(1) 금동제구 1(鎏金銅扣, 그림 18-3)

○ 출토지 : 오회분4호묘.

○ 형태 : 원형. 가운데부분은 솟아 있음. 주변에 대칭하는 네 眼이 있음.

(2) 금동제구 2(鎏金銅扣, 그림 18-4)

○ 출토지 : 오회분4호묘.

○ 형태 : 원형. 가운데부분은 솟아 있음. 주변에 대칭하는 네 眼이 있음.

(3) 금동제못(鎏金帽釘)

○ 출토지 : 오회분4호묘.

○ 형태 : 두부(釘帽)는 원형이고, 전체적으로 추형임.

(4) 금동제장식(鎏金花形飾, 18-5)

○ 출토지 : 오회분4호묘.

○ 형태 : 6판의 꽃모양임. 중간은 돌기. 주변에는 대칭하는 6개의 구멍이 있음. 뒷면에 들어간 곳에는 금실이 연결되어 있음.

(5) 금동제편(鎏金薄片)

○ 출토지 : 오회분4호묘.

○ 형태 : 2점 출토. 파손. 얇음.

(6) 금동기(圓銅具)

○ 출토지 : 오회분4호묘 묘실.

○ 형태 : 원형임.

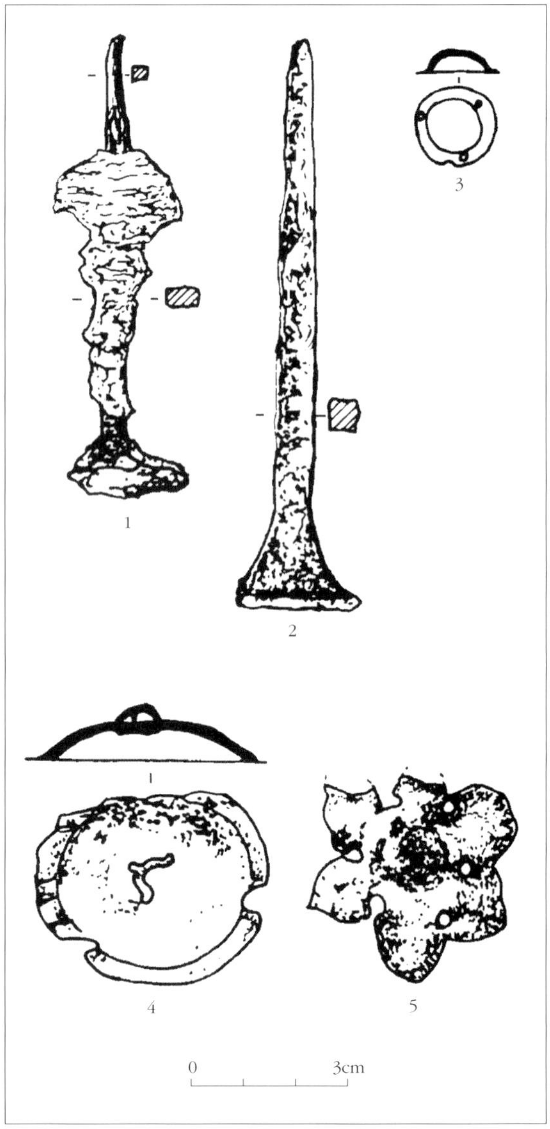

그림 18 오회분4호묘 출토유물(『考古學報』 1984-1, 134쪽)
1~2. 철제못 3~4. 금동제구 5. 금동제장식

2) 철기

(1) 철제못(鐵釘, 그림 18-1, 그림 18-2)

○ 출토지 : 오회분4호묘.

○ 크기 : 전체 길이 12.5~16cm.

○ 형태 : 3점 출토. 두부(釘帽)는 방형이고, 전체적으로 방추형임.

3) 기와

(1) 암키와편

○ 출토지 : 오회분4호묘.

○ 형태 : 광택이 남. 배면에는 무늬가 없고, 내면에는 布文이 펼쳐져 있음.

○ 색깔 : 회색.

(2) 수키와편

○ 출토지 : 오회분4호묘.

○ 형태 : 광택이 남. 무늬는 없음.

○ 색깔 : 회색.

4) 기타

(1) 관목잔편(棺木殘片)

○ 출토지 : 오회분4호묘.

○ 형태 : 주색과 홍색이 발라진 漆片임.

6. 역사적 성격

1) 특징

○ 오회분4호묘는 구조가 웅장하며, 사용한 석재들은 매우 크고 정교하게 다듬었으며, 말각을 쌓은 것도 성숙한 경지에 이르렀음. 이는 고구려의 석조기술 수준이 매우 높았음을 보여줌.

○ 오회분4호묘의 형태, 벽화내용, 기법은 기본적으로 오회분5호묘와 같음. 다만 오회분5호묘의 벽화 기교가 오회분4호묘보다 높음. 벽화 기교의 차이는 화가의 기교 혹은 축조 시기의 차이로 볼 수 있음.

2) 벽화의 특징

○ 예술적인 측면에서 보면 오회분4호묘는 고구려 벽화예술의 전형으로 매우 높은 수준임.

○ 오회분4호묘의 벽화는 구도가 엄밀하고 형상은 생동감이 있으며 선의 힘이 솟구쳐 있음. 이는 角觝墓, 舞踊墓, 通溝12號墓, 三室墓 등 이른 시기의 집안 벽화묘보다 발전된 모습임. 이른 시기의 벽화묘는 벽화가 비교적 서투르고, 주제가 중점적으로 드러남. 그리고 배경의 보조와 투시(밥 먹는 家具, 생활용기, 가옥, 성곽 등)를 강구하지 않으며 유치한 표현이 남아 있음. 오회분4호묘의 네 벽에 그려져 있는 주제는 四神이지만, 그 아래로 망문에 연화화염문이 연속적으로 그려져 있어 벽면을 매우 풍성하게 해주고 있는데, 통일된 풍격 속에서도 일정 정도의 변화를 보이고 있음. 청룡, 백호, 주작, 현무 모두 매우 생동적임. 더불어 덧대어 주는 도안은 벽면에 웅장하고 화려한 생동력을 더해 줌.

○ 벽화는 짙고 엄숙한 빛깔과 광택으로 매우 깊은 인상을 줌. 사용한 색깔은 홍색, 황색, 백색, 검정색, 녹색, 자색 등임. 돌 위에 직접 그린 벽화는 오랜 세월이 지났어도 그 색채가 새 것 같고, 매우 견고하여 박락이 쉽게 되지 않음.

○ 인물의 형상을 보면 비례관계가 확실함. 그리고 선의 움직임은 유창하며, 굵기에 변화를 주고 있음.

3) 피장자 신분

○ 고구려 후기에는 대부분 봉토묘를 채용. 하지만 오회분 4·5호묘와 같은 거대한 봉토묘는 그 수가 많지 않음. 묘실 규모와 벽화는 웅장하고 화려함. 축조에 사용한 석재는 거대하고 정밀하게 가공. 이러한 점들을 감안하면 오회분4호묘는 왕족의 무덤으로 추정됨. 한편 오회분4호묘는 오회분3호묘와 묘단이 연결되어 있는데, 두 고분 피장자 간의 관계를 엿볼 수 있음. 오회분은 동서방향의 일직선으로 배열되었고 크기가 서로 비슷한데, 왕족의 묘에 속한다고 볼 수 있음.

4) 축조연대

○ 5세기 말~6세기 초 설 : 통구고분군의 고분 분포는 매장시기의 선후관계와 연관시킬 수 있는데, 대체로 북쪽에서 남쪽으로 매장한 것으로 추정됨. 고구려 고분의 경우 초기에는 적석묘, 후기에는 봉토묘를 채용함. 적석묘는 우산 북면 기슭, 봉토묘는 통구분지 중부에 많이 분포하고 있음. 오회분은 고분군의 최남단에 위치하는데, 북쪽으로 약 30m 떨어진 지점에 사신묘, 다시 북쪽으로 약 350m 떨어진 지점에 통구12호묘, 400m 떨어진 지점에 삼실묘가 있음. 분포상으로 볼 때 오회분4호묘는 사신묘, 통구12호묘, 삼실묘보다 늦게 축조되었다고 추정됨. 오회분4호묘의 구조는 엄밀하고 형태가 정연하며 축조에 사용한 돌은 크고 정교함. 이 같은 특징은 고구려석조 건축예술의 우수성을 보여주는 것으로, 고구려 후기 고분을 대표한다고 할 수 있음. 오회분4호묘의 말각고임 천장은 사신묘 및 오회분5호묘와 같은데, 이러한 천장구조는 북위시기의 石窟에서도 보이는 등 매우 보편적이었음. 벽화의 내용과 기법을 보면 사신도 위주이고 다듬은 돌 위에 직접 그렸으며 색은 아름답고 구도는 엄밀하며 필법은 세련되었는데, 白堊土 벽에 그린 통구12호묘와 사신묘 등 이른 시기의 벽화보다 진보한 점이 많음. 벽화에 보이는 풍격은 남북조시기의 河南省 鄧縣 彩色畵像磚墓와 매우 유사한데, 특히 천장 북면 제2중 굄돌 측면에 있는 요고를 치는 기악선인은 자세, 몸매, 옷 그리고 옆의 流雲까지 같음. 그리고 거문고를 타고 있는 기악선인이 쓴 연화관은 晋대 이후부터 보이기 시작. 고분의 구조, 벽화의 내용·풍격·기법 그리고 통구고분군의 고분 분포양상 등을 감안하면 오회분4호묘의 축조 시기는 오회분5호묘와 동일하고 사신묘보다는 늦다고 추정. 즉, 북조시기에 해당하는 5세기 말~6세기 초로 비정할 수 있는 것임(吉林省文物工作隊, 1984).

○ 6세기~7세기 초 설 : 오회분4호묘의 구조는 방형의 단실로서 북조 후기의 고분 구조와 같음. 네 벽의 사신 아래 그려져 있는 忍冬網文은 寧夏 高原 北魏 漆棺과 관계가 있는 것으로 추정. 그리고 신들의 옷차림은 남조대 풍격과 유사하고, 고구려 후기의 불교, 유교, 도교가 혼합된 상황이 반영되어 있음(魏存成, 1994). 집안에서 발견된 벽화묘를 연대 및 분기로 나누어 볼 때 오회분4호묘는 4기 가운데 제4기에 해당. 제4기의 특징을 살펴보면 구조는 방형 단실임. 묘실은 가지런하게 다듬은 대형 장조석으로 축조하였고 꺽대기 부분은 말각고임식임. 그리고 묘방향은 서향임. 벽화는 백회 위에 그린 것이 아닌 가지런하게 다듬은 석벽 위에 직접 그렸음. 내용은 四神이 주체가 되어 네 벽을 차지하고, 네 모서리와 천장에는 괴수, 盤龍, 日月神, 기악신선, 日月星辰 등으로 가득 채웠음. 인물은 대부분 높은 관을 썼고 소매가 큰 옷을 입었으며 넓은 띠를 착용하였고 큰 신발을 신었는데, 남조대 인물의 풍조를 드러냄(方起東·劉萱堂, 2002). 이러한 점들을 감안하면 오회분4호묘는 6세기~7세기 초에 축조된 것으로 추정.

○ 7세기 설 : 묘실이 지하로 들어간 것으로 보아 늦어도 7세기에 축조된 것으로 추정(孫仁杰·遲勇, 2007).

참고문헌

- 關野貞·谷井濟一, 1915,『朝鮮古蹟圖譜(一)』.
- 池內宏·梅原末治, 1940,『通溝』下, 日滿文化協會.
- 吉林省博物館, 1964,「吉林輯安五盔墳四號和五號墓清理略記」,『考古』1964-2.
- 吉林省文物志編委會, 1984,『集安縣文物志』.
- 吉林省文物工作隊, 1984,「吉林集安五盔墳四號墓」,『考古學報』1984-1.
- 조선일보사, 1994,『아, 고구려』.
- 한국방송공사, 1994,『고구려 고분벽화』.
- 魏存成, 1994,『高句麗考古』, 吉林大學出版社.
- 전호태, 2000,『고구려 고분벽화 연구』, 사계절.
- 吉林省文物考古研究所·集安市博物館, 2002,『洞溝古墓群－1997年調查測繪報告』, 科學出版社.
- 方起東·劉萱堂, 2002,「集安下解放第31號高句麗壁畫墓」,『北方文物』2002-3.

- 전호태, 2004,『고구려 고분벽화의 세계』, 서울대학교 출판부.
- 吳廣孝, 2006,『集安高句麗壁畵』, 山東畵報出版社.
- 孫仁杰·遲勇, 2007,『高句麗王陵通考』, 香港亞洲出版社.
- 孫仁杰·遲勇, 2007,『集安高句麗墓葬』, 香港亞洲出版社.
- 耿鐵華, 2008,『高句麗古墓壁畵研究』, 吉林大學出版社.
- 전호태, 2009,「고구려 집안권 벽화고분의 현황과 과제」,『울산사학』14.

07 집안 우산하2105호묘 : 오회분5호묘

集安 禹山下2105號墓 : 五盔墳5號墓 | JYM2105

1. 조사현황

1) 1913년

○ 조사자 : 關野貞.

○ 조사내용 : 조사 및 기록.

2) 1950년

○ 조사기간 : 1950년 8월.

○ 조사자 : 李浴.

3) 1956년

○ 조사기간 : 1956년 9월.

○ 조사내용 : 무덤에 나무문 설치.

4) 1957년

○ 조사기간 : 1957년 4월.

○ 조사기관 : 吉林省博物館.

○ 조사자 : 王承禮, 周健鵬, 曲紹伯, 蘇才.

○ 조사내용 : 전체 벽화묘를 조사할 때 조사대상에 포함됨.

5) 1957년

○ 조사기간 : 1957년 가을.

○ 조사기관 : 길림성박물관.

○ 조사자 : 曲紹伯.

6) 1962년

○ 조사기간 : 1962년 4월.

○ 조사내용 : 무덤을 실측하고 벽화를 모사.

7) 1962년

○ 조사기간 : 1962년 6~8월.

○ 조사기관 : 길림성박물관, 集安縣文物保管所.

○ 조사자 : 王承禮, 李殿福, 方起東, 韓淑華, 劉萱堂, 林至德(이상 조사), 莫東作, 鄭捷, 王紀棟(이상 촬영), 王大維, 李超雄, 曲紹伯, 劉萱堂(이상 모사).

○ 조사내용 : 정리와 발굴을 진행하면서 봉토 보호작업 실시. '通溝5號墓'라고 부름.

8) 1962년

○ 조사기간 : 1962년 8월~1963년 8월.

○ 조사기관 : 吉林省博物館 集安考古隊.

○ 조사자 : 王大維, 李超雄, 劉萱堂.

○ 조사내용 : 벽화 조사 및 모사.

9) 1963년

○ 조사기간 : 1963년 6월.

○ 조사내용 : 무덤 앞에 나무로 제작한 표지판 설치.

10) 1965년

○ 조사기간 : 1965년 6월.

○ 조사내용 : 무덤을 실측하고 벽화를 모사.

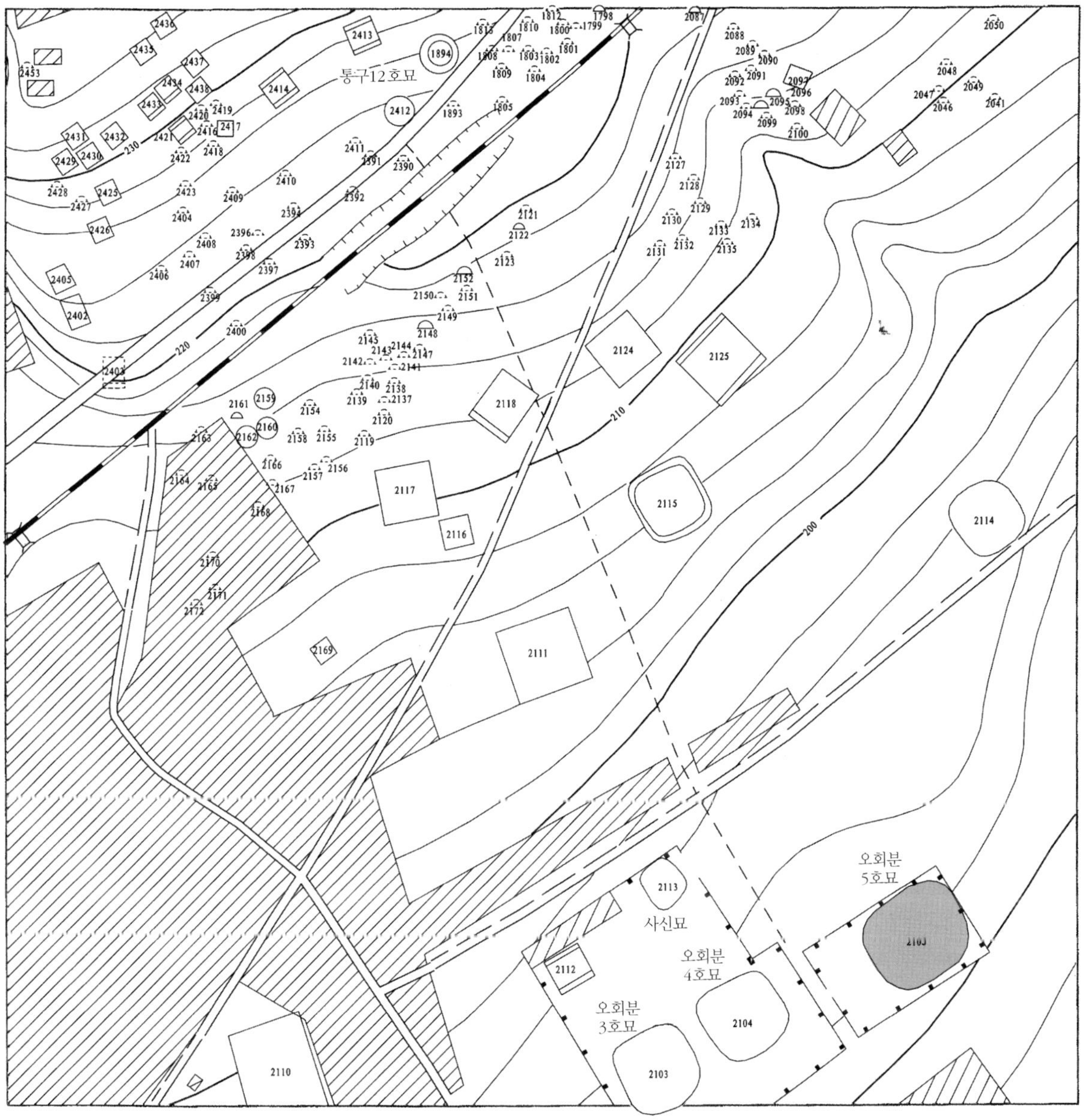

그림 1 오회분5호묘 위치도 1(『洞溝古墓群-1997年調査測繪報告』, 209쪽)

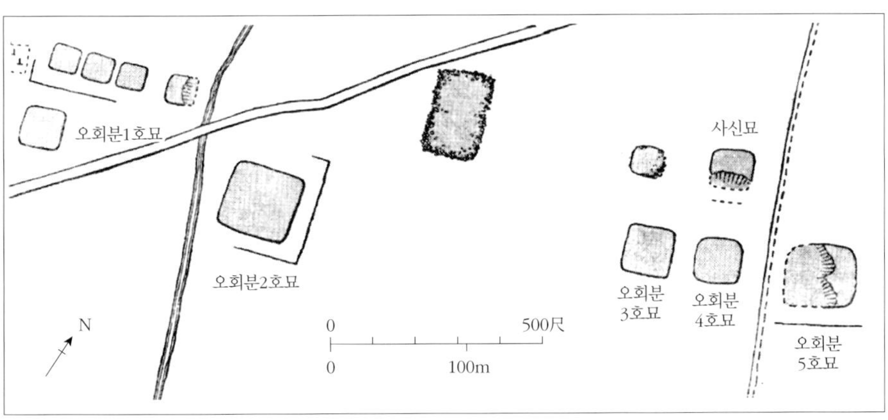

그림 2
오회분5호묘 위치도 2
(『通溝』 下, 30쪽)

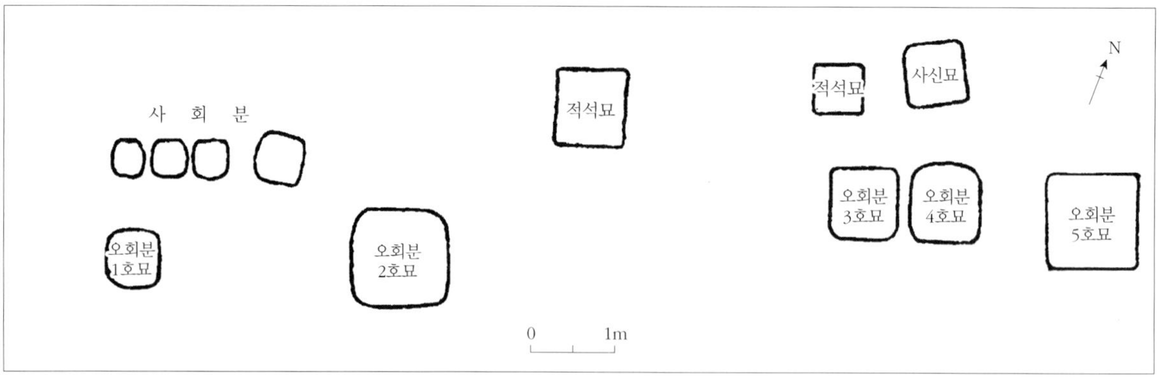

그림 3 오회분5호묘 위치도 3(『考古』 1964-2, 59쪽)

11) 1966년

○ 조사내용 : 通溝古墳群에 대한 실측조사 때 '禹山墓區2105號墓(JYM2105)'로 편호.

12) 1975년

○ 조사기간 : 1975년 6월.

○ 조사내용 : 보수.

13) 1976년

○ 조사기간 : 1976년 5월.

○ 조사내용 : 보수.

14) 1983년

○ 조사기간 : 1983년 1월.

○ 조사내용 : 벽화 보존을 위한 2차 화학처리작업 시행.

15) 1997년

○ 조사기관 : 吉林省文物考古研究所, 集安市博物館.

○ 조사내용 : 실측.

16) 2004~2005년

○ 조사자 : 孫仁杰, 遲勇.

○ 조사내용 : 묘 주위에서 많은 암키와와 수키와 잔편들을 수습.

2. 위치와 자연환경(그림 1~그림 3)

1) 고분의 위치

○ 集安 通溝平原의 禹山下古墳群 중부 남단에 위치.

○ 集安 버스정류장 북측에 위치한 고구려 무덤군인 五盔墳 가운데 하나로 가장 동쪽에 위치.

○ 중심지리좌표는 동경 126° 11′902″, 북위 41° 08′247″이고, 묘정상 해발고도는 225m임.

2) 고분의 주변환경

○ 서쪽으로 50m 떨어진 지점에 五盔墳4號墓가 있음.

○ 서북쪽으로 약 150m 떨어진 지점에 禹山下2115號墓가 있음.

○ 고분 남쪽으로는 집안에서 果樹場에 이르는 도로가 서쪽에서 동쪽으로 지나가고 있음.

○ 묘의 동측은 경작지임.

3. 고분의 현황

1) 고분 명칭의 변천

○ 五盔墳5號墓는 五盔墳 가운데 한 기임. 오회분은 5기의 고분 형태가 투구와 닮았다하여 붙여진 명칭임.

○ 1966년 통구고분군에 대한 실측조사 때 '禹山墓區 2105號墓(JYM2105)'로 편호.

○ 通溝17號墓, 四葉塚, 通溝62號墓 등으로도 불림.

2) 발굴 전 상황

○ 중일전쟁 중에 파헤쳐짐.

○ 원래는 오회분4호묘보다 크고 높았으나, 현재는 1/3만 남아 있음.

3) 고분 형식

(1) 유형

封土石室壁畵墓.

(2) 분구규모

○ 吉林省博物館(1964) : 남은 높이 3m.

○ 吉林省文物考古研究所·集安市博物館(2002) : 바닥 변 길이 25m, 높이 8m.

○ 孫仁杰·遲勇(2007) : 봉토 주변 길이 130m, 높이 8m.

4) 고분 구조(그림 4~그림 5)

○ 무덤칸의 방향은 동으로 22° 기운 남향임.

○ 외형은 截頭方錐形임.

○ 묘 주위에는 기단이 구축되어 있는데, 기단석은 정연하게 가공한 화강암임. 현재는 서측과 남측에서 볼 수 있고, 동측과 북측의 묘단석은 대부분 흙 속에 잠겨 있음.

○ 묘실, 연도, 묘도 세 부분으로 구성됨.

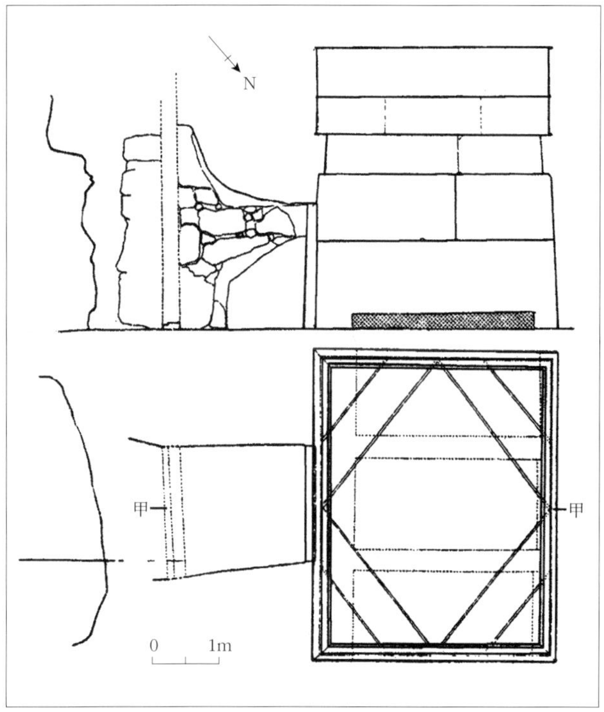

그림 4 오회분5호묘 평·단면도 1(『考古』 1964-2, 62쪽)

(1) 묘실

○ 돌로 축조하였고, 평면은 가지런한 횡장방형임.

○ 동서 길이 4.37m, 남북 너비 3.56m이고, 지면보다 3~4m 낮음.

○ 가공한 크고 긴 화강암으로 축조하였고, 백회로 틈을 메웠음.

○ 네 벽은 약간 안으로 기울어져 있고, 높이는 2.18m임.

○ 네 벽 위에 들보(梁枋)가 구축되어 있는데, 네 벽에서 10~60cm 튀어나와 있고, 높이는 55cm임.

○ 들보 위에 구축된 천장은 말각고임구조이고, 묘실 높이는 3.94m임. 제1중 굄돌(頂石)은 뒤로 물러나 있어 벽면과 가지런함. 네 모서리에는 말각석을 설치하였는데, 올려다보면 팔각형으로 보이고, 높이는 54cm임. 제2중 굄돌은 제1중 말각석 위에서 평행고임형태로 놓여 있는데, 올려다보면 마름모꼴이고, 높이는 66cm임. 그 위로는 평평한 돌로 덮음.

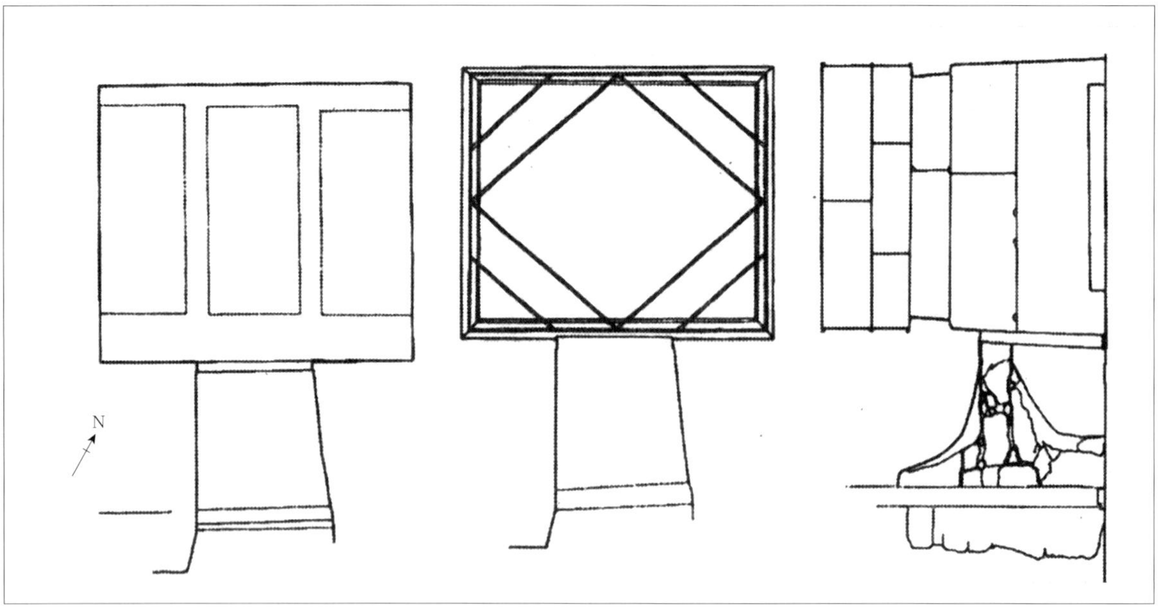

그림 5 오회분5호묘 평·단면도 2(『高句麗古墓壁畵硏究』, 51쪽)

○ 묘실 안에는 돌로 제작한 관대 3개가 놓여 있는데, 동서방향으로 배열되어 있고 높이는 23cm임. 동·서에 위치한 두 관대는 두 벽에 바짝 붙어 있고, 석회로 틈을 발랐음. 동쪽 관대는 북벽과의 거리 35cm, 길이 2.62m, 너비 1.27m임. 석재가 약간 짧아서 남쪽 끝에 작은 석재 한 개를 붙여서 보충하였음. 서쪽 관대는 북벽과의 거리 0.26m, 길이 2.67m, 너비 1.2m임. 북쪽 끝에 작은 돌 하나를 붙여 보충함. 붙여서 보충한 석재는 얇고 작음. 그 바깥에는 비교적 두꺼운 석회 한 층을 발랐음. 중간 관대는 석재 하나를 다듬어 제작하였고, 길이는 2.66m, 너비는 1.28m임. 그리고 북벽과의 거리는 29cm, 동·서 두 관대와의 거리는 각각 31cm와 30cm임.

○ 남벽의 들보 아래와 연도의 동서 양벽에 직경 5cm, 깊이 7cm 정도의 작은 원형 구멍 3개가 있음. 동변의 구멍은 동벽에서 1.03m 떨어진 지점에 있고, 서변의 구멍 2개는 서벽에서 각각 0.97m, 1.2m 떨어진 지점에 있음. 위치한 지점을 감안할 때, 구멍은 거는 데 사용되었을 것으로 추정.

○ 네 벽 제1층 천장석의 가운데부분에 직경 5cm, 깊이 1.5~2cm의 작은 구멍이 있는데, 벽화에 보이는 용의 입에 해당함. 원래 珠寶玉石류가 박혀 있었을 가능성이 있음.

(2) 연도

○ 연도는 묘실 남벽 정가운데에 있고, 방향은 158°임.

○ 길이는 1.93m임. 남쪽으로 갈수록 넓어지는데, 북쪽 너비는 1.62m, 남쪽 너비는 1.87m임.

○ 연도 위에 개정석이 있는데, 남벽 위의 들보와 동일한 석재임.

○ 묘실에 인접한 한 변은 정연하게 다듬었고, 높이는 1.75m임. 다른 한 변의 면은 다듬지 않았고, 점점 위로 올라가는데, 연도 입구에 이르러서는 높이가 2.86m임.

○ 연도에 접해 있는 묘문 안쪽 입구의 좌우 양벽과 정상부에는 약간 볼록하게 나온 문미와 문틀이 있는데, 너비는 15cm임. 바닥부에는 같은 너비의 문난간이 있는데, 높이는 2cm임.

○ 연도 이남 바깥쪽 양측과 윗부분에는 擋土墻을 쌓았음. 당토장은 동서 양쪽에서 조금씩 쌓아 올라가다가 꺾이면서 남쪽으로 향함. 원래는 묘도의 너비와 같았을 것으로 추정.

(3) 묘도

○ 묘도는 이미 파괴되어 형태를 알 수 없음.

○ 묘도의 뒷쪽 끝과 연도 입구 약 1m 지점에 擋門石 2개가 위아래로 있는데, 높이는 13.5m임. 안쪽 면은 정연하지 않음. 당문석의 서쪽과 당토장 사이에는 한 사람이 드나들 수 있는 틈이 있음.

4. 벽화내용

○ 벽화는 평평한 석재면 위에 직접 그림.

○ 먼저 가는 홍색 선 혹은 검정 선으로 초고한 후 홍색, 갈색, 녹색, 황색, 백색, 분홍색 등으로 색깔을 칠하고, 짙은 묵선으로 윤곽을 그려 마무리함.

○ 묘실의 벽·천장·관대, 연도 좌우 양벽에 벽화가 있음.

○ 벽화에 보이는 상서동물의 눈에는 원래 청색 옥이 박혀 있었으나, 현재는 소의 머리에 사람의 몸을 하고 있는 신의 오른쪽 눈에 청색 綠松石이 박혀 있는 것을 제외하고 남아 있지 않음. 네 벽 網文의 위·아래 모서리에 있는 작은 연화의 꽃술에는 원형의 검정색 끈적한 물질이 남아 있었고 얇은 금동편이 붙어 있었는데, 이를 통해 벽면에 금동제장식을 붙였음을 알 수 있음. 원형의 끈적한 물질은 들보와 천장에서도 볼 수 있음. 다만 분포가 규칙적이지 않고, 대부분 벽화의 빈틈을 메운 것이었음. 들보 매 면에 5~6개, 제1중 굄돌 아래 가장자리에 각각 2개, 제2중 굄돌 아래 가장자리 매 면에 각각 3~4개, 굄돌 아랫면과 제2중 굄돌에 1~2개가 있음.

1) 연도

○ 연도의 동벽과 서벽에 연도 입구를 바라보며 무덤을 지키는 문지기 역사가 있는데, 현재는 희미하여 명확하게 보이지 않음. 동벽의 역사는 머리를 묶었고 신발을 신었음. 커다란 연화좌 위에서 반가좌한 상태로 활시위를 당기려는 자세를 취하고 있음. 서벽의 역사는 戟을 쥐고 연화좌 위에 서 있음.

○ 연도 안쪽 입구에 튀어 나온 문미와 문틀, 묘실 남벽과 이어진 묘실문 가장자리의 문미·문틀에는 두 방향의 연속된 인동초 도안이 있는데, 녹색 가지와 덩굴 사이로 홍색, 황색, 녹색, 백색 등의 잎이 달려 있음.

2) 묘실

(1) 벽

○ 동벽에는 청룡이 있음. 머리는 남쪽을 향하고 있고 내려가는 자세를 취하고 있음. 용의 몸은 황색, 녹색, 홍색, 갈색으로 이루어져 있고, 그 위로는 묵선으로 격자형 비늘을 표현함. 목과 배는 분홍색이고, 팔다리의 색깔은 몸과 같음. 뒤에는 하얀 날개가 달려 있음. 아랫부분은 묵선으로 윤곽을 그림. 각 다리에 있는 발가락 세 개는 홍색임. 벽화에 보이는 용-39條의 체형과 색깔은 대체로 서로 같음.

○ 서벽에는 백호가 있음. 남쪽을 바라보며 비약하는 자세를 취하고 있음. 몸은 백색이고, 그 위로는 검은 선으로 긴 털을 표현함. 복부는 분홍색이고, 다리 뒷부분에는 하얀 날개가 있음.

○ 남벽은 연도로 인해 동·서 양단으로 나누어져 있는데, 각 단에 꼬리가 긴 주작 한 마리가 있음. 두 주작은 復瓣의 하얀색 연화좌에 서서 서로를 향해 날개짓하고 있는데, 현재 연화좌는 희미해져서 잘 보이지 않음. 서쪽 주작은 부리가 가늘고 뾰족함. 머리의 볏은 화염모양과 같은데, 갈색 바탕에 홍색 선으로 표현. 목은 분홍색이고, 몸은 홍색임. 양 날개는 홍색인데, 녹색으로

그림 6 오회분5호묘 묘실 천장 고임받침에 있는 용과 장식 모사도(『考古』 1964-2, 64쪽)

가장자리를 칠함. 꼬리날개는 황색, 녹색, 홍색을 나누어 칠함. 동쪽 주작의 형태는 서쪽 주작과 기본적으로 같음. 다만 둥근 모양의 긴 백색 깃털이 모서리를 넘어가고 있음. 주작의 몸은 갈색, 녹색, 홍색으로 표현하였고, 머리의 볏은 녹색 바탕에 홍색 선으로 표현.

○ 북벽에는 현무가 있는데, 거북이와 뱀이 뒤엉켜 있는 형태임. 거북이는 몸이 서쪽을 향하고 있고, 머리를 돌려 위를 향하고 있으며, 아래에 있는 뱀의 머리와 마주하고 있음. 등은 홍갈색이고, 등껍질문양은 없으며, 네 다리에는 각각 발가락 3개가 있음. 뱀은 몸색깔이 청룡과 같고, 그 위로는 검은 선으로 비늘을 표현.

○ 묘실 네 벽에는 사신도 외에 연화화염문 도안이 가득 차 있음. 網文의 연속 배열은 규칙적인데, 모두 수직방향의 2조임. 동·서 두 벽은 4조가 횡렬로 배치되어 있으며, 남·북 두 벽은 6조가 횡렬로 배치됨. 홍색, 황색, 검정색의 선으로 망문을 표현하였고, 그 위·아래 모서리에는 분홍색의 작은 연화가 있음. 오회분4호묘와 달리 인물도상이 없고, 蓮花網文이 있는 송이와 火焰網文이 있는 송이가 규칙적으로 연속해서 배열. 연화는 모두 측면에서 바라본 모양으로 녹색, 분홍색, 갈색, 황색으로 표현. 11판이고, 아래에는 꽃받침이 있으며, 좌우에는 각각 작은 화염문을 덧대었음. 화염문은 모두 3기둥(柱)임. 중간의 불기둥은 비교적 크고 홍색, 녹색, 황색, 갈색 등으로 표현. 그 좌우에도 작은 화염문을 덧대었는데, 색깔은 다름.

○ 묘실 네 모서리에는 용을 받치고 있는 괴수가 있는데, 그 형태는 기본적으로 오회분4호묘에 보이는 괴수와 같음. 동북 모서리의 괴수는 동벽과 북벽에 걸쳐 있음. 푸른색의 얼굴빛에 입을 크게 벌리고 있고, 입술 밖으로 이가 길게 나왔으며, 두 눈은 둥글게 크게 떴고, 하얀 색의 긴 눈썹은 뿔처럼 늘어져 있음. 상반신에는 황록색 날개옷을 입었고, 흉부는 노출하였으며, 하반신에는 회색 바지를 입었음. 왼쪽 다리는 구부렸고, 오른쪽 다리는 위로 올려 벌렸으며, 뻗어 올린 팔들은 용두 마리를 받치고 있음. 두 마리 용은 서로 뒤엉키면서 윗쪽 끝의 들보(梁枋)를 떠받치고 있음. 나머지 모서리의 용 형상은 온전하나, 괴수 일부는 희미하여 잘 보이지 않음. 서남 모서리에 있는 괴수는 서벽의 왼쪽 팔다리만 확인할 수 있음. 동남 모서리에 있는 괴수는 전혀 보이지 않음.

(2) 천장

○ 벽면과 천장 사이의 고임받침에는 여러 마리의 용이 서로 물면서 몸을 휘감고 있음(그림 6).

○ 들보 가장자리 위아래에는 마름모와 둥근 구슬이 연이어진 도안이 있음. 마름모는 홍색 테두리 안에 황색, 녹색, 흑색, 백색 등이 채워져 있는 형태임. 마름모 좌우 끝부분 각각에 둥근 홍색 구슬이 있고, 둥근 구슬 사이에는 홍색 산호모양의 가지형 장식이 있음(그림 6).

○ 들보 아래 고임에서 뻗어 나온 네 벽 부위에는 인동화초 도안이 있음.

○ 제1중 굄돌 네 면에는 각각 용 한 마리가 있음. 용은 굄돌에 발을 붙이고 있고, 배와 등은 꼭대기에 이르고 있으며, 머리는 돌려서 뒤를 보고 있음. 입은 벌리고 있

그림 7 오회분5호묘 묘실 천장의 벽화모사도(『考古』 1964-2, 65쪽)
1. 제2중 서남말각석 2. 제1중 서남말각석 3. 제1중 서북말각석

는데, 석벽의 작은 구멍에 맞춰져 있음. 그 구멍 안에서는 백회를 볼 수 있는데, 원래는 珠寶玉石류가 박혀 있었던 것으로 추정됨.

○ 제1중 굄돌 네 모서리(말각석 양끝)에는 가지와 줄기가 무성한 보리수가 많이 있음. 가지와 줄기는 갈색이고 나뭇잎은 홍색, 황색, 녹색으로 표현. 말각석 위의 빈 틈은 雲氣文으로 채움. 동남쪽에는 소의 머리에 사람의 몸을 하고 있는 신과 飛天이 있음. 소의 머리에 사람의 몸을 하고 있는 신은 神農神으로 추정. 눈에는 녹송석이 박혀 있음. 옷깃은 뾰족하고 소매통이 큰 갈색 날개옷을 입었음. 깃의 가장자리는 녹색이고, 허리에는 녹색 두건을 매었으며, 검정색 신발을 신었음. 오른손에는 벼이삭을 들고 있음. 그 뒷편에 있는 비천은 불의 신으로 추정됨. 머리는 풀어헤쳤고, 콧수염이 있음. 옷깃이 뾰족하고 소매통이 큰 갈색의 긴 도포를 입었는데, 깃과 소매 그리고 옷자락의 가장자리는 홍색임. 허리에는 백색 두건를 매었음. 오른손에는 횃불을 쥐고 있음. 양 무릎은 굽혔고 다리는 노출하지 않음. 동북쪽에는 사람의 몸에 용의 꼬리를 하고 있는 해의 신과 달의 신이 있음. 달의 신은 왼쪽에 위치하고 있음. 여자의 모습이고, 머리는 산발하였음. 깃이 뾰족한 녹색 날개옷을 입었고, 허리에는 갈색 두건을 매었음. 두 손은 머리 위로 백색의 둥근 달을 들고 있음. 달 가운데에 있는 두꺼비는 보이지 않음. 해의 신은 오른쪽에 위치하고 있고, 남자의 형상을 하고 있음. 깃이 뾰족한 갈색 날개옷을 입었고, 허리에는 녹색 두건을 매었음. 두 손은 머리 위로 갈색 해를 들고 있고, 해 안에는 왼쪽을 향하고 있는 삼족오가 있음. 두 신 사이로는 보리수가 있음. 서북쪽에는 왼쪽을 향하고 있는 선인 2인이 있음(그림 7-3). 앞에 있는 선인은 용을 타고 있음. 머리에는 황색 면류관을 썼고, 면류관 앞뒤로는 각각 홍색 술(流苏) 4개가 있음. 홍색 옷깃의 긴 녹색 도포를 입었고, 도포에는 작은 점으로 만든 '品'자형 도안이 있음. 옷깃 안으로 백색 내의가 드러나 있고, 허리에는 花兜巾을 매었음. 오른손은 용의 목을 잡고 있고, 왼손은 녹색 깃털 아래에 홍색의 둥근 점이 있는 麈尾를 잡고 있음. 뒤에 있는 선인은 飛簾을 타고 있음. 두 귀는 뾰족하게 솟아 있고, 등에는 녹색 날개 2개가 있음. 머리에는 가늘고 긴 높은 관을 썼으며, 갈색 날개포를 입었음. 배는 약간 노출하였고, 허리에는 두건을 매었으며, 검정색

의 큰 신발을 신었음. 얼굴은 뒤를 향해 돌렸음. 왼손에는 연화 한송이를 들고 있고 오른손에는 깃발을 들고 있는데, 旌節 윗부분에는 홍색 纓 2개가 있음. 영 사이로는 바람에 휘날리는 녹색 깃발이 있고, 정절 꼭대기에는 홍색과 갈색의 幡帶가 연결되어 있음. 타고 있는 비렴은 사슴과 같음. 각기형 뿔이 있으며, 꼬리는 가늘고 길. 몸은 홍색, 황색, 녹색 등으로 표현하였고, 배는 하얀색임. 서남쪽에는 바퀴를 제련하는 신이 있음(그림 7-2). 머리는 풀어헤쳤고, 뾰족한 홍색 옷깃의 긴 녹색 날개 옷을 입었음. 허리에는 갈색 두건을 매었고, 검정색 신발을 신었음. 왼손은 바퀴를 쥐고 있는데, 바퀴살은 16개임. 오른손은 망치를 들고 있음. 그 오른쪽으로는 보리수 아래에 서 있는 신이 있음. 뾰족한 홍색 옷깃의(현재는 박락되어 백색임) 긴 갈색 날개옷을 입었음. 제1중 말각석 아래에는 활짝 핀 연화가 있는데, 분홍색이고 8판임. 측면에는 잎이 붙어 있음.

○ 제2중 굄돌의 매 면에는 용을 타고 있는 기악선인 2인이 있고, 빈틈에는 운기문이 있음. 동남쪽의 두 선인은 용을 타고 왼쪽을 향하면서 피리를 불고 있음. 앞에 있는 선인은 머리를 묶었고, 상반신을 노출하였으며, 아래에는 황색 치마를 입었음. 팔에는 띠를 매었음. 뒤에 있는 선인은 머리를 묶었고, 뾰족한 갈색 옷깃에 소매가 긴 황색 도포를 입었음. 팔에는 녹색 띠를 매었음. 등에는 갈색의 해가 있고, 해 안에는 삼족오가 있음. 동북쪽의 두 선인은 용을 타고 오른쪽으로 향하고 있음. 앞에 있는 선인은 퉁소를 불고 있음. 머리는 묶었고, 뾰족한 갈색 옷깃에 소매가 넓은 녹색 도포를 입었으며, 팔에는 홍색 띠를 매었음. 뒤에 있는 선인은 긴 뿔을 불고 있음. 머리는 묶었고, 뾰족한 옷깃에 소매통이 큰 긴 갈색 도포를 입었으며, 팔에는 녹색 띠를 매었음. 서북쪽 우측 끝에 회백색의 둥근 달이 있고, 달 안에는 두꺼비가 있음. 그리고 용을 타고 왼쪽을 향하는 두 선인이 있음. 앞에 있는 선인은 머리에 연화관을 썼음. 뾰족한 옷깃에 소매통이 큰 갈색 도포를 입었는데, 가장자리는 황색임. 허리에는 두건을 매었고, 팔에는 녹색 띠를 매었음. 뒤에 있는 선인은 여자이고, 홍색 용을 타고 있음. 머리는 묶었고, 뾰족한 깃에 소매통이 큰 긴 황색 도포를 입었는데 깃, 소매, 도포 모두 가장자리는 홍색임. 몸 뒤에는 바람에 날려 춤추듯 휘날리는 갈색 띠가 있음. 손에는 阮咸을 쥐고 있음. 서남 모서리에 있는 두 선인은 용을 타고 왼쪽을 향하고 있음(그림 7-1). 앞에 있는 선인은 여성임. 고개를 돌려 왼쪽 어깨를 보고 있음. 머리는 묶었음. 상반신은 노출하였고, 아래에는 갈색의 긴 치마를 입었으며, 팔에는 녹색 띠를 매었음. 손은 腰鼓를 치고 있음. 뒤에 있는 선인은 머리를 묶었음. 상반신은 노출하였고, 아래에는 녹색 치마를 입었으며, 어깨에는 홍색 띠를 매었음. 쟁을 치고 있음. 이 외에 제2중 굄돌에는 별자리가 있음. 북부에는 북두성좌가 있는데, 첫 번째와 두 번째 별은 동북쪽 굄돌에 있고 나머지 별은 서북쪽에 있음. 남부에는 남두성좌가 있는데, 첫 번째와 두 번째 별은 동남쪽 굄돌에 있고, 나머지 별은 서남쪽에 있음. 각 별은 원형이고, 검정색 바탕에 가장자리는 홍색임. 홍색 선으로 연결되어 있는데, 별자리를 표시한 것으로 추정. 그리고 제2중 굄돌 아랫부분 매 모서리에는 각각 용 두 마리가 있는데, 용의 몸은 서로 둥글게 뒤엉켜 있고, 입은 자신의 몸을 물고 있음.

○ 마름모꼴의 개정석 아래에는 서로 감기고 얽힌 채 으르렁거리는 청룡과 백호가 있음. 백호는 서쪽, 청룡은 동쪽에 있는데, 모두 남쪽을 향하고 있음. 북부에는 크기가 다른 星象 2개가 있는데, 큰 것은 북극성으로 추정됨. 천장석의 벽화는 습기의 침투로 인해 부옇게 퇴색.

(3) 관대

○ 蓮環文이 있었으나, 현재는 측면에서 얼룩덜룩한 홍색만 볼 수 있음.

5. 출토유물

암키와편과 수키와편이 출토됨. 암키와편은 모두 회색이고 광택이 남. 배면에는 문양이 없고, 내면에는 布文이 있음. 수키와편 또한 모두 회색이고 광택이 남. 문양은 없음.

6. 역사적 성격

1) 특징

○ 2004년 7월 유네스코 세계문화유산에 등재.

○ 오회분5호묘는 구조가 웅장하며, 사용한 석재들은 매우 크고 정교하게 다듬었으며, 말각을 쌓은 것도 성숙한 경지에 이르렀음. 이는 고구려의 석조기술 수준이 매우 높았음을 보여줌.

○ 오회분5호묘의 형태, 벽화내용, 기법은 기본적으로 오회분4호묘와 같음. 다만 오회분5호묘의 벽화 기교가 오회분4호묘보다 높음. 벽화 기교의 차이는 화가의 기교 혹은 축조 시기의 차이로 볼 수 있음.

2) 피장자 추정

○ 고구려 후기에는 대부분 봉토묘를 채용. 하지만 오회분 4·5호묘와 같은 거대한 봉토묘는 그 수가 많지 않음. 묘실의 건축규모와 벽화, 장식의 웅장하고 화려함을 감안할 때 왕족의 무덤으로 추정됨. 오회분은 동서방향의 일직선으로 배열되었고 크기는 서로 비슷한데, 왕족의 묘에 속한다고 볼 수 있음.

3) 축조연대

○ 6세기~7세기 초 설 : 오회분5호묘의 구조는 방형의 단실로서 북조 후기의 고분 구조와 같음. 네 벽의 사신 아래 그려져 있는 忍冬網文은 寧夏 高原 北魏 漆棺과 관계가 있는 것으로 추정. 그리고 신들의 옷차림은 남조대 풍격과 유사하고, 고구려 후기의 불교, 유교, 도교가 혼합된 상황이 반영되어 있음(魏存成, 1994). 집안에서 발견된 벽화묘를 연대 및 분기로 나누어 볼 때 오회분5호묘는 4기 가운데 제4기에 해당. 제4기의 특징을 살펴보면 구조는 방형 단실임. 묘실은 가지런하게 다듬은 대형 장조석으로 축조하였고 꼭대기 부분은 말각고임식임. 그리고 묘방향은 서향임. 벽화는 백회 위에 그린 것이 아닌 가지런하게 다듬은 석벽 위에 직접 그렸음. 내용은 四神이 주체가 되어 네 벽을 차지하고, 네 모서리와 천장에는 괴수, 盤龍, 日月神, 기악신선, 日月星塵 등으로 가득 채웠음. 인물은 대부분 높은 관을 썼고 소매가 큰 옷을 입었으며 넓은 띠를 착용하였고 큰 신발을 신었는데, 남조대 인물의 풍조를 드러냄(方起東·劉萱堂, 2002). 이러한 점들을 감안하면 오회분5호묘는 6세기~7세기 초에 축조된 것으로 추정.

○ 6세기 말엽 설 : 묘실구조, 벽화의 내용과 기법을 볼 때 북조 말년인 6세기 말엽에 축조된 것으로 추정(楊泓, 1958).

○ 7세기 이후 설 : 묘실이 지하로 들어간 것으로 보아 7세기 이후에 축조된 것으로 추정(孫仁杰·遲勇, 2007).

○ 고구려 후기 설 : 오회분5호묘는 통구고분군의 남단에 위치. 통구고분군의 고분 분포는 매장시기의 선후관계와 연관시킬 수 있는데, 대체로 북쪽에서 남쪽으로 매장한 것으로 추정됨. 그렇다면 오회분5호묘는 고구려 후기에 축조되었다고 추정할 수 있음(吉林省博物館, 1964).

참고문헌

- 池內宏·梅原末治, 1940,『通溝』下, 日滿文化協會.
- 楊泓, 1958,「高句麗壁畵石墓」,『文物參考資料』1958-4.
- 吉林省博物館, 1964,「吉林輯安五盔墳四號和五號墓淸理略記」,『考古』1964-2.
- 吉林省文物志編委會, 1984,『集安縣文物志』.

- 魏存成, 1994,『高句麗考古』, 吉林大學出版社.
- 조선일보사, 1994,『아, 고구려』.
- 한국방송공사, 1994,『고구려특별대전』.
- 전호태, 2000,『고구려 고분벽화 연구』, 사계절.
- 吉林省文物考古研究所·集安市博物館, 2002,『洞溝古墓群-1997年調査測繪報告』, 科學出版社.
- 方起東·劉萱堂, 2002,「集安下解放第31號高句麗壁畫墓」,『北方文物』2002-3.
- 전호태, 2004,『고구려 고분벽화의 세계』, 서울대학교 출판부.
- 吳廣孝, 2006,『集安高句麗壁畵』, 山東畵報出版社.
- 孫仁杰·遲勇, 2007,『高句麗王陵通考』, 香港亞洲出版社.
- 孫仁杰·遲勇, 2007,『集安高句麗墓葬』, 香港亞洲出版社.
- 耿鐵華, 2008,『高句麗古墓壁畵研究』, 吉林大學出版社.
- 전호태, 2009,「고구려 집안권 벽화고분의 현황과 과제」,『울산사학』14.

08 집안 우산하2113호묘:사신묘

集安 禹山下2113號墓:四神墓 | JYM2113

1. 조사현황

1) 1935년

○ 조사기간 : 1935년 10월 22일.

○ 조사자 : 齋藤菊太郎, 七田忠志.

○ 조사내용 : 처음으로 측량 및 조사. 고분 주위에서 자갈을 깔아 묘역을 설정한 흔적 확인. 나무 조각 등을 수습. 묘문을 열면서 벽화가 크게 훼손. 벽화모사도 제작.

2) 1935년

○ 조사자 : 池内宏, 梅原末治.

○ 조사내용 : 조사 및 실측.

○ 발표 : 池内宏·梅原末治, 1940, 『通溝』下, 日滿文化協會.

3) 1936년

○ 조사자 : 三上次男.

○ 발표 : 三上次男, 1990, 『高句麗と渤海』, 吉川弘文館.

4) 1950년

○ 조사내용 : 조사.

5) 1956년

○ 조사기간 : 1956년 봄.

○ 조사기관 : 集安縣文化科.

○ 조사내용 : 묘문 폐쇄.

6) 1957년

○ 조사기간 : 1957년 4월.

○ 조사기관 : 吉林省博物館.

○ 조사자 : 王承禮, 周健鵬, 曲紹伯, 蘇才.

○ 조사내용 : 전체 벽화묘를 조사할 때 조사대상에 포함됨.

7) 1962년

○ 조사내용 : 1962년 이후 봉토에 흙을 북돋아주고, 묘문을 보수했으며, 묘실 벽화에 대해 화학 보호처리를 하는 등 여러 차례 수리 및 보호.

8) 1963년

○ 조사기간 : 1963년 6월.

○ 조사내용 : 무덤 앞에 나무 표지판 설치.

9) 1966년

○ 조사기관 : 길림성박물관, 集安縣文管所.

○ 조사내용 : 通溝古墳群에 대한 실측조사 때 '禹山墓區2113號墓'로 편호.

10) 1997년

○ 조사기관 : 吉林省文物考古研究所, 集安市博物館.

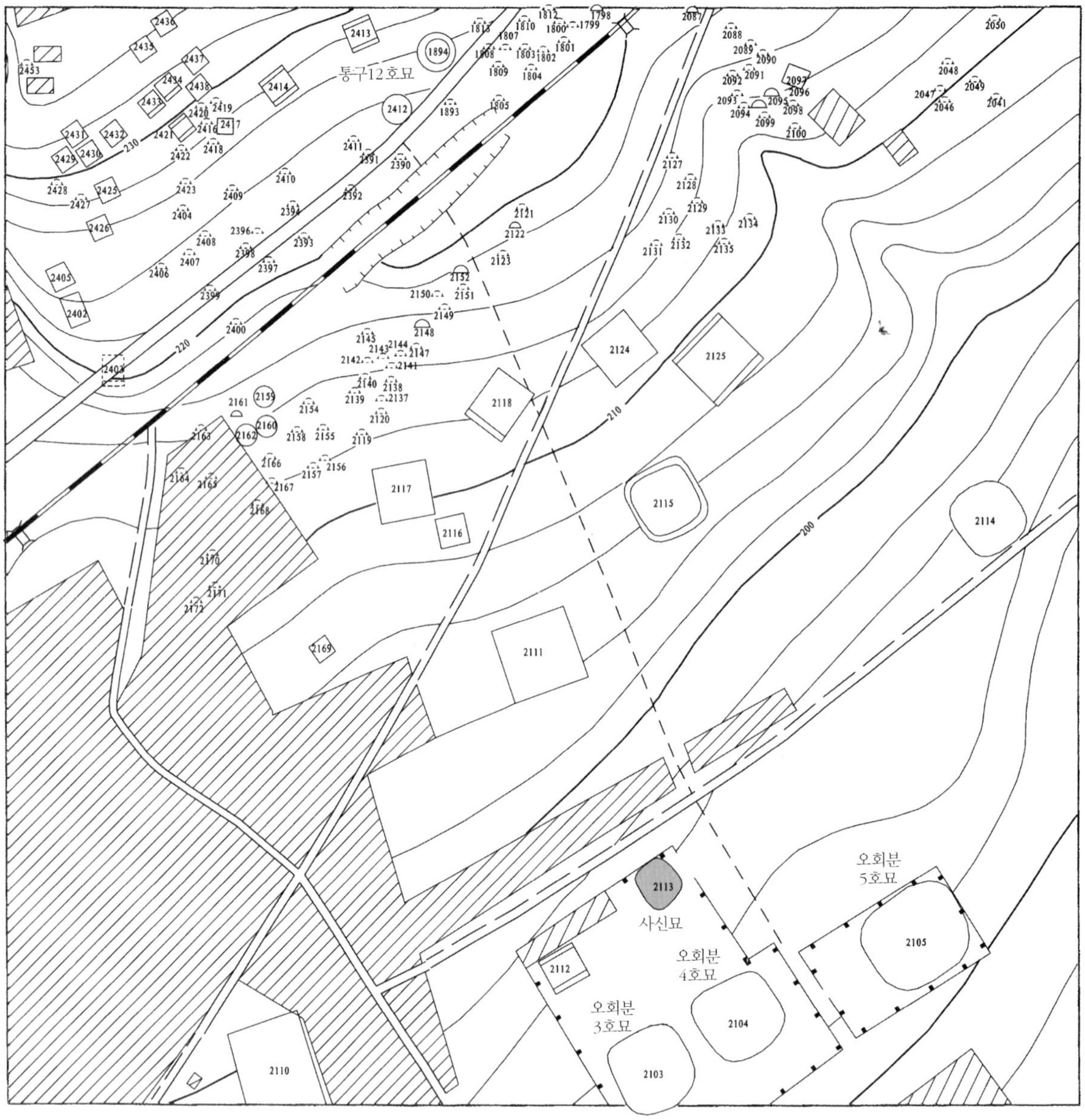

그림 1 사신묘 위치도 1(『洞溝古墓群－1997年調査測繪報告』, 209쪽)

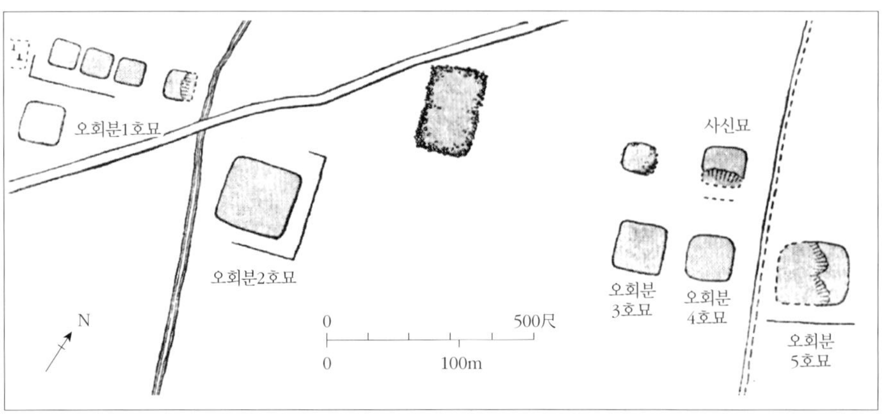

그림 2
사신묘 위치도 2
(『通溝』 下, 30쪽)

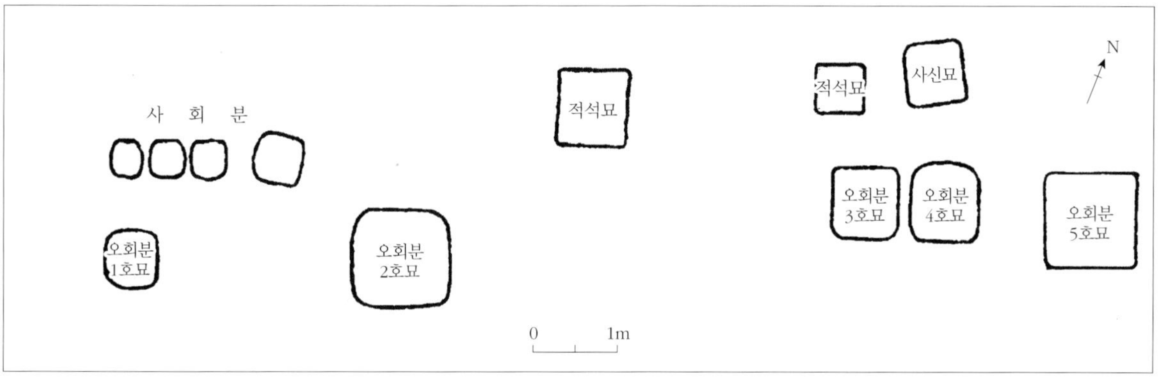

그림 3 사신묘 위치도 3(『考古』 1964-2, 59쪽)

○ 조사내용 : 봉토바닥 변 길이 25m, 높이 8m임을 확인.

11) 2004~2005년

○ 조사자 : 孫仁杰, 遲勇.

○ 조사내용 : 묘 주위에서 많은 회색 기와를 수습.

2. 위치와 자연환경(그림 1~그림 3)

1) 고분의 위치

○ 集安 通溝平原 중부, 禹山 남쪽 기슭(禹山下古墳群 중부 남쪽)의 禹山村 남쪽에 위치.

○ 중심지리좌표는 동경 126° 11′825″, 북위 41° 08′ 253″이고, 묘정상의 해발고도는 223m임.

2) 고분의 주변환경

○ 동북쪽으로 약 160m 떨어진 지점에 禹山下2114號墓가 있음.

○ 서쪽으로 약 30m 떨어진 지점에 禹山下2112號墓가 있음.

○ 남쪽으로 약 30m 떨어진 지점에 五盔墳4號墓가 있음.

○ 북쪽으로 약 120m 떨어진 지점에 禹山下2115號墓가 있음.

3. 고분의 현황

1) 고분 명칭의 변천

○ 池內宏이 '四神墓'라고 처음 불렀음.

○ 輯安西崗四神塚, 西崗60號墳, 通溝7號墳이라고도 불림.

○ 1966년 통구고분군에 대한 실측조사 때 '禹山下2113號墓'로 편호.

2) 고분발굴 전 상황

○ 봉분 한 모서리를 보수하면서 이전과 다른 모습으로 변모. 봉분 남쪽이 삭토됨에 따라 석실과 벽화가 드러남. 봉토 북면은 곧바로 천장에 이름.

3) 고분 형식

(1) 유형

封土石室壁畫墓.

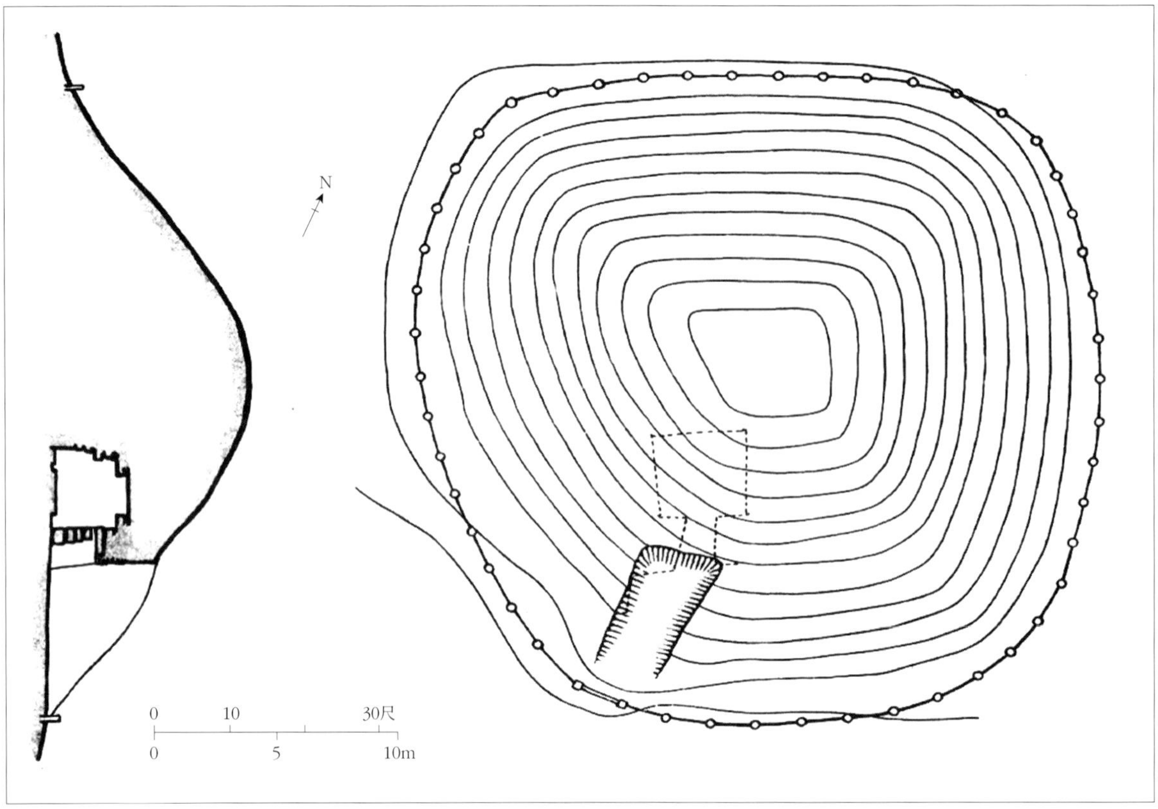

그림 4 사신묘 외형 실측도(『通溝』 下, 20쪽)

(2) 분구 규모

○ 池内宏·梅原末治(1940) : 봉분 기초 한 변 약 9丈, 높이 약 2丈 56尺.

○ 吉林省文物志編委會(1983) : 봉토 바닥 변 길이 25m, 높이 8m.

○ 孫仁杰·遲勇(2007) : 둘레 120m, 높이 7m.

4) 고분 구조(그림 4~그림 5)

○ 외형은 截頭方錐形임.

○ 묘의 네 주위에 돌로 만든 묘단이 있음. 묘단석은 대부분 원래 자리를 이탈. 현재는 수 개의 석재와 묘단 내에 흙으로 축조한 平臺가 남아 있음.

○ 무덤칸의 방향은 서쪽으로 25° 기운 남향임.

○ 연도, 묘실 등으로 구성.

(1) 연도

○ 묘실 남벽 중앙에 있음.

○ 길이는 2.1m, 가장 넓은 너비는 1.8m, 높이는 1.8m임.[1]

○ 封基에서부터 약간 오므라져 있음.

○ 북쪽 끝에는 거대한 돌로 만든 묘문이 있음.

○ 연도 입구부터 중부까지 깬돌을 채웠고, 회반죽에 자갈을 섞은 콘크리트로 그 사이의 틈을 채움.

○ 연도 입구는 흙과 목탄, 자갈돌을 섞어 단단하게 덮음. 입구에서 바깥으로 약 6尺 정도 떨어진 지점에는 회반죽을 한 깬돌로 쌓아 올린 장벽이 있음.

1 1935년 조사 때에는 길이가 7尺이었다고 함(池内宏·梅原末治, 1940).

그림 5
사신묘 평·단면도
(『通溝』 下, 32쪽)

(2) 묘실

○ 평면은 정방형으로 길이 3.7m, 높이 3.4m임.[2]

○ 정교하게 다듬은 거대한 청록색 頁巖을 사용하여 3단으로 축조.

○ 네 벽은 안으로 약간 기울어져 있음.

○ 천장은 1단의 평행고임 위에 2단의 삼각고임을 얹은 평행삼각고임임.

○ 묘실 내에는 각력응회암으로 제작한 장방형 관대 세 개가 동서로 나란히 놓여 있는데,[3] 동벽 관대가 약간 작음. 북벽 아래에 부장품을 놓는 石座 두 개가 있고, 서벽에서 남쪽으로 치우친 지점에도 석좌 한 개가 있음.

2 묘실의 규모에 대해 2丈이라는 기록(池内宏·梅原末治, 1940)과 길이 3.55m, 남북 너비 3.5m, 높이 3.30m라는 기록(孫仁杰·遲勇, 2007)이 있음.

3 2개라는 기록이 있음(吉林省文物志編委會 1983 ; 孫仁杰·遲勇, 2007).

○ 삼각고임석에 끼인 네 벽의 중간부에는 금구를 부착하였을 것으로 추정되는 못구멍이 있는데, 직경은 2寸, 깊이는 5寸이 되지 않음.

4. 벽화내용

○ 주색, 홍색, 자색, 자주색, 石黃, 石靑, 胡粉 등을 이용하여 벽화를 그림.
○ 벽화는 다듬어 편평한 돌 위에 직접 그렸음.

1) 묘실

(1) 벽

○ 네 벽에는 四神이 있고, 사신의 바탕에는 祥雲이 있음.
○ 묘실 네 모서리에는 짐승 머리에 사람 몸을 한 괴수가 있는데, 하늘세계를 상징하는 무덤 천장부(들보)를 두 팔로 떠받치고 있음. 몸에 털이 있고, 손가락은 갈고리모양임.
○ 남벽 중앙의 묘문 양측에 각각 주작 한 마리가 있음.[4] 동쪽 주작은 흰색, 서쪽 주작은 붉은색 위주로 표현함으로써 성별이 다름을 나타냄. 연화대좌 위에 올라 마주 보고 있음. 주작은 勝을 썼으며, 꼬리를 늘어뜨리고 날개를 펴서 비상하려는 자세를 취하고 있음.
○ 북벽에는 현무가 있는데, 거북과 뱀이 서로 뒤엉켜 있는 모습임. 거북의 몸은 서쪽을 향하고 있고, 머리는 위로 빼서 뱀머리와 마주 보고 있음. 거북은 네 개의 발이 있고, 발에는 각각 세 개의 발가락이 있음. 휘감겨 있는 뱀의 몸에는 오색의 비늘이 있음. 飛雲은 사방으로 분산되어 있는데, 마치 불꽃이 타오르는 것 같음.
○ 동벽에는 청룡이 있음. 머리는 남쪽을 향하면서 기어오르는 모습을 하고 있음. 오색이고, 비스듬하게 기울어진 네모모양의 비늘무늬가 있음. 四肢 아래에는 모두 흰색 깃털이 있고, 발가락은 붉은색임.
○ 서벽에는 백호가 있음. 남쪽을 향해 도약하면서 권운 사이로 날고 있음. 몸은 흰색이고, 묵선으로 털을 묘사함. 복부는 분홍색이고, 다리 뒷쪽에는 흰색 깃털이 있음.

(2) 천장(그림 6)

○ 벽 위의 평행고임에는 인동당초문이 연이어져 있음. 각 인동당초에는 쌍잎이 나 있는데, 한 잎은 모두 붉은색이고 다른 한 잎은 石綠, 황토, 자색으로 다양함.
○ 삼각고임 제1중과 제2중의 밑면에는 구름 사이로 꿈틀거리는 용이 있음.
○ 삼각고임 제1중 옆면에는 상서동물을 탄 천인들, 해와 달, 괴수가 있음. 10여 명의 천인은 각기 용, 학, 기린, 범 등을 타고 하늘을 날고 있으며, 끝자락이 좌우로 갈라진 날개옷을 입었음. 삼각석 사이의 고임돌 남·북면에 있는 괴수는 두 팔로 삼각석을 떠받치는 모습을 하고 있음. 동·서면의 해와 달 안에는 각각 삼족오와 두꺼비가 있음.
○ 삼각고임 제2중 옆면에는 하늘세계의 여러 상서동물, 신선, 별자리가 있음. 동북면에는 복희형 해의 신과 여와형 달의 신이 각각 머리 위로 해와 달을 들고 마주 보면서 날아오르고 있음. 동남면에는 소의 머리에 사람의 몸을 하고 있는 농사의 신과 여러 별자리, 서남면에는 쇠망치질을 하고 있는 대장장이신, 두루마리에 글을 쓰는 천신, 뱀을 먹는 흰 새 등이 있음. 서북면에는 각종 서조와 북두칠성이 있음.
○ 천장석 중심부에는 커다란 황룡이 있고, 네 모서리에는 측면연꽃과 인동넝쿨잎이 있음.
○ 천장 각 층에는 모두 별 형상이 있음.

4 왼쪽은 봉황이라는 기록이 있음(池內宏·梅原末治 1940).

그림 6 사신묘 묘실 천장 벽화모사도(『通溝』 下, 28쪽)

2) 연도

○ 연도 동벽과 서벽에는 각각 반나체의 문지기 무사가 있음. 오른손에 창을 들고 고개를 앞으로 내밀며 급히 쫓아가는 듯한 형세를 취하고 있음.

○ 서벽에는 가늘고 긴 나선형의 악기와 같은 물체를 왼손에 들고 무덤을 지키고 서 있는 神人이 있음.

5. 출토유물

○ 연도의 모래토 속에서 금실이 붙어 있는 금제보요가 출토됨.

○ 묘실 동북 모서리에서 나무조각 4개가 출토되었는데, 가장 큰 것은 2척임. 黑漆이 되어 있는데, 목관 조각으로 추정.

6. 역사적 성격

1) 특징

○ 묘실의 천장은 말각고임식을 채용하였는데, 이는 건축기술이 크게 제고되었음을 보여주는 것임.

○ 벽화는 돌에 직접 그림. 묘실 네 벽에는 四神을 그려 넣음으로써 기존의 사회풍속 제재를 대체하였고, 네 모서리에는 들보를 받치는 괴수를 그림으로써 기존의 지붕받침(斗拱)을 대체. 천장에는 용, 학, 사슴 등을 탄 천인들을 그렸고, 그 이외에 면류관을 쓰고 용을 탄 인물, 비상하는 용, 복희와 여화 등으로 공간을 가득 채웠음. 아울러 星宿流雲을 그림으로써 天際를 구현하기도 함. 사신묘에 보이는 벽화의 기법과 제재는 백회 벽면에 그림을 그리고 사회풍속 제재를 채용한 벽화묘와 차이가 있음.

2) 피장자 추정

○ 묘실의 건축 규모와 벽화의 내용 등을 볼 때 묘주인은 높은 신분이었을 것으로 추정.

3) 축조연대

○ 6세기~7세기 초 설 : 집안에서 발견된 벽화묘를 연대 및 분기로 나누어 볼 때 사신묘는 4기 가운데 제4기에 해당. 제4기의 특징을 살펴보면 구조는 방형 단실인데, 이는 北朝 후기의 묘제와 같음. 묘실은 가지런하게 다듬은 대형 장조석으로 축조하였고 꼭대기 부분은 말각고임식임. 그리고 묘방향은 서향임. 벽화는 백회 위에 그린 것이 아닌 가지런하게 다듬은 석벽 위에 직접 그렸음. 내용은 四神이 주체가 되어 네 벽을 차지하고, 네 모서리와 천장에는 괴수, 盤龍, 日月神, 기악신선, 日月腥塵 등으로 가득 채웠음. 인물은 대부분 높은 관을 썼고 소매가 큰 옷을 입었으며 넓은 띠를 착용하였고 큰 신발을 신었는데, 南朝대 인물의 풍조를 드러냄. 이 시기에 속하는 벽화묘로는 사신묘 외에 오회분 4·5호묘가 있고, 축조 연대는 6세기~7세기 초로 추정(方起東·劉萱堂, 2002).

○ 6세기 중엽~7세기 초 설 : 고분 구조는 방형의 단실로서 북조 후기의 고분 구조와 같음. 그리고 들보에 있는 인동문은 北朝 중·후기의 풍격을 갖추고 있음. 이로 볼 때 6세기 중엽~7세기 초에 축조된 것으로 추정(魏存成, 1994).

○ 6세기 말엽 설 : 묘실구조, 벽화내용, 제작기법 등을 종합해보면 고분의 축조 시기는 북조대보다 늦음. 대략 6세기 말엽으로 추정(集安縣文物志編委會, 1983).

참고문헌

- 池內宏·梅原末治, 1940,『通溝』下, 日滿文化協會.
- 吉林省文物志編委會, 1984,『集安縣文物志』.
- 三上次男, 1990,『高句麗と渤海』, 吉川弘文館.
- 魏存成, 1994,『高句麗考古』, 吉林大學出版社.
- 전호태, 2000,『고구려 고분벽화 연구』, 사계절.
- 吉林省文物考古研究所·集安市博物館, 2002,『洞溝古墓群-1997年調査測繪報告』, 科學出版社.
- 方起東·劉萱堂, 2002,「集安下解放第31號高句麗壁畵墓」,『北方文物』2002-3.
- 魏存成, 2002,『高句麗遺跡』, 文物出版社.
- 전호태, 2004,『고구려 고분벽화의 세계』, 서울대학교 출판부.
- 吳廣孝, 2006,『集安高句麗壁畵』, 山東畵報出版社.
- 孫仁杰·遲勇, 2007,『集安高句麗墓葬』, 香港亞洲出版社.
- 耿鐵華, 2008,『高句麗古墓壁畵研究』, 吉林大學出版社.
- 전호태, 2009,「고구려 집안권 벽화고분의 현황과 과제」,『울산사학』14.

09 집안 우산하2174호묘

集安 禹山下2174號墓 | JYM2174

1. 조사현황

1) 1993년

○ 조사기관 : 吉林省文物考古研究所, 集安市博物館.

○ 조사내용 : 國家文物局 비준으로 通溝古墳群에 대해 비교적 큰 규모의 보수작업을 진행하였을 때 山城下古墳群에서 6기, 禹山下古墳群에서 1기의 벽화묘를 발견하였는데, 禹山下2174號墓는 당시 발견된 벽화묘 가운데 하나임. 봉토를 다듬는 작업을 하다가 묘실에 벽화가 있음을 확인하였으나, 현재 벽화는 대부분 박락됨.

2) 1997년

○ 조사내용 : 조사 및 실측.

2. 위치와 자연환경(그림 1)

1) 고분의 위치

○ 集安 우산하고분군 중부에 위치.

○ 禹山 남쪽 기슭에 위치.

2) 고분의 주변환경

○ 북쪽으로 약 30m 떨어진 지점에 通吉도로가 있음.

○ 남쪽으로 약 300m 떨어진 지점에 四盔墳이 있음.

○ 남서쪽으로 약 100m 떨어진 지점에 三室墓가 있음.

3. 고분의 현황

1) 고분 형식

(1) 유형

有壇封土石室(雙室)壁畵墓.

(2) 분구 규모

한 변 길이 16m, 높이 7m.

2) 고분 구조(그림 2)

○ 무덤 방향은 남으로 10° 기운 서향임.

○ 봉토바닥 변은 방형임.

○ 묘실은 지상에 돌로 축조하였음. 남실과 북실로 나누어져 있음. 남실 북벽과 북실 남벽 서쪽을 뚫어 연도를 구축. 남실 서벽에서 북쪽으로 치우친 지점에 묘도가 있는 특이한 구조임.

○ 남실은 주실로, 평면이 방형임. 서벽 북측에 묘도가 있음. 묘실 네 벽은 안으로 기울어져 있음. 천장은 4중 평행고임에 이중말각고임(2단 삼각고임)이 더해져 있음.

○ 북실은 평면이 약간 장방형임. 네 벽은 안으로 기울어져 있음. 천장은 5중 평행고임 위에 천장석을 얹은 구조임.

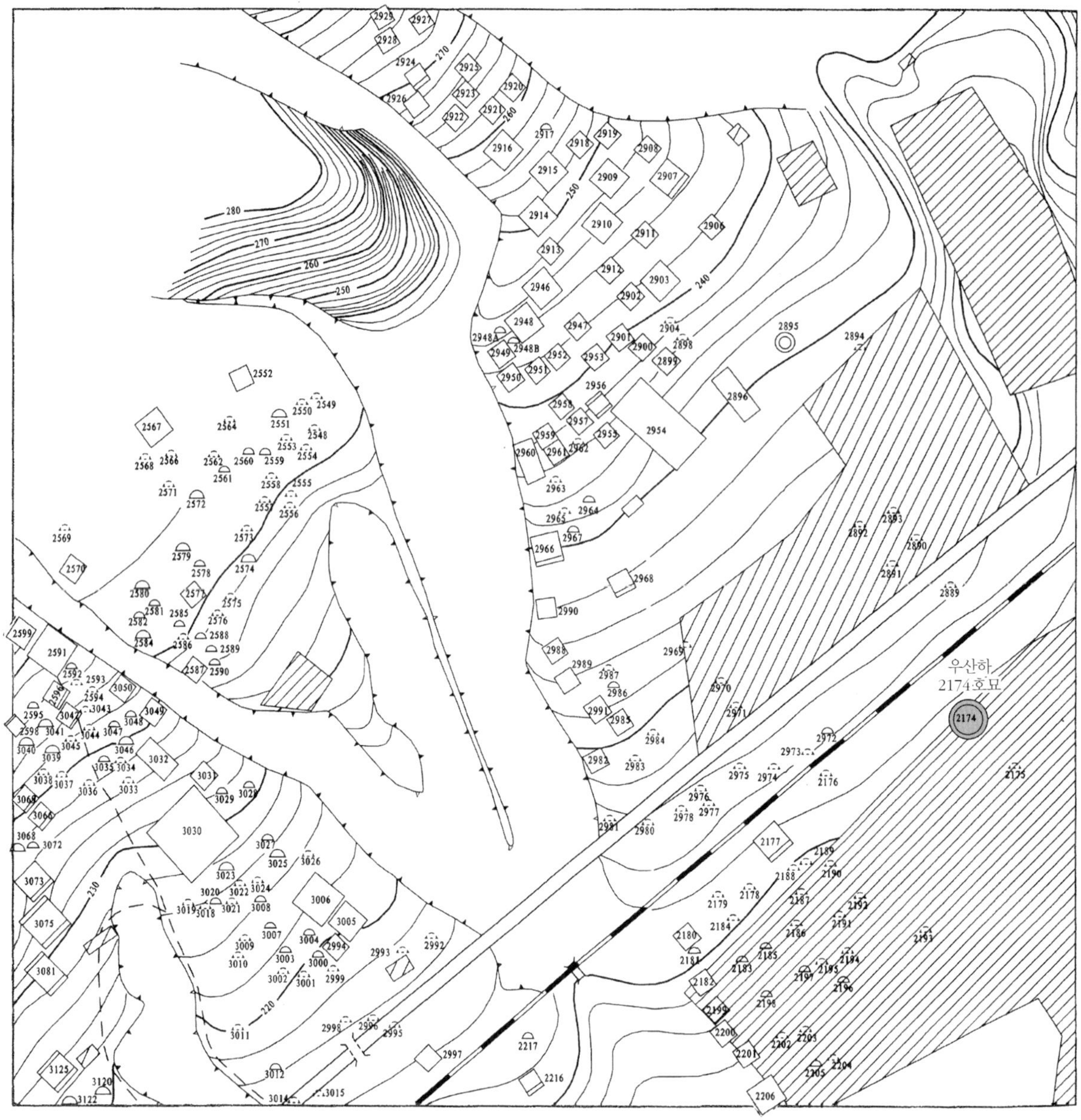

그림 1 우산하2174호묘 위치도(『洞溝古墓群-1997年調査測繪報告』, 208쪽)

그림 2
우산하2174호묘 평면도
(『集安高句麗墓葬』, 105쪽)

4. 벽화내용

남·북실에 벽화가 있는데, 묘실 벽면에 백회를 바르고 그 위에 그림. 현재는 모두 박락되어 자세한 내용을 알 수 없음.

참고문헌

- 吉林省文物考古研究所·集安市博物館, 2002,『洞溝古墓群-1997年調查測繪報告』, 科學出版社.
- 孫仁杰·遲勇, 2007,『集安高句麗墓葬』, 香港亞洲出版社.
- 耿鐵華, 2008,『高句麗古墓壁畵研究』, 吉林大學出版社.
- 전호태, 2009,「고구려 집안권 벽화고분의 현황과 과제」,『울산사학』14.

10	# 집안 우산하2231호묘 : 삼실묘 ## 集安 禹山下2231號墓 : 三室墓 | JYM2231

1. 조사현황

1) 1909~1910년

○ 조사자 : 谷井濟一, 栗山俊一.

○ 발표 : 關野貞·谷井濟一, 1915, 『朝鮮古蹟圖譜(一)』.

2) 1913년

○ 조사자 : 關野貞.

○ 조사내용 : 수차례 조사 및 기록. 3개의 묘실을 갖추고 있기 때문에 '三室墓'라고 부름.

3) 1935·1936년

○ 조사기간 : 1935년 9월, 1936년 9월.

○ 조사자 : 池內宏, 濱田耕作, 梅原末治.

○ 조사내용 : 조사 및 기록.

○ 발표 : 池內宏·梅原末治, 1940, 『通溝』下, 日滿文化協會.

4) 1936년

○ 조사자 : 三上次男.

○ 발표 : 三上次男, 1990, 『高句麗と渤海』, 吉川弘文館.

5) 1956년

○ 조사기간 : 1956년 봄.

○ 조사기관 : 集安縣文化科.

○ 조사내용 : 묘문 봉쇄.

6) 1957년

○ 조사기간 : 1957년 4월.

○ 조사기관 : 吉林省博物館.

○ 조사자 : 王承禮, 周健鵬, 曲紹伯, 蘇才.

○ 조사내용 : 전체 벽화묘를 조사할 때 조사대상에 포함됨.

7) 1961년

○ 조사기간 : 1961년 가을.

○ 조사내용 : 묘문 폐쇄.

8) 1963년

○ 조사기간 : 1963년 6월.

○ 조사내용 : 무덤 앞에 나무 표지판 설치.

9) 1966년

○ 조사내용 : 通溝古墳群에 대한 실측조사 때 '禹山下2231號墓(JYM2231)'로 편호.

10) 1972년

○ 조사내용 : 봉분에 흙을 북돋우고 묘문을 보수.

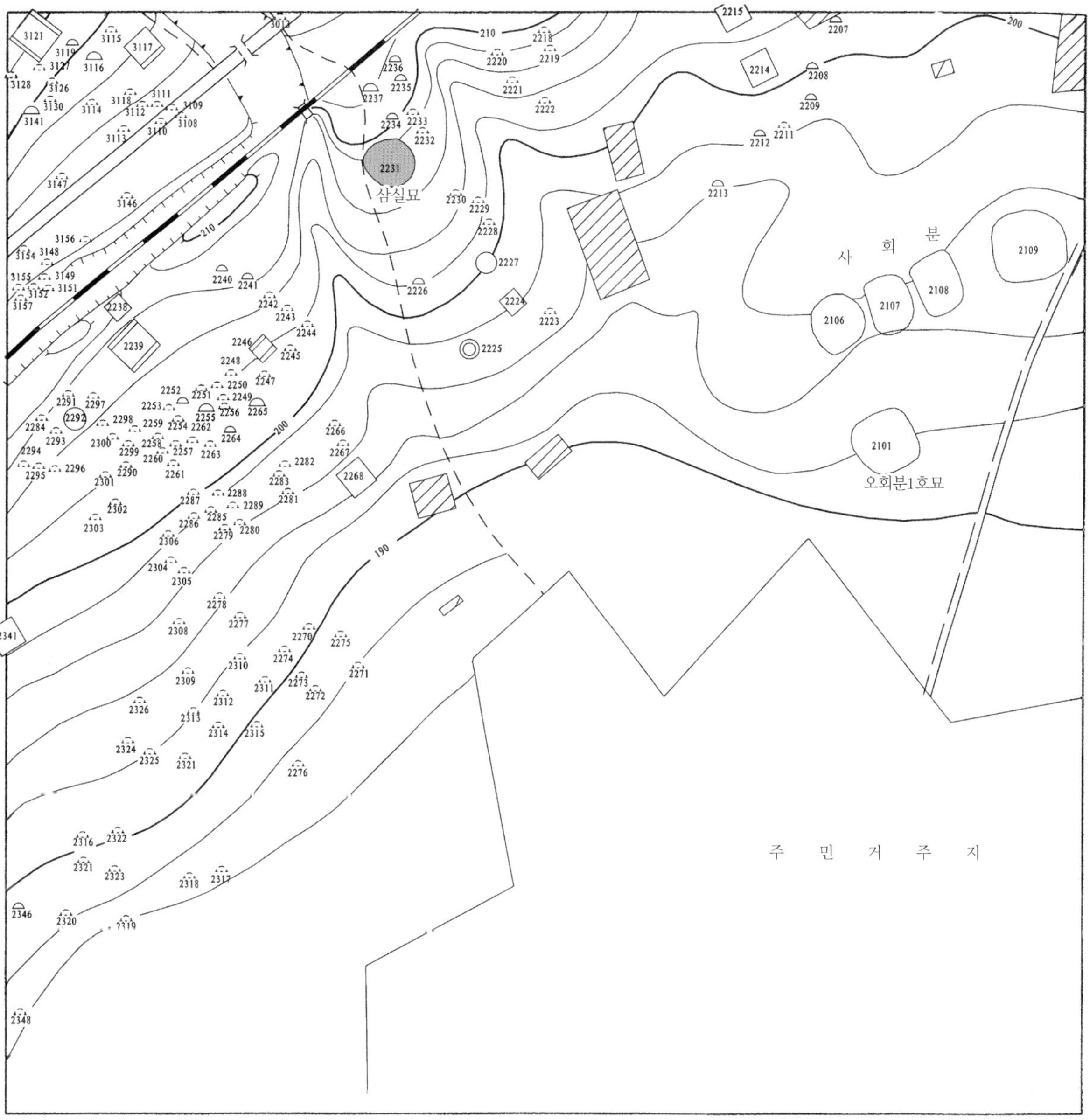

그림 1 삼실묘 위치도 1(『洞溝古墓群－1997年調査測繪報告』, 210쪽)

11) 1975년

○ 조사기간 : 1975년 5월.

○ 조사기관 : 集安縣文物保管所.

○ 조사자 : 周云臺, 林至德.

○ 조사내용 : 벽화를 조사하고 화학적 보존처리 진행. 제1실 바닥의 진흙을 제거하면서 인골, 이배(耳杯), 발(鉢), 호(壺), 부뚜막 등을 수습.

12) 1997년

○ 조사기관 : 吉林省文物考古研究所, 集安市博物館.

○ 조사내용 : 분구 한 변 길이 30m, 높이 5m임을 확인.

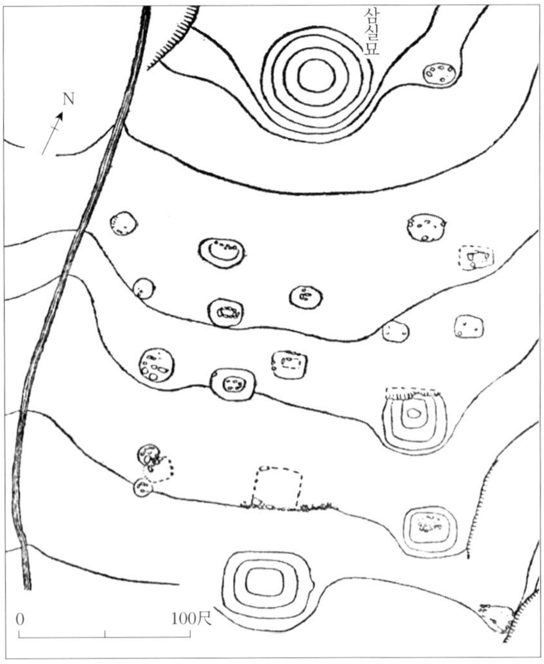

그림 2 삼실묘 위치도 2(『通溝』 下, 22쪽)

2. 위치와 자연환경(그림 1~그림 2)

1) 고분의 위치

○ 集安 禹山下古墳群 서쪽에 위치.

○ 通溝平原 중부의 禹山 남쪽 기슭에 위치함.

○ 太王鎭 禹山村 5組 밭에 소재.

2) 고분의 주변환경

○ 북쪽으로 20m 떨어진 지점에 通集철로 3호 표지가 있음.

○ 남쪽으로 250m 떨어진 지점에 五盔墳이 있음.

3. 고분의 현황

1) 고분 명칭의 변천

○ 3개의 묘실을 갖추고 있기 때문에 關野貞이 '三室墓'라고 부름.

○ 1966년 통구고분군에 대한 실측조사 때 '禹山下 2231號墓(JYM2231)'로 편호.

2) 고분발굴 전 상황

○ 일찍이 도굴됨.

○ 봉토에 나무들이 자라고 있었음.

3) 고분 형식

(1) 유형

封土石室壁畵墓.

(2) 분구 규모

한 변 길이 30m, 높이 5m.

4) 고분 구조(그림 3~그림 6)

(1) 묘도

○ 묘도는 서쪽으로 나 있음.

○ 길이 4.5m, 너비 1.2m, 높이 1.2m이고, 방향은 남서쪽 73°임.

○ 묘도의 입구는 돌로 막았음.

(2) 묘실

○ 돌로 축조한 묘실 3개가 있는 다실묘임. 세 묘실은 동시에 축조되어 통일된 모습을 보이고 있음.

○ 세 묘실의 배치 평면은 曲尺形임.

○ 묘실 지면의 백회층 아랫면은 냇돌층이고, 그 아래는 夯土다짐층이며, 다시 그 아래는 생토임. 고분을 축조할 때 먼저 땅을 다져 지반을 단단하게 한 다음, 다져진 지반 위에 냇돌을 깔아 묘실에 습기가 스며들지 못하게 한 것임(고분이 위치한 지점이 산기슭이기 때문에 지하수위가 비교적 높음).

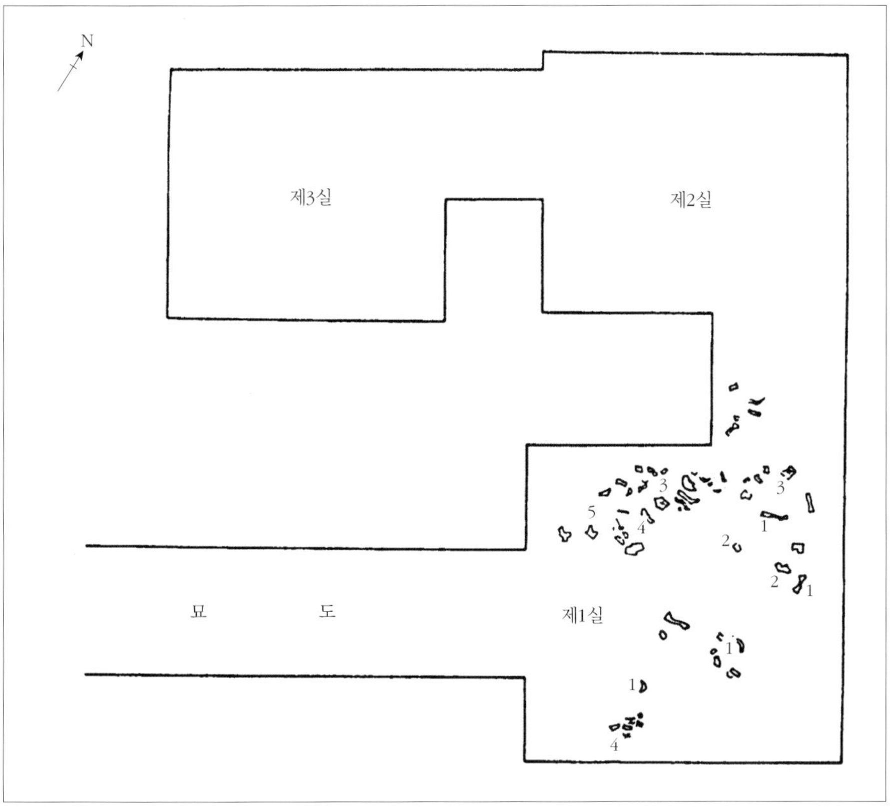

그림 3
삼실묘 단면도
(『考古與文物』 1981-3)
1. 인골
2~3. 시유도기편
4. 동물뼈
5. 철제못

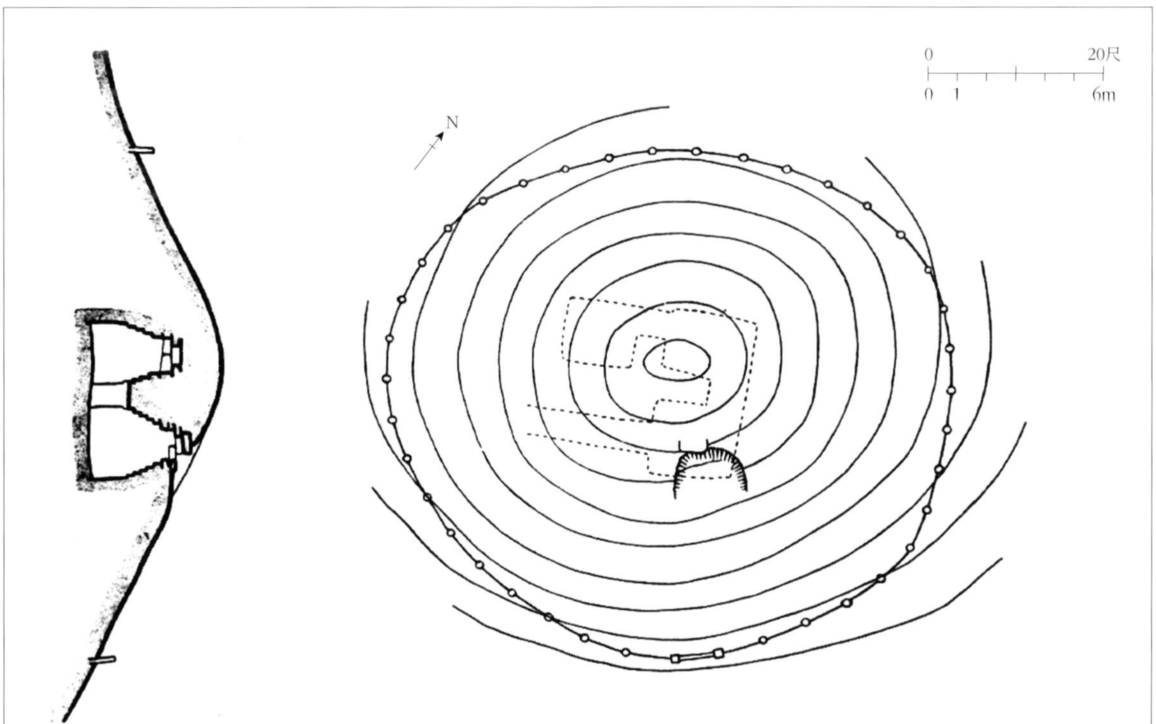

그림 4 삼실묘 평·단면도 1(『通溝』 下, 20쪽)

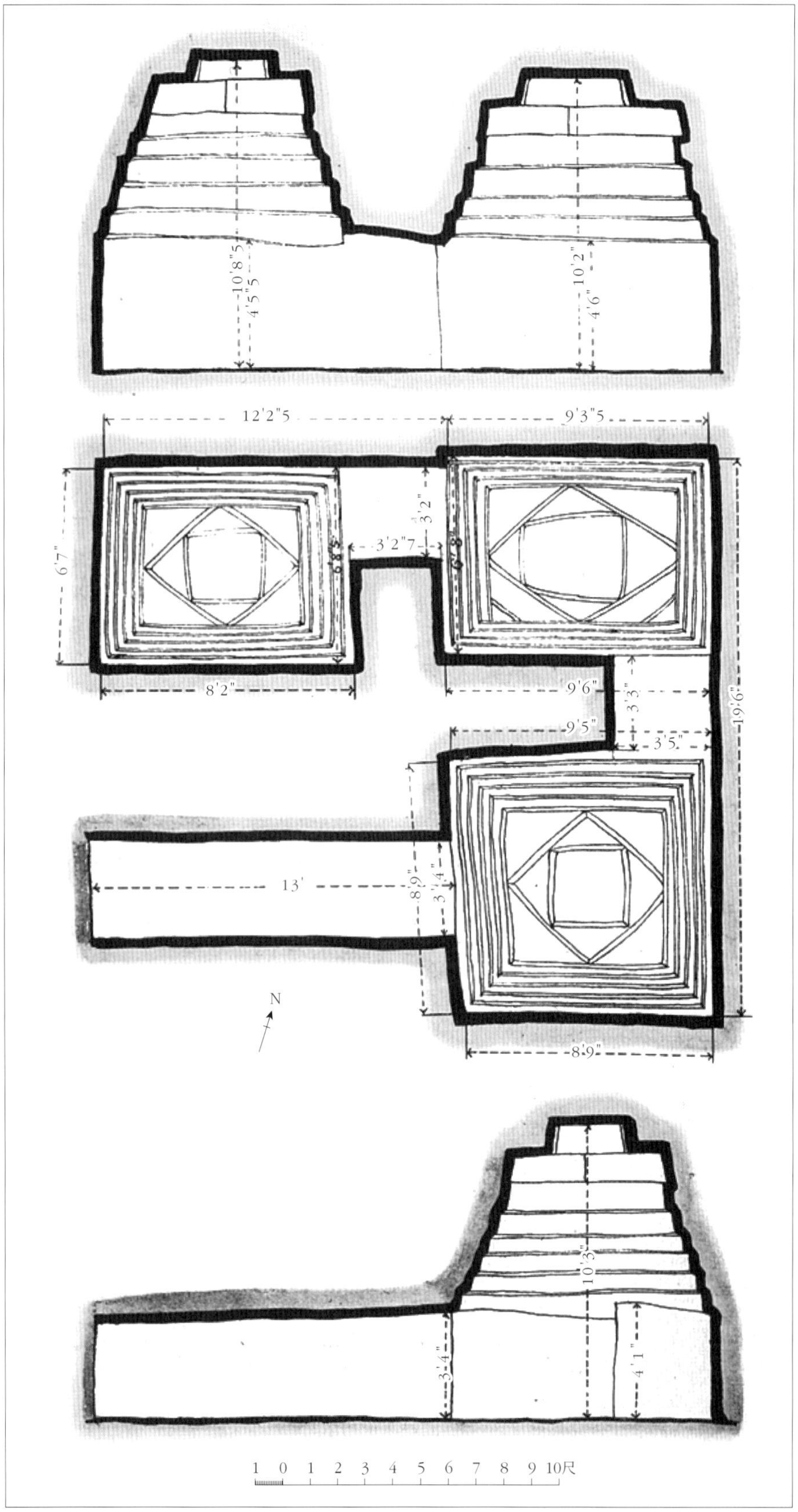

그림 5
삼실묘 평·단면도 2
(『朝鮮古蹟圖譜(一)』, 82쪽)

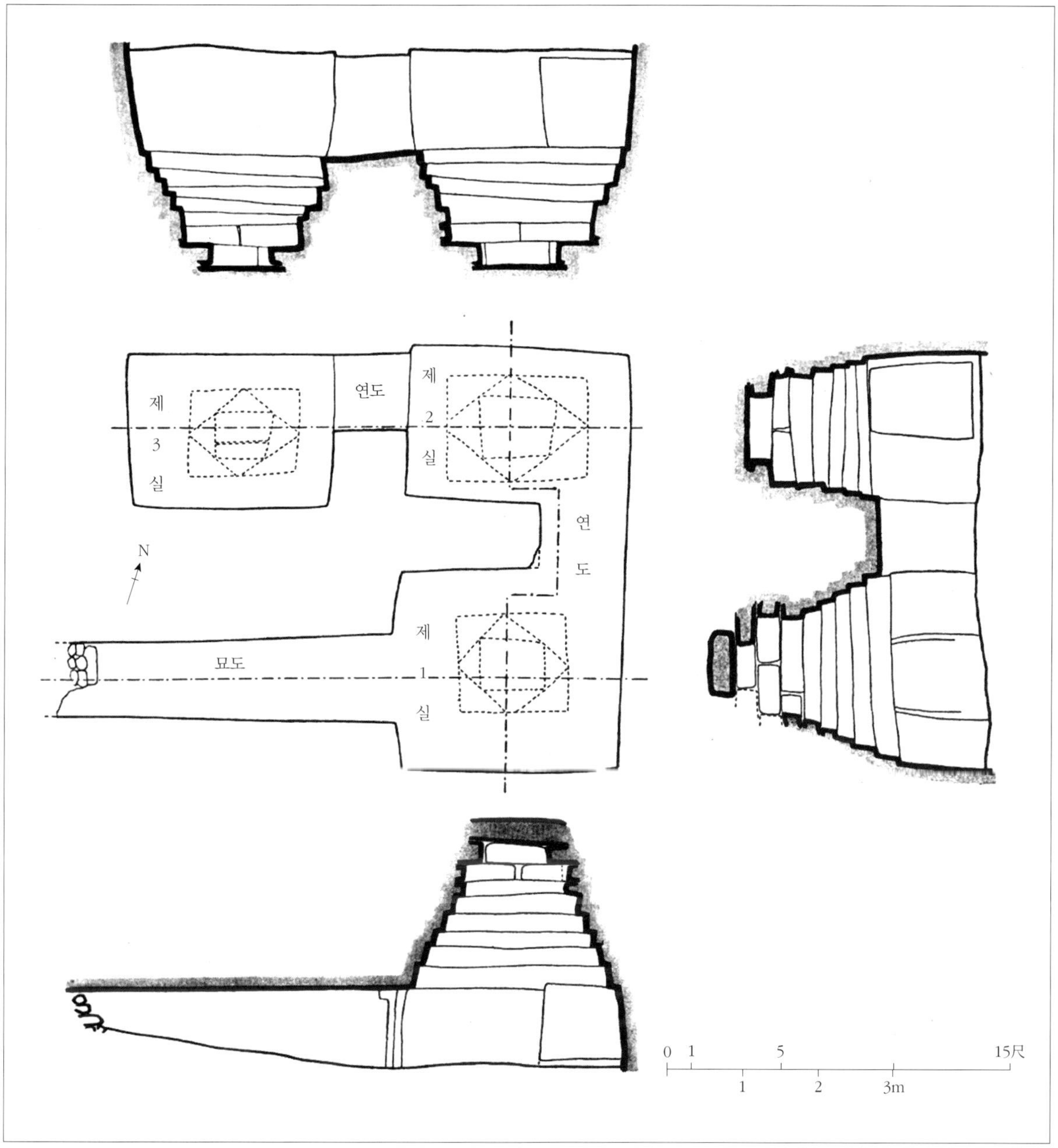

그림 6 삼실묘 평·단면도 3(『通溝』 下, 도면 8)

① **제1실**

○ 길이 2.9m, 너비 3m, 높이 3.2m임.

○ 묘도가 묘실 서벽 중부를 통과함.

○ 제1실의 벽은 돌로 축조하였고, 네 벽은 안으로 약간 기울어졌음.

○ 벽 위로는 5층 평행고임 후 2층 말각고임을 구축하고, 그 위는 장방형 석판 2개로 덮었음.

② **제2실**

○ 제2실은 제1실의 북쪽에 위치. 두 묘실은 연도를 통해 연결되는데, 연도는 제1실 북벽 동쪽 끝에 위치.

○ 제2실은 제1실보다 약간 작음.

○ 묘실 평면은 방형임.

○ 천장은 4층 평행고임 후 2층 말각고임을 구축하고 그 위에 거대한 돌을 얹은 구조임.

③ 제3실

○ 제3실은 제2실의 서쪽에 위치하고, 연도를 통해 연결됨.

○ 크기는 제2실과 거의 같음.

○ 천장은 5층 평행고임 후 3층 말각고임을 구축한 구조임.

4. 벽화내용

○ 석재에 백회를 바르고 그 위에 벽화를 그림.

○ 묘도, 연도, 세 묘실의 벽과 천장 등에 벽화가 있음.

○ 벽화 전체의 주제는 생활풍속과 四神임.

1) 제1실

○ 네 벽 벽화의 주제는 사회풍속임. 평행고임 천장에는 사신과 권운문을 그려 천공을 나타냄.

○ 네 벽 모서리에는 주홍색 지붕받침(斗拱)이 있음.

○ 네 벽 윗쪽 끝부분에는 홍색과 황색의 휘장이 있음. 남벽 휘장에는 瓔珞이 있음. 묘실 전체를 가옥으로 표현.

(1) 묘실 동벽

○ 동벽은 제1실의 主壁으로, 남녀 묘주가 가옥에서 대좌하는 장면이 있음. 가옥 4채,[1] 남주인 1인, 여주인 2인, 남녀 시종 4인이 있음. 전체적으로 묘주인의 가옥생활을 담고 있음.

○ 1호 가옥(남에서 북으로 1~4호 호칭)과 3호 가옥은 크기와 모양이 같고, 색깔만 약간 다름. 나머지 두 가옥은 앞의 두 가옥에 비하여 작고, 2층임.

○ 1호 가옥은 지붕이 황색임. 兩坡水式이며, 등마루 끝에는 치미가 있고, 처마 끝은 위로 들림. 묵선으로 윤곽을 그렸고, 주색 기둥 4개가 있음. 가옥 안에는 두 손을 가슴에 모은 채 북쪽을 향하여 무릎 꿇고 앉아 있는 여인이 있음. 하반신은 박락되어 명확히 보이지 않음. 머리에는 황색 관을 쓰고 묵색 合衽의 홍색 옷을 입었음. 남주인의 처로 추정됨. 가옥 밖으로는 남자 시종이 북쪽을 향하여 서 있음. 머리를 높이 묶었고, 흑점이 있는 황색 합임옷을 입었음. 하반신은 박락되었음.

○ 2호 가옥은 벽 정가운데에 있음. 2층임. 지붕은 홍색으로 兩坡水式이며, 등마루 중간에 寶頂이 있음. 아랫층 기둥은 검은색임. 아랫층에 있는 한 여인은 얼굴을 북쪽으로 향하면서 무릎을 꿇고 앉아 있음. 황색의 합임 치마를 입었음. 아랫부분은 박락됨. 남주인의 첩으로 추정됨. 여인 뒤에는 여자 시종이 서 있음.

○ 3호 가옥은 처마 아래에 홍·황색 휘장이 있는데, 주홍색 기둥과 연결되어 있음. 가옥내에 황금색 비단 도안의 壁帳이 있다는 점에서 1호 가옥과 차이가 있음. 새깃이 꽂혀 있는 관을 쓴 남자가 남쪽을 향하여 앉아 있는데, 묘주인으로 추정. 입술은 붉고 짧은 수염이 있음. 합임의 황색 짧은 저고리를 입었음. 두 손은 가슴 앞에 대었고, 하반신은 박락되었음.

○ 4호 가옥은 2호 가옥과 비교하였을 때 2층이라는 점에서 같으나, 보정이 없고 등마루에 치미가 있다는 점에서 차이가 남. 아래층에는 시종 두 명이 묘주인을 향해 나란히 서 있음. 앞에 있는 시종은 머리를 높이 묶었고, 손에는 손잡이가 긴 부채를 들었음. 뒤에 있는 시종은 홍색 의복을 입었고, 두 손은 가슴 앞으로 한 물건을 들고 있음.

---

1 '크기가 다른 가옥 3채가 있고 좌우의 크기는 거의 같다'라는 기록이 있으나(池內宏·梅原末治, 1940), 이는 사실과 다름.

(2) 묘실 동남벽

동남벽은 네모난 전돌이 깔려 있는 것으로 보이는 길에 의해 상반부와 하반부로 나누어짐.

① 상반부

○ 무덤주인부부의 출행도가 있음. '一'자 행렬로 왼쪽을 향하고 있는데, 모두 11인임. 인물들은 신분에 따라 크기가 다름. 양산을 받쳐 든 일곱 번째와 여덟 번째 인물, 무엇인가를 받친 듯이 오른손 바닥을 위로 젖힌 열한 번째 인물을 제외한 나머지는 두 손을 가슴 앞에 올리고 맞잡은 채 걷고 있는데, 고구려인 특유의 풍습임. 인물들의 옷은 모두 합임이며, 대부분 고구려 특유의 점무늬 바지 혹은 점무늬 저고리 및 치마를 입었음.

○ 첫 번째 인물은 인도하는 남자 노복임. 머리는 풀어헤쳤고, 합임의 황색 짧은 저고리와 통이 넓은 바지를 입었음. 허리는 묶었고, 바닥이 빨간 검은색 신발을 신었음. 두 손은 가슴 앞에서 마주잡음.

○ 두 번째 인물은 남주인임. 머리에는 황색 절풍을 썼음. 입술은 붉고 짧은 수염이 있으며. 소매 끝을 가슴에 대고 있음. 가장자리가 검정색인 합임의 짧은 저고리와 통이 넓은 바지 그리고 외투로 흑색의 짧은 마고자를 입었음. 허리는 묶었고 황색 신발을 신음.

○ 세 번째 인물은 여주인임. 머리에는 황색 巾幗을 쓰고, 襈緣을 더한 오른섶 황색 치마를 입었으며, 허리에는 긴 띠를 매었음. 두 손은 가슴 앞에서 마주잡음.

○ 네 번째 인물은 아이임. 머리는 풀어헤침. 합임의 홍색 짧은 저고리와 황색에 흑점이 있는 통 넓은 바지를 입었으며, 붉은 바닥의 신발을 신었음. 두 손은 가슴 앞에서 마주잡음.

○ 다섯 번째 인물은 남자임. 얼굴에 짧은 수염이 있음. 머리에는 황색 절풍을 썼음. 위에는 소매가 흑색인 합임의 황금색 짧은 저고리와 원형 옷깃의 내의, 아래에는 황색에 흑점이 있는 통 넓은 바지를 입었음. 허리는 묶었고, 붉은 바닥의 검은색 신발을 신었음. 두 손은 가슴 앞에서 마주잡음.

○ 여섯 번째 인물은 여자임. 검은색 머리를 어깨에 늘어뜨렸음. 설연을 더한 합임의 치마를 입었음. 두 손은 가슴 앞에서 마주잡음. 용모는 희미해서 자세히 알 수 없음.

○ 일곱 번째와 여덟 번째 인물은 남녀 노복으로, 손에 양산을 잡고 있음. 앞에 있는 남자는 머리가 벗겨짐. 합임의 황색 짧은 저고리와 황색에 흑점이 있는 통 넓은 바지를 입었고, 붉은 바닥의 검은색 신발을 신었음. 뒤에 있는 여자는 설연이 더해진 합임의 흑점이 있는 황금색 치마를 입었고, 허리는 몸 뒤로 매었음.

○ 아홉 번째는 인물은 여자임. 남녀주인 다음으로 큰데, 남주인의 첩으로 추정됨. 검은색 머리카락을 머리꼭대기에 매었음. 원형 옷깃의 내의와 설연을 더한 왼섶 치마를 입었음. 두 손은 가슴 앞에서 마주잡음.

○ 열 번째와 열한 번째 인물은 노복으로, 긴 행렬의 뒤를 따르고 있음. 두 명 모두 황색 절풍을 썼고, 턱 아래에 홍색 띠를 둘렀음. 수염이 조금 나 있음. 앞에 있는 사람은 흑점이 있는 황색 상의와 통이 넓은 자색 바지를 입었으며, 허리를 동여매었음. 두 손은 가슴 앞에서 모으고 있음. 뒤에 있는 사람은 나이가 많아 등이 약간 굽었음. 짧은 수염이 있음. 오른쪽 팔은 굽히고 손바닥을 위로 향했음. 왼손은 주먹을 쥐고 가슴 옆에 대고 있음. 합임의 자색 상의와 황색 바지를 입었고, 허리를 매었음.

② 하반부

○ 수렵을 주제로 한 벽화가 있는데, 묘주인 생전의 사냥 모습을 담은 것임.

○ 현재는 말을 타고 있는 인물 2인이 남아 있음. 앞의 인물은 상반신만 남아 있고, 타고 있는 말은 박락되었음. 머리에 관을 썼는데, 관에는 새깃 2개가 꽂아 있음. 달라붙는 소매가 있는 황색 저고리를 입었음. 허리는 동여매었고, 화살통을 차고 있음.

그림 7 삼실묘 제1실 북벽 공성도(『조선유적유물도감(6)』, 66쪽)

○ 뒤의 인물은 홍색의 말을 타고 앞으로 달려가고 있음. 머리는 풀어헤쳤음. 붉은 색 옷섶에 달라붙는 소매가 있는 황색 저고리를 입었고, 허리를 동여매었음. 앞으로 뻗은 왼쪽 팔에는 새매가 앉아 있음. 말 앞에는 꿩을 쫓고 있는 매가 있음.

(3) 묘실 북벽(그림 7)

○ 攻城圖가 있음. 성벽 바깥의 벌판에 중장기병 2기가 있는데, 쫓고 쫓기며 긴 창을 휘두르고 있음. 말의 색깔은 각각 적색, 흑색임.

○ 성벽은 굽어져 있고, 문과 누각이 있음. 성 안에는 가옥이 있음.

○ 성벽 바깥 오른쪽 상단에는 격투를 벌이고 있는 2인이 있음.

○ 성 안에 있는 인물은 겁먹은 모습으로 담벽에 기대어 성 밖에서 싸우는 인물을 몰래 보고 있음.

(4) 묘실 서벽

○ 서벽은 중앙에 연도가 나 있어서 좌·우벽으로 나누어져 있는데, 양 벽에 각각 실물크기의 문지기가 있음.

○ 좌벽의 문지기는 머리를 높이 묶었고, 瓔帶를 매었음. 검보라빛 얼굴에 두 눈을 부릅뜬 武人풍으로 묘사. 붉은 가슴을 노출하였고, 자색 바지를 입었음. 어깨에는 赭石과 수건을 걸침. 두 손은 가슴에 모으고 있음.

○ 우벽의 문지기는 머리에 연화관을 썼고 영대가 휘날림. 이마는 넓고 눈이 크며 짧은 수염이 있음. 선량한 文官풍으로 묘사. 원형 옷깃의 긴 옷을 입었고, 허리는 동여매었음.

(5) 묘실 천장

○ 제1중 들보(梁枋) 측면에 권운문이 있는데, 벽 사방을 통과하며 연이어짐.

○ 평행고임 제1, 2, 4중의 일부 면에 벽화가 남아 있음. 제1중은 대부분 박락됨. 제2중 서면에는 두 마리의 주작이 서로 바라보면서 서 있고, 주작 양측에는 각각 보리수 한 그루가 있음. 동면에는 현무 한 쌍이 있음. 평행고임 제4중 앞면에는 봉황으로 보이는 새 한 마리가 있음. 동면에 청룡이 아닌 현무 그리고 서면에 백호가 아닌 주작이 있는 이유에 대해 화가가 방향을 판별하지 못해서라기보다는 묘주인의 葬式과 관련이

있는 것으로 추정되고 있음.

(6) 묘도

○ 연도 양측에 벽화가 있으나 대부분 박락.

○ 남벽에 묘실로 향하는 인물 행렬의 일부가 있음.

○ 천장에 해와 달을 비롯한 10여 개의 별이 남아 있음.

2) 제2실

네 벽에는 제1실과 달리 역사와 무사가 있음. 천장에는 연화, 새, 짐승, 祥雲, 선인, 별자리 등이 있음.

(1) 묘실 벽

○ 남·북·동벽에는 각각 기마자세를 취하면서 두 팔은 들보 밑을 받치고 있는 역사 1인이 있음. 세 역사는 자세가 같지만 의복이 다름. 남벽 역사는 검은 머리카락을 머리 위에서 묶었음. 황색 얼굴에 입술은 붉고 귀는 크며 짧은 수염이 있음. 원형 옷깃에 달라붙는 소매가 있는 황금색 비단 옷과 꽉 끼는 황색 바지를 입었음. 소매에는 연화문이 있음. 허리에는 황색 띠를 매었고 대퇴에도 띠를 매었는데, 몸 뒤로 휘날리고 있음. 다리는 희미하여 명확하지 않음. 북벽 역사는 검은 머리카락을 머리 위에서 묶었음. 붉은 얼굴에 귀는 크고 짧은 수염이 있음. 윗니는 아랫입술을 꽉물고 있음. 원형 깃에 달라붙는 소매가 있는 날개옷과 녹색의 날개바지를 입었음. 허리에는 홍색 띠를 매었으며, 맨발임. 두 다리는 각각 한 마리의 뱀에 감겨 있으며, 온몸에서는 상서로운 기운이 뻗어 나오고 있음. 동남벽의 역사는 얼굴이 푸른색이고, 짧은 소매 끝에는 연화문이 있음. 두 다리는 안료의 퇴색이 심하여 뱀이 감겨 있는지 확인할 수 없음.

○ 제2실 서남벽에는 뿔장식이 있는 투구, 목가리개가 있는 갑옷, 뾰족한 못이 박힌 전투용 신발을 착용한 무사가 있음. 오른손에는 긴 창을 잡고 있고, 왼손에는 환두대도가 삽입되어 있는 칼집을 잡고 있음(그림 8).

그림 8 삼실묘 제2실 서남벽의 무사모사도
(『조선유적유물도감(6)』, 67쪽)

○ 무사 반대편의 연도 옆에는 권운문이 있음.

○ 묘실 내 서남 모서리와 동북 모서리에는 각각 흑색의 지붕받침이 있고, 그 밑에는 흑색 기둥초석이 있음.

(2) 묘실 천장

○ 평행고임 제1중에는 雙四神이 있음. 동남면의 마주보는 두 주작 사이에는 연꽃화생이 있음. 남쪽에는 머리를 맞대고 서쪽으로 날아가는 청룡 두 마리가 있음. 북벽에는 백호 두 마리가 있음. 입을 벌리고 이빨을 드러내며 서쪽으로 달리고 있는데, 청룡과 대칭하는 것 같음. 동벽에는 현무 두 마리가 있는데, 두 마리의 뱀은 서로를 한 번 감은 후 각기 자신이 휘감은 거북의 머리와 마주함.

○ 평행고임 제2중에는 꽃받침과 받침줄기가 달린 5판 연화가 일정한 간격으로 배치되어 있음. 동벽에는 두 송이, 북벽에는 네 송이가 있고, 그 사이에 작은 연화가

있음. 서벽에는 세 송이가 있는데, 중간의 연화는 사람에게 꺾였음. 남벽에는 네 송이가 있는데, 서쪽으로 두 번째 연화는 칼로 잘려진 흔적이 있음.

○ 평행고임 제3중의 서남면과 잇닿는 제4중의 세 면에는 天馬를 비롯한 여러 상서동물이 있음.

○ 평행고임 제5중에 해당하는 삼각고임 제1중 각 면에는 남녀연꽃화생, 소의 머리에 사람의 몸을 하고 있는 신, 여러 飛天과 奏樂天이 있음.

○ 삼각고임 제2중에는 여러 비천이 있고, 삼각고임 제1중과 제2중의 밑면에는 커다란 연화가 있음.

○ 천장석에는 해와 달, 북두 5성, 남두 6성이 있음.

(3) 연도

○ 제1실에서 제2실로 통하는 연도 좌벽과 우벽에는 각각 문지기무사가 서 있음. 두 무사는 제1실 쪽을 향하면서 제2실을 수호하고 있음. 얼굴은 菊黃색이고, 눈은 엄숙하며, 짧은 수염이 있음. 황색 투구를 썼고 홍색 도포를 입었음. 어깨에는 황금색 두건을 둘렀고 두 팔을 동여매어 아래로 내려뜨림. 허리에는 띠를 매었음. 두 손은 긴 창을 잡고 있음. 다리는 박락됨.

3) 제3실

네 벽에는 역사, 천장에는 사신, 연화, 새, 祥雲, 짐승, 별자리 등이 있음.

(1) 묘실 네 벽

○ 묘실 네 구석에는 흑색 지붕받침이 있음.

○ 네 벽에는 각각 하늘세계를 떠받드는 역사가 있음. 서북벽, 동북벽, 동남벽 역사의 얼굴, 자세, 옷차림새 등은 제2실의 역사와 같음. 서북벽 역사의 오른쪽 윗편에는 몸을 뻗쳐오르면서 교미하는 뱀 두 마리가 있음. 동북벽 역사의 두 다리 사이에는 연화 한 송이가 있음. 동남벽 역사의 소매 끝은 연화잎무늬로 장식. 서남벽 역사는 뱀에 감겨 있는데, 오른팔은 창방을 받치고 왼

그림 9 삼실묘 제3실 서남벽의 역사모사도
(『洞溝古墓群-1997年調查測繪報告』, 326쪽)

팔은 나무 기둥이 있는 쪽으로 뻗었음(그림 9).

(2) 묘실 천장

○ 평행고임 제1중에는 쌍사신이 있음. 서벽에는 날개를 펴고 마주보며 서 있는 주작 두 마리가 있음. 주작의 뒤에는 측면에서 바라본 모양의 연화가 배치되어 있음. 동벽에는 현무 두 마리가 있음. 뱀이 거북이의 몸을 휘감고 있는데, 뱀의 두 머리는 서로 교차하면서 고개를 돌려 거북이 머리와 마주하고 있음. 두 현무 사이에는 꽃봉오리 한 개가 있고, 현무 뒷편에는 물고기를 물고 있는 백로가 있음. 남벽에는 머리를 들고 입을 벌리며 혀를 내밀고 있는 청룡 두 마리가 있음. 몸은 황색이고, 붉은색 비늘이 있음. 용의 발가락은 3개임. 북벽에는 입을 벌리고 혀를 내밀면서 앞으로 달려가는 백호 두 마리가 있음. 앞의 백호는 청색이고, 뒤의 백호는 황

색임.
○ 평행고임 제2중의 서북면, 동북면, 동남면에는 옆에서 바라본 모양의 5판 연화가 일정한 간격으로 배치되어 있음. 매 벽마다 세 송이가 있는데, 주홍색이고 묵선으로 윤곽을 그림. 동벽 제2중 고임과 남·서·북벽 제3중 고임은 연결되어 있고, 주홍색의 권운문이 있음.
○ 평행고임 제4중의 뒷면과 제5단의 앞면 및 좌·우면에는 비둘기, 봉황, 긴꼬리 새, 백로 등 상서로운 새들과 구름이 있음.
○ 제1층 말각석 밑에는 연화가 있음. 제1층 말각석 측면에는 여러 짐승이 있는데, 동남 모서리에는 뿔이 있는 짐승, 동북 모서리에는 천마가 있음. 서남·서북 모서리는 명확하게 보이지 않음.
○ 제2층 말각석 측면에는 옆에서 바라본 모양의 5판 연화가 있는데, 말각석 밑으로 뻗어 있음.
○ 천장석에는 해와 달, 여러 가지 별자리 등이 있음.

(3) 연도

○ 제2실에서 제3실로 통하는 연도 좌·우벽에는 각각 긴 창을 쥐고 무덤칸을 지키는 문지기무사가 있는데, 제2실을 향하고 있으면서 제3실을 수호하고 있음.

표 1 삼실묘의 벽화제재

방향		좌	전	우	후
제1실	연도	행렬			
	벽	(동남) 위 : 11인 행렬 아래 : 사냥, 기둥	(서남) 문지기 무사 2인, 기둥	(서북) 공성도, 기마전투, 보병격투, 기둥	(동북) 4채 가옥, 묘주 부부와 시종 등 7인, 기둥
	고임	권운문	쌍주작, 나무, 권운문	권운문	쌍현무, 권운문
	천장	?	?	?	?
제2실	연도	문지기무사		문지기무사	
	벽	(동북) 역사	(동남) 역사	(서남) 갑주무사	(서북) 역사
	고임	쌍청룡, 상서동물, 연화, 화생, 천인, 권운문	쌍주작, 상서동물, 연화, 화생, 천인, 연속운문	쌍백호, 상서동물, 연화, 화생, 천인, 소머리에 사람 몸을 하고 있는 신, 선인, 연속운문	쌍현무, 상서동물, 연꽃, 화생, 천인, 연속운문
	천장	해, 달, 북두칠성, 남두육성			
제3실	연도	문지기무사		역사	
	벽	(서북) 역사, 교미하는 두 뱀	(동북) 역사	(동남) 역사	(서남) 역사상
	고임	쌍청룡, 상서동물, 연속운문	쌍주작, 상서동물, 연화, 연속운문	쌍백호, 상서동물, 연화, 연속운문	쌍현무, 상서동물, 연꽃, 물고기를 물고 있는 백로, 연속운문
	천장	별자리			

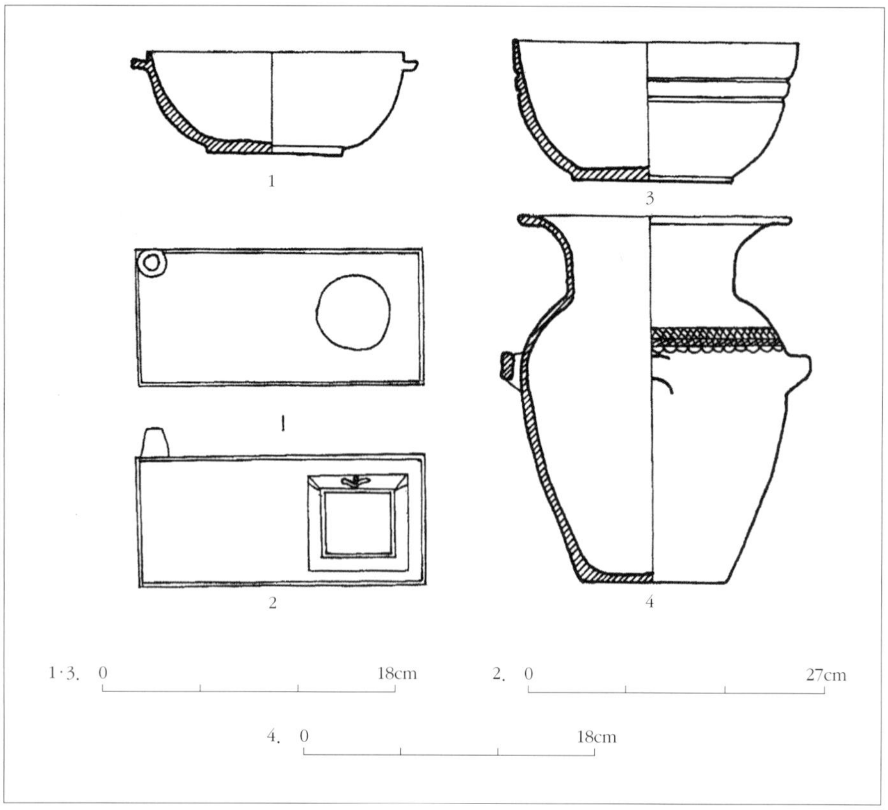

그림 10
삼실묘 출토 시유도기
(「吉林集安洞溝三室墓清理記」)
1. 이배 2. 부뚜막
3. 발 4. 호

5. 출토유물

제1실 바닥의 진흙을 제거하면서 많은 인골과 5종 8점의 시유도기를 수습. 그 외에 많은 철제못(鐵釘)과 동물뼈를 수습.

1) 토기

(1) 발(鉢, 그림 10-3)

○ 출토지 : 삼실묘 제1실.

○ 크기 : 口徑 13~16.8cm, 높이 6.6~7.3cm.

○ 형태 : 5점이 출토. 형태는 같으나, 크기가 다름. 구순은 평평함(平唇). 동체부는 깊음(深腹). 들린 굽이 있음(假圈足). 동체부에는 철현문 2줄이 있음. 茶綠色 유약을 바닥까지 발랐음.

(2) 이배(耳杯, 그림 10-1)

○ 출토지 : 삼실묘 제1실.

○ 크기 : 口徑 16cm, 높이 5.7cm.

○ 형태 : 구순은 둥그스름함(圓口). 손잡이는 판모양임. 들린 굽이 있음(假圈足). 표면에 茶綠色 유약을 바름.

(3) 호(壺, 그림 10-4)

○ 출토지 : 삼실묘 제1실.

○ 크기 : 높이 31.5cm, 口徑 24.3cm, 동체(腹) 너비 24cm.

○ 형태 : 구연은 외반되고(侈口), 밖으로 꺾였음(沿外折) 동체부는 배부름(鼓腹). 바닥은 평평함. 동체부에는 손잡이 4개가 있음. 어깨(肩)에는 파상문(水波浪文)이 있음. 麻線溝1號墓에서 출토된 호(壺)와 대체적으로 같음.

(4) 부뚜막(竈, 그림 10-2)
○ 출토지 : 삼실묘 제1실.
○ 크기 : 길이 45.6cm, 너비 24cm, 높이 22.2cm.
○ 형태 : 장방형임. 위에 원형의 火口와 烟筒이 있음. 竈門은 炬形이고, 측면에 있음. 마선구1호묘에서 출토된 부뚜막과 대체적으로 같음.

6. 역사적 성격

1) 특징
○ 삼실묘는 새롭고 안정적인 배치를 보여주는 등, 고구려 석조건축예술의 우수성을 드러내고 있음.
○ 삼실묘의 벽화를 보면 쌍사신, 들보를 받치는 역사, 연꽃화생, 뿔을 가진 짐승, 출행도, 공성도, 소머리에 사람의 몸을 하고 있는 신 등이 나오는 등, 벽화제재에 있어서 角觝墓, 舞踊墓, 通溝12號墓, 마선구1호묘 등보다 풍부한 모습을 보임.

2) 피장자 추정
○ 벽화를 보면 묘주인은 처와 첩 그리고 노복을 거느리고 있음. 그리고 묘주인의 가옥은 상당히 화려함. 한편 제1실 북벽의 공성도에는 전장에서의 묘주인 활약상이 담겨있다고 여겨짐. 이런 점들을 감안하면 묘주인은 고구려의 상위지배층으로 명망 있는 장군이었을 것으로 추정됨.

3) 축조연대
○ 고구려 평양천도 이전 설 : 벽화의 연화문이 北魏 이전 풍격을 보이는 것을 감안하면 동진시대 즉 평양천도 이전에 축조된 것으로 추정됨(關野貞, 1932).
○ 5세기 설 : 제1실은 山谷 위주, 제2·3실은 역사 위주이며, 천장에는 쌍사신이 배치되어 있음. 사신도의 형상을 보면 각저묘, 무용묘보다 늦고 사신묘, 오회분 4·5호묘보다는 이르다고 여겨짐. 화풍과 배치는 長川2號墓와 비슷. 그리고 묘 내에서 출토된 황색 시유도기는 고구려 중·후기의 유물임. 이러한 점들을 감안하면 축조 시기는 5세기대로 추정됨(孫仁杰·遲勇, 2007).
○ 5세기 혹은 5세기 이후 설 : 묘실구조, 벽화내용, 제1실에서 출토된 시유도기 등을 감안하면 축조 시기는 대체로 북위시기에 해당하는데, 구체적으로는 통구12호묘와 마선구1호묘보다는 늦고, 사신묘와 오회분 4·5호묘보다 이르다고 여겨짐. 대체적으로 5세기 혹은 5세기 이후로 추정(李殿福, 1981).
○ 5세기 중~6세기 초 설 : 집안에서 발견된 벽화묘를 연대 및 분기로 나누어 볼 때 삼실묘는 4기 가운데 제3기에 해당. 제3기의 특징을 살펴보면 일부 단실과 삼실이 나타나기도 하지만, 쌍실묘가 주를 이룸. 묘 꼭대기의 구조로는 여러 층의 평행고임과 覆斗式이 보이고, 말각고임의 간격은 더욱 커짐. 묘방향은 대부분 서향임. 벽화는 묘주인의 생전 생활과 장식문양 두 유형이 주를 이루고, 단독 도안은 더욱 커짐. 사신도는 더욱 성숙하고, 신선 및 불교와 관련한 제재가 증가. 이 시기에 속하는 벽화묘로는 삼실묘 외에 長川1號墓, 環紋墓, 牟頭婁墓, 龜甲墓 등이 있고, 축조연대는 5세기 중~6세기 초로 추정(方起東·劉萱堂, 2002).
○ 5세기 말~6세기 초 설 : 귀갑묘, 散蓮花墓, 장천1호묘, 長川4號墓, 下解放31號墓, 모두루묘, 환문묘와 더불어 5세기 말~6세기 초에 축조된 것으로 추정(魏存成, 1994).

참고문헌

• 關野貞, 1914, 「滿洲輯安縣及ひ平壤附近に於ける高句麗時代の遺蹟(一)」, 『考古學雜誌』 5-3.
• 關野貞·谷井濟一, 1915, 『朝鮮古蹟圖譜(一)』.
• 關野貞, 1932, 『朝鮮美術史』, 朝鮮史學會.
• 池內宏·梅原末治, 1940, 『通溝』 下, 日滿文化協會.
• 李殿福, 1981, 「集安洞溝三室墓壁畵著錄補正」, 『考古與文物』1981-3.
- 集安縣文物保管所·吉林省文物工作隊, 1981,「吉林集安洞溝三室墓淸理記」,『考古與文物』1981-3.
- 吉林省文物志編委會, 1984,『集安縣文物志』.
- 조선유적유물도감 편찬위원회, 1990,『조선유적유물도감⑹』.
- 조선일보사, 1993,『집안고구려고분벽화』.
- 魏存成, 1994,『高句麗考古』, 吉林大學出版社.
- 한국방송공사, 1994,『고구려 고분벽화』.
- 강현숙, 2000,「고구려 고분 연구」, 서울대학교 박사학위논문.
- 전호태, 2000,『고구려 고분벽화 연구』, 사계절.
- 吉林省文物考古研究所·集安市博物館, 2002,『洞溝古墓群-1997年調査測繪報告』, 科學出版社.
- 方起東·劉萱堂, 2002,「集安下解放第31號高句麗壁畵墓」,『北方文物』2002-3.
- 전호태, 2004,『고구려 고분벽화의 세계』, 서울대학교 출판부.
- 孫仁杰·遲勇, 2007,『集安高句麗墓葬』, 香港亞洲出版社.
- 耿鐵華, 2008,『高句麗古墓壁畵研究』, 吉林大學出版社.
- 전호태, 2009,「고구려 집안권 벽화고분의 현황과 과제」,『울산사학』14.

11 집안 우산하3319호묘

集安 禹山下3319號墓 | JYM3319

1. 조사현황

1) 1961년

○ 조사기간 : 1961년 10월.

○ 조사기관 : 吉林省文物普查隊.

○ 조사내용 : '丁巳□□□□歲□□□□□□□萬世太歲在丁巳五月廿日'명 와당 반쪽을 수습.

2) 1962년

○ 조사기간 : 1962년 4월.

○ 조사기관 : 吉林省博物館, 集安縣文物保管所.

○ 조사내용 : 실측조사.

3) 1966년

○ 조사기관 : 길림성박물관, 집안현문물보관소.

○ 조사내용 : 通溝古墳群에 대한 실측조사 때 '禹山下3319號墓'로 편호.

4) 1979년

○ 조사기간 : 1979년 10월.

○ 조사기관 : 集安市博物館.

○ 조사내용 : 묘상에서 호(盤口青瓷壺) 한 점을 수습.

5) 1983년

○ 조사기관 : 集安市博物館 組織文物.

○ 조사내용 : 묘 측면에서 '□□□□□□四時興詣□□□□萬世太歲在丁巳五月廿日'명 와당 반쪽을 수습.

6) 1984년

○ 조사기관 : 집안시박물관 조직문물.

○ 조사내용 : 인면석각에 철제난간을 설치. 묘 측면에서 '千谷民造'명 권운문와당을 수습.

7) 1997년

○ 조사기간 : 1997년 5월 1일~5월 20일.

○ 조사기관 : 吉林省文物考古研究所, 집안시박물관.

○ 조사자 : 方起東(길림성문물고고연구소 소장, 측량·도안), 孫仁杰(집안시박물관, 측량·도안), 趙書勤, 張玉春, 王昭(이상 발굴), 谷德平(촬영), 林世賢, 林世香(이상 실내 유물 정리 및 복원), 王新勝, 郝海波(이상 유물정리 및 도면 작성).

○ 조사내용 : 통구고분군과 山城子山城에 대한 대규모 조사·측량작업이 진행되었을 때 조사가 이루어짐. 66점의 유물과 건축부재 등을 수습. 무덤칸 안에서 벽화 확인.

8) 2003년

○ 조사자 : 張福有.

○ 조사내용 : 주민이 소장하고 있던 명문와당 반쪽을 보고, '日爲中郎及夫人造蓋墓瓦又作民四千'이라고 판독. 그리고 기존에 발견된 명문와당을 토대로 '太歲

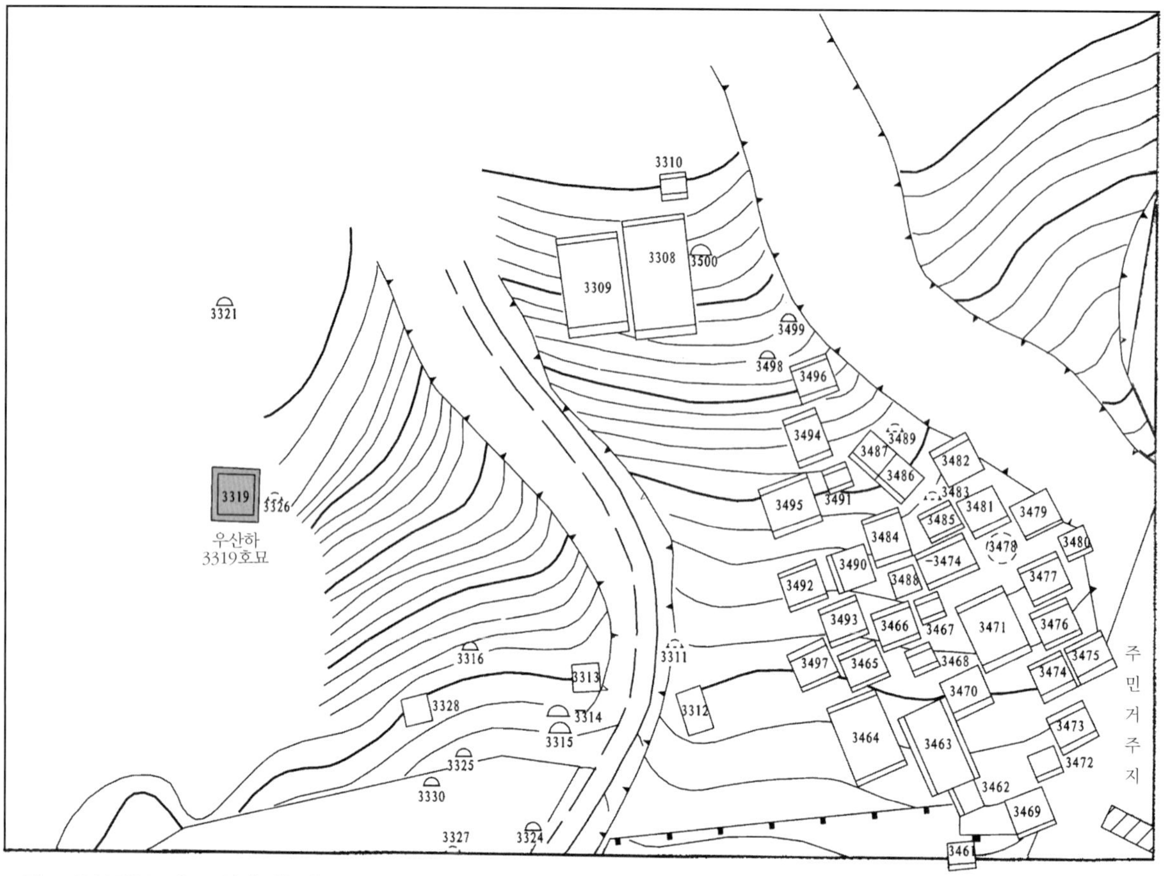

그림 1 우산하3319호묘 위치도(『洞溝古墓群-1997年調査測繪報告』, 212쪽)

在丁巳五月廿日爲中郎及夫人造蓋墓瓦又作民四千餟盦收用盈時興詣得享萬世'라는 글자가 있었을 것으로 추정. 다만 '及'자와 '夫'자가 명확하지 않다면서 '爲中郎將大人造蓋墓瓦'일 가능성도 제기.

9) 2003년

○ 조사자 : 張福有.

○ 조사내용 : 보수작업 실시.

2. 위치와 자연환경(그림 1)

1) 고분의 위치

○ 集安의 禹山 서쪽 끝에 있는 산언덕에 위치. 묘 정상에 서면 집안시가 내려다보임.

○ 지리좌표는 동경 126°10′43.4″, 북위 41°07′55.2″이고, 해발은 252m임.

2) 고분의 주변환경

○ 남측은 낭떠러지임.

○ 북면은 우산의 주봉과 접해 있음.

○ 서측은 골짜기이고, 골짜기 안에는 배나무가 가득함. 현지인들은 골짜기를 '梨園'이라고 부름. 이원 남면에는 고구려의 梨樹園子南유적지가 있음.

○ 동쪽은 구릉지대로, 고구려 고분이 분포하고 있음.

○ 묘장의 남·서 양측에 도로가 지나가는데, 우산 봉우리 정상까지 이어짐.

○ 남쪽으로 약 1km 떨어진 지점에 國內城이 있음.

3. 고분의 현황

1) 고분발굴 전 상황

○ 도굴과 자연적 파괴 등을 입었음.

○ 묘 위는 나무와 잡초로 가득 차 있었고, 계단석은 붕괴되어 원래 자리를 이탈하였음.

○ 묘 정상의 가운데부분에 커다란 구덩이가 있었고, 묘 위와 주변에는 많은 벽돌과 기와가 흩어져 있었음.

2) 고분 형식

(1) 유형

階壇積石磚室壁畵墓.

(2) 규모

○ 吉林省文物考古硏究所·集安市博物館(2002) : 변 길이 20m, 높이 1.5m.

○ 吉林省文物考古硏究所·集安市博物館(2005) : 변 길이 약 21m, 높이 2.65m,

3) 고분 구조(그림 2)

○ 방향은 남서쪽 75°임.

○ 평면은 방형임.

○ 묘는 내부, 외부 두 부분으로 나눌 수 있음. 내부에는 벽돌로 묘실을 쌓았고, 외부는 돌로 계단을 구축하였으며, 중간은 깬돌로 채움. 내부를 먼저 축조한 후에 외부를 축조.

○ 묘의 위·아래로 많은 암키와와 수키와가 흩어져 있음. 묘 위에 건축물이 있었던 것으로 추정.

○ 묘장 내부는 묘실, 연도, 이실, 묘도 네 부분으로 구성.

(1) 묘실

○ 묘실 축조방법을 살펴보면 먼저 산비탈면을 평평하게 한 후, 묘실 범위내에 0.5m 두께의 靑膏泥를 평평하게 깔았고, 그 다음에는 청고비 외측에 돌담(石墻)을 한 바퀴 두름. 돌담은 지표에서부터 쌓았는데, 동·남·북 세 면이 남아 있고, 높이 2m, 두께 0.5m임. 돌담은 묘실 외측에도 쌓았는데, 묘실의 높이에 따라 축조. 서측 돌담은 청고니와 높이가 같고, 0.4m 크기의 강돌로 쌓았음. 청고니 윗면에는 10cm 정도 두께의 백회를 발랐고, 백회 위로는 회색 벽돌 2겹을 깔아 묘실 바닥을 구축하였는데, 아랫층의 벽돌은 서로 잘 맞추어 깔았고, 윗층 벽돌은 '人'자형으로 깔았음. 벽돌 윗면에서 묘실 네 벽을 쌓기 시작함.

○ 묘실 평면은 정방형으로, 변의 길이는 4.95m임. 벽은 밖으로 가면서 약간 호선이 나타남. 벽돌은 '2行3順1丁'으로 쌓음. 쌓은 벽돌 사이의 틈은 백회로 메웠음. 벽의 두께는 0.65m임. 벽 네 면 모두 파괴됨에 따라 높이가 같지 않은데, 북벽 높이는 1.59m 정도이고, 나머지 세 벽은 1.4m 정도임. 전실의 동·남·북 세 벽 외측과 서벽 남·북 양단의 외측은 계란 크기의 자갈과 혼합물이 섞여 있는 백회(두께 0.4m)로 단단히 덮음. 백회 바깥쪽은 0.5m 두께의 강돌벽임.

○ 묘실 정상부가 심하게 파괴되면서 묘실 안에 쌓여 있던 일부 쐐기형 벽돌과 호형 벽돌이 드러났는데, 이로 볼 때 천장은 네 면이 안으로 오므라드는 四阿式으로 구축하였던 것으로 추정됨.

○ 묘실 내 깔려 있는 벽돌 윗면에는 6cm 두께의 목탄이 깔려 있고, 목탄 윗면에는 5cm 두께의 백회가 깔려 있음. 백회 윗면의 묘실 양측에는 벽돌 3겹, 동측에는 벽돌 4층을 깔았음.

○ 묘실 안에는 관대가 있음. 북측 관대는 전체 길이 4.95m, 너비 1.65m이고, 높이는 묘실바닥에서부터 0.18m임. 남측 관대는 전체 길이 4.95m, 너비 1.2m이고, 높이는 묘실바닥에서부터 0.18m임.

○ 묘실바닥의 네 모서리와 중간에는 도굴로 인해 형성된 구덩이가 있음.

○ 유물과 인골이 흩어져 있었음.

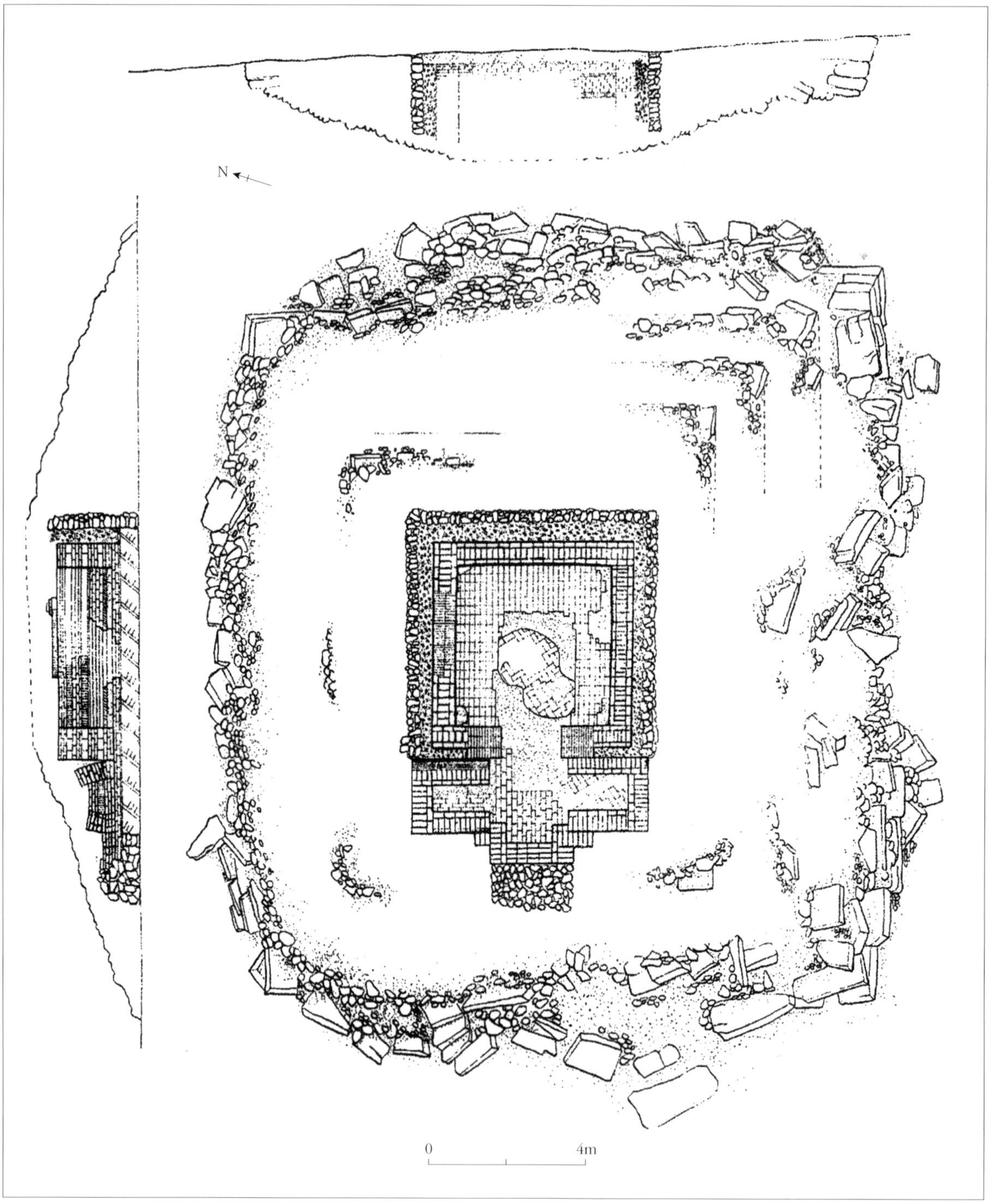

그림 2 우산하3319호묘 평·단면도(『吉林集安高句麗墓葬報告集』, 262쪽)

(2) 연도

○ 연도는 묘실 서벽 가운데부분에 있음.

○ 너비는 1.9m, 길이는 1.05m임.

○ 연도 입구에는 돌로 제작한 문설주(石門檻), 문틀(石門框), 문비(石門楣), 문짝(石門扇) 등이 설치되어 있었으나, 도굴로 인해 파괴되면서 연도와 이실 사이

를 채우고 있음. 문설주의 窩에서 측정한 문의 너비는 1.2m이고, 높이는 알 수 없음.

(3) 이실

○ 이실은 연도 남·북쪽에 각각 한 개가 있음.

○ 이실 정상부는 모두 붕괴되었고, 세 면의 벽만 겨우 남아 있음.

○ 이실에 쌓은 벽돌은 磚室과 연결되지 않는데, 이를 통해 묘실을 완성한 후 이실을 축조하였을 알 수 있음. 전체적으로 구조는 엉성함.

○ '3順1丁'식으로 축조.

○ 남쪽 이실은 깊이 2m, 너비 1.2m, 서벽의 남은 높이 0.48m, 남벽의 남은 높이 0.5m, 동벽의 남은 높이 0.8m임. 이실 바닥의 벽돌은 席文임. 자기편, 토기편, 금동제장식 등이 대량으로 출토됨.

○ 북쪽 이실은 깊이 2m, 너비 1.1m, 서벽의 남은 높이 1m, 북벽의 남은 높이 1.3m, 동벽의 남은 높이 1.4m임. 바닥에는 벽돌을 평평하게 깔았음. 철제철갑편(鐵甲片)이 출토됨.

○ 두 이실 사이에서 관목잔편, 홍색 칠편, 사람의 팔다리뼈 등이 출토됨.

(4) 묘도

○ 묘도는 이실의 서쪽에 접해 있음.

○ 너비는 1.4m, 길이는 1.2m, 남은 높이는 0.5m임.

○ 묘도의 서쪽 끝부분은 벽돌을 쌓아서 막았는데, 막았던 돌은 사라짐.

(5) 계단

○ 묘장 외부에는 가공을 거친 화강암으로 계단을 쌓았음. 현재는 4단을 볼 수 있으나, 계단석은 대부분 붕괴되어 원래 자리를 이탈했거나 혹은 사라짐. 예컨대 묘장 서남 모서리에서 4m 떨어진 지점에 끌질을 한 회색 화강암이 있는데, 원래는 묘장 남측에 있었던 계단석이었지만, 현지 주민에 의해 옮겨져 작은 받침돌로 이용되고 있음.

○ 제1단 계단은 지표에 구축. 묘장이 남저북고의 산구릉에 위치함에 따라, 남면 제1단 계단은 4층으로 쌓아 높이를 더해줌으로써 북면과 평행하게 함. 바닥층과 네 모서리에 있는 돌들은 비교적 큰데, 가장 큰 돌은 길이 2.5m, 너비 0.8m, 높이 0.1m임. 위로 갈수록 그리고 가운데부분의 돌은 비교적 작은데, 일반적으로 길이 1.5m, 너비 0.8m, 높이 0.3m 정도임. 동서 양단은 비교적 보존이 양호하나, 가운데부분은 붕괴되었음. 변의 길이는 22.5m이고 높이는 2.4m 정도이나, 높이는 같지 않음. 동면 계단의 북단은 2층이고, 가운데부분은 붕괴되었음. 변의 길이는 20.5m, 북단의 높이는 0.7m 정도임. 북면 계단의 변 길이는 21m이고 높이는 0.7m 정도이나, 높이는 같지 않음. 서면 계단의 가운데부분은 붕괴되면서 밖으로 벌어졌음. 변의 길이는 20m, 남단의 높이는 2m, 북단의 높이는 0.6m임. 계단과 묘실 외측 돌담 사이는 강돌을 채워 평평하게 하였는데, 강돌의 크기는 0.4m 정도임.

○ 제2단 계단은 제1단 계단 윗면에서 안으로 약 1.5～2m 정도 들여쌓았음. 2층으로 이루어져 있고, 남은 높이는 0.5m 정도임. 계단석은 대부분 파괴되었는데, 동남 모서리와 서남 모서리에 일부 남아 있음. 계단 안에는 돌을 채워 평평하게 함.

○ 제3·4단 계단 모두 아랫 계단 위에서 안으로 1.5m 정도 들여쌓았음. 계단석은 대부분 유실되어 동남 모서리 1층만 볼 수 있는데, 남은 높이는 0.3m 정도임.

○ 묘장의 현재 높이를 볼 때 계단은 5단이 있었을 것으로 추정.

4. 벽화내용

○ 묘실 네 벽 모두 백회가 발라져 있으나, 대부분 박

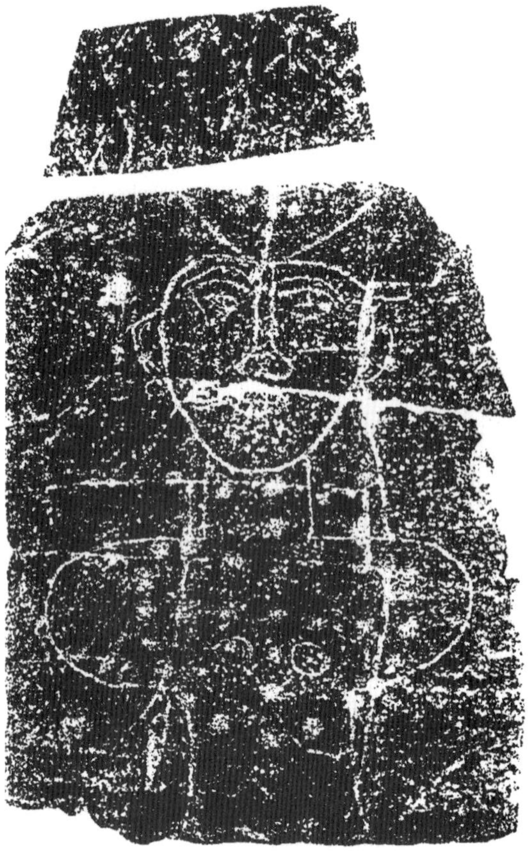

그림 3 우산하3319호묘 인면석각
(『吉林集安高句麗墓葬報告集』, 265쪽)

락됨. 박락된 백회잔편에서 주홍색, 녹색, 흑색 등을 볼 수 있음.

○ 묘실 동북 모서리에 홍색과 녹색으로 채색된 벽화면이 세 곳 남아 있음. 벽화면의 위치와 색깔로 볼 때 묘실 네 모서리에는 홍색 기둥, 그 중간에는 녹색의 장식 도안이 있었을 것으로 추정됨.

5. 상관유적

1) 인면석각(그림 3)

○ 묘장 동남 모서리에서 9m 떨어진 지점에 길이 1.04m, 너비 0.54m, 두께 0.9m이고 아래가 위보다 넓은 청회색 침적암이 있는데, 그 석면에 單刀를 이용해서 새긴 인면석각이 있음.

○ 人像은 반라임. 머리에는 마름모꼴에 가까운 幘冠을 썼고, 책관의 꼭대기 부분에는 鳥羽가 장식되어 있음. 얼굴은 복숭아형이고, 턱은 뾰족함. 五官은 위쪽으로 치우쳐 있음. 눈썹은 갈고리모양의 호선 두 줄, 두 눈과 입은 대추씨모양, 콧날은 곧은 쌍선으로 표현. 콧방울은 두툼하고 귀는 弓形임. 목은 길고, 목 부분 아래로는 단순한 호선으로 어깨, 팔, 가슴, 가느다란 몸 등을 표현. 가슴 앞에는 2개의 원으로써 표현한 유두가 있음. 목과 가슴에는 깎아 새긴 19개의 둥근 점이 한 바퀴 둘러져 있음. 두 유두의 윗부분 중간을 중심으로 둥근 점 2열이 '十'자형으로 배치되어 있는데, 花環이라는 견해와 天象이라는 견해가 있음.

6. 출토유물

일찍이 도굴을 당하고 파괴되면서 유물은 원래 위치를 벗어나 있는데 묘실, 이실, 묘 위의 적토에 흩어져 있음.

1) 금동기

장식품이 주를 이룸. 절대 다수가 이실 안에서 출토. 금동 대부분은 박락됨.

(1) 금동제십판매화형운주(十瓣梅花形泡飾, 97JYM3319:17)

○ 출토지 : 우산하3319호묘.

○ 크기 : 큰 운주 직경 2cm, 입주(分釘) 높이 2.5cm, 葉片 직경 1.8cm, 작은 운주 직경 1.8cm, 입주 높이 2.5cm, 엽편 직경 1.6cm.

○ 형태 : 16점 출토. 형태는 같으나, 크기가 다름. 본체부(泡) 중간에는 구멍이 있고, 구멍 안에는 입주가 삽입되어 있으며, 입주 꼭대기의 원형 고리에는 알모양의 엽편이 연결되어 있음(그림 4-1).

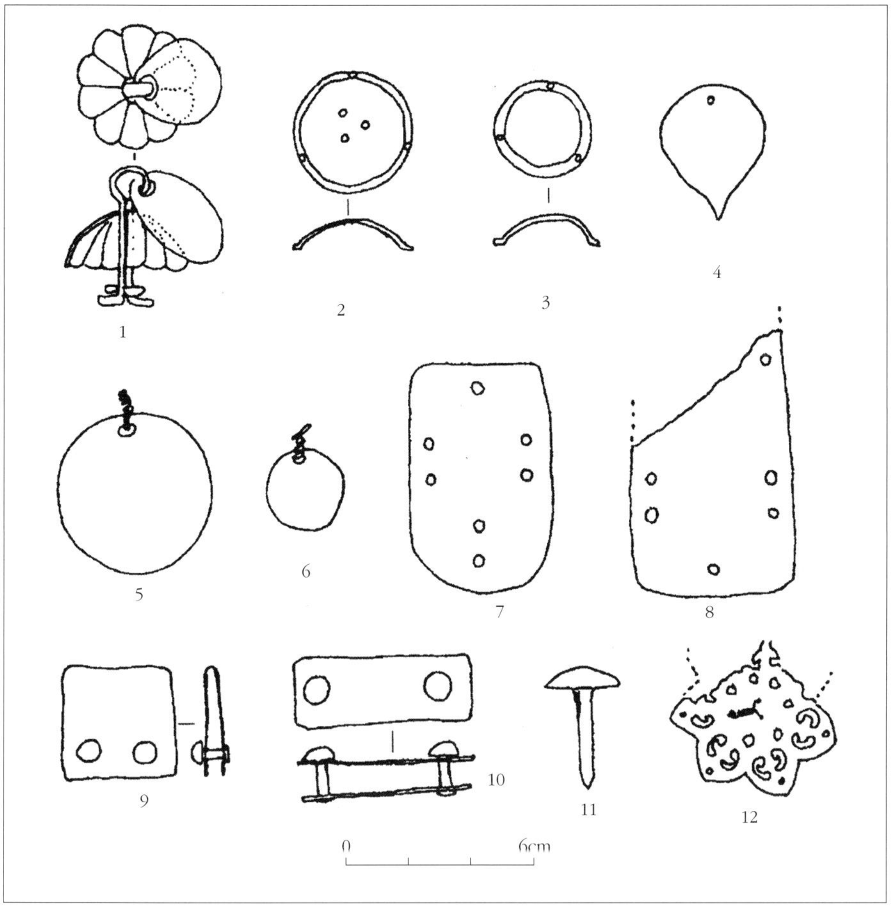

그림 4 우산하3319호묘 출토 금동기(『吉林集安高句麗墓葬報告集』, 263쪽)
1. 십판매화형운주
2~3. 원형운주
4. 행엽형보요엽편
5~6. 원형보요엽편
7~8. 찰갑편
9. 사미
10. 리벳형고정판
11. 못
12. 누공매화추장식

(2) 금동제원형운주(圓形泡飾)

○ 출토지 : 우산하3319호묘.

○ 형태 : 8점이 출토되었는데, 크기가 다름. 97JYM3319:27A는 큰 운주 본체부로 중간에 구멍 3개가 뚫어져 있음. 변 가장자리에도 구멍 3개를 뚫어 연결을 용이하게 함. 직경 19cm, 높이 0.5cm임(그림 4-2). 97JYM3319:27B는 작은 운주 본체부로, 변 가장자리에 구멍 3개를 뚫어 연결을 용이하게 함. 직경 15cm, 높이 0.5cm임(그림 4-3).

(3) 금동제행엽형보요엽편(杏葉形步搖葉片)

○ 출토지 : 우산하3319호묘.

○ 형태 : 2점 출토. 97JYM3319:18은 행엽형의 얇은 판임. 상단에 구멍을 뚫어서 연결을 용이하게 함. 길이 2.1cm, 너비 1.7cm임(그림 4-4).

(4) 금동제원형보요엽편(圓形步搖葉片, 97JYM3319:26, 그림 4-5, 그림 4-6)

○ 출토지 : 우산하3319호묘.

○ 크기 : 큰 葉片 직경 25cm, 작은 엽편 직경 10cm.

○ 형태 : 약간 출토. 원형의 얇은 판임. 한쪽 끝에 구멍을 뚫어서 연결을 용이하게 함.

(5) 금동제찰갑편 1(甲片, 97JYM3319:19, 그림 4-7)

○ 출토지 : 우산하3319호묘.

○ 크기 : 길이 3.5cm, 너비 2.2cm.

○ 형태 : 대략 장방형임. 하단은 곧고, 상단은 원호임. 위, 아래, 양측 모두 구멍이 뚫어져 있음.

(6) 금동제찰갑편 2(甲片, 97JYM3319:20, 그림 4-8)

○ 출토지 : 우산하3319호묘.

○ 크기 : 길이 2.6cm, 너비 4cm.

○ 형태 : 파손. 대략 장방형임.

(7) 금동제사미(鉈尾, 97JYM3319:21, 그림 4-9)

○ 출토지 : 우산하3319호묘.

○ 크기 : 직경 1.8cm.

○ 형태 : 장방형임. 장방형의 얇은 편을 꺾어서 제작. 끝부분에는 가죽띠를 연결하기 위한 못(鉚釘) 2개가 있음.

(8) 금동제리벳형고정판(帶來子, 97JYM3319:22, 그림 4-10)

○ 출토지 : 우산하3319호묘.

○ 크기 : 길이 3.6cm, 너비 1.1.cm, 두께 0.8cm.

○ 형태 : 장방형의 얇은 편 2개로 제작. 양 끝부분에 각각 1개의 못(鉚釘)이 박혀 있는데, 가죽띠를 연결하는 용도임.

(9) 금동제못(釘)

○ 출토지 : 우산하3319호묘.

○ 형태 : 2점 출토되었는데, 모두 두부(帽)가 원형임. 97JYM3319:23은 몸체(釘身)가 원형임. 두부 직경 1.2cm, 몸체 길이 1.5cm임(그림 4-11).

(10) 금동제누공매화추장식(鏤空梅花墜飾)

○ 출토지 : 우산하3319호묘.

○ 형태 : 2점 출토되었는데, 모두 파손. 97JYM3319:24는 7판의 매화모양이고, 중간의 구멍에는 동실이 매듭지어 있음. 직경은 2.7cm임(그림 4-12).

(11) 금동제관장식(冠飾, 97JYM3319:25)

○ 출토지 : 우산하3319호묘.

○ 형태 : 불규칙한 파편으로 복원할 수 없음. 작은 葉片이 많이 연결되어 있음.

2) 철기

(1) 철제칼(刀, 97JYM3319:15, 그림 5-1)

○ 출토지 : 우산하3319호묘.

○ 크기 : 길이 45cm, 너비 2.5cm, 등 두께 0.6cm.

○ 형태 : 파손되면서 4단으로 나누어짐. 등은 곧고, 칼날은 호형임.

(2) 철제재갈(馬銜, 97JYM3319:16, 그림 5-2)

○ 출토지 : 우산하3319호묘.

○ 크기 : 남은 22cm.

○ 형태 : 약간 파손. 직경 0.7cm의 철사를 꼬아서 제작.

(3) 철제찰갑편(甲片, 97JYM3319:30)

○ 출토지 : 우산하3319호묘.

○ 형태 : 554점이 출토되었는데, 갑옷 한 벌의 찰갑편임. 단조품임. 모두 편평하고, 변 가장자리는 매끄러움. 구멍이 뚫어져 있는데, 직경은 대부분 0.2cm 정도임. 찰갑편은 부위에 따라 형태가 다른데, 대체로 6종류로 나눌 수 있음. A형은 12점이 출토되었음. 원각방형이고, 네 변에 구멍이 뚫어져 있음. 직경은 5cm 정도임(그림 5-3). B형은 163점이 출토되었음. 약간 비늘모양으로, 상단은 곧고 하단은 호형임. B형은 다시 3유형으로 세분할 수 있음. Ba형은 길이 5.5cm, 너비 2.8cm, 두께 0.1cm임(그림 5-4). Bb형은 길이 3.3cm, 너비 2.3cm, 두께 0.1cm임(그림 5-5). Bc형은 길이 2.3cm, 너비 1.7cm, 두께 0.1cm임(그림 5-6). C형은 89점이 출토됨. 장조형임. 다시 2유형으로 세분할 수 있음. Ca형은 긴 사다리꼴로 길이 11cm, 너비 2.5cm, 두께 0.1cm임(그림 5-7). Cb형은 상단

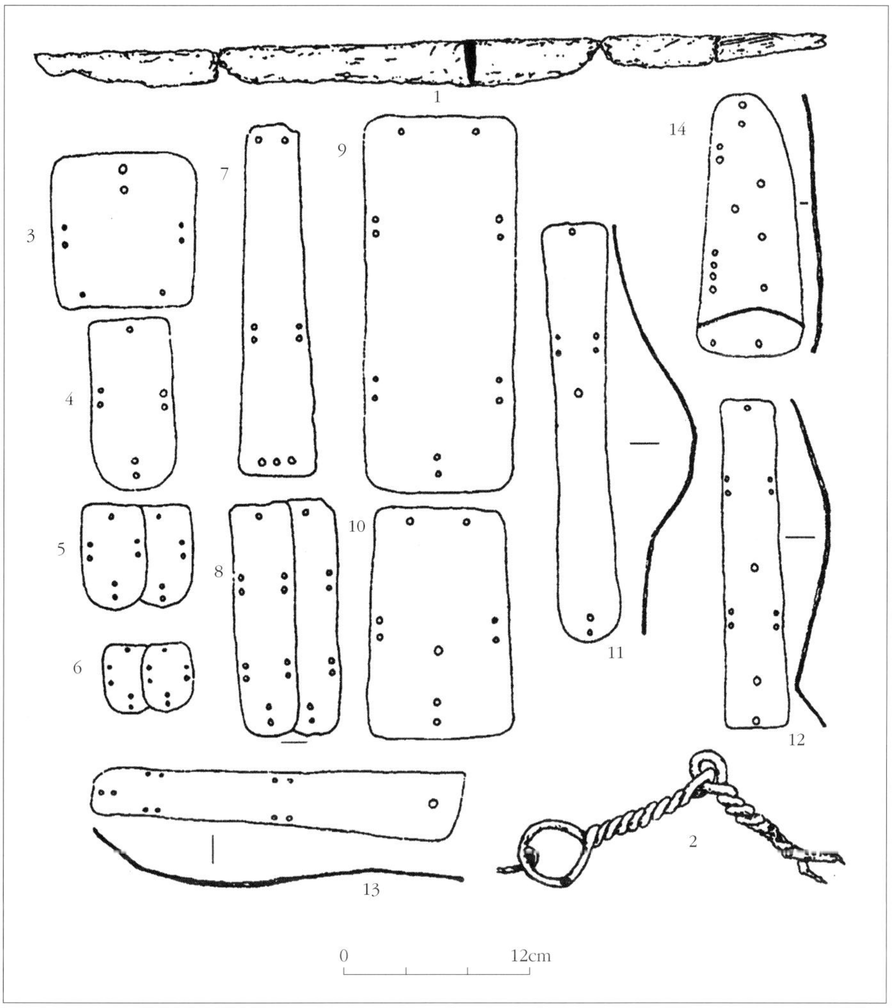

그림 5 우산하3319호묘 출토 철기(『吉林集安高句麗墓葬報告集』, 264쪽)
1. 칼
2. 재갈
3~14. 찰갑편

이 곧고 하단은 호형으로 길이 7.5cm, 너비 2cm, 두께 0.1cm임(그림 5-8). D형은 280점이 출토. 원각장방형임. 다시 2유형으로 세분할 수 있음. Da형은 길이 12cm, 너비 5cm, 두께 0.1cm임(그림 5-9). Db형은 길이 7.5cm, 너비 5cm, 두께 0.1cm임(그림 5-10). E형은 9점이 출토. 장조형의 활모양으로 한쪽 끝은 들려져 있음. 다시 3유형으로 세분할 수 있음. Ea형은 장조형으로, 가운데부분이 잘록하고 윗부분은 평평하며 하단은 호형임. 길이 13.5cm, 너비 2.2cm, 두께 0.15cm임(그림 5-11). Eb형은 양 끝이 평평한 장조형으로 길이 10.5cm, 너비 2.1cm, 두께 0.15cm임(그림 5-12). Ec형은 약간 사다리꼴의 장조형으로, 윗변이 호형이고 아랫변은 비스듬히 기울어지면서 평평함. 길이 12cm, 너비 2cm, 두께 0.15cm임(그림 5-13). F형은 1점이 출토됨. 구둣주걱모양임. 길이 8.2cm, 너비 3.6cm, 두께 0.15cm 임(그림 5-14).

3) 토기

(1) 청자반구호 1(青瓷盤口壺, 97JYM3319:1, 그림 6-1)

○ 출토지 : 우산하3319호묘.

○ 크기 : 전체 높이 36cm, 口徑 18cm, 동체부(腹) 최대 직경 28cm, 바닥 직경 13cm.

○ 형태 : 얕은 盤口形임. 구연부(口) 바깥에 음각선문

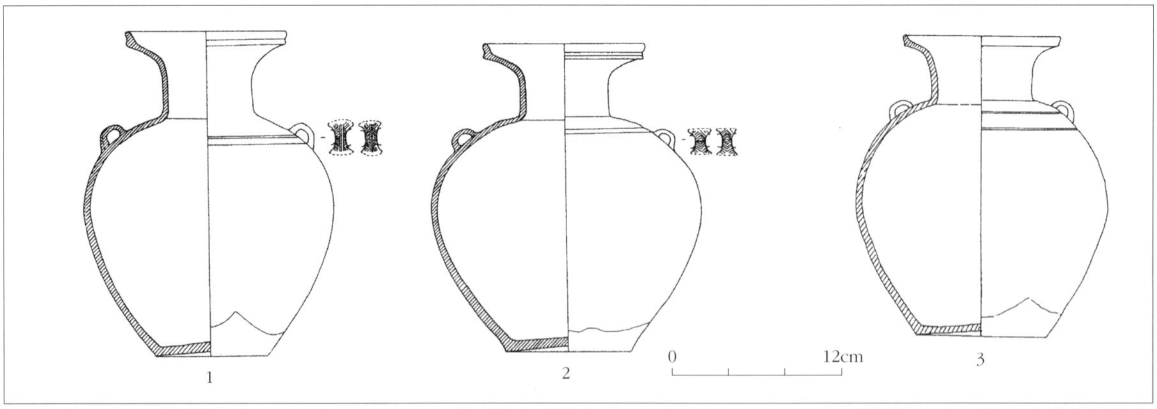

그림 6 우산하3319호묘 출토 청자반구호(『吉林集安高句麗墓葬報告集』, 267쪽)

(凹弦文)이 둘러져 있음. 목은 길고(長頸), 어깨(肩)와 동체부는 둥그스름함(圓鼓). 바닥은 안으로 들어감. 청록색의 유약이 발라져 있는데, 바닥에는 미치지 못함. 얼음이 깨진듯한 모양의 문양이 있고, 어깨(肩)에는 대응하는 雙系와 弦文 세 줄이 있음.

○ 색깔 : 회백색.

(2) 청자반구호 2(靑瓷盤口壺, 97JYM3319:2, 그림 6-2)

○ 출토지 : 우산하3319호묘.

○ 크기 : 전체 높이 33cm, 口徑 18cm, 동체부(腹) 직경 30cm, 바닥 직경 14cm.

○ 형태 : 얇은 盤口 바깥에 弦文 2줄이 있음. 동체부는 둥그스름함(圓鼓). 어깨(肩)에는 현문 두 줄과 대응하는 雙系가 있음. 유약이 발라져 있는데, 바닥에는 미치지 못함.

(3) 청자반구호 3(靑瓷盤口壺, 97JYM3319:3, 그림 6-3)

○ 출토지 : 우산하3319호묘.

○ 크기 : 전체 높이 32cm, 口徑 17.5cm, 동체부(腹) 최대 직경 27.5cm, 바닥 직경 14cm.

○ 형태 : 盤口임. 목은 잘록함(束頸). 어깨는 둥그스름함(肩部鼓圓). 최대 직경은 동체 중상부임. 바닥은 오목함. 어깨에는 대응하는 雙系가 있음. 표면은 거칠음. 청색 유약이 발라져 있는데, 광이 나지 않고 바닥에까지 미치지 못함.

○ 색깔 : 홍색.

(4) 청자반구호 4(靑瓷盤口壺)

○ 출토지 : 우산하3319호묘.

○ 크기 : 전체 높이 24.4cm, 口徑 14.5cm, 동체부(腹) 최대 직경 22cm, 바닥 직경 14cm.

○ 형태 : 다른 호에 비해 작음.

(5) 청자반구호 5(靑瓷盤口壺)

○ 출토지 : 우산하3319호묘.

○ 형태 : 바닥만 남음.

(6) 시유호 1(釉陶壺, 97JYM3319:32, 그림 7-1)

○ 출토지 : 우산하3319호묘.

○ 크기 : 전체 높이 60cm, 口徑 36cm, 동체부(腹) 직경 55cm, 바닥 직경 20cm.

○ 형태 : 구연부는 꺾이면서 바깥으로 뻗어 있고(折沿外展), 구연부의 면은 평평하고 고름. 구순부(唇部)에는 凸弦文 3줄이 있음. 목은 짧고(短頸), 어깨는 넓음(廣肩). 어깨에는 가로방향의 손잡이(橋狀橫耳) 4개가 있음. 또한 垂帳文 두 줄이 있고, 그 사이로 蓖点으로

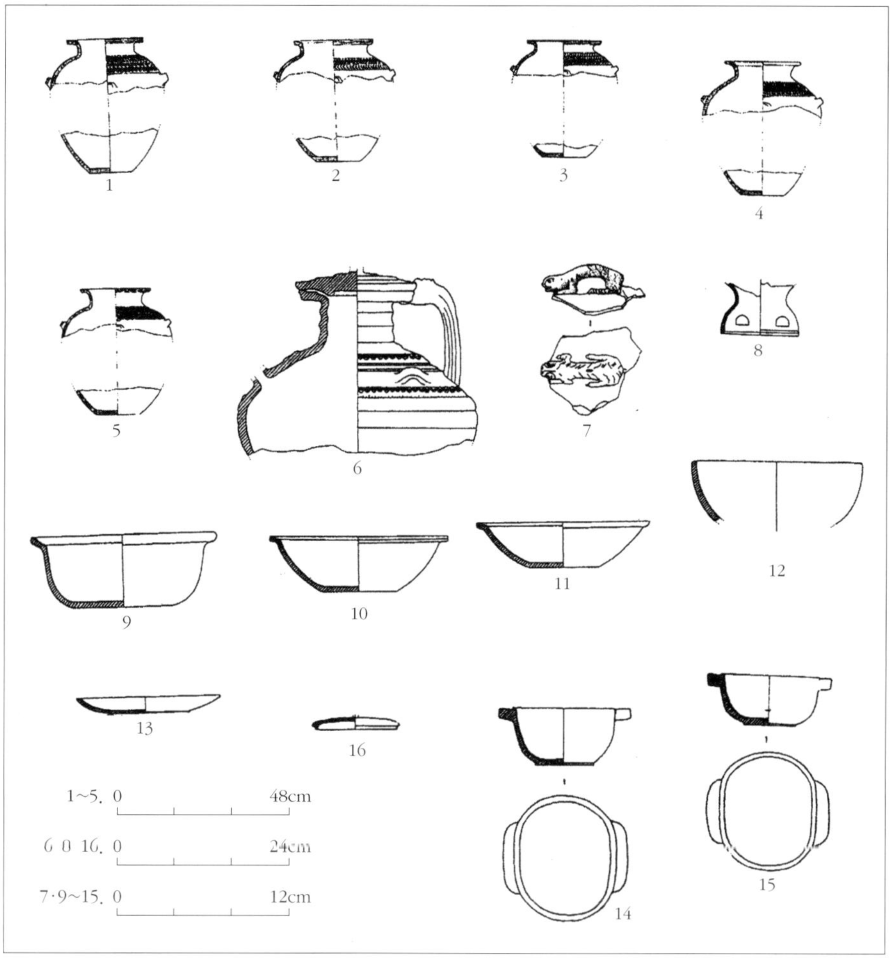

그림 7 우산하3319호묘 출토 시유도기(『吉林集安高句麗墓葬報告集』, 268쪽)
1~5. 호
6. 새머리모양호
7. 호자
8. 향로
9. 분
10~12. 발
13. 반
14~15. 이배
16. 토기뚜껑

조성한 菱形文이 있음. 황색 유약을 바름.

○ 태토 : 니질.

(7) 시유호 2(釉陶壺, 97JYM3319:33, 그림 7-2)

○ 출토지 : 우산하3319호묘.

○ 크기 : 전체 높이 57cm, 口徑 36cm, 동체부(腹) 직경 54cm, 바닥 직경 22cm.

○ 형태 : 구연부는 꺾어짐(折沿). 목은 짧고(短頸), 어깨는 넓음(廣肩). 동체부는 비스듬히 기울어짐(斜腹). 바닥은 평평함. 어깨에는 弦文, 垂帳文, 蓖点으로 조성한 折尺文이 있고, 그 아래에는 가로방향의 손잡이(橋狀橫耳) 4개가 있음. 황색 유약을 발랐는데, 시색은 고르지 않음.

(8) 시유호 3(釉陶壺, 97JYM3319:36, 그림 7-3)

○ 출토지 : 우산하3319호묘.

○ 크기 : 전체 높이 56cm, 口徑 32cm, 동체부(腹) 직경 48cm, 바닥 직경 20cm.

○ 형태 : 구연부는 꺾어짐(折沿). 구연부의 면은 평평하고 고름(沿面抹平). 구순은 뾰족하고(尖唇), 그 바깥에 凸弦文 3줄이 있음. 목은 짧고(短頸), 동체부는 둥그스름하며(鼓腹), 바닥은 평평함. 어깨(肩)에는 弦文, 垂帳文, 蓖点으로 조성한 折尺文이 있고, 그 아래에는 가로방향의 손잡이(橋狀橫耳) 4개가 있음. 유약은 색깔이 녹두색이고, 고르게 발라지지는 않음.

(9) 시유호 4(釉陶壺, 97JYM3319:35, 그림 7-4)

○ 출토지 : 우산하3319호묘.

○ 크기 : 전체 높이 60cm, 口徑 36cm, 동체부(腹) 직경 55cm, 바닥 직경 24cm.

○ 형태 : 구연부는 꺾어짐(折沿). 구연부의 면은 평평하고 고름(沿面抹平). 구순은 둥그스름함(圓唇). 목은 짧음(短頸). 어깨는 넓음(廣肩). 동체부는 비스듬히 기울어져 있음(斜腹). 바닥은 평평함. 어깨(肩)에는 현문, 垂帳文, 蓖点으로 조성된 그물 무늬가 있고, 그 아래에는 가로방향의 손잡이(橋狀橫耳) 4개가 있음.

(10) 시유호 5(釉陶壺, 97JYM3319:34, 그림 7-5)

○ 출토지 : 우산하3319호묘.

○ 크기 : 전체 높이 58cm, 口徑 34cm, 동체부(腹) 직경 52cm, 바닥 직경 20.5cm.

○ 형태 : 구연부는 꺾어짐(折沿). 구연부의 면은 평평하고 고름(沿面抹平). 구순은 뾰족하고(尖唇), 그 바깥에는 凸弦文 3줄이 있음. 목은 짧고(短頸), 어깨는 넓음(廣肩). 동체부는 둥그스름함(鼓腹). 어깨에는 弦文, 垂帳文, 蓖点으로 조성한 그물무늬가 있고, 그 아래에는 가로방향의 손잡이(橋狀橫耳) 4개가 있음.

(11) 시유호 6(釉陶壺)

○ 출토지 : 우산하3319호묘.

○ 형태 : 복원하지 못함.

(12) 새머리모양호(鳥首壺, 97JYM3319:12, 그림 7-6)

○ 출토지 : 우산하3319호묘.

○ 크기 : 口徑 13cm, 목(頸) 길이 9cm, 어깨(肩) 최대 직경 27cm.

○ 형태 : 파손. 얕은 盤口形임. 목은 잘록함(束頸). 목(頸)에 凸弦文 3줄이 있음. 어깨는 넓음(廣肩). 동체부는 비스듬히 기울어져 있음(斜腹). 바닥은 파손. 어깨에는 弦文과 垂帳文이 있음. 가로방향의 손잡이 4개(橋狀橫耳)가 있는데, 손잡이는 어깨에서 구연에 이름. 꼭대기에 鷄冠形 장식이 있었으나, 파손되어 없어짐. 원형 뚜껑이 盤口를 덮고 있는데, 뚜껑손잡이(紐)는 파손됨. 호 전체에 녹색 유약을 발랐음.

(13) 호자(虎子, 97JYM3319:14, 그림 7-7)

○ 출토지 : 우산하3319호묘.

○ 크기 : 길이 9cm, 높이 3.5cm.

○ 형태 : 파손되면서 손잡이(紐)만 남아 있음. 호랑이가 몸을 구부리면서 먹이를 노리는 형상으로, 古撲하고 생동감이 있음.

(14) 향로(薰爐, 97JYM3319:29)

○ 출토지 : 우산하3319호묘.

○ 형태 : 2점이 출토되었는데, 모두 파손되어 복원이 어려움. 형태는 같음. 口部는 원형이고, 凸弦文 2줄과 반원형 鏤空 4개가 있음. 중간의 허리는 잘록함. 오렌지색 유약이 발라져 있음. 口徑은 18cm임(그림 7-8).

(15) 분(盆, 97JYM3319:7, 그림 7-9)

○ 출토지 : 우산하3319호묘.

○ 형태 : 2점이 출토되었는데, 형태는 같음. 구순은 둥그스름함(圓唇). 구연부는 꺾임(折沿). 동체부는 비스듬히 기울어졌음(斜腹). 바닥은 작고 평평함. 오렌지색 태질에 오렌지색 유약이 발라져 있음. 口徑은 22cm, 바닥 직경은 9cm, 높이는 8.3cm임.

(16) 발 1(鉢, 97JYM3319:6, 그림 7-10)

○ 출토지 : 우산하3319호묘.

○ 크기 : 口徑 20.5cm, 바닥 직경 8.5cm, 높이 6.3cm.

○ 형태 : 구순은 각이 짐(方唇). 구연부는 꺾임(折沿). 동체부는 비스듬히 기울어졌음(斜腹). 바닥은 좁고 평평함. 유약이 발라져 있음.

(17) 발 2(鉢, 97JYM3319:5, 그림 7-11)

○ 출토지 : 우산하3319호묘.

○ 크기 : 口徑 20cm, 바닥 직경 8cm, 높이 5cm.

○ 형태 : 구순은 둥그스름함(圓唇). 구연부는 꺾임(折沿). 동체부는 비스듬히 기울어졌음(斜腹). 바닥은 좁고 평평함. 유약이 발라져 있음.

(18) 발 3(鉢, 97JYM3319:9, 그림 7-12)

○ 출토지 : 우산하3319호묘.

○ 크기 : 口徑 20cm, 남은 높이 7cm.

○ 형태 : 바닥은 파손. 구순은 둥그스름함(圓唇). 구연은 곧음(直口). 동체부는 비스듬히 기울어졌음(斜腹). 오렌지색 태질에 오렌지색 유약이 발라져 있음.

(19) 반 1(盤, 97JYM3319:4, 그림 7-13)

○ 출토지 : 우산하3319호묘.

○ 크기 : 口徑 16.8cm, 바닥 직경 10cm, 높이 1.8cm.

○ 형태 : 태질은 홍색이고, 茶綠色 유약을 발랐음.

(20) 반 2(盤, 97JYM3319:13)

○ 출토지 : 우산하3319호묘.

○ 크기 : 口徑 16.5cm, 바닥 직경 8.5cm, 높이 3cm.

○ 형태 : 파손이 심함. 盤口는 팔각형임. 안에는 垂帳文과 蓖点으로 조성한 折尺文이 있음.

(21) 반 3(盤)

○ 출토지 : 우산하3319호묘.

○ 형태 : 복원하기 어려움.

(22) 이배 1(耳杯, 97JYM3319:10, 그림 7-14)

○ 출토지 : 우산하3319호묘.

○ 크기 : 口徑 12~14cm, 바닥 직경 7~9cm, 높이 7cm.

○ 형태 : 구연부는 곧음(直口). 동체부는 비스듬히 기울어져 있음(斜腹). 바닥은 평평함. 구연부에는 鋬耳 2개가 대칭하고 있음.

(23) 이배 2(耳杯, 97JYM3319:11, 그림 7-15)

○ 출토지 : 우산하3319호묘.

○ 크기 : 口徑 11.2~13cm, 바닥 직경 6~7cm, 높이 5.5cm.

○ 형태 : 구연부는 곧음(直口). 동체부는 비스듬히 기울어져 있음(斜腹). 바닥은 평평함. 구연부에는 鋬耳 2개가 대칭하고 있음.

(24) 토기뚜껑(器蓋, 97JYM3319:28, 그림 7-16)

○ 출토지 : 우산하3319호묘.

○ 크기 : 직경 20cm.

○ 형태 : 원형이고, 子母牙가 있음. 태질은 얇음. 황색 유약을 발랐음.

4) 석기

(1) 석제문설주(石門檻, 97JYM3319標本1, 그림 8-1)

○ 출토지 : 우산하3319호묘.

○ 크기 : 門窩 직경 6cm, 깊이 1.5cm, 사이 거리 120cm.

○ 형태 : 화강암을 끌질하고 갈아서 제작. 양 끝부분에는 문지도리(門樞)가 들어가고 나갈 수 있도록 門窩를 팠음.

(2) 석제문미(石門楣, 97JYM3319標本2, 그림 8-2)

○ 출토지 : 우산하3319호묘.

○ 크기 : 남은 길이 38cm, 깊이 27cm, 두께 7cm.

○ 형태 : 화강암을 끌질하고 갈아서 제작. 1단이 남음. 오목한 홈(槽)과 원형 門窩가 파여 있음. 문와는 문설주(石門檻)의 문와와 같은 것임.

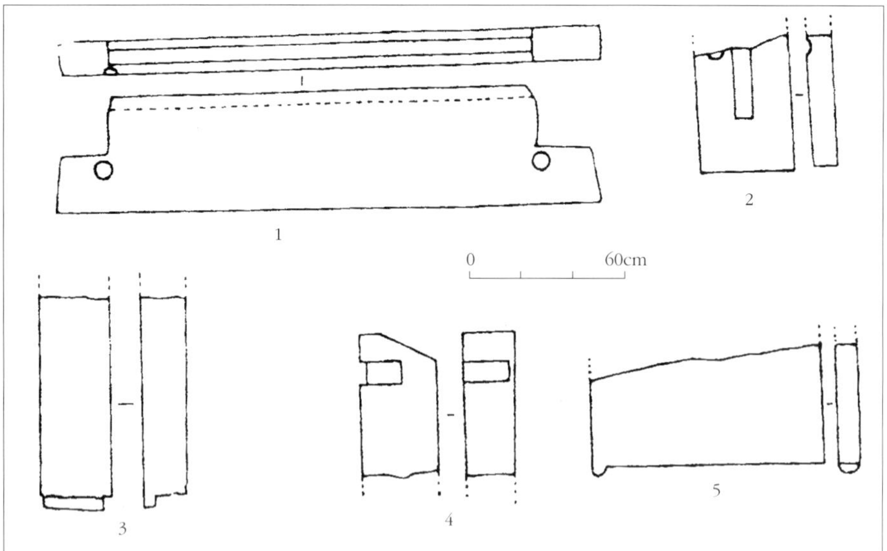

그림 8 우산하3319호묘 출토 건축자재 1(『吉林集安高句麗墓葬報告集』, 270쪽)
1. 석제문설주
2. 석제문미
3~4. 석제문틀
5. 석제문짝

(3) 석제문틀 1(石門框, 97JYM3319標本3, 그림 8-3)

○ 출토지 : 우산하3319호묘.

○ 크기 : 남은 길이 60cm, 깊이 21cm, 두께 12cm.

○ 형태 : 한쪽 끝에 장부구멍(卯)이 있음. 장부구멍 한 측면은 길이 4cm, 너비 18cm, 두께 4cm임.

(4) 석제문틀 2(石門框, 97JYM3319標本4, 그림 8-4)

○ 출토지 : 우산하3319호묘.

○ 크기 : 남은 길이 40cm, 깊이 21cm, 두께 14cm.

○ 형태 : 한쪽 끝에 홈(榫槽)이 파여 있음. 홈은 너비 5cm, 깊이 1.5cm임.

(5) 석제문짝(石門扇, 97JYM3319標本5, 그림 8-5)

○ 출토지 : 우산하3319호묘.

○ 크기 : 문 너비 65cm, 두께 7cm, 남은 높이 22cm.

○ 형태 : 문지도리(門樞)가 있음.

5) 기와

○ 묘장 주변에 많은 벽돌, 수키와, 암키와 등이 흩어져 있음. 비록 완전히 수습하지는 못하였지만, 가지런히 정리해서 펼쳐본다면 벽돌은 11여 m^2, 암키와는 3.5m^2, 수키와는 1.2m^2 정도임. 묘실과 천장 벽돌의 결실이 많지 않은 점 그리고 수습된 기와의 틈과 맞물림 등을 고려할 때 35m^2의 건물이 있었던 것으로 추정되는데, 묘실 범위를 덮을 수 있을 정도의 면적임.

○ 기와는 모두 니질의 회색임.

(1) 와당(97JYM3319:31, 그림 9)

○ 출토지 : 우산하3319호묘.

○ 크기 : 직경 15.5cm.

○ 형태 : 얕은 부조의 권운문와당임. 중간에 원형의 乳突이 있고, 유돌 바깥으로는 凸環文이 한 바퀴 둘러져 있음. 철환문 바깥으로는 4줄로 이루어진 輻線 4조가 와당면을 네 구역으로 나누고 있고, 중간에 권운문이 있음. 복선 사이로 호선이 연결되어 있고, 네 면의 호선 안팎으로 글자가 있음. 호선 바깥의 글자는 명확하지 않음. 호선 안쪽의 경우 3면의 글자는 명확하지 않고, 한 면은 '乙卯年癸酉'로 판독 가능. 바깥 가장자리는 거치문으로 장식.

○ 태토 및 색깔 : 니질의 회색.

그림 9 우산하3319호묘 출토 와당
(『吉林集安高句麗墓葬報告集』, 261쪽)

그림 10 우산하3319호묘 출토 와당
(『吉林集安高句麗墓葬報告集』, 261쪽)

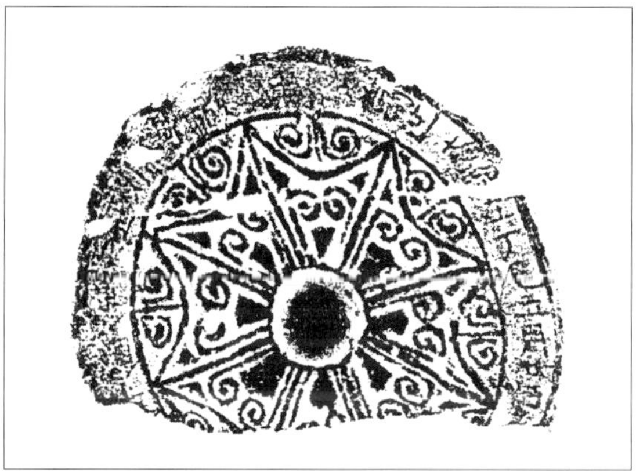

그림 11 우산하3319호묘 출토 와당
(『吉林集安高句麗墓葬報告集』, 261쪽)

(2) 와당 2(그림 11)

○ 출토지 : 우산하3319호묘.

○ 크기 : 직경 16.5cm

○ 형태 : 1961년에 발견. 소성온도는 비교적 높음. 와당면의 1/8과 筒部는 결실. 와당면에는 안쪽을 향하는 호선과 卷草文이 있음. 8등분의 얕은 浮雕式임. 가운데부분에 乳突이 있음. 바깥 가장자리에는 壓陽文이 돌아감. "丁巳□□□□歲□□□□□□萬世太歲在丁巳五月甘日"로 판독할 수 있음.

○ 태토 및 색깔 : 니질의 회색.

(3) 와당 3(그림 10)

○ 출토지 : 우산하3319호묘.

○ 크기 : 직경 16.5cm.

○ 형태 : 1983년에 발견. 와당면의 2/5가 결실. 와당면에는 안쪽을 향하는 호선과 卷草文이 있음. 8등분의 얕은 浮雕式임. 가운데부분에 乳突이 있음. "□□□□□四時興脂□□□□ 萬世太歲在丁巳五月甘日"로 판독할 수 있음.

(4) 수키와 1(97JYM3319標本13, 그림 12-8)

○ 출토지 : 우산하3319호묘.

○ 크기 : 남은 길이 30cm, 너비 16cm, 높이 7.5cm, 瓦頭 길이 4cm.

○ 형태 : 어깨(肩)는 곧음. 무늬 없음.

○ 태토 및 색깔 : 니질의 회색.

(5) 수키와 2(97JYM3319標本14, 그림 12-9)

○ 출토지 : 우산하3319호묘.

○ 크기 : 남은 길이 40cm, 너비 22cm.

○ 형태 : 무늬 없음.

○ 태토 및 색깔 : 니질의 회색.

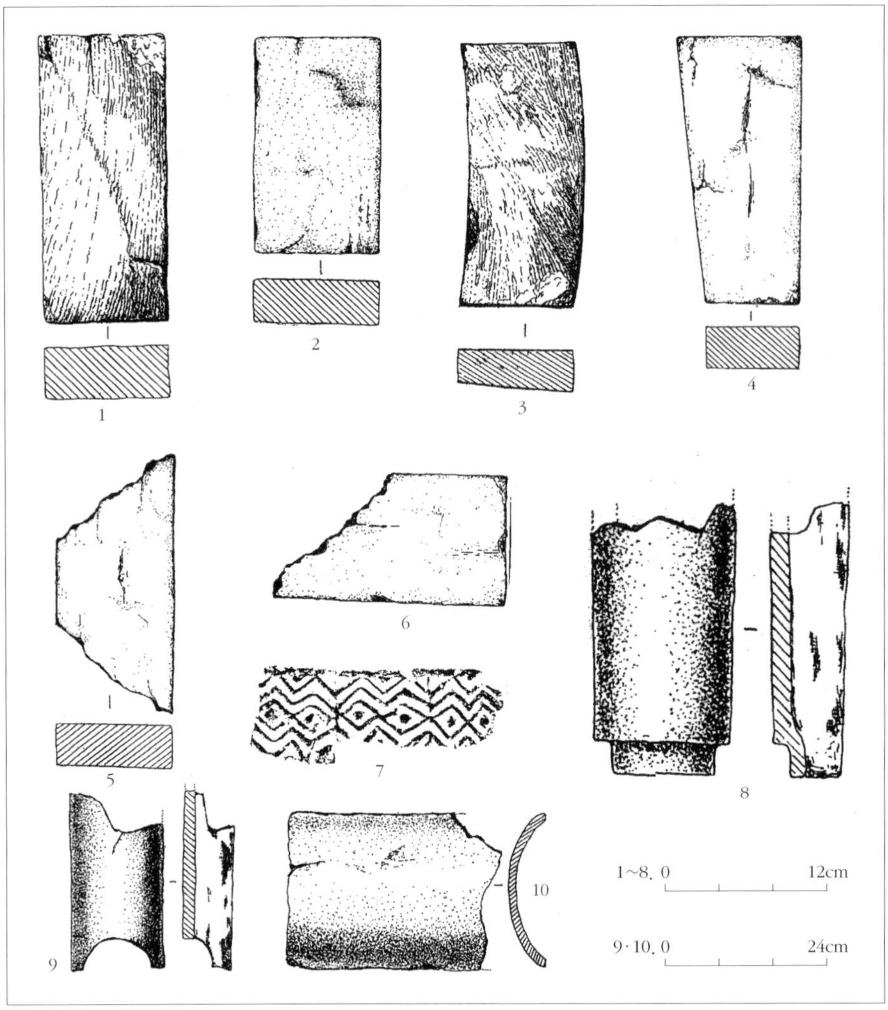

그림 12 우산하3319호묘 출토 건축자재 2(『吉林集安高句麗墓葬報告集』, 271쪽)
1~7. 벽돌
8~9. 수키와
10. 암키와

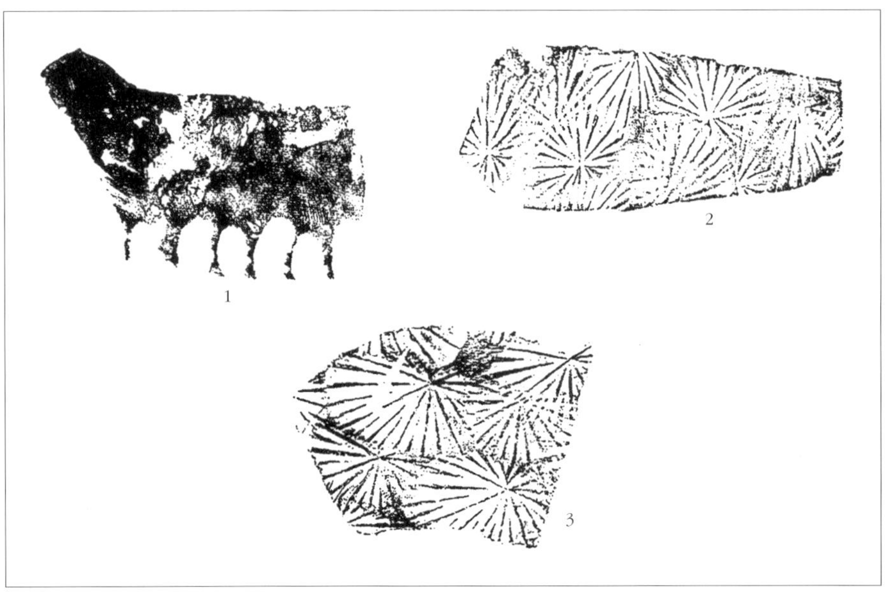

그림 13 우산하3319호묘 출토 암키와 탁본(『吉林集安高句麗墓葬報告集』, 272쪽)

(6) 암키와 1(97JYM3319標本15, 그림 12-10)

○ 출토지 : 우산하3319호묘.

○ 크기 : 남은 길이 50cm, 너비 35cm, 두께 3.5cm, 높이 9cm.

○ 형태 : 무늬 없음.

○ 태토 및 색깔 : 니질의 회색.

(7) 암키와 2(97JYM3319標本16, 그림 13-1)

○ 출토지 : 우산하3319호묘.

○ 크기 : 남은 길이 16cm, 너비 10cm, 두께 3.5cm.

○ 형태 : 처마기와(檐板瓦)임. 指壓文이 있음.

○ 태토 및 색깔 : 니질의 회색.

(8) 암키와 3(97JYM3319標本17, 그림 13-2)

○ 출토지 : 우산하3319호묘.

○ 크기 : 남은 길이 16cm, 너비 7cm, 두께 2cm.

○ 형태 : 拍印암키와임. 국화와 유사한 문양이 있음.

○ 태토 및 색깔 : 니질의 회색.

(9) 암키와 4(97JYM3319標本18, 그림 13-3)

○ 출토지 : 우산하3319호묘.

○ 크기 : 남은 길이 11cm, 너비 8cm, 두께 2cm.

○ 형태 : 拍印암키와임. 국화와 유사한 문양이 있음.

○ 태토 및 색깔 : 니질의 회색.

6) 벽돌

(1) 벽돌 1(97JYM3319標本6, 그림 12-1)

○ 출토지 : 우산하3319호묘.

○ 크기 : 길이 33cm, 너비 15cm, 두께 6cm.

○ 형태 : 묘실을 쌓는 데 사용. 繩文이 있음.

○ 태토 및 색깔 : 니질의 회색.

(2) 벽돌 2(97JYM3319標本7, 그림 12-2)

○ 출토지 : 우산하3319호묘.

○ 크기 : 길이 25cm, 너비 15cm, 두께 5cm.

○ 형태 : 묘실 지면에 깔았음.

○ 태토 및 색깔 : 니질의 회색.

(3) 벽돌 3(97JYM3319標本8, 그림 12-3)

○ 출토지 : 우산하3319호묘.

○ 크기 : 길이 30cm, 너비 14cm, 윗면 두께 5cm, 아랫면 두께 4cm.

○ 형태 : 약간 호형임. 꼭대기 부분에 사용한 것으로 추정. 繩文이 있음.

○ 태토 및 색깔 : 니질의 회색.

(4) 벽돌 4(97JYM3319標本9, 그림 12-4)

○ 출토지 : 우산하3319호묘.

○ 크기 : 길이 30cm, 윗면 너비 14cm, 아랫면 너비 10cm, 두께 5cm.

○ 형태 : 아치형 천장에 사용한 것으로 추정. 繩文이 있음.

○ 태토 및 색깔 : 니질의 회색.

5) 벽돌 5(97JYM3319標本10, 그림 12-5)

○ 출토지 : 우산하3319호묘.

○ 크기 : 한 면 길이 30cm, 다른 한 면 길이 10cm, 너비 14cm, 두께 6cm.

○ 형태 : 모서리에 끼웠던 打制 벽돌임. 삼각형에 가까움.

○ 태토 및 색깔 : 니질의 회색.

(6) 벽돌 6(97JYM3319標本11, 그림 12-6)

○ 출토지 : 우산하3319호묘.

○ 크기 : 한 면 길이 15cm, 다른 한 면 길이 8cm, 너비 14cm, 두께 6cm.

○ 형태 : 모서리에 끼웠던 打制 벽돌임. 비스듬히 기울어진 삼각형에 가까움.
○ 태토 및 색깔 : 니질의 회색.

(7) 벽돌 7(97JYM3319標本12, 그림 12-7)
○ 출토지 : 우산하3319호묘.
○ 크기 : 남은 길이 15cm, 너비 14cm, 두께 5.5cm.
○ 형태 : 한 면에 菱文이 있음.
○ 태토 및 색깔 : 니질의 회색.

7. 역사적 성격

1) 특징
○ 우산하3319호묘는 위치가 돋보이고, 일정 정도의 규모를 갖추었음.
○ 우산하3319호묘는 麻線溝682號墓와 더불어 통구고분군내에서 유이한 계단전실묘임.

2) 축조 시기
○ 355~357년 설 : 積石墓는 고구려 고유의 묘제임. 적석묘의 외부는 無壇-有壇-階壇 단계를 거치고, 내부는 石壙-壙室-石室 단계를 거침. 5세기 전후에 이르러 적석묘는 점차 쇠퇴하고, 封土石室墓가 고구려가 멸망할 때까지 유행함. 적석묘에서 봉토석실묘로 교체되는 과정 중에 석실을 축조하는데, 이러한 근본적인 변화는 고구려의 사회발전과 의식형태 영역의 진보를 반영하는 것뿐만 아니라 주변 민족과의 吸納과 융합을 보여줌. 우산하3319호묘에 보이는 전실 구조는 漢晋시기에 유행한 전실 구조와 기본적으로 일치함. 3順1丁式으로 축조한 묘실, 바닥에 깐 벽돌, 四阿式 천장구조 등은 서쪽에서 동쪽으로 전파·발전한 것이라고 볼 수 있음. 고구려 묘장이 아직 광실단계였을 때 우산하3319호묘 즉 전실 구조가 출현하였는데, 이는 고구려묘제 변화의 효시를 열었던 것이고, 동시에 석실을 채용·촉진하였음. 우산하3319호묘의 외부를 보면 고구려 전통의 階壇積石墓 방식을 채용하고 있음. 우산하3319호묘는 계단석의 가장자리에 돌기가 없고, 네 변에 護墳石이 없음. 계단석 가장자리의 돌기는 千秋墓, 太王陵 등 4세기 말 중·대형의 고분에서 볼 수 있고, 이보다 이른 시기에 축조된 묘장에서는 볼 수 없음. 우산하3319호묘에서 출토된 청자는 전형적인 동진시기의 것임. 특히 南京 中央門外 郭家山4號墓에서 출토된 청자반구호와 같은데, 청자분기 제2기에 해당하는 것으로 절대 연대는 동진 전기, 즉 317~357년임. 그렇다면 '丁巳'명 와당에서 '丁巳'는 357년, '乙卯年癸酉'명 와당에서 '乙卯年'은 355년으로 추정되는데, 이는 우산하3319호묘의 축조연대라고 볼 수 있음(吉林省文物考古研究所·集安市博物館, 2005).
○ 4세기 중~말엽 설 : 집안에서 발견된 벽화묘를 연대 및 분기로 나누어 볼 때 우산하3319호묘는 4기 가운데 제1기에 해당. 제1기의 특징을 살펴보면, 먼저 단실묘이고 연도 양측에 이실이 구축되어 있음. 묘실은 궁륭식과 四阿式, 혹은 여러 층의 고임이나 네 모서리에 작은 말각석이 더해진 천장을 갖추고 있음. 그리고 묘방향은 서쪽을 향하고 있음. 벽화를 보면 묘주인의 생전생활, 연화 혹은 '王'자로 조성된 문양 등을 그렸음. 묘실 네 모서리에는 나무구조물을 그려 넣었고, 菱形文 혹은 螭文을 그리기도 하였으며, 천장에는 주로 연화와 雲文을 그렸음. 이 시기에 속하는 벽화묘로는 通溝12號墓, 麻線溝1號墓, 王字墓, 長川2號墓 등이 있고, 축조 시기는 4세기 중~말엽으로 추정. 우산하3319호묘는 특수한 케이스이기는 하지만, 평면 구조가 제1기에 속하는 묘장과 거의 같으므로, 1기에 포함시킬 수 있음(方起東·劉萱堂, 2002).

3) 묘주

○ 崔毖 설 : 우산하3319호묘는 변 길이가 21m 정도인데, 이러한 중형 묘장은 통구고분군내에서 백여 기가 있음. 그리고 묘역이 협소하고 주변에 다른 묘장이 분포하고 있음. 고구려 왕릉을 보면 변의 길이는 30m 이상이며, 묘역이 광활하고 지세가 높으며, 제사지, 陵墻, 陪墳 등을 갖추고 있음. 이로 볼 때 우산하3319호묘는 고구려 왕릉급 무덤은 아님. 묘장의 내부와 외부 구조 그리고 출토유물을 종합해 볼 때 묘주는 晋에서 고구려로 의탁한 平州刺史 東夷校尉 崔毖로 추정됨. 그 주요 근거로는 첫 번째, 우산하3319호묘는 중원의 전통 묘제와 고구려 묘제를 결합한 매장 방식을 채용하였고, 현재 발견된 고구려 벽화묘 가운데 축조 시기가 가장 이름. 두 번째, 출토된 '太歲在丁巳五月廿日爲中郎及(혹은 將)夫(혹은 大)人造蓋墓瓦又作民四千餟盦禾 又 用盈時興詣得享萬世'명 와당에 보이는 '中郎'이라는 관직은 晋시기에 해당하는 고구려에서 볼 수 없음. 고구려는 진과 시종일관 밀접한 관계를 유지하고 조공을 바쳤는데, 평주자사 동이교위인 최비의 관할하에 있었고 고구려의 대소관원들은 그로부터 관작을 받았음. 한편 집안에서 '晋高句麗率善仟長', '晋高句麗率善佰長', '晋高句麗率善邑長' 등의 官印이 출토됨. 이러한 점을 감안하면 오직 최비만이 '中郎將大人'의 자격을 갖추었다고 볼 수 있음. 최비는 고구려, 단선비, 우문선비 등을 이용해서 모용선비를 멸망시킬 계획을 세웠지만 실패하고 319년 12월에 고구려로 도망감. 이후 최비는 고구려에서 생을 마감하였는데, 도성에서 장사를 지냈을 가능성이 높음. 세 번째, 출토된 부장품들이 대부분 동진에서 온 것임. 우산하3319호묘에서 출토된 새머리모양호, 향로, 이배, 호자(虎子) 등은 모두 진대에 유행한 것임. 이러한 시유도기는 고구려 묘장에서 쉽게 볼 수 없는 유물로, 중원에서 유입된 것임. 한편 시유호는 고구려 토기의 풍격을 공유하고 있는데, 이로 볼 때 고구려에서 烧造한 것으로 추정됨. 우산하3319호묘에서 출토된 시유호는 마선구 1호묘에서 출토된 시유호와 비교해 목이 짧고 구연부는 밖으로 펼쳐지지 않았는데, 이는 비교적 초기의 특징을 반영하는 것임. 네 번째, 우산하3319호묘에서 출토된 암키와, 수키와, 와당 모두 蓋墓瓦인데, 개묘와는 고구려 왕릉에서 볼 수 있음. 고구려에는 무덤 위에 건물을 세우는 풍습이 있었는데, 秦漢시기의 寢殿제도를 따랐던 것으로 추정. 고구려 능묘 위의 침전은 묘주인의 영혼 출입 및 성묘를 제공하였고, 제사와 供奉은 '作民'이 맡았음. '작민'은 '民衆을 부려 먹는다'는 의미로서 제사를 지내는 규칙을 잘 알고 있는 役民을 가리킴. 화장은 고구려의 풍습으로, 積石石壙墓에서 불에 타 엉겨붙은 熔石들을 볼 수 있음. 우산하3319호묘에서는 불사른 흔적을 볼 수 없는데, 이는 피장자가 고구려인이 아니라는 것을 반영. 묘 위에서 출토된 기년명 와당 중에 '乙卯年'은 355년, '丁巳'는 357년으로 여겨짐. 즉, 묘주인이 355년에 죽었고 357년에 장사를 지냈다고 추정할 수 있는 것인데, 이는 고구려 광개토왕이 412년에 죽고 414년에 장사지낸 것과 일치함. 그리고 『北史』 高句麗傳의 '死者, 殯在屋內, 經三年, 擇吉日而葬'이라는 기록과도 부합(吉林省文物考古研究所·集安市博物館, 2005).

○ 소수림왕설 : 우산하3319호묘는 왕릉급으로, 고구려 17대 왕인 소수림왕의 무덤으로 추정(耿鐵華, 1993).

4) 인면석각의 성격

○ 인면석각은 고구려의 유일한 석각예술임. 인면석각에 대하여 우산하3319호묘를 호위하는 성격을 지녔다는 견해(魏存成, 1994), 제사 숭배 혹은 고구려의 母神像과 관련이 있다는 견해(吉林省文物志編委會, 1983)가 있음. 한편으로는 인면석각이 새겨진 석재(청회색 침적사암계)와 우산하3319호묘 축조에 사용한 석재가 다르고, 새겨진 인물형상의 선이 소박하고 투박하는 등

원시적인 특징 즉, 압록강 유역 초기의 지방 특색이 반영되어 있다고 보면서 우산하3319호묘보다 먼저 제작되었다는 견해가 있음(張文彬 ; 吉林省文物考古研究所·集安市博物館, 2005).

○ 인면석각은 우산하3319호묘의 동남측에 위치하는데, 장군총의 동남 모서리에 배장묘가 있고, 태왕릉의 동북 모서리에 광개토왕릉비와 제대가 있으며, 우산하992호묘의 동서 양측에 제사터가 있는 것과 비교할 수 있음. 인면석각을 보면 가슴이 풍만하고 허리가 잘록한 여성임. 그리고 조우가 꽂혀 있는 幘冠은『隋書』高麗傳의 "人皆皮冠, 使人加挿鳥羽"라는 기록, 長川1號墓 벽화에 보이는 守門衛士의 책관과 연관시킬 수 있음. 이상의 점들과 더불어 묘장이 엄격한 고구려의 수묘제도 하에 있었다는 점을 감안하면 인면석각은 제사 수묘와 관련된 것으로서, 무덤을 지키는 수묘인일 가능성이 높다고 여겨짐(吉林省文物考古研究所·集安市博物館, 2005).

참고문헌

- 吉林省文物志編委會, 1984,『集安縣文物志』.
- 林至德·耿鐵華, 1985,「集安出土的高句麗瓦當及其年代」,『考古』1985-7.
- 耿鐵華, 1993,「高句麗墓上建築及其性質」,『高句麗研究文集』, 延邊大學出版社.
- 吉林省文物考古研究所·集安市博物館, 2002,『洞溝古墓群-1997年調査測繪報告』, 科學出版社.
- 方起東·劉萱堂, 2002,「集安下解放第31號高句麗壁畫墓」,『北方文物』2002-3.
- 吉林省文物考古研究所·集安市博物館, 2005,「洞構古墓群禹山墓區JYM3319號墓發掘報告」,『東北史地』2005-6 ; 2009,『吉林集安高句麗墓葬報告集』, 科學出版社.
- 孫仁杰·遲勇, 2007,『集安高句麗墓葬』, 香港亞洲出版社.
- 張福有, 2007,「集安禹山3319號墓卷雲紋瓦當銘文識讀與研究」,『高句麗王陵通考』, 香港亞洲出版社.
- 耿鐵華, 2008,『高句麗古墓壁畫研究』, 吉林大學出版社.
- 吉林省集安市文物局, 2008,『高句麗王城王陵及貴族墓葬』, 上海世界圖書出版公司.
- 전호태, 2009,「고구려 집안권 벽화고분의 현황과 과제」,『울산사학』14.

12 집안 하해방0001호묘: 모두루묘

集安 下解放0001號墓: 牟頭婁墓 | JXM0001

1. 조사현황

1) 1935년

○ 조사자 : 伊藤伊八, 齊藤菊太郎.

○ 조사내용 : 최초 발견.

2) 1935년

○ 조사자 : 池內宏, 梅原末治.

○ 조사내용 : 실측, 조사, 기록. 묘실 묵서의 내용을 토대로 '牟頭婁墓'라고 부름.

○ 발표 : 池內宏·梅原末治, 1940, 『通溝』下, 日滿文化協會.

3) 1936년

○ 조사자 : 三上次男.

○ 발표 : 三上次男, 1990, 『高句麗と渤海』, 吉川弘文館.

4) 1957년

○ 조사기간 : 1957년 4월.

○ 조사기관 : 吉林省博物館.

○ 조사자 : 王承禮, 周健鵬, 曲紹伯, 蘇才.

○ 조사내용 : 전체 벽화묘를 조사할 때 조사대상에 포함됨.

5) 1963년

○ 조사기관 : 集安縣文管所.

○ 조사내용 : 봉토에 흙을 북돋아주고 묘문을 수리하는 등 보수 및 보호 진행.

6) 1965년

○ 조사기관 : 吉林省文物保管會, 길림성박물관.

○ 조사내용 : 실측 등.

7) 1966년

○ 조사내용 : 通溝古墳群에 대한 실측조사 때 '下解放墓區1號墓(JXM0001)'로 편호.

8) 1978년

○ 조사기간 : 1978년 6월.

○ 조사기관 : 집안현문관소.

○ 조사내용 : 묵서의 띠부분에 화학 안료막 처리작업 진행.

9) 1994년

조사내용 : 보수공사.

10) 1997년

○ 조사기관 : 吉林省文物考古研究所, 集安市博物館.

○ 조사내용 : 실측 및 조사.

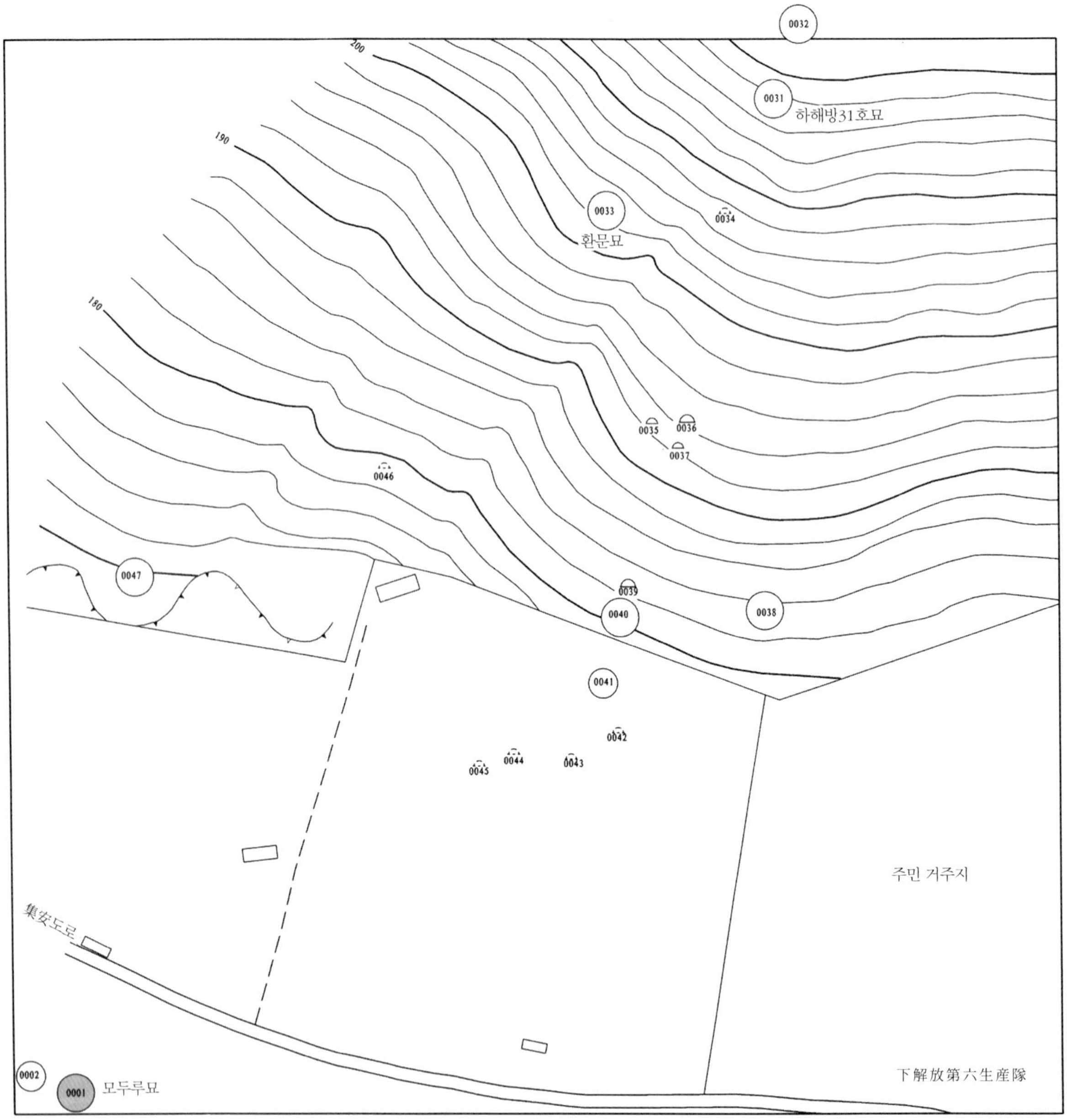

그림 1 모두루묘 위치도(『洞溝古墓群－1997年調査測繪報告』, 290쪽)

2. 위치와 자연환경(그림 1)

1) 고분의 위치

○ 集安 下解放古墳群 남부 평원의 集靑도로 남측에 위치.

○ 下解放村 동쪽의 평평한 지대에 위치.

2) 고분의 주변환경

○ 서쪽으로 下解放村과 500m 떨어져 있음.

○ 북쪽으로 약 100m 떨어진 지점에 집청도로가 있음.

○ 서쪽으로 10m 떨어진 지점에 배장묘 1기(下解放 2號墓)가 있음.

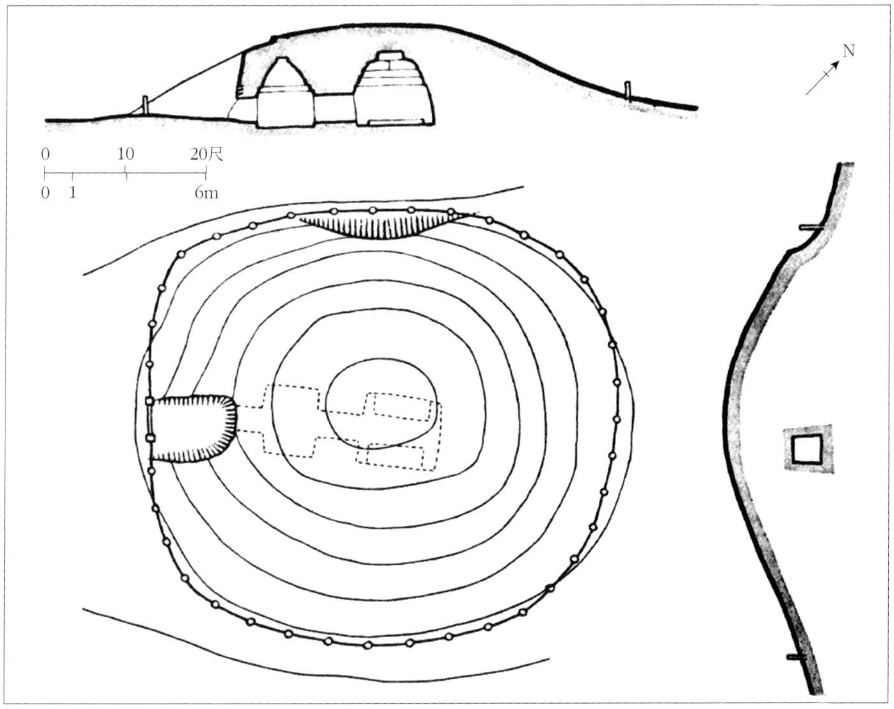

그림 2
모두루묘 외형 실측도
(『通溝』 下, 도면 17)

3. 고분의 현황

1) 고분 명칭의 변천

○ 1935년에 묘장을 조사한 池內宏, 梅原末治 등이 묘실에 있는 묵서 내용을 토대로 '牟頭婁墓'라고 불렀음.

○ 중국학계는 피장자를 冉牟로 보면서 '冉牟墓'라고 부름.

○ 1966년 통구고분군에 대한 실측조사 때 '下解放墓區1號墓(JXM0001)'로 편호됨.

2) 고분발굴 전 상황

○ 주민들에 의해 봉토가 파내어져서 서북부만 남아 있었음.

3) 고분 형식

(1) 유형

封土石室壁畵墓.

(2) 분구규모

○ 吉林省文物志編委會(1983) : 둘레 70m, 봉토 높이 4m.

○ 吉林省文物考古研究所·集安市博物館(2002) : 봉토 바닥 변 길이 18m, 너비 16m, 높이 5m.

4) 고분 구조(그림 2~그림 3)

○ 외형은 截頭方錐形임.

○ 무덤칸의 방향은 남쪽으로 40° 기운 서향, 즉 서남향임.

○ 묘도, 연도, 전실, 후실로 구성되어 있는데, 동일한 중축선 상에 있음.

○ 묘도, 연도, 두 묘실 네 벽 모두 가지런한 석재로 쌓았고, 백회를 발랐음. 백회 벽면은 보존이 비교적 양호하지만, 변 모서리와 밑부분은 박락.

○ 두 묘실 바닥은 평평한데, 무덤 바닥과 거의 가지런함. 묘도와 연도에는 깬돌 6~7寸이 깔려 있었던 것으로 추정되는데, 두 묘실 바닥보다 높음.

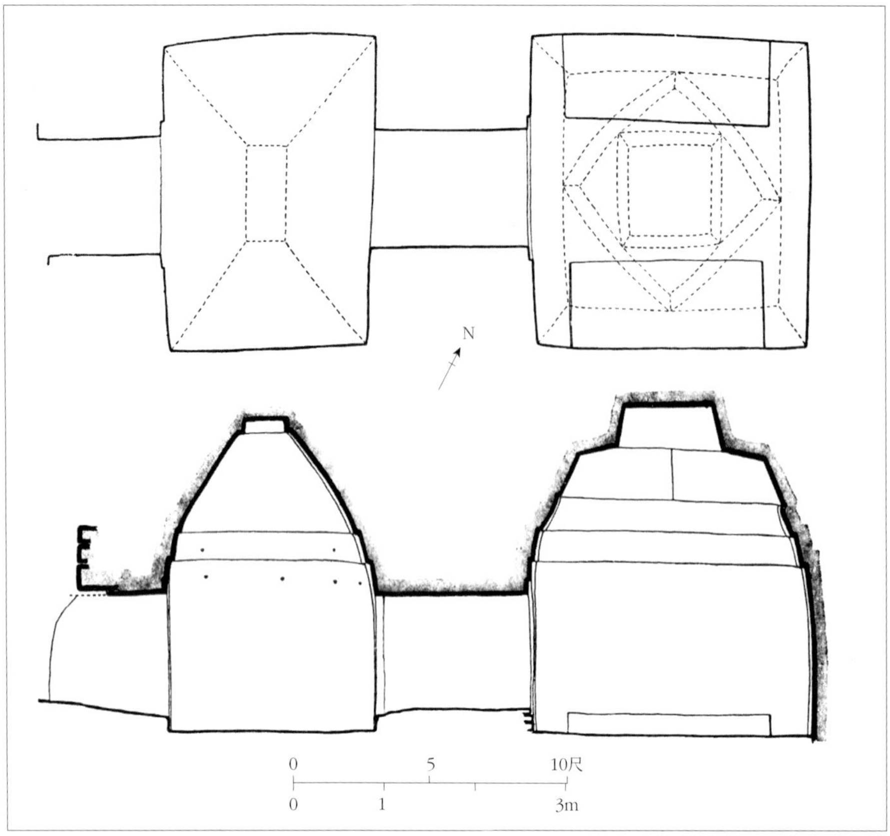

그림 3
모두루묘 평·단면도
(『通溝』 下, 도면 18)

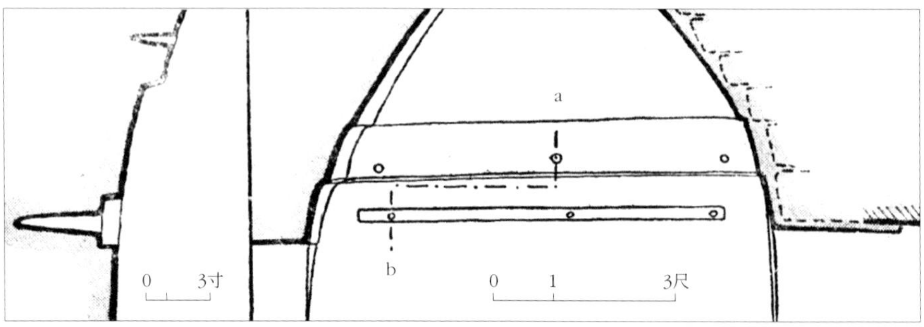

그림 4
모두루묘 전실 실측도
(『通溝』 下, 39쪽)

(1) 묘도

○ 묘도는 길이 1.3m, 너비 1.1m, 높이 1.1m이고, 방향은 남서편 50°임.

○ 바닥에는 약 0.25m 높이의 깬돌을 깔았음.

(2) 연도

○ 연도는 길이 1.65m, 너비 1.1m, 높이 1.1m임.

○ 바닥에는 묘도와 마찬가지로 높이 약 0.25m 정도의 깬돌을 깔았음.

○ 연도 양벽에 나무문이 달려 있었던 흔적이 있음. 나무문은 舞踊墓와 角觝墓에도 있음.

(3) 전실(그림 4)

○ 평면은 가로방향의 장방형임.

○ 길이 2.9m, 너비 2.3m, 높이 2.9m임.

○ 四阿式 천장이 구축되어 있음. 장대석 한 층이 깔린

다음에 위와 가운데를 향하면서 점점 좁아지고, 맨 위에 이르러서는 가로방향의 공간을 개정석이 평평하게 덮음.

○ 전실 네 벽과 꺽대기 부분이 만나는 지점에는 너비 0.2m의 장조석으로 구성된 고임받침석(梁枋)이 있음. 좌벽 고임받침석 아래에는 길이 180cm, 너비 6cm, 깊이 2cm의 홈(槽)이 있고, 홈 가운데에는 못구멍 3개가 있음. 고임받침석 위에도 대응하는 못구멍 3개가 있는데, 벽의 휘장을 걸기 위한 용도임.

(4) 후실

○ 평면은 방형임.

○ 변의 길이는 3m, 높이는 2.9m임.

○ 천장은 2층 말각고임을 구축한 후 개정석으로 덮었음.

○ 좌우 양벽에는 각각 돌로 만든 관대 1개가 있음. 한 관대는 길이 2.2m, 너비 0.84m, 높이 0.2m이고, 다른 한 관대는 길이 2.24m, 너비 0.83m, 높이 0.1m임. 전·후벽과는 각각 0.4m 떨어져 있음.

4. 출토유물

1) 금동기

(1) 금동제못(鋲頭)

○ 출토지 : 모두루묘 묘도.

○ 크기 : 두부 직경 9分.

○ 형태 : 두부는 삿갓형으로, 도금됨. 목관에 사용한 것으로 추정.

2) 철기

(1) 철편

○ 출토지 : 모두루묘 묘도.

○ 크기 : 4寸～1尺.

○ 형태 : 4점 출토. 모두 가느다란 막대모양임. 원형은 알 수 없으나, 표면에 布目 흔적이 남았고 흑칠이 부착된 것을 볼 수 있음.

5. 묵서 명문과 피장자 논쟁

1) 묵서 명문의 현황

이 무덤 안에는 벽화가 없지만, 전실에서 후실(널방)로 통하는 벽면 위에 묵서 명문이 두루마리처럼 기다랗게 펼쳐져 있음. 이로 인해 대부분의 연구자가 이 무덤을 벽화묘 계열로 분류하고 있음. 묵서 명문은 벽면의 오른쪽 모서리로부터 36cm 떨어진 지점에서 시작하여 왼쪽 모서리를 돌아 좌측 벽으로 10cm 정도 이어지다가 끝을 맺음. 첫머리 2행은 괘선이 없고 글자 간격도 좁아 12자씩 적었음. 그 다음부터 79행이 이어지는데, 먹과 송곳으로 3cm 전후의 괘선을 네모반듯하게 긋고 행마다 10자씩 써내려갔음. 총 글사 수가 800자기 넘는 방대한 분량으로 1,775자인 광개토왕릉비를 제외하면 삼국시대 금석문 가운데 단연 으뜸임.

2) 피장자 논쟁

묵서 명문은 800여 자가 넘지만, 명확하게 판독되는 글자는 300여 자가 채 되지 않음(표1 참조).[1] 이로 인해 묵서 명문의 전체 내용을 정확하게 파악하기 힘든 상태임. 특히 묵서에 등장하는 인물의 관계를 연구자마다 서로 다르게 파악하여 무덤의 피장자를 둘러싸고 오랫동안 논쟁을 벌여왔음. 무덤의 주인공과 관련하여 가장 눈에 띄는 인물은 冉牟와 牟頭婁임.

1 耿鐵華는 436자까지 판독할 수 있다고 보았지만(耿鐵華, 1987·2008), 연구자마다 견해가 다른 글자가 많은 상태임.

표 1 모두루묘지 판독문과 해석문[2]

구분	행	판독문	해석문
제기(題記)	1	大使者牟頭婁 ————————	大使者 牟頭婁
	2	△ ————————————	
牟頭婁家 始祖의 내력	3	河泊之孫日月之子鄒牟	河泊의 손자이고 해와 달의 아들이신 鄒牟聖王은
	4	聖王元出北夫餘天下四	본래 北扶餘로부터 나왔다. 天下 사방이
	5	方知此國△最聖△□□	이 나라의 △가 가장 성스럽다는 것을 알고 있다.
	6	治此△之嗣治□□□聖	
	7	王奴客祖先□□□北夫	奴客의 시조[祖先] …은 북부여에서 聖王을 따라왔다.
	8	餘隨聖王來奴客△□△	
	9	之故△□□□□□□□	
중시조 冉牟의 사적	10	世遭官恩□□□△岡上	대대로 官恩을 입었다.
	11	聖太王之世△□□□△	△岡上聖太王이 다스리던 때에는
	12	祀仉△□□□□□□□	
	13	非△枝□□□□□□□	
	14	叛逆△□之△□□□△	반역
	15	冉牟□△□□△△□□	冉牟
	16	遣招□□□□□□□□	
	17	拘雞□□□□□□□□	
	18	暨農□□□□□□□□	
	19	△□□□□□□□□□	
	20	恩△□△□□□□□□	
	21	官客之□□□□□□冉	冉牟가 彡靈으로 하여금
	22	牟令彡靈□□□□□□	
	23	慕容鮮卑□△使人□知	慕容 鮮卑가 …
	24	河泊之孫日月之子所生	하백의 손자이고 해·달의 아들이 태어나신 땅임을
	25	之地來□北夫餘大兄冉	알고 북부여로 와서 …. 이에 大兄 冉牟가
	26	牟△□□公△彡□□□	
	27	△△□□□□□□□□	
	28	牟婁□□△□□□□□	
	29	命遣□□□△□□□□	
	30	□□□□□□守□□□	
	31	□□□□□△□□□□	
	32	□□□□□造世□□□	
	33	□□□□□苑岡□□□	
	34	□□□□□△□□□□	
	35	□□△△△△□□□□	
	36	□△河□□□□□□□	
	37	□夫△□□□□□□□	
	38	□河泊日月之△□□□	하백과 해·달의
	39	□□△祖大兄冉牟壽盡	祖인 大兄 冉牟가 목숨을 다하니 …
	40	□□於彼喪亡△	장사를 치렀다.

구분	행	판독문	해석문
선대 2명의 사적	40	由 祖 父	祖父의 □□로 말미암아
	41	□ □ 大 兄 慈 △ 大 兄 □ □	大兄 慈□와 大兄 □□가
	42	□ 世 遭 官 恩 恩 △ 祖 之 北	대대로 官恩을 입고, 祖의 北道 城民과 谷民을
	43	道 城 民 谷 民 幷 領 前 王 □	은혜롭게 (내려받고) 아울러 다스려 (前王)
	44	育 如 此	이와 같이 撫育했다.
牟頭婁의 사적	44	遝 至 國 岡 上 大 開	국강상대개토지호태성왕대에 이르러
	45	土 地 好 太 聖 王 緣 祖 父 △	祖父의 △△로 말미암아
	46	△ 恩 教 奴 客 牟 頭 婁 □ □	奴客 牟頭婁와 □□牟에게 은혜롭게 教를 내려
	47	牟 教 遣 令 北 夫 餘 守 事 河	令北扶餘守事로 보내셨다.
	48	泊 之 孫 日 月 之 子 聖 王 □	하백의 손자이고 해·달의 아들이신 聖王이 …
	49	□ □ △ 昊 天 不 弔 奄 便 △	하늘이 어여삐 여기지 않았는데[왕이 돌아가셨는데] …
	50	△ □ 奴 客 在 遠 哀 切 如 若	奴客은 먼 곳에 있어 애통한 마음이
	51	日 不 □ □ 月 不 □ 明 △ △	해가 … 못하고, 달이 밝히지 못하는 것 같았다.
	52	△ □ □ □ □ □ □ □ □ □	
	53	□ □ □ □ □ 國 □ □ □ □	
	54	知 □ △ △ 在 遠 之 □ □ □	먼 곳의 □□에 있어
	55	遝 □ □ 教 之 □ △ □ □ □	…에 이르러 … 教를 내려
	56	□ 潤 太 隊 踊 躍 □ □ □ □	太隊[큰 무리]가 踊躍
	57	△ 令 教 老 奴 客 □ □ □ □	나이든 奴客에게 교를 내리시어
	58	官 恩 緣 □ □ 道 □ □ □ □	(대대로) 官恩을 (입어) … □道로 말미암아
	59	使 △ 西 □ □ □ □ □ □ □	
	60	勉 極 言 教 △ 心 □ □ □ □	
	61	□ □ □ △ □ □ □ □ □ 述	
	62	□ □ □ □ □ □ □ □ □ □	
	63	□ □ □ △ 不 □ □ □ □ □	
	64	□ △ △ △ □ □ □ □ □ □	
	65	□ □ □ 一 □ □ □ □ □ □	
	66	□ △ 依 如 若 □ △ □ □ □	
	67	知 △ △ □ □ △ □ □ □ □	
	68	可 △ △ □ 如 △ □ □ □ □	
	69	□ □ □ 朔 月 □ □ □ □ □	
	70	□ □ □ △ △ □ □ □ □ □	
		(71~81행 생략)	(71~81행 생략)

그런데 두 사람 가운데 유독 牟頭婁 앞에 '奴客'이라는 卑稱이 자주 등장함. 이에 일찍이 勞幹은 冉牟를 주인공으로 상정한 다음, 牟頭婁는 그의 家臣이라고 파악함. 염모의 관등인 大兄(6등급)이 모두루의 관등인 大使者(7등급)보다 높다는 사실도 근거로 제시했음(勞幹, 1944). 勞幹의 견해는 지금도 중국학계에 이어지고 있음(吉林省文物志編委會, 1984 ; 耿鐵華, 1987·2008).

2 판독문은 노태돈, 1992를 바탕으로 편찬자의 견해를 반영하여 수정한 것임.

판독 부호 : □는 판독이 불가능한 글자, △은 자획이 남아 있지만 이견이 많은 글자.

그렇지만 '奴客'이라는 비칭만으로 두 사람의 관계를 설정하기는 힘듦. 冉牟는 15~39행, 곧 전반부에만 등장하며, 39행에 '壽盡' 곧 그의 죽음을 알리는 명문이 나옴. 이에 비해 牟頭婁는 첫머리를 제외하면 46행에 이르러 비로소 등장함. 두 사람은 동시대가 아니라 다른 시대에 활동하였을 가능성이 높음. 이를 고려하며 명문을 검토하면, '奴客祖先'(7행), '祖大兄冉牟'(39행), '祖父□□大兄慈△大兄□□'(41~42행) 등 조상을 나타내는 용어가 나타난다는 사실이 주목됨. 특히 이러한 용어 사이에 '대대로 관은을 입었다[世遭官恩]'는 표현이 등장하는데, 이는 이들이 동일한 혈연계보에 속하는 조상과 후손 관계일 가능성을 시사함. 이와 함께 鄒牟聖王(3~4행), △岡上聖太王(10~11행), 前王(43행), 國岡上大開土地好太聖王(44~45행) 등 고구려 왕의 이름도 차례로 나타남.

명문은 시간의 흐름에 따라 서술되었고, 염모와 모두루는 조상과 후손의 관계로 설정할 수 있음. 39행의 '祖大兄冉牟'라는 명문은 염모와 모두루가 할아버지와 손자(祖-孫) 관계임을 명확히 보여줌. 牟頭婁의 생애도 '奴客牟頭婁'(46행)와 '老奴客'(57행)이라는 표현에서 보듯이 시간순으로 적혀 있음. 모두루는 奴客이라고 불렸지만, 그의 이름 앞에는 '敎'라는 왕명을 뜻하는 술어가 사용되고 있음. 모두루에게 명령을 내린 주체는 冉牟가 아니라 고구려의 왕임. 더욱이 모두루나 그의 조상 앞에는 '奴客'이라는 비칭을 쓴 반면, 고구려 왕은 '(太)聖(太)王'이라는 극존칭으로 부르고 있음. '노객'은 신성한 고구려 왕실과의 관계를 나타내기 위해 사용된 표현임.

이에 일본학자들은 주인공을 牟頭婁로 파악하고, 첫머리 2행을 묵서 명문의 題記로 보았음(池內宏·梅原末治, 1940 ; 佐伯有淸, 1977 ; 武田幸男, 1981). 묵서 명문의 전체 내용을 보면 무덤의 주인공이 모두루인 것은 거의 명확함(노태돈, 1992 ; 여호규, 2004). 특히 44~51행을 보면 牟頭婁는 광개토왕대에 '令北扶餘守事'라는 북부여 지방장관으로 파견되었고, 그곳에서 광개토왕의 죽음을 맞아 직접 조문하지 못함을 몹시 애통해하고 있음. 그 다음에 나오는 '老奴客'이라는 표현은 모두루가 광개토왕을 이은 장수왕대에도 상당 기간 활동하였음을 보여줌.[3]

3) 묘지의 단락구성과 내용

첫머리 1~2행은 괘선을 긋지 않고 12자씩 적었는데, 무덤 주인공이 누구인지를 표기한 題記에 해당함. 가장 첫머리의 '大使者 牟頭婁'가 명문의 주인공인 것임. 그러므로 이 묵서 명문은 牟頭婁의 墓誌라고 할 수 있음. 묵서 명문 곧 묘지는 題記(1~2행)를 제외하면, 네 단락으로 구분됨(武田幸男, 1981 ; 노태돈, 1992).

첫째 단락은 3~9행으로 牟頭婁家의 시조(奴客 祖先)에 대한 이야기임. 다만 단락 첫머리에 "河泊의 손자이고 日月의 아들인 鄒牟聖王은 본래 北扶餘로부터 나왔다"라고 하여 고구려 건국설화를 먼저 기술했음. 그 다음 구절도 "천하 사방이 이 나라의 △가 가장 성스러움을 알고 있을지니"라고 하여 고구려가 천하 사방의 중심국가라고 표방하고 있음. 그런 다음 "奴客의 祖先 □□□이 북부여로부터 성왕을 따라 왔다"라고 하여 모두루가 시조의 내력을 기술함.

둘째 단락은 10~39행으로 牟頭婁의 조부인 冉牟의 사적을 기술한 부분임. 39행의 "할아버지 大兄 염모가 돌아가셨다[壽盡]"라는 구절에서 보듯이 그의 최종 관등은 大兄이었음. 염모가 활동한 '△岡上聖太王'은 331~371년에 재위한 고국원왕에 해당함. 고국원왕을 '국강상태왕'으로 부른 사실은 2012년에 발견된 集安高句麗碑에서도 확인됨. 고구려는 고국원왕대에

3 그러므로 이 무덤은 장수왕대에 축조되었을 것으로 추정됨. 축조 시기에 대해서는 5세기 초(池內宏·梅原末治, 1940), 5세기 중~6세기 초(方起東·劉萱堂, 2002), 5세기 말~6세기 초(魏存成, 1994) 등으로 보는 견해가 있음.

鮮卑 慕容部가 세운 前燕과 부여지역을 둘러싸고 치열하게 각축전을 벌였음. 이로 보아 23～26행의 "모용선비가 (중략) 북부여로 와서 … . 이에 대형 염모가 …"라는 구절은 부여지역을 둘러싼 고구려와 전연의 각축전을 기술한 것으로 추정됨. 제반 사료를 종합하면, 모용선비(전연)가 346년에 農安 지역의 후부여를 공략한 다음 吉林 방면의 북부여(원부여)로 진격하자, 염모가 이를 물리쳤다는 내용으로 추정됨. 冉牟는 대내적으로도 큰 공훈을 세웠음. 14행의 '叛逆'이라는 명문은 염모가 모종의 반역을 평정했음을 알려줌. 이처럼 염모는 대내외적으로 혁혁한 공훈을 세웠기 때문에 묘지 81행 중 30여 행을 차지할 정도로 모두루가의 중시조로 떠받들어졌음. 冉牟는 국가 차원에서도 숭앙받았을 텐데, 그의 공훈과 영화는 당대로 끝나지 않았음.

셋째 단락은 40～44행인데, 大兄 관등을 지닌 인물 2명이 등장함. 이들은 "祖父의 □□로 말미암아 대대로 官恩을 입고, 祖의 北道의 城民과 谷民을 은혜롭게 (내려받아) 다스리고 前王 … 이와 같이 撫育했다"고 함. '祖父'나 '祖'는 모두루의 할아버지인 冉牟, '北道'는 국내성에서 북쪽 방면에 위치한 북부여에 이르는 교통로를 지칭함. '祖의 북도'는 염모가 전연의 침공을 격퇴했던 북부여 방면의 교통로를 가리키는 것임. 모두루 선대의 인물들이 염모의 공훈을 이어받아 북부여 방면 교통로 주변의 백성을 다스렸던 것임(여호규, 1995).

넷째 단락은 44행부터 시작되는데, 주인공인 牟頭婁의 사적을 기술했음. 45행의 '조부로 말미암아[緣祖父]'라는 표현에서 보듯이 모두루도 할아버지 염모의 공훈에 힘입어 광개토왕대에 □□牟라는 인물과 함께 북부여 지역을 관장하는 '令北扶餘守事'로 파견되었음. 이때 광개토왕이 사망했는데, 모두루는 '먼 곳에 머물러 있어서' 직접 조문하지 못함을 몹시 애통해 했음(44～51행). 또한 57행의 '老奴客'이라는 표현은 모두루가 광개토왕을 이은 장수왕대에도 계속 활동했음을 보여줌.

이상과 같이 모두루묘지는 제기를 제외하면 총 네 단락으로 구분됨. 이 중 전반부인 셋째 단락까지가 모두루 조상의 이야기라면, 후반부인 넷째 단락이 모두루의 사적에 해당함.

참고문헌

- 池內宏·梅原末治, 1940,『通溝』下, 日滿文化協會.
- 勞幹, 1944,「跋高句麗大兄冉牟墓誌兼論高句麗都城之位置」,『歷史言語研究所集刊』11.
- 최남선, 1954,「高句麗墓誌鈔」,『增補三國遺事』.
- 박시형, 1966,『광개토왕릉비』, 사회과학원출판사.
- 佐伯有清, 1977,「高句麗牟頭婁墓誌の再檢討」,『史朋』7.
- 武田幸男, 1981,「牟頭婁一族と高句麗王權」,『朝鮮學報』99·100 : 1989,『高句麗史と東アジア』, 岩波書店.
- 田中俊明, 1981,「高句麗の金石文」,『朝鮮史研究會論文集』18.
- 吉林省文物志編委會, 1984,『集安縣文物志』.
- 耿鐵華, 1987,「高句麗貴族冉牟墓及墓誌考釋」,『遼海文物學刊』1987-2
- 허흥식, 1984.『한국금석전문(고대편)』, 아세아문화사.
- 조선유적유물도감 편찬위원회, 1990,『조선유적유물도감(5)』.
- 노태돈, 1992「모두루묘지」,『역주한국고대금석문(I)』, 가락국사적개발연구원.
- 魏存成, 1994,『高句麗考古』, 吉林大學出版社.
- 여호규, 1995,「3세기 후반～4세기 전반 고구려의 교통로와 지방통치조직」,『한국사연구』91
- 강현숙, 2000,「고구려 고분 연구」, 서울대학교 박사학위논문.
- 전호태, 2000,『고구려 고분벽화 연구』, 사계절.
- 吉林省文物考古研究所·集安市博物館, 2002,『洞溝古墳群-1997年 調査測繪報告』, 科學出版社.
- 方起東·劉萱堂, 2002,「集安下解放第31號高句麗壁畵墓」,『北方文物』2002-3.
- 손환일, 2003,「高句麗 古墳壁畵 銘文의 書體에 관한 硏究」,『고구려연구』16.
- 전호태, 2004,『고구려 고분벽화의 세계』, 서울대학교출판부.
- 여호규, 2004,「고구려 건국설화가 모두루무덤에 묻힌 까닭은」,『고대로부터의 통신』, 푸른역사.
- 吳廣孝, 2006,『集安高句麗壁畵』, 山東畵報出版社.
- 孫仁杰·遲勇, 2007,『集安高句麗墓葬』, 香港亞洲出版社.
- 耿鐵華, 2008,『高句麗古墓壁畵研究』, 吉林大學出版社.
- 吉林省集安市文物局, 2008,『高句麗王城王陵及貴族墓葬』, 上海世界圖書出版公司.
- 전호태, 2009,「고구려 집안권 벽화고분의 현황과 과제」,『울산사학』14.

13 집안 하해방0031호묘

集安 下解放0031號墓 | JXM0031

1. 조사현황

1) 1963년

○ 조사기관 : 集安縣文物保管所.

○ 조사내용 : '묘문이 열려져 있었고 안에 벽화가 있었다'는 증언 확보. 묘 입구를 폐쇄.

2) 1966년

○ 조사기간 : 1966년 6월.

○ 조사기관 : 吉林省博物館 集安考古隊, 집안현문물보관소.

○ 조사자 : 徐漢煊, 李殿福, 方起東, 段一平.

○ 조사내용 : 通溝古墳群에 대한 대대적인 실측조사 때 '下解放墓區0031號墓'로 편호.

3) 1983년

○ 조사기간 : 1983년 10월.

○ 조사기관 : 集安文物普查隊.

4) 1997년

○ 조사기관 : 吉林省文物考古研究所, 集安市博物館.

○ 조사내용 : 실측.

2. 위치와 자연환경(그림 1)

1) 고분의 위치

○ 集安의 下解放古墳群 중부에 위치. 下解放은 원래 명칭이 '下羊魚頭'로, 압록강 중류 우안의 작은 분지인데, 현재는 경작지임. 서쪽으로 약 7km 떨어진 지점에 집안시가 있음. 남쪽으로는 강 건너 북한 만포가 있음. 북쪽은 龍山에 기대어 있는 평평하고 완만한 산구릉인데, 경사도는 그리 크지 않음. 농지로 개간되고 새로 길을 내면서 평지와 비탈 사이가 이어짐. 下解放村에서 동북쪽으로 200여 m 떨어진 산구릉과 평지에는 고구려 고분들이 집중 분포하고 있는데, 1966년 통구고분군에 대한 실측조사 때 '下解放古墳群'으로 명명됨. 1962년에는 약 50여 기가 있었으나, 계속해서 줄고 있음. 하해방고분군 가운데 구역에 대형 封土墓가 산허리에서 산기슭까지 일렬로 배열되어 있는데, 하해방31호묘가 가장 높은 곳에 위치.

2) 고분의 주변환경

○ 동남쪽으로 약 40m 떨어진 산구릉에 環紋墓가 있음.

○ 서남쪽으로 약 100m 떨어진 평지에 牟頭婁墓가 있음.

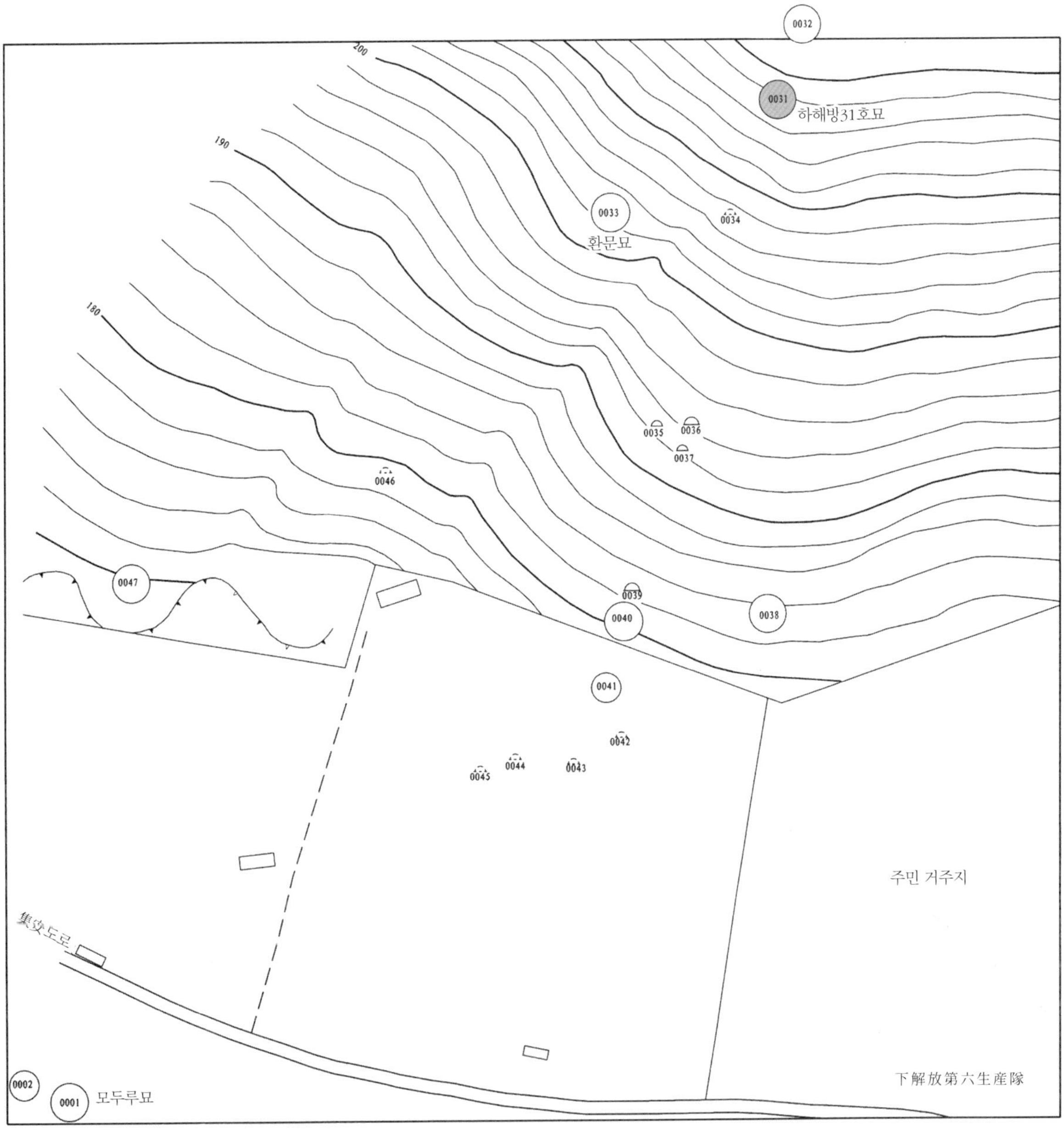

그림 1 하해방31호묘 위치도(『洞溝古墓群－1997年調査測繪報告』, 290쪽)

3. 고분의 현황

1) 고분 형식

(1) 유형

封土石室壁畵墓.

(2) 규모

○ 吉林省文物志編委會(1983) : 주변 길이 60m, 높이 약 6m.

○ 吉林省文物考古硏究所·集安市博物館編著(2002): 변 길이 16m, 높이 5m.

○ 方起東·劉萱堂(2002) : 주변 길이 50여 m, 높이 약 6m.

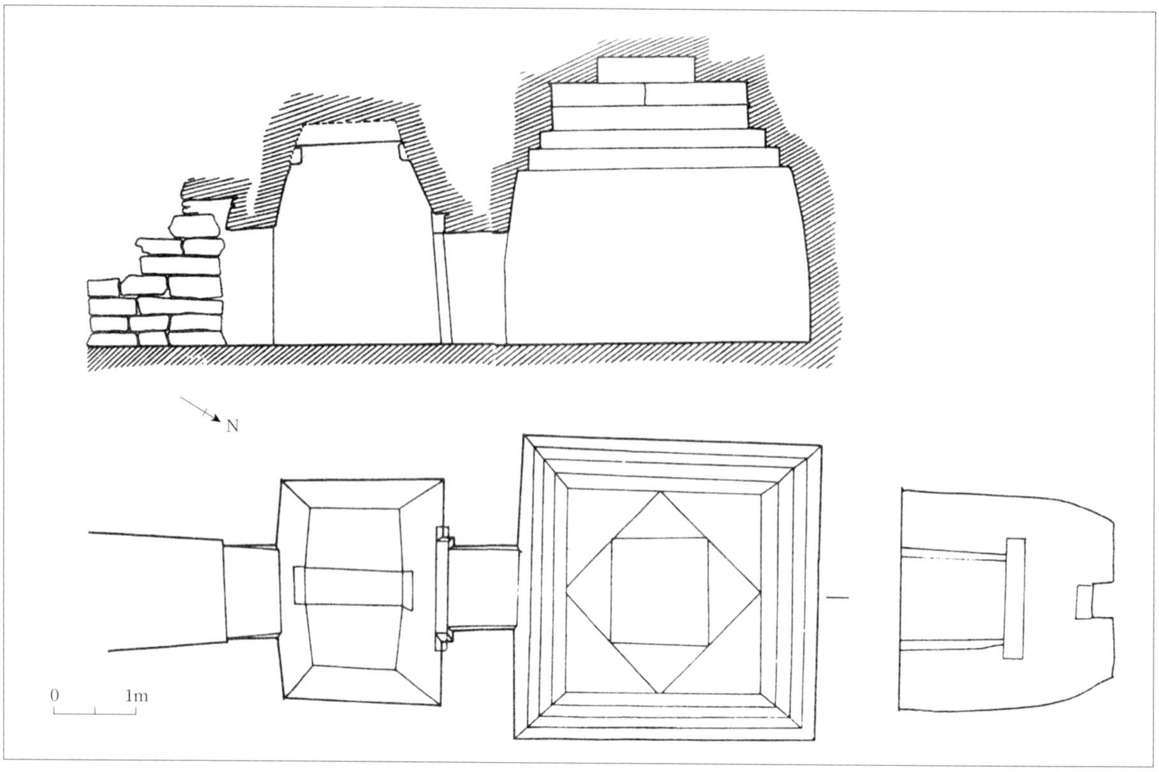

그림 2 하해방31호묘 평 · 단면도 1(『중국내의 고구려유적』, 143쪽)

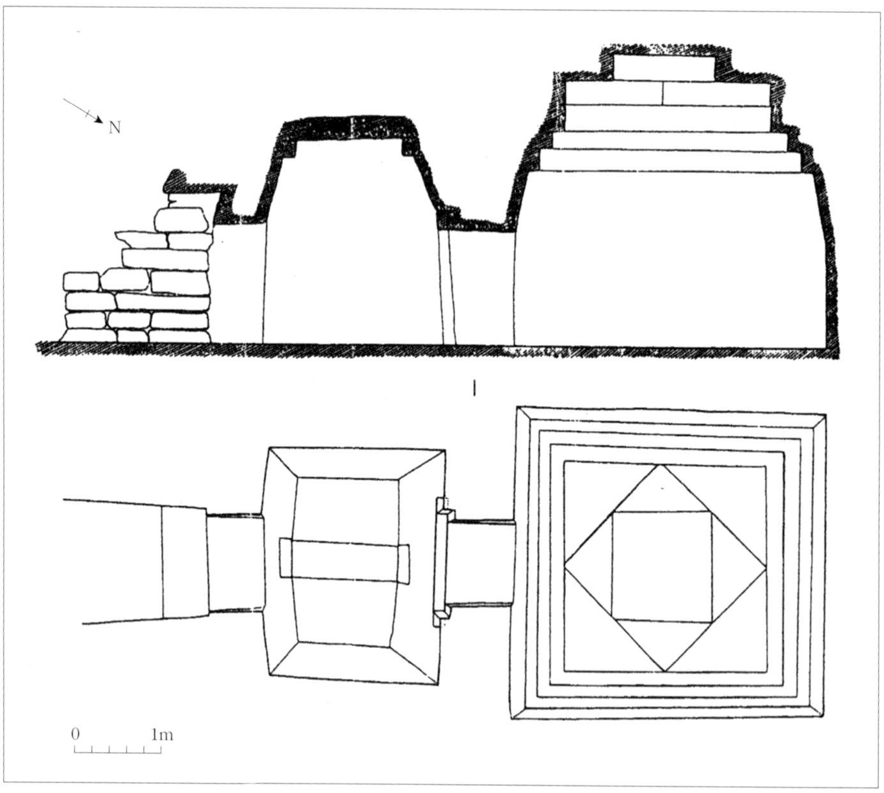

그림 3
하해방31호묘 평 · 단면도 2
(『北方文物』 2002-3, 30쪽)

2) 고분 구조(그림 2~그림 3)

○ 묘방향은 남동쪽 30°임.

○ 봉분은 截頭方錐形이고, 봉토는 황색 黏沙土임.

○ 석실을 축조하는 데 사용한 돌은 가공을 거쳐서 가지런함. 돌은 현지에서 나오는 석회암 계통임.

○ 묘도, 전실, 연도, 묘실 등으로 구성되어 있는데, 구조는 정연함. 전실과 묘실에는 천장이 구축됨. 묘도와 연도 모두 중축선상에 있고, 중축선을 중심으로 좌우가 대칭.

(1) 묘도

○ 묘도는 전실 남벽 정가운데에 있고, 전체 길이는 2.38m임.

○ 대체로 3구간으로 나눌 수 있음. 제1구간은 가장 북단에 위치하고 있음. 길이는 0.68m, 너비는 1.1m임. 벽면은 약간 안으로 기울어져 있고, 그 위에 개정석이 있으며, 높이는 1.4m임. 제2구간은 가운데부분에 위치하고 있고, 길이는 0.53m임. 북쪽 끝과 제1구간이 연접한 지점의 너비는 동서방향으로 넓어져 1.26m에 이르고, 바깥으로 갈수록 양측은 더욱 넓어지며, 그 위로는 개정석이 있음. 높이는 1.78m임. 제3구간은 남쪽 끝으로, 길이는 1.17m임. 바깥 입구에서 1.44m까지 양측 돌은 계단형태로 쌓여 있고, 개정석은 없음.

(2) 전실

○ 약간 가로방향의 장방형임. 전실은 묘실보다 규모가 작음. 깊이 2.15m, 너비 2.74m임.

○ 네 벽은 약간 안으로 기울여져 있는데, 위로 갈수록 안으로 들여지는 정도가 심해짐. 높이는 1.4m임(연도 및 묘도의 개정석 높이에 부합).

○ 천장 남북 양면 정 가운데의 꼭대기 부근에 각각 작은 천장돌(替石)이 뻗어 나와 위로 石枋을 받치고 있고, 석방 천장 꼭대기는 동·서로 나뉘면서 각각의 천장석이 덮고 있음. 전체적으로 꺾음식이고, 천장석에서 지면까지의 높이는 2.2m임.

(3) 연도

○ 묘실과 전실 사이의 연도는 묘실 남벽 정가운데에 있음.

○ 길이 0.84m, 너비 1m, 높이 1.36m로, 묘도보다 낮고 협소함.

○ 벽면은 약간 안으로 기울어져 있고, 판석으로 천장을 덮었음.

○ 연도 남쪽 끝과 전실 북벽이 연접된 두 개의 벽 모서리돌은 折尺形으로 오목하게 파냄. 그 윗부분의 개석은 연도 개석보다 0.24m 높음.

○ 연도 남쪽 끝의 윗부분과 좌우 양면에 홈(凹槽)이 형성되어 있는데, 목질의 문미와 문틀을 설치하였던 것으로 보임.

(4) 묘실

○ 묘실은 정방형임.

○ 각 변 길이는 3.6~3.8m임.

○ 네 벽 상부는 안으로 기울어져 있음.

○ 천장을 보면 3층 평행고임 후 그 위에 커다란 말각석 2층을 올렸고, 마지막으로 천장석을 꼭대기에 올렸음.

○ 네 벽의 높이는 2.08m이고, 천장부분을 더하면 3.46m임.

4. 벽화내용

○ 전실, 연도, 묘실 지면·벽면·꼭대기면 모두 백회를 발랐고, 백회 위에 벽화를 그렸음. 발견 당시 백회는 박락되어 거의 남아 있지 않았고, 벽화 흔적도 거의 볼 수 없었음.

○ 벽화는 묘실에만 남아 있음. 네 벽 곳곳에는 연화문,

그림 4
하해방31호묘 벽화모사도
(『北方文物』 2002-3, 31쪽)

천장고임에는 새, 달, 별자리, 연화문, 寶珠火焰文 등이 남아 있음.

○ 동벽 북부 상단에 인접한 천장고임에 묵선으로 그려진 보주화염문이 있음(그림 4-1). 보주염화문은 고구려 고분벽화에서 일찍이 볼 수 있음.

○ 천장 아래 3층 평행고임 측면에는 연화문이 있는데, 3판을 그린 후에 2판을 덧댄 것임(그림 4-2). 일부는 주로 홍색, 일부는 흑색이 나타나는데, 서로 사이에 두고 배열한 것으로 추정됨. 현재 서벽 남쪽 모서리의 제1층과 2층, 남벽 제2층, 북벽 제2층 동쪽 끝과 서쪽 끝에 각각 한 송이가 있고, 제3층에는 세 송이가 있음.

○ 천장 윗부분 2층 말각고임석 위와 서북 모서리 1층 말각석 아래에 6개의 별이 있음. 별은 흑선으로 그린 원형임. 일부 별 사이는 쌍선으로 연결되어 있는데, 별자리로 보이기도 함(그림 4-4).

○ 북면 제2층 말각석 측면에 회색 원 안에 검은 색의 형상이 있는데, 회색 원은 달, 검은 색의 형상은 두꺼비로 추정됨(그림 4-5). 그 동쪽에는 회백색의 새가 있음(그림 4-3).

5. 역사적 성격

1) 특징

○ 고분 축조기술을 보면 잘 부서지고 풍화가 잘되는 화강암의 약점을 극복하기 위해 천장돌(替石)로 하여금 미치는 압력을 분담케 하였고, 짧은 돌로 하여금 긴 跨度를 확보하였는데, 이는 고구려의 높은 석조건축 수준을 보여줌.

2) 축조연대

○ 5세기 설 : 하해방31호묘의 구조와 벽화내용을 보면 散蓮花墓의 축조 시기와 그리 멀지 않음. 5세기 즈음에 축조된 것으로 추정(孫仁杰·遲勇, 2007).

○ 5세기 중엽~6세기 초 설 : 집안에서 발견된 벽화묘는 4기로 나누어 살펴볼 수 있음. 제1기는 단실묘이고 연도 양측에 이실이 구축되어 있음. 묘실은 궁륭식과 四阿式, 혹은 여러 층의 고임이나 네 모서리에 작은 말각석이 더해진 천장을 갖추고 있음. 그리고 묘방향은 서쪽을 향하고 있음. 벽화를 보면 묘주인의 생전생활,

연화 혹은 '王'자로 조성된 문양 등을 그렸음. 묘실 네 모서리에는 나무구조물을 그려 넣었고, 菱形文 혹은 蝌文을 그리기도 하였으며, 천장에는 주로 연화와 雲文을 그렸음. 이 시기에 속하는 벽화묘로는 麻線溝1號墓, 通溝12號墓, 王字墓, 長川2號墓 등이 있고, 축조 시기는 4세기 중~말엽으로 추정됨. 한편 비교적 특수한 벽화묘로는 禹山下3319號墓와 折天井墓를 들 수 있음. 우산하3319호묘는 階壇積石石室墓로서 묘실은 방형이고, 천장은 궁륭식으로 추정되며, 묘도는 서향이고, 좌우에 이실을 갖추고 있음. 묘실 서벽 모서리의 벽돌에는 백회가 발라져 있고 그 위로 홍갈색 안료가 보이는데, 이를 통해 벽화묘임을 알 수 있음. 절천정묘에서는 1983년과 1985년 조사 당시 많은 벽화잔편이 발견됨. 우산하3319호묘와 절천정묘 모두 벽화는 사라졌지만, 평면구조가 제1기에 속하는 묘장과 거의 같음. 이 외에 萬寶汀645號墓, 山城下1305號墓, 山城下1407號墓 또한 이 유형에 해당하므로 제1기에 속한다고 볼 수 있음. 禹山下1041號墓는 비록 평면구조가 다르지만, 벽화내용의 배치가 통구12호묘와 유사하고, 출토된 철제등자가 朝陽 袁臺子墓에서 출토된 것과 유사하다는 섬에서 역시 제1기에 속한다고 볼 수 있음. 제2기는 묘방향이 서향임. 그리고 단실묘의 연도와 연결된 前半室을 갖추고 있는데, 전반실은 두 개의 이실 천장이 서로 연결되어 통한 결과임. 전반실 꺾대기는 橫長覆斗式이고, 묘실 꺾대기는 궁륭식 혹은 여러 층의 말각고임으로 간혹 작은 말각이 더해지기도 함. 벽화 내용은 두 유형이 있음. 첫 번째 유형은 묘주인의 생전 생활이 주를 이루면서 천장에 日月星辰, 신선, 四神이 출현하기 시작하는데, 사신은 완전하지 않음. 두 번째 유형은 문양이 주를 이루는데, 배치에 있어 더욱 정연한 모습을 보임. 이 시기에 속하는 벽화묘로는 角觝墓, 舞踊墓, 散蓮花墓 등이 있고, 축조 연대는 4세기 말~5세기 초엽으로 추정됨. 제3기는 일부 단실과 삼실이 나타나기도 하지만, 쌍실묘가 주를 이룸. 묘 꺾대기의 구조로는 여러 층의 평행고임과 覆斗式이 보이고, 말각고임의 간격은 더욱 커짐. 묘방향은 대부분 서향임. 벽화는 묘주인의 생전 생활과 장식문양 두 유형이 주를 이루고, 단독 도안은 더욱 커짐. 사신도는 더욱 성숙하고, 신선 및 불교와 관련한 제재가 증가. 이 시기에 속하는 벽화묘로는 長川1號墓, 三室墓, 環紋墓, 牟頭婁墓, 龜甲墓 등이 있고, 축조연대는 5세기 중~6세기 초로 추정됨. 萬寶汀1368號墓에서는 흑색의 나무기둥과 들보를 볼 수 있는데, 그 양식이 장천1호묘 및 삼실묘와 같음. 평면은 고구려 후기 고분에 보이는 刀形인데, 대체로 제3기에 속한다고 볼 수 있음. 제4기는 구조가 방형 단실인데, 이는 北朝 후기의 묘제와 같음. 묘실은 가지런하게 다듬은 대형 장조석으로 축조하였고 꺾대기 부분은 말각고임식임. 그리고 묘방향은 서향임. 벽화는 백회 위에 그린 것이 아닌 가지런하게 다듬은 석벽 위에 직접 그렸음. 내용은 四神이 주체가 되어 네 벽을 차지하고, 네 모서리와 천장에는 괴수, 盤龍, 日月神, 기악신선, 日月腥塵 등으로 가득 채웠음. 인물은 대부분 높은 관을 썼고 소매가 큰 옷을 입었으며 넓은 띠를 착용하였고 큰 신발을 신었는데, 南朝대 인물의 풍조를 드러냄. 이 시기에 속하는 벽화묘로는 四神墓, 五盔墳4號墓, 五盔墳5號墓가 있고, 축조연대는 6세기~7세기 초로 추정됨. 山城下365號墓는 제작시기가 비교적 늦은 병(盤口長頸瓶)이 출토되어 축조연대가 더 늦을 수 있는데, 일부 학자는 발해시기에 축조된 것으로 추정하기도 함. 하해방31호묘는 짧은 연도를 갖추고 있는 쌍실묘로서 제3기에 속하는 벽화묘가 분명함. 그런데 짧은 연도를 갖추고 있는 쌍실묘의 경우 대체로 전·후실의 면적이 같은 데 반해, 하해방31호묘는 전실이 상대적으로 작은데, 이는 전실의 기능과 작용이 점차 약해지고 있다는 것을 의미함. 그리고 가지런하게 가공한 석재로 묘실을 구축하였는데, 이는 제4기에 가까운 모습임. 묘방향이 남향이라는 점까지 감안하면 하해방31호묘는 장천1호묘나 삼실묘보다 늦게 축조되었고, 제3기에 속하는 벽화묘의 축조 시기라고 추정되는 5세기 중엽~6세기 초엽 안에서 후기에 속한다고 여겨짐.

○ 5세기 말~6세기 초 설 : 龜甲墓, 散蓮花墓, 長川1號墓, 長川4號墓, 牟頭婁墓, 環紋墓, 三室墓와 더불어 5세기 말~6세기 초에 축조된 것으로 추정(魏存成, 1994).

참고문헌

- 吉林省文物志編委會, 1984,『集安縣文物志』.
- 魏存成, 1994,『高句麗考古』, 吉林大學出版社.
- 李殿福, 1994,『중국내의 고구려유적』, 학연문화사.
- 吉林省文物考古研究所·集安市博物館, 2002,『洞溝古墓群-1997年調查測繪報告』, 科學出版社.
- 方起東·劉萱堂, 2002,「集安下解放第31號高句麗壁畫墓」,『北方文物』2002-3.
- 吳廣孝, 2006,『集安高句麗壁畫』, 山東畫報出版社.
- 孫仁杰·遲勇, 2007,『集安高句麗墓葬』, 香港亞洲出版社.
- 耿鐵華, 2008,『高句麗古墓壁畫研究』, 吉林大學出版社.
- 전호태, 2009,「고구려 집안권 벽화고분의 현황과 과제」,『울산사학』14.

14 집안 하해방0033호묘:환문묘

集安 下解放0033號墓:環紋墓 | JXM0033

1. 조사현황

1) 1935년

○ 조사기간 : 1935년 9월.

○ 조사자 : 池內宏, 梅原末治.

○ 조사내용 : 묘를 발견하고 실측 및 기록.

○ 발표 : 池內宏·梅原末治, 1940, 『通溝』 下, 日滿文化協會.

2) 1936년

○ 조사자 : 三上次男.

○ 발표 : 三上次男, 1990, 『高句麗と渤海』, 吉川弘文館.

3) 1957년

○ 조사기간 : 1957년 4월.

○ 조사기관 : 吉林省博物館.

○ 조사자 : 王承禮, 周健鵬, 曲紹伯, 蘇才.

○ 조사내용 : 전체 벽화묘를 조사할 때 조사대상에 포함됨.

4) 1966년

○ 조사내용 : 通溝古墳群에 대한 실측조사 때 '下解放墓區0033號墓(JXM0033)'로 편호.

5) 1974년

○ 조사기간 : 1974년 10월.

○ 조사기관 : 集安縣文管所.

○ 조사내용 : 무덤 수리.

6) 1976년

○ 조사기간 : 1976년 11월.

○ 조사내용 : 봉토에 흙을 북돋아줌.

7) 1978년

○ 조사기간 : 1978년 6월.

○ 조사기관 : 집안현문관소.

○ 조사내용 : 벽화에 대한 화학적 보호처리 진행.

8) 1997년

○ 조사기관 : 吉林省文物考古研究所, 集安市博物館.

○ 조사내용 : 실측.

2. 위치와 자연환경

1) 고분의 위치(그림 1)

○ 集安에서 동쪽으로 약 7km 떨어진 압록강 우안의 충적평원에 위치. 집안-青石도로가 평원 가운데를 통과하는데, 도로 북쪽은 下解放村임. 村 북쪽 산기슭과 동남평원에는 고구려 고분들이 분포하고 있는데, 下解

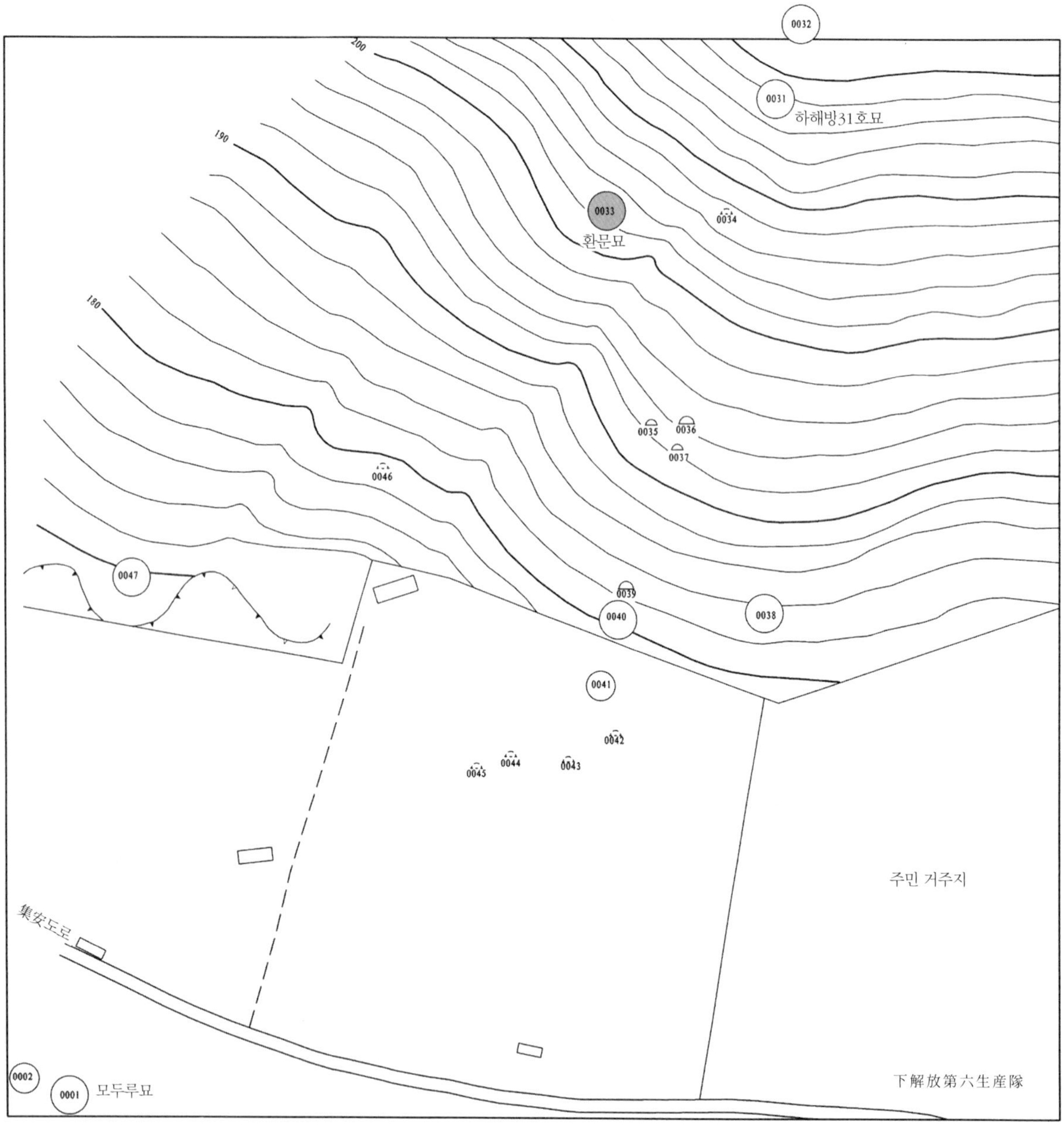

그림 1 환문묘 위치도(『洞溝古墓群－1997年調査測繪報告』, 290쪽)

放古墳群임. 환문묘는 고분군 서쪽에 위치.

2) 고분의 주변환경

○ 남쪽으로 약 500m 떨어진 지점에 하해방촌이 있음.

○ 동북쪽으로 100여 m 떨어진 지점에 下解放31號墓가 있음.

○ 동남쪽 아래로 압록강이 보임.

3. 고분의 현황

1) 고분 명칭의 변천

○ 벽화에 동심원문이 있기 때문에 '環紋墓'라고 부름.

○ 1966년 통구고분군에 대한 실측조사 때 '下解放墓區0033號墓(JXM0033)'로 편호.

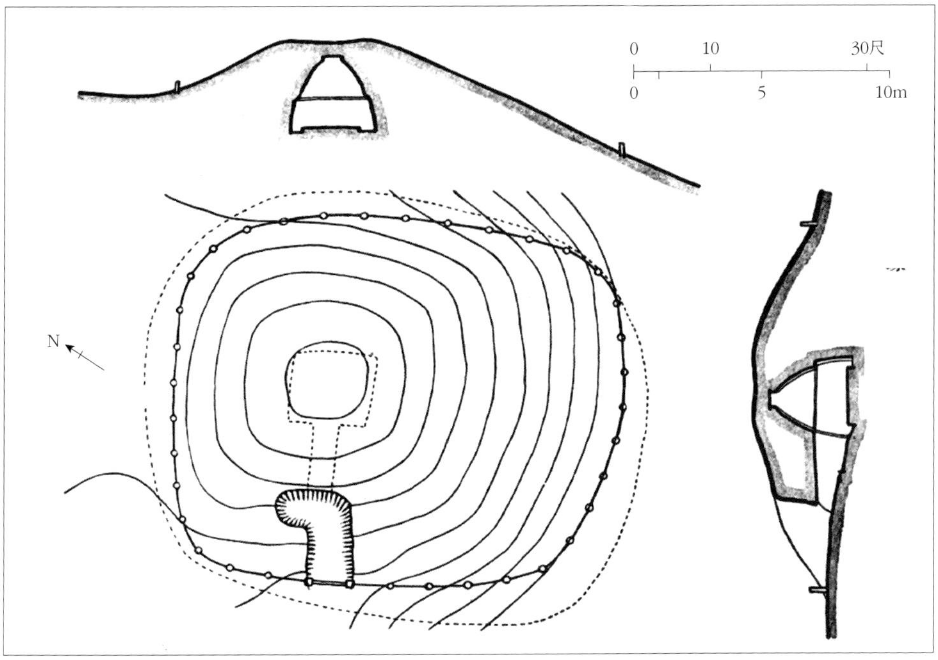

그림 2 환문묘 외형 실측도
(『通溝』 下, 도면 17)

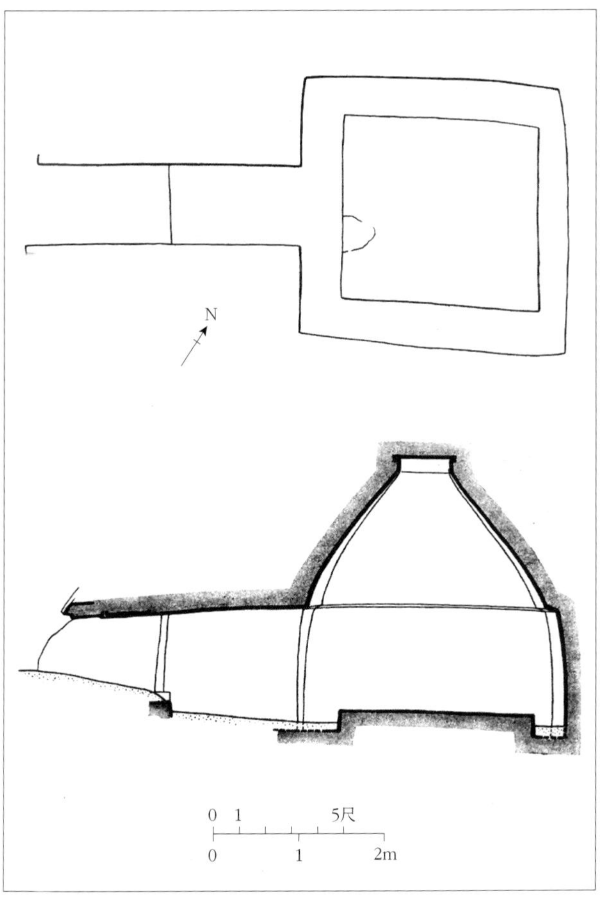

그림 3 환문묘 평·단면도(『通溝』 下, 도면 21)

2) 고분발굴 전 상황

묘 위는 잡초로 덮혀 있었음. 무덤이 위치한 비탈은 경작지와 연결되어 있었음.

3) 고분 형식(그림 2~그림 3)

(1) 유형

封土石室壁畵墓.

(2) 분구 규모

○ 池内宏·梅原末治(1940) : 바닥 넓이는 5~6丈, 높이는 1丈이 조금 넘음.

○ 吉林省文物志編委會(1983) : 주변 길이 80m, 남은 높이 3m.

○ 吉林省文物考古研究所·集安市博物館(2002) : 변 길이 16m, 높이 5m.

4) 고분 구조

○ 외형은 截頭方錐形임.

○ 무덤 방향은 남으로 30° 기운 서향.
○ 네 모서리는 방위선과 약간 일치.
○ 묘도와 묘실로 구성됨.

(1) 묘도

○ 길이 3.2m, 너비 1m, 높이 0.7~1.4m임.
○ 바닥에는 석재가 깔려 있고, 경사져 있음.
○ 묘도는 묘실 서남벽과 마주하고 있고, 중축선상에 있음.

(2) 묘실

○ 평면은 정방형에 가까움.
○ 네 벽은 약간 안으로 기울어져 있음.
○ 서북벽은 중축선과 평행.
○ 바닥은 평평함.
○ 묘실 변의 길이는 3.0~3.3m임.
○ 천장은 覆斗形(四阿式)이고, 높이는 3.48m임.
○ 묘실 중앙에 방형 관대 한 개가 있음. 길이는 2.25m, 높이는 0.26m로, 묘실 바닥의 거의 전체를 차지.

4. 벽화내용

묘도와 묘실 벽에 백회를 바르고, 그 위에 벽화를 그림. 현재 박락이 심하여 잘 보이지는 않음.

1) 묘도

묘도 양측에는 각각 鎭墓獸에 해당하는 괴수가 있음. 남벽의 괴수는 머리가 묘도 입구를 향하고 있고, 험준한 절벽을 오르는 듯한 자세를 취하고 있음. 입을 벌려 혀를 길게 내밀었는데, 거의 가슴까지 내려옴. 머리카락과 수염이 길게 늘어져 있고, 머리는 희미하여 명확하게 보이지 않음. 북벽의 괴수 형태는 남벽 괴수와 같음. 머리, 몸통, 꼬리 부분에 덥수룩한 털이 있고, 몸

그림 4 환문묘 묘실 벽 기둥모사도
(『洞溝古墓群－1997年調査測繪報告』, 323쪽)

에는 虎文과 環文이 장식되어 있음. 각각의 괴수 옆에는 나무가 있음. 괴수의 뒷다리에서 불쑥 솟아 오른 나무는 통체가 휘어져 있고, 잔가지는 없으며, 열대 나무처럼 윗 끝이 양쪽으로 갈라짐.

2) 묘실

○ 묘실 네 벽과 꼭대기 부분이 만나는 지점에는 들보(梁枋)가 있음. 네 모서리에는 기둥이 있고, 그 위로는 지붕받침(斗拱)이 있음(그림 4). 들보기둥(梁柱)의 밑부분은 황갈색이고, 위에는 검붉은색 蟠虬文이 있는데, 묵선으로 윤곽을 그림. 전체 묘실을 가옥으로 표현.
○ 네 벽에는 동심원문 20여 개가 일정한 간격으로 배치되어 있으면서 마름모꼴을 이루고 있음. 크기와 간격은 같음(그림 5). 동심원문은 직경이 18.5cm임. 가장자리는 굵은 흑선이고, 안쪽으로 암홍색, 옅은 남색, 황색, 남색, 자주색의 고리가 여러 겹 있음. 중심은 황색

그림 5 환문묘 묘실 벽 동심원문 모사도(『洞溝古墓群-1997年調查測繪報告』, 323쪽)

이고 가운데에는 작은 구멍이 있는데, 원을 그리는 용도의 圓心으로 추정됨. 색채가 매우 옅은 동심원문 사이에서 가늘게 그려진 인물이 희미하게 보임. 남벽의 동심원문에서 다소 명확하게 보이는데, 복식이 角觝墓 및 舞踊墓 벽화에 보이는 인물의 것과 유사함. 아마도 처음에는 벽에 인물도상을 그렸으나, 동심원문으로 개작한 것으로 보임.

○ 연이어진 넝쿨무늬가 묘실 네 벽면과 천장부를 구분하고 있고, 모서리에는 넝쿨무늬가 걸쳐진 기둥과 지붕받침이 있음.

○ 묘실 천장고임은 백회가 박락되어 벽화의 전모를 볼 수 없음. 다만 청룡의 가느다란 몸과 백호의 발가락을 볼 수 있는데, 필법 수준이 四神墓나 五盔墳 4·5號墓에 미치지 못함. 운문도 보임.

○ 관대 측면에 백회가 발라져 있고 채색된 얼룩이 남아 있는 것으로 보아 벽화가 있었던 것으로 추정.

5. 역사적 성격

1) 특징

환문묘의 벽화를 보면 색채가 선명한 동심원문이 주를 이루고 있는데, 간결하고 명쾌하며 고풍스럽고 우아함. 이는 고구려 벽화에서 드물게 보이는 것임.

2) 축조 연대

○ 5세기 말 이전 설 : 묘도 양측의 괴수는 남조 齊대의 화상전에 보이는 괴수와 유사한데, 축조 시기는 5세기 말보다 이르지 않다고 여겨짐(魏存成, 1994).

○ 5세기 중~6세기 초 설 : 집안에서 발견된 벽화묘를 연대 및 분기로 나누어 볼 때 환문묘는 4기 가운데 제3기에 해당. 제3기의 특징을 살펴보면 일부 단실과 삼실이 나타나기도 하지만, 쌍실묘가 주를 이룸. 묘 꼭대기의 구조로는 여러 층의 평행고임과 覆斗式이 보이고, 말각고임의 간격은 더욱 커짐. 묘방향은 대부분 서향임. 벽화는 묘주인의 생전 생활과 장식문양 두 유형

이 주를 이루고, 단독 도안은 더욱 커짐. 사신도는 더욱 성숙하고, 신선 및 불교와 관련한 제재가 증가. 이 시기에 속하는 벽화묘로는 환문묘 외에 三室墓, 長川1號墓, 牟頭婁墓, 龜甲墓 등이 있고, 축조연대는 5세기 중~6세기 초로 추정(方起東·劉萱堂, 2002).

○ 孫仁杰, 遲勇(2007) : 묘실 꼭대기 부분에 남아 있는 사신도의 투박함을 볼 때 축조연대는 오회분 4·5호묘보다 이른 것으로 추정. 環文 사이에 희미하게 보이는 인물의 복식은 각저묘와 무용묘에 그려진 인물의 복식과 유사하고 벽화 기법과 색깔도 비슷함. 이로 볼 때 환문묘는 각저묘·무용묘와 비슷한 5세기대에 축조된 고구려귀족의 묘로 추정.

참고문헌

- 池內宏·梅原末治, 1940,『通溝』下, 日滿文化協會.
- 吉林省文物志編委會, 1984,『集安縣文物志』.
- 조선유적유물도감 편찬위원회, 1990,『조선유적유물도감(5)』.
- 魏存成, 1994,『高句麗考古』, 吉林大學出版社.
- 전호태, 2000,『고구려 고분벽화 연구』, 사계절.
- 吉林省文物考古研究所·集安市博物館, 2002,『洞溝古墓群-1997年調査測繪報告』, 科學出版社.
- 方起東·劉萱堂, 2002,「集安下解放第31號高句麗壁畵墓」,『北方文物』2002-3.
- 吳廣孝, 2006,『集安高句麗壁畵』, 山東畵報出版社.
- 孫仁杰·遲勇, 2007,『集安高句麗墓葬』, 香港亞洲出版社.
- 耿鐵華, 2008,『高句麗古墓壁畵研究』, 吉林大學出版社.
- 전호태, 2009,「고구려 집안권 벽화고분의 현황과 과제」,『울산사학』14.

15 집안 만보정0645호묘

集安 萬寶汀0645號墓 | JWM0645

1. 조사현황

1991년 集安市文管所가 封土石室壁畵墓임을 확인.

2. 위치(그림 1)

集安 萬寶汀古墳群 중부, 原通溝 11隊村 서북쪽 밭에 위치.

3. 고분의 현황

1) 고분 형식

(1) 유형

雙室封土壁畵墓.

(2) 규모

바닥 한 변 길이 10m, 너비 7m, 높이 2.5m.

2) 고분 구조(그림 2)

○ 일찍이 도굴을 당함.
○ 분구바닥 평면은 장방형임.
○ 두 개의 묘실이 남북으로 배열됨.

(1) 북실

○ 묘도, 이실, 主室로 구성.
○ 주실은 방형이고, 네 벽은 약간 안으로 기울어져 있음.
○ 네 모서리에는 4개의 작은 抹角이 있음.
○ 천장은 10층 평행고임임.
○ 묘도 양측에 각각 이실 한 개가 있음. 이실 천장은 묘도보다 약간 낮고, 2층 평행고임임. 이실의 문은 묘도보다 낮고, 두 개의 독립된 천장으로 구성.

(2) 남실

○ 묘도, 龕室, 주실로 구성.
○ 주실 네 모서리에는 네 개의 작은 말각이 설치됨.
○ 천장은 호형을 이루며 안으로 들어간 四阿式임. 천장 남부와 동부는 붕괴됨.
○ 묘도 양측에는 각각 방형의 작은 감실 한 개가 있음.
○ 묘실에 발라져 있던 백회는 대부분 박락.

4. 벽화내용

○ 북실 동북 모서리와 동남 모서리에서 희미하지만 주홍색의 기둥이 그려진 것을 볼 수 있음. 동남 모서리의 기둥 위에는 들보(梁枋)가 있음.
○ 북실 남쪽 이실의 서남·서북 모서리에서는 목조 가옥의 기둥을 볼 수 있음.

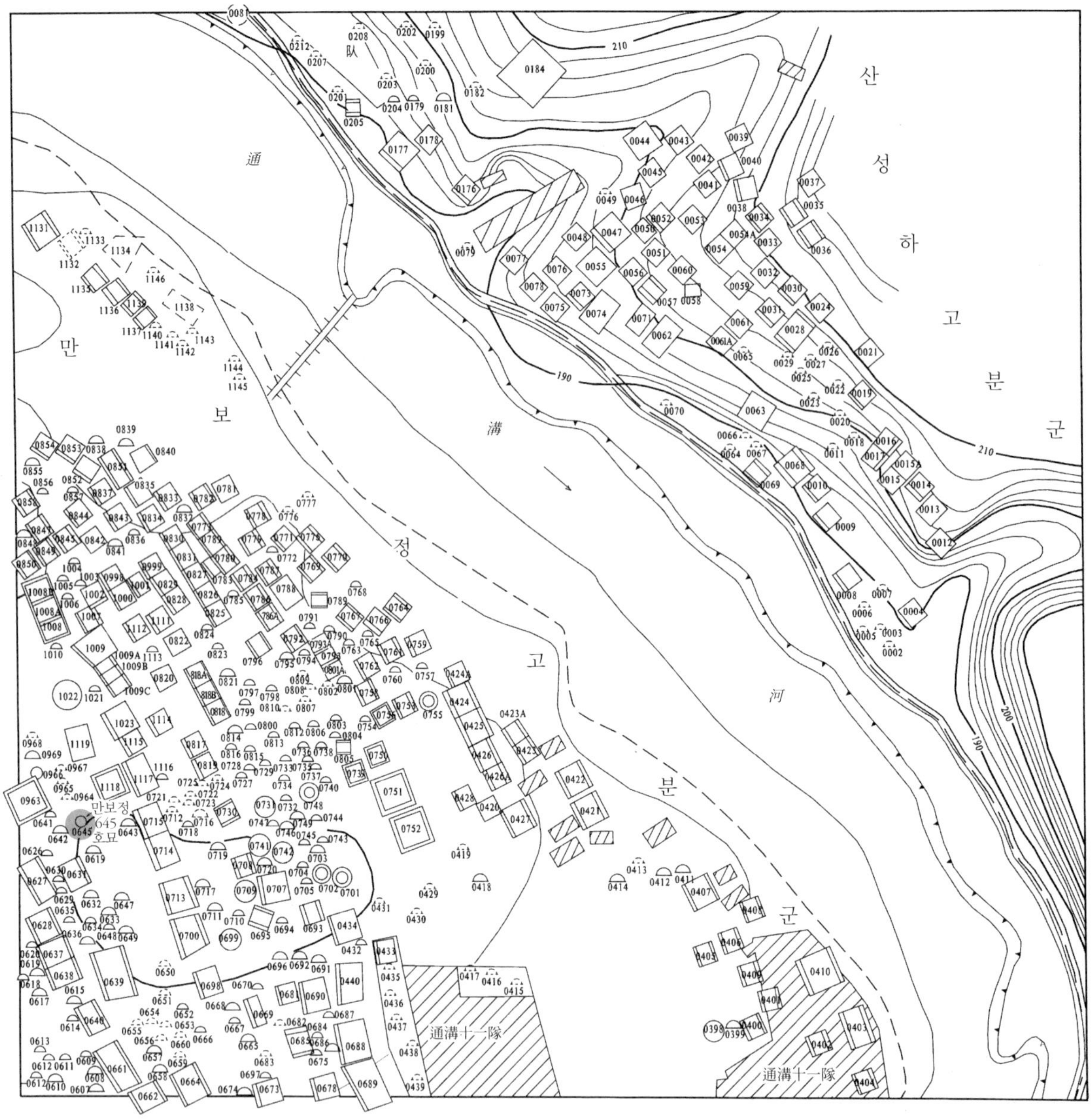

그림 1 만보정645호묘 위치도(『洞溝古墓群－1997年調査測繪報告』, 232쪽)

5. 역사적 성격

1) 축조연대

○ 4세기 중~말엽 설 : 집안에서 발견된 벽화묘를 연대 및 분기로 나누어 볼 때 만보정645호묘는 제1기에 해당. 제1기의 특징을 살펴보면, 먼저 단실묘이고 연도 양측에 이실이 구축되어 있음. 묘실은 궁륭식과 四阿式, 혹은 여러 층의 고임이나 네 모서리에 작은 말각석이 더해진 천장을 갖추고 있음. 그리고 묘방향은 서쪽을 향하고 있음. 벽화를 보면 묘주인의 생전생활, 연화 혹은 '王'자로 조성된 문양 등을 그렸음. 묘실 네 모서리에는 나무구조물을 그려 넣었고, 菱形文 혹은 螭文을 그리기도 하였으며, 천장에는 주로 연회와 雲文을 그렸음. 이 시기에 속하는 전형적인 벽화묘로는 通

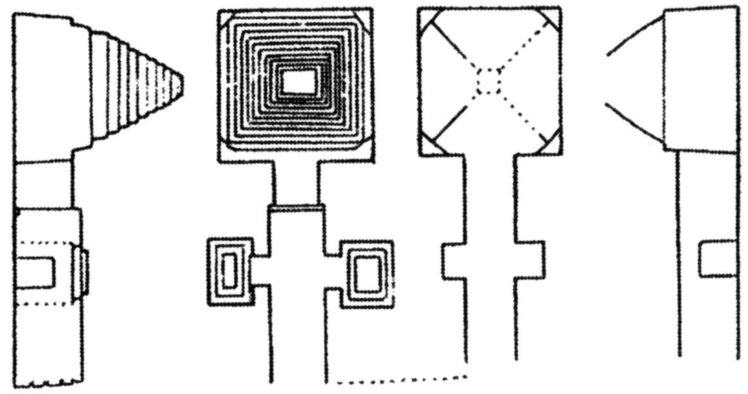

그림 2
만보정645호묘 실측도
(『高句麗古墓壁畵研究』, 52쪽)

溝12號墓, 麻線溝1號墓, 王字墓, 長川1號墓 등이 있고, 만보정645호묘 외에 山城下1305號墓, 山城下1407號墓도 이 시기에 포함시킬 수 있음. 축조 시기는 4세기 중~말엽으로 추정(方起東·劉萱堂, 2002).

○ 5세기 설 : 묘의 구조를 볼 때 通溝12號墓와 축조 시기가 같음(孫仁杰·遲勇, 2007).

참고문헌

- 吉林省文物考古研究所·集安市博物館, 2002, 『洞溝古墓群-1997年調査測繪報告』, 科學出版社.
- 方起東·劉萱堂, 2002, 「集安下解放第31號高句麗壁畵墓」, 『北方文物』 2002-3.
- 孫仁杰·遲勇, 2007, 『集安高句麗墓葬』, 香港亞洲出版社.
- 耿鐵華, 2008, 『高句麗古墓壁畵研究』, 吉林大學出版社.
- 전호태, 2009, 「고구려 집안권 벽화고분의 현황과 과제」, 『울산사학』 14.

16 집안 만보정0709호묘

集安 萬寶汀0709號墓 | JWM0709

1. 조사현황

1997년 吉林省文物考古研究所와 集安市博物館이 실측.

2. 위치와 자연환경(그림 1)

1) 고분의 위치

○ 集安 萬寶汀古墳群 중부에 위치.

○ 通溝河 우안 原通溝 11隊村 뒤의 논밭 가운데에 위치.

2) 고분의 주변환경

북쪽으로 약 700m 떨어진 지점에 萬寶汀1022號墓가 있음.

3. 고분의 현황

1) 고분 형식

(1) 유형

封土石室壁畵墓.

(2) 규모

밑변 길이 9m, 높이 4m.

2) 고분 구조

○ 봉토의 평면은 방형임.

4. 벽화내용

벽화는 박락되어 면모를 확인할 수 없음. 다만 바닥에 쌓여 있는 백회에서 벽화흔적을 볼 수 있을 뿐임.

5. 역사적 성격

만보정고분군에 위치한 석실봉토벽화묘인 점으로 미루어 생활풍속도 계열의 벽화묘일 가능성이 크며, 축조 시기는 4~5세기대로 추정됨.

참고문헌

• 吉林省文物考古研究所·集安市博物館, 2002, 『洞溝古墓群-1997年調査測繪報告』, 科學出版社.
• 孫仁杰·遲勇, 2007, 『集安高句麗墓葬』, 香港亞洲出版社.
• 耿鐵華, 2008, 『高句麗古墓壁畵研究』, 吉林大學出版社.
• 전호태, 2009, 「고구려 집안권 벽화고분의 현황과 과제」, 『울산사학』 14.

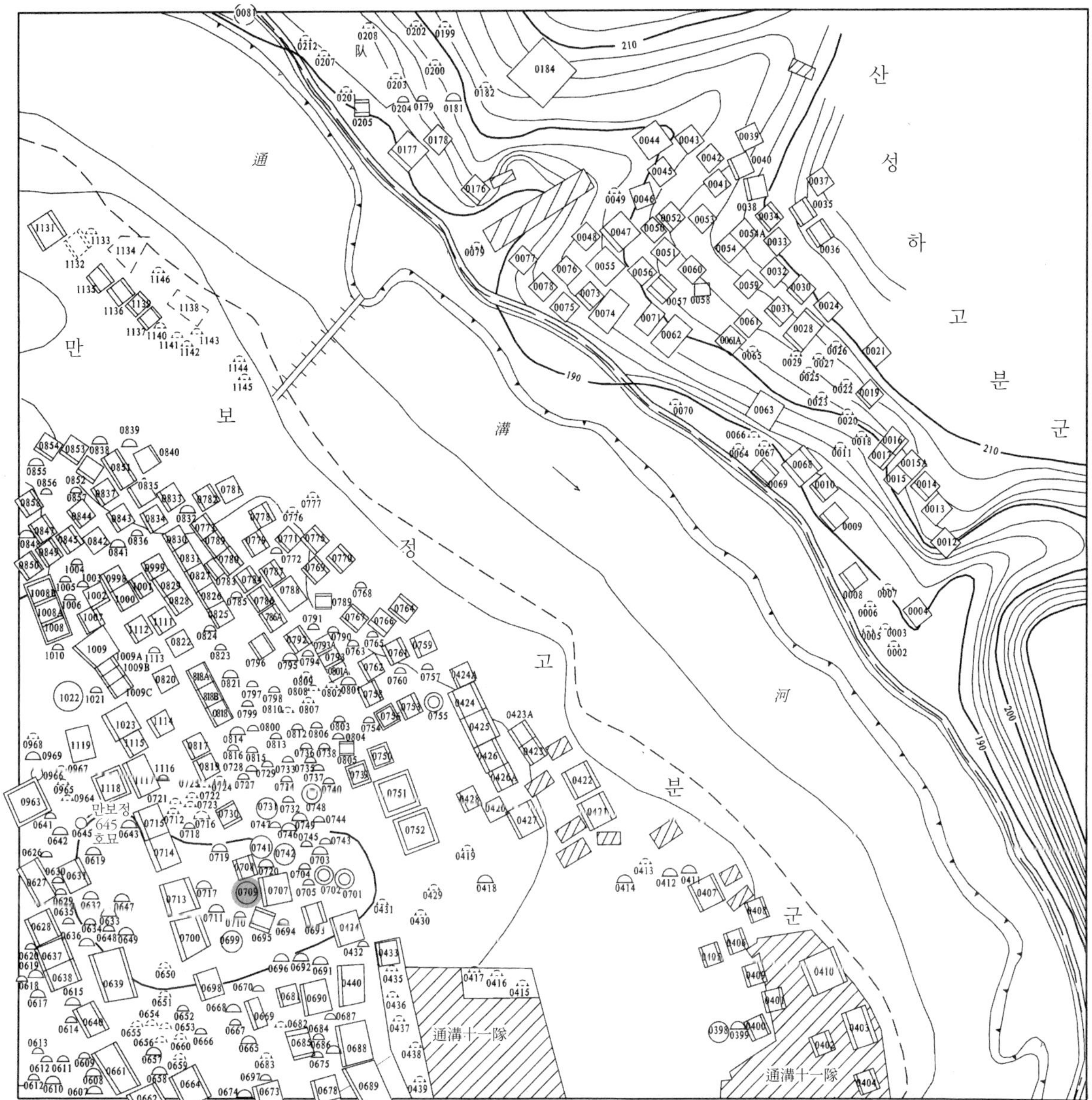

그림 1 만보정709호묘 위치도(『洞溝古墓群 - 1997年調査測繪報告』, 232쪽)

17 집안 만보정1022호묘

集安 萬寶汀1022號墓 | JWM1022

1. 조사현황

1997년에 吉林省文物考古研究所, 集安市博物館이 실측 및 조사. 조사 당시 고분은 개정석이 없었고, 내부는 천장 근처까지 흙이 채워진 상태였음.

2. 위치와 자연환경(그림 1)

1) 고분의 위치

○ 集安 萬寶汀古墳群 중부에 위치.

○ 通溝河 우안 原通溝 11隊村 뒤의 논밭 가운데에 위치.

2) 고분의 주변환경

남쪽으로 약 700m 떨어진 지점에 萬寶汀0709號墓가 있음.

3. 고분의 현황

1) 고분 형식

(1) 유형

封土石室壁畵墓.

(2) 규모

○ 吉林省文物考古研究所·集安市博物館(2002) : 밑 변 길이 16m, 너비 5m, 높이 5m.

○ 耿鐵華(2008) : 길이 16m, 너비 10m, 높이 5m.

2) 고분 구조

봉토의 평면은 장방형임.

4. 벽화내용

면모를 확인할 수 없음. 다만 바닥에 쌓여 있는 백회에서 벽화흔적을 볼 수 있을 뿐임.

5. 역사적 성격

만보정고분군에 위치한 석실봉토벽화묘인 점으로 미루어 생활풍속도 계열의 벽화묘일 가능성이 있으며, 축조 시기는 4~5세기대로 추정됨.

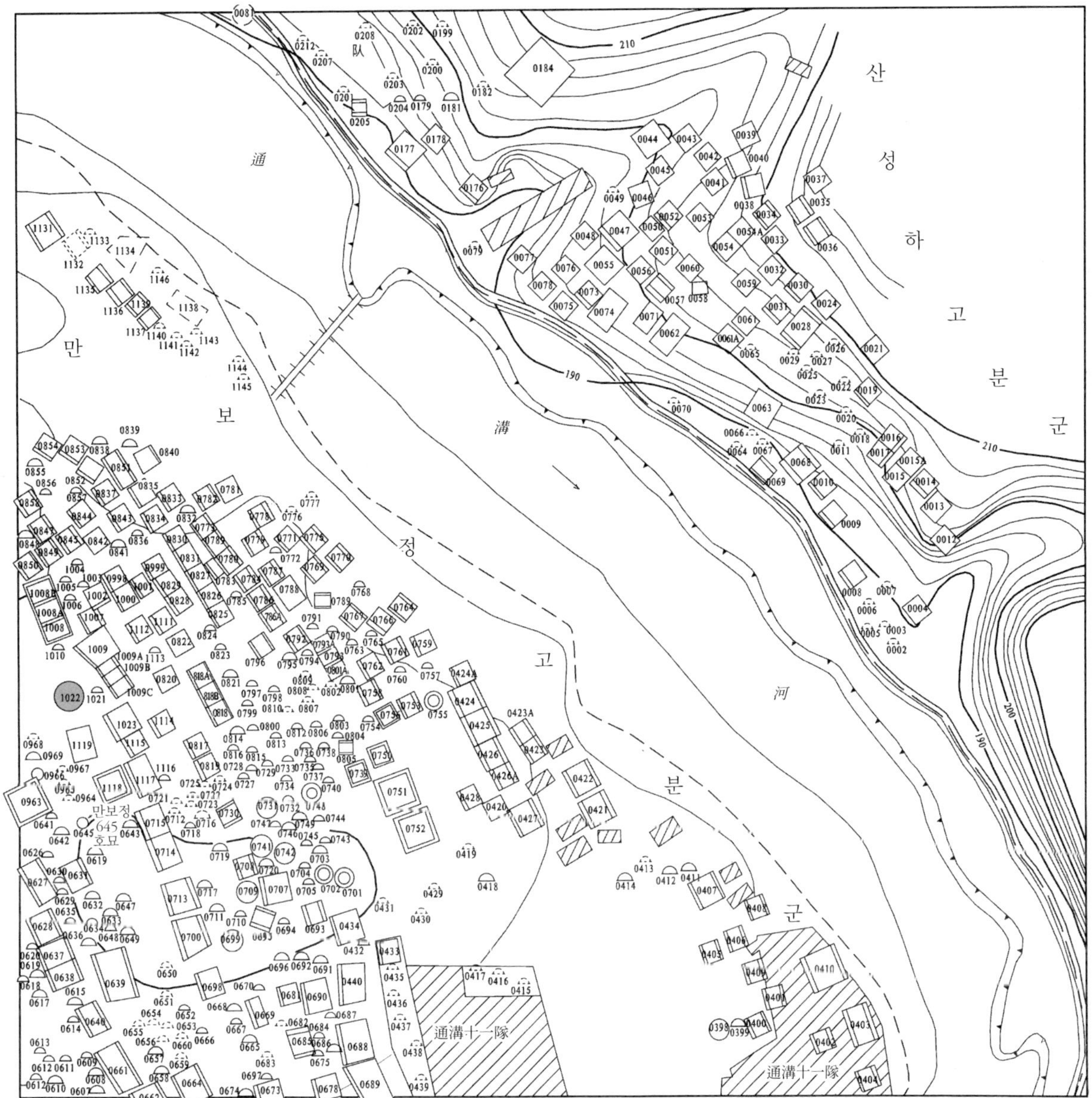

그림 1 만보정1022호묘 위치도(『洞溝古墓群－1997年調査測繪報告』, 232쪽)

참고문헌

- 吉林省文物考古研究所·集安市博物館, 2002, 『洞溝古墓群－1997年調査測繪報告』, 科學出版社.
- 孫仁杰·遲勇, 2007, 『集安高句麗墓葬』, 香港亞洲出版社.
- 耿鐵華, 2008, 『高句麗古墓壁畫研究』, 吉林大學出版社.
- 전호태, 2009, 「고구려 집안권 벽화고분의 현황과 과제」, 『울산사학』 14.

18 집안 만보정1368호묘

集安 萬寶汀1368號墓 | JWM1368

1. 조사현황

1) 1966년

○ 조사기간 : 1966년 6월.

○ 조사기관 : 吉林省博物館 集安考古隊, 集安縣文物保管所.

○ 조사자 : 徐漢煊, 李殿福, 方起東, 段一平 등.

○ 조사내용 : 通溝古墳群에 대한 실측조사 때 발견됨.

2) 1982년

조사내용 : 보수.

3) 1997년

○ 조사기관 : 吉林省文物考古研究所, 集安市博物館.

○ 조사내용 : 실측.

2. 위치(그림 1)

集安 萬寶汀古墳群의 서부, 七星山 동쪽 기슭의 중턱에 위치.

3. 고분의 현황

1) 고분 형식

(1) 유형

封土石室壁畫墓.

(2) 규모

○ 李殿福(1983) : 남은 높이 4m 이하.

○ 吉林省文物考古研究所·集安市博物館(2002) : 봉토 바닥 길이 6m, 너비 5m, 남은 높이 1.9m.

2) 고분 구조(그림 2~그림 3)

○ 무덤 방향은 서쪽으로 14° 기운 남향임.

○ 분구는 截頭方錐形임.

○ 꼭대기에 있는 돌은 붕괴됨.

○ 묘 꼭대기에 도굴구멍이 있음.

○ 묘도, 연도, 묘실로 구성되어 있고, 묘실 평면은 편재 연도의 刀形임.

(1) 연도

○ 길이 1.8m, 너비 0.55m, 높이 1.3m 정도임.

○ 연도 위는 3개의 석판으로 덮혀 있음.

○ 연도의 바깥쪽 입구는 비교적 넓고, 좌우에는 돌로 쌓은 擋土墻이 있음. 바깥을 향해 1.45m 펼쳐지면서, 묘도를 형성.

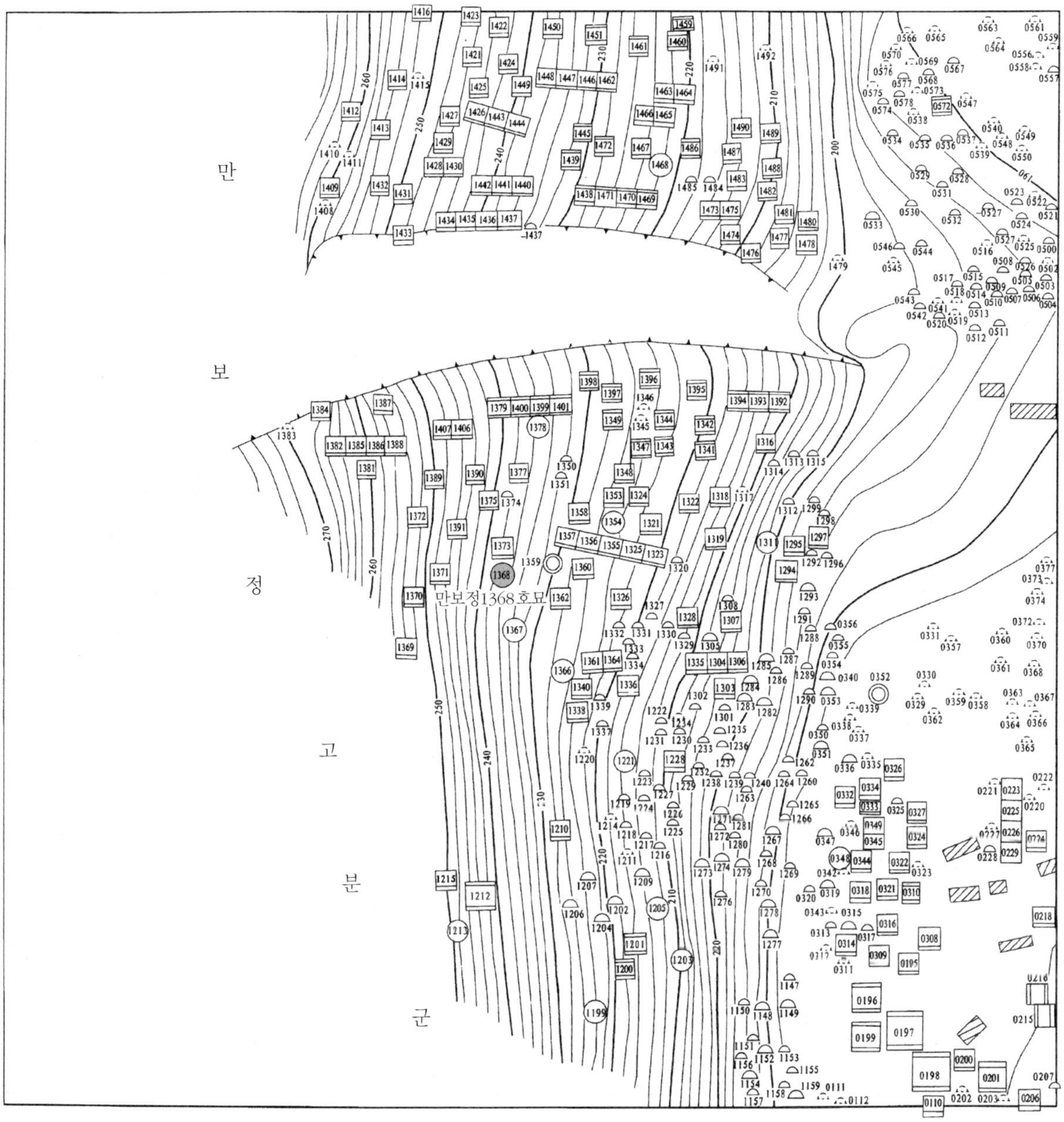

그림 1 만보정1368호묘 위치도(『洞溝古墓群－1997年調査測繪報告』, 242쪽)

(2) 묘실

○ 평면이 장방형으로, 남북 길이 약 3.2m, 동서 너비 2.44m임.

○ 네 벽은 안으로 기울어져 있는데, 위로 갈수록 급속도로 들여지면서 모아지고, 네 각은 둥글게 호형을 이루었음. 그 위는 돌로 덮혀 있음. 四阿式 천장구조이고, 묘실 높이는 3.2m임.

○ 묘실 네 벽과 바닥 모두 백회가 발라져 있음.

○ 묘실 서부에는 돌로 만든 장방형의 관대가 있음. 북·남 양면은 북벽·서벽과 붙어 있음. 남북 길이 2.43m, 동서 너비 1.45m, 높이 0.4m임. 바깥에는 백회가 발라져 있음.

○ 묘실 동벽 모서리에는 돌로 쌓은 부뚜막이 있음. 장방형이고, 바깥에는 백회가 발라져 있음. 길이 1m, 너

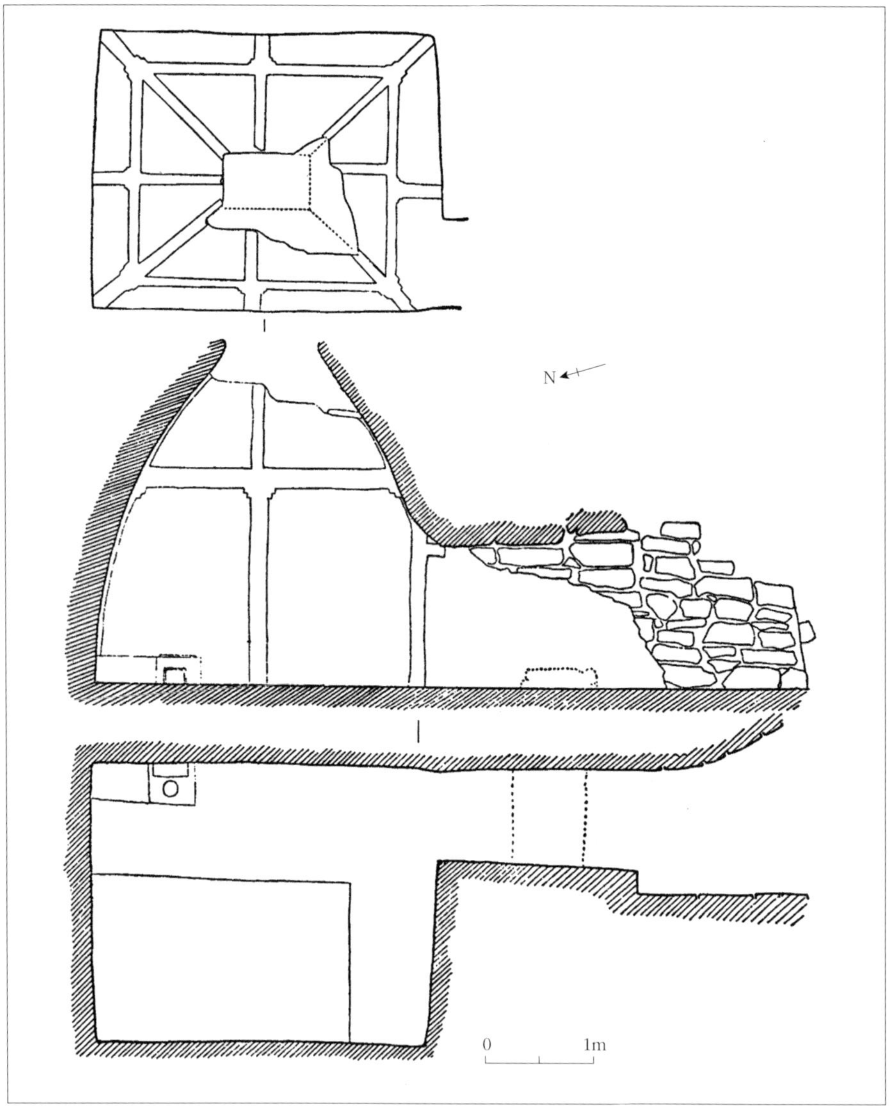

그림 2 만보정1368호묘
평·단면도 1
(『考古』 1983-4, 313쪽)

비 0.32~0.36m, 높이 0.19m임. 그 남쪽 끝에는 화덕이 있고, 화덕 가운데에는 원형의 받침구멍이 있으며, 서측면에는 火口가 있음(그림 4).

○ 묘실 네 벽의 윗면에 32~69cm 간격으로 쇠못이 박혀 있음. 동벽에서 2개, 서벽에서 6개, 남벽에서 4개, 북벽에서 9개를 확인. 쇠못대가리가 위로 구부러져 있는 것으로 보아 만장걸이용이었던 것으로 추정.

4. 벽화내용

○ 묘실 벽과 천장의 새하얀 면에 검은색 梁架가 있음. 네 모서리에는 8개의 검은색 기둥이 있음. 동·서·북벽의 정가운데, 남벽 정가운데에서 동쪽으로 치우친 지점, 동벽 남쪽 끝에서 64cm 떨어진 지점에도 기둥이 있음.

○ 기둥 위에는 검은색 들보(梁枋)가 있고, 기둥과 들보가 접하는 지점에는 2층 雀替가 있음. 기둥은 너비 0.14m, 높이 1.75m, 들보는 너비 0.13~

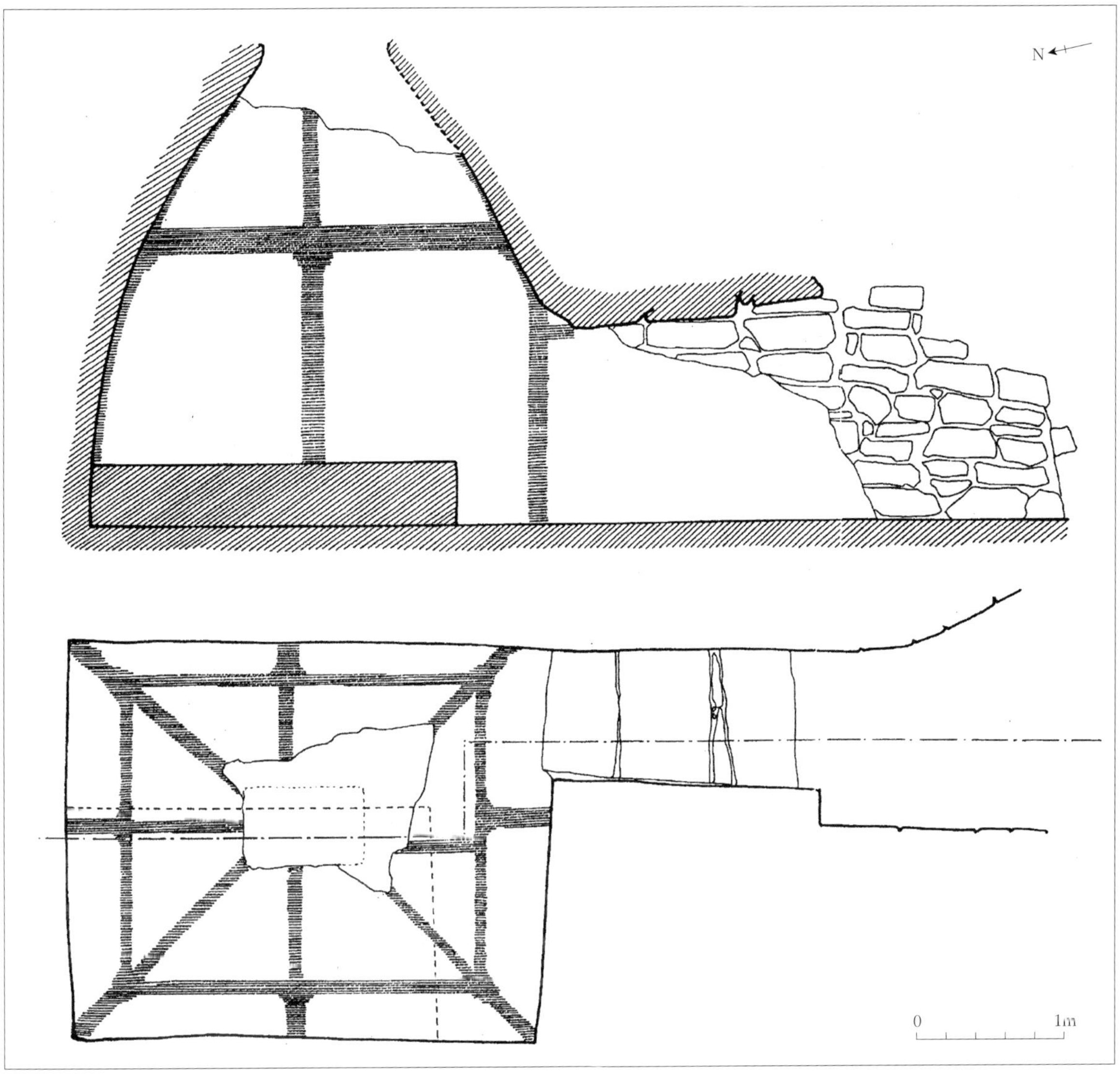

그림 3 만보정1368호묘 평·단면도 2(『洞溝古墓群－1997年調査測繪報告』, 324쪽)

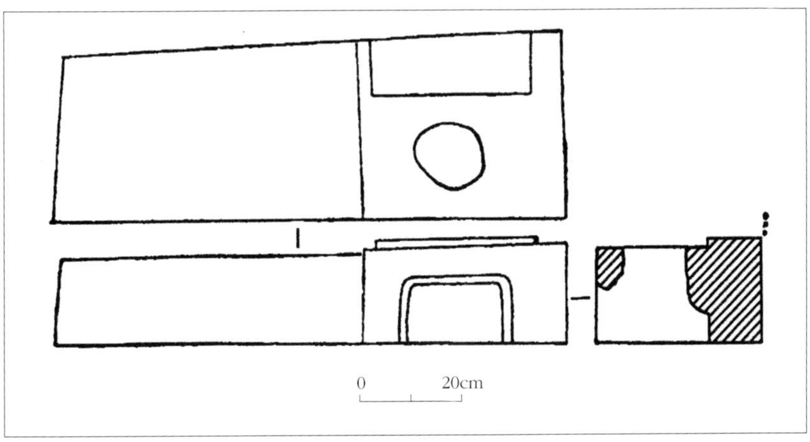

그림 4
만보정1368호묘 묘실 동벽 모서리의 부뚜막(『考古』 1983-4, 313쪽)

0.15m임.

○ 들보 위의 천장 네 모서리와 벽면에는 들보기둥(梁柱)이 있는데, 너비는 0.1m임. 동·서·북벽의 들보기둥이 벽의 기둥과 맞게 그려진 반면, 남벽의 들보기둥은 벽의 기둥과 어긋나 있음.

○ 관대 棱邊에는 검은색이 0.06~0.09m 정도 칠해져 있음.

5. 역사적 성격

1) 특징

묘장의 구조가 엄밀하고 정연한데, 고구려의 높은 석조 축조수준을 보여줌.

2) 피장자 추정

만보정1368호묘는 王字墓나 蓮花墓에 비해 작고 벽화도 조출함. 이와 더불어 백회가 발라진 석제부뚜막이 있다는 점을 감안할 때 피장자의 신분은 두 고분의 피장자보다 낮다고 추정.

3) 축조연대

○ 3세기 중~4세기 중엽 설 : 王字墓보다 먼저 축조되었을 것이라는 점을 감안하면 3세기 중~4세기 중엽에 축조된 것으로 추정(李殿福, 1983).

○ 5세기대 설 : 벽화 제작기법이 通溝12號墓의 남실과 다르고, 부뚜막이 麻線溝1號墓, 長川2號墓, 三室墓에서 출토된 것과 같다는 점을 감안하면 5세기대에 축조된 것으로 추정(魏存成, 1994).

○ 5세기 중엽~6세기 초 설 : 벽화에 보이는 검은색의 나무기둥과 들보는 長川1號墓와 三室墓에 보이는 것과 비슷함. 그리고 평면은 고구려 후기 고분에서 볼 수 있는 刀形임. 이러한 점들을 감안하면 축조 시기는 그리 이르지 않고, 대체로 5세기 중엽~6세기 초로 추정(方起東·劉萱堂, 2002).

○ 만보정1368호묘에 대해서 크게 고구려 초기 벽화묘로 보는 견해와 중기 벽화묘로 보는 견해가 있음. 중기 벽화묘로 보는 견해는 다시 부뚜막을 근거로 5세기대로 보는 견해와 벽화 형식이나 묘실 평면형을 근거로 5세기 중엽~6세기 초로 보는 견해가 있음. 마선구1호묘, 장천2호묘, 삼실묘 등에서 출토된 부뚜막이 유약을 바른 토기였던 반면, 만보정1368호묘에서 출토된 부뚜막은 돌로 제작하였고 긴 장방체라는 점에서 차이가 있음. 그러므로 부뚜막이 부장되었다는 것으로 축조 시기를 5세기대로 볼 수는 없음. 또한 연도가 편재한 刀形 평면이 후기형식이라고 하였는데, 도형 평면은 초기의 석실에서 보이므로 후기 형식으로 볼 근거가 되지 못함. 벽에 비해 천장이 높다는 점과 장방형 현실의 편재 연도는 초기 벽화묘에서 보이는 특징이므로, 4세기 중엽경에 축조되었다고 보는 것이 합리적임.

참고문헌

- 吉林省文物志編委會, 1984,『集安縣文物志』.
- 李殿福, 1983,「集安洞溝三座壁畫墓」,『考古』1983-4.
- 魏存成, 1994,『高句麗考古』, 吉林大學出版社.
- 李殿福, 1994,『중국내의 고구려유적』, 학연문화사.
- 吉林省文物考古研究所·集安市博物館, 2002,『洞溝古墓群-1997年調查測繪報告』, 科學出版社.
- 方起東·劉萱堂, 2002,「集安下解放第31號高句麗壁畫墓」,『北方文物』2002-3.
- 吳廣孝, 2006,『集安高句麗壁畫』, 山東畵報出版社.
- 孫仁杰·遲勇, 2007,『集安高句麗墓葬』, 香港亞洲出版社.
- 耿鐵華, 2008,『高句麗古墓壁畫研究』, 吉林大學出版社.
- 전호태, 2009,「고구려 집안권 벽화고분의 현황과 과제」,『울산사학』14.

19	# 집안 마선구0001호묘 **集安 麻線溝0001號墓 | JMM0001**

1. 조사현황

1) 1961년

○ 조사기간 : 1961년 여름.

○ 조사기관 : 集安縣文物保管所.

○ 조사내용 : 최초 발견.

2) 1962년

○ 조사기간 : 1962년 가을.

○ 조사기관 : 吉林省博物館 輯安考古隊.

○ 조사자 : 李殿福, 方起東, 林至德.

○ 조사내용 : 지역내 유적을 조사할 때 조사대상에 포함됨. 가을에 발굴조사를 하고자 하였으나, 날씨가 너무 추워서 중단.

3) 1963년

○ 조사기관 : 길림성박물관.

○ 조사내용 : 고분의 묘도, 연도, 이실, 묘실에 대해 정리를 진행함. 고분은 일찍이 도굴되어 인골과 부장품이 어지러져 있었음. 묘문 양측 진흙 속에서 금기, 금동기, 골기, 철기, 시유도기 등 60여 점의 유물을 수습. 주로 묘실 및 벽화와 관련한 자료 획득.

4) 1972년

○ 조사자 : 集安縣文物保管所, 길림성박물관.

○ 조사내용 : 벽화가 대부분 박락됨.

5) 2008년

○ 조사기간 : 2008년 4~8월.

○ 조사기관 : 吉林省文物考古研究所, 集安市博物館.

○ 조사자 : 王洪峰, 王志剛, 李丹, 郭建剛.

○ 조사내용 : 통구고분군의 고분을 보호하기 위한 프로젝트를 가동하면서 禹山下901號墓, 禹山下1041號墓, 萬子溝1號墓 그리고 麻線溝1號墓에 대한 고고정리를 실시. 봉토 가장자리의 범위, 묘실 외벽 형식, 묘실 기초 정황 등을 조사. 아울러 묘실 내 박락된 벽화 잔편을 정리하고, 벽화의 보존상황 확인.

2. 위치와 자연환경(그림 1)

1) 고분의 위치

○ 集安 麻線溝古墳群의 북부에 위치. 麻線溝는 압록강 중류 북안 일대의 충적지로 동서 길이는 2km, 남북 길이는 약 1.5km임. 강을 사이에 두고 북한과 마주보고 있고, 동쪽으로 집안시와 4km 떨어져 있음. 麻線河가 깊은 계곡에서 흘러나와 분지 중부를 거쳐 압록강으로 들어감.

○ 집안 麻線鄉 新紅村 4組, 麻線溝분지 북부의 산골짜기에 위치함.

○ 중심지리좌표는 동경 41° 06′47.48″, 북위 129° 8′ 2.72″이고, 고도는 308.59m임.

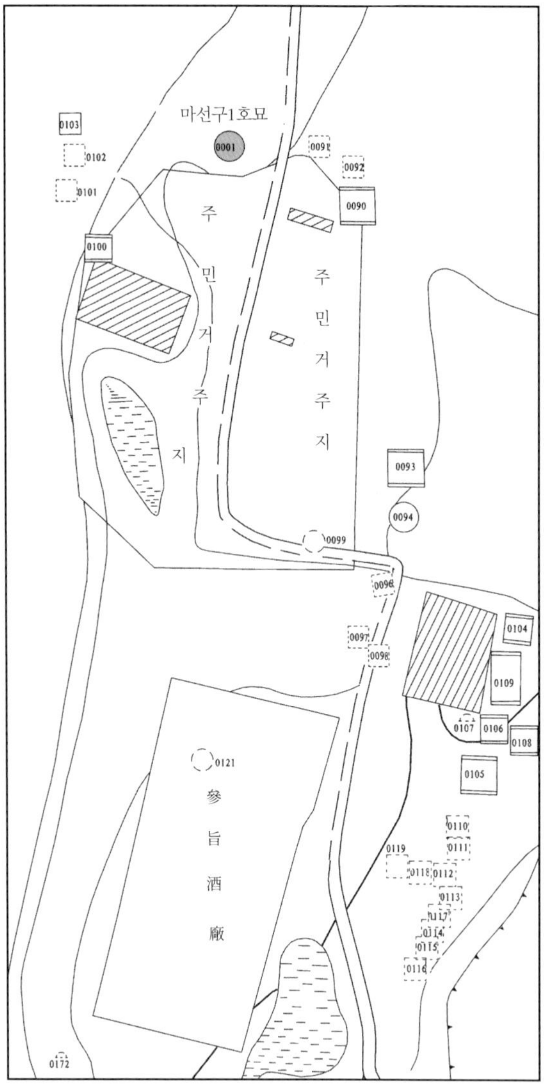

그림 1 마선구1호묘 위치도
(『洞溝古墓群－1997年調査測繪報告』, 274쪽)

2) 고분의 주변환경

○ 동쪽으로 약 100m 떨어진 지점에 麻線河가 흐름.

○ 남쪽으로 압록강과 약 4km 떨어져 있음.

○ 묘장 주변으로 대형 고분은 없는데, 가장 가까운 대형 고분은 동남쪽으로 약 1.8km에 떨어져 있는 麻線溝2100號墓임. 동남쪽으로 약 2.7km 떨어진 지점에는 千秋墓, 서남쪽으로 약 3km 떨어진 지점에는 西大墓가 있음.

3. 고분의 현황

1) 2008년 발굴 전 상황

○ 촌락 가운데에 위치하면서 보존상태가 나쁨.

○ 고분 북측은 포도원이고, 동·서 양측에는 밤나무가 심어져 있으며, 남측과 서남측에는 가옥이 자리 잡고 있음.

○ 묘실 동측 봉토는 심하게 파괴되었고, 묘실 외벽 동북 모서리와 동벽 축조석은 밖으로 노출됨.

○ 고분 남부의 봉토 역시 심하게 파괴되었는데, 봉토는 대부분 결실되었고, 봉토가 결실된 곳은 가옥이 들어서거나 인삼밭으로 변모했음.

○ 고분 서부와 북부의 봉토는 보존상태가 상대적으로 좋음. 인위적인 파괴는 비교적 적었지만, 오랜 기간 빗물에 침식되면서 봉토가 유실.

○ 분구 윗쪽 봉토의 결실은 비교적 심한데, 특히 고분 동측의 잔존 봉토는 최대 두께가 0.4m에도 이르지 못함. 분구 동북 모서리의 봉토가 결실되면서 묘실 천장 외벽이 노출됨.

2) 고분 형식

(1) 유형

封土石室壁畵墓.

(2) 규모

○ 方起東(1964) : 둘레 길이 50m, 봉토 높이 5m.

○ 吉林省文物考古研究所·集安市博物館(2002) : 한 변 길이 13m, 높이 5m.

○ 吉林省文物考古研究所·集安博物館(2010) : 동서 길이 약 20m, 남북 너비 약 21m.

3) 고분 구조

(1) 1963년 조사내용

○ 봉토가 유실되면서 묘실 북벽과 동벽을 쌓았던 돌들이 노출됨.

○ 묘실 천장 북변이 무너져 내리면서 구멍이 생겼는데, 구멍을 통해 출입이 가능.

○ 봉토는 황색 점토임.

○ 묘 바닥은 현재 지표보다 약 30~35cm 낮음.

○ 묘도, 연도, 남북 이실, 묘실 등으로 구성(그림 2). 묘실, 연도, 이실내에는 진흙과 부식토가 중간 깊이까지 채워져 있음.

① 묘도

○ 묘도는 길이 7m, 너비 1.38~1.8m, 방향 285°임.

○ 돌과 백회를 이용해서 축조.

○ 연도와 연접한 묘도의 동단 좌우에는 흙과 돌을 쌓았음.

○ 흙과 돌을 쌓아 연도를 폐쇄. 폐쇄한 흙의 두께는 2.1m이고, 연도까지 0.5m 넘어감. 폐쇄한 돌더미 중상부에 도굴구멍이 있었으나, 지금은 막혀 있음. 폐쇄석으로는 강돌이 많이 사용되었고, 강돌 사이에 숯과 숯덩이가 적지 않게 포함되어 있음.

② 연도

○ 전체 길이 4.65m, 윗 너비 1m, 아랫 너비 1.22m, 높이 1.6m임.

○ 위가 상대적으로 좁고, 북면은 묘실보다 5cm 정도 낮음.

○ 연도 바깥입구에서 1.25m 떨어진 지점에 나무로 만든 묘문이 설치되어 있었으나, 지금은 백회를 바른 문틀, 문설주, 문미 등의 흔적만 남아 있음. 썩은 나무가 붙어 있던 철제문못(門釘)과 철제문고리(門鐐) 2개가 출토되었고, 문틀 내측을 향하여 더 넓어진 백회흔적을 확인. 이로 볼 때 묘문은 문틀 내측에 있으면서 안쪽을 향해 열렸던 두짝문이었다고 추정. 묘실에서 0.7m 떨어진 지점에 있는 묘실문은 밖을 향해 열리는 화강암의 양짝 문으로, 가운데부분에 철제문고리가 있음. 문짝의 윗 문지도리는 원형이고, 백회가 발라져 있는 썩은 목제문미가 끼워져 있음. 아랫 문지도리는 타원형이고, 지면에 닿아 있음. 석문 내측에는 백회를 바른 문틀과 문설주가 있음.

③ 이실

○ 연도 좌·우로 각각 장방형의 남·북 이실이 있음.

○ 남쪽 이실은 묘문에서 0.9m 떨어진 지점에 있음. 입구가 통로를 통과하는데, 통로는 너비 0.95m, 높이 1.24m, 깊이 0.35m임. 동·서·남 세 벽은 약간 안으로 기울어져 있음. 깊이는 1.3m이고, 너비는 0.9m임. 위의 천장은 四阿式(覆頭式)이고, 높이는 2.15m임.

○ 북쪽 이실은 묘문에서 1m 떨어져 있음. 통로는 너비 0.95m, 높이 1.27m, 깊이 0.3m임. 이실 세 벽은 약간 안으로 기울어져 있고, 깊이는 1.25m, 너비는 0.95m임. 천장은 말각고임식이고, 높이는 2.08m임. 천장은 이실 벽면에서부터 위를 향해 기울어졌음. 천장 네 모서리에 작은 말각석을 놓아 각을 죽였고, 말각석 위에 1층 돌을 놓았으며, 그 돌과 평행하게 고인 후 맨 위에 천장석을 놓았음. 천장석에는 회를 발랐음.

④ 묘실

○ 묘실은 크기가 다른 돌로 쌓음.

○ 평면은 방형이고 높이는 4.05m임.

○ 네 벽은 안으로 약간 기울어져 있고, 높이는 1.3m임.

○ 남북 두 벽의 길이는 4.28m, 동벽의 길이는 4.15m이고, 연도가 있는 서벽의 길이는 4.23m임.

○ 네 벽 위부터 꼭대기까지 점점 안으로 기울어져 있고, 백회가 발라져 있으며, 모서리를 죽임으로써 四阿

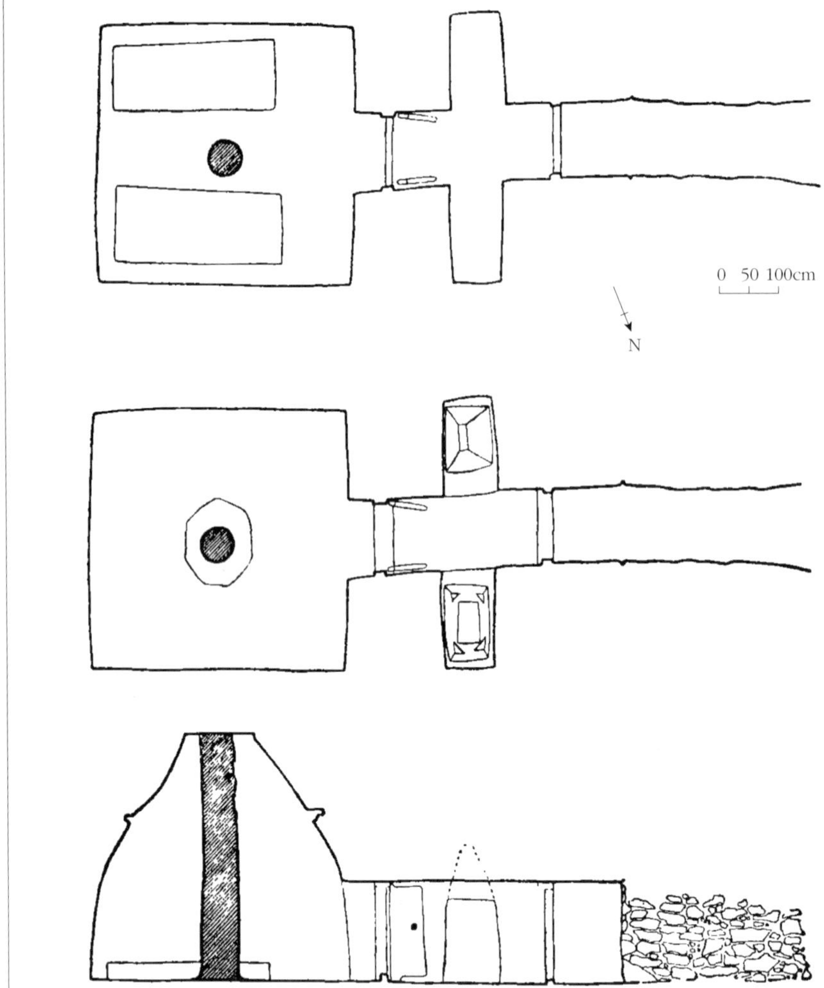

그림 2
마선구1호묘 평·단면도 1
(『考古』 1964-10, 521쪽)

式에 가까운 궁륭 천장을 구축. 석회 껍질이 벗겨져 있는 천장 동남 모서리에서 다음 사이까지 작은 말각석을 볼 수 있음.

○ 묘실 중앙에 돌로 제작한 원형 기둥이 세워져 있는데, 개정석을 떠받치고 있음. 기둥 표면에는 백회를 발랐고, 직경은 0.62m임.

○ 궁륭식 천장 정중앙에서 아래쪽으로 치우친 곳에 각각 작고 네모난 구멍 1개가 있음. 구멍 안은 돌을 쌓아 계단모양으로 만듦.

○ 원형 기둥의 남북 양측에 관대가 남북으로 놓여 있음. 모두 석판으로 제작하였고, 표면은 백회를 발라 광택이 남. 남쪽 관대는 길이 2.5m, 너비 1.05m이고, 북쪽 관대는 길이 2.53m, 너비 1.2m임. 높이는 모두 0.25m임.

(2) 2008년 조사내용

① 봉토범위

○ 고분 동·서·북측에 각각 너비 1m, 길이 1~3m의 탐색갱 6개를 설치함. 현재 봉토 가장자리, 묘의 축조 층위, 봉토 축조방법을 파악하기 위해서임. 고분은 지표면보다 높은 봉토 경계선을 가지고 있는데, 현재 확

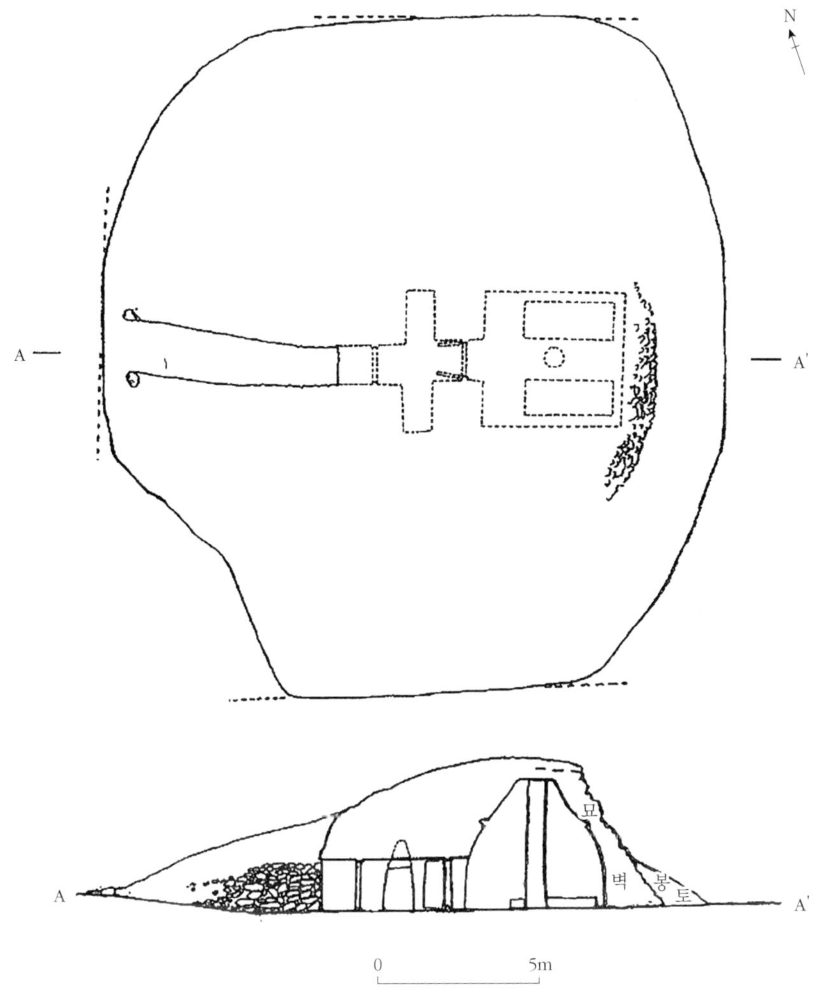

그림 3
마선구1호묘 평·단면도 2
(『邊疆考古硏究』 9, 404쪽)

정할 수 있는 고분 봉토의 가장 바깥 윤곽임. 윤곽 바깥 표토 아래에서는 봉토흔적을 볼 수 없음. 묘실 중심점에서 동쪽 봉토 가장자리는 직선으로 약 5.6m, 남쪽 봉토 가장자리는 직선으로 약 10.3m(고분 남측은 탐색갱 시굴을 하지 않았기 때문에 현재 지표보다 높은 봉토 범위로 확정함), 서쪽 봉토 가장자리는 직선으로 약 14.6m, 북쪽 봉토 가장자리는 직선으로 약 10.7m 떨어져 있음(그림 3).

○ 묘실 동남 모서리 외측에서 봉토 파괴가 심각한 지점을 절개하여 단면조사함. 절개한 곳은 봉토 잔존높이가 0.7m임. 봉토는 황색 점토이고, 재질이 비교적 견고함. 층별 판축흔적이 보이지 않는 것으로 보아 堆築으로 축조한 것으로 추정됨.

② **묘도**

○ 묘도는 현재 길이가 3.5m임. 양측은 가공하지 않은 산돌과 강자갈로 축조하였고, 벽은 현재 길이가 3.1m임. 보존이 가장 양호한 지점에서는 축조석 10층을 볼 수 있고, 현재 높이는 약 2m임. 묘도 내의 채움토는 제1차 발굴 후 다시 묻은 흙으로, 토색은 검은색과 황색이 섞여 고르지 않고, 바닥부에서는 소량의 백회덩어리를 볼 수 있음. 묘문이 있는 지점은 강자갈이 섞여

있는 모르타르로 틈새를 메웠음. 봉석 바닥에서 썩은 나무 수 개와 철제꺾쇠못(鋦釘) 4점이 발견되었는데, 제1차 발굴 당시 묘문을 막은 흔적임.

③ 묘실

○ 묘실 동남 모서리의 축조석은 밖으로 노출됨.

○ 묘실은 지표 위에 축조한 것으로 추정됨.

○ 묘실 외벽은 강자갈과 모래가 섞여 있는 층 위에 축조. 일부 상층에는 소량의 흑색토와 석탄덩어리가 혼재되어 있고, 하층은 비교적 고름. 강자갈과 모래가 섞여 있는 층은 모든 고분 봉토 가장자리에서 볼 수 있는데, 응당 생토층임. 상층 일부는 고분을 축조할 때 교란되면서 흑토가 뒤섞임. 묘실 외벽은 산돌을 엇갈려 쌓았는데, 위로 갈수록 들여쌓음으로써 묘실 바닥이 넓고 천장부가 좁음. 축조석은 다듬은 흔적이 명확하지 않고, 크기 및 형태가 제각기 다르며, 두께도 고르지 않음. 축조석을 들쭉날쭉 쌓음으로써 외벽이 가지런하지 않고, 축조석 사이의 틈은 깨진 산돌과 작은 강자갈이 섞여 있는 백회로 메움.

4. 벽화내용

○ 마선구고분군에서는 유일한 벽화묘임.

○ 연도, 남북(좌우) 이실, 묘실 벽면의 상부 전체와 하부 약 30cm, 원형 기둥과 관대 등에 벽화가 있음.

○ 먼저 주홍색의 얇은 선으로 초고를 잡고, 편평하게 발라 색칠을 하였으며, 마지막에 묵선으로 윤곽을 그림.

○ 채색에 사용한 색깔은 자색, 짙은 홍색, 귤색, 청회색, 짙은 녹색, 황토색, 백색 등임.

○ 백회가 박락되어 벽화의 전모를 파악할 수 없음. 또한 진흙과 습기가 침투하면서 남은 벽화 일부는 초고의 얇은 선만 남아 있고, 일부는 定稿線이 탈실되면서 하얗게 남아 있는 影迹만 볼 수 있음.

1) 묘실

묘실 네 모서리에는 자색의 나무기둥과 지붕받침(櫨斗)이 있음. 지붕받침의 아래로는 皿板을 놓았고, 위로는 들보(梁枋)를 올렸으며, 자색 바탕에 검은 선으로 표현한 마름모꼴의 권운문을 연속적으로 배치.

(1) 동벽

동벽에는 부부대좌도가 있음. 여자는 북벽을 바라보며 꿇어 앉아 있는데, 지금은 하반신만 남아 있음. 녹색 옷깃의 짙은 홍색 合裕 치마를 입었음. 남자는 남쪽을 바라보고 있음. 왼섶의 긴 옷을 입었고, 배 앞에서 손을 마주잡았음. 두 사람 사이에는 찻상이 있고, 찻상에는 찻잔 하나가 있음. 남자 뒤로는 노복들이 일렬로 서 있는데, 현재는 주홍색의 가는 선만 보임(그림 4-1). 앞에는 侍童 1인, 뒤에는 시녀 4인이 있음. 시동은 귤색의 짧은 저고리와 통이 큰 바지를 입었음. 시녀는 모두 배 앞에서 손을 마주잡았음. 소매통이 넓은 좌섶의 긴 치마를 입었고, 어깨 위에는 어깨모양의 물건 2편이 붙어 있음. 첫 번째와 두 번째 시녀 머리에는 깃털모양의 보요가 꽂혀있고, 세 번째 시녀는 椎髻를 하였음. 두 번째와 세 번째 시녀는 치마 아래로 풍신한 바지와 신발을 노출. 네 번째 시녀는 긴 치마만 볼 수 있음. 시녀 위에는 연화 2송이가 있는데, 하나는 홍색이고 하나는 검은색임(그림 4-3). 그 외에 매를 다루는 사람이 있음(그림 4-2).

(2) 남벽

○ 남벽 동단에 춤사위를 주고받고 있는 2인이 있음(그림 4-4). 왼쪽 인물은 오른쪽을 향하고 있음. 머리에는 책관을 썼고, 긴 소매의 짧은 저고리와 황색 바탕에 검은색 점이 있는 통 넓고 끝단이 오므라드는 바지를 입었음. 허리를 묶었고 신발을 신었음. 오른쪽 인물은 왼쪽을 향하고 있음. 가장자리가 눌려 있는 홍·흑색 책관을 썼고, 소매가 긴 짧은 저고리와 통 넓고 끝단이 오

그림 4 마선구1호묘 묘실 벽화모사도(2는 『集安高句麗壁畵』, 34쪽, 나머지는 『考古』 1964-10, 523·524쪽)
1. 동벽 인물들
2. 동벽의 매 다루는 사람
3. 동벽 연화문
4. 남벽 무용도
5. 북벽 중장기병
6. 남쪽 관대의 호피모양장식

므라드는 녹색 바지를 입었음. 허리는 묶었음.

○ 상부에는 정면에서 바라본 모양의 8판 꽃송이가 있음. 현재는 중부와 서변의 4송이만 볼 수 있음. 가로 방향으로 배열되어 있는데, 동벽 상부에 있는 연화보다 높은 곳에 위치. 꽃송이 중심에는 녹이 슨 흔적이 있는 작은 구멍이 있음.

○ 북측 묘문 내측 상부의 백회 위에는 얼굴 측면을 그린 듯한 주홍색의 가는 선이 있음.

(3) 북벽

○ 기사와 말 모두 투구와 갑옷을 착용한 중장기병이 있음(그림 4-5). 기사의 투구는 뿔장식이 있는 小札冑로 추정됨. 馬冑는 삼엽형의 챙을 갖추고 있고, 챙 위로 깃털모양의 장식이 있음. 馬甲은 청색임.

(4) 천장

○ 들보(梁枋) 위의 천장은 백회가 일부 떨어져 나갔음.

그림 5 마선구1호묘 남쪽 이실 벽화모사도(1·3·5·6·7은 『考古』 1964-10, 523·524쪽, 2·4는 『중국내의 고구려유적』, 195쪽)
1~2. 동벽 가옥 3~4. 남벽 가옥 5. 서벽 가옥 6. 천장고임 연화문 7. 들보의 마름모꼴 연속격자무늬 안에 연화문이 있는 도안

○ 연화문이 있는데, 9판이고 일부는 짙은 홍색, 일부는 흑색으로 주로 표현. 형상은 조금 다름.

(5) 남쪽 관대

○ 표면에 호피모양장식이 있음(그림 4-6). 황색 바탕으로, 문양 안은 중축선이 있어 대칭하고 홍색이 칠해져 있음. 홍색과 흑색 원점이 있고, 가장자리에는 검은색의 평행사선이 있음.

○ 좁은 면에는 연화문이 일부 보임.

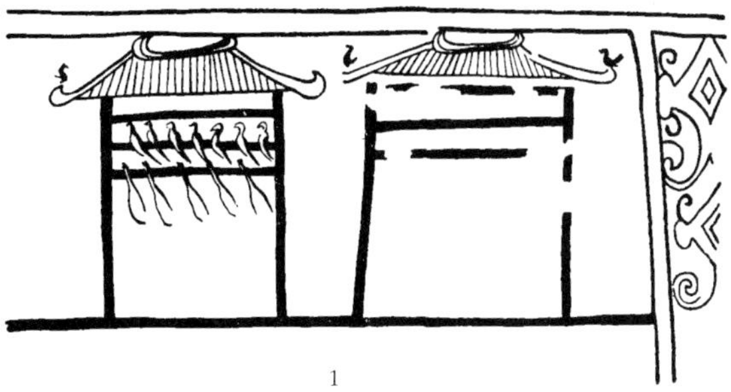

1

2

3

그림 6 마선구1호묘 북쪽 이실 벽화모사도
(『考古』 1964-10, 523·525쪽)
1. 서벽 가옥 2. 동벽 수렵도 3. 천장 연화문

2) 이실

(1) 남쪽 이실

○ 동벽 상단에는 좌측으로 흩날리는 구름 3개가 있고 그 아래로 새 세 마리가 있으며, 다시 그 아래로는 2채의 가옥이 있음. 위에 있는 가옥은 천장이 검은색이고, 천장 위로 거치문이 있음. 적색 기둥이 1조 2개씩 일렬로 가옥을 받치고 있는데, 현재 7개를 볼 수 있음. 그 아래에 있는 가옥은 주황색이고, 적색 기둥 8개가 받치고 있음(그림 5-1, 그림 5-2).

○ 남벽 상부에는 四阿式 천장을 갖춘 난간식 창고(부경)가 있음. 용마루 위로는 좌측으로 흩날리는 구름 2개가 있음. 그 아래로는 적홍색 기둥 4개가 있고, 기둥 사이는 가로로 누인 목재들을 교차해서 붙임으로써 난간처럼 만들었음. 그 가운데에는 방패모양의 도안 2개가 있는데, 창문으로 보기도 함. 하부는 적색 기둥 6개가 받치고 있고, 그 아래에는 적색 기계가 있음. 방앗간으로 추정하기도 함(그림 5-3, 그림 5-4).

○ 서벽 상단에는 오른쪽으로 흩날리는 구름 3개가 있고, 왼쪽 첫 번째 구름 아래에는 검은색 새 한 마리가 있음. 그 아래에는 가옥이 있음. 가옥 꼭대기는 주황색이고 그 위로 거치문이 있는데, 동벽에 있는 거치문보다 큼. 기둥은 적색으로, 앞·뒤 두 줄로 나누어져 있는데, 앞의 열에서는 5개, 뒤의 열에서는 3개를 볼 수 있음. 가옥 안에는 소와 비슷한 동물이 있는데, 이로 볼 때 외양간으로 추정됨(그림 5-5). 또한 고기창고가 있음.

○ 벽과 천장 사이의 들보에는 마름모꼴 연속격자무늬 안에 연화문이 있는 도안이 보임(그림 5-7).

○ 천장 네 면에는 연화문이 엇갈려 있는데, 홍색과 흑색임. 모두 측면에서 바라본 모양의 9판 연화문임(그림 5-6). 천장 꼭대기에는 정면에서 바라본 모양의 활짝 핀 8판 연화문이 있는데, 현재는 박락되어 보이지 않음.

(2) 북쪽 이실

○ 동벽 상부에는 수렵도가 있음. 왼쪽 기사는 황색 말

을 타고 오른쪽으로 치달리며 달아나는 사슴 두 마리에게 활을 겨누고 있음(그림 6-2). 머리에 절풍을 썼고, 흰색 짧은 저고리를 입었음. 기사 앞에 있는 사슴을 보면 수컷은 자색, 암컷은 황색으로 표현. 사슴 앞에 백마를 타고 활시위를 당기는 기사가 있는데, 심하게 박락되어 잘 보이지 않음. 좌측 기사와 사슴 두 마리 사이의 하부에는 머리에 절풍을 쓰고 황색 짧은 저고리와 긴 바지를 입은 인물이 있는데, 좌측 팔목에는 사냥매 한 마리가 앉아 있음. 그 좌측 아래에 있는 인물은 머리만 남아 있는데, 鳥羽를 꽂은 절풍을 썼음.

○ 서벽 상부에는 가옥 두 채가 있음. 청색기와 지붕을 갖추고 있는데, 위에는 치미가 있고, 아래로는 기둥 2개가 받치고 있음. 가옥 상부에는 들보 3개가 있는데, 기둥과 마찬가지로 적색임. 왼쪽 가옥을 보면 좌측 처마에 새 한 마리가 있음. 두 번째 들보에는 같은 형상의 도안 7개가 있는데, 새처럼 보임. 세 번째 들보에는 짐승의 넓적다리와 같은 것 5개가 걸려 있음. 오른쪽 가옥의 처마 양끝에는 각각 새 한 마리가 앉아 있음. 서벽 하부에는 2개씩 병렬한 적색 기둥 8개가 있는데, 들보를 받치고 있음(그림 6-1). 들보 왼쪽 끝에는 황색의 壺形 3개가 장식되어 있고, 오른쪽 끝은 희미함.

○ 북벽 상부에는 말을 타고 오른쪽으로 달리면서 활을 쏘고 있는 기사가 있음. 기사는 홍색의 짧은 저고리를 입었음. 말은 회색임. 말 앞에 달리는 짐승이 있는데, 황색의 뒷다리와 꼬리만 남아 있음.

○ 천장에는 홍색 혹은 검은색 위주의 산연화문이 있고, 꼭대기에는 정면에서 바라본 모양의 홍색 8판 연화문이 있음(그림 6-3).

(3) 연도

○ 연도 좌·우벽의 벽화는 모두 희미해짐. 남·북 이실의 통로 가장자리모습을 표현한 문틀과 문미가 있고, 자색의 권운이 포함된 마름모꼴 문양의 연속 도안도 있음. 윗부분 중앙에는 직경이 0.96m인 정면에서 바라본 모양의 연화문이 있음. 내층 연판은 비교적 작고 외층 연판은 매우 큰데, 모두 12판임. 연화문 동쪽에는 卷草모양의 자색 운문이 연이어져 있음. 서단은 백회가 박락됨.

5. 출토유물

○ 금기 3점, 금동마구식 22점, 골제장식 2점, 철기 37점, 시유호(罐) 2점, 부뚜막(竈) 1점, 분(盆) 1점 등 약 70여 점의 유물이 출토됨.

○ 일찍이 도굴을 당하고, 그 이후에 진흙이 흘러들어 가면서 남아 있던 유물 모두 원래 자리를 이탈. 유물은 대부분 묘문 내외 양측의 충적토에서 집중 출토되었고, 한 점 토기의 잔편이 묘도, 연도, 묘실 등에서 출토되기도 함.

1) 금기

(1) 금제귀걸이 1(耳環, 그림 7-1)

○ 출토지 : 마선구1호묘.

○ 크기 : 전체 길이 3.8cm, 무게 24.7g.

○ 형태 : 납작한 원형임. 금제대롱(金管)을 구부려 만든 고리에 금실을 구부려서 만든 원형 고리를 연결. 금실을 구부려서 만든 납작한 원형 고리에는 표주박형태의 작은 장식이 연결되어 있음.

(2) 금제귀걸이 2(游環耳飾, 그림 7-2)

○ 출토지 : 마선구1호묘.

○ 크기 : 무게 1.47g.

○ 형태 : 약간 삼각형이고 단면은 방형임. 측면에는 사선문을 평행하게 새겼음.

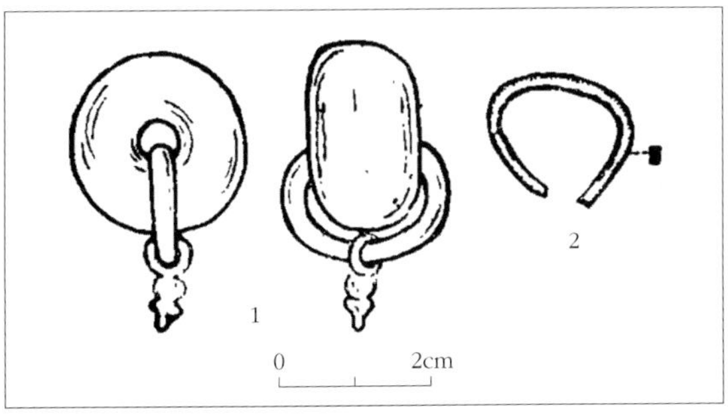

그림 7 마선구1호묘 출토 귀걸이(『考古』 1964-10, 526쪽)

(3) 금제장식물(飾物, 그림 8-8)

○ 출토지 : 마선구1호묘.

○ 크기 : 전체 길이 12.7cm, 무게 3.95g.

○ 형태 : 'Y'자형임. 3단 모두 작은 구멍이 있음. 하단은 파손됨.

2) 금동기

○ 금동기는 비교적 얇고, 표면은 대부분 녹이 심하게 슬었음. 대부분 작은 형태의 부속품이거나 장식품이고, 그 가운데 일부는 마구와 관련이 있음. 모두 27점이 출토.

(1) 금동제행엽(그림 8-13)

○ 출토지 : 마선구1호묘.

○ 크기 : 길이 10.1cm, 너비 11.3cm, 두께 0.25cm.

○ 형태 : 연결못(鉚釘) 9개를 이용해 2층의 금동편과 1층의 철편을 중첩하여 제작. 윗면 금동편의 안은 '十'자로 투조. 편 윗부분에는 가로방향의 틈이 있는데, 연결하기 위한 용도임.

(2) 금동제허리띠고리(帶扣)

○ 출토지 : 마선구1호묘.

○ 형태 : 4점 출토. 3점은 띠고리(扣圈)가 약간 矩形임. 띠고리(扣圈)와 扣搭의 단면은 원형인데, 그 가운데 1점은 비교적 작음(그림 8-5). 나머지 1점은 형태가 앞의 3점과 같으나, 비교적 작고 뒷부분에 원형의 擋頭가 있음(그림 8-12).

(3) 금동제대롱구슬(管珠)

○ 출토지 : 마선구1호묘.

○ 크기 : 길이 3.1cm, 직경 0.5~0.8cm.

○ 형태 : 2점이 출토되었고, 1점은 파손. 얇은 대롱(管)모양인데, 가운데부분은 비대함.

(4) 금동제운주(提手)

○ 출토지 : 마선구1호묘.

○ 형태 : 4점 출토. 2점은 원통과 반구형의 본체부(泡)에 동실 2가닥을 연결하여 제작하였는데, 한쪽 끝에는 하트모양의 작은 편이 연결되어 있고, 나머지 한쪽 끝은 원래의 기물에 고정함(그림 8-4). 나머지 2점은 크기가 다름. 비교적 굵은 금동실을 말발굽형태로 구부려서 목판에 박았고, 양쪽 끝에 구멍을 만들고 동실을 매어 목편에 고정.

(5) 금동제연구(鏈具)

○ 출토지 : 마선구1호묘.

○ 형태 : 2점 출토. '十자'형임. 4개의 연결못(鉚釘)을 이용해 2개의 '凸'자형 편을 중첩하여 제작. '凸'자형 편 가운데에는 2개의 구멍이 있음. 중첩할 때 볼록한 부분을 바깥으로 내민 후, 구부려 끝부분의 틈을 메우며(그 하나는 틈을 메우지 못함) 대롱 모양의 鏈孔을 만듦. 1점은 전체 길이 3cm, 너비 2.4cm임(그림 8-10).

(6) 금동기(그림 8-1)

○ 출토지 : 마선구1호묘.

○ 형태 : 경첩을 이용해서 장조형 두 편을 연결. 편에는 많은 연결못(鉚釘)이 있음. 한 편의 끝부분에는 管모양의 鏈孔이 있고 띠고리(扣圈)에 고리(游環)가 연결되어 있음. 고리에는 4개의 연결못(鉚釘)이 있는 하

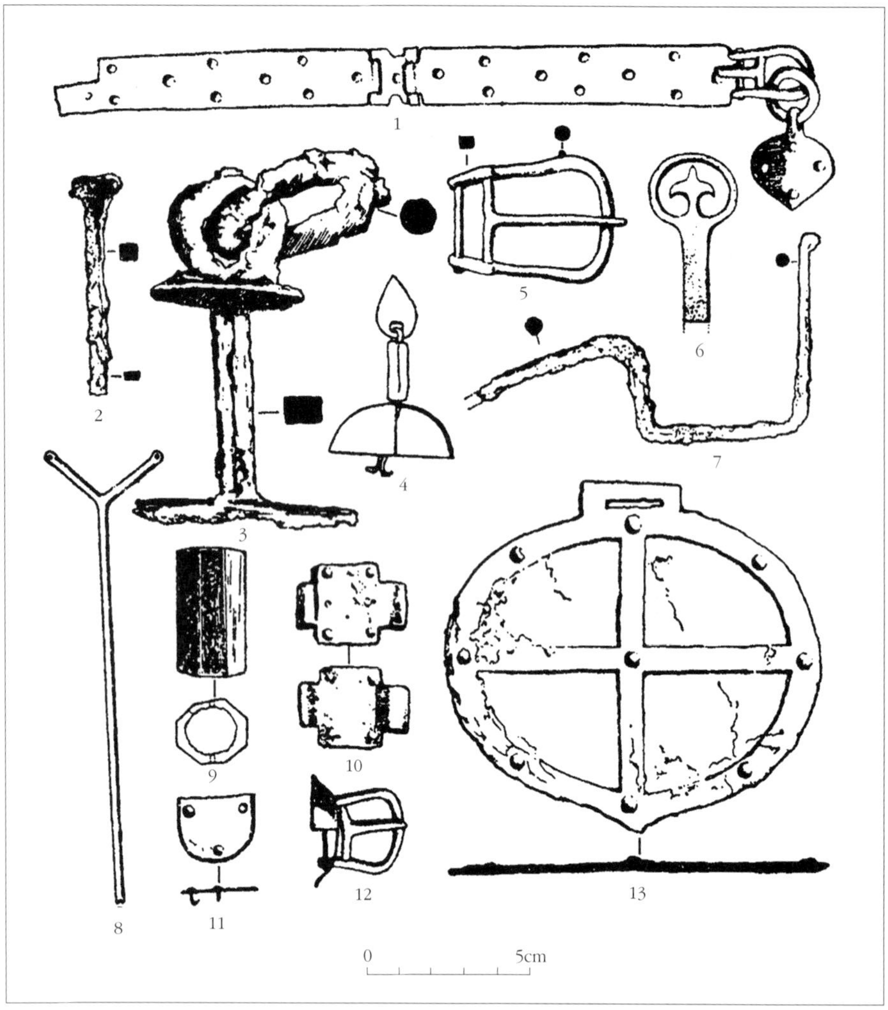

그림 8
마선구1호묘 출토유물
(『考古』 1964-10, 526쪽)
1. 금동기
2. 철제문못
3. 철제문고리
4. 금동제운주
5·12. 금동제허리띠고리
6. 금동제환수잔편
7. 철제걸이
8. 금제장식물
9. 골제장식
10. 금동제연구
11. 금동제반원형편
13. 금동제행엽

트모양장식편이 연결되어 있고, 그 배면에는 모직물 흔적이 남아 있음. 이 외에 2점이 출토됨.

(7) 금동제환수잔편(環首殘具, 그림 8-6)

○ 출토지 : 마선구1호묘.

○ 형태 : 끝부분은 고리모양으로 제작. 고리 중간에 변형된 忍冬장식이 있음.

(8) 금동제반원형편

○ 출토지 : 마선구1호묘.

○ 형태 : 5점 출토. 위에 구멍 3개가 있고, 길이와 너비 모두 2cm임(그림 8-11). 3점은 배면에 모직물 잔편이 남아 있음. 남아 있는 모직물은 平文이고 조직이 매우 치밀한데, 평균적으로 매 mm²내에 3.2×4근이 형성.

(9) 금동제안교테두리(瑗形片件, 그림 9-1)

○ 출토지 : 마선구1호묘.

○ 크기 : 너비 2cm, 양 끝부분 사이의 거리 15.4cm.

○ 형태 : 중간부분이 절단됨. 한쪽 끝부분에는 작은 원형 구멍이 있음.

(10) 금동제안판장식(犄角形片, 그림 9-3)

○ 출토지 : 마선구1호묘.

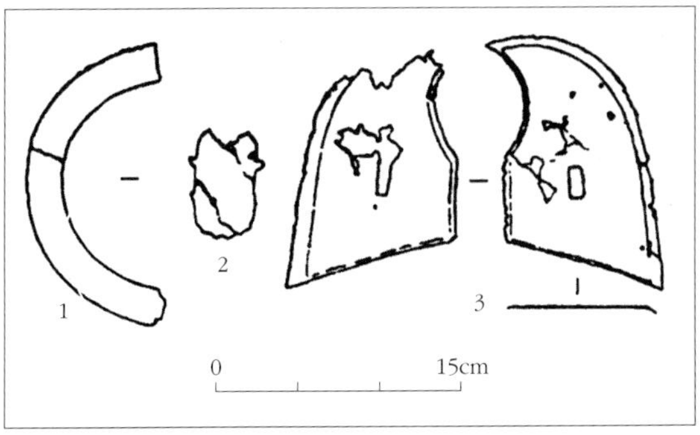

그림 9 마선구1호묘 출토 금동기(『考古』 1964-10, 527쪽)
1. 안교테두리 2. 원형편 3. 안판장식

○ 크기 : 전체 길이 15cm, 너비 8.5cm.
○ 형태 : 2점 출토되었는데, 상호대칭함. 편 가운데에는 矩形 구멍이 있음. 가장자리는 약간 안으로 오므러들었음. 안장 장식품임.

(11) 금동제원형편(長圓形片, 그림 9-2)

○ 출토지 : 마선구1호묘.
○ 형태 : 2점이 출토되었는데, 모두 파손. 좌우 양측에 각각 2개의 작은 蒂가 뻗어 있음.

(12) 금동제장조형편(長條形片)

○ 출토지 : 마선구1호묘.
○ 크기 : 길이 8.6cm, 너비 0.9cm.
○ 형태 : 양 끝부분에 각각 작은 구멍이 있음. 출토당시 가운데부분은 부러져 있었음.

3) 철기

(1) 철제문못(門釘, 그림 8-2)

○ 출토지 : 마선구1호묘 묘문 입구.
○ 형태 : 34점 출토. 두부(帽)는 원형이고, 몸체(身)는 四棱形임. 뾰족한 부분을 납작하게 만들면서 정날(鑿刃)과 비슷. 전체 길이는 약 6.5cm임(그림 8-2).

(2) 철제문고리(門鐐, 그림 8-3)

○ 출토지 : 마선구1호묘 묘문 입구.
○ 형태 : 2점 출토. 문코(門鼻)와 움직이는 고리(游環)로 구성. 형태는 묘실 석문의 것과 같음. 擋頭와 轉脚 사이의 거리는 5.5cm인데, 묘문의 목제문판 두께일 것임.

(3) 철제걸이(鉤, 그림 8-7)

○ 출토지 : 마선구1호묘 묘실 북벽 아래.
○ 형태 : 원래는 네 벽 상방의 꽂송이 중심에 박혀 있었을 것으로 추정됨.

4) 골기

(1) 골제장식(骨式)

○ 출토지 : 마선구1호묘.
○ 형태 : 2점이 출토되었고, 그 가운데 1점은 파손됨. 골제대롱(管)을 불규칙한 6각형 기둥으로 만듦. 몸체에는 상대적으로 작은 원형 구멍 2개가 있음. 1점은 길이 3.8cm, 너비 2cm, 두께 0.2~0.3cm임(그림 8-9).

5) 토기

출토된 토기는 모두 니질의 홍색임. 燒成하여 짙은 홍색이 나타나고 釉色은 황토색이지만, 희미하게 녹색이 드러남. 釉質은 매끄럽고 고와서 윤택이 남. 탈락이 심함.

(1) 호(壺)

○ 출토지 : 마선구1호묘 묘문 입구.
○ 형태 : 2점 출토. 구연은 외반되고(侈口), 밖으로 꺾임(沿外折). 동체부는 둥그스름함(鼓腹). 바닥은 평평함. 동체부 가운데에는 가로방향의 손잡이(橋狀橫耳) 4개가 있음. 1점은 높이 33cm, 동체부(腹) 직경 24.5cm, 바닥 직경 13cm, 벽 두께 0.6~1cm임(그림

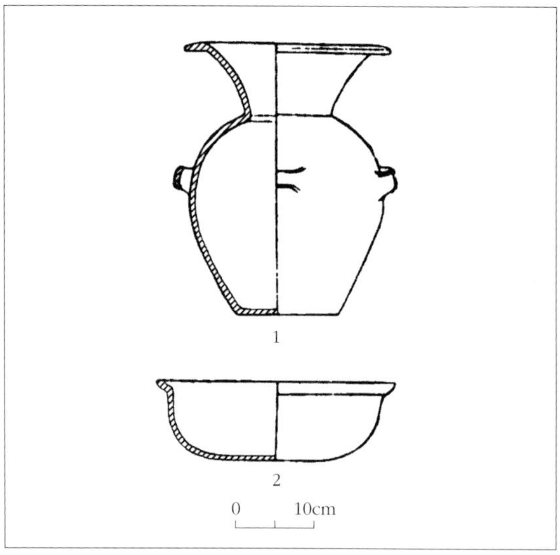

그림 10 마선구1호묘 출토 토기(『考古』 1964-10, 527쪽)
1. 호 2. 분

10-1).

○ 태토 및 색깔 : 가는 니질의 홍색토기.

(2) 부뚜막(竈)

○ 출토지 : 마선구1호묘.

○ 크기 : 길이 55cm, 너비 31cm, 높이 16cm, 벽 두께 약 18cm.

○ 형태 : 釉色이 제일 잘 남아 있음. 장방형임. 윗부분에는 원형의 火口와 타원형의 연통 구멍이 있음. 竈門은 矩形으로, 측면에 위치하고 있음.

○ 태토 및 색깔 : 가는 니질의 홍색토기.

(3) 분(盆, 그림 10-2)

○ 출토지 : 마선구1호묘.

○ 크기 : 높이 8.8cm, 口徑 32cm, 두께 0.4~0.8cm.

○ 형태 : 표면에 유약을 발랐음. 구순은 둥그스름함(圓唇). 구연은 바깥으로 외반됨(口沿外侈). 동체부는 곧음(直腹). 바닥은 평평함. 소성하여 짙은 홍색이 나타나고 釉色은 황토색이지만, 희미하게 녹색이 드러남. 釉質은 매끄럽고 고와서 윤택이 남. 탈락이 심함.

○ 태토 및 색깔 : 가는 니질의 홍색토기.

6) 기타

묘실, 묘도, 연도에서 갈비뼈, 팔다리뼈, 쇄골 등이 출토됨.

6. 역사적 성격

1) 특징

○ 묘실 중앙에 원형 기둥을 세워 천장을 높임으로써 실내 공간을 넓힌 구조는 고구려 고분에서는 유일하게 보이는 사례임. 고구려 고분 중에 기둥이 세워진 사례가 있지만, 묘실 중앙에 세워진 것은 아니기 때문에 구조상 같다고 볼 수 없음.

○ 벽화 표층이 탈락된 일부 면에서 윤곽흑선이 색채를 덮은 현상 혹은 초고의 빨간 선이 노출된 현상을 볼 수 있는데, 이는 벽화 그리는 순서를 드러내주는 것임. 마선구1호묘에 보이는 벽화 중에 시녀의 비녀보요, 창고, 날아가는 구름, 飛鳥 등은 드물게 보이는 사례임. 그리고 춤추는 사람의 나부끼는 긴 소매, 말을 타고 사냥하는 사람 등 움직이는 모습에 대한 표현이 매우 뛰어남.

○ 출토된 금제 및 금동기의 공예기술은 매우 수준이 높음. 황색 시유도기는 태토가 곱지만 단단하고 釉色은 선명한데, 이 또한 수준 높은 토기제작 기술과 燒造를 보여주는 것임.

○ 넓은 묘실, 수려한 벽화, 아름답고 정교한 많은 유물 그리고 벽화에 보이는 가옥, 시종, 연회, 가무 등은 묘주의 사치스러운 생활을 보여주고 있음.

2) 축조연대

○ 4세기 중~말엽 설 : 집안에서 발견된 벽화묘를 연

대 및 분기로 나누어 볼 때 마선구1호묘는 4기 가운데 제1기에 해당. 제1기의 특징을 살펴보면, 먼저 단실묘이고 연도 양측에 이실이 구축되어 있음. 묘실은 궁륭식과 四阿式, 혹은 여러 층의 고임이나 네 모서리에 작은 말각석이 더해진 천장을 갖추고 있음. 그리고 묘 방향은 서쪽을 향하고 있음. 벽화를 보면 묘주인의 생전생활, 연화 혹은 '王'자로 조성된 문양 등을 그렸음. 묘실 네 모서리에는 나무구조물을 그려 넣었고, 菱形文 혹은 螭文을 그리기도 하였으며, 천장에는 주로 연화와 雲文을 그렸음. 이 시기에 속하는 벽화묘로는 마선구1호묘 외에 通溝12號墓, 王字墓, 長川1號墓 등이 있고, 축조 시기는 4세기 중~말엽으로 추정(方起東·劉萱堂, 2002).

○ 5세기대 설 : 벽화를 보면 불교와 관련한 연화문이 있음. 고구려는 4세기 후반에 불교를 수용하는데, 광범위한 전파는 이보다 늦을 것임(魏存成, 1994). 묘의 천장을 보면 층층이 중첩하였을 뿐만 아니라 작은 말각석을 더하여 설치하였음. 특히 이실에서는 2중의 말각조정식이 나타나는데, 이는 舞踊墓나 角觝墓보다 확연히 진부한 것이고, 통구12호묘와 더불어 조금 늦은 시기에 축조된 삼실묘와 유사한 점이 많음. 벽화를 보면 주제, 풍격, 천장장식 등이 통구12호묘와 거의 유사한데, 움직이는 것들에 대한 표현은 약간 더 진보한 모습을 보임. 이를 감안하면 묘의 축조연대는 무용묘나 각저묘보다 늦고, 통구12호묘에 비해서는 비슷하거나 약간 늦을 것으로 여겨짐(方起東, 1964). 이러한 점들을 감안하면 5세기대에 축조된 것으로 추정됨.

○ 고분에서 출토된 행엽 등 마구류나 손잡이가 4개 달린 호(壺)의 형태상 특징을 보면 七星山1096號墓 다음 단계로 비정할 수 있으므로 4세기 말에 축조된 것으로 추정됨.

참고문헌

- 方起東, 1964, 「吉林輯安麻線溝1號壁畫墓」, 『考古』 1964-10.
- 吉林省文物志編委會, 1984, 『集安縣文物志』.
- 조선유적유물도감 편찬위원회, 1990, 『조선유적유물도감(5)』.
- 魏存成, 1994, 『高句麗考古』, 吉林大學出版社.
- 李殿福, 1994, 『중국내의 고구려유적』, 학연문화사.
- 吉林省文物考古研究所·集安市博物館, 2002, 『洞溝古墓群-1997年調査測繪報告』, 科學出版社.
- 方起東·劉萱堂, 2002, 「集安下解放第31號高句麗壁畫墓」, 『北方文物』 2002-3.
- 尹國有, 2003, 『高句麗壁畫研究』, 吉林文學出版社.
- 吳廣孝, 2006, 『集安高句麗壁畫』, 山東畫報出版社.
- 孫仁杰·遲勇, 2007, 『集安高句麗墓葬』, 香港亞洲出版社.
- 耿鐵華, 2008, 『高句麗古墓壁畫研究』, 吉林大學出版社.
- 전호태, 2009, 「고구려 집안권 벽화고분의 현황과 과제」, 『울산사학』 14.
- 吉林省文物考古研究所·集安博物館, 2010, 「2008年集安市洞溝古墓群考古發掘報告」, 『邊疆考古研究』 9.
- 王志剛, 2010, 「集安市五座高句麗墓葬」, 『中國考古學年鑑(2009)』.

20 집안 산성하0332호묘:왕자묘

集安 山城下0332號墓:王字墓 | JSM0332

1. 조사현황

1) 1965년

○ 조사기간 : 1965년 4월.

○ 조사기관 : 集安縣文物保管所.

○ 조사내용 : 벽화 발견.

2) 1965년

○ 조사기관 : 吉林省文物保管會, 吉林省博物館, 집안현문물보관소.

○ 조사내용 : 실측.

3) 1966년

○ 조사기간 : 1966년 3~6월.

○ 조사기관 : 길림성문물보관회.

○ 조사내용 : 발굴 정리.

4) 1966년

○ 조사기간 : 1966년 6월.

○ 조사기관 : 吉林省博物館 集安考古隊, 집안현문물보관소.

○ 조사자 : 徐漢煊, 李殿福, 方起東, 段一平 등.

○ 조사내용 : 通溝古墳群에 대한 실측조사 때 '山城下332號墓(JSM332)'로 편호.

5) 1981년

○ 조사기간 : 1981년 12월 20일.

○ 조사기관 : 집안현문물보관소.

○ 조사내용 : 실측 및 기록. 묘실 내벽에 대한 화학적 보호처리 진행.

6) 1982년

○ 조사기간 : 1982년 10월.

○ 조사내용 : 봉토에 흙을 북돋는 등 무덤 수리. 묘문 폐쇄.

7) 1997년

○ 조사기관 : 吉林省文物考古研究所, 集安市博物館.

○ 조사내용 : 실측.

2. 위치와 자연환경(그림 1)

1) 고분의 위치

○ 集安 山城下古墳群 남쪽 東大坡 일대의 북단에 위치.

○ 禹山 서쪽 기슭 경작지에 위치하는데, 동쪽이 높고 서쪽이 낮음. 산기슭에 위치한 고분들 가운데 가장 위에 자리잡은 고분 중 하나이고, 봉토석실묘 중 비교적 규모가 큼.

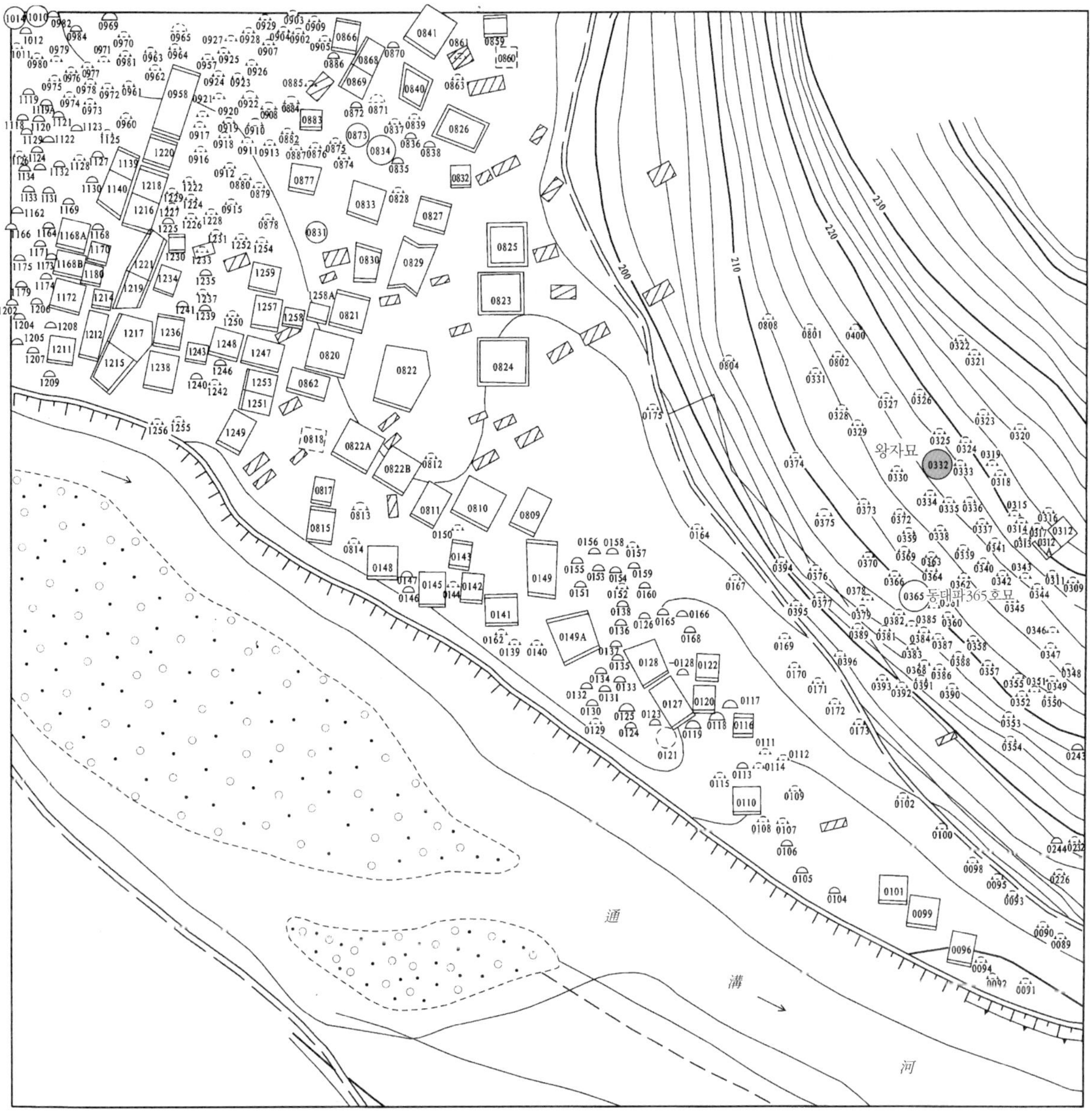

그림 1 왕자묘 위치도(『洞溝古墓群-1997年調査測繪報告』, 231쪽)

2) 고분의 주변환경

○ 서쪽으로 150m 떨어진 지점에 通溝河가 흐름.

○ 동남쪽으로 약 30m 떨어진 지점에 규모가 큰 적석묘가 있음.

○ 북쪽으로 山城子山城이 보임.

○ 남쪽으로 萬寶汀古墳群이 내려다보임.

○ 서면의 산에는 고분들이 자리잡고 있음. 산 아래까지 7열이 있는데, 남북으로 행을 이루고, 대부분 봉토석실묘임.

3. 고분의 현황

1) 고분 명칭의 변천

○ 벽화에 '王'자문이 있기 때문에 '王字墓'라고 불렀음.

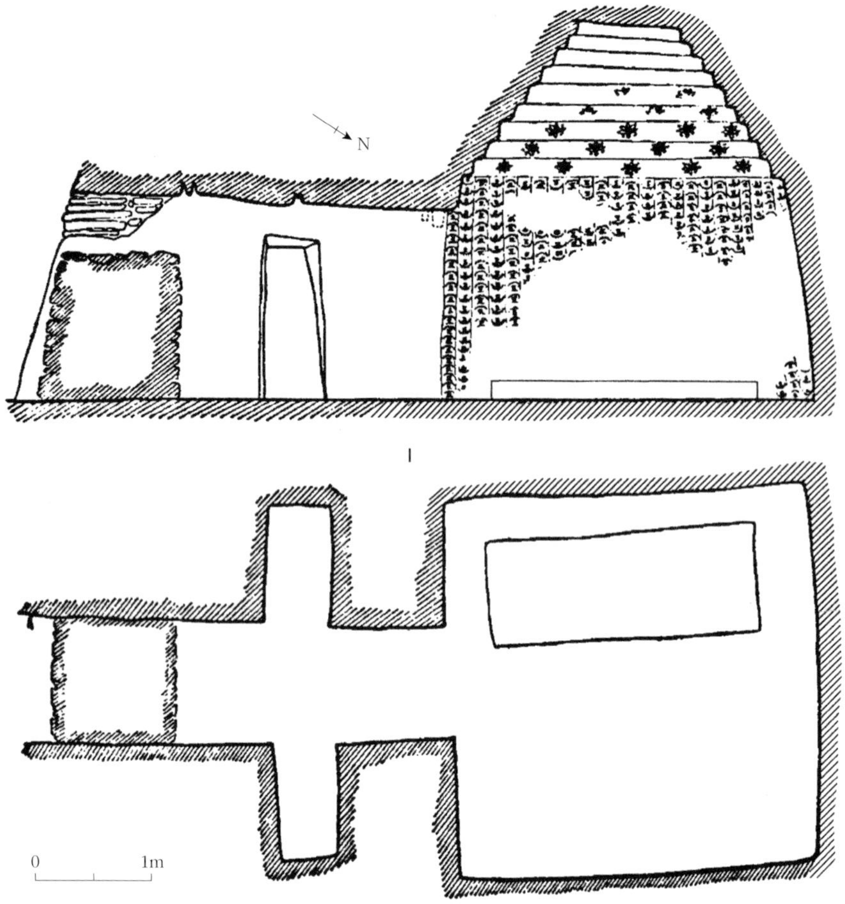

그림 2
왕자묘 평·단면도 1
(『考古』 1983-4, 308쪽)

○ 1966년 통구고분군에 대한 실측조사 때 '山城下332號墓(JSM0332)'로 편호.

2) 고분 형식

(1) 유형

封土石室壁畵墓.

(2) 규모

○ 李殿福(1983) : 바닥 지름 약 10m, 높이 4m.

○ 吉林省文物考古硏究所·集安市博物館(2002) : 한 변 길이 16m, 높이 4.2m.

○ 孫仁杰·遲勇(2007) : 둘레 52m, 남은 높이 1.7~4.2m.

3) 고분 구조(그림 2~그림 3)

○ 무덤 방향은 150°임.

○ 분구는 截頭方錐形이고, 황색 점토에 작은 돌이 섞여 있는 토석혼축묘임.

○ 묘 꼭대기의 봉분이 유실되면서 천장석이 드러나 있고, 묘실로 통하는 도굴구멍이 있음.

○ 묘도, 연도, 2개의 이실, 묘실로 구성되어 있음.

(1) 묘도

○ 묘도는 남향이고, 남은 길이는 2m임.

○ 묘도와 연도가 접하는 지점에는 벽을 쌓아 막았음.

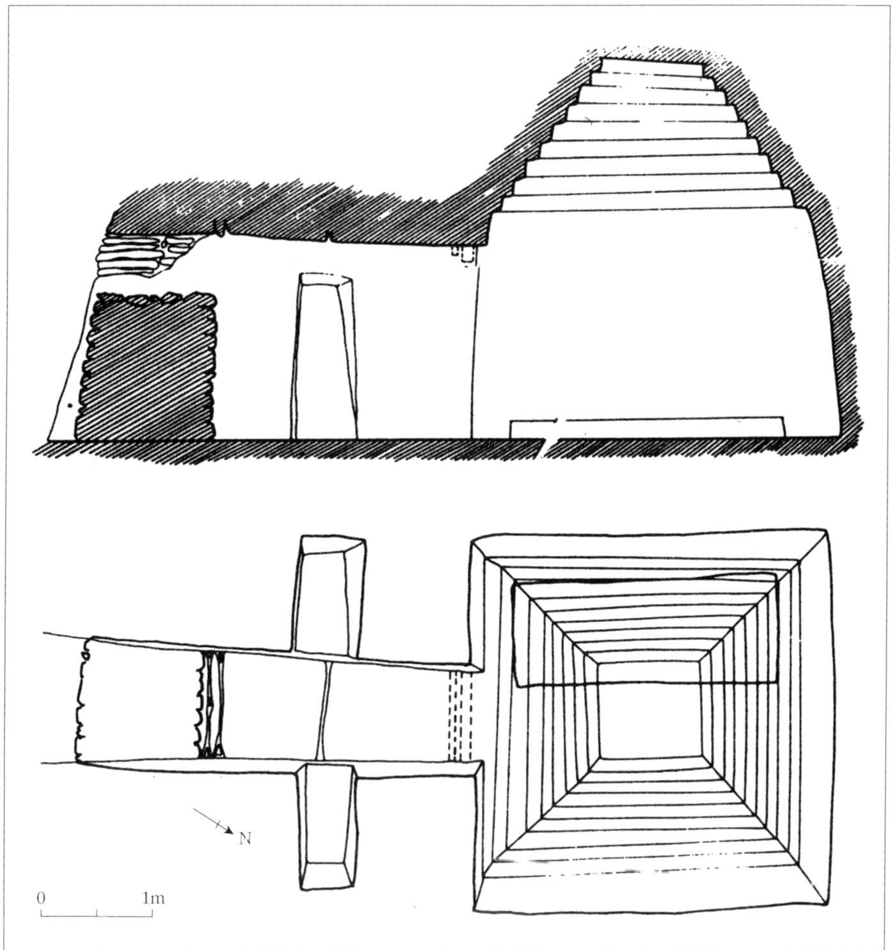

그림 3
왕자묘 평 · 단면도 2
(『중국내의 고구려유적』, 185쪽)

벽은 돌로 쌓았는데, 백회를 바름으로써 더욱 견고해짐.

○ 윗부분은 도굴로 인해 파괴됨.

(2) 연도

○ 묘도 뒤로 연도가 있는데, 전체 길이는 1.80m임.

○ 양 벽은 약간 안으로 기울어져 있음.

○ 위는 큰 석판 3개가 덮고 있음.

○ 바닥은 묘 바닥과 평행하고, 묘실보다 약간 낮음.

○ 양 벽, 바닥, 꼭대기 모두 백회가 발라져 있음.

○ 연도 안쪽 입구에 묘문 흔적이 남아 있음. 원래 목질의 문틀과 문비가 있었으나, 현재는 없어졌고 문틀과 문미 바깥에 바른 백회흔적만 볼 수 있음. 묘문은 윗면에 문미를 설치하여 안과 밖으로 나누고 중간에 문틀을 끼웠음. 문틀의 양측 윗면에는 문지도리 흔적이 남아 있음. 바깥 문미는 문지도리와 높이가 같고 안쪽 문미보다 낮음. 문은 두 쪽으로 이루어진 양선식으로 추정됨. 문의 윗 너비는 0.8m, 아랫 너비는 0.96m, 높이는 1.64m임.

(3) 이실

○ 연도 안쪽 입구에서 1.06m 떨어진 지점 양측에 각각 장방형의 이실이 있음.

○ 네 벽은 안으로 기울어져 있고, 평천장을 갖추었으며, 바닥은 묘도와 평행함.

○ 벽, 천장, 바닥 모두 백회가 발라져 있음.

○ 동쪽 이실은 너비 0.58m, 깊이 0.95m, 높이

1.42m, 서쪽 이실은 너비 0.58m, 깊이 1.04m, 높이 1.42m임.

(4) 묘실

○ 묘실은 방형에 가까운데, 벽 길이는 3.18~3.26m로 같지 않고, 높이는 3.24m임.

○ 네 벽은 약간 안으로 기울어져 있음.

○ 남벽은 높이가 1.53m이고, 윗면에 고임받침석(梁枋)을 올렸음. 고임받침석은 벽면에서 5~10cm 뻗어 있고, 높이는 30cm임. 이로써 남벽의 전체 높이는 1.83m이고, 나머지 세 벽의 높이는 1.90m임.

○ 9층 평행고임과 천장석으로 묘실 천장을 구축. 매층 평행고임은 안으로 약 10cm 들여져 있고, 높이는 12~15cm임. 묘실 전체 높이는 3.24m임.

○ 묘실 서벽에서 약 40cm 떨어진 지점에 돌로 제작한 관대가 남북방향으로 놓여 있음. 북고남저이며, 가운데부분은 약간 들어감. 바깥에는 석회가 발라져 있음. 가장자리에는 棱角이 솟아 있음. 남북 길이는 2.35m, 동서 너비는 0.95m, 높이는 0.16m임.

○ 묘실 네 벽, 천장, 바닥 모두 백회가 발라져 있는데, 두께는 1~3cm 정도임.

○ 묘 바닥은 북쪽이 높고 남쪽이 약간 낮음. 백회면이 벗겨진 곳에서 목탄이 깔려 있는 것을 발견하였는데, 습기를 방지하기 위함임.

○ 동벽, 서벽, 북벽의 윗면에는 40~50cm 간격으로 6개의 못구멍이 있음. 구멍의 깊이는 5cm 정도인데, 장막을 걸기 위한 용도로 추정됨.

4. 벽화내용

○ 묘실 네 벽과 천장 그리고 연도 양 벽에 벽화가 있는데, 묘 꼭대기의 도굴구멍을 통해 빗물이 유입되면서 희미해짐.

○ 이실은 벽면에 발랐던 백회가 모두 박락되면서 벽화의 유무를 알 수 없음.

○ 백회 위로 벽화를 그림.

1) 묘실

(1) 벽(그림 2)

묘실 네 벽은 운문과 '王'자를 조합하여 만든 도안으로 가득 채웠음. 도안의 상부는 조각으로 등분하고 하부는 묵선으로 연결. 홍색 운문과 황색의 '王'자, 녹색 운문과 흑색의 예서체인 '王'자를 구분하여 수직으로 배열하였는데, 매벽마다 24행, 매행마다 20여 組, 모두 약 2,000여 組가 있음. 다만 묘문 서단의 제2행 녹색 운문과 홍색 예서체의 '王'자는 기타 다른 행과는 다르게 제2자부터 제8자까지 예서체의 '工'자이고, 그 이하는 다시 '王'자로 바뀜.

(2) 천장(그림 2)

천장 제1층 아래 모서리에는 검은색의 들보(梁枋)가 있고, 그 위의 각 층에는 측면에서 바라본 모양의 연화문이 있음. 연화는 대부분 5판이고, 황토색 혹은 홍색으로 꽃술을 표현하였으며 묵선으로 윤곽을 그림.

2) 연도

○ 두 이실은 묘실의 연도 양벽과 통함.

○ 동벽과 서벽 모두 묘문을 향해 달리며 활을 쏘고 있는 기사가 있음.

○ 동벽에 있는 기사는 홍색 옷깃의 황색 合袵옷과 홍색 바지를 입었으며 허리를 묶었음. 화살통을 차고 있는데, 그 안에는 4개의 화살이 있음. 말은 청색임(그림 4-1). 기사의 전방과 하부는 희미하여 명확하지 않음.

○ 서벽에 있는 기사는 뒷머리를 묶었고 홍색 절풍을 썼음. 홍색 옷깃의 황색 합입옷과 황색 바지를 입었으며, 허리를 묶었음. 몸을 뒤로 돌려 쫓아오는 호랑이에

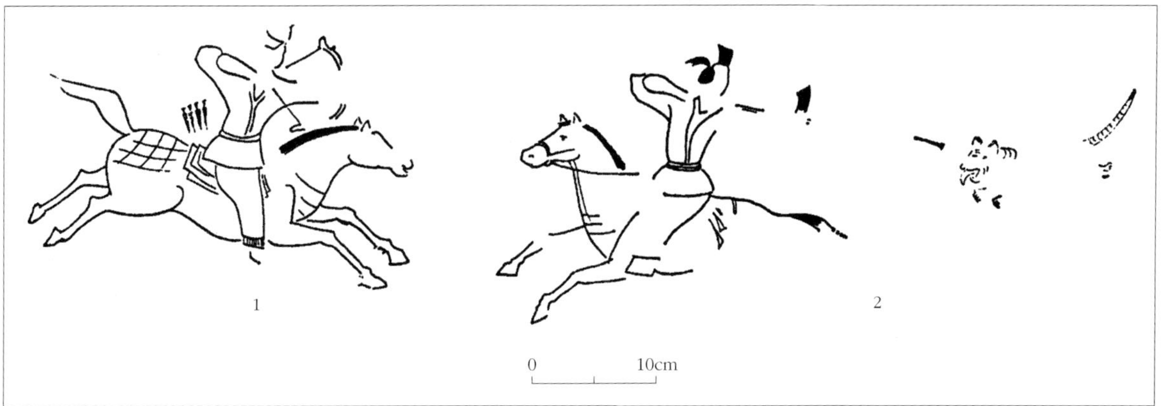

그림 4 왕자묘 연도의 수렵도(『考古』 1983-4, 309쪽)
1. 동벽 2. 서벽

게 활시위를 당기고 있음. 타고 있는 말은 적색이고, 호랑이는 대부분 박락됨(그림 4-2). 기사 오른쪽 아래에는 한 여인이 있음. 홍색 점이 있는 긴 황색 치마를 입었고, 손에는 상을 들고 있음. 상 위에는 바깥이 흑색이고 안은 홍색인 그릇이 있고, 상다리는 짐승발모양임.

5. 출토유물

1) 동기

(1) 동제손잡이(提手, 그림 5-1)

○ 출토지 : 왕자묘 묘도의 진흙.

○ 형태 : 동제편에 고리(環)가 연결되어 있는 형태인데, 파손됨. 동제편 위에는 두부(帽)가 원형인 못이 있는데, 표면은 도금되어 있음.

(2) 동제화엽형띠고리(花葉形帶飾, 그림 5-2)

○ 출토지 : 왕자묘.

○ 크기 : 직선 변 길이 2.3cm, 높이 2.5cm.

○ 형태 : 표면에 문양이 펼쳐져 있음. 동그란 못(釘) 3개가 있는데, 직물이 박혀 있음. 銙帶로 추정됨.

(3) 동제방형띠고리(方形帶飾, 그림 5-4)

○ 출토지 : 왕자묘.

○ 크기 : 변 길이 1.7～2.3cm, 못 길이 0.7cm.

○ 형태 : 위에 동그란 못(釘) 3개가 있는데, 직물이 박혀 있음. 못 뒷부분에는 원형의 동제擋頭가 있음. 銙帶로 추정됨.

(4) 동제삼각형띠고리(三角形帶飾)

○ 출토지 : 왕자묘.

○ 형태 : 2점 출토. 위에는 못(釘) 3개가 있음. 무늬는 없음. 한 점은 직선 변 길이 1.8cm, 높이 1.4cm임(그림 5-3). 銙帶로 추정.

(5) 동제코(鼻)

○ 출토지 : 왕자묘.

○ 크기 : 전체 길이.

○ 형태 : 2점 출토되었고, 그 가운데 1점은 파손. 동사를 구부려 중첩해서 제작. 앞부분의 꼭지(鼻紐)는 원형이고 직물이 박혀 있음. 한 점은 전체 길이가 2cm임(그림 5-5).

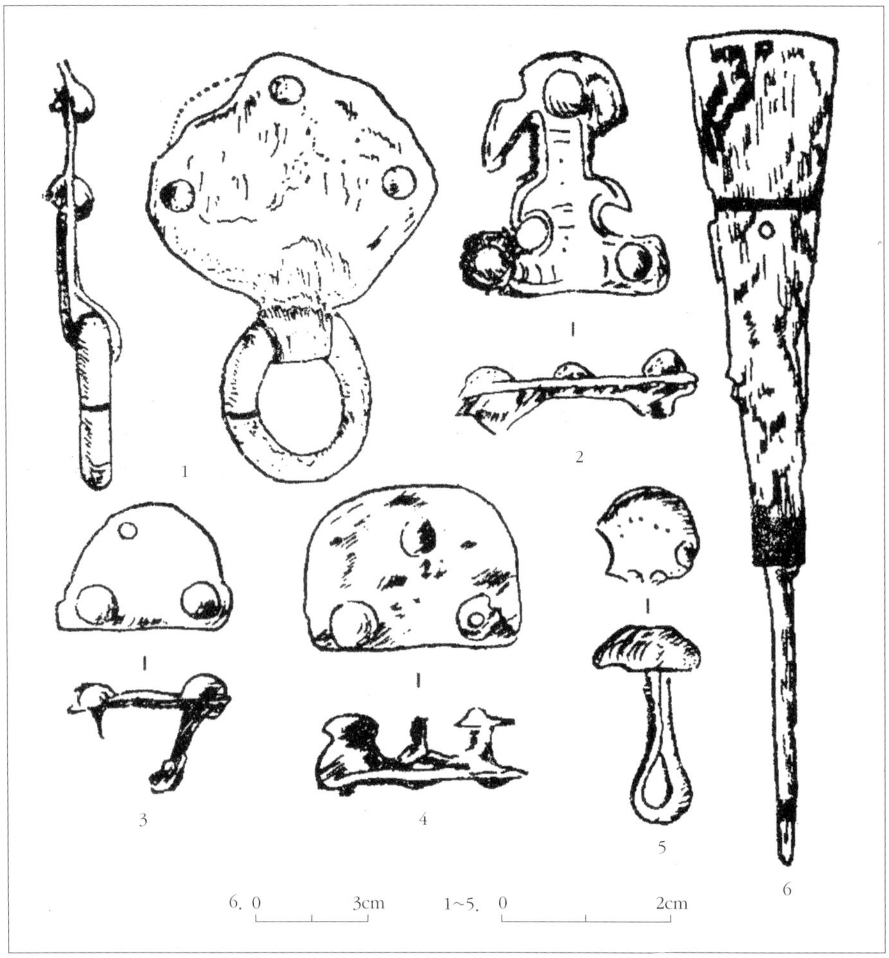

그림 5 왕자묘 출토유물
(『考古』 1983-4, 311쪽)
1. 동제손잡이
2~4. 동제띠고리
5. 동제코
6. 철촉

2) 철기

(1) 철제문고리(門環)

○ 출토지 : 왕자묘 연도 안쪽 입구와 묘도 진흙.

○ 형태 : 2점이 출토되었는데, 크기는 다름. 철제고리(鐵環)와 門鼻로 조성됨. 문비의 철못이 5cm 되는 지점에서 꺾어진 것으로 보아, 문판의 두께가 5cm임을 알 수 있음. 1점은 문고리 직경이 10cm임.

(2) 철제걸이(鉤)

○ 출토지 : 왕자묘 묘실 진흙과 안쪽 입구, 묘도 진흙.

○ 크기 : 전체 길이 21cm.

○ 형태 : 4점 출토. 크기는 서로 같음.

(3) 철제못(釘)

○ 출토지 : 왕자묘 묘실 진흙과 안쪽 입구, 묘도 진흙.

○ 형태 : 8점이 출토되었고, 그 가운데 3점은 파손. 1점은 두부(帽)에 은이 포함되어 있음. 두부는 원형이고 몸체(身)는 四棱錐形임. 대부분 녹이 슬어 있음. 1점은 전체 길이가 13cm임.

(4) 철촉(鏃)

○ 출토지 : 왕자묘.

○ 형태 : 12점이 출토되었고, 그 가운데 5점은 파손. 날은 납작하면서 가지런하고 중간에 구멍이 있음. 關은 四棱形이고, 경부(鋌)는 방추형임. 대부분 녹이 슬었음. 1점은 전체 길이 17.2cm, 날 너비 2.6cm임(그림 5-6).

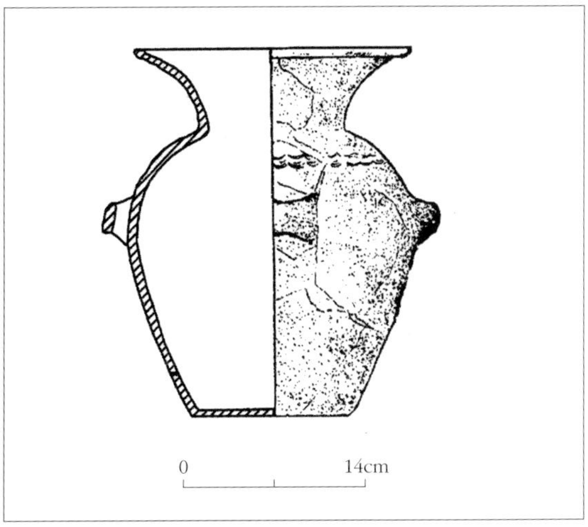

그림 6 왕자묘 출토 호(『考古』 1983-4, 311쪽)

3) 토기

(1) 호(四耳壺, 그림 6)

○ 출토지 : 왕자묘 묘실 동남 모서리.

○ 크기 : 口徑 22.4cm, 전체 높이 30cm.

○ 형태 : 손으로 빚고 물레로 정면함. 태질은 단단함. 구연부는 평평하고(平沿), 구순은 둥그스름함(圓唇). 깃(領)이 있음. 어깨 부분(肩)은 넓고, 호선문양 2줄이 壓印되어 있음. 동체부는 둥그스름하고(鼓腹), 바닥은 평평함. 가로방향의 손잡이(橋狀橫耳) 4개가 붙어 있음.

○ 태토 및 색깔 : 니질의 회색토기.

4) 기타

왕자묘 묘실 진흙에서 갈비뼈, 팔다리뼈, 엉덩이 뼈 등이 출토됨.

6. 역사적 성격

1) 특징

○ 왕자묘는 구조가 엄밀하고 정연하게 축조되었는데, 당시 높은 수준의 석조제작기술을 보여줌. 출토된 호와 금동장식 또한 높은 수준의 공예기술을 보여줌.

○ 벽화에 보이는 '王'자문은 長川2號墓에서도 확인됨.

2) 피장자 추정

묘장의 건축 규모와 벽화를 볼 때 피장자는 고구려 귀족계층으로 추정됨.

3) 축조 시기

○ 4세기 중~말엽 설 : 집안에서 발견된 벽화묘를 연대 및 분기로 나누어 볼 때 왕자묘는 4기 가운데 제1기에 해당. 제1기의 특징을 살펴보면, 먼저 단실묘이고 연도 양측에 이실이 구축되어 있음. 묘실은 궁륭식과 四阿式, 혹은 여러 층의 고임이나 네 모서리에 작은 말각석이 더해진 천장을 갖추고 있음. 그리고 묘방향은 서쪽을 향하고 있음. 벽화를 보면 묘주인의 생전생활, 연화 혹은 '王'자로 조성된 문양 등을 그렸음. 묘실 네 모서리에는 나무구조물을 그려 넣었고, 菱形文 혹은 蝸文을 그리기도 하였으며, 천장에는 주로 연화와 雲文을 그렸음. 이 시기에 속하는 벽화묘로는 왕자묘 외에 通溝12號墓, 麻線溝1號墓, 長川1號墓 등이 있고, 축조 시기는 4세기 중~말엽으로 추정(方起東·劉萱堂, 2002).

○ 4세기 말엽 설 : 왕자묘의 천장은 9층 평행고임이고 전체적으로는 四阿式임. 묘실 벽의 운문과 '王'자문은 북한 감신총 전실의 운문과 '王'자문, 장천2호묘 이실 벽의 벽화와 유사함. 사람이 말을 타고 활을 쏘는 도안은 연도 양벽 즉, 부차적인 위치에 있음. 사람이 말을 타고 활을 쏘는 도안은 시간적으로 인물풍속화를 주제로 하고 있는 묘실 네 벽보다는 늦고 사신도를 주제로 하고 있는 벽화보다는 빠른, 양자의 중간에 해당하는 것으로 보임. 묘의 구조와 사람이 말을 타고 활을 쏘는 도안은 通溝12號墓와 유사한데, 축조 시기는 통구12호묘와 비슷한 4세기 말엽으로 추정됨(李殿福, 1983).

○ 5세기대 설 : 묘의 구조와 벽화의 풍격이 장천2호묘와 매우 유사(孫仁杰·遲勇, 2007). 벽화를 보면 불교와 관련한 연화문이 있음. 고구려는 4세기 후반에 불교를 수용하는데, 광범위한 전파는 이보다 늦을 것임(魏存成, 1994). 이러한 점들을 감안하면 5세기대에 축조된 것으로 추정됨.

○ 손잡이가 4개인 호는 마선구1호묘에서 출토된 것보다 목이 짧아 형태상으로 제작시기가 늦으며, 띠고리는 동진의 것을 모방하여 제작함. 이를 감안하면 왕자묘는 5세기 중엽경으로 축조된 것으로 추정됨.

참고문헌

- 吉林省文物志編委會, 1984,『集安縣文物志』.
- 李殿福, 1983,「集安洞溝三座壁畵墓」,『考古』1983-4.
- 조선유적유물도감 편찬위원회, 1990,『조선유적유물도감(5)』.
- 魏存成, 1994,『高句麗考古』, 吉林大學出版社.
- 李殿福, 1994,『중국내의 고구려유적』, 학연문화사.
- 강현숙, 2000,「고구려 고분 연구」, 서울대학교 박사학위논문.
- 전호태, 2000,『고구려 고분벽화 연구』, 사계절.
- 吉林省文物考古研究所·集安市博物館, 2002,『洞溝古墓群-1997年調查測繪報告』, 科學出版社.
- 方起東·劉萱堂, 2002,「集安下解放第31號高句麗壁畵墓」,『北方文物』2002-3.
- 魏存成, 2002,『高句麗遺跡』, 文物出版社.
- 전호태, 2004,『고구려 고분벽화의 세계』, 서울대학교 출판부.
- 吳廣孝, 2006,『集安高句麗壁畵』, 山東畵報出版社.
- 孫仁杰·遲勇, 2007,『集安高句麗墓葬』, 香港亞洲出版社.
- 耿鐵華, 2008,『高句麗古墓壁畵研究』, 吉林大學出版社.
- 전호태, 2009,「고구려 집안권 벽화고분의 현황과 과제」,『울산사학』14.

21 집안 산성하0365호묘: 동대파0365호묘

集安 山城下0365號墓: 東大坡0365號墓 | JSM0365

1. 조사현황

1) 1976년

○ 조사기간 : 1976년 9월 말~11월 초.

○ 조사기관 : 集安縣文管所.

○ 조사자 : 張雪巖.

○ 조사내용 : 通溝村 주민의 협조하에 무덤 95기를 정리하였는데, 東大坡365號墓는 정리된 무덤 가운데 하나임. 95기 가운데 54기는 심하게 파괴되었고, 41기는 상대적으로 경미했음. 파괴 정도가 경미했던 41기 가운데 2기는 적석묘, 나머지는 봉토묘임. 정리 중 172점의 유물을 수습.

2) 1997년

○ 조사기관 : 吉林省文物考古研究所, 集安市博物館.

○ 조사내용 : 실측.

2. 위치와 자연환경(그림 1)

1) 고분의 위치

동대파365호묘는 集安 山城下古墳群 남쪽의 東大坡墓地 중부에 위치. 산성하고분군은 집안시에서 서북쪽으로 약 2.5km 떨어진 산골짜기에 자리잡고 있음. 첩첩이 늘어선 산봉우리들이 어우러져 있고, 丸都山과 禹山의 서쪽 기슭은 마치 2개의 천연 병풍과 같음. 그 사이로 한 줄기의 협곡이 동북쪽에서 서남쪽으로 이어져 있는데, 너비는 500m임. 협곡의 동북부에는 通溝河가 북쪽에서 남쪽으로 꺾여 흐르고 있고, 통구하의 서북과 東南岸에는 장기간 형성된 충적 하곡대지가 있는데, 동대파묘지는 바로 대지 동측 산 아래의 완만한 비탈지대에 위치.

2) 고분의 주변환경

○ 고분이 위치한 동대파묘지는 산세를 따라 동쪽이 높고 서쪽이 낮음. 범위는 서북에서 동남까지 길이 약 400m, 너비 약 200m 정도임. 묘장 배열은 기본적으로 순서가 있음. 묘지의 남부와 기슭은 대부분 적석묘(봉석묘)이고, 북쪽으로 갈수록 점차 봉토묘가 많아지는데, 북부는 모두 봉토묘임.

○ 동대파묘지에서 서북쪽으로 1km 떨어진 지점에 강 건너 山城子山城이 있음.

3. 고분의 현황

1) 고분 형식

(1) 유형

封土石室壁畵墓.

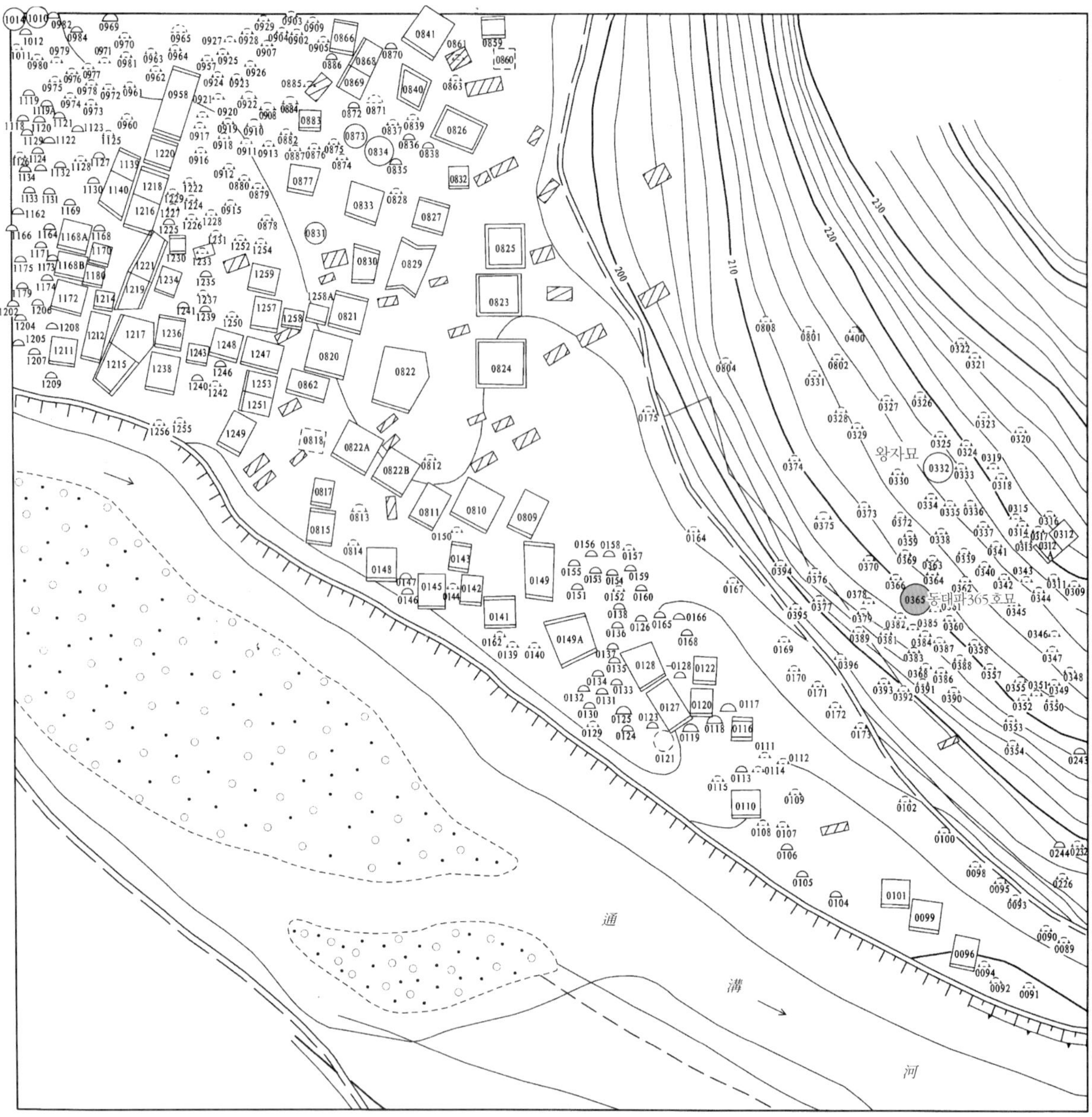

그림 1 동대파365호묘 위치도(『洞溝古墓群－1997年調査測繪報告』, 231쪽)

(2) 규모

변 길이 16m, 높이 3m.

2) 고분 구조(그림 2)

○ 발굴 전 이미 도굴을 당함.

○ 묘실 평면은 鏟形이고, 방향은 서쪽으로 40° 기울어진 남향임.

○ 봉토 바닥부는 방형임.

○ 묘 내 전체 길이는 4.4m임.

○ 묘실은 길이 2.7m, 너비 2.3m, 높이 2m임. 위에는 2층 말각을 구축한 후 큰 석판을 얹음. 묘바닥에는 작은 석판을 깔았음. 묘벽의 석재는 가공하지 않았지만 비교적 가지런함. 네 벽에 2cm 두께의 거친 백회를 발랐는데, 현재는 동벽에만 일부 남아 있음.

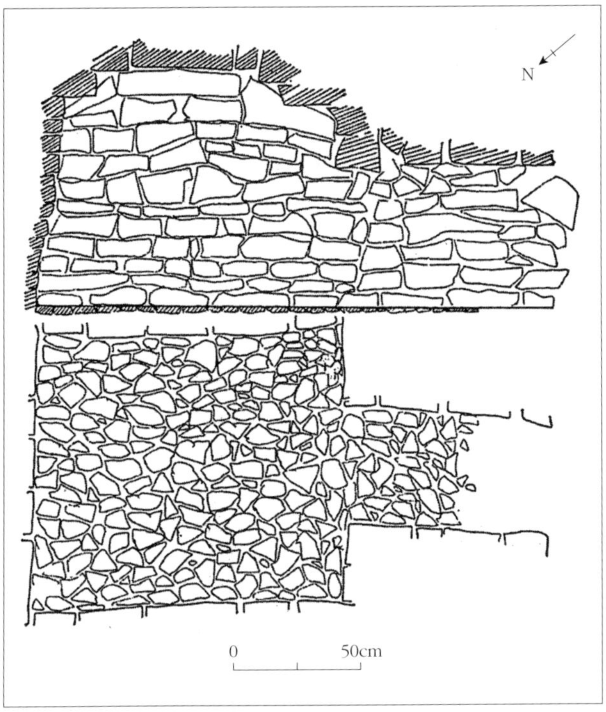

그림 2 동대파365호묘 평·단면도(『考古』 1991-7, 604쪽)

○ 묘도는 동서 길이 1.67m, 남북 너비 1m, 높이 1.2m임.

4. 벽화내용

동벽의 백회에 검은 선으로 그린 흔적이 희미하게 남아 있음.

5. 출토유물

묘도 입구에서 묘실 오른쪽으로는 회색 호(罐), 묘실 왼쪽으로는 반구장경병(盤口長頸甁)이 있었음. 반구장경병은 구순이 각이 짐(方唇). 목은 길고(長頸), 동체부는 둥그스름함(腹圓). 어깨(肩)와 동체부에 각각 凸弦文 4줄이 있음. 陶胎는 귤홍색이고, 태질은 단단함.

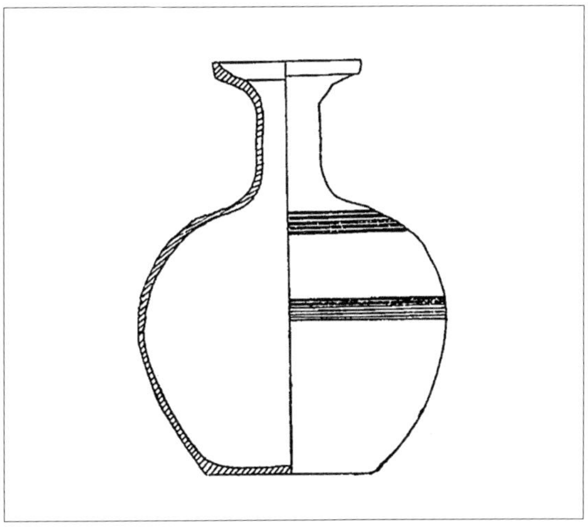

그림 3 동대파365호묘 출토 토기(『考古』 1991-7, 606쪽)

바깥에는 옅은 녹색의 유약을 발랐는데, 釉層은 비교적 얇고 광택은 차이가 남. 전체 높이 25.5cm, 목 길이 8cm, 口徑 6.3cm, 바닥 직경 13.2cm임(그림 3).

6. 역사적 성격

1) 축조 시기

○ 6세기 중엽~7세기 이후 설 : 출토된 반구장경병은 남북조 말기에 제작한 반구병과 유사하고, 발해 유적에서도 비슷한 토기가 출토된 바 있음. 이를 감안하면 6세기 중엽~7세기 이후에 축조된 것으로 추정(魏存成, 1994).

○ 6세기 말 혹은 7세기 초 설 : 고구려 고분에서 출토된 시유도기를 보면 유색은 황록색과 다록색이고, 기형은 대부분 사이전연호(四耳展沿壺), 솥(釜), 발(鉢), 이배(耳杯), 부뚜막 등임. 동대파365호묘에서 출토된 반구장경병은 다른 고구려고분에서 출토된 시유도기와 비교했을 때 유색과 기형이 다름. 반구장경병은 隋代 도자기의 풍격을 갖추고 있고, 다른 고구려 고분에서 출토된 황색 시유도기보다 제작 연대가 늦음. 한편으로

는 발해시기의 敦化 육정산고분군 M119호묘에서 출토된 회색 瓶과 매우 유사하고 고분 구조 또한 같은 모습을 보이는데, 이를 고려하면 고분의 축조 시기는 6세기 말 혹은 7세기 초로 추정됨(張雪巖, 1991).

참고문헌

- 張雪巖, 1991, 「吉林集安東大坡高句麗墓發掘簡報」, 『考古』 1991-7.
- 魏存成, 1994, 『高句麗考古』, 吉林大學出版社.
- 東潮, 1997, 『高句麗考古學研究』, 吉川弘文館.
- 강현숙, 2000, 「고구려 고분 연구」, 서울대학교 박사학위논문.
- 전호태, 2000, 『고구려 고분벽화 연구』, 사계절.
- 吉林省文物考古研究所·集安市博物館, 2002, 『洞溝古墓群-1997年調查測繪報告』, 科學出版社.
- 전호태, 2004, 『고구려 고분벽화의 세계』, 서울대학교 출판부.
- 孫仁杰·遲勇, 2007, 『集安高句麗墓葬』, 香港亞洲出版社.
- 耿鐵華, 2008, 『高句麗古墓壁畫研究』, 吉林大學出版社.
- 전호태, 2009, 「고구려 집안권 벽화고분의 현황과 과제」, 『울산사학』 14.

22 집안 산성하0491호묘

集安 山城下0491號墓 | JSM0491

1. 조사현황

1) 1965년
○ 조사기관 : 吉林省文物保管會, 吉林省博物館.
○ 조사내용 : 실측.

2) 1993년
○ 조사기관 : 吉林省文物考古研究所.
○ 조사내용 : 조사, 보수.

3) 1997년
○ 조사기관 : 吉林省文物考古研究所, 集安市博物館.
○ 조사내용 : 실측.

2. 위치(그림 1)

○ 集安 山城下古墳群의 동남부, 通溝河 남안 20m 지점에 위치.
○ 평원지대 최북단에 있는 작은 마을의 한 가운데에 위치.

3. 고분의 현황

1) 고분 형식

(1) 유형
封土石室壁畵墓.

(2) 규모
봉토 바닥 변 길이 7m, 너비 6m, 높이 2m.

2) 고분 구조
○ 봉토 분구 바닥의 평면은 방형임.
○ 묘실 천장구조는 궁륭고임임.

4. 벽화내용

묘실의 벽과 천장에 회를 바르고 그 위에 벽화를 그렸음. 현재 벽화는 박락되어 면모를 확인할 수 없고, 천장부에서 일부 채색흔만 보임.

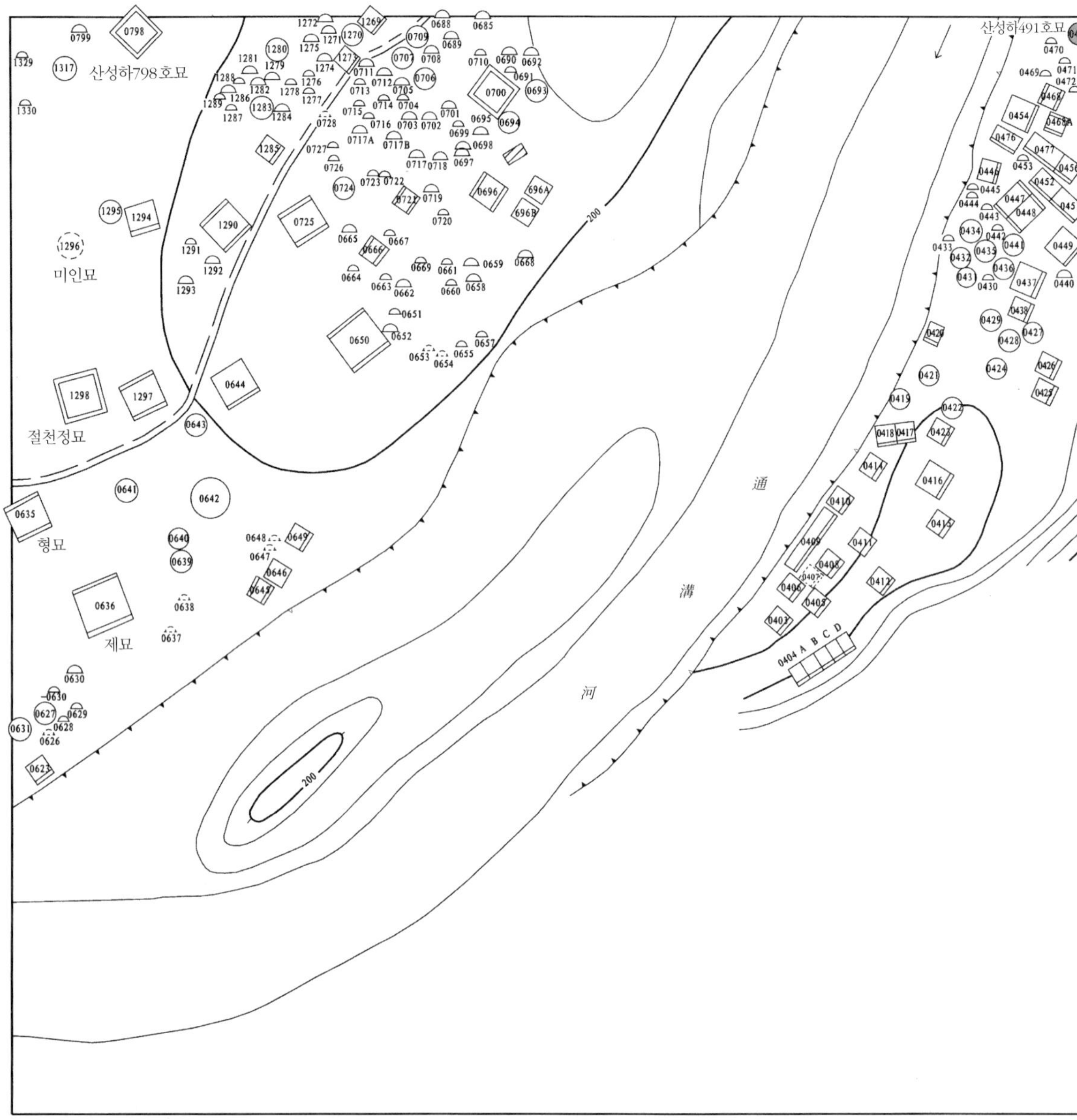

그림 1 산성하491호묘 위치도(『洞溝古墓群-1997年調査測繪報告』, 224쪽)

5. 역사적 성격

무덤구조와 벽화내용을 알 수 없기 때문에 축조 시기를 판단할 수 없으나, 산성하고분군의 벽화묘가 대개 5세기대에 조성되었음을 감안하면 5세기대로 추정됨.

참고문헌

- 吉林省文物考古研究所·集安市博物館, 2002, 『洞溝古墓群-1997年調査測繪報告』, 科學出版社.
- 孫仁杰·遲勇, 2007, 『集安高句麗墓葬』, 香港亞洲出版社.
- 耿鐵華, 2008, 『高句麗古墓壁畵硏究』, 吉林大學出版社.
- 전호태, 2009, 「고구려 집안권 벽화고분의 현황과 과제」, 『울산사학』 14.

23 집안 산성하0725호묘

集安 山城下0725號墓 | JSM0725

1. 조사현황

1) 1965년

○ 조사기관 : 吉林省文物保管會, 吉林省博物館.

○ 조사내용 : 실측.

2) 1993년

○ 조사기관 : 吉林省文物考古硏究所, 集安市博物館.

○ 조사내용 : 國家文物局 비준으로 通溝古墳群에 대해 비교적 큰 규모의 보수작업을 진행하였을 때 山城下古墳群에서 6기, 禹山下古墳群에서 1기의 벽화묘를 발견하였는데, 山城下0725號墓는 당시 발견된 벽화묘 가운데 하나임.

3) 1997년

○ 조사기관 : 길림성문물고고연구소, 집안시박물관.

○ 조사내용 : 실측.

2. 위치와 자연환경(그림 1)

1) 고분의 위치

○ 集安 山城子山城 아래 산성하고분군의 북부에 위치.

2) 고분의 주변환경

○ 서쪽으로 약 15m 떨어진 지점에 山城下1290號墓가 있음.

○ 서남쪽으로 약 200m 떨어진 지점에 折天井墓가 있음.

○ 동쪽으로 약 5m 떨어진 지점에 山城下0665號墓가 있음.

○ 북쪽으로 약 10m 떨어진 지점에 山城下0724號墓가 있음.

○ 남쪽으로 약 60m 떨어진 지점에 山城下0644號墓가 있음.

3. 고분의 현황

1) 고분 형식

(1) 유형

階壇積石石室壁畵墓.

(2) 규모

○ 吉林省文物考古硏究所·集安市博物館(2002) : 변 길이 18m, 높이 3.59m.

○ 孫仁杰·遲勇(2007) : 변 길이 18m, 높이 4.5m.

○ 耿鐵華(2008) : 변 길이 18m, 높이 3.8m.

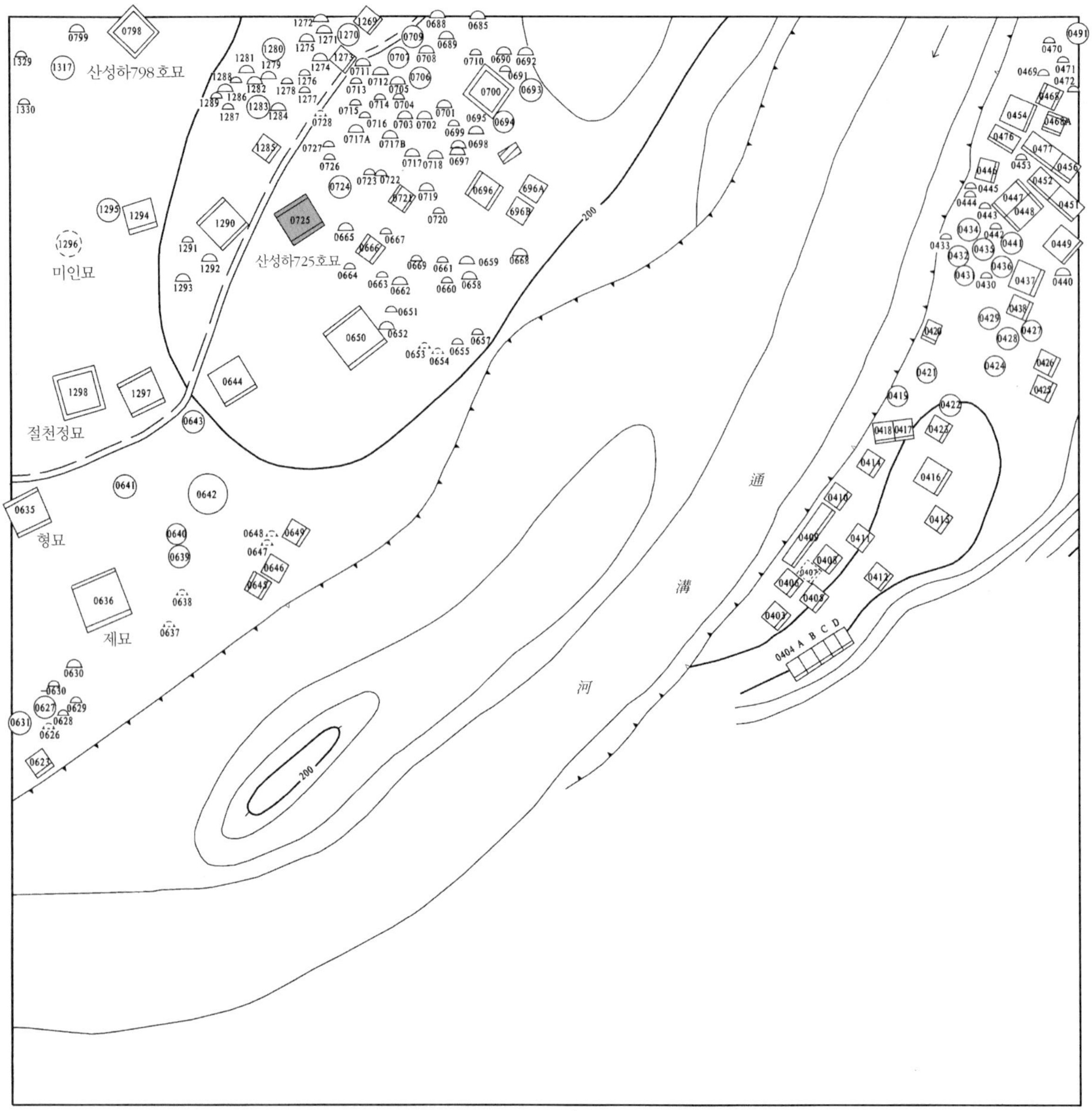

그림 1 산성하725호묘 위치도(『洞溝古墓群-1997年調査測繪報告』, 224쪽)

2) 고분 구조(그림 2)

○ 평면은 방형이고, 방향은 65°임.

○ 묘의 네 변에는 계단이 구축되어 있는데, 현재는 1단만 볼 수 있음. 계단은 가지런하게 가공한 대형 화강암으로 축조하였는데, 가장 큰 장조석은 길이 3.3m, 너비 0.7m, 높이 0.9m임. 계단의 높이는 1.35m 정도임. 가장 높은 층의 계단석 가장자리에는 홈(石牙槽)이 파여 있는데, 너비 0.20m, 높이 0.02m 정도임. 봉석은 모두 강돌이고, 강돌은 0.3~0.5m 크기로 비교적 큼.

○ 묘장 내부는 묘도, 이실, 연도, 묘실로 구성됨.

○ 묘 꼭대기 가운데부분에 4.5×4.5×3m 정도의 묘실이 있음. 묘실 서측에 묘도가 있고, 묘도의 남·북쪽에 각각 이실이 있음.

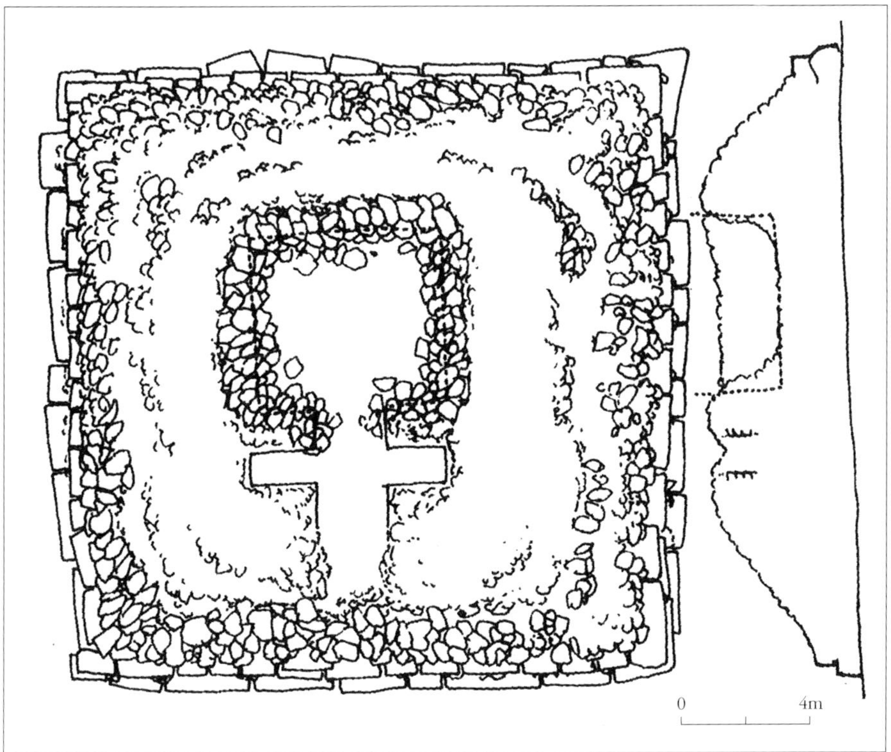

그림 2 산성하725호묘 평 · 단면도(『集安高句麗墓葬』, 104쪽)

4. 벽화내용

○ 묘실 벽과 천장에 백회를 바르고 그 위에 벽화를 그렸음. 조사 당시 천장고임의 백회는 박락되어 모두 바닥에 떨어져 있었고, 묘실 벽에는 극히 일부만 남아 있었음.

○ 홍색, 자색, 검정색 등 많은 채색 벽화잔편들이 출토되었지만, 그 내용은 알 수 없음.

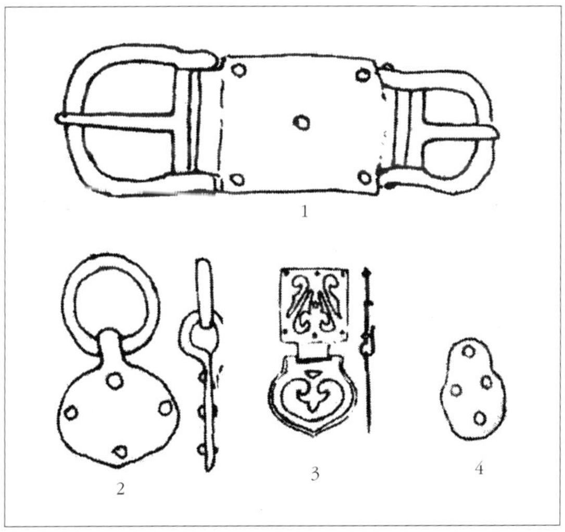

그림 3 산성하725호묘 출토유물
(『고구려연구』 12, 868 · 872 · 874쪽)
1·3. 금동제대금구 2. 은제대금구 4. 금동제타미

5. 출토유물

1) 금동기

(1) 금동제대금구(帶飾, 그림 3-1)

○ 출토지 : 산성하725호묘.

○ 형태 : 2점 출토. 앞부분은 약간 원형이고, 뒷부분은 곧음. 'T형' 교침을 갖춘 띠고리(帶扣) 2개가 있고, 띠고리 사이를 도금편이 이었음. 도금편 위로는 연결못(鉚釘) 5개가 있음.

(2) 금동제대금구(帶飾, 그림 3-3)

○ 출토지 : 산성하725호묘.

○ 형태 : 위는 장방형의 판으로, 忍冬卷草文이 투각되어 있고, 7개의 연결못이 있음. 아래는 심엽형의 수하식으로, 안에 卷草文이 있는데, 기법이 정교하고 세밀함.

(3) 금동제타미(鉈尾, 그림 3-4)

○ 출토지 : 산성하725호묘.

○ 형태 : 대략 타원형임. 위에 4개의 연결못(鉚釘)이 있음.

2) 은기

(1) 은제대금구(帶飾, 그림 3-2)

○ 출토지 : 산성하725호묘.

○ 형태 : 원형 고리에 행엽을 매었음. 행엽 위에는 4개의 연결못(鉚釘)이 있음.

6. 역사적 성격

방형 판에 심엽형 수하식이 달린 금동제대금구는 서진대의 삼엽문 대금구를 모방하여 제작한 것으로, 제작 시기는 4세기 전반대로 추정됨. 산성하725호묘의 유사두칸구조는 집안 禹山下3319號墓에서 이미 보이고 있으므로, 산성하725호묘의 축조 시기는 4세기 중반경으로 비정할 수 있음. 그렇다면 산성하고분군에서 가장 일찍 조성된 벽화묘일 가능성이 있음.

참고문헌

• 張雪巖, 2001, 「집안시 발굴 고구려 허리띠꾸미개 연구」, 『고구려연구』 12.
• 吉林省文物考古研究所·集安市博物館, 2002, 『洞溝古墓群-1997年調査測繪報告』, 科學出版社.
• 孫仁杰·遲勇, 2007, 『集安高句麗墓葬』, 香港亞洲出版社.
• 耿鐵華, 2008, 『高句麗古墓壁畵研究』, 吉林大學出版社.
• 吉林省集安市文物局, 2008, 『高句麗王城王陵及貴族墓葬』, 上海世界圖書出版公司.
• 전호태, 2009, 「고구려 집안권 벽화고분의 현황과 과제」, 『울산사학』 14.

24 집안 산성하0798호묘

集安 山城下0798號墓 | JSM0798

1. 조사현황

1) 1965년

○ 조사기관 : 吉林省文物保管會, 吉林省博物館.

○ 조사내용 : 실측.

2) 1993년

○ 조사기관 : 吉林省文物考古研究所, 集安市博物館.

○ 조사내용 : 國家文物局 비준으로 通溝古墳群에 대해 비교적 큰 규모의 보수작업을 진행하였을 때 山城下古墳群에서 6기, 禹山下古墳群에서 1기의 벽화묘를 발견하였는데, 山城下798號墓는 당시 발견된 벽화묘 가운데 하나임. 조사 중 묘실 안에 있는 백회에서 벽화편을 발견.

3) 1997년

○ 조사기관 : 길림성문물고고연구소, 집안시박물관.

○ 조사내용 : 실측.

2. 위치와 자연환경

1) 고분의 위치(그림 1)

集安 山城下古墳群의 북부에 위치.

2) 고분의 주변상황

○ 남쪽으로 약 180m 떨어진 지점에 折天井墓가 있음.

○ 동북쪽으로 약 100m 떨어진 지점에 龜甲墓가 있음.

3. 고분의 현황

1) 고분 형식

(1) 유형

階壇積石石室壁畵墓.

(2) 규모

분구 밑변 길이 16.5m, 높이 5m.

2) 고분 구조

○ 분구 평면은 방형임.

○ 기단은 3단임.

○ 묘도, 이실, 연도, 묘실로 이루어진 외방무덤임.

○ 묘실은 기단 제2단 상부 중앙에 구축. 평면은 鏟形이고, 평천장을 갖추었는데, 파괴됨. 묘도는 서측에 있고, 묘도 양측에 각각 이실이 있음.

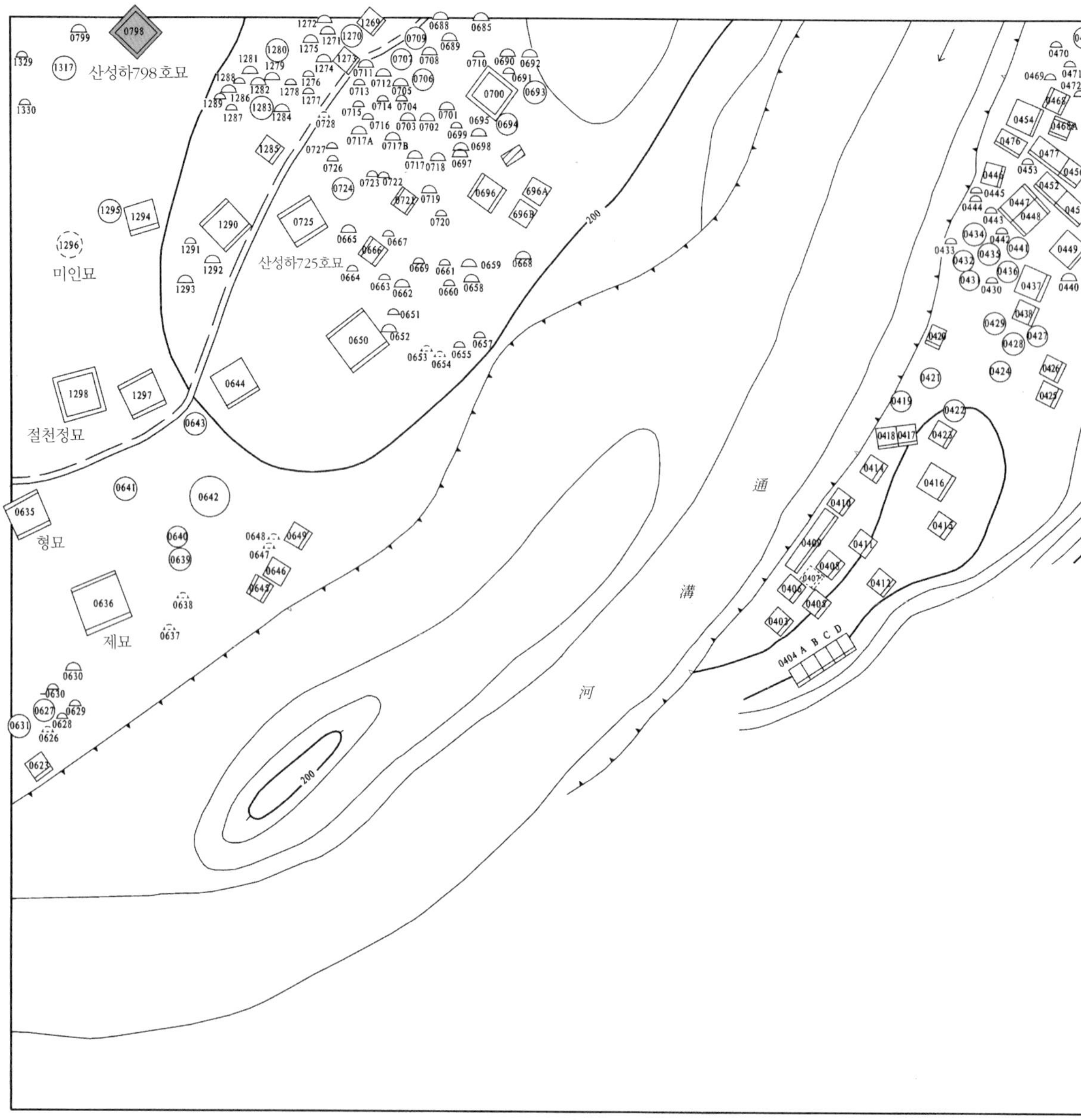

그림 1 산성하798호묘 위치도(『洞溝古墓群 – 1997年調査測繪報告』, 224쪽)

4. 벽화내용

묘실 안에 있는 백회에서 벽화편이 발견. 현재는 전부 박락되어 면모를 알 수 없음.

5. 역사적 성격

무덤의 축조연대를 판단할 수 있는 근거는 없음. 다만 묘도 좌우에 이실이 있는 유사두칸 구조가 4세기 중반경에 축조되었다는 점을 감안하면 축조 상한시기는 4세기 중엽 이전으로 올라가지 않을 것으로 추정됨.

참고문헌

- 전호태, 2000, 『고구려 고분벽화 연구』, 사계절.
- 吉林省文物考古研究所·集安市博物館, 2002, 『洞溝古墓群-1997年調查測繪報告』, 科學出版社.
- 전호태, 2004, 『고구려 고분벽화의 세계』, 서울대학교 출판부.
- 孫仁杰·遲勇, 2007, 『集安高句麗墓葬』, 香港亞洲出版社.
- 耿鐵華, 2008, 『高句麗古墓壁畵研究』, 吉林大學出版社.
- 吉林省集安市文物局, 2008, 『高句麗王城王陵及貴族墓葬』, 上海世界圖書出版公司.
- 전호태, 2009, 「고구려 집안권 벽화고분의 현황과 과제」, 『울산사학』 14.

25 집안 산성하0983호묘 : 연화묘

集安 山城下0983號墓 : 蓮花墓 | JSM0983

1. 조사현황

1) 1964년

○ 조사기관 : 集安縣文物保管所.

○ 조사내용 : 일찍이 도굴을 당함에 따라 묘문 폐쇄 등 보호 강화.

2) 1965년

○ 조사기관 : 吉林省文物保管會, 吉林省博物館.

○ 조사내용 : 실측 및 조사.

3) 1966년

○ 조사기간 : 1966년 6월.

○ 조사기관 : 吉林省博物館 集安考古隊, 집안현문물보관소.

○ 조사자 : 徐漢煊, 李殿福, 方起東, 段一平 등.

○ 조사내용 : 묘도, 연도, 이실, 묘실로 구성되었음을 확인. 부뚜막, 시유호, 못 등을 수습.

4) 1981년

○ 조사기간 : 1981년 11월.

○ 조사기관 : 집안현문물보관소.

○ 조사내용 : 무덤 보수, 벽화 모사, 벽화에 대한 화학적 보존처리 등을 진행.

5) 1996년

조사내용 : 조사.

6) 1997년

○ 조사기관 : 吉林省文物考古研究所, 集安市博物館.

○ 조사내용 : 실측.

2. 위치와 자연환경(그림 1)

1) 고분의 위치

集安 山城下古墳群 북부 南大灣子墓 일대의 가운데에 위치. 通溝河가 山城子山城 남쪽 절벽 아래에서 곡류하여 압록강으로 들어가면서 넓은 하곡평지를 형성시켰는데, 그 하곡평지를 '南大灣子'라고 부름. 남대만자에는 고구려 고분들이 밀집 분포하고 있음.

2) 고분의 주변환경

○ 남쪽으로 1.5km 떨어진 지점에 집안시가 있음.

○ 북쪽으로 강 너머 산성자산성이 있음.

○ 북쪽으로 약 70m 떨어진 지점에 통구하가 흐름.

○ 묘 주변으로 많은 소형 적석묘들이 있는데, 좌우 각각에 작은 봉토석실묘가 연이어져 있음.

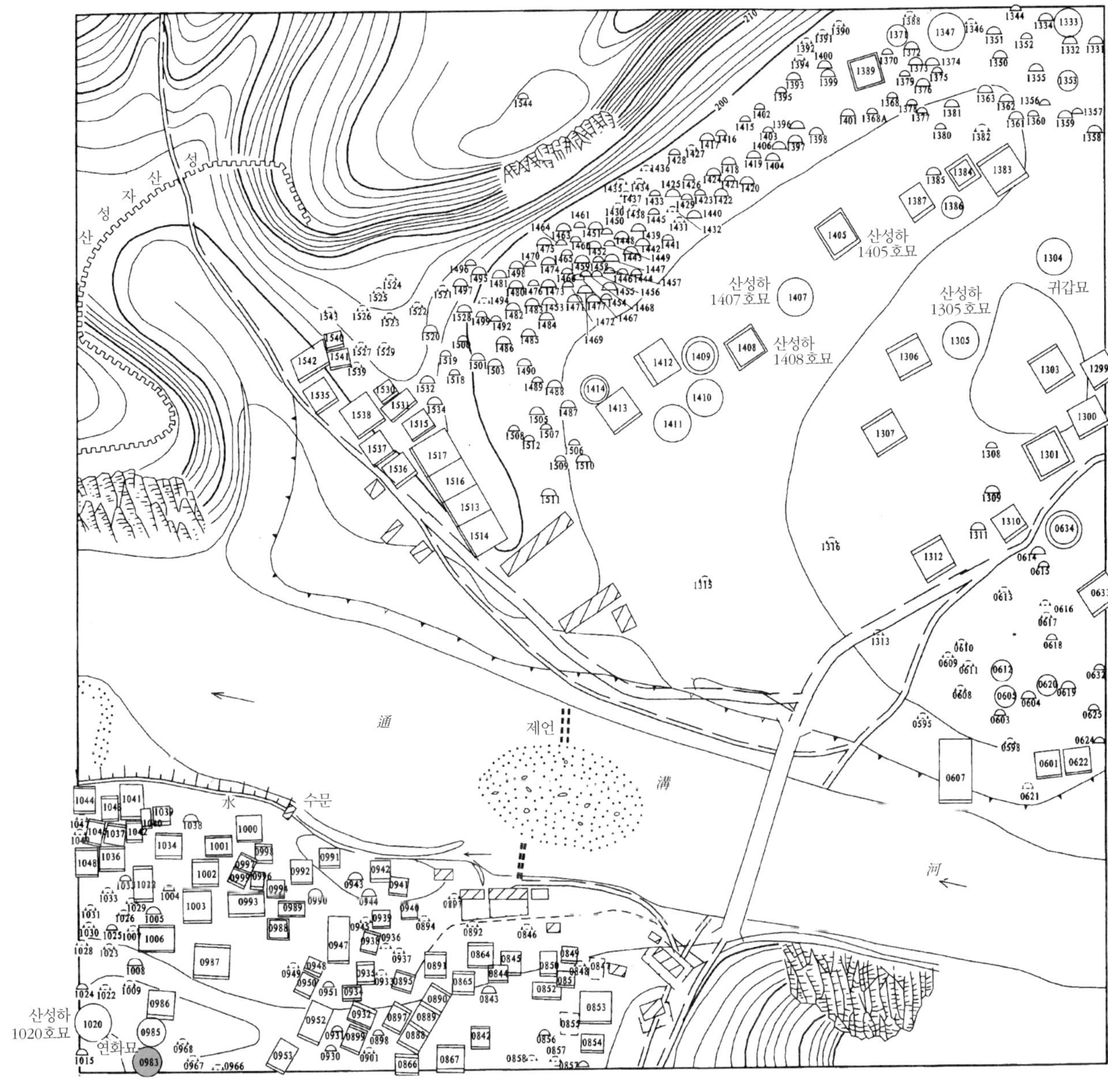

그림 1 연화묘 위치도(『洞溝古墓群－1997年調査測繪報告』, 229쪽)

3. 고분의 현황

1) 고분 명칭의 변천

○ 고분 벽화에 연화문이 있기 때문에 '蓮花墓'라고 불렸음.

○ 1966년 通溝古墳群에 실측조사 때 '山城下983號墓'로 편호.

2) 고분 형식

(1) 유형

封土石室壁畵墓.

(2) 분구 규모

○ 吉林省文物志編委會(1983) : 매 변 길이 약 10m,

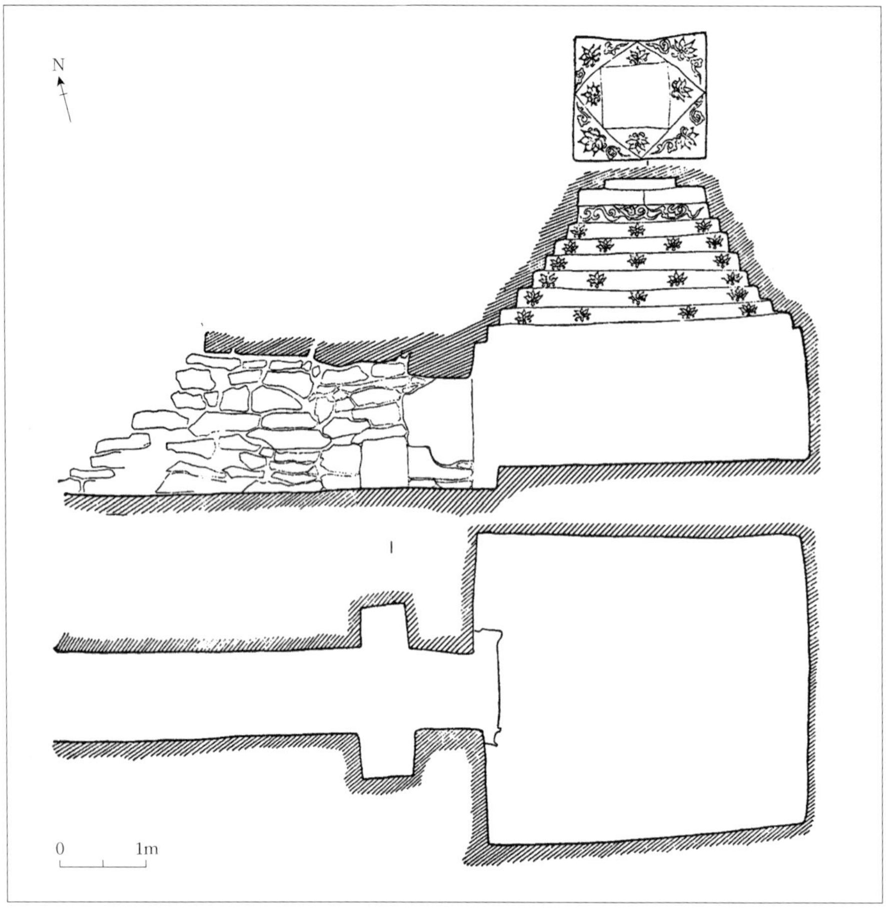

그림 2
연화묘 평·단면도 1
(『考古』 1983-4, 312쪽)

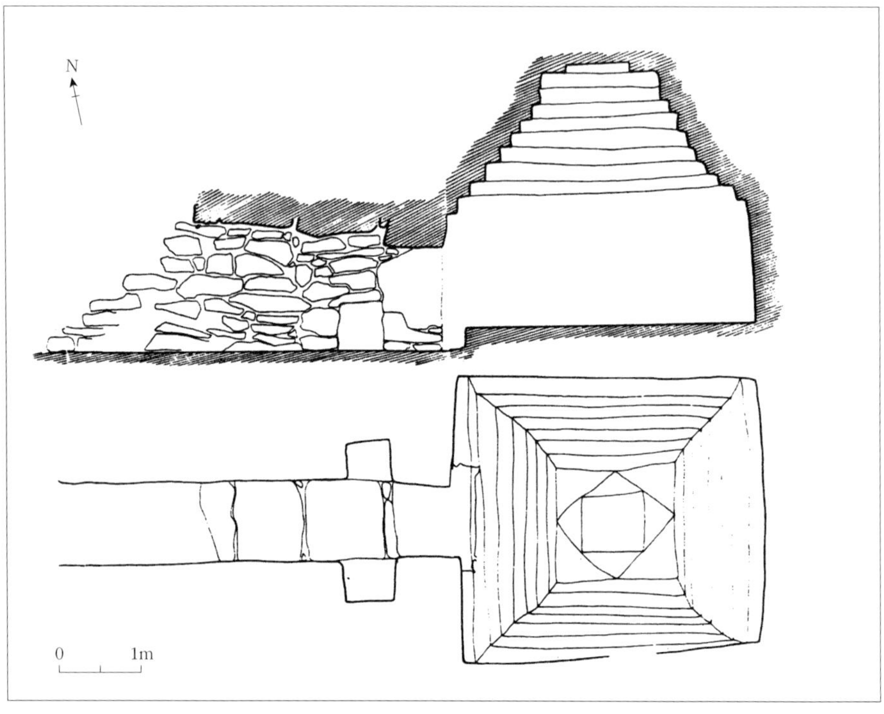

그림 3
연화묘 평·단면도 2
(『중국내의 고구려유적』, 187쪽)

높이 약 4m.

○ 吉林省文物考古研究所 · 集安市博物館(2002) : 봉토 바닥 변 길이 13m, 너비 12m, 높이 7m.

○ 孫仁杰 · 遲勇(2007) : 둘레 44m, 높이 4.3m.

3) 고분 구조(그림 2~그림 3)

○ 외형은 截頭方錐形이고, 봉토는 황색 黏沙土임.

○ 묘는 일찍이 도굴을 당해 천장이 열려져 있음.

○ 무덤 방향은 북쪽으로 10° 기운 서향임.

○ 묘도, 연도, 이실 2개, 묘실 등으로 구성되어 있음. 모두 가공한 돌로 쌓고, 백회를 발랐음. 묘실 네 벽과 천장은 백회가 잘 남아 있으나, 나머지는 모두 박락되어 흔적만 남아 있음.

(1) 묘도

○ 서쪽에 있음.

○ 길이 3.3m, 너비 1m, 높이 1.45m임.

(2) 연도

○ 묘도의 동남쪽 끝에 붙어 있음.

○ 길이 0.8m, 너비 0.88m, 높이 1.28m임.

○ 위는 비교적 큰 석판 4개가 덮고 있음.

○ 연도 안쪽 입구는 높이 1.28m, 너비 0.88m, 연도 바깥 입구는 높이 1.56m, 너비 1m임.

(3) 이실

○ 연도 양측에 각각 이실 한 개가 있는데, 연도 안쪽 입구에서 0.76~0.84m 떨어진 지점에 위치.

○ 남쪽 이실은 너비 0.7m, 깊이 0.52m, 높이 0.65m임.

○ 북쪽 이실은 입구 너비 0.57m, 깊이 0.5m, 높이 0.62m임.

(4) 묘실

○ 평면은 대략 장방형임.

○ 네 벽은 안으로 약간 기울어져 있음.

○ 동벽은 길이 3.28m, 높이 1.54m, 서벽은 길이 3.58m, 높이 1.66m, 남벽은 길이 3.72m, 높이 1.55m, 북벽은 길이 3.76m, 높이 1.55m임.

○ 동 · 서벽 위에는 고임받침석(梁枋)이 올려져 있음. 고임받침석은 벽에서 15cm 정도 돌출하였고, 높이는 18cm임.

○ 천장은 8층 평행고임. 2층 말각고임(삼각고임), 개정석으로 구성.

○ 묘 바닥은 연도 바닥보다 24cm 높음.

○ 연도 안쪽 입구와 가까운 곳에 홈(溝槽)이 있는데, 홈 바닥은 연도 바닥과 평행하게 접해 있음.

○ 서벽 중앙에 묘문이 있음.

4. 벽화내용

묘실 벽과 천장 전면에 백회를 바르고 그 위에 벽화를 그렸음. 묘실 벽과 천장부 일부 이외에는 백회가 모두 박락됨.

1) 묘실 벽

묘실 모서리의 여러 곳에 홍색 선이 남아 있는데, 기둥과 들보가 그려져 있었던 것으로 추정.

2) 묘실 천장(그림 2, 그림 4)

○ 평행고임의 측면에는 옆에서 바라본 모양의 5판 연화문이 있음. 동 · 북 양면이 서로 같고, 아래에서 위로 5개, 4개, 3개, 4개, 3개, 4개, 3개가 배열되어 있음. 연화문은 자홍색으로 초안을 잡고, 검은 선으로 윤곽을 그림.

○ 평행고임 제8층의 측면에는 권운문이 있음.

그림 4 연화묘 묘실 천장 벽화모사도
(『조선유적유물도감(6)』, 276쪽)

○ 말각고임 제1층 아랫쪽 삼각 평면에는 측면에서 올려다 본 모양의 5판 연화문이 있고, 좌우에는 권운문이 배치되어 있음. 동북·서남 모서리가 잘 남아 있음.
○ 동남·서남 제1중 말각의 측면 정가운데에 각각 주작이 있고, 주작 양측에는 권운문이 있음. 동남쪽의 주작은 홍색으로 윤곽을 잡았고, 검은색 날개가 있음. 서남쪽의 주작은 주홍색임.
○ 제2중 말각고임의 바닥면에는 각각 작은 연화문이 있는데, 동변 바닥에 있는 연화문만 양호하게 남아 있음.
○ 묘실 천장의 삼각고임에는 瑞鳥로 추정되는 도안이 있음.

5. 출토유물

1) 금동기

(1) 금동제못(釘)
○ 출토지 : 연화묘.
○ 크기 : 남은 길이 3.2cm.
○ 형태 : 두부(帽)는 방형임. 몸체(身)는 四棱形이고 도금되어 있음.

2) 철기

(1) 철제못 1(釘)
○ 출토지 : 연화묘.
○ 크기 : 길이 16cm.
○ 형태 : 두부(帽)는 원형이고, 은이 포함되어 있음. 몸체는 棱錐形임.

(2) 철제못 2(釘)
○ 출토지 : 연화묘.
○ 크기 : 길이 6cm.
○ 형태 : 두부(帽)는 원형이고, 몸체는 棱錐形임.

(3) 철제못 3(釘)
○ 출토지 : 연화묘.
○ 형태 : 把手式 雙脚형태임. 몸체(身)는 편평한 다리모양의 아치형임. 두 釘脚에는 각각 얇은 철로 제작한 팔각형 擋頭가 달려 있음.

(4) 철촉(鐵鏃)
○ 출토지 : 연화묘.
○ 형태 : 알려진 바가 없음.

3) 토기

(1) 부뚜막(陶竈)
○ 출토지 : 연화묘.
○ 형태 : 파손. 태토는 단단함. 녹색 유약이 발라져 있음.

(2) 호(陶壺)

○ 출토지 : 연화묘.

○ 형태 : 파손. 태토는 단단함. 녹색 유약이 발라져 있음. 가로방향의 손잡이(橋狀橫耳)가 있음.

4) 기타

○ 묘실 淤土에 2구의 인골이 흩어져 있음.

6. 역사적 성격

1) 특징

○ 평행고임이 안으로 들여진 천장 상부에 이중 말각이 출현함. 그리고 벽화에서는 四神이 보이지만, 주요 부위에 위치하지 않고 삼실묘에 보이는 처리방법과 같음.

○ 묘장 구조가 엄밀하고 정연하게 축조되는 등, 고구려의 수준 높은 석조 축조기술을 보여줌. 출토된 사유호 또한 높은 수준의 공예기술을 보여주고 있음.

2) 피장자 추정

묘장의 규모와 벽화를 볼 때 피장자는 고구려의 귀족계층에 속한다고 여겨짐.

3) 축조 시기

벽화를 보면 불교와 관련한 연화문이 있음. 고구려는 4세기 후반에 불교를 수용하는데, 광범위한 전파가 이보다 늦을 것이라는 점을 감안하면 축조 시기는 5세기 대로 추정됨(魏存成, 1994).

참고문헌

• 李殿福, 1980,「集安高句麗墓研究」,『考古學報』1980-2.
• 吉林省文物志編委會, 1984,『集安縣文物志』.
• 李殿福, 1983,「集安洞溝三座壁畵墓」,『考古』1983-4.
• 조선유적유물도감 편찬위원회, 1990,『조선유적유물도감(6)』.
• 魏存成, 1994,『高句麗考古』, 吉林大學出版社.
• 李殿福, 1994,『중국내의 고구려유적』, 학연문화사.
• 강현숙, 2000,「고구려 고분 연구」, 서울대학교 박사학위논문.
• 전호태, 2000,『고구려 고분벽화 연구』, 사계절.
• 吉林省文物考古研究所·集安市博物館, 2002,『洞溝古墓群-1997年調査測繪報告』, 科學出版社.
• 전호태, 2004,『고구려 고분벽화의 세계』, 서울대학교 출판부.
• 吳廣孝, 2006,『集安高句麗壁畵』, 山東畵報出版社.
• 孫仁杰·遲勇, 2007,『集安高句麗墓葬』, 香港亞洲出版社.
• 耿鐵華, 2008,『高句麗古墓壁畵研究』, 吉林大學出版社.
• 전호태, 2009,「고구려 집안권 벽화고분의 현황과 과제」,『울산사학』14.
• 정호섭, 2009,「高句麗 古墳의 造營과 祭儀」, 고려대학교 박사학위논문.

26 집안 산성하1020호묘

集安 山城下1020號墓 | JSM1020

1. 조사현황

1) 1965년

○ 조사기관 : 吉林省文物保管會, 吉林省博物館.

○ 조사내용 : 실측.

2) 1993년

○ 조사기관 : 吉林省文物考古研究所.

○ 조사내용 : 보수 중에 묘실 벽에서 벽화를 발견.

3) 1997년

○ 조사기관 : 길림성문물고고연구소, 集安市博物館.

○ 조사내용 : 실측.

2. 위치와 자연환경(그림 1)

1) 고분의 위치

集安 山城下古墳群의 南大灣子墓 일대에 위치.

2) 고분의 주변환경

동남쪽으로 약 15m 떨어진 지점에 蓮花墓가 있음.

3. 고분의 현황

1) 고분 형식

(1) 유형

封土石室壁畵墓.

(2) 규모

변 길이 19m, 높이 6m.

2) 고분 구조

봉토 바닥의 변은 방형임.

4. 벽화내용

벽화는 박락되어 면모를 확인할 수 없음.

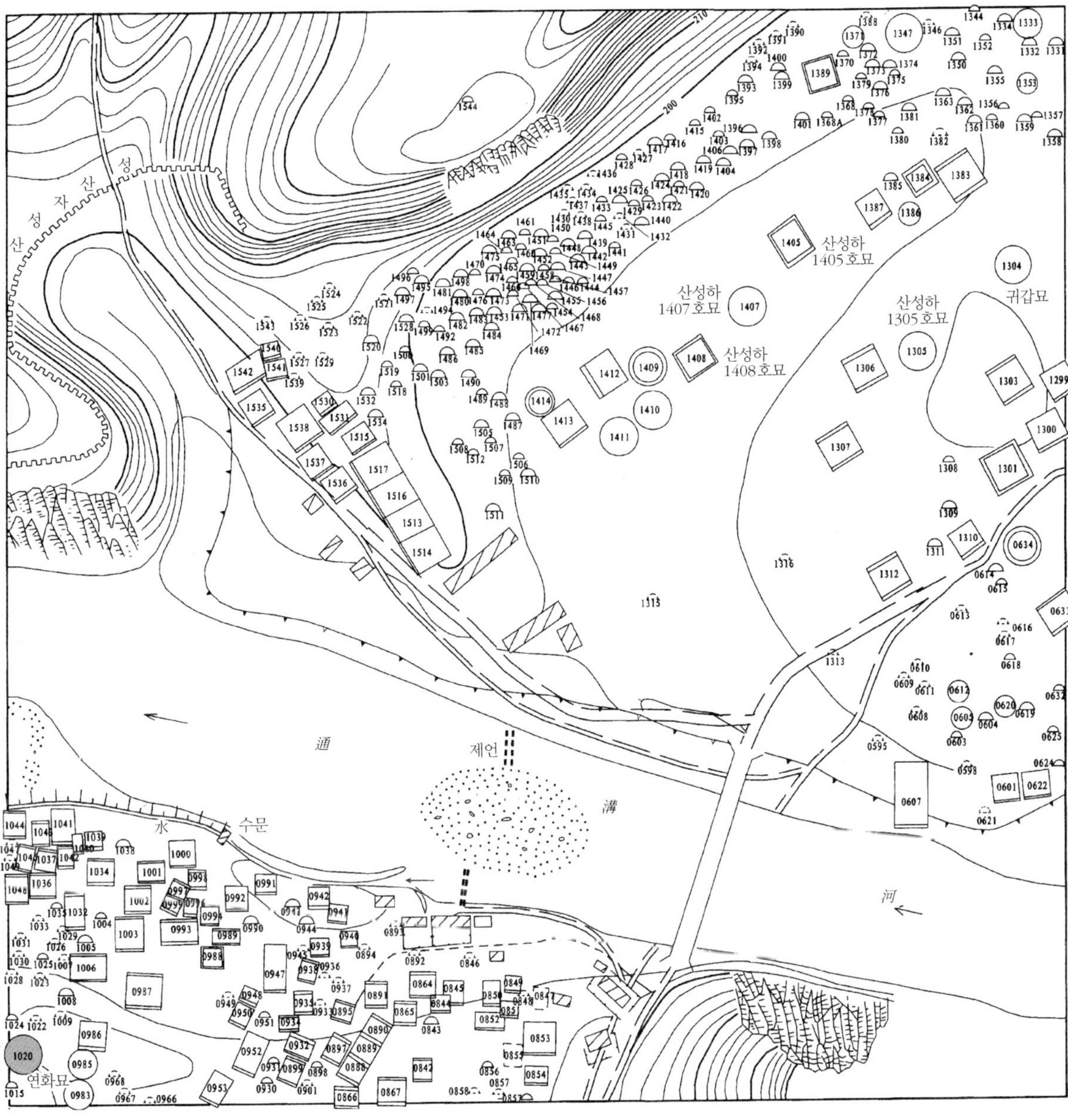

그림 1 산성하1020호묘 위치도(『洞溝古墓群－1997年調査測繪報告』, 229쪽)

참고문헌

- 吉林省文物考古研究所·集安市博物館, 2002, 『洞溝古墓群－1997年調査測繪報告』, 科學出版社.
- 孫仁杰·遲勇, 2007, 『集安高句麗墓葬』, 香港亞洲出版社.
- 耿鐵華, 2008, 『高句麗古墓壁畫研究』, 吉林大學出版社.
- 吉林省集安市文物局, 2008, 『高句麗王城王陵及貴族墓葬』, 上海世界圖書出版公司.
- 전호태, 2009, 「고구려 집안권 벽화고분의 현황과 과제」, 『울산사학』 14.
- 정호섭, 2009, 「高句麗 古墳의 造營과 祭儀」, 고려대학교 박사학위논문.

27 집안 산성하1296호묘:미인묘

集安 山城下1296號墓:美人墓 | JSM1296

1. 조사현황

1) 1913년

○ 조사자 : 關野貞.

○ 조사내용 : 천장이 파괴되는 등 심하게 훼손된 상태임을 확인.

2) 1965년

○ 조사기관 : 吉林省文物保管會, 吉林省博物館.

○ 조사내용 : 실측.

3) 1966년

○ 조사내용 : 通溝古墳群에 대한 실측조사 때 '山城下墓區1296號墓(JSM1296)'로 편호.

4) 1993년

○ 조사기관 : 集安市博物館.

○ 조사내용 : 山城下古墳群에 대한 조사·보수작업 중에는 그 위치를 확인하지 못하였고, 근처에서 무덤칸 축조에 사용하였던 돌무지를 발견. 돌무지 사이에 백회조각이 산재되어 있었는데, 일부 백회조각에 채색흔이 있었음.

2. 위치와 자연환경(그림 1)

1) 고분의 위치

集安 山城下古墳群의 북부에 위치.

2) 고분의 주변환경

서쪽으로 약 20m 떨어진 지점에 龜甲墓가 있음.

3. 고분의 현황

1) 고분 명칭의 변천

○ 묘실 벽화에 두 여자가 서 있는 장면이 있었기 때문에 '美人墓'라고 부름.

○ 1966년 통구고분군에 대한 실측조사 때 '山城下墓區1296號墓(JSM1296)'로 편호.

2) 고분 형식

(1) 유형

封土石室壁畵墓.

3) 고분 구조

일찍이 도굴을 당하였고, 봉토는 거의 다 사라진 상태임.

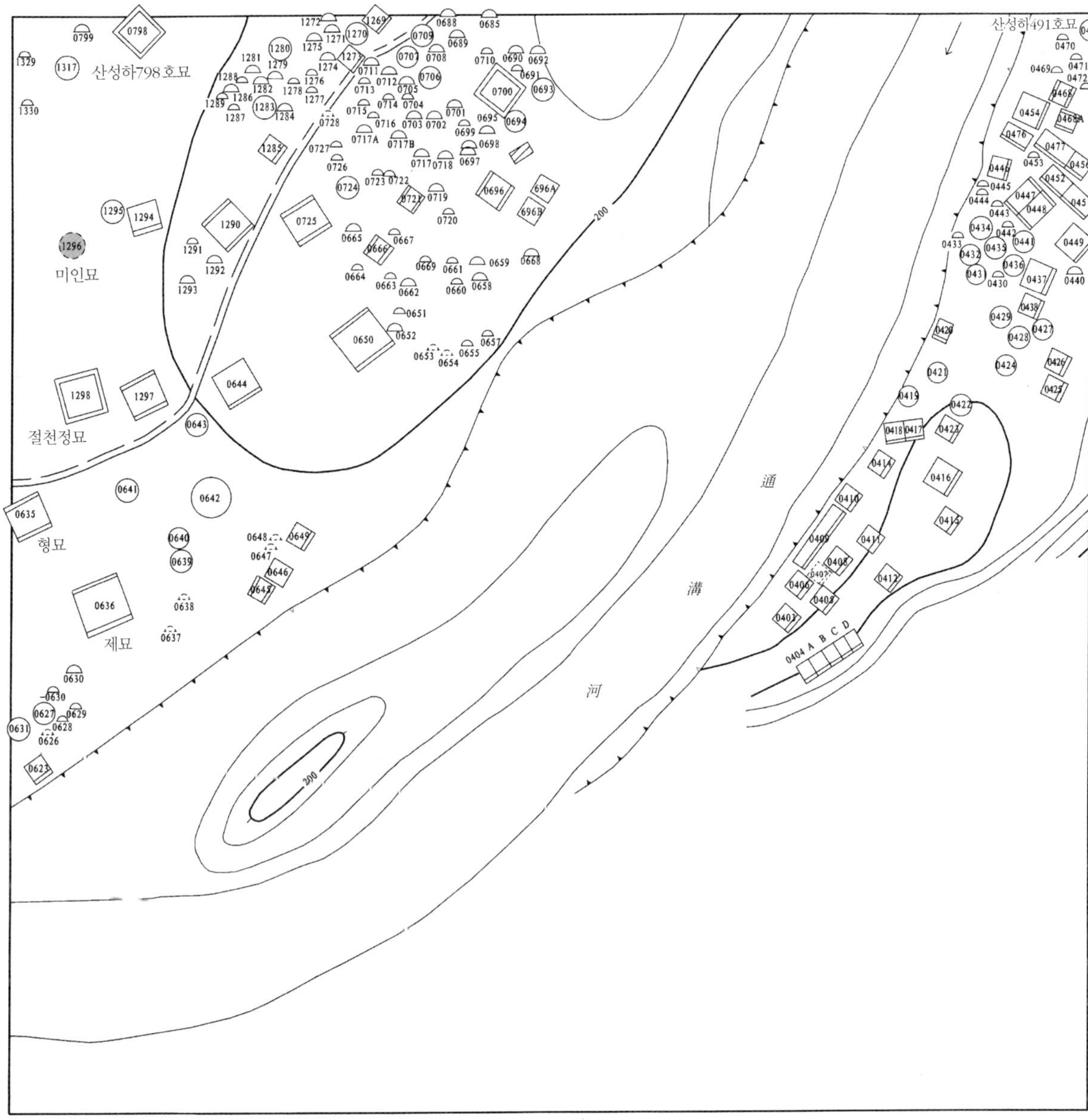

그림 1 미인묘 위치도(『洞溝古墓群－1997年調査測繪報告』, 224쪽)

4. 벽화내용

○ 묘실 내에 들보(梁枋)와 정면에서 바라본 연화가 있음.

○ 묘실 고임에는 좁은 소매에 폭이 넓은 치마를 입은 여인 2명이 있음. 古拙하지만 아름다움.

5. 역사적 성격

귀갑묘와 함께 5세기 말~6세기 초에 축조되었다고 보기도 하나(魏存成, 1994), 축조연대를 추정할 근거는 확실하지 않음. 다만 인물이 표현된 점으로 미루어 생활풍속도 계열의 벽화묘로, 축조 시기는 5세기대로 추정됨.

참고문헌

- 關野貞, 1914,「滿州輯安県及び平壤付近に於ける高句麗時代の遺跡(一)」,『考古學雑誌』5-3.
- 關野貞, 1932,『朝鮮美術史』, 朝鮮史學會.
- 魏存成, 1994,『高句麗考古』, 吉林大學出版社.
- 전호태, 2000,『고구려 고분벽화 연구』, 사계절.
- 吉林省文物考古研究所·集安市博物館, 2002,『洞溝古墓群-1997年調査測繪報告』, 科學出版社.
- 전호태, 2004,『고구려 고분벽화의 세계』, 서울대학교 출판부.
- 耿鐵華, 2008,『高句麗古墓壁畵研究』, 吉林大學出版社.
- 전호태, 2009,「고구려 집안권 벽화고분의 현황과 과제」,『울산사학』14.

28 집안 산성하1298호묘:절천정묘

集安 山城下1298號墓:折天井墓 | JSM1298

1. 조사현황

1) 1909~1910년

○ 조사자 : 谷井濟一, 栗山俊一.

○ 발표 : 關野貞·谷井濟一, 1915, 『朝鮮古蹟圖譜(一)』.

2) 1913년

○ 조사자 : 關野貞.

○ 조사내용 : 수차례 조사, 기록.

3) 1935년

○ 조사자 : 池內宏, 梅原末治.

○ 조사내용 : 여러 차례에 걸쳐 조사, 실측, 기록. 묘실 천장 개정석이 '折尺形'이었기 때문에 '折天井墓'라고 부름.

○ 발표 : 池內宏·梅原末治, 1940, 『通溝』 下, 日滿文化協會.

4) 1966년

조사내용 : 通溝古墳群에 대한 실측조사 때 '山城下1298號墓(JSM1298)'로 편호.

5) 1983년

○ 조사기간 : 1983년 7월 20일.

○ 조사기관 : 集安市文物普查隊.

○ 조사내용 : 묘도 서북벽에서 정방형의 이실을 발견.

6) 1985년

○ 조사기간 : 1985년 10월.

○ 조사자 : 孫仁杰.

○ 조사내용 : 묘실 안에서 철제띠고리(帶卡)와 더불어 많은 벽화조각들을 수습하였는데, 그 가운데 3편은 비교적 명확하게 보임.

2. 위치와 자연환경(그림 1)

1) 고분의 위치

○ 集安 山城下古墳群 북쪽 끝의 중심지대에 위치.

○ 國內城 서북쪽으로 2.5km 떨어진 지점의 三道河子 東岸 충적평원 중부에 위치.

2) 고분의 주변환경

○ 북동쪽으로 약 250m 떨어진 지점에 山城子山城 남문이 있음.

○ 북쪽으로 약 100m 떨어진 지점에 通溝河가 흐름.

○ 주위에 兄墓, 弟墓, 龜甲墓 등이 있음.

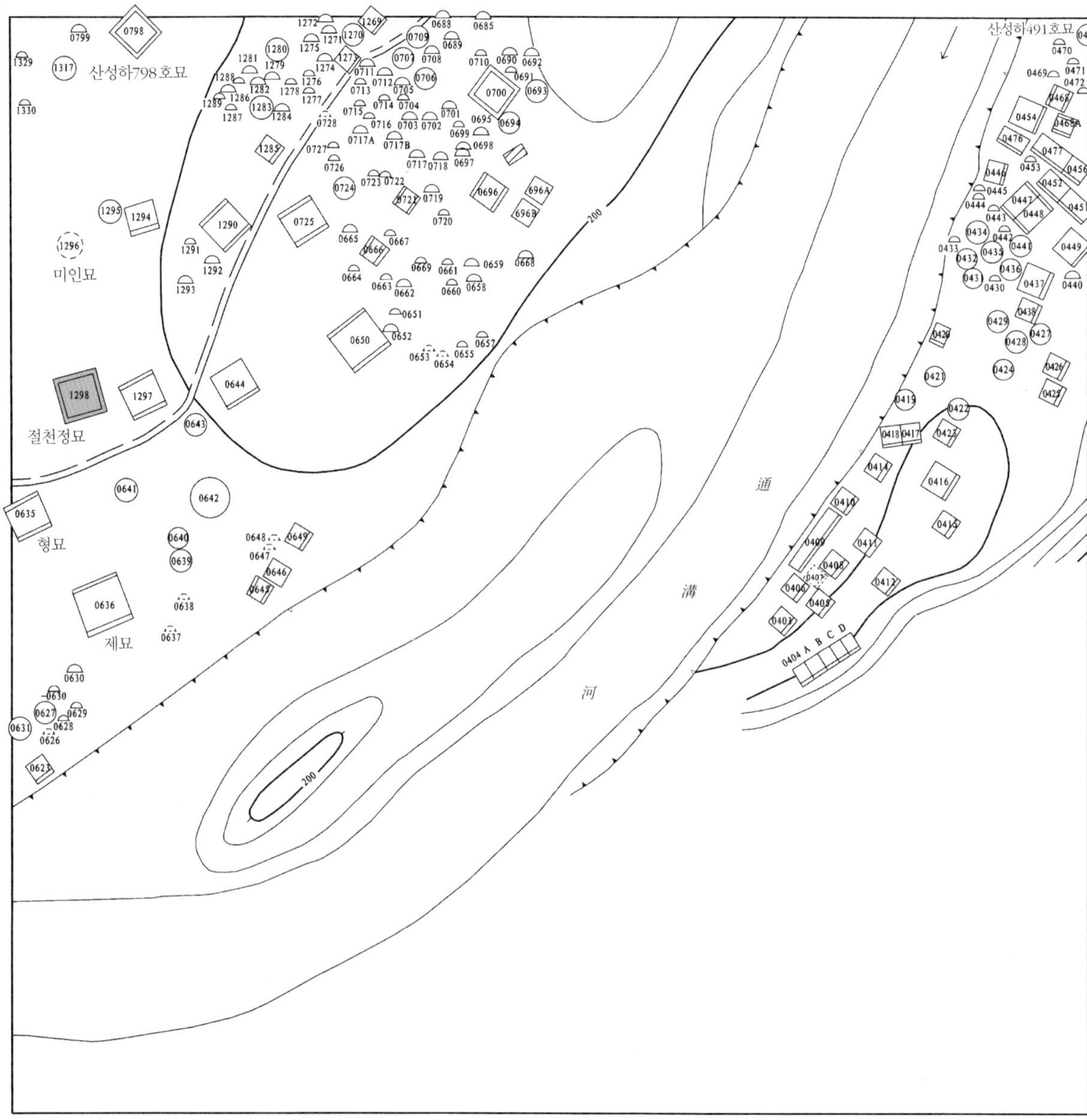

그림 1 절천정묘 위치도(『洞溝古墓群-1997年調査測繪報告』, 224쪽)

3. 고분의 현황

1) 고분 명칭의 변천

○ 1935년 池內宏, 梅原末治 등 일본학자들이 묘실 천장 개정석이 '折尺形'이라는 점을 토대로 '折天井墓'라고 부름.

○ 1966년 통구고분군에 대한 실측조사 때 '山城下1298號墓(JSM1298)'로 편호.

2) 고분 형식

(1) 유형

方壇階梯積石石室壁畫墓.

(2) 분구 규모

○ 孫仁杰(1988) : 한 변 길이 20.3m, 높이 7.1m.

○ 吉林省文物考古研究所·集安市博物館(2002) :

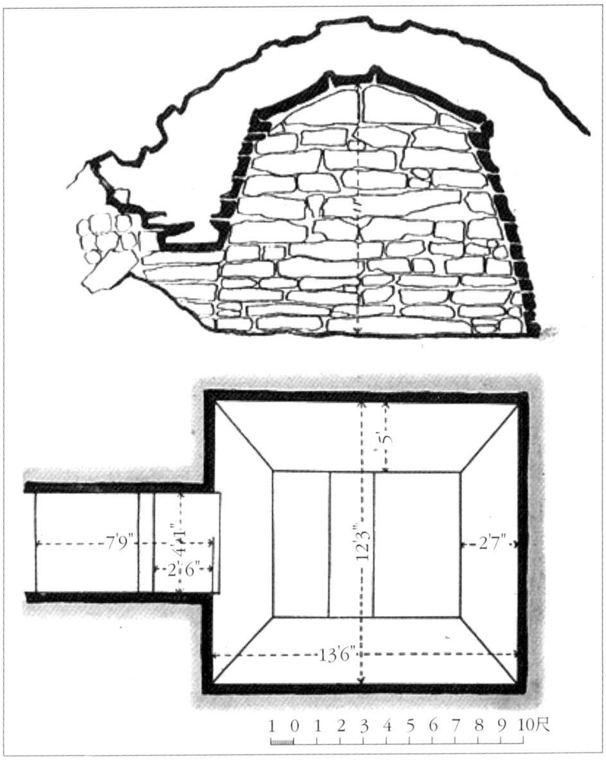

그림 2 절천정묘 평 · 단면도 1(『朝鮮古蹟圖譜(一)』, 77쪽)

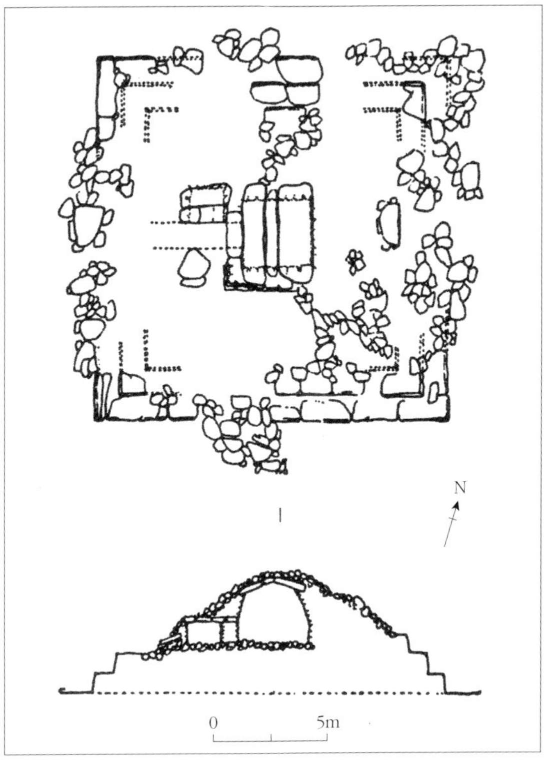

그림 3 절천정묘 평 · 단면도 2(『博物館硏究』 1988-3, 74쪽)

한 변 길이 20m, 높이 7.5m.

3) 고분 구조(그림 2~그림 4)

○ 방향은 남서 80°임.

○ 묘실 평면은 정방형임.

○ 묘의 내부는 묘도, 이실, 연도, 묘실로 구성.

(1) 方壇

○ 가공한 화강암으로 쌓았고, 3단을 볼 수 있음.

○ 제1단 방단은 평면이 방형임. 일반적으로 길이 3m, 너비 1.2m, 높이 1.3m로 비교적 큼. 그 안으로 50×40×30cm 크기의 강돌과 깬돌을 평평하게 채워 넣었음.

○ 제1단 방단 위에서 안으로 0.8m 들여 2단 방단을 쌓았음. 방단석은 1단보다 작고, 높이는 1m임. 방단 안에는 제1단과 같은 강돌을 평평하게 채웠음.

○ 제2단 방단 위에서 안으로 1.1m 들여 제3단 방단을 쌓았음. 높이는 0.9m임. 그 내부에는 강돌과 소량의 깬돌을 채웠는데, 묘실을 보호하는 작용을 하기도 함. 상부의 계단석이 파괴됨에 따라 묘장은 언덕의 모습을 띠고 있음.

(2) 묘도

○ 묘도는 묘실의 서남쪽에 있으나, 지금은 파괴되어 규모를 알 수 없음.

(3) 이실

○ 이실은 묘도 서북쪽 끝에 있음.

○ 평면은 정방형이고, 길이 1.75m, 높이 0.45m로 비교적 규모가 작음.

○ 위에는 개정석이 있음.

○ 벽은 다듬은 돌로 쌓았고, 내벽에 백회를 발랐으나,

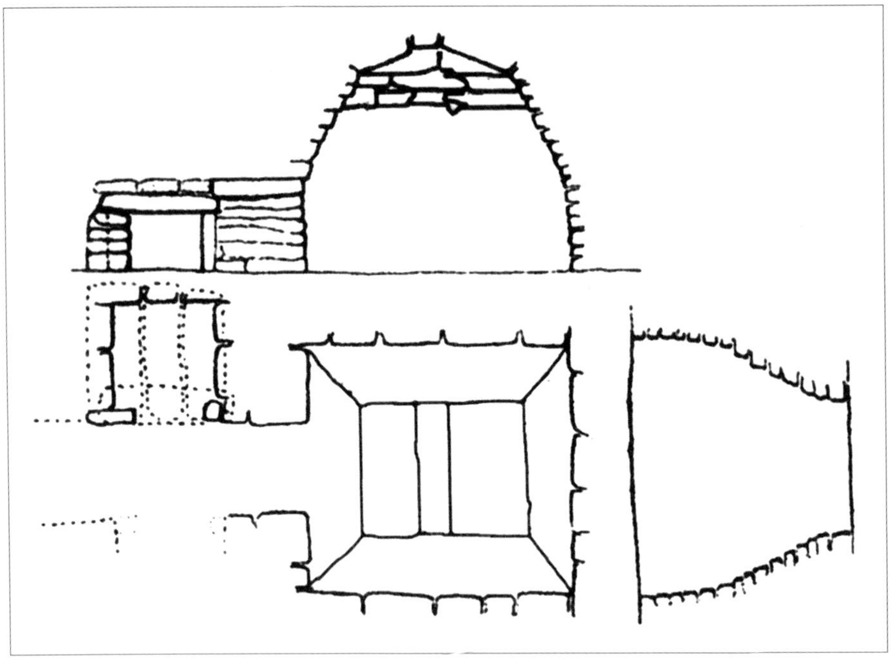

그림 4
절천정묘 평 · 단면도 3
(『高句麗古墓壁畵研究』, 54쪽)

백회는 대부분 박락됨.

(4) 연도

○ 연도는 이실 앞에 있는데, 입구는 묘실 서남벽의 가운데부분에 위치.

○ 길이는 1.1m, 너비는 1.25m, 높이는 0.4m임.

(5) 묘실

○ 묘실은 2단 계단 상부 중앙에 구축하였고, 바닥은 제2단 계단 상면과 평행함.

○ 묘실 평면은 방형에 가깝고, 길이 4m, 너비 3.6m, 높이 3.3m임.

○ 묘실 벽은 약간 가공한 장방형의 석회암으로 쌓았고, 윗부분은 약간 안으로 기울어져 있음.

○ 묘실 천장은 용마루모양(房脊狀蓋頂)을 띠고 있음.

○ 묘실을 축조할 때 빈 틈은 백회와 砂粒으로 메웠고, 바닥에 매우 두꺼운 백회 잔편이 쌓여 있음.

4. 벽화내용

○ 묘실 석재 표면에 붙어 있는 백회, 묘실 바닥에 쌓여 있던 많은 백회와 백회잔편, 백회 잔편에 보이는 그림 등을 감안하면 묘실과 천장에 백회를 바르고 그 위에 벽화를 그렸다고 추정됨. 묘실과 개정석이 밖으로 노출되어 풍우를 맞이함에 따라 벽화가 박락됨.

○ 길이 6cm, 너비 4cm, 두께 1cm의 잔편에 인물의 허리 부분이 남아 있는데, 허리에는 주홍색 띠가 연결되어 있음. 길이 7cm, 너비 4.5cm, 두께 1cm의 잔편에 꽃과 같은 도안이 있음. 묵선으로 초고를 하고 그 안에 주홍색을 칠하였음. 다른 잔편에는 오렌지색 의복이 보임(그림 5).

5. 출토유물

철제띠고리(帶卡)가 출토되었는데, 약간 파손됨. 단조품으로 길이는 4cm, 너비는 3.5cm임.

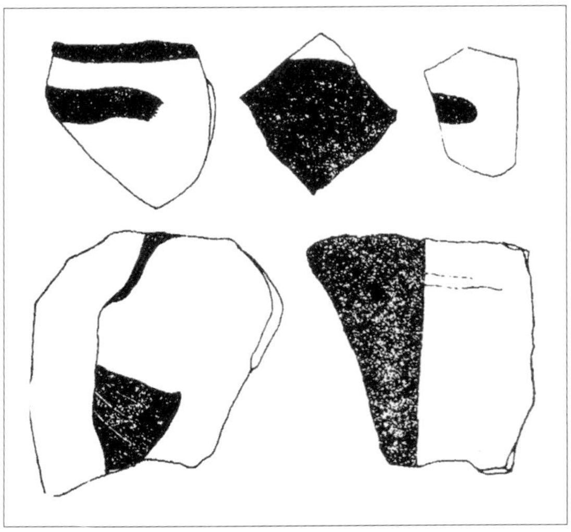

그림 5 절천정묘 출토 벽화조각(『博物館研究』 1988-3, 75쪽)

6. 역사적 성격

1) 특징

절천정묘는 산성하고분군에서 가장 규모가 큰 방단계제석실벽화묘임. 이러한 유형의 고분은 우산하고분군에서도 확인되는데, 바로 禹山下1041號墓임. 방단계제석실묘는 돌로 축조함에 따라 빈틈에 빗물이 스며들기 쉽고 사계절의 온도차가 큼. 이 때문에 백회넌이 쉽게 박락되어 벽화 보존이 쉽지 않음.

2) 축조연대

○ 4세기 중~말엽 설 : 집안에서 발견된 벽화묘를 연대 및 분기로 나누어 볼 때 절천정묘는 4기 가운데 제1기에 해당. 제1기의 특징을 살펴보면, 먼저 단실묘이고 연도 양측에 이실이 구축되어 있음. 묘실은 궁륭식과 四阿式, 혹은 여러 층의 고임이나 네 모서리에 작은 말각석이 더해진 천장을 갖추고 있음. 그리고 묘방향은 서쪽을 향하고 있음. 벽화를 보면 묘주인의 생전생활, 연화 혹은 '王'자로 조성된 문양 등을 그렸음. 묘실 네 모서리에는 나무구조물을 그려 넣었고, 菱形文 혹은 蝸文을 그리기도 하였으며, 천장에는 주로 연화와 雲文을 그렸음. 이 시기에 속하는 벽화묘로는 通溝12號墓, 麻線溝1號墓, 王字墓, 長川1號墓 등이 있고, 축조 시기는 4세기 중~말엽으로 추정. 절천정묘는 평면구조가 이 시기에 부합(方起東·劉萱堂, 2002).

○ 4세기 말~5세기 초 설 : 축조방법이 將軍塚과 거의 같고, 묘실 천장은 下解放31號墓와 유사함. 묘의 형태 및 구조를 볼 때 축조 시기는 4세기 말~5세기 초로 추정(孫仁杰·遲勇, 2007).

○ 5세기 중엽 설 : 형태 및 구조가 우산하1041호묘와 같음. 대략 5세기 중엽에 축조된 것으로 추정(孫仁杰, 1988).

참고문헌

- 關野貞·谷井濟一, 1915, 『朝鮮古蹟圖譜(一)』.
- 池內宏·梅原末治, 1940, 『通溝』 下, 日滿文化協會.
- 李殿福, 1980, 「集安高句麗墓研究」, 『考古學報』 1980-2.
- 吉林省文物志編委會, 1984, 『集安縣文物志』.
- 孫仁杰, 1988, 「折天井墓調查拾零」, 『博物館研究』 1988-3.
- 魏存成, 1994, 『高句麗考古』, 吉林大學出版社.
- 강현숙, 2000, 「고구려 고분 연구」, 서울대학교 박사학위논문.
- 전호태, 2000, 『고구려 고분벽화 연구』, 사계절.
- 吉林省文物考古研究所·集安市博物館, 2002, 『洞溝古墓群-1997年調查測繪報告』, 科學出版社.
- 方起東·劉萱堂, 2002, 「集安下解放第31號高句麗壁畫墓」, 『北方文物』 2002-3.
- 魏存成, 2002, 『高句麗遺跡』, 文物出版社.
- 전호태, 2004, 『고구려 고분벽화의 세계』, 서울대학교 출판부.
- 吳廣孝, 2006, 『集安高句麗壁畫』, 山東畵報出版社.
- 孫仁杰·遲勇, 2007, 『集安高句麗墓葬』, 香港亞洲出版社.
- 耿鐵華, 2008, 『高句麗古墓壁畫研究』, 吉林大學出版社.
- 전호태, 2009, 「고구려 집안권 벽화고분의 현황과 과제」, 『울산사학』 14.

29 집안 산성하1304호묘：귀갑묘

集安 山城下1304號墓：龜甲墓 | JSM1304

1. 조사현황

1) 1909～1910년

○ 조사자 : 古井濟一, 栗山俊一.

○ 조사내용 : 조사를 진행하면서 '龜甲墓'라고 부름.

2) 1913년

○ 조사자 : 關野貞.

○ 조사내용 : 묘실 천장이 파괴된 지점에 사다리를 놓고 출입.

3) 1965년

○ 조사기관 : 吉林省文物保管會, 吉林省博物館.

○ 조사내용 : 실측.

4) 1966년

○ 조사기관 : 길림성박물관, 集安縣文管所.

○ 조사내용 : 通溝古墳群에 대한 실측조사 때 '山城下1304號墓(JSM1304)'로 편호.

5) 1993년

○ 조사기관 : 集安市博物館.

○ 조사내용 : 보수, 실측, 기록.

6) 1997년

○ 조사기관 : 吉林省文物考古研究所, 집안시박물관.

○ 조사내용 : 실측.

2. 위치와 자연환경(그림 1)

1) 고분의 위치

集安 山城下古墳群 북부에 위치.

2) 고분의 주변환경

남쪽으로 30m 떨어진 지점에 折天井墓가 있음.

3. 고분의 현황

1) 고분 명칭의 변천

○ 1909～1910년에 古井濟一, 栗山俊一 등이 고분을 조사하면서 '龜甲墓'라고 부름.

○ 1966년 통구고분군에 대한 실측조사 때 '山城下1304號墓(JSM1304)'로 편호.

○ '龜甲蓮花墓'라고도 부름.

2) 고분 형식

(1) 유형

封土石室壁畵墓.

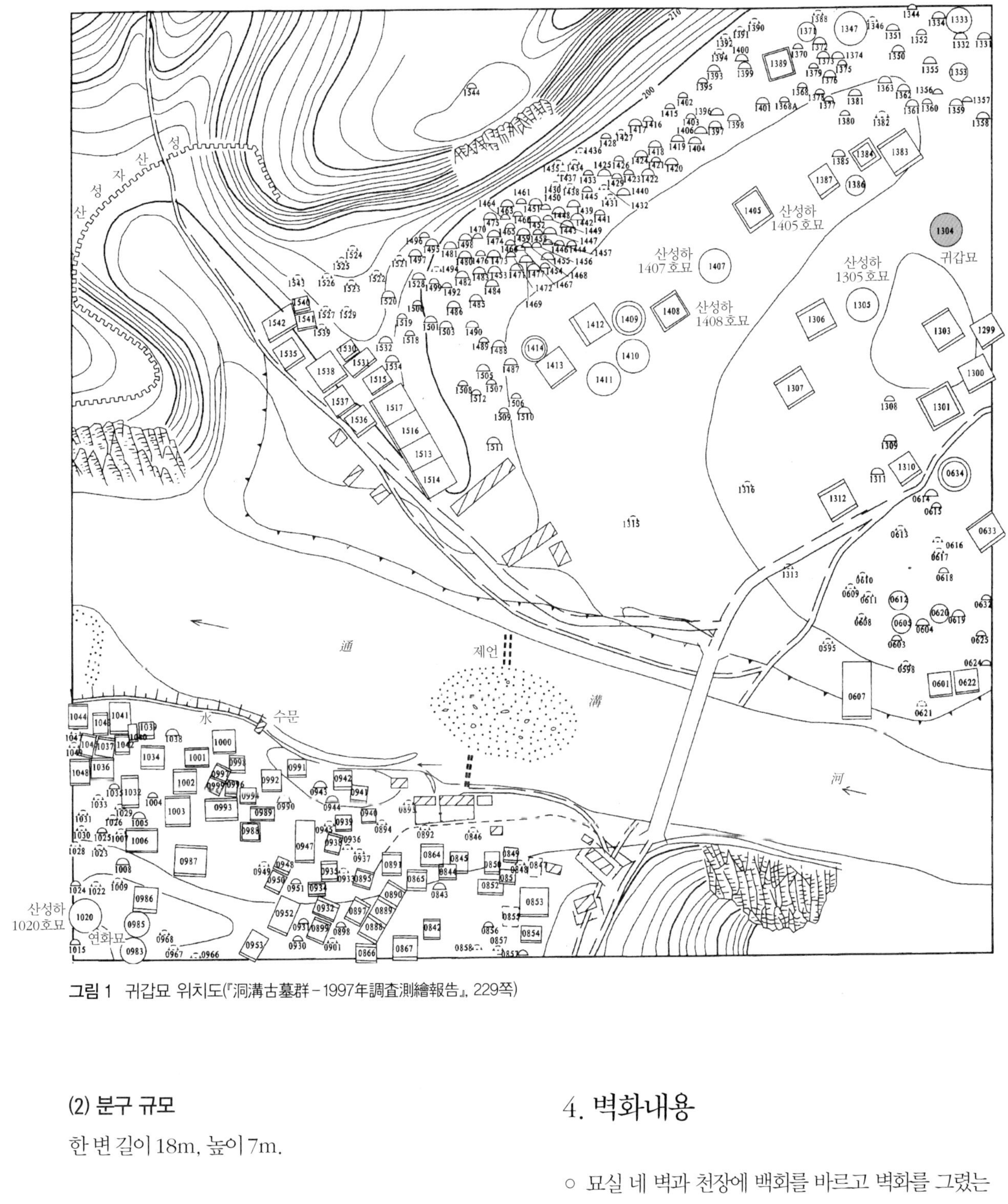

그림 1 귀갑묘 위치도(『洞溝古墓群-1997年調査測繪報告』, 229쪽)

(2) 분구 규모

한 변 길이 18m, 높이 7m.

3) 고분 구조(그림 2)

○ 봉토 바닥변은 방형임.

○ 천장 구조는 삼실묘와 유사.

4. 벽화내용

○ 묘실 네 벽과 천장에 백회를 바르고 벽화를 그렸는데, 벽화는 박락이 심함.

○ 묘실 벽과 천장에 기둥, 지붕받침, 들보를 그려 넣고, 귀갑연화문으로 벽을 장식(그림 3).

○ 묘실 입구 주변 도리에는 일종의 唐草文이 있음. 당

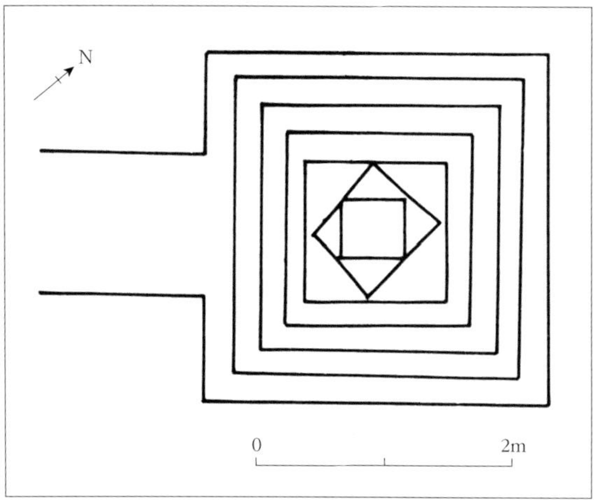

그림 2 귀갑묘 실측도(『高句麗考古』, 도 91)

그림 3 묘실 기둥과 귀갑연화문(『朝鮮古蹟圖譜(一)』, 87쪽)

초문은 雲岡이나 龍門 등의 북위 유적에서 확인되고 있음.

○ 묘실 입구 가장자리에는 怪雲文이 있음.

5. 역사적 성격

1) 특징

벽화 중 볼록하게 나온 기둥과 지붕받침에 보이는 접시 모양은 북위시기와 아스카시기의 양식에서도 보이고 있음(關野貞, 1932).

2) 축조연대

○ 평양 천도 이전 설 : 연화문과 괴운문에 북위 양식이 보이지 않는 것으로 보아 평양천도 이전에 축조된 것으로 추정(關野貞, 1932).

○ 5세기 말~6세기 초 설 : 중원에서 자주 보이는 귀갑연화문을 배치하였고, 고구려 벽화 가운데 초기에 해당함. 散蓮花墓, 長川1號墓, 長川4號墓, 下解放31號墓, 牟頭婁墓, 環紋墓, 三室墓와 더불어 5세기 말~6세기 초에 축조된 것으로 추정(魏存成, 1994).

○ 5세기 중~6세기 초 설 : 집안에서 발견된 벽화묘를 연대 및 분기로 나누어 볼 때 귀갑묘는 4기 가운데 제3기에 해당. 제3기의 특징을 살펴보면 일부 단실과 삼실이 나타나기도 하지만, 쌍실묘가 주를 이룸. 묘 꼭대기의 구조로는 여러 층의 평행고임과 覆斗式이 보이고, 말각고임의 간격은 더욱 커짐. 묘방향은 대부분 서향임. 벽화는 묘주인의 생전 생활과 장식문양 두 유형이 주를 이루고, 단독 도안은 더욱 커짐. 사신도는 더욱 성숙하고, 신선 및 불교와 관련한 제재가 증가. 이 시기에 속하는 벽화묘로는 귀갑묘 외에 삼실묘, 장천1호묘, 환문묘, 모두루묘 등이 있고, 축조연대는 5세기 중~6세기 초로 추정(方起東·劉萱堂, 2002).

참고문헌

- 關野貞, 1914, 「滿州輯安県及び平壌付近に於ける高句麗時代の遺跡(一)」, 『考古學雜誌』 5-3.
- 關野貞·谷井濟一, 1915, 『朝鮮古蹟圖譜(一)』.
- 關野貞, 1932, 『朝鮮美術史』, 朝鮮史學會.
- 李殿福, 1980, 「集安高句麗墓研究」, 『考古學報』 1980-2.
- 吉林省文物志編委會, 1984, 『集安縣文物志』.
- 조선유적유물도감 편찬위원회, 1990, 『조선유적유물도감(5)』.
- 魏存成, 1994, 『高句麗考古』, 吉林大學出版社.
- 강현숙, 2000, 「고구려 고분 연구」, 서울대학교 박사학위논문.
- 전호태, 2000, 『고구려 고분벽화 연구』, 사계절.
- 吉林省文物考古研究所·集安市博物館, 2002, 『洞溝古墓群-1997年調査測繪報告』, 科學出版社.
- 方起東·劉萱堂, 2002, 「集安下解放第31號高句麗壁畫墓」, 『北方文物』 2002-3.
- 전호태, 2004, 『고구려 고분벽화의 세계』, 서울대학교 출판부.
- 吳廣孝, 2006, 『集安高句麗壁畫』, 山東畫報出版社.
- 孫仁杰·遲勇, 2007, 『集安高句麗墓葬』, 香港亞洲出版社.
- 耿鐵華, 2008, 『高句麗古墓壁畫研究』, 吉林大學出版社.
- 전호태, 2009, 「고구려 집안권 벽화고분의 현황과 과제」, 『울산사학』 14.

30 집안 산성하1305호묘

集安 山城下1305號墓 | JSM1305

1. 조사현황

1) 1965년

○ 조사기관 : 吉林省文物保管會, 吉林省博物館.

○ 조사내용 : 실측.

2) 1966년

○ 조사기관 : 길림성박물관, 集安縣文管所.

○ 조사내용 : 通溝古墳群에 대한 실측조사 때 '山城下1305號墓(JSM1305)'로 편호.

3) 1993년

○ 조사기관 : 吉林省文物考古研究所, 集安市博物館.

○ 조사내용 : 國家文物局 비준으로 통구고분군에 대해 비교적 큰 규모의 보수작업을 진행하였을 때 山城下古墳群에서 6기, 禹山下古墳群에서 1기의 벽화묘를 발견하였는데, 산성하1305호묘는 당시 발견된 벽화묘 가운데 하나임. 조사 중 묘실 내에서 벽화편을 발견.

4) 1997년

○ 조사기관 : 길림성문물고고연구소, 집안시박물관.

○ 조사내용 : 실측.

2. 위치와 자연환경(그림 1)

1) 고분의 위치

集安 산성하고분군 북부에 위치.

2) 고분의 주변환경

동북쪽으로 약 39m 떨어진 지점에 龜甲墓가 있음.

3. 고분의 현황

1) 고분 형식

(1) 유형

封土石室壁畵墓.

(2) 분구 규모

한 변 길이 16m, 높이 7m.

2) 고분 구조

○ 봉토분구 평면은 방형임.

○ 묘실 평면은 鏟形임. 묘실 천장에서 2층 고임을 볼 수 있고, 그 위는 파괴됨.

○ 묘실 서측에 묘도가 있음.

○ 묘도 양측에는 각각 이실이 있음.

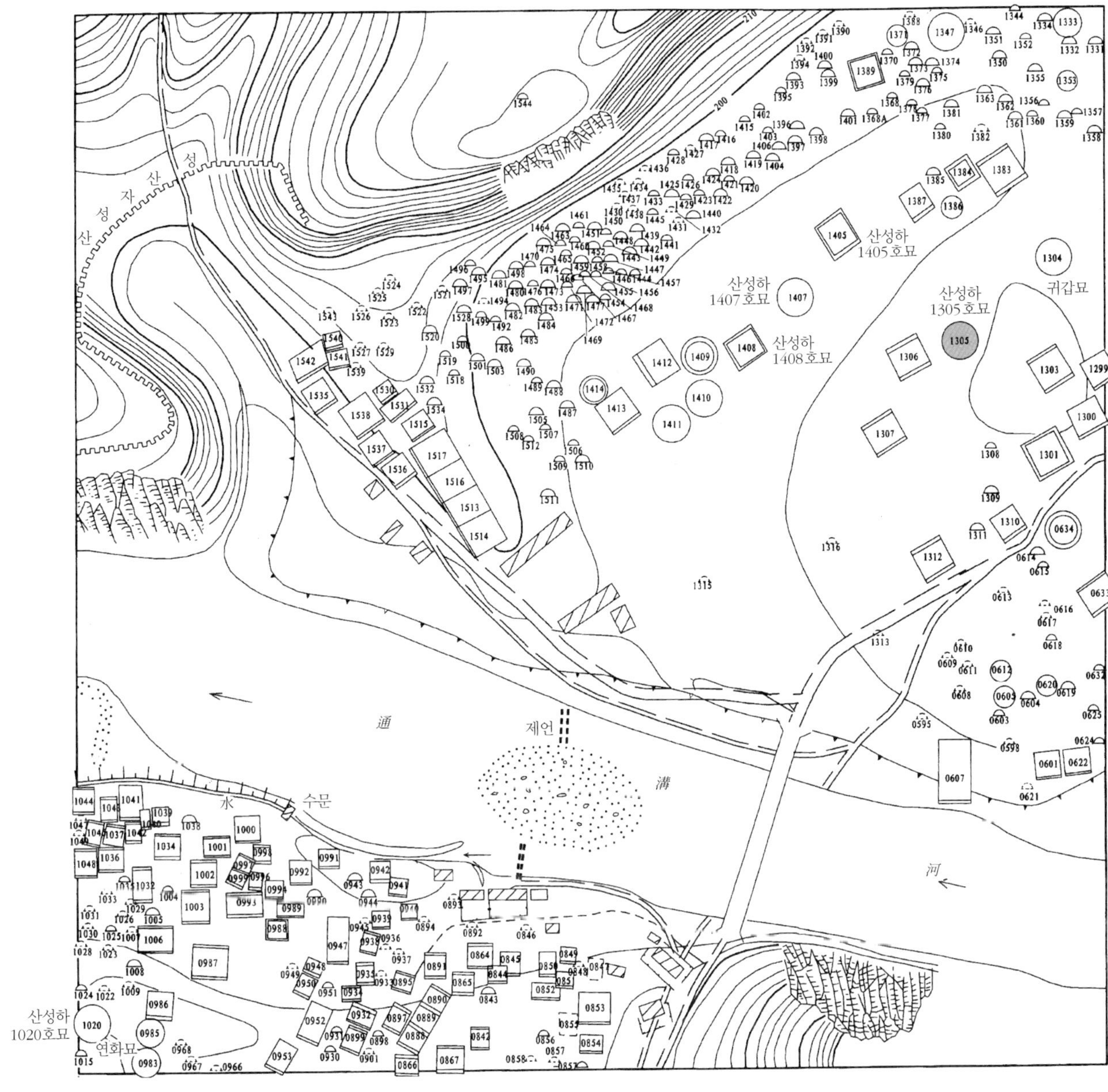

그림 1 산성하1305호묘 위치도(『洞溝古墓群－1997年調査測繪報告』, 229쪽)

4. 벽화내용

묘실 안에 쌓여 있는 흙에서 많은 벽화 잔편이 발견됨.

5. 역사적 성격

집안에서 발견된 벽화묘를 연대 및 분기로 나누어 볼 때 산성하1305호묘는 제1기에 해당. 제1기의 특징을 살펴보면, 먼저 단실묘이고 연도 양측에 이실이 구축되어 있음. 묘실은 궁륭식과 四阿式, 혹은 여러 층의 고임이나 네 모서리에 작은 말각석이 더해진 천장을 갖추고 있음. 그리고 묘방향은 서쪽을 향하고 있음. 벽화를 보면 묘주인의 생전생활, 연화 혹은 '王'자로 조성된 문양 등을 그렸음. 묘실 네 모서리에는 나무구조물을 그려 넣었고, 菱形文 혹은 螭文을 그리기도 하였으며, 천장에는 주로 연화와 雲文을 그렸음. 이 시기에 속하는 전형적인 벽화묘로는 通溝12號墓, 麻線溝1號墓, 王字墓, 長川1號墓 등이 있고, 산성하1305호묘 외에 萬寶汀645號墓, 山城下1407號墓도 이 시기에 포함시킬 수 있음. 축조 시기는 4세기 중~말엽으로 추정(方起東·劉萱堂, 2002).

참고문헌

- 전호태, 2000, 『고구려 고분벽화 연구』, 사계절.
- 吉林省文物考古研究所·集安市博物館, 2002, 『洞溝古墓群-1997年調査測繪報告』, 科學出版社.
- 方起東·劉萱堂, 2002, 「集安下解放第31號高句麗壁畵墓」, 『北方文物』 2002-3.
- 전호태, 2004, 『고구려 고분벽화의 세계』, 서울대학교 출판부.
- 孫仁杰·遲勇, 2007, 『集安高句麗墓葬』, 香港亞洲出版社.
- 耿鐵華, 2008, 『高句麗古墓壁畵研究』, 吉林大學出版社.
- 吉林省集安市文物局, 2008, 『高句麗王城王陵及貴族墓葬』, 上海世界圖書出版公司.
- 전호태, 2009, 「고구려 집안권 벽화고분의 현황과 과제」, 『울산사학』 14.
- 정호섭, 2009, 「高句麗 古墳의 造營과 祭儀」, 고려대학교 박사학위논문.

31 집안 산성하1405호묘

集安 山城下1405號墓 | JSM1405

1. 조사현황

1) 1965년

○ 조사기관 : 吉林省文物保管會, 吉林省博物館.

○ 조사내용 : 실측.

2) 1966년

○ 조사기관 : 길림성박물관, 集安縣文管所.

○ 조사내용 : 通溝古墳群에 대한 실측조사 때 '山城下1405號墓(JSM1405)'로 편호.

3) 1993년

○ 조사기간 : 吉林省文物考古研究所, 集安市博物館.

○ 조사내용 : 國家文物局 비준으로 通溝古墳群에 대해 비교적 큰 규모의 보수작업을 진행하였을 때 山城下古墳群에서 6기, 禹山下古墳群에서 1기의 벽화묘를 발견하였는데, 산성하1405호묘는 당시 발견된 벽화묘 가운데 하나임.

4) 1997년

○ 조사기관 : 길림성문물고고연구소, 집안시박물관.

○ 조사내용 : 실측.

2. 위치와 자연환경(그림 1)

1) 고분의 위치

○ 集安 산성하고분군 북부에 위치.

○ 山城子山城 남벽 바깥에서 50m 떨어진 지점에 위치.

2) 고분의 주변환경

○ 남쪽으로 약 300m 떨어진 지점에 通溝河가 흐름.

○ 서쪽에 山城下1407號墓와 山城下1408號墓가 있는데, 고분 3기 사이 거리는 30m에 불과함.

3. 고분의 현황

1) 고분 형식

(1) 유형

階壇積石石室壁畫墓.

(2) 분구 규모

○ 高遠大(2000) : 변 길이 18m.

○ 吉林省文物考古研究所·集安市博物館(2002) : 변 길이 16m, 높이 5.5m.

○ 耿鐵華(2008) : 변 길이 18m, 높이 5.5m.

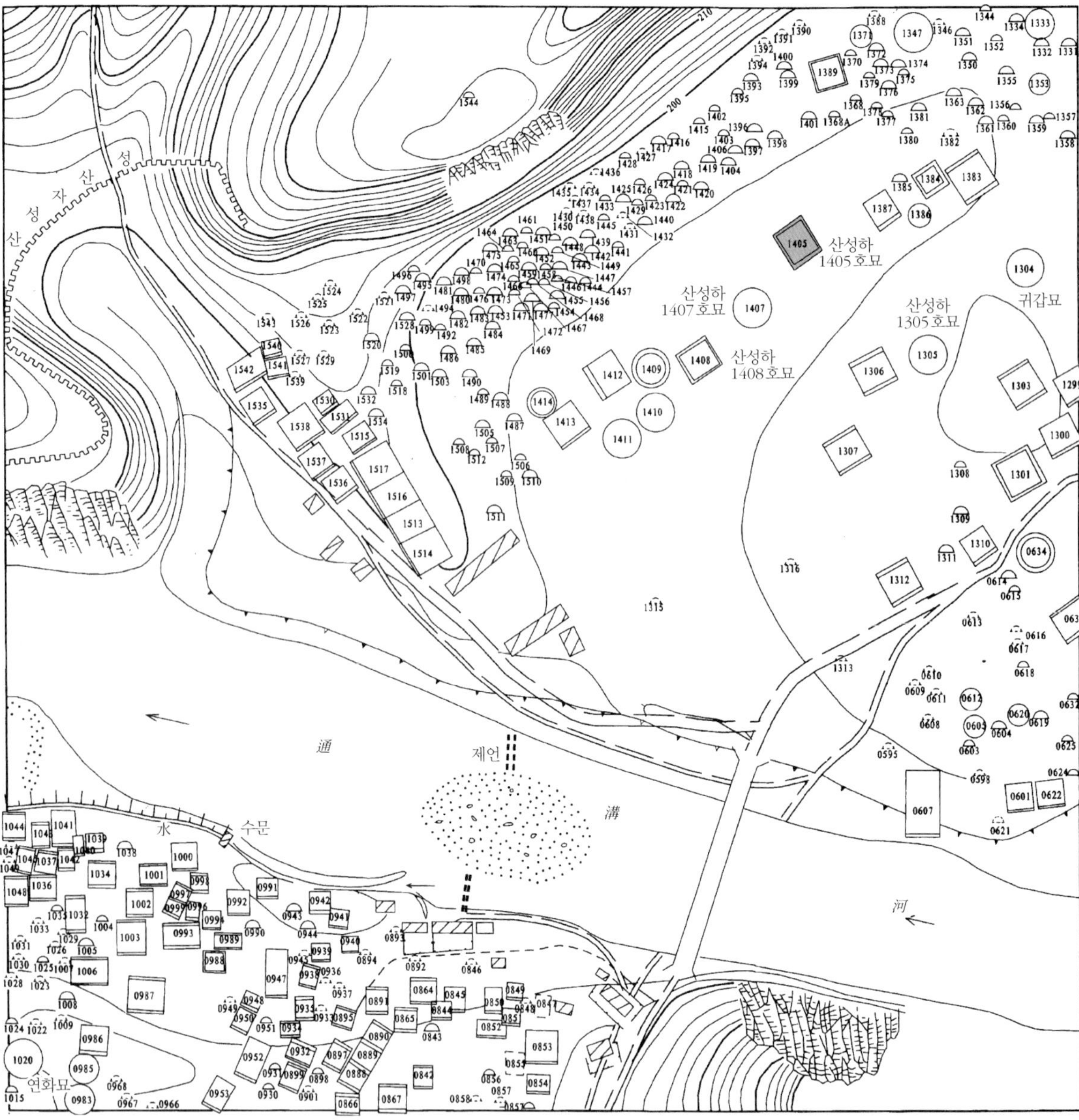

그림 1 산성하1405호묘 위치도(『洞溝古墓群 - 1997年調査測繪報告』, 229쪽)

2) 고분 구조(그림 2)

○ 방향은 245°임.

○ 분구 평면은 정방형임.

○ 묘 상부에 쌓여 있던 돌들은 거의 다 사라짐. 묘의 서·남부에 쌓여 있던 돌들은 매우 심하게 파괴됨.

○ 동·북면에서는 3단 계단, 서·남면에서는 1단 계단만 볼 수 있음. 제1·2단 계단은 가지런하게 다듬은 화강암 석조로 쌓았는데, 층층마다 안으로 들여쌓았음. 제3단 계단은 석회암 석조로 쌓았음.

○ 내부는 묘도, 묘실로 구성되어 있음.

(1) 묘도

○ 묘도 입구는 파손.

○ 남은 길이는 2.25m, 너비는 1.1m, 높이는 1.2m임.

○ 윗부분은 두 개의 석판이 덮고 있음.

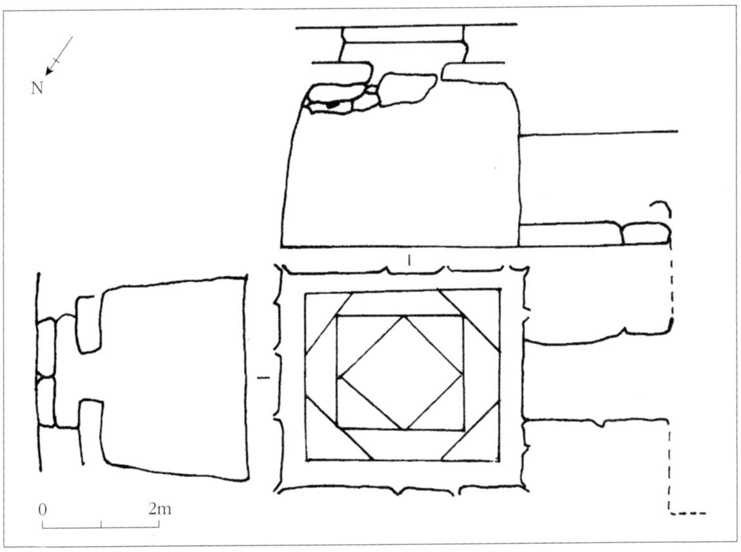

그림 2
산성하1405호묘 평·단면도(『博物館硏究』 2000-1, 69쪽)

(2) 묘실

○ 제2단 계단의 평평한 면 가운데부분에 위치하고 있음.

○ 묘실의 외벽은 노출되어 있음.

○ 평면은 장방형으로, 길이 3.7m, 너비 3.1m, 높이 3.25m임.

○ 묘실 네 벽은 보존이 비교적 양호하고, 안으로 기울어져 있음. 벽의 석재는 다듬어서 가지런하고 표면에 백회를 발랐는데, 현재는 전부 박락됨.

○ 천장은 2층 평행고임 후에 2층 말각고임을 구축하였고, 마지막으로 석판을 덮었음.

4. 벽화내용

묘실을 정리할 때 바닥에서 많은 백회잔편들이 발견되었는데, 잔편에서 귤색, 검은색, 자색 등을 볼 수 있음. 벽화의 내용은 알 수 없음.

5. 역사적 성격

산성하1405호묘의 천장을 보면 2층 평행고임 후에 2층 말각고임을 구축함. 반면 산성하1408호묘는 전실 천장이 四阿式이고, 후실 천장은 평행고임에 작은 抹角이 나타남. 이로 볼 때 산성하1405호묘는 산성하1408호묘보다 늦게 축조된 것으로 추정되는데, 산성하1408호묘의 축조 시기가 5세기 중엽으로 비정되므로 5세기 말에 축조되었다고 판단됨(高遠大, 2000).

참고문헌

- 高遠大, 2000, 「維修中發現的兩座高句麗積石石室壁畫墓」, 『博物館硏究』 2000-1.
- 전호태, 2000, 『고구려 고분벽화 연구』, 사계절.
- 吉林省文物考古硏究所·集安市博物館, 2002, 『洞溝古墓群-1997年調査測繪報告』, 科學出版社.
- 전호태, 2004, 『고구려 고분벽화의 세계』, 서울대학교 출판부.
- 孫仁杰·遲勇, 2007, 『集安高句麗墓葬』, 香港亞洲出版社.
- 耿鐵華, 2008, 『高句麗古墓壁畵硏究』, 吉林大學出版社.
- 吉林省集安市文物局, 2008, 『高句麗王城王陵及貴族墓葬』, 上海世界圖書出版公司.
- 전호태, 2009, 「고구려 집안권 벽화고분의 현황과 과제」, 『울산사학』 14.
- 정호섭, 2009, 「高句麗 古墳의 造營과 祭儀」, 고려대학교 박사학위논문.

32 집안 산성하1407호묘

集安 山城下1407號墓 | JSM1407

1. 조사현황

1) 1965년

○ 조사기관 : 吉林省文物保管會, 吉林省博物館.

○ 조사내용 : 실측.

2) 1993년

○ 조사기관 : 吉林省文物考古研究所, 集安市博物館

○ 조사내용 : 國家文物局 비준으로 通溝古墳群에 대해 비교적 큰 규모의 보수작업을 진행하였을 때 山城下古墳群에서 6기, 禹山下古墳群에서 1기의 벽화묘를 발견하였는데, 山城下1407號墓는 당시 발견된 벽화묘 가운데 하나임. 묘도, 연도, 이실, 묘실로 구성되었음을 확인.

3) 1997년

○ 조사기관 : 길림성문물고고연구소, 집안시박물관.

○ 조사내용 : 실측.

2. 위치와 자연환경(그림 1)

1) 고분의 위치

集安 산성하고분군 북부에 위치.

2) 고분의 주변환경

○ 동쪽에 山城下1405號墓가 있음.

○ 서남측에 山城下1408號墓가 있음.

3. 고분의 현황

1) 고분 형식

(1) 유형

封土石室壁畵墓.

(2) 분구 규모

한 변 길이 22m, 높이 4.5m.

2) 고분 구조(그림 2)

○ 분구 평면은 방형임.

○ 묘도, 연도, 이실, 묘실로 구성됨.

○ 묘실은 평면이 방형으로 길이는 5.1m, 너비는 5.35m임. 상부는 파손되었는데, 남은 높이는 2m임.

○ 묘실 서측에 묘도가 있는데, 파손됨. 길이 2m, 너비 1.3m, 높이 1.2m임.

○ 묘도 좌우에 각각 이실이 있음. 길이 1.6m, 너비 1m, 높이 1.2m임.

○ 연도는 길이 1.9m, 너비 1.3m, 높이 1.2m임.

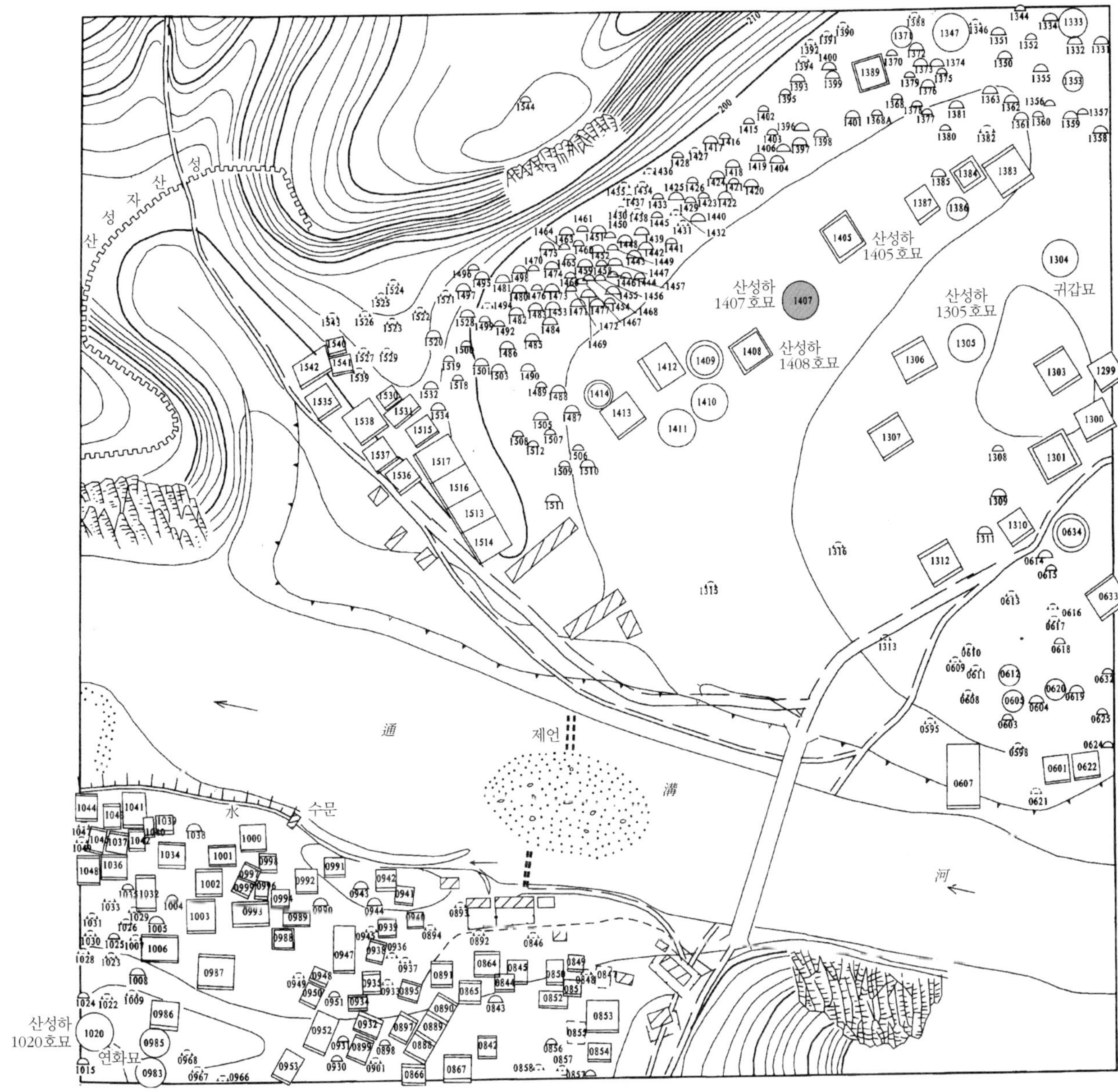

그림 1 산성하1407호묘 위치도(『洞溝古墓群－1997年調査測繪報告』, 229쪽)

4. 벽화내용

묘실 내 쌓여 있던 흙에서 박락된 백회잔편이 발견되었는데, 백회잔편에서 홍색, 자색, 검은색, 녹색 등을 볼 수 있음.

5. 역사적 성격

집안에서 발견된 벽화묘를 연대 및 분기로 나누어 볼 때 산성하1407호묘는 제1기에 해당. 제1기의 특징을 살펴보면, 먼저 단실묘이고 연도 양측에 이실이 구축되어 있음. 묘실은 궁륭식과 四阿式, 혹은 여러 층의 고임이나 네 모서리에 작은 말각석이 더해진 천장을 갖

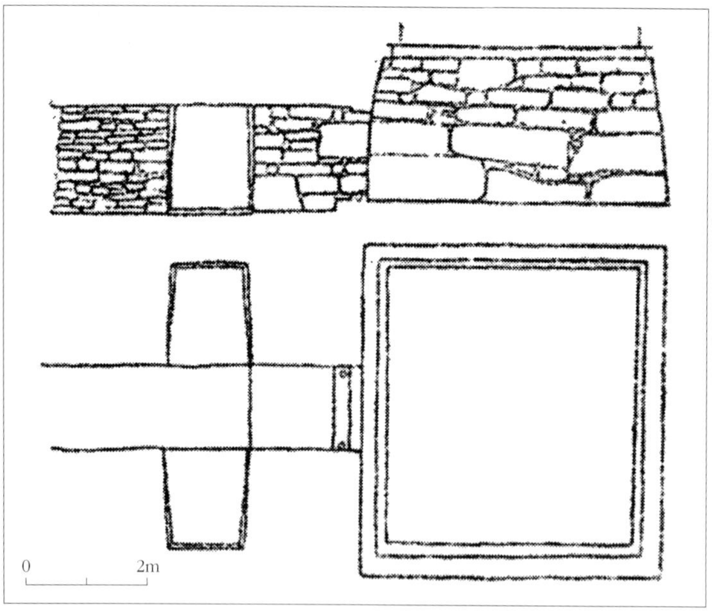

그림 2 산성하1407호묘 평·단면도(『集安高句麗墓葬』, 105쪽)

추고 있음. 그리고 묘방향은 서쪽을 향하고 있음. 벽화를 보면 묘주인의 생전생활, 연화 혹은 '王'자로 조성된 문양 등을 그렸음. 묘실 네 모서리에는 나무구조물을 그려 넣었고, 菱形文 혹은 螭文을 그리기도 하였으며, 천장에는 주로 연화와 雲文을 그렸음. 이 시기에 속하는 전형적인 벽화묘로는 通溝12號墓, 麻線溝1號墓, 王字墓, 長川1號墓 등이 있고, 산성하1407호묘 외에 萬寶汀645號墓, 山城下1305號墓도 이 시기에 포함시킬 수 있음. 축조 시기는 4세기 중~말엽으로 추정(方起東·劉萱堂, 2002).

참고문헌

- 전호태, 2000, 『고구려 고분벽화 연구』, 사계절.
- 吉林省文物考古研究所·集安市博物館, 2002, 『洞溝古墓群-1997年調查測繪報告』, 科學出版社.
- 方起東·劉萱堂, 2002, 「集安下解放第31號高句麗壁畵墓」, 『北方文物』 2002-3.
- 전호태, 2004, 『고구려 고분벽화의 세계』, 서울대학교 출판부.
- 孫仁杰·遲勇, 2007, 『集安高句麗墓葬』, 香港亞洲出版社.
- 耿鐵華, 2008, 『高句麗古墓壁畵研究』, 吉林大學出版社.
- 吉林省集安市文物局, 2008, 『高句麗王城王陵及貴族墓葬』, 上海世界圖書出版公司.
- 전호태, 2009, 「고구려 집안권 벽화고분의 현황과 과제」, 『울산사학』 14.
- 정호섭, 2009, 「高句麗 古墳의 造營과 祭儀」, 고려대학교 박사학위논문.

33 집안 산성하1408호묘

集安 山城下1408號墓 | JSM1408

1. 조사현황

1) 1965년

○ 조사기관 : 吉林省文物保管會, 吉林省博物館.

○ 조사내용 : 실측.

2) 1993년

○ 조사기관 : 吉林省文物考古研究所, 集安市博物館.

○ 조사내용 : 國家文物局 비준으로 通溝古墳群에 대해 비교적 큰 규모의 보수작업을 진행하였을 때 山城下古墳群에서 6기, 禹山下古墳群에서 1기의 벽화묘를 발견하였는데, 山城下1408號墓는 당시 발견된 벽화묘 가운데 하나임.

3) 1997년

○ 조사기관 : 길림성문물고고연구소, 집안시박물관.

○ 조사내용 : 실측.

2. 위치와 자연환경(그림 1)

1) 고분의 위치

○ 集安 산성하고분군 북부에 위치.

○ 山城子山城 남벽 바깥으로 100m 떨어진 지점에 위치.

2) 고분의 주변환경

○ 남쪽으로 약 300m 떨어진 지점에 通溝河가 흐름.

○ 동쪽으로 山城下1407號墓와 인접.

3. 고분의 현황

1) 고분 형식

(1) 유형

方壇石室壁畵墓.

(2) 분구 규모

○ 高遠大(2000) : 한 변 길이 21m, 남은 높이 4.8m.

○ 吉林省文物考古研究所·集安市博物館(2002) : 한 변 길이 16m, 높이 9m.

2) 고분 구조(그림 2)

○ 묘 위에 있던 돌들은 적지 않게 없어졌거나 아래로 흘러 내려옴. 묘실 석벽에 쌓았던 돌은 밖으로 노출됨. 북측 천장은 파괴됨. 개정석은 옆으로 떨어졌는데, 이로 인해 묘실 안으로 들어갈 수 있는 구멍이 생김.

○ 평면은 정방형이고, 방향은 남서쪽 30°임.

○ 가공한 커다란 장조석으로 2층 기단을 쌓았음.

○ 묘의 가운데부분에 석실을 구축하였고, 그 위에 강돌을 쌓아서 언덕형태로 축조.

그림 1 산성하1408호묘 위치도(『洞溝古墓群-1997年調査測繪報告』, 229쪽)

○ 묘실 안은 분구의 돌들로 채워져 있었는데, 돌을 제거하면서 후실, 전실, 연도, 묘도로 구성되어 있음을 확인.

(1) 후실

○ 평면은 정방형으로 길이 3.5m, 높이 3.7m임.

○ 천장은 4층 평행고임 후 2층 말각고임을 구축하였고, 꼭대기는 석판으로 덮었음.

○ 바닥 북측에는 길이 1.8m, 너비 0.75m, 두께 0.18m의 관대가 있는데, 보존이 비교적 양호함.

(2) 연도

○ 후실 서벽 정 가운데에 연도가 있어 전실과 왕래할 수 있음.

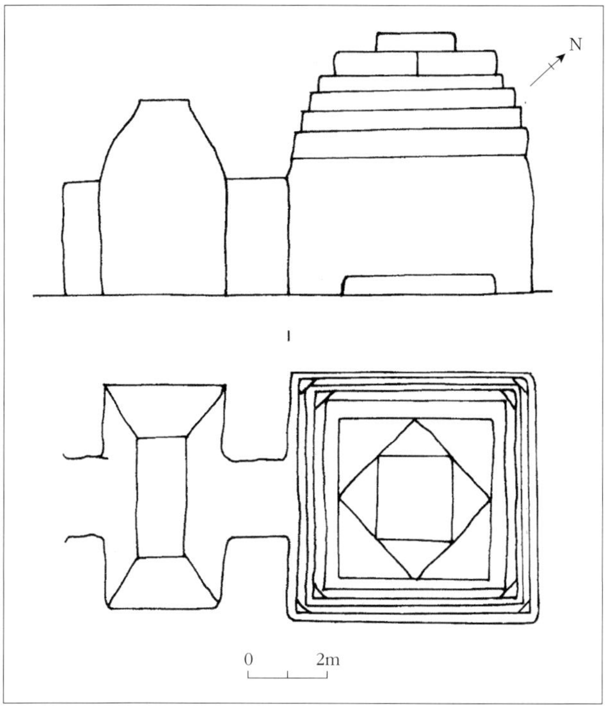

그림 2 산성하1408호묘 평 · 단면도(『博物館研究』 2000-1, 69쪽)

○ 연도는 길이 0.75m, 너비 1m, 너비 1.20m임.

(3) 전실

○ 평면은 장방형으로 1.8m, 너비 3m, 높이 2.1m임.

○ 천장은 四阿式임.

(4) 묘도

○ 전실 서벽에 묘도가 있음.

○ 남은 길이 2m, 너비 1.1m, 높이 1.1m이고, 방향은 210°임.

4. 벽화내용

○ 묘실, 연도, 묘도 벽에 백회를 바르고 그 위에 벽화를 그렸는데, 벽화는 대부분 박락됨.

○ 묘실 바닥에 떨어져 있는 백회잔편에서 주색, 묵색, 귤색 등을 확인할 수 있음.

5. 역사적 성격

산성하1408호묘는 전·후실로 이루어져 있는데, 전실 천장은 사아식이고 후실 천장은 평행고임에 작은 말각이 있음. 축조 시기는 2층 평행고임 후 2층 말각고임을 구축한 산성하1405호묘보다 이르다고 여겨지는데, 대략 5세기 중엽으로 추정됨(高遠大, 2000).

참고문헌

- 高遠人, 2000, 「維修中發現的兩座高句麗積石石室壁畵墓」, 『博物館研究』 2000-1.
- 吉林省文物考古研究所·集安市博物館, 2002, 『洞溝古墓群-1997年調査測繪報告』, 科學出版社.
- 孫仁杰·遲勇, 2007, 『集安高句麗墓葬』, 香港亞洲出版社.
- 耿鐵華, 2008, 『高句麗古墓壁畵研究』, 吉林大學出版社.
- 吉林省集安市文物局, 2008, 『高句麗王城王陵及貴族墓葬』, 上海世界圖書出版公司.
- 전호태, 2009, 「고구려 집안권 벽화고분의 현황과 과제」, 『울산사학』 14.
- 정호섭, 2009, 「高句麗 古墳의 造營과 祭儀」, 고려대학교 박사학위논문.

중국 소재 고구려 유적과 유물 V

통구분지 2 마선구·산성하고분군-벽화고분

초판 1쇄 인쇄 2022년 12월 5일
초판 1쇄 발행 2022년 12월 20일

기　　획 동북아역사재단 한국고중세사연구소
엮 은 이 여호규, 강현숙, 백종오, 김종은, 이경미, 정동민
펴 낸 이 이영호
펴 낸 곳 동북아역사재단

등　　록 제312-2004-050호(2004년 10월 18일)
주　　소 03739 서울시 서대문구 통일로 81(미근동267) NH농협생명빌딩
전　　화 02-2012-6065
팩　　스 02-2012-6186
홈페이지 www.nahf.or.kr
제작·인쇄 역사공간

ISBN 978-89-6187-543-1 94910(세트)
　　978-89-6187-748-0 94910